U0604236

# 中華大典

# 歷史典

上海古籍出版社

中華人民共和國國務院批准的重大文化出版工程

國家文化發展綱要的重點出版工程項目

新聞出版總署列為「十一五」國家重大工程出版規劃之首

國家出版基金重點支持項目

# 《中華大典》工作委員會

# 《中華大典》編纂委員會

# 《中華大典》前言

《中華大典》是運用我國歷代漢文古籍編纂的一部大型工具書。其目的是爲學術界及願意瞭解中國古代珍貴文化典籍的人士提供準確詳實、便於檢索的漢文古籍分類資料。

中國是世界文明古國之一，幾千年來纂寫和聚集的文化典籍浩如烟海。我國歷代都有編纂類書的優良傳統，具有代表性的《永樂大典》等大多已佚失，現存《古今圖書集成》編就距今也已數百年。爲了適應今天和以後研究和檢索的需要，一九八八年海内外三百多位專家學者和各古籍出版社同仁倡議，在已有類書的基礎上，用現代科學方法編纂一部新的類書《中華大典》。

國務院在關於編纂《中華大典》問題的批覆中指出，編纂《中華大典》「是我國建國以來最大的一項文化出版工程」。本書所收漢文古籍上起先秦，下迄清末，約三萬種，達七億多字，分爲二十四個典，近百個分典，内容廣博，規模宏大，前所未有。

《中華大典》的編纂工作堅持科學態度和百花齊放、百家爭鳴方針。儘量採用古精校精刻本，優先採用我國建國後文獻學和考古學的優秀成果。對傳統文化中重要的不同學派的資料，兼收并蓄。運用現代圖書分類的方法，對收集到的資料，精選、精編，力求便於檢索、準確可信。

這項工作從開始起就受到中共中央、國務院和有關部門的重視和支持。國家主席江澤民、國務院總理李鵬分别爲《中華大典》題詞。江澤民的題詞是：「同心同德群策群力認真編好中華大典爲建設有中國特色的社會主義服務」。李鵬的題詞是：「繼承和弘揚民族優秀傳統文化」。全國政協主席李瑞環、國務委員李鐵映也作了重要指示，要求抓緊辦理。一九九零年五月，國務院批准《中華大典》爲國家重點古籍整理項目。一九九二年九月，正式成立了《中華大典》工作委員會和《中華大典》編纂委員會，召開了《中華大典》工作、編纂會議。自此，《中華大典》的編纂工作由試點轉入正式啓動，逐步鋪開。

編纂《中華大典》，學術性很强，工作量很大，工程十分艱巨，全賴廣大專家學者和全國各有關高等院校、科研院所、圖書館、出版單位的鼎力支持與積極參與。大家本着弘揚中華民族優秀文化的心願，發揚奉獻精神，克服各種困難，團結協作，給這部巨大類書的出版提供了根本保證。在此謹表示誠摯的謝意。

對本書的批評與建議，我們將十分歡迎。

《中華大典》編纂委員會

一九九七年四月

二〇〇六年十一月修訂

# 《中華大典》編纂通則

一、性質：《中華大典》(以下簡稱《大典》)是對漢文古籍(含已翻譯成漢文的少數民族古籍)進行全面的、系統的、科學的分類整理和匯編總結的新型類書，是在繼承歷代類書優良傳統、考慮漢文古籍固有特點的基礎上，借鑒和參照近代編纂百科全書的經驗和方法編纂而成。編纂《大典》的目的，是爲學術界及願意瞭解中國古代珍貴文化典籍的人士提供各種分門别類的，準確詳細的古代漢文專題資料。

二、規模和體例：《大典》所收古籍的時限，上自先秦，下迄辛亥革命。全書共收各類漢文古籍三萬餘種，七億多字。全書體例，着重汲取清代《古今圖書集成》所採用的經目和緯目相交織這一統一框架結構的模式，同時參照現代科學的學科、目録分類方法，并根據各類學科内容的實際情況，一般將每一大類學科輯爲一典，也有將幾個相關學科共輯爲一典的。對各典名稱，均以現代學科命名，對於所收入的各種古籍資料，亦儘可能納入現代科學分類體系之中。

三、經目：大典共分二十四個典，即哲學典、宗教典、政治典、軍事典、經濟典、法律典、教育典、語言文字典、文學典、藝術典、歷史典、歷史地理典、民俗典、數學典、物理化學典、天文典、地學典、生物學典、醫藥衛生典、農業典、林業典、工業典、交通運輸典、文獻目録典。典以下以分典、總部、部、分部分級，分部之下的標目根據各學科特點由各典自行擬定。

四、緯目：共設置九項緯目，用以包容各級經目的具體内容：

①題解：對有關學科的名稱、概念、涵義、特點等作總體介紹的資料。

②論説：有關理論部份的資料。

③綜述：有關學科或事物的系統性資料，凡有關學科或事物的性狀、制度、範疇、特點及學科地位、發展情況等具體内容均編入此緯目中。

④傳記：有關人物的傳記資料。

⑤紀事：有關學科或事物的具體活動或事例的資料。

⑥著録：重要人物或文獻的有關著作資料，如專集介紹、序跋、藏書題記，以及有關著作的成書經過、版本源流等。

⑦藝文：有關屬於文學欣賞性的散文或韵文。

⑧雜録：凡未收入以上各緯目，而又有較高參考價值的資料，均入雜録。

⑨圖表：根據有關經目的内容需要，圖與表附於相關專題之下，或集中匯總於某級經目之後。

《大典》以内容分類安排各級緯目，各級緯目的正文，一般以原書爲單位，按時代順序排列。每一條資料前標明出處，包括書名或作者名、篇名或卷次，以利讀者核對原書。

五、書目：每分典後附有該分典所收書之書目，書目包括書名、作者、時(年)代、版本等内容。時代以成書時代爲準，成書時代不詳者，以作者主要活動時代爲準，并遵從歷史習慣。

六、版本：《大典》在選用版本時儘量採用古人的精校精刻本，亦採用學術界通用的近、現代整理圈點本及現代學者校點整理本。

七、校點：爲儘可能保存古籍原貌，《大典》祇對底本中明顯的脱、訛、衍、倒進行勘正。古本中的避諱字一般不作改動，祇對缺筆字補足筆畫。後人刻書時避當朝人諱而改動的字，據古本改回。《大典》採用新式標點法。

一九九六年八月

二〇〇六年十一月修訂

# 《中華大典·歷史典》編纂委員會

# 《中華大典・歷史典》前言

中華文明歷史悠久，包括史實記述、史書編修、史官設置、史學研究在内的歷史學極爲發達，歷史文獻浩瀚無垠。誠如梁啟超所説：「中國於各種學問中，惟史學爲最發達； 史學在世界各國中，惟中國爲最發達」。

殷商時代，甲骨上的大量占卜文辭，是中國最早的反映族類記憶與國家記憶的歷史記録； 卜辭與青銅器銘文中所述的遺史作册，是中國最早的重視歷史記録與保存文書的制度安排。西周時，周王朝的國史稱《周書》，諸侯國的國史或稱書，或稱乘，或稱春秋，或稱檮杌。孔子命子夏訪求周室史記，得百二十國寶書，墨子亦曾見百國春秋。這些都説明保存史料、編寫國史在周代已成通例。

春秋戰國時期，史學多元發展，繁盛一時。孔子以春秋各國史書爲基礎，參照所見、所聞、所傳聞的各種資料，以正名分、辨是非、克己復禮爲宗旨，删訂編修《春秋》，開私人修史之先河。《左傳》《竹書紀年》，是以年代爲序、以記事爲主的編年體史書。《國語》《戰國策》是以地區爲中心、以記言爲主的史書。至今不詳撰人的《世本》，則是按專題分載，注意記述地理環境、氏姓、工藝製作等社會經濟事項的特别史書，頗具文化史性質，被史家歸入别史一類。

秦漢以後，與大一統中央集權國家相適應，出現了司馬遷《史記》與班固《漢書》，鴻篇巨制，卓識美文，分别開創了紀傳體通史與紀傳體斷代史的體例，爲後來歷代王朝編纂國史提供了範本。東漢荀悦以《漢書》爲資料基礎，列其年月，比其時事，撮要舉凡，存其大體，編成《漢紀》，爲中國第一部編年體斷代史。

從三國、兩晉、南北朝到隋、唐，史書數量、種類都大爲增加。中國正史二十四史中的一半以上成書於這一時期，范曄的《後漢書》，陳壽的《三國志》，沈約的《宋書》，魏收的《魏書》，與唐初房玄齡、姚思廉、魏徵等人所修的《晉書》《梁書》《陳書》《隋書》等八部史書，或以史料豐贍、條貫清楚，或以敍事簡練、文風樸實，或以評論允當、見解過人，在史學史上各具特色。杜佑的《通典》，專記歷代經濟、政治、社會、文化等方面典章制度沿革，取材廣博，見解獨特，是中國第一部關於典章制度的巨著。劉知幾的《史通》，綜合研究歷代史學實踐與成果，溯其源流，判其得失，融會貫通，自成體系，在中國史學史上樹起了一座豐碑。李吉甫的《元和郡縣志》，爲中國現存最早的全國地理總志，記述各道鎮府州縣的户數、沿革、山川、道里、貢賦等，以地繫事，間有親歷資料，甚爲翔實，所創體例在中國地理史上有里程碑意義。

五代、宋、元時期，中國史學又有新的發展。司馬光的《資治通鑑》，上起戰國，下迄五代，遍閲舊史，旁采小説，抉擿幽隱，薈萃爲書，按年紀載，一氣銜接，其經緯規制，爲史學史上横空大作，後世典範。鄭樵的《通志》，上起三皇，下迄隋代，内容豐富，卓識多有，特别是其二十略，精心結撰，自出機杼，氏族、校讎、圖譜、六書、音韻、金石等略，均爲此前所無，豐富了歷史記載的範圍，成爲後代各種專門學問的先驅前導。馬端臨的《文獻通考》，專論歷代典章制度，上起上古，下迄南宋，敍事本於經史，參以歷代會要、各種傳記，旁采名流之燕談、稗官之記録，分門排列，有敍述，有考訂，有論斷，信者傳之，疑者棄之，爲此後同類史書所宗範。袁樞的《通鑑紀事本末》，李燾的《續資治通鑑長編》，徐夢莘的《三朝北盟會編》，李心傳的《建炎以來繫年要録》，劉昫的《舊唐書》，薛居正的《舊五代史》，歐陽脩的《新唐書》《新五代史》，王溥等人的《唐會要》《五代會要》，元人修的《宋史》《遼史》《金史》等，蔚爲大觀。樂史的《太平寰宇記》爲北宋初全國地理總志，體例與記述範圍較前人有所發展，注意記述風俗、姓氏、人物等人文地理内容，史籍之外，旁及詩賦，兼采仙佛雜記，保留了相當豐富的歷史資料。

明清時期，史學更爲繁榮。官修正史方面，宋濂等人修的《元史》，張廷玉等人修的《明史》，沿襲了歷代編修前朝歷史的傳統。《續通典》《續通志》《續文獻通考》《明會典》《清會典》《清通典》《清通志》《清文獻通考》，也繼承了此前同類史書的傳統。民間治史盛極一時，李贄的《藏書》《續藏書》，黄宗羲的《宋元學案》《明儒學案》，顧炎武的《天下郡國利病書》《日知録》，王夫之的《讀通鑑論》《宋論》，錢大昕的《廿二史考異》，王鳴盛的《十七史商榷》，趙翼的《廿二史劄記》，章學誠的《文史通義》，崔述的《考信録》，角度不同，風姿各異，均爲名著。歷史地理學、地方志、地方史空前發達。李賢等人編修的《大明一統志》，穆彰阿等人編修的《重修大清一統志》，顧祖禹的《讀史方輿紀要》，各省府州縣所修的難計其數的地方志，或繁或簡，或新創或續修，極大地豐富了歷史記述的内容。

中國究竟有多少歷史文獻，恐怕永遠也不會有確切統計。《漢書·藝文志》把史書放在「六藝略」内。《隋書·經籍志》開始把古代典籍分爲經、史、子、集四部，並在史部之下分正史、古史等十三類，著録史籍八百十七種，一萬三千二百六十四卷。清代《四庫全書》，史部著録（包括存目在内）二千零五十三種，三萬九千零九卷。《四庫全書》未收史籍，據後人研究，有二千九百三十八種，四萬五千三百六十三卷。兩者相加，得四千九百九十一種，八萬四千三百七十二卷。這個數字，還不包括收在集部中、史部未録的大量傳記、碑銘、史論、史評。據不完全統計，至清朝末年尚存留的史部著述約六千種，方志約一萬種，另有大量敦煌卷子、金石碑志、古代文書。

在中國歷史上，有過多次類書的編纂，其中有大量的史籍。明代編成的《永樂大典》，清代編成的《古今圖書集成》，其中都有大量的歷史資料和豐富的史書内容。

今日所修之《中華大典》，是在我國已有類書的基礎上用現代科學方法編纂的新的類書，《歷史典》是《中華大典》重要組成部分。《歷史典》全書約四千萬字，力圖通過經緯交織的方法，展示中國歷史與歷史學的豐富内涵。《歷史典》内容，上不設限，下迄清朝統治結束。《歷史典》借鑑了中國傳統類書與傳統史書的編纂方法，分爲三個分典：《史學理論與史學史分典》匯編關於中國史學之理論遺産與歷史發展的文獻，《編年分典》《人物分典》分别以編年、人物爲主幹匯編能夠反映中國歷史發展的文獻。中國古代歷史文獻浩如煙海，將豐富的歷史資料按照史學理論遺産、歷史發展脈絡、重要歷史人物的分類進行編排，有助於今天的讀者檢索、使用。

《歷史典》的工作，得到了《中華大典》工委會、編委會的指導與支持。《歷史典》是來自北京、上海衆多高校、研究機構的歷史學者通力合作的成果，各位分典主編專攻的歷史時段，連接起來，涵蓋了從上古到清末的全部歷史。各位分典主編學養豐厚，都有參與古籍整理與研究的經歷，對於此項工作兢兢業業，精益求精，參與具體編纂工作的各位同仁也都盡心盡責，黽勉從事，大家都爲能夠參加整理、研究祖國文化典籍，爲弘揚中華優秀文化貢獻自己的力量而感到無上的榮光。

**熊月之**

二〇〇七年十月二十九日

二〇一五年十二月一日修訂

中華大典・歷史典

# 編年分典

# 《中華大典·歷史典·編年分典》編纂委員會

主　編：方詩銘　許沛藻

副主編：俞　鋼　金　圓

編委（以姓氏筆畫爲序）：

張劍光　程　郁　燕永成　儲玲玲

# 《中華大典·歷史典·編年分典》編纂説明

《中華大典·歷史典·編年分典》，是《中華大典·歷史典》的分典之一，是關於上起先秦、下迄清末的中國歷史編年的大型類書。

《編年分典》是《中華大典·歷史典》中的編年紀事部分，原則上主要收録編年體裁的史籍。編年體是我國史書的古老體裁，通過編年紀事來展現歷史進程中的因果關係和連貫性。在編纂體例上，本分典的指導思想是：既要適應編年紀事的特點，又應符合資料以類相聚的要求，故而經目、緯目的設置不宜過細，可依據資料内容的性質或其體裁的形式適當歸類。本分典依據學科特點，按歷史時期的劃分，下設《先秦總部》《秦漢總部》《魏晉南北朝總部》《隋唐五代總部》《宋遼夏金總部》《元總部》《明總部》《清總部》等八個總部，總部下視文獻豐儉存佚的實際狀況設部。各總部設置綜述、史表、雜録三項緯目，雜録項包含備録、備論兩部分。

緯目中的綜述，主要取歷代主要的編年史書和正史本紀的紀事，雜互采摭，歸并剪裁，以事相從，統一編年，以期達到編年繫事相對齊備，從而上下貫通，展現中國歷史進程基本脈絡的目的。史表收録正史或他書中的將相大臣、百官公卿、宰輔、紀事等表，概述歷朝將相大臣興廢拜罷之迹，以作提綱舉要之用。雜録的備録部分，主要收録一些史料價值較高、較爲罕見的編年史籍，包括後人的輯佚書，以及一些別史的帝紀和載記類、雜史類中用編年紀事的史籍，以起到保存文獻和拾遺補闕的作用。雜録的備論部分，則收録歷代對各相關朝代國勢興衰、諸帝功過以及重大事件、制度、政令所作的代表性評論。

本分典綜述部分的紀年方法，先秦時期周平王四十九年以前，依據考古成果和歷史文獻，以歷史傳説人物和三代諸王世系爲序；周平王四十九年起用諸王和皇帝紀年，漢武帝建元以降用年號紀年，皆附以干支、公元紀年；分裂時期，參考傳統編年通史做法，取一家爲主，分注其他政權相應紀年。

本分典的編纂方案，是在已故主編方詩銘先生主持下設計制定的，經過專家會議論證，並由《歷史典》編委會討論修訂，各位專家和編委提供了很有價值的指導性意見； 在編纂過程中，我們始終得到《中華大典》工委會、編委會的勉勵和關懷，並一直得到上海古籍出版社的支持和配合，也得到上海師範大學人文學院和古籍整理研究所領導的支持，對此我們表示衷心的感謝。我們期待讀者給予指正。

**《中華大典·歷史典·編年分典》編纂委員會**

二〇〇八年五月一日

二〇一五年十二月一日修訂

# 《中華大典・歷史典・編年分典》凡例

一、《中華大典・歷史典・編年分典》係《中華大典・歷史典》的分典之一，其下按歷史時期設總部，各總部下視文獻資料狀况設部。

二、本分典設綜述、史表、雜録三項緯目，均在總部下展開，部下不設緯目。

三、本分典秦以後各部一般以皇帝即位時日爲斷，並摘取正史本紀或其他書中對該帝的介紹性文字置於部首； 先秦各部亦作相應處置。

四、本分典綜述部分的紀年方法，先秦時期周平王四十九年以前以歷史傳説人物和諸王世系爲序，周平王四十九年起以諸王和皇帝紀年。自漢武帝建元起以年號紀年，並用括弧注明干支和公元； 遇有並立政權，取一家爲主，附以其他政權紀年。在位皇帝於年中改元，歲首即用新年號； 新帝年中即位並改元，新部開始即用新年號。

五、本分典綜述部分一日内有多種引書，首部引書下保留干支，餘皆省略。

六、本分典綜述部分，遇有各史置閏不同，則據實際對應月日排序。所引各書四時、朔日記闕不一，皆仍其舊，未就一律。

七、本分典綜述部分所選文獻原文省略主語、姓氏、時間等，因摘録而致使語義歧異或不明者，用〔 〕補出。

八、本分典所録文獻若有節略，其節略部分一般以【略】注明。但綜述部分同一干支下若有多條紀事，而僅選取其中一或若干條，其未取諸條，則不用【略】標示。

九、本分典所録文獻，一般不作校勘。遇明顯錯訛，則以（ ）括出，並將正確文字以〔 〕補入。

一〇、本分典中的卷次、繫年數字，均用一、二、三、四、五、六、七、八、九、〇標出，不用十、百、千、萬。

# 元總部

編纂人員：趙冬梅

# 《元總部》提要

本總部所涉及的中國歷史，起公元一二七六年，迄公元一三六七年，即爲元朝時期。現存記述這段歷史的編年類史籍，數量不多，編纂中盡可能廣泛收録，並作了必要的甄别取捨。

本總部下依元代諸帝設一十一部（其中元文宗分作上下兩部）。紀年依元帝年號，附以並立政權的紀年、干支及公元。

本總部下設綜述、史表、雜録三項緯目。綜述項以正史帝紀、《續資治通鑑》等作為編年脈絡，略采《元史續編》《元史新編》等補充，一體剪裁，連貫而成。

史表項收録《元史·三公表》《元史·宰相年表》。

雜録項分備録、備論兩部分。備録主要收雜史類中用編年紀事的史籍。備論略收歷代史家就元代重要史事所作的評論，以期對編年史有所加詳。

# 目録

## 綜述



## 史表



## 雜録

### 備録



### 備論

## 引用書目

# 綜述

## 元世祖部（起公元一二七六年，迄公元一二九四年）

**《元史》卷四《世祖紀一》** 世祖聖德神功文武皇帝諱忽必烈，睿宗皇帝第四子。母莊聖太后。以乙亥歲八月乙卯生。

### 至元一三年、宋景炎元年（丙子、一二七六）

**《元史》卷九《世祖紀六》** 夏四月乙丑朔，阿朮以宋高郵、寶應嘗餽餉揚州，遣蒙古軍將苫徹及史弼等守之。別遣都元帥孛魯歡等攻泰州之新城。

丁卯，賜諸王都魯金印。

戊辰，以河南兵事未息，開元路民饑，並弛正月、五月屠殺之禁。

庚午，敕南商貿易京師者毋禁。

辛未，行江西都元帥宋都帶以應詔儒生醫卜士鄭夢得等六人進，敕隸祕書監。

丙子，省東川行樞密院及成都經略司，以其事入西川行院。復石人山寨居民於信陽軍。免大都醫户至元十二年絲銀。

己卯，以侍衛親軍征戍歲久，放令還家，期六月，各歸其軍。

庚辰，以水達達分地歲輸皮革，自今並入上都。

壬午，召嗣漢天師張宗演赴闕。

乙酉，召昭文舘大學士姚樞、翰林學士王磐、翰林侍講學士徒單公履赴上都。

庚寅，修太廟。以北京行中書省廉希憲爲中書右丞，行中書省事於荆南府。

**《續資治通鑑》卷一八三** 郝經入見，帝賜宴大廷，咨以政事，其從行者賞賚有差。

**《元史》卷九《世祖紀六》** 五月乙未朔，伯顔以宋主㬎至上都，制授㬎開府儀同三司、檢校大司徒，封瀛國公。以平宋，遣官告天地、祖宗於上都之近郊。遣使代祀嶽瀆。

**《續資治通鑑》卷一八三** 宋陳宜中、張世傑等奉益王昰即帝位於福州，改元景炎。遥上德祐帝尊號爲孝恭懿聖皇帝，又上太皇太后尊號，册楊淑妃爲皇太妃，進封廣王昺爲衛王。升福州爲福安府，以大都督府爲垂拱殿，便廳爲延和殿，王剛中知福安府。金華尉趙孟壘懷太上皇后帛書間道來上，擢孟壘宗正寺簿。是日，有大聲出府中，衆皆驚仆。福州城南壁忽崩七里。

**《元史》卷九《世祖紀六》** 己亥，伯顔請罷兩浙宣慰司，以忙古帶、范文虎仍行兩浙大都督府事，從之。

庚子，定度量。

壬寅，宋三學生四十六人至京師。

癸卯，復沂、莒、膠、密、寧海五州所括民爲防城軍者爲民，免其租徭二年。

乙巳，賜伯顔所部有功將校銀二萬四千六百兩。阿朮遣總管陳傑攻拔泰州之新城，遣萬户烏馬兒守之，以偪泰州。

丁未，宋揚州都統姜才攻灣頭堡，阿里別擊走之，殺其步騎四百人，右衛親軍千户董士元戰死。

戊申，宋馮都統等自真州率兵二千、戰船百艘襲瓜（州）〔洲〕，阿朮遣萬户昔里罕、阿塔赤等出戰，大敗之，追至珠金沙，得船七十七艘，馮都統等赴水死。改博州爲東昌路。

己酉，括獵户、鷹坊户爲兵。

乙卯，靖州張州判及李信、李發焚其城，退保飛山新城，行中書省發兵攻殺之，徙其黨及家屬於大都。宋江西制置黄萬石率其軍來附，敕令入覲。

辛酉，安西王相府請頒詔招合州張珏，不從。

癸亥，陞異樣局爲總管府，秩三品。

**《續資治通鑑》卷一八三** 宋以陳宜中爲左丞相兼樞密使、都督諸路軍馬，陳文龍、劉黼參知政事，張世傑爲樞密副使，陸秀夫直學士院，蘇劉義主管殿前司。

宋召李庭芝爲右丞相,姜才爲保康軍承宣使,召故相葉夢鼎爲少師,充太一宫使。夢鼎聞命,即航海赴之,道梗不能進,南向慟哭而還。

宋以趙溍爲江西制置使,進兵邵武;謝枋得爲江東制置使,進兵饒州;李世逵、方興等進兵浙東,吴浚爲浙東招諭使,鄒渢副之。毛統由海道至淮,約兵會合。仍詔傅卓、翟國秀等分道出兵。時枋得敗走,已不能軍。渢,吉水人也。

宋文天祥至福安,拜右丞相兼樞密使,都督諸路軍馬。天祥以國事皆決於陳宜中,議論多不合,固辭不拜,乃以爲樞密使、同都督。天祥使吕武招豪傑於江、淮,杜滸募兵於温州。

**《通鑑續編》卷二四**　詔吴浚、趙溍、傅卓、李珏、翟國秀等分道出師,興復帝室。

以楊亮節爲福建處置使。

劉黻赴召,卒於羅浮。

**《續資治通鑑》卷一八三**　巴延入朝,帝命百官郊迎以勞之。既至,拜同知樞密事,以陵州、藤州户六千爲食(巴)〔邑〕。

以董文用爲衛輝路總管。

**《元史》卷九《世祖紀六》**　六月甲子朔,敕新附三衛兵之老弱者,放還其家。

**《通鑑續編》卷二四**　大元入廣州。

**《元史》卷九《世祖紀六》**　己巳,以孔子五十三世孫曲阜縣尹孔治兼權主祀事。命東征元帥府選襄陽生券軍五百,充侍衛軍。置行户部於大名府,掌印造交鈔,通江南貿易。

庚午,敕西京僧、道、也里可温、荅失蠻等有室家者,與民一體輸賦。

辛未,命阿里海牙出征廣西,請益兵,選軍三萬俾將之。

**《續資治通鑑》卷一八三**　壬申,罷兩浙大都督府,立行尚書省於鄂州、臨安;設諸路宣慰司,以行省官爲之,並帶相銜;其立行省者,不立宣慰司。

甲戌,以《大明曆》浸差,命太子贊善王恂與江南日官置局更造新曆,以樞密副使張易董其事。易、恂奏:「今之曆家,徒知曆術,罕明曆理,宜得耆儒如許衡者商訂。」從之。詔衡赴大都。

戊寅,詔作《平金》、《平宋録》及《諸國臣服傳記》,命耶律鑄監修國史。

**《元史》卷九《世祖紀六》**　戊子,樞密院上言:「陳宜中、張世傑聚兵福建以攻我師,江西都元帥宋都帶求援。」命以安慶、蘄、黄等郡宿兵,付宋都帶將之。

己丑,宋都帶言福建魏天祐、游義榮棄家來附,以天祐爲管軍總管兼知邵武軍事,義榮遥授建寧路同知,充管軍千户。

壬辰,下詔招諭宋揚州制置李庭芝以次軍官,及通、泰、真、滁、高郵大小官員。又詔諭陳宜中、張世傑、蘇劉義、劉師勇等使降。李庭芝留朱焕守揚州,與姜才率步騎五千東走,阿朮親率百餘騎馳去,督右丞阿里、萬户劉國傑分道追及泰州西,殺步卒千人,庭芝等僅得入,遂築長圍塹而守之,阿朮獨當東南面,斷其走路。以户部尚書張澍參知政事,行中書省事於北京。

**《通鑑續編》卷二四**　詔文天祥同都督諸路軍馬。

**《元史》卷九《世祖紀六》**　秋七月乙未,行中書省左右司郎中孟祺,以亡宋金玉寶及牌印來上,命太府監收之。

丙申,淮安、寶應民流寓邳州者萬餘口,聽還其家。

丁酉,宋涪州觀察陽立子嗣榮請降詔招諭其父,從之。

**《續資治通鑑》卷一八三**　宋文天祥開府南劍州,經略江西。天祥欲還温州進取,陳宜中不從。蓋宜中棄温入閩,欲倚張世傑復浙東、西以自洗濯,故命天祥開府南劍。

**《元史》卷九《世祖紀六》**　戊戌,陞閬州爲保寧府。敕山丹城直隸省部,以達魯花赤行者仍領之。

壬寅,以李庭出征,賞其部將李承慶等鈔、馬、衣服、甲仗有差。

乙巳,朱焕以揚州降。

丁未,詔諭廣西路静江府等大小州城官吏使降。

甲寅,賜諸王孛羅印。以楊村至浮鷄泊漕渠迴遠,改從孫家務。

乙卯,宋泰州守將孫良臣與李庭芝帳下卒劉發、鄭俊開北門以降,執李庭芝、姜才,繫揚州獄。

丙辰,阿朮以總管烏馬兒等守泰州,其通、滁、高郵等處相繼來附。淮東路得州十六、縣三十三,户五十四萬二千六百二十四,口一百八萬三千二百一十七。遣使持香幣祠嶽瀆后土。以中書右丞阿里海牙爲平章政事,僉書樞密院事、淮東行樞密院别乞里迷失爲中書右丞,參知政事董文炳爲中書左丞,淮東左副都元帥塔出、兩浙大都督范文虎、江東江西大都督知江州吕師夔、淮東淮西左副都元帥陳巖並參知政事。

《續資治通鑑》卷一八三　是月，翰林侍讀學士郝經卒。

《元史》卷九《世祖紀六》　八月己巳，穿武清蒙村漕渠。敕漢軍都元帥闊闊帶、李庭將侍衛軍二千人西征。陞漷陰縣爲漷州。

乙亥，斬宋淮東制置使李庭芝、都統姜才於揚州市。

庚辰，罷襄陽統軍司。

車駕至自上都。遣太常卿脱忽思以銅爵一、豆二，獻於太廟。以四萬户總管奥魯赤參知政事。

《續資治通鑑》卷一八三　揚州既破，元兵攻真州益急。宋都統司計議趙孟錦，乘霧襲其營，少頃，霧開，營中見孟錦兵少，逐之，孟錦登舟，失足墮水死，城遂破。安撫使苗再成死之。

召阿珠入朝，賜泰興户二千爲食邑。

《元史》卷九《世祖紀六》　九月壬辰朔，命國師益憐真作佛事於太廟。

己亥，享於太廟，常饌外，益野豕、鹿、羊、蒲萄酒。

庚子，命姚樞、王磐選宋三學生之有實學者留京師，餘聽還家。

辛丑，遣瀘州屯田軍四千，轉漕重慶。

癸卯，以平宋赦天下。

乙巳，高麗國王王愖上參議中讚金方慶功，授虎符。

丙午，敕常德府歲貢包茅。

丁未，諭西川行樞密院移檄重慶，俾内附。命有司隳沿淮城壘。

乙卯，以吐蕃合答城爲寧遠府。

辛酉，召宋宗臣鄂州教授趙與(票)〔⿱票灬〕赴闕。設資戒會於京師。阿朮入覲。江淮及浙東西、湖南北等路，得府三十七、州一百二十八、關一、監一、縣七百三十三，户九百三十七萬四百七十二，口千九百七十二萬一千一十五。

《續資治通鑑》卷一八三　與⿱票灬入見，言宋敗亡之故，悉由誤用權奸，詞旨激切。帝爲之感動，即授翰林待制。

阿喇罕、董文炳及蒙古岱、索多以舟師出明州，達春及吕師夔、李恒等以騎兵出江西，分道略閩、廣。

《元史》卷九《世祖紀六》　冬十月甲子，以陳巖拔新城、丁村功，賜金五十兩，部將劉忠等賜銀有差。

乙亥，賜皇子北平王出征軍士貧乏者羊馬幣帛有差。申明以良爲娼之禁。

丁亥，兩浙宣撫使焦友直，以臨安經籍、圖畫、陰陽祕書來上。

戊子，淮西安撫使夏貴請入覲，乞令其孫貽孫權領宣撫司事，從之。

以淮東左副都元帥阿里爲平章政事，河南等路宣慰使合剌合孫爲中書右丞，兵部尚書王儀、吏部尚書兼臨安府安撫使楊鎮、河南河北道提刑按察使迷里忽辛並參知政事。參知政事陳巖行中書省事於淮東。

《續資治通鑑》卷一八三　吕師夔等將兵度梅嶺，趙溍使熊飛及曾逢龍禦之於南雄，逢龍敗死，飛走韶州。進兵圍之，守將劉自立以城降，飛率兵巷戰，兵敗，赴水死。

《元史續編》卷一　平章趙璧卒。

《元史》卷九《世祖紀六》　十一月癸巳，安西王所部軍克萬州。

《續資治通鑑》卷一八三　阿喇罕、董文炳攻處州，知州李珏以城降。〔甲辰〕宋秀王與擇偕弟與慮，子孟備及觀察使李世達、監軍趙由璫、察訪使林温、知瑞安府方洪被執，皆不屈死。

大兵破建寧府、邵武軍，宋陳宜中、張世傑備海舟奉宋主及衛王、楊太妃等登舟。時軍人十七萬，民兵三十萬，淮兵萬人，與北舟相遇，值天霧晦冥，舟得〔以〕進。

《元史》卷九《世祖紀六》　丙午，賜阿朮所部有功將士二百三十九人各銀二百五十兩。西川行院忽敦言：「所部軍士久圍重慶，逃亡者衆，乞益軍一萬，并降詔招誘逋民之在大良平者。」並從之。

壬子，賜龍答温軍有功及死事者銀鈔有差。

癸丑，併省内外諸司。

庚申，敕管民及理財之官由中書銓調，軍官由樞密院定議。隳襄漢、荆湖諸城。南平招撫使兼知峽州事趙真，請降詔招諭夔州安撫張起巖，從之。高麗國王王愖遣其臣判祕書寺朱悦，來告更名(睶)〔賰〕。

十二月辛(卯)〔酉〕朔，熒惑掩鉤鈐。以十四年曆日賜高麗。

《續資治通鑑》卷一八三　宋江西制置使趙溍棄廣州遁，副使方興亦遁。

降將王世強爲鄉導，破福安。

王剛中既降，使徇興化軍，宋知軍事陳文龍斬之而縱其副使，持書責世強、剛中負國，遂發民兵固守。阿喇罕復遣使招之，文龍復斬之。有風其納款者，文龍曰：「諸君特畏死耳，未知此生能不死乎？」乃使其部將林華禦於境上，華反爲鄉導，引兵至城下，通判曹澄孫開門降。文龍被執，勸之降，不屈，左右淩挫之，文龍指其腹曰：「此皆節義文章也，何相逼耶！」卒不屈，乃械送臨安，文龍不食死。其母繫福安尼寺，病甚，左右視之泣下，母曰：「吾與吾子同死，又何恨哉！」亦死之。衆歎曰：「有是母宜有是子！」爲收葬之。

、東、西川守將合兵萬人圍宋重慶，大肆剽掠，軍政不一，城中益得自守。宋制置使張珏領重慶之命，不能赴官，留合州以抗北軍，遣帥復瀘、涪二州，北軍以不和而潰，珏乃得入城，遣將四出，所向俱捷。珏旋遣使訪二王所在，時宋主遷播閩、廣，號令不達於四川，而川中諸將猶爲宋守。

**《元史》卷九《世祖紀六》** 十二月丁卯，改雲南蘿葡甸爲元江府路。

辛未，賜塔海所部戰士及死事者銀鈔有差。賜忽不來等戰功十九人銀千二百兩。

壬申，李思敬告運使姜毅所言悖妄，指毅妻子爲證。帝曰：「妻子豈爲證者耶？」詔勿問。

乙亥，定江南所設官府。

辛巳，以軍士圍守崇慶勞苦，賜鈔六千錠。

庚寅，詔諭浙東西、江東西、淮東西、湖南北府州軍縣官吏軍民：「昔以萬户、千户漁奪其民，致令逃散，今悉以人民歸之元籍州縣。凡管軍將校及宋官吏，有以勢力奪民田廬産業者，俾各歸其主，無主則以給附近人民之無生産者。其田租商税、茶鹽酒醋、金銀鐵冶、竹貨湖泊課程，從實辦之。凡故宋繁冗科差、聖節上供、經總制錢等百有餘件，悉除免之。」伯顏言：「張惠守宋府庫，不俟命擅啓管鑰。」詔阿朮詰其事，仍諭江之東西、浙之東西、淮之東西官吏等，檢覈新舊錢穀。除浙西、浙東、江西、江東、湖北五道宣慰使。陞江陵爲上路。瑞安府仍爲温州。隴州爲散府。薊州復置豐閏縣。陞臨洮渭源堡爲縣。賜諸王金、銀、幣、帛如歲例。賜諸王乃蠻帶等羊馬價。賞阿朮等戰功，及賜降臣吴堅、夏貴等銀、鈔、幣、帛各有差。賜伯顏、阿朮等青鼠、銀鼠、黄鼬只孫衣，餘功臣賜豹裘、獐裘及皮衣帽各有差。

是歲，東平、濟南、泰安、德州、漣海、清河、平灤、西京西三州以水旱缺食，賑軍民站户米二十二萬五千五百六十石，粟四萬七千七百十二石，鈔四千二百八十二錠有奇。平陽路旱，濟寧路及高麗瀋州水，並免今年田租。斷死罪三十四人。

**《續資治通鑑》卷一八三** 行省雲南賽音諤德齊以所改郡縣上聞。

宋主在惠州，甲子，遣倪堅奉表詣軍前請降。踰時，索多命其子元帥伯嘉努偕堅赴大都。

以哈坦、奇爾濟蘇領東川行樞密使，攻合州，布哈、李德輝領西川行樞密院，攻重慶，仍令德輝留成都給軍食。

**《元史續編》卷一** 以姚樞爲翰林學士承旨，趙與票爲待制。

置江淮行省。治揚州。

置五道宣慰司，時平宋，通得江淮、浙東西、湖南北等路三十七，州一百二十八，關、監各一，縣七百三十二，户九百三十七萬四百七十二，口一千九百七十二萬一千一十五。乃分浙東西、江東西、湖北爲五道，道置宣慰司。立通政院。國初，制驛傳，設托克托和斯以辨奸僞。至元初，立諸站都統領使司以總之。至是改爲通政院。明年，上都又置分院。

立提舉學校所。

## 至元一四年、宋景炎二年（丁丑、一二七七）

**《元史新編》卷五** 春正月癸巳，進軍廣東，宋循、梅二州守臣劉興錢榮之迎降。新會令曾逢龍、東莞義民熊飛戰死。

**《元史》卷九《世祖紀六》** 丙申，以江南平，百姓疲於供軍，免諸路今歲所納絲銀。賜嗣漢天師張宗演演道靈應沖和真人，領江南諸路道教。

**《續資治通鑑》卷一八三** 兵下汀關，宋文天祥欲據城拒戰，汀守黄去疾聞宋主航海，擁兵有異志，天祥乃移軍漳州。

**《元史》卷九《世祖紀六》** 戊戌，高麗金方慶等爲亂，命高麗王治之，仍命忻都、洪茶丘飭兵禦備。

癸卯，復立諸道提刑按察司。

甲辰，命阿朮選鋭軍萬人赴闕。

丁未，知梅州錢榮之以城降。

戊申，賜三衛軍士之貧乏者八千三百五十二人，各鈔二錠、幣十四。

己酉，賜耶律鑄鈔千錠。

**《續資治通鑑》卷一八三** 甲寅，敕：「宋福王趙與芮家資之在杭、越者，有司輦至京師，付其家。」

《元史》卷九《世祖紀六》　丙辰，立建都、羅羅斯四路，守戍烏木等處，並置官屬。

己未，以白玉、碧玉、水晶爵六，獻於太廟。括上都、隆興、北京、西京四路獵户二千爲兵。置江淮等路都轉運鹽使司，及江淮榷茶都轉運使司。命嗣漢天師張宗演修周天醮於長春宫，宗演還江南，以其弟子張留孫留京師。

二月辛酉，命征東都元帥洪茶丘將兵二千赴上都。

壬戌，瑞州安撫姚文龍率張文顯來降，其家屬爲宋人所害，賜文龍、文顯等鈔有差。

甲子，遣使代祀嶽瀆后土。

丙寅，改安西王傅銅印爲銀印。立永昌路山丹城等驛，仍給鈔千錠爲本，俾取息以給驛傳之須。諸王只必鐵木兒言：「永昌路驛百二十户，疲於供給，質妻孥以應役。」詔賜鈔百八十錠贖還之。

丁卯，荆湖北道宣慰使塔海拔歸州山寨四十七所。

戊辰，祀先農東郊。

甲戌，西川行院不花率衆數萬至重慶，營浮屠關，造梯衝將攻之，其夜都統趙安以城降。張珏艤船江中，與其妻妾順流走涪州，元帥張德潤以舟師邀之，珏遂降。車駕幸上都。

辛巳，命北京選福住所統軍三百赴上都。

《元史新編》卷五　壬午，墮江西諸城，惟隆興、濱江仍舊。

《元史》卷九《世祖紀六》　丙戌，連州守過元龍已降復叛，塔海將兵討之，元龍棄城遁。

丁亥，知南恩州陳堯道、僉判林叔虎以城降。詔以僧亢吉祥、怜真加加瓦並爲江南總攝，掌釋教，除僧租賦，禁擾寺宇者。以大司農、御史大夫、宣徽使兼領侍儀司事孛羅爲樞密副使，兼宣徽使，領侍儀司事。

《通鑑續編》卷二四　大元改福安府爲福州，以潛説友爲宣慰使，王積翁爲副使以守之。大元徇廣州，縣人趙若岡以城降，廣東諸郡皆降之。吴浚降於大元，文天祥誅之。大元兵至瑞金，浚降之，因爲大元至漳州説天祥降，天祥責以大義，縊殺之。

《元史》卷九《世祖紀六》　三月庚寅朔，以冬無雨雪，春澤未繼，遣使問便民之事於翰林國史院，耶律鑄、姚樞、王磐、竇默等對曰：「足食之道，唯節浮費，靡穀之多，無踰醪醴麯糵。況自周、漢以來，嘗有明禁。祈賽神社，費亦不貲，宜一切禁止。」從之。

辛卯，湖廣行中書省言：「廣西二十四郡並已内附，議復行中書省於潭州，置廣南西路宣撫司於静江。」詔鄭鼎所將侍衛軍萬人還京師，崔斌、阿里海牙同駐静江，忽都鐵木兒、鄭鼎同駐鄂漢，賈居貞、脱博忽魯秃花同駐潭州。

癸巳，以行都水監兼行漕運司事。

甲午，以鄭鼎所部軍士撫定静江之勞，命還家少休，期六月赴上都。

《元史新編》卷五　乙未，宋建寧、漳、泉等郡守臣邱德傳、李珏、郭贊、李公度皆以城降。

《元史》卷九《世祖紀六》　丁酉，括馬三萬二千二百六匹，孕駒者還其主。

壬寅，廣東肇慶府新封等州皆來降。

癸卯，壽昌府張之綱以從叛棄市。

乙巳，命中外軍民官所佩金銀符，以色組繫於肩腋，庶無褻瀆，具爲令。

庚戌，建寧府通判郭纘以城降。黄州歸附官史勝入覲，以所部將校于躍等三十一人戰功聞，命官之。僉書東西川行樞密院事昝順言：「比遣同知隆州事趙孟烯齎詔招諭南平軍都掌蠻、羅計蠻及鳳凰、中壠、羅韋、高崖等四寨皆降。田、楊二家，家鵝夷民，亦各遣使納款。」

壬子，寶應軍人施福殺其守將，降於淮東都元帥府，詔以福爲千户，佩金符。

癸丑，命汪惟正自東川移鎮鞏昌。行中書省承制，以閩浙温、處、台、福、泉、汀、漳、劍、建寧、邵武、興化等郡降官，各治其郡。潭州行省遣使上言：「廣南西路慶遠、鬱林、昭、賀、藤、梧、融、賓、柳、象、邕、廉、容、貴、潯皆降，得府一、州十四。」復立襄陽府襄陽縣。平章政事、浙西道宣慰使阿塔海爲平章政事，行中書省事於江淮；郡王合答爲平章政事，行中書省事於北京。

《續資治通鑑》卷一八三　宋文天祥復梅州。

李雄殺潛説友。

宋陳瓚舉兵誅林華，復興化軍。瓚，文龍從子也。

《元史新編》卷五　夏四月甲子，宋特磨道將軍農士貴、安平州李惟屏、來安州岑從毅以所屬溪洞百四十七來附。

癸酉，省各路轉運司入總管府，設鹽轉運司四，置榷場於碉門、黎州，與吐蕃貿易。

丙戌，禁江南行用銅錢。

《元史》卷九《世祖紀六》　丙子，召安撫趙與可、宣撫陳巖入覲。

丙戌,禁江南行用銅錢。均州復立南漳縣。

**《續資治通鑑》卷一八三** 宋文天祥引兵自梅州出江西,吉、贛兵皆會之,遂復會昌縣。

**《通鑑續編》卷二四** 文天祥復興國縣。

廣東制置使張鎮孫復廣州,梁雄飛出走。

**《續資治通鑑》卷一八三** 五月癸巳,申嚴大都酒禁,犯者籍其家資,散之貧民。

**《元史》卷九《世祖紀六》** 辛丑,千户合剌合孫死於渾都海之戰,命其子忽都帶兒襲職。

癸卯,改廣南西路宣撫司爲宣慰司。廣西欽、横二州改立安撫司。各道提刑按察司兼勸農事。敕江南歸附官,三品以上者遣質子一人入侍。西番長阿立丁甯占等三十一族來附,得户四萬七百。

丙(子)〔午〕,融州安撫使譚昌謀爲不軌,伏誅。

**《續資治通鑑》卷一八三** 廉希憲至上都,太常卿田忠良來問疾。

辛亥,以河南、山東水旱,除河泊課,聽民自漁。

乙卯,選蒙古、漢軍相參宿衛。

**《元史》卷九《世祖紀六》** 詔諭思州安撫使田景賢。又詔諭瀘州西南番蠻王阿永,筠連、騰串等處諸族蠻夷,使其來附。命真人李德和代祀濟瀆。

**《通鑑續編》卷二四** 大元立門下省。大元中書平章政事廉希憲卒。

**《元史續編》卷一** 宋張世傑復潮州。尋復邵武,文天祥復使趙時賞等復吉、贛諸縣,遂圍贛州。西南蠻夷來附。四川僉院昝順言比遣隆州同知趙孟烯招諭南平軍,都掌蠻、羅計蠻及鳳凰、中隴、羅韋、高崖四砦皆降。既而,思州安撫使田景賢、播州安撫使楊邦憲,特磨道將軍儂士貴、知安平州李惟屏、知來安州岑從毅等皆來附。邦憲言:「本族自唐至宋,世守此土,將五百年。昨奉旨許令仍舊,乞降璽書。」從之。而儂士貴等所屬溪峒凡一百四十七,户二十五萬六千。西番酋長阿立丁、甯占等三十六族亦來歸欵。

**《續資治通鑑》卷一八三** 六月辛酉,宋文天祥軍入雩都。

丙寅,宋涪州安撫楊立及其子嗣榮相繼降,命立爲夔路安撫使,嗣榮爲管軍都統。

**《元史》卷九《世祖紀六》** 壬(寅)〔申〕,賞征廣戰死之家銀各五十兩。

丁丑,置尚膳院,秩三品,以提點尚食、尚藥局忽林失爲尚膳使,其屬司有七。

庚辰,賞陽立所部戰士鈔千錠。

甲申,荆湖北道宣慰使黑的得諜者,言夔府將出兵攻荆南。諭陽立等與塔海會兵禦之。

丁亥,陞崇明沙爲崇明州。以行省參政、行江東道宣慰使阿剌罕爲中書左丞、行江東道宣慰使,湖北道宣慰使奥魯赤參知政事、行湖北道宣慰使。

秋七月戊子朔,罷大名、濟寧印鈔局。

**《續資治通鑑》卷一八三** 壬辰,敕犯盜者皆棄市。符寶郎董文忠,言盜有强竊,贓有多寡,似難悉置於法,帝然其言,遽命止之。

**《元史》卷九《世祖紀六》** 丁酉,敕自今非佩符使臣及軍情急速,不聽乘傳。

戊戌,申禁羊馬羣之在北者,八月内毋縱出北口諸隘踐食京畿之禾,犯者没其畜。

**《續資治通鑑》卷一八三** 漕司議通沁水,使東流合御河以便漕,董文用曰:「衛爲郡,地最下,大雨時行,沁輒溢出百十里間,雨更甚,水不得達於河,即浸淫及衛。今又道之使來,豈惟無衛,將無大名、長蘆矣。」會朝議遣使相地形,文用上言:「衛州城中浮圖最高者,纔與沁水平,勢不可開也。」事得寢不行。

癸卯,諸王錫里濟劫北平王於阿里瑪圖之地,械繫右丞相安圖脅諸王以叛,使通好於哈都。哈都弗納,遂率兵至和林城北。帝命巴延率軍往禦之。

乙巳,宋張世傑自將淮兵討蒲壽庚。時汀、漳諸路劇盜陳弔眼及畲婦許夫人所統諸峒畲軍皆會,兵勢稍振,壽庚閉城自守。世傑遂傳檄諸路,陳瓚起家丁,召募五百人應世傑,世傑遣將高日新復邵武軍。

淮兵在福州者,謀殺王積翁以應張世傑,事覺,皆爲積翁所殺。

丙午,置御史臺於揚州,以都元帥姜衛爲御史大夫,置八道提刑按察司。衛曰:「陛下以臣爲耳目,臣以監察御史、按察司爲耳目,倘非其人,是人之耳目先自閉塞,下情何由上達!」帝嘉之,命御史臺清其選,每除目至,必集幕僚、御史議其可否,不協公論者,即劾去之。

**《元史》卷九《世祖紀六》** 戊申,東川都元帥張德潤等攻取涪州,大敗之,擒安撫程聰、陳廣。置行中書省於江西,以參知政事、行江西宣慰使麥朮丁爲左丞,淮東宣慰使徹里帖木兒、江東宣慰使張榮實、江西宣慰使李恒、招討使也的迷失、萬户昔里門、荆湖路宣撫使程鵬飛、閩廣大都督兵馬招討使蒲壽庚並參知政事，行江西省事。

**《元史新編》卷五**　壬子，榷大都商稅

**《元史》卷九《世祖紀》六**　丁巳，湖北宣慰司調兵攻司空山，復壽昌、黄州二郡。賜平宋將帥軍士及簡州軍士廣西死事者銀鈔各有差。回水窩淵聖廣源王加封善佑，常山靈濟昭應王加封廣惠，安丘雹泉靈霈侯追封靈霈公。以參知政事、行江東道宣慰使吕文焕爲中書左丞。

**《續資治通鑑》卷一八三**　詔皇子安西王北征。命王相商挺曰：「關中事有不便者，可悉更張之。」挺進十策於王，曰睦親鄰，安人心，敬民時，備不虞，厚民生，一事權，清心源，謹自治，固根本，察下情。王爲置酒嘉納。

**《元史》卷九《世祖紀六》**　八月戊午朔，詔不花行院西川。

丁卯，成都路倉收羨餘五千石，按察司已治其罪，命以其米就給西川兵。

辛未，常德府總管魯希文與李三俊結搆爲亂，事覺，命行省誅之。車駕畋於上都之北。

**《元史》卷九《世祖紀六》**　九月壬辰，製鑌鐵海青圓符。

丙申，廣南東路廣、連、韶、德慶、惠、潮、南雄、英德等郡皆内附。

甲辰，福建行省以宋二王在其疆境，調都督忙兀帶、招討高興領兵討之。昂吉兒、忻都、唐兀帶等引兵攻司空山寨，破之，殺張德興，執其三子以歸。

**《續資治通鑑》卷一八三**　戊申，頁特密實破邵武軍，入福安。宋主舟次廣之淺灣。命達春與李恒、吕師夔等以步卒入大庾嶺，蒙古岱、索多、蒲壽庚及元帥劉深等以舟師下海，合追宋二王。

宋張世傑使謝洪永進攻泉州南門，不利。蒲壽庚復陰賂畬軍，攻城不力，得間道求救於索多。至是索多來援，世傑解圍，還淺灣。

昂吉爾等將兵襲司空山寨，破之。黄州復破，殺張德興，執其子以去。傅高變姓名出走，尋被獲，死之。

**《元史》卷九《世祖紀六》**　壬子，福建路宣慰使、行征南都元帥唆都，遣招討使百家奴、丁廣取建寧之崇安等縣及南劍州。

**《通鑑續編》卷二四**　大元伊蘇岱爾復圍重慶府。

**《元史續編》卷一**　諸王錫里濟叛，命右丞相巴延討平之。

**《續資治通鑑》卷一八三**　冬十月己未，饗於太廟。

宋以陸秀夫同簽書樞密院事。秀夫之謫，張世傑讓陳宜中曰：「此何如時，動以臺諫論人。」宜中惶恐，亟召秀夫還行朝。時播越海濱，庶事疏略，楊太妃垂簾與羣臣語，猶自稱奴。每時節朝會，獨秀夫儼然正笏立如治朝，或時在行中凄然泣下，以朝衣拭淚，衣盡濕，左右無不悲慟者。

**《元史》卷九《世祖紀六》**　庚申，湖北宣慰使塔海略地至夔府之太原坪，禽其將，誅之。

辛酉，弛蓋州獵禁。

乙亥，以宋張世傑、文天祥猶未降，命阿塔海選鋭兵防遏隆興諸城。禁無籍軍隨大軍剽掠者，勿過關渡。

己卯，降臣郭曉、魏象祖入覲，賜幣帛有差。

壬午，置宣慰司於黄州。

**《通鑑續編》卷二四**　瀘州降於大元，知州王世昌死之。

**《元史續編》卷一**　托爾楚圍廣州，張鎮孫降。

**《續資治通鑑》卷一八三**　甲申，以行省參政呼圖特穆爾、崔斌並爲中書左丞，鄂州達嚕噶齊張鼎，湖北宣慰使賈居貞並參知政事。

索多至興化，宋陳瓚閉城堅守。索多臨城諭之，矢石雨下，乃造雲梯，礮石攻破其城。瓚以死自誓，巷戰終日。獲瓚，車裂之，屠其民，血流有聲。

**《元史新編》卷五**　十一月戊子，文天祥與其徒趙孟濚復起兵，行省發兵攻之。孟濚被殺，天祥僅以身免。執其妻子赴京師。

**《元史》卷九《世祖紀六》**　右副都元帥張德潤上涪州功，賜鈔千錠。

**《續資治通鑑》卷一八三**　達春令索多取道泉州泛海，會於廣之富場。索多取興化軍及漳州，進攻潮州，守臣馬發竭力拒守，恐失期，舍之去。至惠州，與吕師夔合軍趣廣州。

〔庚寅〕，制置使張鎮孫及侍郎譚應斗以城降，達春遂隳廣州城。

詔：「凡僞造寶鈔，同情者並死；其分用者減死，杖之。具爲令。」

庚子，以吏部尚書巴圖魯鼎參知政事。

命中書省檄諭中外：「江南既平，宋宜曰『亡宋』，行在宜曰『杭州』。」

時軍士俘温、台民男女數千口，浙東宣慰使陳祜新至，悉奪還之。未幾，行省榷民商酒税，祜請曰：「兵火之餘，傷殘之民，宜從寬卹。」不報。遣祜檢覆慶元、台州民田，及還，至新昌，值玉山鄉盜，倉猝不及爲備，遂遇害。

**《通鑑續編》卷二四**　大元劉深以舟師襲淺灣，帝舟遷於秀山。陳宜中如占

城，遂不復。

《元史》卷九《世祖紀六》 十二月丙辰，置中灤、唐村、淇門驛。

《元史新編》卷五 丁卯，以大都物價翔踊，發官廪萬石振糶貧民。

庚午，梁山軍袁世安以其城及金石城軍民來降。

《元史》卷九《世祖紀六》 壬申，潭州行省復祁陽縣。斬首賊羅飛，餘黨悉平。

乙亥，都元帥楊文安攻咸淳府克之。以十五年曆日賜高麗國。以參議中書省事耿仁參知政事。冠州及永年縣水，免今年田租。導任河，復民田三千餘頃。賜諸王金、銀、幣、帛等物如歲例。賜諸王也不干、燕帖木兒等五百二十九人羊馬價鈔八千四百五十二錠。賞拜答兒等千三百五十五人戰功，金百兩、銀萬五千一百兩，鈔百三十錠及納失失、金素幣帛、貂鼠豹裘、衣帽有差。

《續資治通鑑》卷一八三 丙子，宋主至井澳，颶風大作，舟敗，幾溺。

是歲，遣使徵緬甸朝貢，不從，率衆侵擾永昌。雲南行省遣兵伐之，降其砦三百餘而還。

《通鑑續編》卷二四 安南國王陳光昺卒，子日烜立。羅施鬼國降於大元。大元納蘇拉迪音伐緬。

《元史續編》卷一 以耶律希亮爲吏部尚書。立諸路市舶司。

《元史》卷九《世祖紀六》 是歲，賑東平、濟南等郡饑民，米二萬一千六百十七石、粟二萬八千六百十三石、鈔萬一百十二錠。斷死罪三十二人。

## 至元一五年、宋景炎三年（戊寅、一二七八）

《元史》卷一〇《世祖紀七》 春正月辛卯，阿老瓦丁將兵戍斡端，給米三千石、鈔三十錠。以千户鄭鄩有戰功，陞萬户，佩虎符。

《續資治通鑑》卷一八三 癸巳，西京饑，發粟賑之，仍諭阿哈瑪特廣貯積以備闕乏。

《元史》卷一〇《世祖紀七》 己亥，收括闌遺官也先、闊闊帶等坐易官馬、闌遺人畜，免其罪，以諸路州縣管民官兼領其事。官吏隱匿及擅易馬匹、私配婦人者，没其家。禁官吏軍民賣所娶江南良家子女及爲娼者，賣、買者兩罪之，官没其直，人復爲良。賜湖州長興縣金沙泉名爲瑞應泉。金沙泉不常出。唐時用此水造紫筍茶進貢，有司具牲幣祭之，始得水，事訖輒涸。宋末屢加浚治，泉迄不出。至是中書省遣官致祭，一夕水溢，可溉田千畝。安撫司以事聞，故賜今名。封磁州神崔府君爲齊聖廣佑王。

壬寅，弛女直、水達達酒禁。

丙午，安西王相府言：「萬户禿滿答兒、郝札剌不花等攻克瀘州，斬其主將王世昌、李都統。」

《續資治通鑑》卷一八三 戊申，從阿哈瑪特請，自今御史臺非白於省，毋擅召倉庫吏，亦毋究錢穀數，及集議中書不至者，罪之。

《元史》卷一〇《世祖紀七》 授宋福王趙與芮金紫光禄大夫、檢校大司農、平原郡公。

庚戌，東川副都元帥張德(閏)〔潤〕大敗涪州兵，斬州將王明及其子忠訓、總轄韓文廣、張遇春。詔軍官不能撫治軍士及役擾致逃亡者，没其家貲之半。以阿你哥爲大司徒，兼領將作院。

《續資治通鑑》卷一八三 布哈督汪良臣等兵入重慶。

《元史續編》卷一 定軍官承襲之制。凡有功陞秩者，元職令他有功者居之，不得令子姪復代，陣亡者始得承襲，病死者降一等。總把、百户，老死者不襲，臨陣中傷還營病故者，與陣亡同。

詔罷諸道提刑按察司，既而復置。

《通鑑續編》卷二四 張世傑遣師討雷州，不克。

《元史》卷一〇《世祖紀七》 二月戊午，祀先農。蒙古胄子代耕籍田。

癸亥，咸淳府等郡及(大)〔太〕良平民户饑，以鈔千錠賑之。命平章政事阿塔海、阿里選擇江南廉能之官，去其冗員與不勝任者。復立河中府萬泉縣。

辛未，以川蜀地多嵐瘴，弛酒禁。

庚辰，征别十八里軍士，免其徭役。

《續資治通鑑》卷一八四 呂師夔以張鎮孫及其妻子赴燕，鎮孫自經死。

《元史》卷一〇《世祖紀七》 壬午，參知政事、福建路宣慰使唆都率師攻潮州，破之。置太史院，命太子贊善王恂掌院事，工部郎中郭守敬副之，集賢大學士兼國子祭酒許衡領焉。改華亭縣爲松江府。

遣使代祀嶽瀆。

以參知政事夏貴、范文虎、陳巖並爲中書左丞，黄州路宣慰使唐兀帶、史弼並參知政事。

三月乙酉，詔蒙古帶、唆都、蒲壽庚行中書省事於福州，鎮撫瀕海諸郡。以沿海經略副使合剌帶領舟師南征，陞經略使兼左副都元帥，佩虎符。

己丑，行中書省請考覈行御史臺文卷，不從。

甲午，西川行樞密院招降西蜀、重慶等處，得府三、州六、軍一、監一、縣二十、栅四十、蠻夷一。

**《續資治通鑑》卷一八四**　乙未，命揚州行省選特穆爾布哈所部兵助隆興進討。

**《元史》卷一〇《世祖紀七》**　宋廣王昺遣倪堅以表來上，令俟命大都。

**《續資治通鑑》卷一八四**　丁酉，命達哈毁夔府城壁。

**《元史》卷一〇《世祖紀七》**　戊戌，劉宗純據德慶府，梧州萬户朱國寶攻之，焚其寨栅，遂拔德慶。詔中書左丞吕文焕遣官招宋生、熟券軍，堪爲軍者，月給錢糧；不堪者，給牛屯田。

庚子，漢軍都元帥李庭自願將兵擊張世傑，從之。西川行樞密院招宜勝、土恢等城及石榴寨，相繼來降。

壬寅，以諸路歲比不登，免今年田租、絲銀。

癸卯，都元帥楊文安遣兵攻克紹慶，執其郡守鮮龍，命斬之。

乙巳，廣南西道宣慰司遣管軍總崔永、千户劉潭、王德用招降雷、化、高三州，即以永等鎮守之。宋張世傑、蘇劉義挾廣王昺奔(碙)〔硇〕洲。參知政事密立忽辛、張守智並行大司農司事。

**《續資治通鑑》卷一八四**　宋文天祥以弟璧及母在惠州，乃趨之，行收兵出海豐縣，遂次於麗江浦。

宋都統凌震及轉運判官王道夫復廣州。

宋主遷駐硇洲，曾淵子至自雷州，以爲參知政事、廣西宣諭使。時淵子起兵據雷州，元帥府諭降，不聽，進兵攻之。淵子奔至硇洲，遂有是命。

**《通鑑續編》卷二四**　大元以張弘範爲都元帥，李恒副之，帥師入閩廣。

**《元史》卷一〇《世祖紀七》**　夏四月乙卯，命元帥劉國傑將萬人北征，賜將士鈔二萬六百七十一錠。修會川縣盤古王祠，祀之。

**《續資治通鑑》卷一八四**　丙辰，詔以雲南疆土曠遠，未降者多，簽軍萬人進討。

**《元史新編》卷五**　戊午，以江南土寇竊發，遣官分道撫治，檢覈錢穀，察郡縣災傷。吏廉能者舉以聞，其貪殘不勝任者劾罷。

**《元史》卷一〇《世祖紀七》**　甲子，命不花留鎮西川，汪惟正率獲功蒙古、漢軍官及降臣入覲，大都巡軍之戍西川者遣還。立雲南、湖南二轉運司。以時雨霑足，稍弛酒禁，民之衰疾飲藥者，官爲醖釀量給之。

**《續資治通鑑》卷一八四**　戊辰，宋主殂於硇洲，年十一。羣臣多欲散去，陸秀夫曰：「度宗皇帝一子尚在，將焉置之！古人有以一旅以成中興者，今百官有司皆具，士卒數萬，天若未欲絶宋，此豈不可爲國耶！」乃與衆共立衛王昺，年八歲矣。方登壇，禮畢，御輦所向有黄龍自海中見，既入宫，雲陰不絶。上前主謚曰裕文昭武愍孝皇帝，廟號端宗。楊太妃仍同聽政。

時陳宜中入占城，日候其還朝，竟不至。張世傑秉政而秀夫裨助之，外籌軍旅，内調工役，凡有述作，盡出其手，雖匆遽流離中，猶日書《大學章句》以勸講。

**《元史》卷一〇《世祖紀七》**　辛未，置光禄寺，以同知宣徽院事秃剌鐵木兒爲光禄卿。廣州張鎮孫叛，犯廣州，守將(張)〔梁〕雄飛棄城走，出兵臨之，鎮孫乞降，命遣鎮孫及其妻赴京師。

丁丑，雲南行省招降臨安、白衣、和泥分地城寨一百九所，威楚、金齒、落落分地城寨軍民三萬二千二百，秃老蠻、高州、筠連州等城寨十九所。

**《續資治通鑑》卷一八四**　庚辰，遣使至杭州，取在官書籍板刻至京師，從許衡之言也。

壬午，立行中書省於建康府。

**《元史》卷一〇《世祖紀七》**　中書左丞崔斌言：「比以江南官冗，委任非人，命阿里等沙汰之，而阿合馬溺於私愛，一門子弟，並爲要官。」詔並黜之。又言：「阿老瓦丁，臺臣劾其侵欺官錢，事猶未竟，今復授江淮參政，不可。」詔止其行。敕自今罷免之官，宰執爲宣慰，宣慰爲路官，路官爲州官。淮、浙鹽課直隸行省，宣慰司官勿預。改北京行省爲宣慰司。追江南工匠官虎符。

**《續資治通鑑》卷一八四**　五月癸未朔，詔翰林學士和爾果斯：「今後進用宰執及主兵重臣，其與儒臣老者同議。」

宋改元祥興。時硇洲糧少，乃遣人徵糧於瓊州，海道灘水淺急，艱於轉運，別取道杏磊浦以進，雷州總管蒙古特以兵邀擊之。

宋升硇洲爲翔龍縣。

宋遣張應科、王用將兵取雷州，應科三戰不利，用遂降。

**《元史》卷一〇《世祖紀七》** 乙酉，行中書言：「近討邵武、建昌、吉、撫等巖洞山寨，獲聶大老、戴巽子，餘黨皆下。獨張世傑據碙洲，攻傍郡，未易平，擬遣宣慰使史格進討。」詔以也速海牙總制之。敕：「主兵官若已擢授，其舊職宜別授有功者，勿復以子孫承襲。」申嚴無籍軍虜掠及傭奴代軍之禁。

甲午，諸職官犯罪，受宣者聞奏，受敕者從行臺處之，受省札者按察司治之。其宣慰司官吏，姦邪非違及文移案牘，從本道提刑按察司磨刷。應有死罪，有司勘問明白，提刑按察司審覆無冤，依例結案，類奏待命。自行中書以下應行公務，小事限七日，中事十五日，大事三十日。選江南鋭軍爲侍衛親軍。

乙未，以烏蒙路隸雲南行省，仍詔諭烏蒙路總管阿牟，置立站驛，修治道路，其一應事務並聽行省平章賽典赤節制。立川蜀水驛，自敘州達荆南府。

**《續資治通鑑》卷一八四** 己亥，江東道按察使阿巴齊，求宣慰使呂文焕金銀器皿及宅舍、子女，不獲，誣其私匿兵仗，詔行臺大夫姜衛詰之。事白，免阿巴齊官。

**《元史》卷一〇《世祖紀七》** 辛亥，制授張留孫江南諸路道教都提點。賜拱衛司官及其所部四百五十人鈔二千六十錠。

**《元史新編》卷五** 六月乙卯，升西番李唐城爲州。

**《續資治通鑑》卷一八四** 丁巳，宋張應科收兵復戰，敗死。張世傑悉衆圍城，城中絶糧，士食草，史格漕欽、廉、高、化諸州糧以給之。世傑引還。

己未，宋主遷駐新會之厓山。時諸軍泊雷、化犬牙處，而厓山在新會縣南八十里大海中，與石山對立如兩扉，故有鎮戍。張世傑以爲天險可守，乃遣人入山伐木，造行宫三十間，軍屋三千間，正殿曰慈元，楊太妃居之。升廣州爲翔龍府。時官民兵尚二十餘萬，多居於舟，資糧取辦於廣右諸郡、海外四州；復刷人匠造舟楫，製器械，至十月始罷。

**《元史》卷一〇《世祖紀七》** 庚申，敕博兒赤、答剌赤及司糧、司幣等官並勿授符，已授者收之。

壬戌，賜瀘州降臣薛旺等鈔有差。

丙寅，以江南防拓關隘一十三所設官太冗，選軍民官廉能者各一人分領。陞濟南府爲濟南路，降西涼府爲西涼州。

丁卯，置甘州和糴提舉司，以備給軍餉、賑貧民。



甲戌，詔汰江南冗官。江南元設淮東、湖南、隆興、福建四省，以隆興併入福建。其宣慰司十一道，除額設員數外，餘並罷去。仍削去各官舊帶相銜。罷茶運司及營田司，以其事隸本道宣慰司。罷漕運司，以其事隸行中書省。各路總管府依驗户數多寡，以上中下三等設官。宋故官應入仕者，付吏部録用。以史塔剌渾、唐兀帶驟陞執政，忙古帶任無爲軍達魯花赤，復遥領黄州宣慰使，並罷之。時淮西宣慰使昂吉兒入覲，言江南官吏太冗，故有是命。帝諭昂吉兒曰：「宰相明天道、察地理、盡人事，能兼此三者，乃爲稱職。爾縱有功，宰相非可覬者。回回人中阿合馬才任宰相，阿里年少亦精敏，南人如呂文焕、范文虎率衆來歸，或可以相位處之。」又顧謂左右曰：「汝可諭姚樞等，江南官吏太冗，此卿輩所知，而皆未嘗言，昂吉兒乃爲朕言之。」近侍劉鐵木兒因言：「阿里海牙屬吏張鼎，今亦參知政事。」詔即罷去。遂命平章政事哈伯等諭中書省、樞密院、御史臺：「翰林院及諸南儒今爲宰相、宣慰，及各路達魯花赤佩虎符者，俱多謬濫，其議所以減汰之者。凡小大政事，順民之心所欲者行之，所不欲者罷之。」

**《續資治通鑑》卷一八四** 乙亥，敕省、院、臺、諸司應聞奏事必由起居注。

**《元史》卷一〇《世祖紀七》** 丁丑，太廟殿柱朽腐，命太常少卿伯麻思告於太室，乃易之。

戊寅，全州西延溪洞傜蠻二十所内附。

己卯，發蒙古軍千人從江東宣慰使張弘範由海道討宋餘衆。參知政事蒙古帶請頒詔招宋廣王昺及張世傑等，不從。

庚辰，處州張三八、章焱、季文龍等爲亂，行省遣宣慰使謁只里率兵討之。

辛巳，達實都收括中興等路闌遺。安南國王陳光昞遣使奉表來貢。

**《續資治通鑑》卷一八四** 秋七月，宋湖南制置司張烈良及提刑劉應龍，起兵以應厓山，雷、瓊、全、永與潭屬縣之民周隆、賀十二等咸應之，大者衆數萬，小者不下數千。帝命阿爾哈雅往討，獲周隆、賀十二，斬之。烈良等舉宗及餘兵奔思州烏羅洞，爲官軍所襲，皆戰死。

阿爾哈雅略地海外，唯瓊州安撫趙與珞及冉安國、黄之傑等率兵拒於白沙口，相約固守，以死自誓，日望援兵不至，其南寧、萬安、吉陽諸州縣及八蕃、羅甸諸蠻皆附。

阿哈瑪特奏立江西榷茶運司及諸路轉運(監)〔鹽〕使司、宣課提舉司，宣課司官吏多至五百餘人。

**《元史新編》卷五**　甲申，增行臺監察御史四員。江南湖北道、嶺南廣西道、福建廣東道竝設提刑按察司，改京兆府爲安西府，大倉爲御廩，資成庫爲尚用監，并皮貨局入總管府。

丙申，復建行省於贛州，轄福建、江西、廣東諸道。

**《元史》卷一〇《世祖紀七》**　賜親王愛牙赤所部建都戍軍貧之者鈔千二百七十七錠。

乙酉，改江南諸路總管府爲散府者七，爲州者一，散府爲州者二。

**《續資治通鑑》卷一八四**　丙戌，以江南事繁，行省官未有知書者，恐於吏治未便，分命崔斌至揚州行省，張守智至潭州行省。阿哈瑪特惡崔斌，不欲其在内，故因事出之。

**《元史》卷一〇《世祖紀七》**　丁亥，詔虎符舊用畏吾字，今易以國字。

癸巳，以塔海征夔軍旅之還戍者，及揚州、江西舟師，悉付水軍萬户張榮實將之，守禦江口。

**《續資治通鑑》卷一八四**　丙申，以達春、吕師夔、賈居貞行中書事於贛州，福建、江西、廣東皆隸焉。

**《元史》卷一〇《世祖紀七》**　丁酉，賜江西軍與張世傑力戰者三十人，各銀五十兩。以江西參知政事李恒爲都元帥，將蒙古、漢軍征廣。命揚州行中書省分軍三千付李恒。復上都守(成)[城]軍二千人爲民。

壬寅，改鑄高麗王王愖駙馬印。

丙午，改開元宣撫司爲宣慰司，太倉爲御廩，資成庫爲尚用監，皮貨局入總管府。定江南俸禄職田。

戊申，濮州蝗。

己酉，禁使人經行納憐驛。

辛亥，改京兆府爲安西府。以參知政事李恒爲蒙古、漢軍都元帥，忙古帶爲福建路宣慰使，張榮實、張鼎並爲湖北道宣慰使，也的迷失爲招討使。

**《續資治通鑑》卷一八四**　詔江南、浙西等處，毋非理征民。時諸將市功，且利俘獲，往往濫及無辜，或强籍新民以爲奴隸。令出，得還爲民者數千人。建漢祖天師正一祠於大都，令張留孫居之。

**《元史》卷一〇《世祖紀七》**　八月壬子朔，追毁宋故官所受告身。以嘉定、重慶、夔府既平，還侍衛親軍歸本司。遣禮部尚書柴椿等使安南國，詔切責之，仍俾其來朝。

丁巳，沿海經略司、行左副都元帥劉深言：「福州安撫使王積翁既已降附，復通謀於張世傑。」積翁上言：「兵力單弱，若不暫從，恐爲闔郡生靈之患。」詔原其罪。

壬戌，有首高興匿宋金者，詔置勿問。兩淮運糧五萬石賑泉州軍民。

乙丑，濟南總管張宏以代輸民賦，嘗貸阿里、阿答赤等銀五百五十錠，不能償。詔依例停徵。

**《元史續編》卷一**　宋合州守將王立降，川蜀悉附。分川蜀爲四道以成都等路爲四川西道，廣元等路爲四川北道，重慶等路爲四川南道，順慶等路爲四川東道，並置宣慰司。

宋廣、潮、惠三州及海南郡縣皆降。

以許衡爲集賢大學士。

大都路同知錫喇卜丹以罪免。

遣禮部尚書柴椿使安南。詔切責之，仍徵其國王入朝。

**《續資治通鑑》卷一八四**　己巳，宋加文天祥少保、封信國公，張世傑封越國公。天祥聞宋主即位，上表自劾兵敗江西之罪，請入朝，優詔不許，更加官爵。天祥移書陸秀夫曰：「天子幼沖，宰相遁荒，詔令皆出諸公之口，豈得以游詞相拒！」會軍中大疫，士卒多死，天祥母亦病没，詔起復之。天祥長子復亡，家屬皆盡。

辛未，復給漳州安撫使沈世隆家資。

**《元史》卷一〇《世祖紀七》**　中書省臣言：「近有旨追諸路管民官所授金虎符，其江南降臣宜仍所授。」從之。制封泉州神女號護國明著靈惠協正善慶顯濟天妃。

**《續資治通鑑》卷一八四**　宋以姚良臣爲右丞相，夏士林參知政事，王德同知樞密院事。

**《元史》卷一〇《世祖紀七》**　甲戌，安西王相府言：「川蜀悉平，城邑山寨洞穴凡八十三，其渠州禮義城等處凡三十三所，宜以兵鎮守，餘悉撤毁。」從之。

己卯，初立提刑按察司于畏吾兒分地。

庚辰，以四川平，勞賞軍士鈔二萬一千三百三十九錠。

辛巳，陞洺磁爲廣平府路。監察御史韓昺劾同知大都路總管府事舍里甫丁毆部民至死，詔杖之，免其官，仍籍没家貲十之二。詔行中書省唆都、蒲壽庚等曰：「諸蕃國列居東南島嶼者，皆有慕義之心，可因蕃舶諸人宣布朕意。誠能來朝，朕將寵禮之。其往來互市，各從所欲。」詔諭軍前及行省以下官吏，撫治百姓，務農樂業，軍民官毋得占據民産，抑良爲奴。以中書左丞董文炳僉書樞密院事，參知政事，唆都、蒲壽庚並爲中書左丞。

**《續資治通鑑》卷一八四**　九月，壬午朔，宋葬前主於永福陵。

**《元史》卷一〇《世祖紀七》**　敕以總管張子良所簽軍二千二百人爲侍衛軍，俾張亨、陳瑾領之。

癸未，省東西川行樞密院，其成都、潼川、重慶、利州四處皆設宣慰司。詔分揀諸路所括軍，驗事力乏絶者爲民，其恃權豪避役者復爲兵。所遣分揀官及本府州縣官，能核正無枉者，陞爵一級。又減至元九年所括三萬軍半以爲民，其商户餘丁軍並除之。

戊子，以征東元帥府治東京。

庚寅，昭信達魯花赤李海剌孫言，願同張弘略取宋二王，調漢軍、水軍俾將之。以中書左丞、行江東道宣慰吕文焕爲中書右丞。

**《元史續編》卷一**　中書左丞董文炳卒。

置福建行省。治泉州，併江西州縣來屬。十七年，復置江西省於隆興，二十二年，又併福建入江西，二十三年，改隸江浙。

**《元史》卷一〇《世祖紀七》**　冬十月己未，享於太廟，常設牢醴外，益以羊、鹿、豕、蒲萄酒。

**《元史續編》卷一**　庚申，車駕還宮。

**《元史》卷一〇《世祖紀七》**　辛酉，賑别十八里、日忽思等饑民鈔二千五百錠。分夔府漢軍二千、新軍一千付塔海將之。賜合答乞帶軍士馬價幣帛二千匹，其軍士力戰者賞賚有差。

乙丑，正一祠成，詔張留孫居之。

**《續資治通鑑》卷一八四**　丁卯，弛山場樵採之禁。

**《元史》卷一〇《世祖紀七》**　己巳，趣行省造海船付烏馬兒、張弘範，增兵四千俾將之。

庚午，敕御史臺，凡軍官私役軍士者，視數多寡定其罪。詔：「河西、西京、南京、西川、北京等宣慰司案牘，宜依江南近例，令按察司磨照。」移河南河北道提刑按察司治南京。御史臺臣言：「失里伯之弟阿剌與王權府等俘掠良民，失里伯縱弗問。及遣御史掾詰問，不伏。」詔執而鞫之。

十一月庚辰朔，棗陽萬户府言：「李均收撫大洪山寨爲宋朱統制所害。」命賜銀千兩賙其家。

丁亥，以辰、沅、靖、鎮遠等郡與蠻獠接壤，民不安業，命塔海、程鵬飛並爲荆湖北道宣慰使，置司常德路，餘官屬留荆南府，供給糧食軍需。

壬辰，中書左丞行江東道宣慰使囊嘉特言：「江南既平，兵民宜各置官屬，蒙古軍宜分屯大河南北，以餘丁編立部伍，絶其擄掠之患。分揀官僚，本以革阿哈瑪特濫設之弊，其將校立功者，例行沙汰，何以勸後！新附軍士，宜令行省賜之衣糧，毋使闕乏。」帝嘉納之。

徵宋故相馬廷鸞、章鑑赴闕，不至。

張弘範以舟師由海道襲漳、潮、惠三州，李恒以步騎由梅嶺襲廣州。阿爾哈雅遣人招安撫使趙與珞及冉安國、黄之傑等於瓊州；不從，率兵禦之。

癸巳，瓊州民作亂，執與珞等降，與珞及安國、之傑皆死之。

甲午，弛酒禁。

復阿合馬子忽辛、阿散先等官。始忽辛等以崔斌論列而免，至是以張惠請，故復之。惠又請復其子麻速忽及其姪别都魯丁、苫思丁前職，帝疑惠，不從。敕已除官僚不之任者，除名爲農。

丁酉，召陳巖入覲。

己亥，貸侍衛軍屯田者鈔二千錠市牛具。

**《元史新編》卷五**　定已除官不之任者竝削籍。辛丑，建寧人黄華集鹽夫及畲民爲亂。

**《元史》卷十《世祖紀七》**　丁未，行中書省自揚州移治杭州。立淮東宣慰司於揚州，以阿剌罕爲宣慰使。詔諭沿海官司通日本國人市舶。以參知政事程鵬飛行荆湖北道宣慰使。

閏月庚戌朔，羅氏鬼國主阿榨、西南蕃主韋昌盛並内附。詔阿榨、韋昌盛各爲其地安撫使，佩虎符。

甲寅，幸光禄寺。

丙辰，詔禿魯赤同潭州行省官一員，察戍還病軍所過州縣不加顧恤者按之。

**《續資治通鑑》卷一八四**　李恒兵至清遠，宋王道夫迎戰，大敗。恒遂擊凌震，震又敗。道夫、震並棄廣州遁，恒入廣州，以待張弘範。

**《元史》卷一〇《世祖紀七》**　十二月己卯〔朔〕，僉書西川行樞密院昝順招誘都掌蠻夷及其屬百一十人内附，以其長阿永爲西南番蠻安撫使，得蘭紐爲都掌蠻安撫使，賜虎符，餘授宣敕、金銀符有差。

庚辰，思州安撫使田景賢、播州安撫使楊邦憲請歸宋舊借鎮遠、黄平二城，仍徹戍卒，不允。景賢等請降詔禁戍卒毋擾思、播之民，從之。鴨池等處招討使欽察所領南征新軍，不能自贍者千人，命屯田於京兆。

**《續資治通鑑》卷一八四**　壬午，宋王道夫、凌震攻廣州，與李恒復戰，兵敗，震走厓山，與翟國秀軍合。

文天祥屯潮陽，鄒㵯、劉子俊皆集師會之，遂討劇盗陳懿、劉興於潮。興死，懿遁，以海舟導張弘範兵濟潮陽。天祥帥麾下走海豐，先鋒將張弘正追之。天祥方飯五坡嶺，弘正兵突至，衆不及戰，天祥遂被執，吞腦子，不死，鄒㵯自剄。劉子俊自詭爲天祥，冀天祥可間走也；别隊執天祥至，相遇於途，各争真僞，得實，遂亨子俊。

天祥至潮陽，見弘範，左右命之拜，天祥不屈。弘範曰：「忠義人也。」釋其縛，以客禮之。天祥固請死，弘範不許，處之舟中，族屬被俘者悉還之。子俊，廬陵人也。

**《元史》卷一〇《世祖紀七》**　乙酉，伯顔以渡江收撫沙陽、新城、陽羅堡、閩、浙等郡獲功軍士及降臣姓名來上。詔授虎符者入覲，千户以下並從行省授官。

丙戌，揚州行省上將校軍功凡百三十四人，授官有差。

丙申，從播州安撫楊邦憲請，以鼎山仍隸播州。

庚子，敕長春宫修金籙大醮七晝夜。

**《續資治通鑑》卷一八四**　丙午，禁玉泉山樵采、漁弋。

**《元史》卷一〇《世祖紀七》**　戊申，以敘州等處禿老蠻殺使臣撒里蠻，命發兵討之。封伯夷爲昭義清惠公，叔齊爲崇讓仁惠公。以十六年曆日賜高麗。海州贛榆縣雹傷稼，免今年田租。南寧、吉（瑞）〔陽〕、萬安三郡内附。開（城）〔成〕路置屯田總管府，廣安縣隸之。臨淄、臨朐、清河復爲縣。

導肥河入於鄺，淤陂盡爲良田。會諸王於大都，以平宋所俘寶玉器幣分賜之。賜諸王等金、銀、幣、帛如歲例。

**《續資治通鑑》卷一八四**　江南釋教總統嘉木揚喇勒智，怙恩横肆，窮驕極淫，以是月帥徒役頓蕭山，發宋寧宗、理宗、度宗、楊后四陵。

是歲，雲南行省奏招降諸蠻城砦一百二十餘所。安西王相府奏西蜀俱平。

**《元史》卷一〇《世祖紀七》**　是歲，西京奉聖州及彰德等處水旱民饑，賑米八萬八百九十石、粟三萬六千四十石、鈔二萬四千八百八十錠有奇。斷死罪五十二人。

**《元史續編》卷一**　黄河清。自孟津東柏谷至泥子蓼子峪上下八十餘里，澄瑩見底，數月始如故。

## 至元一六年、宋祥興二年（己卯、一二七九）

**《元史》卷一〇《世祖紀七》**　春正月乙酉朔，高麗國王王愖遣其僉議中贊金方慶來賀，兼奉歲幣。

壬子，罷五翼探馬赤重役軍。

癸丑，汪良臣言：「西川軍官父死子繼，勤勞四十年，乞顯加爵秩。」詔從其請。詔以海南、瓊崖、儋、萬諸郡俱平，令阿里海牙入覲。瀘州降臣趙金、吴大才、袁禹縄等從征重慶，其家屬爲叛者所殺，詔賜鈔有差，仍以叛者妻孥付金等。敕高麗國置大灰艾州、東京、柳石、孛落四驛。

**《續資治通鑑》卷一八四**　甲寅，禁無籍軍侵掠平民。時諸王質弼特穆爾所部，爲暴尤甚，命捕爲首者置之法。

**《元史新編》卷六**　移贛州省治還龍興。

**《元史》卷一〇《世祖紀七》**　高麗國來獻方物。

辛酉，合州安撫使王立以城降。先是立遣間使降安西王相李德輝，東川行院與德輝争功，德輝單舸至城下，呼立出降，川蜀以平。東川行院遂言，立久抗王師，嘗指斥憲宗，宜殺之。樞密院以其事聞，而降臣李諒亦訟立前殺其妻子，有其財物。遂詔殺立，籍其家貲償諒。既而安西王具立降附本末來上，且言東川院臣憤李德輝受降之故，誣奏誅立。樞密院臣亦以前奏爲非。帝怒曰：「卿視人命若戲耶！前遣使計殺立久矣，今追悔何及。卿等妄殺人，其歸待罪。」斥出之。會安西王使再至，言未殺立。即召立入覲，命爲潼川路安撫使，知合州事。

《續資治通鑑》卷一八四　張弘範由潮陽港乘舟入海，至甲子門，獲斥候將劉青、顧凱，知宋主所在。

壬戌，弘範兵至厓山。

《元史》卷一〇《世祖紀七》　分川蜀爲四道：以成都等路爲四川西道，廣元等路爲四川北道，重慶等路爲四川南道，順慶等路爲四川東道，並立宣慰司。賞重慶等處從征蒙古、漢軍鈔三萬九千九百五十一錠。改播州鼎山縣爲播川縣。

丁卯，賜參知政事昝順田民百八十户於江津縣。

戊辰，立河西屯田，給畊具，遣官領之。

甲戌，張弘範將兵追宋二王至崖山寨，張世傑來拒戰，敗之，世傑遁去，廣王昺偕其官屬俱赴海死，獲其金寶以獻。

丙子，詔諭又巴、散毛等四洞番蠻酋長使降。以中書（左）〔右〕丞别乞里迷失同知樞密院事。禁中書省文册奏檢用畏吾字書。賜異樣等局官吏工匠銀二千兩。賜皇子奥魯赤及諸王拜答罕下軍士與思州田師賢所部軍衣服及鈔有差。

二月戊寅朔，祭先農於籍田。

宋張世傑部將陳寶來降。

己卯，宋部統張達乘夜來襲，敗還。

壬午，陞溧〔陽〕州爲路。遣使訪求通皇極數番陽祝泌子孫，其甥傅立持泌書來上。撥民萬户隸明里淘金。以江南漕運舊米賑軍民之饑者。

《續資治通鑑》卷一八四　癸未，平旦，張弘範分諸將爲四軍，李恒當其北及西北角樓，諸將分居其南及西，弘範將其一，相去里許，令曰：「敵東附山，潮退必南遁，南軍急攻勿失之。西北軍聞吾樂作，乃戰。」又令曰：「敵有西南艦，聞其將左大守之，必驍勇也，吾其自當之。」頃之，有黑氣出山西，弘範曰：「吉兆也！」潮退，水南瀉，恒從北面順流衝擊，世傑以淮兵殊死戰，矢石蔽空。日中，潮長，南面軍復乘流進攻，世傑腹背受敵，戰益力，恒不能勝。弘範所乘艦以布障四面，將士負盾而伏，樂作，世傑以爲且宴，少懈。弘範回艦尾抵左大柵，左大射矢集布障，桅索如蝟。弘範度其矢盡，命撤障，伏盾兵矢石俱發，奪左大艦，又與夏御史戰，奪七艘，諸將合勢乘之，自巳至申，呼聲震天。俄而宋軍有一舟檣旗仆，諸舟之檣旗皆仆，世傑知事去，乃抽精兵入中軍，諸軍大潰，翟國秀、凌震等皆解甲降。

會日暮，風雨昏霧四塞，咫尺不相辨，世傑遣小舟至宋主所，欲奉宋主至其舟，謀遁去，陸秀夫恐爲人所賣，或被俘辱，執不肯赴。宋主舟大，且諸舟環結，秀夫度不得脱，乃先驅其妻子入海，謂宋主曰：「國事至此，陛下當爲國死。德祐皇帝辱已甚，陛下不可再辱！」即負宋主同溺，後宫諸臣從死者甚衆。宋主時年九歲。世傑乃與蘇劉義斷維奪港，乘昏霧潰去，餘舟尚八百，盡爲弘範所得。越七日，屍浮海上者十餘萬人。軍卒求物尸間，遇一尸，小而皙，衣黄衣，負詔書之寶，卒取寶以獻。弘範亟往求之，已不獲矣。遂以廣王溺死報。

楊太妃聞之，撫膺大慟曰：「我忍死間關至此者，止爲趙氏一塊肉耳，今無望矣！」遂赴海死，世傑葬之海濱。

世傑將趣占城，土豪強之還廣東，乃回舟艤南恩之海陵山，散潰稍集。颶風忽大作，將士勸世傑登岸，世傑曰：「無以爲也。」登柁樓，露香祝曰：「我爲趙氏，亦已至矣，一君亡，復立一君，今又亡。我未死者，庶幾敵兵退，别立趙氏以存祀耳。今若此，豈天意耶！」風濤愈甚，世傑墮水溺死。

《元史續編》卷二　是歲宋亡。通得户一千一百八十四萬八百有六。天下共一千三百一十九萬六千二百有六户，爲口五千八百八十三萬四千七百十一，而山澤溪峒之民不與焉。

厓山既破，張弘範置酒高會，謂文天祥曰：「國亡，丞相忠孝盡矣，能改心以事宋者事今，將不失爲宰相也。」天祥泫然出涕曰：「國亡不能救，爲人臣者死有餘罪，況敢逃其死而二其心乎！」弘範義之，遣使護送至燕，道經吉州，痛恨不食，八日不死，乃復食。

《元史》卷一〇《世祖紀七》　癸未，增置五衛指揮司。詔遣塔黑麻合兒、撒兒答帶括中興户。太史令王恂等言：「建司天臺於大都，儀象圭表皆銅爲之，宜增銅表高至四十尺，則景長而真。又請上都、洛陽等五處分置儀表，各選監候官。」從之。

甲申，平章阿里伯乙行中書省檢覈行御史臺文案，且請行臺呈行省，比御史臺呈中書省例，從之。以征日本，敕揚州、湖南、贛州、泉州四省造戰船六百艘。移紹興宣慰司於處州。

己丑，調潭州行省軍五千戍沿海州郡。

庚寅，張弘範以降臣陳懿兄弟破賊有功，且出戰船百艘從征宋二王，請授懿招討使兼潮州路軍民總管，及其弟忠、義、勇三人爲管軍總管；十夫長塔剌海獲文天祥有功，請授管軍千户，佩金符。並從之。

壬辰，詔諭宗師張留孫悉主淮東、淮西、荆襄等處道教。

乙未，玉速帖木兒言：「行臺文卷令行省檢覈，於事不便。」詔改之。其運司文卷聽御史臺檢覈。饒州路達魯花赤玉古倫擅用羨餘糧四千四百石，杖之，仍没其家。詔湖南行省於戍軍還途，每四五十里立安樂堂，疾者醫之，饑者廩之，死者藁葬之，官給其需。遣官覈實益都、淄、萊、濟南逃亡民地之爲行營牧地者。禁諸奥魯及漢人持弓矢，其出征所持兵仗，還即輸之官庫。

壬寅，賜太史院銀一千七十八兩。

癸卯，發嘉定新附軍千人屯田脱里北之地。

甲辰，陞大都兵馬都指揮使司秩四品。詔大都、河間、山東管鹽運司並兼管酒、醋、商税等課程。中書省臣請以真定路達魯花赤蒙古帶爲保定路達魯花赤，帝曰：「此正人也，朕將别以大事付之。」賞汪良臣所部蒙古、漢軍收附四川功鈔五萬錠。命嘉定以西新附州郡及田、楊二家諸貴官子，俱充質子入侍。車駕幸上都。

乙巳，命同知太史院事郭守敬訪求精天文曆數者。

**《元史新編》卷六**　立西蜀四川道提刑按察司。

**《元史》卷一〇《世祖紀七》**　丙午，遣使代祀嶽瀆后土。詔河南、西京、北京等路課程，令各道宣慰司領之。賞西川新附軍鈔三千八百五十錠。以斡端境内蒙古軍耗乏，并漢軍、新附軍等，賜馬牛羊及馬驢價鈔、衣服、弓矢、鞍勒各有差。

**《元史續編》卷二**　詔議臺省事宜。

**《元史》卷一〇《世祖紀七》**　三月戊申朔，詔禁歸德、亳、壽、臨淮等處畋獵。壬子，囊加帶括兩淮造回回礮新附軍匠六百，及蒙古、回回、漢人、新附人能造礮者，俱至京師。

庚申，給千户馬乃部下拔突軍及土渾川軍屯田牛具。

丙寅，敕中書省，凡掾史文移稽緩一日，二日者杖，三日者死。

甲戌，潭州行省遣兩淮招討司經歷劉繼昌招下西南諸番，以龍方零等爲小龍蕃等處安撫使，仍以兵三千戍之。

中書省下太常寺講究州郡社稷制度，禮官折衷前代，參酌《儀禮》，定擬祭祀儀式及壇壝祭器制度，圖寫成書，名曰《至元州縣社稷通禮》，上之。

以保定路旱，減是歲租三千一百二十石。

**《元史續編》卷三**　柴椿等還自安南。

**《續資治通鑑》卷一八四**　夏四月，大都等十六路蝗。

**《元史》卷一〇《世祖紀七》**　己卯，立江西榷茶運司及諸路轉運鹽使司、宣課提舉司。

**《元史新編》卷六**　命給事中兼起居注，掌隨朝諸奏事。

**《元史》卷一〇《世祖紀七》**　戊戌，以池州路達魯花赤阿塔赤戰功陞招討使，兼本軍萬户。

乙巳，汪良臣言：「昔昝順兵犯成都，掠其民以歸。今嘉定既降，宜還其民成都。」制曰「可」。敕以上都軍四千衛都城，凡他所來戍者皆遣歸。從唆都請，令泉州僧依宋例輸税，以給軍餉。詔諭揚州行中書省，選南軍精鋭者二萬人充侍衛軍，併發其家赴京師，仍給行費鈔萬六千錠。大都等十六路蝗。

**《續資治通鑑》卷一八四**　帝師帕克斯巴卒，策琳沁嗣爲帝師。賜帕克斯巴號皇天之下一人之上宣文輔治大聖至德普（彗）〔覺〕真智祐國如意大寶法王西天佛子大元帝師。以後累朝皆有帝師，相承不絶。

同簽書樞密院事趙良弼言：「宋亡，江南士人多廢學，宜設經史科以育人材，定律令以戢姦吏。」帝常從容問曰：「高麗，小國也，匠工弈技，皆勝漢人；至於儒人，皆通經書，學孔、孟。漢人惟務課賦吟詩，將何用焉！」良弼對曰：「此非學者之病，在國家所尚何如耳。尚詩賦則必從之，尚經學則人亦從之矣。」

**《元史》卷一〇《世祖紀七》**　五月己酉，中書省請復授宣慰司官虎符，不允。又請各路設提舉、同提舉、副提舉各一員，專領課程，從之。

辛亥，蒲壽庚請下詔招海外諸蕃，不允。詔諭漳、泉、汀、邵武等處暨八十四畬官吏軍民，若能舉衆來降，官吏例加遷賞，軍民按堵如故。以泉州經張世傑兵，減今年租賦之半。

丙辰，以五臺僧多匿逃奴及逋賦之民，敕西京宣慰司、按察司搜索之。命畏吾界内計畝輸税。以各道按察司地廣事繁，併勸農官入按察司，增副使、僉事各一員，兼職勸農水利事。

甲子，御史臺臣言：「先是省臣阿里伯言，有罪者與臺臣相威同問，有旨從之。臣等謂行省斷罪以意出入，行臺何由舉正。宜從行省問訖，然後體察爲宜。」制曰「可」。高興侵用宋二王金三萬一千一百兩有奇、銀二十五萬六百兩，詔遣使追理。詔漣、海等州募民屯田，置總管府及提舉司領之。

乙丑，敕江陵等路拔突户一萬，凡千户置達魯花赤一員，直隸省部。

丙寅，敕江南僧司文移，毋輒入遞。臨洮、鞏昌、通安等十驛，非有海青符，不聽乘傳。

丁卯，改雲南寶山、皀渠二縣爲州。

己巳，詔沿路驛店民家，凡往來使臣不當乘傳者，毋給人畜飲食芻料。完都、河南七驛民貧乏，給其馬牛羊價鈔千八百錠。

庚午，賜乃蠻帶戰功及攻圍重慶將士及宣慰使劉繼昌等鈔、衣服各有差。

壬申，以吕虎來歸，授順慶府總管，佩虎符，仍賜鈔五十錠。徙丁子峪所駐侍衛軍萬人，屯田昌平。

**《元史新編》卷六** 癸酉，行省言賦北京、西京車牛皆至，可運軍糧。帝曰：「民之艱苦，汝等不問，但知役民。使今年盡取，則來歲田禾何由得種。」其止之。

**《元史》卷一〇《世祖紀七》** 甲戌，給要束合所領工匠牛二千，就令運米二千石供軍。詔諭脱兒赤等管甘州路宣課，諸人毋或沮擾。潭州行省上言：「瓊州宣慰馬旺已招降海外四州，尋有土寇黄威遠等四人爲亂，今已擒獲。」詔置之極刑。

丙子，進封桑乾河洪濟公爲顯應洪濟公。命宗師張留孫即行宫作醮事，奏赤章於天，凡五晝夜。賜皇子奥魯赤、撥里荅等及千户伯牙兀帶所部軍及和州站户羊馬鈔各有差。

六月丁丑朔，阿合馬言：「常州路達魯花赤馬恕告僉浙西按察司事高源不法四十事，源亦劾恕。」事聞，詔令廷辯。詔發新附軍五百人、蒙古軍百人、漢軍四百人戍碉門、魚通、黎、雅。詔諭王相府及四川行中書省，四道宣慰司撫治播川、務川西南諸蠻夷，官吏軍民各從其俗，無失常業。

壬午，以浙東宣慰使陳祐没王事，命其子夔爲管軍總管，佩虎符。

**《續資治通鑑》卷一八四** 甲申，敕造戰船征日本。以高麗材用所出，即其地製之，令高麗王議其便以聞。

**《元史新編》卷六** 甲申，宋張世傑溺死海陵，部將百五十八人詣瓊、雷二州降。

**《元史》卷一〇《世祖經七》** 乙酉，榆林、洪贊、刁窩，每驛益馬百五十、車二百，牛如車數給之。

丙戌，左右衛屯田蝗蝻生。

庚寅，陞濟寧府爲路。

壬辰，以參知政事、行河南等路宣慰使忽辛爲中書左丞，行中書省事。

癸巳，以新附軍二萬分隸六衛屯田。

徹里帖木兒言其部軍多爲盜劫掠貲財，有司不即理斷，乞遣官詰治。詔兀魯帶往治之。以不花行西川樞密院事，總兵入川，平宋諸城之未下者。仍令東川行樞密院調兵守釣魚山寨。西川既平，復立屯田，其軍官第功陞擢，凡授宣敕、金銀符者百六十一人。詔以高州、筠連州騰川縣新附户於叙州等處治道立驛。雲南都元帥愛魯、納速剌丁招降西南諸國。愛魯將兵分定亦乞不薛。納速剌丁將大理軍抵金齒、蒲驃、曲蠟、緬國界内，招忙木、巨木秃等寨三百，籍户十一萬二百。詔定賦租，立站遞，設衛送軍。軍還，獻馴象十二。

戊戌，改宣德府龍門鎮復爲縣。

庚子，拘括河西、西番闌遺户。

辛丑，以通州水路淺，舟運甚艱，命樞密院發軍五千，仍令食禄諸官雇役千人開浚，以五十日訖工。

**《續資治通鑑》卷一八四** 癸卯，以臨洮、鞏昌、通安等十驛歲饑，供役繁重，有質賣子女以供役者，命選官撫治之。旋以襄陽屯田户七百代軍當驛役。

**《元史》卷一〇《世祖紀七》** 甲辰，以襄陽屯田户四百代軍當驛役。

賜征北諸郡蒙古軍闊闊八都等力戰有功者銀五十兩，戰歿者家給銀百兩，從行伍者鈔一錠，其餘衣物有差。禁伯顔察兒諸峪寨捕獵。詔免四川差税。以參知政事，行中書省事別都魯丁爲河南等路宣慰使。以阿合馬子忽辛爲潭州行省左丞。忽失海牙等並復舊職。占城、馬八兒諸國遣使以珍物及象犀各一來獻。賜諸王所部銀鈔、衣服、幣帛、鞍勒，弓矢及羊馬價鈔等各有差。五臺山作佛事。

**《續資治通鑑》卷一八四** 是夏，四川宣慰使楊文安入覲，以所得城邑繪圖以獻。帝勞之曰：「汝攻城之功何若是多也！」擢四川南道宣慰使。

**《元史》卷一〇《世祖紀七》** 秋七月戊申，寧國路新附軍百户詹福謀叛，福論死，授告者何士青總把，銀符，仍賜鈔十錠。罷西川行省。

庚戌，禁脱脱和孫搜取乘傳者私物。

乙卯，應昌府依例設官。置東宫侍衛軍。定江南上、中路置達魯花赤二員，下路一員。敕發西川蒙古軍七千、新附軍三千，付皇子安西王。

丁巳，交趾國遣使來貢馴象。

己未，以朵哥麻思地之算木多城爲鎮西府。敕以蒙古軍二千、益都軍二千、諸路軍一千、新附軍五千，合萬人，令李庭將之。

壬戌，賞瓮吉剌所部力戰軍，人銀五十兩；死事者人百兩，給其家。阿里海牙入覲，獻金三千五百八十兩、銀五萬三千一百兩。罷潭州行省造征日本及交趾戰船。

癸酉，西南八番、羅氏等國來附，洞寨凡千六百二十有六，户凡十萬一千一百六十有八。詔遣牙納朮、崔彧至江南訪求藝術之人。以中書左丞、行四川行中書省事汪良臣爲安西王相。賜諸王納里忽所部有功將校銀鈔、衣裝、幣帛、羊馬有差。以趙州等處水旱，減今年租三千一百八十一石。命散都修佛事十有五日。

八月丁丑，車駕至自上都。

**《元史新編》卷六**　戊子，海賊賀交達降，括所掠婦女還之民。

**《元史》卷一○《世祖紀七》**　范文虎言：「臣奉詔征討日本，比遣周福、欒忠與日本僧齎詔往諭其國，期以來年四月還報，待其從否，始宜進兵。」又請簡閲舊戰船以充用。皆從之。海賊賀文達率衆來歸文虎，文虎以所得銀三千兩來獻。有旨釋其前罪，官其徒四十八人，就以銀賜文虎。

己丑，宋降臣王虎臣陳便宜十七事，令張易等議，可者行之。

庚寅，敕沅州路蒙古軍總管乞答台征取桐木籠、犵狫、伯洞諸蠻未附者。調江南新附軍五千駐太原，五千駐大名，五千駐衛州。以每歲聖誕節及元辰日，禮儀費用皆斂之民，詔天下罷之。

**《續資治通鑑》卷一八四**　丁酉，以江南所獲玉爵及玷凡四十九事於太廟。先是捕海賊金通精，不獲。通精死，獲其從子温，有司請論如法，帝曰：「通精已死，温何預焉！」特赦其罪。

**《元史》卷一○《世祖紀七》**　甲辰，詔漢軍出征逃者罪死，且没其家。置大護國仁王寺總管府，以散扎兒爲達魯花赤，李光祖爲總管。賜范文虎僚屬二十一人金紋綾及西錦衣。賞征重慶將校幣帛有差。賜諸王阿只吉糧五千石、馬六百匹、羊萬口。

**《元史續編》卷二**　始募人中納鹽糧。

**《元史》卷一○《世祖紀七》**　九月乙巳朔，范文虎薦可爲守令者三十人。詔：「今後所薦，朕自擇之。凡有官守不勤於職者，勿問漢人、回回皆論誅之，且没其家。」女直、水達達軍不出征者，令隸民籍輸賦。

己酉，罷金州守船軍千人，量留監守，餘皆遣還。

庚戌，詔行中書省左丞忽辛兼領杭州等路諸色人匠；以杭州税課所入，歲造繒段十萬以進。杭、蘇、嘉興三路辦課官吏，額外多取分例，今後月給食錢，或數外多取者罪之。阿合馬言：「王相府官趙炳云，陝西課程歲辦萬九千錠，所司若果盡心措辦，可得四萬錠。」即命炳總之。同知揚州總管府事董仲威坐贓罪，行臺方按其事，仲威反誣行臺官以他事。詔免仲威官，仍没其産十之二。

**《元史續編》卷二**　揚州同知董仲威坐贓免。

**《元史》卷一○《世祖紀七》**　戊午，王相府言：「四川宣慰司有籍無軍虚受賞者一萬七千三百八人。」命詰治之。議罷漢人之爲達魯花赤者。御史臺臣言：「江南三路管課官，於分例外支用鈔一千九百錠。」命盡徵之。詔遣使招諭西南諸蠻部族酋長，能率所部歸附者，官不失職，民不失業。

乙丑，以忽必來、別速台爲都元帥，將蒙古軍二千人、河西軍一千人，戍斡端城。

己巳，樞密院臣言：「有唐兀帶者冒禁引軍千餘人，於辰溪、沅州等處劫掠新附人千餘口及牛馬、金銀、幣帛等，而麻陽縣達魯花赤武伯不花爲之鄉導。」敕斬唐兀帶、武伯不花，餘減死論，以所掠者還其民。給河西行省鈔萬錠，以備支用。

冬十月己卯，享於太廟。

辛巳，敘州、夔府至江陵界立水驛。

乙酉，帝御香閣，命大樂署令完顔椿等肄文武樂。

戊子，張融訴西京軍户和買和雇，有司匿所給價鈔計萬八千餘錠。官吏坐罪，以融爲侍衛軍總把。千户脱略、總把忽帶擅引軍入婺州永康縣界，殺掠吏民。事覺，自陳扈從先帝出征有功，乞貸死。敕没入其家貲之半，杖遣之。

**《續資治通鑑》卷一八四**　辛卯，賑和州貧民鈔。

乙未，納碧玉爵於太廟。

辛丑，以月直元辰，命五祖真人李居壽作醮事，奏赤章，凡五晝夜。畢事，居壽請間言：「皇太子春秋鼎盛，宜預國政。」帝喜曰：「尋將及之。」明日，下詔「皇太子燕王參決朝政，凡中書省、樞密院、御史臺及百司之事，皆先啓後聞。」

**《元史》卷一○《世祖紀七》**　甲辰，賜高麗國王至元十七年曆日。

《御批歷代通鑑輯覽》卷九五　宋文天祥至大都，不屈，囚之。

《元史》卷一〇《世祖紀七》　十一月戊申，敕諸路所捕盜，初犯贓多者死，再犯贓少者從輕罪論。阿合馬言：「有盜以舊鈔易官庫新鈔百四十錠者，議者謂罪不應死，且盜者之父執役臣家，不論如法，寧不自畏。」詔處死。

壬子，遣禮部尚書柴椿偕安南國使杜中贊齎詔往諭安南國世子陳日烜，責其來朝。

《元史續編》卷二　復遣柴椿使安南。詔再諭日烜若果不能入朝，則積金代其身，兩珠以代目，副以賢士、方技、子女各二，以代其土民。

《元史》卷一〇《世祖紀七》　乙卯，罷太原、平陽、西京、延安路新簽軍還籍。罷招討使劉萬奴所管無籍軍願從大軍征討者。趙炳言陝西運司郭同知、王相府郎中令郭叔雲盜用官錢，敕尚書禿速忽、侍御史郭祐檢覈之。

戊辰，命湖北道宣慰使劉深教練鄂州、漢陽新附水軍。詔諭四川宣慰司括軍民户數。

己巳，以梧州妖民吴法受扇惑藤州、德慶府瀧水猺蠻爲亂，獲其父誅之。併教坊司入拱衛司。

《元史續編》卷二　宣慰使張弘範卒。

《元史》卷一〇《世祖紀七》　十二月戊寅，發粟鈔賑鹽司竈户之貧者。括甘州户。

庚辰，安南國貢藥(財)〔材〕。

甲申，祀太陽。

丙申，敕樞密、翰林院官，就中書省與唆都議招收海外諸番事。

丁酉，八里灰貢海青。回回等所過供食，羊非自殺者不食，百姓苦之。帝曰：「彼吾奴也，飲食敢不隨我朝乎？」詔禁之。詔諭海内海外諸番國主。賜右丞張惠銀五千四百兩。敕自明年正月朔日，建醮於長春宫，凡七日，歲以爲例。命李居壽告祭新歲。詔諭占城國主，使親自來朝。唆都所遣闍婆國使臣治中趙玉還。改單州、兖州隸濟寧路。復置萬泉縣，隸河中府。改垣曲縣隸絳州。降歸州路爲州。陞沔陽、安陸各爲府。改京兆爲安西路。改惠州、建寧、梧州、柳州、象州、邕州、慶遠、賓州、横州、容州、潯州並爲路。建聖壽萬安寺於京城。帝師亦憐(吉)〔真〕卒。敕諸國教師禪師百有八人，即大都萬安寺設齋圓戒，賜衣。

是歲，斷死罪百三十二人。保定等二十餘路水旱風雹害稼。

《元史續編》卷二　增置宿衛。

《續資治通鑑》卷一八四　是歲，雲南行省平章政事賽音諤德齊卒，百姓巷哭。交趾國王遣使者十二人衰絰致祭，使者號泣震野。

## 至元一七年(庚辰、一二八〇)

《元史》卷一一《世祖紀八》　春正月癸卯朔，高麗國王王(睶)〔賰〕遣其僉議中贊金方慶來賀，兼奉歲貢。

丙午，命萬户綦公直戍别失八里，賜鈔一萬二千五百錠。

辛亥，磁州、永平縣水，給鈔貸之。

《元史新編》卷六　丙辰，定遷轉官員法凡無過者，授見闕，物故及過犯者，選人補之，滿代者，令還家以俟。又定諸路差税，新增者即上報，隱漏者加罪。不必履畝清丈，動摇百姓。

《元史》卷一一《世祖紀八》　詔括江淮銅及銅錢銅器。

《續資治通鑑》卷一八五　辛酉，以海賊賀文達所掠良婦百三十餘人還其家。廣西廉州海賊霍公明、鄭仲龍等伏誅。

甲子，敕泉州行省：「山寨未即歸附者率兵拔之，已拔復叛者屠之。」

《元史》卷一一《世祖紀八》　總管張瑄、千户羅(壁)〔璧〕收宋二王有功，陞瑄沿海招討使，虎符；(壁)〔璧〕管軍總管，金符。

丁卯，畋近郊。詔毋以侍衛軍供工匠役。

戊辰，敕相威檢覈阿里海牙、忽都帖木兒等所俘丁三萬二千餘人，並放爲民。置行中書省於福州。改德慶(路)〔府〕爲總管府。賜開灤河五衛軍鈔。

丙子，立北京道二驛。

丁丑，答里不罕以雲南行省軍攻定昌路，擒總管谷納，殺之。詔令答里不罕還，以阿答代之。敕非遠方歸附人毋入會同館。詔納速剌丁將精兵萬人征緬國。

《續資治通鑑》卷一八五　雲南行省右丞尼雅斯拉鼎等上言：「緬國輿地形勢，皆已在臣目中。臣先奉旨，若重慶諸郡平，然後有事緬國。今四川已底寧，請益兵征之。」帝以問丞相托里圖哈，托里圖哈曰：「陛下初命發士卒六萬人征緬，今尼雅斯拉鼎止欲得萬人。」帝曰：「足矣。」遂詔尼雅斯拉鼎將精兵萬人征之。

《元史》卷一一《世祖紀八》　乙酉，賞納速剌丁所部征金齒功銀五千三百二十兩。

《續資治通鑑》卷一八五　己丑，命梅國寶襲其父應春瀘州安撫使職。初，瀘州嘗降宋，應春爲前重慶制置使張珏所殺。國寶詣闕訴冤，詔以珏畀國寶，使復其父讎，時珏在京兆，解弓弦自縊死。國寶請贖還瀘州軍民之爲俘者，從之。

日本殺國使杜世忠等，征東元帥實都、洪俊奇，請自率兵往討；廷議姑少緩之。

《元史》卷一一《世祖紀八》　丙申，詔諭真人（析）〔祁〕志誠等焚毁《道藏》僞妄經文及板。

庚子，阿里海牙及納速剌丁招緬國及洞蠻降臣，詔就軍前定録其功以聞。江淮行省左丞夏貴請老，從之，仍官其子孫。合剌所部和州等城爲叛兵所掠者，賜鈔給之，仍免其民差役三年。發侍衛軍三千浚通州運糧河。畏吾户居河西界者，令其屯田。

辛丑，以廣中民不聊生，召右丞塔出、左丞呂師夔廷詰壞民之由。命也的迷失、賈居貞行宣慰司往撫之。師夔至，廷辯無驗，復令還省治事。詔王相府於諸奧魯市馬二萬六千三百匹。遣使代祀岳瀆。賜諸王阿八合、那木干所部，及征日本行省阿剌罕、范文虎等西錦衣、銀鈔、幣帛各有差。又賜四川貧民及兀剌帶等馬牛羊價鈔。

《元史續編》卷二　復置陝西行省於京兆。

《元史》卷一一《世祖紀八》　三月癸卯，命福建王積翁入領省事，中書省臣以爲不可，改户部尚書。

甲辰，車駕幸上都。思、播州軍侵鎮遠、黄平界，命李德輝等往視之。罷通政院官不勝任者。

《續資治通鑑》卷一八五　時上都留守闕，宰相進擬十數人，皆不稱旨。帝顧賀仁傑曰：「無以易卿者。」遂授之。仁傑善於其職，每歲春秋行幸，供億未嘗闕。

《元史新編》卷六　乙卯，立都功德使司，掌帝師所統僧徒并吐蕃軍民事，賜國師掌教所印。

《元史》卷一一《世祖紀八》　丙午，敕東西兩川發蒙古、漢軍戍魚通、黎、雅。

己未，詔討羅氏鬼國，命以蒙古軍六千，哈剌章軍一萬，西川藥剌海、萬家奴軍萬人，阿里海牙軍萬人，三道並進。

癸亥，高郵等處饑，賑粟九千四百石。

辛未，賜忙古帶等羊馬及皇子南木合下羊馬價。

《元史新編》卷六　立畏吾境内交鈔提舉司，柳林營田提舉司，給月脱古思八部屯田牛具。陝西轉運使郭琮等殺安西王相趙炳，詔逮琮等誅之。

《元史續編》卷二　召妖僧高和尚。張易言高和尚有秘術，能役鬼爲兵，遥制敵人。命和爾郭斯將兵與高和尚同赴北邊。

遣招討使都實求河源。

《元史》卷一一《世祖紀八》　夏四月壬申朔，中書省臣言：「唆都軍士擾民，故南劍等路民復叛。及忙古帶往招徠之，民始獲安。」詔以忙古帶仍行省福州。

癸酉，南康杜可用叛，命史弼討擒之。定杭州宣慰司官四員，以游顯、管如德、忽都虎、劉宣充之。

丙子，隆興路楊門站復爲懷安縣。

庚辰，四川宣慰使也罕的斤請賜海青符，命以二符給之。

壬午，史弼入朝。

乙酉，以宋太常樂付太常寺。改泗州靈壁縣仍隸宿州。

《元史新編》卷六　丁亥，立杭州金玉總管府。

《元史》卷一一《世祖紀八》　甲午，敕軍户貧乏者還民籍。

丙申，以羅佐山道梗，敕阿里海牙發軍千人戍守。以隆興、泉州、福建置三省不便，命廷臣集議以聞。

己亥，諸王只必帖木兒請各投下設官，不從。

庚子，敕權停百官俸。寧海、益都等四郡霜，真定七郡蟲，皆損桑。

五月辛丑朔，樞密院調兵六百守居庸南、北口。

《元史新編》卷六　甲辰，作行宫於察罕海子之北。

丙午，升沙州爲路。

《元史》卷一一《世祖紀八》　癸丑，括沙州户丁，定常賦，其富户餘田令所戍漢軍耕種。詔雲南行省發四川軍萬人，命藥剌海領之，與前所遣將同征緬國。高麗國王王(睶)〔賰〕以民饑，乞貸糧萬石，從之。福建行省移泉州。

甲寅，汀、漳叛賊廖得勝等伏誅。造船三千艘，敕躭羅發材木給之。

庚申，賜諸王別乞帖木兒銀印。

辛酉，賜國師掌教所印。賞伯顏將士戰功銀二萬八千七百五十兩。真定、咸平、忻州、漣、海、邳、宿諸州郡蝗。

六月辛未朔，以忽都帶兒收籍闌遺人民牛畜，撥荒地令屯田。

壬申，復招諭占城國。

丁丑，唆都部下顧總管聚黨於海道劫奪商貨，范文虎招降之，復議置於法，命文虎等集議處之。阿答海等請罷江南所立稅課提舉司，阿合馬力爭，詔御史臺選官檢覈，具實以聞。阿合馬請立大宗正府。罷上都奧魯官，以留守司兼管奧魯事。(西安)〔安西〕王薨，罷其王相府。遣呂告蠻部安撫使王阿濟同萬户昝坤招諭羅氏鬼國。

**《續資治通鑑》卷一八五**　壬辰，召范文虎，議征日本。

**《元史》卷一一《世祖紀八》**　戊戌，高麗王王(睶)〔賰〕遣其將軍朴義來貢方物。江淮等處頒行鈔法，廢宋銅錢。遣不魯合答等檢覈江淮行省阿里伯、燕帖木兒錢穀。改泗州隸淮安路。賜忽烈禿、忽不剌等將士力戰者銀鈔，及給折可察兒等軍士羊馬價鈔各有差。

秋七月辛丑，廣東宣慰使帖木兒不花言：「諸軍官宜一例遷轉。江淮郡縣，首亂者誅，沒其家。官豪隱庇佃民，不供傜役，宜別立籍。各萬户軍交參重役，宜發還元翼。」詔中書省、樞密院、翰林院集議以聞。敕思州安撫司還舊治。

戊申，以高麗國初置驛，站民乏食，命給糧一歲。仍禁使臣往來勿求索飲食。

己酉，立行省於京兆，以前安西相李德輝爲參知政事，兼領錢穀事。徙泉州行省於隆興。以禿古滅軍劫食火拙畏吾城禾，民饑，命官給驛馬之費，仍免其賦稅三年。

甲寅，發衛兵八百治沙嶺橋，敕毋踐民田。

戊午，從阿合馬言，以參知政事郝禎、耿仁並爲中書左丞。

**《續資治通鑑》卷一八五**　用姚演言，開膠東河，及收集逃民屯田漣、海。

**《元史》卷一一《世祖紀八》**　甲子，遣安南國王子倪還。括蒙古軍成丁者。敕亦來等率萬人入羅氏鬼國，如其不附，則入討之。

**《續資治通鑑》卷一八五**　乙丑，罷江南財賦總管府。

**《元史》卷一一《世祖紀八》**　丁卯，併大都鹽運司入河間爲一，仍減汰冗員。割建康民二萬户種稻，歲輸釀米三萬石，官爲運至京師。

戊辰，詔括前願從軍者及張世傑潰軍，使征日本。命范文虎等招集避罪附宋蒙古、回回等軍。

己巳，遣中使咬難歷江南名山訪求高士，且命持香幣詣信州龍虎山、臨江閤皂山、建康三茅山，皆設醮。賜阿赤黑等及怯薛都等戰功銀鈔。賜招收散毛等洞官吏衣段。

八月庚午朔，蕭簡等十人歷河南五路，擅招闌遺户。事覺，謫其爲首者從軍自效，餘皆杖之。

乙亥，改蒙古侍衛總管〔府〕爲蒙古侍衛親軍都指揮使司。

丁丑，唆都請招三佛齊等八國，不從。鎮守南劍路萬户呂宗海竊兵亡去，詔追捕之。

戊寅，占城、馬八兒國皆遣使奉表稱臣，貢寶物犀象。以前所括願從軍者爲軍，付茶忽領之，征日本。

丁亥，許衡致仕，官其子師可爲懷孟路總管，以便侍養。

**《續資治通鑑》卷一八五**　翰林學士承旨姚樞卒，謚文獻。

**《元史》卷一一《世祖紀八》**　癸巳，賜西平王所部糧。

戊戌，高麗王王(睶)〔賰〕來朝，且言將益兵三萬征日本。以范文虎、忻都、洪茶丘爲中書右丞，李庭、張拔突爲參知政事，並行中書省事。賜闊里吉思等鈔，迷里兀合等羊馬，怯魯憐等牛羊馬價，及東宫位下怯憐口等粟帛。大都、北京、懷孟、保定、南京、許州、平陽旱，濮州、東平、濟寧、磁州水。

九月壬子，車駕至自上都。

壬戌，也罕的斤進征幹端。

癸亥，命沿途廩食和林回軍。

乙丑，守庫軍盜庫鈔，八剌合赤分其贓，縱盜遁去，詔誅之。

丁卯，羅氏鬼國主阿察及阿里降，安西王相李德輝遣人偕入覲。賜八剌合赤等羊馬價二萬八千三錠，及禿渾下貧民糧三月。

冬十月庚午，塔剌不罕軍與賊力戰者，命給田賞之。

癸酉，加高麗國王王(睶)〔賰〕開府儀同三司、中書左丞相、行中書省事。

甲戌，遣使括開元等路軍三千征日本。

丙子，賜雲南王忽哥赤印。

丁丑，以湖南兵萬人伐亦奚不薛，亦奚不薛降。

戊寅，發兵十萬，命范文虎將之。賜右丞洪茶丘所將征日本新附軍鈔及甲。

辛巳，立營田提舉司，從五品，俾置司柳林，割諸色户千三百五十五隸之，官給牛種農具。

**《續資治通鑑》卷一八五**　壬午，詔立陝西、四川等處行中書省，以布哈爲右丞，李德輝、汪惟正並左丞。

甲申，詔龍虎山天師張宗演赴闕。

**《元史新編》卷六**　己丑，以都實爲招討使，往西域窮河源。

**《元史》卷一一《世祖紀八》**　辛卯，以漢軍屯田沙、甘。

壬辰，亦奚不薛病，遣其從子入覲。帝曰：「亦奚不薛不稟命，輒以職授其從子，無人臣禮。宜令亦奚不薛出，乃還軍。」

癸巳，詔諭和州諸城招集流移之民。

丙申，命在官者，任事一月後月乃給俸，或(發)〔廢〕事者斥之。遣使諭爪哇國及交趾國。始製象轎。給怯烈等糧。賜火察家貧乏者。

十一月己亥朔，翰林學士承旨和禮霍孫等言：「俱藍、馬八、闍婆、交趾等國俱遣使進表，乞答詔。」從之。仍賜交趾使人職名及弓矢鞍勒。降詔招諭爪哇國。

乙巳，置泉府司，掌領御位下及皇太子、皇太后、諸王出納金銀事。敕別置局院以處童匠，有貧乏者，給以鈔幣。詔：「有罪配役者，量其程遠近；犯罪當死者，詳加審讞。」

戊申，中書省臣議：「流通鈔法，凡賞賜宜多給幣帛，課程宜多收鈔。」制曰「可」。

庚戌，命和禮霍孫柬汰交趾國使，除可留者，餘皆放還。

辛亥，敕緩營建工役。

壬子，詔諭俱藍國使來歸附。

甲寅，太原路堅州進嘉禾六莖。

**《續資治通鑑》卷一八五**　丁巳，北京行省平章政事廉希憲薨，年五十。

壬戌，詔江淮行中書省括巧匠；未幾，賜將作院工匠銀鈔、幣帛；旋敕逃役之民竄名匠户者，復爲民。

甲子，詔頒《授時曆》。

**《元史》卷一一《世祖紀八》**　丁卯，詔以末甘孫民貧，除倉站税課外，免其役三年。復遣宣慰使教化、孟慶元等持詔諭占城國主，令其子弟或大臣入朝。詔江南、江北、陝西、河間、山東諸鹽場增撥竈户。賜將作院吕合剌工匠銀鈔、幣帛。

**《續資治通鑑》卷一八五**　昭文館大學士竇默卒。

十二月庚午，殺江淮行省平章政事阿里布、右丞雅克特穆爾、左丞崔斌。

**《元史》卷一一《世祖紀八》**　辛未，以熟券軍還襄陽屯田。高麗國王王(睶)〔賰〕領兵萬人、水手萬五千人、戰船九百艘、糧一十萬石，出征日本。給右丞洪茶丘等戰具、高麗國鎧甲戰襖。諭諸道征日本兵取道高麗，毋擾其民。以高麗中贊金方慶爲征日本都元帥，密直司副使朴球、金周鼎爲管高麗國征日本軍萬户，並賜虎符。

**《元史續編》卷二**　始建太廟。

**《元史》卷一一《世祖紀八》**　癸酉，以高麗國王王(睶)〔賰〕爲中書右丞相。

甲戌，復授征日本軍官元佩虎符。

丁丑，用忽辛言，以民當站役，十户爲率，官給一馬，死則買馬補之。

戊寅，以奉使木剌由國速剌蠻等爲招討使，佩金符。

己卯，羅氏鬼國土寇爲患，思、播道路不通，發兵千人與洞蠻開道。

甲申，甘州增置站户，詔於諸王户籍内簽之。

乙酉，敕民避役竄名匠户者復爲民。淮西宣慰使昂吉兒請以軍士屯田。阿塔海等以發民兵非便，宜募民願耕者耕之，且免其租三年，從之。

丁亥，復詔管民官兼管諸軍奥魯。

戊子，以征也可不薛軍千五百復還塔海，戍八番、羅甸。

**《續資治通鑑》卷一八五**　鄂勒哲圖既破陳弔眼，復與副帥高興討陳桂龍等，直抵其壁。賊乘高瞰下，人莫敢進，興命人挾束薪蔽身，進至山半，棄薪而退。如是六日，誘其矢石殆盡，乃爇薪焚柵，斬首二萬級。桂龍遁走入畲洞。

甲午，大都重建太廟成，自舊廟奉遷神主於祏室，遂行大享之禮。

**《元史》卷一一《世祖紀八》**　置鎮北庭都護府於畏吾境，以脱脱木兒等領其事。

丙申，遼東路所益兵以妻子易馬，敕以合輸賦税贖還之。敕鏤板印造帝師八合思八新譯《戒本》五百部，頒降諸路僧人。左丞相阿朮巡歷西邊，至別十八里，以疾卒。敕擅據江南逃亡民田者有罪。修桐柏山淮瀆祠。以三茅山上清四十三代宗師許道杞祈禱有驗，命別主道教。安南國來貢馴象。賜蠻洞主銀鈔衣物有差。賑鞏昌、常德等路饑民，仍免其徭役。改拱衛司爲都指揮司。陞尚舍監秩三品。立太倉提舉司，秩五品。改建寧、雷州、封州、廉州、化州、高州爲路。以肇慶路隸廣南西道。遷峽州路於江北舊治。復置鄄縣，隸鞏昌路。宿州靈壁縣復隸歸德。

## 至元一八年（辛巳、一二八一）

**《元史》卷一一《世祖紀八》**　春正月戊戌朔，高麗國王王（睶）〔賰〕遣其僉議中贊金方慶來賀，兼奉歲幣。

**《續資治通鑑》卷一八五**　辛丑，召阿喇罕、范文虎、囊嘉特赴闕受訓，諭以巴圖、張珪、李庭留後，命實都、洪俊奇軍陸行抵日本，兵甲則舟運之，所過州縣給其糧食。用范文虎言，益以漢軍萬人。文虎又請馬二千及回回礮匠，帝曰：「戰船安用此！」皆不從。

癸卯，發鈔及金銀付博囉，以給貧民。

**《元史》卷一一《世祖紀八》**　丁未，畋於近郊。敕江南州郡兼用蒙古、回回人。凡諸王位下合設達魯花赤，並令赴闕，仍詔諭諸王阿只吉等知之。

己酉，改黄州陽羅堡復隸鄂州。

辛亥，遣使代祀嶽瀆后土。

壬子，高麗王王（睶）〔賰〕遣使言日本犯其邊境，乞兵追之。詔以戍金州隘口軍五百付之。

丙辰，車駕幸漷州。改符寶局爲典瑞監，收天下諸司職印。

丁巳，制以六祖李全祐嗣五祖李居壽祭斗。

癸亥，邵武民高日新據龍樓寨爲亂，擒之。賞忻都等戰功。賜征日本諸軍鈔。

二月戊辰，發侍衛軍四千完正殿。賜征日本善射軍及高麗火長水軍鈔四千錠。

辛未，車駕幸柳林。高麗王王（睶）〔賰〕以尚主，乞改宣命益駙馬二字。制曰「可」。

乙亥，敕以耽羅新造船付洪茶丘出征。詔以刑徒減死者付忻都爲軍。揚州火，發米七百八十三石賑被災之家。詔諭范文虎等以征日本之意，仍申嚴軍律。立上都留守司。陞敍州爲路，隸安西省。

**《續資治通鑑》卷一八五**　移潭州省治鄂州，徙湖南宣慰司於潭州，從湖廣平章政事阿爾哈雅請也。

阿爾哈雅所定荆南、淮西、江西、海南、廣西之地，凡得州五十八，峒夷山獠不可勝計，大率以口舌降之，未嘗專事殺戮。又其取民，悉定從輕賦，民所在立祠祀之。

乙酉，改輝和爾斷事官爲北庭都護府。

丙戌，征日本軍啓行，諸將陛辭，帝曰：「有一事朕憂之，恐卿輩不和耳。范文虎，新降者也，汝等必輕之。」先是翰林學士王磐，聞師行有期，入諫曰：「日本小夷，海道險遠，勝之不武，不勝則損威，臣以爲勿伐便。」帝震怒，謂非所宜言，且曰：「此在吾國法，言者不赦，汝豈有他心而然耶？」磐對曰：「臣赤心爲國，故敢以言，苟有他心，何爲從叛亂之地冒萬死而來歸乎！今臣年已八十，且無子嗣，他心欲何爲耶？」明日，帝遣侍臣以温言慰撫，使無憂懼。後閲内府珍玩，有碧玉寶枕，因出賜之。

**《元史》卷一一《世祖紀八》**　浙東饑，發粟千二百七十餘石賑之。

**《續資治通鑑》卷一八五**　己丑，發肅州軍民鑿渠溉田。

**《元史》卷一一《世祖紀八》**　給征日本軍衣甲、弓矢、海青符。敕通政院官渾都與郭漢傑整治水驛，自敍州至荆南凡十九站，增户二千一百、船二百十二艘。詔諭烏璊納空等毋擾羅氏鬼國，違者令國主阿利具以名聞。福建省左丞蒲壽庚言：「詔造海船二百艘，今成者五十，民實艱苦。」詔止之。

**《元史新編》卷六**　乙未，皇后弘吉剌氏崩，皇太子真金自獵所奔至。

**《元史》卷一一《世祖紀八》**　〔三月〕丙申〔朔〕，車駕還宫。詔三茅山三十八代宗師蔣宗瑛赴闕。遣丹八八合赤等詣東海及濟源廟修佛事。以中書右丞、行江東道宣慰使阿剌罕爲中書左丞相，行中書省事，江西道宣慰使兼招討使也的迷失參知政事，行中書省事。以遼陽、懿、蓋、北京、大定諸州旱，免今年租稅之半。

**《續資治通鑑》卷一八五**　遣皇太子行邊，復以巴延佐之。帝諭太子曰：

「巴延才兼將相，忠於所事，故俾從汝，毋以常人遇之也。」

**《元史續編》卷二**　戊戌，魏國文正公許衡卒。

**《元史》卷一一《世祖紀八》**　己亥，敕黄平隸安西行省，鎮遠隸潭州行省，各遣兵戍守。

甲辰，命天師張宗演即宫中奏赤章於天七晝夜。

丙午，車駕幸上都。

**《元史續編》卷二**　徙湖廣行省治武昌。

**《元史》卷一一《世祖紀八》**　丙辰，陞軍器監爲三品。

**《續資治通鑑》卷一八五**　辛酉，立登聞鼓院，許有冤者撾鼓以聞。

**《元史》卷一一《世祖紀八》**　夏四月辛未，益雲南軍征合剌章。

癸酉，復頒中外官吏俸。

辛巳，通、泰二州饑，發粟二萬一千六百石賑之。

戊子，置蒙古漢人新附軍總管。

甲午，命太原五户絲就輸太原。自太和嶺至别十八里置新驛三十。賜征日本河西軍等鈔。

五月癸卯，禁西北邊回回諸人越境爲商。

**《續資治通鑑》卷一八五**　甲辰，遣使賑瓜、沙州饑。

**《元史》卷一一《世祖紀八》**　戊申，罷霍州畏兀按察司。

**《續資治通鑑》卷一八五**　己酉，禁甘肅瓜、沙等州爲酒。

**《元史》卷一一《世祖紀八》**　壬子，免耽羅國今歲入貢白紵。

丙辰，以烏蒙阿謀宣撫司隸雲南行省。

庚申，嚴鬻人之禁，乏食者量加賑貸。

壬戌，詔括契丹户。敕耽羅國達魯花赤塔兒赤，禁高麗全羅等處田獵擾民者。

六月丙寅，敕賽典赤、火尼赤分管烏木、拔都怯兒等八處民户。謙州織工百四十二户貧甚，以粟給之，其所鬻妻子官與贖還。以太原新附軍五千屯田甘州。

丁丑，以按察司所劾羨餘糧四萬八千石餉軍。

己卯，以順慶路隸四川東道宣慰司。安西等處軍站，凡和顧和買，與民均役。

增陝西營田糧十萬石，以充常費。

壬午，命耽羅戍力田以自給。

**《續資治通鑑》卷一八五**　日本行省臣遣使言：「大軍駐巨濟島至對馬島，獲島人，言太宰府西六十里舊有戍軍，已擣其虚。」詔曰：「軍事卿等當自權衡之。」

**《元史》卷一一《世祖紀八》**　癸未，命中書省會計姚演所領漣、海屯田官給之資與歲入之數，便則行之，否則罷去。

丁亥，放乞赤所招獵户七千爲民。

庚寅，以阿剌罕有疾，詔阿塔海統率軍馬征日本。

壬辰，高麗國王王(睶)[賰]言，本國置驛四十，民畜凋弊，敕併爲二十站，仍給馬價八百錠。奉使木剌由國苦思丁至占城船壞，使人來言，乞給舟糧及益兵，詔給米一千四百餘石。以中書左丞忽都帖木兒爲中書右丞，行中書省事；御史中丞、行御史臺事忽剌出爲中書左丞，行尚書省事。賜皇子南木合所部工匠羊馬價鈔。

秋七月甲午朔，命萬户綦公直分宣慰使劉恩所將屯肅州漢兵千人，入别十八里，以嘗過西川兵百人爲嚮導。

丁酉，敕甘州置和中所，以給兵糧。京兆四川分置行省於河西。

**《續資治通鑑》卷一八五**　己亥，阿喇罕卒於軍。

**《元史》卷一一《世祖紀八》**　庚子，括回回砲手散居他郡者，悉令赴南京屯田。

庚戌，以忻都戍大和嶺所將蒙古軍還，復令漢軍戍守。以松州知州僕散秃哥前後射虎萬計，賜號萬虎將軍。賜貴赤合八兒秃所招和、真、滁等户二千八百二十，俾自領之。

辛酉，唆都征占城，賜駝蓬以辟瘴毒。占城國來貢象犀。命天師張宗演等即壽寧宫奏赤章於天凡五。

**《元史新編》卷六**　八月甲子朔，招討使方文言擇守令、崇祀典、戢奸吏、弭盜賊、整軍旅、獎忠義六事，下廷臣議行。

**《續資治通鑑》卷一八五**　庚午，蒙古岱爲中書右丞，行中書省事。

**《元史》卷一一《世祖紀八》**　辛未，敕隆興行省參政劉合拔兒秃，凡金穀造作專領之。

乙亥，甘州凡諸投下户，依民例應站役。申嚴大都總管府、兵馬司、左右巡院斂民之禁。

庚寅，以阿剌罕既卒，命阿塔海等分戍三海口。令阿塔海就招海中餘寇。高麗國王王（睶）〔賰〕遣其密直司使韓康來賀聖誕節。

壬辰，以開元等路六驛饑，命給幣帛萬二千匹，其鬻妻子者官爲贖之。詔征日本軍回，所在官爲給糧。忻都、洪茶丘、范文虎、李庭、金方慶諸軍，船爲風濤所激，大失利，餘軍回至高麗境，十存一二。設醮於上都壽寧宮。賜歡只兀部及滅乞里等羊馬價，及衆家奴等助軍羊馬鈔。賜常河部軍貧乏者，給過西川軍糧。海南諸國來貢象犀方物。給怯薛丹糧，拘其所占田爲屯田。

閏月癸巳朔，阿塔海乞以戍三海口軍擊福建賊陳吊眼，詔以重勞不從。敕守繕山道侍衛軍還京師。

丙午，車駕至自上都。

丁巳，命播州每歲親貢方物。改思州宣撫司爲宣慰司，兼管內安撫使。陞高麗僉議府爲從三品。敕中書省減執政及諸司冗員。遣兀良合帶運沙城等糧六千石入和林。括江南户口税課。

庚申，安南國貢方物。江西行省薦舉兵官，命罷之。

壬戌，詔諭斡端等三城官民及忽都帶兒，括不闌奚人口。兩淮轉運使阿剌瓦丁坐盜官鈔二萬一千五百錠，盜取和買馬三百四十四匹，朝廷宣命格而弗頒，又以官員所佩符擅與家奴往來貿易等事，伏誅。賜謙州屯田軍人鈔幣、衣裘等物，及給農具、漁具。償站匠等助軍羊馬價。

九月癸亥朔，畋於近郊。

甲子，增大都巡兵千人。給鈔賑上都饑民。

癸酉，商賈市舶物貨已經泉州抽分者，諸處貿易，止令輸税。益耽羅戍兵，仍命高麗國給戰具。

庚辰，還宫。

辛巳，大都立蒙古站屯田，編户歲輸包銀者及真定等路闌遺户，並令屯田，其在真定者與免皮貨。

癸未，京兆等路歲辦課額，自一萬九千錠增至五萬四千錠，阿合馬尚以爲未實，欲覈之。帝曰：「阿合馬何知。」事遂止。大都、新安縣民復和顧和買。

壬辰，占城國來貢方物。賜修大都城侍衛軍鈔幣帛有差。賞北征軍銀鈔。賜怯憐口及四斡耳朵下與范文虎所部將士羊馬、衣服、幣帛有差。

冬十月乙未，享於太廟，貞懿順聖昭天睿文光應皇后祔。

丙申，募民淮西屯田。

己亥，議封安南王號，易所賜安南國畏吾字虎符，以國字書之。仍降詔諭安南國，立日烜之叔遺愛爲安南國王。

庚子，溪洞新附官鎮安州岑從毅，縱兵殺掠，迫死知州李顯祖，召從毅入覲。

壬寅，賜征日本將校衣裝、幣帛、靴帽等物有差。

乙巳，命安西王府協濟户及南山隘口軍，於安西、延安、鳳翔、六盤等處屯田。河西置織毛段匠提舉司。

丁未，安南國置宣慰司，以北京路達魯花赤孛顔帖木兒參知政事，行安南國宣慰使，都元帥，佩虎符柴椿、忽哥兒副之。給鈔萬錠，付河西行省以備經費。

己酉，張易等言：「參校道書，惟《道德經》係老子親著，餘皆後人僞撰，宜悉焚毁。」從之，仍詔諭天下。給隆興行省海青符。命失里咱牙信合八剌麻合迭瓦爲占城郡王，加榮禄大夫，賜虎符。立行中書省占城，以唆都爲右丞，劉深爲左丞，兵部侍郎也（里）〔黑〕迷失參知政事。

庚戌，敕以海船百艘，新舊軍及水手合萬人，期以明年正月征海外諸番，仍諭占城郡王給軍食。以安南國王陳遺愛入安南，發新附軍千人衛送。詔諭干不昔國來歸附。

壬子，用和禮霍孫言，於揚州、隆興、鄂州、泉州四省，置蒙古提舉學校官各二員。以翰林學士承旨撒里蠻兼領會同館、集賢院事，以平章政事、樞密副使張易兼領祕書監、太史院、司天臺事，以翰林學士承旨和禮霍孫守司徒。改大都、南陽、真定等處屯田孛蘭奚總管府爲農政院。

**《續資治通鑑》卷一八五**　癸丑，皇太子至自北邊。左諭德李謙嘗爲太子陳十事：曰正心，曰睦親，曰崇儉，曰幾諫，曰戢兵，曰親賢，曰尚文，曰定律，曰正名，曰革弊。

**《元史》卷一一《世祖紀八》**　丙辰，以兀良合帶言，上都南四站人畜困乏，賜鈔給之。

庚申，籍西川户。

辛酉，邵武叛人高日新降。給征日本回侍衛新附軍冬衣。賜劉天錫等銀幣，勝兀剌等羊馬鈔，諸王阿只吉等馬牛羊，各有差。

**《元史新編》卷六**　十一月癸亥朔，詔諭探馬禮，令歸附。

甲子，賊首陳弔眼伏誅，桂龍降，流之邊地。

**《元史》卷一一《世祖紀八》**　己巳，敕軍器監給兵仗付高麗沿海等郡。奉使占城孟慶元、孫勝夫並爲廣州宣慰使，兼領出征調度。高麗國、金州等處置鎮邊萬户府，以控制日本。高日新及其弟鼎新等至闕，以日新兩爲叛首，授山北路民職。文慶之屬，遣還泉州。賜有功將校二百二十三員銀十萬兩及幣帛、弓矢、鞍勒有差。詔安南國王給占城行省軍食。高麗國王請完濱海城，防日本，不允。

辛未，給諸王阿只吉糧六千石。

乙亥，召法師劉道真，問祠太乙法。

壬午，詔諭爪哇國主，使親來覲。昌州及蓋里泊民饑，給鈔賑之。

丙戌，給鈔二萬錠付和林貿易。敕征日本回軍後至者分戍沿海。

丁亥，給揚州行省新附軍將校鈔，人二錠。

己(酉)〔丑〕，賜安南國出征新附軍鈔。賜禮部尚書留夢炎及出使馬八國俺都剌等鈔各有差。

**《續資治通鑑》卷一八五**　十二月甲午，以昂吉爾岱爲中書右丞相。

(乙)〔己〕亥，罷日本行中書省。

**《元史》卷一一《世祖紀八》**　丁未，議選侍衛軍萬人練習，以備扈從。陞太常寺爲正三品。

辛亥，命西川行省給萬家奴所部兵仗。

**《元史新編》卷六**　癸丑，免益都、淄萊、寧海開河夫今年租賦，仍給其傭直。

**《元史》卷一一《世祖紀八》**　乙卯，以諸王札忽兒所占文安縣地給付屯田。

丙辰，調新附軍屯田。獲福州叛賊林天成，戮於市。免福州路今年稅二分，十八年以前租稅並免徵。以漢州德陽縣隸成都(府)〔路〕。改漳州爲路。賜禮部尚書謝昌元鈔。賞捏古伯戰功銀有差。償阿只吉等助軍馬價。賜塔剌海籍没户五十。

**《續資治通鑑》卷一八五**　保定路清苑縣水，平陽路松山縣旱，高唐、夏津、武城等縣蝗害稼，並免今年租，計三萬六千餘石。

## 至元一九年(壬午、一二八二)

**《元史》卷一二《世祖紀九》**　春正月壬戌朔，高麗國王王(睶)〔賰〕遣其大將軍金子廷來賀。

**《續資治通鑑》卷一八五**　丙寅，罷征東行中書省。

丁卯，諸王扎喇呼至自軍中。時皇子北平王以軍鎮阿里瑪圖之地以禦(海)〔哈〕都，諸王錫里濟與托克托穆爾、薩里曼等，謀劫北平王以叛，欲與扎喇呼結援於哈都，不從。薩里曼悔過，執錫里濟等，北平王遣扎喇呼以聞。

妖民張圓光伏誅。

**《元史》卷一二《世祖紀九》**　撥信州民四百八户，隸諸王柏木兒。

**《元史新編》卷六**　增兩浙鹽價每引鈔四貫，命江南稅糧依宋舊制折輸絲絹雜物。

**《元史》卷一二《世祖紀九》**　丙子，車駕畋於近郊。

丁丑，高麗國王貢紬布四百匹。

**《元史續編》卷二**　壬午，立太僕院。中統初，設羣牧所，後改尚牧監，至是，改立太僕院，後又改院爲寺。

**《元史》卷一二《世祖紀九》**　丙戌，賜西平王怯薛那懷等鈔一萬一千五百二十一錠。

二月辛卯朔，車駕幸柳林。饒州總管姚文龍言，江南財賦歲可辦鈔五十萬錠，詔以文龍爲江西道宣慰使，兼措置茶法。命司徒阿你哥、行工部尚書納懷製飾銅輪儀表刻漏。敕改給駙馬昌吉印。修宮城、太廟、司天臺。

癸巳，調軍一萬五千、馬五千匹，征也可不薛。遣使代祀嶽瀆后土。

甲午，甘州逃軍二千二百人自陳願挈家四千九百四十口還戍，敕以鈔一萬六百二十錠、布四千九百四十匹、驢四千九百四十頭給之。議征緬國，以太卜爲右丞，也罕的斤爲參政，領兵以行。

戊戌，給別十八里元帥綦公直軍需。遣使往乾山，造江南戰船千艘。

庚子，賜諸王塔剌海籍没五十户，願受十二户。孛羅歡理算未徵糧二十七萬石，詔徵之。

壬寅，陞軍器監秩三品。命軍官陣亡者，其子襲職，以疾卒者，授官降一等，具爲令。授溪洞招討使郭昂等九人虎符，仍賞張温、顔義顯銀各千兩。收晃兀兒塔海民匠九百五十三户入官。

**《元史新編》卷六**　乙巳，立廣東提刑按察司。戊申，帝還宮。

**《元史》卷一二《世祖紀九》**　己酉，減省部官冗員。改上都宣課提領爲宣課提舉司。立鐵冶總管府，罷提舉司。減大都税課官十四員爲十員。改羅羅斯宣慰司隸雲南省。徙浙東宣慰司於温州。分軍戍守江南，自歸州以及江陰至三海口，凡二十八所。

庚戌，以參知政事唐兀帶等六人，鎮守黄州、建康、江陵、池州、興國。

**《續資治通鑑》卷一八五**　壬子，遣諸王桑阿克達爾擊緬。

**《元史》卷一二《世祖紀九》**　癸丑，大良平元帥蒲元圭遣其男世能入覲。

**《元史續編》卷二**　立行樞密院。詔揚州、岳州俱立行院。

**《續資治通鑑》卷一八五**　甲寅，帝幸上都。申嚴漢人軍器之禁。

**《元史》卷一二《世祖紀九》**　丁巳，安州張拗驢以詐敕及僞爲丞相孛羅署印，伏誅。

戊午，賜雲南使臣及陝西僉省八八以下銀鈔、衣服有差。籍福建户數。

三月辛酉朔，烏蒙民叛，敕那懷、火魯思迷率蒙古、漢人新附軍討之。賞忽都答兒等戰功牛羊馬。

**《續資治通鑑》卷一八五**　戊寅，益都千户王著，以中書左丞相阿哈瑪特蠹國害民，與高和尚合謀殺之。

庚辰，獲高和尚於高梁河。

辛巳，博囉等至都。

壬午，誅王著、高和尚於市，皆醢之，并殺張易。

**《元史》卷一二《世祖紀九》**　甲申，的斤帖林以己貲充屯田之費，諸王阿只吉以聞，敕酬其直。

丙戌，禁益都、東平、沿淮諸郡軍民官捕獵。

戊子，立塔兒八合你驛，以烏蒙阿謀歲輸驛馬給之。

**《續資治通鑑》卷一八五**　以領北庭都護阿密實哈爲御史大夫，行御史臺事。

集賢直學士兼祕書少監建昌程文海陳五事：一曰取會江南仕籍，二曰通南北之選，三曰立攷功歷，四曰置貪贓籍，五曰給江南官吏俸，朝廷多采行之。

**《元史續編》卷二**　俱藍入貢。楊廷端再往俱藍，國主及其相阿哈瑪特等迎拜璽書，遣其臣祝阿里沙、忙里八的入貢。時伊嚕勒昆鄂則爾、不勒瑪及木速蠻主瑪哈穆特等亦在其國，聞詔使至，相率來告，願納歲幣，遣使入覲。

**《元史》卷一二《世祖紀九》**　夏四月辛卯，敕和禮霍孫集中書省部、御史臺、樞密院、翰林院等官，議阿合馬所管財賦，先行封籍府庫。

**《元史續編》卷二**　追治阿哈瑪特罪，戮其屍。

**《續資治通鑑》卷一八五**　丁酉，以和爾果斯爲中書右丞相，降右丞相昂吉爾岱爲留守，仍同簽樞密院事。

皇太子謂和爾果斯曰：「阿哈瑪特已死，汝任中書，事有便國利民者，毋憚更張；或有阻撓，吾當力持之。」故是時庶務更新，省部用人，多所推薦。

**《元史》卷一二《世祖紀九》**　戊戌，征蠻元帥完者都等平陳吊眼巢穴班師，賞其軍鈔，仍令還家休息。遣揚州射士戍泉州。陳吊眼父文桂及兄弟桂龍、滿安納款，命護送赴京師。其黨吴滿、張飛迎敵，就誅之。敕以大都巡軍隸留守司。

壬寅，立回易庫。

**《續資治通鑑》卷一八五**　中書左丞耿仁等言：「諸王（宫）〔公〕主（公）〔分〕地所設達嚕噶齊，例不遷調，百姓苦之。依常調，任滿，從本位下選代爲宜。」從之。

**《元史》卷一二《世祖紀九》**　以留守司兼行工部。敕自今歲用官車，勿賦於民，可即灤河造之，給其糧費。

甲辰，以甘州、中興屯田兵逃還太原，誅其拒命者四人，而賞不逃者。

乙巳，以阿合馬家奴忽都答兒等久總兵權，令博敦等代之，仍隸大都留守司。弛西山薪炭禁。以阿合馬之子江淮行中書省平章政事忽辛罪重於父，議究勘之。考覈諸處平準庫，汰倉庫官。御史臺臣言：「見在贓罰鈔三萬錠，金銀、珠玉、幣帛稱是。」詔留以給貧乏者。

丙午，收諸王别帖木兒總軍銀印。敕也里可温依僧例給糧。

戊申，寧國路太平縣饑，民採竹實爲糧，活者三百餘户。敕出使人還，不即以所給符上，與上而有司不即收者，皆罪之。凡文書並奏可始用御寶。

己酉，刊行蒙古、畏吾兒字所書《通鑑》。以和禮霍孫爲右丞相詔天下。

庚戌，行御史臺言：「阿里海牙占降民爲奴，而以爲征討所得。」有旨降民還之有司，征討所得，籍其數量，賜臣下有功者。以興兵問罪海外，天下供給繁重，詔慰諭軍民，應有逋欠錢糧及官吏侵盗並權停罷。設懷孟路管河渠使、副各一員。拘括江南官豪隱匿逃軍。

壬子，罷江南諸司自給驛券。

丙辰，敕以妻女姊妹獻阿合馬得仕者，黜之。覈阿合馬占據民田，給還其主；庇富強户輸賦其家者，仍輸之官。北京宣慰使阿老瓦丁濫舉非才爲管民官，命選官代之。議設鹽使司賣鹽引法，擇利民者行之，仍令按察司磨刷運司文卷。定民間貸錢取息之法，以三分爲率。定内外官以三年爲考，滿任者遷敘，未滿者不許超遷。禁吐蕃僧給驛太繁，擾害於民，自今非奉旨勿給。給控鶴人鈔一萬五錠，及其官吏有差。

五月己未朔，鈎考萬億庫及南京宣慰司。沙汰省部官，阿合馬黨人七百十四人，已革者百三十三人，餘五百八十一人並黜之。瀘州管軍總管李從，坐受軍士賄縱其私還，致萬户爪難等爲賊所殺，伏誅。籍阿合馬馬駝牛羊驢等三千七百五十八。追治阿合馬罪，剖棺戮其尸於通玄門外。罷南京宣慰司及江南財賦總管府。

丁卯，降各省給驛璽書。

戊辰，併江西、福建行省。去江南冗濫官。免福建山縣鎮店宣課。禁當路私人權府、州、司、縣官。

招諭畲洞人，免其罪。禁差戍軍防送。禁人匠提舉擅招匠户。

**《元史新編》卷六**　己巳，遣浙西宣慰同知劉宣等理算各省鹽茶及財賦府出納之數。籍阿合馬妻子、親屬、奴婢財産，并逮其黨耿仁、別都魯丁至大都，誅之。

**《元史》卷一二《世祖紀九》**　庚辰，議於平灤州造船，發軍民合九千人，令探馬赤伯要帶領之，伐木於山，及取於寺觀墳墓，官酬其直，仍命桑哥遣人督之。

癸未，給大都拔都兒正軍夏衣。和禮霍孫言，省部濫官七百十四員，其無過者五百八十一員姑存之。沿海左副都元帥石國英請以税户贍軍，軍逃死者，令其補足；站户苗税，貧富不均者，宜均其役。又請行鹽法，汰官吏，罷捕户。詔中書集議行之。張惠、阿里罷。以甘肅行省左丞麥朮丁爲中書右丞，行御史臺御史中丞張雄飛參知政事。

乙酉，元帥綦公直言：「乞黥逃軍，仍使從軍，及設立冶場於別十八里，鼓鑄農器。」從之。

丙戌，別十八里城東三百餘里蝗害麥。

六月己丑朔，日有食之。芝生眉州。

甲午，阿合馬濫設官府二百四所，詔存者三十三，餘皆罷。又江南宣慰司十五道，内四道已立行中書省，罷之。

乙未，發六盤山屯田軍七百七十人，以補劉恩之軍。敕宣慰司等官毋役官軍。

丙申，發射士百人衛丞相，他人不得援例。

戊戌，以占城既服復叛，發淮、浙、福建、湖廣軍五千，海船百艘、戰船二百五十，命唆都爲將討之。亡宋軍有手號及無手號者，並聽爲民。

**《元史續編》卷二**　命索多將兵討占城國，降之。

**《元史》卷一二《世祖紀九》**　己亥，命何子志爲管軍萬户，使暹國。

辛丑，籍阿合馬妻子壻奴婢財産。

癸卯，禁濫保軍功。

乙巳，招無籍軍給衣糧。

己酉，賞太子府宿衛軍禦盜之功，給鈔、馬有差，無妻者以没官寡婦配之。以阿合馬居第賜和禮霍孫。

**《續資治通鑑》卷一八五**　帝以所籍入權臣家婦賜後衛親軍指揮伊喇元臣，元臣辭曰：「臣家世清素，不敢自污。」帝嘉歎不已。元臣，霸州元帥尼爾之孫也。

**《元史》卷一二《世祖紀九》**　壬子，申敕中外百官立限決事。

癸丑，從和禮霍孫言，罷司徒府及農政院。鎖繫忽辛赴揚州鞫治。

丁巳，征亦奚不薛，盡平其地，立三路達魯花赤，留軍鎮守，命藥剌海總之，以也速帶兒爲都元帥宣慰使。

**《續資治通鑑》卷一八六**　秋七月戊午朔，日有食之。立行樞密院於揚州、鄂州。

**《元史》卷一二《世祖紀九》**　庚申，命行御史臺揀汰各道按察司官。

辛酉，剖郝禎棺，戮其尸。

壬戌，命以官錢給戍軍費，而以各奧魯所征還官。禁諸位下營運錢貨差軍護送。高麗國王請自造船一百五十艘，助征日本。

戊辰，征鴨池回軍屯田安西，以鈔給之。

庚午，令蒙古軍守江南者更番還家。

壬申，發察罕腦兒軍千人治（晉）〔縉〕山道。立馬湖路總管府。

癸酉，賜高麗王王（晧）〔賰〕金印。宣慰孟慶元、萬户孫勝夫使爪哇回，爲忙古帶所囚，詔釋之。

丁丑，罷汪札剌兒帶總帥，收其制命、虎符。以鞏昌路達魯花赤別速帖木兒爲鞏昌平涼等處二十四處軍前便宜都總帥府達魯花赤。以蒙古人孛羅領湖北辰、沅等州淘金事。

**《元史新編》卷六** 戊寅，議建阿失荅不速皇城，用木十二萬，道遠難致，詔如察罕海子地築土爲牆。

**《元史》卷一二《世祖紀九》** 乙酉，賜諸王塔海帖木兒、忽都帖木兒等金銀、幣帛有差。闍婆國貢金佛塔。發米賑乞里吉思貧民。

**《元史續編》卷二** 采民女子。

**《元史》卷一二《世祖紀九》** 八月丁亥朔，給乾山造船軍匠冬衣，及新附軍鈔。

庚寅，忙古帶征羅氏鬼國還，仍佩虎符，爲管軍萬户。

辛卯，以阿八赤督運糧。

癸巳，發羅羅斯等軍助征緬國。

辛亥，併淄萊路田、索二鎮，仍於驛臺立新城縣治。大駕駐蹕龍虎臺。江南水，民饑者衆；真定以南旱，民多流移；和禮霍孫請所在官司發廪以賑，從之。申嚴以金飾車馬服御之禁。又禁諸監官不得令人匠私造器物。

**《續資治通鑑》卷一八六** 甲寅，聖誕節，是日，還宮。

**《元史》卷一二《世祖紀九》** 乙卯，御正殿，(授)〔受〕皇太子、諸王、百官朝賀。

丙辰，謫揑兀迭納戍占城以贖罪。

**《續資治通鑑》卷一八六** 九月丁巳朔，賑真定飢民，其流移江南者，給之糧，使還鄉里。

**《元史》卷一二《世祖紀九》** 敕中書省窮治阿合馬之黨。別速帶請於羅卜、闍里輝立驛，從之。以阿合馬没官田産充屯田。籍阿里家。

戊午，誅阿合馬第三子阿散，仍剥其皮以徇。

庚申，汰冗官。游顯乞罷漣、海州屯田，以其事隸管民官，從其請，仍以顯平章政事，行省揚州。福建宣慰司獲倭國諜者，有旨留之。

辛酉，誅耿仁、撒都魯丁及阿合馬第四子忻都。招討使楊庭(堅)〔璧〕招撫海外，南番皆遣使來貢。

**《御批歷代通鑑輯覽》卷九五** 海外諸蕃惟馬八兒與俱藍足以綱領諸國，而俱藍又爲馬八兒後障，自泉州至其境，約十萬里，遣招討使楊庭璧三往招之，遂遣使貢寶貨及黑猿一。自是，海南諸蕃凡十國，曰馬八兒，曰須門那，曰僧急里，曰南無力，曰馬蘭丹，曰那旺，曰丁呵兒，曰來來，曰急蘭亦解，曰蘇木都喇。皆以次遣使暨子弟上表來覲，入貢。

**《元史》卷一二《世祖紀九》** 那旺國主忙昂，以其國無識字者，遣使四人，不奉表。蘇木都(速)〔剌〕國主土漢八的亦遣使二人。蘇木達國相臣那里八合剌攤赤，因事在俱藍國，聞詔代其主打古兒遣使奉表，進指環、印花綺段及錦衾二十合。寓俱藍國也里可温主兀咱兒撇里馬亦遣使奉表，進七寶項牌一、藥物二瓶。又管領木速蠻馬合馬亦遣使奉表，同日赴闕。

壬戌，禁諸人不得沮撓課程。

**《續資治通鑑》卷一八六** 敕：「官吏受賄及倉庫官侵盗，臺察官知而不糾者，驗其輕重罪之。中外官吏臟罪，輕者杖決，重者處死。言官緘默，與受臟者一體論罪。仍詔諭天下。」

**《元史》卷一二《世祖紀九》** 乙丑，簽亦奚不薛等處軍。

丁卯，安南國進貢犀兕、金銀器、香藥等物。增給元帥綦公直軍冬衣鈔。

己巳，命軍站户出錢助民和顧和買。籍雲南新附户。自兀良合帶鎮雲南，凡八籍民户，四籍民田，民以爲病。至是，令已籍者勿動，新附者籍之。定雲南税賦用金爲則，以貝子折納，每金一錢直貝子二十索。罷雲南宣慰司。

**《續資治通鑑》卷一八六** 壬申，敕平灤、高麗、耽羅及揚州、隆興、泉州，(其)〔共〕造大小船三千艘。

亦奚不薛之北蠻峒向世雄兄弟及散毛諸峒叛，命四川行省就遣亦奚不薛軍前往招撫之，使與其主偕往。

**《元史》卷一二《世祖紀九》** 癸酉，阿合馬姪宰奴丁伏誅。罷忽辛黨馬璘江淮行省參知政事。

**《續資治通鑑》卷一八六** 丁丑，遣使括雲南所産金，以博囉爲打金洞達嚕噶齊。

**《元史》卷一二《世祖紀九》** 戊寅，給新附軍賈祐衣糧。祐言爲日本國焦元帥壻，知江南造船，遣其來候動静，軍馬壓境，願先降附。

辛巳，敕各行省止用印一，餘者拘之，及拘諸位下印。發鈔三萬錠，於隆興、德興府、宣德州和糴糧九萬石。

壬午，賜諸王阿只吉金五千兩、銀五萬兩。

**《元史》卷一二《世祖紀九》** 冬十月丁亥朔，增兩浙鹽價。詔整治鈔法。

己丑，敕河西僧、道、也里可温有妻室者，同民納税。

庚寅，以歲事不登，聽諸軍捕獵於汴梁之南。

辛卯，以平章軍國重事、監修國史耶律鑄爲中書左丞相。

**《續資治通鑑》卷一八六** 壬辰，饗於太廟。罷西京宣慰司。

丙申，初立詹事院，以鄂勒哲爲右詹事，薩陽爲左詹事。詔：「由大都至中灤，中灤至瓜州，設南北兩漕運司。」

**《元史》卷一二《世祖紀九》** 立蘆臺、越支、三叉沽鹽使司，河間滄清、山東濱、樂安及膠萊、莒密鹽使司五。敕籍没財物精好者及金銀幣帛入内帑，餘付刑部，以待給賜。

癸卯，命崔彧等鈎考樞密院文卷。

甲辰，占城國納款使回，賜以衣服。

乙巳，遣阿耽招降法里郎、阿魯、乾伯等國。罷屯田總管府，以其事隸樞密院，令管軍萬户兼之。

丙午，以汪惟孝爲總帥。

丁未，女直六十自請造船運糧赴鬼國贍軍，從之。議征(叉)〔又〕巴洞。

庚戌，以四川民僅十二萬户，所設官府二百五十餘，令四川行省議減之。移成都宣慰司於碉門。罷利州及順慶府宣慰司。禁大都及山北州郡酒。詔兩廣、福建五品以下官，從行省就便銓注。耶律鑄言：「有司官吏以采室女，乘時害民。如令大郡歲取三人，小郡二人，擇其可者，厚賜其父母，否則遣還爲宜。」從之。籍京畿隱漏田，履畝收税。命游顯專領江浙行省漕運。

乙卯，命堅童專掌奏記。誅阿合馬長子忽辛、第二子抹速忽於揚州，皆醢之。

**《元史續編》卷二** 遷瀛國公趙㬎於上都。

**《元史》卷一二《世祖紀九》** 十一月戊午，上都建利用庫。賜太常禮樂、籍田等三百六十户鈔千二百錠。

甲子，給欠州屯田軍衣服。

丁卯，給(河)〔和〕林戍還軍校銀鈔、幣帛。江南襲封衍聖公孔洙入覲，以爲國子祭酒，兼提舉浙東道學校事，就給俸禄與護持林廟璽書。

**《續資治通鑑》卷一八六** 孔子後，自宋南渡初，其四十八代孫端友子玠寓衢州。帝既滅宋，疑所立，或言孔氏子孫寓衢者，乃其宗子。洙赴闕，遜於居曲阜者。帝曰：「寧違榮而不違親，真聖人後也。」遂有是命。

詔以阿哈瑪特罪惡頒告中外，凡民間利病，即與興除之。

壬申，以勢家爲商賈者阻遏官民船，立沿河巡禁軍，犯者没其家。

**《元史》卷一二《世祖紀九》** 癸酉，分元帥綦公直軍戍曲先。

甲戌，中書省臣言：「天下重囚，除謀反大逆，殺祖父母、父母，妻殺夫，奴殺主，因姦殺夫，並正典刑外，餘犯死罪者，令充日本、占城、緬國軍。」從之。改鑄省印。

丙子，四川行省招諭大盤洞主向臭友等來朝。

戊寅，耶律鑄言：「前奉詔殺人者死，仍徵燒埋銀五十兩，後止徵鈔二錠，其事太輕。臣等議，依蒙古人例，犯者没一女入仇家，無女者徵鈔四錠。」從之。以袁州、饒州、興國軍復隸隆興省。馬八兒國遣使以金葉書及土物來貢。罷都功德使脱烈，其修設佛事妄費官物，皆徵還之。賜貧乏者合納塔兒、八只等羊馬鈔。

**《元史續編》卷二** 勅御史臺得選用御史。

**《元史》卷一二《世祖紀九》** 十二月丁亥，命阿剌海領范文虎等所有海船三百艘。

**《續資治通鑑》卷一八六** 壬辰，中書左丞張文謙爲樞密副使。

**《元史》卷一二《世祖紀九》** 乙未，中書省臣言：「平原郡公趙與芮、瀛國公趙㬎、翰林直學士趙與(票)〔𤊹〕，宜並居上都。」帝曰：「與芮老矣，當留大都，餘如所言。」繼有旨，給瀛國公衣糧發遣之，唯與(票)〔𤊹〕勿行。以中山薛保住上匿名書告變，殺宋丞相文天祥。

癸卯，御史中丞崔彧言：「臺臣於國家政事得失、生民休戚、百官邪正，雖王公將相亦宜糾察。近唯御史有言，臣以爲臺官皆當建言，庶於國家有補。選用臺察官，若由中書，必有偏徇之弊。御史宜從本臺選擇，初用漢人十六員，今用蒙古人十六員，相參巡歷爲宜。」從之。浚濟川河。降拱衛司復正四品，仍收其虎符。罷湖廣行省金銀鐵冶提舉司，以其事隸各路總管府。以建康淘金總管府隸建康路。中書右丞札散爲平章政事。罷解鹽司及諸鹽司，令運司官親行調度鹽引。罷南京屯田總管府，以其事隸南陽府。阿里海牙復鎮遠軍，發軍千人戍守，以其地與西川行省接，就以隸焉。詔立帝師答耳麻八剌剌吉塔，掌玉印，統領諸國釋教。造帝師八合思八舍利塔。免鞏昌等處積年所欠田租税課。賜皇子北安王位下塔察兒等馬牛羊各有差。

**《元史續編》卷二**　詔諸路立養濟院。

召保定處士劉因以爲右贊善大夫。

**《續資治通鑑》卷一八六**　簽樞密院事趙良弼，屢以疾辭，許令居懷孟。良弼別業在温，故有地三千畝，乃析爲二，六與懷州，四與孟州，皆永隸廟學以贍生徒，自以出身儒素，不忘本也。或問爲治，良弼曰：「必有忍乃其有濟。人性易發而難制者，惟怒爲甚，必克己然後可以制怒，必順理然後可以忘怒。能忍所難忍，容所難容，事斯濟矣。」

太平、宣、徽羣盜起，行管軍萬户張珪討之，數爲賊所敗。卒有殺民家豕而并傷其主者，珪曰：「此軍之所以敗也。」斬其卒。悉平諸盜。

## 至元二〇年（癸未、一二八三）

**《元史》卷一二《世祖紀九》**　二十年春正月丙辰朔，高麗國王王（睶）〔賰〕遣其大將軍俞洪慎來賀。

**《續資治通鑑》卷一八六**　己未，立鴻吉哩氏爲皇后。時帝春秋高，后頗預朝政，相臣常不得見帝，輒因后以奏事。

**《元史》卷一二《世祖紀九》**　辛酉，賜諸王出伯印。賞諸王必赤帖木兒、駙馬昌吉軍鈔。敕諸王、公主、駙馬得江南分地者，於一萬户田租中輸鈔百錠，准中原五户絲數。

癸亥，敕藥剌海領軍征緬國。

乙丑，高麗國王王（睶）〔賰〕遣使兀剌帶貢氎布線紬等物四百段。和禮霍孫言：「去冬中山府奸民薛寶住爲匿名書來上，妄效東方朔書，欺罔朝廷，希覬官賞。」敕誅之。又言：「自今應訴事者，必須實書其事，赴省、臺陳告。其敢以匿名書告事，重者處死，輕者流遠方；能發其事者，給犯人妻子，仍以鈔賞之。又阿合馬專政時，衙門太冗，虚費俸禄，宜依劉秉忠、許衡所定，併省爲便。」皆從之。設務農司。敕諸事赴省、臺訴之，理決不平者，許詣登聞鼓院擊鼓以聞。預備征日本軍糧，令高麗國備二十萬石。以阿塔海依舊爲征東行中書省丞相。



**《續資治通鑑》卷一八六**　丙寅，發五衛軍二萬人征日本。召太常少卿汪忠良擇日出師，忠良曰：「僻陋海隅，何足勞天戈！」不聽。時帝意甚決，朝臣無敢諫者。淮西行省右丞昂吉爾上疏曰：「臣聞兵以氣爲主，而上下同欲者勝。比者連事外夷，三軍屢衄，不可以言氣；海内騷然，一遇調發，上下愁怨，非所謂同欲也。請罷兵息民。」南臺御史大夫姜衛亦遣使入奏曰：「倭不奉職貢，可伐而不可怒，可緩而不可急。向者師行期迫，戰船不堅，前車已覆，後當改轍。（今爲）〔爲今〕之計，預修戰艦，訓練士卒，耀兵揚武，使彼聞之，深自備禦，遲以歲月，俟其疲怠，出其不意，乘風疾往，一舉而下，萬全之策也。」帝皆不聽。

御史臺言：「燕南、河北、山東，去歲旱災，按察司已嘗閲視，而中書不爲奏免税糧，民何以堪！」詔有司權停勿徵，仍諭：「自今管民官，凡有災傷，過時不申，及按察司不即行視者，皆罪之。」

河北流民渡河求食，朝廷遣使者集官屬，絶河止之，按察副使程思廉曰：「民急就食，豈得已哉！天下一家，河北、河南，皆吾民也，亟令縱之！」且曰：「雖得罪，死不恨。」章上，不之罪也。

**《元史》卷一二《世祖紀九》**　刑部尚書崔彧言時政十八事，詔中書省與御史大夫玉速帖木兒議行之。罷上都回易庫。發鈔三千錠糴糧於察罕腦兒，以給軍匠。

丁卯，伯要帶等伐船材於烈堝都山、乾山凡十四萬二千有奇，起諸軍貼户年及丁者五千人、民夫三千人運之。

己巳，賜諸王也里干、塔納合、奴木赤金各五十兩、金衣襖一。

庚午，以平灤造船去運木所遠，民疲於役，徙於陽河造之。

壬申，御史臺言：「燕南、山東、河北去年旱災，按察司已嘗閲視，而中書不爲奏免，民何以堪。請權停税糧。」制曰「可」。移鞏昌按察司治甘州。

**《元史續編》卷三**　詔復征日本，置征東行省。

**《元史》卷一二《世祖紀九》**　丁丑，以招討楊廷（壁）〔璧〕爲宣慰使，賜弓矢鞍勒，使諭俱藍等國。

己卯，命諸軍習舟楫，給鈔八千錠於隆興、宣德等處和糴以贍之。

壬午，車駕畋於近郊。以四川歸附官楊文安爲荆南道宣慰使。

**《元史新編》卷六**　改鞏昌按察司爲河西隴北道，廣東按察司爲海北廣東道，廣西按察司爲廣西海北道，福建按察司爲福建閩海道。

**《元史》卷一二《世祖紀九》**　癸未，撥忽蘭及塔剌不罕等四千户隸皇太子位下。

二月戊子，定兩廣、四川戍軍二三年一更，廪其家屬，軍官給俸以贍之。賜俱藍國王瓦你金符。賜駙馬阿禿江南民千户。以春秋仲月上戊日祭社稷及武成王。

癸巳，敕斡脱錢仍其舊。

丁酉，給别十八里屯田軍戰襖。

庚子，敕權貴所占田土，量給各户之外，餘者悉以與怯薛帶等耕之。減四川官府，併西川東、西、北三道宣慰司，及潼川等路鎮守萬户府、新軍總管府，威、灌、茂等州安撫司十四處。

**《續資治通鑑》卷一八六**　辛丑，定軍官選法及官吏贓罪法。

**《元史》卷一二《世祖紀九》**　乙巳，令隆興行省遣軍護送占城糧船。

丁未，定安洞酋長遣其兄弟入覲，敕給驛馬。

己酉，陞闌遺監秩正五品。

**《續資治通鑑》卷一八六**　癸丑，諭中書省：「大事奏聞，小事便宜行之，毋致稽緩。」

**《元史》卷一二《世祖紀九》**　甲寅，降太醫院爲尚醫監，改給銅印。立江南等處官醫提舉司。賜日本軍官八忽帶及軍士銀鈔有差。敕遣官録揚州囚徒。

三月丁巳，諸王勝納合兒設王府官三員。以萬户不都蠻鎮守金齒。罷女直造日本出征船。罷河西行御史臺。立鞏昌等處行工部。罷福建市舶總管府，存提舉司。併泉州行省入福建行省。免福建歸附後未徵苗税。以闊闊你敦治江淮行省，或言其過，命兀奴忽帶、伯顏佐之。

戊午，以新附洞蠻酋長爲千户。

己未，罷京兆行省，立行工部。御史臺臣言：「平灤造船，五臺山造寺伐木，及南城建新寺，凡役四萬人，乞罷之。」詔：「伐木建寺即罷之，造船一事，其與省臣議。」前後衛軍自願征日本者，命選留五衛漢軍千餘，其新附軍令悉行。

辛酉，賞諸王合班弟忙兀帶所部軍士戰功，銀鈔、幣帛、衣服各有差。給甘州戍軍鈔。

乙丑，命兀奴忽魯帶往揚州録囚，遣江北重囚謫征日本。立雲南按察司，照刷行省文卷。罷淮安等處淘金官，惟計户取金。以阿合馬綿絹絲線給貧民工匠。給王傅兀訥忽帖只印。給西川、福建、兩廣之任官驛馬。以湖南宣慰使張鼎新、行省參知政事樊楫等嘗阿附阿里海牙，敕罷之。

**《元史續編》卷三**　丙寅，車駕幸上都。

**《元史》卷一二《世祖紀九》**　江西行省參政完顔那懷，坐越例騍陞及妄舉一百九十八人入官，罷之。罷河西辦課提舉司。

**《續資治通鑑》卷一八六**　丁卯，增置蒙古監察御史六員。

**《元史續編》卷三**　廣州盜起，討平之。

**《元史》卷一二《世祖紀九》**　乙亥，罷諸處役夫。遣阿塔海戍曲先，漢都魯迷失帥甘州新附軍往斡端。

己卯，給各衛軍出征馬價鈔。

辛巳，立畏吾兒四處驛及交鈔庫。

壬午，祀太一。罷福建道宣慰司，復立行中書省於漳州，以中書右丞張惠爲平章政事，御史中丞也先帖木兒爲中書左丞，並行中書省事。賜迷里札蠻、合八失鈔。賑八魯怯薛、八剌合赤等貧乏。賜皇子北平王所部馬牛羊各有差。

夏四月丙戌，立别十八里、和州等處宣慰司。

庚寅，敕藥剌海戍守亦奚不薛。都元帥也速答兒還自亦奚不薛，駐軍成都，求入見，許之，仍遣人屯守險隘。以侍衛親軍二萬人助征日本。

辛卯，樞密院臣言：「蒙古侍衛軍於新城等處屯田，砂礫不可種，乞改撥良田。」從之。

壬辰，阿塔海求軍官習舟楫者同征日本，命元帥張林、招討張瑄、總管朱清等行。以高麗王就領行省，規畫日本事宜。

甲午，減江南諸道醫學提舉司，四省各存其一。免京畿所括豪勢田舊税三之二、新税三之一。高麗國王王(賰)〔睶〕請以蒙古人同行省事。

**《續資治通鑑》卷一八六**　禁近侍爲人求官，紊亂選法。申嚴酒禁，有私造者，財産、女子没官，犯人配役。申私鹽之禁，許按察司糾察鹽司。

**《元史》卷一二《世祖紀九》**　癸卯，授高麗國王王(賰)〔睶〕征東行中書省左丞相，仍駙馬、高麗國王。

乙巳，命樞密院集軍官議征日本事宜，程鵬飛請明賞罰，有功者軍前給憑驗，候班師日改授，從之。

庚戌，右丞也速帶兒招撫筠連州、定州、阿永、都掌等處蠻，獨山都掌蠻不降，進軍討之，生擒酋長得蘭紐，遂班師。發大都所造回砲及其匠張林等，付征東行省。

辛亥，以征日本，給後衛軍衣甲，及大名、衛輝新附軍鈔。麥朮丁等檢覈萬億庫，以罪監繫者多，請付蒙古人治。有旨：「蒙古人爲利所汩，亦異往日矣，其擇可任者使之。」

**《元史續編》卷三**　扎薩克罷，以莽賚徹爾爲中書平章，耶律斐格、王椅爲參政。建寧總軍總管黄華叛，詔布哷齊、史弼討平之。

**《元史》卷一二《世祖紀九》**　五月乙卯，給甘州戍軍夏衣。

戊午，丞相伯顔、諸王相吾答兒等言，征緬國軍宜參用蒙古、新附軍，從之。

**《續資治通鑑》卷一八六**　己未，免五衛軍征日本，發萬人赴上都，縱平灤造船軍歸耕，撥大都見管軍代役。

占城行省右丞索多，率戰船千艘出廣州，浮海伐占城。占城迎戰，兵號二十萬，索多率敢死士擊之，斬首并溺死者五萬餘人，又敗之於大浪湖，斬首六萬級，占城降。索多造木爲城，闢田以耕，伐烏里、越里諸小夷，皆下之，積穀十五萬以給軍。

**《元史》卷一二《世祖紀九》**　庚申，減隆興府昌州盖里泊管鹽官吏九十九人，以其事隸隆興府。定江南民官及轉運司官公田。

甲子，徙揚州淘金夫赴益都。立征東行中書省，以高麗國王與阿塔海共事。給高麗國征日本軍衣甲。御史中丞崔彧言：「江南盜賊相繼而起，皆緣拘水手、造海船，民不聊生，日本之役，宜姑止之。江南四省應辦軍需，宜量民力，勿强以土産所無。凡給物價及民者必以實。召募水手，當從所欲。伺民之氣稍蘇，我之力粗備，三二年復東征未晚。」不從。

丙寅，免江南税糧三之二。敕阿里海牙調漢軍七千、新附軍八千，以付唆都從征。

辛未，占城行省已破占城，其國主補底遁去，降璽書招徠之。

甲戌，發征日本重囚往占城、緬國等處從征。設高麗國勸農官四員。

丙子，詔諭諸王相吾答兒：「先是雲南重囚，令便宜處決，恐濫及無辜，自今凡大辟罪，仍須待報。」併省江淮、雲南州郡。以耶律老哥爲中書參知政事。免戍軍差税。禁諸王奥魯官科擾軍户。以西南蠻夷有謀叛未附者，免西川征緬軍，令專守禦。支錢令各驛供給。

戊寅，諸陳言者從都省集議，可行者以聞，不可則明以諭言者。許按察司官用弓矢。監察御史阿剌渾坐擅免贓錢，不糾私釀等罪罷。用御史中丞崔彧言，罷各路選取室女。頒行宋文思院小口斛。敕以陝西按察司贓罰錢輸於秦王。省北京提刑按察司副使、僉事各一員。立海西遼東提刑按察司，按治女直、水達達部。

己卯，酬諸王只必帖木兒給軍羊馬鈔十萬錠。海南四州宣慰使朱國寶請益兵討占城國主，詔以阿里海牙軍萬五千人應之。用王積翁言，詔江南運糧，於阿八赤新開神山河及海道兩道運之。立幹脱總管府。

辛巳，給占城行省唆都弓矢甲仗。

六月丙戌，申嚴私易金銀之禁。以甘州行省參政王椅爲中書參知政事。免大都及平灤路今歲絲料。江南遷轉官不之任者杖之，追奪所受宣敕。

**《續資治通鑑》卷一八六**　戊子，以征日本，民間騷動，盜賊竊發，呼圖特穆爾、蒙古岱乞益兵禦寇，詔以興國、江州軍付之。

**《元史》卷一二《世祖紀九》**　己丑，增官吏俸給。

庚寅，定市舶抽分例，舶貨精者取十之一，粗者十（之）五〔之一〕。差五衛軍人修築行殿外垣。命諸王忽牙都設斷事官。

丙申，發軍修完大都城。

辛丑，發軍修築堤堰。

戊申，用伯顔等言，所括宋手號軍八萬三千六百人，立牌甲設官以統之，仍給衣糧。

庚戌，流叛賊陳吊眼叔陳桂龍於憨答孫之地。

辛亥，四川行省參政曲立吉思等討平九溪十八洞，以其酋長赴闕，定其地立州縣，聽順元路宣慰司節制。以向世雄等爲（叉）〔又〕巴諸洞安撫大使及安撫使。

秋七月癸丑朔，錮建寧路至元十七年前未納苗税。

丙辰，免徵骨嵬軍賦。諭阿塔海所造征日本船，宜少緩之；所拘商船，其悉給還。阿里沙坐虚言惑衆誅。

丁巳，賜捏古帶等珠衣。

庚申，調軍益戍雲南。

丙寅，立亦奚不薛宣慰司，益兵戍守。開雲南驛路。分亦奚不薛地爲三，設官撫治之。

**《續資治通鑑》卷一八六** 丁卯，罷淮南淘金司，以其户還民籍。

**《元史》卷一二《世祖紀九》** 庚午，新附官周文英入見，其贄禮銀萬兩、金四十錠，鐵木兒不花匿爲己有。詔即其家搜閲，没入官帑。敕捕阿合馬婦翁尚書蔡仲英，徵償所貸官鈔二十萬錠。阿八赤、姚演以開神山橋渠，侵用官鈔二千四百錠，折閲糧米七十三萬石，詔徵償，仍議其罪。

壬申，亦奚不薛軍民千户宋添富及順元路軍民總管兼宣撫(司)〔使〕阿里等來降。班師，以羅鬼酋長阿利及其從者入覲。立亦奚不薛總管府，命阿里爲總管。

丙子，減江南十道宣慰司官一百四十員爲九十三員。敕上都商税六十分取一。免大都、平灤兩路今歲俸鈔。立總教院，秩正三品。

丁丑，命按察司照刷吐蕃宣慰司文卷。立鋪軍捕淮西盗賊。淮東宣慰同知宋廷秀私役軍四十人，杖而罷之。

庚辰，給忽都帖木兒等軍貧乏。償怯兒合思等羊馬價鈔。

**《元史續編》卷三** 復立司農寺。樞密副使張文謙卒。車駕還宫。省集賢院。

**《元史》卷一二《世祖紀九》** 八月癸未，以明理察平章軍國重事，商議公事。立懷來淘金所。

甲午，敕大名、真定、北京、衛輝四路屯駐新附軍，於東京屯田。安南國遣使以方物入貢。

**《續資治通鑑》卷一八六** 丁未，浙西道宣慰使史弼言：「頃以征日本船五百艘科諸民間，民病之。宜取阿巴齊所有船，修理以付阿塔哈，庶寬民力，并給鈔於沿海募水手。」從之。

濟州新開河成，立都漕運司。

**《元史》卷一二《世祖紀九》** 庚戌，賞還役宿衛軍。賜皇子北安王所部軍鈔、羊馬。

九月戊午，合剌帶等招降象山縣海賊尤宗祖等九千五百九十二人，海道以寧。

**《續資治通鑑》卷一八六** 壬戌，調黎兵同征日本。

**《元史》卷一二《世祖紀九》** 丙寅，古答奴國因商人阿剌畏等來言，自願效順。併占城、荆湖行省爲一。徙舊城市肆局院，税務皆入大都，減税徵四十分之一。賞朱雲龍漕運功，授七品總押，仍以幣帛給之。

辛未，以歲登，開諸路酒禁。廣東盗起，遣兵萬人討之。

**《續資治通鑑》卷一八六** 戊寅，史弼陳弭盗之策，爲首及同謀者死，餘屯田淮上，帝然其言，詔以其事付弼。賊黨耕種内地，其妻孥送京師，以給鷹坊人等。

**《元史》卷一二《世祖紀九》** 冬十月庚寅，給征日本新附軍鈔三萬錠。

壬辰，車駕由古北口路至自上都。

癸巳，斡端宣慰使劉恩進嘉禾，同穎九穗、七穗、六穗者各一。

甲午，以平章政事札散爲樞密副使。詔：「五衛軍，歲以冬十月聽十之五還家備資裝，正月番上代其半還，四月畢入役。」時各衛議先遣七人，而以三人自代，從之。

乙未，享於太廟。

丁酉，誅占城逃回軍。忙兀帶請增蒙古、漢軍戍邊，從之。以忽都忽總揚州行省唆都新益軍。

庚子，許阿速帶軍以兄弟代役。建寧路管軍總管黄華叛，衆幾十萬，號頭陀軍，僞稱宋祥興五年，犯崇安、浦城等縣，圍建寧府。詔卜憐吉帶、史弼等將兵二萬二千人討平之。

**《元史續編》卷三** 耶律鑄罷。

**《元史》卷一二《世祖紀九》** 壬寅，立東阿至御河水陸驛，以便遞運。徙濟州潭口驛於新河魯橋鎮。給甘州納硫黄貧乏户鈔。

癸卯，諸王只必帖木兒請括閲常德府分地民户，不許。中書省臣言：「阿八赤新開河二處，皆有倉，宜造小船分海運。」從之。中書省臣言：「押亦迷失嘗請諭江南諸郡，募人種淮南田。今乃往各郡轉收民户，行省官闊闊你敦言其非，便宜令其於治所召募，不可强民。」從之。

戊申，給水達達鰥寡孤獨者絹千匹、鈔三百錠。立和林平準庫。遣官檢覈益都淘金欺弊。罷中興管課提舉司及北京鹽鐵課程提舉司。

己酉，籤河西質子軍年及丁者充軍。

庚戌，各道提刑按察司增設判官二員。

十一月壬子，賞太不花、脱歡等戰功銀幣。

癸丑，總管陳義願自備海船三十艘以備征進，詔授義萬户，佩虎符。義初名五虎，起自海盜，内附後，其兄爲招討，義爲總管。敕凡盜賊必由管民官鞫問，仍不許私和。

丁巳，命各省印《授時曆》。諸王只必帖木兒請於分地二十四城自設管課官，不從。又請立拘榷課税所，其長從都省所定，次則王府差設，從之。詔：「大都田土，並令輸税；甘州新括田土，畝輸租三升。」

己未，吏部尚書劉好禮以吉利吉思風俗事宜來上。

壬戌，復立南京宣慰司。

乙丑，罷開（城）〔成〕路屯田總管府入開（城）〔成〕路，隸京兆宣慰司。

戊辰，立司農司，掌官田邸舍人民。給諸王所部撒合兒、兀魯等羊馬，以賙其乏。河西官府參用漢人。徙甘肅沙州民户復業。大都城門設門尉。

**《續資治通鑑》卷一八六**　丁丑，禁雲南管課官於常額外多取餘錢。

戊寅，禁雲南權勢多取債息，仍禁没人口爲奴及黥其面者。

**《元史續編》卷三**　官軍伐緬，克之。

**《元史》卷一二《世祖紀九》**　己卯，從諸王朮白、蒙古帶等請，賞也禿古等銀鈔，以旌戰功。賜皇太子鈔千錠。以御史臺贓罰鈔賜怯憐口。

十二月庚辰〔朔〕，賜諸王渾都帖木兒衣物，忽都兒所部軍銀鈔幣帛。

甲申，賜别速帶所部軍衣服幣帛七千、馬二千。賞西番軍官愛納八斯等戰功。

辛卯，以茶忽所管軍六千人備征日本。

壬辰，給諸王阿只吉牛價。罷女直出産金銀禁。

**《續資治通鑑》卷一八六**　以中書參議温特赫圖嚕哈廉貧，不阿附權勢，賜鈔百錠。

**《元史》卷一二《世祖紀九》**　甲午，給鈔四萬錠和糴於上都。給司閽衛士貧者，人鈔二十錠。

辛丑，賜諸王昔烈門等銀。以海道運糧招討使朱清爲中萬户，賜虎符；張瑄子文虎爲千户，賜金符。徙新附官仕内郡。以蠡州還隸真定府路。

癸卯，發粟賑水達達四十九站。

**《續資治通鑑》卷一八六**　丙午，罷雲南造賣金箔規措所；又罷都元帥府及重設官吏。定質子令，凡大官子弟，遣赴京師。

**《元史》卷一二《世祖紀九》**　戊申，雲南施州子童興兵爲亂，敕參知政事阿合八失帥兵，合羅羅斯脱兒世合討之。給布萬匹賑女直饑民一千户。

**《續資治通鑑》卷一八六**　樞密副使張文謙卒。

**《元史》卷一二《世祖紀九》**　是歲，斷死罪二百七十八人。

## 至元二一年（甲申、一二八四）

**《元史》卷一三《世祖紀一〇》**　春正月乙卯，帝御大明殿，右丞相和禮霍孫率百官奉玉册玉寶，上尊號曰憲天述道仁文義武大光孝皇帝，諸王百官朝賀如朔旦儀，赦天下。

**《御批歷代通鑑輯覽》卷九五**　時議欲肆赦，張雄飛諫曰：「古人言，無赦之國，其刑必平。故赦者，不平之政也。聖明之世，豈宜數赦！」上納之，遂止下輕刑之詔。

**《續資治通鑑》卷一八六**　丁巳，敕：「自今凡奏事者，必先語同列以所奏。既奏，其所奉旨云何，令同列知而後書之簿；不明以告而輒書簿者，杖筆且齊。」

己未，罷雲南都元帥府，府所管軍民隸行省。

甲子，罷揚州等處理算官，以其事付行省。

**《元史續編》卷三**　江淮行省平章蒙固岱獻珍珠。凡百斤。

**《元史》卷一三《世祖紀一〇》**　丙寅，闊闊你敦言：「屯田芍陂兵二千，布種二千石，得粳糯二萬五千石有奇，乞增新附軍二千。」從之。

丁卯，建都王烏蒙及金齒一十二處俱降。建都先爲緬所制，欲降未能。時諸王相吾答兒及行省右丞太卜、參知政事也罕的斤分道征緬，於阿昔、阿禾兩江造船二百艘，順流攻之，拔江頭城，令都元帥袁世安戍之。遂遣使招諭緬王，不應。建都太公城乃其巢穴，遂水陸並進，攻太公城，拔之，故至是皆降。

**《續資治通鑑》卷一八六**　庚午，立江淮、荆湖、江西、四川行樞密院，治建康、鄂州、撫州、成都。

**《元史》卷一三《世祖紀一〇》**　立耽羅國安撫司。

辛未，相吾答兒遣使進緬國所貢珍珠、珊瑚、異綵及七寶束帶。

甲戌，遣蒙古官及翰林院官各一人祠岳瀆后土。遣王積翁齎詔使日本，賜錦衣、玉環、鞍轡；積翁由慶元航海至日本近境，爲舟人所害。

御史臺臣言：「罪黜之人，久忘其名，又復奏用，乞戒約。」帝曰：「卿等所言固是，然其間豈無罪輕可録用者。」御史大夫玉速帖木兒對曰：「以各人所犯罪狀明白敷奏，用否當取聖裁。」從之。

**《元史新編》卷六**　丙子，建寧賊首黄華自殺。

**《續資治通鑑》卷一八六**　丁丑，雲南諸路按察司官陛辭，詔諭之曰：「卿至彼，當宣明朕意，勿求貨財。名成則貨財隨之，徇財則必失其名，而性命亦不可保矣。」

**《元史》卷一三《世祖紀一〇》**　己卯，馬八兒國遣使貢珍珠、異寶、縑段。

**《續資治通鑑》卷一八六**　二月辛巳，以福建宣慰使管如德爲泉州行省參知政事，征緬。

浚揚州漕河。

罷高麗造征日本船。

**《元史》卷一三《世祖紀一〇》**　丁亥，命翰林學士承旨撒里蠻祀先農於籍田。

壬辰，以江西叛寇妻子賜鷹坊養虎者。以别速帶逃軍七百餘人付安西王屯田，給以牛具。邕州、賓州民黄大成等叛，梧州、韶州、衡州民相挺而起，湖南宣慰使撒里蠻將兵討之。

甲午，罷羣牧所。

己亥，瑞州獲叛民晏順等三十二人，并妻孥送京師。罷阿八赤開河之役，以其軍及水手各萬人運海道糧。放檀州淘金五百人還家。

**《續資治通鑑》卷一八六**　丁未，括江南樂工。命阿塔哈發兵萬五千人，船二百艘，助征占城，船不足，命江西省益之。

戊申，徙江淮行省於杭州，徙浙西宣慰司於平江，省黄州宣慰司入淮西道。

漳州盜起，命江浙行省調兵進討。

秦州總管劉發有罪，嘗欲歸黄華，事覺，伏誅。

遷故宋(宋)〔宗〕室及其大臣之仕者於内地。

**《御批歷代通鑑輯覽》卷九五**　時荆、湖、閩、廣間，兵興無寧歲，有言宋宗室居江南欲反者，遣使捕之。率衛士諤爾根薩里曰：「江南初下，民心未附，宋宗室反，不聞郡縣言，而信一人浮言輒捕之，恐人人自危矣。」帝悟，召使者還，尋詔遷宋宗室及大臣之仕者於内地。

**《元史》卷一三《世祖紀一〇》**　立法輪竿於大内萬壽山，高百尺。

三月辛亥，敕思、播管軍民官自今勿遷。

**《續資治通鑑》卷一八六**　丁巳，皇子北平王納珠哈至自北邊。王以至元八年建幕庭於和林，北留七年，至是始歸。右丞相安圖繼至。

**《元史》卷一三《世祖紀一〇》**　以張弘範等將新附軍。

壬戌，更定虎符。

**《元史續編》卷三**　丙寅，幸上都。

**《續資治通鑑》卷一八六**　丁卯，太廟正殿成，奉安神主。

**《元史》卷一三《世祖紀一〇》**　甲戌，置潮、贛、吉、撫、建昌戍兵。

乙亥，高麗國王王(睶)〔賰〕以皇帝尊號禮成，遣使來賀。

**《元史續編》卷三**　罷征東行省，拘收其印。定江南諸路官員職田。

**《元史》卷一三《世祖紀一〇》**　夏四月壬午，令軍民同築堤堰，以利五衛屯田。

**《元史新編》卷六**　從御史李昂言，有父兄居憲臺而子姪爲按察使，或父兄爲按察使而子姪在别道爲官者，竝令回避。軍官毋受民詞，押運毋帶私貨。管民官自三月停訟，十月始行。和買諸物止從出產處所，隨時給值，不得强其所無，重累百姓。

**《元史》卷一三《世祖紀一〇》**　乙酉，省泉府司入户部。立大都留守司兼少府監。立大都路總管府。立西川、延安、鳳翔、興元宣課司。從迷里火者、蜜剌里等言，以鈔萬錠爲市於别十八里及河西、上都。以火者赤依舊揚州鹽運使，歲市鹽八十萬石以贖過。

**《續資治通鑑》卷一八六**　己亥，涿州巨馬河決，衝突三十餘里。

**《元史》卷一三《世祖紀一〇》**　庚子，湖廣行省平章阿里海牙請身至海濱收集占城散軍，復使南征，且趣其未行者，許之。

**《續資治通鑑》卷一八六**　壬寅，江淮行省進各翼童男女百人。

戊申，高麗王王(睶)〔賰〕及公主以其世子謜來朝。

呼圖特穆爾征緬之師，爲緬人衝潰，敕發思、播田、楊二家軍二千從征緬。

**《元史》卷一三《世祖紀一〇》**　籍江南鹽徒軍，藏匿者有罪。火兒忽等所部民户告饑，帝曰：「饑民不救，儲糧何爲？」發萬石賑之。命開元等路宣慰司造船百艘，付狗國戍軍。雲南行省爲破緬國江頭城，進童男女八十人，并銀器幣帛。

五月己酉〔朔〕，從禿禿合言，立二千户，總欽察、康里子弟願爲國宣勞者。

壬子，拘征東省印。

癸丑，樞密院臣言：「唆都潰軍已令李恒收集，江淮、江西兩省潰軍，別遣使招諭，凡至者皆給之糧，舟楫損者修之，以俟阿里海牙調用。」從之。

**《續資治通鑑》卷一八六**　戊午，敕中書省：「奏目文册及宣命劄付，並用蒙古書，不許用輝和爾字。」

**《元史》卷一三《世祖紀一〇》**　己未，荆湖占城行省言：「忽都虎、忽馬兒等將兵征占城，前鋒舟師至舒眉蓮港不知所向，令萬户劉君慶進軍次新州，獲占蠻，始知我軍已還矣。就遣占蠻向導至占城境，其國主遣阿不蘭以書降，且言其國經唆都軍馬虜掠，國計已空，俟來歲遣嫡子以方物進。繼遣其孫路司理勒蟄等奉表詣闕。」

乙丑，取高麗所産鐵。蠲江南今年田賦十分之二；其十八年已前逋欠未徵者，盡免之。阿魯忽奴言：「曩於江南民户中撥匠户三十萬，其無藝業者多，今已選定諸色工匠，餘十九萬九百餘户宜縱令爲民。」從之。詔諭各道提刑按察司分司事宜。

**《續資治通鑑》卷一八六**　庚午，荆湖占城行省以兵進據烏馬境，地近安南，請益兵，命鄂州達嚕噶齊趙翥等奉璽書往諭安南。

河間任丘縣民李移住謀叛，事覺，伏誅。

括天下私藏天文、圖讖、《太乙》、《雷公式》、《七曜曆》、《推背圖》、《苗太監曆》，有私習及收匿者罪之。

**《元史》卷一三《世祖紀一〇》**　丁丑，忽都虎、烏馬兒、劉萬户等率揚州省軍二萬赴唆都軍前，遇風船散，其軍皆潰。敕追烏馬兒等誥命、虎符及部將所受宣敕，以河西孛魯合答兒等代之，聽阿里海牙節制。

閏五月己卯，封法里剌王爲郡王，佩虎符。改思、播二州隸順元路宣撫司。罷西南番安撫司，立總管府。給西川蒙古軍鈔，使備鎧仗，耕遂寧沿江曠土以食，四頃以下者免輸地税。命總帥汪惟正括四川民户。

辛巳，加封衛輝路小清河神曰洪濟威惠王。

壬午，蒙古侍衛親軍都指揮使八忽帶征黄華回，進人口百七十一。

乙酉，以雲南境内洪城併察罕章，隸皇太子。

**《續資治通鑑》卷一八六**　丙戌，行御史臺自揚州遷於杭州。

**《元史》卷一三《世祖紀一〇》**　庚寅，賜歸附洞蠻官十八人衣，遣還。

癸巳，賜北安王螭紐金印。罷皮貨所。理算江南諸行省造征日本船隱弊，詔按察司毋得沮撓。

甲辰，安南國王世子陳日烜遣其中大夫陳謙甫貢玉杯、金瓶、珠條、金領及白猿、緑鳩、幣帛等物。

**《續資治通鑑》卷一八六**　丙午，以侍衛親軍萬人修大都城。

**《元史》卷一三《世祖紀一〇》**　六月壬子，遣使分道尋訪測驗晷景、日月交食、曆法。增官吏俸，以十分爲率，不及一錠者量增五分。

甲寅，詔封皇子脱歡爲鎮南王，賜塗金銀印，駐鄂州。

**《元史續編》卷三**　封皇子托歡爲鎮南王，將兵征安南。

**《元史》卷一三《世祖紀一〇》**　庚申，改蒙古都元帥府爲蒙古都萬户府，砲手元帥府爲砲手萬户府，砲手都元帥府爲回回砲手軍匠萬户府。

甲子，命也速帶兒所部軍六十人淘金雙城。從憨答孫請，移阿剌帶和林屯田軍與其所部相合，屯田五河。

乙丑，中衛屯田蝗。

甲戌，賜皇子愛牙赤怯薛帶孛折等及兀剌海所部民户鈔二萬一千六百四十三錠，皇子南木合怯薛帶怯憐口一萬二百四十六錠。以馬一萬一百九十五、羊一萬六十，賜朵魯朵海扎剌伊兒所部貧軍。

秋七月丁丑朔，敕荆湖、西川兩省合兵討(叉)〔又〕巴、散毛洞蠻。雲南省臣言：「騰越、永昌、羅必丹民心攜貳，宜令也速帶兒或汪總帥將兵討之。」制曰「可」。命樞密院差軍修大都城。

己卯，立衍福司。中書省臣言：「宰相之名，不宜輕授。今占城省臣已及七人，宜汰之。」詔軍官勿帶相銜。賜皇子北安王印。復揚州管匠提舉司。

丁亥，江淮行省以占城所遣太半達連扎赴闕，及其地圖來上。塔剌赤言：「頭輦哥國王出戍高麗，調旺速等所部軍四百以往，今頭輦哥已回，留軍躭羅，去其妻子已久，宜令他軍更戍。」伯顔等議，以高麗軍千人屯躭羅，其留戍四百人縱之還家，從之。

**《續資治通鑑》卷一八六**　戊子，詔鎮南王托歡征占城。

**《元史》卷一三《世祖紀一〇》**　遣所留安南使黎英等還其國。日烜遣其中大夫阮道學等以方物來獻。總帥汪惟正言：「一門兄弟從仕者衆，乞仍於秦、鞏州置便宜都總帥府，仍用元帥印，即其兄弟四人擇一人爲總帥，總帥之下總管府令其兼之。汪氏二人西川典兵者，亦擇其一爲萬户，餘皆依例遷轉。」從之。賜貧乏者阿魯渾、玉龍帖木兒等鈔，共七千四百八十錠。

八月丁未，雲南行省言：「華帖、白水江、鹽井三處土老蠻叛，殺諸王及行省使者。」調兵千人討之。定擬軍官格例，以河西、回回、畏吾兒等依各官品充萬户府達魯花赤，同蒙古人；女直、契丹，同漢人。若女直、契丹生西北不通漢語者，同蒙古人；女直生長漢地，同漢人。

**《續資治通鑑》卷一八六**　己酉，御史臺言：「無籍之軍願從軍殺掠者，初假之以張渡江兵威，今各持弓矢，剽劫平民，若不分隸各翼，恐生他變。」詔遣之還家。

**《元史》卷一三《世祖紀一〇》**　辛亥，征東招討司聶古帶言：「有旨進討骨嵬，而阿里海牙、朶剌帶、玉典三軍皆後期。七月之後，海風方高，糧仗船重，深虞不測，姑宜少緩。」從之。占城國王乞回唆都軍，願以土産歲修職貢，使大盤亞羅日加翳、大巴南等十一人奉表詣闕，獻三象。

甲子，放福建畬軍，收其軍器，其部長於近處州郡民官遷轉。

**《元史續編》卷三**　庚午，車駕還宫。

**《元史》卷一三《世祖紀一〇》**　甲戌，搠完上言：「建都女子沙智治道立站有功，已授虎符，管領其父元收附民爲萬户。今改建昌路總管，仍佩虎符。」從之。

九月甲申，京師地震。併市舶司入鹽運司，立福建等處鹽課市舶都轉運司。中書省言：「福建行省軍餉絶少，必於揚州轉輸，事多遲誤。若併兩省爲一，分命省臣治泉州爲便。」詔以中書右丞、行省事忙兀台爲江淮等處行中書省平章政事，其行省左丞忽剌出、蒲壽庚，參政管如德分省泉州。

**《續資治通鑑》卷一八六**　丙申，籍嘉木揚喇勒智發宋陵所收金銀寶器修天衣寺，其飲器則賜帝師，蓋西僧欲得帝王髑髏以厭勝致富也。

**《元史》卷一三《世祖紀一〇》**　甲辰，海南貢白虎、獅子、孔雀。

冬十月丁未，饗於太廟。

戊申，四川行省言金齒遺民尚多未附，以要剌海將探馬赤軍二千人討之。

己酉，敕：「管軍萬户爲行省宣慰使者，毋兼管軍事；仍爲萬户者，毋兼涖民政。」

壬子，定漣海等處屯田法。

辛酉，征東招討司以兵征骨嵬。宋有手記軍，死則以兄弟若子繼，詔依漢軍籍之，毋文其手。

丁卯，和禮霍孫請設科舉，詔中書省議，會和禮霍孫罷，事遂寢。以招討使張萬爲征緬招討使，佩三珠虎符。

**《元史》卷一三《世祖紀一〇》**　戊辰，立常平倉，以五十萬石價鈔給之。

**《元史》卷一三《世祖紀一〇》**　甲戌，詔諭行中書省，凡征日本船及長年篙手，並官給鈔增價募之。賜貧乏者押失、忻都察等鈔一萬四千三錠。

十一月甲申，封南木里、忙哥赤郡公。

**《續資治通鑑》卷一八六**　戊子，命北京宣慰司修灤河道。

**《元史》卷一三《世祖紀一〇》**　己丑，江西行省參知政事也的迷失禽獲海盜黎德及招降餘黨百三十三人，即其地誅黎德以徇，以黎德弟黎浩及僞招討吴興等檻送京師。遷轉官員薄而不就者，其令歸農當役。

庚寅，占城國王遣使大羅盤亞羅日加翳等奉表來賀聖誕節，獻禮幣及象二。占城舊州主寶嘉婁亦奉表入附。

庚子，以范文虎爲左丞，商量樞密院事。

**《元史新編》卷六**　辛丑，和禮霍孫、麥朮丁、張雄飛、温迪罕皆罷。復命安童爲右丞相，盧世榮爲右丞，史樞爲左丞，撒的迷失、廉希恕參知政事，敕中書省整治鈔法，定金銀價，禁私自回易。

**《元史》卷一三《世祖紀一〇》**　壬寅，安童、盧世榮言：「阿合馬專政時所用大小官員，例皆奏罷，其間豈無通才？宜擇可用者仍用之。」詔依所言汰選，毋徇私情。

癸卯，福建行省遣使人八合魯思招降南巫里、别里剌、理倫、大力等四國，各遣其相奉表以方物來貢。以江淮間自襄陽至於東海多荒田，命司農司立屯田法，募人開耕，免其六年租税并一切雜役。賜蒙古貧乏者也里古、薛列海、察吉兒等鈔十二萬四千七百二十二錠。

十二月甲辰朔，中書省臣言：「江南官田爲權豪寺觀欺隱者多，宜免其積年收入，限以日期，聽人首實。踰限爲人所告者，徵以其半給告者。」從之。立常平鹽局。

**《續資治通鑑》卷一八六**　乙巳，御史中丞崔彧，言盧世榮不可爲相，帝大怒，下彧吏，欲致之法，尋罷之。

《元史續編》卷三　盧世榮欲以均輸法益國賦，慮按察司撓其事，請令與轉運使併爲一職，詔集議。左贊善大夫瓜勒佳之奇言：「按察司者，控制諸路，摘發姦伏，責任匪輕。若使理財則事冗，將彌縫自救之不暇，安能繩糾他人哉！併之勿便。」事遂寢。之奇，滕州人也。

《元史》卷一三《世祖紀一〇》　以丁壯萬人開神山河，立萬户府以總之。

辛亥，以儀鳳司隸衛尉院。

癸亥，盧世榮言：「京師富豪户釀酒，價高而味薄，以致課不時輸，宜一切禁罷，官自酤賣。向之歲課，一月可辦。」從之。

甲子，以高麗提舉司隸工部。

乙丑，祀太一。丙寅，荆湖占城行省遣八番劉繼昌諭降龍昌寧、龍延萬等赴闕，奉羊馬、白氈來貢，各授本處安撫使。立宣慰司，招撫西南諸蕃等處酋長。

《續資治通鑑》卷一八六　癸酉，命翰林承旨薩里曼，翰林、集賢大學士許國禎，集諸路醫學教授增修《本草》。

是月，鎮南王托歡軍至安南，殺其守兵，分六道以進。安南興道王以兵拒於萬劫，進擊，敗之。萬户倪閏戰死於劉邨。

《元史》卷一三《世祖紀一〇》　以涇州隸都總帥府。賜蒙古貧乏者兀馬兒等鈔二千八百八十五錠、銀四十錠。

《續資治通鑑》卷一八六　安圖言於帝曰：「阿哈瑪特專政十年，親故迎合者，往往驟進據顯位，獨劉宣、張孔孫二人，恬守故常，終始如一。」乃除宣吏部尚書，孔孫禮部侍郎。

是歲，詔燕南、河北道按察使博果密參議中書省事。

## 至元二二年（乙酉、一二八五）

《元史》卷一三《世祖紀一〇》　春正月戊寅，以命相詔天下。民間買賣金銀，懷孟諸路竹貨，江淮以南江河魚利，皆弛其禁。諸處站赤飲食，官爲支給。遣官諸路慮囚，罪輕者釋之。徙屯衛輝新附軍六千家，廩之京師，以完倉廩。發五衛軍及新附軍濬蒙邨漕渠。

《續資治通鑑》卷一八七　庚辰，詔毀宋郊天臺。

《元史》卷一三《世祖紀一〇》　壬午，詔立市舶都轉運司。立上都等路羣牧都轉運使司、諸路常平鹽鐵坑冶都轉運司。

甲申，遣使代祀五岳、四瀆、東海、后土。

乙酉，安南世子陳日烜領戰船千餘艘以拒。

丙戌，與戰，大破之，日烜遁去。入其城，還屯富良江北。唆都、唐古帶等引兵與鎮南王會。

戊子，闊闊你敦言：「先有旨遣軍二千屯田芍陂，試土之肥磽，去秋已收米二萬餘石，請增屯士二千人。」從之。徙江南樂工八百家於京師。封駙馬唆郎哥爲寧昌郡王，賜龜紐銀印。西川趙和尚自稱宋福王子廣王以誑民，民有信者；真定民劉驢兒有三乳，自以爲異，謀不軌；事覺，皆磔裂以徇。移五條河屯田軍五百於兀失蠻、扎失蠻。

辛卯，發諸衛軍六千八百人給護國寺修造。廣御史臺贓罰庫。

癸巳，樞密臣言：「舊制四宿衛各選一人參決樞密院事，請以脱列伯爲僉院。」從之。詔括京師荒地，令宿衛士耕種。

乙未，中書省臣請以御史大夫玉速怙木兒爲左丞相，中丞撒里蠻爲御史大夫；罷行御史臺，以其所屬按察司隸御史臺，行御史臺大夫撥魯罕爲中書省平章政事。帝曰：「玉速怙木兒朕當思之；撥魯罕寬緩，不可。」安童對曰：「阿必赤合何如？」帝曰：「此事朕自處之。罷行御史臺者，當如所奏。」盧世榮請罷福建行中書省，立宣慰司，隸江西行中書省。又言：「江南行中書省事繁，恐致壅滯，今隨行省立行樞密院總兵，以分其務爲便。」帝曰：「行院之事，前日已言，由阿合馬欲其子忽辛兼兵柄而止，今議行之。」流征占城擅還將帥二十三人於遠方。

《續資治通鑑》卷一八七　以董文用爲江淮行中書省參知政事。

丙申，以阿必齊哈爲中書平章政事。

命禮部領會同館。初，外國使至，常令翰林院主之，至是改正。

詔禁私酒。

《元史》卷一三《世祖紀一〇》　帝畋於近郊。陞武備監爲武備寺，尚醫監爲太醫院，職俱三品。陞六部爲二品。荆湖占城行省平叛蠻百六十六洞。

己亥，分江浙行省所治南康隸江西省。

辛丑，以楊兀魯帶爲征骨嵬招討使，佩二珠虎符。

**《元史新編》卷六**　壬寅，造大樽於殿，以木爲質，銀内而金外，鏤雲龍，高一丈七寸。

癸巳，盧世榮奏罷江南行御史臺，以所屬按察司爲提刑轉運司，俾兼錢穀，隸内臺。

**《元史》卷一三《世祖紀一〇》**　二月乙巳，駐蹕柳林。增濟州漕舟三千艘，役夫萬二千人。初，江淮歲漕米百萬石於京師，海運十萬石，膠、萊六十萬石，而濟之所運三十萬石，水淺舟大，恒不能達，更以百石之舟，舟用四人，故夫數增多。塞渾河堤決，役夫四千人。詔改江淮、江西元帥招討司爲上中下三萬户府，蒙古、漢人、新附諸軍相參，作三十七翼。上萬户：宿州、蘄縣、真定、沂郯、益都、高郵、沿海七翼；中萬户：棗陽、十字路、邳州、鄧州、杭州、懷州、孟州、真州八翼；下萬户：常州、鎮江、潁州、廬州、亳州、安慶、江陰水軍、益都新軍、湖州、淮安、壽春、揚州、泰州、弩手、保甲、處州、上都新軍、黄州、安豐、松江、鎮江水軍、建康二十二翼。翼設達魯花赤、萬户、副萬户各一人，以隸所在行院。江西盜黎德等餘黨悉平。以應放還五衛軍穿河西務河。舊例，五衛軍十人爲率，七人三人，分爲二番，十月放七人者還，正月復役，正月放三人者還，四月復役，更休息之。

丙午，以荆湖行省所隸八番、羅甸隸西川行省。分嵐、管爲二州。加封桑乾河神洪濟公爲顯應洪濟公。

己酉，爲皇孫阿難答立衍福司，職四品，使、同知、副使各一員。

**《續資治通鑑》卷一八七**　辛亥，廣東宣慰使頁特密實討潮、惠二州盜郭逢貴等，四十五寨皆平，降民萬餘户，軍三千六百餘人，請將所獲渠帥入覲，面陳事宜，從之。

丙辰，詔罷膠萊所鑿新河，以軍萬人隸江浙行省習水戰，萬人載江淮米泛海，由利津達於京師。

**《元史》卷一三《世祖紀一〇》**　辛酉，御史臺臣言：「近中書奏罷行御史臺，改按察司爲提刑轉運司，俾兼錢穀，而糾彈之職廢矣。請令安童與老臣議。」從之。

壬戌，中書省臣盧世榮請立規措所，經營錢穀，秩五品，所用官吏以善賈爲之，勿限白身人。帝從之。

參知政事不魯迷失海牙等因奏世榮姻黨有牛姓者，前爲提舉，今浙西運司課程頗多，擬陞轉運副使。亦從之。詔舊城居民之遷京城者，以貲高及居職者爲先，仍定制以地八畝爲一分；其或地過八畝及力不能作室者，皆不得冒據，聽民作室。陞御帶庫爲章佩監。徙右千户只兒海迷失分地泉州。賜合剌失都兒新附民五千户，合剌赤、阿速、阿塔赤、昔寶赤、貴由赤等嘗從征者，亦皆賜之。以民八十户賜皇太子宿衛臣嘗從征者。用盧世榮言，回買江南民土田。

**《元史續編》卷三**　拘收銅錢，申禁私造酒麴。

**《元史》卷一三《世祖紀一〇》**　戊辰，車駕幸上都。

**《元史續編》卷三**　復立行臺。

**《御批歷代通鑑輯覽》卷九五**　立真定等路宣慰司兼都轉運司，領課程事。

**《元史》卷一三《世祖紀一〇》**　禁諸司不得擅追管課官吏，有敢沮擾者，具姓名以聞。增濟州漕運司軍萬二千人。立江西、江淮、湖廣造船提舉司。令江浙行省參政馮珪，湖廣行省右丞要束木、參政潘傑，龍興行省左丞伯顔、參政楊居寬、僉省陳文福，專領課程事。

**《續資治通鑑》卷一八七**　以昂吉爾岱爲中書左丞相。

**《元史》卷一三《世祖紀一〇》**　己巳，復立按察司。撥民二萬七千户與駙馬唆郎哥。以忽都魯爲平章政事。詔：「各道提刑按察司，能遵奉條畫，莅事有成者，任滿升職；贓污不稱任者，罷黜除名。」詔立供膳司，職從五品，達魯花赤、令、丞各一員。罷融州總管府爲州。

**《續資治通鑑》卷一八七**　三月丙子，遣太史監候張公禮、彭質等往占城測候日晷。

癸未，荆湖、占城行省請益兵。

**《元史》卷一三《世祖紀一〇》**　庚子，詔依舊制，凡鹽一引四百斤，價銀十兩，以折今鈔爲二十貫，商上都者，六十而税一。增契本爲三錢。立上都規措所回易庫，增壞鈔工墨費每貫二分爲三分。

夏四月癸卯〔朔〕，立行樞密院都鎮撫司。置畏兀驛六所。

丙午，以征日本船運糧江淮及教軍水戰。

**《續資治通鑑》卷一八七**　庚戌，監察御史陳天祥上疏，極論盧世榮姦惡。

御史大夫伊實特穆爾以其狀聞，帝始大悟，命安圖集諸司官吏、老臣、儒士及知民間事者同世榮聽天祥彈文，仍令世榮、天祥皆赴上都。

《元史》卷一三《世祖紀一〇》　壬子，江陵民張二妻鄧氏一産三男。

癸丑，詔追捕宋廣王及陳宜中。遣中書省、樞密院、御史臺官各一員，決大都及諸路罪囚。大都、汴梁、益都、廬州、河間、濟寧、歸德、保定蝗。

辛酉，以躭羅所造征日本船百艘賜高麗。

壬戌，御史中丞阿剌怗木兒、郭佑，侍御史白秃剌怗木兒，參知政事撒的迷失等以盧世榮所招罪狀奏。阿剌怗木兒等與世榮對於帝前，世榮悉款服。改六部依舊爲三品。

《續資治通鑑》卷一八七　御史中丞阿喇特穆爾等奏盧世榮所招罪狀，詔：「安圖與諸老臣議，世榮所行，當罷者罷之，當更者更之，其所用人實無罪者，朕自裁決。」

癸亥，敕以敏珠爾卜丹所行清潔，與安圖治省事。

五月甲戌，以御史中丞郭佑爲中書參知政事。

《元史》卷一三《世祖紀一〇》　丁丑，減上都商税。

戊寅，廣平、汴梁、鈞、鄭旱。以遠方曆日取給京師，不以時至，荆湖等處四行省所用者隆興印之，合剌章、河西、西川等處所用者京兆印之。詔甘州每地一頃輸税三石。

壬午，以軍千人修阿失鹽場倉。以忻都爲踢里玉招討使，佩虎符。有旨：「不可興兵遠攻，近地有不服者討之。」右巴等洞蠻平。

《續資治通鑑》卷一八七　甲申，立汴梁宣慰司，依安西王故事，汴梁以南至江，以親王鎮之。

丁亥，中書省言六部官甚冗，可以六十八員爲額，餘悉汰去，詔擇其廉潔有幹局者存之。

《元史》卷一三《世祖紀一〇》　分漢地及江南所拘弓箭兵器爲三等，下等毁之，中等賜近居蒙古人，上等貯於庫；有行省、行院、行臺者掌之，無省、院、臺者達魯花赤、畏兀、回回居職者掌之，漢人、新附人雖居職無有所預。

戊子，改昇江、烏定、朶里滅該等府爲路。雲南行省臣脱怗木兒言蠲逋賦、徵侵隱、戍叛民、明黜陟、罷轉運、給親王、賦豪户、除重税、決盜賊、增驛馬、取質子、定俸禄、教農桑、優學者、卹死事、捕逃亡十餘事，命中書省議其可者行之。

庚寅，真定、廣平、河間、恩州、大名、濟南蠶災。增大都諸門尉，副各一人。敕朶兒只招集甘、沙、速等州流徙饑民。

《續資治通鑑》卷一八七　復徙江南行御史臺於杭州。

丁酉，徙行樞密院於建康。

戊戌，鎮南王托歡兵擊陳日烜，敗走之，遂入其城而還。日烜遣兵來追，索多、李恒戰死。

《元史》卷一三《世祖紀一〇》　汴梁、懷孟、濮州、東昌、廣平、平陽、彰德、衛輝旱。罷江南造船提舉司。

《續資治通鑑》卷一八七　六月庚戌，命女直碩達勒達造船二百艘，及造征日本迎風船。

《元史》卷一三《世祖紀一〇》　丙辰，遣馬速忽、阿里齎鈔千錠往馬八圖求奇寶，賜馬速忽虎符，阿里金符。高麗遣使來貢方物。

庚午，詔減商税，罷牙行，省市舶司入轉運司。左丞吕師夔乞假五月，省母江州，帝許之，因諭安童曰：「此事汝蒙古人不知，朕左右復無漢人，可否皆自朕決。汝當盡心善治百姓，無使重困致亂，以爲朕羞。」參知政事張德潤獻其家人四百户於皇太子。馬湖部田鼠食稼殆盡，其總管祠而祝之，鼠悉赴水死。

《續資治通鑑》卷一八七　安圖言：「前召徐世隆爲集賢殿學士未赴。世隆明習前代典故，善決疑獄，雖老尚可用。」遣使召之，以老疾辭，附奏便宜九事；復遣使徵李昶，亦以老疾辭；詔並賜以田。

《元史續編》卷三　秋七月，造温石浴室及更衣殿。

《元史》卷一三《世祖紀一〇》　癸酉，詔禁捕獵。

甲戌，敕祕書監修《地理志》。

乙亥，安南降者昭國王、武道、文義、彰憲、彰懷四侯赴闕。

戊寅，京師蝗。分甘州屯田新附軍三百人，田于亦集乃之地。

己卯，以米千石廩瓮吉剌貧民。

壬午，陝西四川行中書省左丞汪惟正入見。

《續資治通鑑》卷一八七　甲申，改奇爾濟蘇等所平大小十谿、峒悉爲府、州、縣。

修汴梁城。

《元史續編》卷三　安南王日烜之弟益稷來降。益稷及其弟文義明誠侯赴闕。

《元史》卷一三《世祖紀一〇》　丁亥，廣東宣慰使月的迷失入覲，以所降渠帥郭逢貴等至京師，言山寨降者百五十餘所。

庚寅，樞密院言：「鎮南王脱歡所總征交趾兵久戰力疲，請於奥魯赤等三萬户分蒙古軍千人，江淮、江西、荆湖三行院分漢軍、新附軍四千人，選良將將之，取鎮南王脱歡、阿里海牙節制，以征交趾。」從之。復以唐兀帶爲荆湖行省左丞。唐兀帶請放征交趾軍還家休憩，詔從脱歡、阿里海牙處之。給諸王阿只吉分地貧民農具牛種，令自耕播。

《續資治通鑑》卷一八七　乙未，雲南行省言：「今年未暇征緬，請收穫秋禾，先伐羅北甸等部。」從之。

《元史》卷一三《世祖紀一〇》　庚子，改開、達、梁山三州隸夔州路。

〔八月〕辛丑〔朔〕，命有司祭斗三日。

戊申，分四川鎮守軍萬人屯田成都。

《續資治通鑑》卷一八七　丙辰，帝至自上都。

己未，詔復立泉府司，以達實曼領之。

初，和爾果斯以泉府司商販者，所至官給飯食，遣兵防衛，民實厭苦不便，奏罷之。至是，達實曼復奏立之。

《元史》卷一三《世祖紀一〇》　丙寅，遣蒙古軍三千人屯田清、滄、靖海。

戊辰，罷禁海商。省合剌章、金齒二宣撫司爲一，治永昌。立臨安廣西道宣撫司。中書省臣奏：「近奉旨括江淮水手，江淮人皆能游水，恐因此動摇者衆。」從之。

《元史續編》卷三　罷榷酤。

《元史》卷一三《世祖紀一〇》　敕拘銅錢，餘銅器聽民仍用。令福建黄華畬軍有恒産者爲民，無恒産與妻子者編爲守城軍。汪惟正言鞏昌軍民站户并諸人奴婢，因饑歲流入陝西、四川者，彼即括爲軍站。帝曰：「信如所言，當鳩集與之。如非己有而强欲得之者，豈彼於法不知懼邪？」

《續資治通鑑》卷一八七　九月乙亥，中書省以江北諸城課程錢糧，聽杭、鄂二行省節制，道途迂遠，請改隸中書，從之。敕：「自今貢物，惟地所産，非所産者毋輒上，聽民自實。兩淮荒地，免税三年。」

丙子，真臘、占城貢樂工十人及藥材、鰐魚皮諸物。

《元史》卷一三《世祖紀一〇》　辛巳，收集工匠之隱匿者。

丙戌，速木都剌、馬答二國遣使來朝。

庚寅，敕征交趾諸軍，除留蒙古軍百、漢軍四百爲鎮南王脱歡宿衛，餘悉遣還。別以江淮行樞密院所總蒙古兵戍江西。

癸巳，雲南貢方物。烏蒙叛，命四川行院也速帶兒將兵討之，馬湖總管汝作以蠻軍三百爲助。降西崖門酋長阿者等百餘户。

《續資治通鑑》卷一八七　宗王阿濟蘇失律，詔巴延代總其軍。

《元史續編》卷三　九月，勅罷征安南軍，改江淮行省爲江浙行省。

《元史》卷一三《世祖紀一〇》　冬十月己亥〔朔〕，以鈔五千錠和糴於應昌府。復分河間、山東鹽課轉運司爲二。遣合撒兒海牙使安南。遣雪雪的斤領畏兀兒户一千戍合剌章。

庚子，享於太廟。

甲辰，修南嶽廟。

乙巳，樞密院臣言：「脱脱木兒遣使言，阿沙、阿女、阿則三部欲叛，宜遣人往召，如不至，乘隙伐之。」不允。因敕諭之：「事不議於雲南王也先帖木兒者，毋輒行。」詔征東招討使塔塔兒帶、楊兀魯帶以萬人征骨嵬，因授楊兀魯帶三珠虎符，爲征東宣慰使都元帥。

壬子，長葛、郾城各進芝草。

《續資治通鑑》卷一八七　癸丑，立征東行省，以阿塔哈爲左丞相，劉國傑、陳巖並左丞，洪俊奇右丞，率諸軍征日本。

《元史》卷一三《世祖紀一〇》　賜脱里察安、答即古阿散等印，令考覈中書省，其制如三品。

《續資治通鑑》卷一八七　丙辰，以參議特穆爾爲參知政事，位郭佑上，且命之曰：「自今之事，皆責於汝。」

《元史》卷一三《世祖紀一〇》　馬法國入貢。

戊午，以江淮行省平章忙兀帶爲江浙省左丞相。初，西川止立四路，阿合馬濫用官，增而爲九。臺臣言其地民少，留廣元、成都、順慶、重慶、夔府五路，餘悉罷去。後以山谷險要，蠻夷雜處，復置嘉定路、敍州宣撫司以控制之。陞大理寺爲都護府，職從二品。都護府言，合剌禾州民饑，户給牛二頭、種二石，更給鈔一十一萬六千四百錠，糴米六萬四百石，爲四月糧賑之。

癸亥，以答即古阿散理算積年錢穀，别置司署，與省部敵，干擾政務，併入省中。

《續資治通鑑》卷一八七　丁卯，敕樞密院計膠、萊諸處漕船，江南、高(嚴)〔麗〕諸處所造海舶，括傭江、淮民船，備征日本。仍敕習汎海者募水工至千人者爲千户，百人爲百户。

郭佑言：「自平江南，十年之間，凡錢糧事，八經理算，今塔奇呼、阿薩爾等又復鉤攷，宜即罷去。」帝嘉納之。

《元史》卷一三《世祖紀一〇》　塔海弟六十言：「今百姓及諸投下民，俱令造船於女直，而女直又復發爲軍，工役繁甚。乃顔、勝納合兒兩投下鷹坊、採金等户獨不調。」有旨遣使發其民。烏蒙蠻夷宣撫使阿蒙叛，詔止征羅必丹兵，同雲南行省出兵討之。

《元史續編》卷三　罷放征占城軍士。

復分立集賢院。

《元史》卷一三《世祖紀一〇》　十一月己巳朔，廣東宣慰使月的迷失以英德、循、梅三路民少，請改爲州；又請以管軍總管于躍爲惠州總管，蔚州知州木八剌爲潮州達魯花赤。帝疑其專，不允。御史臺臣言：「御史臺、按察司以糾察百官爲職，近鈎校錢穀者恐發其奸，私聚羣不逞之徒，欲沮其事，願陛下依舊制諭之。」制曰「可」。

庚午，賜皇子愛牙赤銀印。

壬申，以討日本，遣阿八剌督江淮行省軍需，遣察忽督遼東行省軍需。

甲戌，置合剌章、四川、建都等驛。

《續資治通鑑》卷一八七　戊寅，遣使告高麗發兵萬人，船六百五十艘，助征日本，仍令於近地多造船。

己丑，御史臺言：「昔宋以無室家壯士爲鹽軍，數凡五千，(令)〔今〕存者一千一百二十二人，性習凶暴，民患苦之，宜給以行糧，使屯田自贍。」詔議行之。

《元史》卷一三《世祖紀一〇》　籍重慶府不花家人百二十三户爲民。

《續資治通鑑》卷一八七　癸巳，敕：「漕江、淮米百萬石，汎海貯於高麗之合浦，仍令東京及高麗各貯米十萬石，備征日本，期諸軍於明年三月以次而發，會於合浦。」

乙未，以托歡爲參知政事。

盧世榮伏誅，封其肉以食鷹獺。

世榮初以言利進，皇太子意深非之，曰：「財非天降，安能歲取盈乎！」僧格素主世榮者，聞太子嘗有是言，卒不能救。

《元史》卷一三《世祖紀一〇》　丙申，赦囚徒，黥其面，及招宋時販私鹽軍習海道者爲水工，以征日本。

十二月，敕減天下罪囚。以占城逋還忽都虎、劉九、田二復舊職，從征日本。增阿塔海征日本戰士萬人、回回砲手五十人。

己亥，從樞密院請，嚴立軍籍條例，選壯士及有力家充軍。敕樞密院：「向以征日本故，遣五衛軍還家治裝，今悉選壯士，以正月一日到京師。」江淮行省以戰船千艘習水戰江中。

辛丑，誅答即古阿散黨人蔡仲英、李蹊。

《元史續編》卷三　丁未，皇太子珍戩薨。

《續資治通鑑》卷一八七　朝議以太子薨，欲罷詹事院，院丞張九思抗言曰：「皇孫，宗社人心所屬，詹事所以輔成道德者也，柰何罷之！」衆以爲允。

以哈喇哈斯爲大宗正。

哈喇哈斯由掌宿衛拜是職，用法平允。時相欲以江南獄隸宗正，哈喇哈斯曰：「江南新附，教令未孚，且相去數千里，欲遥制其刑獄，得無冤乎！」事遂止。

《元史》卷一三《世祖紀一〇》　戊午，以中衛軍四千人伐木五萬八千六百，給萬安寺修造。

己未，丹太廟楹。

(乙)〔辛〕酉，立集賢院，以托里鑾領之。

(甲)〔甲〕子，罷合剌章打金規(運)〔措〕所及都元帥〔府〕。敕合剌章酋長之子入質京師，千户、百户子留質雲南王也先怙木兒所。中書省臣奏：「納速丁言，減合剌章冗官，可歲省俸金九百四十六兩；又屯田課程專人主之，可歲得金五千兩。」皆從之。遣只必哥等考覈雲南行省。

(庚)〔丙〕寅，詔毋遷轉工匠官。

(辛)〔丁〕卯，敕有司祭北斗。

**《元史續編》卷三**　賑糶京師貧民。命於京師南城各設三鋪，遣官吏發倉粟，減其直以賑糶凡民。凡白米每石減鈔五兩，南粳米減三兩，歲以爲常。

**《元史》卷一三《世祖紀一〇》**　是歲，命江浙轉運司通管課程。集諸路僧四萬於西京普恩寺，作資戒會七日夜。併省重慶等處州縣。占城行省參政亦黑迷失等以軍還，駐海外四州，遣使以聞，敕放其軍還。賜皇子脱歡，諸王阿魯灰、只吉不花，公主囊家真等，鈔計七千七百三十二錠、馬六百二十九匹、衣段百匹、弓千、矢二萬發。賜諸王阿只吉、合兒魯、忙兀帶、宋忽兒、阿沙、合丹、別合剌等及官户散居河西者，羊馬價鈔三萬七千七百五十七錠，布四千匹、絹二千匹。以伯八剌等貧乏，給鈔七萬六千五百二錠。賞諸王阿只吉、小厮、汪總帥、別速帶、也先等所部及征緬、占城等軍，鈔五萬三千五百四十一錠、馬八千一百九十七匹、羊一萬六千六百三十四、牛十一、米二萬二千一百石、絹帛八萬一千匹、綿五百三十斤、木綿二萬七千二百七十九匹、甲千被、弓千張、衣百七十九襲。命帝師也憐八合失甲自羅二思八等遞藏佛事於萬安、興教、慶壽等寺，凡一十九會。斷死罪二百七十一人。

**《續資治通鑑》卷一八七**　是歲，前中書左丞相耶律鑄卒，後贈太師，謚文忠。

## 至元二三年(丙戌、一二八六)

**《元史新編》卷六**　春正月戊辰朔，以皇太子故罷朝賀，禁齎金銀銅錢越海互市。

**《續資治通鑑》卷一八七**　甲戌，帝以日本孤遠，重困民力，遂罷征日本，召阿八齊赴闕，仍散所僱民船。

以江南廢寺田土爲人占據者，悉付總統嘉木揚喇勒智修寺，自是僧徒益横。

**《元史》卷一四《世祖紀一一》**　己卯，立羅不、怯台、闍鄽、斡端等驛。呂文焕以江淮行省右丞告老，許之，任其子爲宣慰使。

庚辰，馬八國遣使進銅盾。

壬午，遣使代祀嶽瀆、東海。

癸未，罷鞏昌二十四城拘榷所，以其事入有司。發鈔五千錠糴糧於沙、(静)〔淨〕、隆興。從桑哥請，命楊璉真加遣宋宗戚謝儀孫、全允堅、趙沂、趙太一入質。

甲申，忽都魯言：「所部屯田新軍二百人，鑿河渠於亦集乃之地，役久功大，乞以傍近民、西僧餘户助其力。」從之。憨答孫遣使言：「軍士疲乏者八百餘人，乞賑贍，宜於朶魯朶海處驗其虚實。」帝曰：「比遣人往，事已緩矣。其使贍之。」

**《續資治通鑑》卷一八七**　丁亥，禁陰陽僞書《顯明曆》。

辛卯，命阿爾哈雅議征安南事宜。

**《御批歷代通鑑輯覽》卷九五**　詔罷征日本，大舉兵伐安南，不果行。

**《元史》卷一四《世祖紀一一》**　癸巳，陞福州長溪縣爲福寧州，以福安、寧德二縣隸之。

丙申，以新附軍千人屯田合思罕關東曠地，官給農具牛種。

丁酉，畋於近郊。降敘州爲縣，隸蠻夷宣撫司。詔禁沮擾鹽課。設諸路推官以審刑獄，上路二員，(中)〔下〕路一員。陞龍興武寧縣爲寧州，以分寧隸之。

**《元史續編》卷三**　詔勸課農桑。

**《續資治通鑑》卷一八七**　二月己亥，敕中外：「凡漢民持鐵尺、手撾及杖之藏刃者，悉輸於官。」

**《元史續編》卷三**　詔復征安南。

**《元史》卷一四《世祖紀一一》**　辛丑，遣使以鈔五千錠賑諸王小薛所部饑民。

甲辰，以雪雪的斤爲緬中行省左丞相，阿台董阿參知政事，兀都迷失僉行中書省事。以阿里海牙仍安南行中書省左丞相，奧魯赤平章政事，都元帥烏馬兒、亦里迷失、阿里、昝順、樊楫並參知政事。遣使諭皇子也先鐵木兒，調合剌章軍千人或二三千，付阿里海牙從征交趾，仍具將士姓名以聞。

乙巳，廷議以東北諸王所部雜居其間，宣慰司望輕，罷山北遼東道、開元等路宣慰司，立東京等處行中書省，以闊闊你敦爲左丞相，遼東道宣慰使塔出右丞，同僉樞密院事楊仁風、宣慰使亦而撒合並參知政事。敕中書省：「太府監所儲金銀，循先朝例分賜諸王。」復立大司農司，專掌農桑。陞宣徽院正二品。降鎮巢府爲巢州。

**《續資治通鑑》卷一八七**　丁未，用御史臺言，立按察司巡行郡縣法，除使二員留司，副使以下，每歲二月分蒞按治，十月還司。

**《元史》卷一四《世祖紀一一》**　戊申，樞密院奏：「前遣蒙古軍萬人屯田，所獲除歲費之外可糶鈔三千錠，乞分廩諸翼軍士之貧者。」帝悦，令從便行之。　調京師新附軍二千立營屯田。

癸丑，復置隰州大寧縣。

**《續資治通鑑》卷一八七**　丁巳，命湖廣行省造征交趾海船三百，期以八月會欽、廉。

戊午，命荆湖、占城行省將江浙、湖廣、江西三行省兵六萬人伐交趾。

**《元史》卷一四《世祖紀一一》**　荆湖行省平章奥魯赤以征交趾事宜請入覲，詔乘傳赴闕。　集賢直學士程文海言：「省院諸司皆以南人參用，惟御史臺、按察司無之。　江南風俗，南人所諳，宜參用之，便。」帝以語玉速鐵木兒，對曰：「當擇賢者以聞。」帝曰：「汝漢人用事者，豈皆賢邪？」江南諸路學田昔皆隸官，詔復給本學，以便教養。　封陳益稷爲安南王，陳秀嵈爲輔義公，仍下詔諭安南吏民。　復立岳、鄂、常德、潭州、静江榷茶提舉司。

**《御批歷代通鑑輯覽》卷九五**　罷鬻江南學田。

時江浙行省理算錢穀甚急，鬻所在學田，輸其直於官，利用監臣徹爾使江南見之，謂曰：「學有田，以供祭祀，育賢才，安可鬻耶？」遂奏罷之。

**《元史》卷一四《世祖紀一一》**　癸亥，太史院上《授時曆經》、《曆議》，敕藏於翰林國史院。

甲子，復以平原郡公趙與芮江南田隸東宫。　立甘州行中書省。

**《元史續編》卷三**　召曲阜教授陳儼、京兆蕭㪺、蜀人虞應龍。儼、㪺皆不至，惟應龍赴京師。

**《元史》卷一四《世祖紀一一》**　三月己巳，御史臺臣言：「近奉旨按察司參用南人，非臣等所知，宜令侍御史、行御史臺(等)〔事〕程文海與行臺官，博采公潔知名之士，具以名聞。」帝命齎詔以往。

**《元史續編》卷三**　遣侍御史程文海訪求江南賢才。

**《元史》卷一四《世祖紀一一》**　浚治中興路河渠。　省雲和署入教坊司。

辛未，降梅、循爲下州。

**《續資治通鑑》卷一八七**　甲戌，雄、霸二州及保定諸縣水泛濫，冒官民田，發軍民築河隄禦之。

**《元史》卷一四《世祖紀一一》**　乙亥，以麥朮丁仍中書右丞，與郭佑並領錢穀，楊居寬典銓選。　立欽察衛親軍都指揮使司。　賜諸王脱忽帖木兒羊二萬。

丙子，大駕幸上都。　詔行御史臺按察司以八月巡行郡縣。　中書省臣言：「阿合馬時諸王駙馬往來餉給之費，悉取於萬億庫。　後徵百官俸入以償，最非便。」詔在籍者除之勿徵。　以榷茶提舉李起南爲江西榷茶轉運使。　起南嘗言：「江南茶每引價三貫六百文，今宜增每引五貫。」事下中書議，因令起南爲運使，置達魯花赤處其上。

丁丑，徙東京行中書省於咸平府。

癸巳，以臨江路爲北安王分邑。

夏四月庚子，中書省臣請立汴梁行中書省及燕南、河東、山東宣慰司。　有旨：「南京户寡盜息，不必置省。　其宣慰司如所請。　濟南乃勝納合兒分地，太原乃阿只吉分地，其令各位委官一人同治之。」敕免雲南從征交趾蒙古軍屯田租。　立烏蒙站。　江南諸路財賦並隸中書省。　雲南省平章納速剌丁上便宜數事：一曰弛道路之禁，通民來往；二曰禁負販之徒，毋令從征；三曰罷丹當站賦民金爲飲食之費；四曰聽民伐木貿易；五曰戒使臣勿擾民居，立急遞鋪以省驛騎。詔議行之。

辛丑，陝西行省言：「延安置屯田鷹坊總管府，其火失不花軍逃散者，皆入屯田，今復供秦王阿難答所部阿黑答思飼馬及輸他賦。」有旨皆罷之，其不悛者罪當死。

**《續資治通鑑》卷一八七**　甲辰，徙杭州行御史臺於建康，以山南、淮東、淮西三道按察司隸内臺，增置行臺色目御史員數。

**《元史新編》卷六**　庚戌，始制謚法。

**《元史》卷一四《世祖紀一一》**　壬子，樞密院納速剌丁言：「前所統漸丁軍五千人往征打馬國，其力已疲，今諸王復籍此軍征緬，宜取進止。」帝曰：「苟事力未損，即遣之。」仍諭納速剌丁分阿剌章、蒙古軍千人，以能臣將之，赴交趾助皇子脱歡。

己未，遣要束木勾考荆湖行省錢穀。

以漢民就食江南者多，又從官南方者秩滿多不還，遣使盡徙北還。仍設脱脱禾孫於黄河、江、淮諸津渡，凡漢民非賫公文適南者止之，爲商者聽。中書省臣言：「比奉旨，凡爲盗者毋釋。今竊鈔數貫及佩刀微物，與童幼竊物者，悉令配役。臣等議，一犯者杖釋，再犯依法配役爲宜。」帝曰：「朕以漢人徇私，用《泰和律》處事，致盗賊滋衆，故有是言。人命至重，今後非詳讞者，勿輒殺人。」

五月丁卯朔，樞密院臣言：「臣等與玉速帖木兒議别十八里軍事，凡軍行並聽伯顔節制，其留務委孛欒帶及諸王阿只吉官屬統之爲宜。」從之。

己巳，荆湖行省阿里海牙上言：「要束木在鄂省鈎考，豈無貪賄？臣亦請鈎考之。」詔遣參知政事秃魯罕、樞密院判李道、治書侍御史陳天祥偕行。

**《續資治通鑑》卷一八七**　天祥既至鄂州，即劾約蘇穆爾貪暴不法諸事。時僧格與約穆蘇爾連姻，相與爲奸，摘天祥疏中語，誣以不道，遣使究問，欲殺之；行臺御史申屠致遠累章辨其無罪，僧格氣沮。天祥繫獄幾四百日，遇赦，始得釋。

阿爾哈雅加湖廣行省左丞相，尋卒，謚武定。

朝廷將用兵海東，徵斂益急，有司大爲奸利。江淮參知政事董文用請入奏事，大略言疲國家可寶之民力，取僻陋無用之小邦，列其條目甚悉。

**《元史》卷一四《世祖紀一一》**　甲戌，汴梁旱。徙江東按察司於宣州。

庚辰，敕遣虬羅戍兵四百人還家。

**《元史》卷一四《世祖紀一一》**　庚寅，廣平等路蠶災。

辛卯，霸州、漷州蝻生。安南國遣使來貢方物。

癸巳，京畿旱。

〔六月〕辛丑，中書省臣言：「秃魯罕來奏，前要束木、阿里海牙互請鈎考，今阿里海牙雖已死，事之是非，當令暴白。」帝曰：「卿言良是，其連引諸人，近者即彼追逮，遠者宜以上聞。此事自要束木所發，當依其言究行之。」

**《續資治通鑑》卷一八七**　遂籍阿爾哈雅家資，歸之京師。

**《元史》卷一四《世祖紀一一》**　乙巳，以立大司農司詔諭中外。皇孫鐵木兒不花駐營亦奚不薛，其糧餉仰於西川，遠且不便，徙駐重慶府。詔以大司農司所定《農桑輯要》書頒諸路。命雲南、陝西二行省籍定建都税賦。

**《元史新編》卷六**　戊申，括馬。凡色目人有馬者三取其二，民馬悉入官。

**《元史》卷一四《世祖紀一一》**　辛亥，以亦馬剌丹忒忽里使交趾。

癸丑，湖廣行省線哥言：「今用兵交趾，分本省戍兵二萬八千七百人，期以七月悉會静江，今已發精鋭啓行，餘萬七千八百人，皆羸病、屯田等軍，不可用。」敕今歲姑罷之。

丁巳，設陝西等路諸站總管府，從三品。

**《續資治通鑑》卷一八七**　以錫棟罕爲中書省平章政事。

**《元史》卷一四《世祖紀一一》**　庚申，甘肅新招貧民百一十八户，敕廪給之。敕路、府、州、縣捕盗者持弓矢，各路十副，府、州七副，縣五副。

辛酉，封楊邦憲妻田氏爲永安郡夫人，領播州安撫司事。遣鎮西平緬等路招討使怯烈招諭緬國。廣元路閬中麥秀兩岐。高麗國遣使來貢。

**《元史續編》卷三**　鴻吉哩岱、阿必實克和塔拉罷，以色徹肯爲中書平章，特穆爾爲左丞。

**《元史》卷一四《世祖紀一一》**　秋七月丙寅朔，遣必剌蠻等使爪哇。

己巳，用中書省臣言，以江南隸官之田多爲强豪所據，立營田總管府，其所據田仍履畝計之。復尚醖監爲光禄寺。罷遼陽等處行中書省。復北京、咸平等三道宣慰司。給鐵古思合敦貧民幣帛各二千、布千匹。

**《續資治通鑑》卷一八七**　庚午，江淮行省蒙古岱言：「今置省杭州，兩淮、江東諸路，財賦軍實皆南輸，又復北上，不便。揚州地控江海，宜置省，宿重兵鎮之，且轉輸無往返之勞，行省徙揚州便。」從之。

立淮南洪澤、芍陂兩處屯田，益兵至二萬，歲得米數十萬斛。

**《元史》卷一四《世祖紀一一》**　壬申，平陽饑民就食隣郡者，所在發倉賑之。置中尚監。右丞拜答兒將兵討阿蒙，并其妻子禽之，皆伏誅。

丁丑，斡脱吉思部民饑，遣就食北京，其不行者發米賑之。以雄、易二州復隸保定。給和林軍儲，自京師輸米萬石，發鈔即其地糴米萬石。

辛巳，八都兒饑民六百户駐八剌忽思之地，給米千石賑之。

壬午，總制院使桑哥具省臣姓名以上，帝曰：「右丞相安童，右丞麥朮丁，參知政事郭佑、楊居寬，並仍前職。以鐵木兒爲左丞。其左丞相耷吉剌帶、平章政事阿必失合、忽都魯皆别議。」仍諭中書選可代者以聞。給金齒國使臣圓符。

《續資治通鑑》卷一八七　左丞相昂吉爾岱、平章政事阿必實克並罷。

《元史續編》卷三　詔定官制。

《御批歷代通鑑輯覽》卷九五　定省院臺部官屬，詔中書省銓定省院臺部官屬，自中書令、左右丞相而下各有定員。

《元史》卷一四《世祖紀一一》　八月丙申，發鈔二萬九千錠、鹽五萬引，市米賑諸王阿只吉所部饑民。

己亥，敕樞密院遣侍衛軍千人扈從北征。平陽路歲比不登，免貧民稅賦。罷淮東、蘄黄宣慰司，以黄、蘄、壽昌隸湖廣行省，安慶、六安、光州隸淮西宣慰司。招集宋鹽軍。以市舶司隸泉府司。

辛酉，婺州永康縣民陳巽四等謀反，伏誅。甘州饑，禁酒。罷德平、定昌二路，置德昌軍民總管府。

《元史續編》卷三　置四川甘肅行省。

《續資治通鑑》卷一八七　蘇、湖多雨，傷稼，百姓艱食。浙西按察使雷膺請於朝，發廪米二十萬石賑之。江淮行省以發米太多，議存三之一。膺曰：「布宣皇澤，惠養困窮，行省職爾，豈可效有司出納之吝耶！」行省不能奪。

九月乙丑朔，海外諸番，曰馬八兒，曰須門那，曰僧急里，曰南無力，曰馬蘭丹，曰那旺，曰丁呵兒，曰來來，曰急蘭亦斛，曰蘇木都剌，凡十國，因楊廷璧屢奉詔招之，各遣其子弟上表來覲，仍貢方物。

《元史》卷一四《世祖紀一一》　以太廟雨壞，遣翁吉剌帶致告，奉安神主別殿。

壬辰，高麗遣使獻日本俘。

是月，南部縣生嘉禾，一莖九穗。芝産於蒼溪縣。

《續資治通鑑》卷一八七　以工部尚書博果密爲刑部尚書。

《元史》卷一四《世祖紀一一》　冬十月甲午朔。

以南康路隸江西行省。徙浙西按察司治杭州。罷諸道提刑按察司判官。行御史臺監察御史及按察司官，雖漢人並毋禁弓矢。襄邑縣尹張玘爲治有績，鄒平縣達魯花赤回回能捕盜理財，進秩有差。

丁酉，享於太廟。

《元史續編》卷三　己亥，車駕還宫。

《元史》卷一四《世祖紀一一》　壬寅，遣兵千人戍畏吾境。

乙巳，賜合迷里貧民及合剌和州民牛、種，給鈔萬六千二百錠當其價，合迷里民加賜幣帛並千匹。

己酉，遣塔兒帶、楊兀魯帶以兵萬人、船千艘征骨嵬。中書省具宣徽、大司農、大都、上都留守司存減員數以聞，帝曰：「在禁近者朕自沙汰，餘從卿等議之。」

辛亥，河決開封，祥符、陳留、杞、太康、通許、鄢陵、扶溝、洧川、尉氏、陽武、延津、中牟、原武、睢州十五處，調南京民夫二十萬四千三百二十三人，分築隄防。

癸丑，諭江南各省所統軍官教練水軍。遣侍衛新附兵千人屯田別十八里，置元帥府即其地總之。

甲寅，以征緬功，調招討使張萬爲征緬副都元帥，也先鐵木兒征緬招討司達魯花赤，千户張成征緬招討使，並虎符，敕造戰船，將兵六千人以征緬，俾禿滿帶爲都元帥總之。

乙卯，給皇子脱歡馬四千匹，部曲人三匹。

庚申，濟寧路進芝二莖。

壬戌，改河間鹽運司爲都轉運使司。徙戍甘州新附軍千人屯田中興，千人屯田亦里黑。高麗遣使來獻日本俘十六人。馬法國進鞍勒、氊甲。興化路仙游縣蟲傷禾。

《元史續編》卷三　立海道運糧萬户府。以張瑄、朱清並爲萬户。帝師達爾瑪巴拉實哩死。策喇實巴鄂爾嘉勒嗣。

《元史》卷一四《世祖紀一一》　十一月乙丑，中書省臣言：「朱清等海道運糧，以四歲計之，總百一萬石，斗斛耗折願如數以償，風浪覆舟請免其徵。」從之。遂以昭勇大將軍、沿海招討使張瑄，明威將軍、管軍萬户兼管海道運糧船朱清，並爲海道運糧萬户，仍佩虎符。

戊辰，遣蒙古千户曲出等總新附軍四百人，屯田別十八里。

己巳，改思明等四州並爲路。以阿八赤爲征交趾行省右丞。

《續資治通鑑》卷一八七　〔丙子〕，涿、易二州，良鄉、寶坻縣饑，免今年租，賑糧三月。

《元史》卷一四《世祖紀一一》　平灤、太原、汴梁水旱爲災，免民租二萬五千六百石有奇。改廣東轉運市舶提舉司爲鹽課市舶提舉司。

丁丑，命塔叉兒、忽難使阿兒渾。

戊寅，遣使閲實宣寧縣饑民，周給之。

十二月乙未，遼東開元饑，賑糧三月。

癸卯，要束木籍阿里海牙家貲，運致京師。賜諸王朮伯所部軍五千人銀萬五千兩、鈔三千錠，探馬赤二千人羊七萬口。

丙午，置燕南、河東、山東三道宣慰司。罷大有署。

乙卯，諸道宣慰司，在内地者設官四員，江南者六員。以阿里海牙所芘逃民無主者千人屯田。遣中書省斷事官秃不申復鈎考湖廣行省錢穀。復置泉州市舶提舉司。大都饑，發官米低其價糶貧民。

丙辰，遣浦昌赤貧民墾甘肅閑田，官給牛、種、農具。賜安南國王陳益稷羊馬鈔百錠。

**《續資治通鑑》卷一八七**　戊午，翰林承旨薩里曼言：「國史院纂修太祖累朝實録，請以輝和爾字繙譯，俟奏讀然後纂定。」從之。

諸路分置六道勸農司。

**《元史》卷一四《世祖紀一一》**　庚申，置尚珍署於濟寧等路，秩從五品。

**《元史續編》卷三**　同僉樞密院趙良弼卒。

**《元史》卷一四《世祖紀一一》**　是歲，以亦攝思憐（真）爲帝師。賜皇子奥魯赤、脱歡、諸王朮伯、也不干等，羊馬鈔一十五萬一千九百二十三錠，馬七千二百九十四匹，羊三萬六千二百六十九口，幣帛、氈段、木綿三千二百八十八匹，貂裘十四。又賜皇子脱歡所部憐牙思不花等及欠州諸局工匠，鈔五萬六千一百三十九錠一十二兩。命西僧遞作佛事於萬壽山、玉塔殿、萬安寺，凡三十會。大司農司上諸路學校凡二萬一百六十六所，儲義糧九萬五百三十五石，植桑棗雜菓諸樹二千三百九萬四千六百七十二株。斷死刑百一十四人。

## 至元二四年（丁亥、一二八七）

**《元史》卷一四《世祖紀一一》**　春正月乙丑，復雲南石梁縣。

戊辰，以修築柳林河堤南軍三千，浚河西務漕渠。皇子奥魯赤部曲饑，命大同路給六十日糧。免唐兀衛河西地元籍徭賦。

壬申，御正殿受諸王百官朝賀。

癸酉，俱藍國遣使不六温乃等來朝。

**《續資治通鑑》卷一八八**　丙戌，以程鵬飛爲中書右丞，阿爾爲中書左丞。

丁亥，以布顔里哈雅參知政事。

發新附軍千人，從阿巴齊討安南。

復改江浙行省爲江淮行省。

**《元史》卷一四《世祖紀一一》**　弛女直、水達達地弓矢之禁。

戊子，以鈔萬錠賑斡端貧民。西邊歲饑民困，賜絹萬匹。

庚寅，遣使代祀嶽、瀆、后土、東海。

辛卯，以淮東、淮西、山南三道按察司隸行御史臺。立上林署，秩從七品。

**《續資治通鑑》卷一八八**　詔發江淮、江西、湖廣三省蒙古、漢券軍七萬人，船五百艘，雲南兵六千人，海外四（川）〔州〕黎兵萬五千，命海道運糧萬户張文虎、費拱辰、陶大明運糧十七萬石，分道以進。置征交趾行省，鄂囉齊平章政事，烏訥爾、樊楫（參）知政事，總之，並受鎮南王節制。

**《御批歷代通鑑輯覽》卷九五**　復詔托歡督諸軍擊安南，屢戰敗之，陳日烜棄城走。

**《元史》卷一四《世祖紀一一》**　二月壬辰朔，遣使持香幣詣龍虎、閤皂、三茅設醮，召天師張宗演赴闕。

癸巳，雍古部民饑，發米四千石賑之，不足，復給六千石米價。

**《續資治通鑑》卷一八八**　甲午，畋于近郊。

乙未，以敏珠爾卜丹爲平章政事。

**《元史》卷一四《世祖紀一一》**　真定路饑，發沿河倉粟減價糶之。以真定所牧官馬四萬餘匹分牧他郡。禁畏吾地禽獸孕孳時畋獵。

甲辰，陞江淮行大司農司事秩二品，設勸農營田司六，秩四品，使、副各二員，隸行大司農司。以范文虎爲中書右丞，商議樞密院事。

壬子，封駙馬昌吉爲寧濮郡王。設都總管府以總皇子北安王民匠、斡端大小財賦。中書省臣言：「自正旦至二月中旬費鈔五十萬錠，臣等兼總財賦，自今侍臣奏請賜賚，乞令臣等預議。」帝曰：「此朕所常慮。」仍諭玉速鐵木兒、月赤徹兒知之。

丙辰，馬八兒國貢方物。

戊午，敕諸王闊里鐵木兒節制諸軍。以趙與芮子孟桂襲平原郡公。乃顔遣使徵東道兵，諭闍里鐵木兒毋輒發。

**《續資治通鑑》卷一八八**　初，納顔鎮遼東，北京宣慰使伊列薩哈察其有異志，密請備之。帝素然其言，故有是諭。

**《元史》卷一四《世祖紀一一》**　閏二月癸亥，以女直、水達達部連歲饑荒，移粟賑之，仍盡免今年公賦及減所輸皮布之半。以宋畲軍將校授管民官，散之郡邑。敕春秋二仲月上丙日祀堯帝祠。西京等處管課官馬合謀自言歲以西京、平陽、太原課程額外羨錢市馬駝千輸官，而實盜官錢市之。按問有跡，伏誅。

**《續資治通鑑》卷一八八**　乙丑，復立尚書省，以僧格、特穆爾並爲平章政事，鄂爾根薩里爲右丞，葉李爲左丞，馬紹參知政事。

是月，帝畋于近郊，召敏珠爾卜丹、特穆爾、楊居厚等，與葉李、程文海、趙孟頫論鈔法，敏珠爾卜丹言：「自制國用使司改尚書省，頗有成效，今仍分兩省爲便。」詔從之。

**《元史》卷一四《世祖紀一一》**　各設官六員。其尚書，以桑哥、鐵木兒平章政事，阿魯渾撒里右丞，葉李左丞，馬紹參知政事，餘一員議選回回人充；中書，宜設丞相二員，平章政事二員，參知政事二員。省隴右河西道提刑按察司，分置鞏昌者入甘州，設官五員；以鞏昌改隸京兆提刑按察司，設官六員；省太原提刑按察司，分置西京者入太原。

辛未，以復置尚書省詔天下。除行省與中書議行，餘並聽尚書省從便以聞。設國子監，立國學監官：祭酒一員，司業二員，監丞一員，學官博士二員，助教四員，生員百二十人，蒙古、漢人各半，官給紙劄、飲食，仍隸集賢院。設江南各道儒學提舉司。

**《御批歷代通鑑輯覽》卷九五**　初置國子監，以耶律有尚爲祭酒。

**《元史》卷一四《世祖紀一一》**　甲申，車駕還宫。

乙酉，改淄萊路爲般陽路，置録事司。大都饑，免今歲銀俸鈔，諸路半徵之。罷江南竹木柴薪及岸例魚牙諸課。停不給之務。敕行省宣慰司勿濫舉官吏。受除官延引歲月不即之任者，追所受宣敕。鎮南王脱歡徙鎮南京。改福建市舶都漕運司爲都轉運鹽使司。范文虎改尚書右丞，商議樞密院事。改行中書省爲行尚書省，六部爲尚書六部，以吏部尚書忻都爲尚書省參知政事。

**《續資治通鑑》卷一八八**　庚寅，帝如上都。

達嚕哈齊、哈喇哈斯等言：「去歲録囚南京、濟南兩路，應死者已一百九十人。若總校諸路，爲數必多，宜遣人分道行刑。」帝曰：「因非羣羊，豈可遽殺！即宜悉配隸淘金。」

以禮部主事王約爲監察御史。

約疏請建儲及修史，又言前中丞郭佑以奏誅盧世榮爲僧格所嫉，誣以他罪，宜白其冤，不報。

三月甲午，行至元鈔。

僧格以交鈔及中統元寶行之既久，物重鈔輕，建議更造至元鈔行之。自一貫至五十文，凡十有一等，每一貫視中統鈔五貫，子母相權，要在新者無冗，舊者無廢。凡歲賜、周乏、餉軍，皆以中統鈔爲準。詔百官於刑部集議，趙孟頫亦與焉。衆欲計至元鈔二百貫贓滿者死，孟頫曰：「始造鈔時，以銀爲本，虚實相權。今二十餘年間，輕重相去至數十倍，故改中統爲至元，又二十年後，至元鈔必復如中統，使民計鈔抵法，疑於太重。古者以米、絹民生所須，謂之二實，銀、錢與二物相權，謂之二虚；四者爲直，雖升降有時，終不大相遠也。以絹計贓，最爲適中。況鈔乃宋時所創，施於邊郡，金人襲而用之，皆出於不得已，乃欲以此斷人死命，似未可也。」或以孟頫年少，初自南方來，譏國法不便，意頗不平，責之曰：「今朝廷行至元鈔，故犯法者以是計贓論罪。汝以爲非，豈欲沮格至元鈔耶？」孟頫曰：「法者，人命所係，議有重輕，則人不得其死。孟頫奉詔與議，不敢不言。今中統鈔虚，故改至元鈔，謂至元鈔終無虚時，豈有是理！公不揆於理，欲以勢相陵，可乎？」其人有愧色。

**《元史》卷一四《世祖紀一一》**　乙卯，幸涼陘。遼東饑，弛太子河捕魚禁。

丙辰，馬八兒國遣使進奇獸一，類騾而巨，毛黑白間錯，名阿塔必即。降重慶路定遠州爲縣。命都水監開汶、泗水以達京師。汴梁河水泛溢，役夫七千修完故堤。

夏四月甲申，忻都奏發新鈔十一萬六百錠、銀千五百九十三錠、金百兩，付江南各省與民互市。是月，諸王乃顔反。

**《續資治通鑑》卷一八八**　宗王納顔反，諸王諾延等皆應之。

**《元史》卷一四《世祖紀一一》**　五月己亥，遣也先傳旨諭北京等處宣慰司，凡隸乃顔所部者禁其往來，毋令乘馬持弓矢。

庚子，以不魯合罕總探馬赤軍三千人出征。移濟南宣慰司治益都，燕南按察司治大名，南京按察司治南陽，太原按察司治西京。復立豐州亦剌真站。

壬寅，以御史臺吏王良弼等誹訕尚書省政事，誅良弼，籍其家，餘皆斷罪。授高麗王(睶)〔賰〕行尚書省平章政事。罷諸路站脱脱禾孫。括江南諸路匠户。沙不丁言：「江南各省南官多，每省宜用一二人。」帝曰：「除陳巖、吕師夔、管如德、范文虎四人，餘從卿議。」

甲辰，免北京今歲絲銀，仍以軍旅經行，給鈔三千錠賑之。

**《續資治通鑑》卷一八八**　壬子，行尚書省平章政事高麗國王王(睶)〔賰〕請益兵征納顔，以五百人赴之。

**《元史》卷一四《世祖紀一一》**　六月庚申朔，百官以職守不得從征乃顔，願獻馬以給衛士。

**《續資治通鑑》卷一八八**　壬戌，帝至薩爾都嚕之地，納顔率所部六萬，逼行在而陣，遣左丞李庭等將漢軍，用漢法以戰。既而納顔之黨金嘉努、塔布岱，擁衆號十萬，進逼乘輿，帝親麾諸軍圍之，納顔堅壁不出。司農卿特爾格曰：「彼衆我寡，當以疑退之。」於是帝張曲蓋，據胡牀坐，特爾格進酒，塔布岱按兵覘之，不敢進。李庭曰：「彼至夜當遁耳。」乃引壯士十餘人，持火礮夜入其陣，礮發，果自潰散。帝問：「何以知之？」庭曰：「其兵雖多而無紀律，見車駕駐此而不戰，必疑有大軍繼之，是以知其將遁。」遂命庭將漢軍，御史大夫伊實特穆爾將蒙古軍並進，追至實列門林，擒納顔以獻，遂伏誅。

**《元史》卷一四《世祖紀一一》**　乙丑，敕遼陽省督運軍儲。

壬申，發諸衛軍萬人、蒙古軍千人戍豪、懿州。諸王失都兒所部鐵哥率其黨取咸平府，渡遼，欲劫取豪、懿州，守臣以乏軍求援，敕以北京戍軍千人赴之。括平灤路馬。北京饑，免絲銀、租税。

乙亥，覇州益津縣霖雨傷稼。以陝西涇、邠、乾及安西屬縣閑田立屯田總管府，置官屬，秩三品。車駕駐干大利斡魯脱之地。獲乃顔輜重千餘，仍禁秋毫無犯。

**《續資治通鑑》卷一八八**　秋七月，癸巳，納顔餘黨犯咸平，遼東道宣慰使達春從皇子愛額齊合兵出瀋州進討。

**《元史新編》卷六**　丁酉，弘州匠官以犬兔毛製如西錦者以獻，授匠官知弘州。

**《元史》卷一四《世祖紀一一》**　戊戌，樞密院奏：「僉征緬行省事合撒兒海牙言，比至緬國，諭其王赴闕，彼言鄰番數叛，未易即行，擬遣阿難答剌奉表齎土貢入覲。」

庚戌，雲南行省愛魯言，金齒酋打奔等兄弟求内附，且乞入覲。

癸丑，罷乃顔所署益都、平灤，也不干河間分地達魯花赤，及勝納合兒濟南分地所署官。移北京道按察司置豪州。免東京等處軍民徭賦。陞福建鹽運使司，依兩淮等例，爲都轉運使司。以中興府隸甘州行省。以河西(管)〔愛〕牙赤所部屯田軍同沙州居民修城河西瓜、沙等處。立闍鄽屯田。

八月癸亥，濬州進瑞麥，一莖九穗。

以李海剌孫爲征緬行省参政，將新附軍五千、探馬赤軍一千以行，仍調四川、湖廣行省軍五千赴之。召能通白夷、金齒道路者張成及前占城軍總管劉全，並爲招討使，佩虎符，從征。以脱滿答兒爲都元帥，將四川省兵五千赴緬省，仍令其省駐緬近地，以俟進止。置江南四省交鈔提舉司。

**《續資治通鑑》卷一八八**　己巳，詔從叛諸王，赴江南諸省從軍自效。諭鎮南王托歡，禁戢從征諸王及省官與魯齊(鄂囉齊)等：「毋縱軍士焚掠，毋以交趾小國而易之。」

**《元史》卷一四《世祖紀一一》**　癸酉，朶兒朶海獲叛王阿赤思，赦之。亦集乃路屯田總管忽都魯請疏浚管内河渠，從之。

丁亥，瀋州饑，又經乃顔叛兵蹂踐，免其今歲絲銀、租賦。以北京伐木三千户屯田平灤。立豐贍、昌國、濟民三署，秩五品，設達魯花赤、令、丞、直長各一員。女人國貢海人。置河西務馬站。

九月辛卯，東京、(誼)〔義〕、静、麟、威遠、婆娑等處大霖雨，江水溢，没民田。大定、金源、高州、武平、興中等處霜雹傷稼。

己亥，湖廣省臣言：「海南瓊州路安撫使陳仲達、南寧軍總管謝有奎、延欄總管符庇成，以其私船百二十艘、黎兵千七百餘人，助征交趾。」詔以仲達仍爲安撫使，佩虎符，有奎、庇成亦仍爲沿海管軍總管，佩金符。

庚子，太白犯天江。給諸王八八所部窮乏者鈔萬一千錠。禁市毒藥者。以西京、平灤路饑，禁酒。

乙巳，以米二萬石、羊萬口給阿沙所統唐兀軍。

丁未，安南國遣其中大夫阮文彦、通侍大夫黎仲謙貢方物。

**《續資治通鑑》卷一八八**　戊申，咸平、懿州、北京，以納顔叛，民廢耕作，又霜雹爲災，告饑，詔以海運糧五萬石賑之。

《元史》卷一四《世祖紀一一》　壬子，禁沮撓江南茶課。高麗王王(睶)〔賰〕來朝。

冬十月甲子，享於太廟。桑哥請賜葉李、馬紹、不忽木、高翥等鈔，詔賜李鈔百五十錠，不忽木、紹、翥各百錠。

又言：「中書省舊在大內前，阿合馬移置於北，請仍舊爲宜。」從之。

癸酉，江西行院月的迷失言：「廣東窮邊險遠，江西、福建諸寇出没之窟，乞於江南諸省，分軍一萬益臣。」詔江西忽都帖木兒以軍五千付之。

《續資治通鑑》卷一八八　丙子，僧格奏參知政事郭佑、楊居寬坐虧負中書錢穀，並棄市，人皆冤之。

《元史》卷一四《世祖紀一一》　戊寅，桑哥言：「北安王王相府無印，而安西王相獨有印，實非事例，乞收之。諸王勝納合兒印文曰『皇姪貴宗之寶』，寶非人臣所宜用，因其分地改爲『濟南王印』爲宜。」皆從之。從總帥汪惟和言，分所部戍四川軍五千人屯田六盤。

乙酉，立陝西寶鈔提舉司。羅北甸土官火者、阿禾及維摩合剌孫之子並內附。

《續資治通鑑》卷一八八　帝諭翰林諸臣，以丞相領尚書省，漢、唐有此制否，咸對曰：「有之。」翌日，左丞葉李以所對奏聞，且言：「前省官不能行者，平章僧格能之，宜爲右丞相。」帝然之。

《元史》卷一四《世祖紀一一》　丙戌，范文虎言：「豪、懿、東京等處，人心未安，宜立省以撫綏之。」詔立遼陽等處行尚書省，以薛闍干、闍里帖木兒並行尚書省平章政事，洪茶丘右丞，亦兒撒合左丞，楊仁風、阿老瓦丁並參知政事。

十一月壬辰，雲南省右丞愛魯兵次交趾木兀門，其將昭文王以四萬人守之，愛魯擊破之，獲其將黎石、何英。弛太原、保德河魚禁。以桑哥爲金紫光禄大夫、尚書右丞相，兼(統)〔總〕制院使，領功德使司事。從桑哥請，以平章帖木兒代其位，右丞阿剌渾撒里陞平章政事，葉李陞右丞，參知政事馬紹陞左丞。陞集賢院秩正二品。

丁酉，桑哥言：「先是皇子忙哥剌封安西王，統河西、土番、四川諸處，置王相府，後封秦王，綰二金印。今嗣王安難答仍襲安西王印，弟按攤不花別用秦王印，其下復以王傅印行，一藩而二王，恐於制非宜。」詔以阿難答嗣爲安西王，仍置王傅，而上秦王印，按攤不花所署王傅罷之。

戊戌，以別十八里漢軍及新附軍五百人屯田合迷玉速曲之地。

己亥，鎮南王次思明，程鵬飛與奥魯赤等從鎮南王分道並進，阿八赤以萬人爲前鋒。

庚子，大都路水，賜今年田租十二萬九千一百八十石。

辛丑，烏馬兒、樊楫及程鵬飛等遂趨交趾，所向克捷。改衛尉院爲太僕寺，秩三品，仍隸宣徽，以月赤徹兒、禿禿合領之。

丙午，鎮南王次界河，交趾發兵拒守，前鋒皆擊破之。

《續資治通鑑》卷一八八　己酉，詔議弭盜。僧格、伊蘇特穆爾言：「江南歸附十年，盜賊迄今未靖，宜立限招捕，而以安集責州縣之吏，其不能者黜之。」葉李言：「臣在漳州十年，詳知其事。大抵軍官嗜利與賊通者，尤難弭息。宜令各處鎮守軍官，例以三年轉徙，庶革斯弊。」帝皆詔行之。

《元史》卷一四《世祖紀一一》　封駙馬帖木兒濟寧郡王。

壬子，以江西行省平章忽都帖木兒督捕廣東等處盜賊。

甲寅，命京畿、濟寧兩漕運司分掌漕事。鎮南王次萬劫，諸軍畢會。獲福建首賊張治囝，其黨皆平。諭江南四省招捕盜賊。

十二月癸亥，立尚乘寺。順元宣慰使禿魯古言，金竹寨主搔驢等以所部百二十五寨內附。

甲子，皇子北安王置王傅，凡軍需及本位諸事並以王傅領之。

《續資治通鑑》卷一八八　丁卯，減揚州省歲額米十五萬石，以鹽引五十萬易糧。免浙西魚課三千錠，聽民自漁。

《元史》卷一四《世祖紀一一》　發河西、甘肅等處富民千人往闍鄽地，與漢軍、新附軍雜居耕植。從安西王阿難答請，設本位諸匠都總管府。陞萬億庫官秩四品。

癸酉，鎮南王次茅羅港，攻浮山寨，破之。諸王薛徹都等所駐之地，雨土七晝夜，羊畜死不可勝計，以鈔暨幣帛綿布雜給之，其直計鈔萬四百六十七錠。

《續資治通鑑》卷一八八　丁丑，以朱清、張瑄海漕有勞，遥授宣慰使。

《元史》卷一四《世祖紀一一》　乙酉，鎮南王以諸軍渡富良江，次交趾城下，敗其守兵。日烜與其子棄城走敢喃堡。

是歲，命西僧監臧宛卜卜思哥等作佛事坐静於大殿、寢殿、萬壽山、五臺山等寺，凡三十三會。斷天下死刑百二十一人。浙西諸路水，免今年田租十之二。

西京、北京、隆興、平灤、南陽、懷孟等路風雹害稼。保定、太原、河間、般陽、順德、南京、真定、河南等路霖雨害稼，太原尤甚，屋壞壓死者衆。平陽春旱，二麥枯死，秋種不入土。鞏昌雨雹，蚮蚄爲災。分賜皇子、諸王、駙馬、怯薛帶等羊馬鈔，總二十五萬三千五百餘錠，又賜諸王、怯薛帶等軍人，馬一萬二千二百，羊二萬二千六百，駝百餘。賑貧乏者合剌忽答等鈔四萬八千二百五十錠。

## 至元二五年（戊子、一二八八）

**《續資治通鑑》卷一八八**　春正月，陳日烜復走入海，鎮南王以諸軍追之，不及，引兵還交趾城。令烏訥爾將水軍迎張文虎等糧船，又發兵攻其諸寨，破之。

己丑，詔江淮省内外並聽蒙古岱節制。

**《元史》卷一五《世祖紀一二》**　庚寅，祭日於司天臺。賜諸王火你赤銀五百兩，珠一索，錦衣一襲，玉都銀千兩，珠一索，錦衣一襲。

辛卯，尚書省臣言：「初以行省置丞相與内省無別，罷之。今江淮省平章政事忙兀帶所統，地廣事繁，乞依前爲丞相。」詔以忙兀帶爲(右)〔左〕丞相。以蘄、黄二州，壽昌軍隸湖廣省。毀中統鈔板。

乙未，賞征東功：從乘輿，將吏陞散官二階，軍士鈔人三錠；從皇孫，將吏陞散官一階，軍士鈔人二錠；死事者，給其家十錠。凡爲鈔四萬一千四百二十五錠。

丁酉，遣使代祀岳、瀆、東海、后土。

**《續資治通鑑》卷一八八**　戊戌，大赦，弛遼陽漁獵之禁，惟毋殺孕獸。

壬寅，賀州賊七百餘人焚掠封州諸郡，循州賊萬餘人掠梅州。

**《元史》卷一五《世祖紀一二》**　癸卯，海都犯邊。敕駙馬昌吉，諸王也只烈，察乞兒、合丹兩千户，皆發兵從諸王朮伯北征。賜諸王亦憐真部曲鈔三萬錠。

**《續資治通鑑》卷一八八**　甲辰，伊蘇布哈謀叛，逮捕至京師，誅之。

掌吉舉兵叛，諸王拜答罕遣將追之，至八立渾，不及而還。

**《元史》卷一五《世祖紀一二》**　乙巳，蠻洞十八族饑餓，死者二百餘人，以鈔千五百錠有奇市米賑之。

丙午，畋於近郊。以平江鹽兵屯田於淮東、西。杭、蘇二州連歲大水，賑其尤貧者。

己酉，詔中興、西涼無得沮壞河渠，兩淮、兩浙無得沮壞歲課。發海運米十萬石，賑遼陽省軍民之饑者。

**《元史新編》卷六**　辛亥，省器盒局入諸路金玉人匠總管府。

**《元史》卷一五《世祖紀一二》**　癸丑，詔：「行大司農司、各道勸農營田司，巡行勸課，舉察勤惰，歲具府、州、縣勸農官實迹，以爲殿最。路經歷官、縣尹以下並聽裁決。或怙勢作威侵官害農者，從提刑按察司究治。」募民能耕江南曠土及公田者，免其差役三年，其輸租免三分之一。江淮行省言：「兩淮土曠民寡，兼并之家皆不輸税。又，管内七十餘城，止屯田兩所，宜增置淮東、西兩道勸農營田司，督使耕之。」制曰「可」。

二月丁巳，改濟州漕運司爲都漕運司，併領濟之南北漕。京畿都漕運司惟治京畿。鎮南王引兵還萬劫。烏馬兒迎張文虎等糧船不至，諸將以糧盡師老，宜全師而還，鎮南王從之。

戊午，命李庭整漢兵五千東征。賜葉李平江、嘉興田四頃。

庚申，司徒撒里蠻等進讀祖宗《實録》，帝曰：「太宗事則然，睿宗少有可易者，定宗固日不暇給，憲宗汝獨不能憶之耶？猶當詢諸知者。」徵大都南諸路所放扈從馬赴京，官給芻粟價，令自糴之，無擾諸縣民。遼陽、武平等處饑，除今年租賦及歲課貂皮。浚滄州鹽運渠。

辛酉，忙兀帶、忽都忽言其軍三年荐饑，賜米五百石。

壬戌，省遼東海西道提刑按察司入北京，江南湖北道提刑按察司入(京)〔荆〕南。

**《續資治通鑑》卷一八八**　敕江淮勿捕天鵝，弛魚濼禁。

丙寅，改南京路爲汴梁路，北京路爲武平路，西京路爲大同路，東京路爲遼陽路，中興路爲寧夏府路。

嘉木揚喇勒智言以宋宫室爲塔一，爲寺五，已成，詔以水陸地百五十頃養之。

徵葛洪山隱士劉彦深。

**《元史》卷一五《世祖紀一二》**　賜雲南王塗金駝鈕印。

**《御批歷代通鑑輯覽》卷九六**　春二月，毀宋故宫爲佛寺。

**《元史》卷一五《世祖紀一二》**　甲戌，蓋州旱，民饑，蠲其租四千七百石。

己卯，以高麗國王王(睶)〔賰〕復爲征東行尚書省左丞相。豪、懿州饑，以米十五萬石賑之。禁遼陽酒。京師水，發官米，下其價糶貧民。以江南站户貧富不均，命有司料簡，合户税至七十石當馬一匹，並免雜傜；獨户税逾七十石願入站者聽。合户税不得過十户，獨户税無上百石。

**《續資治通鑑》卷一八八**　辛巳，以杭州西湖爲放生池。

**《元史》卷一五《世祖紀一二》**　壬午，鎮南王命烏馬兒、樊楫將水兵先還，程鵬飛、塔出將兵護送之。以御史臺監察御史、提刑按察司多不舉職，降詔申飭之。命皇孫雲南王也先鐵木兒帥兵鎮大理等處。

三月丙戌，諸王昌童部曲饑，給糧三月。

**《元史續編》卷三**　戊子，車駕還宫。

**《元史》卷一五《世祖紀一二》**　淞江民曹夢炎願歲以米萬石輸官，乞免他傜，且求官職。桑哥以爲請，遥授浙東道宣慰副使。改曲靖路總管府爲宣撫司。

庚寅，大駕幸上都。改闌遺所爲闌遺監，陞正四品。敕遼陽省亦乞列思、吾魯兀、札剌兒探馬赤自懿州東征。李庭遥授尚書左丞，食其禄，將漢兵以行。

**《續資治通鑑》卷一八八**　江淮行省蒙古岱，言宜除軍官更調法，死事者贈散官，病故者降一等，帝曰：「父兄雖死事，子弟不勝任者，安可用之！苟賢，則病故者亦不可降也。」

**《元史》卷一五《世祖紀一二》**　辛卯，以六衛漢兵千二百、新附軍四百、屯田兵四百造尚書省。鎮南王以諸軍還。張文虎糧船遇賊兵船三十艘，文虎擊之，所殺略相當。費拱辰、徐慶以風不得進，皆至瓊州。凡亡士卒二百二十人、船十一艘，糧萬四千三百石有奇。

癸巳，賜諸王朮伯銀五萬兩，幣帛各一萬匹，兀魯台、爪忽兒銀五千兩、幣帛各一百。

甲午，禁捕鹿羔。鎮南王次内傍關，賊兵大集，以遏歸師，鎮南王遂由單巳縣趨盝州，間道以出。

乙未，以往歲北邊大風雪，拔突古倫所部牛馬多死，賜米千石。

丁酉，駐蹕野狐嶺，命阿朮、塔不帶總京師城守諸軍。

**《續資治通鑑》卷一八八**　壬寅，禮部言：「會同館，蕃夷使者時至，宜令有司倣古《職貢圖》及詢其風俗、土産、去國里程，籍而録之，實一代之盛事。」從之。

**《元史》卷一五《世祖紀一二》**　鎮南王次思明州，命愛魯引兵還雲南，奥魯赤以諸軍北還。日烜遣使來謝，進金人代己罪。

乙巳，詔江西管内並聽行尚書省節制。

戊申，改山東轉運使司爲都轉運使司，兼濟南路酒税醋課。

己酉，徐、邳屯田及靈壁、(濉)〔睢〕寧二屯雨雹如雞卵，害麥。

**《續資治通鑑》卷一八八**　甲寅，循州賊萬餘人寇漳浦，泉州賊二千人寇長泰、汀、贛，畲賊千餘人寇龍溪，皆討平之。

鎮南王托歡復遣兵追陳日烜於海，不知所之。烏訥爾不見張文虎船，復還萬劫。

**《元史》卷一五《世祖紀一二》**　夏四月丙辰，萊縣、蒲臺旱饑，出米下其直賑之。

庚申，以武岡、寶慶二路荐經寇亂，免今年酒税課及前歲逋租。

辛酉，從行泉府司沙不丁、烏馬兒請，置鎮撫司、海船千户所、市舶提舉司。省平陽投下總管府入平陽路，雜造提舉司入雜造總管府。桑哥言：「自至元丙子置應昌和糴所，其間必多盜詐，宜加鉤考。扈從之臣，種地極多，宜依軍站例，除四頃之外，驗畝征租。」並從之。

**《續資治通鑑》卷一八八**　癸亥，渾河決，發軍築隄捍之。

**《元史》卷一五《世祖紀一二》**　乙丑，廣東賊董賢舉等七人皆稱大老，聚衆反，剽掠吉、贛、瑞、撫、龍興、南安、韶、雄、汀諸郡，連歲擊之不能平，江西行樞密院副使月的米失請益兵，江西行省平章忽都鐵木兒亦以地廣兵寡爲言，詔江淮省分萬户一軍詣江西，俟賊平還翼。

戊辰，浚怯烈河以溉口温腦兒黄土山民田。

庚午，立弘吉剌站。

**《續資治通鑑》卷一八八**　癸酉，尚書省言：「近以江淮饑，命行省賑之，吏與富民因緣爲姦，多不及於貧者。今杭、蘇、湖、秀四州復大水，民鬻妻女易食，請輟上供米二十萬石，審其貧者賑之。」帝是其言。

**《元史》卷一五《世祖紀一二》**　甲戌，萬安寺成，佛像及窗壁皆金飾之，凡費金五百四十兩有奇，水銀二百四十斤。遼陽省新附軍逃還各衛者，令助造尚書省，仍命分道招集之。增立直沽海運米倉。命征交趾諸軍還家休息一歲。敕緬中行省，比到緬中，一稟雲南王節制。

**《續資治通鑑》卷一八八**　庚辰，安南國王陳日烜遣其中大夫陳克用來貢方物。

**《元史》卷一五《世祖紀一二》**　賜諸王小薛金百兩、銀萬兩、鈔千錠及幣帛有差。

辛巳，賜諸王阿赤吉金二百兩、銀二萬二千五百兩、鈔九千錠及紗羅絹布有差。命甘肅行省發新附軍三百人屯田亦集乃，陝西省督鞏昌兵五千人屯田六盤山。

癸未，雲南省右丞愛魯上言：「自發中慶，經羅羅、白衣入交趾，往返三十八戰，斬首不可勝計，將士自都元帥以下獲功者四百七十四人。」

**《續資治通鑑》卷一八八**　甲申，詔皇孫特穆爾撫諸軍，討叛王和爾果斯、哈坦、圖嚕罕。

**《御批歷代通鑑輯覽》卷九六**　徵宋江西招諭使知信州謝枋得，辭不至。

**《元史》卷一五《世祖紀一二》**　五月丙戌，敕武平路括馬千匹。

**《續資治通鑑》卷一八八**　戊子，諸王察克子庫庫岱叛，綽和爾執之以來。

**《元史》卷一五《世祖紀一二》**　己丑，汴梁大霖雨，河決襄邑，漂麥禾。以左右怯薛衛士及漢軍五千三百人從皇孫北征。

甲午，發五衛漢兵五千人北征。

**《續資治通鑑》卷一八八**　乙未，僧格言：「中統鈔行垂三十年，省官皆不知其數。今已更用至元鈔，宜差官分道置局，鉤考中統本。」從之。

**《元史》卷一五《世祖紀一二》**　丙申，賜諸王八八金百兩、銀萬兩、金素段五百、紗羅絹布等四千五百。兀馬兒來獻璞玉。

丁酉，平江水，免所負酒課。減米價，賑京師。改雲南烏撒宣撫司爲宣慰司，兼管軍萬户府。

戊戌，復蘆臺、越支、三叉沽三鹽使司。王家奴、火魯忽帶、察罕復舉兵反。

己亥，雲南行省言：「金沙江西通安等五城，宜依舊隸察罕章宣撫司，金沙江東永寧等處五城宜廢，以北勝施州爲北勝府。」從之。

壬寅，渾天儀成。運米十五萬石詣懿州餉軍及賑饑民。

乙巳，罷興州採蜜提舉司。營上都城內倉。

丁未，奉安神主於太廟。

戊申，賜拔都不倫金百五十兩、銀萬五千兩及幣帛紗羅等萬匹。

癸丑，詔湖廣省管內並聽平章政事禿滿、要束木節制。遷四川省治重慶，復遷宣慰司於成都。高麗遣使來貢方物。詔四川管內並聽行尚書省節制。

**《御批歷代通鑑輯覽》卷九六**　河決汴梁。

汴梁大霖雨，河決，太康、通許、杞三縣，陳、潁二州皆被其害。

**《元史》卷一五《世祖紀一二》**　六月甲寅〔朔〕，以新附軍修尚食局。

庚申，賑諸王答兒伯部曲之饑者及桂陽路饑民。

辛酉，禁上都、桓州、應昌、隆興酒。

壬戌，賜諸王朮伯金銀皆二百五十兩、幣帛紗羅萬匹。

乙丑，詔蒙古人總漢軍，閱習水戰。

丁卯，又賜諸王朮伯銀二萬五千兩、幣帛紗羅萬匹。復立咸平至建州四驛。以延安屯田總管府復隸安西省。

戊辰，海都將暗伯、著暖以兵犯業里干腦兒，管軍元帥阿里帶戰却之。

壬申，睢陽霖雨，河溢害稼，免其租千六十石有奇。命諸王怯憐口及扈從臣，轉米以饋將士之從皇孫者。太醫院、光禄寺、儀鳳(寺)〔司〕、侍儀司、拱衛司，皆毋隸宣徽院。罷教坊司入拱衛司。

癸酉，詔加封南海明著天妃爲廣祐明著天妃。

甲戌，改西南番總管府爲永寧路。

乙亥，以考城、陳留、通許、杞、太康五縣大水及河溢没民田，蠲其租萬五千三百石。

丙子，給兵五十人衛浙西宣慰使史弼，使任治盜之責。

丁丑，發兵千五百人詣漢北浚井。

癸未，處州賊柳世英寇青田、麗水等縣，浙東道宣慰副使史耀討平之。資國、富昌等一十六屯雨水，蝗害稼。

秋七月甲申朔，復葺興、靈二州倉，始命昔寶赤、合剌赤、貴由赤、左右衛士轉米輸之，委省官督運，以備賑給。

丙戌，真定、汴梁路蝗。運大同、太原諸倉米至新城，爲邊地之儲。以南安、瑞、贛三路連歲盜起，民多失業，免逋税萬二千六百石有奇。弛寧夏酒禁。發大同路粟賑流民。保定路霖雨害稼，蠲今歲田租。改儲偫所爲提舉司。敕征交趾兵官還家休息一歲。

**《續資治通鑑》卷一八八**　中書右丞相安圖見天下大權盡歸尚書，屢求退，不許。

**《元史》卷一五《世祖紀一二》**　壬辰，遣必闍赤以鈔五千錠往應昌和糴軍儲。改會同館爲四賓庫。

戊戌，駐蹕許泥百牙之地。同知江西行樞密院事月的迷失上言：「近以盜起廣東，分江西、江淮、福建三省兵萬人令臣將之討賊。臣願萬人內得蒙古軍三百，并臣所籍降户萬人，置萬户府，以撒木合兒爲達路花赤，佩虎符。」詔許之。以(沭)〔沐〕川等五寨劃隸嘉定者，還隸馬湖蠻部總管府。

庚子，膠州連歲大水，民採橡而食，命減價糶米以賑之。霸、漷二州霖雨害稼，免其今年田租。

乙巳，諸王也真部曲饑，分五千户就食濟南。保定路唐縣野蠶繭絲可爲帛。

壬子，命斡端戍兵三百一十人屯田。命六衛造兵器。

八月癸丑〔朔〕，諸王也真言：「臣近將濟寧投下蒙古軍東征，其家皆乏食，願賜濟南路歲賦銀，使易米而食。」詔遼陽省給米萬石賑之。

丙辰，袁之萍鄉縣進嘉禾。詔安童以本部怯薛蒙古軍三百人北征。

辛酉，免江州學田租。

**《元史續編》卷三**　癸亥，尚書省成。

**《元史》卷一五《世祖紀一二》**　壬申，安西省管内大饑，蠲其田租二萬一千五百石有奇，仍貸粟賑之。

癸酉，以河間等路鹽運司兼管順德、廣平、綦陽三鐵冶。

丙子，發米三千石賑滅吉兒帶所部饑民。趙、晉、冀三州蝗。

丁丑，嘉祥、魚臺、金鄉三縣霖雨害稼，蠲其租五千石。

庚辰，車駕次孛羅海腦兒。以咸平荐經兵亂，發瀋州倉賑之。分萬億庫爲寶源、賦源、綺源、廣源四庫。

九月癸未朔，大駕次野狐嶺。甘州旱饑，免逋税四千四百石。

丙戌，置汀、梅二州驛。

己丑，獻、莫二州霖雨害稼，免田租八百餘石。

壬辰，帝至自上都。

**《御批歷代通鑑輯覽》卷九六**　南臺御史中丞劉宣自殺。

**《元史》卷一五《世祖紀一二》**　乙未，罷檀州淘金户。都哇犯邊。

庚子，鬼國、建都皆遣使來貢方物。從桑哥請，營五庫禁中以貯幣帛。

**《續資治通鑑》卷一八八**　召江淮行省參政董文用爲御史中丞。

**《元史》卷一五《世祖紀一二》**　癸卯，命忽都忽民户履地輸税。尚書省臣言：「自立尚書省，凡倉庫諸司無不鈎考，宜置徵理司，秩正三品，專治合追財穀，以甘肅等處行尚書省參政禿烈羊呵、僉省吴誠並爲徵理使。」從之。陞寶鈔總庫、永盈庫並爲從五品。改八作司爲提舉八作司，秩正六品。增元寶、永豐及八作司官吏俸。

庚戌，太醫院新編《本草》成。

冬十月己未，享於太廟。

**《續資治通鑑》卷一八八**　庚申，遣使鉤考諸路錢穀。僧格言：「湖廣錢穀，已責平章約蘇穆爾自首償矣。他省欺盜者必多，請以省院臺官實都、王巨濟、阿薩爾、何榮祖、昭嚕呼齊圖呼魯、李佑、吉丁、戎益、崔彧、燕真、安祐、巴延等十二人，理算江淮、江西、福建、四川、甘肅、安西六省，每省各二人，特給與印章，給兵以備使令，且以爲衛。」帝皆從之。

**《元史》卷一五《世祖紀一二》**　甲子，置虎賁司，復改爲武衛司。

丙寅，賜瀛國公趙㬎鈔百錠。以甘州轉運司隸都省。湖廣省言：「左、右江口溪洞蠻獠，置四總管府，統州、縣、洞百六十，而所調官畏憚瘴癘，多不敢赴，請以漢人爲達魯花赤，軍官爲民職，雜土人用之。」就擬夾谷三合等七十四人以聞，從之。大同民李伯祥、蘇永福八人，以謀逆伏誅。

庚午，海都犯邊。桑哥請明年海道漕運江南米須及百萬石。又言：「安山至臨清，爲渠二百六十五里。若開浚之，爲工三百萬，當用鈔三萬錠，米四萬石、鹽五萬斤。其陸運夫萬三千户復罷爲民，其賦入及芻粟之估爲鈔二萬八千錠，費略相當，然渠成亦萬世之利。請以今冬備糧費，來春浚之。」制可。

**《續資治通鑑》卷一八八**　丙子，始造鐵羅圈甲。

遣瀛國公趙㬎學佛法於土番。

**《元史》卷一五《世祖紀一二》**　己卯，也不干入寇，不都馬失引兵奮擊之。塔不帶反，忽剌忽、阿塔海等戰却之。詔免儒户雜徭。尚書省臣請令集賢院諸司，分道鈎考江南郡學田所入羡餘，貯之集賢院，以給多才藝者，從之。給倉官俸。高麗遣使來貢方物。

**《元史續編》卷三**　鍾明亮復反，寇梅州。明亮以萬人寇梅州，江羅等以八千人寇漳州。韶、雄諸賊二十餘處皆舉兵應明亮。詔雲丹密實合江西、福建兵討之。江浙平章布哷齊將兵收討之。婺州民葉萬五作亂。萬五以萬人寇武義，殺一千户。

**《元史》卷一五《世祖紀一二》**　十一月壬午〔朔〕，鞏昌路荐饑，免田租之半，仍以鈔三千錠賑其貧者。以忽撒馬丁爲管領甘肅、陝西等處屯田等户達魯花赤，督斡端、可失合兒工匠千五十户屯田。

丁亥，金齒遣使貢方物。

**《續資治通鑑》卷一八八**　以山東按察使何榮祖爲中書省參知政事。

修國子監以居胄子。

禁有分地臣私役富室爲柴米户及賦外雜徭。

柳州民黄德清叛，潮州民蔡猛等拒殺官軍，並伏誅。

**《元史》卷一五《世祖紀一二》**　庚寅，床哥里合引兵犯建州，殺三百餘人，咸平大震。

辛卯，兀良合饑民多殍死，給三月糧。

壬辰，罷建昌路屯田總管府。

癸巳，賜諸王也里(千)[干]金五十兩、銀五千兩、鈔千錠、幣帛紗羅等二千匹。也速帶兒、牙林海剌孫執捏坤、忽都答兒兩叛王以歸。

甲午，北兵犯邊。詔福建省管内並聽行尚書省節制。

丙申，合迷裏民饑，種不入土，命愛牙赤以屯田餘糧給之。

己亥，命李思衍爲禮部侍郎，充國信使，以萬奴爲兵部郎中副之，同使安南，詔諭陳日烜親身入朝，否則必再加兵。大都民史吉等請立桑哥德政碑，從之。

**《續資治通鑑》卷一八八**　僧格恩寵方盛，自近戚、貴人見之，皆屏息遜避，董文用獨不附之。僧格令人諷文用頌己功於帝前，文用不答；僧格又自謂文用曰：「百司皆具食丞相府，獨御史臺未具食耳。」文用亦不答。

**《元史》卷一五《世祖紀一二》**　辛丑，馬八兒國遣使來朝。帖列滅入寇。

**《續資治通鑑》卷一八八**　甲辰，僧格以總制院統西蕃諸司軍民錢穀，事體甚重，宜有以崇之，奏改爲宣政院，秩從一品，用三臺銀印，帝從之。命僧格以本官兼宣政使，領功德司使事。

**《元史》卷一五《世祖紀一二》**　庚戌，益咸平府戍兵三百。

十二月乙卯，賜按答兒秃等金千二百五十兩、銀十二萬五千兩、鈔二萬五千錠、幣帛布氎二萬三千六百六十六匹。命上都募人運米萬石赴和林，應昌府運米三萬石給弘吉剌軍。

**《續資治通鑑》卷一八八**　丁巳，哈都兵犯邊，巴圖額森托迎擊，死之。

**《元史》卷一五《世祖紀一二》**　癸亥，置大都等路打捕民匠等户總管府。

**《續資治通鑑》卷一八八**　辛未，僧格言：「分地之臣，例以貧乏爲辭，希覬賜與。財非天墜地出，皆取於民，苟不慎其出入，恐國用不足。」帝曰：「自今不當給者汝即畫之，當給者宜覆奏，朕自處之。」

**《元史》卷一五《世祖紀一二》**　甲戌，安西王阿難答來告兵士饑，且闕橐駝，詔給米六千石及橐駝百。

乙亥，湖頭賊張治囝掠泉州，免泉州今歲田租。

丙子，也速不花以昔列門叛。甘肅行省官約諸王八八、拜答罕、駙馬昌吉，合兵討之，皆自縛請罪。獨昔列門以其屬西走，追至朶郎不帶之地，邀而獲之，以歸於京師。

庚辰，六衛屯田饑，給更休三千人六十日糧。高麗國王遣使來貢方物。賜諸王愛牙合赤等金千兩、銀一萬八千三百六十兩、絲萬兩、綿八萬三千二百兩、金素幣一千二百匹、絹五千九十八匹。賜皇子愛牙赤部曲等羊馬鈔二十九萬百四十七錠、馬二萬六千九百一十四、羊十萬二百一十、駝八、牛九百。賙諸王貧乏者，鈔二十一萬六百錠、馬六千七百二十五、羊一萬二千八百五十七、牛四十。賜妻子家貲没於寇者，鈔三萬二千八百八十錠，馬羊百。償以羊馬諸物供軍者，鈔千六百七十四錠、馬四千三百二十五、羊三萬四千百九十九、駝七十二、牛三十。賞自寇中拔歸者，鈔四千七十八錠。因雨雹、河溢害稼，除民租二萬二千八百石。命亦思麻等七百餘人作佛事坐静於玉塔殿、寢殿、萬壽山、護國仁王等寺凡五十四會。命天師張宗演設醮三日。以光禄寺直隸都省。置醴源倉，分太倉之麴米藥物隸焉。以滄州之軍營城爲滄溟縣，以施州之清江縣隸夔路總管府。罷安和署。大司農言耕曠地三千五百七十頃。立學校二萬四千四百餘所。積義糧三十一萬五千五百餘石。斷死罪九十五人。

**《續資治通鑑》卷一八八**　是歲，汴梁路陽武、襄邑、太康、通許、杞、考城、陳留等縣，陳、潁二州，河決凡二十二所，漂蕩麥禾、房舍，委宣慰司督本路差夫修治。

## 至元二六年（己丑、一二八九）

**《元史》卷一五《世祖紀一二》**　春正月丙戌，地震。詔江淮省忙兀帶與不魯迷失海牙及月的迷失合兵進討羣盜之未平者。

**《元史續編》卷四**　江廣盜起。御史大夫約蘇特穆爾奏，江南盜賊凡四百餘處，宜選將討之。上曰：雲丹密實屢以捷聞，蒙固岱已往，卿無以爲慮。

《元史》卷一五《世祖紀一二》　己丑，發兵塞沙陀間鐵烈兒河。

辛卯，拔都不倫言其民千一百五十八户貧乏，賜銀十萬五千一百五十兩。徙江州都轉運使司治龍興。沙不丁上市舶司歲輸珠四百斤、金三千四百兩，詔貯之以待貧乏者。合丹入寇。

戊戌，以荆湖占城省左丞唐兀帶副按的忽都合爲蒙古都萬户，統兵會江淮、福建二省及月的迷失兵，討盜於江西。蠲漳、汀二州田租。

《續資治通鑑》卷一八九　己亥，開安山渠，引汶水以通運道。

《元史》卷一五《世祖紀一二》　辛丑，遣使代祀岳、瀆、后土、東南海。

《續資治通鑑》卷一八九　立武衛親軍都指揮使司，以侍衛軍六千、屯田軍三千、江南鎮守軍一千隸焉，以留守段天祐兼都指揮使。凡有興作，必以聞於樞府。

壬寅，海船萬户府言：「山東宣慰使樂實所運江南米，陸負至淮安，易舖者七，然後入海，歲止二十萬石。若由江陰入江至直沽倉，民無陸負之苦，且米石省運估八貫有奇，請罷膠萊海道運糧萬户府，而以漕事責臣，當歲運三千萬石。」詔許之。

《元史》卷一五《世祖紀一二》　癸卯，高麗遣使來貢方物。賊鍾明亮寇贛州，掠寧都，據秀嶺，詔發江淮省及鄰郡戍兵五千，遷江西省參政管如德爲左丞，使將兵往討。畲民丘大老集衆千人寇長泰縣，福州達魯花赤脱歡同漳州路總管高傑討平之。

甲辰，復立光禄寺。

戊申，徙廣州按察司於韶州。以荆南按察司所統遼遠，割三路入淮西，二路入江西。立咸平至聶延驛十五所。廢甘州路宣課提舉司入寧夏都轉運使司。遣參知政事張守智、翰林直學士李天英使高麗，督助征日本糧。

二月辛亥朔，詔籍江南户口，凡北方諸色人寓居者亦就籍之。濬滄州御河。

《續資治通鑑》卷一八九　台州賊楊鎮龍據玉山反，僭稱大興國，僞號安定元年，以其黨厲某爲右丞相，樓蒙才爲左丞相，得良民，刺額爲大興國軍，遂有兵十二萬，以七萬攻東陽、義烏、餘姚、嵊、新昌、天台、永康，浙東大震。宗王昂吉爾岱時謫婺州，帥師討之。

《元史》卷一五《世祖紀一二》　癸丑，愛牙合赤請以所部軍屯田咸平、懿州，以省糧餉。

己未，發和林糧千石賑諸王火你赤部曲。

壬戌，合木里饑，命甘肅省發米千石賑之。

癸亥，詔立崇福司，爲從二品。徙江淮省治杭州。改浙西道宣慰司爲淮東道宣慰司，治揚州。

丙寅，尚書省臣言：「行泉府所統海船萬五千艘，以新附人駕之，緩急殊不可用。宜招集乃顔及勝納合兒流散户爲軍，自泉州至杭州立海站十五，站置船五艘、水軍二百，專運番夷貢物及商販奇貨，且防禦海道，爲便。」從之。命福建行省拜降、江西行院月的迷失、江淮行省忙兀帶，合兵擊賊江西。

《續資治通鑑》卷一八九　丁卯，帝如上都。僧格言：「去歲陛下幸上都，臣日視内帑諸庫。今歲欲乘小輿以行，人必竊議。」帝曰：「聽人議之，汝乘之可也。」

《元史》卷一五《世祖紀一二》　以中書右丞相伯顔知樞密院事，將北邊諸軍。成都管軍萬户劉德禄上言，願以兵五千人招降八番蠻夷，因以進取交趾。樞密院請立元帥府，以藥剌罕及德禄並爲都元帥，分四川軍萬人隸之，帝從之。以伯答兒爲中書平章政事。紹興大水，免未輸田租。合丹兵寇胡魯口，開元路治中兀顔牙兀格戰連日，破之。

己巳，立左右翼屯田萬户府，秩從三品。玉吕魯奏，江南盜賊凡四百餘處，宜選將討之。帝曰：「月的迷失屢以捷聞，忙兀帶已往，卿無以爲慮。」皇孫甘不剌所部軍乏食，發大同路榷場糧賑之。

甲戌，命鞏昌便宜都總帥汪惟和將所部軍萬人北征，令過闕受命。

乙亥，省屯田六署爲營田提舉司。

三月庚辰朔，日有食之。

立雲南屯田，以供軍儲。

己丑，賜陝西屯田總管府農器種粒。

乙未，鑄渾天儀成。

金齒人塞完以其民二十萬一千户有奇來歸，仍進象三。

夏四月己酉[朔]，復立營田司於寧夏府。遼陽省管内饑，貸高麗米六萬石以賑之。

壬子，孛羅帶上別十八里招集户數，令甘肅省賑之。

癸丑，命塔海發忽都不花等所部軍，屯狗站北以禦寇。寶慶路饑，下其估糴米萬一千石。

丙辰，命甘肅行省給合的所部饑者粟。

丁巳，遣官驗視諸王按灰貧民，給以糧。

**《續資治通鑑》卷一八九** 戊午，禁江南民挾弓矢，犯者籍爲兵。

**《元史》卷一五《世祖紀一二》** 置江西、福建打捕鷹坊總管府，福建轉運司及管軍總管言其非宜，詔罷之。省江淮屯田打捕提舉司七所，存者徐邳、海州、揚州、兩淮、淮安、高郵、昭信、安豐、鎮巢、蘄黄、魚網、石湫，猶十二所。

甲子，池州貴池縣民王勉進紫芝十二本。

**《續資治通鑑》卷一八九** 戊辰，安南國王陳日烜遣使來貢。

**《元史》卷一五《世祖紀一二》** 己巳，乞兒乞思户居和林，驗其貧者賑之。

**《續資治通鑑》卷一八九** 庚午，沙河決，發（兵）［民］築隄以障之。

**《元史》卷一五《世祖紀一二》** 癸酉，以高麗國多産銀，遣工即其地，發旁近民冶以輸官。以萊蕪鐵冶提舉司隸山東鹽運司。

甲戌，以御史大夫玉吕魯爲太傅，加開府儀同三司，僉江西等處行尚書省事。召江淮行省參知政事忻都赴闕，以户部尚書王巨濟專理算江淮省，左丞相忙兀帶總之。置浙東、江東、江西、湖廣、福建木綿提舉司，責民歲輸木綿十萬匹，以都提舉司總之。罷皇孫按攤不花所設斷事官也先，仍收其印。尚書省臣言：「鞏昌便宜都總帥府已陞爲宣慰使司，乞以舊兼府事別立散府，調官分治。」從之。立諸王愛牙赤投下人匠提舉司於益都。併省雲南大理、中慶等路州縣。

丁丑，陞市令司爲從五品。改大都路甲匠總管府爲軍器人匠都總管府。尚書省臣言：「乃顔以反誅，其人户月給米萬七千五百二十三石，父母妻子俱在北方，恐生它志，請徙置江南，充沙不丁所請海船水軍。」從之。

**《御批歷代通鑑輯覽》卷九六** 福建參知政事魏天祐執宋謝枋得至大都，不屈，死之。

**《元史》卷一五《世祖紀一二》** 五月庚辰，發武衛親軍千人濬河西務至通州漕渠。

癸未，移諸王小薛饑民就食汴梁。發大同、宣德等路民築倉於昂兀剌。

壬辰，軟奴（玉）［王］朮私以金銀器皿給諸王出伯、合班等，且供饋有勞，命有司如數償之，復賞銀五萬兩，幣帛各二千匹。

丙申，詔：「季陽、益都、淄萊三萬户軍久戍廣東，疫死者衆，其令二年一更。」賊鍾明亮率衆萬八千五百七十三人來降。江淮、福建、江西三省所抽軍各還本翼。

**《續資治通鑑》卷一八九** 行御史臺復徙於揚州，浙西按察使徙蘇州。以實都爲尚書左丞，何榮祖參知政事，張天祐爲中書參知政事。

**《元史》卷一五《世祖紀一二》** 己亥，設回回國子學。陞利用監爲從三品。遼陽路饑，免往歲未輸田租。尚書省臣言：「括大同、平陽、太原無籍民及人奴爲良户，略見成效。益都、濟南諸道，亦宜如之。」詔以農時民不可擾，俟秋冬行之。罷永盈庫，以所貯上供幣帛入太府監及萬億庫。

辛丑，御河溢入會通渠，漂東昌民廬舍。以莊浪路去甘肅省遠，改隸安西省。流江縣入渠州。泰安寺屯田大水，免今歲租。

**《續資治通鑑》卷一八九** 青山苗蠻三十三寨相繼内附。

**《元史》卷一五《世祖紀一二》** 六月戊申朔，發侍衛軍二千人濬口温腦兒河渠。

己酉，鞏昌汪惟和言：「近括漢人兵器，臣管内已禁絶，自今臣凡用兵器，乞取之安西官庫。」帝曰：「汝家不與它漢人比，弓矢不汝禁也，任汝執之。」

辛亥，詔以雲南行省地遠，州縣官多闕，六品以下，許本省選辟以聞。

桂陽路寇亂水旱，下其估糴米八千七百二十石以賑之。

**《續資治通鑑》卷一八九** 安山渠成，凡役工二百五十一萬七百四十有八。河渠官張孔孫等言：「開魏、博之渠，通江、淮之運，古所未有。」詔賜名會通河，置提舉司，職河渠事。

**《元史》卷一五《世祖紀一二》** 己未，西番進黑豹。

庚申，諸王乃蠻帶敗合丹兵於托吾兒河。

丙寅，要忽兒犯邊。

辛巳，詔遣尚書省斷事官禿烈羊呵理算雲南。復立雲南提刑按察司。月的迷失請以降賊鍾明亮爲循州知州，宋士賢爲梅州判官，丘應祥等十八人爲縣尹、巡尉，帝不允，令明亮、應祥並赴都。大都增設倒鈔庫三所。遼陽等路饑，免今歲差賦。移八八部曲饑者就食甘州。海都犯邊，和林宣慰使怯伯、同知乃滿帶、副使八黑鐵兒皆反應之。合剌赤饑，出粟四千三百二十八石有奇以賑之。

**《續資治通鑑》卷一八九** 甲戌，西南夷中、下爛土等處峒長忽帶等，以峒三百、寨百一十來歸，得户三千餘。

**《元史》卷一五《世祖紀一二》** 乙亥，金剛奴寇折連怯兒。立江淮等處財賦總管府，掌所籍宋謝太后貲産，隸中宫。

丁丑，汲縣民朱良進紫芝。濟寧、東平、汴梁、濟南、棣州、順德、平灤、真定霖雨害稼，免田租十萬五千七百四十九石。

秋七月戊寅朔，海都兵犯邊，帝親征。尚珍署屯田大水，從征者給其家。

己卯，駙馬爪忽兒部曲饑，賑之。

**《續資治通鑑》卷一八九** 辛巳，兩淮屯田雨雹害稼，蠲今年田租。雨壞都城，發兵、民各萬人完之。

**《元史》卷一五《世祖紀一二》** 甲申，四川山齊蠻民四寨五百五十户内附。

丙戌，命百官市馬助邊。敕以禿魯花及侍衛兵百人爲桑哥導從。

丁亥，發至元鈔萬錠，市馬於燕南、山東、河南、太原、平陽、保定、河間、平灤。

庚寅，黄兀兒月良等驛乏食，以鈔賑之。

辛卯，詔遣牙牙住僧詣江南搜訪術藝之士。發和林所屯乞兒乞思等軍北征。

癸巳，平灤屯田霖雨損稼。

甲午，御河溢。東平、濟寧、東昌、益都、真定、廣平、歸德、汴梁、懷孟蝗。

丁酉，命遼陽行省益兵戍咸平、懿州。

戊戌，誅信州叛賊鮑惠日等三十三人。(右)〔左〕丞李庭等北征。

辛丑，發侍衛親軍萬人赴上都。河間大水害稼。

壬寅，賦百官家，製戰襖。

**《元史續編》卷四** 立雲南行臺，以程思廉爲中丞。

**《續資治通鑑》卷一八九** 癸卯，沙河溢，鐵燈杆隄決。

**《元史》卷一五《世祖紀一二》** 八月壬子，覇州大水，民乏食，下其估糶直沽倉米五千石。

乙卯，郴之宜章縣爲廣東寇所掠，免今歲田租。

辛酉，大都路霖雨害稼，免今歲租賦，仍減價糶諸路倉糧。

壬戌，瀕州饑，發河西務米二千石，減其價賑糶之。

癸亥，諸王鐵失、孛羅帶所部皆饑，敕上都留守司、遼陽省發粟賑之。

甲子，月的迷失以鍾明亮貢物來獻。

癸酉，以八番羅甸宣慰司隸四川省。台、婺二州饑，免今歲田租。

甲戌，詔兩淮、兩浙都轉運使司及江西榷茶都轉運司諸人，毋得沮辦課。改四川金竹寨爲金竹府。

**《元史續編》卷四** 置回回國子監。

**《續資治通鑑》卷一八九** 徙浙東道按察司治婺州，河東、山西道按察司治太原，宣慰司治大同。

**《元史》卷一五《世祖紀一二》** 九月戊寅，歲星犯井。

己卯，置高麗國儒學提舉司，從五品。

丙戌，罷濟州泗汶漕運使司。

丁亥，罷斡端宣慰使元帥府。

癸巳，以京師糴貴，禁有司拘顧商車。

丙申，熒惑犯太微西垣上將。增浙東道宣慰使一員。江淮省平章沙不丁言：「提調錢穀，積怨於衆，乞如要束木例，撥戍兵三百人爲衛。」從之。平灤、昌國等屯田霖雨害稼。

甲辰，以保定、新城、定興屯田糧賑其户饑貧者。

乙巳，詔福建省及諸司毋沮擾魏天祐銀課。

冬十月癸丑，營田提舉司水害稼。

甲寅，以駝運大都米五百石有奇給皇子北安王等部曲。

乙卯，以八番、羅甸隸湖廣省。

**《續資治通鑑》卷一八九** 丙辰，禁内外百官受人饋酒食，犯者没其家資之半。

甲子，饗於太廟。

**《元史》卷一五《世祖紀一二》** 己巳，赤那主里合花山城置站一所。

癸酉，尚書省臣言：「沙不丁以便宜增置浙東二鹽司，合浙東、西舊所立者爲七，乞官知鹽法者五十六人。」從之。平灤水害稼。以平灤、河間、保定等路饑，弛河泊之禁。

**《續資治通鑑》卷一八九** 閏月戊寅，帝至自上都，大宴羣臣，謂托克托呼曰：「朔方人來，聞哈都言：『杭愛之役，使彼邊將皆如托克托呼，吾屬安所置哉！』」

《元史》卷一五《世祖紀一二》　癸未，命遼陽行省給諸王乃蠻帶民户乏食者。

乙酉，命自今所授宣敕並付尚書省。通州河西務饑，民有鬻子、去之他州者，發米賑之。

《續資治通鑑》卷一八九　丙戌，西南生番内附。

《元史》卷一五《世祖紀一二》　丁亥，安南國王陳日烜遣使來貢方物。左、右衛屯田新附軍以大水傷稼乏食，發米萬四百石賑之。

庚寅，江西宣慰使胡頤孫援沙不丁例，請至元鈔千錠爲行泉府司，歲輸珍異物爲息，從之。以胡頤孫遥授行尚書省參政、泉府大卿、行泉府司事。詔籍江南及四川户口。

丙申，寶坻屯田大水害稼。河南宣慰司請給管内河間、真定等路流民六十日糧，遣還其土，從之。婺州賊葉萬五以衆萬人寇武義縣，殺千户一人，江淮省平章不鄰吉帶將兵討之。遣使鈎考大同錢穀及區別給糧人户。

《續資治通鑑》卷一八九　庚子，取石泗濱爲磬，以補宫縣之樂。

《元史》卷一五《世祖紀一二》　辛丑，羅斛、女人二國遣使來貢方物。

《續資治通鑑》卷一八九　癸卯，浙西宣慰使史弼請討浙東賊，以爲浙東道宣慰使，位哈喇岱上。弼討台州賊，擒斬楊鎮龍及其黨，台州平。

《元史》卷一五《世祖紀一二》　甲辰，武平路饑，發常平倉米萬五千石。賑保定等屯田户饑，給九十日糧。檀州饑民劉德成犯獵禁，詔釋之。湖廣省臣言：「近招降贛州賊胡海等，令將其衆屯田自給，今過耕時，不恤之，恐生變。」命贛州路發米千八百九十石賑之。

緬國遣委馬剌菩提班的等來貢方物。

十一月丙午朔，回回、昔寶赤百八十六户居汴梁者，申命宣慰司給其田。

《續資治通鑑》卷一八九　丁未，禁江南、北權要之家，毋沮鹽法。

《元史》卷一五《世祖紀一二》　戊申，敕尚書省發倉賑大都饑民。

壬子，漳州賊陳機察等八千人寇龍(嚴)〔巖〕，執千户張武義，與楓林賊合。

《元史續編》卷四　漳州賊陳機察等降。

《續資治通鑑》卷一八九　癸丑，建寧賊黄華弟福，結陸廣、馬勝，復謀亂，事覺，皆論誅。

以王惲爲福建閩海道提刑按察使。

《元史》卷一五《世祖紀一二》　甲寅，瓜、沙二州城壞，詔發軍民修完之。

丙辰，罷阿你哥所領采石提舉司。發米五百八十七石給昔寶赤五百七十八人之乏食者。

丁巳，平灤、昌國屯户饑，賑米千六百五十六石。改播州爲播南路。

丁卯，詔山東東路毋得沮淘金。賑文安縣饑民。陝西鳳翔屯田大水。

己巳，發米千石賑平灤饑民。改平恩鎮爲丘縣。武平路饑，免今歲田租。桓州等驛饑，以鈔給之。

十二月丁丑，蠡州饑，發義倉糧賑之。

戊寅，罷平州望都、榛子二驛，放其户爲民。

辛巳，詔括天下馬。

《元史續編》卷四　括馬。一品、二品許乘五匹，三品三匹，四品以下二匹，六品以下一匹，餘者悉括入官。

《續資治通鑑》卷一八九　哈都犯邊，帝命伊勒嚕與李庭議所以爲備，庭請下括馬之令，其品官所乘限數外，悉令入官。凡得馬十一萬匹。

《御批歷代通鑑輯覽》卷九六　以白絜矩爲尚書省舍人。

《元史》卷一五《世祖紀一二》　給玉吕魯所招集户五百人九十日糧。徙瓮吉剌民户貧乏者就食六盤。

乙酉，命四川蒙古都萬户也速帶選所部軍萬人西征。

丁亥，封皇子闊闊出爲寧遠王。河間、保定二路饑，發義倉糧賑之，仍免今歲田租。木鄰站經亂乏食，給九十日糧。命回回司天臺祭熒惑。

庚寅，禿木合之地霜殺稼，禿魯花之地饑，給九十日糧。

甲午，以官軍萬户汪惟能爲征西都元帥，將所部軍入漠，其先戍漠兵無令還翼。

乙未，蠲大名、清豐逋租八百四十石。命甘肅行省賑千户也先所部人户之饑者。給鈔賑黄兀兒月良站人户。

庚子，武平饑，以糧二萬三千六百石賑之。伯顔遣使來言邊民乏食，詔賜網罟，使取魚自給。拔都昔剌所部阿速户饑，出粟七千四百七十石賑之。

癸卯，發麥賑廣濟署饑民。

《續資治通鑑》卷一八九　朝廷以中原民轉徙江南，令有司遣還，蒙古岱言其不可，遂止。

《元史》卷一五《世祖紀一二》 是歲，馬八兒國進花驢二。寧州民張世安進嘉禾二本。詔天下梵寺所貯《藏經》，集僧看誦，仍給所費，俾爲歲例。幸大聖壽萬安寺，置旃檀佛像，命帝師及西僧作佛事坐静二十會。免災傷田租：真定三萬五千石，濟寧二千一百五十四石，東平一百四十七石，大名九百二十二石，汴梁萬三千九十七石，冠州二十七石。賜諸王、公主、駙馬如歲例，爲金二千兩、銀二十五萬二千六百三十兩，鈔一十一萬二百九十錠，幣十二萬二千八百匹。斷死罪五十九人。

## 至元二七年（庚寅、一二九〇）

《元史》卷一六《世祖紀一三》 春正月戊申，改大都路總管府爲都總管府。

庚戌，改儲侍提舉司爲軍儲所，秩從三品。以河東山西道宣慰使阿里火者爲尚書右丞，宣慰使如故。

癸丑，敕從臣子弟入國子學。安南國王陳日烜遣其中大夫陳克用來貢方物。

乙卯，造祀天幄殿。高麗國王王(睶)〔賰〕遣使來貢方物。

《續資治通鑑》卷一八九 丁巳，遣使代祀岳瀆、海神、后土。

《元史》卷一六《世祖紀一三》 戊午，遼陽自乃顔之叛，民甚疲敝，發鈔五千八十錠賑之。

己未，賜鎮遠王牙忽都、靖遠王合帶塗金銀印各一。章吉寇甘木里，諸王朮伯、拜答寒、亦憐真擊走之。

庚申，賑馬站户饑。給滕竭兒回回屯田三千户牛、種。

辛酉，營懿州倉。

壬戌，造長甲給北征軍。

乙丑，伸思、八兒朮答兒、移剌四十、石抹蠻忒四人，以謀不軌伏誅。

丙寅，合丹餘寇未平，命高麗國發躭羅戍兵千人討之。賜河西質子軍五百人馬。

《元史新編》卷六 丙寅，改儲待司爲軍儲所，復立興文署，掌經籍版及江南學田。

《續資治通鑑》卷一八九 丁卯，高麗國王王(睶)〔賰〕言：「臣昔宿衛京師，遭林衍之叛，高麗民居大同者皆籍之，願復付還高麗。」從之。

《元史》卷一六《世祖紀一三》 己巳，改西南番總管府爲永寧路。

辛未，賜也速帶兒所部萬人鈔萬錠。豐閏署田户饑，給六十日糧。無爲路大水，免今年田租。

癸酉，忻都所部別笳兒田户饑，給九十日糧。降臨淮府爲盱眙縣，隸泗州。復立興文署，掌經籍板及江南學田錢穀。合丹寇遼東海陽。

《元史續編》卷四 安南王陳日烜卒，子日燇立。遣禮部尚書張立道使安南。

《元史》卷一六《世祖紀一三》 二月乙亥朔，立全羅州道萬户府。江西諸郡盜未平，詔江淮行省分兵一千益之。命太僕寺毋隸宣徽院。

丙子，新附屯田户饑，給六十日糧。順州僧、道士四百九十一人饑，給九十日糧。

戊寅，開元路寧遠等縣饑，民、站户逃徙，發鈔二千錠賑之。播州安撫使楊漢英進雨氊千，駙馬鐵別赤進羅羅斯雨氊六十、刀五十、弓二十。

己卯，興州興安饑，給九十日糧。

庚辰，伯答罕民户饑，給六十日糧。

辛巳，括河間昔寶赤户口。

乙酉，賑新附民居昌平者。

丙戌，改奉先縣爲房山縣。

《續資治通鑑》卷一八九 癸未，泉州地震。(乙酉)〔丙戌〕，又震。時商琥入爲中臺監察御史，上言漢文帝時有此災而無其應，蓋以躬行德化而弭也，因條陳漢文帝時政以進。又言爲政之道在立法、任人二者而已，法不徒立，需人而行，人不濫用，惟賢是擇，因舉天下名士十餘人。帝納其言。

己丑，江西羣盜鍾明亮等降，詔徙爲首者至京師，而給其餘黨糧。

《元史》卷一六《世祖紀一三》 浙東諸郡饑，給糧九十日。

辛卯，復立南康、興國榷茶提舉司，秩從五品。發虎賁更休士二千人赴上都修城。河間路任丘饑，給九十日糧。

癸巳，晉陵、無錫二縣霖雨害稼，並免其田租。江西賊華大老、黄大老等掠樂昌諸郡，行樞密院討平之。闍兀所部闌遺户饑，給六十日糧。常寧州民遭羣盜之亂，免其田租。

己亥，保定路定興饑，發粟五千二百六十四石賑之。

辛丑，唆歡禾稼不登，給九十日糧。

三月乙巳，中山畋户饑，給六十日糧。

戊申，廣濟署饑，給粟二千二百五十石以爲種。

壬子，薊州漁陽等處稻户饑，給三十日糧。

戊午，出忙安倉米，賑燕八撒兒所屬四百二十人。

己未，改雲南蒙憐甸爲蒙憐路軍民總管府，蒙萊甸爲蒙萊路。放罷福建獵户、沙魚皮户爲民，以其事付有司總之。發雲州民夫鑿銀洞。永昌站户饑，賣子及奴産者甚衆，命甘肅省贖還，給米賑之。併福、泉二州人匠提舉司爲一，仍放無役者爲民。

庚申，陞御史臺侍御史正四品，治書侍御史正五品，增蒙古經歷一員，從五品。罷行司農司及各道勸農營田司，增提刑按察司僉事二員，總勸農事。四川行省舊移重慶，成都之民苦於供給，詔復徙治成都。立江南營田提舉司，秩從五品，掌僧寺貲産。放壽、潁屯田軍千九百五十九户爲民，撤江南戍兵代之。凡工匠隸呂合剌、阿尼哥、段貞無役者，皆區別爲民。詔風憲之選仍歸御史臺，如舊制。置金竹府大隘等四十二寨蠻夷長官。

**《續資治通鑑》卷一八九**　癸亥，建昌賊丘元等稱「大老」，集衆千餘人掠南豐諸縣，建昌副萬户擒斬之。

**《元史》卷一六《世祖紀一三》**　甲子，楊(震)〔鎮〕龍餘衆剽浙東。總兵官討賊者，多俘掠良民，敕行御史臺分揀之，凡爲民者千六百九十五人。

庚午，以建昌路廣昌縣經鍾明亮之亂，免其田租九千四百四十七石。

**《續資治通鑑》卷一八九**　辛未，太平縣賊葉大五，集衆百餘寇寧國，擒斬之。

**《元史》卷一六《世祖紀一三》**　夏四月癸酉朔，大駕幸上都。婺州螟害稼，雷雨大作，螟盡死。

辛巳，命大都路以粟六萬二千五百六十四石賑通州、河西務等處流民。芍陂屯田以霖雨河溢，害稼二萬二千四百八十畝有奇，免其租。

癸未，罷海道運糧萬户府。江淮行省言：「近朝廷遣白絮矩來，與沙不丁議，令發兼并户偕宋宗族赴京，人心必致動摇，江南之民方患增課、料民、括馬之苦，宜俟它日行之。」從之。阿速敦等二百九十五人乏食，命驗其實，給糧賑之。改利津海道運糧萬户府爲臨清御河運糧上萬户府。諸王小薛部曲萬二千六十一户饑，給六十日糧。發六衛漢軍萬人伐木爲修城具。

甲申，以荐饑免今歲銀俸鈔，其在上都、大都、保定、河間、平灤者萬一百八十錠，在遼陽省者千三百四十八錠有奇。

**《續資治通鑑》卷一八九**　丙戌，遣僧濟額森等詣馬八兒國訪求方技。

**《元史》卷一六《世祖紀一三》**　癸巳，河北十七郡蝗。千户也先、小闊闊所部民及喜魯、不別等民户並饑，敕河東諸郡量賑之。千户也不干所部乏食，敕發粟賑之。太傅玉呂魯言：「招集斡者所屬亦乞烈，今已得六百二十一人，令與高麗民屯田，宜給其食。」敕遼陽行省驗實給之。平山、真定、棗強三縣旱，靈壽、元氏二縣大雨雹，並免其租。

丁酉，以鈔二千五百錠賑昌平至上都站户貧乏者。定興站户饑，給三十日糧。

己亥，命考大都路貧病之民在籍者，二千八百三十七人，發粟二百石賑之。

庚子，合丹復寇海陽。復立安和署，從六品。

五月乙巳，罷秦王典藏司，收其印。括江南闌遺人雜畜、錢帛。合丹寇開元。

戊申，江西行省管如德、江西行院月的迷失合兵討反寇鍾明亮，明亮降，詔縛致闕下，如德等留不遣，明亮復率衆寇贛州。樞密院以如德等違詔縱賊，請詰之，從之。詔罷江西行〔省〕樞密院。

**《續資治通鑑》卷一八九**　庚戌，陝西南市屯田隕霜殺稼，免其租。

**《元史》卷一六《世祖紀一三》**　壬子，賜諸王鐵木兒等軍一萬七百人糧，一人一從者五石，二人一從者七石五斗。

丙辰，發粟賑御河船户。敘州等處諸部蠻夷進雨氊八百。

戊午，移江西行省於吉州，以便捕盜。尚書省遣人行視雲南銀洞，獲銀四千四十八兩。奏立銀場官，秩從七品。出魯等千一百一十五户饑，給六十日糧。

癸亥，敕：「諸王分地之民有訟，王傅與所置監郡同治，無監郡者王傅聽之。」平灤民萬五千四百六十五户饑，賑粟五千石。徽州績溪賊胡發、饒必成伏誅。

丙寅，罷奉宸庫。遷江西行尚書省參政楊文璨爲左丞，文璨踰歲不之官，詔以外剌帶代之。外剌帶至，文璨復署事，桑哥乃奏文璨陞右丞。江西行省言：

「吉、贛、湖南、廣東、福建，以禁弓矢，賊益發，乞依内郡例，許尉兵持弓矢。」從之。

己巳，命徹里鐵木兒所部女直、高麗、契丹、漢軍輸地稅外，並免他徭。江陰大水，免田租萬七百九十石。

**《續資治通鑑》卷一八九** 立雲南行御史臺，起復前漢中道按察使程思廉爲御史中丞。

始至，蠻夷酋長來賀，詞若遜而意甚倨。思廉奉宣綏懷之意，且明示禍福，使毋自外，聞者懾服。雲南舊有學校而禮教不興，思廉力振起之，始有從學問禮者。

**《元史》卷一六《世祖紀一三》** 庚午，復置諸王也只里王傅，秩正四品。尚珍署廣備等屯大水，免其租。伯要民乏食，命撒的迷失以車五百輛運米千石賑之。婺州永康、東陽，處州縉雲賊呂重二、楊元六等反，浙東宣慰使史弼禽斬之。泉州南安賊陳七師反，討平之。括天下陰陽户口，仍立各路教官，有精於藝者，歲貢各一人。

六月壬申朔，陞閏鹽州爲柏興府，降普樂州爲閏鹽縣，金州爲金縣。河溢太康，没民田三十一萬九千八百餘畝，免其租八千九百二十八石。納鄰等站户饑，給九十日糧。

甲戌，桑州總管黄布蓬、那州長羅光寨、安郡州長閉光過率蠻民萬餘户内附。

丙子，放保定工匠楚通等三百四十一户爲民。

庚辰，從江淮行省請，陞廣濟庫爲提舉司，秩從五品。用江淮省平章沙不丁言，以參政王巨濟鉤考錢穀有能，賞鈔五百錠。繕寫金字《藏經》，凡縻金三千二百四十四兩。廣州增城、韶州樂昌以遭畲賊之亂，並免其田租。杭州賊唐珍等伏誅。

辛卯，敕應昌府以米千二百石給諸王亦只里部曲。

壬辰，别給江西行省印，以便分省討賊。泉州大水。

**《續資治通鑑》卷一八九** 丙申，發侍衛兵萬人完都城。

丁酉，大司徒薩里曼等進《定宗實録》。

己亥，棣州厭次、濟陽大風雹害稼，免其租。

**《元史》卷一六《世祖紀一三》** 庚子，從江西省請，發各省戍兵討賊。

辛丑，免河間、保定、平灤歲賦絲之半。懷孟路武陟縣、汴梁路祥符縣皆大水，蠲田租八千八百二十八石。

秋七月，終南等屯霖雨害稼萬九千六百餘畝，免其租。

丙午，禁平地、忙安倉釀酒，犯者死。

戊申，江西霖雨，贛、吉、袁、瑞、建昌、撫水皆溢，龍興城幾没。

**《續資治通鑑》卷一八九** 癸丑，罷緬中行尚書省。江淮省平章錫布鼎以倉庫官盜欺錢糧，請依宋法黥而斷其腕，帝曰：「此回回法也。」不允。

**《元史》卷一六《世祖紀一三》** 免大都路歲賦絲。

戊午，貴州猫蠻三十餘人作亂，劫順元路，入其城。遂攻阿牙寨，殺傷官吏，其衆遂盛。湖廣省檄八番蔡州、均州二萬户府及八番羅甸宣慰司合兵討之。鳳翔屯田霖雨害稼，免其租。建平賊王静照伏誅。

壬(申)〔戌〕，駐蹕老鼠山西。

**《續資治通鑑》卷一八九** 乙丑，蕪湖賊徐汝安、孫惟俊等伏誅。

丙寅，雲南闍力白衣甸酋長凡十一甸内附。

**《元史》卷一六《世祖紀一三》** 丁卯，用桑哥言，詔遣慶元路總管毛文豹搜括宋時民間金銀諸物，已而罷之。滄州樂陵旱，免田租三萬三百五十六石。江夏水溢，害稼六千四百七十餘畝，免其租。魏縣御河溢，害稼五千八百餘畝，免其租百七十五石。

**《元史續編》卷四** 太原平陽、大同隕霜殺禾。

**《元史》卷一六《世祖紀一三》** 秋八月，併廣東道真陽、洽光二縣爲英德州。沁水溢，害冀氏民田，免其租。禁諸人毋沮平陽、太原、大同宣課。

丁丑，廣州清遠大水，免其租。

庚辰，免大都、平灤、河間、保定四路流民租賦及酒醋課。

丁亥，復徙四川南道宣慰司於重慶府。以南安、贛、建昌、〔南〕豐州嘗罹鍾明亮之亂，悉免其田租。

癸巳，地大震，武平尤甚，壓死按察司官及總管府官王連等及民七千二百二十人，壞倉庫局四百八十間，民居不可勝計。

**《續資治通鑑》卷一八九** 己亥，帝聞武平地震，慮納顔黨入寇，遣平章政事特穆爾、樞密院官塔魯呼岱引兵五百人往視。

**《元史》卷一六《世祖紀一三》** 九月壬寅，河東、山西道饑，敕宣慰使阿里火者炒米賑之。

癸卯，申嚴漢人田獵之禁。

乙巳，禁諸王遣僧建寺擾民。敕河東山西道宣慰使阿里火者發大同鈔本二十萬錠，糴米賑饑民。平章政事闊里鐵木兒帥師與合丹戰於瓦法，大破之。

**《續資治通鑑》卷一八九**　丁未，御河決高唐，没民田，命有司塞之。

**《元史》卷一六《世祖紀一三》**　戊申，武平地震，盜賊乘隙剽劫，民愈憂恐。平章政事鐵木兒以便宜蠲租賦，罷商税，弛酒禁，斬爲盜者，發鈔八百四十錠，轉海運米萬石以賑之。金竹府知府掃閭貢馬及雨氊，且言：「金竹府雖内附，蠻民多未服。近與趙堅招降竹古弄、古魯花等三十餘寨，乞立縣，設長官、總把，參用土人。」從之。

己酉，福建省以管内盜賊蜂起，請益戍兵，命江淮省調下萬户一軍赴之。發蒙古都萬户府探馬赤軍五百人戍鄂州。

辛亥，修東海廣德王廟。

丙辰，赦天下。

**《續資治通鑑》卷一八九**　丁卯，命江淮行省鈎攷行教坊司所總南樂工租賦。

置四巡檢司於宿遷之北，以所罷陸運夫爲兵，護送會通河上供之物，禁發民挽舟。

僧格貴幸已極，諱言師事丹巴而背之。丹巴知不見容，力請西歸，尋復召還，謫之潮州。

冬十月壬申，封皇孫噶瑪拉爲梁王，賜金印，出鎮雲南。

**《元史》卷一六《世祖紀一三》**　癸酉，享於太廟。

甲戌，立會通汶泗河道提舉司，從四品。

丁丑，尚書省臣言：「江陰、寧國等路大水，民流移者四十五萬八千四百七十八户。」帝曰：「此亦何待上聞，當速賑之！」凡出粟五十八萬二千八百八十九石。

己卯，增上都留守司副留守、判官各一員。從甘肅行省請，簽管内民千三百人爲兵，以戍其境。

辛巳，只深所部八魯剌思等饑，命寧夏路給米三千石賑之。禁大同路釀酒。

乙酉，門答占自行御史臺入覲。梁洞梁宫朝、吴曲洞吴湯暖等凡二十洞，以二千餘户内附。

丁亥，賜北邊幣帛十萬匹。

**《續資治通鑑》卷一八九**　己丑，新作太廟登歌、宫縣樂。

以(伊)[錫]寶齊歲取鸕鷀成都擾民，罷之。

**《元史》卷一六《世祖紀一三》**　十一月辛丑，廣濟署洪濟屯大水，免租萬三千一百四十一石。興、松二州隕霜殺禾，免其租。隆興苦鹽濼等驛饑，發鈔七千錠賑之。

丁未，大同路蒙古多冒名支糧，置千户、百户十員，以達魯花赤總之，食糧户以富爲貧者，籍家貲之半。

戊申，桑哥言：「向奉詔，内外官受命不赴及受代官居五年不赴銓者，罷不復敍。臣謂苟無大故，不可終棄。」帝復允其請。江淮行省平章不憐吉帶言：「福建盜賊已平，惟浙東一道，地極邊惡，賊所巢穴。復還三萬户，以合剌帶一軍戍沿海明、台，亦怯烈一軍戍温、處，札忽帶一軍戍紹興、婺。其寧國、徽，初用土兵，後皆與賊通，今以高郵、泰兩萬户漢軍易地而戍。揚州、建康、鎮江三城，跨據大江，人民繁會，置七萬户府。杭州行省諸司府庫所在，置四萬户府。水戰之法，舊止十所，今擇瀕海沿江要害二十二所，分兵閲習，伺察諸盜。錢塘控扼海口，舊置戰船二十艘，故海賊時出，奪船殺人，今增置戰船百艘、海船二十艘，故盜賊不敢發。」從之。

**《續資治通鑑》卷一八九**　庚戌，罷雲南會川路採碧甸子。

**《元史》卷一六《世祖紀一三》**　甲寅，禁上都釀酒。

乙卯，貴赤三百三十户乏食，發粟賑之。

己未，禁山後釀酒。

庚申，賜伯顔所將兵，幣帛各萬三千四百匹、綿三千四百斤。

辛酉，隆興路隕霜殺稼，免其田租五千七百二十三石。

壬戌，大司徒撒里蠻、翰林學士承旨兀魯帶進《太宗實録》。

**《續資治通鑑》卷一八九**　癸亥，河決祥符義唐灣，太康、通許、陳、潁二州大被其患。

**《元史》卷一六《世祖紀一三》**　甲子，御史臺言：「江南盜起，討賊官利其剽掠，復以生口充贈遺，請給還其家。」帝嘉納之。徙河北河南道提刑按察司治許州。罷大都東西二驛脱脱禾孫，以通政院總之。

《續資治通鑑》卷一八九　乙丑，易水溢，雄、霸、任丘、新安田廬漂没無遺，命有司築隄障之。

《元史》卷一六《世祖紀一三》　丙寅，括遼陽馬六千匹，擇肥者給闍里鐵木兒所部軍。

丁卯，立新城榷場，平地脱脱禾孫。遣使鈎考延安屯田。降南雄州爲保昌縣，韶州爲曲江縣。

《續資治通鑑》卷一八九　十二月辛未，以衛尉院爲太僕寺。

《元史》卷一六《世祖紀一三》　戊寅，免大都、平灤、保定、河間自至元二十四年至二十六年逋租十三萬五百六十二石。

己卯，命樞密院括江南民間兵器及將士習武，如戊子歲詔。

甲申，遣兵部侍郎靳榮等閲實安西、鳳翔、延安三道軍户，元籍四千外，復得三萬三千二百八十丁，樞密院欲以爲兵，桑哥不可，帝從之。

《續資治通鑑》卷一八九　丙戌，興化路仙游賊朱三十五，集衆寇青山，萬户李綱討平之。

《元史》卷一六《世祖紀一三》　京兆省上屯田所出羊價鈔六百九錠，敕以賜札散、暗伯民貧乏者。

乙未，初，分萬億爲四庫，以金銀輸内府，至是，立提舉富寧庫，秩從五品，以掌之。大同路民多流移，免其田租二萬一千五百八石。洪贊、灤陽驛饑，給六十日糧。不耳答失所部滅乞里饑，給九十日糧。詔諸王乃蠻帶、遼陽行省平章政事薛闍干、右丞洪察忽，摘蒙古軍萬人分戍雙城及婆娑府諸城，以防合丹兵。

《續資治通鑑》卷一八九　己亥，湖廣省上二年宣課珠九萬五百一十五兩。

處州青田賊劉甲乙等，集衆千餘人，寇温州平陽。

江西行省丞相兼知樞密院事蒙古岱，到官四十日卒。

《元史》卷一六《世祖紀一三》　是歲，賜諸王、公主、駙馬金、銀、鈔、幣如歲例。命帝師西僧遞作佛事坐静於萬壽山厚載門、茶罕腦兒、聖壽萬安寺、桓州南屏庵、雙泉等所，凡七十二會。斷死罪七十二人。

## 至元二十八年（辛卯、一二九一）

《元史》卷一六《世祖紀一三》　春正月癸卯，給諸王愛牙赤印。命玄教宗師張留孫置醮祠星三日。上都民仰食於官者衆，詔傭民運米十萬石致上都，官價石四十兩，命留守木八剌沙總其事。

辛亥，罷汴梁至正陽、杞縣、睢州、中牟、鄭、唐、鄧十二站站户爲民。

癸丑，高麗國遣使來貢方物。

《續資治通鑑》卷一八九　甲寅，虎入南城，翰林侍講趙與票，上疏言權臣專政之咎，退而家居待罪。

《元史》卷一六《世祖紀一三》　丁巳，遣貴由赤四百人北征。

辛酉，罷江淮漕運司，併於海船萬户府，由海道漕運。併浙西金玉人匠提舉司入浙西道金玉人匠總管府。降無爲、和州二路、六安軍爲州，巢州爲縣，入無爲，並隸廬州路。升安豐府爲路，降壽春府、懷遠軍爲縣，懷遠入濠州，並隸安豐路。升各處行省理問所爲四品。免江淮貧民至元十二年至二十五年所逋田租二百九十七萬六千餘石，及二十六年未輸田租十三萬石，鈔千一百五十錠，絲五千四百斤，綿千四百三十餘斤。罷淘金提舉司。立江東兩浙都轉運使司。

壬戌，以札散、禿禿合總兵於甕古之地，命有司供其軍需。敕大同路發米賑甕古饑民。尚書省臣桑哥等以罪罷。

《御批歷代通鑑輯覽》卷九六　僧格及諤爾根薩里、葉李以罪免。

《元史續編》卷四　詔諸郡縣皆立學。

二月，加封嶽鎮海瀆。

《元史》卷一六《世祖紀一三》　辛未，賜也速帶兒所部兵騸馬萬匹。徙萬億庫金銀入禁中富寧庫。尚書省言：「大同仰食於官者七萬人，歲用米八十萬石，遣使覆驗，不當給者萬三千五百人，乞徵還官。」從之。

《續資治通鑑》卷一八九　癸酉，以隴西、四川總攝年札克真珠納斯爲諸路釋教都總統。

改福建行省爲宣慰司，隸江西行省。

詔：「行御史臺勿聽行省節度。」

雲南行省言：「敘州烏蒙水路險惡，舟多破溺。宜自葉稍水站出陸，經中慶，又經鹽井(上)〔土〕老、必(撤)〔撒〕諸蠻，至敘州慶符，可治爲驛路，凡立五站。」從之。

《元史》卷一六《世祖紀一三》　也速帶兒、汪總帥言：「近制，和雇和買不及軍家，今一切與民同。」詔自今軍勿輸。

丙子，上都、太原饑，免至元十二年至二十六年民間所逋田租三萬八千五百餘石。遣使同按察司賑大同、太原饑民，口給糧兩月或三月。以桑哥黨與，罷揚州路達魯花赤唆羅兀思。遣官覆驗水達達、咸平貧民，賑之。

《御批歷代通鑑輯覽》卷九六　罷徽理司。

《元史》卷一六《世祖紀一三》　丁丑，以太子右詹事完澤爲尚書右丞相，翰林學士承旨不忽木平章政事，詔告天下。以列兀難粳米賑給貧民。

《御批歷代通鑑輯覽》卷九六　以鄂勒哲爲尚書右丞相，博果密平章政事。

《元史》卷一六《世祖紀一三》　己卯，遣官持香詣中嶽、南海、淮瀆致禱。立金齒等處宣慰司都元帥府。以上都虎賁士二千人屯田，官給牛具農器，用鈔二萬錠。以雲南曲靖路宣撫司所轄地廣，民心未安，改立曲靖等處宣慰司、管軍萬户府以鎮之。

辛巳，以湖廣行省八番羅甸司復隸四川省。

壬午，以桑哥沮抑臺綱，又箠監察御史，命御史大夫月兒魯辨之。

《續資治通鑑》卷一八九　帝諭御史大夫伊囉勒曰：「屢聞僧格沮抑臺綱，杜言者之口，又嘗捶撻御史，其所罪者何罪，當與辨之。」僧格等持御史李渠等已刷文卷至，令侍御史杜思敬等勘驗，辨論往復數四，僧格等辭屈。

《元史》卷一六《世祖紀一三》　癸未，大駕幸上都。是日次大口，復召御史臺及中書、尚書兩省官辨論桑哥之罪。復以闌遺監隸宣徽院。詔毋沮擾山東轉運使司課程。

甲申，命江淮行省鈎考沙不丁所總詹事院江南錢穀。

《續資治通鑑》卷一八九　乙酉，立江淮、湖廣、江西、四川行樞密院，江淮治廣德軍，湖廣治岳州，江西治汀州，四川治嘉定。

《元史》卷一六《世祖紀一三》　丙戌，詔：「改提刑按察司爲肅政廉訪司，每道仍設官八員，除二使留司以總制一道，餘六人分臨所部，如民事、錢穀、官吏奸弊，一切委之。俟歲終，省、臺遣官考其功效。」以集賢大學士何榮祖爲尚書右丞，集賢學士賀勝爲尚書省參知政事。

《續資治通鑑》卷一八九　詔江淮行省遣蒙古軍五百、漢兵千人從皇子鎮南王鎮揚州。

執河間都轉運使張庸，仍遣官鉤攷其事。

丁亥，營建宮城南面周廬，以居宿衛之士。

《元史》卷一六《世祖紀一三》　辛卯，封諸王鐵木兒不花爲肅遠王，賜之印。

壬辰，雨壞太廟第一室，奉遷神主別殿。

癸巳，籍桑哥家貲。遣行省、行臺官發粟，賑徽之績溪，杭之臨安、餘杭、於潛、昌化、新城等縣饑民。命江淮行省參政燕公楠整治鹽法之弊。

《續資治通鑑》卷一八九　命撒爾率衛士三百人籍僧格家，得珍寶如內藏之半。鄂爾根薩里以連坐，亦籍其資，帝問之曰：「僧格爲政如此，何故無一言？」對曰：「臣未嘗不言，顧言不用耳。」

《元史》卷一六《世祖紀一三》　丁酉，詔加嶽、瀆、四海封號，各遣官詣祠致告。

三月己亥朔，真定、河間、保定、平灤饑，平陽、太原尤甚，民流移就食者六萬七千户，饑而死者三百七十一人。桑哥妻弟八吉由爲燕南宣慰使，以受賂積贓伏誅。仆桑哥輔政碑。太原饑，嚴酒禁。

《御批歷代通鑑輯覽》卷九六　踣僧格輔政碑。初，帝命翰林學士閻復撰文，至是，復已改廉訪使，亦坐免。

《元史》卷一六《世祖紀一三》　甲寅，常德路水，免田租二萬三千九百石。

乙卯，乃顏所屬牙兒馬兀等同女直兵五百人追殺內附民餘千人，遣塔海將千人平之。

辛酉，吕連站木赤五十户饑，賑三月糧。發侍衛兵營紫檀殿。

壬戌，以甘肅行省右丞崔彧爲中書右丞。南丹州莫國麟入覲，授國麟安撫使，三珠虎符。杭州、平江等五路饑，發粟賑之，仍弛湖泊蒲、魚之禁。溧陽、太平、徽州、廣德、鎮江五路亦饑，賑之如杭州。武平路饑，百姓困於盜賊軍旅，免其去年田租。凡州郡田嘗被災者悉免其租，不被災者免十之五。罷甘州轉運司。江淮豪家多行賄權貴，爲府縣卒史，容庇門户，遇有差賦，惟及貧民，詔江淮行省嚴禁之。賑遼陽、武平饑民，仍弛捕獵之禁。

夏四月己巳，禁屠宰牝羊。

甲戌，詔各路府、州、司、縣長次官兼管諸軍奧魯。以地震故，免侍衛兵籍武平者今歲徭役。增置欽察衛經歷一員，用漢人爲之，餘不得爲例。

庚辰，弛杭州西湖禽魚禁，聽民網罟。

丙戌，詔凡負斡脱銀者，入還皆以鈔爲則。

庚寅，併總制院入宣政院。以鈔法故，召葉李還京師。

**《元史續編》卷四**　治西僧嘉木揚喇勒智罪。

召葉李赴京師，未至卒。

以王謜爲高麗王世子。賜銀印。

**《元史》卷一六《世祖紀一三》**　乙未，徙湖廣行樞密院治鄂州。以沙不丁等米賑江南饑民。召朱清、張瑄詣闕。

丙申，以米三千石賑闊里吉思饑民。

五月戊戌，召江西行樞密院副使阿里詣闕。升章佩監秩三品。遣脱脱、塔剌海、忽辛三人追究僧官江淮總攝楊璉真伽等盜用官物。以參知政事廉希恕爲湖廣等處行省右丞，行海北海南道宣慰使都元帥，瓊州安撫使陳仲達海北海南道宣慰使都元帥，湖廣行省左右司郎中不顏于思、别十八里副元帥王信並同知海北海南道宣慰司事副元帥，並佩虎符，將二千二百人以征黎蠻，僚屬皆從仲達辟置。立左右兩江宣慰司都元帥府。

**《續資治通鑑》卷一八九**　逮嘉木揚喇勒智下獄。

**《元史》卷一六《世祖紀一三》**　壬寅，徙江淮行樞密院治建康。

**《續資治通鑑》卷一九〇**　甲辰，中書省臣敏珠爾卜丹、崔彧言：「僧格當國四年，中外諸官，鮮有不以賄而得者，其昆弟、故舊、妻族，皆授要官美地，唯以欺蔽九重，朘削百姓爲事。宜令兩省嚴加考覈，凡入其黨者，汰逐之。其出使之臣及按察司官受賕者，論如律，仍追宣敕，除名爲民。」又言：「僧格所設衙門，其閒冗不急之官，徒費禄食，宜令百司集議汰罷。自今調官宜如舊制，避其籍貫，庶不害公。又，大都高貲户，多爲僧格等所容庇，凡百徭役，止令貧民當之，今後徭役宜皆均輸，有敢以賄求入容庇者罪之。又，軍站諸户，每歲官吏非名取索，賦税倍蓰，民多流移，請非奉旨及省部文字，敢私斂民及役軍匠，論如法。又，呼都呼那顔籍户之後，各投下毋擅招集，太宗既行之。江南民爲籍已定，請依太宗所行爲是。」帝皆從之。

**《元史》卷一六《世祖紀一三》**　辛亥，以太原及杭州饑，免今歲田租。增河東道宣慰使一員。徵太子贊善劉因。因前爲太子贊善，以繼母病去，至是母亡，以集賢學士徵之，不起。罷脱脱、塔剌海、忽辛等理算僧官錢穀。罷江南六提舉司歲輸木綿。鞏昌舊惟總帥府，桑哥特升爲宣慰司，以其弟答麻剌答思爲使，桑哥敗，懼誅自殺，至是復總帥府。增置異珍、御帶二庫，秩從五品，並設提點、使、副各一員。減中外冗官三十七員。宫城中建蒲萄酒室及女工室。詔以桑哥罪惡繫獄按問，誅其黨要束木、八吉等。發兵塞晃火兒月連地河渠，修城堡，令蒙古戍兵屯田川中以禦寇。

**《御批歷代通鑑輯覽》卷九六**　復徵劉因爲集賢學士，辭不至。

因以疾固辭。帝聞之曰：「古有所謂不召之臣，其斯人之徒歟！」遂不彊致之。

**《元史》卷一六《世祖紀一三》**　癸丑，罷尚書省事皆入中書。改尚書右丞相、右詹事完澤爲中書右丞相，平章政事麥朮丁、不忽木並中書平章政事，尚書右丞何榮祖中書右丞，尚書左丞馬紹中書左丞，參知政事賀勝、高翥並參知中書政事；征東行尚書省左丞相、駙馬高麗國王王(睶)〔賰〕爲征東行中書省左丞相。罷大都燒鈔庫，仍舊制，各路昏鈔令行省官監燒。增置户部司計、工部司程，正七品。

甲寅，賑上都，桓州、榆林、昌平、武平、寬河、宣德、西站、女直等站饑民。

乙卯，以政事悉委中書，仍遣使布告中外。詔禁失陷錢糧者託故詣京師。

丁巳，建白塔二，各高一丈一尺，以居呪師朵四的性吉等七人。何榮祖以公規、治民、禦盜、理財等十事緝爲一書，名曰《至元新格》，命刻版頒行，使百司遵守。桑哥嘗以劉秉忠無子，收其田土。其妻竇氏言秉忠嘗鞠猶子蘭章爲嗣，敕以地百頃還之。

己未，以門答占復爲御史大夫，行御史臺事。高麗國王王賰乞以其子謜爲世子，詔立謜爲高麗王世子，授特進上柱國，賜銀印。

六月丁卯朔，禁蒙古人往回回地爲商賈者。湖廣饑，敕以剌里海牙米七萬石賑之。

辛巳，洞蠻鎮遠立黄平府。

乙酉，以雲南諸路行省參知政事兀難爲梁王傅。洗國王洞主、市備什王弟同來朝。益江淮行院兵二萬擊郴州、桂陽、寶慶、武岡四路盜賊。以汴梁逃人男女配偶成家，給農具耕種。

丙戌，敕：「屯田官以三歲爲滿，互於各屯内調用。」宣諭江淮民恃總統璉真加力不輸租者，依例徵輸。

癸巳，以漣、海二州隸山東宣慰司。

**《續資治通鑑》卷一九〇**　秋七月丙申朔，雲南省參政齊喇言：「建都地多産金，可置冶，令旁近民鍊之以輸官。」從之。

《元史》卷一六《世祖紀一三》　己亥，詔諭尚州等處諸洞蠻夷。

《續資治通鑑》卷一九〇　庚子，徙江西行樞密院治贛州。

《元史》卷一六《世祖紀一三》　乙巳，大都饑，出米二十五萬四千八百石賑之。

戊申，揚州路學正李淦上言：「人皆知桑哥用羣小之罪，而不知尚書右丞葉李安舉桑哥之罪，宜斬葉李以謝天下。」有旨驛召淦詣京師，淦至而李卒，除淦江陰路教授，以旌直言。給還行臺監察御史周祚妻子。祚嘗劾行尚書省官，桑哥誣以他罪，流祚於憨答孫，妻子家貲入官，及是還之。禁屠宰馬牛。敕：「江南重囚，依舊制聞奏處決。」罷江南諸省買銀提舉司。遣官招集宋時涅手軍可充兵者八萬三千六百人，以蒙古、漢人、宋人參爲萬户、千户、百户領之。遼陽諸路連歲荒，加以軍旅，民苦饑，發米二萬石賑之。

己酉，召交趾王弟陳益稷、右丞陳巖、鄭鼎子那懷並詣京師。

《續資治通鑑》卷一九〇　庚戌，湖廣行省平章政事史格卒。

《元史》卷一六《世祖紀一三》　癸丑，賜師壁洞安撫司、師壁鎮撫所、師羅千户所印，安撫司從三品，餘皆五品。

《續資治通鑑》卷一九〇　丁巳，僧格伏誅。

臨刑，吏猶以鄂爾根薩里爲問，僧格曰：「我惟不用其言，故致於敗，彼何與焉！」帝益信其無罪，詔還所籍財產，仍遣張九思賜以金帛，辭不受。

募民耕江南曠土，户不過五頃，官授之券，俾爲永業，三年徵租。

遣翰薩總兵討平江南盜賊。

《元史》卷一六《世祖紀一三》　己未，降江陰路爲州，宜興府爲縣，並隸常州路。移揚子縣治新城，分華亭之上海爲縣，松江府隸行省。罷淘金提舉司、江淮人匠提舉司凡五，以其事並隸有司。雨壞都城，發兵二萬人築之。增置各衛經歷一員，俾漢人爲之。

壬戌，弛畿内秋耕禁。

八月乙丑朔，平陽地震，壞民廬舍萬有八百二十六區，壓死者百五十人。

己巳，置中書省檢校二員，秩正七品，俾考覈户、工部文案疏緩者。罷江西等處行泉府司、大都甲匠總管府、廣州人匠提舉司、廣德路録事司。罷泉州至杭州海中水站十五所。撫州路饑，免去歲未輸田租四千五百石。馬八兒國遣使進花牛二、水牛土彪各一。

丙子，大名之清河、南樂諸縣霖雨害稼，免田租萬六千六百六十九石。

己卯，詔諭思州提省溪洞官楊都要招安叛蠻，悔過來歸者，與免本罪。罷雲南四州，立東川(府)〔路〕。

乙酉，遣麻速忽、阿散乘傳詣雲南，捕黑虎。

戊子，咀喃番邦遣馬不剌罕丁進金書、寶塔及黑獅子、番布、藥物。婺州水，免田租四萬一千六百五十石。

辛卯，命工部造飛車五輛。

《續資治通鑑》卷一九〇　九月辛丑，命平章政事敏珠爾卜丹商議中書省事，以咱希魯鼎爲平章政事。

乙巳，景州、河間等縣霖雨害稼，免田租五萬六千餘石。

丙午，立行宣政院，治杭州。

《元史》卷一六《世祖紀一三》　己酉，設安西、延安、鳳翔三路屯田總管府。

庚戌，襄陽南(障)〔漳〕縣民李氏妻黄一產三男。

辛亥，安南王陳日烜遣使上表貢方物，且謝不朝之罪。徽州績溪縣賊未平，免二十七年田租。禁宣德府田獵。

壬子，酒醋課不兼隸茶鹽運司，仍隸各府縣。立乞里(台)〔吉〕思至外剌等六驛。命海船副萬户楊祥、合迷、張文虎並爲都元帥，將兵征瑠求。置左右兩萬户府，官屬皆從祥選辟。既又用福建吴誌斗言「祥不可信，宜先招諭之」，乃以祥爲宣撫使，佩虎符，阮監兵部員外郎，誌斗禮部員外郎，並銀符，齎詔往瑠求。明年，楊祥、阮監果不能達瑠求而還，誌斗死於行，時人疑爲祥所殺，詔福建行省按問，會赦，不治。

乙卯，以歲荒，免平灤屯田二十七年田租三萬六千石有奇。

戊午，徙四川行樞密院治成都。以八忽答兒、秃魯歡、唆不闌、脱兒赤四翼蒙古兵復隸蒙古都萬户府。

庚申，以鐵里爲禮部尚書，佩虎符，阿老瓦丁、不剌並爲侍郎，遣使俱藍。

辛酉，免大都今歲田租。保定、河間、平灤三路大水，被災者全免，收成者半之。以別鐵木兒、亦列失金爲禮部侍郎使馬八兒國；陝西脱西爲禮部侍郎，佩金符，使於馬都。尚衣局織無縫衣。

《元史新編》卷六　詔路府州縣除達魯花赤外，長官竝選用漢人。佐貳官色目、漢人參用。

《元史續編》卷四　以哈喇哈遜爲湖廣行省平章。

《元史》卷一六《世祖紀一三》　冬十月乙丑朔，賜薛徹温都兒等九驛貧民三月糧。

《續資治通鑑》卷一九〇　己巳，修太廟在真定傾壞者。

壬申，以前緬中行省平章舒蘇德濟爲中書平章政事。

《元史》卷一六《世祖紀一三》　癸酉，享太廟。遣使發倉，賑大同屯田兵及教化的所部軍士之饑者。江淮行省言：「鹽課不足，由私鬻者多，乞付兵五千巡捕。」從之。塔剌海、張忽辛、崔同知並坐理算錢穀受賕論誅。

辛巳，召高麗國王王(睶)(賰)、公主忽都魯揭里迷失詣闕。

癸未，羅斛國王遣使上表，以金書字，仍貢黄金、象齒、丹頂鶴、五色鸚鵡、翠毛、犀角、篤缛、龍腦等物。高麗國饑，給以米二十萬斛。罷各處行樞密院，事入行省。割八番洞蠻自四川隸湖廣行省。

丁亥，洞蠻爛土立定雲府，改陳蒙洞爲陳蒙州，合江爲合江州。嚴山後酒禁。中書省臣言：「洞蠻請歲進馬五十匹、雨氊五十被、刀五十握；丹砂、雌雄黄等物，率二歲一上。」有詔從其所爲。

己丑，敕没入璉真加、沙不丁、烏馬兒妻，並遣詣京師。召行省轉運司官赴京師，集議治賦法。

辛卯，諸王出伯部曲饑，給米賑之。

癸巳，武平路饑，免今歲田租。以武平路總管張立道爲禮部尚書，使交趾。免衛輝種仙茅户徭役。從遼陽行省言，以乃顔、合丹相繼叛，詔給蒙古人内附者及開元、南京、水達達等三萬人牛畜、田器。詔嚴益都、般陽、泰安、寧海、東平、濟寧畋獵之禁，犯者没其家貲之半。

《御批歷代通鑑輯覽》卷九六　遣禮部尚書張立道使安南，徵其王入朝。

《元史》卷一六《世祖紀一三》　十一月丙申，以甘肅曠土賜昔寶赤合散等，俾耕之。

壬寅，遣左吉奉使新合剌的音。

甲辰，減太府監冗員三十一人。罷器備、行内藏二庫。詔：「回回以答納珠充獻及求售者還之，留其估以濟貧者。」塔叉兒、塔帶民饑，發米賑之。給按答兒民户四月糧。

《續資治通鑑》卷一九〇　朱清、張瑄請併四府爲都漕運萬户府二，詔即以清、瑄二人掌其事；其屬有千户、百户等官，分爲各翼，以督歲運。罷海道運糧鎮撫司。

《元史》卷一六《世祖紀一三》　丁未，躭羅遣使貢東紵百匹。太史院靈臺上修祀事三晝夜。

甲寅，郴州路達魯花赤曲列有罪論誅。復置會同館。禁沮擾益都淘金。

《續資治通鑑》卷一九〇　乙卯，監察御史言：「錫布鼎、納蘇喇鼎默埒、烏納爾、王巨濟、嘉木揚喇勒智、錫迪嘉琿迪，皆僧格黨與，受贓肆虐，使江淮之民愁怨載路，今或繫獄，或釋之，臣下所未能喻。」帝曰：「僧格已誅，納蘇(喇)鼎默埒在獄，唯錫布鼎朕姑釋之耳。」

《元史》卷一六《世祖紀一三》　武平、平灤諸州饑，弛獵禁，其孕字之時勿捕。諭中書議增中外官吏俸。

戊午，金齒國遣阿腮入覲。

辛酉，升宣德龍門鎮爲望雲縣，割隸雲州。置望雲銀冶。

十二月乙丑，復都水監，秩從三品。遣官迓雲南鴨池所遣使。遼陽洪寬女直部民饑，借高麗粟賑給之。籍探馬赤八忽帶兒等六萬户成丁者爲兵。

丁卯，高麗國鴨緑江西十九驛，經乃顔反，掠其馬畜，給以牛各四十。大都饑，下其價糶米二十萬石賑之。

己巳，詔罷遣官招集畏兀氏。改辰、沅、靖州轉運司爲湖北湖南道轉運司。立葛蠻軍民安撫司。

《御批歷代通鑑輯覽》卷九六　蠲瀛國公田租。

宣政院臣言：「宋全太后、瀛國公母子已爲僧尼，有地三百六十頃，乞如例免徵其租。」從之。

《續資治通鑑》卷一九〇　辛未，御史臺言：「鈎考錢穀，自中統初至今，踰三十年，更阿哈瑪特、僧格當國，設法已極，而其餘黨公取賄賂，民不堪命，不如罷之。」詔擬議以聞。

《元史》卷一六《世祖紀一三》　壬申，立河南江北行中書省，治汴梁。撒里蠻、老壽並爲大司徒，領太常寺。中書省臣言：「江南在宋時，差徭爲名七十有餘，歸附後一切未徵，今分隸諸王城邑，歲賜之物仰給京師，又中外官吏俸少，似宜量添，可令江南依宋時諸名征賦盡輸之。」何榮祖言：「宜召各省官任錢穀者詣京師，集議科取之法以聞。」從之。

甲戌，詔：「罷鈎考錢穀，應昔年逋負錢穀文卷，聚置一室，非朕命而視之者有罪。」仍遣使布告中外。

庚辰，江北州郡割隸河南江北行中書省。改江淮行省爲江浙等處行中書省，治杭州。賑闊闊出饑民米。闍里帶言：「乃顔餘黨竄女直之地，臣與月兒魯議，乞益兵千五百人，可平之。」從之。

癸未，廣濟署大昌等屯水，免田租萬九千五百石。平灤路及豐贍、濟民二署饑，出米萬五千石賑之。別都兒丁前以桑哥專恣不肯仕，命仍爲中書左丞。

丙戌，八番洞官吴金叔等以所部二百五十寨民二萬有奇内附，詣闕貢方物。

戊子，詔釋天下囚非殺人抵罪者。

庚寅，升營田提舉司爲規運提點所，正四品。

辛卯，濬運糧壩河，築隄防。授吃剌思八斡節兒爲帝師，統領諸國僧尼釋教事。賜親王、公主、駙馬金、銀、鈔、幣如歲例。令僧羅藏等遞作佛事坐静於聖壽萬安、涿州寺等所，凡五十度。遣真人張志仙持香詣東北海嶽、濟瀆致禱。户部上天下户數，内郡百九十九萬九千四百四十，江淮、四川一千一百四十三萬八百七十八，口五千九百八十四萬八千九百六十四，游食者四十二萬九千一百一十八。司農司上諸路所設學校二萬一千三百餘，墾地千九百八十三頃有奇，植桑棗諸樹二千二百五十二萬七千七百餘株，義糧九萬九千九百六十石。宣政院上天下寺宇四萬二千三百一十八區，僧、尼二十一萬三千一百四十八人。斷死刑五十五人。

**《續資治通鑑》卷一九〇**　遼陽饑，翰林學士承旨唐仁祖，奉詔偕近侍蘇格、左丞實都往賑。實都欲如户籍口數大小給之，仁祖曰：「不可，昔籍之小口，今已大矣，可均以大口給之。」實都曰：「若要善名而陷我於恶耶？」仁祖笑曰：「吾二人善恶，衆已的知，豈至是而始要名哉！我知爲國卹民而已。」卒以大口給之。

**《元史續編》卷四**　以崔彧爲御史中丞。

頒農桑雜令。

定科差法。

## 至元二九年（壬辰、一二九二）

**《續資治通鑑》卷一九〇**　春正月甲午朔，日食。有物漸侵入其中，不能既，日體如金環然，左右有珥。免朝賀。

**《元史》卷一七《世祖紀一四》**　丙申，雲南行中書省言：「羅甸歸附後改普定府，隸雲南省三十餘年。今創羅甸宣慰安撫司，隸湖南省，不便，乞罷之，仍以其地隸雲南省。」制曰「可」。

戊戌，清州饑，就陵州發粟四萬七千八百石賑之。

己亥，命太史令郭守敬兼領都水監事，仍置都水監少監、丞、經歷、知事凡八員。八作司官舊制六員，今分爲左右二司，增官二員。

**《御批歷代通鑑輯覽》卷九六**　開通惠河。

**《續資治通鑑》卷一九〇**　庚子，江西行省左丞高興言：「江西、福建汀、漳諸處，連年盜起，百姓入山以避，今次第就平，宜降旨招諭復業。又，福建鹽課、酒税、銀、鐵各立提舉司，實爲冗濫，請罷去。」詔皆從之。

禁商賈私以金銀航海。

**《元史》卷一七《世祖紀一四》**　壬寅，以武平地震，全免去年税四千五百三十六錠，今年量輸之，止徵二千五百六十九錠。

癸卯，命玉典赤阿里置司邕州以便糧餉，而以輕軍邏思明州。以〔嗣〕漢天師張宗演男與棣嗣其教。陞利用監正三品。

**《續資治通鑑》卷一九〇**　甲辰，詔：「江南州縣學田，其歲入聽其自掌，春秋釋奠外，以廩師生及士之無告者。貢士莊田，則令覈數入官。」

**《元史》卷一七《世祖紀一四》**　乙巳，賜諸王失都兒金千兩。

丙午，河南、福建行中書省臣請詔用漢語，有旨以蒙古語諭河南，漢語諭福建。罷河南宣慰司。以汴梁、襄陽、河南、南陽、歸德皆隸河南行省。復割湖廣省之德安、漢陽、信陽隸荆湖北道，蘄、黄隸淮西道，并淮東道三宣慰司咸隸河南省。其荆湖北道宣慰司舊領辰、沅、澧、靖、歸、常德，直隸湖廣省。從葛蠻軍民安撫使宋子賢請，詔諭未附平伐、大甕眼、紫江、皮陵、潭溪、九堡等處諸洞貓蠻。

己酉，興州之興安、宜興兩縣饑，賑米五千石。罷南雄、韶州、惠州三路録事司。

壬子，桓州至赤城站户告饑，給鈔計口賑之。

癸丑，罷四賓庫。復會同館。初置織造段匹提舉司五。八番都元帥劉德禄言：「新附洞蠻十五寨，請置官府以統之。」詔設陳蒙、爛土軍民安撫司。

《續資治通鑑》卷一九〇　江西行省巴延、阿喇卜丹言：「蒙山課歲銀二萬五千兩，初制，鍊銀一兩免役夫田科五斗，今民力日困，每兩擬免一石。」帝曰：「重困吾民，民何以生！」從之。

《元史》卷一七《世祖紀一四》　丙辰，播州洞蠻因籍户懷疑竄匿，降詔招集之。以行播州軍民安撫使楊漢英爲紹慶珍州南平等處沿邊宣慰使、行播州軍民宣撫使、播州等處管軍萬户，仍佩虎符。

壬戌，召嗣漢天師張與棣赴闕。

二月甲子朔，金竹酋長騷驢貢馬，氈各二十有七，從其請減所部貢馬，降詔招諭之。賜新附黑蠻衣襖，遣回，命進所産朱砂、雄黄之精善者，無則止。遣使代祀嶽、瀆、后土、四海。

乙丑，給輝州龍山、里州和中等縣饑民糧一月。

丁卯，畋於近郊。命宿衛受月廪及蒙古軍以艱食受糧者，宣徽院仍領之。

己巳，發通州、河西務粟，賑東安、固安、薊州、寶坻縣饑民。申禁鞭背。

《續資治通鑑》卷一九〇　申禁鞭背國法，不用徒、流、黥、絞之刑，惟杖臀，自十七分等加至百單七而止。然斬剮之刑，則又往往濫用之，至其酷也，或生剥人皮；又有三段劙殺法，未之除也。

庚午，鄂羅斯招附桑州生苗、羅甸國古州等峒酋長三十一，所部民十(二)[二]萬九千餘户，詣闕貢獻。

《元史》卷一七《世祖紀一四》　壬申，敕遣使分行諸路，釋死罪以下輕囚。澤州獻嘉禾。

乙亥，立總管高麗女直漢軍萬户府，頒銀印，總軍六千人。以泉府太卿亦黑迷失、鄧州舊軍萬户史弼、福建行省右丞高興並爲福建行中書省平章政事，將兵征爪哇，用海船大小五百艘，軍士二萬人。

戊寅，立征行左、右軍都元帥府，都元帥四、副都元帥二。上萬户府達魯花赤四、萬户皆四，副萬户八、鎮撫四，各佩虎符。詔加高麗王王(睶)[賰]太保，仍錫功臣之號。詔從諸王阿禿作亂者，朵羅帶以付闊里吉思，脱迭出以付阿里，抄兒赤以付月的迷失，合麥以付亦黑迷失，使從軍自效。又詔諸王從合丹作亂者，訥答兒之鎮南王所，聶怯來之合剌合孫答剌罕所，阿禿之雲南王所，朵列禿之阿里所，八里帶之月的迷失所，斡里羅、忽里帶之東海。發義倉官糧，賑德州、齊河、清平、泰安州饑民。

庚辰，月兒魯等言：「納速剌丁滅里、忻都、王巨濟黨比桑哥，恣爲不法，楮幣、銓選、鹽課、酒税，無不更張變亂之。銜命江南理算者，皆嚴急輸期，民至嫁妻賣女，禍及親鄰。維揚、錢塘，受害最慘，無故而隕其生五百餘人。其初士民猶疑事出國家，今乃知天子仁愛元元，而使民至此極者，實桑哥及其凶黨之爲，莫不願食其肉。臣等議，此三人既已伏辜，乞依條論坐以謝天下。」從之。牙亦迷失招無籍民千四百三十六户，請隸東宫，詔命之耕田。

辛巳，從樞密院臣暗伯等請，就襄陽給曲先塔林合剌魯六百三十七户田器種粟，俾耕而食。

丁亥，以汪惟和爲鞏昌等二十四處便宜都總帥，兼鞏昌府尹，仍佩虎符。御史臺月兒魯、崔彧等言：「馮子振、劉道元指陳桑哥同列罪惡，詔令省臺臣及董文用、留夢炎等議。其一言：翰林諸臣撰《桑哥輔政碑》者，廉訪使閻復近已免官，餘請聖裁。」帝曰：「死者勿論，其存者罰不可恕也。」乞台不花等使緬國，詔令遥授左丞。廷議以尚書行使事，其副以郎中處之。制曰「可」。

《續資治通鑑》卷一九〇　戊子，禁杭州放鷹。

《元史》卷一七《世祖紀一四》　庚寅，宣政院臣言，授諸路釋教都總統輦真朮納思爲太中大夫、土蕃等處宣慰使都元帥。敕畸零拔都兒三百四十七户佃益都閑田，給牛種農具，官爲屋居之。

壬辰，山東廉訪司申：「棣州境内春旱且霜，夏復霖潦，饑民啖藜藿木葉，乞賑卹。」敕依東平例，發附近官廪，計口以給。

《續資治通鑑》卷一九〇　是月，葉李南還，至臨清，帝遣使召之，俾爲平章政事。李上表力辭，未幾卒，而李淦至，詔除淦江陰路教授以旌直言，從中丞崔彧請也。

《元史》卷一七《世祖紀一四》　三月甲午，詔遣脱忽思、儂獨赤昔烈門至合敦奴孫界，與駙馬闊里吉思議行屯田。

己亥，樞密院臣言：「出征女直納里哥，議於合思罕三千新附軍内選撥千人。」詔先調五百人，行中書省具舟給糧，仍設征東招討司。

**《續資治通鑑》卷一九〇** 壬寅，御史大夫伊囉勒等言：「比監察御史商琥，舉昔任詞垣風憲、時望所屬而在外者，如胡祇遹、姚燧、王惲、雷膺、陳天祥、楊恭懿、高道、程文海、陳儼、趙居信十人，宜召置翰林備顧問。」帝曰：「朕未深知，俟召至以聞。」

**《元史》卷一七《世祖紀一四》** 丙午，中書省臣言：「京畿荐饑，宜免今歲田租。上都、隆興、平灤、河間、保定五路供億視他路爲甚，宜免今歲公賦。漢地河泊隸宣徽院，除入太官外，宜弛其禁，便民取食。」並從之。

丁未，納速剌丁滅里以盜取官民鈔一十三萬餘錠，忻都以徵理逋負迫殺五百二十人，皆伏誅。王巨濟雖無贓，帝以與忻都同惡，并誅之。中書省與御史臺共定贜罪十三等，枉法者五，不枉法者八，罪入死者以聞。制曰「可」。

**《御批歷代通鑑輯覽》卷九六** 誅僧格黨尼雅斯拉鼎等。

**《元史》卷一七《世祖紀一四》** 戊申，以威寧、昌等州民饑，給鈔二千錠賑之。

己酉，以大司農、同知宣徽院事兼領尚饍監事鐵哥，翰林學士承旨、通政院使兼知尚乘寺事剌真，並爲中書平章政事，兼領舊職。中書省臣言：「右丞何榮祖以疾，平章政事麥朮丁以久居其任，乞令免署，惟食其禄，與議中書省事。」從之。以阿里爲中書右丞，梁暗都剌爲參知政事。中書省臣言：「亦奚不薛及八番羅甸既各設宣慰司，又復立都元帥府，其地甚狹而官府多，宜合二司帥府爲一。」詔從之，且命〔亦〕奚不薛與思、播州同隸湖廣省，羅甸還隸雲南，以八番羅甸宣慰使斡羅思等並爲八番順元等處宣慰使都元帥，佩虎符。以安南國王陳益稷遥授湖廣等處行中書省平章政事，佩虎符，居鄂州。

**《御批歷代通鑑輯覽》卷九六** 敏珠爾多卜丹罷，以特爾格、琳沁並爲平章政事。

**《元史》卷一七《世祖紀一四》** 庚戌，車駕幸上都。賜速哥、斡羅思、賽因不花蠻夷之長五十六人金紋綾絹各七十九匹及弓矢、鞍轡。

壬子，樞密院臣奏：「延安、鳳翔、京兆三路籍軍三千人，桑哥皆罷爲民，今復其軍籍，屯田六盤。」從之。敕都水監分視黄河堤堰，罷河渡司。

庚申，免寶慶路邵陽縣田租萬三千七百九十三斛。

壬戌，給還楊璉真加土田、人口之隸僧坊者。初，璉真加重賂桑哥，擅發宋諸陵，取其寶玉，凡發冢一百有一所，戕人命四，攘盜詐掠諸贜爲鈔十一萬六千二百錠，田二萬三千畝，金銀、珠玉、寶器稱是。省臺諸臣乞正典刑以示天下，帝猶貸之死，而給還其人口、土田。隆興府路饑，給鈔二千錠，復發粟以賑之。

〔夏四月〕己卯，復典瑞監三品。弛甘肅酒禁，榷其酤。

辛巳，弛太原酒禁，仍榷酤。

**《續資治通鑑》卷一九〇** 辛卯，設雲南諸路學校，其教官以蜀士充。

**《元史》卷一七《世祖紀一四》** 五月甲午，遼陽水達達、女直饑，詔忽都不花趣海運給之。

丙午，敕：「雲南邊徼入朝，非初附者不聽乘傳，所進馬不給芻豆。」

**《續資治通鑑》卷一九〇** 丁未，中書省臣言：「佞人馮子振，嘗爲詩譽僧格，及僧格敗，即告詞臣撰碑引喻失當，國史編修陳孚發其姦狀，乞免所坐遣還家。」帝曰：「詞臣何罪！使以譽僧格爲罪，則在廷諸臣，誰不譽之！朕亦嘗譽之矣。」

詔以郭佑、楊居寬死非其罪，給還其家資。

**《元史》卷一七《世祖紀一四》** 改思州安撫司爲軍民宣撫司，隸湖廣省，詔諭其民因閧户驚逃者，各使安業。以陝西鹽運司酒税等課已入州縣，罷諸子鹽司。併罷東平路河道提舉司事入都水監。

己未，龍興路南昌、新建、進賢三縣水，免田租四千四百六十八石。是月，真定之中山新樂、平山、獲鹿、元氏、靈壽，河間之滄州無棣，景之阜城、東光，益都之濰州北海縣，有蟲食桑葉盡，無蠶。

**《元史續編》卷四** 以王惲爲翰林學士。

**《御批歷代通鑑輯覽》卷九六** 徵集賢學士楊恭懿叅議中書省事，辭不至。

**《元史》卷一七《世祖紀一四》** 六月甲子，平江、湖州、常州、鎮江、嘉興、松江、紹興等路水，免至元二十八年田租十八萬四千九百二十八石。

**《續資治通鑑》卷一九〇** 戊辰，詔聽僧食鹽不輸課。

**《元史》卷一七《世祖紀一四》** 己巳，日本來互市，風壞三舟，惟一舟達慶元路。

壬申，江西省臣言：「肇慶、德慶二路，封、連二州，宋時隸廣東，今隸廣西不便，請復隸廣東。」從之。鐵旗城後察昔折乙烈率其族類部曲三千餘户來附。

甲戌，設司籍庫，秩從五品，隸太府監，儲物之籍入者。

丙子，(太)〔大〕寧路惠州連年旱澇，加以役繁，民餓死者五百人，詔給鈔二千錠及糧一月賑之，仍遣使責遼陽省臣阿散。

壬午，敕以海南新附四州洞寨五百一十九、民二萬餘户，置會同、定安二縣，隸瓊州，免其田租二年。

**《續資治通鑑》卷一九〇** 癸未，以征爪哇，暫禁兩浙、廣東、福建商賈航海者；俟舟師發後從其便。

**《元史》卷一七《世祖紀一四》** 丁亥，湖州、平江、嘉興、鎮江、揚州、寧國、太平七路大水，免田租百二十五萬七千八百八十三石。

己丑，鐵木塔兒、薛闍禿、捏古帶、闊闊所部民饑，詔給米四千石付鐵木塔兒、薛闍禿，一千石付捏古帶、闊闊，俾以賑之。

閏六月辛卯朔，陞上都兵馬司四品，如大都。

丁酉，遼陽、瀋州、廣寧、開元等路雹害稼，免田租七萬七千九百八十八石。岳州華容縣水，免田租四萬九百六十二石。東昌路蝗。

壬寅，以(東安)〔安東〕、海寧改隸淮安路。詔大都事繁，課税改隸轉運司。通州造船畢，罷提舉司。罷福建歲造象齒鞶帶。

**《續資治通鑑》卷一九〇** 庚戌，回回人呼布穆斯售大珠，帝卻之。

**《元史》卷一七《世祖紀一四》** 辛亥，河西務水，給米賑饑民。(江北)河南〔江北〕省既立，詔江北諸城悉隸其省。詔漢陽隸湖廣省。左江總管黄堅言：「其管内黄勝許聚衆二萬，據忠州，乞調軍萬人、士兵三千人，命劉國傑討之。臣願調軍民萬人以從。」詔許之。太平、寧國、平江、饒、常、湖六路民艱食，發粟賑之。高麗饑，其王遣使來請粟，詔賜米十萬石。中書省臣言：「今歲江南海運糧至京師者一百五萬石，至遼陽者十三萬石，比往歲無耗折不足者。」

**《續資治通鑑》卷一九〇** 知上思州黄勝許，恃其險遠，與交趾爲表裏，聚衆二萬據忠州，辛亥，詔遣湖廣省左丞劉國傑討之。賊衆勁悍，出入巖洞篁竹中如飛鳥，發毒矢，中人無愈者。國傑身率士奮戰，賊不能敵，走象山。山近交趾，皆深林，不可入，乃度其出入，列栅圍之，徐伐山通道，且戰且進。

甲寅，右江岑從毅降。從毅老疾，詔以其子斗榮襲佩虎符，爲鎮南路軍民總管。

廣東西路安撫副使諤圖鼎等誹謗朝政，錫布鼎復資給之，以風聞三十餘事，妄告省官，帝以有傷政體，捕惡黨下吏如法。

**《元史》卷一七《世祖紀一四》** 乙卯，濟南、般陽蝗。

是月，詔諭廉訪司巡行勸課農桑。禮部尚書張立道、郎中歪頭使安南回，以其使臣阮代乏、何維岩至闕。陳日燇拜表茷，修歲貢。

秋七月庚申朔，詔以史弼代也黑迷失、高興，將萬人征爪哇，仍召三人者至闕。遣使檢覈窟名鷹坊受糧者。

**《續資治通鑑》卷一九〇** 辛酉，河北河南道廉訪司還治汴梁。

**《元史》卷一七《世祖紀一四》** 癸亥，完大都城。也里嵬里、沙沙嘗簽僧、道、儒、也里可温、答赤蠻爲軍，詔令止隸軍籍。

甲子，降詔申嚴牛馬踐稼之禁。

乙丑，阿里願自備船，同張存從征爪哇軍，往招占城、甘不察，詔授阿里三珠虎符，張存一珠虎符，仍蠲阿里父布伯所負斡脱鈔三千錠。

丙寅，罷徽州路録事司。免屯田租一萬二千八百一十一石。

**《續資治通鑑》卷一九〇** 壬申，建社稷和義門内，壇各方五丈，〔高五尺〕，白石爲主，飾以五方色土。壇南植松一株，北墉瘞坎壝垣，悉倣古制，别爲齋廬，門廡三十三楹。

戊寅，黎兵百户鄧志願謀叛，伏誅。

**《元史》卷一七《世祖紀一四》** 庚辰，敕雲南省擬所轄州縣官如福建、二廣例，省臺委官銓選以姓名聞，隨給授宣敕。

**《續資治通鑑》卷一九〇** 八月己丑朔，諤圖鼎以罪死，餘黨杖而(徒)〔徙〕之，仍籍其家。

**《元史》卷一七《世祖紀一四》** 壬辰，敕禮樂户仍與軍站、民户均輸賦。

辛丑，寧夏府屯田成功，升其官脱兒赤。

壬寅，括唐兀禿魯花所部闊象赤及河西逃人入蠻地者。

甲辰，車駕至自上都。討浙東孟總把等賊，敕諸軍之駐福建者，聽平章政事闍里節度。

丙午，用郭守敬言，浚通州至大都漕河十有四，役軍匠二萬人，又鑿六渠灌昌平諸水。以廣濟署屯田既蝗復水，免今年田租九千二百十八石。

**《續資治通鑑》卷一九〇** 丁未，伊克穆蘇請與高興等同征爪哇，帝曰：「伊克穆蘇惟熟海道，海中事當付之，其兵事則委史弼可也。」乃以弼爲福建行省平章政事，統領出征軍馬。

庚戌，高苑人高希允，以非所宜言伏誅。

壬子，詔達春、程鵬飛討黄勝許，劉國傑駐馬軍戍守。

**《元史》卷一七《世祖紀一四》** 戊午，福建行省參政魏天祐獻計，發民一萬鑿山鍊銀，歲得萬五千兩。天祐賦民鈔市銀輸官，而私其一百七十錠，臺臣請追其贓而罷鍊銀事，從之。改燕南河北廉訪司還治真定。高麗、女直界首雙城告饑，敕高麗王於海運内以粟賑之。弛平灤州酒禁。詔不敦、忙兀〔禿〕魯迷失以軍征八百媳婦國。

**《御批歷代通鑑輯覽》卷九六** 罷福建銀冶。

**《元史》卷一七《世祖紀一四》** 九月己未朔，治書侍御史裴居安言：「月的迷失遇盗起不即加兵，盗去乃延誅平民。」詔臺院遣官雜問之。

辛酉，詔諭安南國陳日燇使親入朝。選湖南道宣慰副使梁曾，授吏部尚書，佩三珠虎符，翰林國史院編修官陳孚，授禮部郎中，佩金符，同使安南。山東東西道廉訪司劾：「宣慰使樂實盗庫鈔百二十錠，買庫銀九百五十兩，官局私造弓勒等物，受屯田鈔百八十錠，樂實宜解職。」從之。

丁卯，中書省臣言：「茆蔿、十團、安化等新附洞蠻凡八萬，宜設管軍民司，以其土人蒙意、蒙世、莫仲文爲長官，以吕天佑、塔不帶爲達魯花赤。八番斡羅思招附光蘭州洞蠻，宜置定遠府，就用其所舉秃干、高守文、黄世曾、燕只哥爲達魯花赤、知府、同知、判官。」制曰「可」。

癸酉，徙沔州治鐔水縣，廢新得州置通江縣，復漢州綿竹縣。

**《續資治通鑑》卷一九〇** 沙、瓜二州民徙甘州，詔於甘、肅兩界畫地使耕，無力者則給以牛具、農器。寧夏户口煩多，而土田半藝紅花，詔盡種穀麥以補民食。

**《元史》卷一七《世祖紀一四》** 丁丑，以平灤路大水且霜，免田租二萬四千四十一石。

辛巳，罷雲南行臺，徙置西川，設雲南廉訪司。

壬午，水達達、女直民户由反地驅出者，押回本地，分置萬夫、千夫、百夫内屯田。

甲申，烏思藏宣慰司言：「由必里公反後，站驛遂絶，民貧無可供億。」命給烏思藏五驛各馬百、牛二百、羊五百，皆以銀；軍七百三十六户，户銀百五十兩。

丁亥，從宣政院言，置烏思藏納里速古兒孫等三路宣慰使司都元帥。

**《續資治通鑑》卷一九〇** 鄂爾根薩理乞罷政事，並免太史院使，詔以爲集賢大學士。

冬十月戊子朔，詔福建廉訪司知事張師道赴闕。

**《元史續編》卷四** 以張師道爲翰林直學士。

**《元史》卷一七《世祖紀一四》** 日本舟至四明，求互市，舟中甲仗皆具，恐有異圖，詔立都元帥府，令哈剌帶將之，以防海道。詔浚浙西河道，導水入海。

庚寅，兩淮運使納速剌丁坐受商賈賄，多給之鹽，事覺，詔嚴加鞫問。

癸巳，弛上都酒禁。燕公楠言：「歲終，各行省臣赴闕奏事，亦宜令行臺臣赴闕，奏一歲舉刺之數。」制曰「可」。

丙申，四川行省以洞蠻酋長向思聰等七人入朝。

壬寅，從朱清、張瑄請，授高德誠管領海船萬户，佩雙珠虎符，復以殷實、陶大明副之，令將出征水手。

甲辰，信合納帖音國遣使入覲。廣東道宣慰司遣人以暹國主所上金册詣京師。

己酉，樞密院臣言：「六衛内領漢軍萬户，見存者六千户，擬分爲三：力足以備車馬者二千五百户，每甲令備馬十五匹、牛車二輛；力足以備車者五百户，每甲令備牛車三輛；其三千户，惟習戰鬭，不他役之。六千户外，則供他役。庶能各勤乃事，而兵亦精鋭。」詔施行之。詔擇囚徒罪輕者釋之。

癸丑，完澤等言：「凡賜諸人物，有二十萬錠者，爲數既多，先賜者盡得之，及後將賜，或無可給，不均爲甚。今計怯薛帶、怯憐口、昔博赤、哈剌赤，凡近侍人，上等以二百户爲率，次等半之，下等又半之，於下等擇尤貧者歲加賞賜，則無不均之失矣。一歲天下所入，凡二百九十七萬八千三百五錠，今歲已辦者纔一百八十九萬三千九百九十三錠，其中有未至京師而在道者，有就給軍旅及織造物料館傳俸禄者，自春至今，凡出三百六十三萬八千五百四十三錠，出數已逾入數六十六萬二百三十八錠矣。懷孟竹課，歲辦千九十三錠，尚書省分賦於民，人實苦之，宜停其税。」帝皆嘉納其言。命趙德澤、吴榮領逃奴無主者二百四十户，淘銀耕田於廣寧、瀋州。

十一月庚申，岳州華容縣水，發米二千一百二十五石賑饑民。

戊寅，樞密院奏：「一衛萬人，嘗調二千屯田，木八剌沙上都屯田二年有成，擬增軍千人。」從之。

**《續資治通鑑》卷一九〇** 癸未，禁所在私渡，命關津譏察姦宄。

**《元史》卷一七《世祖紀一四》** 丙戌，提省溪、錦州、銅人等洞酋長楊秀朝等六人入見，進方物。

十二月庚寅，中書省臣言：「皇孫晉王甘麻剌昔鎮雲南，給梁王印，今進封晉王，請給晉王印。北安王府(慰)〔尉〕也里古帶、司馬荒兀，並爲晉王中尉，仍命不只答魯帶、狄琮並爲司馬。金齒適當忙兀禿兒迷失出征軍馬之衝，資其芻糧，立爲木來府。」敕應昌府給乞答帶糧五百石，以賑饑民。

癸巳，中書省臣言：「寧國路民六百户鑿山冶銀，歲額二千四百兩，皆市銀以輸官，未嘗採之山，乞罷之。」制曰「可」。

**《元史續編》卷四** 罷福建寧國等路銀冶。初，福建參政魏天佑獻計，發民一萬鑿山煉銀，歲可得萬五千兩。既而所得不充，乃賦民鈔一百七十定。臺臣請追賍罷煉，從之。中書亦奏，寧國民六百户冶銀，歲輸二千四百兩，皆市銀納官，未嘗採之於山，乞罷之，制可。

**《元史》卷一七《世祖紀一四》** 己酉，故麓川路軍民總管達魯花赤阿散男布八同趙昇等，招木忽魯甸金齒土官忽魯馬男阿魯來入見，貢方物。阿魯言其地東南隣境未附者約二十萬民，慕化願附，請頒詔旨，命布八、趙昇諭之，從之。

壬子，敕中書省用烏思藏站例，給合里、忽必二站馬牛羊，凡爲銀九千五百兩。

**《御批歷代通鑑輯覽》卷九六** 諸王莽賚特穆爾附海都以叛，詔巴延討之。巴延至額森呼圖克嶺，莽賚特穆爾已據之。矢下如雨，巴延先登陷陣，諸軍争奮，大破之，莽賚特穆爾僅以身走。巴延軍還，遇伏兵，復擊敗之，斬首二千級，俘其餘衆歸。

以張珪爲江淮行樞密副使。

珪時爲管軍萬户，入朝，帝欲用爲樞密副使，伊實特穆爾曰：「珪尚少，果欲大用，可俟他日。」帝曰：「不然，其家爲國滅金、滅宋，盡死力者三世矣，而可吝此！」遂拜江淮行樞密副使。

**《元史》卷一七《世祖紀一四》** 丁巳，敕都水監修治保定府沙塘河堤堰。

是歲，賜皇子、皇孫、諸王、藩戚、禁衛、邊庭將士等，鈔四十六萬六千七百十三錠。給軍士畸零口糧五千五百二十三石，賑其乏者爲鈔三十六萬八千四百二十八錠。命國師、諸僧、呪師修佛事七十二會。斷死獄七十四。

## 至元三〇年（癸巳、一二九三）

**《元史》卷一七《世祖紀一四》** 春正月壬戌，詔遣使招諭漆頭、金齒蠻。

**《續資治通鑑》卷一九一** 乙丑，敕福建毋進鶻。

**《元史》卷一七《世祖紀一四》** 和林漢軍四百，留百人，餘令耕屯杭海。

丙寅，命中書汰冗員，凡省内外官府二百五十五所，總六百六十九員。

丁卯，安西王請仍舊設常侍，不允。罷雲南延慶司，以洛波、卜兒二蠻酋遥授知州，各賜璽書。

戊辰，樞密院臣奏：「兀渾察部兀未魯罕軍，每歲運米六千四百二十六石以給之，計傭直爲鈔萬二千八百五十二錠。」詔邊境無事，令本軍屯耕以食。

庚午，驗洞酋長楊總國等來朝。捏怯烈女直二百人以漁自給，有旨：「與其漁於水，曷若力田，其給牛價、農具使之耕。」

**《續資治通鑑》卷一九一** 甲戌，河南(河)〔江〕北行省平章巴延言：「揚州蒙古岱所立屯田，爲田四萬餘頃，官種外宜聽民耕墾。揚州鹽轉運一司，設三重官府；宜削去鹽司，止留管勾。襄陽舊食京兆鹽，以水陸難易計之，莫若改食揚州。蔡州去汴梁地遠，宜陞散府，以潁、息、信陽、光州隸之。」詔皆從其議。

**《元史》卷一七《世祖紀一四》** 陞廣州爲上路總管府。罷納速剌丁滅里所立魚鹽局。割江西興國路隸湖廣行省。

**《續資治通鑑》卷一九一** 乙亥，謚皇太子曰明孝。

**《元史》卷一七《世祖紀一四》** 丙子，西番一甸蠻酋三人來覲，各授以蠻夷軍民官，仍以招諭人張道明爲達魯花赤。

戊寅，詔舊隸乃顔、勝納(答)〔合〕兒女直户四百，虚縻廪食，令屯田揚州。

庚辰，立豪、懿州七驛。

辛巳，置遼陽路慶雲至合里賓二十八驛，驛給牛二十頭、車七輛。

壬午，淮西道宣慰使昂吉兒，斂軍鈔六百錠、銀四百五十兩、馬二匹，敕省臺及扎魯火赤鞫問。

丁亥，遣使代祀嶽、瀆、東海及后土。

**《續資治通鑑》卷一九一**　是月，前中書右丞相安圖薨，年四十九。雨木冰三日。帝震悼，曰：「人言丞相病，朕固弗信，果喪予良弼！」詔大臣監護喪事。

**《元史續編》卷四**　始祭社稷。

**《元史》卷一七《世祖紀一四》**　二月己丑，從阿老瓦丁、燕公楠之請，以楊璉真加子宣政院使暗普爲江浙行省左丞。詔：「上都管倉庫者無資品俸秩，故爲盜詐，宜於六品、七品内委用，以俸給之。」高麗國王王（睶）〔賰〕請易名曰昛，其僉議府請陞僉議司，降二品印，從之。減河南、江浙海運米四十萬石。中書省添設檢校二員。免大都今歲公賦。益上都屯田軍千人，給農具、牛價鈔五千錠，以木八剌沙董之。詔以只速滅里與鬼蠻之民隸詹事院。

**《續資治通鑑》卷一九一**　丙申，卹江淮行樞密院官布琳吉岱進（鷺）〔鷹〕。仍敕：「自今禁戢軍官，無從禽擾民，違者論罪。」

**《元史新編》卷六**　丁酉，回回獻答納珠，邀價數萬。帝曰：「珠何爲哉，當留是錢以賙貧者。」發海運米十萬石給遼陽戍兵。

**《元史》卷一七《世祖紀一四》**　甲辰，中書省臣言：「侍臣傳旨予官者，先後七十人，臣今欲加汰擇，不可用者不敢奉詔。」帝曰：「率非朕言。凡來奏者朕祇令諭卿等，可用與否，卿等自處之。」又言：「今歲給餉上都、大都及甘州、西京，經費浩繁，自今賞賜悉宜姑止。」從之。

丁未，車駕幸上都。以新附洞蠻吴動鰲爲潭溪等處軍民官，佩金符。給新附軍三百人，人鈔十錠，屯田真定。

辛亥，詔發總帥汪惟和所部軍三千征土番，又發陝西、四川兵萬人，以行樞密官明安答兒統之，征西番。敕以韶、贛相去地遠，分贛州行院官一員鎮韶州。復立雲南行御史臺。詔沿海置水驛，自耽羅至鴨淥江口凡十一所，令洪君祥董之。

**《續資治通鑑》卷一九一**　癸丑，江西行院頁特密實，言江南豪右多庇匿盜賊，宜誅爲首者，餘徙内縣，從之。申嚴江南兵器之禁。

是月，王愖召至上都，入見，慰諭良久。

三月庚申，以同知樞密院事札薩克知樞密院事。

以平章政事范文虎董疏漕河之役。雨壞都城，詔發侍衛軍三萬人完之，仍命給其傭值。

**《元史》卷一七《世祖紀一四》**　甲子，括天下馬十萬匹。

**《御批歷代通鑑輯覽》卷九六**　時以海都入寇，詔羣臣議所以爲備，從樞密李庭言，復括天下馬，凡得十一萬匹。

**《續資治通鑑》卷一九一**　初，托克托呼略地金山，獲哈都之户三千餘。還至和林，有詔進取奇里濟蘇。是春，師次欠河，冰行數日，始至其境，盡收其五部之衆，屯兵守之。哈都聞取奇里濟蘇，引兵至欠河，復敗之，擒其將博囉察。

**《元史》卷一七《世祖紀一四》**　己巳，立行大司農司。洪澤、芍陂屯田舊委四處萬户，詔存其二，立民屯二十。

夏四月己亥，行大司農燕公楠、翰林學士承旨留夢炎言：「杭州、上海、澉浦、温州、慶元、廣東、泉州置市舶司凡七所，唯泉州物貨三十取一，餘皆十五抽一，乞以泉州爲定制。」從之。仍併温州舶司入慶元，杭州舶司入税務。江南行大司農司自平江徙揚州，兼管兩淮農事。省八番重設州縣官。罷徽州録事司。皇孫晉王位立内史府。詔諸二品官府自今與各部文移相關。鞏昌二十四城，依舊例於總帥汪氏弟兄子姪内選用二人。

**《續資治通鑑》卷一九一**　壬寅，樞密院言：「去年征爪哇軍二萬，各給鈔二錠，其後祇以五千人往，宜征元給鈔三萬錠入官。」帝曰：「非其人不行，乃朕中止之耳，令勿征。」

**《元史》卷一七《世祖紀一四》**　甲寅，詔遣使招諭暹國。斡羅思請以八番見户合思、播之民兼管，徙宣慰司治辰、沅、靖州，常賦外，歲輸鈔三千錠，不允。光州蠻人光龍等一十二人及邦崖王文顯等二十八人、金竹府馬麟等一十六人、大龍番秃盧忽等五十四人、永順路彭世彊等九十人、安化州吴再榮等一十三人、師壁散毛洞勾答什王等四人，各授蠻夷官，賜以璽書遣歸。敕江南毁諸道觀聖祖天尊祠。

**《續資治通鑑》卷一九一**　擢同知桂陽路總管府事臧夢解爲廣西廉訪副使。故事，烟瘴之地，行部者多不躬至，夢解獨徧歷焉。遂按問賓州、藤州兩路達嚕噶齊及姦墨官吏，置於法者無慮八十餘人，又平反兩冤獄，民德之。

是月，前右贊善大夫劉因卒。後贈翰林學士，謚文靖。

《元史》卷一七《世祖紀一四》　五月丙辰朔，給四部更番衛士馬萬匹，又給其必闍赤四百匹。

壬戌，定雲洞蠻酋長來附。

癸亥，括思、播等處亡宋涅手軍。

《續資治通鑑》卷一九一　詔以浙西大水冒田爲災，令富家募佃人疏決水道。

《元史》卷一七《世祖紀一四》　丙寅，詔委官與行省官閲覈蠻夷軍民官。以江南民怨楊璉真珈，罷其子江浙行省左丞暗普。　詔以浙西大水冒田爲災，令富家募佃人疏決水道。

《續資治通鑑》卷一九一　辛未，敕僧寺之邸店，商賈舍止，其貨物依例收税。

《元史》卷一七《世祖紀一四》　丁丑，中書省臣言：「上都工匠二千九百九十九户，歲糜官糧萬五千二百餘石，宜擇其不切於用者，俾就食大都。」從之。

甲申，真定路深州静安縣大水，民饑，發義倉糧二千五百七十四石賑之。

六月丙戌，敕選河西質子軍精鋭者八百，給以鎧仗鞍勒、狐貉衣裘，遣赴皇孫阿難答所出征。

庚寅，詔雲南旦當仍屬西番宣慰司。改淮西蘄、黄等路隸河南江北行省。

《續資治通鑑》卷一九一　乙巳，命皇孫特穆爾撫軍北邊，伊實特穆爾加録軍國重事、知樞密院事輔行，宗王、帥臣咸稟命焉，特賜步輦入内。　伊實特穆爾請授皇孫以儲闈舊璽，從之。

《元史》卷一七《世祖紀一四》　己酉，詔濬太湖。

壬子，大興縣蝗。易州雨雹，大如鷄卵。

秋七月丁巳，敕中書省官一員監修國史。

《續資治通鑑》卷一九一　己未，詔皇曾孫松山出鎮雲南，以皇孫梁王印賜之。

詔免福建歲輸皮貨及泉州織作紵絲。

《元史》卷一七《世祖紀一四》　庚申，命知鶴慶府昔寶赤齎璽書招諭農順未附蠻寨。

己巳，命劉國傑從諸王亦吉里（台）督諸軍征交趾。免雲南屯田軍逋租萬石。

《續資治通鑑》卷一九一　湖廣行省平章哈喇哈斯戒將吏無擾民，會有奪民魚菜者，杖其千户，軍中肅然。

俄有旨，發湖、湘富民萬家，屯田廣西以圖交趾，哈喇哈斯遣使奏曰：「往年遠征無功，瘡痍未復，今又徙民瘴鄉，必將怨叛。」吏初不知其奏，抱卷請署，弗答，吏再請，則曰：「姑緩之。」未幾，使還，報罷，民皆感悦。　及廣西元帥府請募南丹五千户屯田，事上行省。　哈喇哈斯曰：「此土著之民，誠爲便之，内足以實空地，外足以制交趾之寇，可不煩士卒而饋餉有餘。」即命度地立爲五屯，統以屯長，給牛種、農具。

湖南宣慰使張國紀，建言欲按唐、宋末征民間夏税，哈喇哈斯曰：「亡國弊政，失寬大之意，聖朝其可行耶！」奏止其議。

《元史》卷一七《世祖紀一四》　壬申，以月失察兒知樞密院事。

《續資治通鑑》卷一九一　丁丑，賜新開漕河名曰通惠，凡役工二百八十五萬，用楮幣百五十二萬錠，糧三萬八千七百石，木石等物稱是。　置牐之處，往往於地中得舊時磚木，人以此服郭守敬之精識。　船既通行，公私兩便。　先是通州至大都五十里，陸輓官糧，歲若干萬，民不勝其悴，至是皆得免。　帝自上都還，過積水潭，見舳艫蔽水，大悦。

《元史》卷一七《世祖紀一四》　以只兒合忽所汰乞兒吉思户七百，屯田合思合之地。

八月丙戌，括所在荒田無主名者，令放良、漏籍等户屯田。

庚寅，奉使安南國梁曾、陳孚以安南使人陶子奇、梁文藻偕來。　敕福建行省放爪哇出征軍歸其家。

《元史》卷一七《世祖紀一四》　戊戌，給安西王府斷事官印。

丁未，湖廣行省臣言海南、海北多曠土，可立屯田，詔設鎮守黎蠻海北海南屯田萬户府以董之。

戊申，營田提舉司所轄屯田百七十七頃爲水所没，免其租四千七百七十二石。

九月癸丑朔，大駕至自上都。

戊午，敕各路達魯花赤、總管董驛事。

己未，明安答兒率軍萬人征土蕃，近遣使來言，乞引茂州先附寨官赴闕，不允。

乙丑，立海北海南博易提舉司，税依市舶司例。

丙寅，遣金齒人還歸。

**《元史新編》卷六**　丁卯，太陰犯畢。出御史臺贓罰鈔五萬錠給衛士之貧者。

**《元史》卷一七《世祖紀一四》**　辛巳，登州蝗，恩州水，百姓闕食，賑以義倉米五千九百餘石。

冬十月癸未朔，以侍衛親軍千户張邦瑞爲萬户，佩虎符，將六盤山軍千人及皇子西平王等軍共爲萬人，西征。賜冠城疏河董役軍官衣各一襲。賜交趾陶子奇等十七人冬衣，荆南安置。

**《續資治通鑑》卷一九一**　戊子，詔修汴隄。

**《元史》卷一七《世祖紀一四》**　己丑，遣兵部侍郎忽魯禿花等使闍藍、可兒納答、信合納帖音三國，仍賜信合納帖音酋長三珠虎符。

庚寅，饗於太廟。

壬寅，敕減米直，糶京師饑民，其鰥寡孤獨不能自存者給之。

**《續資治通鑑》卷一九一**　甲辰，赦天下。

**《元史》卷一七《世祖紀一四》**　戊申，僧官總統以下有妻者罷之。以段貞董開河、修倉之役，加平章政事。

**《續資治通鑑》卷一九一**　庚戌，造象蹄掌甲。

辛亥，禁江南州郡以乞養良家子轉相販鬻及强將平民略賣者。時北人酷愛江南技藝之人，呼曰巧兒，其價甚貴。至於婦人，貴重尤甚，每一人易銀二三百兩。尤愛童男、童女，處處有人市，價分數等，皆南士女也。父母貪利，貨於販夫，輾轉貿易，至有易數十主者。北人得之，慮其遁逃，或以藥啞其口，以火烙其足，驅役若禽獸然，故特禁之。

**《元史》卷一七《世祖紀一四》**　平灤水，免田租萬一千九百七十七石。廣濟署水，損屯田百六十五頃，免田租六千二百一十三石。

**《元史續編》卷四**　以陳孚爲翰林待制。

**《元史》卷一七《世祖紀一四》**　十一月壬子朔，改德安府隸黄州路。

丁巳，孫民獻嘗附桑哥，助要束木爲惡，及同知上都留守司事，又受賕減諸從臣糧，詔籍其家貲，妻奴。復因潭州吕澤訴其刻虐，械送民獻至湖廣，如澤所訴窮治之。立海北海南道肅政廉訪司，治雷州。

庚申，敕中書省，凡出征軍，毋以和顧和買煩其家。

戊辰，以金齒木朶甸户口增，立下路總管府，給其爲長者雙珠虎符。真定路達魯花赤合散言：「廉訪司官檢責民官太苛，乞以民官復檢責廉訪司文卷。」從之。

庚午，免江南都作院軍匠出征。

**《續資治通鑑》卷一九一**　己卯，召河南江北行省平章巴延爲中書省平章政事，位特爾格琳沁、博果密上。

**《元史》卷一七《世祖紀一四》**　十二月丁亥，禁漢軍更番者毋鬻軍器。

辛卯，武平路達魯花赤塔海言：「女直地至今未定，賊一人入境，百姓離散。臣願往安集之。」詔以塔海爲遼東道宣慰使。

**《續資治通鑑》卷一九一**　壬辰，中書左丞馬紹以疾罷，以詹事丞張九思爲左丞。

**《元史》卷一七《世祖紀一四》**　乙未，遣使督思、播二州及鎮遠、黄平，發宋舊軍八千人，從征安南。

**《續資治通鑑》卷一九一**　庚子，史弼、伊克密實、高興至自征（交趾）〔爪哇〕，獻其所俘獲，又以没理國所上金字表及金銀犀象等物進。朝廷以其亡失多，且縱士卒必闍耶，弼與伊克密實各杖十七，没家資三之一。興獨以諫縱士卒，且功多，賜金五十兩。

**《元史》卷一七《世祖紀一四》**　癸卯，敕以桑哥没入官田三百九十一頃八十餘畝，給阿合兀闌所司匠户。

丙午，以鐵赤、脱脱木兒、斂住、拜延四人，並安西王傅。

## 至元三十一年（甲午、一二九四）

**《元史》卷一七《世祖紀一四》**　春正月壬子朔，帝不豫，免朝賀。

癸亥，知樞密院事伯顔至自軍中。

庚午，帝大漸。癸酉，帝崩於紫檀殿。在位三十五年，壽八十。親王、諸大臣發使告哀於皇孫。

乙亥，靈駕發引。葬起輦谷，從諸帝陵。

**《續資治通鑑》卷一九一**　御史中丞崔彧得傳國璽，獻之。

夏四月，皇太孫自北邊南還，執政皆迎於上都之北。皇太孫至上都，宗室諸王畢會。定策之際，伊實特穆爾謂晉王噶瑪拉曰：「宮車晏駕，已踰三月，神器不可久虛，宗祧不可乏主，儲闈符璽久有所歸，王爲宗盟之長，奚俟而不言？」噶瑪拉遽曰：「皇帝踐阼，當北面事之。」於是宗親合辭勸進。伊實特穆爾曰：「大事已定，吾死且無憾。」

# 元成宗部（起公元一二九四年，迄公元一三〇七年）

**《元史》卷一八《成宗紀一》**　成宗欽明廣孝皇帝，諱鐵穆耳，世祖之孫，裕宗真金第三子也。母曰徽仁裕聖皇后，弘吉烈氏。

## 至元三一年（甲午、一二九四）

**《元史》卷一八《成宗紀一》**　夏四月甲午，即皇帝位，受諸王宗親、文武百官朝於大安閣，詔曰：

朕惟太祖聖武皇帝受天明命，肇造區夏，聖聖相承，光熙前緒。迨我先皇帝體元居正以來，然後典章文物大備。臨御三十五年，薄海內外，罔不臣屬，宏規遠略，厚澤深仁，有以衍皇元萬世無疆之祚。

我昭考早正儲位，德盛功隆，天不假年，四海缺望。顧惟眇質，仰荷先皇帝殊眷，往歲之夏，親授皇太子寶，付以撫軍之任。今春宮車遠馭，奄棄臣民，乃有宗藩昆弟之賢，戚畹官僚之舊，謂祖訓不可以違，神器不可以曠，體承先皇帝夙昔付託之意，合辭推戴，誠切意堅。朕勉徇所請，於四月十四日即皇帝位，可大赦天下。

尚念先朝庶政，悉有成規，惟慎奉行，罔敢失墜。更賴祖親勳戚，左右忠良，各盡乃誠，以輔台德。布告遠邇，咸使聞知。

詔除大都、上都兩路差税一年，其餘減丁地税糧十分之三。係官逋欠，一切蠲免。民戶逃亡者，差税皆除之。追尊皇考曰皇帝，尊太母元妃曰皇太后。

**《元史新編》卷六**　庚子，遣攝太尉兀都帶爲大行皇帝請謚於南郊。此告請謚之始。

遣禮部侍郎李衎、兵部郎中蕭泰登齎詔使安南。中書省臣言：「陛下新即大位，諸王、駙馬賜與，宜依往年大會之例，賜金一者加四爲五，銀一者加二爲三。又江南分土之賦，初止驗其版籍，令戶出鈔五百文，今亦當有所加，然不宜增賦於民，請因五百文加至二貫，從今歲官給之。」從之。

**《元史》卷一七《世祖紀一四》**　壬寅，始爲壇於都城南七里。甲辰，遣司徒兀都帶、平章政事不忽木、左丞張九思，率百官請謚於南郊。乙巳，賜駙馬蠻子帶銀七萬六千五百兩，闊里吉思一萬五千四百五十兩，高麗王王昛三萬兩。

丙午，中書右丞相完澤及文武百官議上尊謚。

**《續資治通鑑》卷一九一**　追尊皇考曰文惠明孝皇帝，廟號裕宗，祔於太廟；尊太母元妃鴻吉哩氏曰皇太后。

中書右司員外郎王約，上疏言二十二事，曰實京師，放差税，開獵禁，蠲逋負，賑窮獨，停冗役，禁鷹房，振風憲，除宿蠹，慰遠方，卻貢獻，詢利病，利農民，勵學校，立義倉，覈税戶，重名爵，明賞罰，擇守令，汰官屬，定律令，革兩司。又請中書去煩文，一取信於行省，一責成於六部。帝嘉納之，調兵部郎中。

丁未，湖廣行省所屬寇盜竊發，復令劉國傑討之。

戊申，詔存恤征黎蠻、爪哇等軍。

己酉，雲南行省以所定路、府、州、縣來上：上路二，下路十一，下州四十九，中縣一，下縣五十。以金齒歸附官阿魯爲孟定路總管，佩虎符。是月，即墨縣雹。

**《續資治通鑑》卷一九一**　五月壬子，始開醮祠於壽寧宮，祭太陽、太歲、火、土等星於司天臺。

**《元史》卷一八《成宗紀一》**　戊午，遣攝太尉兀都帶奉玉册玉寶，上大行皇帝尊謚曰聖德神功文武皇帝，廟號世祖；皇后尊謚曰昭睿順聖皇后；皇考尊謚曰文惠明孝皇帝，廟號裕宗。賜國王和童金二百五十兩，月兒魯百五十兩，伯顔、月赤察而各五十兩，銀、鈔、錦各有差。

庚申，雲南部長適習、四川散毛洞主覃順等來貢方物，陞其洞爲府。

**《續資治通鑑》卷一九一**　伊實特穆爾進秩太師，賜以上方玉帶、寶服，還鎮北邊。

**《元史續編》卷四**　以約蘇特穆爾爲太師，巴延爲太傅，伊徹察爾爲太保。

**《元史》卷一八《成宗紀一》**　丁卯，八番宣慰使斡羅思犯法，爲人所訟，懼罪逃還京師。賜安西王阿難答鈔萬錠。

己巳，改皇太后所居舊太子府爲隆福宮，詹事院爲徽政院，司議曰中議，府正曰宮正，家令曰內宰，典醫署曰掌醫，典寶曰掌謁，典設曰掌儀，典饍曰掌饍，仍增控鶴至三百人。詔各處轉運司官，欺隱姦詐爲人所訟者，聽廉訪司即時追問，其案牘仍舊例於歲終檢之。陞福建鹽提舉司爲鹽轉運司，增捕私鹽人賞格。

庚午，諸王亦里不花來朝，以瘠馬輸官，官酬其直，爲鈔十有一萬五千錠。賜也速帶而、汪惟正兩軍將士糧五萬石。餉北征軍。

壬申，御史臺臣言：「內外官府增置愈多，在京食禄者萬人，在外尤衆，理宜減併。」命與中書議之。用崔彧言，肅政廉訪司案牘，勿令總管府檢劾。詔議增官吏禄。以也速帶而所統將士貧乏，給鈔萬錠。

乙亥，以札珊知樞密院事。

戊寅，封皇姑高麗王王昛妃勿都魯揭里迷失爲安平公主。賜亦都護金五百五十兩、銀七千五百兩，合迷里的斤帖林金五十兩、銀四百五十兩。西平王奧魯赤言：「汪總帥之軍，多庇其富實，而令貧弱者應役。」命更易之。以月兒魯爲太師，伯顏爲太傅，月赤察而爲太保。禁諸司豪奪鹽船遞運官物，僧道權勢之家私匿盜販。是月，密州（路）諸城縣、大都路武清縣雹，峽州路大水。

**《元史續編》卷四**　遣安南使陶子奇歸國。

以楊桓爲監察御史。

**《續資治通鑑》卷一九一**　六月辛巳，御史臺言：「名分之重，無踰宰相，惟事業顯著者可以當之，不可輕授。廉訪司官，歲以五月分按所屬，次年正月還司。職官犯臟，敕授者聽總司議宜授者上聞，其本司聲跡不佳者代之，受賂者依舊例比諸人加重。」帝曰：「其與中書同議。」

**《元史》卷一八《成宗紀一》**　乙酉，雲南金齒路進馴象三。

丙戌，以雲南歲貢馬二千五百匹給梁王數太多，命量減之。

庚寅，必察不里城敢木丁遣使來貢。詔罷功德使司及泉府司官冗員。

壬辰，立晉王內史府。復以光禄寺隸宣徽院。中書省臣言：「朝會賜與之外，餘鈔止有二十七萬錠。凡請錢糧者，乞量給之。」定西平王奧魯赤、寧遠王闊闊出、鎮南王脫歡及也先帖木而大會賞賜例，金各五百兩、銀五千兩、鈔二千錠、幣帛各二百匹；諸王帖木而不花、也只里不花等，金各四百兩、銀四千兩、鈔一千六百錠、幣帛各一百六十匹。以帖木而復爲平章政事。諸王阿只吉部玉速福屢叛，伏誅。以甘肅等處米價踴貴，詔禁釀酒。命月赤察而提調羣牧事。

乙未，以世祖、皇后、裕宗謚號播告天下。免所在本年包銀，俸鈔，及內郡地税，江淮以南夏税之半。

**《續資治通鑑》卷一九一**　己亥，以乳保勢，封完顏巴延爲（翼）〔冀〕國公，妻何氏爲冀國夫人。

**《元史》卷一八《成宗紀一》**　完澤貸民錢，多取其息，命依世祖定制。

辛丑，浙西道提刑按察使弘吉烈帶阿魯灰受賂，遇赦免，復以爲河西隴北道肅政廉訪使。御史臺臣言：「先朝決獄，隨罪輕重，笞杖異施。今止用杖，乞如舊制。」不允。宋使家鉉翁安置河間，年踰八十，賜衣服，遣還其家。

癸卯，封駙馬闊里吉思爲（高）唐王，給金印。

**《續資治通鑑》卷一九一**　甲辰，詔翰林國史院修《世祖實録》。以鄂勒哲監修國史。

**《元史》卷一八《成宗紀一》**　乙巳，給困赤禿出征軍士鈔各千户千錠。

丙午，以昔寶赤從征諸軍自備馬一千一百九十餘匹，命給還其直。

戊申，詔宗藩內外官吏人等，咸聽丞相完澤約束。以合剌思八斡節而爲帝師，賜玉印。賜雪雪的斤公主鈔千錠，諸王伯答罕、末察合而部貧乏者三千錠，伯牙兀真、赤里、由柔伯牙伯剌麻、闊怯倫、忙哥真各金五十兩，銀、鈔、幣有差。是月，東安州蝗。

**《續資治通鑑》卷一九一**　時巴延以太傅録軍國重事，依前知樞密院事，鄂勒哲忌之。巴延語鄂勒哲曰：「幸送我兩罌美酒，與諸王飲於宮前，餘非所知也。」

**《元史》卷一八《成宗紀一》**　秋七月壬子，詔御史大夫月兒魯振臺綱。禁內外諸司減官吏俸爲宴飲費。置隆福宮衛候司。

癸丑，詔軍民各隸所司，無相侵越。

乙卯，以諸王出伯所部四百餘户乏食，徙其家屬就食內郡，仍賜以奧魯軍年例鈔三千錠。給瓜、沙之民徙甘州屯田者牛價鈔二千六百錠。以也的迷失爲東昌路達魯花赤，中書省臣言其嘗官是郡，犯法五百餘款，今不宜復官，帝曰：「姑試之。」

己未，復立平陽路之蒲、武鄉，保定路之博野，泰安州之新泰等縣。賜諸王出伯奧魯軍、也速帶而紅襖軍，幣帛各六萬匹。

庚申，改侍衛都指揮使司爲隆福宮左都威衛使〔司〕、右都威衛使〔司〕。以陝西道廉訪司没入贓罰錢舊給安西王者，令行省别貯之。

壬戌，詔中外崇奉孔子。

癸亥，罷肇州宣慰司，併入遼東道。

**《續資治通鑑》卷一九一**　行樞密院頁特密實、程鵬飛各加平章政事。中書省言樞密之臣不宜重與相銜，帝命以軍職尊崇者授之。

**《元史新編》卷七**　戊辰，罷肇州宣慰司人遼東道。減八番等處所設官二百一十六員。八番新附時稱九十萬户，設官四百二十四員，及遣官覈實，止十六萬五千餘户，故減其半。

**《元史》卷一八《成宗紀一》**　辛未，中書省臣言：「向御史臺劾右丞阿里嘗與阿合馬同惡，論罪抵死，幸得原免，不當任以執政。臣謂阿里得罪之後，能自警省，乞令執政如故。」從之。以軍户所棄田産歲入及管軍官吏贖罪等鈔，復輸樞密院。

癸酉，以陝西行省平章不忽木爲中書平章政事。

**《續資治通鑑》卷一九一**　［博果密］竟以同列多異議，稱疾不出。

**《元史》卷一八《成宗紀一》**　甲戌，立隨路民匠、打捕、鷹房、納綿等户總管府，秩正三品。詔招諭暹國王敢木丁來朝，或有故，則令其子弟及陪臣入質。扎魯花亦言：「諸王之下有罪者，不聞於朝，輒自決遣。」詔禁治之。詔月兒魯守北邊，賜其所統軍士幣帛各萬匹，及西征軍士幣三萬匹、鈔三萬六千六百錠。賜不魯花真公主及諸王阿只吉女弟伯禿銀、鈔有差。是月，棣州陽信縣雹，大風拔木發屋，真定路之南宫、新河，易州之淶水等縣雹。

**《元史》卷一八《成宗紀一》**　八月癸未，平灤路遷安等縣水，蠲其田租。

**《續資治通鑑》卷一九一**　戊子，初祀社稷，用堂上樂，歲以爲常。

**《元史》卷一八《成宗紀一》**　己丑，以大都留守段貞、平章政事范文虎監浚通惠河，給二品銀印。令軍士復濬浙西太湖、澱山湖溝港，立新河運糧千户所。詔諸路平準交鈔庫所貯銀九十三萬六千九百五十兩，除留十九萬二千四百五十兩爲鈔母，餘悉運至京師。復立平陽之芮城、陵川等縣。

辛卯，以忙哥撒而妻子爲敵所掠，賜鈔八千錠。

是月，德州之安德縣大風雨雹。

**《續資治通鑑》卷一九一**　九月壬子，聖誕節，帝駐蹕三部落，受諸王、百官賀。

**《元史》卷一八《成宗紀一》**　癸丑，詔有司存恤征爪哇軍士死事之家。

甲寅，口授諸王傅阿黑不花爲丞相。

庚申，以合魯剌及乃顔之黨七百餘人隸同知樞密院事不憐吉帶，習水戰。

乙亥，遣禿古鐵木而等使闍藍。是月，趙州之寧晉等縣水。

冬十月戊寅，車駕還大都。

**《御批歷代通鑑輯覽》卷九六**　帝巡狩賽音布拉克川地，董文用言：「先帝新棄天下，陛下巡遊不以時，無以慰安元元。且人君猶北辰，居其所而衆星拱之，不在勤遠略也。宜趣還京師。」帝悟，始還。

**《續資治通鑑》卷一九一**　辛巳，江浙行省言：「陛下即位之初，詔蠲今歲田租十分之三。然江南與江北異，貧者佃富人之田，歲輸其租，今所蠲特及田主，其佃民輸租如故，則是恩及富室而不被於貧民也。宜令佃民當輸田主者，亦如所蠲之數。」從之。

遼陽行省所屬九處大水，民飢，或起爲盜賊，命賑卹之。

江西行省言銀場歲辦萬一千兩而未嘗及數，民不能堪，詔自今從實辦之，不爲額。

**《元史》卷一八《成宗紀一》**　壬午，有事於太廟。

乙未，金齒新附孟愛甸酋長遣其子來朝，即其地立軍民總管府。朱清、張瑄從海道歲運糧百萬石，以京畿所儲充足，詔止運三十萬石。

辛丑，帝諭右丞阿里、參政梁德珪曰：「中書職務，卿等皆懷怠心。朕在上都，令還也的迷沙已没財産，任明里不花，皆至今未行。又不約束吏曹，使選人留滯。桑哥雖姦邪，然僚屬憚其威，政事無不立決。卿等其約束曹屬，有不事事者笞之。仍以朕意諭右丞相完澤。」

**《續資治通鑑》卷一九一**　時議裁久任官，樞密院奏洪君祥在樞密十六年爲最久，帝曰：「君祥始終一心，可勿遷也。」

壬寅，緬國遣使貢馴象十。

**《元史》卷一八《成宗紀一》**　乙巳，遣南巫里、速木答剌、繼没剌（矛）〔予〕、毯陽使者各還其國，賜以三珠虎符及金銀符，金、幣、衣服有差。初，也黑迷失征爪哇時，嘗招其瀕海諸國，於是南巫里等遣人來附，以禁商泛海留京師，至是弛商禁，故皆遣之。

**《續資治通鑑》卷一九一**　十一月丁未朔，帝朝皇太后於隆福宫，上玉册玉寶。

**《元史》卷一八《成宗紀一》**　庚戌，行樞密院臣劉國傑討辰州賊，詔選州民刀弩手助其軍，他不爲例。京師犯贓罪者三百人，帝命事無疑者，准世祖所定十三等例決之。

廣西鹽先給引於民，而徵其直，私鹽日横，及官自鬻鹽，民復不售。詔先以鹽與民，而後徵之。

辛亥，中書省臣言：「國賦歲有常數，先帝嘗曰：『凡賜與，雖有朕命，中書其斟酌之。』由是歲務節約，常有贏餘。今諸王藩戚費耗繁重，餘鈔止一百十六萬二千餘錠。上都、隆興、西京、應昌、甘肅等處糴糧鈔計用二十餘萬錠，諸王五户絲造作顔料鈔計用十餘萬錠，而來會諸王尚多，恐無以給。乞俟其還部，臣等酌量定擬以聞。」從之。

壬子，詔以軍民不相統壹，罷湖廣、江西行樞密院，併入行省。

**《御批歷代通鑑輯覽》卷九六**　罷江南行樞密院。

初，江淮、湖廣、江西各立行樞密院，江南省臣累請罷之，帝以問巴延，時巴延已屬疾，張目對曰：「内而省院各置爲宜，外而軍民分隸不便。」帝從之，遂罷三院，以其事歸行省。

**《元史》卷一八《成宗紀一》**　乙卯，令河西僧人依舊助役。

丁巳，以伯顔察而參議中書省事。其兄伯顔言曰：「臣叨平章政事，兄弟宜相嫌避。」帝曰：「卿勿復言。兄平章於上，弟參議於下，何所嫌也。」罷貴赤屯田總管府。罷宣政院所刻河西《藏經》板。

甲子，詔禁作姦犯科者。以湖南道宣慰使何(偉)〔瑋〕爲中書參知政事。罷海北海南市舶提舉司。

壬申，立覆實司。濟寧路立諸色户計諸總管府，秩四品。

癸酉，詔改明年爲元貞元年。

十二月辛巳，賜諸王亦思麻殷金五十兩。

丙戌，罷遼河等處人匠正副達魯花赤。

甲午，以諸王晃兀而、駙馬阿失等皆在軍，加賜金銀、鞍勒、弓矢、衣服各有差。

乙未，以伯遥帶忽刺出所隸一千户饑，賜鈔萬錠。

戊戌，禁侵擾農桑者。

庚子，選各衛精兵千人，命孛羅曷答而等將之，戍和林，聽太師月兒魯節度，三年而更。用帝師奏，釋京師大辟三十人，杖以下百人；賜諸鰥寡貧民鈔三百錠。曲(静)〔靖〕、澂江、普安等路夷官各以方物來貢。以東勝等處牛遞户貧乏，賜鈔三千餘錠。卜阿里使麻八而還都。阿思民爲海都所虜，賜鈔三萬九千九百錠。

**《元史續編》卷四**　太傅右丞相巴延卒。

定廟樂。

**《元史》卷一八《成宗紀一》**　是月，常德、岳、鄂、漢陽四州水，免其田租。

是歲，斷大辟三十一人。

## 元貞元年（乙未、一二九五）

**《元史》卷一八《成宗紀一》**　春正月戊申，諸王阿失罕來朝，賜金五十兩、銀四百五十兩。

**《續資治通鑑》卷一九二**　癸丑，以太僕卿濟爾哈朗爲御史大夫。

**《元史》卷一八《成宗紀一》**　甲寅，以從世祖狩杭海功，賜諸王忽刺出金五十兩、珠一串。

**《元史新編》卷七**　壬戌，以國忌，即大聖壽萬安寺飯僧七萬，詔道家復行金籙科範。

**《元史》卷一八《成宗紀一》**　癸亥，安西王阿難答、寧遠王闊闊出皆言所部貧乏，賜安西王鈔二十萬錠、寧遠王六萬錠。又以隕霜殺禾，復賑安西王山後民米一萬石。詔道家復行《金籙》《科範》。以雲南行省左丞楊炎龍爲中書左丞。

乙丑，以亦奚不薛復隸雲南行省。以行樞密院既罷，賜行中書省長官虎符，領其軍。

**《續資治通鑑》卷一九二**　庚午，以江浙行省平章阿喇卜丹爲參知政事。

**《元史》卷一八《成宗紀一》**　壬申，立北庭都元帥府，以平章政事合伯爲都元帥，江浙行省右丞撒里蠻爲副都元帥，皆佩虎符。立曲先塔林都元帥府，以釁都察爲都元帥，佩虎符。饒州路達魯花赤阿剌紅、治中趙良不法，僉江東廉訪司事昔班、季讓受金縱之，事覺，昔班自殺，杖季讓，除名，仍没其財産奴婢之半。罷瓜、沙等州屯田。

甲戌，有飛書妄言朱清、張瑄有異圖者，詔中外慰勉之。

乙亥，追封皇國舅按只那演爲濟寧王，謚忠武，封皇姑囊家真公主爲魯國大長公主，駙馬蠻子台爲濟寧王，仍賜金印。詔飭諸道鹽運司。

**《續資治通鑑》卷一九二**　丞相鄂勒哲等言：「往年先帝嘗命開真定冶河，已發丁夫人役，值先帝升遐，以聚衆罷之。今宜遵舊制，俾卒其役。」從之。

召大司農丞姚燧爲翰林學士，修《世祖實録》。初置檢閲官，究覈故事，燧與侍讀高道凝總裁之。

禮部郎中王約，請行贈謚之典以旌忠勳，付時政記於史館以備纂録，立供需府以專供億，從之，授翰林直學士、同修國史。

帝之即位也，翰林學士王惲獻《守成事鑑》，列敬天、法祖、愛民、卹兵等事爲目，凡十五篇，所論悉本經旨。至是命同修國史、纂修實録，惲集《世祖聖訓》六卷上之。

**《元史》卷一八《成宗紀一》**　二月丙子朔，安西王相鐵赤等請復立王相府，不許。令陝西省臣給其所需，仍以廉訪司没入贓罰鈔與之。

丁丑，翰林學士承旨留夢炎告老，帝以其在先朝言無所隱，厚賜遣之。命曷伯、撒里蠻、孛來將探馬赤軍萬人出征，聽諸王出伯節度。

壬午，罷江南茶税，以其數三千錠添入江西榷茶都轉運司歲額。詔貸斡脱錢而逃隱者罪之，仍以其錢賞首告者。

丁亥，雲南行省平章也先不花言：「敢麻魯有兩夷未附，金齒亦叛服不常，乞調兵六千鎮撫金齒，置驛入緬。」從之。復以拱衛司爲正三品。以濟寧王蠻子台所部弘吉烈人貧乏，賜鈔一十八萬錠。戊子，思州田曷剌不花、雲南夷卜木、四川洞主查閭王、金齒帶梅混冬等來見。緬國阿剌扎高微班的來獻舍利、寶玩。

甲午，以探馬赤軍出征，馬不足，詔除軍民官吏所乘，凡有馬者盡括之。

丁酉，車駕幸上都。

癸卯，以諸王亦憐真部馬牛驛人貧乏，賜鈔千錠。以工部尚書兼諸路金玉人匠總管府達魯花赤呂天麟爲中書參知政事。立雲州銀場都提舉司，秩四品。中書省臣言：「近者阿合馬、桑哥怙勢賣官，不别能否，止憑解由遷調，由是選法大壞。宜令廉訪司體覆以聞，省臺選官覈實，定其殿最，以明黜陟。其廉訪司官，亦令省臺同選爲宜。」從之。罷河西軍，聽各還其所屬。賜駙馬那懷鈔萬五千錠。以醮延春閣，賜天師張與棣、宗師張留孫、真人張志僊等十三人玉圭各一。製寶玉五方佛冠賜帝師。

**《續資治通鑑》卷一九二**　河東山西廉訪使程思廉言：「太原歲飼諸王駝馬一萬四千餘匹，請止飼千匹。平陽諸郡歲輸租稅於北方，民甚苦之，請改輸河東近倉。」從之。

三月乙巳朔，安南世子陳日燇遣使上表慰國哀，又上書謝寬貰恩，并獻方物。

**《元史》卷一八《成宗紀一》**　丙午，遣密剌章以鈔五萬錠授征西元帥，令市馬萬匹，分賜二十四城貧乏軍校。

**《續資治通鑑》卷一九二**　壬子，禁來朝官斂所屬俸。

**《元史》卷一八《成宗紀一》**　丙辰，給月兒魯、秃秃軍炒米萬石。金齒夷洞蠻來見，賜衣遣之。

戊午，罷福建銀場提舉司，其歲額銀以有司領之。中書省臣言：「樞密院、御史臺例應奏舉官屬，其餘諸司不宜奏請，今皆請之，非便。」詔自今已後，專令中書擬奏。以東作方殷，罷諸不急營造，惟帝師塔及張法師宫不罷。

**《續資治通鑑》卷一九二**　壬戌，地震。監察御史滕安上上疏曰：「君失其道，責見於天，其咎在内庭竊干外政，小人顯厠君子，名實混淆，刑賞僭差，陽爲陰乘，致静者動。宜兢兢祗畏，側身修行，反昔所爲，以盡弭之之道。」執政不以聞，安上遂歸。

**《元史》卷一八《成宗紀一》**　丙寅，國王和童隱所賜本部貧民鈔三百五十錠，命臺臣遣人按問以愧之。詔免醫工門徭。增置蒙古學正，以各道肅政廉訪司領之。

夏四月辛巳，妖人蒙蟲僭擬，及其黨十三人伏誅。賜章河至苦鹽貧乏驛户，鈔一萬二千九百餘錠。

丙戌，諸王也只里以兵五千人戍兀魯思界，遣使來求馬，帝不允。

庚寅，封乳母楊氏爲趙國安翼夫人。

**《續資治通鑑》卷一九二**　以後列朝封乳母，遂沿爲故事。

**《元史》卷一八《成宗紀一》**　癸巳，以同知烏撒烏蒙等處宣慰使司事牙那木假兵部尚書，佩虎符，使馬答兒的陰。

戊戌，給扈從探馬赤軍市馬鈔十二萬錠。

庚子，立掌謁司，掌皇太后實，秩四品，以宦者爲之。賜貴赤親軍貧乏户鈔四萬一千五百餘錠。

癸卯，以諸王出伯所統探馬赤、紅襖軍各千人，隸西平王奥魯赤。設各路陰陽教授，仍禁陰陽人不得游於諸王、駙馬之門。以貴赤萬户忽禿不花等所部爲敵所掠，賜鈔有差。

**《元史續編》卷五**　增京師兩城賑糶米肆。

閏四月丙午，爲皇太后建佛寺於五臺山，以前工部尚書涅只爲將作院使，領工部事；燕南河北道肅政廉訪使宋德柔爲工部尚書，董其役，以大都、保定、真定、平陽、太原、大同、河間、大名、順德、廣平十路，應其所需。

甲寅，立梭籠招討使司，以答而忽帶爲使，佩虎符。

己未，罷打捕鷹房總管府，及司籍、周用、薄斂等庫，及徽州路銀場。各處鹽使司鹽場，改設司令、司丞。仍免大都今歲田租。弛甘州酒禁。

庚申，河南行省虧兩淮歲辦鹽十萬引、鈔五千錠，遣扎剌而帶等往鞫實，命隨其罪之輕重治之。陝西行省增羡鹽鈔一萬二千五百餘錠，山東都轉運使司別思葛等增羡鹽鈔四千餘錠，各賜衣以旌其能。而遣之。

**《續資治通鑑》卷一九二**　南人洪邵學上封事，妄言五運，笞而遣之。南人又有陳利便請搜括田賦者，執政欲從之，參議中書省事王構與平章何榮祖共言其不可，辨之甚力，得不行。

**《元史》卷一八《成宗紀一》**　壬戌，塔即古阿散以不法伏誅。詔禁行省、行泉府司抽分市舶船貨，而同匿其珍細者。

戊辰，遣愛牙赤覈實高麗國儲糧。平陽民訴諸王小薛、曲列失伯部曲恣横，遣官鞫之。賜安南國王陳益稷鈔千錠。是月，蘭州上下三百餘里，河清三日。

五月戊寅，以魯國大長公主建佛寺於應昌，給鈔千錠、金五十兩。命麥朮丁、何榮祖等釐正選法。

己卯，窟忙兀部別闍於江西，俾從月底迷失討賊。

**《元史新編》卷七**　庚辰，詔各省存儒學提舉司一，其餘悉罷。升江南諸縣爲州，以户爲差。户止四五萬者爲下州，五萬以上者爲中州，下州官五員，中州官六員。凡爲中州者二十八，下州者十五。又以連州户不及額，降路爲州。

**《元史》卷一八《成宗紀一》**　辛巳，罷行大司農司。加平章政事麥朮丁爲平章軍國重事，中書（左）〔右〕丞、議中書省事何榮祖爲昭文館大學士、與中書省事。

甲申，詔自元貞元年五月以前逋欠錢糧者，皆罷徵。

甲午，以諸王阿只吉部貧乏，賜鈔二十萬錠。江浙行省臣鐵木而不聽詔，遣官責之。

丙申，以伯顔之子買的爲僉書樞密院事。太后言其父盡心王室，欲令代其父官，帝以其年尚小，故有是命。詔以農桑水利諭中外。鞏昌府金州、西和州、會州雨雹，無麥禾。饒州、鎮江、常州、湖州、平江、建康、太平、常德、澧州皆水。

六月戊申，濟南路之歷城縣大清河水溢，壞民居。

壬子，高麗王王昛乞爲太師中書令，不允。以近邊役煩及水災，免咸平府民八百户今年賦稅。詔遼陽省進海東青鶻二十四驛，每驛給牛六頭，使者食米五石，鷹食羊五口。又狗遞十二驛，每户給鈔十錠。

甲寅，翰林承旨董文用等進《世祖實録》。

乙卯，江西行省所轄郡大水無禾，民乏食，令有司與廉訪司官賑之，仍弛江河湖泊之禁，聽民採取。陞沅州爲路，以靖州隸之。遣使與各省官就遷調邊遠六品以下官。併左右兩江宣慰司都元帥府、宣撫司，爲廣西兩江道宣慰司都元帥府，以（靖）〔静〕江爲治所，仍分司邕州。敕：「凡上封事者，命中書省發緘視之，然後以聞。」詔河西僧納租稅。

癸亥，立蒙古軍都元帥府於西川，徑隸樞密院，以阿剌鐵木而、岳樂罕並爲都元帥，佩虎符。河西隴北道廉訪司鞫張萬户不法，西平王奥魯赤沮撓其事，帝命諭之。

甲子，以安西王所部出征軍妻孥乏食，給糧二千石。昭、賀、藤、邕、澧、全、衡、柳、吉、贛、南安等處蠻寇竊發，以軍民官備禦不嚴，撫字不至，皆責而降之。

庚午，立西域衛親軍都指揮使司，以迷而的斤爲都指揮使。是月，汴梁路駙馬濟寧王蠻子台私殺罪人，御史臺臣言其專擅，有旨諭蠻子台令知之。

秋七月乙亥，徙甘、涼御匠五百餘户於襄陽。詔江南地稅輸鈔。蝗，利州、蓋州螟，泰安、曹州、濟寧路水，鞏昌、環州、慶陽、延安、安西旱。

丁丑，罷追問已原逋欠。普顔怯里迷失公主等，俱以其部貧乏來告，賜鈔計四十九萬餘錠。御史臺臣言：「內地盜賊竊發者衆，皆由國家赦宥所致。乞命中書立爲條格，督責所屬，期至盡滅。」制曰「可」。

**《續資治通鑑》卷一九二**　工部言：「通惠河創造牐壩，所費不貲，全藉主守之人上下修治，請設提領三員，專一巡護。」從之。

（乙）〔己〕卯，詔申飭中外：「有儒吏兼通者，各路舉之。廉訪司每道歲貢二人，臺省委官立法攷試，所貢不公，罪其舉者。」

命：「職官坐贓論斷，再犯者加二等；倉庫官吏盗所守錢糧，一貫以下笞，至十貫杖之，二十貫加一等，一百二十貫徒一年，每三十貫加半年，二百四十貫徒三年，滿三百貫者死。計贓以至元鈔爲則。」

**《元史》卷一八《成宗紀一》** 給江南行御史臺守護軍百人。減海南屯田軍之半，還其元翼。詔增給諸軍藥餌價直。

壬午，立肇州屯田萬户府，以遼陽行省左丞阿散領其事。

甲申，給塞下貧民鈔二萬四千錠。

己丑，賜劉國傑玉帶錦衣，旌其戰功。

辛卯，以禿禿合所部貧乏，賜鈔十萬錠。

戊戌，朱永福、邊珍裕以妖言伏誅。札魯忽赤文移舊用國語，敕改從漢字。

壬寅，詔易江南諸路天慶觀爲玄妙觀，毁所奉宋太祖神主。大都、遼東、東平、常德、湖州武衛屯田大水，隆興路雹，太原、平陽、安豐、河間等路旱。

〔八月〕辛酉，緬國進馴象三。

癸亥，賑遼陽民被水者糧兩月。

己巳，以駙馬那懷知樞密院事。金、復州屯田有蟲食禾，汴梁、安西、真定等路旱，平江、安豐等路大水。

**《續資治通鑑》卷一九二** 九月甲戌，帝至自上都。

以托克托爲上都留守。

**《元史》卷一八《成宗紀一》** 乙亥，用帝師奏，釋大辟三人、杖以下四十七人。

戊寅，以八撒而治私第，給鹽萬引。詔輸米十萬石於榷場故廩，以備北塞。以探馬赤軍士所至擾民，令合伯鎮之，犯者罪其主將。

（乙）〔己〕卯，罷四川淘金户四千，還其元籍，罪初獻言者。

庚辰，罷寧夏路行中書省，以其事併入甘肅行省。

丁亥，爪哇遣使來獻方物。

己丑，給桓州甲匠糧千石。

**《續資治通鑑》卷一九二** 史弼既以罪廢，至是起同知樞密院事。伊爾嚕言弼等以五千人渡海二十五萬里，入近代未嘗至之國，俘其王及諭降旁近小國，宜加矜憐，遂詔還其所籍家資，拜江西行中書省右丞。

**《元史》卷一八《成宗紀一》** 壬辰，湖州司獄郭玘訴浙西廉訪司僉事張孝思多取廩餼，孝思繫玘於獄。行臺令監察御史楊仁往鞫，而江浙行省平章鐵木而逮孝思至省訊問，又令其屬官與仁同鞫玘事，仁不從，行臺以聞。詔省臺遣官鞫問，既引服，皆杖之。諸王小薛部衆擾民，遣官按問，杖其所犯重者，餘聽小薛責之。

戊戌，宣德府大水，軍民乏食，給糧兩月。武衛萬盈屯及延安路隕霜殺禾，高郵府、泗州、賀州旱，平江、廬州等路大水。

冬十月癸卯，有事於太廟。中書省臣言：「去歲世祖、皇后、裕宗祔廟，以綾代玉册。今玉册、玉寶成，請納諸各室。」帝曰：「親享之禮，祖宗未嘗行之。其奉册以來，朕躬祝之。」命獻官迎導入廟。給江浙、河南巡邏私鹽南軍兵仗。

**《續資治通鑑》卷一九二** 先是監察御史楊桓，疏陳時務，請親饗太廟，復四時之祭。又請正禮儀以肅宫庭，定官制以省冗員，禁父子骨肉奴婢相告訐者，罷行用官錢營什一之利。帝稱善，然一時不能行也。

**《元史》卷一八《成宗紀一》** 癸丑，以西北叛王將入自土蕃，命平章軍國重事答失蠻往征之，仍敕便宜總帥發兵千人從行，聽其節度。

甲寅，中書省、御史臺臣言：「江浙行省平章明里不花陳臺憲非便事，臣等議，乞自今監察御史廉訪司有所按覈，州縣官與本路同鞫，路官與宣慰司同鞫，宣慰司官與行省同鞫。」制曰「可」。詔諸王、駙馬部民既隸軍籍者，毋奪回本部。

己未，賜各衛士貧乏者鈔二萬九千三百餘錠。

癸亥，賜諸王巴撒而、火而忽答孫、禿剌三部鈔四萬八千五百餘錠。

丁卯，以博而赤、答剌赤等貧乏，賜鈔二萬九千餘錠。

戊辰，遣安南朝貢使陳利用等還其國，降詔諭陳日燇。

十一月辛巳，置江浙行省檢校官二員。立江浙金銀洞冶轉運使司。

丙戌，毯陽酋長之兄脱杭捧于、法而剌酋長之弟密剌八都、阿魯酋長之弟脱杭忽先等，各奉金表來覲。

戊子，賜阿魯酋長虎符。

癸巳，賜安西王甲胄、槍撾、弓矢、橐鞬等十五萬八千二百餘事。

戊戌，陞贛州路之寧都、會昌二縣爲州，以石城縣隸寧都，瑞金縣隸會昌。

詔江浙行省括隱漏官田及檢劾富強避役之户。

十二月庚子朔，遣集賢院使阿里渾撒里等祭星於司天臺。

癸卯，以駙馬阿不花所部民貧，賜鈔萬錠。賜諸王押忽禿、忽剌出、阿失罕等金各二百五十兩、鈔五百錠。

丙辰，荆南僧晉昭等僞撰佛書，有不道語，伏誅。

己未，詔大都路，凡和顧和買及一切差役，以諸色户與民均當。賜諸王不顔鐵木而、阿八也不干金各五百兩、銀五千兩、鈔二千錠、幣帛各二百匹，其幼王減五分之一。以各道廉訪司官八員，員一印，命收其三。

甲子，賜帝師雙龍紐玉印。也速帶而之軍因李壇亂去山東，其元駐之地爲人所墾，歲久成業，争訟不已。命别以境内荒田給之，正軍五頃，餘丁二頃，已滿數者不給。減海運脚價鈔一貫，計每石六貫五百文，著爲令。徙縉山所居乞里乞思等民於山東，以田與牛、種給之。

**《元史續編》卷五** 太師、御史大夫約蘇特穆爾卒。

**《續資治通鑑》卷一九二**

減海運脚價鈔一貫，計每石六貫五百文。著爲令。

丁卯，禁諸王輒召有司官吏。

時諸王錫錫等部曲，率恣横擾民，駙馬曼濟台私殺有罪，有司官吏輒被號召。至是詔：「非奉旨毋輒加罪。」

**《元史》卷一八《成宗紀一》** 己巳，詔免軍器匠門徭。

是歲，斷大辟三十人。

**《續資治通鑑》卷一九二** 是歲，立巴約特氏爲皇后，駙馬托里斯之女也。

集賢學士閻復，上疏言京師宜首建宣聖廟、學，定用釋奠雅樂，從之。又言曲阜守冢户，昨有司併入民籍，宜復之。其後詔賜孔林灑掃二十八户，祀田五千畝，皆復之請也。

行臺御史及浙西憲司劾江浙行省平章不法者十七事，詔遣侍御史尚文往詰之，左驗明著，猶力争不服，文以上聞。平章乃言御史違制取會防鎮軍數，帝命省臺大臣集議，咸曰：「平章勳臣之後，所犯者輕事，宜宥；御史取會軍數當死。」文抗言：「平章罪狀明白，不受薄責，無人臣禮，其罪非輕；御史糾事之官，因兵卒争愬，責其帥如舊均役，情無害法，即有罪亦輕。」廷辨數四，帝意始悟，平章、御史各杖遣之。



# 元貞二年（丙申、一二九六）

**《元史》卷一九《成宗紀二》** 春正月丙子，詔蠲兩都站户和雇和市。

己卯，詔江南毋捕天鵝。以忽剌出千户所部屯夫貧乏，免其所輸租。上思州叛賊黄勝許攻剽水口思光寨，湖廣行省調兵擊破之，獲其黨黄法安等，賊遁入上牙六羅。

壬午，詔凡户隸貴赤者，諸人毋争。

甲申，命西平王奥魯赤今夏居上都。

**《元史新編》卷七** 丙戌，太白晝見。安西王傅請立王相府。帝曰：「去歲阿難答已嘗面陳，朕諭以世祖定制。今復奏請，豈欲以四川京兆悉爲彼有邪。賦税軍站皆朝廷所司，今姑從汝請，置王相府，惟行王傅事。」

**《元史》卷一九《成宗紀二》** 己丑，御史臺臣言：「漢人爲同寮者，嘗爲姦人捃摭其罪，由是不敢盡言。請於近侍昔寶赤、速古而赤中，擇人用之。」帝曰：「安用此曹。其選漢人識達事體者爲之。」以御史中丞禿赤爲御史大夫。

辛卯，令月赤察而也可〔怯薛〕及合剌赤所部衛士自運軍糧，給其行費。

甲午，授嗣漢三十八代天師張與材太素凝神廣道真人，管領江南諸路道教。

乙未，詔諸王、公主、駙馬，非奉旨毋罪官吏。賜諸王合班妃鈔千二百錠、雜幣帛千匹，駙馬塔海鐵木而鈔三千錠。回紇不剌罕獻獅、豹、藥物，賜鈔千三百餘錠。

二月己亥朔，中書省臣言：「陛下自御極以來，所賜諸王、公主、駙馬、勳臣，爲數不輕，向之所儲，散之殆盡。今繼請者尚多，臣等乞甄别貧匱及赴邊者賜之，其餘宜悉止。」從之。分江浙行省軍萬人戍湖廣。給稱海屯田軍農具。詔奉使及軍官殁而子弟未襲職者，其所佩金銀符歸於官，違者罪之。

辛丑，立中御府，以脱忽伯、唐兀並爲中御卿。

丙午，禁軍將擅易侍衛軍、蒙古軍，以家奴代役者罪之，仍令其奴别入兵籍，以其主資産之半畀之，軍將敢有縱之者，罷其職。括蒙古户漸丁，以充行伍。

庚戌，詔軍卒擅更代及逃歸者死。給禿禿合所部屯田農器。

丙辰，詔江南道士貿易、田者，輸田、商税。

庚申，命札剌而忽都虎所部户居於奉聖、雲州者，與民均供徭役。自六盤山至黄河立屯田，置軍萬人。

丙寅，以大都留守司達魯花赤段貞爲中書平章政事。遣使代祀嶽瀆。賜安西王米三千石，以賑饑民。

三月壬申，以中書平章政事不忽木爲昭文館大學士，平章軍國事。罷太原、平陽路釀進蒲萄酒，其蒲萄園民恃爲業者，皆還之。諸王出伯言所部探馬赤軍懦弱者三千餘人，乞代以强壯，從之。仍命出伯非奉旨毋擅徵發。以怯魯剌駐夏民饑，户給糧六月。郡王慶童有疾，以其子也里不花代之。賜八撒、火而忽答孫、秃剌三人鈔各千錠。治書侍御史萬僧受賕，命御史臺與宣政院使答失蠻雜治之。

癸酉，增駐夏軍爲四萬人。忻都言晉王甘麻剌，朶兒帶言月兒魯，皆有異圖。詔樞密院鞫之，無驗。帝命言晉王者死，言月兒魯者謫從軍自效。詔雲南行臺檢劾亦乞不薛宣慰司案牘。

甲戌，遣諸王亦只里、八不沙、亦憐真、也里慳、甕吉剌帶並駐夏於晉王怯魯剌之地。

丙子，車駕幸上都。

**《元史續編》卷五**　實都伏誅。

**《續資治通鑑》卷一九二**　丁丑，以完顔邦義、尼雅斯拉鼎、劉季安言朝政，杖之，徒二年，籍其家財之半。

**《元史》卷一九《成宗紀二》**　甲申，次大口。

辛卯，賜遼陽行省糧三萬石。

壬辰，詔駙馬亦都護括流散畏吾而户。

癸巳，湖廣行省以叛賊黄勝許黨魯萬丑、王獻於京師。賜諸王鐵木兒金二百五十兩，銀二千五百兩，鈔五千錠，以旌其戰功。以合伯及塔塔剌所部民饑，賑米各千石。

夏四月己亥朔，命撒的迷失招集其祖忙兀臺所部流散人户。賜諸王八卜沙鈔四萬錠，也真所部六萬錠。平陽之絳州，台州路之黄巖州饑，杭州火，並賑之。

**《續資治通鑑》卷一九二**　五月戊辰朔，免兩都徭役。

辛未，安西王遣使來告貧乏。帝語之曰：「世祖以分賚之難，嘗有聖訓，阿南達亦知之矣。若言貧乏，豈獨汝耶！去歲賜鈔二十萬錠，又給以糧。今與，則諸王以爲不均；不與，則汝言人多饑死。其給糧萬石，擇貧者賑之。」

甲戌，詔：「民間馬牛羊，百取其一，羊不滿百者亦取之，惟色目人及數乃取。」

**《元史》卷一九《成宗紀二》**　庚辰，土蕃叛，殺掠階州軍民，遣脱脱會諸王鐵木而不花、只列等合兵討之。

甲申，命也真、薛闍罕駐夏於合亦而之地。禁諸王、公主、駙馬招户。

己丑，詔諸徒役者，限一年釋之，毋杖。

庚寅，罷四川馬湖進獨本葱。詔諸王、駙馬及有分地功臣户，居上都、大都、隆興者，與民均納供需。

丁酉，命諸行省非奉旨毋擅調軍。安南國遣人招誘叛賊黄勝許。也黑(迭)〔迷〕失進紫檀，賜鈔四千錠。是月，野蠶成繭。河中府之猗氏雹。太原之平晉，獻州之交河、樂壽，莫州之莫亭、任丘，及湖南醴陵州皆水。濟寧之濟州螟。

六月己亥，給出伯軍馬七千二百餘匹。詔晉王所部衣糧，糧以歲給，衣則三年賜之。給瓜州、沙州站户牛種田具。御史臺臣言：「官吏受賂，初既辭伏，繼以審覈，而有司徇情致令異辭者，乞加等論罪。」從之。

乙巳，以調兵妨農，免廣西容州等處田租一年。

**《續資治通鑑》卷一九二**　丙午，安南遣人招誘叛賊黄勝許，勝許遁入其國。

甲寅，降官吏受贓條格，凡十有三等。南臺御史大夫阿喇卜丹言：「立法貴輕重得宜，使民不至易犯。今所降條格，除枉法外，其不枉法者，自二十兩以下，罪與受一分者同科，似輕重少偏。」不聽。

**《元史》卷一九《成宗紀二》**　丙寅，詔行省、行臺，凡朱清有所陳列，毋輒止之。賜西平王奥魯赤銀二百五十兩，鈔六千錠，所部六萬錠，諸王亦憐真所部二十萬錠，兀魯思駐冬軍三萬錠。是月，大都、真定、保定、太平、常州、鎮江、紹興、建康、澧州、岳州、廬州、汝寧、龍陽州、漢陽、濟寧、東平、大名、滑州、德州蝗。大同、隆興、順德、太原雹。海南民饑，發粟賑之。

秋七月庚午，肇州萬户府立屯田，給以農具、種、食。

辛未，以鈔十一萬八千錠治西蕃諸驛。甘、肅兩州驛户饑，給糧有差。賜諸王完澤印。

癸酉，詔茶鹽轉運司、印鈔提舉司、運糧漕運司官，仍舊以三年爲代；雲南、福建官吏滿任者，給驛以歸。

壬午，括伯顔、阿朮、阿里海牙等所據江南田及權豪匿隱者，令輸租。河泊官歲入五百錠者敕授。增江西、河南省參政一員，以朱清、張瑄爲之。授特進上柱國高麗王世子王謜爲儀同三司、領都僉議司事。

乙酉，遣雲南省逃軍戍亦乞不薛。命湖廣、江西兩省擇駐夏軍牧地。

丙戌，遣岳樂也奴等使馬八兒國。

己丑，命行臺監察御史鈎校隨省理問所案牘。以虎賁三百人戍應昌。諸提調錢正官，其部凡有逋欠者勿遝敍。廣西賊陳飛、雷通、藍青、謝發寇昭、梧、藤、容等州，湖廣左丞八都馬辛擊平之。

**《元史續編》卷五**　廣西盜起，討平之。

**《元史》卷一九《成宗紀二》**　辛巳，賜貴由赤戍軍鈔三萬九千餘錠。是月，平陽、大名、歸德、真定蝗。彰德、真定、曹州、濱州水。懷孟、大名、河間旱。太原、懷孟雹。福建、廣西兩江道饑，賑粟有差。

**《續資治通鑑》卷一九二**　八月丁酉朔，禁舶商毋以金銀過海，諸使海外國者不得爲商。

壬寅，命江浙行省以船五十艘、水工千三百人沿海巡禁私鹽。

乙巳，立捕盜賞格。諸人能告捕者，強盜一名賞鈔五十貫，竊盜半之，應捕者又半之，皆徵諸犯人；無可徵者，官給之。

**《元史》卷一九《成宗紀二》**　乙卯，給諸王亦憐真軍糧三月。是月，德州、彰德、太原蝗。咸寧縣，金、復州，隆興路隕霜殺禾。寧海州大雨。大名路水。

九月辛未，聖誕節，帝駐蹕安同泊，受諸王百官賀。

甲戌，增鹽價鈔一引爲六十五貫，鹽户造鹽錢爲十貫，獨廣西如故。徵浙東、福建、湖廣夏税。罷民間鹽鐵爐竈。給襄陽府合剌魯軍未賜田者糧兩月。罷淮西諸巡禁打捕人員。

**《續資治通鑑》卷一九二**　戊寅，元江賊捨資掠邊境，梁王命集賽坦討平之。

甲申，雲南省臣額森布哈征奇藍，拔瓦農、開陽兩寨，其黨達喇率諸蠻來降，奇藍悉平，以其地爲雲遠路軍民總管府。

**《元史》卷一九《成宗紀二》**　辛卯，諸王出伯言汪總帥等部軍貧乏，帝以其久戍，命留五千駐冬，餘悉遣還，至明年四月赴軍。

甲午，令廣海、左右兩江戍軍，以二年三年更戍；海都兀魯思不花部給出伯所部軍米萬石。是月，常德之沅江縣水，免其田租。河間之莫州、獻州旱。河決河南杞、封丘、祥符、寧陵、襄邑五縣。

冬十月丁酉，有事於太廟。

壬寅，發米十萬石賑糶京師。以宣德、奉聖、懷來、縉山等處牧宿衛馬。

甲辰，修大都城。

壬子，車駕至自上都。職官坐贓，經斷再犯者，加本罪三等。贛州賊劉六十攻掠吉州，江西行省左丞董士選討平之。

是月，廣備屯及寧海之文登水。

十一月丁卯，以蠻洞將領彭安國父子討田知州有功，賜安國金符，子爲蠻夷官。答馬剌一本王遣其子進象十六。

戊辰，以廣西戍軍悉隸兩江宣慰司都元帥府。

己巳，兀都帶等進所譯太宗、憲宗、世祖《實録》，帝曰：「忽都魯迷失非昭睿順聖太后所生，何爲亦曰公主？順聖太后崩時，裕宗已還自軍中，所紀月日先後差錯。又別馬里思丹炮手亦思馬因、泉府司，皆小事，何足書耶。」

辛未，徙江浙行省拔都軍萬人戍潭州，潭州以南軍移戍郴州。以洪澤、芍陂屯田軍萬人修大都城。遣樞密院官整飭江南諸鎮戍軍，凡將校勤怠者，列實以聞。增海運明年糧爲六十萬石。

乙酉，樞密院臣言：「江南近邊州縣，宜擇險要之地，合羣戍爲一屯，卒有警急，易於徵發。」詔行省圖地形，覈軍實以聞。

戊子，(贈)〔增〕大都巡防漢軍。

壬辰，緬王遣其子僧伽巴叔撒邦巴來貢方物。罷雲南柏興府入德昌路。賜太常禮樂户鈔五千餘錠。是月，象食屯水，免其田租。

十二月戊戌，立徹里軍民總管府。雲南行省臣言：「大徹里地與八百媳婦犬牙相錯，今大徹里胡念已降，小徹里復占扼地利，多相殺掠。胡念遣其弟胡倫乞別置一司，擇通習蠻夷情狀者爲之帥，招其來附，以爲進取之地。」詔復立蒙樣剛等甸軍民官。

癸卯，定諸王朝會賜與：太祖位，金千兩、銀七萬五千兩；世祖位，金各五百兩、銀二萬五千兩；餘各有差。

丁未，詔諸行省徵補逃亡軍。復司天臺觀星户。

癸亥，釋在京囚百人。增置侍御史二員。賜金齒、羅斛來朝人衣。

是(月)〔歲〕，大都、保定、汴梁、江陵、沔陽、淮安水，金、復州風損禾，太原、開元、河南、芍陂旱，蠲其田租。是歲，斷大辟二十四人。

**《元史續編》卷五**　定徵江南夏税法。

# 大德元年(丁酉、一二九七)

**《元史》卷一九《成宗紀二》**　春正月，增諸王要木忽而、兀魯(而)〔思〕不花歲賜各鈔千錠。

辛未，諸王亦憐真來朝，薨於道，賜幣帛五百匹。

乙亥，給月兒魯匠者田，人百畝。

乙酉，以邊地乏芻，給出伯征行馬粟四月。

丙戌，以鈔十二萬錠、鹽引三萬給甘肅行省。昔寶赤等爲叛寇所掠，仰食於官，賜以農具牛種，俾耕種自給。

己丑，以藥木忽而等所部貧乏，摘和林漢軍置屯田於五條河，以歲入之租資之。

辛卯，以張斯立爲中書省參知政事。諸王阿只吉駐太原，河東之民困於供億，詔詰問之，仍歲給鈔三萬錠，糧萬石。給晉王所部屯田農器千具。建五福太乙神壇畤。汴梁、歸德水。木隣等九站饑，以米六百餘石賑之。給可温種田户耕牛。

二月甲午朔，賜晉王甘麻剌鈔七萬錠，安西王阿難答三萬錠。

丙申，蒙陽甸酋長納款，遣其弟阿不剌等來獻方物，且請歲貢銀千兩及置驛傳，詔即其地立通西軍民府，秩正四品。

戊戌，陞全州爲全寧府。

庚子，詔東部諸王分地蒙古戍軍，死者補之，不勝役者易之。

癸卯，徙揚州萬户鄧新軍屯蘄、黄。以闍里台所隸新附高麗、女直、漢軍居瀋州。

甲(申)〔辰〕，諸軍民相訟者，命軍民官同聽之。

丁未，省打捕鷹房府入東京路。

戊午，羅羅斯酋長來朝。

己未，改福建省爲福建平海等處行中書省，徙治泉州。平章政事高興言泉州與瑠求相近，或招或取，易得其情，故從之。減福建提舉司歲織段三千匹，其所織者加文綉，增其歲輸衲服二百，其車渠帶工別立提舉司掌之。封的立普哇拿阿迪提牙爲緬國王，且詔之曰：「我國家自祖宗肇造以來，萬邦黎獻，莫不畏威懷德。嚮先朝臨御之日，爾國使人稟命入覲，詔允其請。爾乃遽食前言，是以我帥閫之臣加兵於彼。比者，爾遣子信合八的奉表來朝，宜示含弘，特加恩渥。今封的立普哇拿阿迪提牙爲緬國王，賜之銀印；子信合八的爲緬國世子，錫以虎符。仍戒飭雲南等處邊將，毋擅興兵甲。爾國官民，各宜安業。」又賜緬王弟撒邦巴一珠虎符，尊領阿散三珠虎符，從者金符及金幣，遣之。以新附軍三千屯田漳州。

**《元史續編》卷五**　詔改元赦天下。改今年元貞三年爲大德元年。

**《元史》卷一九《成宗紀二》**　庚申，陞寧都、會昌縣爲州，並隸贛州路；寧陽鎮爲縣，隸濟寧路；陝州巡檢司爲河曲縣，隸保德州。安豐路設隸事司。以行徽政院副使王慶端爲中書右丞。詔改元赦天下。免上都、大都、隆興差税三年。給也只所部六千户糧三月。

**《續資治通鑑》卷一九二**　召耶律有尚爲國子祭酒，以其前在國學能振儒風也。尋除集賢學士，兼其職。

奇徹親軍都指揮使托克托呼自北邊入朝，拜同知樞密院事，命還北邊。行至宣府卒，贈司空，謚武毅。

**《元史》卷一九《成宗紀二》**　三月己巳，完澤等奏定銓調選法。

庚午，以陝西行省平章也先鐵木而爲中書平章政事，中書省左丞梁暗都剌爲中書省右丞。

癸酉，畋於柳林。免武當山新附軍徭賦。

甲戌，西蕃寇階州，陝西行省平章脱列伯以兵進討，其黨悉平，留軍五百人戍之。詔各省合併鎮守軍，福建所置者合爲五十三所，江浙所置者合爲二百二十七所。

**《續資治通鑑》卷一九二**　以徹爾爲江南諸道行臺御史大夫。

丙子，帝如上都。命典瑞少監焦養直進講《資治通鑑》，養直因陳規諫之言，帝厚賜之。

**《元史》卷一九《成宗紀二》**　丁丑，封諸王鐵木而不花爲鎮西武靖王，賜駝紐印。以江西省左丞八都馬辛爲中書左丞。

庚辰，札魯忽赤脱而速受賂，爲其奴所告，毒殺其奴，坐棄市。

乙酉，遣阿里以鈔八萬錠糴糧和林。

丁亥，禁正月至七月捕獵，大都八百里内亦如之。

庚寅，立江淮等處財賦總管府及提舉司。賜諸王岳木忽而及兀魯思不花金各百兩，兀魯思不花母阿不察等金五百兩、銀鈔有差。賜稱海匠户市農具鈔二萬二千九百餘錠，及牙忽都所部貧户萬錠，別吉髒匠萬九百餘錠。五臺山佛寺成，皇太后將親往祈祝，監察御史李元禮上封事止之。歸德、徐、邳、汴梁諸縣水，免其田租。道州旱，遼陽饑，并發粟賑之。岳木忽而及兀魯思不花所部民饑，以乳牛牡馬濟之。

《續資治通鑑》卷一九二　夏四月癸巳朔，日有食之。

《元史》卷一九《成宗紀二》　丙申，中書省、御史臺臣言：「阿老瓦丁及崔彧條陳臺憲諸事，臣等議，乞依舊例。御史臺不立選，其用人則於常調官選之，惟監察御史首領官，令御史臺自選。各道廉訪司必擇蒙古人爲使，或闕，則以色目世臣子孫爲之，其次參以色目、漢人。又合剌赤、阿速各舉監察御史非便，亦宜止於常選擇人。各省文案，行臺差官檢覈。宿衛近侍，奉特旨令臺憲擢用者，必須明奏，然後任之。行臺御史秩滿而有效績者，或遷内臺，或呈中書省遷調，廉訪司亦如之；其不稱職者，省、臺擇人代之。未歷有司者，授以牧民之職；經省、臺同選者，聽御史臺自調。中書省或用臺察之人，亦宜與御史臺同議，各官府憲司官，毋得輒入體察。今擬除轉運鹽使司外，其餘官府悉依舊例。」制曰「可」。

壬寅，賜兀魯思不花圓符。賜暹國、羅斛來朝者衣服有差。賜牙忽都部鈔萬錠。給岳木忽而所部和林屯田種。以米二千石賑應昌府。

《續資治通鑑》卷一九二　董文用請致仕。文用自世祖時，每侍宴，與蒙古大臣同列。裕宗嘗就榻上賜酒，使毋下拜跪飲。帝在東宫，正旦受賀，於衆中見文用，召使前，曰：「吾向見至尊，甚稱汝賢。」輒親取酒賜之，眷賚益厚。至是許其歸，官一子鄉郡侍養。

五月丙寅，河決汴梁，發民三萬人塞之。

《元史》卷一九《成宗紀二》　戊辰，安南國遣使來朝。追收諸位下爲商者制書、驛券。命回回人在内郡輸商税。給鈔千錠建臨洮佛寺。詔強盜姦傷事主者，首從悉誅；不傷事主，止誅爲首者，從者刺配，再犯亦誅。給葛蠻安撫司驛券一。

辛未，遂寧州軍户任福妻一産三男，給復三歲。

丁丑，禁民間捕鷲鷹鶻。

庚寅，平伐酋領内附，乞隸於亦乞不薛，從之。各路平準行用庫，舊制選部民富有力者爲副，命自今以常調官爲之，隸行省者從行省署用。上思州叛賊黄勝許遣其子志寶來降。漳河溢，損民禾稼。饒州鄱陽、樂平及隆興路水。亦乞列等三站饑，賑米一百五十石。

六月甲午，諸王也里干遣使乘驛祀五嶽、四瀆，命追其驛券，仍切責之。以湖廣行省參政崔良知廉貧，特賜鹽課鈔千錠。給和林軍需鈔十萬錠。

戊戌，平伐九寨來降，立長官司。

己酉，令各部宿衛士輸上都、隆興糧各萬五千石於北地。

甲寅，罷亦奚不薛歲貢馬及氊衣。

丙辰，監察御史斡羅失剌言：「中丞崔彧兄在先朝嘗有罪，還其所籍家産非宜。又買僧寺水碾違制。」帝以其妄言，笞之。詔僧道犯姦盜重罪者，聽有司鞫問。賜諸王也里干等從者鈔二萬錠，朶思麻一十三站貧民五千餘錠。是月，平灤路蟲食桑。歸德徐、邳州蝗。太原風、雹。河間、大名路旱。和州歷陽縣江漲，漂没廬舍萬八千五百餘家。以糧四千餘石賑廣平路饑民，萬五千石賑江西被水之家，二百九十餘石賑鐵里干等四站饑户。

《續資治通鑑》卷一九二　戊寅，前翰林學士承旨董文用卒。

是月，和州歷陽縣江溢，漂没廬舍萬〔八千五百〕餘家。

《元史》卷一九《成宗紀二》　秋七月辛未，賜諸王脱脱、孛羅赤、沙禿而鈔二千錠，所部八萬四千餘錠；撒都失里千錠，所部二萬餘錠。罷蒙古軍萬户府入曲先塔林都元帥府。

癸未，增晉王所部屯田户。

甲申，增中御府官一員。賜馬八兒國塔喜二珠虎符。詔出使招諭者授以招諭使、副；諸取藥物者，授以會同館使、副，但降旨差遣，不給制命。

丙戌，以八兒思禿倉糧隸上都留守司。招籍宋兩江鎮守軍。

丁亥，免上都酒課三年。賜諸王不顔鐵木而及其弟伯真孛羅鈔四千錠，所部八萬四千八百餘錠，仍給糧一年。寧海州饑，以米九千四百餘石賑之。河決杞縣蒲口。郴州路、耒陽州、衡州之酃縣大水山崩，溺死三百餘人。懷州武陟縣旱。

八月庚子，詔合伯留軍五千屯守，令孛來統其餘衆以歸。

丁未，命諸王阿只吉自今出獵，悉自供具，毋傷民力。

丁巳，揚州、淮安、寧海州旱。真定、順德、河間旱，疫。池州、南康、寧國、太平水。

九月壬戌，八番、順元等處初隸湖廣，後改隸雲南，雲南戍兵不至，其屯駐舊軍逃亡者衆，仍命湖廣行省遣軍代之。

甲子，八百媳婦叛，寇徹里，遣也先不花將兵討之。

丙寅，詔恤諸郡水旱疾疫之家。罷括兩淮民田。汰諸王來大都者及宿衛士冗員。

**《御批歷代通鑑輯覽》卷九六** 括江南隱蔽田。

凡巴延、阿珠、阿爾哈雅等下江南所據田及權豪隱蔽者，悉括之令輸租。

**《元史》卷一九《成宗紀二》** 丁卯，命平章伯顔專領給賜孤老衣糧。

壬午，車駕還大都。

己丑，增海漕爲六十五萬石。罷南丹州安撫司，立慶遠南丹溪洞等處軍民安撫司。詔邊遠官已嘗優陞品級而託他事不赴者，奪其所陞官。平珠、六洞蠻及十部洞蠻皆來降，命以蠻夷官授之。給衛士牧馬外郡者糧，令毋仰食於民。以札魯忽赤所追贓物輸中書省。衛輝路旱，疫。澧州、常德、饒州、臨江等路，温之平陽、瑞安二州大水。鎮江之丹陽、金壇旱。並以糧給之。

**《續資治通鑑》卷一九三** 以徹爾爲浙江行省平章政事。

江浙税糧甲天下，平江、嘉興、湖州三郡，當江、浙十六七，而其地極下，水鍾爲震澤。震澤由吴淞江入海，歲久，江淤塞，豪民利之，封土爲田，水無所泄，由是浸淫泛溢，敗諸郡禾稼。朝廷命行省疏導之，發卒數萬人，徹爾董其役，凡四閱月畢工。

**《元史》卷一九《成宗紀二》** 冬十月甲午，詔諸遷轉官注闕二年。

丁酉，有事於太廟。

辛丑，減上都商税歲額爲三千錠。温州陳空崖等以妖言伏誅。

癸丑，免陝西鹽户差税，罷其所給米。

乙卯，爪哇遣失剌班直木達奉表來降。

戊午，增吏部尚書一員。以朶甘思十九站貧乏，賜馬牛羊有差。廬州路無爲州江潮泛溢，漂没廬舍。歷陽、合肥、梁縣及安豐之蒙城、霍丘自春及秋不雨。揚州、淮安路饑。韶州、南雄、建德、温州皆大水。並賑之。

十一月壬戌，禁權豪、僧、道及各位下擅據鑛炭山場。罷順德、彰德、廣平等路五提舉司，立都提舉司二，陞正四品，設官四員，直隸中書户部。衛輝路提舉司隸廣平彰德都提舉司，真定鐵冶隸順德都提舉司。罷保定紫荆關鐵冶提舉司，還其户八百爲民。

癸亥，詔自今田獵始自九月。高麗王王昛告老，乞以爵與其子謜。福建行省遣人覘瑠求國，俘其傍近百人以歸。

戊辰，增太廟牲用馬。

庚午，籍唐兀軍入樞密院。

丁丑，詔以高麗王世子謜爲開府儀同三司、征東行中書省左丞相、駙馬、上柱國、高麗國王，仍加授王昛爲推忠宣力定遠保節功臣、開府儀同三司、太尉、駙馬、上柱國、逸壽王。增烏撒烏蒙等處宣慰使一員，以孛羅歡爲之。賜諸王兀魯思不花金千兩、銀萬五千兩、鈔萬錠。徙大同路軍儲所於紅城。以河南行省經用不足，命江浙行省運米二十萬石給之。總帥汪惟和以所部軍屯田沙州、瓜州，給中統鈔二萬三千二百餘錠置種、牛、田具。大都路總管沙的坐贓當罷，帝以故臣子，特減其罪，俾仍舊職。崔彧言不可復任，帝曰：「卿等與中書省臣戒之，若後復然，則置爾死地矣。」

戊子，增晉王内史一員，尚乘寺卿一員。賜藥木忽而金一千二百五十兩、銀一萬五千兩、鈔一萬二千錠。常德路大水，常州路及宜興州旱，並賑之。

十二月癸巳，令也速帶而、藥樂罕將兵出征。

丙申，徙襄陽屯田合剌魯軍於南陽，户受田百五十畝，給種、牛、田具。

戊戌，中書省臣同河南平章孛羅歡等言：「世祖撫定江南，沿江上下置戍兵三十一翼，今無一二，懼有不虞。外郡戍卒封樁錢，軍官遷延不以時取，而以己錢貸之，徵其倍息。逃亡者各處鎮守官及萬户府並遣人追捕。皆非所宜。又富户規避差税冒爲僧道，且僧道作商賈有妻子，與編氓無異，請汰爲民。宋時爲僧道者，必先輸錢縣官，始給度牒，今不定制，僥倖必多。無爲釐課，初歲入爲鈔止一百六錠，續增至二千四百錠，大率斂富民、刻吏俸、停竈户工本以足之，亦宜減其數。」帝曰：「礬課遣人覈實。汰僧道之制，卿等議擬以聞。軍政與樞密院議之。」諸王也只里部忽刺帶於濟南商河縣侵擾居民，蹂踐禾稼，帝命詰之，走歸其部。帝曰：「彼宗戚也，有是理耶？其令也只里罪之。」禁諸王、駙馬并權豪，毋奪民田，其獻田者有刑。復立芍陂、洪澤屯田。

壬寅，朝洞蠻内附，立長官司二，命楊漢英領之。

丁未，旌表烈婦漳州招討司知事闞文興妻王氏。

戊申，增給雲南廉訪司驛券四十二。

乙卯，免上都至大都并宣德等十三站户和雇和買。賜諸王忽刺出鈔千錠，所部四萬四千五百餘錠；諸王阿朮、速哥鐵木而所部二萬八千九百餘錠。

閏十二月壬戌，命也速帶而等出征。詔諸軍户賣田者，由所隸官給文券。

甲子，福建平章高興言：「漳州漳浦縣大梁山産水晶，乞割民百户采之。」帝曰：「不勞民則可，勞民勿取。」

壬申，徙乃顔民户於内地。定燕禿忽思所隸户差税，以三分之一輸官。賜忽刺出所部鈔萬錠。

己卯，賜不思塔伯千户等鈔約九萬錠。淮東饑，遣參議中書省事于（章）〔璋〕發廩賑之。弛湖泊之禁，仍聽正月捕獵。平伐等蠻未附，播州宣撫使楊漢英請以己力討之，命湖廣省答剌罕從宜收撫。瓜州屯田軍萬人貧乏，命減一千，以張萬户所領兵補之。

甲申，增兩淮屯田軍爲二萬人。賜諸王阿牙赤鈔千錠，所部一萬一千餘錠；藥樂罕等所部七萬錠；暗都刺火者所部四萬餘錠。般陽路饑疫，給糧兩月。

是歲，濟南及金、復州水、旱。大都之檀州、順州，遼陽、瀋陽，廣寧水。順德、河間、大名、平陽旱。河間之樂壽、交河疫，死六千五百餘人。斷大辟百七十五人。

## 大德二年（戊戌、一二九八）

**《續資治通鑑》卷一九三**　春正月壬辰，詔以水旱減郡縣田租十分之三，傷甚者盡免之，老病單弱者，差税並免三年。

禁諸王、公主、駙馬受人呈獻公私田地及擅招户者。

**《元史》卷一九《成宗紀二》**　丙申，遣使閱諸省兵。

丁酉，置汀洲屯田。

辛丑，御史臺臣言：「諸轉運司案牘，例以歲終檢覆。金穀事繁，稽照難盡，奸僞無從知之。其未終者，宜聽憲司於明年檢覆。」從之。

乙巳，以糧十萬石賑北邊内附貧民。

己酉，建康、龍興、臨江、寧國、太平、廣德、饒池等處水，發臨江路糧三萬石以賑，仍弛澤梁之禁，聽民漁采。遣所俘瑠求人歸諭其國，使之效順。併土蕃、碉門安撫司、運司，改爲碉門魚通黎雅長（沙）〔河〕西寧遠軍民宣撫司。以翰林王惲、閻復、王構、趙與（票）〔熛〕、王之綱、楊文郁、王德淵，集賢王顒、宋渤、盧摯、耶律有尚、李泰、郝采、楊麟，皆耆德舊臣，清貧守職，特賜鈔二千一百餘錠。給西平王奥魯赤部民糧三月，晉王秫米五百石，所部鈔十二萬錠，戍和林、高麗、女直、漢軍三萬錠。

**《元史續編》卷五**　詔祭太廟增用馬。

**《元史》卷一九《成宗紀二》**　二月戊午朔，詔樞密院合併貧難軍户。

壬戌，徙重慶宣慰司都元帥府於成都。立軍民宣慰司都元帥府於福建。

**《元史新編》卷七**　乙丑，立浙西都水營田司，專主水利。以張九思、梁德珪、何榮祖并平章政事，楊炎龍爲右丞。以歲入不敷，罷中外土木之役。后妃諸王所需，非有旨勿給。罷建康金銀洞冶轉運司，歲辦金悉責有司。

**《元史》卷一九《成宗紀二》**　丁卯，改泉州爲泉寧府。

己巳，畋於漷州。

辛未，併江西省元分置軍爲六十四所。

丙子，帝諭中書省臣曰：「每歲天下金銀鈔幣所入幾何，諸王、駙馬賜與及一切營建所出幾何，其會計以聞。」右丞相完澤言：「歲入之數，金一萬九千兩，銀六萬兩，鈔三百六十萬錠，然猶不足於用，又於至元鈔本中借二十萬錠。自今敢以節用爲請。」帝嘉納焉。

**《御批歷代通鑑輯覽》卷九六**　罷中外土木之役。

先是，中書省臣屢言：「諸藩戚賜與繁重，向之所儲，散之殆盡。」至是，遂諭省臣會計天下財帛、歲入及賜與營建歲費之數。丞相鄂勒哲言：「歲入之數，不償所費，又豫於至元鈔本借二十萬錠。」因以節用爲請，帝爲罷中外土木之役。

《元史》卷一九《成宗紀二》 癸未，詔諸王、駙馬毋擅祀嶽、鎮、海瀆。申禁諸路軍及豪右人等，毋縱畜牧損農。

《續資治通鑑》卷一九三 乙酉，帝如上都。

罷建康金銀銅冶轉運司；還淘金户於元籍，歲辦金專責有司。

詔廉訪司作成人材，以備選舉。

中書平章政事崔彧與御史大夫圖齊言：「世祖聖訓，凡在籍儒人，皆復其家。今歲月滋久，老者已矣，少者不學。宜遵先制，俾廉訪司常加勉勵。」帝深然之，命彧與博果密、鄂爾根薩理同翰林、集賢議降條例，故有是詔。

《元史》卷一九《成宗紀二》 詔諸郡凡民播種怠惰及有司勸課不至者，命各道廉訪司治之。減行省平章爲二員。

丙(子)〔戌〕，以梁德珪爲中書平章政事，楊炎龍爲中書右丞。賜爪忽而所部鈔三十萬錠，近侍伯顔鐵木而等三萬錠，也先鐵木而等市馬價三萬四千四百餘錠，鎮南王脱歡六萬錠。浙西嘉興、江陰，江東建康、溧陽、池州水，旱，並賑恤之。湖廣省漢陽、漢川水，免其田租。甘肅省沙州鼠傷禾稼。大都檀州雨雹。歸德等處蝗。

《御批歷代通鑑輯覽》卷九六 開鐵幡竿渠。

《元史》卷一九《成宗紀二》 三月丁亥朔，罷大名路故河堤堰歲入隆福宫租鈔七百五十錠。申禁官吏受賂詣諸司首者，不得輒受。

戊子，詔僧人犯奸盗詐僞，聽有司專決，輕者與僧官約斷，約不至者罪之。

庚寅，命各萬户出征者，其印令副貳掌之，不得付其子弟，違法行事。以兩淮閑田給蒙古軍。

壬子，御史臺臣言：「道州路達魯花赤阿林不花、總管周克敬虚申麥熟，不賑饑民，雖經赦宥，宜降職一等。」從之。

詔加封東鎮沂山爲元德東安王，南鎮會稽山爲昭德順應王，西鎮吴山爲成德永靖王，北鎮醫巫閭山爲貞德廣寧王，歲時與嶽瀆同祀，著爲令式。

夏四月戊午，遣征不剌壇軍還本部。

庚申，以也速帶而擅調甘州戍軍，遣伯顔等笞之。

賜大都守門合剌赤等鈔九萬錠，織工四萬四千錠。發廩元糧五萬石，減其直以賑饑民。

《續資治通鑑》卷一九三 江南、山東、浙江、兩淮、燕南屬縣多蝗。

《元史》卷一九《成宗紀二》 五月辛卯，罷海南黎兵萬户府及黎蠻屯田萬户府，以其事入瓊州路軍民安撫司。罷蕁麻林酒税羨餘。

壬辰，以中書右丞何榮祖爲平章政事，與中書省事，湖廣左丞八都馬辛爲中書右丞。淮西諸郡饑，漕江西米二十萬石以備賑貸。命中書省遣使監雲南、四川、海北海南、廣西兩江、廣東、福建等處六品以下選。

壬寅，平灤路旱，發米五百石，減其直賑之。

己酉，諸王念不列妃扎忽真詐增所部貧户，冒支鈔一萬六百餘錠，遣扎魯忽赤同王府官追之。(南)〔衛〕輝、順德旱，大風損麥，免其田租一年。詔總帥汪惟正所轄二十四城，有安西王、諸王等并朶思麻來寓者，與編户均當賦役。耽羅國以方物來貢。撫州之崇仁星隕爲石。復致用院。置和林宣慰司都元帥府，以忽剌出、耶律希周、納鄰合剌並爲宣慰使都元帥，佩虎符。給兩都八剌合赤鈔各三萬錠。

六月庚申，御史臺臣言：「江南宋時行兩税法，自阿里海牙改爲門攤，增課錢至五萬錠。今宣慰張國紀請復科夏税，與門攤併徵，以圖陞進。湖、湘重罹其害。」帝命中書趣罷之。禁權豪、斡脱括大都漕河舟楫。西臺侍御史脱歡以受賂不法罷。禁諸王擅行令旨，其越例開讀者，併所遣使拘執以聞。

《御批歷代通鑑輯覽》卷九六 徵湖廣夏税。

《元史》卷一九《成宗紀二》 壬戌，詔陝西諸色户與民均當徭役。申嚴陝西運司私鹽之禁。置奉宸庫。賜諸王岳木忽而金一千二百五十兩，兀魯思不花并其母一千兩，銀、鈔有差。山東、河南、燕南、山北五十處蝗。山北遼東道大寧路金源縣蝗。

秋七月癸巳，汴梁等處大雨，河決壞隄防，漂没歸德數縣禾稼、廬舍，免其田租一年。遣尚書那懷、御史劉賡等塞之，自蒲口首事，凡築九十六所。

壬寅，詔諸王、駙馬及諸近侍，自今奏事不經中書，輒傳旨付外者，罪之。高麗王王謜擅命妄殺，詔遣中書右丞楊炎龍、僉樞密院事洪君祥召其入侍，以其父昛仍統國政。賜諸王亦憐真等金、銀、鈔有差。江西、江浙水，賑饑民二萬四千九百有奇。

八月癸未，給四川出征蒙古軍馬萬匹。

九月己丑，聖誕節，駐蹕阻嫣之地，受諸王百官賀。交趾、爪哇、金齒國各貢方物。給和林更戍軍牛、車。

丙申，車駕還大都。

辛丑，命廣海、左右江戍軍依舊制以二年或三年更代。

癸卯，樞密副使塔剌忽帶犯贓罪，命御史臺鞫之。

庚戌，吉、贛立屯田。減中外冗員。

**《續資治通鑑》卷一九三**　是月，平章政事崔彧卒，贈太傅，謚忠肅。

**《元史》卷一九《成宗紀二》**　冬十月甲寅朔，增海漕米爲七十萬石。

壬戌，置蒙古都萬户府於鳳翔。立平珠、六洞蠻夷長官司二，設土官四十四員。

戊寅，令御史臺檢劾樞密院案牘。賜諸王岳木忽而、兀魯(忽)〔思〕不花所部糧五萬石；控鶴七百人，賜鈔五百錠。

十一月庚寅，安南貢方物。

丙申，知樞密院那懷言：「常例文移，乞令副樞以下署行。」從之。罷雲南行御史臺，置肅政廉訪司。

辛丑，罷徐、邳爐冶所進息錢。

壬寅，以中書右丞王慶端爲平章政事。賜和林軍校幣六千匹，衣帽等物有差。

十二月戊午乙丑，括諸路馬，除牝孕攜駒者，齒三歲以上並拘之。賜朶而朶海所部鈔八十五萬錠。

辛未，增置各路推官，專掌刑獄，上路二員，下路一員。詔諸逃軍復業者免役三年。江浙行省平章政事答剌罕陞左丞相。

辛巳，命廉訪司歲舉所部廉幹者各二人。詔和市價直隨給其主，違者罪之。定諸税錢三十取一，歲額之上勿增。揚州、淮安兩路旱、蝗，以糧十萬石賑之。給陣亡軍妻子衣糧。免内郡賦税。諸王小薛所部三百餘户散處鳳翔，以潞州田二千八百頃賜之。釋在京囚二百一十九人。

**《續資治通鑑》卷一九三**　是歲，北邊諸王都哇、徹徹圖等潛師襲和爾哈圖之地。其地亦有山甚高，敵兵據之，綽和爾選勇而善步者持挺刃四面上，奮擊，盡覆其軍。

西北諸王將帥共議防邊，咸曰：「敵往歲不冬出，即可休兵於境。」奇爾濟蘇曰：「不然。今秋候騎來者甚少，所謂鷙鳥將擊，必匿其形，備不可緩也。」衆不以爲然，奇爾濟蘇獨嚴兵以待之。是冬，敵兵果大至，三戰三克。奇爾濟蘇乘勝逐北，深入險地，後兵不繼，馬躓，遂爲所執。敵誘使降，正言不屈；又欲以女妻之，奇爾濟蘇毅然曰：「我帝壻也，非帝后面命而再娶，可乎？」敵不敢逼。帝嘗遣其家臣阿錫斯特使敵境，見於人衆中，奇爾濟蘇一見，輒問兩宫安否，次問嗣子何如，言未畢，左右即引去。明日，遣使者還，不復再見，竟不屈，死焉。追封趙王，謚忠憲。

皇曾孫梁王松山，出鎮雲南，廷議求舊臣可爲輔行者，遂以陝西行臺侍御史張立道爲雲南行省參政，視事期月，卒於官。立道凡二使安南，官雲南最久，頗得土人之心，爲立廟於鄯善城西。

簽淮西江北道廉訪司事申屠致遠行部至和州，得疾卒。致遠清修苦節，恥事權貴，聚書萬卷，名曰墨莊。既歿，家無餘産。

## 大德三年（己亥、一二九九）

**《元史》卷二〇《成宗紀三》**　三年春正月癸未朔，暹番、没剌由、羅斛諸國，各以方物來貢。賜暹番世子虎符。

己丑，中書省臣言：「天變屢見，大臣宜依故事引咎避位。」帝曰：「此漢人所説耳，豈可一一聽從耶！卿但擇可者任之。」

庚寅，詔遣使問民疾苦。除本年内郡包銀、俸鈔。免江南夏税十分之三。增給小吏俸米。置各路惠民局，擇良醫主之。封藥木忽而爲定遠王，賜金印。命中書省：自今后妃、諸王所需，非奉旨勿給；各位擅置官府，紊亂選法者，戒飭之。

**《續資治通鑑》卷一九三**　時遣張珪巡行川、陝，珪卹孤貧，罷冗員，黜貪吏，以稱職聞，還，擢江南行臺侍御史。

**《元史》卷二〇《成宗紀三》**　辛卯，詔諸行省謹視各翼病軍。浙西肅政廉訪使王遇犯贓罪，託權幸規免，命御史臺鞫治之。

壬辰，安置高麗陪臣趙仁規於安西、崔沖紹於鞏昌，並笞而遣之，以正其附王諒擅命妄殺之罪。復以王昛爲高麗王，遣工部尚書也先鐵木而、翰林待制賈汝舟齎詔往諭之。追收別鐵木而、脱脱合兒魯行軍印。中書省臣言：「比年公帑所費，動輒鉅萬，歲入之數，不支半歲，自餘皆借及鈔本。臣恐理財失宜，鈔法亦壞。」帝嘉納之。仍令諭月赤察而等自今一切賜與皆勿奏。

癸巳，以江南軍數多闕，官吏因而作弊，詔禁飭之。以荅剌罕、哈剌哈孫爲中書左丞相。

**《續資治通鑑》卷一九三**　帝問閻復曰：「中書左相難其人，卿試舉所知，誰可任者？」復以哈喇哈斯對。時視政江浙纔七日，遂被徵。哈喇哈斯既拜命，斥言利之徒，一以節用愛民爲務，有大政事，必引儒臣雜議。京師久闕孔子廟，而國學寓他署，乃奏建廟學，選名儒爲學官，采近臣子弟入學。又集羣議建南郊，爲一代定制。

**《元史》卷二〇《成宗紀三》**　辛丑，括諸路馬，隸蒙古軍籍者免之。

**《元史續編》卷五**　封伊瑪和爾爲定遠王。

**《元史新編》卷七**　二月癸丑朔，罷四川、福建行省，陝西行臺，江東、荆南、淮西三道宣慰司，置四川、福建宣慰司、都元帥府及陝西漢中道廉訪司。

**《元史》卷二〇《成宗紀三》**　車駕幸柳林。

丁巳，完澤等奏銓定省部官，以次引見，帝皆允之。仍諭六部官曰：「汝等事多稽誤，朕昔未知其人爲誰。今既閲視，且知姓名，其洗心滌慮，各欽乃職。復蹈前失，罪不汝貸。」罷四川、福建等處行中書省，陝西行御史臺，江東、荆南、淮西三道宣慰司。置四川、福建宣慰司都元帥府及陝西漢中道肅政廉訪司。廣和林、甘州城。詔縉山縣民户爲勢家所蔽者，悉還縣定籍。

壬戌，詔諭江浙、河南〔江〕北兩省軍民。

壬申，加解州鹽池神惠康王曰廣濟，資寶王曰永澤；泉州海神曰護國庇民明著天妃；浙西鹽官州海神曰靈感弘祐公；吴大夫伍員曰忠孝威惠顯聖王。金齒國遣使來貢方物。

庚辰，車駕幸上都。

三月癸巳，緬國世子信合八的奉表來謝賜衣，遣還。命妙慈弘濟大師、江浙釋教總統補陀僧一山齎詔使日本，詔曰：「有司奏陳：向者世祖皇帝嘗遣補陀禪僧如智及王積翁等兩奉璽書通好日本，咸以中途有阻而還。爰自朕臨御以來，綏懷諸國，薄海内外，靡有遐遺，日本之好，宜復通問。今如智已老，補陀寧一山道行素高，可令往諭，附商舶以行，庶可必達。朕特從其請，蓋欲成先帝遺意耳。至於惇好息民之事，王其審圖之。」

**《續資治通鑑》卷一九三**　甲午，命何榮祖等更定律令。帝諭榮祖曰：「律令，良法也，宜早定之。」既而書成上之，且言：「臣所釋者三百八十條，一條有該三四事者。」帝以古今異宜，不必相沿，詔元老大臣聚聽之。未及頒行而榮祖卒，追封趙國公，謚文憲。

詔：「軍官受贓，罪重者罷職，輕者降其散官或決罰就職，停俸期年，許令自效。」

**《元史》卷二〇《成宗紀三》**　戊戌，陞御史臺殿中司秩五品。

**《續資治通鑑》卷一九三**　乙巳，行御史臺劾平章嘉琿受財三萬餘錠，嘉琿復言平章迪里布哈領財賦時盜鈔三十萬錠，及行臺中丞張閭受李元善鈔百錠，敕俱勿問。

戊申，減江南諸道行臺御史大夫一員。

召楊桓爲國子司業，未赴，卒。

**《元史》卷二〇《成宗紀三》**　賜和林軍鈔十萬錠。

夏四月辛亥朔，駙馬蠻子台所部匱乏，以糧十三萬石賑之。

庚午，申嚴江浙、兩淮私鹽之禁，巡捕官驗所獲遷賞。

**《續資治通鑑》卷一九三**　辛未，禁和林戍軍竄名他籍。通州至兩淮漕河，置巡防捕盜司凡十九所。

**《元史》卷二〇《成宗紀三》**　己卯，以禮部尚書月古不花爲中書左丞。賜和林軍鈔五十萬錠、帛四十萬匹、糧二萬石，仍命和林宣慰司市馬五千匹給之。遼東開元、咸平蒙古、女直等人乏食，以糧二萬五百石、布三千九百匹賑之。

五月壬午，罷江南諸路釋教總統所。

丙申，海南速古臺、速龍探、奔奚里諸番以虎象及桫羅木舟來貢。

庚子，免山東也速帶而牧地歲輸粟之半。禁阿而剌部，毋於廣平牧馬。

**《續資治通鑑》卷一九三**　復立征東行中書省。高麗國王王昛既復位，而使臣自其國還者，言昛不能服其衆，乃復立征東行省，以福建都元帥奇爾濟蘇爲平章政事，共理之。

**《元史》卷二〇《成宗紀三》**　是月，鄂、岳、漢陽、興國、常、澧、潭、衡、辰、沅、寶慶、常寧、桂陽、茶陵旱，免其酒課、夏税；江陵路旱，蝗，弛其湖泊之禁，仍並以糧賑之。

六月辛亥，兀魯兀敦慶童擅殺所部軍之逃亡者，命樞密院戒之。

癸丑，罷大名路所獻黄河故道田輸租。

戊午，申禁海商以人馬兵仗往諸蕃貿易者。以福建州縣官類多色目、南人，命自今以漢人參用。禁福建民冒稱權豪佃户，規免門役。

壬申，賜和林戍軍鈔一百四十萬錠，鷹師五十萬一千餘錠。

**《續資治通鑑》卷一九三**　鐵幡竿渠之開也，執政吝於工費，以郭守敬所言爲過，縮其廣三之一，是夏大雨，山水注下，渠不能容，漂没人畜廬帳，幾犯行殿。帝謂宰臣曰：「郭太史，神人也，惜其言不用。」

秋，七月庚辰，中書省言江南諸寺佃户五十餘萬，本皆編民，自嘉木揚喇勒智冒入寺籍，宜加釐正。」從之。

**《元史》卷二〇《成宗紀三》**　丙申，揚州、淮安屬縣蝗，在地者爲鶖啄食，飛者以翅擊死，詔禁捕鶖。

**《續資治通鑑》卷一九三**　八月，吴元珪遷工部尚書。

時河朔連年水旱，五穀不登，元珪言：「《春秋》之義，以養民爲本，凡用民力者必書。蓋民力息則生養遂，生養遂則教化行而風俗美。」宰相嘉其言，土木之工稍爲之息。

**《元史》卷二〇《成宗紀三》**　己巳，賜定遠王藥木忽而所部鈔萬五千錠。是月，汴梁、大都、河間水，隆興、平灤、大同、宣德等路雨雹。

九月癸未，聖誕節，駐蹕古栅，受諸王百官賀。

**《續資治通鑑》卷一九三**　庚寅，置河東鐵冶提舉司。

癸巳，罷括宋手號軍。

**《元史》卷二〇《成宗紀三》**　己亥，車駕還大都。揚州、淮安旱，免其田租。

冬十月戊申朔，有事於太廟。

**《續資治通鑑》卷一九三**　壬子，册皇后巴約特氏。

甲寅，復立海北海南肅政廉訪司。

**《元史》卷二〇《成宗紀三》**　丙子，賜禿忽魯不花等所部户鈔三萬七千餘錠，橐駝户十萬二千餘錠。以淮安、江陵、沔陽、揚、廬、隨、黄旱，汴梁、歸德水、隴、陜蝗，並免其田租。

十一月庚辰，置浙西平江河渠閘堰凡七十八所。禁和林釀酒。

**《續資治通鑑》卷一九三**　山東轉運使阿爾津等增課鈔四萬餘錠，各賜錦衣。

**《元史》卷二〇《成宗紀三》**　戊子，釋囚二十人。

丁酉，浚太湖及澱山湖。

己亥，賜隆福宫牧駝者鈔十萬二千錠，諸王合帶部十萬錠，雲南王也先鐵木而及所部三萬八千錠，和林戍軍一百四十萬餘錠，幣帛二萬九千匹。杭州火，江陵路蝗，並發粟賑之。

**《元史續編》卷五**　復置諸路惠民藥局。

**《元史》卷二〇《成宗紀三》**　十二月己酉，徙鎮巢萬户府戍沅、靖，毗陽萬户府戍辰州，均州萬户府戍常德、澧州。賜諸王岳忽難銀印。

丙寅，詔各省戍軍輪次放還二年供役。陞宣徽院爲從一品。

癸酉，詔中書省貨財出納，自今無券記者勿與。以守司徒、集賢院使、領太史院事阿魯渾撒里爲平章政事。賜諸王六十、脱脱等鈔一萬三千餘錠，四怯薛衛士五萬二千餘錠，千户撒而兀魯所部四萬錠。淮安、揚州饑，甘肅亦集乃路屯田旱，並賑以糧。

**《御批歷代通鑑輯覽》卷九六**　以諤爾根薩里爲平章政事。

帝初撫軍北邊，數召諤爾根薩里，不往。世祖遣奉皇太子寶，僅一至。及即位，語之曰：「朕在潛邸，誰不願侍朕者？惟卿數召不往，真得大臣體。」自是召對不名，賜坐視諸侯王。嘗語左右曰：「若全平章真全材也。」命復入中書。

**《續資治通鑑》卷一九三**　是歲，命兄子哈尚鎮漠北。哈尚，帝兄達爾瑪巴拉之長子，帝以寧遠王庫庫楚總兵北邊，怠於備禦，命哈尚即軍中代之。

省民出公田租。

## 大德四年（庚子、一三〇〇）

**《元史》卷二〇《成宗紀三》**　春正月丙申，申嚴京師惡少不法之禁，犯者黥刺，杖七十，拘役。

辛丑，詔蒙古都元帥也速答而非奉旨勿擅決重刑。命和林戍軍借斡脱錢者，止償其本。

癸卯，復淮東漕渠。賜諸王塔失鐵木而金印。賜翰林承旨僧家鈔五百錠，以養其母。賜諸王木忽難所部一萬二千餘錠，八魯剌思等部六萬錠。

二月，乙卯，遣使祠東嶽。

**《續資治通鑑》卷一九三**　丙辰，皇太后鴻吉哩氏崩。

**《元史》卷二〇《成宗紀三》**　甲戌，發粟十萬石賑湖北饑民，仍弛山澤之禁。罷稱海屯田，改置於呵札之地，以農具、種實給之。

乙亥，車駕幸上都。置西京大和嶺屯田。立烏撒、烏蒙等郡縣。併會理泗川四州爲二。置維摩州。

丙子，命李庭訓練各衛軍士。賜晉王所部鈔四萬錠。

三月乙未，寧國、太平兩路旱，以糧二萬石賑之。

壬子，高郵府寶應縣民孫奕妻朱一產三男，蠲復三年。

夏四月丙午朔，詔雲南行省釐革積弊。

丙辰，置五條河屯田。

丁巳，免今年上都、隆興絲銀，大都差税地租。賜諸王也滅干鋈金印。緬國遣使進白象。

**《續資治通鑑》卷一九三**　戊午，參政張頤孫及其弟珪等伏誅於隆興寺。以中書省斷事官布埒齊爲平章政事。

**《元史》卷二〇《成宗紀三》**　賜皇姪海山所統諸王戍軍馬二萬二千九百餘匹。

五月癸未，左丞相答剌罕遣使來言：「横費不節，府庫漸虚。」詔自今諸位下事關錢穀者，毋輒入聞。帝諭集賢大學士阿魯渾撒里等曰：「集賢、翰林乃養老之地，自今諸老滿秩者陞之，勿令輒去。或有去者，罪將及汝。其諭中書知之。」增雲南至緬國十五驛，驛給圓符四、驛券二十。

**《元史續編》**　勑優養儒臣。

**《元史》卷二〇《成宗紀三》**　辛丑，復延慶司。賜諸王也只里部鈔二萬錠，八憐脱列思所隸户六萬五千餘錠。

是月，同州、平灤、隆興雹。揚州、南陽、順德、東昌、歸德、濟寧、徐、濠、芍陂旱，蝗。真定、保定、大都通、薊二州水。

**《御批歷代通鑑輯覽》卷九六**　緬阿散哥也弑其王的立普哇拿阿迪提牙。遣雲南平章政事色辰額哷等發兵討之。

**《元史》卷二〇《成宗紀三》**　〔六月〕丙辰，以太傅月赤察而爲太師，完澤爲太傅，皆賜之印。

丁巳，御史中丞不忽木卒，貧無以葬，賜鈔五百錠。

**《元史續編》卷六**　御史中丞博果密卒，以董士選代之。

**《元史》卷二〇《成宗紀三》**　甲子，置耽羅總管府。詔各省自今非奉命毋擅役軍。以和林都元帥府兼行宣慰司事。吊吉而、爪哇、暹國、蘸八等國二十二人來朝，賜衣遣之。

秋七月甲戌朔，右丞相完澤請上徽仁裕聖皇后謚寶册。

乙酉，緬國阿散哥也弟者蘇等九十一人各奉方物來朝，詔命餘人留安慶，遣者蘇來上都。

辛卯，加乳母冀國夫人韓氏爲燕冀國順育夫人，石抹氏爲冀國夫人。杭州路貧民乏食，以糧萬石減其直糶之。

**《續資治通鑑》卷一九三**　八月癸卯朔，更定蔭敍格，正一品子爲正五，從五品子爲從九，中間正從以是爲差，蒙古、色目人特優一級。置廣東鹽課提舉司。

庚申，緬國阿散吉牙等昆弟赴闕，自言殺主之罪，罷征緬兵。

**《元史》卷二〇《成宗紀三》**　甲子，大名之白馬縣旱。

**《續資治通鑑》卷一九三**　閏月庚子，帝至自上都。以中書右丞賀仁傑爲平章政事。

賜晉王所部糧七萬石。

**《元史》卷二〇《成宗紀三》**　〔九月〕壬戌，曹州探馬赤軍與民訟地百二十頃，詔别以鄰近官田如數給之。廣東英德州達魯花赤脱歡察而招降羣盜二千餘户，陞英德州爲路，立三縣，以脱歡察而爲達魯花赤兼萬户以鎮之。

甲子，改中御府爲中政院。賜諸王出伯所部鈔萬五千四百餘錠。建康、常州、江陵饑民八十四萬九千六十餘人，給糧二十二萬九千三百九十餘石。

冬十月癸酉朔，有事於太廟。

十一月壬寅朔，詔頒寬令，免上都、大都、隆興大德五年絲銀，税糧；附近秣養馬駝之郡免稅糧十分之三，其餘免十分之一；徒罪各減一半，杖罪以下釋之；江北荒田許人耕種者，元擬第三年收稅，今並展限一年，著爲定例。併遼陽省所轄狗站、牛站爲一，仍給鈔以賙其乏。命省、臺差官同昔寶赤鞫和林運糧稽遲未至者。真定路平棘縣旱。

十二月癸酉，御史臺臣言：「所糾官吏與有司同審，所以事沮難行，乞依舊制。中書凡有改作，輒令監察御史同往，非宜，自今非奉旨勿遣。」皆從之。

癸巳，晉州達魯花赤捏古伯給稱母喪，歸迎其妻。事聞，詔以其斁傷彝倫，罷職不敘。遣劉深、合剌帶、鄭祐將兵二萬人征八百媳婦，仍敕雲南省每軍十人給馬五匹，不足則補之以牛。賜諸王忻都部鈔五萬錠，兀魯思不花等四部二十一萬九千餘錠，西都守城軍二萬八千餘錠。賑建康、平江、浙東等處饑民糧二十二萬九千三百餘石。

**《續資治通鑑》卷一九三**　雲南行省左丞劉深倡議，言：「世祖以神武一海內，功蓋萬世。今上嗣大歷服，未有武功以彰休烈，西南夷有八百媳婦國未奉正朔，請往征之。」哥勒哲勸帝用其言，哈喇哈斯曰：「山嶠小夷，遼絶萬里，可諭之使來，不足以煩中國。」不聽。

癸巳，發兵二萬，命劉深及哈喇岱將之，征八百媳婦。帝用兵意甚堅，在廷無敢諫者，御史中丞董士選率同列言之，奏事殿中畢，同列皆起，士選乃獨言：「劉深出師，以有用之民而取無用之地，就令當取，亦必遣使諭之，諭之不從，然後聚糧選兵，視時而動，豈得信一人妄言而置百萬生靈於死地！」帝色變，士選猶辯不止，侍從皆爲之戰慄。帝曰：「事已成，卿勿復言。」士選曰：「以言受罪，臣之所當。他日以不言罪臣，臣死何益！」帝麾之出。

河南行省右丞馬紹卒。

杭州路總管梁曹丁内艱。先是丁憂之制未行，曹上言請如禮，從之。

時江淮屯戍軍二十餘萬，親王分鎮揚州，皆以兩淮民稅給之，不足則漕於湖廣、江西。是歲，會計兩淮，僅少三十萬石。河南左右司郎中潁昌謝讓，請以淮鹽三十萬引鬻之，收其價鈔，以給軍食，不勞遠運，公私便之。

賑建康、浙東、平江饑。

**《元史續編》卷六**　黜晉州達嚕噶齊訥古伯。

# 大德五年（辛丑、一三〇一）

**《元史》卷二〇《成宗紀三》**　春正月庚戌，給征八百媳婦軍鈔，總計九萬二千餘錠。

**《元史新編》卷七**　壬子，奉安皇妣裕聖皇后御容於護國仁王寺。敕官吏犯贓及盗官錢事覺，雖遇赦免，亦加降黜。小吏犯贓者，并罷不敘。

辛酉，太陰犯心。罷檀、景兩州采金鐵冶及福建織繡提舉司。

**《元史》卷二〇《成宗紀三》**　丙寅，以兩淮鹽法澀滯，命轉運司官兩員分司上江以整治之，仍頒印及驛券。

二月己卯，以劉深、合剌帶並爲中書右丞，鄭祐爲參知政事，皆佩虎符。分雲南諸路行中書省事，仍置理問官二員，郎中、員外郎、都事各一員，給圓符四、驛券二十。罷福建織綉提舉司。增河間轉運司鹽爲二十八萬引，罷其所屬清、滄、深三鹽司。

**《續資治通鑑》卷一九四**　丁亥，立征八百媳婦萬户府二，設萬户四員，發四川、雲南囚徒從軍。

乙未，詔廉訪司：「官非親喪、遷葬及以病給告者，不得離職；或以地遠職卑受任不赴者，臺憲勿復用。」

**《元史》卷二〇《成宗紀三》**　丙申，給脱脱等部馬萬匹。

丁酉，車駕幸上都。詔飭雲南行中書省減内外諸司官千五百一十四員。增江浙戍兵。

戊戌，賜昭應宫、興教寺地各百頃，興教仍賜鈔萬五千錠；上都乾元寺地九十頃，鈔皆如興教之數；萬安寺地六百頃，鈔萬錠；南寺地百二十頃，鈔如萬安之數。

己亥，凡軍士殺人奸盗者，令軍民官同鞫。永寧路總管雄挫來朝，獻馬三十餘匹，賜幣帛有差。

**《元史續編》卷六**　置征東行省。

**《元史》卷二〇《成宗紀三》**　三月甲辰，收故軍官金銀符。

己酉，罷陝西路拘榷課稅所。

壬子，賜諸王也孫等鈔一萬八千五百錠。

戊午，馬來忽等海島遣使來朝，賜金素幣有差。給和林貧乏軍鈔二十萬錠，諸王藥（忽木）〔木忽〕而所部萬五千九百餘錠。

己巳，詔戒飭中外官吏。命遼陽行省平章沙藍將萬人駐夏山後，人備馬二匹，官給其直。

〔夏四月〕癸酉，遣禿剌鐵木而等犒和林軍。

**《續資治通鑑》卷一九四** 壬午，以晉王所部貧乏，賜以鈔。

調雲南軍征八百媳婦。

湖北廉訪司僉事郭貫言：「今四省軍馬以數萬計，征八百媳婦國，深入烟瘴萬里不毛之地，無益於國。」不聽。

**《元史》卷二〇《成宗紀三》** 癸巳，禁和林釀酒，其諸王、駙馬許自釀飲，不得沽賣。

是月，大都、彰德、廣平、真定、順德、大名、濮州蟲食桑。

五月，商州隕霜殺麥。河南妖賊醜斯等伏誅。

己酉，給月裏可里軍駐夏山後者市馬鈔八萬八千七百餘錠。

辛亥，遣怯列亦帶脱脱帥師征四川。

丙辰，曲靖等路宣慰使兼管軍萬户忽林失來朝。

壬戌，雲南土官宋隆濟叛。時劉深將兵由順元入雲南，雲南右丞月忽難調民供餽，隆濟因紿其衆曰：「官軍徵發汝等，將盡剪髮黥面爲兵，身死行陣，妻子爲虜。」衆惑其言，遂叛。

丙寅，詔雲南行省自願征八百媳婦者二千人，人給貝子六十索。

六月乙亥，平江等十有四路大水，以糧二十萬石隨各處時直賑糶。開中慶路昆陽州海口。

丙戌，宋隆濟率猫、狫、紫江諸蠻四千人攻楊黄寨，殺掠甚衆。

己（酉）〔丑〕，緬王遣使獻馴象九。

**《續資治通鑑》卷一九四** 壬辰，攻貴州，知州張懷德戰死，遂圍劉深於窮谷中。梁王遣雲南行省平章綽和爾、參政布埒齊將兵救之，殺賊酋（撤）〔撒〕月，斬首五百級，深始得出。

**《元史》卷二〇《成宗紀三》** 甲午，賜諸王念不烈妃札忽而真所部鈔二十萬錠。

是月，汴梁、南陽、衛輝、大名、濮州旱。大都路水。順德、懷孟蝗。

**《續資治通鑑》卷一九四** 秋七月戊戌朔，晝晦，暴風起東北，雨雹兼發，江湖泛溢，東起通、泰、崇明，西盡真州，民被災死者不可勝計。浙西廉訪司僉事趙弘偉，以潤、常民乏食，將發廩以賑，有司以未得報爲辭，弘偉曰：「民旦暮且死，擅發有罪，我先坐。」遂發廩。既而詔以米八萬七千餘石賑之。

**《元史》卷二〇《成宗紀三》** 己亥，增階、沙二州戍軍。

庚子，籍安西王所侵占田、站等四百餘户爲民。賜寧遠王闊闊出所部鈔二萬三千餘錠。

乙巳，遼陽省大寧路水，以糧千石賑之。

丁未，命御史大夫禿忽赤整飭臺事。詔軍官受贓者與民官同例，量罪大小殿黜。命監察御史審覆札魯忽赤罪囚，檢照蒙古翰林院案牘。

戊申，立耽羅軍民萬户府。諸王也滅干薨，以其子八八剌嗣。

己酉，詔諸司嚴禁盜賊。

辛亥，賜諸王出伯等部鈔六萬錠，又給市馬直三十八萬四千錠。

癸丑，詔禁畏吾兒僧、陰陽、巫覡、道人、呪師，自今有大祠禱必請而行，違者罪之。浙西積雨泛溢，大傷民田，詔役民夫二千人疏導河道，俾復其故。命雲南省分蒙古射士征八百媳婦。

癸亥，合丹之孫脱歡自北境來歸，其父母妻子皆遭殺虜，賜鈔一千四百錠。給諸王妃札忽而真及諸王出伯軍鈔四十萬錠。中書省臣言：「舊制，京師州縣捕盜，止從兵馬司，有司不與，遂致淹滯。自今輕罪乞令有司決遣，重者從宗正府聽斷，庶不留獄，且民不冤。」從之。以暗伯、阿忽台並知樞密院事。禁富豪之家役軍。詔封贈非中書省無輒奏請。稱海至北境十二站大雪，馬牛多死，賜鈔一萬一千餘錠。命御史臺檢照宣政院并僧司案牘。陞太醫院爲二品，以平章政事、大都護、提點太醫事脱因納爲太醫院使。賜上都諸匠等鈔二十一萬七千四百錠。大都、保定、河間、濟寧、大名水。廣平、真定蝗。

**《御批歷代通鑑輯覽》卷九六** 詔移征緬兵伐金齒諸蠻。

**《元史》卷二〇《成宗紀三》** 八月戊辰，給軍人羊馬價及定遠王所部鈔十四萬三千錠。

己巳，平灤路霖雨，灤、漆、淝、汝河溢，民死者衆，免其今年田租，仍賑粟三萬石。

**《續資治通鑑》卷一九四** 上都久雨，夜，聞城西北有聲如戰鼓，拱衛直都指揮使王伯勝率衛卒出視之，乃大水暴至。伯勝立具畚鍤，集土石甓罽以塞，分決濠隍以殺其勢，至日始定，而民弗知。丞相鄂勒哲以聞，帝嘉之。伯勝，文安人也。

**《元史》卷二〇《成宗紀三》** 庚午，禿剌鐵木而等自和林犒軍還，言：「和林屯田宜令軍官廣其墾闢，量給農具，倉官宜任選人，可革侵盜之弊。」從之。

甲戌，遣薛超兀而等將兵征金齒諸國。時征緬師還，爲金齒所遮，士多戰死。又接連八百媳婦諸蠻，相效不輸稅賦，賊殺官吏，故皆征之。

庚辰，詔：「遣官分道賑恤。凡獄囚禁繫累年，疑不能決者，令廉訪司具其疑狀，申呈省、臺詳讞，仍爲定例。各路被災重者，免其差稅一年。貧乏之家，計口賑恤，尤甚者優給之。小吏犯贓者，並罷不敘。」征緬萬户曳剌福山等進馴象六。

乙未，順德路水，免其田租。

九月癸丑，放稱海守倉庫軍還，令以次更代。

丙辰，江陵、常德、澧州皆旱，並免其門攤、酒醋課。

**《御批歷代通鑑輯覽》卷九六** 海都復大舉入寇，哈尚大破之，海都走死。誅高慶察罕布哈，免色辰額哷爲庶人。

**《續資治通鑑》卷一九四** 冬十月丙寅朔，以畿内歲饑，增明年海運糧爲百二十萬石。

**《元史》卷二〇《成宗紀三》** 己巳，緬王遣使入貢。

戊寅，雲南武定路土官羣則獻方物。

壬午，車駕還大都。

丙戌，以歲饑禁釀酒，弛山澤之禁，聽民捕獵。湖廣行省臣言：「海南海北道宣慰司都元帥府，不與軍務，遇有盜竊，惟行文移，比迴，已不及事。今乞以其長二人領軍務。又鎮守官慢功當罰者，已有定例；獲功當賞者，乞或加散官，或授金、銀符。」皆從之。撥南陽府屯田地給新籍畏吾而户，俾耕以自贍，仍給糧三月。

丁亥，詔：「軍官既受命而不時赴者、病故不行者、被差事畢不即還者，准民官例，違限六月選人代之。被代者期年始敘。」改鄂州路爲武昌路。遣使就調雲南、四川、福建、廣東、廣西官。諭百司凡事關中書省者，毋得輒奏。權豪勢要之家佃户貸糧者，聽於來歲秋成還之。

辛卯，夜有流星大如杯，光燭地，自北起近東分爲二星，没於危宿。

癸巳，分碉門、黎、雅軍戍蠻夷，命陝西屯田萬户也不干等將之。

十一月己亥，詔諭中書，近因禁酒，聞年老需酒之人有預市而儲之者，其無釀具者勿問。罷湖南轉運司弘州種田提舉司，以其事入有司。降容、象、横、賓路爲州，平灤金丹提舉司爲管勾。陞昭州爲平樂府。省泌〔陽〕縣入唐州。

**《續資治通鑑》卷一九四** 羅鬼女子蛇節反，烏（撤）〔撒〕、烏蒙、東川、芒部諸蠻從之皆叛，陷貴州。

丁未，命湖廣行省平章劉國傑率師討之。時劉深兵敗，帝始悔不用哈喇哈斯及董士選之言，乃遣國傑及楊賽音布哈等率雲南、四川、湖廣各省兵分道進討諸蠻，梁王提兵應之，軍中機務一聽國傑處分。賊兵勁鋭，且多健馬，官軍戰失利。國傑令人持一盾，布釘其上，俟陣合，即棄盾僞遁，賊果逐之，馬奮不能止，遇盾皆倒，國傑鼓之，大敗。既而復合衆請戰，國傑弗應。數日，度其氣衰，一鼓破走之，追戰數十里。

減直糶米賑京師貧民，設肆三十六所，其老幼單弱不能自存者，廩給五月。

選六御漢軍習武事，仍禁萬户以下毋令私代，犯者斷罪有差。

**《元史》卷二〇《成宗紀三》** 戊申，猺人藍賴率丹陽三十六洞來降，以賴等爲融州懷遠縣簿、尉。立長信寺，秩三品。

十二月甲戌，給安西王所部軍士食，令各還其家，候春調遣。

辛卯，征東行省平章闊里吉思以不能和輯高麗罷。定強竊盜條格，凡盜人孳畜者，取一償九，然後杖之。

是歲，汴梁、歸德、南陽、鄧州、唐州、陳州、和州、襄陽、汝寧、高郵、揚州、常州蝗。峽州、隨州、安陸、荆門、泰州、光州、揚州、滁州、高郵、安豐霖。汴梁之封丘、（武陽）〔陽武〕、蘭陽、中牟、延津，河南澠池，蕲州之蕲春、廣濟、蕲水旱。大名、宣德、奉聖、歸德、寧海、濟寧、般陽、登州、萊州、益都、濰州、博興、東平、濟南、濱州、保定、河間、真定、大寧水。是歲，斷大辟六十一人。

**《續資治通鑑》卷一九四** 曲阜修文宣王廟成，衍聖公孔治遣子思誠入謝。敕中書賜田五千畝供祭祀，復户二十人，供灑掃之役。

## 大德六年（壬寅、一三〇二）

**《元史新編》卷七** 六年壬寅春正月癸卯，詔千百户等自軍中先事而逃者罪死，敗而後逃者杖罷之，没入其子女。

**《元史》卷二〇《成宗紀三》** 乙巳，中書省臣言：「廣東宣慰副使脱歡察而收捕盜賊，屢有勞績。近廉訪司劾其私置兵仗、擅殺土寇等事，遣官鞫問，實無私罪，乞加獎諭。」命賜衣二襲。晉王甘麻剌薨，命封其王印及内史府印。

丙午，京畿二十一站闕食，賜鈔萬二千七百餘錠。陝西旱，禁民釀酒。以雲南站户貧乏，增馬及鈔以優恤之。中書省臣以朱清、張瑄屢致人言，乞罷其職，徙其諸子官江南者於京。

**《續資治通鑑》卷一九四** 朱清、張瑄，父子致位顯要，宗戚皆累大官，田園館舍偏天下，巨艘大舶交諸番中，車馬填塞門巷，僕從佩金虎符爲千户、萬户者數十人。江南僧石祖進，摭其不法十事上聞。時中書省亦言朱清、張瑄屢致人言，宜罷其職，徙其子孫官江南者於京，帝從之，仍詔御史臺詰問。二人竟伏誅。

**《元史》卷二〇《成宗紀三》** 丁未，命江浙平章阿里專領其省財賦。

庚戌，詔官吏犯罪已經赦宥者，仍從覈問。海道漕運船，令探馬赤軍與江南水手相參教習，以防海寇。江南僧石祖進告朱清、張瑄不法十事，命御史臺詰問之。帝語臺臣曰：「朕聞江南富户侵占民田，以致貧者流離轉徙，卿等嘗聞之否？」臺臣言曰：「富民多乞護持璽書，依倚以欺貧民，官府不能詰治，宜悉追收爲便。」命即行之，毋越三日。詔自今僧官、僧人犯罪，御史臺與内外宣政院同鞫。宣政院官徇情不公者，聽御史臺治之。增諸王塔赤鐵木而歲賜銀二百五十兩，雜幣百匹。

乙卯，築渾河堤長八十里，仍禁豪家毋侵舊河，令屯田軍及民耕種。增劉國傑等軍，仍令屯戍險隘，俟秋進師。命札忽而帶、阿里等整治江南影占稅民地土者。中書省臣言：「御史臺、廉訪司，體察、體覆，前後不同。初立臺時，止從體察。後立按察司，事無大小，一皆體覆。由是憲司之事，積不能行。請自今除水旱災傷體覆，餘依舊例體察爲宜。」從之。以大都、平灤等路去年被水，其軍應赴上都駐夏者，免其調遣一年。詔軍官除邊遠出征，其餘遇祖父母、父母喪，依民官例，立限奔赴。禁畜養鷹、犬、馬、駝等人擾民。

**《續資治通鑑》卷一九四** 己未，以諸王珍圖誣告濟南王，謫置劉國傑軍中自效。

**《元史》卷二〇《成宗紀三》** 二月庚午，謫諸王孛羅於四川八剌軍中自效。

癸酉，增諸王出伯軍三千人，人備馬二匹，官給其直。

丙戌，遣陝西省平章也速帶而、參政汪惟勤將川陝軍，湖廣平章劉國傑將湖廣軍，征亦乞不薛，一切軍務，並聽也速帶而、劉國傑節制。罷征八百媳婦右丞劉深等官，收其符印、驛券。以京師民乏食，命省、臺委官計口驗實，以鈔十一萬七千一百餘錠賑之。

**《續資治通鑑》卷一九四** 癸巳，帝有疾，釋京師重囚三十八人，命侍御史王壽奉香江南，徧祀岳、鎮、海瀆，密察去歲風水爲災，百姓艱食，凡所經過，采聽入對。使還，具奏：「民之利害，繫於官吏善惡。宜選公廉材幹、存心愛物者專撫字，剛方正大、深識治體者居風憲。天災代有，賑濟以時，無勞聖慮。惟是（蒙古）〔豪右〕之家，仍據權要，當罷其職，處之京師以保全之，此長久之道也。」

**《元史續編》卷六** 三月丁酉，赦。以水旱爲災，詔赦天下。大都、平灤災甚者免差稅三年，其餘已經賑卹者免一年。今年内郡包銀俸鈔，江南夏稅及諸路人户散辦門攤課並從蠲免。

**《元史》卷二〇《成宗紀三》** 壬寅，命僧設水陸大會七晝夜。

甲寅，合祭昊天上帝、皇地祇於南郊，遣中書左丞相答剌罕哈剌哈孫攝事。

**《續資治通鑑》卷一九四** 烏撒、烏蒙、東川、芒部及武定、威遠、普安諸蠻因蛇節之亂，皆以供輸煩勞爲辭，乘釁起兵，攻掠州縣，焚燒堡砦，遣伊蘇岱爾等將兵會劉國傑討之。時國傑方討順元蠻，不及來會。伊蘇岱爾等率師分道並進，次第平之。

**《元史》卷二〇《成宗紀三》** 〔四月〕丁卯，詔曲赦雲南諸部蠻夷。發通州倉粟三百石賑貧民。釋輕重囚三十八人，人給鈔五錠。

乙亥，濬永清縣南河。

庚辰，上都大水民饑，減價糶糧萬石賑之。

戊子，修盧溝上流石徑山河隄。釋重囚。車駕幸上都。

庚寅，真定、大名、河間等路蝗。

**《元史新編》卷七** 五月乙巳，給貧乏漢軍地，及五丁者一頃，四丁者二頃，三丁者三頃。其孤寡者存恤六年，逃散者招諭復業。

**《元史》卷二〇《成宗紀三》** 戊申，太廟寢殿災。

癸丑，謫和林潰軍征雲南，其戰傷而歸及嘗奉晉王令旨、諸王藥（忽木）〔木忽〕而免者，不遣。

丁巳，福州路饑，賑以糧一萬四千七百石。濟南路大水。揚州、淮安路蝗。

歸德、徐州、邳州水。

《續資治通鑑》卷一九四　六月癸亥朔，日有食之。

甲子，建文宣王廟於京師。

辛未，饗於太廟。

《元史》卷二〇《成宗紀三》　乙亥，安南國以馴象二及朱砂來獻。

甲申，賜諸王合答孫、脱歡、脱列鐵木而、伯牙倫、完者所部鈔四萬五千八百餘錠。湖州、嘉興、杭州、廣德、饒州、太平、婺州、慶元、紹興、寧國等路饑，賑糧二十五萬一千餘石。大同路、寧海州亦饑，以糧一萬六千石賑之。廣平路大水。

〔秋七月〕己酉，亦乞不薛土官三人棄家來歸，賜金銀符、衣服。

辛酉，賜諸王八八剌、脱脱灰、也只里、也滅干等鈔四萬三千九百餘錠。以江浙行省參知政事忽都不丁爲中書右丞。建康民饑，以米二萬石賑之。大都諸縣及鎮江、安豐、濠州蝗。順德水。

《續資治通鑑》卷一九四　八月甲子，詔御史臺：「凡有婚姻、土田文案，遇赦依例檢覆。」

《元史》卷二〇《成宗紀三》　九月甲午，賜諸王兀魯思不花所部鈔六萬錠。

乙未，遣阿牙赤、撒罕禿會計稱海屯田歲入之數，仍自今令宣慰司官與阿剌台共掌之。

丁未，中書省臣言：「羅里等擾民，宜依例決遣，置屯田所。」從之。賜諸王八撒而等鈔八萬六千三百餘錠。

《續資治通鑑》卷一九四　己酉，龍興民訛言括童男女，至有殺其子者，命捕爲首者三人誅之，始息。

《元史》卷二〇《成宗紀三》　丁巳，賜諸王揑苦迭而等鈔五千八百四十錠。

冬十月甲子，改浙東宣慰司爲宣慰司都元帥府，徙治慶元，鎮遏海道。置大同路黄花嶺屯田。罷軍儲所，立屯儲軍民總管萬户府，設官六員，仍以軍儲所宣慰使法忽魯丁掌之。南人林都鄰告浙西廉訪使張珪收藏禁書及推算帝五行，江浙運使合只亦言珪沮撓鹽法，命省、臺官同鞫之。

《續資治通鑑》卷一九四　丙子，帝至自上都。

平章政事加大司徒張九思薨。

《元史》卷二〇《成宗紀三》　壬午，濟南濱、〔隸〕〔棣〕、泰安、高唐州霖雨，米價騰湧，民多流移，發粟賑之，併給鈔三萬錠。

《續資治通鑑》卷一九四　十一月甲午，劉國傑裨將宋光率兵大敗蛇節，賜衣二襲，仍授以金符。

《元史》卷二〇《成宗紀三》　庚戌，禁和林軍釀酒，惟安西王阿難答、諸王忽剌出、脱脱、〔八〕不沙、也只里、駙馬蠻子台、弘吉列帶、燕里干許釀。

辛亥，以同知樞密院事合答知樞密院事。詔江南寺觀凡續置民田及民以施入爲名者，並輸租充役。

戊午，籍河西寧夏善射軍隸親王阿木哥，甘州軍隸諸王出伯。

己未，詔諸驛使輒枉道者罪之。

《續資治通鑑》卷一九四　十二月辛酉，御史臺言：「自大德元年以來，數有星變及風水之災，民間乏食。陛下敬天愛民之心，無所不盡，理宜轉災爲福。而今春霜殺麥，秋雨傷稼，五月太廟災，尤古今重事。得非荷陛下重任者，不能奉行聖意，以致如此？若不更新，後難爲力。請令中書省與老臣識達治體者共圖之。」復請禁諸路釀酒，減免差税，賑濟饑民，帝皆嘉納，命即議行之。

雲南地震。

甲子，衡州袁舜一等誘集二千餘人，侵掠郴州，湖南宣慰司發兵討之，獲舜一及其黨。命誅首謀者三人，餘配洪澤、芍陂屯田，其脅從者招諭復業。

戊辰，雲南地復震。

《元史》卷二〇《成宗紀三》　丙子，劉國傑、也先忽都魯來獻蛇節、羅鬼等捷。

庚辰，命中書省更定略賣良人罪例。

《續資治通鑑》卷一九四　大都路總管兼大興府尹姚天福卒。

癸未，保定等路饑，以鈔萬錠賑之。

《元史新編》卷七　是歲，振浙江、饒州糧二十九萬一千石，給京師貧民鈔十一萬七千錠有奇。初，大宗正所定刑獄，俱任蒙古必闍赤掌稾，其中枉誤甚多，至是始令譯史立漢文卷，委蒙古、漢御史各一員閲視審覆，然後待報。革諸衙門濫設貼書。

## 大德七年（癸卯、一三〇三）

《元史》卷二一《成宗紀四》　春正月丙午，定諸改補鈔罪例，爲首者杖一百有七，從者減二等；再犯，從者杖與首同，爲首者流。

己酉，以歲不登，禁河北、甘肅、陝西等郡釀酒。益都諸處牧馬之地爲民所墾者，畝輸租一斗太重，減爲四升。弛饑荒所在山澤河泊之禁一年。賑那海貧乏户米八千石。

**《續資治通鑑》卷一九四**　壬子，罷歸德府括田。

乙卯，詔：「凡匿名書辭語重者誅之，輕者流配，首告人賞鈔有差，皆籍没其妻子充賞。」

命御史臺、宗正府委官遣發朱清、張瑄妻子來京師，仍封籍家資，拘收其軍器、海舶等物。

**《元史》卷二一《成宗紀四》**　丁巳，令樞密院選軍士習農業者十人教軍前屯田。賜也梯忽而的合金五十兩、銀千兩、鈔千錠、幣帛百匹。

**《續資治通鑑》卷一九四**　二月壬(辰)〔戌〕，詔中書省汰冗員。中書省自左、右丞相而下，平章政事二員，左、右丞各一員，參知政事二員，定爲八府。仍諭樞密院，除出征將帥外，掌署院事者定其員數以聞。

**《元史續編》卷六**　罷江南都水庸田司。

**《續資治通鑑》卷一九四**　辛未，以平章政事、上都留守茂巴爾斯、陝西行省平章阿喇卜丹並爲中書平章政事，江南行臺御史中丞尚文爲中書左丞，江浙行省參知政事董士珍爲中書參知政事；召陳天祥爲集賢大學士，商議中書省事。

壬申，詔：「樞密院、宗正府等，自今每事與中書共議，然後奏聞。諸司不得擅奏遷調。官員雖經特用而於例未允者，亦聽覆奏。」

甲戌，減杭州税課提舉司冗員。

**《元史》卷二一《成宗紀四》**　丙子，詔和林軍以六年更戍，仍給鈔以周其乏。命西京也速迭而軍及大都所起軍，皆以四月至上都，五月赴北。

丁丑，命諸王出伯非急務者勿遣乘驛。詔中書省設官自左右丞相以下，平章二員，左右丞各一員，參知政事二員，定爲八府。

己卯，盡除内郡饑荒所在差税，仍令河南省賑恤流民，給北師鈔三十八萬錠。以安南陳益稷久居鄂州，賜鈔千錠。以侍御史朵台爲中書參知政事。御史臺臣言：「江浙行省平章阿里，左丞高翥、安祐，僉省張祐等，詭名買鹽萬五千引，增價轉市於人，乞遣省、臺官按問。」從之。太原、大同、平灤路饑，並減直糶糧以賑之。

庚辰，命陝西、甘肅行省賑鳳翔、秦、鞏、甘州、合迷里貧乏户。監察御史杜肯構等言太傅、右丞相完澤受朱清、張瑄賄賂事，不報。

壬午，帝語中書省臣曰：「比有以歲課增羨希求爵賞者，此非掊刻於民，何從而出，自今除元額外，勿以增羨作正數。」罷江南財賦總管府及提舉司。禁内外中書省户部轉運司官，不得私買鹽引。罷致用院。禁諸人毋以金銀絲線等物下番。罷江南都水庸田司、行通政院。併大都鹽運司入河間運司，其所掌京師酒税課，令户部領之。禁諸人非奉旨毋得以寶貨進獻。汰諸色人冒充宿衛及諸王、駙馬、妃主部屬濫請錢糧者。真定路饑，賑鈔五萬錠。仍諭諸王小薛及鷹師等，毋於真定近地縱獵擾民。

丙戌，詔除征邊軍士及兩都站户外，其餘人户均當徭役。

丁亥，詔自今除樞密院、御史臺、宣政院依舊奏選，諸司毋得擅奏，其舉用人員，並經中書省。

**《續資治通鑑》卷一九四**　詔以甘肅行省供軍錢糧多弊，徙廉訪司於甘州。

**《元史新編》卷七**　三月己丑朔，定凡子孫或因貧困，或信師巫説誘，擅發祖父墳墓，移棄尸骸，貨賣塋地者，與惡逆同罪。

**《續資治通鑑》卷一九四**　庚寅，詔遣奉使宣撫循行諸道，以郝天挺、達春往江南、江北，石珪往燕南、山東，耶律希逸、劉賡往河東、陝西，特爾托里歡、戎益往兩浙、江東，趙仁榮、(丘)〔岳〕叔謨往河南、湖廣，茂巴爾斯、陳英往江西、福建，達實哈雅、劉敏中往山北、遼東，並給(三)〔二〕品銀印，仍降詔戒飭之。

**《元史續編》卷六**　褒賜江浙平章托克托。

**《元史》卷二一《成宗紀四》**　壬辰，定大都南北兵馬司姦盜等罪，六十七以下付本路，七十七以上付也可札魯忽赤。河間路禾稼不登，命罷修建僧寺工役。

乙未，真定路饑，賑鈔六百六十餘錠。

中書平章伯顔，梁德珪、段(真)〔貞〕，阿里渾撒里，右丞八都馬辛，左丞月古不花，參政迷而火者、張斯立等，受朱清、張瑄賄賂，治罪有差，詔皆罷之。以洪君祥爲中書右丞，監察御史言其曩居宥密，以貪賄罷黜，乞别選賢能代之，不報。

**《續資治通鑑》卷一九四**　甲辰，詔定贓罪爲十二章。京朝官月俸外，增給禄米；外任官無公田者，亦量給之。

乙巳，以征八百媳婦喪師，誅劉深，笞哈喇岱、鄭祐，罷雲南征緬分省。時有司以遇赦，議釋劉深罪，哈喇哈斯曰：「徼名召釁，喪師辱國，非常罪比，不誅之無以謝天下。」遂誅之。

戊申，岳鉉等進《大元大一統志》，賜賚有差。

**《元史》卷二一《成宗紀四》**　己酉，追收元降除免和雇和市璽書。以脱歡誣告諸王脱脱，謫置湖廣省軍前自效。罷甘肅行省差調民兵及取勘軍民站户家屬孳畜之數。

庚戌，以鐵哥察而所收愛牙合赤户仍隸諸王脱脱。

癸丑，樞密院臣及監察御史言：「中丞董士選貸朱清、張瑄鈔，非義。」帝曰：「臺臣稱貸不必問也，若言者不已，後當杖之。」

**《御批歷代通鑑輯覽》卷九六**　鄂勒哲及巴延等俱坐贓，巴延等免官，鄂勒哲釋不問。

**《元史》卷二一《成宗紀四》**　甲寅，車駕幸上都。

丙辰，賜諸王小薛所部等鈔六萬錠。賑李陵臺等五站户鈔一千四百餘錠。遼陽等路饑，賑鈔萬錠。

**《御批歷代通鑑輯覽》卷九六**　遣使巡行天下。

罷贓污官吏萬八千四百七十三人，審冤獄五千一百七十六事。

**《元史》卷二一《成宗紀四》**　夏四月癸亥，詔省、臺、樞密院、通政院，凡呼召大都總管府官吏，必用印帖，其餘諸司不得輒召。徵藩臣陳天祥、張孔孫、郭筠至京師，以天祥、孔孫爲集賢大學士，筠爲昭文館大學士，皆同議中書省事。

庚午，以中書文移太繁，其二品諸司當呈省者，命止關六部。中書左丞相答剌罕言：「僧人修佛事畢，必釋重囚。有殺人及妻妾殺夫者，皆指名釋之。生者苟免，死者負冤，於福何有？」帝嘉納之。

辛未，流朱清、張瑄子孫於遠方，仍給行費。

庚辰，蛇節降，令海剌孫將兵五千守之，餘衆悉遣還各戍。撥碉門四川軍人一千人鎮羅羅斯，其土軍修治道路者，悉令放還。

**《御批歷代通鑑輯覽》卷九六**　劉國傑敗宋隆濟及蛇節於墨特川，擒斬之。

**《元史》卷二一《成宗紀四》**　丁亥，誅蛇節。衛輝路、辰州螟。濟南路隕霜殺麥。

五月己丑，給和林軍鈔三十八萬錠。開上都、大都酒禁，其所隸兩都州縣及山後、河東、山西、河南嘗告饑者，仍悉禁之。詔雲南行省整飭錢糧。

壬辰，以大德五年戰功，賞北師銀二十萬兩、鈔二十萬錠、幣帛各五萬九千匹。賜皇姪海山及安西王阿難答，諸王脱脱、八不沙，駙馬蠻子台等各金五十兩、銀珠錦幣等物有差。

丙申，遣征緬回軍萬四千人還各戍。

癸卯，詔和林軍糧，除歲支十二萬石，其餘非奉旨不得擅支。

丁未，床兀，兒來朝，以戰功賜金五十兩、銀四百兩，仍給其萬户所隸貧乏軍鈔六十九萬餘錠。

辛亥，奉使宣撫耶律希逸、劉賡言：「平陽僧察力威犯法非一，有司憚其豪強，不敢詰問，聞臣等至，潛逃京師。」中書省臣言：「宜捕送其所，令省、臺、宣政院遣官雜治。」從之。

甲寅，濬上都灤河。

乙卯，以昌童王五户絲分給諸王塔失鐵木而。令甘州站户爲僧人、禿魯花等隱藏者，依例還役。詔中外官吏無職田者，驗俸給米有差，其上都、甘肅、和林諸處非産米地，惟給其價。禁諸王八不沙部於般陽等處圍獵擾民。詔諸宿衛士，除官員子弟曾經奏准者留，餘悉革去。禁諸王、駙馬，毋輒杖州縣官吏，違者罪王府官。立和林宣慰司都元帥府，以忽剌出遥授中書省左丞，爲宣慰使都元帥。賜諸王納忽里鈔千錠，幣三十匹。濟寧、東昌、濟南、般陽、益都蟲食麥。太原、龍興、南康、袁、瑞、撫等路，高唐、南豐等州饑，減直糶糧五萬五千石。東平、益都、濟南等路蝗。般陽路隕霜。

**《御批歷代通鑑輯覽》卷九六**　蘭谿處士金履祥卒。

**《元史》卷二一《成宗紀四》**　閏五月戊午朔，日有食之。以也奴鐵木而、闊闊出、晃兀没於軍，賜其家鈔有差。

壬戌，詔禁犯曲阜林廟者。

丁卯，平江等十五路民饑，減直糶糧三十五萬四千石。

己巳，以諸王孛羅、真童皆討賊有功，徵詣京師。

**《續資治通鑑》卷一九四**　中書右丞相、加太(保)〔傅〕、録軍國重事鄂勒哲薨，謚忠獻。

元貞以來，朝廷恪守成憲，詔書屢下，散財發粟，不惜巨萬以頒賜百姓，皆鄂勒哲贊襄之功。帝倚任甚重，而能處之以安静，不急於功利，人益稱其賢。

復以特穆格爲中書平章政事。

**《元史》卷二一《成宗紀四》**　丁丑，禁諸王、駙馬等征北諸軍以奴爲代者罪之。

庚辰，雲南行省平章也速帶而入朝，以所獲軍中金五百兩爲獻。帝曰：「是金卿效死所獲者。」賜鈔千錠。

辛巳，詔僧人與民均當差役。

癸未，各道奉使宣撫言，去歲被災人户未經賑濟者，宜免其差役，從之。命江浙行省右丞董士選發所籍朱清、張瑄貨財赴京師，其海外未還商舶，至則依例籍没。甘肅行省平章合散等侵盗官錢十六萬三千餘錠、鹽引五千餘道，命省、臺官徵之。詔上都路、應昌府、亦乞列思、和林等處依内郡禁酒。

丙戌，罷營田提舉司。汴梁開封縣蝗食麥。

**《續資治通鑑》卷一九四**　以柰曼岱爲鎮北行省右丞。

**《元史》卷二一《成宗紀四》**　六月己丑，御史臺臣言：「瓜、沙二州，自昔爲邊鎮重地，今大軍屯駐甘州，使官民反居邊外，非宜。乞以蒙古軍萬人分鎮險隘，立屯田以供軍實，爲便。」從之。罷四川宣慰司，立四川行中書省，以雲南行省平章脱脱、湖廣行省議事平章程鵬飛并爲平章政事。

壬辰，武岡路饑，減價糶糧萬石以賑之。給欽察千户等貧乏者鈔三萬七千八百餘錠。

癸巳，叛賊雄挫來降。

乙未，以亦乞不薛就平，留探馬赤軍二千人討阿永叛蠻，餘悉放還。

庚子，西京道宣慰使法忽魯丁以琵琶二千五百餘斤鬻於官，爲鈔一萬一千九百餘錠。有旨除御榻所用外，餘未用者，宜悉還之。命阿伯、阿忽台等整飭河西軍事。

癸卯，詔凡軍官子弟年及二十者，與民官子孫同，俟直一年方許襲職，萬户於樞密院，千户於行省，百户於本萬户。

乙巳，罷行省僉省。浙西淫雨，民饑者十四萬，賑糧一月，仍免今年夏税并各户酒醋課。命甘肅行省修阿合潭、曲尤壕以通漕運。大寧路蝗。

**《元史續編》卷六**　西僧丹巴死。

**《元史》卷二一《成宗紀四》**　秋七月辛酉，常德路饑，減直糶糧萬石以賑之。

壬戌，御史臺臣言：「前河間路達魯花赤忽賽因、轉運使术甲德壽皆坐臟罷。今忽賽因以獻鷹犬，復除大寧路達魯花赤；术甲德壽以迭里迷失妄奏其被誣，復除福寧知州；並宜改正不敍，以戢姦貪。」從之。禁僧人以修建寺宇爲名，齎諸王令旨乘傳擾民。汰宿衛士。

丙寅，答剌罕哈剌哈孫爲中書右丞相、知樞密院事。

丙子，給四川行省驛券十二道。詔除集賢、翰林老臣預議朝政，其餘三品以下，年七十者，各陞散官一等致仕。立和林兵馬司。罷遼東宣慰司。

丁丑，中〔書〕省臣言：「大同税課，比奉旨賜乳母楊氏，其家掊斂過數，擾民爲甚。」敕賜鈔五百錠，其税課依例輸官。御史臺臣言：「湖南輸糧百石者，出驛馬一匹，廣海地狹，所輸不及百石者，所出亦如之，故官以鹽引助其不給。每馬一匹，貴州以北給鹽十七引，以南二十引。近立榷鹽提舉司，官價增五之三，元給二十引者，宜與鈔十七錠，十七引者十五錠。」從之。罷江南白雲宗攝所，其田令依例輸租。都哇、察八而、滅里鐵木而等遣使請息兵，帝命安西王慎飭軍士，安置驛傳，以俟其來。

戊寅，賜諸王奴倫、伯顔、也不干等鈔九萬錠。罷諸王所設總管府。叛賊麻你降，貢金五百兩、童男女二百人及馬牛羊，却之。

乙酉，賜諸王曲而魯等部鈔幣有差。

**《御批歷代通鑑輯覽》卷九六**　都勒斡遣使乞降。

兩浙大饑。

平江等十五路霪雨害稼，詔發粟賑民一月，仍減直鬻米三十萬石協濟之。時台州諸路旱饑尤甚，行省檄浙東元帥托歡徹爾賑之。托歡徹爾殘虐不恤，治中陳孚訴於宣撫使，亟發廩以賑，民之殍者已十六七。

**《元史》卷二一《成宗紀四》**　八月己丑，罷護國仁王寺元設江南營田提舉司。給安西王所部貧民米二萬石。

**《續資治通鑑》卷一九四**　辛卯夜，地震，平陽、太原尤甚，村堡移徙，地裂成渠，人民壓死不可勝計。遣使分道賑濟，爲鈔九萬六千五百餘錠，仍免太原、平陽今年差税，山場、河泊聽民采捕。

**《元史》卷二一《成宗紀四》**　癸巳，月里不花將甕吉里軍赴雲南，道卒，以其子普而耶代之。

庚子，中書省臣言：「法忽魯丁輸運和林軍糧，其負欠計二十五萬餘石。近監察御史亦言其侵匿官錢十三萬餘錠。臣等議：遣官徵之，不足，則籍没其財産。」從之。

庚戌，緬王遣使獻馴象四。

辛亥，賜諸王脱鐵木而之子也先博怯所部等鈔六千九百餘錠。

九月戊午，車駕還大都。

丙寅，以太原、平陽地震，禁諸王阿只吉、小薛所部擾民，仍減太原歲飼馬之半。遣刑部尚書塔察而、翰林直學士王約使高麗，以其國相吴(祈)[祁]專權，徵詣闕問罪。

辛未，詔諭諸司賑恤平陽、太原。

丙子，罷僧官有妻者。

壬午，復木公剌沙平章政事。

**《續資治通鑑》卷一九四**　以國子司業暢師文爲陝西行省理問官。

**《元史》卷二一《成宗紀四》**　冬十月丁亥，御史臺臣劾言江浙行省平章阿里不法，帝曰：「阿里朕所信任，臺臣屢以爲言，非所以勸大臣也。後有言者，朕當不恕。」

戊子，弛太原、平陽酒禁。以江浙年穀不登，減海運糧四十萬石。

己丑，詔從軍醫工止復其妻子，户如故。

辛卯，復立陝西行御史臺。

癸巳，御史臺臣及諸道奉使言：「行省官久任，與所隸編氓聯姻，害政。」詔互遷之。以只而合忽知樞密院事。

**《續資治通鑑》卷一九四**　商議中書事張孔孫，言曲阜孔廟宜給灑掃户，詔給大都文宣王廟灑掃户五。

**《元史》卷二一《成宗紀四》**　乙未，發雲南叛寇餘黨未革心者來京師，留蛇節養子阿闕於本境，以撫其民。改平灤爲永平路。陞甘州爲上路。設刑部獄吏一員，以掌囚徒。安西轉運司於常課外增筭五萬七千四百錠，人賜衣一襲，以勸其功。詔諸司凡錢糧不經中書省議者，勿奏。

庚子，改普定府爲路，隸曲靖宣慰司，以故知府容苴妻適姑爲總管，佩虎符。以敍州宣慰司爲敍南等處諸部蠻夷宣撫司。

庚戌，翰林國史院進太祖、太宗、定宗、睿宗、憲宗五朝《實録》。

**《續資治通鑑》卷一九四**　辛亥，詔：「軍户貧乏者，存卹六年。」

增蒙古國子生百員。

中書省言於帝曰：「翰林學士趙與票，事世祖皇帝，迄今凡三十年，敦確清謹，卒於七月，家貧，無以歸葬。」帝命有司賻鈔五十貫，給舟車還葬。

**《元史》卷二一《成宗紀四》**　十一月甲寅朔，賜諸王阿只吉所部鈔二十萬錠，糧萬石。命鷹師圍獵毋得擾民。以順元隸湖廣省。併海道運糧萬户府爲海道都漕運萬户府，給印二。亦乞不薛賊黨魏傑等降，人賜衣一襲，遣還，俾招其首亂者。

**《元史續編》卷六**　帝師策喇實巴鄂爾嘉勒死。

**《元史》卷二一《成宗紀四》**　丁巳，詔大同、(静)[浄]州、隆興等路運糧五萬石入和林。

辛酉，木冰。

甲子，命依十二章斷僧官罪。

辛未，陞全寧府爲路。

己卯，遣諸王滅怯禿、玉龍鐵木而使察八而。

十二月甲申朔，詔内郡比歲不登，其民已免差者，併蠲免其田租。許貧民釀酒。

乙酉，弛京師酒課。

戊子，以平宋隆濟功，增諸將秩，賜銀、鈔等物有差，其軍士各賜鈔十錠，放歸存恤一年。

辛丑，詔撫諭順元諸司。免大德七年民間逋税。命江南、浙西官田奉特旨賜賚者，許中書省迴奏。賜皇姑魯國大長公主鈔一萬五千錠，幣帛各三百匹。加封真武爲元聖仁威玄天上帝。

丁未，以轉輸軍餉勞，免思、播二州及潭、衡、辰、沅等路税糧一年，常、澧三分之一，淘金、站户無種佃者，免雜役一年。七道奉使宣撫所罷贓污官吏凡一萬八千四百七十三人，贓四萬五千八百六十五錠，審冤獄五千一百七十六事。

是歲，斷大辟十八人。

# 大德八年(甲辰、一三〇四)

**《元史新編》卷七**　八年甲辰春正月己未，以災異故詔天下曰：「去歲地震，平陽、太原爲甚，一切差發税糧，自大德八年爲始，與免三年。隆興、延安、上都、大同、懷孟、衛輝、彰德、真定、河南、安西等路被災人户，與免二年。大都、保定、河間等路免一年。江南佃户承種田土者，私租大重，以致小民困窮，今普減十分之二，著爲例。至國家財物自有常制，比者諸人妄獻田土户，計山場窑冶增添課程，無非徼名貪利，生事害民，嗣後悉皆禁治。其軍站民匠，各户往往託名僧道，影蔽差徭，自今有願出家者，必本户丁多，差役不闕，及有昆仲侍養父母，許赴原籍官司陳告，勘實方準薙度。違者斷罪歸俗。

**《元史》卷二一《成宗紀四》** 庚申，以雲南順元同知宣撫事宋阿重生獲其叔隆濟來獻，特陞其官，賜衣一襲。置掌薪司，以供尚食，令宣徽院掌其事。

癸亥，禁錮朱清、張瑄族屬。

乙丑，復置遂平、新蔡、真陽、太和、沈丘、穎上、柘城、城父、郟、舞陽十縣。

丙寅，以御史中丞、太僕卿塔思不花爲中書右丞，江南行臺中丞趙仁榮爲中書參知政事。陞教坊司三品。

庚午，以輦真監藏爲帝師。

辛巳，詔：「諸王、妃主及諸路有馬者，十取其一，諸王、駙馬往遼東捕海東鶻者，毋給驛。」自滎澤至睢州，築河防十有八所，給其夫鈔人十貫。駙馬也列干住所部民饑，以糧二千石賑之。是月，平陽地震不止，已修民屋復壞。

**《續資治通鑑》卷一九五** 皇后召平章政事阿錫葉問曰：「災異如此，殆下民所致耶？」阿錫葉曰：「天地示警，民何與焉！」

御史中丞何瑋疏言地震咎在大臣，於是右丞洪君祥等俱罷。

命大都留守鄭制宜赴平陽存卹。制宜懼緩不及事，晝夜兼行，至則親入里巷，撫瘡痍，給粟帛，存者賴之。

**《元史新編》卷七** 二月丙戌，增廣國子生二百員，選宿衛大臣子孫充之。降莊浪路爲州，省隴干縣入德順州。

**《元史》卷二一《成宗紀四》** 辛卯，命諸王出伯所部軍屯田於薛出合出谷。

甲午，詔父子兄弟有才者，許並居風憲。徙江東建康道廉訪司治於寧國，其建康路簿書，命監察御史鈎考。

丙申，分軍千人戍嘉定州。

甲辰，翰林學士承旨撒里蠻進金書《世祖實録節文》一册、漢字《實録》八十册。減宿衛繁冗者。

丙午，車駕幸上都。敕軍人奸盜詐僞悉歸有司。賜太祖位怯憐口户鈔萬八千二百錠、布帛萬匹。賜禿赤及塔剌海以所籍朱清、張瑄田人六十頃，近侍鷹坊怯憐口鈔二萬七千三百錠、布帛萬二千匹。賜平章政事王慶端玉帶，半俸終身。

**《續資治通鑑》卷一九五** 平章政事、商議樞密院事李庭薨，追封益國公，謚武毅。

三月丁巳，詔：「軍民官已除，以地遠官卑不赴者，奪其官不敍。軍官擅離所部者，悉遣還翼，違者論如律。軍人不告〔所〕部私歸者，杖而還之。」

乙丑，彗星滅。自去歲十二月〔庚戌〕始見，約盈尺，在室十一度，入紫微垣，至是滅，凡七十四日。

**《元史》卷二一《成宗紀四》** 戊辰，中書左丞尚文以疾辭，不允。詔：「諸王、駙馬所分郡邑，達魯花赤惟用蒙古人，三年依例遷代，其漢人、女直、契丹名爲蒙古者皆罷之。」敕軍民逃奴有獲者即付其主，主在他所者，赴所在官司給之，仍追逃奴鈔充獲者賞；逃及誘匿者，論罪有差。詔諸路牧羊及百至三十者，官取其一，不及數者勿取。中書省臣言：「自内降旨除官者，果爲近侍宿衛，踐履年深，依已除敍。嘗宿衛未官者，視散官敍，始歷一考，準爲初階。無資濫進，降官二級，官高者量降。各位下再任者，從所隸用，三任之上，聽入常調。蒙古人不在此限。」從之。雲南黎州盜刼也速〔而帶〕〔帶而〕家屬貲産，命宣政院督其郡邑捕之。給諸王出伯所部馬萬三千五百匹。

庚辰，詔内外使以軍務行者，至其地有司給餼十五日，自餘重事八日，細事三日。命凡爲衙兵者，皆半隸屯田，仍諭各衛屯官及屯田者，視其勤惰，以爲賞罰。陞分寧縣爲寧州。罷廬州路榷茶提舉司。灤城、濟陽等縣隕霜殺桑。

夏四月丙戌，置千户所，戍定海，以防歲至倭船。永寧路叛寇雄挫來降。命僧道爲商者輸税。凡諸王、駙馬徵索，有司非奉旨輒給者，罪且罷之。詔諸路畏吾兒、合迷里自相訟者，歸都護府，與民交訟者，聽有司專決。

甲午，詔：「朝廷、諸王、駙馬進捕鷹鶻皆有定户，自今非鷹師而乘傳冒進者，罪之。」

庚子，以永平、清、滄、柳林屯田被水，其逋租及民貸食者皆勿徵。

丁未，分教國子生於上都。賜西平王奥魯赤、合帶等部民鈔萬錠，朶耳思等站户鈔二千二百錠、銀三百九十兩有奇。益都臨朐、德州齊河蝗。

五月〔癸未〕〔壬子〕朔，日有食之。

辛酉，以所籍朱清、張瑄江南財産隸中政院。

己巳，以平宋隆濟功，賜諸王脱脱、亦吉里〔帶〕，平章床兀而等銀、鈔、金、幣、玉帶，及大理金齒、曲靖、烏撒、烏蒙宣慰等官銀、鈔各有差。

壬申，罷福建都轉運鹽使司，以其歲課併隸宣慰司。中書省臣言：「吴江、松江實海口故道，潮水久淤，凡湮塞良田百有餘里，況海運亦由是而出，宜於租户役萬五千人濬治，歲免租人十五石，仍設行都水監以董其程。」從之。追收諸王驛券。

癸酉，定館陶等十七倉官品級：諸糧十萬石以上者從七品，五萬石以上者正八品，不及五萬者從八品。

庚辰，以去歲平陽、太原地震，宫觀摧圮者千四百餘區，道士死傷者千餘人，命賑恤之。

是月，蔚州之靈仙，太原之陽曲，隆興之天城、懷安，大同之白登，大風，雨雹傷稼。

**《續資治通鑑》卷一九五**　開封之祥符、太康、陽武，衛輝之獲嘉，河溢。涇水暴漲，毁堰塞渠，陝西行省命屯田府總管瓜勒佳巴延特穆爾及涇陽尹王琚疏導之。

**《元史》卷二一《成宗紀四》**　六月癸未，開和林酒禁，立酒課提舉司。

丁酉，汝寧妖人李曹驢等妄言得天書惑衆，事覺伏誅。益津蝗，汴梁祥府、開封、陳州霖雨，蠲其田租。扶風、岐山、寶鷄諸縣旱，烏撒、烏蒙、益州、忙部、東川等路饑，疫，並賑恤之。

**《續資治通鑑》卷一九五**　是月，翰林學士致仕王惲卒。

秋七月辛酉，罷江淮等處財賦總管府。

**《元史》卷二一《成宗紀四》**　癸亥，諸王合贊自西域遣使來貢珍物。賜諸王也孫鐵木而等鈔二十萬錠，戍北千户十五萬錠，怯憐口等九萬餘錠，西平王奥魯赤二萬錠。

**《續資治通鑑》卷一九五**　癸酉，以順德、恩州去歲霖雨，免其民租。

**《元史》卷二一《成宗紀四》**　八月，太原之交城、陽曲、管州、嵐州，大同之懷仁雨雹隕霜殺禾，杭州火，發粟賑之。以大名、高唐去歲霖雨，免其田租二萬四千餘石。

**《續資治通鑑》卷一九五**　九月癸丑，帝至自上都。

**《元史新編》卷七**　庚申，復巴顏、梁德珪、八都馬辛、迷而火者等官御史杜肯構中丞何瑋，上章諫不報。以阿里爲中書平章政事，張祐、脱歡并參知政事。

**《元史》卷二一《成宗紀四》**　庚午，以户部尚書張祐爲中書參知政事。



癸酉，諸王察八而、朶瓦等遣使來附，以幣帛六百匹給之。詔諸王凡泉府規營錢，非奉旨毋輒支貸。給諸王出伯所部帛四百匹。四川、雲南鎮戍軍家居太原、平陽被災者，給鈔有差。潮州颶風起，海溢，漂民廬舍，溺死者衆，給其被災户糧兩月。以冀、孟、輝、雲内諸州去歲霖雨，免其田租二萬二千一百石。

冬十月(辛)〔己〕卯，有事於太廟。

辛巳，給諸王阿只吉所部馬料價鈔三千九百錠。以宣徽使、大都護長壽爲中書右丞，陝西行省右丞脱歡爲中書參知政事。

丁亥，安南遣使入貢。詔諸王、駙馬毋乘驛以獵。

庚寅，封皇姪海山爲懷寧王，賜金印，仍割瑞州户六萬五千隸之，歲給五户絲直鈔二千六百錠，幣帛各千匹。

戊戌，命省、臺、院官鞫高麗國相吴(祈)〔祁〕及千户石天(輔)〔補〕等，以(祈)〔祁〕離間王父子，天(輔)〔補〕謀歸日本，皆笞之，徙安西。

十一月壬子，詔：「内郡、江南人凡爲盜黥三次者，謫戍遼陽；諸色人及高麗三次免黥，謫戍湖廣；盜禁籞馬者，初犯謫戍，再犯者死。」以平陽、太原去歲地大震，免其税課一年。遣制用院使忽鄰、翰林直學士林元撫慰高麗。放遼陽民樂亦等三百九十户爲兵者還民籍。

**《續資治通鑑》卷一九五**　詔問弭災之道。商議中書省事張孔孫條對八事，其略曰：「蠻夷諸國，不可窮兵遠討；濫官放譴，不可復加任用；賞善罰惡，不可數賜赦宥；獻鬻寶貨，不可不爲禁絶；供佛無益，不可虚費財用；上下豪侈，不可不從儉約；官冗吏繁，不可不爲裁減；太廟神主，不可不備祭饗。」帝嘉納之，賜以鈔。

**《元史》卷二一《成宗紀四》**　丁卯，復免僧人租。

戊辰，以武備卿鐵古迭而爲御史大夫。

壬申，詔凡僧姦盜殺人者，聽有司專決。寧遠王闊闊出以馬萬五百餘匹給軍，命以鈔五萬二千五百餘錠償其直。增海漕米爲百七十萬石。

十二月庚子，復立益都淘金總管府。

辛丑，封諸王出伯爲威武西寧王，賜金印。賜安西王阿難答、諸王阿只吉、也速不干等鈔一萬四千錠。

**《續資治通鑑》卷一九五**　始定國子生，蒙古、色目、漢人三歲各貢一人。召程文海爲翰林學士、商議中書省事。

# 大德九年（乙巳、一三〇五）

**《元史》卷二一《成宗紀四》**　春正月戊午，帝師輦真監藏卒，賻金五百兩、銀千兩、幣帛萬匹、鈔三千錠，仍建塔寺。

甲子，以瓮吉剌部民張道奴等舊權爲軍者復隸民籍。

壬申，弛大都酒禁。

甲戌，賜諸王完澤、撒都失里、別不花等所部鈔五萬六千九百錠、幣帛有差，鷹師等百五十萬錠。

**《續資治通鑑》卷一九五**　以暢師文爲陝西漢中道廉訪副使，仍以疾不赴。

**《元史》卷二一《成宗紀四》**　二月癸未，敕軍匠等户元隸東宫者，有司毋得奪之。中書省臣言：「近侍自内傳旨，凡除授賞罰皆無文記，懼有差違，乞自今傳旨者，悉以文記付中書。」從之。

**《續資治通鑑》卷一九五**　甲午，免天下道士賦税。

乙未，建大天壽萬寧寺。中塑秘密佛像，其形醜怪，皇后幸寺見之，惡焉，以帕障其面而過，尋敕毁之。

**《元史》卷二一《成宗紀四》**　丁酉，封諸王完澤爲衛安王，定遠王岳木忽而爲威定王，並賜金印。陞翰林國史院爲正二品。賜朶瓦使者幣帛五百匹。

庚子，命中書議行郊祀禮。

**《元史新編》卷七**　辛丑，令御史臺、翰林集賢院、六部於五品以上各舉廉能識治體者三人。行省、行臺、宣慰廉訪司各舉五人。免大都、上都、隆興差税，内郡包銀俸鈔一年。建大天壽萬寧寺。詔致仕官止一子應承蔭者并免傜直，家貧者給半俸終身。

**《元史》卷二一《成宗紀四》**　丙午，賜宿衛怯憐口鈔一百萬錠。以歸德頻歲被水民饑，給糧兩月。平陽、太原地震，站户被災，給鈔一萬二千五百錠。

三月丁未朔，車駕幸上都。給還安西王積年所減歲賜金五百兩、絲一萬一千九百斤，仍賜其所部鈔萬錠。敕遼陽行省毋專決大辟。以和林所貯幣帛給懷寧王所部軍。

**《續資治通鑑》卷一九五**　先是省、院、臺臣請上尊號，帝不允。及帝在上都，皇后自請之，帝曰：「我病日久，國家大事，多廢不舉，寧尚理此等事耶！」事遂寢。

**《元史》卷二一《成宗紀四》**　庚戌，以吃剌（八思）〔思八〕斡節兒姪相加班爲帝師。詔梁王勿與雲南行省事，賜鈔千錠。

戊午，以樞密副使高興爲平章政事，仍樞密副使。賜親王脱脱鈔二千錠，奴兀倫、孛羅等金五百兩、銀千兩、鈔二萬錠。以濟寧去歲霖雨傷稼，常寧州饑，並賑恤之。河間、益都、般陽屬縣隕霜殺桑，撫之。宜黄、興國之大冶等縣火，給被災者糧一月。

**《元史續編》卷六**　山東、燕南隕霜殺桑。

**《續資治通鑑》卷一九五**　上都留守賀仁傑請老。仁傑居官五十餘年，爲留守者居半，車駕春秋行幸，出入供億，未嘗致上怒。其妻劉殁，世祖欲爲娶貴族，固辭；乃娶民間女，已而喪明，夫妻相敬有加。帝雅重之，晉平章政事，商議陝西行省事，賜金幣歸第。以其子勝代爲上都留守。

**《元史》卷二一《成宗紀四》**　夏四月庚辰，雲南行省請益戍兵，不許，遣使詣諸路閲其當戍者遣之。

乙酉，大同路地震，有聲如雷，壞官民廬舍五千餘間，壓死二千餘人。懷仁縣地裂二所，湧水盡黑，漂出松柏朽木，遣使以鈔四千錠、米二萬五千餘石賑之；是年租賦税課徭役一切除免。

戊子，賜察八而、朶瓦所遣使者銀千四百兩、鈔七千八百餘錠。

己丑，東川路蠻官阿葵以馬二百五十匹、金二百五十兩及方物來獻。

壬辰，中書省臣言：「前代郊祀，以祖宗配享。臣等議：今始行郊禮，專祀昊天爲宜。」詔依所議行之。以汴梁、歸德、安豐去歲被災，潭州、郴州、桂陽、東平等路饑，並賑恤之。

**《御批歷代通鑑輯覽》卷九六**　始定郊祀禮。

**《元史》卷二一《成宗紀四》**　五月丁未，詔諸王、駙馬部屬及各投下，凡市傭徭役與民均輸。遣官調雲南、四川、福建、兩廣官。大都旱，遣使持香禱雨。

戊申，徵陝西儒學提舉蕭𣂏赴闕，命有司給以安車。

戊午，改各道肅政廉訪司爲詳刑觀察（使）〔司〕，聽省、臺辟人用之。立衍慶司，正二品。

癸亥，以地震，改平陽爲晉寧，太原爲冀寧。復立洪澤、芍陂屯田，令河（西）〔南〕行省平章阿散領其事。省鬱林縣入貴州。以晉寧、冀寧累歲被災，給鈔三萬五千錠。寶慶路饑，發粟五千石賑之。以陝西渭南、櫟陽諸縣去歲旱，蠲其田租。道州旱。

**《續資治通鑑》卷一九五**　召陳天祥爲中書右丞，議樞密院事，提調諸衛屯田，以年老固辭。

**《元史》卷二一《成宗紀四》**　六月丙子朔，以立皇太子，遣中書右丞相答剌罕哈剌哈孫告昊天上帝，御史大夫鐵古迭而告太廟。

庚辰，立皇子德壽爲皇太子，詔告天下。賜高年帛，八十者一匹，九十者二匹。孝子順孫堪從政者，量才任之。親年七十别無侍丁者，從近遷除。外任官五品以下並減一資。諸處罪囚淹繫五年以上，除惡逆外，疑不能決者釋之。流竄遠方之人，量移内地。

甲午，潼川霖雨江溢，漂没民居，溺死者衆，敕有司給糧一月，免其田租。以瓊州屢經叛寇，隆興、撫州、臨江等路水，汴梁霖雨爲災，並給糧一月。桓州、宣德雨雹。鳳翔、扶風旱。通、泰、静海、武清蝗。

秋七月乙巳朔，禁晉寧、冀寧、大同釀酒。蠲晉寧、冀寧今年商税之半。

辛亥，築郊壇於麗正、文明門之南丙位，設郊祀署，令、丞各一員，太祝三員，奉禮郎二員，協律郎一員，法物庫官二員。

癸丑，以黑水新城爲靖安路。陞祕書監、拱衛司並正三品。罷福建蒙古字提舉司及醫學提舉司。賜安西王阿難答子月魯鐵木而鈔二千錠。

庚申，陞太府監爲太府院。

壬戌，以金千兩、銀七萬五千兩、鈔十三萬錠，賜興聖太后及宿衛臣，出居懷州。復置懷寧王王府官。賜威(遠)[定]王岳木忽而鈔萬錠。給大都至上都十二驛鈔一萬一千二百錠。

丁卯，以大司徒段貞、中書右丞八都馬辛並爲中書平章政事，參知政事合剌蠻子爲右丞，參知政事迷而火者爲左丞，參議中書省事也先伯爲參知政事。給脱脱所部乞而吉思民糧五月。沔陽之玉沙江溢，陳州之西華河溢，嶧州水，賑米四千石。揚州之泰興、江都，淮安之山陽水，蠲其田租九千餘石。潭、郴、衡、雷、峽、滕、沂、寧海諸郡饑，减直糶糧五萬一千六百石。

八月乙亥朔，省孛可孫冗員。孛可孫專治芻粟，初惟數人，後以各位增入，遂至繁冗。至是存十二員，餘盡革之。

丙子，給大都車站户粟千四百七十餘石。

丁丑，給曲阜林廟灑掃户，以尚珍署田五十頃供歲祀。

己卯，以冀寧歲復不登，弛山澤之禁，聽民採捕。命太常卿丑閭、昭文館大學士靳德進祭星於司天臺。

丙戌，商胡塔乞以寶貨來獻，以鈔六萬錠給其直。

**《續資治通鑑》卷一九五**　海商以珍寶來獻，議以鈔六萬錠酬其直。或謂左丞尚文曰：「此所謂雅庫特珠也，六十萬酬之不爲過。」文問：「何所用之？」答曰：「含之可不渴，熨面可使目有光。」文曰：「一人含之，千人不渴，則誠寶也。若一珠止濟一人，則用已微矣。吾之所謂寶者，米粟是也，一日不食則饑，三日則疾，七日則死，有則百姓安，無則天下亂，以功用較之，豈不愈於珠哉！」

**《元史》卷二一《成宗紀四》**　癸巳，復立制用院。

乙未，賜寧遠王闊闊出鈔萬錠，及其所部三萬錠。

是月，涿州、東安州、河間、嘉興蝗，象州、融州、柳州旱，歸德、陳州河溢，大名大水，揚州饑。

九月戊申，聖誕節，帝駐蹕於壽寧宫，受朝賀。

庚申，車駕至自上都。賜威武西寧王出伯所部鈔三萬錠。

冬十月丁丑朔，陞都水監正三品。

辛巳，有事於太廟。

己丑，命兩廣以南軍與土人同戍。

庚寅，駙馬按替不花來自朵瓦，賜銀五十兩、鈔二百錠。

**《續資治通鑑》卷一九五**　乙未，帝諭中書省、樞密院、御史臺臣曰：「省中政事，聽右丞相哈喇哈斯總裁，自今用人，非與議者悉罷之。」

戊戌，詔：「芍陂、洪澤等屯田爲豪右占據者，悉令輸租。」

**《元史》卷二一《成宗紀四》**　辛丑，復以詳刑觀察司爲廉訪司。常州僧録林起祐以官田二百八十頃冒爲己業施河西寺，敕募民耕種，輸其租於官。御史臺臣請增官吏俸，命與中書省共議以聞。括兩淮地爲豪民所占者，令輸租賦。賜安南王陳益稷湖廣地五百頃。諸王忽剌出及昔而吉思來賀立皇太子，賜鈔及衣服、弓矢有差。

**《續資治通鑑》卷一九五**　北方奇噜倫部大雪。同知宣徽院事圖沁布哈請買駝馬，補其死缺。出衣幣於内府，身往給之，全活數萬人。其還也，帝賜以七寶笠。

江浙行省平章徹爾召入爲中書平章政事，是月薨，家資不滿二百緡，人服其廉。追封徐國公，謚忠肅。

**《元史》卷二一《成宗紀四》** 十一月丁未，以鈔萬錠給雲南行省，命與貝參用，其貝非出本土者同僞鈔論。拘收諸王、妃主驛券。置大都南城警巡院。黄勝許遣其屬來獻方物，請復其子官。帝不允，曰：「勝許反側不足信，如其悔罪自至，則官可得。」命賜衣服遣之。以去年冀寧地震，站户貧乏，詔諸王、駙馬毋妄遣使乘驛。復立雲南屯田，命伯顔察而董其事。給四川征戍軍士其家居大同爲地震壓死者户鈔五錠。

**《續資治通鑑》卷一九五** 舊制，凡遇饗祀，司天雖掌時刻，無鐘鼓更漏，往往至旦始行事。至是將郊祀，齊履謙攝司天臺官，言於宰執，請用鐘鼓更漏，俾早晏有節，從之。

**《元史續編》卷六** 庚午，祀南郊。用馬一、犢一、羊、豕、鹿各九，文舞曰崇德，武舞曰定功。以右丞相哈喇哈遜、左丞相阿哈台、御史大夫特古勒德爾爲三獻官行事。

**《續資治通鑑》卷一九五** 拱衛直都指揮使王伯勝，自帝有疾，晨夕入侍；安西王忌之，出爲大寧路總管。

**《元史》卷二一《成宗紀四》** 十二月乙亥，賜冀寧路鈔萬錠、鹽引萬紙，以給歲費。

**《續資治通鑑》卷一九五** 庚寅，皇太子德壽薨。皇后遣人問西僧丹巴曰：「我夫婦崇信佛法，以師事汝，止有一子，寧不能延其壽也？」對曰：「佛法如燈籠，風雨至則可蔽，若燭盡，則無如之何也。」一時稱其敏給。

**《元史新編》卷七** 是歲，河間、蓋都、般陽諸屬隕霜殺桑二百四十餘萬本。

## 大德一〇年（丙午、一三〇六）

**《元史》卷二一《成宗紀四》** 春正月壬寅朔，高麗王王昛遣使來獻方物。

甲辰，詔詢訪莊聖皇后、昭睿順聖皇后、徽仁裕聖皇后儀範中外之政，以備紀録。

丙午，濬吴松江等處漕河。四川行省臣言：「所在驛傳，舊制以各路達魯花赤兼督。今沿江水驛迂遠，宜令所隸州縣官統治之。」從之。增置甘肅行省王渾木敦等處驛傳。立福建鹽課提舉司，隸宣慰司。

**《元史新編》卷七** 戊午，罷江南白雲宗都僧録司，汰其民歸州縣，僧歸各寺，田悉輸租。

**《元史》卷二一《成宗紀四》** 庚戌，濬真、揚等州漕河，令鹽商每引輸鈔二貫，以爲傭工之費。

壬戌，發河南民十萬築河防。

丙寅，以沙都而所部貧乏，給糧兩月。

丁卯，命諸王、駙馬、妃主奏請錢穀者，與中書議行之。陞巡檢爲九品。命近侍無輒驛召外郡官。弛大同路酒禁。封駙馬合伯爲昭武郡王。營國子學於文宣王廟西偏。詔各道禁沮擾鹽法。以京畿雷家站户貧乏，給鈔五百錠。奉聖州懷來縣民饑，給鈔九百錠。

〔閏正月〕甲戌，賑合民所部留處鳳翔者糧三月。

壬午，給諸王屯先鐵木而所部米二千石。賑暗伯拔突軍屯東地者糧兩月。

丁亥，免大都今年租賦。

甲午，以前中書平章政事鐵哥、江浙行省平章闊里、河南行省平章阿散，並爲中書平章政事；行宣政院使張閭、四川行省左丞杜思敬，並爲中書左丞；參議中書省事劉源爲參知政事。

是月，以曹之禹城去歲霖雨害稼，民饑，發陵州糧二千餘石賑之。晉寧、冀寧地震不止。

二月壬寅，賑金蘭站户不能自贍者糧兩月。賑遼陽千户小薛干所部貧匱者糧三月。

辛亥，中書省臣言：「近侍傳旨以文記至省者，凡一百五十餘人，令臣擢用。其中犯法妄進者實多，宜加遴選。」制曰「可」。陞行都水監爲正三品，諸路提控案牘爲九品。駙馬濟寧王蠻子帶以所部用度不足，乞預貸歲得五户絲，從之。遣六衛漢軍貧乏者還家休息一年。

丙辰，封孛羅爲鎮寧王，錫以金印。朶瓦遣使來朝，賜衣幣遣之。

己未，江西福建道奉使宣撫塔不帶坐贓遇赦，釋其罪，終身不敘。

丁卯，以月古不花爲中書左丞。

戊辰，車駕幸上都。賜安西王阿難答、西平王奥魯赤、不里亦鈔三萬錠，南哥班萬錠，從者三萬二千錠。鎮西武靖王搠思班所部民饑，發甘肅糧賑之。

是月，大同路暴風大雪，壞民廬舍，明日雨沙陰霾，馬牛多斃，人亦有死者。

〔三月〕己卯，崆古王遣使來貢方物。

乙未，慮大都囚，釋上都死囚三人。賜駙馬蠻子帶鈔萬錠。道州營道等處暴雨，江溢山裂，漂蕩民廬，溺死者衆，復其田租。以濟州任城縣民饑，賑米萬石。給千家木思答伯部糧三月。柳州民饑，給糧一月。河間民王天下奴弑父，磔裂於市。

**《元史續編》卷六**　夏四月，詔求鷹犬。詔凡匿者没家資之半，笞三十，來獻者給賞。

**《元史》卷二一《成宗紀四》**　甲辰，樞密院臣言：「太和嶺屯田，舊置屯儲總管府，專督其程。人給地五十畝，歲輸糧三十石，或佗役不及耕作者，悉如數徵之，人致重困。乞令軍官統治，以宣慰使玉龍失不花總其事，視軍民所收多寡以爲賞罰。」從之。

丁未，命威武西寧王出伯領甘肅等地軍站事。

壬戌，雲南羅雄州軍火主阿邦龍少結豆温匡虜、普定路諸蠻爲寇，右丞汪惟能進討，賊退據越州。諭之不服，遣平章也速帶而率兵萬人往捕之。兵至曲靖，與惟能合，從諸王昔寶赤、亦(里吉)〔吉里〕帶等進壓賊境，獲阿邦龍少斬之，餘衆皆潰。命也速帶而留軍二千戍之，其從軍有功者皆加賞賚。

癸亥，置崑山、嘉定等處水軍上萬户府。

甲子，倭商有慶等抵慶元貿易，以金鎧甲爲獻，命江浙行省平章阿老瓦丁等備之。賜梁王松山鈔千錠。

是月，以廣東諸郡、吉州、龍興、道州、柳州、漢陽、淮安民饑，贛縣暴雨水溢，賑糧有差。鄭州暴風雨雹，大若鷄卵，麥及桑棗皆損，蠲今年田租。真定、河間、保定、河南蝗。

**《元史續編》卷六**　以蕭𣂏爲太子右諭德。

**《元史》卷二一《成宗紀四》**　五月辛未，大都旱，遣使持香禱雨。

壬午，增河間、山東、兩浙、兩淮、福建、廣海鹽運司歲煮鹽二十五萬餘引。

**《元史新編》卷七**　五月，詔：「江南平定之後，悉爲吾民。比聞營利之徒，以人爲市，因而强略良人及借乞養過房名色，公然販鬻，奸僞非一，朕甚憫之。自後南北往來販人客旅，并行禁止。經過關津，盤詰得實，强略者以强盗例科斷，和誘者次之。至軍中所得子女，出征軍官同管民官從實分揀，如係良民，速令完聚。果係賊屬，聽本營萬户、千户出具印照。如敢擅略平民，律同强盗。其有欲將驅口轉行貨賣者，須赴所在官司給到公據。違者俱各斷罪。」

**《元史》卷二一《成宗紀四》**　癸未，詔西番僧往還者不許馳驛，給以舟車。禁御史臺、宣慰司、廉訪司官，毋買鹽引。

乙酉，以同知樞密院事塔魯忽台、塔剌海並知樞密院事。遣高麗國王王(昛)〔㒅〕還國，仍署行省以鎮撫之，其國僉議、密直司等官並授以宣敕。封駙馬脱鐵木而爲濮陽王，賜以金印，公主忙哥台爲鄆國大長公主。

丁亥，詔命右丞相哈剌哈孫答剌罕、左丞相阿忽台等整飭庶務，凡銓選錢穀等事一聽中書裁決，百司勤怠者各以名聞。賜威武西寧王出伯鈔三萬錠，遼陽、益都民饑，賑貸有差。大都、真定、河間蝗。平江、嘉興諸郡水傷稼。

**《續資治通鑑》卷一九五**　六月癸卯，御史臺言：「江南行臺監察御史嘉琿，劾江浙行省宣使李元不法。行省亦遣人摭拾嘉琿不令檢覈案牘。」中書省復言嘉琿等不循法度，擅遣軍士守衛其門，搒掠(其)〔李〕元，誣指行省等官不法事，詔省、臺及額爾克達嚕噶齊同訊之。

**《元史》卷二一《成宗紀四》**　壬戌，來安路總管岑雄叛，湖廣行省遣宣慰副使忽都魯鐵木而招諭之，雄令其子世堅來降，賜衣物遣之。復淮西道廉訪司。大名、益都、易州大水。景州霖雨。龍興、南康諸郡蝗。

秋七月辛巳，釋諸路罪囚，常赦所不原者不與。宣德等處雨雹害稼。大同之渾源隕霜殺禾。平江大風，海溢漂民廬舍。道州、(之)武昌、永州、(之)興國、黄州、沅州饑，減直賑糶米七萬七千八百石。

八月壬寅，開成路地震，王宫及官民廬舍皆壞，壓死故秦王妃也里完等五千餘，以鈔萬三千六百餘錠、糧四萬四千一百餘石賑之。

辛亥，賜皇姪阿木哥鈔三千錠。

**《續資治通鑑》卷一九五**　先是命江浙行省製造宣聖廟樂器，以宋舊樂工施德仲審較應律，運至京師。丁巳，京師文宣(王)廟成，行釋奠禮，牲用太牢，樂用登歌，製法服三襲，(召)〔命〕翰林院定樂名、樂章。

**《元史》卷二一《成宗紀四》**　成都等縣饑，減直賑糶米七千餘石。

**《續資治通鑑》卷一九五**　是秋，遼陽行省右丞洪萬罷，以其叔君祥代之。君祥請於朝，宜新省治，增巡兵，置儒學提舉官，都鎮撫等員，以興文教，修武備。既而事不果行。

陝西饑，省、臺議請賑於朝，安西路總管趙世延曰：「救荒如救火，願先發廩以賑。朝廷若不允，世延當傾財若身以償。」省、臺從之，所活者衆。

世延嫻習官政，其始除總管也，前政壅滯者三千牘，世延既至，不三月，剖決殆盡。

**《元史》卷二一《成宗紀四》** 九月壬申，以聖誕節，朶瓦遣款徹等來賀。冬十月丁未，有事於太廟。

丁卯，安南國遣黎亢宗來貢方物。青山叛蠻紅犵獠等來附，仍貢方物，賜金幣各一。吳江州大水，民乏食，發米萬石賑之。

**《元史續編》卷六** 中書平章徹爾卒。

**《元史》卷二一《成宗紀四》** 十一月己巳，車駕還大都。

丁亥，武昌路火，給被災者糧一月。

丙申，安西王阿難答、西平王奥魯赤所部皆乏食，給米有差。益都、揚州、辰州歲饑，減直賑糶米二萬一千餘石。

〔十二月〕壬子，速哥察而等十三站乏食，給糧三月。

**《續資治通鑑》卷一九五** 乙卯，帝寢疾，禁天下屠宰四十二日。

**《元史》卷二一《成宗紀四》** 丙辰，遣宣政院使沙的等禱於太廟。諸王合而班答部民潰散，詔諭所在敢匿者罪之。

癸亥，瓊州臨高縣那蓬洞主王文何等作亂伏誅。磁州民田雲童弒母，磔裂於市。

**《續資治通鑑》卷一九五** 阿裕爾巴里巴特喇至懷州，所過郡縣供帳華侈，悉令撤去，嚴飭扈從毋擾民，民皆感悦。

是歲，大都留守鄭制宜卒。帝遇制宜特厚，每侍宴，輒不敢飲，終日無(隋)〔惰〕容。帝察其忠勤，屢賜内醖，輒持以奉母。帝聞之，特封其母蘇氏爲潞國夫人。及制宜歿，追封澤國公，謚忠宣。

**《元史》卷二一《成宗紀四》** 是歲，斷大辟四十四人。

**《元史新編》卷七** 是歲，晉寧、冀寧地震不止，大同暴風、雨沙，道州江溢山裂，平江海嘯，壞民居。出鈔萬三千六百錠，糧八萬七千餘石振之。

## 大德一一年(丁未、一三〇七)

**《元史》卷二一《成宗紀四》** 春正月丙(辰)〔寅〕朔，帝大漸，免朝賀。

癸酉，崩於玉德殿，在位十有三年，壽四十有二。

乙亥，靈駕發引，葬起輦谷，從諸帝陵。

**《元史》卷二四《仁宗紀一》** 戊子，帝與太后聞哀奔赴。

庚寅，至衛輝，經比干墓，顧左右曰：「紂内荒於色，毒痡四海，比干諫，紂剖其心，遂失天下。」令祠比干於墓，爲後世勸。至漳河，值大風雪，田叟有以盂粥進者，近侍卻不受。帝曰：「昔漢光武嘗爲寇兵所迫，食豆粥。大丈夫不備嘗艱阻，往往不知稼穡艱難，以致驕惰。」命取食之。賜叟綾一匹，慰遣之。行次邯鄲，諭縣官曰：「吾慮衛士不法，胥吏科斂，重爲民困。」乃命王傅巡行察之。

**《續資治通鑑》卷一九五** 皇后巴約特氏以己嘗謀出阿裕爾巴里巴特喇及其母居懷州，至是恐其兄懷寧王哈尚立，必報前怨，乃命召安西王阿南達入京師，欲立之。左丞相阿固岱、平章賽音諤德齊、巴特瑪琳沁、巴延及諸王莽賴特穆爾陰左右之，謀斷哈尚歸路，奉皇后垂簾聽政，立安西王輔之。於是阿固岱以祔廟及攝位事集廷臣議之，太常卿田忠良、御史中丞何瑋皆執不可，阿固岱變色曰：「制自天降耶？公等不畏死，敢沮大事！」瑋曰：「死畏不義爾，苟死於義，何畏！」議遂寢。

右丞相哈喇哈斯收百司符印，封府庫，稱疾，守宿掖門，内旨日數至，皆不聽。衆欲害之，未敢發。懷寧王適遣哈喇托克托計事京師，哈喇哈斯令急還報，復遣使南迎阿裕爾巴里巴特喇於懷州。

使至懷州，阿裕爾巴里巴特喇疑未行，其傅李孟曰：「支子不嗣，世祖之典訓也。今宫車晏駕，大太子遠在萬里，宗廟社稷危疑之秋，殿下當奉大母急還宫庭，以折奸謀，安人心；不然，國家安危，未可保也。」阿裕爾巴里巴特喇猶豫未決，孟復進曰：「邪謀得成，以一紙書召還，則殿下母子且不自保，豈暇論宗族乎！」阿裕爾巴里巴特喇大悟，乃奉其母行。

先遣孟趨哈喇哈斯所覘之。適皇后使問疾哈喇哈斯所，孟入，長揖，引其手診之，衆謂孟醫也，不疑之。既而知安西王即位有日，還告曰：「事急矣，先發者制人，後發者制於人，不可不早圖之。」左右之人皆不能決，或曰：「皇后深居九重，八璽在手，四衛之士，一呼而應者累萬。安西王府中，從者如林，殿下侍(御)〔衛〕單寡，不過數十人，兵仗不備，奮赤手而往，事未必濟。不如静守，以待大太子之至，然後圖之，未晚也。」孟曰：「羣邪違棄祖訓，黨附中宫，欲立庶子，天命人心，必皆弗與。殿下入造内廷，以大義責之，則凡知君臣之義者，無不捨彼爲殿下用，何求而弗獲！克清宮禁，以迎大兄之至，不亦可乎！且安西既正位號，縱大太子至，彼安肯兩手進璽，退就藩國，必將鬬於國中，生民塗炭，宗社危矣。且危身以及其親，非孝也；遺禍(艱)〔難〕於大兄，非弟也；得時弗爲，非智也；臨機不斷，非勇也；仗義而動，事必萬全。」阿裕爾巴里巴特喇曰：「當以卜決之。」命召卜人。有儒服持囊遊於市者，召之至，孟出迎，語之曰：「大事待汝而決，但言其吉。」乃入筮，遇《乾》之《睽》，立而獻卦曰：「卦大吉。乾，剛也；睽，外也；以剛處外，乃定內也。君子乾乾，行事也。飛龍在天，上治也。輿曳牛，掣其人，刵且劓，內兑廢也。厥宗噬膚，往必濟也。大君外至，明相麗也。乾而不乾，事乃睽也。剛運善斷，無惑疑也。」孟曰：「筮不違人，是謂大同，時不可以失。」阿裕爾巴里巴特喇喜，振袖而起。衆翼之登騎，諸臣皆步從。

二月辛亥，阿裕爾巴里巴特喇至大都，與母鴻吉哩氏入內，哭盡哀，復出居舊邸。

安西之黨見阿裕爾巴里巴特喇既至，遂謀以三月三日僞賀其生辰，因以舉事。阿實克布哈知之，言於哈喇哈斯，且曰：「先人者勝，後人者敗。后一垂簾聽政，我等皆受制于人矣，不若先事而起。」哈喇哈斯曰：「善！」夜，遣人啓阿裕爾巴里巴特喇曰：「懷寧王遠，不能速至，恐變生不測，當先事而發。」

阿裕爾巴里巴特喇復遣都萬户囊嘉特詣諸王圖喇定計，囊嘉特力贊之，乃先二日，以三月丙寅率衛士入內，稱懷寧王遣使召安西王計事。至即并諸王莽賚特穆爾執之，鞫問，辭服，械送上都，收阿固岱、巴特瑪琳沁、賽音諤德齊、巴延等，誅之。

諸王庫庫楚、伊克圖進曰：「今罪人斯得，太子實世祖之孫，宜早正大位。」阿裕爾巴里巴特喇曰：「王何爲出此言也！彼惡人潛結宮壼，亂我家法，故誅之，豈欲作威福以覬望神器耶！懷寧王，吾兄也，宜正大位，已遣使奉璽北迎之矣。」遂自稱監國，與哈喇哈斯日夜居禁中以備變。

是月，道州營道縣暴雨，山裂一百三十餘處。

**《元史》卷二二《武宗紀一》**　聞成宗崩，三月，自按台山至於和林。諸王勳戚畢會，皆曰今阿難答、明里鐵木兒等熒惑中宮，潛有異議；諸王也只里昔嘗與叛王通，今亦預謀。既辭服伏誅，乃因闔辭勸進。帝謝曰：「吾母、吾弟在大都，俟宗親畢會，議之。」先是，成宗違豫日久，政出中宮，命仁宗與皇太后出居懷州。至是，仁宗聞訃，以二月辛亥與太后俱至京師。安西王阿難答與諸王明里鐵木兒已於正月庚午先至。左丞相阿忽台，平章八都馬辛，前中書平章伯顏，中政院使怯烈、道興等潛謀推成宗皇后伯要真氏稱制，阿難答輔之。仁宗以右丞相哈剌哈孫之謀言於太后曰：「太祖、世祖創業艱難，今大行晏駕，德壽已薨，諸王皆疏屬，而懷寧王在朔方，此輩潛有異圖，變在朝夕，俟懷寧王至，恐亂生不測，不若先事而發。」遂定計，誅阿忽台、怯列等，而遣使迎帝。

**《續資治通鑑》卷一九五**　夏五月乙丑，懷寧王哈尚至上都。

**《元史》卷二四《仁宗紀一》**　帝與太后，會武宗於上都。

# 元武宗部（起公元一三〇七年，迄公元一三一〇年）

《元史》卷二二《武宗紀一》　武宗仁惠宣孝皇帝，諱海山，順宗答剌麻八剌之長子也。母曰興聖皇太后，弘吉剌氏。至元十八年七月十九日生。

## 大德一一年（丁未、一三〇七）

《元史》卷二二《武宗紀一》　五月甲申，皇帝即位於上都，受諸王文武百官朝於大安閣，大赦天下，詔曰：

昔我太祖皇帝以武功定天下，世祖皇帝以文德洽海内，列聖相承，丕衍無疆之祚。朕自先朝，肅將天威，撫軍朔方，殆將十年，親御甲胄，力戰却敵者屢矣。方諸藩内附，邊事以寧，遽聞宫車晏駕，迺有宗室諸王、貴戚元勳，相與定策於和林，咸以朕爲世祖曾孫之嫡，裕宗正派之傳，以功以賢，宜膺大寶。朕謙讓未遑，至於再三。還至上都，宗親大臣復請於朕。間者，姦臣乘隙，謀爲不軌，賴祖宗之靈，母弟愛育黎拔力八達禀命太后，恭行天罰。内難既平，神器不可久虚，宗祧不可乏祀，合辭勸進，誠意益堅。朕勉徇輿情，於五月二十一日即皇帝位。任大守重，若涉淵冰。屬嗣服之云初，其與民更始，可大赦天下。

存恤征戍軍士及供給繁重州郡。免上都、大都、隆興差税三年，其餘路分，量重輕優免。雲南，八番，田楊地面，免差發一年。其積年逋欠者，蠲之。逃移復業者，免三年。被災之處，山場湖泊課程，權且停罷，聽貧民採取。站赤消乏者，優之。經過軍馬，勿得擾民。諸處鐵冶，許諸人煽辦。勉勵學校，蠲儒户差役。存問鰥寡孤獨。

是日，追尊皇考曰皇帝，尊太母元妃曰皇太后。

丁亥，陞通政院秩正二品。陞儀鳳司爲玉宸樂院，秩從二品。

壬辰，加知樞密院事朵兒朵海太傅，中書右丞相哈剌哈孫答剌罕太保，並録軍國重事；知樞密院事塔剌海爲中書左丞相，預樞密院、宣徽院事；同知徽政院事床兀兒、也可扎魯忽赤阿沙不花、江浙行省平章政事明里不花，並爲中書平章政事；江浙行省左丞劉正爲中書左丞；遥授中書左丞欽察、福建道宣慰使也先帖木兒，並爲中書參知政事；中書右丞、行御史中丞塔思不花爲御史大夫；平章政事床兀兒爲知樞密院事。特授乞台普濟中書平章政事，延慶使抄兒赤中書右丞，同知和林等處宣慰司事塔海中書右丞，阿里中書左丞，脱脱御史大夫。以大都迤北六十二驛驛户罷乏，給鈔賙之。是月，封皇太子乳母李氏爲壽國夫人，其夫燕家奴爲壽國公。以中書平章政事合散爲遼陽行省平章政事。建州大雨雹。真定、河間、順德、保定等郡蝗。

《元史續編》卷六　六月癸巳朔，立皇弟阿裕爾巴哩巴特喇爲皇太子。

《元史新編》卷八　甲午，建行宫於旺兀察都，立宫闕爲中都。

《續資治通鑑》卷一九五　遣使四方旁求經籍，識以玉刻印章，命近侍掌之。有進《大學衍義》者，命王約等節而譯之。皇太子曰：「治天下，此一書足矣。」因命與《圖像孝經》、《列女傳》並刊行賜臣下。

翰林學士閻復陳三事，曰惜名器，明賞罰，擇人材，言皆剴切。未幾，遥授平章政事。復力辭，不許；上疏乞骸骨，詔從其請。

《元史》卷二二《武宗紀一》　丁酉，中書右丞相哈剌哈孫答剌罕、左丞相塔剌海言：「臣等與翰林、集賢、太常老臣集議：皇帝嗣登寶位，詔追尊皇考爲皇帝，皇考大行皇帝同母兄也，大行皇帝祔廟之禮尚未舉行，二帝神主依兄弟次序祔廟爲宜。今擬請謚皇考昭聖衍孝皇帝，廟號順宗；大行皇帝曰欽明廣孝皇帝，廟號成宗。太祖之室居中，睿宗西第一室，世祖西第二室，裕宗西第三室，順宗東第一室，成宗東第二室。先元妃弘吉剌氏失憐答里宜謚曰貞慈静懿皇后，祔成宗廟室。」制曰「可」。又言：「前奉旨命臣等議諸王朝會賜與，臣等議：憲宗、世祖登寶位時賞賜有數，成宗即位，承世祖府庫充富，比先例，賜金五十兩者增至二百五十兩，銀五十兩者增至百五十兩。」有旨：「其遵成宗所賜之數賜之。」

《續資治通鑑》卷一九五　初，累朝皇后既崩者，猶以名稱，未有謚號。禮部主事曹元用言：「后爲天下母，豈可直稱其名！宜加徽號，以彰懿德。」至是皇后上謚，用元用之言也。

《元史》卷二二《武宗紀一》　戊戌，哈剌哈孫答剌罕言：「比者，諸王、駙馬於和林，已蒙賜與者，今不宜再賜。」帝曰：「和林之會，國事方殷。已賜者，其再賜之。」

己亥，御史大夫脱脱、翰林學士承旨三寶奴言：「舊制，皇太子宫屬，省、臺參用。請以羅羅斯宣慰使斡羅思任之中書。」詔以爲中書右丞。班朝諸司，聽皇太子各置一人。以拱衛直都指揮使馬謀沙角觝屢勝，遥授平章政事。

壬寅，塔剌海加太保、録軍國重事、太子太師。

**《元史續編》卷六**　〔癸卯〕置詹事院。

**《元史》卷二二《武宗紀一》**　甲辰，樞密院請以軍二千五百人繕治上都鷹坊及諸官廨，有旨：「自今非奉旨，軍勿輒役。」以平章政事、行和林等處宣慰使都元帥憨剌合兒，通政使、武備卿鐵木兒不花，并知樞密院事。

乙巳，以金二千七百五十兩、銀十二萬九千二百兩、鈔萬錠、幣帛二萬二千二百八十匹奉興聖宫，賜皇太子亦如之。中書省臣言：「中書宰臣十四員，御史大夫四員，前制所無。」詔與翰林、集賢諸老臣議擬以聞。

丙午，徽政使伭頭等言：「别不花以私錢建寺，爲國祝釐。其父爲諸王斡忽所害，請賜以斡忽所得歲賜。」命以五年與之，爲銀四千一百餘兩，絲三萬一千二百九十斤，織幣金百兩，絹七百一十匹。

戊申，特授尚乘卿孛蘭奚、床兀兒並平章政事，大同屯儲軍民總管府達魯花赤怯里木丁中書右丞。

辛亥，以中書平章政事脱虎脱爲江西行省平章政事。

壬子，封皇妹祥哥剌吉爲魯國大長公主，駙馬琱阿不剌爲魯王。鐵木兒不花、憨剌合兒等言：「舊制，樞密院銓調軍官，公議以聞。比者，近侍自擇名分，從内降旨，恐壞世祖定制，且誤國事。在成宗時嘗有旨，輒奏樞密事者，許本院再陳。臣等以爲自今用人，宜一遵世祖成憲。」帝曰：「其遵前制，餘人勿輒有請。」又言：「軍官與民官不同，父子兄弟許其相襲，此世祖定制。比者，近侍有輒以萬户、千户之職請於上者，内降聖旨，臣等未敢奉行。」帝曰：「其依例行之。」

**《續資治通鑑》卷一九五**　甲寅，敕内郡、江南、高麗、四川、雲南諸寺僧誦《藏經》，爲三宫祈福。

**《元史》卷二二《武宗紀一》**　乙卯，遣也可扎魯忽赤馬剌赴北軍，以印給之。

**《續資治通鑑》卷一九五**　〔丙辰〕，御史大夫塔斯布哈言：「舊制，内外風憲官有所彈劾，諸人勿預。而近有受贓爲監察御史所劾者，獄具，夤緣奏請，託言事入覲以避其罪。臣等以爲今後有罪者，勿聽至京，待其對辨事竟，果有所言，方許奏陳。」從之。

**《元史》卷二二《武宗紀一》**　戊午，進封高麗王王昛爲瀋陽王，加太子太傅、駙馬都尉。置皇太子家令司、府正司、延慶司、典寶署、典膳署。

己未，封寧遠王闊出爲寧王，賜金印。

庚申，遥授左丞相、行御史大夫塔思不花右丞相。

辛酉，汴梁、南陽、歸德、江西、湖廣水。保定屬縣蝗。

秋七月癸亥朔，封諸王禿剌爲越王。諸王出伯言：「瓜州、沙州屯田逋户漸成丁者，乞拘隸所部。」中書省臣言：「瓜州雖諸王分地，其民役於驛傳，出伯言宜勿從。」陞章佩監爲章佩院，秩從二品。賜阿剌納八剌鈔萬錠。

**《續資治通鑑》卷一九五**　甲子，以中書參知政事趙仁榮爲太子詹事。

**《元史》卷二二《武宗紀一》**　命御史臺大夫鐵古迭兒、知樞密院事塔魯忽帶、中書平章政事床兀兒以即位告謝南郊。

丙寅，以禮店蒙古萬户屬土番宣慰司非便，命仍舊隸脱思麻宣慰司，防守陝州。諸王、駙馬入覲者，非奉旨不許給驛。以中書參知政事趙仁榮爲太子詹事。以阿保功，授明里大司徒，封其妻梅仙爲順國夫人。賜床兀兒軍士鈔六萬錠、幣帛二萬匹。遣肥兒牙兒迷的里及鐵肐胆詣西域取佛鉢、舍利，肥兒牙兒迷的里遥授宣政使，鐵肐胆遥授平章政事。以並命太傅右丞相哈剌哈孫答剌罕、太保左丞相塔剌海綜理中書庶務，詔諭中外。

**《續資治通鑑》卷一九五**　己巳，置宫師府，設太子太師、少師、太(傳)〔傅〕、太保、少保、賓客、左右諭德、贊善、庶子、洗馬，率更令、丞，司經令、丞，中允、文學、通事舍人、校書、正字等官。

**《元史》卷二二《武宗紀一》**　壬申，命御史大夫鐵古迭兒、中書平章政事床兀兒、樞密副使孛蘭奚，以即位祇謝太廟。以安西、平江、吉州三路爲皇太子分地，越州路爲越王禿剌分地。賜諸王八不沙鈔萬錠。

癸酉，罷和林宣慰司，置行中書省及稱海等處宣慰司都元帥府、和林總管府。以太師月赤察兒爲和林行省右丞相，中書右丞相哈剌哈孫答剌罕爲和林行省左丞相，依前太傅，録軍國重事。江浙水，民饑，詔賑糧三月，酒醋、門攤、課程悉免一年。

乙亥，以永平路爲皇妹魯國長公主分地，租賦及土産悉賜之。賜越王禿剌鈔萬錠，諸王兀都思不花所部三萬五千二百二十錠。

丙子，以江浙行省平章政事塔失海牙、知樞密院事床兀兒，並爲中書平章政事。

**《元史新編》卷八**　丁丑，封諸王八不沙爲齊王，多列納爲濟王，迭里哥爾不花爲北寧王，加平章政事脱虎脱大尉，命塔剌海爲右丞相，塔思不花爲左丞相，教化、法忽魯丁別不花并平章中書省事。

**《元史續編》卷六**　遥授教坊司官爲平章。

**《元史》卷二二《武宗紀一》**　己卯，以集賢院使別不花爲中書平章政事。

庚辰，以御史中丞只兒合郎爲御史大夫。

辛巳，加封至聖文宣王爲大成至聖文宣王。右丞相塔剌海、左丞相塔思不花言：「中書庶務，同僚一二近侍，往往不俟公議，即以上聞，非便。今後事無大小，請共議而後奏。」帝曰：「卿等言是。自今庶政，非公議者勿奏。」置行工部於旺兀察都。以遥授左丞相、同知樞密院事也兒吉尼知樞密院事；御史中丞王壽、江浙行省左丞郝天挺，並爲中書左丞。

壬午，命御史大夫鐵古迭兒、知樞密院事塔魯忽帶、中書平章政事床兀兒，以即位告社稷。

癸未，陞利用監爲利用院，秩從二品。

甲申，遣贍思丁使西域，遥授福建道宣慰使。

乙酉，賜壽寧公主鈔萬錠。

丙戌，以内郡歲歉，令諸王衛士還大都者柬汰以入。從和林省臣請，乞如甘肅省例，給鈔二千錠，歲收子錢，以佐供給，仍以網罟賜貧民。御史大夫月兒魯言：「舊制，中書省、樞密院、御史臺、宣政院許得自選其人，他司悉從中書銓擇，近臣不得輒奏。如此則紀綱不紊。」帝嘉納之。以同知宣徽院事孛羅答失爲中書左丞，中書參知政事欽察爲四川行省左丞。江浙、湖廣、江西屬郡饑，詔行省發粟賑之。

丁亥，使完澤偕乞兒乞帶亦難往徵乞兒吉思部秃魯花、騍馬、鷹鶻。山東、河北蒙古軍告饑，遣官賑之。賜晉王部貧民鈔五萬錠。

己丑，塔剌海、塔思不花言：「前乃顔叛，其繫虜之人，奉世祖旨俱隸版籍。比者，近臣請以歸之諸王脱脱，彼即遣人拘括。臣等以爲此事具有先制，今已歸脱脱所部，宜令遼陽省臣薛闍干等往諭之，已拘之人悉還其主。」從之。安西等郡旱饑，以糧二萬八千石賑之。

庚寅，置延福司，秩正三品。

辛卯，詔唐兀秃魯花户籍已定，其入諸王、駙馬各部避役之人及冒匿者，皆有罪。發卒二千人爲晉王也孫鐵木兒治邸舍。

是月，江浙、湖廣、江西、河南、兩淮屬郡饑，於鹽茶課鈔内折粟，遣官賑之。詔富家能以私粟賑貸者，量授以官。保定、河間、晉寧等郡水。德州蝗。

八月甲午，中書省臣言：「内降旨與官者八百八十餘人，已除三百，未議者猶五百餘。請自今越奏者勿與。」帝曰：「卿等言是。自今不由中書奏者，勿與官。」又言：「外任官帶相銜非制也，請勿與。」制可。又言：「以朝會應賜者，爲鈔總三百五十萬錠，已給者百七十萬，未給猶百八十萬，兩都所儲已虚。自今特奏乞賞者，宜暫停。」有旨：「自今凡以賞爲請者，勿奏。」御史臺臣言：「中書省、樞密院、御史臺、宣政院得自選官，具有成憲。今監察御史、廉訪司官非本臺公選，而從諸臣所請，自内降旨，非祖宗成法。」帝曰：「凡若此者，卿等其勿行。」浙東、浙西、湖北、江東郡縣饑，遣官賑之。賜山後驛户鈔，每驛五百錠。置掌儀署，秩五品，設令、丞各一員。

乙未，賜諸王按灰、阿魯灰、北寧王迭里哥兒不花金三百五十兩、銀三千七百兩。以治書侍御史烏伯都剌爲中書參知政事。

戊戌，御史大夫脱脱封秦國公。

辛丑，迤北之民新附者，置傳輸粟以賑之。

癸卯，改也里合牙營田司爲屯田運糧萬户府。

甲辰，以納蘭不剌所儲糧萬石，賑其旁近饑民。

丙午，建佛閣於五臺寺。江南饑，以十道廉訪司所儲贓罰鈔賑之。

己酉，從皇太子請，陞詹事院從一品，置參議斷事官如樞密院。

**《續資治通鑑》卷一九五**　辛亥，中書(左)〔右〕丞博囉特穆爾以國字譯《孝經》進，詔曰：「此乃孔子之微言，自王公達於庶民，皆當由是而行。其命中書省刻板模印，諸王而下皆賜之。」

**《元史》卷二二《武宗紀一》**　癸丑，唐兀秃魯花軍乏食，發粟賑之。

丙辰，陞蘭遺監秩三品。

丁巳，以中書左丞王壽爲御史中丞。

戊午，中書平章政事乞台普濟、床兀兒、別不花並加太尉，中書右丞塔海加太尉，平章政事，以中書左丞孛羅鐵木兒爲中書右丞。東昌、汴梁、唐州、延安、潭、沅、歸、澧、興國諸郡饑，發粟賑之。冀寧路地震。河間、真定等郡蝗。隆平、文水、平遥、祁、霍邑、靖海、容城、束鹿等縣水。

九月甲子，車駕至自上都。

乙丑，請謚皇考皇帝、大行皇帝於南郊，命中書右丞相塔剌海攝太尉行事。

庚午，陞御史臺從一品。

辛未，加塔剌海、塔思不花並太尉。

**《元史新編》卷八**　壬申，上皇考尊謚曰昭聖衍孝皇帝，廟號順宗。上大行皇帝尊謚曰欽文廣孝皇帝，廟號成宗。又上成宗后弘吉烈氏尊謚，祔成宗室，定祔廟之次。哈剌合孫言順宗爲成宗同母兄，其神主宜兄先弟後，帝從其議。

**《元史》卷二二《武宗紀一》**　甲戌，改太常寺爲太常禮儀院，秩正二品。陞侍儀司秩正三品。

丙子，置皇(太)子位典牧監，秩正三品。中書省臣言：「内外選法，向者有旨一遵世祖成制。兩宫近侍遷敍，惟上所命。比有應入常調者，夤緣驟遷；其已仕廢黜及未嘗入仕者，亦復請自内降旨。臣等奏請禁止，蒙賜允從。是後所降内旨復有百餘，臣等已嘗銓擇奉行。第中書政務，他人又得輒請，責以整飭，其效實難。自今銓選、錢穀，請如前制，非由中書議者，毋得越奏。」制從之。又言：「比怯來木丁獻寶貨，敕以鹽萬引與之，仍許市引九萬。臣等竊謂，所市寶貨，既估其直，止宜給鈔，若以引給之，徒壞鹽法。」帝曰：「此朕自言，非臣下所請，其給之。餘勿視爲例。」江浙饑，中書省臣言：「請令本省官租，於九月先輸三分之一，以備賑給。又兩淮漕河淤澀，官議疏濬，鹽一引帶收鈔二貫爲傭費，計鈔二萬八千錠，今河流已通，宜移以賑饑民。杭州一郡，歲以酒糜米麥二十八萬石，禁之便。河南、益都諸郡，亦宜禁之。」制可。塔剌海言：「比蒙聖恩，賜臣江南田百頃。今諸王、公主、駙馬賜田還官，臣等請還所賜。」從之。仍諭諸人賜田，悉令還官。命張留孫知集賢院事，領諸路道教事。

**《續資治通鑑》卷一九五**　丁丑，中書省言：「比議省臣員數，奉旨，依舊制定爲十二員。右丞相塔喇海、左丞相塔斯布哈、平章綽和爾、奇塔特布濟克如故，(餘令臣等議)。請以阿實克布哈、塔斯哈雅爲平章政事，博囉達實、劉正爲右丞，郝天挺、額森特穆爾爲左丞，于璋爲參知政事。其諸司冗員，並宜揀(退)〔汰〕。」從之。

**《元史》卷二二《武宗紀一》**　壬午，改尚乘寺爲衛尉院，秩從二品。

甲申，詔立尚書省，分理財用。命塔剌海、塔思不花仍領中書。以脱虎脱、教化、法(魯忽)〔忽魯〕丁任尚書省，仍俾其自舉官屬。命鑄尚書省印。敕弛江浙諸郡山澤之禁。

丙戌，陞掌謁司秩三品。皇太子建佛寺，請買民地益之，給鈔萬七百錠有奇。

戊子，陞延慶司秩從二品。

己丑，遣使録囚。晉王也孫鐵木兒以詔賜鈔萬錠，止給八千爲言，中書省臣言：「帑藏空竭，常賦歲鈔四百萬錠，各省備用之外，入京師者二百八十萬錠，常年所支止二百七十餘萬錠。自陛下即位以來，已支四百二十萬錠，又應求而未支者一百萬錠。臣等慮財用不給，敢以上聞。」帝曰：「卿之言然。自今賜予宜暫停，諸人毋得奏請。可給晉王鈔千錠，餘移陝西省給之。」以中書平章政事别不花爲江浙行省平章政事。

辛卯，御史臺臣言：「至元中阿合馬綜理財用，立尚書省，三載併入中書。其後桑哥用事，復立尚書省，事敗又併入中書。粵自大德五年以來，四方地震水災，歲仍不登，百姓重困，便民之政，正在今日。頃又聞爲總理財用立尚書省，如是則必增置所司，濫設官吏，殆非益民之事也。且綜理財用，在人爲之，若止命中書整飭，未見不可。臣等隱而不言，懼將獲罪。」帝曰：「卿言良是。此三臣願任其事，姑聽其行焉。」

是月，襄陽霖雨，民饑，敕河南省發粟賑之。

十月乙未，陞典寶署爲典寶監，秩正三品。

庚子，中書省奏：「初置中書省時，太保劉秉忠度其地宜，裕宗爲中書令，嘗至省署敕。其後桑哥遷立尚書省，不四載而罷。今復遷中書於舊省，乞涓吉徙中書令位，仍請皇太子一至中書。」制可。

壬寅，陞典瑞監爲典瑞院，秩從二品。封知樞密院事床兀兒爲容國公。

癸卯，以舊制諸王、駙馬事務皆内侍宰臣所領，命中書右丞孛羅鐵木兒領之。

乙巳，敕方士、日者毋游諸王、駙馬之門。

丙午，詔整飭臺綱，布告中外。封御史大夫鐵古迭兒爲鄆國公。以中衛親軍都指揮使買奴知樞密院事。

壬子，從中書省臣言，凡事不由中書，輒遣使并移文者，禁止之。

甲寅，陞集賢院秩從一品，將作院秩從二品。

丙辰，以行省平章總督軍馬，得佩虎符，其左丞等所佩悉追納。中書省奏：「常歲海漕糧百四十五萬石，今江浙歲儉，不能如數，請仍舊例，湖廣、江西各輸五十萬石，並由海道達京師。」從之。

己未，塔思不花上疏言政事，且辭太尉職，還所降制書及印。

是月，杭州、平江水，民饑，發粟賑之。

**《續資治通鑑》卷一九五** 先是都水監言：「巡視白浮、甕山河隄，崩三十餘里，宜編荆笆爲水口，以泄水勢。」夏初興役，至是月工竣。

**《元史》卷二二《武宗紀一》** 十一月癸亥，封諸王牙忽都爲楚王，賜金印，置王傅。建佛寺於五臺山。

乙丑，中書省臣言：「宿衛廩給及馬駝芻料，父子兄弟世相襲者給之，不當給者，請令孛可孫汰之。今會是年十月終，馬駝九萬三千餘，至來春二月，闕芻六百萬束，料十五萬石。比又增馬五萬餘匹。此國重務，臣等敢以上聞。」有旨：「不當給者勿給。」

**《續資治通鑑》卷一九五** 丙寅，帝朝隆福宫，上皇太后玉册、玉寶。

**《元史》卷二二《武宗紀一》** 丁卯，闊兒伯牙里言：「更用銀鈔、銅錢，便。」命中書與樞密院、御史臺、集賢、翰林諸老臣集議以聞。

己巳，中書省臣阿沙不花、孛羅鐵木兒言：「臣等與闊兒伯牙里面論，折銀鈔、銅錢，非便。」有旨：「卿等以爲不便，勿行可也。」詔：「中書省官十二員，脱虎脱仍領宣政院，教化留京師，其餘各任以職。」

庚午，盧龍、灤河、遷安、昌黎、撫寧等縣水，民饑，給鈔千錠以賑之。

**《續資治通鑑》卷一九五** 辛未，以塔剌海領中政院事。

**《元史》卷二二《武宗紀一》** 乙亥，中書省臣言：「大都路供億浩繁，概於屬郡取之。其軍、站、鷹坊、控鶴等户，恃有雜徭無與，冒占編氓。請降璽書，依祖宗舊制，悉令均當。或輒奏請者，亦宜禁止。」制可。皇太子言：「近蒙恩以安西、吉州、平江爲分地，租税悉以賜臣。臣恐宗親昆弟援例，自五户絲外，餘請輸之内帑。其陝西運司歲辦鹽十萬引，向給安西王，以此錢斟酌與臣，惟陛下裁之。」中書計會三路租税及鹽課所入，鈔四十萬錠。有旨：「皇太子所思甚善，歲以十萬錠給之，不足則再賜。」樂工毆人，刑部捕之，玉宸樂院長謂玉宸與刑部秩皆三品，官皆榮禄大夫，留不遣。中書以聞，帝曰：「凡諸司，視其資級，授之散官，不可超越。其閑冗職名官高者，遵舊制降之。」建康路屬州縣饑，詔免今年酒醋課。

丁丑，中書省臣言：「前爲江南大水，以茶、鹽課折收米，賑饑民。今商人輸米中鹽，以致米價騰湧，百姓雖獲小利，終爲無益。臣等議，茶、鹽之課當如舊。」從之。

戊寅，授皇太子玉册。

**《續資治通鑑》卷一九五** 己卯，以皇太子受册禮成，帝御大明殿，受諸王百官朝賀。

**《元史》卷二二《武宗紀一》** 庚辰，中書省臣言：「皇太子謂臣等曰，吾之分地安西、平江、吉州三路，遵舊制，自達魯花赤之外，悉從常選，其常選宜速擇才能。」有旨：「其擇人任之。」

乙酉，詔：「皇太后軍民人匠等户租賦徭役，有司勿與，並隸徽政院。」陞太僕院秩從二品。

丁亥，杭州、平江等處大饑，發糧五十萬一千二百石賑之。

庚寅，賜太師月赤察兒江南田四十頃。時賜田悉奪還官，中書省爲言，有旨：「月赤察兒自世祖時積有勳勞，非餘人比，宜以前後所賜，合百頃與之。」仍敕行省平章別不花領其歲入。

辛卯，從皇太子請，御史臺檢覈詹事院文案。

**《元史續編》卷六** 改典瑞監爲院。至元初立符寶局，後改典瑞監，至是改監爲院，秩正二品。置院使四員，同知僉院、同僉院判各二員。詔改元。改明年爲至大元年。封雅克呼圖克爲楚王。

**《元史》卷二二《武宗紀一》** 十二月壬辰朔，中書省臣言：「舊制，金虎符及金銀符典瑞院掌之，給則由中書，事已則復歸典瑞院。今出入多不由中書，下至商人，結託近侍奏請，以致泛濫，出而無歸。臣等請覈之，自後除官及奉使應給者，非由中書省勿給。」從之。又言：「今國用甚多，帑藏已乏，用及鈔母，非宜。鹽引向從運司與民爲市，今權時制宜，從户部鬻鹽引八十萬，便。」有旨：「今歲姑從所請，後勿復行。」又言：「太府院爲内藏，世祖、成宗朝，遇重賜則取給中書，今所賜有踰千錠至萬錠者，皆取之太府。比者，太府取五萬錠，已支二萬矣，今復以乏告。請自後内府所用，數多者，仍取之中書。」帝曰：「此朕特旨，後當從所奏。」

乙未，(貴)赤塔塔兒等擾檀州民，強取米粟六百餘石，遣官訊之。

辛丑，幸大聖壽萬安寺。授吏部尚書察乃平章政事，領工部事。

癸卯，以漢軍萬人屯田和林。命留守司以來歲正月十五日起燈山於大明殿後、延春閣前。

庚戌，陞行泉府司爲泉府院，秩正二品。以蒙古萬户禿堅鐵木兒有平内難功，加鎮國上將軍。陞皇太子典醫署爲典醫監，秩正三品。山東、河南、江浙饑，禁民釀酒。

丁巳，以中書省言國用浩穰，民貧歲歉，詔宣政院併省佛事。大都、上都二驛，設敕授官二員，餘驛一員。敕諸王、公主、駙馬、使臣給璽書驛券，不許輒用圓符乘驛。中書省臣言：「驛户疲乏，宜量事給驛。今經費浩大，其收售寶貨，權宜停罷。又，陛下即位詔書不許越職奏事，比者近侍奏除官丐賞者，皆自内降旨，請今不經中書省勿行。又，刑法者譬之權衡，不可偏重，世祖已有定制，自元貞以來，以作佛事之故，放釋有罪，失於太寬，故有司無所遵守。今請凡内外犯法之人，悉歸有司依法裁決。又，各處民饑，除行宫外，工役請悉停罷。」皆從之。又言：「律令者治國之急務，當以時損益。世祖嘗有旨，金《泰和律》勿用，令老臣通法律者，參酌古今，從新定制，至今尚未行。臣等謂律令重事，未可輕議，請自世祖即位以來所行條格，校讎歸一，遵而行之。」制可。

庚申，詔曰：

仰惟祖宗應天撫運，肇啓疆宇，華夏一統，罔不率從。逮朕嗣服丕圖，纘膺景命，遵承詒訓，恪慕洪規，祇惕畏兢，未知攸濟。永思創業艱難之始，煢然軫念；而守成萬事之統，在予一人。故自即位以來，溥從寬大，量能授官，俾勤乃職，夙夜以永康兆民爲急務。間者，歲比不登，流民未還，官吏並緣侵漁，上下因循，和氣乖戾。是以責任股肱耳目大臣，思所以盡瘁贊襄嘉猷，朝夕入告，朕命惟允，庶事克諧，樂與率土之民，共享治安之化，邇寧遠肅，顧不韙歟。可改大德十二年爲至大元年。誕布惟新之令，式孚永固之休。

存恤征戍蒙古、漢軍，拯治站赤消乏。弛山場、河泊、蘆蕩禁。圍獵飛放，毋得搔擾百姓。招誘流移人户。禁投屬怯薛歹、鷹房避役，濫請錢糧。勸農桑，興學校，議貢舉，旌賞孝弟力田，懲戒游惰。政令得失，許諸人上書陳言。僧、道、也里可温、荅失蠻，並依舊制納税。凡選法、錢糧、刑名、造作一切公事，近侍人員毋得隔越聞奏。敕内庭作佛事，毋釋重囚，以輕囚釋之。

**《御批歷代通鑑輯覽》卷九六**　徵處士蕭𣂏爲太子右諭德。

**《元史新編》卷八**　是歲，江浙饑，禁荆襄、淮右無遏糴。以民艱漕粟，令湖廣、江西各輸五十萬石，并由海道達京師。杭州一郡，歲釀酒糜米麥二十八萬石，至是有禁。

## 至大元年(戊申、一三〇八)

**《續資治通鑑》卷一九六**　春正月辛酉朔，曲赦御史臺見繫犯贓官吏，罪止徵贓罷職。

帝之在潛邸也，知樞密院濟爾哈圖有不遜語，至是將置之法。托克托諫曰：「陛下新正位，大信未立而輒行誅戮，知者以爲彼自有罪，不知者以爲報仇，恐人人自危。況濟爾(呼)[哈]圖習於先朝典故，今固不可少也。」乃宥之。

**《元史》卷二二《武宗紀一》**　癸亥，敕樞密院發六衛軍萬八千五百人，供旺兀察都建宫工役。

**《續資治通鑑》卷一九六**　甲子，以阿實克布哈爲右丞相，行御史大夫。

帝嘗觀近臣蹴踘，命出鈔十五貫賜之。阿實克布哈頓首言曰：「以蹴踘而受上賞，則奇伎淫巧之人日進，而賢者日退矣，將如國家何！臣死不敢奉詔。」乃止。

**《元史》卷二二《武宗紀一》**　丙寅，從江浙行省請，罷行都水監，以其事隸有司。

立皇太子位典幄署、承和署，秩並正五品。

丁卯，以中書右丞也罕的斤爲平章政事，議陝西省事。

己巳，紹興、台州、慶元、廣德、建康、鎮江六路饑，死者甚衆，饑户四十六萬有奇，户月給米六斗，以没入朱清、張瑄物貨隸徽政院者，鬻鈔三十萬錠賑之。

**《續資治通鑑》卷一九六**　特授乳母夫壽國公楊燕嘉努開府儀同三司。自是因乳母推恩及其夫，沿爲故事，名器益濫矣。

**《元史新編》卷八**　辛未，帝欲以中衛親軍隸皇太子。辭曰：「世祖立五衛以應五方，去一不可。」乃摘各翼漢軍萬人，別立一衛，爲東宫衛兵，立衛率府。

**《元史》卷二二《武宗紀一》**　緬國進馴象六。

甲戌，中書省臣言：「進海東青鶻者當乘驛，馬五百不敷，敕遣怯列、應童括民間車馬。兵部請以各驛馬陸續而進，勿括爲便。」從之。改徽政院人匠總管府爲繕珍司，秩正三品。

己卯，陞中尚監爲中尚院，秩從二品。豳王出伯進玉六百一十五斤，賜金千五百兩、銀二萬兩、鈔萬錠，從人四萬錠；寬闍、也先孛可等，金二千三百兩、銀一萬七百兩、鈔三萬九千一百錠。

甲申，敕床兀兒除登極恩例外，特賜金五百兩、銀千兩、鈔二千錠。

**《續資治通鑑》卷一九六**　戊子，皇太子請以阿實克布哈復入中書，托克托復入御史臺。

己丑，中書省言：「阿實特穆爾請詣河西地采玉，役人千餘，需馬四十餘匹。以不急之務勞民，宜罷之。」又言：「近百姓艱食，盜賊充斥，苟不嚴治，將至滋蔓。宜遣使巡行，遇有罪囚，即行決遣。與隨處官吏共議弭盜方略，明立賞罰。或匿盜不聞，或期會不至，及踰期不獲者，官吏連坐。江浙行省海賊出没，殺虜軍民，其已獲者，例合結案待報，會官審録無冤，棄之於市，自首者原罪給粟，能擒其黨者加賞。」帝曰：「弭盜安民，事爲至重，宜即議行之。」

**《御批歷代通鑑輯覽》卷九七**　西僧毆上都留守李璧，釋不問。

**《元史》卷二二《武宗紀一》**　二月癸巳，立鷹坊爲仁虞院，秩正二品。以右丞相脱脱、遥授左丞相禿剌鐵木兒、也可扎魯忽赤月里赤，並爲仁虞院使。汝寧、歸德二路旱、蝗，民饑，給鈔萬錠賑之。

甲午，增泉府院副使、同僉各一員。益都、濟寧、般陽、濟南、東平、泰安大饑，遣山東宣慰使王佐同廉訪司覈實賑濟，爲鈔十萬二千二百三十七錠有奇、糧萬九千三百四十八石。

乙未，中書省臣言：「陛下登極以來，錫賞諸王，恤軍力，賑百姓，及殊恩泛賜，帑藏空竭，豫賣鹽引。今和林、甘肅、大同、隆興、兩都軍糧，諸所營繕，及一切供億，合用鈔八百二十餘萬錠。在者或遇匱急，奏支鈔本。臣等固知鈔法非輕，曷敢輒動，然計無所出。今乞權支鈔本七百一十餘萬錠，以周急用，不急之費姑後之。」帝曰：「卿等言是。泛賜者，不以何人，毋得蒙蔽奏請。」陞尚舍監爲尚舍寺，秩正三品。

丙申，立甄用監，秩正三品，隸徽政院。淮安等處饑，從河南行省言，以兩浙鹽引十萬貿粟賑之。

戊戌，以上都衛軍三千人，赴旺兀察都行宫工役。

壬寅，中書省臣言：「貴赤擾害檀州民，敕遣人往訊，其辭伏者宜加罪，有旨勿問。臣等以爲非宜，已辭伏者，先爲決遣。」帝曰：「俟其獵畢治之。」從皇太子請，改詹事院使爲詹事，副詹事爲少詹事，院判爲丞。立尚服院，秩從二品。中書省臣言：「陝西行省言，開成路前者地震，民力重困，已免賦二年，請再免今年。」從之。

**《續資治通鑑》卷一九六**　太子近侍有以俳優進者，典收大監王結言：「昔唐莊宗好此，卒致禍敗。殿下方育德春宫，視聽宜謹。」太子優納之。

**《元史》卷二二《武宗紀一》**　甲辰，賜國王和童金二百五十兩、銀七百五十兩。立皇太子衛率府。發軍千五百人修五臺山佛寺。命有司市邸舍一區，以賜丞相赤因鐵木兒，爲鈔萬九千四百錠。

丁未，用丞相伮頭言，設尚冠、尚衣、尚鞶、尚沐、尚輂、尚飾六奉御，秩五品，凡四十八員，隸尚服院。

甲寅，和林貧民北來者衆，以鈔十萬錠濟之，仍於大同、隆興等處糴糧以賑，就令屯田。諸内侍、太醫、陰陽、樂人，毋授常選散官。以網罟給和林饑民。

戊午，遣不達達思等送爪哇使還。

**《續資治通鑑》卷一九六**　己未，以皇太子建佛寺，立營繕署。

**《元史》卷二二《武宗紀一》**　三月庚申朔，中書省臣言：「鄃王拙忽難人户散失，詔有司括索。臣等議：昔阿只吉括索所失人户，成宗慮其爲例，不許。今若括索，未免擾民。且諸王必多援例，乞寢其事。」從之。又莊聖皇后及諸王忽禿禿人户散入他郡，阿都赤、脱歡降璽書，俾括索。陝西行省及真定等路言：「百姓均在國家版籍，今所遣使，輒奪軍、驛、編民等户，非宜。」中書省臣以聞，帝曰：「彼奏誤也，卿等速追以還。」賜鎮南王老章金五百兩、銀五千兩、鈔二千錠、幣帛八百匹，也先不花、牙兒昔金各二百五十兩、銀七百五十兩、鈔二千錠。

乙丑，以北來貧民八十六萬八千户，仰食於官，非久計，給鈔百五十萬錠、幣帛準鈔五十萬錠，命太師月赤察兒、太傅哈剌哈孫分給之，罷其廩給。賜諸王八亦忽金百五十兩、銀七百五十兩。

丁卯，建興聖宫，給鈔五萬錠、絲二萬斤。遣使祀五嶽、四瀆、名山、大川。〔賜〕諸王（賜）八不沙金五百兩、銀五千兩。復立白雲宗攝所，秩從二品，設官三員。

戊寅，車駕幸上都。建佛寺於大都城南。立驥用、資武二庫，秩正五品，隸府正司。陞太史院秩從二品，司天臺秩正四品。封中書右丞相、行平章政事阿沙不花爲康國公。以甘肅行省右丞脱脱木兒爲中書平章政事，加大司徒。賜晉王所部五百四十七人，鈔五萬二千九百六十錠；定王藥木忽兒，金千五百兩、銀三萬兩、鈔萬錠；衛士五十三人，鈔萬六百錠。

己卯，命翰林國史院纂修順宗、成宗《實録》。

壬午，嗣漢天師張與材來朝，加金紫光禄大夫，封留國公。

**《元史續編》卷七** 以胡長孺爲寧海縣主簿。

**《續資治通鑑》卷一九六** 是春，紹興、慶元、台州大疫，死者二萬六千餘人。

**《元史》卷二二《武宗紀一》** 夏四月戊戌，中書省臣言：「請依元降詔敕，勿超越授官，泛濫賜賚。」帝曰：「卿等言是。朕累有旨止之，又復蒙蔽以請，自今縱有旨，卿等其覆奏罪之。」詔以永平路鹽課賜祥哥剌吉公主，中書省臣執不可，從之。賜諸王木南子金五十兩、銀千兩、鈔千錠。賜皇太子位鷹坊，鈔二十萬錠。（戊戌）封三寶奴爲渤國公，香山爲賓國公。加鐵木迭兒右丞相，都護買住中書右丞。立皇太子位人匠總管府，秩正三品。

癸卯，加授平章政事教化太子太保、太尉、平章軍國重事、魏國公。

甲辰，陞典瑞監爲典瑞院，秩從二品。知樞密院事也兒吉尼遥授右丞相。

辛亥，樞密院臣言：「諸王各用其印符乘驛，使臣旁午，驛户困乏。宜準舊制，量其馬數，降以璽書。」奏可。

乙卯，遣米楫等使蘇魯國。

**《續資治通鑑》卷一九六** 丙辰，高麗國王王昛言：「陛下令臣還國，復設官行征東行省事。高麗歲數不登，百姓乏食；又數百人仰食其土，民不勝其困，且非世祖舊制。」帝曰：「先請立者以卿言，今請罷亦以卿言。其準世祖舊制，速遣使往罷之。」

**《元史》卷二二《武宗紀一》** 五月丙寅，降英德路爲州。知樞密院事塔魯忽臺遥授左丞相。

**《續資治通鑑》卷一九六** 丁卯，御史臺言：「成宗朝建國子監學，迄今未成，皇太子請畢其功。」制可。

召吴澄爲國子監丞。

**《元史》卷二二《武宗紀一》** 己巳，管城縣大雨雹。緬國進馴象六。

乙亥，知樞密院事憨剌合兒遥授左丞相。

丙子，以諸王及西番僧從駕上都，途中擾民，禁之。禁白蓮社，毁其祠宇，以其人還隸民籍。御史臺臣言：「此奉旨罷不急之役，今復爲各官營私宅。臣等以爲俟旺兀察都行宫及大都、五臺寺畢工，然後從事爲宜。」有旨：「除佤頭、三寶奴所居，餘悉罷之。」授（右）〔左〕丞相塔思不花上柱國、監修國史。加左丞相乞台普濟太子太傅。

**《續資治通鑑》卷一九六** 辛巳，中書省言：「舊制，樞密院、御史臺、宣政院得自選官，諸官府必中書省奏聞遷調，宜申嚴告諭。」從之。

**《元史》卷二二《武宗紀一》** 癸未，濟南、般陽雨雹。

甲申，立大同侍衛親軍都指揮使司，以丞相赤因鐵木兒爲使，摘通惠河漕卒九百餘人隸之，漕事如故。渭源縣旱饑，給糧一月。真定、大名、廣平有蟲食桑。寧夏府水。晉寧等處蝗。東平、東昌、益都蝝。

六月己丑，渤國公三寶奴加録軍國重事、中書右丞相，應國公、太子詹事、平章軍國重事、大司農曲出加太子太保，左丞相脱脱加上柱國、太尉，遥授參知政事、行詹事丞大慈都加平章軍國重事。

甲午，改太子位承和署爲典樂司，秩正三品。

**《元史新編》卷八** 丁酉，隴西寧遠縣地震，烏撒、烏蒙三日之中地大震者六。封藥木忽爾爲定王，乃蠻帶爲壽王，加宦者李邦寧大司徒，遥授左丞相，仍領太醫院事。

**《元史》卷二二《武宗紀一》** 戊戌，大都饑，發官廩減價糶貧民，户出印帖，委官監臨，以防不均之弊。中書省臣言：「江浙行省管内饑，賑米五十三萬五千石、鈔十五萬四千錠、麵四萬斤。又，流民户百三十三萬九百五十有奇，賑米五十三萬六千石、鈔十九萬七千錠、鹽折直爲引五千。」令行省、行臺遣官臨視。内郡、江淮大饑，免今年常賦及夏税。益都水，民饑，采草根樹皮以食，免今歲差徭，仍以本路税課及發朱汪、利津兩倉粟賑之。

辛丑，以没入朱清、張瑄田産隸中宫，立江浙財賦總管府、提舉司。

己酉，減太常禮儀院官二十七員爲八員。河南、山東大饑，有父食其子者，以兩道没入贓鈔賑之。加乞台普濟録軍國重事。是月，保定、真定蝗。

**《續資治通鑑》卷一九六** 是月，以江淮大饑，免今年常賦及夏税。益都水，民飢，采草根樹皮以食，有父食其子者。詔免今歲差徭，仍發粟賑之。

**《元史》卷二二《武宗紀一》** 秋七月庚申，流星起自勾陳，南行，圓若車輪，微有鋭，經貫索滅。敕以金銀歲入數少，自今毋問何人，以金銀爲請奏及托之奏者，皆抵罪。又，各處行省、宣慰司等官，多以結托來京師，今後非奉朝命毋赴闕。雲南、湖廣、河南、四川盜賊竊發，諭軍民官用心撫治。立廣武康里侍衛親軍都指揮使司，以中書平章政事阿沙不花爲都指揮使。

**《續資治通鑑》卷一九六**　皇太子諭詹事庫春曰：「汝舊事吾，其與同僚協議，務遵法度，凡世祖所未嘗行及典故所無者，慎毋行。」

**《元史》卷二二《武宗紀一》**　壬戌，皇子和世㻋請立總管府，領提舉司四，括河南歸德、汝寧境内瀕河荒地約六萬餘頃，歲收其租，令河南省臣高興總其事。中書省臣言：「瀕河之地，出没無常，遇有退灘，則爲之主。先是，有亦馬罕者，亡稱省委括地，蠶食其民，以有主之田俱爲荒地，所至騷動。民高榮等六百人，訴於都省，追其驛券，方議其罪，遇赦獲免，今乃獻其地於皇子。且河南連歲水災，人方闕食，若從所請，設立官府，爲害不細。」帝曰：「安用多言，其止勿行！」禁鷹坊於大同、隆興等處縱獵擾民。築呼鷹臺於漷州澤中，發軍千五百人助其役。旺兀察都行宫成。立中都留守司兼開寧路都總管府。

丙寅，復置泰安州之新泰縣。

(辛)[丁]卯，濟寧大水入城，詔遣官以鈔五千錠賑之。

己巳，真定淫雨，水溢，入自南門，下及藁城，溺死者百七十七人，發米萬七百石賑之。

辛未，立御香局，秩正五品。

壬申，香山加太子太傅。遣塔察兒等九人使諸王寬闍，遣月魯等十二人使諸王脱脱。

癸酉，詔諭安南國曰：「惟我國家，以武功定天下，文德懷遠人。乃眷安南，自乃祖乃父，世修方貢，朕甚嘉之。邇者，先皇帝晏駕，朕方撫軍朔方，爲宗室諸王、貴戚、元勳之所推戴，以謂朕乃世祖嫡孫，裕皇正派，宗藩效順於外，臣民屬望於下，人心所共，神器有歸。朕俯徇輿情，大德十一年五月二十一日即皇帝位於上都。今遣少中大夫、禮部尚書阿里灰，朝請大夫、吏部侍郎李京，朝列大夫、兵部侍郎高復禮諭旨。尚體同仁之視，益堅事大之誠，輯寧爾邦，以稱朕意。」又以管祝思監爲禮部侍郎，朵兒只爲兵部侍郎使緬國。遣脱里不花等二十人使諸王合兒班答。弛上都酒禁。

壬午，置皇太子司議郎，秩正五品。封乃蠻帶爲壽王。

癸未，樞密院臣言：「世祖時樞密臣六員，成宗時增至十三員。今署事者三十二員，乞省之。」敕罷塔思帶等一十一人。

甲申，太師淇陽王月赤察兒請置王傅，中書省臣謂異姓王無置傅例，不許。

乙酉，以豢虎人徹兒怯思爲監察御史。

**《元史新編》卷八**　八月，以命相詔天下曰：「中書，政本也，軍國之務，小大由之。朕自即位以來，厲精求治，爰立輔相以總中書，期年於兹，大效未著，豈選用之未當與，何萬幾之猶繁而羣生之寡遂也。今特命左丞相塔思不花爲中書右丞相，太保乞台普濟爲中書左丞相，統百官，平庶政，便者舉行，敝者革去，一新條理，大小機務，并聽中書省區處，諸王貴戚不得阻撓。近侍官屬及内外諸司事，不由中書議者，毋隔越聞奏。外任官非奉朝命，毋擅離職赴都營求私事。各省水旱饑荒，已嘗遣使分振。其至大元年差發、夏税，并行蠲免。大江以北百姓供億繁勞，包銀俸鈔輸納，實爲偏重，自大德十一年爲始，悉予除豁。諸站赤消乏逃亡者，應速簽補。管站頭目有司，自典買站户親屬男女者，勒令完聚，價不追償。

**《續資治通鑑》卷一九六**　丙申，御史臺言：「奉敕逮監察御史薩都鼎赴上都。按世祖、成宗迄於陛下，累有明旨，監察御史乃朝廷耳目，中外臣僚作姦犯科，有不職者，聽其糾劾，治事之際，諸人勿得與焉。邇者鞫問刑部尚書烏喇實贓罪，蒙詔獎諭，諸御史皆被賜賚，臺綱益振。今薩都鼎被逮，同列皆懼，所係非小，宜寢其命，申明憲臺之制，諸人勿得與聞。」制可。

**《元史》卷二二《武宗紀一》**　辛丑，以中都行宫成，賞官吏有勞者，工部尚書黑馬而下並陞二等，賜塔剌兒銀二百五十兩，同知察乃、通政使塔利赤、同知留守蕭珍、工部侍郎荅失蠻金二百兩、銀一千四百兩，軍人金二百兩、銀八百兩，死於木石及病没者給鈔有差。

癸卯，加中書右丞、領將作院呂天麟大司徒。

戊申，立中都萬億庫。寧夏立河渠司，秩五品，官二員，參以二僧爲之。特授佩頭太師。賜諸王脱歡金三百兩、銀二千五百兩、鈔二千錠，阿里不花金百兩、銀千兩、鈔千錠。

甲寅，李邦寧以建香殿成，賜金五十兩、銀四百五十兩。

乙卯，中書省臣言：「外臺、行省及諸人應詔言事，未敢一一上煩聖聽。請集朝臣議，擇其切於事者，小則輒行，大則以聞。」從之。揚州、淮安蝗。

九月丙辰〔朔〕，以内郡歲不登，諸部人馬之入都城者，減十之五。中書省臣言：「夏秋之間，鞏昌地震，歸德暴風雨，泰安、濟寧、真定大水，廬舍蕩析，人畜俱被其災。江浙饑荒之餘，疫癘大作，死者相枕籍。父賣其子，夫鬻其妻，哭聲震野，有不忍聞。臣等不才，猥當大任，雖欲竭盡心力，而聞見淺狹，思慮不廣，以致政事多舛，有乖陰陽之和，百姓被其災殃，願退位以避賢路。」帝曰：「災害事有由來，非爾所致，汝等但當慎其所行。」立怯憐口提舉司，秩正五品，設官四員。高麗國王王昛卒。命雪尼台鐵木察使薛迷思干部。

**《續資治通鑑》卷一九六**　召山東宣慰司劉敏中爲翰林學士承旨。

**《元史》卷二二《武宗紀一》**　己未，陞中政院秩從一品。

辛酉，遣人使諸王察八兒、寬闍所。

壬戌，太尉脱脱奏：「泉州大商合只鐵即剌進異木沉檀可構宮室者。」敕江浙行省驛致之。

癸亥，萬户也列門合散來自薛迷思干等城，進呈太祖時所造户口青册，賜銀鈔幣帛有差。

癸酉，陞内史府爲内史院，秩正二品。

乙亥，車駕至自上都。弛諸路酒禁。

戊寅，泉州大商馬合馬丹的進珍異及寶帶、西域馬。

庚辰，以高麗國王王(章)〔璋〕嗣高麗王。諸王禿滿進所藏太宗玉璽，封禿滿爲陽翟王，賜金印。中書省臣言：「奉旨：連歲不登，從駕四衛，一衛約四百人，所給芻粟自如常例，給各部者減半。臣等議：大都去歲飼馬九萬四千匹，今請減爲五萬匹，外路飼馬十一萬九千餘匹，今請減爲六萬匹，自十月十五日爲始。」又言：「薛迷思干、塔剌思、塔失玄等城，三年民賦以輸縣官。今因薛尼台鐵木察往彼，宜令以二年之賦與寬闍，給與元輸之人，以一年者上進。」並從之。

癸未，立中都虎賁司。特授承務郎、直省舍人藏吉沙資善大夫、行泉府院使。

冬十月庚寅，爲太師伵頭建第，給鈔二萬錠。

**《續資治通鑑》卷一九六**　癸巳，蒲縣、陵縣地震。

甲午，以阿實克布哈知樞密院事。

**《元史》卷二二《武宗紀一》**　丁酉，以大都艱食，復糶米十萬石，減其價以賑之，以其鈔於江南和糴。罷大都榷酤。賜皇太子金千兩。



癸卯，中書省臣請以湖廣米十萬石貯於揚州，江西、江浙海漕三十萬石，内分五萬石貯朱汪、利津二倉，以濟山東饑民，從之。敕：「凡持内降文記買河間鹽及以諸王、駙馬之言至運司者，一切禁之。持内降文記不由中書者，聽運司以聞。」禁奉符、長清、泗水、章丘、霑化、利津、無棣七縣民田獵。

甲辰，從帝師請，以釋教都總管朶兒只八兼領囊八地産錢物，爲都總管府達魯花赤總其財賦。以西番僧教瓦班爲翰林承旨。左丞相、知樞密院事鐵木兒不花加録軍國重事。中書右丞、司徒禿忽魯，河南江北行省右丞也速，内史脱孛花，並知樞密院事。

乙巳，改護國仁王寺昭應規運總管府爲會福院，秩從二品。

丙午，立興聖宮掌醫監，秩正三品。

十一月己未，中書省臣言：「世祖時，省、院、臺及諸司皆有定員，後略有增者，成宗已嘗有旨併省。邇者諸司遞陞，四品者三品，三品者二品，二品者一品，一司甚至二三十員，事不改舊而官日增。請依大德十年已定員數，冗濫者從各司自與減汰。衙門既陞，諸吏止從舊秩出官，果應例者，自如選格。」從之。

庚申，以軍五千人供造寺工役。增官吏俸，以至元鈔依中統鈔數給之，止其禄米，歲該四十萬石。吏員以九十月出身，如舊制。詔免紹興、慶元、台州、建康、廣德田租，紹興被災尤甚，今歲又旱，凡佃户止輸田主十分之四。山場、河濼、商税，截日免之。諸路小稔，審被災者免之。

乙丑，賜諸王南木忽里金印。

丁卯，中書省臣言：「今銓選、錢糧之法盡壞，廩藏空虛。中都建城，大都建寺，及爲諸貴人營私第，軍民不得休息。邇者用度愈廣，每賜一人，輒至萬錠，惟陛下矜察。」又言：「銓選、錢糧，諸司乞毋干預。」帝曰：「已降制書，令諸人毋干中書之政。他日或有乘朕忽忘，持内降文記及傳旨至中書省，其執之以來，朕將加罪。」以也兒吉(兒)〔尼〕爲御史大夫。

己巳，以乞台普濟爲右丞相，脱脱爲左丞相。既又從脱脱言，以塔思不花與乞台普濟俱爲右丞相。中書省臣言：「國用不給，請沙汰宣徽、太府、利用等院籍，定應給人數。其在上都、行省者，委官裁省。又，行泉院專以守寶貨爲任，宜禁私獻寶貨者。又，天下屯田百二十餘所，由所用者多非其人，以致廢弛，除四川、甘州、應昌府、雲南爲地絶遠，餘當選習農務者往，與行省、宣慰司親履其地，可興者興，可廢者廢，各具籍以聞。」並從之。詔：「開寧路及宣德、雲州工役，供億浩繁，其賦税除前詔已免三年外，更免一年。」

辛巳，罷益都諸處合剌赤等狩獵。以銀七百五十兩、鈔二千二百錠、幣帛三百匹施昊天寺，爲水陸大會。

**《續資治通鑑》卷一九六**　癸未，皇太后造寺五臺山，摘軍六千五百人供其役。時太后欲幸五臺，言者請開保定五迴嶺以取捷徑，遣使偕總管吴鼎視地形，計工費。鼎言：「荒山陡入，人迹久絶，非乘輿所宜往。」還報，太后爲寢其役。

宣徽使特們(特)〔德〕爾，出爲江西平章政事，旋拜雲南行省左丞相。時特們德爾猶未用事也。

**《元史》卷二二《武宗紀一》**　閏十一月己丑，以大都米貴，發廩十萬石，減其價以糶賑貧民。北來民饑，有鬻子者，命有司爲贖之。

乙未，賜故中書右丞相完澤妻金五百兩、銀千五百〔兩〕。

**《元史新編》卷八**　閏月丙申，罷江南進沙糖，遼陽進雕、豹，止富民輸粟授官例。

**《續資治通鑑》卷一九六**

丁酉，禁江西、湖廣、汴梁私捕鴽鶉。

**《元史》卷二二《武宗紀一》**　己亥，罷遼陽省進雕豹。貴赤衛受烏江縣達魯花赤獻私户萬，令隸縣官。

壬寅，乞台普濟乞賜固安田二百餘頃，從之。

**《御批歷代通鑑輯覽》卷九七**　禁賈人乘驛。

**《元史》卷二二《武宗紀一》**　丁未，復立汴梁路之項城縣。以杭州、紹興、建康等路歲比饑饉，今年酒課免十分之三。敕河西僧户準先朝定制，從軍輸税，一與民同。

**《元史新編》卷八**　丁未，罷順德廣平鐵冶提舉司。

**《續資治通鑑》卷一九六**　甲寅，太傅哈喇哈斯薨。

**《元史》卷二二《武宗紀一》**　十二月庚申，封和郎撒爲隴王，賜金印。平江路民有隸謹的里部者，依舊制，差賦與民一體均當。雲南畏吾兒一千人居荆襄，雲南省臣言：「世祖有旨使歸雲南，以佐征討。」中書省臣議發還爲是，從之。中都立開寧縣，降隆興爲源州，陞蔚州爲蔚昌府。省河東宣慰司，以大同路隸中都留守司，冀寧、晉寧二路隸中書省。

甲戌，以平章政事、商議中書省事、太子賓客王太亨行太子詹事，平章軍國重事、太子少詹事大慈都爲太子詹事。賜御史臺官及監察御史宴服。

**《元史新編》卷八**　命有司贖饑民所鬻子女。召吴澄爲國子監丞。

**《元史新編》卷八**　是歲，月赤察爾進攻叛王，子察巴爾諸部相率來降，漠北平。江浙饑，振米五十三萬五千石，鈔十五萬四千錠，麪四萬斤。又流民百三十三萬九百五十户，振米五十三萬六千石，鈔十九萬七千錠，鹽折直爲引五千，令行省、行臺遣官臨視。蓋都水，民饑，采草根以食。免今歲差徭，仍以本路税課及發朱汪、利津兩倉粟振之。

## 至大二年（己酉、一三〇九）

**《續資治通鑑》卷一九六**　春正月(乙)〔己〕丑，從皇太子請，罷宫師府，設賓客、諭德、贊善如故。太子知禮部尚書王約之賢，乞以自輔，帝以約爲詹事府丞。

庚寅，越王圖喇有罪賜死。

禁日者、方士出入諸王、公主、近侍及諸官之門。

辛卯，皇太子、諸王、百官上尊號曰統天繼聖欽文英武大章孝皇帝。

乙未，恭謝太廟。太廟舊嘗遣官行事，至是復欲如之，李邦寧諫曰：「先朝非不欲親致饗祀，但以疾廢禮耳。陛下繼(承)〔成〕之位，正宜開彰孝道以率先天下，躬祀太室以成一代之典。循習故弊，非臣所知也。」帝稱善，即日備法駕，宿齋宫，且命邦寧爲大禮使。親饗太廟自此始。

**《元史》卷二三《武宗紀二》**　丙申，詔天下弛山澤之禁，恤流移，毋令見户包納差税；被災百姓，内郡免差税一年，江淮免夏税；内外大小職官普覃散官一等，有出身人考滿者，加散官一等。

**《續資治通鑑》卷一九六**　己亥，封知樞密院容國公綽和爾爲句容郡王。

乙巳，塔思布哈、奇塔特布濟克言：「諸人恃恩徑奏，璽書不由中書，直下翰林院給與者，今覈其數，自大德六年至至大元年所出，凡六千三百餘道，皆干田土、户口、金銀鐵冶、增餘課程、進貢奇貨、錢穀、選法、詞訟、造作等事，害及於民，請盡追奪之。今後有不由中書者，(切)〔乞〕勿與。」制可。

**《元史》卷二三《武宗紀二》**　丙午，定制大成至聖文宣王春秋二丁釋奠用太牢。

戊申，迭里帖木兒不花進鷹犬，命歲以幣帛千匹、鈔千錠與之。

**《元史續編》卷七**　乙未，恭謝太廟。以受尊號恭謝爲親祀之始。

二月戊午，鑄金印賜句容郡王牀兀兒。賑真定路饑民糧萬石，搭搭境六千石。

**《續資治通鑑》卷一九六**　癸亥，皇太子如五臺佛寺，以王約從。既至，約諫不可久留，太子然之，即還上京。

罷行泉府院，以市舶歸之行省。

**《元史》卷二三《武宗紀二》**　乙丑，以和林屯田去秋收九萬餘石，其宣慰司官吏、部校、軍士，給賞有差。

辛未，調國王部及忽里合赤、兀魯帶、朵來等軍九千五百人赴和林。

**《續資治通鑑》卷一九六**　壬申，令各衛董屯田官三年一易。

甲戌，弛中都酒禁。

**《元史》卷二三《武宗紀二》**　三月己丑，遼陽行省右丞洪重喜訴高麗國王王(章)〔璋〕不奉國法恣暴等事，中書省臣請令重喜與高麗王辯對。敕中書毋令辯對，令高麗王從太后之五臺山。梁王在雲南有風疾，以諸王老的代梁王鎮雲南，賜金二百五十兩、銀七百五十兩，從者幣帛有差。

庚寅，車駕幸上都。摘五衛軍五十人隸中都虎賁司。封諸王也〔速〕不干爲襄寧王。

**《元史新編》卷八**　辛卯，罷杭州白雲宗攝所。立湖廣頭陀禪録司。

**《元史》卷二三《武宗紀二》**　丙(寅)〔申〕，賜雲南王老的金印。

己亥，封公主阿剌的納八剌爲趙國公主，駙馬注安爲趙王。

**《續資治通鑑》卷一九六**　甲辰，中書省言：「國家歲賦有常，傾以歲儉，所入曾不及半，而去歲所支，鈔至千萬錠，糧三百萬石。陛下嘗命汰其求芻粟者，而宣徽院勃克遜竟不能行，視去歲反多三十萬石，請用知錢穀者二三員於宣徽院佐理之。又，中書省斷事官，大德十年四十三員，今皇太子位增二員，諸王庫庫楚等亦各增一員，非舊制。臣等以爲皇太子位所增宜存，諸王者宜罷。」並從之。

**《元史》卷二三《武宗紀二》**　陞掌醫署爲典醫監。

乙巳，中書省臣言：「中書爲百司之首，宜先汰冗員。」帝曰：「百司所汰，卿等定議；省臣去留，朕自思之。」

己酉，濟陰、定陶雹。

**《續資治通鑑》卷一九六**　夏四月甲寅，中書省言：「江浙杭州驛，半歲之間，使人過者千二百餘，有桑烏保赫鼎等進獅、豹、鴉、鶻，留二十有七日，人畜食肉千三百餘觔。請自今遠方以奇獸異寶來者，依驛遞；其商人因有所獻者，令自備資力。」從之。

辛酉，立興聖宮江淮財賦總管府。

**《元史》卷二三《武宗紀二》**　癸亥，摘漢軍五千，給田十萬頃，於直沽沿海口屯種，又益以康里軍二千，立鎮守海口屯儲親軍都指揮使司。

壬午，詔中都創皇城角樓。中書省臣言：「今農事正殷，蝗蝝徧野，百姓艱食，乞依前旨罷其役。」帝曰：「皇城若無角樓，何以壯觀！先畢其功，餘者緩之。」以建新寺，鑄提調、監造三品銀印。益都、東平、東(滄)〔昌〕、濟寧、河間、順德、廣平、大名、汴梁、衛輝、泰安、高唐、曹、濮、德、揚、滁、高郵等處蝗。

五月丁亥，以通政院使憨剌合兒知樞密院事，董建興聖宮，令大都留守養安等督其工。

丁酉，以陰陽家言，自今至聖誕節不宜興土功，敕權停新寺工役。

甲辰，御史臺臣言：「乘輿北幸，而京師工役正興，加之歲旱乏食，民愚易惑，所關甚重，乞留一丞相鎮京師，後爲例。」制可。

**《續資治通鑑》卷一九六**　六月癸亥，選官督捕蝗。

從皇太子言，禁諸賜田者馳驛徵租擾民。

庚午，中書省言：「奉旨即停新寺工役，其亭苑鷹坊諸役，請并罷。又，太醫院遣使取藥材於陝西、四川、雲南，費公帑，勞驛傳。臣等議，事干錢糧，隔越中書徑行，宜禁止。」並從之。

以大都隸儒籍者四十户充文廟樂工。

從皇太子請，改典樂司提點、大使等官爲卿、少卿、丞。

甲戌，以宿衛之士比多冗雜，遵舊制，存蒙古、色目之有閥閲者，餘皆革去。

**《元史》卷二三《武宗紀二》**　皇太子言：「宣政院先奉旨，毆西番僧者截其手，詈之者斷其舌，此法昔所未聞，有乖國典，且於僧無益。僧俗相犯，已有明憲，乞更其令。」又言：「宣政院文案不檢覈，於憲章有礙，遵舊制爲宜。」並從之。

**《續資治通鑑》卷一九六**　安西王阿南達既以謀逆誅，國除，其秦中版賦入詹事院。至是大臣請封其子復國，太子以問王約，約曰：「安西以何罪誅？今復之，何以懲後！」議遂寢。

《元史》卷二三《武宗紀二》　乙亥，中書省臣言：「河南、江浙省言，宣政院奏免僧、道、也里可温、答失蠻租税。臣等議，田有租，商有税，乃祖宗成法，今宣政院一體奏免，非制。」有旨，依舊制徵之。

是月，金城、崞州、源州雨雹。延安之神木碾谷、盤西、神川等處大雨雹。霸州、檀州、涿州、良鄉、舒城、歷陽、合肥、六安、江寧、句容、溧水、上元等處蝗。

秋七月癸未，河決歸德府境。

壬辰，宣政院臣言：「武靖王搠思班與朵思麻宣慰司言：『松潘疊宕威茂州等處安撫司管内，西番、禿魯卜、降胡、漢民四種人雜處，昨遣經歷蔡懋昭往蛇谷隴迷招之，降其八部，户萬七千，皆數百年負固頑獷之人，酋長令真巴等八人已嘗廷見。今令真巴謂其地隣接四川，未降者尚十餘萬。宣撫司官皆他郡人，不知蠻夷事宜，纔至成都灌州，畏懼即返，何以撫治。宜改安撫司爲宣撫司，遷治茂州，徙松州軍千人鎮遏，爲便。』臣等議，宜從其言。」詔改松潘疊宕威茂州安撫司爲宣撫司，遷治茂州汶川縣，秩正三品，以八兒思的斤爲宣撫司達魯花赤，蔡懋昭爲副使，並佩虎符。

乙未，復置贛州龍南、安遠二縣。以河西二十驛往來使多，馬數既少，民力耗竭，命中書省、樞密院、通政院於諸部撥户增馬以濟之。

《續資治通鑑》卷一九六　己亥，河決汴梁之封丘。

四川肅政廉訪使趙世延修都江堰，民便之。蒙古軍士科差繁重，而軍士就成往來者多害人，軍官或抑良爲奴。世延悉正其罪，除其弊。

《元史新編》卷八　樂實請更鈔法，圖新鈔式以進，且與保八謀立尚書省。帝命與乞台普濟、塔思不花、脱虎脱集議。保八言：「政事得失，皆前中書省臣所爲，今欲舉正，彼懼有累，孰願行者。若立尚書省，必使舊事從中書，新政從尚書。」力薦乞台普濟、脱虎脱等任其事。塔思不花言：「此大事，遽爾更張，乞與老臣更議。」帝不從。

《元史》卷二三《武宗紀二》　甲辰，改昔保赤八剌合孫總管府爲奉時院。

是月，濟南、濟寧、般陽、曹、濮、德、高唐、河中、解、絳、耀、同、華等州蝗。

八月壬子，中書省臣言：「甘肅省僻在邊垂，城中蓄金穀以給諸王軍馬，世祖、成宗常修其城池。近撤的迷失擅興兵甲，掠豳王出伯輜重，民大驚擾。今撤的迷失已伏誅，其城若不修，慮啓寇心。又，沙、瓜州摘軍屯田，歲入糧二萬五千石，撒的迷失叛，不令其軍入屯，遂廢。今乞仍舊遣軍屯種，選知屯田地利色目、漢人各一員領之。」皆從之。

《元史》卷二三《武宗紀二》　甲寅，敕以海剌孫昔與伯顔、阿术平江南，知兵事，可授平章政事、商議樞密院事。以阿速衛軍五百人隸諸王怯里不花，駐和林，給鈔萬五千錠，人備四馬。

己未，立皇太子右衛率府，秩正三品，命尚書右丞相脱虎脱、御史大夫不里牙敦並領右衛率府事。尚書省臣言：「中書省尚有逋欠錢糧應追理者，宜存斷事官十人，餘皆併入尚書省。」又言：「往者大辟獄具，尚書省議定，令中書省裁酌以聞，宜依舊制。」從之。以江西等處行中書省參知政事郝彬爲尚書省參知政事。

甲戌，賜太師⿰亻瓜頭名脱兒赤顔。

丁丑，永平路隕霜殺禾。

己卯，三寶奴言：「尚書省立，更新庶政，變易鈔法，用官六十四員，其中宿衛之士有之，品秩未至者有之，未歷仕者有之。此皆素習於事，既已任之，乞勿拘例，授以宣敕。」制可。詔天下，敢有沮撓尚書省事者，罪之。真定、保定、河間、順德、廣平、彰德、大名、衛輝、懷孟、汴梁等處蝗。

《元史續編》卷七　平章石天麟卒。

《元史新編》卷八　九月庚辰朔，頒尚書省條畫於天下曰：「三載攷績，三攷黜陟幽明，此古者責成悠久之道。今路、州、司、縣親民正官，定以九年爲滿，歲攷治功，以示黜陟，有撫字盡心，百姓安阜，鈔法流通，政事卓越者，不次旌擢。其不盡職而有私犯者，懲以重罪。至風教所行，有關人心世道，令所司表率敦勸，以復湻古。如有子證父，奴訐主，及妻妾弟姪干犯名義者，一切究治。其學校之設，所以明人倫，養賢才。爲政之要，莫先於此。諸正官當躬親勉勵，各得其才，以備選舉。凡在學儒生課講不輟者，與免雜泛差役。官府大小公事，已立有限程。民間詞訟，尤當用心平允。比來往往背公徇私，變亂是非，遲留不決，以致民怨莫伸。今後各務依理處斷，毋得淹延歲月。官僚執見不同者，許各出所見，申聞上司詳勘。違者，監察御史、廉訪使糾治。」改各行中書省爲行尚書省。

《元史》卷二三《武宗紀二》　以尚書省條畫詔天下，改各行中書省爲行尚書省。詔：「朝廷得失，軍民利害，臣民有上言者，皆得實封上聞，在外者赴所屬轉達。各處人民，饑荒轉徙復業者，一切逋欠，並行蠲免，仍除差税三年。田野死亡，遺骸暴露，官爲收拾。」頒行至大銀鈔，詔曰：「昔我世祖皇帝既登大寶，始造中統交鈔，以便民用，歲久法獘，亦既更張，印造至元寶鈔。逮今又復二十三年，物重鈔輕，不能無弊，迺循舊典，改造至大銀鈔，頒行天下。至大銀鈔一兩，準至元鈔五貫、白銀一兩、赤金一錢。隨路立平準行用庫，買賣金銀，倒换昏鈔。或民間絲綿布帛，赴庫回易，依驗時估給價。隨處路府州縣，設立常平倉以權物價，豐年收糴粟麥米穀，值青黄不接之時，比附時估，減價出糶，以遏沸湧。金銀私相買賣及海舶興販金、銀、銅錢、綿絲、布帛下海者，並禁之。平準行用庫、常平倉設官，皆於流官内銓注，以二年爲滿。中統交鈔，詔書到日，限一百日盡數赴庫倒换。茶、鹽、酒、醋、商税諸色課程，如收至大銀鈔，以一當五。頒行至大銀鈔二兩至二釐，定爲一十三等，以便民用。」

**《續資治通鑑》卷一九六** 監察御史張養浩言立尚書省不便；既立，又言變法亂政，將禍天下。臺臣抑而不聞。養浩曰：「昔僧格用事，臺臣不言，後幾不免。今御史既言，又不以聞，臺將安用！」

江南治書侍御史敬儼，以議立尚書省不便忤宰臣意，適兩淮鹽法久壞，乃左遷儼爲(左)〔轉〕運使，欲陷之。儼至，黜貪蠹弊，課役增羨至二十五萬引。河南省臣來會鹽(英)〔筴〕，欲以所增羨爲歲入常額。儼以民罷已甚，以羨爲額，是病民以爲己也，不可。乃止。

**《元史》卷二三《武宗紀二》** 壬午，江南行臺劾：「平章政事教化，詐言家貧，冒受賜貨物，折鈔二萬錠。且其人素行無一善可稱。魏國公尊爵也，豈宜授之。請追奪爲宜。」制可。

癸未，尚書省臣言：「古者設官分職，各有攸司。方今地大民衆，事益繁冗，若使省臣總挈綱領，庶官各盡厥職，其事豈有不治。頃歲省務壅塞，朝夕惟署押文案，事皆廢弛。天災民困，職此之由。自今以始，省部一切，皆令從宜處置，大事或須上請，得旨即行，用成至治，上順天道，下安民心。」又言：「國家地廣民衆，古所未有。累朝格例前後不一，執法之吏輕重任意，請自太祖以來所行政令九千餘條，删除繁冗，使歸於一，編爲定制。」並從之。以大都城南建佛寺，立行工部，領行工部事三人，行工部尚書二人，仍令尚書右丞相脱虎脱兼領之。

**《續資治通鑑》卷一九六** 丙戌，帝至自上都。

**《元史》卷二三《武宗紀二》** 戊子，尚書省臣言：「翰林國史院，先朝御容、實録皆在其中，鄉置之南省。今尚書省復立，倉卒不及營建，請買大第徙之。」制可。

壬辰，賜高唐王注安金五千兩、銀五萬兩。

癸巳，以薪價貴，禁權豪畜鷹犬之家不得占據山場，聽民樵采。三寶奴言：「冀寧、大同、保定、真定以五臺建寺，所須皆直取於民，宜免今年租税。」從之。

**《續資治通鑑》卷一九六** 丙申，御史臺言：「頃年歲凶民疫，陛下哀矜賑之，獲濟者衆。今山東大饑，流民轉徙，請以本臺没入贓鈔萬錠賑救之。」制可。又言：「比者近侍爲人奏請，賜江南田一千二百三十頃，爲租五十萬石，請拘還官。」從之。

**《元史》卷二三《武宗紀二》** 己亥，尚書省臣言：「今國用需中統鈔五百萬錠，前者嘗借支鈔本至千六十萬三千一百餘錠，今乞罷中統鈔，以至大銀鈔爲母，至元鈔爲子，仍撥至元鈔本百萬錠，以給國用。」大都立資國院，秩正二品；山東、河東、遼陽、江淮、湖廣、川漢立泉貨監六，秩正三品；産銅之地立提舉司十九，秩從五品。尚書省臣言：「三宫内降之旨，曩中書省奏請勿行，臣等謂宜仍舊行之。儻於大事有害，則復奏請。」帝是其言。又言：「中書之務，乞以盡歸臣等。至元二十四年，凡宣敕亦尚書省掌之。今臣等議，乞從尚書省任人，而以宣敕散官委之中書。」從之。占八國王遣其弟扎剌奴等來貢白面象、伽藍木。合魯納答思、秃堅鐵木兒、桑加失里等奏請遣人使海外諸國。以秃堅、張也先、伯顔使不憐八孫，薛徹兀、李唐、徐伯顔使八昔，察罕、亦不剌金、楊忽答兒、阿里使占八。以陝西行臺大夫、大司徒沙的爲左丞相，行土蕃等處宣慰使都元帥。

甲辰，尚書省言：「每歲芻粟費鈔五十萬錠，請廢孛可孫，立度支院，秩二品，設使、同知、僉院、僉判各二員。」從之。

**《續資治通鑑》卷一九六** 始制錢。

先是行鈔法，雖皆以錢爲文，而廢錢弗鑄。至是始於大都立資國院，山東、河東、遼陽、江淮、湖廣、四川立泉貨監六，産銅之地立提舉司十九，鑄錢。曰至大通寳者，每一文準銀鈔一釐，曰大元通寳者，準至大錢十文，與歷代錢通用。其當五、當三、折二，並以舊數用之。

詹事院啓太子，金州獻瑟瑟洞，請遣使采之。太子曰：「所寶維賢，瑟瑟何用焉！若是者，後勿復(問)〔聞〕。」先是近侍言賈人有獻美珠者，太子曰：「吾服御雅不喜飾以珠璣，生民膏血，不可輕耗。汝等當廣進賢才，以恭儉愛人相規，不可導以奢靡蠹財也。」

《元史》卷二三《武宗紀二》 乙巳，以盜多，徙上都、中都、大都舊盜於水達達、亦剌思等地耕種。

丁未，三寶奴言養豹者害民爲甚，有旨禁之，有復犯者，雖貴幸亦加罪。

冬十月庚戌朔，以皇太子爲尚書令詔天下，令州縣正官以九年爲任詔天下，又以行銅錢法詔天下。

《元史新編》卷八 大赦，詔曰：「朕自臨御以來，下詔萬方，其所以撫安元元者，亦已至矣。而前歲江浙饑疫，今年蝗旱相仍，民或盡死，幸生者流離道路，雖嘗遣使分道振濟，恐未能徧。夫既罹是天刑，輕觸憲網者必衆，有司概以重法繩之，朕實憫焉。其自十月日昧爽以前，中外罪囚，大辟以下，已未發覺，并從釋免。流民轉徙無常，有司加意存恤，遺骸暴露者，官爲收瘞。親民官不得取借部下錢債，違者計贓論罪。

《續資治通鑑》卷一九六 初，帝從塔特布濟等言，凡中書宣敕，皆以尚書掌之。至是太子言：「舊制，百官宣敕皆歸中書，以臣爲中書令故也。自今敕牒宜令尚書省給降，宣命仍委中書。」從之。

以郝彬爲參知政事。彬見尚書省諸同列生事要功，殺無罪之人，務積誠意相開引，或從或違，橫不可制。旋命兼大司徒，不拜。彬見皇太子，懇辭至力，因稱疾篤，遂得歸。

丙辰，約蘇言：「江南平垂四十年，其民止輸地稅、商稅，餘皆無與。其富室有蔽占王民，奴使之者，動輒百千家，有多至萬家者。請自今有歲收糧五萬石以上者，令石輸二升於官，仍質一子爲軍。所輸之糧，半入京師以養衛士，半留於彼以備凶年。富國安民，無善於此。」詔如其言行之。

辛酉，弛酒禁，立酒課提舉司。

尚書省以錢穀繁劇，增户部侍郎、員外郎各一員；又增禮部侍郎、郎中各一員，凡言時政者屬之。立太廟廩犧署，設令、丞各一員。

《元史》卷二三《武宗紀二》 癸亥，以翰林學士承旨不里牙敦爲御史大夫。

乙丑，以皇太后有疾，詔天下釋大辟百人。

丁卯，以御史大夫只兒合郎及中書左丞相脱脱、尚服院使大都，並知樞密院事。

《續資治通鑑》卷一九六 癸酉，尚書省言：「比年揀汰冗官之故，百官俸至今未給，請如大德十年所設員數給之，餘弗給。」從之。

加知樞密院事圖呼魯左丞相。

《元史新編》卷八 壬申，太陰犯左執法，加知樞密院事圖忽魯左丞相。

《元史》卷二三《武宗紀二》 丁丑，以遼陽行尚書省平章政事合散爲左丞相，行中書省平章政事，中書參知政事伯都爲平章政事，行中書右丞，商議中書省事忽都不丁爲右丞，行中書省左丞，參議中書省事鐵里脱歡、賈鈞并中書參知政事。

《元史新編》卷八 戊寅，御史臺言：「常平倉本以益民，然歲比不登，立之必反害民。至大銀鈔初行，品目繁碎，民猶未曉，又兼行銅錢慮有相妨，民間拘銅器甚急，弗便，又歲凶乏食，不宜遽弛酒禁。」不報。發御史臺贓鈔萬錠振山東饑。改昔寶赤八剌合孫總管府爲奉時院。

《續資治通鑑》卷一九六 是月，右丞相阿實克布哈薨。

《元史新編》卷八 十一月庚辰朔，以散术帶爲平章政事，商議樞密院事。

《元史》卷二三《武宗紀二》 以徐、邳連年大水，百姓流離，悉免今歲差稅。增吏部郎中、員外郎、主事各一員，令考功以行黜陟。東平、濟寧荐饑，免其民差稅之半，下户悉免之。尚書省臣言：「比年衛士大濫，率多無賴，請充衛士者，必廷見乃聽。」從之。雲南行省言：「八百媳婦、大徹里、小徹里作亂，威遠州谷保奪據木羅甸，詔遣本省右丞算只兒威往招諭之，仍令威楚道軍千五百人護送入境。而算只兒威受谷保賂金銀各三錠，復進兵攻劫，谷保弓弩亂發，遂以敗還。匪惟敗事，反傷我人，惟陛下裁度。」帝曰：「大事也，其速擇使復齎璽書往招諭。算只兒威雖遇赦，可嚴鞫之。」

甲申，賜寧肅王脱脱金印。陞皇太子府正司爲從二品。

《續資治通鑑》卷一九六 乙酉，尚書省及太常禮儀院言：「郊祀者，國之大典。今南郊之禮已行而未備，北郊之禮尚未舉行。今年冬至祀天南郊，請以太祖配；明年夏至祀地北郊，請以世祖配。」制可。

《元史》卷二三《武宗紀二》 丁亥，以湖廣行省左丞散术帶爲平章政事、商議樞密院事。

丁酉，太尉、尚書右丞相脱虎脱監修國史。

《元史新編》卷八 庚子，發至大鈔二千錠於江浙、河南、江西、湖廣，和糴得糧百萬石。

《續資治通鑑》卷一九六　辛丑，尚書省言：「國之糧儲，歲費浸廣，而所入不足。今歲江南頗熟，欲遣和糴，恐米價倍增，請以至大鈔二千錠分之江浙、河南、江西、湖廣四省，於來歲諸色應支糧者，視時直予以鈔，可得百萬；不給則足以各省錢。」從之。

《元史》卷二三《武宗紀二》　丙午，諸王孛蘭奚以私怨殺人，當死，大宗正也可扎魯忽赤議，孛蘭奚貴爲國族，乞杖之，流北鄙從軍，從之。

丁未，擇衛士子弟充國子學生。

十二月乙卯，親饗太廟，上太祖聖武皇帝尊謚、廟號及光獻皇后尊謚，又上睿宗景襄皇帝尊謚、廟號及莊聖皇后尊謚，執事者人陞散階一等，賜太廟禮樂户鈔帛有差。和林省右丞相、太師月赤察兒言：「臣與哈喇哈孫答剌罕共事時，錢穀必與臣議。自哈喇哈孫没，凡出入不復關聞，予奪失當，而右丞曩家帶反相凌侮，輒託故赴京師。」有旨：「其鎖曩家帶詣和林鞫之。」武昌婦人劉氏，詣御史臺訴三寶奴奪其所進亡宋玉璽一、金椅一、夜明珠二。奉旨，令尚書省臣及御史中丞冀德方、也可扎魯忽赤別鐵木兒、中政使搠只等雜問。劉氏稱故翟萬户妻，三寶奴謫武昌時，與(留)〔劉〕往來，及三寶奴貴，劉託以追逃婢來京師，謁三寶奴於其家，不答，入其西廊，見榻上有逃婢所竊寶鞍及其手縫錦帕，以問，三寶奴又不答。忿恨而出，即求書狀人喬瑜爲狀，乃因尹榮往見察院吏李節，入訴於臺。獄成，以劉氏爲妄。有旨，斬喬瑜，笞李節，杖劉氏及尹榮，歸之元籍。

《續資治通鑑》卷一九六　丙辰，併中書省左右司。

遣使往諸路分揀逋負，合徵者徵之，合免者免之。

《元史》卷二三《武宗紀二》　庚申，尚書省臣言：「鹽價每引宜增爲至大銀鈔四兩，廣西者如故。其煮鹽工本，請增爲至大銀鈔四錢。」制可。

辛酉，申禁漢人執弓矢、兵仗。

壬戌，陽曲縣地震，有聲如雷。封西僧迷不韻子爲寧國公，賜金印。

丁丑，詔：「增百官俸，定流官封贈等第。應對贈者，或使遠死節，臨陣死事，於見授散官上加之。若六品七品死節死事者，驗事特贈官。封贈内外百官，三品以上者許請謚。凡請謚者，許其家具本官平日勳勞、政績、德業、藝能，經由所在官司保勘，與本家所供相同，轉申吏部考覆呈都省，都省準擬，令太常禮儀院驗事蹟定謚。若勳戚大臣奉旨賜謚者，不在此例。」

《續資治通鑑》卷一九六　商議遼陽行中書省事洪君祥卒。

## 至大三年（庚戌、一三一〇）

《元史》卷二三《武宗紀二》　春正月癸未，省中書官吏，自客省使而下一百八十一員。賜諸王那木忽里等鈔萬二千錠。賜宣徽院使拙忽難所隸酒人鈔萬五百八十八錠。

《元史新編》卷八　乙酉，徵李孟入見，謂宰臣曰：「此皇祖妣命爲朕賓師者。」特授平章政事，同知樞密院事。

己丑，以紐憐參議尚書省事。

《元史》卷二三《武宗紀二》　戊子，禁近侍諸人外增課額及進他物有妨經制。營五臺寺，役工匠千四百人，軍三千五百人。

癸巳，立中瑞司，秩正三品，掌皇后寶。

壬辰，陞中政院爲從一品。

辛卯，立皇后弘吉列氏，遣脱虎脱攝太尉持節授玉册、玉寶。

庚寅，立司禋監，秩正三品，掌巫覡，以丞相釐日領之。

乙未，定税課法。諸色課程，並係大德十一年考較，定舊額、元增，總爲正額，折至元鈔作數，自至大三年爲始恢辦，餘止以十分爲率，增及三分以上爲下酬，五分以上爲中酬，七分以上爲上酬，增及九分爲最，不及三分爲殿。所設資品官員，以二周歲爲滿。定税課官等第，萬錠之上，設正提舉、同提舉、副提舉各一員；一千錠之上，設提領、大使、副使各二員；五百錠之上，設提領、大使、副使各一員；一百錠之上，設大使、副使各一員。

丙申，立資國院泉貨監。命以歷代銅錢與至大錢相參行用。復立廣平順德路鐵冶都提舉司。

戊戌，詔湖廣行省招諭叛人上思州知州黄勝許。

辛丑，降詔招諭大徹里、小徹里。

樞密院臣言：「湖廣省乖西帶蠻阿馬等連結萬人入寇，已遣萬户移剌四奴領軍千人，及調思、播土兵併力討捕。臣等議，事勢緩急、地里要害，四奴備知，乞聽其便宜調遣。」制可。

壬寅，詔諭八百媳婦，遣雲南行省右丞算只兒威招撫之。

**《續資治通鑑》卷一九七**　癸卯，改太子少詹事爲副詹事，擢詹事丞王約爲之。

**《元史》卷二三《武宗紀二》**　乙巳，令中書省官吏如安童居中書時例存設，其已汰者，尚書省遷叙。省樞密院官，存知樞密院七員、同知樞密院事二員、樞密副使二員、僉樞密院事二員、同僉樞密院事一員。增御史臺官二員，御史大夫、御史中丞、侍御史、治書侍御史各二員。省通政院官六員，存十二員。汰廣武康里衛軍，非其種者還之元籍，凡隸諸王阿只吉、火郎撒及迤南探馬赤者，令樞密院遣人即其處參定爲籍。去歲朝會，諸王伯鐵木兒、阿剌鐵木兒並賜金二百五十兩、銀一千兩、鈔四百錠。

丙午，詔令知樞密院事大都、僉院合剌合孫復職。

丁未，立右衛阿速親軍都指揮使司，秩正三品。

二月庚戌，以皇后受册，遣官告謝太廟。

辛亥，賜鷹坊馬速忽金百兩、銀五百兩。

己未，浚會通河，給鈔四千八百錠、糧二萬一千石以募民，命河南省平章政事塔失海牙董其役。遣商議尚書省事劉楫整治鈔法。增大都警巡院二，分治四隅。

甲子，以上皇太后尊號，告祀南郊。

乙丑，復以僉樞密院事賈鈞爲中書參知政事。

尚書省臣言：「官階差等，已有定制，近奉聖旨、懿旨、令旨要索官階者，率多躐等，願依世祖皇帝舊制，次第給之。」制可。

丁卯，尚書省臣言：「昔至元鈔初行，即以中統鈔本供億及銷其板。今既行至大銀鈔，乞以至元鈔輸萬億庫，銷毁其板，止以至大鈔與銅錢相權通行爲便。」又言：「今夏朝會上都供億，請先發鈔百萬錠以往。」並從之。楚王牙忽都所隸户貧乏，以米萬石、鈔六千錠賑之。

己巳，寧王闊闊出謀爲不軌，越王秃剌子阿剌納失里許助力，事覺，闊闊出下獄，賜其妻完者死，竄阿剌納失里及其祖母、母、妻於伯鐵木兒所。以畏吾兒僧鐵里等二十四人同謀，或知謀不首，並磔於市。鞫其獄者，並陞秩二等。賞牙忽都金千兩、銀七千五百兩。三寶奴賜號答剌罕，以闊闊出食邑清州賜之，自達魯花赤而下，並聽舉用。

辛未，脱兒赤顔加録軍國重事。賜故中書右丞相塔剌海妻也里干金七百五十兩、銀一千五百兩、鈔四百錠。

**《續資治通鑑》卷一九七**　壬申，約蘇加尚書左丞相、行平章政事，封齊國公。

**《元史》卷二三《武宗紀二》**　癸酉，以左丞相、行中書省平章政事合散商議遼陽行省事。

甲戌，以上皇太后尊號，告祀太廟。

三月己卯朔，樞密院臣言：「國家設官分職，都省治金穀，樞密治軍旅，各有定制。邇者尚書省弗遵成憲，易置本院官，令依大德十年員數聞奏。臣等議，以鐵木兒不花、脱而赤顔、床兀兒、也速、脱脱、也兒吉尼、脱不花、大都知樞密院事，撒的迷失、史弼同知樞密院事，吴元珪樞密副使，塔海姑令爲副樞。」有旨，令樞密院如舊制設官十七員。

**《元史新編》卷八**　定收支數目，各以零就整，至元鈔以釐爲止。至大銀鈔以毫爲止，斛以合爲止，權以分爲止，度以寸爲止，其絲、忽、微、塵、秒、撮、圭、粒等數，并行削去，以省繁文。

**《元史》卷二三《武宗紀二》**　乙酉，以知樞密院事只兒合郎爲陝西行尚書省平章政事。遣刑部尚書馬兒往甘肅和市羊馬，分賚諸王那木忽里蒙古軍，給鈔七萬錠。

**《續資治通鑑》卷一九七**　庚寅，尚書省言：「初，世祖以哈都叛，積其分地五户絲爲幣帛，俟其來降賜之，藏二十餘年。今其子徹伯爾感慕德化，歸覲朝廷，請以賜之。」帝曰：「世祖謀慮深遠若是，待諸王朝會，頒賞既畢，卿等備述其故，然後與之，使彼知所愧。」

**《元史》卷二三《武宗紀二》**　辛卯，發康里軍屯田永平，官給之牛。

壬辰，車駕幸上都。立興聖宫章慶使司，秩正二品。

夏四月己酉，興聖宫鷹坊等户四千分處遼陽，建萬户府以統之。容米洞官田墨糾合蠻酋，殺千户及戍卒八十餘人，俘掠良民；改永順保靖南渭安撫司爲永順等處軍民安撫司，以安撫副使梓材爲使往招之。賜高麗國王王(章)〔璋〕功臣號，改封瀋王。改大承華普慶寺總管府爲崇祥監。

庚戌，以鈔九千一百五十八錠有奇市耕牛農具，給直沽酸棗林屯田軍。

己巳，立怯憐口諸色人匠都總管府，秩正三品，提舉司二，分治大都、〔上都」，秩正五品；江浙等處財賦提舉司，秩從五品；瑞州等路營民都提舉司，秩從四品，並隸章慶使司。

辛未，賜角觝者阿里銀千兩、鈔四百錠。

丙子，立管領軍匠千户所，秩正五品，割左都威衛軍匠八百隸之，備興聖宮營繕。增國子生爲三百員。靈壽、平陰二縣雨雹。鹽山、寧津、堂邑、茌平、陽穀、高唐、禹城等縣蝗。

乙未，加尚書參知政事王羆大司徒。

癸巳，東平人饑，賑米五千石。

五月甲申，封諸王完者爲衛王。

是月，合肥、舒城、歷陽、蒙城、霍丘、懷寧等縣蝗。

六月丁未朔，詔太尉、尚書右丞相脱虎脱，太保、尚書左丞相三寶奴總治百司庶務，並從尚書省奏行。

**《續資治通鑑》卷一九七**　三寶努等勸帝立皇子爲皇太子。托克托方獵於柳林，亟召之還。三寶努曰：「建儲議急，故相召耳。」托克托驚曰：「何謂也？」曰：「皇子寖長，聖體近日倦勤，儲副所宜早定。」托克托曰：「國家大計，不可不慎。曩者太弟躬定大事，功在宗社，位居東宮，已有定命。自是兄弟叔姪世世相承，孰敢紊其序者！」三寶努曰：「今日兄已授弟，後日叔當授姪，能保之乎？」托克托曰：「在我不可渝。彼失其信，天實鑒之。」三寶努莫能奪其議。

**《元史》卷二三《武宗紀二》**　戊申，省上都留守司官七員。以行中書左丞忽都不丁爲中書右丞。

己酉，立上都、中都等處銀冶提舉司，秩正四品。尚書省臣言：「別都魯思云雲州（朝）〔潮〕河等處産銀，令往試之，得銀六百五十兩。」詔立提舉司，以別都（忽）〔魯〕思爲達魯花赤。

庚戌，立規運都總管府，秩正三品，領大崇恩福元寺錢糧，置提舉司、資用庫、大益倉隸之。

乙卯，和林省言：「貧民自迤北來者，四年之間靡粟六十萬石、鈔四萬餘錠、魚網三千、農具二萬。」詔尚書、樞密差官與和林省臣覈實，給賜農具田種，俾自耕食，其續至者，户以四口爲率給之粟。

丁巳，敕今歲諸王、妃主朝會，頒賚一如至大元年例。

**《元史新編》卷八**　丁巳，諭脱虎脱、三寶努總治百司庶務，并從尚書省奏行。

**《元史》卷二三《武宗紀二》**　甲子，以太子詹事斡赤爲中書左丞、集賢使，領典醫監事。

戊辰，遣使諸道，審決重囚。賜太師淇陽王月赤察兒清州民户萬七千九百一十九，安吉王乞台普濟安吉州民户五百。

**《續資治通鑑》卷一九七**　壬申，以西北諸王徹伯爾等來朝，告祀太廟，特設宴於大廷。故事，凡大宴，必命近臣敬宣王度，以爲告戒。托克托薦濟爾哈呼，具其言以進，果稱旨。帝歎曰：「博勒呼、博爾濟，前朝人傑，托克托今世人傑也！」即以所進之言授托克托。及諸王大臣被宴就列，托克托即席陳西北諸藩始離終合之由，去逆效順之義，詞旨明暢，聽者傾服。

賜托克托及三寶努珠衣，又封三寶努爲楚國公，以常州路爲分地。

**《元史》卷二三《武宗紀二》**　乙亥，陞晉王延慶司秩正二品。

是月，襄陽、峽州路，荊門州大水，山崩，壞官廨民居二萬一千八百二十九間，死者三千四百六十六人。汝州大水，死者九十二人。六安州大水，死者五十二人。沂州、莒州、兖州諸縣水没民田。威州、洺水、肥鄉、雞澤等縣旱。

〔秋七月〕庚辰，封皇伯晉王長女寶答失憐爲韓國長公主。

丙戌，循州大水，漂廬舍二百四十四間，死者四十三人，發米賑之。

庚寅，罷稱海也可扎魯忽赤。定王藥木忽兒乞如例設王府官六員，從之。

癸巳，給親民長史考功印曆，令監治官歲終驗其行蹟，書而上之，廉訪司、御史臺、尚書禮部考校以爲陞黜。增尚書省客省使、副各一員，直省舍人十四員。

乙未，中都立光禄寺。

丁酉，汜水、長林、當陽、夷陵、宜城、遠安諸縣水，令尚書省賑恤之。

**《續資治通鑑》卷一九七**　己亥，禁權要商販挾聖旨、懿旨、令旨阻礙會通河民船者。

**《元史》卷二三《武宗紀二》**　壬寅，詔禁近侍奏降御香及諸王駙馬降香者。

磁州、威州諸縣旱、蝗。

八月丁未，以江浙行尚書省左丞相忽剌出、遥授中書右丞相鏖日，並爲御史大夫，詔諭中外。

甲寅，陞尚服院從一品。

丙辰，以行用銅錢詔諭中外。

甲子，獵於昴兀腦兒之地。

己巳，以諸王只必鐵木兒貧，仍以西涼府田賜之。尚書省臣言：「今歲頒賚已多，凡各位下奉聖旨、懿旨、令旨賜財物者，請分汰。」有旨：「卿等但具名以進，朕自分汰之。」汴梁、懷孟、衛輝、彰德、歸德、汝寧、南陽、河南等路蝗。

九月己卯，平伐蠻酋不老丁遣其姪與甥十人來降，陞平伐等處蠻夷軍民安撫司同知陳思誠爲安撫使，佩金虎符。御史臺臣言：「江浙省丞相答失蠻於天壽節日毆其平章政事孛蘭奚，事屬不敬。」詔遣使詰問之。內郡饑，詔尚書省如例賑恤。

辛巳，立宣慰司都元帥府於察罕腦兒之地。

丙戌，車駕至大都。保八遥授平章政事。

**《續資治通鑑》卷一九七**　壬辰，皇太子言：「司徒劉夔乘驛省親江南，大擾平民，二年不歸。」詔罷之。

監察御史張養浩上時政書。

養浩言切直，當國者不能容，遂除翰林待制，復搆以罪，罷之，戒省臺勿復用。養浩恐禍及，乃變姓名遁去。

**《元史》卷二三《武宗紀二》**　庚子，以潭州隸中宮。上都民饑，敕遣刑部尚書撒都丁發粟萬石，下其價賑糶之。

壬寅，敕諸司官濫設者，毋給月俸。詔諭三寶奴等：「去歲中書省奏，諸司官員遵大德十年定制，濫者汰之。今聞員冗如故，有不以聞而徑之任者。有旨不奏而擅令之任及之任者，並逮捕之，朕不輕釋。」

冬十月甲辰朔，丙午，三寶奴及司徒田忠良等言：「曩奉旨舉行南郊配位從祀，北郊方丘、朝日夕月典禮。臣等議，欲祀北郊，必先南郊。今歲冬至，祀圜丘，尊太祖皇帝配享，來歲夏至，祀方丘，尊世祖皇帝配享，春秋朝日夕月，實合祀典。」有旨：「所用儀物，其令有司速備之。」又言：「太廟祠祭，故用瓦尊，乞代以銀。」從之。

戊申，帝率皇太子、諸王、羣臣朝興聖宮，上皇太后尊號册寶曰儀天興聖慈仁昭懿壽元皇太后。

**《續資治通鑑》卷一九七**　以吴鼎同知中政院事。

兩浙財賦隸中政者鉅萬計，前任率多取其贏，鼎治之，一無私焉。朱清、張瑄既籍没，而民間貸券之已償者亦入於官，官惟驗券徵理，民不能堪。鼎力爲辨白，始獲免。

**《元史》卷二三《武宗紀二》**　庚戌，恭謝太廟。

甲寅，敕諭中外：「民户託名諸王、妃主、貴近臣僚，規避差徭，已嘗禁止。自今違者，俾充軍驛及築城中都。郡縣官不覺察者，罷職。」封僧亦憐真乞烈思爲文國公，賜金印。御史臺臣言：「江浙省平章烏馬兒遣人從使臣昵匝馬丁枉道馳驛，取贓吏紹興獄中釋之。」敕臺臣遣官往鞫，毋徇私情。山東、徐、邳等處水、旱，以御史臺没入贓鈔四千餘錠賑之。

**《續資治通鑑》卷一九七**　丁巳，尚書省言：「宣徽院廩給日增，儲偫雖廣，亦不能給，宜加分減。」帝曰：「比見後宮飲膳，與朕無異，其覈實減之。」

庚申，諭曰：「尚書省事繁重，諸司有才識明達者，並從尚書省選任，樞密院、御史臺及諸司毋輒奏用，違者論罪。」

**《元史新編》卷八**　辛酉，以皇太后受尊號，赦天下。大都、上都、中都較他郡供給煩擾，與免至大三年秋税，其餘至大二年以前民欠錢糧，悉從蠲免，內外不急之役，截日停罷。民間雜差，先儘游食之從，次從工賈末技，其力田之家，勿奪農時。官民田土，各有所屬，諸人勿得陳獻。民官公罪許罰贖，杖、徒以下并原宥。從三寶努言，省部官自今晨集暮退，怠者不俟奏聞，便宜加罪。其到任一二月即辭病者，杖罷不敘。發鈔二百錠，規運取息，以供尚書省膳。

丁卯，封諸王水八剌子買住韓爲兖王。雲南省丞相鐵木迭爾擅離職赴都，有旨詰問，以皇太后故貸免，令復職。

**《續資治通鑑》卷一九七**　壬申，晉王伊蘇特穆爾言：「世祖以張特穆爾所獻地土、金銀、銅冶賜臣，後以成宗拘收諸王所占地土（民户），例輪縣官，乞回賜。」從之，仍賜鈔賑其部貧民。

江浙省言：「曩者朱清、張瑄海漕米歲四五十萬至百十萬。時船多糧少，顧直均平。比歲賦斂横出，漕户困乏，頗有逃亡。今歲運三百萬，漕舟不足，遣人於浙東、福建等處和顧，百姓騷動。本省左丞錫布鼎，言其弟哈巴密及瑪哈們坦實等皆有舟，且深知漕事，請以爲海道運糧都漕萬户府官，各以己力輸運官糧，萬户、千户並如軍官例承襲，寬卹漕户，增給顧直，庶有成效。」尚書省以聞，請以瑪哈們坦實爲遥授右丞、海外諸蕃宣慰使、都元帥、領海道運糧都漕萬户府事。設千户所十，每所設達嚕噶齊一，千户三，副千户二，百户四。制可。

《元史》卷二三《武宗紀二》　以丞相鐵古迭兒爲陝西行御史臺御史大夫，詔諭陝西、四川、雲南、甘肅。詔諭大司農司勸課農桑。

十一月甲戌朔，戊寅，濟寧、東平等路饑，免曾經賑恤諸户今歲差税，其未經賑恤者，量減其半。詔諭蠻日移文尚書省，凡憲臺除官事，後勿與。

《續資治通鑑》卷一九七　庚辰，河南水。死者給槥，漂廬舍者給鈔，驗口賑糧兩月。免今年租賦。

自立尚書省，賜予無節，遷敍無法，財用日耗，名爵日濫。托克托進言曰：「爵賞者，帝王所以用人也。今爵給否德，賞給罔功，緩急之際，何所賴乎？中書所掌錢糧、工役、選法十有二事，若從臣言，恪遵舊制，則臣願與諸賢黽勉從事。不然，用臣何補！」詔：「濫受宣敕者，赴所屬繳納。」由是奔競之風稍衰。

《元史》卷二三《武宗紀二》　辛巳，尚書省臣言：「今歲已印至大鈔本一百萬錠，乞增二十萬錠，及銅錢兼行，以備侍衛及鷹坊急有所須。」又言：「上都、中都銀冶提舉司達魯花赤别都魯思，去歲輸銀四千二百五十兩，今秋復輸三千五百兩，且言復得新礦，銀當增辦，乞加授嘉議大夫。」並從之。加脱虎脱爲太師、録軍國重事，封義國公。

壬午，改大崇恩福元寺規運總管府爲隆禧院，秩從二品。

戊子，改皇太子妃怯憐口都總管府爲典内司。以益都、寧海等處連歲饑，罷鷹坊縱獵，其餘獵地，並令禁約，以俟秋成。尚書省臣言：「雲南省臨安、大理等處宣慰司、麗江宣撫司及(晉)〔普〕定路所隸部曲，連結蠻寇，殺掠良民，諭之不服，且方調兵討八百媳婦，軍力消耗。今擬蒙古軍人給馬一，漢軍十人給馬二，計直與之，乞賜鈔三萬錠。」又言：「四川行省紹慶路所隸容米洞田墨，連結諸蠻，攻劫麻寮等寨，方調兵討捕，遣千户塔术往諭田墨施什用等來降。宜立黄沙寨，以田墨施什用爲千户，塔术爲河東陝西等處萬户府千户所達魯花赤，廖起龍爲來寧州判官，田思遠爲懷德府判官，賞賚遣還。」皆從之。以朱清子虎、張瑄子文龍往治海漕，以所籍宅一區、田百頃給之。尚書省臣言：「昔世祖命皇子脱歡爲鎮南王居揚州。今其子老章，出入導衛，僭竊上儀。敕遣官詰問，仍以所僭儀物來上。」從之。敕城中都，以牛車運土，令各部衛士助之，限以來歲四月十五日畢集，失期者罪其部長，自願以車牛輸運者别賞之。江浙省左丞相答失蠻、江西省左丞相别不花來朝。賜世祖宮人伯牙倫金七百五十兩、銀二千五百兩、鈔六百錠。

丙申，有事於南郊，尊太祖皇帝配享昊天上帝。

《續資治通鑑》卷一九七　三寶努等憚皇太子英明，謀搖動東宮，以托克托之言而止。李邦寧揣知三寶努之意，言於帝曰：「陛下富於春秋，皇子漸長。父作子述，古之道也，未聞有子而立弟者。」帝不悦曰：「朕志已定，汝自往東宮言之。」邦寧慚懼而退。

己亥，尚書省以武衛親軍都指揮使鄭阿爾斯蘭與兄鄭榮祖、段叔仁等圖爲不軌，置獄鞫之，皆誣服，十七人並棄市，籍没其家，中外冤之。

《元史》卷二三《武宗紀二》　十二月甲辰朔，以建大崇恩福元寺，乞失剌遥授左丞，曲列、劉良遥授參知政事，並領行工部事。立崇輝署，隸中政院。

《續資治通鑑》卷一九七　戊申，冀寧路地震。河南江北行省平章事何瑋卒，贈太傅，謚文正。

《元史》卷二三《武宗紀二》　己未，諭中外應避役占籍諸王者，俾充軍驛。鎮南王老章僭擬儀衛，究問有驗，召老章赴闕。

《元史新編》卷八　是歲，襄陽、陝州大水，山崩，壞官廨民居二萬一千八百間，死者三千四百餘人，計口振糧，兩月死者給以槥。

## 至大四年（辛亥、一三一一）

《元史》卷二三《武宗紀二》　四年春正月癸酉朔，帝不豫，免朝賀，大赦天下。

庚辰，帝崩於玉德殿，在位五年，壽三十一。壬午，靈駕發引，葬起輦谷，從諸帝陵。

《御批歷代通鑑輯覽》卷九七　皇太子罷尚書省，誅托克托、三寶努、約蘇、保巴、王羆，流孟克特穆爾於海南。

《元史》卷二四《仁宗紀一》　壬(子)〔辰〕，日赤如赭。罷城中都。召世祖朝諳知政務素有聲望老臣平章程鵬飛、董士選，太子少傅李謙，少保張驢，右丞陳天祥，尚文，劉正，左丞郝天挺，中丞董士珍，太子賓客蕭𣂏，參政劉敏中、王思廉、韓從益，侍御趙君信，廉訪使程鉅夫，杭州路達魯花赤阿合馬，給傳詣闕，同議庶務。

甲午，宥阿附脱虎脱等左右司、六部官罪。

乙未，禁百官役軍人營造及守護私第。

**《續資治通鑑》卷一九七**　丁酉，以雲南行省左丞相特們德爾爲中書右丞相，太子詹事鄂勒哲、集賢大學士李孟並爲平章政事。太子用鄂勒哲、李孟，方欲更張庶務，而皇太后在興聖宫已有旨召特們德爾赴闕，因遂相之。

**《元史》卷二四《仁宗紀一》**　戊戌，以塔思不花及徽政院使沙沙並爲御史大夫。

己亥，改行尚書省爲行中書省。

庚子，減價糶京倉米，日千石，以賑貧民。停各處營造。罷廣武康里衛，追還印符、驛券、璽書，及其萬户等官宣敕。

辛丑，以塔失鐵木兒知樞密院事。

壬寅，禁鷹坊馳驛擾民。敕中書，凡傳旨非親奉者勿行。以諸王朝會，普賜金三萬九千六百五十兩、銀百八十四萬九千五十兩、鈔二十二萬三千二百七十九錠、幣帛四十七萬二千四百八十八匹。

二月，復玉宸樂院爲儀鳳司，改延慶司爲都功德使司。

**《續資治通鑑》卷一九七**　乙巳，命和林、江浙行省依前設左丞相，餘省唯置平章二員，遥授（執）〔職〕事勿與。

戊申，罷運江南所印佛經。

**《元史》卷二四《仁宗紀一》**　辛亥，禁諸王、駙馬、權豪擅據山場，聽民樵採。罷阿老瓦丁買賣浙鹽，供中政食羊。禁宣政院違制度僧。

甲寅，遣使檢覈小雲石不花所獻河南荒田。司徒蕭珍以城中都徼功毒民，命追奪其符印，令百司禁錮之。還中都所占民田。罷江南行通政院、行宣政院。

甲子，陞典内司爲典内院，秩從三品。命中書平章李孟領國子監學，諭之曰：「學校人材所自出，卿等宜數詣國學課試諸生，勉其德業。」敕：「諸王、駙馬户在縉山、懷來、永興縣者，與民均服徭役。諸司擅奏除官者，毋給宣敕。」御史臺臣言：「白雲宗總攝所統江南爲僧之有髮者，不養父母，避役損民，乞追收所受璽書銀印，勒還民籍。」從之。罷福建綉匠、河南魚課兩提舉司。省宣徽院參議、斷事官。

丙寅，監察御史言：「比者尚書省臣蠹國亂政，已正典刑，其餘黨附之徒布在百司，亦須次第沙汰。今中書奏用孛羅鐵木兒爲陝西平章、烏馬兒爲江浙平章、闊里吉思爲甘肅平章、塔失帖木兒爲河南參政、萬僧爲江浙參政，各人前任，皆受重贓，或挾勢害民，咸乞罷黜。」制曰「可」。

**《續資治通鑑》卷一九七**　丁卯，命西番僧非奉璽書驛券及無西番宣慰司文牒者，勿輒至京師，仍戒黄河津吏驗問禁止。

罷總統所及各處僧録、僧正、都綱司，凡僧人訴訟，悉歸有司。

罷仁虞院，復置鷹坊總管府。

**《元史》卷二四《仁宗紀一》**　庚（子）〔午〕，命廣西静江、融州軍民官，鎮守三載無虞者，民官減一資，軍官陞一階，著爲令。思州軍民宣撫司招諭官唐銓以洞蠻楊正思等五人來朝，賜金帛有差。立淮安忠武王伯顔祠於杭州，仍給田以供祀事。

# 元仁宗部（起一三一一年，迄一三一九年）

**《元史》卷二四《仁宗紀一》** 仁宗聖文欽孝皇帝，諱愛育黎拔力八達，順宗次子，武宗之弟也。母曰興聖太后，弘吉剌氏。至元二十二年三月丙子生。

## 至大四年（辛亥、一三一一）

**《續資治通鑑》卷一九七** 三月庚寅，皇太子即皇帝位。時皇太后欲用陰陽家言，令太子即位隆福宫，御史中丞張珪言當御大明殿。御史大夫止之曰：「議已定，雖百奏無益。」珪曰：「未始一奏，詎知無益！」遂奏之。太子副詹事王約亦言於太保齊蘇曰：「正名定分，當御大内。」齊蘇入奏，帝悟，移仗大明殿即位，受諸王百官朝賀。詔曰：

惟昔先帝，事皇太后，撫朕眇躬，孝友天至。由朕得託順考遺體，重以母弟之嫡，加有削平内難之功，於其踐阼曾未踰月，授以皇太子寶，領中書令、樞密使，百揆機務，聽所總裁，於今五年。先帝奄棄天下，勳戚元老咸謂大寶之承，既有成命，非與前聖賓天而始徵集宗親議所〔宜〕立者比。當稽周、漢、晉、唐故事，正位宸極。朕以國卹方新，誠有未忍，是用經時。今則上奉皇太后勉進之命，下徇諸王勸戴之勤，三月十八日，於大都大明殿即皇帝位。凡尚書省誤國之臣，先已伏誅，同惡之徒，亦已放殛，百（官）〔司〕庶政，悉歸中書，命丞相特們德爾、平章政事李孟等從新整治。可大赦天下，敢以赦前事相告言者，罪以其罪。諸衙門及近侍人等，毋隔越中書奏事；諸上事陳言者，量加旌擢。其僥倖獻地土并山場、窰冶及奇寶之人并禁止〔之〕。諸王、駙馬經過州郡，不得非理需索，應和顧、和賣，隨即（結）〔給〕價，毋困吾民。」

**《元史》卷二四《仁宗紀一》** 辛卯，禁民間製金箔、銷金、織金。以御史中丞李士英爲中書左丞。

壬辰，發京倉米，減價以糶，賑貧民。

丁酉，命月赤察兒依前太師，宣徽使鐵哥爲太傅，集賢大學士曲出爲太保。

**《御批歷代通鑑輯覽》卷九七** 詔百司遞陞品秩者復舊制。

**《元史》卷二四《仁宗紀一》** 己亥，增置左翼、右翼指揮各一員。寧夏路地震。

是月，帝諭省臣曰：「卿等裒集中統、至元以來條章，擇曉法律老臣，斟酌重輕，折衷歸一，頒行天下，俾有司遵行，則抵罪者庶無冤抑。」又諭太府監臣曰：「財用足，則可以養萬民，給軍旅。自今雖一繒之微，不言於朕，毋輒與人。」以陝西行尚書省左丞兀伯都剌爲中書右丞；昭文館大學士察罕參知政事；中書平章政事、知樞密院事床兀兒，欽察親軍都指揮使脱火赤拔都兒，中書右丞相、知樞密院事鐵木兒不花，録軍國重事、知樞密院事也速，知樞密院事兼山東河北蒙古軍都萬户也先鐵木兒，遥授左丞相、仁虞院使也兒吉〔尼〕，太子詹事月魯鐵木兒，並知樞密院事。賜大都路民年九十者二千三百三十一人，人帛二匹；八十者八千三百三十一人，人帛一匹。

**《續資治通鑑》卷一九七** 遣宦者李邦寧釋奠於孔子。邦寧既受命行禮，方就位，大風起，殿上及兩廡燭盡滅，燭臺底鐵鐏入地尺許，無不拔者。邦寧悚息伏地，諸執事者皆伏，良久風息，乃成禮。邦寧因慚悔累日。

**《元史新編》卷九** 夏四月壬寅，定四宿衛士，歲賜鈔二十四萬二百五錠，汰漢人、高麗、南人冒入者，各還元籍。

**《元史》卷二四《仁宗紀一》** 癸卯，禜星於回回司天臺。以即位恩，賜太師、太傅、太保，人金五十兩、銀三百五十兩、衣四襲。行省臣預朝會者，賞銀有差。

**《續資治通鑑》卷一九七** 丁未，以太子少保章律爲江浙行省平章，戒之曰：「以汝先朝舊人，故命汝往。民爲邦本，無民何以爲國！汝其上體朕心，下愛斯民。」

**《元史》卷二四《仁宗紀一》** 戊申，以即位告天地於南郊。

庚戌，拘收下番將校不典兵者虎符、銀牌。

癸丑，詔：「路、府、州、縣官，三年爲滿。」罷典醫監。

丙辰，詔諭宣徽使亦列赤，諸蒙古民有貧乏者，發廪濟之。

丁巳，罷中政院。

戊午，以即位告於太廟。

**《續資治通鑑》卷一九七** 辛酉，敕：「國子監師儒之職，有才德者，不拘品級，雖布衣亦選用。」

**《元史》卷二四《仁宗紀一》** 癸亥，敕：「諸使臣非軍務急速者，毋給金字圓牌。」定四宿衛士歲賜鈔二十四萬二百五錠。罷中都留守司，復置隆興路總管府，凡創置司存悉罷之。

乙丑，封知樞密院事鐵木兒不花爲宣寧王，賜銀印。

丁卯，詔曰：「我世祖皇帝，參酌古今，立中統、至元鈔法，天下流行，公私蒙利，五十年於兹矣。比者尚書省不究利病，輒意變更，既創至大銀鈔，又鑄大元、至大銅錢。鈔以倍數太多，輕重失宜；錢以鼓鑄弗給，新舊恣用；曾未再期，其弊滋甚。爰咨廷議，允協輿言，皆願變通，以復舊制。其罷資國院及各處泉貨監提舉司，買賣銅器，聽民自便。應尚書省已發各處至大鈔本及至大銅錢，截日封貯，民間行使者，赴行用庫倒换。」仍免大都、上都、隆興差税三年。命中書省賑濟甘肅過川軍。罷僧、道、也里可温、荅失蠻、頭陀、白雲宗諸司。改封親王迭里哥兒不花爲湘寧王，賜金印，食湘鄉州、寧鄉縣六萬五千户。拘還甘肅、陝西、遼陽省臣所佩虎符。禁鷹坊擾民。罷通政院，以其事歸兵部。增置尚書員外郎各一員。罷回回合的司屬。帝御便殿，李孟進曰：「陛下御極，物價頓減，方知聖人神化之速，敢以爲賀。」帝蹙然曰：「卿等能盡力贊襄，使兆民乂安，庶幾天心克享。至於秋成，尚未敢必。今朕踐阼曾未踰月，寧有物價頓減之理。朕托卿甚重，兹言非所賴也。」孟愧謝。帝諭集賢學士忽都魯都兒迷失曰：「向召老臣十人，所言治政，汝其詳譯以進，仍諭中書悉心舉行。」南陽等處風、雹。

**《續資治通鑑》卷一九七** 楊多爾濟曰：「法有便否，不當視立法之人爲廢置。銅錢與楮幣相權爲用，古之道也。錢何可遽廢耶！」言雖不用，時論是之。

初，尚書省用建言者(習)〔冒〕獻河汴官民地爲無主，奏立田糧府，歲輸數萬石。帝即位，詔罷之，竄建言人於海外，令河南行省復其舊業。行省方並緣爲姦，田猶未給。及太子副詹事王約出爲河南右丞，至則立期檄郡縣釐正如詔。

會更錢鈔法，且令天下税盡收至大鈔。約度河南歲用鈔七萬錠，不致上供不給，乃下諸州，凡至大、至元鈔相半。衆以方詔命爲言，約曰：「吾豈不知！第歲終諸事不集，責亦匪輕。」丞相布琳濟岱贊之，曰：「善。」遣使白中書省，遂徧行天下。

帝如上都。

**《元史》卷二四《仁宗紀一》** 五月壬申〔朔〕，以宦者鐵哲里爲利用監卿。

癸酉，八百媳婦蠻與大、小徹里蠻寇邊，命雲南王及右丞阿忽台以兵討之。改封乳母夫壽國公楊德榮爲雲國公。

**《續資治通鑑》卷一九七** 遣兵擊八百媳婦。陝西侍御史趙世延諫曰：「蠻夷事在羈縻，先朝用兵不已，致亡失軍旅，誅戮省臣。今第當選重臣知治體者，付以邊寄，兵且勿用也。」不聽。命雲南王及阿固岱率衆討之。

**《元史》卷二四《仁宗紀一》** 丙子，命翰林國史院纂修先帝實録及累朝皇后、功臣列傳，俾百司悉上事蹟。

丁丑，禁毋以毒藥釀酒。

庚辰，敕中書省裁省冗司。置高昌王傅。復度支院爲監。罷泉府司、長信院、司禋監。

辛巳，賜大長公主祥哥剌吉鈔二萬錠。

壬午，制定翰林國史院承旨五員，學士、侍讀、侍講、直學士各二員。拘諸王、駙馬及有司驛券，自今遣使，悉從中書省給降。置祥和署，掌伶人。金齒諸國獻馴象。

癸未，賜國師板的荅鈔萬錠，以建寺於舊城。

戊子，羅鬼蠻來獻方物。

**《續資治通鑑》卷一九七** 甲午，復太常禮儀院爲太常寺。

是月，禁民捕駕鵝。

**《元史》卷二四《仁宗紀一》** 六月癸卯，敕宣政院：「凡西番軍務，必移文樞密院同議以聞。」吐蕃犯永福鎮，敕宣政院與樞密院遣兵討之。

乙巳，命侍臣咨訪内外，才堪佐國者，悉以名聞。仍戒敕諸王，恪恭乃職。

丙午，以内侍楊光祖爲祕書卿，譚振宗爲武備卿，闞居仁爲尚乘卿，並授弘文館學士。置湘寧王迭里哥兒不花王傅。

**《元史新編》卷九** 授内侍楊光祖、譚振宗、闞居仁并宏文館學士，定翰林國史院官，承旨五員，學士、侍讀、侍講、直學士各二員。

**《元史》卷二四《仁宗紀一》** 己酉，詔存恤軍人。

壬子，敕甘肅省給過川軍牛種農器，令屯田。

癸丑，復太府院爲太府監。省上都兵馬指揮爲五員。

甲寅，封亦思丹爲懷仁郡王，賜銀印。

丁巳，敕翰林國史院春秋致祭太祖、太宗、睿宗御容，歲以爲常。命和林行省右丞孛里、馬速忽經理稱海屯田。

**《元史續編》卷七**　大同獻麒麟。宣寧縣民家産犢而死，頗類麒麟，車載以獻。左右曰，古所謂瑞物也。上曰，五穀豐熟，百姓安業，乃爲瑞耳。

**《元史》卷二四《仁宗紀一》**　己未，復置長信寺。封樞密臣孛羅爲澤國公。

庚申，敕自今諸司白事，須殿中侍御史侍側。

癸亥，賜晉王也孫鐵木兒鈔五千錠，幣、帛各二千匹；太尉不花金百兩。復雲州銀場提舉司，置儀鸞局，秩皆五品。

甲子，請大行皇帝謚於南郊，上尊謚曰仁惠宣孝皇帝，廟號武宗。

丙寅，拘收泉府司元給諸商販璽書。

丁卯，罷只合赤八剌合孫所造上供酒。

戊辰，敕諸王朝會後至者，如例給賜。

**《續資治通鑑》卷一九七**　己巳，衛王阿珠格入見。帝諭省臣曰：「朕與阿珠格同父而異母，朕不撫育，彼將誰賴！其賜鈔二萬錠，他勿援例。」

帝覽《貞觀政要》，諭翰林侍講阿林特穆爾曰：「此書有益於國家，其譯以國語刊行，俾蒙古、色目人誦習之。」

**《元史》卷二四《仁宗紀一》**　濟寧、東平、歸德、高唐、徐、邳諸州水，給鈔賑之。河間、陝西諸縣水，旱傷稼，命有司賑之，仍免其今年租。諸王塔剌馬的遣使進馴象。

秋七月辛未朔，拘還遼陽省官提調諸事圓符、璽書、驛券。裁減虎賁司職員。賜上都宿衛士貧乏者鈔十三萬九千錠。

丁丑，鞏昌寧遠縣暴雨，山土流涌。敕内外軍官並覃官一等。

癸未，甘州地震，大風，有聲如雷。以朝會，恩賜諸王秃滿金百五十兩、銀五千二百五十兩，幣帛三千匹。

乙酉，賜湘寧王迭里哥兒不花所部鈔三萬二千錠。

甲午，置經正監，掌蒙古軍牧地，秩正三品，官五員。

己亥，詔諭省臣曰：「朕前戒近侍毋輒以文記傳旨中書，自今敢有犯者，不須奏聞，直捕其人付刑部究治。」敕御史臺臣，選吏事老成者爲監察御史。超授中散大夫、典内院使孛叔榮禄大夫。

是月，江陵屬縣水，民死者衆，太原、河間、真定、順德、彰德、大名、廣平等路，德、濮、恩、通等州霖雨傷稼，大寧等路隕霜，敕有司賑恤。

**《續資治通鑑》卷一九七**　閏月辛丑，命國子祭酒劉賡詣曲阜，以太牢祠孔子。

**《元史》卷二四《仁宗紀一》**　甲辰，車駕將還大都，太后以秋稼方盛，勿令鷹坊、駝人、衛士先往，庶免害稼擾民，敕禁止之。樞密院奏：「居庸關古道四十有三，軍吏防守之處僅十有三，舊置千户，位輕責重，請置隆鎮萬户府，俾嚴守備。」制曰「可」。禁五星於司天臺。以故魯王刁斡八剌嫡子阿禮嘉世禮襲其封爵、分地。

乙巳，以朝會，恩賜月赤察兒、床兀兒金二百兩、銀二千八百兩，幣帛有差。

丙午，奉武宗神主祔於太廟。

戊申，封李孟秦國公。命亦憐真乞剌思爲司徒。

己酉，吐番寇禮店、文州，命總帥亦憐真等討之。

辛亥，以西僧藏不班八爲國師，賜玉印。

戊午，復置司禋監。

己未，詔諭省臣曰：「國子學，世祖皇帝深所注意，如平章不忽木等皆蒙古人，而教以成材。朕今親定國子生額爲三百人，仍增陪堂生二十人，通一經者，以次補伴讀，著爲定式。」敕：「軍官七十致仕，始聽子弟承襲。其有未老即託疾引年，令幼弱子弟襲職者，除名不敍；其巧計求遷者，以違制論。」

**《御批歷代通鑑輯覽》卷九七**　帝既命李孟領國子學，【略】既而孟等言：「方今進用儒者，而老成日以凋謝，四方儒士成材者，請擢任國學、翰林、祕書、太常或儒學提舉等職，俾學者有所激勸。」帝從之，詔：「自今勿限資級，果材而賢，雖白身亦用之。」

**《元史》卷二四《仁宗紀一》**　壬戌，命賑卹嶺北流民。上都立通政院，領蒙古諸驛，秩正二品。

甲子，寧夏地震。

乙丑，魯國大長公主祥哥剌吉進號皇姊大長公主。遣使招諭黑水、白水等蠻十二萬餘户來降。

丙寅，賜諸王阿不花等金二百兩、銀七百五十兩、鈔一萬三千六百三十錠、幣帛各有差。

**《續資治通鑑》卷一九七**　禁醫人非選試及著籍者，毋行醫藥。

大同宣寧縣雨雹，積五寸，苗稼盡損。

**《元史》卷二四《仁宗紀一》**　八月己巳朔，裁定京朝諸司員數，並依至元三十年舊額。楚王牙忽都所部乏食，給鈔萬錠，出粟五千石賑之。賜環衛圉人鈔三萬錠。以近侍曲列失爲户部尚書。

甲戌，賜皇姊大長公主鈔萬錠。

丙戌，安南世子陳日㷆奉表，以方物來貢。敕西番軍務隸宣政院。

九月己亥朔，遥授左丞相不花進太尉。

《續資治通鑑》卷一九七　丙(子)〔午〕，安南國王陳益稷入見，言：「自世祖朝來歸，妻子皆爲其國人所害，朝廷因遥授湖廣平章，仍與王爵，賜漢陽田五百頃，俾自贍。今臣年幾七十，而有司拘所授田，就食無所。」帝謂省臣曰：「益稷來歸，宜厚賜以懷遠人，其進勳爵，授田如故。」

《元史》卷二四《仁宗紀一》　戊申，禁民彈射飛鳥、殺馬牛羊當乳者。禁衛士不得私衣侍宴服，及以質於人。

庚戌，命樞密院閱各省軍馬。

壬子，改元皇慶，詔曰：「朕賴天地祖宗之靈，纂承聖緒，永惟治古之隆，羣生咸遂，國以乂寧。朕夙興夜寐，不敢怠遑，任賢使能，興滯補闕，庶其臻兹斂時五福，用敷錫厥庶民，朕之志也。踰年改元，厥有彝典，其以至大五年爲皇慶元年。」都水監卿木八剌沙傳旨，給驛往取杭州所造龍舟，省臣諫曰：「陛下踐祚，誕告天下，凡非宣索，毋得擅進。誠取此舟，有乖前詔。」詔止之。復置中宫位下怯憐口諸色民匠打捕鷹坊都總管府，秩正三品。

丁巳，奉太后旨，以永平路歲入，除經費外，悉賜魯國大長公主。給雲南王老的部屬馬價一萬二千錠。

丙寅，敕省部官，勿托以宿衛廢職。罷西番茶提舉司。

是月，江陵路水漂民居，溺死十有八人。

冬十月戊辰朔，有事於太廟。

《續資治通鑑》卷一九七　己巳，敕繪武宗御容，奉安大崇恩福元寺，月四上祭。

辛未，賜大普慶寺金千兩，銀五千兩，鈔萬錠，西錦、綵緞、紗、羅、布帛萬端，田八百畝，邸舍四百間。

《元史》卷二四《仁宗紀一》　丁丑，禁諸僧寺毋得冒侵民田。

辛巳，罷宣政院理問僧人詞訟。以蘄縣萬户府鎮慶元，紹興沿海萬户府鎮處州，宿州萬户府兼鎮台州。

戊子，省海道運糧萬户爲六員，千户爲七所。特授故太師月兒魯子木剌忽榮禄大夫、知樞密院事。

辛卯，罷諸王斷事官，其蒙古人犯盗詐者，命所隸千户鞫問。

壬辰，詔收至大銀鈔。敕諸衛漢軍練習武事。置羣牧監，秩正三品，掌興聖宫位下畜牧。

癸巳，詔置汴梁、平江等處田賦提舉司，掌大承華普慶寺貲産。給雲南增戍軍鈔二萬五千錠。

十一月戊戌〔朔〕，封司徒買僧爲趙國公。

辛丑，命延安、鳳翔、安西軍屯田紅城者，還陝西屯田。敕：「商税官盗税課者，同職官贓罪。」立乖西府，以土官阿馬知府事，佩金符。李孟奏：「錢糧爲國之本，世祖朝量入爲出，恒務撙節，故倉庫充牣。今每歲支鈔六百餘萬錠，又土木營繕百餘處，計用數百萬錠，内降旨賞賜復用三百餘萬錠，北邊軍需又六七百萬錠；今帑藏見貯止十一萬餘錠，若此安能周給。自今不急浮費，宜悉停罷。」帝納其言，凡營繕悉罷之。

《元史新編》卷九　辛亥，以諸王結黨誣八不沙爲不軌，詔竄卜里牙敦於河南，因忽乃於揚州，納里於湖廣，太那於江西，班出兀那於雲南。

《元史》卷二四《仁宗紀一》　壬子，賑欽察衛糧五千七百五十三石。

《續資治通鑑》卷一九七　戊午，禁漢人、回回術者出入諸王、駙馬及大臣家。

《元史》卷二四《仁宗紀一》　己未，以遼陽省平章政事合散爲中書平章政事。

甲子，敕增置京城米肆十所，日平糶八百石以賑貧民。

丙寅，加徽政使羅源爲大司徒。賑諸軍糧七千六十石。

十二月辛未，增置經正監官爲八員。置尚牧所，秩五品，掌太官羊。

癸酉，封宣政、會福院使暗普爲秦國公。增置兵部侍郎、郎中各一員。

庚辰，復以陝西屯田軍三千隸紅城萬户府。

壬午，詔曰：「今歲不登，民何以堪。春蒐其勿令供億。」

甲申，浙西水災，免漕江浙糧四分之一，存留賑濟；命江西、湖廣補運，輸京師。占城遣使奉表貢方物。

庚寅，申禁漢人持弓矢兵器田獵。曲赦大都大辟囚一人，并流以下罪。

辛卯，裁宗正府官爲二十八員。遣官監視焚至大鈔。

壬辰，敕：「創設邊遠官員，俟到任方降敕牒。」

《續資治通鑑》卷一九七　乙未，中書省言：「世祖立選法陞降，以示激勸。今官未及考，或無故更代，或躐等進階，僭受國公、丞相等職，諸司已裁而復置者有之。今春以來，内降旨除官千餘人，其中欺僞，豈能悉知！壞亂選法，莫此爲甚。」帝曰：「自今凡内降者，一切勿行。」

《元史》卷二四《仁宗紀一》　賜濟王朵列納印。以和林税課建延慶寺。詔諭安南國世子陳日燇曰：「惟我祖宗，受天明命，撫有萬方，威德所加，柔遠能邇。乃者先皇帝龍馭上賓，朕以王侯臣民不釋之故，於至大四年三月十八日即皇帝位，遵踰年改元之制，以至大五年爲皇慶元年。今遣禮部尚書乃馬台等齎詔往諭，仍頒皇慶元年曆日一本。卿其敬授人時，益修臣職，毋替爾祖事大之誠，以副朕不忘柔遠之意。」

《續資治通鑑》卷一九七　是歲，遣官至江浙議海運事。

《元史新編》卷九　是歲，增京師米四十所，日平糶糧八百石。浙西水，免漕糧四之一，令江西、湖廣補運京師。

## 皇慶元年（壬子、一三一二）

《元史》卷二四《仁宗紀一》　春正月庚子，帝諭御史大夫塔思不花曰：「凡大臣不法，卿等劾奏毋避，朕自裁之。」

癸卯，敕諸僧犯奸盜、詐僞、鬭訟，仍令有司專治之。

甲辰，授太師、録軍國重事、知樞密院事脱兒赤顔開府儀同三司，嗣淇陽王。

戊申，改隆鎮萬户府爲隆鎮衛。

庚戌，封知樞密院事醜漢爲安遠王，出總北軍。

壬子，敕軍不滿五千者，勿置萬户。

癸丑，旌表廣州路番禺縣孝子陳韶孫。

戊午，制諸王設王傅六員，銀印，其次設官四員。改封濟王朵列納爲吴王。賜(衛)〔魏〕王阿木哥慶元路定海縣六萬五千户。加崇福使也里牙秦國公。

己未，陞崇祥監爲崇祥院，秩正二品。

《元史新編》卷九　壬戌，進翰林國史院秩從一品。帝曰：「翰林集賢儒臣，朕自選用省臣，毋得擬奏。人言御史臺任重，朕謂國史院尤重。御史臺是一時公論，國史院實萬世公論。當選中外方正博洽之士居之。

《續資治通鑑》卷一九八　帝嘗命道士爲醮事，近侍分其所用金幣，道士訟之御史臺。近侍譖道士於帝，當殺者六人。中丞張珪力辨道士無死罪，帝怒曰：「汝以臺綱脅我耶？」珪曰：「御史臺陛下之臺，則臺綱乃陛下之綱也，陛下柰何欲自壞其綱乎？」帝怒未解，顧左右扶出。明日，珪復諫曰：「陛下必欲用譖言殺無罪，臣請先死。」帝爲寬道士罪，親解衣以賜珪。既而帝語近臣曰：「張中丞乃張忠臣，非官中丞也。」召慰之曰：「朕欲厚賜卿，非無寶玉，如非卿心何！」因以御巾拭面額，納珪懷曰：「朕澤之所存，朕心之所存也，其服膺勿失。」

二月丁卯朔，徙大都路學所置周宣王石鼓於國子監。

燕京之始平也，宣撫使王檝以金樞密院爲宣聖廟，春秋率諸生行釋菜禮，仍取石鼓列廡下。及國子監立，以其廟爲大都路學。至是復徙石鼓於國子監。

《元史》卷二四《仁宗紀一》　敕稱海屯内漢軍存恤二年。

庚午，西北諸王也先不花遣使貢珠寶、皮幣、馬駝，賜鈔一萬三千六百錠。

辛未，改安西路爲奉元路，吉州路爲吉安路。

壬申，以霸州文安縣屯田水患，遣官疏決之。遣使賜西僧金五千兩、銀二萬五千兩、幣帛三萬九千九百匹。

甲戌，制定封贈名爵等級，著爲令。改和林省爲嶺北省。

丙子，給稱海屯田牛二千。賜晉王也孫鐵木兒南康路户六萬五千，世祖諸皇子〔忽哥赤之子〕也先鐵木兒福州路福安縣，脱歡之子不荅失里福州路寧德縣，忽都魯鐵木兒之子泉州路南安縣，愛牙赤之子邵武路光澤縣，户並一萬三千六百有四，食其歲賦。

己卯，置衛龍都元帥府，秩正三品，以(古)〔右〕阿速衛隷之。八百媳婦來獻馴象二。

壬午，封孛羅爲永豐郡王。置德安府行用鈔庫。罷莊浪州唐兀千户所。

丙戌，省樞密斷事官爲八員。

庚寅，敕嶺北省賑給闕食流民。敕兩淮民種荒田者，如例輸税。遣官同江西，江浙省整治茶、鹽法。賜韓國公主普達實憐鈔萬錠。詔勉勵學校。賑山東流民至河南境者。通、漷州饑，賑糧兩月。

《續資治通鑑》卷一九八　詔勉勵學校。以國子監虞集言，升監丞吴澄爲司業，與齊履謙同日並命，時號得人。

《元史》卷二四《仁宗紀一》　三月丁酉朔，陞給事中秩正三品。罷諸王、大臣私第營繕。

戊戌，右丞相鐵木迭兒言：「自今左右司、六部官，有不盡心，初則論決，不悛，則黜而不敍。」制曰「可」。省女直水達達萬户府冗員。敕：「諸王脱脱所招户，其未籍者，俾隸有司。」

己亥，以生日爲天壽節。

庚子，加御史大夫火尼赤開府儀同三司。罷衛龍都元帥府。

壬寅，敕歸德亳州，以憲宗所賜不憐吉帶地一千七十三頃還其子孫。

丙(子)〔午〕，敕：「北邊使者，非軍機毋給驛。」

丁未，置内正司，秩正三品，卿、少卿、丞各一員。

戊申，陞典内院秩正二品。以前河南行省平章政事塔失海牙爲御史大夫。改翰林國史院司直司爲經歷司，置經歷、都事各一員。置五臺寺濟民局，秩從五品。賜安王完澤及其子金三百兩、銀一千二百五十兩、鈔三千五百錠。賜汴梁路上方寺地百頃。遼陽省增置灤陽、寬河驛。

甲寅，西北諸王也先不花等遣使以橐駝、方物入貢。

丙辰，封同知徽政院事常不蘭奚爲趙國公。

庚申，敕簡汰大明宫、興聖宫宿衛。

甲子，給北軍幣帛二十萬匹。遣户部尚書馬兒經理河南屯田。

乙丑，命河南省建故丞相阿朮祠堂。封諸王塔思不花爲恩平王。

《續資治通鑑》卷一九八　初，帝元日臨朝，謂中書省臣曰：「汴省王右丞可即召之。」至是約至，召見，慰勞，特拜集賢大學士。約首言：「河南行省丞(相)布琳吉岱，勳閥舊臣，不宜久外。」召至，封河南王。約又疏薦國子博士姚登孫、應奉翰林文字揭傒斯、成都儒士楊静，請起復中山知府致仕輔惟良、前尚書參議李源、右司員外郎曹元用，皆除擢有差。

《元史續編》卷八　翰林學士承旨閻復卒。

《元史》卷二四《仁宗紀一》　夏四月丁卯，簡汰控鶴還本籍。以都水監隸大司農寺。置察罕腦兒捕盜司，秩從七品。

庚午，命浙東都元帥鄭祐同江浙軍官教練水軍。

辛未，給鈔萬錠修香山永安寺。趙王汝安(郡)〔部〕告饑，賑糧八百石。陞保定路萬户府爲上萬户。

癸酉，車駕幸上都。

丙子，封鄆國大長公主忙哥台爲大長公主，賜金印。增也可扎魯忽赤爲四十二員。

壬午，敕皇子碩德八剌置四宿衛。敕：「僧人田除宋之舊有并世祖所賜外，餘悉輸租如制。」阿速衛指揮那懷等冒增衛軍六百名，盜支糧七千二百石、幣帛一千二百匹、鈔二百八錠，敕中書、樞密按治。

《元史新編》卷九　癸未，封知樞密院木剌忽爲廣平王。敕僧人田除世祖所賜者，餘悉輸租。

《元史》卷二四《仁宗紀一》　庚寅，大崇恩福元寺成，置隆禧院。龍興新建縣霖雨傷禾。彰德安陽縣蝗。

五月丙申朔，以中書平章政事合散爲中書左丞相，江浙行省平章張驢爲中書平章政事，知樞密院事也先鐵木兒授開府儀同三司。

壬寅，諸王脱忽思海迷失以農時出獵擾民，敕禁止之，自今十月方許出獵。改和林路爲和寧路。賜諸王阿木哥鈔萬錠，速速迭兒、按麻思等各千錠。以蒙古驛隸通政院。置濮陽王脱脱木兒王傅官四員。給上都、灤陽驛馬三百匹。

己未，繕山縣行宫建涼殿。

以西寧州田租、税課賜大長公主忙古台。賑宿衛士糧二萬石。陞回回司天臺秩正四品。彰德、河南、隴西雹。

〔六月〕丁卯，天雨毛。

己巳，敕李孟博選中外才學之士任職翰林。給羊馬鈔價，濟嶺北、甘肅戍軍之貧者。

壬申，減四川鹽額五千引。賜崇福寺河南官地百頃。

丁亥，敕罷封贈，誡左右守法度，勤職業，勿妄僥倖加官。賜安遠王醜漢金百兩、銀五百兩、鈔千錠。鞏昌、河州等路饑，免常賦二分。

秋七月辛丑，定内正司官爲六員。禁諸王徑宣旨於各路。徙中都内帑、金銀器歸太府監。賜新店諸驛鈔三千八百錠，充使者餼廩。

癸卯，詔奬勵御史臺。

丙午，陞大司農司秩從一品。帝諭司農曰：「農桑衣食之本，汝等舉諳知農事者用之。」敕諸王小薛部歸晉寧路襄垣縣民田。中書參政賈鈞以病請告，賜鈔三百錠，給安車還鄉。

八月丁卯，敕探馬赤軍羊馬牛，依舊制百稅其一。

丁丑，罷司禋監。

己卯，以吏部尚書許師敬爲中書參知政事。

庚辰，車駕至自上都。

壬午，置少府監，隸大都留守司。

甲申，賜諸王闊闊山金束帶一、銀百五十兩、鈔二百錠。

辛卯，敕雲南省右丞阿忽台等，領蒙古軍從雲南王討八百媳婦蠻。濱州旱，民饑，出利津倉米二萬石，減價賑糶。寧國路涇縣水，賑糧二月。安南國王陳益稷來朝。

**《續資治通鑑》卷一九八**　以張珪爲樞密副使。

是月，濱州旱，涇縣水，賑之。

九月丁酉，增江浙海漕糧二十萬石。

**《元史》卷二四《仁宗紀一》**　戊戌，罷征八百媳婦蠻、大、小徹里蠻，以璽書招諭之。

辛丑，命司徒田忠良等詣真定玉華宮，祀睿宗御容。八百媳婦、大、小徹里蠻獻馴象及方物。

甲辰，陞參議中書省事阿卜海牙爲參知政事。拘火者等所佩國公、司徒印。

壬戌，瓊州黎賊嘯聚，遣官招諭。

冬十月甲子，有事於太廟。改隆興路爲興和路，賜銀印。雲南行省右丞算只兒威有罪，國師搠思吉斡節兒奏請釋之，帝斥之曰：「僧人宜誦佛書，官事豈當與耶！」

**《續資治通鑑》卷一九八**　癸未，以中書參知政事察罕爲平章政事，商議中書省事。

戊子，翰林學士承旨伊蘇齊布哈等進順宗、成宗、武宗《實録》。

**《元史》卷二四《仁宗紀一》**　罷造船提舉司。

辛卯，赦天下。賜李孟潞州田二十頃。

十一月戊戌，調汀、漳畲軍代亳州等翼漢軍於本處屯田。

甲辰，捕滄州羣盜阿失答兒等，擒之，支解以徇。

丙午，諭六部官毋踰越中書奏事。

丙辰，封駙馬脱脱木兒爲岐王。

庚申，賜諸王寬徹、忽答迷失金百五十兩、銀一千五百兩、鈔三千錠、幣帛有差。占城國進犀象。緬國主遣其婿及雲南不農蠻酋長岑福來朝。

**《續資治通鑑》卷一九八**　中書平章政事李孟請歸葬其父母，帝勞餞之，曰：「事訖宜速還，勿久留，孤朕所望。」

十二月，孟入朝，帝大悦。孟因請謝事，優詔不允，請益堅。

癸亥，乃命孟以平章政事議中書省事、承旨翰林。

**《元史續編》卷八**　李孟致仕，以張珪爲中書平章。

**《元史》卷二四《仁宗紀一》**　壬申，晉王也孫鐵木兒所部告饑，賑鈔一萬五千錠。

癸酉，遣使分道決囚。

庚辰，知樞密院事答失蠻罷。省海道運糧萬户一員，增副萬户爲四員。

甲申，鷹坊不花即列請往河南、湖廣括取孔雀、珍禽，敕以擾民，不允。

丁亥，遣官祈雪於社稷、嶽鎮、海瀆。省臣言：「中書職在總挈綱維，比者行省六部諸司應決不決者，往往作疑咨呈，以致文繁事弊。」詔體世祖立中書初意，定擬程式以聞，俾遵行之。敕回回合的如舊祈福，凡詞訟悉歸有司，仍拘還先降璽書。

**《元史新編》卷九**　己丑，宗王女班丹乘傳取江南田租，命拘還驛券。是月，諸王春丹叛。

**《續資治通鑑》卷一九八**　是歲，以左司郎中張思明爲兩江鹽運使，歲課充贏。僚屬請上增數，思明歎曰：「贏縮不常，萬一以增爲額，是我希一己之榮遺百世之害也。」

## 皇慶二年（癸丑、一三一三）

**《元史》卷二四《仁宗紀一》**　春正月甲午，以察罕腦兒等處宣慰使伯忽爲御史大夫。

辛丑，封前尚書右丞相乞台普濟爲安吉王。

丙午，寧王闊闊出薨。

**《續資治通鑑》卷一九八**　丁未，以太府卿圖呼魯爲中書右丞相。時特們德爾以病去職，故以圖呼魯代之。

**《元史續編》卷八**　安南犯邊。

**《元史新編》卷九**　己未，置遼陽、甘肅、四川、雲南儒學提舉司。

**《續資治通鑑》卷一九八**　召河南行省右丞郝天挺爲御史中丞。

二月壬戌，改典内院爲中政院，秩正二品。

**《元史》卷二四《仁宗紀一》**　甲子，以皇后受册寶，遣官祭告天地於南郊及太廟。

己卯，免徽益都饑民所貸官糧二十萬石。各寺修佛事日用羊九千四百四十，敕遵舊制，易以蔬食。命張珪綱領國子學。

庚辰，冀寧路饑，禁釀酒。

辛巳，詔以錢糧、造作、訴訟等事悉歸有司，以清中書之務。

壬午，西北諸王也先不花進馬、駝、璞玉。

丁亥，敕：「外任官應有公田而無者，皆以至元鈔給之。」以乖西府隸播州宣撫司。

**《續資治通鑑》卷一九八**　功德使策琳沁等以佛事奏釋重囚，不允。帝諭左右曰：「回回以寶玉鬻於官。朕思此物何足爲寶，惟善人乃可爲寶。善人用則百姓安，兹國家所宜寶也。」

**《元史》卷二四《仁宗紀一》**　〔三月〕丙申，以御史中丞脱歡答剌罕爲御史大夫。

庚子，以晉寧、大同、大寧、四川、鞏昌、甘肅饑，禁酒。

丙午，册立皇后弘吉剌氏，詔天下。

**《御批歷代通鑑輯覽》卷九七**　彗出東井。

**《元史》卷二四《仁宗紀一》**　壬子，禿忽魯言：「臣等職專燮理，去秋至春亢旱，民間乏食，而又隕霜雨沙，天文示變，皆由不能宣上恩澤，致兹災異，乞黜臣等以當天心。」帝曰：「事豈關汝輩耶？其勿復言。」御史中丞郝天挺上疏論時政，帝嘉納之。賜西僧搠思吉斡節兒鈔萬錠。

**《續資治通鑑》卷一九八**　教坊使曹耀珠得幸，命爲禮部尚書。張珪諫曰：「伶人爲大宗伯，何以示後世？」帝曰：「姑聽其至部而去之。」珪力言不可，乃止。

皇太后命以特們德爾爲太師，以太師萬户博實參知行省政事。張珪言於帝曰：「太師輔上道德，特們德爾非其人。萬户無功，不得爲外執政。」帝然之。太后聞而怒甚，於是實勒們之譖得行。

**《元史》卷二四《仁宗紀一》**　丙辰，以皇后受册寶，遣官恭謝太廟。以亢旱既久，帝於宫中焚香默禱，遣官分禱諸祠，甘雨大注。詔敦諭勸課農桑。

夏四月癸酉，賜壽寧公主橐駝三十六。

乙亥，車駕幸上都。

丙子，高麗王辭位，以其世子王燾爲征東行中書省左丞相、上柱國，封高麗國王。

**《續資治通鑑》卷一九八**　時朝廷欲璋歸國，璋無以爲詞，請傳位於其子。

**《元史》卷二四《仁宗紀一》**　辛巳，加御史大夫伯忽開府儀同三司、太傅。

壬午，置中瑞司，秩正四品。

甲申，詔遴選賢士，纂修國史。

乙酉，御史臺臣言：「富人夤緣特旨，濫受官爵。徽政、宣徽用人，率多罪廢之流。近侍託爲貧乏，互奏恩賞。西僧以作佛事之故，累釋重囚。外任之官，身犯刑憲，輒營求内旨以免罪。諸王、駙馬、寺觀、臣僚土田每歲徵租，亦極爲擾民。請悉革其弊。」制曰「可」。詔罷不急之役。真定、保定、河間、大寧路饑，並免今年田租十之三，仍禁釀酒。安南國遣使來貢方物。

**《續資治通鑑》卷一九八**　五月，中書平章政事張珪罷。

**《元史》卷二四《仁宗紀一》**　辛丑，陞中書右丞亢伯都剌爲平章政事，左丞八剌脱因爲右丞，參知政事阿卜海牙爲左丞，參議中書省事禿魯花鐵木兒爲參知政事。順德、冀寧路饑，辰州水，賑以米、鈔，仍禁釀酒。檀州及獲鹿縣蝻。

六月己未朔，京師地震。癸亥，禿忽魯等以災異乞賜放黜，不允。

辛未，以參知政事許（思）〔師〕敬綱領國子學。

乙亥，詔諭僧俗辨訟，有司及主僧同問，續置土田，如例輸税。

丙子，賜諸王按灰金五十兩、銀七百五十兩、金束帶一、幣帛各四十匹。

**《續資治通鑑》卷一九八**　己卯，河東廉訪使趙簡，請選方正博洽之士任翰林侍讀學士，講明治道以廣聖聽，從之。御史臺言：「比年廉訪司多不悉心奉職，宜令監察御史檢覈名實而黜陟之。廣海及甘肅、雲南地遠，遷調者憚勿肯往，請今後加一等官之。」制可。

**《元史新編》卷九**　定邊方遷調官優加一等，復起李孟爲翰林學士承旨。

**《續資治通鑑》卷一九八**　壬午，命監察御史檢察監學官，考其殿最。

**《元史》卷二四《仁宗紀一》**　癸未，命委官簡汰衛士。

甲申，建崇文閣於國子監。給馬萬匹與豳王南忽里等軍士之貧乏者。以宋儒周敦頤、程顥、顥弟頤、張載、邵雍、司馬光、朱熹、張栻、呂祖謙及故中書左丞許衡從祀孔子廟廷。上都民饑，出米五千石減價賑糶。

**《續資治通鑑》卷一九八**　河決陳、亳、睢州及開封之陳留縣，没民田廬。先是命官沿河相視，上治河之議而竟未施行，故有此患。

**《元史》卷二四《仁宗紀一》**　〔七月〕癸巳，以作佛事，釋囚徒二十九人。賜宣寧王鐵木兒不花幣帛二十匹，安遠王、亦思丹等各百匹。保定、真定、河間民流不止，命所在有司給糧兩月，仍悉免今年差税，諸被災地並弛山澤之禁，獵者毋入其境。

**《續資治通鑑》卷一九八**　甲午，置榷茶批驗所并茶(由)〔田〕局官。

**《元史》卷二四《仁宗紀一》**　庚子，立長秋寺，掌武宗皇后宫政，秩三品。敕(衛)〔魏〕王阿木哥歲賜外，給鈔萬錠。賜駙馬脱鐵木兒金百五十兩、銀七百五十兩、鈔二千錠、幣帛五十匹。

辛丑，復立四川等處儒學提舉司。

壬寅，京師地震。免大學路今歲鹽課。

丁未，賜諸王火羅思迷、脱歡、南忽里、駙馬忙兀帶金二百兩、銀一千二百兩、鈔一千六百錠、幣帛各有差。

**《續資治通鑑》卷一九八**　己酉，改淮東、淮西道宣慰司爲淮東宣慰司，以淮西三路隸河南省。敕：「守令勸課農桑，勤者陞遷，怠者黜降，著爲令。」

**《元史》卷二四《仁宗紀一》**　丁巳，雲州蒙古軍乏食，户給米一石。興國屬縣蝻，發米賑之。

八月戊午朔，揚州路崇明州大風，海潮泛溢，漂没民居。

丁卯，車駕至自上都。

庚午，以侍御史薛居敬爲中書參知政事。

九月，以相兒加思巴爲帝師。

癸巳，以宣徽院使完澤知樞密院事。

戊申，封脱歡爲安定王，賜金印。

**《元史新編》卷九**　建銀山寺於鎮江，勿徙寺旁塋冢。京師大旱，疫，帝問弭災之道，翰林學士程鉅夫舉湯禱桑林事以對。帝曰：「此實朕之責也，赤子何罪。」

**《續資治通鑑》卷一九八**　冬十月丁卯，敕中書省議行科舉。

**《元史》卷二四《仁宗紀一》**　辛未，徙崑山州治於太倉，昌平縣治於新店。

癸未，以遼陽路之懿州隸遼陽行省。復置蒙陰縣，隸莒州。

乙酉，旌表高州民蕭乂妻趙氏貞節，免其家科差。

**《元史續編》卷八**　帝師多爾濟巴勒死。

**《元史》卷二四《仁宗紀一》**　〔十一月〕壬寅，敕漢人、南人、高麗人宿衛，分司上都，勿給弓矢。

**《續資治通鑑》卷一九八**　甲辰，行科舉。帝使程鉅夫及李孟、許師敬議其事。鉅夫建言：「經學當主程頤、朱熹《傳》、《註》，文章宜革唐、宋宿弊。」於是命鉅夫草詔行之。令天下以皇慶三年八月，郡縣興其賢者、能者，充貢有司，次年二月，會試京師，中選者親試於廷，賜及第、出身有差。自後率三歲一開科。蒙古、色目人與漢人、南人各命題。蒙古、色目人願試漢人、南人科目，中選者加一等注授。

帝謂侍臣曰：「朕所願者，安百姓以圖至治，然匪用儒士，何以致此！設科取士，庶幾得真儒之用，而治道可興也。」集賢修撰虞集獨謂當治其源，因會議學校，乃上議曰：「師道立則善人多。學校者，士之所受教，以至於成德達材者也。今天下學官猥以資格授，強加之諸生之上而名之曰師爾，有司弗信之，生徒弗信之，於學校無益也。如此而望師道之立，可乎？下州小邑之士，無所見聞，父兄所以導其子弟，初無必爲學問之實意，師友之游從，亦莫辨其邪正，然則所謂賢材者，非自天降地出，豈有可望之理哉！爲今之計，莫若使守令求經明行修者，身自師尊之，至誠懇惻以求之，俟其德化之成，庶幾有所觀感也。其次則求操履近正而不爲詭異駭俗者，確守先儒經議師説而不敢妄爲奇論者，衆所敬服而非鄉愚之徒者，延致之日，誠誦其書，使學者習之，入耳著心以正其本，則他日亦當有所發也。其次則取鄉貢至京師罷歸者，其議論文藝猶足以聳動乎人，非若泛泛莫知根柢者矣。」

**《元史》卷二四《仁宗紀一》** 十二月辛酉，可里馬丁上所編《萬年曆》。發米五千石，賑阿只吉部之貧乏者。海都、都哇屬户内附，敕所在給衣糧。

丙子，定百官致仕資格。

甲申，詔飭海道漕運萬户府。京師以久旱，民多疾疫，帝曰：「此皆朕之責也，赤子何罪。」明日，大雪。以嘉定州、德化縣民災，發粟賑之。

**《元史新編》卷九** 是歲，保定、真定、河間民流亡不止，命有司給糧兩月，仍免今歲田租。

## 延祐元年(甲寅、一三一四)

**《元史新編》卷九** 春正月丁亥，以劉正平章政事，商議中書省事，高昉參知政事。

**《元史》卷二五《仁宗紀二》** 丙申，除四川酒禁。興元、鳳翔、涇州、邠州歲荒，禁酒。

庚子，敕各省平章爲首者及漢人省臣一員，專意訪求遺逸，苟得其人，先以名聞，而後致之。

丁未，詔改元延祐。釋天下流以下罪囚，免上都、大都差税二年，其餘被災曾經賑濟人户，免差税一年。

庚戌，中書省臣禿(魯忽)〔忽魯〕等以災變乞罷免，不允。

二月庚申，立印經提舉司。

戊辰，(太)〔大〕寧路地震。

**《元史續編》卷八** 圖呼嚕、高昉罷，以阿薩爾爲右丞相，趙世延爲參政，特們德爾録軍國重事。

**《元史》卷二五《仁宗紀二》** 甲戌，以侍御史趙世延爲中書參知政事。詔免蒙古地差税二年，商賈勿免。

己卯，給鈔六千三百錠，賑濟良鄉諸驛。

**《續資治通鑑》卷一九八** 壬午，以哈克繖爲中書右丞相，與平章李孟監修國史。以揭傒斯爲國史編修官。

癸未，以參知政事高昉爲集賢學士。

**《元史》卷二五《仁宗紀二》** 三月壬辰，賜諸王塔失蒙古鈔千錠、衣二襲。

戊戌，真定、保定、河間民饑，給糧兩月。

癸卯，暹國王遣其臣愛耽入貢。改南劍路曰延平，劍浦縣曰南平。

乙巳，以僧人作佛事，擇釋獄囚，命中書審察。

丙午，封阿魯禿爲趙王。

戊申，車駕幸上都。

己酉，敕：「奸民宫其子爲閹宦，謀避徭役者，罪之。」

辛亥，命參知政事趙世延綱領國子學。

**《續資治通鑑》卷一九八** 癸丑，中書平章察罕致仕。

晉寧民侯喜兒昆弟五人，並坐法當死，帝歎曰：「一家不幸而有是事，其擇情輕者一人杖之，俾養父母，毋絶其祀。」

閏月甲寅朔，敕減樞密知院冗員。

**《元史新編》卷九** 辛酉，太陰犯輿鬼。罷呪僧月給俸。遣人視大都至上都駐蹕之地，有侵民田者，計畝給直。

丙寅，太陰犯太微東垣上相。省湞陽、洛光二縣入英德州。

**《元史》卷二五《仁宗紀二》** 丁丑，畿内及諸衛屯軍饑，賑鈔七千五百錠。汴梁、濟寧、東昌等路，隴州、開州、青城、齊東、渭源、東明、長垣等縣，隕霜殺桑果禾苗，歸州告饑，出糧減價賑糶。馬八兒國主昔剌木丁遣其臣愛思丁貢方物。

夏四月甲申朔，大寧路地震，有聲如雷。

丁亥，敕儲稱海、五河屯田粟，以備賑濟。太常寺臣請立北郊，不允。陞延慶寺秩正二品。西番諸驛貧乏，給鈔萬錠。曲魯部畜牧斃耗，賑鈔八百七十三錠。

己(酉)〔丑〕，廢真陽、(含)〔浛〕光二縣，入英德州。

壬辰，諸王脱脱薨，以月思別襲位。

**《續資治通鑑》卷一九八** 己酉，以特們德爾録軍國重事，監修國史。

右丞相哈克繖言：「臣非世勳族姓，幸逢陛下爲宰相，如丞相特們德爾練達政體，且嘗監修國史，請授之印，俾領翰林國史院，軍國重事，悉令議之。」帝然其言，令啓皇太后，與之印。敕：「郡縣官勤職者加賜幣帛。」立回回國子監。

**《元史》卷二五《仁宗紀二》** 帝以《資治通鑑》載前代興亡治亂，命集賢學士忽都魯都兒迷失及李孟擇其切要者譯寫以進。武昌路饑，命發米減價賑糶。

五月甲寅朔，賜營王也先鐵木兒鈔萬錠。

丁卯，賜李孟孝感縣地二十八頃。禁諸王支屬徑取分地租賦擾民。敕嶺北行省瘞陣没遺骼。

乙亥，賑怯魯連地貧乏者米三千石。

丁丑，徙滄州治於長蘆鎮。

戊寅，京兆爲故儒臣許衡立魯齋書院，降璽書旌之。

庚辰，盧陽、麻陽二縣以土賊作耗，蠲其地税賦。營王也先鐵木兒支屬貧乏，賑糧兩月。武陵縣霖雨，水溢，溺死居民，漂没廬舍禾稼，潭州、漢陽、思州民饑，並發廩減價糶賑之。膚施縣大風，雹，損禾并傷人畜。

六月戊子，敕：「内侍今後止授中官，勿畀文階。」置雲南行省儒學提舉司。封河南省丞相卜憐吉帶爲河南王。

壬辰，增置畿内州縣同知、主簿各一員。諸王察八兒屬户匱乏，給糧一歲，仍俾屯田以自贍。發軍增墾河南芍陂等處屯田。

甲辰，拘河西僧免輸租賦璽書。敕：「諸王、戚里入覲者，宜趁夏時芻牧至上都，毋輒入京師，有事則遣使奏稟。」衡州、郴州、興國、永州路、耒陽州饑，發廩減價賑糶。宣平、仁壽、白登縣雹損稼，傷人畜。

戊申，增置兩浙鹽運司判官一員。

秋七月乙卯，答即乃所部匱乏，户給糧二石。

庚午，命中書省臣議復封贈。賜晉王也孫鐵木兒部鈔十萬錠。詔開下番市舶之禁。賜(衛)〔魏〕王阿木哥等鈔七千錠。

乙亥，會福院越制奏旨除官，敕自今舉人，聽中書可否以聞。申飭私鹽之禁。沅陵、盧溪二縣水，武清縣渾河隄決，淹没民田，發廩賑之。

八月戊子，車駕至大都。

癸卯，陞太常寺爲太常禮儀院，秩正二品。

丁未，冀寧、汴梁及武安、涉縣地震，壞官民廬舍，武安死者十四人，涉縣三百二十六人。台州、岳州、武岡、常德、道州等路水，發廩減價賑糶。

九月壬戌，改提點教坊司事爲大使。

己巳，復以鐵木迭兒爲右丞相，合散爲左丞相。罷陝西諸道行御史臺。降儀鳳卿爲儀鳳大使。肇慶、武昌、建德、建康、南康、江州、袁州、建昌、贛州、杭州、撫州、安豐等路水，發廩減價賑糶。

冬十月癸巳，陞潁州萬户府爲中萬户府。

乙未，敕：「吏人轉官，止從七品，在選者降等注授。」申飭内侍及諸司隔越中書奏請之禁。敕：「下番商販須江浙省給牒以往，歸則征税如制，私往者没其物。」遣官括淮民所佃閑田不輸税者。

丙申，復甘肅屯田，置沙瓜等處屯儲總管萬户府，秩正三品。

乙巳，置恩平王塔思不花傅二人。

庚戌，監察御史言：「乞命樞密院設法教練士卒，應軍官襲職者，試以武事而後任之。」制曰「可」。遣張驢經理江南田糧。

十一月壬子，陞司天臺爲司天監，秩正三品，賜銀印。

乙卯，改大同侍衛親軍都指揮使司爲中都威衛使司。置保安軍於麻陽縣以禦傜蠻。

**《元史新編》卷九**　戊辰，以蕭拜住爲中書右丞，圖忽魯、荅失蠻并知樞密院事。命樞密院教練士卒，官吏服闋者先補。遣平章張閭經理江浙、江西、河南民田，限四十日，以所有田自實於官。徹民舍，發冢墓，虚張頃畝。樞密副使吴元珪入見，極言其敝，帝命仍遵舊制。

**《元史》卷二五《仁宗紀二》**　辛未，以翰林學士承旨荅失蠻知樞密院事。

癸酉，敕：「吏人贓行者黥其面。」大寧路地震，有聲如雷。

戊寅，鐵木迭兒言：「比者僚屬及六部諸臣，皆晚至早退，政務廢弛。今後有如此者，視其輕重杖責之。臣或自惰，亦令諸人陳奏。」帝曰：「如更不悛，則罷不敍。」以前中書右丞相禿忽魯知樞密院事。静安路饑，發糧賑之。詔檢覈浙西、江東、江西田税。

十二月壬午，汴梁、南陽、歸德、汝寧、淮安水，敕禁醸酒，量加賑恤。

**《元史新編》卷九**　禁諸王權勢之人增價鬻鹽。

**《元史》卷二五《仁宗紀二》**　癸未，賑諸王鐵木兒不花部米五千石，禿滿部二千石。

辛卯，禁諸王、駙馬、權勢之人增價鬻鹽。

**《元史新編》卷九**　壬辰，定官民車服等第，惟蒙古及怯薛諸色人不禁，亦不許服龍鳳文。

**《續資治通鑑》卷一九八**　己亥，敕中書省定議孔子五十三代孫當襲封衍聖公者以名聞。及元明善爲禮部尚書，正孔氏宗法，以宣聖五十(五)〔四〕代孫思晦當襲封衍聖公，奏上，帝親取孔氏譜牒按之，曰：「以嫡應襲封者，思晦也。復奚疑！」特授中議大夫，襲封衍聖公，月俸百緡，加至五百緡。

庚子，遣官浚揚州、淮安等處運河。

以翰林學士承旨李孟復爲中書平章政事。

**《元史》卷二五《仁宗紀二》** 乙巳，敕經界諸衛屯田。沔陽、歸德、汝寧、安豐等處饑，發米賑之。

**《續資治通鑑》卷一九八** 是歲，復以齊履謙爲國子司業。

特們德爾專政，一日，召刑曹官屬問曰：「西僧訟某之罪，何以久弗治？」衆莫敢對。刑部侍郎曹伯啓從容言曰：「事在赦前。」竟莫能奪其議。宛平尹盜官錢，特們德爾欲并誅守者，伯啓執不可，杖遣之。

**《元史新編》卷九** 是歲地震，冀寧、汴梁及武安、涉縣，壞官民廬舍，死者三百四十人，發廩糶振如例。

## 延祐二年（乙卯、一三一五）

**《元史》卷二五《仁宗紀二》** 春正月戊午，懷孟、衛輝等處饑，發米賑之。

丙寅，霖雨壞渾河隄堰，没民田，發卒補之。禁民煉鐵。發卒浚漷州漕河。

戊辰，晉寧等處民饑，給鈔賑之。

己巳，置大聖壽萬安寺都總管府，秩正三品。

庚午，立行用庫於江陰州。敕以江南行臺贓罰鈔賑恤饑民。

乙亥，詔遣宣撫使分十二道問民疾苦，黜陟官吏，並給銀印。命中書省臣分領庶務。禁南人典質妻子販買爲驅。御史臺臣言：「比年地震水旱，民流盜起，皆風憲顧忌，失於糾察，宰臣燮理，有所未至。或近侍蒙蔽，賞罰失當，或獄有冤濫，賦役繁重，以致乖和。宜與老成共議所由。」詔明言其事當行者以聞。諸王脱列鐵木兒部闕食，以鈔七千五百錠給之。益都、般陽、晉寧民饑，給鈔、米賑之。

**《續資治通鑑》卷一九八** 二月己卯朔，會試進士，命中書平章政事李孟、禮部侍郎張養浩知貢舉，吳澄、楊剛中、元明善皆與焉。於是得人爲多。進士詣謁，養浩皆不納，但使人戒之曰：「諸君子但思報效，奚勞謝爲！」

**《元史》卷二五《仁宗紀二》** 甲午，詔禁民轉鬻養子。

丙申，賜諸王納忽答兒金五十兩、銀二百五十兩、鈔五百錠。

庚子，詔以公哥羅古羅思監藏班藏卜爲帝師，賜玉印，仍詔天下。

壬寅，雲南王老的來朝。辰、沅洞蠻吴千道爲寇，敕調兵捕之。

乙巳，賜諸王月魯鐵木兒鈔萬錠。

是月，晉寧、宣德等處饑，給米、鈔賑之。真州揚子縣火，發米減價賑糶。

**《元史新編》卷九** 三月乙卯，廷試進士。蒙古、色目人爲右榜，漢人、南人爲左榜。賜護都沓爾、張起巖等五十六人及第、出身有差，自是每三歲一試。

**《元史》卷二五《仁宗紀二》** 庚午，帝率諸王、百官奉玉册、玉寶，加上皇太后尊號，詔天下蠲逋欠税課。

**《續資治通鑑》卷一九八** 丁丑，以中書平章事章律爲江浙行省平章政事。

**《元史》卷二五《仁宗紀二》** 夏四月辛巳，賜進士恩榮宴於翰林院。

癸巳，敕亦思丹等部出征軍，有後期及逃還者，並斬以徇。

甲午，諭晉王也孫鐵木兒，以先朝所賜惠州銀礦洞歸還有司。

辛丑，賜會試下第舉人七十以上從七流官致仕，六十以上府、州教授，餘並授山長、學正，後勿援例。敕諸王分地仍以流官爲達魯花赤，各位所辟爲副達魯花赤。命李孟等類集累朝條格，俟成書，聞奏頒行。立規運提點所，秩五品，置官四員；廣貯庫，秩七品，置官三員；並隸壽福院。

乙巳，車駕幸上都。宣徽院以供尚膳，遣人獵於歸德，敕以其擾民，特罷之。加授特進上卿、玄教大宗師張留孫開府儀同三司。

丙午，封諸王察八兒爲汝寧王。潭州、江州、建昌、沅州饑，發廩賑糶。

**《元史續編》卷八** 詔蠲天下逋欠税課。

**《續資治通鑑》卷一九九** 自特們德爾定括田之議，遣人分行各省，苛急煩擾，江西爲甚。

是月，贛州民蔡五九聚衆作亂，遠近騷動。

**《元史》卷二五《仁宗紀二》** 五月戊申朔，改給各道廉訪司銀印。復立陝西諸道行御史臺。貴赤張小厮等招户六千，勒還民籍。御史中丞王毅乞歸養親，不許。

庚申，賜公主燕海牙鈔千錠。

**《元史新編》卷九** 乙丑，秦州成紀縣北山南移至夕河川，明日再移，平地突出，土阜高者二三丈，陷没民居。遣官驗視振恤。

**《續資治通鑑》卷一九九**　監察御史馬祖常言：「山不動之物，今之動者，由在野有當用不用之賢，在官有當言不言之佞，故致然耳。」

**《元史》卷二五《仁宗紀二》**　庚午，立海西、遼東鷹坊萬户府，隸中政院。

壬申，諸王撒郡失里薨。

甲戌，加授宦者中尚卿續元暉昭文館大學士。

是月，發粟三百石，賑諸王按鐵木兒等部貧民。奉元、龍興、吉安、南康、臨江、袁州、撫州、江州、建昌、贛州、南安、梅州、辰州、興國、潭州、岳州、常德、武昌等路，南豐州、澧州等處饑，並發廩賑糶。

六月辛巳，察罕腦兒諸驛乏食，給糧賑之。

乙未，徙陝西肅政廉訪司於鳳翔。

戊戌，豳王南忽里等部困乏，給鈔俾買馬羊以濟之。河決鄭州。

己亥，置汝寧王察八兒王傅官。

**《續資治通鑑》卷一九九**　辛丑，以濟寧、益都亢旱，汰省衛士芻粟。

贛州賊蔡五九圍寧都，焚四關，戕趙同知，分掠郡邑。

**《元史》卷二五《仁宗紀二》**　丙午，緬國主遣其子脱剌合等來貢方物。

**《元史續編》卷八**　以楊載爲浮梁州同知。

**《元史》卷二五《仁宗紀二》**　秋七月戊申，賜宣寧王鐵木兒不花及其二弟鈔萬錠，并玉具、鞍勒、幣帛。

庚戌，增興和路治中一員。

壬子，增尚舍寺官六員爲八員。雲需總管府增同知二員。

癸丑，復賜晉王也孫鐵木兒惠州銀鐵洞。

甲寅，置諸王斡羅温孫王傅官四員。復陳州商水鎮爲南(屯)〔頓〕縣。省兩淮屯田總管府官四員。併提領所入提舉司。改只合赤八剌合孫總管府爲尚供府。

**《元史》卷二五《仁宗紀二》**　甲子，江南湖廣道奉使温迪罕言：「廉訪司公田多取民租，宜復舊制。」從之。

乙丑，陞崇福院秩正二品。

癸酉，賜(衛)〔魏〕王阿木哥鈔萬錠。命鐵木迭兒總宣政院事，詔諭中外。

是月，畿内大雨，漷州、昌平、香河、寶坻等縣水，没民田廬；潭州、(金)〔全〕州、永州路、茶陵州霖雨，江漲，没田稼，出米減價賑糶。

八月己丑，車駕至自上都。

**《續資治通鑑》卷一九九**　乙未，臺臣言：「蔡五九之變，皆由鼐智密鼎經理田糧，與郡縣横加酷暴，逼抑至此。新豐一縣，撤民廬千九百區，夷墓揚骨，虚張頃畝，流毒居民。請罷經理及冒括田租。」時臺臣不敢斥言特們德爾建議之非，但言有司奉行不善，帝悟其弊，命罷其役。詔下，民大悦，由是五九之勢漸衰。

**《元史新編》卷九**　丙戌，贛州蔡五九作亂，陷江州寧化縣。以趙世延爲御史中丞，命省臣自平章以下送之入臺。

庚子，升遼陽之泰州爲泰寧路，增國子生百員，歲貢伴讀四員，立積分法，月試上等者爲一分，中等準半分，積至八分者充高等，歲終試貢。

**《續資治通鑑》卷一九九**　壬寅，詔江浙行省印《農桑輯要》萬部，頒降有司遵守勸課。旌表貴州達魯花赤相兀孫妻脱脱真死節，仍俾樹碑任所。

監察御史納琳言事忤旨，帝怒叵測，中丞楊多爾濟救之，一日至八九奏，曰：「臣非愛納琳，誠不願陛下有殺御史之名。」帝曰：「爲卿宥之，可左遷昌平令。」多爾濟曰：「以御史宰京邑，無不可者。但以言事而得左遷，恐後之來者用是爲戒，不肯復言矣。」帝不允。後數日，帝讀《貞觀政要》，多爾濟侍側，帝顧謂曰：「魏徵，古之遺直也，朕安得用之？」對曰：「直由太宗。太宗不聽，徵雖直，將焉用之！」帝笑曰：「卿意在納琳耶？當赦之以成爾直。」

九月丁未，章律以括田逼死九人，敕吏部尚書王居仁等鞫之。

**《元史新編》卷九**　詔免江浙、江南、河南自實田租二年。減汴梁路虚增糧二十二萬石。

**《元史》卷二五《仁宗紀二》**　壬戌，蔡五九衆潰伏誅，餘黨悉平，敕賞軍士討捕功，并官其死事者子孫。

己巳，徙曲尤倉於赤斤之地。賜諸王别鐵木兒永昌路及西涼州田租。

**《續資治通鑑》卷一九九**　參知政事趙世延，居中書二十月，遷御史中丞，詔省臣自平章以下相率送之官，其禮前所無有。由是爲權臣所忌，乃用皇太后旨，出世延爲雲南行省右丞。陛辭，帝特命仍還臺爲中丞。

**《元史》卷二五《仁宗紀二》**　冬十月丁丑，封脱火赤爲威寧郡王，賜金印，忽兒赤鐵木兒不花爲趙國公。

庚辰，以淮西廉訪使郭貫爲中書參知政事。

壬午，有事於太廟。給雲南廉訪司公田。

乙未，陞同知樞密院事鐵木兒脱知樞密院事。授白雲宗主沈明仁榮禄大夫、司空。

**《續資治通鑑》卷一九九**　丁酉，加授特們德爾太師。

初，武宗立帝爲太子，命以次傳位於和實拉。已而丞相三寶努復勸武宗立其子，既乃以哈喇托克托言而止。至是議立太子，特們德爾欲固位取寵，乃請立皇子碩迪巴拉，又與太后幸臣實勒們譖和實拉於兩宫，遂有是命。

又譖哈喇托克托爲武帝舊臣，詔逮至京師。居數日，綽和爾、實勒們，傳兩宫旨諭托克托曰：「初疑汝親於所事，故召汝。今察汝無他，其復還鎮。」托克托入謝太后曰：「臣雖被先帝知遇，而受太后及今上恩不爲不深，豈敢昧所自乎！」未幾，遷江西行省左丞相。

**《元史》卷二五《仁宗紀二》**　癸卯，八百媳婦蠻遣使獻馴象二，賜以幣帛。十一月丙午，客星變爲彗，犯紫微垣，歷軫至壁十五宿，明年二月庚寅乃滅。

辛未，以星變赦天下，減免各路差税有差。

甲戌，封和世㻋爲周王，賜金印。左丞相合散等言：「彗星之異，由臣等不才所致，願避賢路。」帝曰：「此朕之愆，豈卿等所致，其復乃職。苟政有過差，勿憚於改。凡可以安百姓者，當悉言之，庶上下交修，天變可弭也。」

十二月戊寅，賜雲南行省參政汪長安虎符，預軍政。

庚寅，增置平江路行用庫。

癸巳，給鈔買羊馬，賑北邊諸軍。命省臣定擬封贈通例，俾高下適宜以聞。旌表汀州寧化縣民賴禄孫孝行。

## 延祐三年（丙辰、一三一六）

**《元史》卷二五《仁宗紀二》**　春正月乙巳，漢陽路饑，出米賑之。特授昔寶赤八剌合孫達魯花赤脱歡金紫光禄大夫、太尉，仍給印。

丙午，封前中書左丞相忽魯答兒壽國公。增置晉王部斷事官四員，都水太監二員，省卿一員。以真定、保定荐饑，禁畋獵。改直沽爲海津鎮。

辛酉，陞同知樞密院事買閭知院事。

壬戌，賜上都開元寺江浙田二百頃，華嚴寺百頃。賜趙王阿魯禿部鈔二萬錠。

**《元史續編》卷八**　詔免三省自實田租二年。

**《元史》卷二五《仁宗紀二》**　二月丁丑，調海口屯儲漢軍千人，隸臨清運糧萬户府，以供轉漕，給鈔二千錠。

戊寅，命湖廣行省諭安南，歸占城國主。置安遠王醜漢王傅。河間、濟南、濱、棣等處饑，給糧兩月。

三月辛亥，特授高麗王世子王暠開府儀同三司、瀋王。加授將作院使吕天麟大司徒。

**《續資治通鑑》卷一九九**　壬子，敕衛輝、昌平守臣修殷比干、唐狄仁傑祠，歲時致祭。

**《元史》卷二五《仁宗紀二》**　甲寅，敕蕭拜住及陝西、四川省臣各一員，護送周王之雲南。置周王常侍府，秩正二品，設常侍七員，中尉四員，諮議、記室各二員。置打捕鷹坊民匠總管府，設官六員；斷事官八員；延福司、飲饍署官各六員；並隸周王常侍府。

辛酉，陞太史院秩正二品。

癸亥，車駕幸上都。

壬申，鷹坊孛羅等擾民於大同，敕拘還所奉璽書。

**《御批歷代通鑑輯覽》卷九七**　禁方春畋獵。

初，有議禁民畋獵，犯者抵死。左司郎中韓若愚曰：「齊宣王之囿，方四十里，殺其麋鹿者如殺人之罪。孟子非之。」衆以爲然，遂輕其刑。

**《續資治通鑑》卷一九九**　太史令郭守敬卒於位，年八十六。

**《元史》卷二五《仁宗紀二》**　夏四月癸酉朔，賜皇姊大長公主鈔五千錠、幣帛二百匹。河南流民羣聚渡江，所過擾害，命行臺、廉訪司以見貯贓鈔賑之。横州徭蠻爲寇，命湖廣省發兵討捕。

壬午，諭中書省，歲給（衛）〔魏〕王阿木哥鈔萬錠。

戊子，陞印經提舉司爲廣福監。

己丑，陞會福院秩正二品。

癸巳，賜安遠王醜漢金〔銀〕各五百兩、鈔千錠、幣帛二十匹。

己亥，增置周王斷事官二員。以淮東廉訪司僉事苗好謙善課民農桑，賜衣一襲。

庚子，以上都留守憨剌合兒知樞密院事。陞殊祥院秩正二品。命中書省與御史臺、翰林、集賢院集議封贈通制，著爲令。遼陽蓋州及南豐州饑，發廪賑之。

《續資治通鑑》卷一九九　是月，前集賢大學士、商議中書省事陳天祥卒於家，年八十，謚文忠。

《元史》卷二五《仁宗紀二》　五月甲辰至戊申，日赤如赭。

辛亥，以江西行省右丞相斡赤爲大司徒。

《續資治通鑑》卷一九九　庚申，以大都留守拜特穆爾爲中書平章政事。擢中書右丞蕭拜(住)〔珠〕爲平章政事，左丞阿爾哈雅爲右丞，郭貫爲左丞，參議布哈爲參知政事。時特們德爾恃勢貪虐，凶穢愈甚，於是進拜珠爲平章，稍牽制之。

《元史》卷二五《仁宗紀二》　庚午，置甘肅儒學提舉司、遼陽金銀鐵冶提舉司，秩並從五品。賜諸王迭里哥兒不花等金三百五十兩、銀一千二百兩、鈔三千二百錠、幣帛有差。潭、永、寶慶、桂陽、澧、道、袁等路饑，發米賑糶。

六月乙亥，制封孟軻父爲邾國公，母爲邾國宣獻夫人。改諸王、功臣分地郡邑同知、縣丞爲副達魯花赤，中、下縣及録事司增置副達魯花赤一員。

《續資治通鑑》卷一九九　丙子，融、賓、柳州傜蠻叛，命湖廣行省遣官督兵捕之。

《元史新編》卷九　丁丑，敕：「大辟臨刑，敢有横加刲割者，以重罪論。凡鞫囚，非强盗毋加酷刑。」

《元史》卷二五《仁宗紀二》　戊寅，吴王朶列納等部乏食，賑糧兩月。

己卯，詔諭百司各勤其職，毋隳廢大政。

甲申，給安遠王醜漢分樞密院印。

丁亥，封床兀兒爲句容郡王。

丁酉，賜周王從衛鈔四十萬錠。河決汴梁，没民居，遼陽之蓋州饑，並發糧賑之。

《續資治通鑑》卷一九九　秋七月壬子，命御史大夫巴圖托歡整治臺綱，仍降詔宣諭中外。

《元史》卷二五《仁宗紀二》　乙卯，封玉龍鐵木兒爲保恩王，賜金印。

辛酉，賜普慶寺益都田百七十頃。

丙寅，復以燕鐵木兒知樞密院事。

八月癸酉，以兵部尚書乞塔爲中書參知政事。

己卯，車駕至自上都。

戊戌，置織佛像工匠提調所，秩七品，設官二員。

《續資治通鑑》卷一九九　九月辛丑，以中書左丞郭貫爲集賢大學士，集賢大學士王毅爲左丞。毅旋出爲江浙行省左丞。

《元史》卷二五《仁宗紀二》　復五條河屯田。

庚戌，割上都宣德府奉聖州懷來、縉山二縣隸大都路。改縉山縣爲龍慶州，帝生是縣，特命改焉。

己未，冀寧、晉寧路地震。

冬十月辛未，以江南行臺侍御史高昉爲中書參知政事。

壬申，有事於太廟。調四川軍二千人、雲南軍三千人烏蒙等處屯田，置總管萬户府，秩正三品，設官四員，隸雲南省。

《續資治通鑑》卷一九九　庚寅，敕五臺靈鷲寺置鐵冶提舉司。

《元史》卷二五《仁宗紀二》　乙未，賜豳王南忽里部鈔四萬錠。

丁酉，修甘州城。申禁民有父在者，不得私貸人錢及鬻墓木。甘州、肅州等路饑，免田租。

《元史續編》卷八　以趙孟頫爲翰林學士承旨。

《續資治通鑑》卷一九九　是月，周王和實拉次延安，圖古勒、尚(家)〔嘉〕努、博囉及武宗舊臣哩日、錫布鼎、哈巴勒圖等皆來會。嘉琿謀曰：「天下者，我武皇之天下也。出鎮之事，本非上意，由左右構鬬致然。請以其故白行省，俾聞之朝廷，庶可杜塞離間；不然，事變叵測。」遂與數騎馳去。

《元史》卷二五《仁宗紀二》　十一月壬寅，命監察御史監治嶺北鈎校錢糧，半歲更代。大萬寧寺住持僧米普雲濟以所佩國公印移文有司，紊亂官政，敕禁止之。

乙巳，增集寧、砂井、净州路同知、府判、提控、案牘各一員。

乙卯，改舊運糧提舉司爲大都陸運提舉司，新運糧提舉司爲京畿運糧提舉司，澧州路安撫司爲安定軍民府。

十二月庚午，以知樞密院事禿忽魯爲陝西行省左丞相。

壬午，授嗣漢三十九代天師張嗣成太玄輔化體仁應道大真人，主領三山符籙，掌江南道教事。

丁亥，立皇子碩德八剌爲皇太子，兼中書令、樞密使，授以金寶，告天地宗廟。陞同知樞密院事床兀兒知樞密院事。諸王按灰部乏食，給米三千一百八十六石濟之。

**《元史新編》卷九**　是歲，集禧院使塔失不花集前代嘉言善行，名「承華事略」，并繪《豳風圖》以進，帝命置東宮，俾皇太子觀省。

## 延祐四年（丁巳、一三一七）

**《元史》卷二六《仁宗紀三》**　春正月庚子，帝謂左右曰：「中書比奏百姓乏食，宜加賑恤。朕默思之，民饑若此，豈政有過差以致然與？向詔百司務遵世祖成憲，宜勉力奉行，輔朕不逮，然嘗思之，唯省刑薄賦，庶使百姓各遂其生也。」

乙卯，諸王脱脱駐雲南，擾害軍民，以按灰代之。

丙辰，以知樞密院事完者爲雲南行省平章政事。

己未，給帝師寺廪食鈔萬錠。

壬戌，冀寧路地震。

戊辰，給諸王也速也不干、明安答兒部糧三月。

閏月庚辰，封諸王孛羅爲冀王。

丙戌，以立皇太子詔天下，給賜鰥寡孤獨鈔，減免各路租税有差。　賜諸王、宗戚朝會者，金三百兩、銀二千五百兩、鈔四萬三千九百錠。

**《元史新編》卷九**　辛卯，封别鐵木爾爲汾陽王，諸王孛羅爲冀王，加太常禮儀院使，拜住大司徒，特授近侍完者不花翰林侍讀學士，同修國史。

**《元史》卷二六《仁宗紀三》**　壬辰，給豳王南忽里部鈔十二萬錠買馬。　汴梁、揚州、河南、淮安、重慶、順慶、襄陽民皆饑，發廪賑之。

二月庚子，賜諸王買閭部鈔三萬錠。

**《續資治通鑑》卷一九九**　甲辰，敕郡縣各社復置義倉。

戊申，授近侍鄂勒哲布哈翰林侍讀學士、知制誥、同修國史。

**《元史》卷二六《仁宗紀三》**　癸亥，陞泰寧府爲泰寧路，仍置泰寧縣。

乙丑，陞蒙古國子監秩正三品，賜銀印。

丙寅，以諸王部值脱火赤之亂，百姓貧乏，給鈔十六萬六千錠、米萬石賑之。曹州水，免今年租。

三月丁卯朔，陞靖州爲路。

庚午，給趙王阿魯禿部糧四千石。

辛卯，車駕幸上都。

夏四月戊戌，給安王兀都思不花部軍糧三月。

己亥，德安府旱，免屯田租。

壬寅，加授太常禮儀院使拜住大司徒。　賜趙王阿魯禿金五十兩、銀五百兩、鈔千錠。　割懷來縣隸龍慶州。

甲辰，以太寧路隸遼陽省。

戊申，答合孫寇邊，吴王朵列納等敗之於和懷，賜金玉束帶、黄金、幣帛有差。

己未，諸王紐憐薨。

**《續資治通鑑》卷一九九**　乙丑，帝夜坐，憂旱，謂侍臣曰：「雨暘不時，柰何？」蕭拜珠曰：「宰相之過也。」帝曰：「卿不在中省耶？」蕭拜珠惶愧。頃之，帝露香默禱。既而大雨，左右以雨衣進，帝曰：「朕爲民祈雨，何避焉！」

**《元史新編》卷九**　翰林學士劉賡進所譯《大學衍義》，帝曰：「是書議論甚嘉」，令頒賜朝臣。帝通達儒術，兼悟釋典，嘗曰：「明心見性，佛教爲深；修身治國，儒道爲切。」又曰：「儒者可尚，以能維持三綱五常之道也。」

**《元史》卷二六《仁宗紀三》**　五月辛未，授上都留守闊闊出開府儀同三司、大司徒。

壬申，賜出征諸王醜漢等金銀、鈔幣有差。

乙亥，加封大長公主忙哥台爲皇姑大長公主，給金印。

戊寅，改衛率府爲中翊府。

**《續資治通鑑》卷一九九**　壬午，黄州、高郵、真州、建寧等處，流民羣聚，持兵抄掠，敕所在有司：「其傷人及盜者罪之，余並給糧遣歸。」

以翰林學士承旨齊勒特穆爾爲中書平章政事。　以平章烏拜都拉爲集賢大學士。

己丑，擢（左）〔右〕丞阿爾哈雅爲平章政事，參政奇塔爲右丞，高昉爲左丞。以參議中書省事完珠、張思明爲參知政事。

浮屠妙總統有寵，敕中書官其弟五品，思明執不可，帝大怒，召見，切責之，對曰：「選法，天下公器。徑路一開，來者雜遝，故寧違旨獲戾，不忍隳祖宗成憲，使四方得窺陛下淺深也。」帝心然其言而業已許之，曰：「卿可姑與之，後勿爲例。」乃以爲萬億庫提舉，不與散官。

**《元史》卷二六《仁宗紀三》** 六月乙巳，内外監察御史四十餘人劾鐵木迭兒姦貪不法。

戊申，鐵木迭兒罷，以左丞相合散爲中書右丞相。

己酉，兀伯都剌復爲中書平章政事。

壬子，以工部尚書王桂爲中書參知政事。安遠王醜漢、趙王阿魯禿爲叛王脱火赤所掠，各賜金銀、幣帛。

丙辰，敕：「諸王、駙馬、功臣分地，仍舊制自辟達魯花赤。」

丁巳，安南國遣使來貢。

戊午，置冀王孛羅王傅二員，中尉、司馬各一員，都總管府秩正三品。

己未，給嶺北行省經費鈔九十萬錠，雜綵五萬匹。

癸亥，禁總攝沈明仁所佩司空印毋移文有司。

秋七月乙亥，李孟罷，以江浙行省左丞王毅爲中書平章政事。

庚辰，賜皇姑大長公主忙哥台金百兩、銀千兩、鈔二千錠、幣帛各百匹。賞討叛王有功句容郡王床兀兒等金銀、幣帛、鈔各有差。

壬午，敕赤因鐵木兒頒賚諸王、駙馬，及賑濟所部貧乏。特授中衛親軍都指揮使孛蘭奚太尉。

**《元史續編》卷八** (乙)[己]丑，成紀山崩。土石潰徙，壞田稼、廬舍，壓死居民。監察御史馬祖常言，山不動之物，今而動焉。由在野有當用不用之賢，在官有當言不言之佞，故然耳。疏入，大臣皆皆家待罪。

**《元史新編》卷九** 辛卯，冀寧地震，帝諭省臣曰：「比聞蒙古諸部困乏，往往鬻子女於人爲婢僕，其命有司贖之還各部，立宗仁衛總之。」帝出，見衛士有敝衣者，駐馬問之，對曰：「戍守邊陲十五年，以故貧耳。」帝曰：「此輩久勞於外，留守官未嘗以聞，非朕親見，何由而知。自今有類此者，必言於朕。」命賜之錢帛。

**《元史》卷二六《仁宗紀三》** 八月丙申，車駕至自上都。

庚申，合散奏事畢，帝問曰：「卿等日所行者何事？」合散對曰：「臣等第奉行詔旨而已。」帝曰：「卿等何嘗奉行朕旨，雖祖宗遺訓，朝廷法令，皆不遵守。夫法者，所以辨上下，定民志，自古及今，未有法不立而天下治者。使人君制法，宰相能守而勿失，則下民知所畏避，綱紀可正，風俗可厚。其或法弛民慢，怨言並興，欲求治安，豈不難哉。」

**《元史新編》卷九** 合散遂言：「故事，丞相必用蒙古勳族，臣本西域人，不厭人望，敢辭。」帝命宣徽使伯答沙爲右丞相，合散仍左丞相。

九月庚午，太陰犯斗。嶺北地震三日。大都南城産嘉禾，一莖十二穗。

**《元史》卷二三《仁宗紀三》** 壬辰，詔戒飭海漕，諭諸司毋得沮撓。

冬十月甲午朔，有事於太廟。

戊戌，給諸王晃火鐵木兒等部糧五千石。

壬寅，敕刑部尚書舉林柏監大都兵馬司防遏盜賊；仍嚴飭軍校，制其出入。遣御史大夫伯忽、參知政事王桂祭陝西嶽鎮、名山，賑恤秦州被災之民。

己酉，監察御史言：「官吏丁憂起復，人情驚惑，請禁止以絶僥倖。惟朝廷耆舊特旨起復者，不在禁例。」制曰「可」。給兩淮屯田總管府職田。

壬子，給鈔五萬錠，糧五萬石，賑察罕腦兒。

戊午，海外婆羅公之民往賈海番，遇風濤，存者十四人漂至温州永嘉縣，敕江浙省資遣還鄉。改潮州路所統梅州隸廣東道宣慰司。

十一月己卯，復浚揚州運河。

己丑，併汧源縣入隴州。

**《續資治通鑑》卷一九九** 壬辰，諭諸宿衛：「入直各居其次，非有旨不得上殿，闌入禁中者坐罪。大臣許從二人，他官一人，門者譏其出入。」

**《元史》卷二六《仁宗紀三》** 十二月丁酉，復廣州採金銀珠子都提舉司，秩正四品，官三員。

乙巳，置詹事院，從一品，太子詹事四員，副詹事、詹事丞並二員，家令府、延慶司設官並四員，典寶監八員。遣官即興和路及净州發廩賑給北方流民。

己酉，盧溝橋、澤畔店、瑠璃河並置巡檢司。

壬子，置安王王傅。

丁巳，賜諸王禿滿鐵木兒等及駙馬忽剌兀帶各部，金一千二百兩、銀七千七百兩、鈔一萬七千七百錠、幣帛二千匹。以内宰領延福司事禿滿迭兒知樞密院事。特授晉王内史按攤出金紫光禄大夫、魯國公。

《續資治通鑑》卷一九九　饒州路大饑，米價翔踊，總管王都中以官倉之米定其價爲三等，言於江浙行省，以爲須糶以下等價，民乃可得食，未報，輒於下等減價十之二，使民就糴。行省怒其專擅，都中曰：「饒去杭幾二千里，比議定往還，非半月不可。人七日不食則死，安能忍死以待乎！」其民相與言曰：「公爲我輩減米價，公果得罪，我輩當鬻妻子以代公償。」會行省左右司都事王克敬言於其丞相曰：「鄱陽去此甚遠，比待報，民且死。彼爲仁，而吾屬顧爲不仁乎？」都中乃得免。郡歲貢金，而金户貧富不常，都中考得其實，乃更定之。包銀之法，户不過二兩，而州縣徵之加十倍，都中責之一以詔書從事。

江浙行省遣王克敬往四明監倭人互市。

《元史新編》卷九　是歲，復置詹事院及家令府、延慶司、典寶監，改怯憐口總管府爲繕用司。衛王阿木哥以罪貶高麗。

## 延祐五年（戊午、一三一八）

《元史》卷二六《仁宗紀三》　春正月辛未，賜諸王禿滿鐵木兒等所部鈔四萬錠。

丙子，安南國遣其臣尹世才等以方物來貢。

乙酉，敕諸王位下民在大都者，與民均役。

丁亥，會試進士。湖廣平章買住加魯國公、大司農。賑晉王也孫鐵木兒等部貧乏者。

《續資治通鑑》卷一九九　是月，召前中書右丞尚文爲太子詹事。

河北、河南道廉訪副使鄂囉言：「近年河決杞縣小黄村口，滔滔南流，莫能禦遏。陳、潁瀕河膏腴之地浸没，百姓流散。今水迫汴城，遠無數里，倘值霖雨水溢，倉猝何以防禦！方今農隙，宜爲講究，使水歸故道，達於江、淮，不惟陳、潁之民得遂其生，而汴城亦可恃以無患。」詔都水監與汴梁路分監修治。以二月興工，至三月而畢。

以真定路總管曹伯啓爲司農丞，命至江浙議鹽法。

伯啓既至，罷檢校官，置六倉於浙東、西，設運鹽官，輸運有期，出納有次，船户、倉吏資賣漏失者有罰。歸報，著爲令。

《元史》卷二六《仁宗紀三》　二月癸巳朔，日有食之。和寧路地震。

丁酉，敕：「廣寧、開元等萬户府軍入侍衛，有兒弟子姪五人者，三人留，四人三人者，二人留，著爲籍。」秦州（泰）〔秦〕安縣山崩。封諸王晃火鐵木兒爲嘉王，禿滿鐵木兒爲武平王，並賜印。

丁未，敕雲南、四川歸還所侵順元宣撫司民地。

戊申，陞内史府秩正二品。建鹿頂殿於文德殿後。

辛亥，敕杭州守臣春秋祭淮安忠武王伯顏祠。王子諸王答失蠻部乏食，敕甘肅行省給糧賑之。賜諸王察吉兒鈔萬錠。

甲寅，置寧昌府。

乙卯，命中書省汰不急之役。增置河東宣慰司副使一員。敕上都諸寺、權豪商販貨物，並輸税課。

戊午，以者連怯耶兒萬户府爲右衛率府。給書西天字《維摩經》金三千兩。

庚申，罷封贈。賞討叛王脱火赤戰功，賜諸王部察罕等金銀幣鈔有差。

《續資治通鑑》卷一九九　三月辛酉，尚文入見，年八十二矣。帝顧太保庫春而目之曰：「此自世祖皇帝效力，潔净人也。」徐諭曰：「汝知古今，識道理，練大務，皇太子托汝善輔之，有言勿吝善教，此朕意也。」文見太子，首以念祖宗、孝兩宫、養德性、辨邪正陳之，太子異其言。

戊辰，廷試進士，賜呼圖達勒、霍希賢以下五十人及第、出身。

《元史》卷二六《仁宗紀三》　己巳，賜寧海王八都兒金印。

庚午，立諸王斡羅温孫部打捕鷹坊諸色人匠怯憐口總管府，秩從四品。改静安路爲德寧路，静安縣爲德寧縣。

癸酉，晉王也孫鐵木兒部貧乏，賑米四千一百五十石，仍賜鈔二萬錠買牛羊孳畜。

乙亥，增給兩淮運司分司印一。特授安遠王醜漢開府儀同三司、録軍國重事、知樞密院事。

戊寅，以湖州路爲安王兀都思不花分地，其户數視（衛）〔魏〕王阿木哥。

癸未，和寧、净州路禁酒。賜鈔萬錠，命晉王也孫鐵木兒賑濟遼東貧民。晉王内史拾得閭加榮禄大夫，封桓國公。給金九百兩、銀百五十兩，書金字《藏經》。

甲申，免鞏昌等處經賑濟者差税鹽課。

乙酉，御史臺臣言：「諸司近侍隔越中書聞奏者，請如舊制論罪。」制曰

「可」。

己丑，敕以紅城屯田米賑浄州、平地等處流民。置汾陽王別鐵木兒王傅四員。賜醜驢答剌罕平江路田百頃。

**《續資治通鑑》卷一九九**　曹伯啓擢南臺治書侍御史，上言：「揚清激濁，屬在臺憲。諸被枉赴訴者，實則直之，妄則加論可也。今訴冤一切不問，豈風紀定制乎！」伯啓俄去位。

**《元史》卷二六《仁宗紀三》**　夏四月壬辰，安吉王乞台普濟薨。

丁酉，諸王雍吉剌(帶)部乏食，賑米三千石。

己亥，耽羅捕獵户成金等爲寇，敕征東行省督兵捕之。

庚子，賜諸王察吉兒部鈔萬錠，布帛稱是。給中翊府闊臺順州屯田鈔萬錠，置牛種農具。

庚戌，敕：「安遠王醜漢分地隸濟寧者七縣，汀州者三縣，達魯花赤聽其自辟。」陞印經提舉司爲延福監，秩正三品。遣官分汰各部流民，給糧賑濟。免懷孟、河南、南陽居民所輸陝西鹽課。是時解州鹽池爲水所壞，命懷孟等處食陝西紅鹽；後以地遠，改食滄鹽，而仍輸課陝西，民不堪命，故免之。木鄰、鐵里干驛困乏，濟以馬五千匹。遼陽饑，海漕糧十萬石於義、錦州，以賑貧民。

甲寅，樞密院臣言：「各省調度軍馬，惟長官二人領其事。今四川省諸臣皆預，非便，請如舊制。」從之。以千奴、史弼並爲中書平章政事，侍御史敬儼爲中書參知政事。

**《續資治通鑑》卷一九九**　戊午，帝如上都。

**《元史》卷二六《仁宗紀三》**　五月辛酉朔，順元等處軍民宣撫使阿晝以洞蠻酋黑冲子子昌奉方物來覲。

丁卯，賜安王兀都思不花金五百兩、銀五千兩。以御史中丞亦列赤爲中書右丞(相)。

戊辰，遣平章政事王毅禜星於司天臺三晝夜。諸王按塔木兒、不顔鐵木兒部乏食，賑糧兩月。

**《續資治通鑑》卷一九九**　壬申，監察御史言：「比年名爵冒濫，太尉、司徒、國公，接迹於朝。昔奉詔裁罷，中外莫不欣悦。近聞禮部奉旨鑄太尉、司徒、司空等印二十有六，此輩無功於國，載在史册，貽笑將來。請自今，門閥貴重、勳業昭著者，存留一二，餘並革去。」從之。

癸酉，遣官分道減決笞以下罪。

己卯，德慶路地震。鞏昌隴西縣大雨，南土山崩，壓死居民，給糧賑之。

太子詹事尚文，以年老不受俸，帝慰留之，仍諭其盡言教太子。尋謝病歸。

**《元史》卷二六《仁宗紀三》**　六月辛卯，御史臺臣言：「昔遣張驢等經理江浙、江西、河南田糧，虚增糧數，流毒生民，已嘗奉旨俟三年徵租。今及其期，若江浙、江西當如例輸之，其河南請視鄉例減半徵之。」制曰「可」。

癸巳，以典瑞院使斡赤爲集賢大學士、領典瑞院事、大司徒。

己亥，北地諸部軍士乏食，給糧賑之。

庚子，遣阿尼八都兒、只兒海分汰浄州北地流民，其隸四宿衛及諸王、駙馬者，給資糧遣還各部。

癸卯，賜諸王桑哥班金束帶一、銀百兩、鈔五百錠。

**《續資治通鑑》卷一九九**　乙巳，術者趙子玉等七人伏誅。

西番土寇作亂，敕甘肅省調兵捕之。

以宣政院副使張思明爲西京宣慰使。

嶺北戍士多貧者，歲凶相挺爲變。思明威惠並行，邊境乃安，因條上和林運糧不便十二事。帝勞以端硯、上尊。

**《元史》卷二六《仁宗紀三》**　丁巳，賜安王兀都思不花等金束帶及金二百兩、銀一千五十兩、鈔二千二百錠、幣帛二百八十匹。

秋七月己未朔，李邦寧加開府儀同三司。

癸亥，賜諸王八里帶等金二百兩、銀八百五十兩、鈔二千錠、幣帛二百匹。

甲子，給欽察衛馬羊價鈔一十四萬五千九百九十二錠。

丙寅，調軍五千，烏蒙等處屯田，置總管萬户府，秩正三品，給銀印。

丁卯，給鈔二十萬錠、糧萬石，命晉王分賚所部宿衛士。

**《續資治通鑑》卷一九九**　壬申，御史中丞趙簡言：「皇太子春秋鼎盛，宜選耆儒敷陳道義。今李銓侍東宮説書，未諳經史，請別求碩學，分進講讀，實宗社無疆之福。」制可之。

諸王布里雅敦之叛，諸王額森、實列吉及衛士多岱、巴圖坐持兩端，不助官軍進討，敕流額森江西，實列吉湖廣，多岱衡州，巴圖潭州。

癸酉，拘(衛)〔魏〕王阿穆爾克王傅印。

**《元史》卷二六《仁宗紀三》**　置鹺廩司，秩正八品，隸上都留守司。豐州石泉店置巡檢司。賜諸王別失帖木兒等金、銀，并賑其部米萬石、鈔萬錠。

己卯，諸王雍吉剌帶、曲春鐵木兒來朝，賜金二百兩、銀一千兩、鈔五千錠、幣帛一百匹，仍給鈔萬錠、米萬石，分賚其所部。

辛巳，立受給庫，秩九品，隸工部。

**《續資治通鑑》卷一九九** 壬午，罷河南省左丞陳英等所括民田，止如舊例輸税。

戊子，鞏昌路寧遠縣山崩。加封楚三閭大夫屈原爲忠節清烈公。

**《元史》卷二六《仁宗紀三》** 車駕至自上都。

乙卯，併翁源縣入曲江縣。

**《續資治通鑑》卷一九九** 是月，伏羌縣山崩。秦州成紀縣暴雨，山崩，朽壤墳起，覆没畜産。

**《元史》卷二六《仁宗紀三》** 九月癸亥，大司農買住等進司農丞苗好謙所撰《栽桑圖説》，帝曰：「農桑衣食之本，此圖甚善。」命刊印千帙，散之民間。

丙寅，廣西兩江龍州萬户趙清臣、太平路總管李興隆率土官黄法扶、何凱，並以方物來貢，賜以幣帛有差。豳王南忽里等部貧乏，命甘肅省市馬萬匹給之。

丁卯，中書右丞、宣徽使亦列赤爲中書平章政事，左丞高昉爲右丞，參知政事換住爲左丞，吏部尚書燕只干爲參知政事。

壬申，以鈔給北邊軍爲馬價。

**《續資治通鑑》卷一九九** 甲戌，以作佛事，釋重囚三人，輕囚五十三人。

己卯，以江浙省所印《大學衍義》五十部賜朝臣。

**《元史》卷二六《仁宗紀三》** 辛巳，置大永福寺都總管府，秩三品。

壬午，敕：「軍官犯罪，行省咨樞密院議擬，毋擅决遣。」

丙戌，以僉太常禮儀院事狗兒爲中書參知政事。

丁亥，立行宣政院於杭州，設官八員。大同路金城縣大雨雹。

冬十月己丑，以大寧路隸遼陽省，宣德府隸大都路。敕：「僧人除宋舊有及朝廷撥賜土田免租税，餘田與民一體科徵。」播州南寧長官洛麽作亂，思州守臣換住哥招諭之，洛麽遣人以方物來覲。罷膠、萊、莒、密鹽使司，復立濤洛場。

辛卯，禁大同、冀寧、晉寧等路釀酒。

**《續資治通鑑》卷一九九** 壬辰，建帝師巴思八殿於大興教寺，給鈔萬錠。

癸巳，改中翊府爲羽林親軍都指揮使司。

甲午，有事於太廟。

癸丑，贛州路雩都縣里胥劉景周，以有司徵括田新租，聚衆作亂，敕免徵新租，招諭之。

十一月辛酉，開成、莊浪等處禁酒。

壬戌，改黄花嶺屯儲軍民總管府爲屯儲總管府，設官四員。山後民饑，增海漕四十萬石。增置大都南、北兩兵馬司指揮使，色目、漢人各二員，給分司印二。

丁卯，用監察御史桒曼台等言，追奪建康富民王訓等白身濫受宣敕，仍禁冒籍貫宿衛及巧受遠方職官、不赴任求別調者，隱匿不自首者罪之。

**《元史》卷二六《仁宗紀三》** 己巳，陞同知樞密院事忠嘉知樞密院事。

丙子，集賢大學士、太保曲出言：「唐陸淳著《春秋纂例》、《辨疑》、《微旨》三書，有益後學，請令江西行省鋟梓，以廣其傳。」從之。

**《元史新編》卷九** 癸未，定江西茶課以二十五萬錠爲額，建殿於大永福寺，奉安順宗御容。

**《元史》卷二六《仁宗紀三》** 十二月壬辰，特授集賢大學士脱列大司徒。

辛亥，置重慶路江津、巴縣等處屯田，省成都歲漕萬二千石。

甲寅，敕樞密院覈實蒙古軍貧乏者，存卹五年。

**《續資治通鑑》卷一九九** 是歲，中書平章政事、商議樞密院事齊諾乞致仕，許之，仍給半俸，終其身。

**《元史新編》卷九** 是歲，秦州秦安縣，鞏昌隴西、寧遠二縣皆山崩。

## 延祐六年（己未、一三一九）

**《元史》卷二六《仁宗紀三》** 春正月丁巳朔，暹國遣使奉表來貢方物。

丁卯，敕：「福建、兩廣、雲南、甘肅、四川軍官致仕還家，官給驛傳如民官例。」

戊辰，賑晉王部貧民。

癸酉，特授同知徽政院事醜驢答剌罕金紫光禄大夫、太尉，給銀印。

**《續資治通鑑》卷二〇〇** 甲戌，監察御史孛朮魯翀等言：「皇太子位正東宮，既立詹事院以總家政，宜擇年德老成、道義崇重者爲師保賓贊，俾盡心輔導，以廣緝熙之學。」制曰「可」。

翀嘗以御史巡按淮東，淮東憲司惟尚刑，多致獄具。翀曰：「國家所以立風紀，蓋將肅清天下，初不尚刑也。」取其獄具焚之。

時凡以吏進者，例降二等，從七品以上不得用。翀言：「科舉未立，人才多以吏進，若一概屈抑，恐非持平之議。請以吏進者，宜止於五品。」詔復舊制，其犯贓者止從七品，著爲令。

**《元史》卷二六《仁宗紀三》** 己卯，廣東南恩、新州猺賊龍郎庚等爲寇，命江西行省發兵捕之。帝御嘉禧殿，謂扎魯忽赤買閭曰：「扎魯忽赤人命所繫，其詳閱獄辭。事無大小，必謀諸同僚。疑不能決者，與省、臺臣集議以聞。」又顧謂侍臣曰：「卿等以朕居帝位爲安邪？朕惟太祖創業艱難，世祖混一疆宇，兢業守成，恒懼不能當天心，繩祖武，使萬方百姓樂得其所，朕念慮在兹，卿等固不知也。」

**《元史新編》卷九** 二月丁亥朔，日食。改釋奠於中丁，祀社稷於中戊。

丁酉，雲南闊里愛俄，永昌蒲蠻阿八剌等並爲寇。

戊戌，改陝西轉運鹽司爲河東陝西都轉運司，直隸省部。

**《元史》卷二六《仁宗紀三》** 乙巳，敕：「諸司不由中書奏官輒署事者悉罷之。」特授僧從吉祥榮禄大夫、大司空，加榮禄大夫、大司徒僧文吉祥開府儀同三司。

三月丁巳，以天壽節，釋重囚一人。

(乙)〔己〕未，給鈔賑濟上都、西番諸驛。

辛酉，斡端地有叛者入寇，遣鎮西武靖王搠思班率兵討之。詔以御史中丞秃秃合爲御史大夫，諭之曰：「御史大夫職任至重，以卿勳舊之裔，故特授汝。當思乃祖乃父忠勤王室，仍以古名臣爲法，否則將墜汝家聲，負朕委任之意矣。」

丙寅，改懷孟路爲懷慶路。特授翰林學士承旨八兒思不花開府儀同三司、大司徒。

己巳，敕：「諸王、駙馬、宗姻諸事，依舊制領於内八府官，勿徑移文中書。」封諸王月魯鐵木兒爲恩王，給印，置王傅官。免大都、上都、興和、大同今歲租稅。

壬午，賜大興教寺僧齋食鈔二萬錠。禁甘肅行省所屬郡縣釀酒。

**《續資治通鑑》卷二〇〇** 夏四月壬辰，中書省言：「雲南土官病故，子姪兄弟襲之，無則妻承夫位。遠方蠻夷，頑獷難制，必任土人，可以集事。今或闕員，宜從本俗。」制可之。

**《元史》卷二六《仁宗紀三》** 丙(辰)〔申〕，命京師諸司官吏運糧輸上都、興和，賑濟蒙古饑民。

庚子，車駕幸上都。以鐵木迭兒爲太子太師。内外監察御史四十餘人，劾其逞私蠹政，難居師保之任，不聽。諸王合贊薨。

丙午，命宣政院賑給西番諸驛。

壬子，伯顔鐵木兒部貧乏，給鈔賑之。

**《續資治通鑑》卷二〇〇** 五月，揚州火，燬官民廬舍一萬三千三百餘區。

**《元史》卷二六《仁宗紀三》** 丙子，加安南國王陳益稷儀同三司。

六月戊子，以莊浪巡檢司爲莊浪縣，移巡檢司於比卜渡。

癸巳，以米五千石賑大長公主所隸貧民。

甲午，改繕珍司爲徽儀使司，秩二品。

辛丑，置河南田賦總管府，隸内史府，設達魯花赤、總管、同知各一員，副總管二員，秩從三品。

**《續資治通鑑》卷二〇〇** 戊申，置勇校署，以角觝者隸之。

庚戌，大同縣雨雹，大如雞卵。

詔以駝馬牛羊分給朔方蒙古民戍守邊徼者，俾牧養蕃息以自贍，仍議興屯田。

**《元史》卷二六《仁宗紀三》** 壬子，賜大乾元寺鈔萬錠，俾營子錢，供繕修之費，仍陞其提點所爲總管府，給銀印，秩正三品。給鈔四十萬錠，賑合剌赤部貧民；三十萬錠，賑諸位怯憐口被災者；諸有俸禄及能自贍者勿給。

癸丑，以羽林親軍萬人隸東宮。

秋七月丙辰，緬國趙欽撒以方物來覲。來安路總管岑世興叛，據唐興州，賜璽書招諭之。諸王闊慳堅部貧乏，給糧賑之。

壬戌，以者連怯耶兒萬户府軍萬人隸東宮，置右衛率府，秩正三品。

**《續資治通鑑》卷二〇〇** 丁卯，諭江西官吏豪民勿阻撓茶課。

**《元史新編》卷九** 甲戌，皇姊大長公主祥哥剌吉作佛事，釋全寧府重囚二十七人。帝怒，命按問全寧守臣阿從不法，仍追所釋囚還獄。給朔方蒙古民駝馬牛羊，俾牧養蕃息以自贍。

**《元史》卷二六《仁宗紀三》** 命分簡奴兒干流囚罪稍輕者，屯田肇州。

乙亥，通州、漷州增置三倉。

丙子，增置上都（巡警）〔警巡〕院，開平縣官各二員。

丁丑，以濟寧等路水，遣官閱視其民，乏食者賑之，仍禁酒，開河泊禁，聽民採食。晉陽、西涼、鈞等州，（楊）〔陽〕翟、新鄭、密等縣大雨雹。汴梁、益都、般陽、濟南、東昌、東平、濟寧、（恭）〔泰〕安、高唐、濮州、淮安諸處大水。

己卯，晉王也孫鐵木兒所部民，經剽掠災傷，爲盗者衆，敕扎魯忽赤囊加帶往，與晉王内史審録罪囚，重者就啓晉王誅之，當流配者加等杖之。

庚辰，賜木憐、麥該兩驛鈔一萬二千一百二十錠，俾市馬給驛。

辛巳，賜左右鷹坊及合剌赤等貧乏者鈔一十四萬錠。

**《元史續編》卷八**　八月，以張思明爲中書參政。

**《續資治通鑑》卷二〇〇**　庚子，帝至自上都，張思明謁見於道。帝曰：「卿向不負朕注委，故因哈克繖言復起用汝。」

**《元史》卷二六《仁宗紀三》**　丁未，告祭於太廟。

是月，伏羌縣山崩。

閏八月丙辰，賜嘉王晃火鐵木兒部羊十萬、馬萬匹。

庚申，增置興和路既備倉，秩正八品；陞廣盈庫從八品。

甲子，浚會通河。

壬申，以太傅、御史大夫伯忽爲太師。

癸酉，敕：「河東山西道宣慰司官，給俸同隨朝。」敕：「諸司有受命不之官及避繁劇託故去職者，奪其宣敕。」

乙亥，併永興縣入奉聖州。

九月甲申，以徽政使朵帶爲太傅。陞參議中書省事欽察爲參知政事。

辛卯，鐵里干等二十八驛被災，給鈔賑之。

**《續資治通鑑》卷二〇〇**　癸巳，以作佛事，釋大辟囚七人，流以下囚六人。

**《元史》卷二六《仁宗紀三》**　戊戌，增海漕十萬石。置雲南縣，隸雲内州。以故昌州寶山縣置寶昌州，隸興和路。

庚子，併順德、廣平兩鐵冶提舉司爲順德廣平彰德等處鐵冶提舉司。

癸卯，御史臺臣言：「比者官以倖求，罪以賂免。乞凡内外官非勳舊有資望者，不許驟陞。諸犯臟罪已款伏及當鞫而幸免者，悉付元問官以竟其罪。其貪汚受刑，奪職不敍者，夤緣近侍，出入内庭，覬倖名爵，宜斥逐之。」帝皆納其言。詔謂四宿衛嘗受刑者，勿令造禁庭。山東諸路禁酒。浚鎮江練湖。發粟賑濟寧、東平、東昌、高唐、德州、濟南、益都、般陽、揚州等路饑。

十月甲寅，省都功德使四員，止存六員。

乙卯，東平、濟寧路水陸十五驛乏食，户給麥十石。

**《續資治通鑑》卷二〇〇**　中書省言：「白雲宗統攝沈明仁，強奪民田二萬頃，誑誘愚俗十萬人，私賂近侍，妄受名爵，已奉旨追奪，請汰其徒，還所奪民田。其諸不法事，宜令覈問。」帝曰：「朕知沈明仁奸惡，其嚴鞫之。」

**《元史》卷二六《仁宗紀三》**　戊午，遣中書右丞相伯答沙持節授皇太子玉册。

辛酉，以扎魯忽赤鐵木兒不花爲御史大夫。

癸亥，上都民饑，發官粟萬石減價賑糶。置兩浙鹽倉六所，秩從八品，官二員；惟杭州、嘉興二倉設官三員，秩從七品；鹽場三十四所，場設監運一員，正八品。罷檢校所。

丁卯，賑北方諸驛。

丙子，以皇太子受玉册，詔天下。

己卯，浚通惠河。增河東、陝西鹽運司判官一員，給分司印二；置提領所二，秩從八品，官各二員；鹽場二，增管勾各二員；罷漉鹽户提領二十人。濟南濱、棣州，章丘等縣水，免其田租。

十一月辛卯，木邦路帶邦爲寇，敕雲南省招捕之。

**《續資治通鑑》卷二〇〇**　庚子，中書省言：「曩賜諸王阿濟吉鈔三萬錠，使營子錢以給畋獵廩膳，毋取諸民。今其部阿嚕呼等出獵，恣索於民，且爲奸事，宜令宗正府、刑部訊鞫之，以正典刑。」制可之。

禁民匿蒙古軍亡奴。

帝諭臺臣曰：「有國家者，以民爲本，比聞百姓疾苦銜冤者衆，其令監察御史、廉訪司審察以聞。」

翰林學士承旨趙孟頫，乞致仕南歸，帝遣使賜衣幣，促之還朝，以疾辭，不起。

賑河間饑。

**《元史》卷二六《仁宗紀三》**　敕晉王部貧民二千居稱海屯田。增京畿漕運司同知、副使各一員，給分司印。

乙巳，以祕書卿苦思丁爲大司徒。

十二月壬戌，命皇太子參決國政。封宋儒周敦頤爲道國公。

**《續資治通鑑》卷二〇〇**　太子謂中書省臣曰：「至尊委我以天下事，日夜寅畏，惟恐弗堪。卿等亦當洗心滌慮，恪勤乃職，勿有隳壞，以貽君父憂也。」

**《元史》卷二六《仁宗紀三》**　甲子，遣宗正府扎魯忽赤二員，審決興和、平地等處獄囚。省雲南大理、大、小徹里等地同知、相副官及儒學、蒙古教授等官百二十四員。

己巳，復吏人出身舊制，其犯贓者止從七品。免大都、上都、興和延祐七年差税。河西塔塔剌地置屯田，立軍民萬户府。

壬申，敕上都、大都冬夏設食於路，以食饑者。

**《續資治通鑑》卷二〇〇**　癸酉，夜，風雪甚寒，帝謂侍臣曰：「朕與卿等居暖室，宗戚、昆弟遠戍邊陲，曷勝其苦！歲賜幣帛，可不徧及耶！」

帝嘗謂左右曰：「儒者皆用矣，惟虞伯生未顯擢耳。」遂以集爲翰林待制兼國史院編修，集尋以憂歸。伯生，集之字也。

**《元史新編》卷九**　是歲，伏羌縣山崩，揚州火，燬官民廨舍二萬三千三百餘區。

# 延祐七年（庚申、一三二〇）

**《元史續編》卷八**　春正月辛巳朔，日食。

**《元史》卷二六《仁宗紀三》**　壬午，御史臺臣言：「比賜不兒罕丁山場、完者不花海舶税，會計其鈔，皆數十萬錠，諸王軍民貧乏者，所賜未嘗若是，苟不撙節，漸致帑藏虚竭，民益困矣。」中書省臣進曰：「臺臣所言良是，若非振理朝綱，法度愈壞。臣等乞賜罷黜，選任賢者。」帝曰：「卿等不必言，其各共乃事。」

癸未，帝御大明殿，受諸王、百官朝賀。

辛卯，江浙行省丞相黑驢言：「白雲僧沈明仁，擅度僧四千八百餘人，獲鈔四萬餘錠，既已辭伏，今遣其徒沈崇勝潛赴京師行賄求援，請逮赴江浙併治其罪。」從之。

**《續資治通鑑》卷二〇〇**　丁(亥)〔酉〕，帝不豫。皇太子憂形於色，夜則焚香祈告於天曰：「至尊以仁慈御世，庶績順成，四海清晏，天何遽降大厲！不如罰殛我身，使至尊永爲民主。」

辛丑，帝崩於光天宫，年三十六。太子哀毁過禮，素服寢於地，日歠一粥。

癸卯，葬起輦谷。

甲辰，中書右丞相巴達錫罷。太子太師特們德爾以皇太后命，復入中書爲右丞相。

參議中書省事韓若愚，廉勤稱職，特們德爾初爲相時，以其不附己，欲羅織以事而不得遂，至是復相，乃誣若愚以罪，請殺之，皇太子不從。復奏奪其官，除名，歸鄉里。

**《元史》卷二七《英宗紀一》**　丙午，遣使分讞内外刑獄。

戊申，賑通、漷二州蒙古貧民。汰知樞密院事四員。禁巫、祝、日者交通宗戚、大官。

二月壬(午)〔子〕，罷造永福寺。賑大同、豐州諸驛饑。以江浙行省左丞相黑驢爲中書平章政事。

丁巳，修佛事。

戊午，祭社稷。建御容殿於永福寺。汰富民竄名宿衛者，給役蒙古諸驛。

己未，命儲糧於宣德、開平、和林諸倉，以備賑貸供億。復以都水監隸中書。

辛(丑)〔酉〕，太陰犯軒轅御女。平章政事赤斤鐵木兒、御史大夫脱歡罷爲集賢大學士。

**《續資治通鑑》卷二〇〇**　甲子，特們德爾、阿克繖請捕逮四川行省平章政事趙世延赴京。特們德爾以世延嘗劾奏其罪惡十三事，鋭意報復，屬其黨何志道誘世延從弟索哈爾哈呼誣告世延罪，逮世延置對；且使諷世延，啗以美官，令告引同時異己者，世延不肯從。行至夔州，遇赦，以疾抵荆門就醫，特們德爾遣使督追至京師，俾其黨煅煉成獄，會有旨，事經赦原者勿復問，乃已。

丙寅，以陝西行省平章政事趙世榮爲中書平章政事，江西行省右丞穆布喇爲中書右丞，參知政事張思明爲中書左丞，中書左丞完珠罷爲嶺北行省右丞。

**《御批歷代通鑑輯覽》卷九七**　籍江南冒爲白雲僧者爲民。

**《元史》卷二七《英宗紀一》**　己巳，修鎮雷佛事於京城四門。罷上都乾元寺規運總管府。

辛未，括民間係官山場、河泊、窑冶、廬舍。

壬申，召陝西行臺御史大夫答失鐵木兒赴闕。以遼陽、大同、上都、甘肅官牧羊馬牛駝給朔方民户，仍給曠地屯種。

癸酉，括勘崇祥院地，其冒以官地獻者追其直，以民地獻者歸其主。決開平重囚。

丙子，定京城環衛更番法，准五衛漢軍歲例。

丁丑，奪前中書平章政事李孟所受秦國公制命，仍仆其先墓碑。

**《續資治通鑑》卷二〇〇**　特們德爾怨集賢學士楊多爾濟前爲中丞時發其奸贓，專制等罪，而平章政事蕭拜珠在中書牽制其所爲，於是矯皇太后旨，召多爾濟、蕭拜珠至徽政院，與徽政使實勒們、御史大夫圖勒哈雜問之，責以前違太后旨之罪。多爾濟曰：「中丞之職，恨不即斬汝以謝天下！果違太后旨，汝豈有今日耶？」特們德爾請殺之，皇太子曰：「人命至重，刑殺非輕，不宜倉卒。二人罪狀未明，當白太后，使詳讞之，誅之未晚也。」特們德爾乃引同時爲御史者二人證成其獄。多爾濟顧二人唾之曰：「汝等嘗得備風憲，乃爲是犬彘事耶？」坐者皆慚，俯首。即起入奏，未幾，稱旨執多爾濟，載詣國門之外，與蕭拜珠俱見殺。是日，風沙晦冥，都人恟懼，道路相視以目。後又欲奪多爾濟妻劉氏與人，劉翦髮毀容自誓，乃免。蕭拜珠之死，有吳仲者，潛守其尸，三日不去，竟收葬之。

時特們德爾日思報復仇怨，誅戮不已，張思明謂曰：「山陵甫畢，新君未立，丞相恣行殺戮，人皆謂丞相陰有不臣之心，萬一諸王、駙馬疑而不至，柰何？」特們德爾乃止。徽政院使實勒們，以皇太后命請更朝官，皇太子曰：「此豈除官時耶？且先帝舊臣，豈宜輕動！俟予即位，議於宗親、元老，賢者任之，邪者黜之，可也。」司農卿鄂勒哲布哈，言先帝以土田頒賜諸臣者，宜悉歸之官，太子問曰：「所賜爲誰？」對曰：「左丞相哈克繖所得爲多。」太子曰：「予嘗諭卿等，當以公心輔弼。卿於先朝嘗請海舶之稅，以哈克繖奏而止。今卿所言，乃復私憾耳，非公議也，豈輔弼之道耶！」遂出鄂勒哲布哈爲湖南宣慰使。

**《元史》卷二七《英宗紀一》**　奪僧輦真吃剌思等所受司徒、國公制，仍銷其印。

三月辛巳，以中書禮部領教坊司。

壬午，賑陳州、嘉定州饑。爪哇遣使入貢。

戊子，徵諸王、駙馬流竄者，給侍從，遣就分邑。

# 元英宗部（起公元一三二〇年，迄公元一三二三年）

**《元史》卷二七《英宗紀一》** 英宗睿聖文孝皇帝，諱碩德八剌，仁宗嫡子也。母莊懿慈聖皇后，弘吉剌氏，以大德七年二月甲子生。

## 延祐七年（庚申、一三二〇）

**《元史》卷二七《英宗紀一》** 〔三月〕庚寅，帝即位，詔曰：

洪惟太祖皇帝膺期撫運，肇開帝業；世祖皇帝神機睿略，統一四海。以聖繼聖，迨我先皇帝，至仁厚德，涵濡羣生，君臨萬國，十年於兹。以社稷之遠圖，定天下之大本，協謀宗親，授予册寶。方春宫之與政，遽昭考之賓天。諸王貴戚，元勳碩輔，咸謂朕宜體先帝付託之重，皇太后擁護之慈，既深繫於人心，詎可虚於神器，合辭勸進，誠意交孚。乃於三月十一日，即皇帝位於大明殿。可赦天下。

尊太后爲太皇太后。

壬辰，太皇太后受百官朝賀於興聖宫。鐵木迭兒進開府儀同三司、上柱國、太師。敕羣臣超授散官者，朝會毋越班次。賜諸王也孫鐵木兒、脱脱那顔等金銀、幣帛有差。賑寧夏路軍民饑。

甲午，作佛事於寶慈殿。賑木憐、渾都兒等十一驛饑。

丙申，斡羅思等内附，賜鈔萬四千貫，遣還其部。遣知樞密事也兒吉尼檢覈鞏昌等路屯戍，選甘州戍卒。

戊戌，汰上都留守司留守五員。定吏員秩止從七品如前制。

庚子，降太常禮儀院、通政院、都護府、崇福司，並從二品；蒙古國子監、都水監、尚乘寺、光禄寺，並從三品；給事中、闌遺監、尚舍寺、司天監，並正四品；其官遞降一等有差，七品以下不降。賜邊戍諸王、駙馬及將校士卒金銀、幣帛有差。市羊五十萬、馬十萬，贍北邊貧乏者。

辛丑，禁擅奏璽書。以樞密院兼領左、右衛率府。

壬寅，降前中書平章政事李孟爲集賢侍講學士，悉奪前所受制命。御史臺臣請降詔諭百司以肅臺綱，帝曰：「卿等但守職盡言，善則朕當服行，否亦不汝罪也。」

甲辰，詔中外毋沮議鐵木迭兒。敕罷醫、卜、工匠任子，其藝精絶者擇用之。

丙午，有事於南郊，告即位。

丁未，罷崇祥院，以民匠都總管府隸將作院。

夏四月庚戌〔朔〕，有事於太廟，告即位。追奪佛速司徒官。罷少府監。復儀鳳、教坊、廣惠諸司品秩。罷行中書省丞相。河南行省丞相也先鐵木兒、湖廣行省丞相朶兒只的斤、遼陽行省丞相，並降爲本省平章政事，惟征東行省丞相高麗王不降。賜諸王鐵木兒不花鈔萬五千貫。

乙卯，復國子監、都水監，秩正三品。罷回回國子監、行通政院。封諸王徹徹秃爲寧遠王。申詔京師勢家與民均役。那懷、渾都兒驛户饑，賑之。

戊午，祀社稷，告即位。

**《續資治通鑑》卷二〇〇** 己未，紹慶路洞蠻爲寇，命四川行省捕之。祭遁甲神於香山。命平章政事王毅等徵理在京諸倉庫錢穀，虧耗者七十八萬石，及諸路歲貢幣帛稍紕謬者，俱責償所司，程督嚴刻，怨讟並作矣。

**《元史》卷二七《英宗紀一》** 庚申，降百官越階者，並依所受之職。以太常禮儀院使拜住爲中書平章政事。以西僧牙八的里爲元永延教三藏法師，授金印。

壬戌，以即位，賞宿衛軍。括馬三萬匹，給蒙古流民，遣還其部。給通、漷二州蒙古户夏布。鐵木迭兒請參決政務，禁諸臣毋隔越擅奏，從之。

乙丑，仁宗喪卒哭，作佛事七日。

**《續資治通鑑》卷二〇〇** 丙寅，周王和實拉長子托驩特穆爾生。

**《元史》卷二七《英宗紀一》** 戊辰，車駕幸上都。海運至直沽，調兵千人防戍。封王煦爲鷄林郡公。議祔仁宗，以陰陽拘忌，權結綵殿於太室東南，以奉神主。

己巳，河間、真定、濟南等處蒙古軍饑，賑之。罷市舶司，禁賈人下番。課回回散居郡縣者，户歲輸包銀二兩。增兩淮、荆湖、江南東西道田賦，斗加二升。賑大都、淨州等處流民，給糧馬，遣還北邊。

戊寅，以蒙古、漢人驛傳復隸通政院。有獻七寶帶者，因近臣以進，帝曰：

「朕登大位，不聞卿等薦賢而爲人進帶，是以利誘朕也。其還之。」

**《元史新編》卷一〇**　命造至元鈔五千萬貫，中統鈔二百五十萬貫。詔曰：「朕惟食貨生民之本，權以泉幣，貴在適時。昔我世祖皇帝所立中統鈔，廢罷雖久，民間物價每以爲準。有司依舊印造，與至元鈔子母并行。凡官司出納，百姓交易，并計中統鈔數。前尚書省所發新舊銅錢，與民間宿藏者所在，充溢雖畸零，使用亦便於民。然壅害鈔法，深妨國計。其至大銅錢，詔書到日，立赴各行用鈔庫依例倒换，無致虧損。歷代舊錢，有司所發者，與百姓宿藏，既不可辨，令截日住罷至権禁。金銀本以權衡，鈔法條令雖設，其價益增，民實弗便。自今權宜開禁，聽從買賣。若商舶私帶下番者，依例科斷。

**《元史》卷二七《英宗紀一》**　是月，左衛屯田旱、蝗，左翊屯田蟲食麥苗，亳州水。

五月己卯〔朔〕，禁僧馳驛，仍收元給璽書。

庚辰，上都留守賀伯顔坐便服迎詔棄市，籍其家。

辛巳，汝寧府霖雨傷麥禾，發粟五千石賑糶之。

丁亥，罷沅陵縣浦口千户所。

己丑，中書省臣請禁擅奏除拜，帝曰：「然恐朕遺忘，或乘間奏請，濫賜名爵，汝等當復以聞。」復置稱海、五條河屯田。命僧禱雨。大同雲内、豐、勝諸郡縣饑，發粟萬三千石貸之。左丞相阿散罷爲嶺北行省平章政事。以拜住爲中書左丞相，乃剌忽、塔失海牙並爲中書平章政事，只兒哈郎爲中書參知政事。

辛卯，參知政事欽察罷爲集賢學士。賑上都城門及駐冬衛士。遣使権廣東番貨。弛陝西酒禁。

**《續資治通鑑》卷二〇〇**　壬辰，和林民閻海，瘞殍死者三千餘人，旌其門。

**《元史》卷二七《英宗紀一》**　甲午，瀋陽軍民饑，給鈔萬二千五百貫賑之。

乙未，請大行皇帝謚於南郊。

**《元史》卷二六《仁宗紀三》**　羣臣上謚曰聖文欽孝皇帝，廟號仁宗，國語曰普顔篤皇帝。

**《元史》卷二七《英宗紀一》**　丙申，禁宗戚權貴避徭役及作奸犯科。

**《續資治通鑑》卷二〇〇**　戊戌，有告嶺北平章政事阿克轍、中書平章政事赫嚕及御史大夫圖卜台、徽政使實勒們等與故約蘇穆爾妻伊埒薩巴謀廢立者，帝御穆清閣，召拜珠謀之。對曰：「此輩擅權亂政久矣，今猶不懲，陰結黨與，謀危社稷。宜速施天威，以正祖宗法度。」帝動容曰：「此朕志也！」命率衛士擒斬之，籍其家，餘黨皆伏誅。

**《元史新編》卷一〇**　辛丑，以鐵木爾脱平章政事。

壬寅，罷僧道工伶濫爵，及建寺、豢獸費。

**《元史》卷二七《英宗紀一》**　甲辰，敕百司日勤政務，怠者罪之。

**《續資治通鑑》卷二〇〇**　以誅阿克轍、赫嚕、賀勝等詔天下。勝死非其罪，而詔書與諸逆並言，時猶爲特們德爾所蔽也。

**《元史》卷二七《英宗紀一》**　丙午，御史劉恒請興義倉及奪僧、道官。敕捕亦列失八子江浙行省平章政事買驢，仍籍其家。

丁未，封王禪爲雲南王，往鎮其地。饒州番陽縣進嘉禾，一莖六穗。以賀伯顔、失列們、阿散家貲、田宅賜鐵木迭兒等。

**《續資治通鑑》卷二〇〇**　六月己酉，流徽政院使密錫實於金剛山。

以托實哈、實勒們所奪人畜産歸其主。

甲寅，前太子詹事綽和爾伏誅。

京師疫，作佛事於萬壽山。

**《元史》卷二七《英宗紀一》**　乙卯，昌王阿失部饑，賜鈔千萬貫賑之。賞誅阿散等功，賜拜住以下金銀、鈔有差。

丙辰，召河南行省平章政事埜仙帖穆兒至京師。收脱忒哈廣平王印。

丁巳，以江西行省左丞相脱脱爲御史大夫，宗正扎魯火赤鐵木兒不花知樞密院事。

戊午，罷徽政院。廣東採珠提舉司罷，以有司領其事。封知樞密院事塔失鐵木兒爲薊國公。

己未，定邊地盜孳畜罪，犯者令給各部力役，如不悛，斷罪如内地法。

庚申，賜角觝百二十人鈔各千貫。

辛酉，詔免僧人雜役。

**《續資治通鑑》卷二〇〇**　壬戌，敕：「諸使入京者，大事五日，小事三日遣還。」是夜，月食既。

**《元史》卷二七《英宗紀一》**　乙丑，賑北邊饑民，有妻子者鈔千五百貫，孤獨者七百五十貫。新作太祖幄殿。西番盜洛各目降。

丁卯，賜諸王阿木里台宴服、珠帽。

戊辰，賑雷家驛户鈔萬五千貫。

甲戌，賜北邊諸王伯要台等十人鈔各二萬五千貫。邊民賑米三月。修寧夏欽察魯佛事，給鈔二百一十二萬貫。

丁丑，改紅城中都威衛爲忠翊侍衛親軍都指揮使司，隸樞密院。罷章慶司、延福司、羣牧監、宫正司、遼陽萬户府。復徽儀司爲繕珍司，善政司爲都總管府。内宰司、延慶司、甄用監復爲正三品。益都蝗。荆門州旱。棣州、高郵、江陵水。

秋七月戊寅〔朔〕，賜諸王曲魯不花鈔萬五千貫。命玄教宗師張留孫修醮事於崇真宫。

壬午，立普定路屯田，分烏撒、烏蒙屯田卒二千赴之。運和林糧於扎昆倉，以便邊軍。市馬三萬、羊四萬，給邊軍貧乏者。

癸未，括馬於大同、興和、冀寧三路，以頒衛士。

**《續資治通鑑》卷二〇〇**　甲申，車駕將北幸，調左右翊軍赴北邊浚井。以知樞密院事瑪嚕、哈坦並爲遼陽行省平章政事。

**《元史》卷二七《英宗紀一》**　丙戌，賜諸王買奴等鈔二十五萬貫。

丁亥，諸王告住等部火，賑糧三月，鈔萬五千貫。晉王也孫鐵木兒部饑，賑鈔五千萬貫。

壬辰，罷女直萬户府及狗站脱脱禾孫。散遼陽紅花萬户府兵。遣扈從諸營還大都，禁踐民禾。安南内附人陳巖言其國貢使多爲覘伺，敕湖廣行省汰遣之。

乙未，賜西僧沙加鈔萬五千貫。以甘肅行省平章欽察〔台〕知樞密院事。回回太醫進藥曰打里牙，給鈔十五萬貫。

丙申，以昌平、灤陽十二驛供億繁重，給鈔三十萬貫賑之。中書平章政事乃剌忽罷。降封安王兀都不花爲順陽王。禁獻珍寶製衮冕。

戊戌，樞密院臣言：「塔海萬户部不剌兀赤與北兵戰，拔軍士三百人以還，棄其子於野，殺所乘馬以啗士卒，請賞之。」賜鈔五千貫。斡魯思辰告諸王月兒魯鐵木兒謀變，賞鈔萬五千貫。敕中外希賞自請者勿予。

己亥，賜女巫伯牙台鈔萬五千貫。

**《續資治通鑑》卷二〇〇**　庚子，以江南行御史臺中丞廉恂爲中書平章政事。恂，希憲之子也。

**《元史》卷二七《英宗紀一》**　辛丑，賜公主扎牙八剌等鈔七萬五千貫。晉王也孫鐵木兒遣使以地七千頃歸朝廷，請有司徵其租，歲給糧鈔，從之。以遼陽金銀鐵冶歸中政院。

**《元史新編》卷一〇**　癸卯，賜伶人鈔二萬五千貫，酒人鈔十五萬貫，回回大醫進藥曰「打里身」，給鈔萬貫。

**《元史》卷二七《英宗紀一》**　〔己〕〔乙〕巳，以知樞密院事也〔先〕〔兒〕吉尼爲江西行省平章政事。

是月，後衛屯田及潁、息、汝陽、上蔡等縣水，霸州及堂邑縣蝻。

**《續資治通鑑》卷二〇〇**　汴梁路言：「滎澤縣河決塔海莊隄十步餘，横隄兩重復決數處；又，開封縣蘇村及七里寺決二處。」詔本路及都水監官併工修築。

八月丁未朔，嶺北省臣實都，坐以官錢犒軍免官，詔復其職。

**《元史》卷二七《英宗紀一》**　戊申，祭社稷。罷曲靖路人匠提舉司。賑晉王部軍民鈔二百五十萬貫。禜星於司天監。

辛亥，賑龍居河諸軍。

乙卯，賜上都駐冬衛士鈔四百萬貫。諸王木南即部饑，與聖宫牧駝户貧乏，並賑之。

**《續資治通鑑》卷二〇〇**　丙辰，祔仁宗聖文欽孝皇帝、莊懿慈聖皇后於太廟。特們德爾攝太尉，奉玉册行事。

**《元史新編》卷一〇**　鐵木迭爾以私憾請殺趙世延。不許。帝幸涼亭，謂近侍曰：「朕素聞世延忠良，故每奏不納。」左右咸稱萬歲。

**《元史》卷二七《英宗紀一》**　丁卯，宫人官奴，坐用日者請太皇太后禜星，杖之，籍其資。脱思馬部宣慰使亦憐真坐違制不發兵，杖流奴兒干之地。

庚午，發米十萬石賑糶京師貧民。

**《元史續編》卷八**　益津縣雨黑霜。

**《元史》卷二七《英宗紀一》**　甲戌，廣東新州饑，賑之。河間路水。

九月甲申，建壽安山寺，給鈔千萬貫。括興和馬以贍北部貧民。禁五臺山樵採。罷上都、嶺北、甘肅、河南諸郡酒禁。

壬辰，敕議玉華宫歲享睿宗登歌大樂。土番利族、阿俄等五種寇成谷，遣鞏昌總帥以兵討之。循州溪蠻秦元吉爲寇，遣守將捕之。

癸巳，瀋陽水旱害稼，弛其山場河泊之禁。

庚子，常澧州洞蠻貞公合諸洞爲寇，命土官追捕之。

癸卯，親王脱不花、捌思班遣使來賀登極。

甲辰，雲南木邦路土官給邦子忙兀等入貢，賜幣有差。遣馬扎蠻等使占城、占臘、龍牙門，索馴象。以廩藏不充，停諸王所部歲給。

**《續資治通鑑》卷二〇〇** 冬十月丁未，時饗太廟。

庚戌，將作院使伊蘇，坐董製珠衣怠工，杖之，籍其家。

**《元史》卷二七《英宗紀一》** 壬子，作佛事於文德殿四十日。申嚴兩淮鹽禁。

丁巳，酉陽犵儂洞蠻田謀遠爲寇，命守臣招捕之。

戊午，車駕至自上都。詔太常院臣曰：「朕將以四時躬祀太室，宜與羣臣集議其禮。此追遠報本之道，毋以朕勞於對越而有所損。其悉遵典禮。」安南國遣其臣鄧恭儉來貢方物。

庚申，敕譯佛書。

辛酉，賜勞探馬赤宿衛者，遣還所部。

**《續資治通鑑》卷二〇〇** 乙丑，幸大護國仁王寺。帝師請以醮八兒監藏爲土蕃宣慰使、都元帥，從之。

**《元史》卷二七《英宗紀一》** 酉陽土官冉世昌遣其子冉朝率大、小石隄洞蠻入貢。

丙寅，定恭謝太廟儀式。

丁卯，爲皇后作鹿頂殿於上都。

己巳，罷玉華宫祀睿宗登歌樂。敕翰林院譯詔，關白中書。

庚午，命拜住督造壽安山寺。

癸酉，流諸王阿剌鐵木兒於雲南。

丁丑，恭謝太廟，至仁宗太室，即流涕，左右感動。

十一月丙子朔，帝御齋宫。

**《御批歷代通鑑輯覽》卷九七** 始服袞冕，享太廟。

**《元史》卷二七《英宗紀一》** 戊寅，以海運不給，命江浙行省以財賦府租益之，還其直，歸宣徽、中政二院。檢勘沙、淨二州流民，勒還本部。以登極，大賚諸王、百官，中書會其數，計金五千兩、銀七十八萬兩、鈔百二十一萬一千貫、幣五萬七千三百六十四匹、帛四萬九千三百二十二匹、木綿九萬二千六百七十二匹、布二萬三千三百九十八匹、衣八百五十九襲，鞍勒、弓矢有差。給嶺北驛牛馬。造今年鈔本，至元鈔五千萬貫，中統鈔二百五十萬貫。汰衛士冒受歲賜者。

庚辰，併永平路灤邑縣於石城。遣定住等括順陽王兀都思不花邸財物，入章佩監、中政院。禁京城諸寺邸舍匿商税。

辛巳，以親祀太廟禮成，御大明殿受朝賀。

甲申，敕翰林國史院纂修《仁宗實録》。

丁亥，作佛事於光天殿。

戊子，幸隆福宫。

己丑，宣德蒙古驛饑，命通政院賑之。

**《續資治通鑑》卷二〇〇** 丁酉，詔各郡建帝師帕克斯巴殿，其制視孔子廟有加。

**《元史》卷二七《英宗紀一》** 戊戌，交趾蠻儂志德寇脱零那乞等六洞，命守將討之。遣使閲實各行省戍兵。

己亥，計京官俸鈔，給米三分。

甲辰，鐵木迭兒言：「和市織幣薄惡，由董事者不謹，請免右丞高昉等官，仍令郡縣更造，徵其元直。」不允。太常禮儀院擬進時享太廟儀式。

**《元史新編》卷一〇** 十二月乙巳朔，以改元赦天下，詔曰：「朕祗遹貽謀，獲承丕緒，念付託之惟重，顧繼述之敢忘。爰以延祐七年十一月二日，被服袞冕，恭謝於太廟。既大禮之告成，宜普天之均慶。屬兹踰歲，用易紀元於以導天地之至和，法春秋之謹，始可以明年爲至治元年，減天下租賦二分，包銀五分，大都、上都、興和三路差税全免三年，優復、煮鹽、煉鐵、運糧等户二年，開燕南、山東、河泊禁，聽民采取。命官家屬流落邊遠者，有司資給遣歸。其子女典鬻於人者，聽還其家。監察御史廉訪使歲舉可任守令者二人，七品以上官有偉畫長策，可濟世安民者，實封來上。士有隱居，行義不求聞達者，有司具名以聞。

**《續資治通鑑》卷二〇〇** 丁未，播州蜑蠻的羊籠等内附。

庚戌，鑄銅爲佛像，置玉德殿。

**《元史》卷二七《英宗紀一》** 壬子，賜壽寧公主鈔七萬五千貫。

**《續資治通鑑》卷二〇〇** 癸丑，以天壽節，預遣使修醮於龍虎山。

乙卯，率百官奉玉册玉寶，加上太皇太后尊號曰儀天興聖慈仁昭懿壽元全德泰寧福慶徽文崇祐太皇太后。

翰林學士呼圖嚕都勒譯進《大學衍義》，帝曰：「修身治國，無踰此書。」賜鈔五萬貫，以印本頒賜羣臣。

河南饑，帝問其故，羣臣莫能對，帝曰：「良由朕治道未洽，卿等又不盡心乃職，委任失人，致陰陽不和，災害洊至。自今各務勤恪以應天心，毋使吾民重困。」

**《元史》卷二七《英宗紀一》** 丙辰，以太皇太后加號禮成，御大明殿受朝賀。

丁巳，詔諭中外。

辛酉，作延春閣後殿。

壬戌，召西僧輦真哈剌思赴京師，敕所過郡縣肅迎。

乙丑，熒星於回回司天監四十晝夜。

丙寅，以典瑞院使闊徹伯知樞密院事。修祕密佛事於延春閣。

**《續資治通鑑》卷二〇〇** 丁卯，特們德爾、拜珠言：「比者詔內外言得失，今上封事者或直進御前。乞令臣等開視，再入奏聞。」帝曰：「言事者直至朕前可也，如細民輒訴訟者則禁之。」

給武宗皇后鈔七十五萬貫。

**《元史》卷二七《英宗紀一》** 戊辰，以太皇太后加號禮成，告太廟。

己巳，敕罷明年二月八日迎佛。中書右丞木八剌罷爲江西行省右丞。以中書參知政事只兒哈郎爲右丞，江南浙西道廉訪使薛處敬爲中書參知政事。遣使閱奉元路軍需庫。

**《續資治通鑑》卷二〇〇** 辛未，拜珠進《鹵簿圖》，帝以唐制用萬二千三百人耗財，乃定大駕爲三千二百人，法駕二千五百人。

上思州傜結交趾寇忠州。

癸酉，帝聞賀勝母老，憫之，以所籍京兆田碓還其家。

江浙行省平章政事巴延徹爾，江西行省平章政事白薩都，並坐貪墨免官。

**《元史》卷二七《英宗紀一》** 是歲，決獄輕重七千六百三十事。河決汴梁原武，浸灌諸縣；滹沱決文安、大(成)〔城〕等縣；渾河溢，壞民田廬。秦州成紀縣暴雨，山崩，朽壤墳起，覆没畜産。汴梁延津縣大風晝晦，桑多損。大同雨雹，大者如鷄卵。諸衛屯田隕霜害稼。

**《元史新編》卷一〇** 帝以科舉之外，恐有遺賢，詔曰：「比歲設立科舉以取人材，尚慮高尚之士，晦迹丘園，無從可致。其有才德超邁，深明治道者，所在官司具姓名，俟廉訪使覆察奏聞，以備録有。」

## 至治元年（辛酉、一三二一）

**《元史》卷二七《英宗紀一》** 春正月丁丑，修佛事於文德殿。

壬午，增置漷州都漕運司同知、運判各一員。

甲申，召高麗王王(章)〔璋〕赴上都。

**《續資治通鑑》卷二〇一** 丙戌，帝服衮冕，饗太廟，以左丞相拜珠亞獻，知樞密院事圖哲伯終獻。

丁亥，帝欲結綵樓於禁中，元夕張燈設宴。

**《元史》卷二七《英宗紀一》** 諸王忽都答兒來朝。

癸巳，諸王斡羅思部饑，發淨州、平地倉糧賑之。蘄州蘄水縣饑，賑糧三月。奉元路饑，禁酒。

己亥，降延福監爲延福提舉司，廣福監爲廣福提舉司，秩從五品。以壽安山造佛寺，置庫掌財帛，秩從七品。

二月，汴梁、歸德饑，發粟十萬石賑糶。河南、安豐饑，以鈔二萬五千貫、粟五萬石賑之。

戊申，祭社稷。改中都威衛爲忠翊侍衛親軍都指揮使司。

**《續資治通鑑》卷二〇一** 己酉，作仁宗神御殿於普慶寺。

辛亥，調軍三千五百人修上都華嚴寺。

**《元史》卷二七《英宗紀一》** 壬子，大永福寺成，賜金五百兩、銀二千五百兩、鈔五十萬貫，幣帛萬匹。

丁巳，畋於柳林，敕更造行宮。監察御史觀音保、鎖咬兒哈的迷失、成珪、李謙亨諫造壽安山佛寺，殺觀音保、鎖咬兒哈的迷失，杖珪、謙亨，竄於奴兒干地。

己未，樞密院臣請授副使吳元珪榮禄大夫，以階高不允，授正奉大夫。賑木憐道三十一驛貧户。

甲子，置承徽寺，秩正三品，割常州、宜興民四萬户隸之。

丁卯，以僧法洪爲釋源宗主，授榮禄大夫、司徒。禁越臺、省訴事。罷先朝傳旨濫選者。

戊辰，賜公主扎牙八剌從者鈔七十五萬貫。

三月甲戌〔朔〕，營王也先帖木兒部畜牧死損，賜鈔五十萬貫。

**《續資治通鑑》卷二〇一**　丙子，建帝師帕克斯巴寺於京師。

**《元史》卷二七《英宗紀一》**　丁丑，御大明殿受緬國使者朝貢。賜公主買的鈔五萬貫，駙馬減憐鈔二萬五千貫。召諸王太平於汴。發民丁疏小直沽白河。

**《續資治通鑑》卷二〇一**　庚辰，廷試進士，賜泰布哈、宋本等六十四人及第、出身。

辛巳，帝如上都，拜珠從。至察罕諾爾，帝以行宫制度卑隘，欲廣之，拜珠曰：「此地苦寒，入夏始種粟黍。陛下初登大寶，不求民瘼，而遽興大役以妨農務，恐失民望。」帝乃止。

**《元史》卷二七《英宗紀一》**　遣使賜西番撒思加地僧金二百五十兩、銀二千二百兩，袈裟二萬，幣、帛、旛、茶各有差。

壬午，遣呪師朵兒只往牙濟、班卜二國取佛經。

**《續資治通鑑》卷二〇一**　癸未，製御服珠袈裟。

甲申，敕纂修《仁宗實録》、《后妃功臣傳》。

乙酉，寶集寺金書西番《般若經》成，置大内香殿。

益壽安山造寺役軍。

己丑，大同路麒麟生。

**《元史》卷二七《英宗紀一》**　甲午，置雲南王府。

**《續資治通鑑》卷二〇一**　己亥，宦者博囉特穆爾，坐罪流紐爾干地。

**《元史》卷二七《英宗紀一》**　庚子，賑寧國路饑。

**《續資治通鑑》卷二〇一**　辛丑，以特(實克)(克實)爲御史大夫，佩金符，領忠翊侍衛親軍都指揮使。帝嘗謂特(實克)(克實)曰：「徽政雖隸太皇太后，朕視之與諸司同，凡簿書宜悉令御史檢覈。」

**《元史》卷二七《英宗紀一》**　癸卯，益都、般陽饑，以粟賑之。

夏四月丙午，給喃答失王府銀印，秩正三品；寬徹、忽塔迷失王府銅印，秩從三品。

庚戌，享太廟。　江州、贛州、臨江霖雨，袁州、建昌旱，民皆告饑，發米四萬八千石賑之。

丁巳，廣德路旱，發米九千石減直賑糶。

己未，造象駕金脊殿。　吉陽黎蠻寇寧遠縣。

**《續資治通鑑》卷二〇一**　戊辰，敕賜特們德爾父祖碑。命宦者博囉台爲太常署令，太常官言刑人難與大祭，遂罷之。

**《元史》卷二七《英宗紀一》**　五月丙子，毁上都回回寺，以其地營帝師殿。

賑益都、膠州饑。

丁丑，霸州蝗。

庚辰，濮州大饑，命有司賑之。

壬午，遷親王圖帖穆爾於海南。　禁日者毋交通諸王、駙馬，掌陰陽五科者毋泄占候。　以興國路去歲旱，免其田租。

丁亥，修佛事於大安閣。

庚寅，賑諸王哈賓鐵木兒部。　沂州民張昱坐妖言，濟南道士李天祥坐教人兵藝，杖之。　女直蠻赤興等十九驛饑，賑之。

辛卯，海漕糧至直沽，遣使祀海神天妃。　作行殿於縉山流杯池。　高郵府旱。

癸巳，寶定路飛蟲食桑。

**《續資治通鑑》卷二〇一**　乙未，命世家子弟成童者入國學。

辛丑，太常禮儀院進太廟制圖。御史、翰林、太常臣集議，以爲：「前代廟室，多寡不同，晉則兄弟同爲一室，正室增爲十四間，東西各一間。唐九廟，後增爲十一室。宋增室至十八，東西夾室各一間，以藏祧主。今太廟雖分八室，然兄弟爲世，止六世而已。世祖所建，前廟後寢，往歲寢殿災，請以今殿爲寢，别作前廟十五間，中三間通爲一室，以奉太祖神主，餘以次爲室，庶幾情文得宜。」帝稱善，期以來歲營之。

**《元史》卷二七《英宗紀一》**　壬寅，開元路霖雨。

六月癸卯朔，日有食之。作金浮屠於上都，藏佛舍利。

乙卯，以鐵木迭兒領宣政院事。

**《續資治通鑑》卷二〇一**　丁巳，以前中書參知政事敬儼爲陝西行臺御史中丞。儼告病家居，以其鄉在近圻，恐復徵用，乃徙居淮南，雖親故皆不接見。至是聞命，堅辭不赴。

**《元史》卷二七《英宗紀一》**　戊午，涇州雨雹。

己未，滁州霖雨傷稼，蠲其租。

**《元史續編》卷九**　辛酉，禁妄言時政。

**《元史》卷二七《英宗紀一》**　壬戌，龍虎山張嗣成來朝，授太玄輔化體仁應道大真人。

乙丑，遣使往銓江浙、江西、湖廣、四川、雲南五省邊郡官選。
丁卯，禜星於司天臺。大同路雨雹。
戊辰，衛輝、汴梁等處蝗。
己巳，以上都留守只兒哈郎爲中書平章政事。臨江路旱，免其租。通濟屯霖雨傷稼。霸州大水，渾河溢，被災者二萬三千三百户。
秋七月壬申〔朔〕，賜晉王也孫鐵木兒鈔百萬貫。遼陽、開元等路及順州、邢臺等縣大水。
癸酉，衛輝路胙城縣蝗。
乙亥，賑南恩、新州饑。
丙子，淮安路屬縣水。
丁丑，享太廟。
**《續資治通鑑》卷二〇一**　戊寅，通州潞縣榆棣水決。
**《元史》卷二七《英宗紀一》**　庚辰，鹵簿成。滹沱河及范陽縣巨馬河溢。
辛巳，盩厔縣僧圓明作亂，遣樞密院判官章台督兵捕之。
壬午，通許、臨淮、盱眙等縣蝗。
癸未，封太尉孛蘭奚爲和國公。
**《續資治通鑑》卷二〇一**　乙酉，大雨，渾河隄決。
**《元史》卷二七《英宗紀一》**　庚寅，清池縣蝗。
癸巳，黄平府蠻盧砰爲寇，削萬户何之祺等官一級。遣吏部尚書教化、禮部郎中文矩使安南，頒登極詔。諸王闊别薨，賻鈔萬五千貫。
**《續資治通鑑》卷二〇一**　丙申，禁服色踰制。
**《元史》卷二七《英宗紀一》**　己亥，奉仁宗及帝御容於大聖壽萬安寺。蒲陰縣大水。
庚子，修上都城。詔河南、江浙流民復業。淮西蒙城等縣饑。郃陽道士劉志先以妖術謀亂，復命章台捕之。薊州平谷、漁陽等縣大水。大都、保定、真定、大名、濟寧、東平、東昌、永平等路，高唐、曹、濮等州水。順德、大同等路雨雹。乙兒吉思部水。
八月壬寅〔朔〕，修都城。安陸府水，壞民廬舍。
癸卯，賑膠州饑。
甲辰，高郵興化縣水，免其租。
丙午，泰興、江都等縣蝗。
戊申，祭社稷。上都鹿頂殿成。
庚戌，以軍士貧乏，遣知樞密院事鐵木兒不花整治，仍詔諭中外，有敢擾害者罪之。賑北部孤寡糧、鈔。賜公主速哥八剌鈔五十萬貫。兀兒速、憨哈納思等部貧乏，户給牝馬二匹。
**《續資治通鑑》卷二〇一**　乙卯，中書平章政事特穆爾圖罷，爲上都留守。
**《元史》卷二七《英宗紀一》**　壬戌，淮安路鹽城、山陽縣水，免其租。車駕駐蹕興和，左右以寒甚，請還京師，帝曰：「兵以牛馬爲重，民以稼穡爲本。朕遲留，蓋欲馬得芻牧，民得刈穫，一舉兩得，何計乎寒。」雷州路海康、遂溪二縣海水溢，壞民田四千餘頃，免其租。秦州成紀縣山崩。
九月乙亥，京師饑，發粟十萬石減價糶之。
丙子，駐蹕昂兀嶺。
壬午，賜諸王撒兒蠻鈔五萬貫。
**《續資治通鑑》卷二〇一**　壬辰，中書平章政事塔斯哈雅，坐受贜杖免。
**《元史》卷二七《英宗紀一》**　丁酉，車駕還大都。
庚子，安陸府漢水溢，壞民田，賑之。
**《續資治通鑑》卷二〇一**　冬十月辛丑朔，修佛事於大内。
**《元史續編》卷九**　僧圓明伏誅。
**《元史》卷二七《英宗紀一》**　庚戌，親享太廟。
壬子，拜住獻嘉禾，兩莖同穗。
**《續資治通鑑》卷二〇一**　癸丑，敕：「翰林、集賢官年七十者毋致仕。」
**《元史新編》卷一〇**　以内郡水罷不急工役。敕蒙古子女鬻爲回回、漢人奴者，官爲收養。禁中書掾曹毋泄機事。
**《元史》卷二七《英宗紀一》**　命樞密遣官整視各郡兵馬。
戊午，置趙王馬札罕部錢糧總管府，秩正三品。
己未，肇慶路水，賑之。
丙寅，河南行省參知政事你咱馬丁坐殘忍免官。
丁卯，增置侍儀司通事舍人六員，侍儀舍人四員。
**《續資治通鑑》卷二〇一**　己巳，遣雅克特穆爾巡邊。雅克特穆爾，綽和爾第三子也，時爲左衛親軍都指揮使。

十一月，乙亥，幸大護國仁王寺。

《元史》卷二七《英宗紀一》　戊寅，御大明殿，羣臣上尊號曰繼天體道敬文仁武大昭孝皇帝。

己卯，以受尊號詔天下，拜住請釋囚，不允。

辛巳，命御史大夫特(實克)〔克實〕領左、右阿蘇衛。

《續資治通鑑》卷二〇一　庚辰，益壽安山寺役卒三千人。

《元史》卷二七《英宗紀一》　丁亥，以教官待選者借注廣海巡檢。

庚寅，拜住等言：「受尊號，宜謝太廟，行一獻禮。世祖亦嘗議行，武宗則躬行謝禮。」詔曰：「朕當親謝。」命太史卜日，樞密選兵肄鹵簿。

癸巳，以營田提舉司徵酒稅擾民，命有司兼榷之。

甲午，以遼陽行省管内山場隸中政院。

《續資治通鑑》卷二〇一　丙申，敕立故丞相安圖碑於保定新城。

右丞相特們德爾，廣樹朋黨，凡不附己者，必以事去之。尤惡平章王毅、右丞高昉，因在京諸倉糧儲失陷，欲奏誅之。左丞相拜珠密言於帝曰：「論道經邦，宰相事也，以金穀細務責之，可乎？」帝然之，俱得不死。

《元史》卷二七《英宗紀一》　戊戌，鞏昌成州饑，發義倉賑之。

十二月庚子〔朔〕，給蒙古子女冬衣。

《續資治通鑑》卷二〇一　辛丑，立伊奇哩氏爲皇后，遣攝太尉、中書右丞相特們德爾持節授玉册、玉寶。

《元史》卷二七《英宗紀一》　癸卯，以立后詔天下。慶遠路饑，真定路疫，並賑之。

戊申，躬謝太廟。

庚戌，作太廟正殿。

甲寅，疏玉泉河。車駕幸西僧灌頂寺。

己未，封唆南藏卜爲白蘭王，賜金印。真定、保定、大名、順德等路水，民饑，禁釀酒。以金虎符頒各行省平章政事。

甲子，置田糧提舉司，掌薊、景二州田賦，以給衛士貧乏者，秩從五品。命帝師公哥羅古羅思監藏班藏卜詣西番受具足戒，賜金千三百五十兩、銀四千五十兩、幣帛萬匹、鈔五十萬貫。以諸王怯伯使者數入朝，發兵守北口及盧溝橋。河間路饑，賑之。復以馬家奴爲司徒。

乙丑，置中瑞司。冶銅五十萬斤作壽安山寺佛像。寧海州蝗。歸德、遼陽、通州等處水。

《續資治通鑑》卷二〇一　特們德爾雖家居，其黨布列朝中，事必稟於其家；以拜珠故，不得大肆其奸，百計傾之，終不能遂。

是歲，集賢侍講學士李孟卒。

以右侍儀兼修起居注星吉爲監察御史。

《元史續編》卷九　是歲，開府上卿、知集賢院張留孫卒。

《元史新編》卷一〇　是歲，河南安豐江州水，振粟九萬八千石，鈔二萬五千貫。霸州渾河溢，被災民二萬三千三百户。雷州海溢，壞民田四千餘頃，各免其租稅。

## 至治二年（壬戌、一三二二）

《元史》卷二八《英宗紀二》　春正月己巳朔，安南、占城各遣使來貢方物。

壬申，保定雄州饑，賑之。

《續資治通鑑》卷二〇一　甲戌，禁漢人執兵器出獵及習武藝。

《元史》卷二八《英宗紀二》　丁丑，親祀太廟，始陳鹵簿，賜導駕耆老幣帛。

《續資治通鑑》卷二〇一　戊寅，敕有司存卹孔氏子孫貧乏者。

《元史》卷二八《英宗紀二》　己卯，山東、保定、河南、汴梁、歸德、襄陽、汝寧等處饑，發米三十九萬五千石賑之。

庚辰，公主阿剌忒納八剌下嫁，賜鈔五十萬貫。

辛巳，敕：「臺憲用人，勿拘資格。」儀封縣河溢傷稼，賑之。

癸未，流徽政院使羅源於耽羅。建行殿於柳林。封塔察兒爲薊國公。

癸巳，以西僧羅藏爲司徒。潮州饑，糶米十萬石賑之。

《續資治通鑑》卷二〇一　二月庚子，置左右奇徹衛親軍都指揮使司，命拜珠總之。

罷上都歇山殿及帝師寺役。

《元史》卷二八《英宗紀二》　辛丑，賜鐵失父祖碑。

癸卯，以江南行臺御史大夫欽察爲中書平章政事，江浙行省參政王居仁爲中書參知政事，薛處敬罷爲河南行省左丞。

戊申，祭社稷。順德路九縣水旱，賑之。

壬子，賜諸王案忒不花鈔七萬五千貫。以徹兀台秃忽魯死事，賜鈔三萬五千貫。諸王怯伯遣使進文豹。河間路饑，禁釀酒。

**《元史新編》卷一〇**　癸丑，新作流杯池行殿，敕嘉、湖二路孜究太湖入海故道，疏濬之。

**《元史》卷二八《英宗紀二》**　甲寅，以太廟役軍造流盃池行殿。廣海郡邑官曠員，敕願往任者，陞秩二等。

乙卯，以遼陽行省平章政事買驢爲中書平章政事。西僧亦思剌蠻展普疾，詔爲釋大辟囚一人、笞罪二十人。

戊午，賑真定等路饑。

己未，括馬賜宗仁衛。

壬戌，諸王怯伯遣使進海東青鶻。

癸亥，遼陽等路饑，免其租，仍賑糧一月。

甲子，恩州水，民饑，疫，賑之。

三月己巳，中書省臣言：「國學廢弛，請令中書平章政事廉恂、參議中書事張養浩、都事孛朮魯翀董之。外郡學校，仍命御史臺、翰林院、國子監同議興舉。」從之。敕四宿衛、興聖宮及諸王部勿用南人。斡羅思告訐父母，斬之。

**《續資治通鑑》卷二〇一**　辛未，禁捕天鵝，違者籍其家。

壬申，復張珪司徒。臨安路河西諸縣饑，賑之。

癸酉，河南兩淮諸郡饑，禁釀酒。

丙子，延安路饑，賑糧一月。罷京師諸營繕役卒四萬餘人。河間、河南、陝西十二郡春旱秋霖，民饑，免其租之半。

戊寅，修大都城。

庚辰，敕：「江浙僧寺田，除宋故有永業及世祖所賜者，餘悉税之。」

**《元史》卷二八《英宗紀二》**　癸未，賑遼陽女直、漢軍等户饑。

乙酉，賑濮州水災。

丙戌，以親祀禮成，賜與祭者幣。普減内外官吏一資。萬户哈剌那海以私粟賑軍，賜銀、幣，仍酬其直。給行通政院印。賜潛邸四宿衛士鈔有差。復置市舶提舉司於泉州、慶元、廣東三路，禁子女、金銀、絲綿下番。

**《續資治通鑑》卷二〇一**　丁亥，鳳翔道士王道明，以妖言伏誅。

**《元史》卷二八《英宗紀二》**　己丑，有暈貫日如連環。賜諸王斡羅温孫銀印。命有司建木華黎祠於東平，仍樹碑。

**《元史續編》卷五**　停歲賜。

**《元史》卷二八《英宗紀二》**　庚寅，曹州、滑州饑，賑之。命將作院更製冕旒。

辛卯，遣御史録囚。置甘州八剌哈孫驛。監察御史何守謙坐藏杖免。

壬辰，賑上都十一驛。給宗仁衛蒙古子女衣糧。賜諸王脱烈鐵木兒鈔五萬貫。

甲午，遼陽哈里賓民饑，賑之。

丁酉，幸柳林。駙馬許訥之子速怯訴曰：「臣父謀叛，臣母私從人。」帝曰：「人子事親，有隱無犯。今有過不諫，乃復告訐。」命誅之。賑奉元路饑。

**《續資治通鑑》卷二〇一**　帝從容謂拜珠曰：「朕思天下之大，非朕一人思慮所及。汝爲朕股肱，毋忘規諫，以輔朕之不逮。」拜珠頓首謝曰：「昔堯、舜爲君，每事詢衆，善則舍己從人，萬世稱聖。桀、紂爲君，拒諫自賢，悦人從己，好近小人，國滅而身不保，民到於今稱爲無道之主。臣等仰荷洪恩，敢不竭忠以報。然凡事言之則易，行之則難，臣等不言，則臣之罪也。」又嘗謂拜珠曰：「今亦有如唐魏徵之敢諫者乎？」對曰：「槃圓則水圓，盂方則水方。有太宗納諫之君，則有魏徵敢諫之臣。」或言佛教可治天下者，帝問之，對曰：「清淨寂滅，自治可也；若治天下，舍仁義則綱常亂矣。」帝皆嘉納之。

夏四月戊戌朔，帝如上都。中書左司都事富珠哩翀從帝次龍虎臺，丞相拜珠命翀傳旨中書，翀行數步還，曰：「命翀傳否？」拜珠歎曰：「真謹飭人也！」間謂翀曰：「爾可作宰相否？」翀對曰：「宰相固不敢當，然所學，宰相事也。夫爲宰相者，必福、德、才、量四者皆備，乃足當耳。」拜珠大悦，以酒觴翀曰：「非公不聞此言。」

**《元史》卷二八《英宗紀二》**　己亥，嶺北蒙古軍饑，給糧遣還所部。

庚子，賑彰德路饑。

壬寅，真州火，徽州饑，並賑之。

辛亥，涇州雨雹，免被災者租。

壬子，公主失憐答里薨，賜鈔五萬貫。

甲寅，南陽府西穰等屯風、雹，洪澤、芍陂屯田去年旱、蝗，並免其租。

丙辰，恩州饑，禁釀酒。

乙丑，中書省臣請節賞賚以紓民力，帝曰：「朕思所出倍於所入，出納之際，卿輩宜慎之，朕當撙節其用。」

丙寅，賜邊卒鈔、帛。賑東昌、霸州饑民。松江府上海縣水，仍旱。

五月己巳，以公主速哥八剌爲趙國大長公主。免德安府被災民租。修滹沱河堤。彰德府饑，禁釀酒。

庚午，泰符、臨邑二縣民謀逆，其首王驢兒伏誅，餘杖流之。睢、許二州去年水旱，免其租。

辛未，駙馬脱脱薨，賜鈔五萬貫。

庚辰，賑固安州饑。置營於永平，收養蒙古子女，遣使諭四方，匿者罪之。

癸未，以御史大夫脱脱爲江南行臺御史大夫。

**《續資治通鑑》卷二〇一** 甲申，帝幸五臺山，拜珠曰：「自古帝王得天下以得民心爲本，失其心則失天下。錢穀，民之膏血，多取則民困而國危，薄斂則民足而國安。」帝曰：「卿言甚善。朕思之，民爲重，君爲輕，國非民則何以爲君！今理民之事，卿等當熟慮而慎行之。」

**《元史》卷二八《英宗紀二》** 賑夏津、永清二縣饑。以只兒哈郎爲御史大夫。

乙酉，以拜住領宗仁蒙古侍衛親軍都指揮使司事，佩三珠虎符。京師饑，發粟二十萬石賑（糴）〔糶〕。雲南行省平章答失鐵木兒、朶兒只坐贓杖免。

戊子，禁民集衆祈神。

庚寅，河南、陝西、河間、保定、彰德等路饑，發粟賑之，仍免常賦之半。調各衛漢軍二千，充宗仁衛屯田卒。禁星於五臺山。

甲午，賑鞏昌階州饑。

丙申，以吴全節爲玄教大宗師，特進上卿。

**《續資治通鑑》卷二〇一** 閏月，戊戌，封諸葛忠武侯爲威烈忠武顯靈仁濟王。

**《元史》卷二八《英宗紀二》** 辛丑，萬户李英以良民爲奴，擅文其面，坐罪。

癸卯，禁白蓮佛事。睢陽縣亳社屯大水，饑，賑之。諸王阿馬、承童坐擅徙脱列捏王衛士，並杖流海南。

**《續資治通鑑》卷二〇一** 甲辰，御史臺請黜監察御史不稱職者以示懲勸，從之。

**《元史》卷二八《英宗紀二》** 丙午，嶺北戍卒貧乏，賜鈔三千二百五十萬貫、帛五十萬匹。

戊申，奉元路鄜縣及成州饑，並賑之。以鐵木迭兒子同知樞密院事班丹知樞密院事。

己酉，也不干八秃兒戍邊有功，賜以金、鈔。

壬子，作紫檀殿。

乙卯，以淮安路去歲大水，遼陽路隕霜殺禾，南康路旱，並免其租。

壬戌，安豐屬縣霖雨傷稼，免其租。興元褒城縣饑，賑之。

甲子，真定、山東諸路饑，弛其河泊之禁。

丙寅，辰州沅陵縣洞蠻爲寇，遣兵捕之。敕：「已除不赴任者，奪其官。」封公主速哥八剌乳母爲順國夫人。

六月丁卯朔，車駕至五臺山，禁扈從宿衛，毋踐民禾。置中慶、大理二路推官各一員。

戊辰，揚州屬縣旱，免其租。

己巳，廣元路綿谷、昭化二縣饑，官市米賑之。

癸酉，申禁日者妄談天象。

甲戌，新平、上蔡二縣水，免其租。

**《續資治通鑑》卷二〇一** 丙子，修渾河隄。

壬午，辰州江水溢，壞民廬舍。

**《元史》卷二八《英宗紀二》** 丁亥，奉元屬縣水，淮安屬縣旱，並免其租。

庚寅，思州風、雹，建德路水，皆賑之。

**《元史續編》卷九** 翰林學士承旨趙孟頫卒。

道州民符翼軫作亂，討平之。

**《元史》卷二八《英宗紀二》** 秋七月戊戌，淮安路水，民饑，免其租。

**《續資治通鑑》卷二〇一** 丁未，賜拜珠平江田萬畝。拜珠辭曰：「陛下命臣釐正庶務，若先受賜田，人其謂我何！」帝曰：「汝勳舊子孫，加以廉慎，人或援例，朕自諭之。」

**《元史》卷二八《英宗紀二》** 壬子，遣親王闊闊禿總兵北邊，賜金二百五十兩，銀二千五百兩、鈔五十萬貫。

《元史新編》卷一〇　戊午，太陰犯井宿越星。車駕次應州，曲赦金城縣囚徒。

《元史》卷二八《英宗紀二》　庚申，陞靖州爲路。

辛酉，次（澤）〔渾〕源州。中書左丞張思明坐罪杖免，籍其家。

甲子，録京師諸役軍匠病者千人，各賜鈔遣還。南康路大水，廬州六安縣大雨，水暴至，平地深數尺，民饑，命有司賑糧一月。

八月戊辰，祭社稷。

己巳，道州寧遠縣民符翼軫作亂，有司討擒之。

壬申，蔚州民獻嘉禾。

甲戌，次奉聖州。築宗仁衛營。給廬州流民復業者行糧。

戊寅，詔畫《蠶麥圖》於鹿頂殿壁，以時觀之，可知民事也。

己卯，廬州路六安、舒城縣水，賑之。

《續資治通鑑》卷二〇一　庚辰，增壽安山寺役卒七千人。

《元史》卷二八《英宗紀二》　庚寅，鐵木迭兒卒，命給直市其葬地。

甲午，瑞州高安縣饑，命有司賑之。

九月戊戌，大寧路、水達達等驛水傷稼，賑之。給蒙古子女貧乏者鈔七百五十萬貫。

戊申，給壽安山造寺役軍匠死者鈔，人百五十貫。

庚戌，申禁江南典雇妻妾。

辛亥，幸壽安山寺，賜監役官鈔，人五千貫。

甲寅，賑淮東泰興等縣饑。

《元史新編》卷一〇　丙辰，太皇太后崩。

《元史》卷二八《英宗紀二》　戊午，賜蒙古子女鈔百五十萬貫。

《續資治通鑑》卷二〇一　庚申，敕停今冬祀南郊。

《元史新編》卷一〇　癸亥，地震，減膳撤樂。近臣有進觴者，帝曰：「朕方修德不暇，汝反爲是諂邪。」斥出之。因戒近臣曰：「汝等居官食禄，當勉力圖報。苟或貧乏，朕不惜賜與。若所爲非法，則必刑無赦。」

《元史》卷二八《英宗紀二》　甲子，臨安河西縣春夏不雨，種不入土，居民流散，命有司賑給，令復業。作層樓於涿州鹿頂殿西。

丙寅，西僧班吉疾，賜鈔五萬貫。



《續資治通鑑》卷二〇一　冬十月丁卯朔，太史院請禁明年興作土工，從之。

戊辰，饗太廟。先是太常奏，國哀以日易月，旬有二日外乃舉祀事，帝曰：「太廟禮不可廢，迎香去樂可也。」至是以廟工未畢，妨陳宮縣，止用登歌。

《元史》卷二八《英宗紀二》　丙子，押濟思國遣使來貢方物。江南行臺大夫脱脱，坐請告未得旨輒去職，杖謫雲南。

甲申，建太祖神御殿於興教寺。

己丑，以拜住爲中書右丞相。南恩州賊潭庚生等降。

《續資治通鑑》卷二〇一　參議中書省事王結言於拜住曰：「爲相之道，當正己以正君，正君以正天下。除患不可猶豫，猶豫恐生他變。服用不可奢僭，奢僭則害及於身。」拜住深是之。

治書侍御史索諾木罷爲翰林侍講學士，特（實克）〔克實〕奏復其職，帝不允。

《元史》卷二八《英宗紀二》　十一月甲午朔，日有食之。

己亥，以立右丞相詔天下。流民復業者，免差税三年。站户貧乏鬻賣妻子者，官贖還之。凡差役造作，先科商賈末技富實之家，以優農力。免陝西明年差税十之三，各處官佃田明年租十之二，江淮創科包銀全免之。御史李端言：「近者京師地震，日月薄蝕，皆臣下失職所致。」帝自責曰：「是朕思慮不及致然。」因敕羣臣亦當修飭，以謹天戒。罷世祖以後冗置官。括江南僧有妻者爲民。安南國遣使來貢方物，回賜金四百五十兩、金幣九，帛如之。

甲辰，罷徽政院。

丙午，造龍船三艘。

戊申，岷州旱，疫，賑之。賜戍北邊萬户、千户等官金帶。御史李端言：「朝廷雖設起居注，所録皆臣下聞奏事目。上之言動，宜悉書之，以付史館。世祖以來所定制度，宜著爲令，使吏不得爲奸，治獄者有所遵守。」並從之。

乙卯，遣西僧高主瓦迎帝師。宣德府宣德縣地屢震，賑被災者糧、鈔。

己未，定脱禾孫入流官選，給印與俸。置八番軍民安撫司，改長官所二十有八爲州縣。

辛酉，真人蔡（逌）〔道〕泰殺人，伏誅；刑部尚書不答失里坐受其金，范德郁坐詭隨，並杖免。平江路水，損官民田四萬九千六百三十頃，免其租。

《元史續編》卷九　翰林學士元明善卒。

平江大水。捐官民田四萬九千六百三十頃，免其租。

《續資治通鑑》卷二〇一　十二月甲子朔，南康、建昌大水，山崩，死者四十七人，民飢，命賑之。

丁卯，中書平章政事瑪嚕罷爲大司農，廉恂罷爲集賢大學士。以集賢大學士張珪爲平章政事。

戊辰，以掌道教張嗣成、吴全節、藍道元各三授制命、銀印，敕奪其二。

《元史》卷二八《英宗紀二》　壬申，免回回人户屯戍河西者銀税。

甲戌，兩江來安路總管岑世興作亂，遣兵討之。鐵木迭兒子宣政院使八思吉思，坐受劉夔冒獻田地伏誅，仍籍其家。

丙(寅)〔子〕，增鎮南王脱不花戍兵。

庚辰，葛蠻安撫司副使龍仁貴作亂，湖廣行省督兵捕之。以知樞密院事欽察台爲宣政院使，參知政事速速爲中書左丞，宗仁侍衛親軍都指揮使馬剌爲參知政事。

癸未，紹興路柔遠州洞蠻把者爲寇，遣兵捕之。以御史大夫只兒哈郎知樞密院事。封闊闊禿爲武寧王，授金印。以地震日食，命中書省、樞密院、御史臺、翰林、集賢院，集議國家利害之事以聞。敕兩都營繕仍舊，餘如所議。弛河南、陝西等處酒禁。禁近侍奏取没入錢物。

《元史新編》卷一〇　以宗仁衛蒙古子女多至萬人，權停收養。

《續資治通鑑》卷二〇一　以地震、日食，敕廷臣集議弭災之道。中書平章政事張珪抗言於坐曰：「弭災當究其所以致災者。漢殺孝婦，三年不雨。蕭、楊、賀寃死，獨非致沴之端乎？死者固不可復生，而情義猶可昭白，毋使朝廷終失之也。」

《元史》卷二八《英宗紀二》　乙酉，杭州火，賑之。

丙戌，定謚太皇太后曰昭獻元聖，遣太常禮儀院使朵台以謚議告於太廟。陞寧昌府爲下路，增置一縣。併雲南西沙縣入寧州。賜淮安忠武王伯顔祠祭田二十頃。

辛卯，給蒙古流民糧，鈔，遣還本部。張珪足疾免朝賀。西僧灌頂疾，請釋囚，帝曰：「釋囚祈福，豈爲師惜。朕思惡人屢赦，反害善良，何福之有。」宣徽院臣言：「世祖時晃吉剌歲輸尚食羊二千，成宗時增爲三千，今請增五千。」帝不許，曰：「天下之民，皆朕所有，如有不足，朕當濟之。若加重賦，百姓必致困窮，國亦何益。」命遵世祖舊制。徽州、廬州、濟南、真定、河間、大名、歸德、汝寧、鞏昌諸處及河南芍陂屯田水，大同、衛輝、江陵屬縣及豐贍署大惠屯風，河南及雲南烏蒙等處屯田旱，汴梁、順德、河間、保定、慶元、濟寧、濮州、益都諸屬縣及諸衛屯田蝗。

《元史新編》卷一〇　司徒劉夔、同僉宣政院事囊加台坐妄獻地土，冒取官錢，伏誅。鐵木迭爾子宣政使八剌吉思受夔冒獻田地，御史大夫鐵失同受賂，事聞，帝曰：「法者，祖宗所制，非朕得私。彼雖事朕久，今既有罪，當論如法。」即令誅之，惟鐵失獲免。是歲六月，敕修「大元聖政典章」成，分類六十卷，又得鄱陽馬端臨所著「文獻通攷」三百四十八卷，皆鏤板以行。

《續資治通鑑》卷二〇一

是歲，山北廉訪司經歷許有壬，遷江南行臺監察御史，行部廣東，以貪墨劾罷廉訪副使哈質蔡衍。至江西，會廉訪使苗好謙監焚昏鈔，檢視鈔者日至百餘人，好謙恐其有弊，痛鞭之，人畏罪，率剔真爲僞以迎其意。管庫吏而下，搒掠無全膚，訖莫能償。有壬覆視，率真物也，遂釋之。凡勢官豪民，有壬悉擒治以法，部内肅然。

## 至治三年（癸亥、一三二三）

《續資治通鑑》卷二〇一　春正月癸巳朔，以禹城縣去秋霖雨，縣人邢著、程進出粟以賑飢民，命旌其門。

《元史》卷二八《英宗紀二》　暹國及八番洞蠻酋長，各遣使來貢。

乙未，享太廟。

《續資治通鑑》卷二〇一　己亥，思明州盜起，湖廣行省督兵捕之。

庚子，刑部尚書烏訥爾，坐贓杖免。

《元史》卷二八《英宗紀二》　壬寅，命太僕寺增給牝馬百匹，供世祖、仁宗御容殿祭祀馬湩。和林阿蘭禿等驛户貧乏，給鈔賑之。以行中書省平章政事復兼總軍政，軍官有罪，重者以聞，輕者就決。罷上都、雲州、興和、宣德、蔚州、奉聖州及鷄鳴山、房山、黄蘆、三叉諸金銀冶，聽民採鍊，以十分之三輸官。授前樞密院副使吴元珪、王約集賢大學士，翰林侍講學士韓從益昭文館大學士，並商議中書省事。拜住言：「前集賢侍講學士趙居信、直學士吴澄，皆有德老儒，請徵用之。」帝喜曰：「卿言適副朕心，更當搜訪山林隱逸之士。」遂以居信爲翰林學士承旨，澄爲學士。增置上都留守司判官二員，以漢人爲之，專掌刑名。置仁宗中宫位提舉司二，秩正五品，隸承徽寺。

**《續資治通鑑》卷二〇一**　王約年老，俾以其禄家居，每日一至中書，時政多所參酌。

帝嘗謂臺臣曰：「朕深居九重，臣下奸貪，民生疾苦，豈能周知！故用卿等爲耳目。曩者特們德爾貪蠹無狀，汝等拱默不言。其人雖死，宜籍其家以懲後也。」

**《元史》卷二八《英宗紀二》**　甲辰，鎮西武寧王部饑，賑之。遣諸王忽剌出往鎮雲南，賜鈔萬五千貫。

辛亥，申命鐵失振舉臺綱。

壬子，建諸王驛於京師。遣回回砲手萬户赴汝寧、新蔡，遵世祖舊制，教習砲法。靜江、邕、柳諸郡獠爲寇，命湖廣行省督兵捕之。

甲寅，以宗仁衛蒙古子女額足萬户，命罷收之。

乙卯，征東末吉地兀者户，以貂鼠、水獺、海狗皮來獻，詔存䘏三歲。

丙辰，泉州民留應總作亂，命江浙行省遣兵捕之。

丁巳，定封贈官等秩。

辛酉，禁故殺子孫誣平民者。增置兵部尚書一員。四川行省平章政事趙世延，爲其弟訟不法事，繫獄待對，其弟逃去，詔出之。仍著爲令：逃者百日不出，則釋待對者。命樞密副使完顔納丹、侍御史曹伯啓、也可扎魯忽赤不顔、集賢學士欽察、翰林直學士曹元用，聽讀仁宗時纂集累朝格例。敕：「常調官外不次銓用者，但陞以職，勿陞其階。」

**《元史續編》卷九**　罷上都諸路金銀冶。

**《元史》卷二八《英宗紀二》**　二月癸亥朔，作上都華嚴寺、八思巴帝師寺及拜住第，役軍六千二百人。定軍官襲職，嫡長子孫幼者，令諸兄弟姪攝之，所受制敕書權襲，以息爭訟。

丙寅，翰林國史院進《仁宗實録》。遣教化等往西番撫初附之民，徵畜牧，治郵傳。

**《續資治通鑑》卷二〇一**　進前數日，監修拜珠詣國史院聽讀首卷，書大德十年事，不書左丞相哈喇哈斯定策功，惟書越王圖喇勇決。拜珠從容謂史官曰：「無左丞相，雖百越王何益！録鷹犬之勞而略發蹤指示之人，可乎？」立命書之。其他筆削未盡然者，一一正之。人皆服其卓（職）〔識〕。

**《元史》卷二八《英宗紀二》**　戊辰，祭社稷。天壽節，賓丹、爪哇等國遣使來貢。

**《續資治通鑑》卷二〇一**　己巳，修廣惠河牐十有九所，治野狐、桑乾道。

**《元史》卷二八《英宗紀二》**　癸酉，畋於柳林，顧謂拜住曰：「近者地道失寧，風雨不時，豈朕纂承大寶行事有闕歟？」對曰：「地震自古有之，陛下自責固宜，良由臣等失職，不能燮理。」帝曰：「朕在位三載，於兆姓萬物，豈無乖戾之事。卿等宜與百官議，有便民利物者，朕即行之。」

置鎮遠王也不干王傅官屬。罷播州黄平府長官所一，徙其民隸黄平。

辛巳，造五輅。格例成定，凡二千五百三十九條，内斷例七百一十七、條格千一百五十一、詔赦九十四、令類五百七十七，名曰《大元通制》，頒行天下。是夜，太陰犯東咸。

**《續資治通鑑》卷二〇一**　拜珠患法制不一，有司無所守，請詳定舊典以爲通制。於是命樞密副使完顔納坦、集賢學士侍御史曹伯啓纂集累朝格例而損益之。書成，辛巳，奏上，凡二千五百三十九條，名曰《大元通制》，頒行天下。伯啓言：「五刑者，刑異五等。今黥、杖、徒役於千里之外，百無一生還者，是一人身備五刑，非五刑各底於人也，法當改易。」丞相雖是之而不果行。

**《元史》卷二八《英宗紀二》**　癸未，賑北邊軍鈔二十五萬錠、糧二萬石。命宣徽院選蒙古子男四百入宿衛。罷徽政院總管府三：都總管府隸有司，怯憐口及人匠總管府隸陝西行中書省。降開成路爲州。

丙戌，雨土。京師饑，發粟二萬石賑糶。造五輅旗。

**《續資治通鑑》卷二〇一**　丁亥，敕金書《藏經》二部，命拜珠等總之。

戊子，封鷹師布哈爲趙國公。

**《元史》卷二八《英宗紀二》**　辛卯，以太子賓客伯都廉貧，賜鈔十萬貫。諸王月思別遣使來朝。罷稱海宣慰司及萬户府，改立屯田總管府。諸王怯伯遣使貢蒲萄酒。海漕糧至直沽，遣使祀海神天妃。

**《元史續編》卷九**　以富珠哩翀爲中書右司員外郎。

**《御批歷代通鑑輯覽》卷九七**　命御史大夫特克實振舉臺綱。

**《元史》卷二八《英宗紀二》**　三月壬辰朔，車駕幸上都。賜諸王喃答失（言）鈔二百五十萬貫，復給諸王脱歡歲賜。

**《續資治通鑑》卷二〇一**　丁酉，平江路嘉定州饑，發粟六萬石賑之。

《元史》卷二八《英宗紀二》　戊戌，安豐芍陂屯田女直户饑，賑糧一月。

庚子，崇明（諸）州饑，發米萬八千三百石賑之。

甲辰，台州路黄巖州饑，賑糧兩月。

丁未，西番參卜郎諸族叛，敕鎮西武靖王搠思班等發兵討之。

戊申，祔太皇太后於順宗廟室，遣攝太尉、中書右丞相拜住奉玉册、玉寶上尊謚曰昭獻元聖皇后。

《續資治通鑑》卷二〇一　辛亥，以圓明、王道明之亂，禁僧、道度牒、符録。

《元史》卷二八《英宗紀二》　丙辰，敕：「醫、卜、匠官，居喪不得去職，七十不聽致仕，子孫無廕敍，能紹其業者，量材録用。」監察御史拜住、教化，坐舉八思吉思失當，並黜免。諸王火魯灰部軍驛户饑，賑之。

夏四月壬戌朔，敕天下諸司命僧誦經十萬部。

丙寅，察罕腦兒蒙古軍驛户饑，賑之。

《續資治通鑑》卷二〇一　丁卯，旌内黄縣節婦王氏。

己巳，浚金（河水）〔水河〕。

《元史新編》卷一〇　甲戌，命張珪、王士熙勉勵國子監學。都功德使闊爾魯至京師，釋罪囚大辟者三十一人，杖者六十九人。放籠禽十萬，令有司償其直。

《元史》卷二八《英宗紀二》　己卯，詔行助役法，遣使考視税籍高下，出田若干畝，使應役之人更掌之，收其歲入以助役費，官不得與。北邊軍饑，賑之。蒙古大千户部，比歲風雪斃畜牧，賑鈔二百萬貫。敕京師萬安、慶壽、聖安、普慶四寺，揚子江金山寺、五臺萬聖祐國寺，作水陸佛事七晝夜。

丁亥，故羅羅斯宣慰使述古妻漂末權領司事，遣其子娑住邦來獻方物。

戊子，南豐州民及鞏昌蒙古軍饑，賑之。

五月辛卯〔朔〕，設大理路白鹽城榷税官，秩正七品；中慶路榷税官，秩從七品。置安慶灊山縣、雲南寧遠州。

《元史續編》卷九　庚子，大風、雨雹。拔柳林行宫内外大木三千七百株。

《元史》卷二八《英宗紀二》　辛丑，以鐵失獨署御史大夫事。

壬寅，雲南行省平章政事忽辛坐贜杖免。詔中外開言路。置慶元路嵊山縣，增尉一員。徙安寨縣於龍安驛。

《元史續編》卷九　詔中外開言路。

《元史》卷二八《英宗紀二》　乙巳，嶺北米貴，禁釀酒。

戊申，監察御史蓋繼元、宋翼言：「鐵木迭兒奸險貪污，請毀所立碑。」從之，仍追奪官爵及封贈制書。帝御大安閣，見太祖、世祖遺衣皆以縑素木綿爲之，重加補綴，嗟歎良久，謂侍臣曰：「祖宗創業艱難，服用節儉乃如此，朕焉敢頃刻忘之！」

癸丑，荆湖宣慰使脱列受賂，事覺，召至京師，御史臺臣請遣就鞫，不允。

乙卯，賜勳舊子撒兒蠻、按灰鐵木兒、也先鐵木兒鈔，人萬五千貫。以鈔千萬貫，市羊馬給嶺北戍卒，人騋馬二、牝馬二、羊十五。禁驛户無質賣官地。

丙辰，東安州水，壞民田千五百六十頃。

戊午，真定路武邑縣雨水害稼。奉元行宫正殿災。上都利用監庫火，帝令衛士撲滅之。因語羣臣曰：「世皇始建宫室，於今安焉。朕嗣登大寶，而值此燬，此朕不能圖治之故也。」欽察衛兵戍邊，有卒累功，請賞以官，帝曰：「名爵豈賞人之物。」命賜鈔三千貫。大名路魏縣霖雨。大同路鴈門屯田旱損麥。諸衛屯田及永清縣水。保定路歸信縣蝗。

《續資治通鑑》卷二〇一　六月，寇圍寧都，州民孫王臣出糧餉軍，旌其門。

丁（酉）〔卯〕，西番參卜郎諸寇未平，遣徽政使丑嚕往督師。

《元史》卷二八《英宗紀二》　戊辰，毁鐵木迭兒父祖碑，追收元受制書，告諭中外。贈乳母忽秃台定襄郡夫人，其夫阿來追封定襄王，謚忠愍。

壬申，將作院使哈撒兒不花坐罔上營利，杖流東裔，籍其家。留守司以雨請修都城，有旨：「今歲不宜大興土功，其略完之。」

癸酉，置太廟夾室。贈燕赤吉台太赤爲襄安王。諸王别思鐵木兒統兵北部，别頒歲賜。太常請纂修累朝儀禮，從之。

《元史續編》卷九　置太廟夾室。

《元史》卷二八《英宗紀二》　乙酉，易、安、滄、莫、霸、祁諸州及諸衛屯田水，壞田六千餘頃。諸王怯伯數寇邊，至是遣使來降，帝曰：「朕非欲彼土地人民，但吾民不罹邊患，軍士免於勞役，斯幸矣。今既來降，當厚其賜以安之。」

秋七月辛卯朔，宣政使欽察台自傳旨署事，中書以體制非宜，請通行禁止，從之。

壬辰，占城國王遣其弟保佑八剌遮奉表來貢方物。真定路驛户饑，賑糧二千四百石。

癸卯，太廟成。班丹坐贜杖免。賜剌禿屯田貧民鈔四十六萬八千貫市牛具。

甲辰，諸王帖木兒還自雲南，入宿衛，賜鈔二萬五千貫。

**《續資治通鑑》卷二〇一**　乙巳，招諭左右兩江黄勝許、岑世興。

己酉，丞相拜珠，以海運糧視世祖時頓增數倍，今江南民力困極而京倉充滿，請歲減二十萬石，帝遂併特們德爾增科江淮糧免之。

**《元史》卷二八《英宗紀二》**　封諸王忽都鐵木兒爲威遠王，授金印。

甲寅，買馬行宫駕車六百五十匹。

丙辰，永寧王卜〔顔〕鐵木兒爲不法，命宗正府及近侍雜治其傅。籍鐵木迭兒家資。諸王徹徹秃入朝請印，帝以其政績未著，不允，賜鈔二十五萬貫。御史臺請降旨開言路，帝曰：「言路何嘗不開，但卿等選人未當爾。」漷州雨，水害屯田稼。真定州諸路屬縣蝗。冀寧、興和、大同三路屬縣隕霜。東路蒙古萬户府饑，賑糧兩月。

**《續資治通鑑》卷二〇一**　御史臺請降旨開言路，帝曰：「言路何嘗不開，但卿等選人未當耳。朕知嚮所劾者，率由宿怨羅織成獄，加之以罪，遂玷其人，終身不復伸。御史嘗舉巴爾濟蘇可任大事，未幾，以貪墨伏誅。言路（遷）〔選〕人，當乎否乎？」

帝在上都，夜寐不寧，命作佛事；拜珠以國用不足諫止之。既而奸黨懼誅者，復陰誘羣僧，言國當有厄，非作佛事而大赦，無以禳之，拜珠叱曰：「爾輩不過圖得金帛而已，又欲庇有罪耶？」奸黨聞之，知必不免，遂萌逆圖。

**《續資治通鑑》卷二〇一**　八月辛酉，晉王獵於圖喇之地，特克實遣烏魯斯告曰：「我與哈克繖、額森特穆爾、實達爾謀已定，事成，推立王爲皇帝。」又令烏魯斯以其事告晉王之内史都爾蘇，且言：「汝與巴蘇呼知之，勿令舒瑪爾節得聞也。」晉王命囚烏魯斯，遣巴勒密實特等赴上都，以逆謀告。

**《元史新編》卷一〇**　八月癸亥，車駕自上都還，駐蹕南坡。御史大夫鐵失、知樞密院事耶先鐵木爾、大司農失秃爾、前中書平章赤斤、前雲南平章完者及鐵木迭爾子鎖南、典瑞院使脱火赤、樞密院副使阿散、僉書樞密事章台、衛士圖滿及諸王按梯不花、孛羅、月魯不花、曲律不花、兀魯思不花等謀逆，以阿速衛兵爲外應，弒帝於行幄，殺右丞相拜住。

**《續資治通鑑》卷二〇一**　張珪在大都，聞南坡之變，密言於監省魏王庫庫圖曰：「我世爲國忠臣，不敢愛死。事已如此，大統當在晉邸。我有密書陳誅逆定亂之宜，非王莫敢致。」庫庫圖曰：「公誠忠，萬一事泄，得無危乎？」珪曰：「事成，王之功，不成，吾家甘虀粉萬死，不敢以言累王。」庫庫圖乃遣人達珪書於晉王，且勸進。

# 元泰定帝部(起公元一三二三年，迄公元一三二八年)

**《元史》卷二九《泰定帝紀一》** 泰定皇帝，諱也孫鐵木兒，顯宗甘麻剌之長子，裕宗之嫡孫也。

## 至治三年(癸亥、一三二三)

**《元史》卷二九《泰定帝紀一》** (九月)癸巳，即皇帝位於龍居河，大赦天下。**【略】**是日，以知樞密院事淇陽王也先鐵木兒爲中書右丞相，諸王月魯鐵木兒襲封安西王。

甲午，以内史倒剌沙爲中書平章政事，乃馬台爲中書右丞，鐵失知樞密院事，馬思忽同知樞密院事，孛羅爲宣徽院使，旭邁傑爲宣政院使。

乙未，大理護子羅鑾爲寇。以樞密副使阿散爲御史中丞，内史善僧爲中書左丞。

**《續資治通鑑》卷二〇一** 丁酉，以鄂勒哲知樞密院事，圖們同簽樞密院事。

戊戌，以薩迪密實知樞密院事，章台同知樞密院事。

己亥，敕諭百司：「凡銓授官，遵世祖舊制，惟樞密院、御史臺、宣政院、宣徽院得自奏聞，餘悉由中書。」

辛丑，以瑪謨錫知樞密院事，實達爾爲大司農。

召諸王屬流(徒)〔徙〕遠地及還元籍者二十四人還京師。

**《元史》卷二九《泰定帝紀一》** 是月，大寧蒙古大千户部風雪斃畜牧，賑米十五萬石。南康、漳州二路水，淮安、揚州屬縣饑，賑之。

**《續資治通鑑》卷二〇一** 冬十月癸亥，修佛事於大明殿。

特克實之變，諸王邁努逃赴潛邸，願效死力，且言於帝曰：「不誅元凶，則陛下善名不著，天下後世何從而知！」帝深然之。

**《元史》卷二九《泰定帝紀一》** 甲子，遣使至大都，以即位告天地、宗廟、社稷。誅逆賊也先鐵木兒、完者、鎖南、禿滿等於行在所。以旭邁傑爲中書右丞相，陝西行中書左丞相禿(忽)魯、通政院使紐澤並爲御史大夫，速速爲御史中丞。遣旭邁傑、紐澤誅逆賊鐵失、失禿兒、赤斤鐵木兒、脱火赤、章台等於大都，並戮其子孫，籍入家産。

戊辰，召亦都護高昌王鐵木兒補化。

壬申，以内史按答出爲太師、知樞密院事。

丙子，詔百司遵守世祖成憲。

癸未，以旭邁傑兼阿速衛達魯花赤。

丙戌，以江浙行省平章政事兀伯都剌爲中書平章政事。八番順元及静江、大理、威楚諸路猺兵爲寇，敕湖廣、雲南二省招諭之。揚州江都縣火，雲南王、西平王二部衛士饑，皆賑之。

十一月己丑朔，車駕次於中都，修佛事於昆剛殿。

丙申，次於祖媽。

辛丑，車駕至大都。

壬寅，諸王怯別遣使來朝。

丁未，御大明殿，受諸王、百官朝賀。

庚戌，詔百司朝夕視事毋怠。

辛亥，御史中丞董守庸，坐黨鐵失免官。

**《續資治通鑑》卷二〇一** 初，特克實遣使至大都，封府庫，收百司印。監察御史許有壬知事急，即往告中丞董守庸。守庸謂：「宫禁事非子所當問。」有壬即疏守庸及經歷多爾濟班、監察御史郭額森呼都附特克實之罪以俟，及御史大夫寧珠至，有壬即袖疏上之。

辛亥，守庸坐黨特克實免官。

壬子，敕營繕不急者罷之。

癸丑，遣使詣曲阜，以太牢祀孔子。

敕會福院奉北安王納穆罕像於高(梁)〔良〕河寺。

祭遁甲五福神。

**《元史續編》卷九** 監察御史許有壬上正始十事。

封邁努爲泰寧王。

流貶諸王伊埒特穆爾等。

帝師衮噶諾爾布喇實嘉勒燦巴勒藏布死。

**《元史》卷二九《泰定帝紀一》** 丙辰，御史中丞速速，坐貪淫免官。

丁巳，廣州路新會縣民氾長弟作亂，廣東副元帥烏馬兒率兵捕之。雲南開南州大阿哀、阿三木、台龍買六千餘人寇哀卜白鹽井。詔：「凡有罪自首者，原其罪。」袁州路宜春縣、鎮江路丹徒縣饑，賑糶米四萬九千石。沅州黔陽縣饑，芍陂屯田旱，並賑之。

十二月己未，御史臺經歷朶兒只班、御史撒兒塔罕、兀都蠻、郭也先忽都，並坐黨鐵失免官。御史言：「曩者鐵木迭兒專政，誣殺楊朶兒只、蕭拜住、賀伯顔、觀音保、鎖咬兒哈的迷失，黥竄李謙亨、成珪，罷免王毅、高昉、張志弼，天下咸知其冤，請昭雪之。」詔存者召還録用，死者贈官有差。授諸王薛徹干以其父故金印。

庚申，以宦者剛答里爲中政院使。

壬戌，賜潛邸衛士鈔，人六十錠。浚鎮江路漕河及練湖，役丁萬三千五百人。給諸王八剌失里印。

**《元史續編》卷九** 戊辰，追尊皇考妣爲帝后。

**《元史》卷二九《泰定帝紀一》** 庚午，以即位，大賚后妃、諸王、百官，金七百餘錠、銀三萬三千錠，錢及幣帛稱是。遣使祀海神天妃。

**《御批歷代通鑑輯覽》卷九七** 盜竊太廟神主。

**《元史》卷二九《泰定帝紀一》** 壬申，作仁宗主，仍督有司捕盜。禜星於司天監。

癸酉，德慶路瀧水縣猺劉寅等降。

甲戌，命道士吴全節修醮事。

乙亥，征東夷民奉獸皮來附。太常院臣言：「世祖以來，太廟歲惟一享，先帝始復古制，一歲四祭，請裁擇之。」帝曰：「祭祀，盛事也，朕何敢簡其禮。」命仍四祭。監察御史脱脱、趙成慶等言：「鐵木迭兒在先朝，包藏禍心，離間親藩，誅戮大臣，使先帝孤立，卒罹大禍。其子鎖南，親與逆謀，久逭天憲，乞正其罪，以快元元之心。月魯、秃秃哈、速敦皆鐵失之黨，不宜寬宥。」遂並伏誅。

丙子，命嶺北守邊諸王徹徹秃，月修佛事，以却寇兵。

己卯，命僧作佛事於大内以厭雷。增諸王薛徹干、駙馬哈伯等歲賜金、銀、幣、帛有差。

壬午，諸王月思別遣怯烈來朝，賜以金、幣。

癸未，廣西右江來安路總管岑世興遣其弟世元入貢。

乙酉，雲南車里于孟爲寇，詔招諭之。諭百司惜名器，各遵世祖定制。

丙戌，旭邁傑言：「近也先鐵木兒之變，諸王買奴逃赴潛邸，願效死力，且言不除元兇，則陛下美名不著，天下後世何從而知。上契聖衷，嘗蒙奬諭。今臣等議，宗戚之中，能自拔逆黨，盡忠朝廷者，惟有買奴，請加封賞，以示激勸。」遂以泰寧縣五千户封買奴爲泰寧王。知樞密院事、大司徒闊徹伯授開府儀同三司。以前太師拜忽商議軍國重事。

丁亥，議賞討逆功，賜旭邁傑金十錠、銀三十錠、鈔七千錠，倒剌沙爲中書左丞相，知樞密院事馬某沙、御史大夫紐澤、宣政院使鎖秃並加授光禄大夫，仍賜金、銀、鈔有差。塑馬哈吃剌佛像於延春閣之徽清亭。下詔改元，詔曰：「朕荷天鴻禧，嗣大歷服，側躬圖治，夙夜祗畏，惟祖訓是遵，乃開歲甲子，景運伊始，思與天下更新。稽諸典禮，踰年改元，可以明年爲泰定元年。」免大都、興和差税三年，八番、思、播、兩廣洞寨差税一年，江淮創科包銀三年，四川、雲南、甘肅秋糧三分，河南、陝西、遼陽絲鈔三分。除虚增田税。免斡脱逋錢。賑恤雲南、廣海、八番等處戍軍。求直言。賜高年帛。禁獻山場湖泊之利。定吏員出身者秩止四品。以追遵皇考、皇妣，詔天下。雲南花脚蠻爲寇，詔招諭之。平江嘉定州饑，遼陽答陽失蠻、闊闊部風、雹，並賑之。澧州、歸州饑，賑糶米二萬石。

是歲夏，諸衛屯田及大都、河間、保定、濟南、濟寧五路屬縣，霖雨傷稼。秋，沂州定襄縣及忠翊侍衛屯田所營田、象食屯田所隕霜殺禾。土番岷州春疫，夏旱。西番寇鞏昌府。

**《元史新編》卷一一** 是歲，廣州新會民氾長弟作亂，雲南開南州大阿哀、阿三木、台龍買六千餘人寇哀卜白鹽井。車里于孟寇雲南，西番寇鞏昌府，各降詔招諭。

## 泰定元年（甲子、一三二四）

**《元史》卷二九《泰定帝紀一》** 春正月乙未，以乃馬台爲平章政事，善僧爲右丞。敕諸王哈喇還本部。召江西行省平章政事也兒吉你赴闕。

《續資治通鑑》卷二〇二　帝以元夕，命有司於禁中張燈山爲樂。監察御史趙師魯上言：「燕安怠惰，肇荒淫之基；奇巧珍玩，發奢侈之端。張燈雖細事，而縱耳目之欲，則上累日月之明。」帝遽命罷之，仍賜上尊酒，以嘉其忠直。

《元史》卷二九《泰定帝紀一》　己亥，以誅逆臣也先鐵木兒等詔天下。

辛丑，諸王、大臣請立皇太子。賜諸王徹徹禿金一錠、銀六十錠，幣帛各百匹，塔思不花金一錠、銀四十錠，幣帛二百匹，阿忽鐵木兒等金銀各有差。

壬寅，命僧諷西番經於光天殿。

《續資治通鑑》卷二〇二　以故丞相拜珠子達勒瑪實哩爲宗(人)〔仁〕衛親軍指揮使，徹爾哈爲左右衛阿蘇親軍都指揮使。

《元史續編》卷九　以奈曼岱爲中書平章，舒蘇爲右丞，録故丞相拜珠後。

《元史》卷二九《泰定帝紀一》　甲辰，敕譯《列聖制詔》及《大元通制》，刊本賜百官。

丁未，以稱海屯田萬户府達魯花赤帖陳假嶺北行中書省參知政事，近侍忽都帖木兒假禮部尚書，使西域諸王不賽因部。

戊申，八番生蠻韋光正等及楊、黄五種人，以其户二萬七千來附，請歲輸布二千五百匹，置長官司以撫之。

己酉，命諸王遠徙者悉還其部。召親王圖帖睦爾於瓊州，阿木哥於大同。定怯薛台歲給鈔，人八十錠。

《續資治通鑑》卷二〇二　初，英宗在上都，謂拜珠曰：「朕兄弟實相友愛，曩以小人譖愬，俾居遠方，當亟召還，明正小人離間之罪。」未及召而遇弒，至是帝悉召之。

甲寅，敕高麗王王璋歸國。璋嘗請於仁宗，降御香，南游江、浙，至寶陀山而還。及英宗即位，復請降香於江南，許之。行至江南，遣使急召，令騎士擁逼以行，璋侍從皆奔竄。還至京師，命中書省護送本國安置。璋遲留不即發，英宗下璋於刑部。既而祝髮，置之石佛寺。尋又流璋於吐蕃。帝即位，以大赦得還。至是命璋還本國，仍歸其藩王印。

《元史》卷二九《泰定帝紀一》　賜諸王太平、忽剌台、别失帖木兒等金印。糴米二十萬石，賑京師貧民。

丙辰，賜故監察御史觀音保、鎖咬兒哈的迷失妻、子鈔各千錠。賜司徒道住印。敕封解州鹽池神曰靈富公。廣德、信州、岳州、惠州、南恩州民饑，發粟賑之。

《續資治通鑑》卷二〇二　虞集赴召至京師，除國子司業，尋遷祕書少監。翰林侍講學士袁桷辭歸，許之。桷嘗請購求遼、金、宋三史遺書，爲議以上，所列應采之書，最爲該博，時不能用。

《元史》卷二九《泰定帝紀一》　二月丁巳朔，作顯宗影堂。

己未，修西番佛事於壽安山寺，曰星吉思吃剌，曰闊兒魯弗卜，曰水朵兒麻，曰颯間卜里喃家，經僧四十人，三年乃罷。

《續資治通鑑》卷二〇二　庚申，監察御史傅巖起、李嘉賓言：「遼王托克托，乘國有隙，誅屠骨肉，其惡已彰，恐懷疑貳。如令歸藩，譬之縱虎出柙。請廢之，别立近族以襲其位。」不報。

甲子，作佛事，命僧八百人及倡優百戲，導帝師游京城。

《元史》卷二九《泰定帝紀一》　庚午，選守令、推官。舊制，臺憲歲舉守令、推官二人，有罪連坐；至是言其不便，復命中書於常選擇人用之。

壬申，請上大行皇帝謚於南郊曰睿聖文孝皇帝，廟號英宗。

甲戌，江浙行省左丞趙簡，請開經筵及擇師傅，令太子及諸王大臣子孫受學，遂命平章政事張珪、翰林學士承旨忽都魯都兒迷失、學士吴澄、集賢直學士鄧文原，以《帝範》、《資治通鑑》、《大學衍義》、《貞觀政要》等書進講，復敕右丞相也先鐵木兒領之。諸王怯別、孛羅各遣使來貢。高昌王亦都護帖木兒補化遣使進蒲萄酒。

《續資治通鑑》卷二〇二　文原尋以疾致仕歸。

丁丑，監察御史宋本言：「逆賊特克實等雖伏誅，其黨樞密副使阿薩爾，身親弒逆，以告變得不死，竄嶺南，請早正天討。」先是太廟仁宗室主爲盗竊去，久而未獲。本言：「在法，民間失盗，捕之違期不獲猶治罪。太常失典守及在京應捕官，皆當罷去。」又言：「中書宰執日趨禁中，固寵苟安，兼旬不至中堂，壅滯機務。宜戒飭臣僚，自非入宿衛日，必詣所署治事。」皆不報。

《元史》卷二九《泰定帝紀一》　戊寅，御史李嘉賓劾逆黨左阿速衛指揮使脱帖木兒，罷之。

癸未，宣諭也里可温各如教具戒。加封廣德路祠山神張真君曰普濟，寧國路廣惠王曰福祐。紹興、慶元、延安、岳州、潮州五路及鎮遠府、河州、集州饑，發粟賑之。

**《續資治通鑑》卷二〇二**　賑紹興諸路饑。

先是至治末，詔作太廟，議者習見同堂異室之制，乃作十三室，未及遷奉而國有大故。有司疑於昭穆之次，命集議之。吴澄議曰：「世祖混一天下，悉攷古制而行之。古者天子七廟，廟各爲宫，太祖居中，左三廟爲昭，右三廟爲穆，神主各以次遞遷。其廟之宫，頗如今之中書六部。夫省部之設，亦倣金、宋，豈以宗廟敘次而不攷古乎？」時有司以急於行事，竟如舊制云。

國學舊法，每以積分次第，貢以出官。執政用監丞張起巖議，欲廢之，而以推擇德行爲務，中書左司員外郎許有壬折之曰：「積分雖未盡善，然可得博學能文之士。若曰惟德行之擇，其名固嘉，恐皆厚貌深情，專意外飾，或懵不能識一丁矣。」

**《元史》卷二九《泰定帝紀一》**　三月丁亥朔，罷徽政院，立詹事院，以太傅朶台、宣徽使禿滿迭兒、桓國公拾得驢、太尉丑驢答剌罕，並爲太子詹事；中書參知政事王居仁爲太子副詹事。以同知宣政院事楊廷玉爲中書參知政事。罷大同路黄華嶺及崇慶屯田。賜壽寧公主金十錠、銀五十錠、鈔二萬錠。

**《續資治通鑑》卷二〇二**　以祕書少監虞集爲禮部攷試官。

**《元史》卷二九《泰定帝紀一》**　乙未，以江西行省平章政事也兒吉你知樞密院事。置定王薛徹干總管府。給蒙古流民糧、鈔，遣還所部，敕擅徙者斬，藏匿者杖之。賜諸王徹徹禿永福縣户萬三千六百爲食邑，仍置王傅。

戊戌，廷試進士，賜八剌、張益等八十四人及第、出身有差，會試下第者，亦賜教官有差。中書省臣請禁横奏賞賚及踰越奏事者，從之。

庚子，欽察罷爲陝西行臺御史大夫。以四川行中書省平章政事囊加台兼宣政院使，往征西番寇參卜郎。

癸卯，命中書平章政事乃馬台攝祭南郊，知樞密院事闊徹伯攝祭太廟，以册皇后、皇太子告。

丙午，御大明殿，册八八罕氏爲皇后，皇子阿(速)〔剌〕吉八爲皇太子。

己酉，以皇子八的麻亦兒間卜嗣封晉王。泰寧王買奴卒，以其子亦憐真朶兒赤嗣。遣湘寧王八剌失里出鎮察罕腦兒，罷宣慰司，立王傅府。以知樞密院事也(先)〔兒〕吉你爲雲南行省右丞相。召流人還京師。

庚戌，月直延民真只海、阿答罕來獻大珠。監察御史宋本、李嘉賓、傅巖起言：「太尉、司徒、司空，三公之職，濫假僧人，及會福、殊祥二院，並辱名爵，請罷之。」不報。

癸丑，諸王不賽因遣使朝貢。臨洮狄道縣，冀寧石州、離石、寧鄉縣旱，饑，賑米兩月。廣西横州徭寇永淳縣。

夏四月戊午，廉恂罷爲集賢大學士，食其禄終身。賜乳母李氏鈔千錠。賜征參卜郎軍千人鈔四萬七千錠。太尉不花、平章政事即烈，坐矯制以寡婦古哈强配撒梯，被鞫，詔以世祖舊臣，原其罪。

己未，以珠字詔賜帝師所居撒思加部。

庚申，詔整飭御史臺。作昭〔獻元〕聖皇后御容殿於普慶寺。

辛酉，命昌王八剌失里往鎮阿難答昔所居地。親王圖帖睦爾至自潭州，及王禪，皆賜車帳、駝馬。

癸亥，以國言上英宗廟號曰格堅皇帝。修佛事於壽昌殿。

甲子，車駕幸上都。以諸王寬徹不花、失剌，平章政事兀伯都剌，右丞善僧等居守。以嶺北行中書省左丞潑皮爲中書左丞，江南行臺中丞朶朶爲中書參知政事。馬剌罷爲太史院使。罷衛士四百人還宗仁衛。賜北庭的撒兒兀魯軍羊馬。諸王不賽因遣使來貢。發兵民築渾河堤。

**《續資治通鑑》卷二〇二**　帝如上都，以講臣多高年，命虞集與侍讀學士王結執經以從，集自是歲常在行經筵之制，取經史中切於心德治道者，用國語、漢文兩進讀。潤譯之際，患夫陳聖學者未易盡其要，指時務者難於極其情，每選一時精於其學者爲之，猶數日乃成一篇。集爲反復古今名物之辨以通之，然後得以無(訛)〔忤〕。其辭之所達，萬不及一，則未嘗不退而竊歎也。

**《元史》卷二九《泰定帝紀一》**　丙寅，賜昌王八剌失里牛馬橐駝。税僧、道邸舍積貨。

丁卯，遣諸王捏古伯等還和林。封八剌失里繼母買的爲皇妹，昌國大長公主，給銀印。以忽咱某丁爲哈讚忽咱，主西域户籍。

**《續資治通鑑》卷二〇二**　辛未，月食既。

癸酉，以太子詹事圖們特爾爲中書平章政事。

甲戌，命咒師作佛事以厭雷。

**《元史新編》卷一一**　庚辰，帝以風烈、月食、地震，手詔至大都戒飭百官曰：「比者災異屢見，朕以憂天下爲心，反躬自責，謹守祖宗成訓，修德慎行，爾等宜各勤乃職，以荅天意。」并令廷臣集議時政得失。

**《元史》卷二九《泰定帝紀一》** 辛巳，太廟新殿成。木憐撒兒蠻部及北邊蒙古户饑，賑糧、鈔有差。江陵路屬縣饑。雲南中慶、昆明屯田水。

五月丁亥，監察御史董鵬南、劉潛、邊笥、慕完、沙班以災異上言：「平章乃蠻台、宣徽院使帖木兒不花、詹事禿滿答兒，黨附逆徒，身虧臣節，太常守廟不謹，遼王擅殺宗親，不花、即里矯制亂法，皆蒙寬宥，甚爲失刑，乞定其罪，以銷天變。」不允。

己丑，帝諭倒剌沙曰：「朕即位以來，無一人能執成法爲朕言者。知而不言則不忠，且陷人於罪。繼自今，凡有所知，宜悉以聞，使朕明知法度，斷不敢自縱。非獨朕身，天下一切政務，能守法以行，則衆皆乂安，反是，則天下罹於憂苦。」又曰：「凡事防之於小則易，救之於大則難，爾其以朕言明告於衆，俾知所慎。」

**《續資治通鑑》卷二〇二** 壬辰，御史臺圖呼魯、寧珠言：「御史奏災異屢見，宰相宜避位以應天變，可否仰自聖裁。顧惟臣等爲陛下耳目，有徇私違法者，不能糾察，慢官失守，宜先退避以授賢能。」帝曰：「御史所言，其失在朕，卿等何必遽爾！」圖呼魯又言：「臣已老病，恐誤大事，乞先退。」於是中書省臣烏温都爾、張珪、楊廷玉皆抗疏乞罷。丞相舒瑪爾節、都爾蘇言：「比者災異，陛下以憂天下爲心，反躬自責，謹遵祖宗聖訓，修德慎行，敕臣等各勤乃職，手詔至大都，居守(信)〔省〕臣皆引罪自劾。臣等爲左右相，才下識昏，當國大任，無所襄贊，以致災祲，罪在臣等，所當退黜，諸臣何罪！」帝曰：「卿若皆辭避而去，國家大事，朕孰與圖之！宜各相諭，以勉乃職。」

癸巳，前翰林學士小雲石哈雅卒，贈集賢學士，追封京兆郡公，謚文靖。

**《元史》卷二九《泰定帝紀一》** 戊戌，遷列聖神主於太廟新殿。

辛丑，循州猺寇長樂縣。

甲辰，赦上都囚笞罪以下者。

丙午，侍御史高奎上書，請求直言，辨邪正，明賞罰，帝善其言，賜以銀幣。

己酉，賓州民方二等爲寇，有司捕擒之。

癸丑，命司天監禁星。中書平章政事禿滿迭兒、領宣徽使詹事丞回回，請如裕宗故事，擇名儒輔太子，敕中書省臣訪求以聞。袁州火，龍慶、延安、吉安、杭州、大都諸路屬縣水，民饑，賑糧有差。

六月乙卯朔，遣諸王闊闊出鎮畏兀，賜金、銀、鈔千計。

戊午，雲南蒙化州高蘭神場寨主照明羅九等寇威楚。

庚申，張珪自大都至，以守臣集議事言：「逆黨未討，奸惡未除，忠憤未雪，寃枉未理，政令不信，賞罰不公，賦役不均，財用不節，請裁擇之。」不允。諸王阿木哥薨，賻鈔千錠。諸王寬徹、亦里吉赤來朝。賜駙馬鐵木兒等部鈔一萬三千錠，北邊戍兵鈔萬六千八十錠。賑蒙古饑民，遣還所部。延安路饑，禁酒。

**《續資治通鑑》卷二〇二** 中書平章政事張珪與樞密院、御史臺、翰林、集賢兩院官極論當世得失，與左右司員外郎宋文瓚詣上都奏之。議凡數千言，辭甚剴切。珪至上都，奏上，帝不允。珪復進曰：「臣聞日食修德，月食修刑，應天以實不以文，動民以行不以言，刑政失平，故天象應之，惟陛下矜察，允臣等議悉行之。」帝終不能用。

**《元史》卷二九《泰定帝紀一》** 癸亥，作禮拜寺於上都及大同路，給鈔四萬錠。

丙寅，遣使招諭參卜郎。遣闊闊出等詣高麗，取女子三十人。廣西左右兩江黄勝許、岑世興乞遣其子弟朝貢，許之。

丁卯，大幄殿成，作鎮雷坐静佛寺。

庚午，置海剌禿屯田總管府。

辛未，修黑牙蠻答哥佛事於水晶殿。

癸酉，帝受佛戒於帝師。

己卯，諸王怯別等遣其宗親鐵木兒不花等，奉馴豹、西馬來朝貢。詔：「疏決繫囚，存恤軍士，免天下和買雜役三年，蜑户差税一年。百官四品以下，普覃散官一等，三品遞進一階。遠仕瘴地，身故不得歸葬，妻子流落者，有司資給遣還，仍著爲令。」雲南大理路你囊爲寇。大都，真定晉州、深州，奉元諸路及甘肅河渠營田等處，雨傷稼，賑糧二月。大司農屯田，諸衛屯田，彰德、汴梁等路雨傷稼，順德、大名、河間、東平等二十一郡蝗，晉寧、鞏昌、常德、龍興等處饑，皆發粟賑之。大同渾源河，真定滹沱河，陝西渭水、黑水，渠州江水皆溢，並漂民廬舍。宣德府、鞏昌路及八番金石番等處雨雹。河間、晉寧、涇州、揚州、壽春等路，湖廣、河南諸屯田皆旱。

**《續資治通鑑》卷二〇二** 秋七月丙戌，思州平茶楊大車、酉陽州冉世昌寇小石耶、凱江等寨，調兵捕之。

《元史》卷二九《泰定帝紀一》 諸王阿馬蕘，賻鈔五千錠。賜雲南王王禪鈔二千錠，諸王阿都赤鈔三千錠。作楠木殿。招諭船領、義寧、靈川等處猺。

庚寅，遣使代祀岳瀆。

丙申，以諸王薛徹禿襲統其父完者所部，仍給故印。

己亥，賑蒙古流民，給鈔二十九萬錠，遣還，仍禁毋擅離所部，違者斬。

庚子，諸王伯顏帖木兒出鎮闊連東部，阿剌忒納失里出鎮沙州，各賜鈔三千錠。

撒忒迷失率衛士佐太師按塔出行邊，賜鈔千錠。

《續資治通鑑》卷二〇二 癸卯，罷廣州、福建等處採珠蜑户爲民，仍免差稅一年。

《元史》卷二九《泰定帝紀一》 丙午，以畏兀字譯西番經。

丁未，禜星於上都司天監。以山東鹽運司判官馬合謨爲吏部尚書，佩虎符，翰林修撰楊宗瑞爲禮部郎中，佩金符，奉即位詔往諭安南。置長慶寺，以宦者阿亦伯爲寺卿。罷中瑞司。中書省臣言：「東宫衛士，先朝止三千人，今增至萬七千，請命詹事院汰去，仍依舊制。」從之。

戊申，以籍入鐵木迭兒及子班丹、觀音奴貲産給還其家。奉元路朝邑縣、曹州楚丘縣、大名路開州濮陽縣河溢，大都路固安州清河溢，順德路任縣沙（澧）〔灃〕、洺水溢，真定、廣平、廬州等十一郡雨傷稼，龍慶州雨雹大如雞子，平地深三尺，定州屯河溢，山崩，免河渠營田租。大都、鞏昌、延安、冀寧、龍興等處饑，賑糶有差。廣西慶猿猺酋潘父絹等率衆來降，署爲簿、尉等官有差。加封温州故平陽侯曰英烈侯。

八月甲寅〔朔〕，徹徹兒、火兒火思之地五千貧乏，賑糧二月。

乙卯，敕以刑獄復隸宗正府，依世祖舊制，刑部勿與。

《續資治通鑑》卷二〇二 丙辰，饗太廟。

《元史》卷二九《泰定帝紀一》 丁巳，賜諸王八里台、黄頭鈔各千五百錠。禁言赦前事。

庚申，市牝馬萬匹取湩酒。賑帖列干、木倫等驛户糧、鈔有差。

辛酉，遣翰林學士承旨斡赤祀太祖、太宗、睿宗御容於普慶寺。賜親王圖帖睦爾鈔三千錠。

《續資治通鑑》卷二〇二 庚午，作中宫金脊殿。

《元史》卷二九《泰定帝紀一》 辛未，繪帝師八思巴像十一頒各行省，俾塑祀之。敕武官坐罪制授者以聞，敕授者從行省處決。以金泉館酒課賜公主壽寧。

丁丑，罷浚玉泉山河役。車駕至大都。

癸未，敕樞密役軍凡三百人以上奏聞。詔諭雲南大車里、小車里。秦州成紀縣大雨，山崩，水溢，壅土至來谷河成丘阜。汴梁、濟南屬縣雨水傷稼，賑之。延安、冀寧、杭州、潭州等十二郡及諸王哈伯等部饑，賑糧有差。

九月乙酉，封也速不堅爲荆王，賜金印。以宣德府復隸上都留守司。

辛卯，罷哈思的結魯思伴卜總統所，更置臨洮總管府。賜潛邸衛士鈔萬錠。

丙申，葺太祖神御殿。

乙巳，昭獻元聖皇后忌日修佛事飯僧萬（萬）人。敕存恤武衛軍一年。

癸丑，以籍入阿散家貲給其子脱列。改邕州爲南寧路。岑世興遣其弟興元來朝貢。奉元路長安縣大雨，澧水溢，延安路洛水溢，濮州館陶縣及諸衛屯田水，建昌、紹興二路饑，賑糧有差。

冬十月乙卯，秦州成紀縣趙氏婦一産三男。成都嘉穀生一莖九穗。

丁巳，監察御史王士元請早諭教太子，帝嘉納之。

戊午，享太廟。立壽福總管府，秩正三品，典累朝神御殿祭祀及錢穀事，降大天源延聖寺總管府爲提點所以隸之。

《續資治通鑑》卷二〇二 庚申，命左、右相日直禁中，有事則赴中書。

《元史》卷二九《泰定帝紀一》 己巳，雲南車里蠻爲寇，遣斡耳朵奉詔招諭之，其酋（塞）〔寒〕賽子尼面雁、搆木子刁零出降。

壬申，安南國世子陳日爌遣其臣莫節夫等來朝貢。真州珠金沙河，松江府、吴江州諸河淤塞，詔所在有司傭民丁浚之。

丙子，命帝師作佛事於延春閣。

丁丑，緬國王子吾者那等争立，歲貢不入，命雲南行省諭之。徙封雲南王王禪爲梁王，食邑益陽州六萬五千户，仍以其子帖木兒〔不花〕襲封雲南王。封親王圖帖睦爾爲懷王，食邑（端）〔瑞〕州六萬五千户，增歲賜幣帛千匹並賜金印。

壬午，肇慶猺黄寶才等降。延安路饑，發義倉粟賑之，仍給鈔四千錠。廣東道及武昌路江夏縣饑，賑糶有差。河南廉訪使賈奴，坐多徵公田租免官。以魯國大長公主女適懷王。

〔十一月〕己丑，命道士修醮事。

癸巳，遣兵部員外郎宋本，吏部員外郎鄭立，阿魯灰，工部主事張成，太史院都事費著，分調閩海、兩廣、四川、雲南選。諸王不賽因言其臣出班有功請官之，以出班爲開府儀同三司、翊國公，給銀印、金符。賜諸王散术台、也速速兒鈔各千五百錠，斡耳朵罕鈔千二百錠，魯賓鈔千五百錠。

甲午，禜星於回回司天監。

《續資治通鑑》卷二〇二　以準台兼知樞密院。

造金寶蓋。

《元史》卷二九《泰定帝紀一》　甲辰，作歇山鹿頂樓於上都。

丁未，釋笞四十七以下囚及輕罪流人，給鈔二千錠散與貧者。印明年鈔本至元鈔四十萬錠、中統〔鈔〕十萬錠。

己酉，詔免也里可温、答失蠻差役。

庚戌，招諭融州猺般領、大、小木龍等百七十五團。河間路饑，賑糧二月。汴梁、信州、泉州、南安、贛州等路饑，賑糶有差。嘉定路龍(興)〔游〕縣饑，賑糧一月。大都、上都、興和等路十三驛饑，賑鈔八千五百錠。

十二月癸丑朔，以岑世興爲懷遠大將軍，遥授沿邊溪洞軍民安撫使，佩虎符，仍來安路總管；黄勝許爲懷遠大將軍，遥授沿邊溪洞軍民安撫使，佩虎符，致仕，其子志熟襲爲上思州知州。降詔宣諭，仍各賜幣帛二。

《續資治通鑑》卷二〇二　乙卯，雲南傜阿吾及歪鬧爲寇，行省督兵捕之。

庚申，同州地震，有聲如雷。

《元史》卷二九《泰定帝紀一》　癸亥，鹽官州海水溢，壞隄障，侵城郭，遣使祀海神，仍與有司視形勢所便，還請疊石爲塘，詔曰：「築塘是重勞吾民也。其增石囤扞禦，庶天其相之。」

乙丑，給蒙古子女孳畜。

《續資治通鑑》卷二〇二　丙寅，命翰林國史院纂修英宗、顯宗《實録》。

敕：「内外百官，凡行朝賀等禮，雨雪免朝服。」

《元史》卷二九《泰定帝紀一》　辛未，新作棕殿成。諸王鎖思的薨，賻鈔五百錠。

乙亥，曲赦重囚三十八人，以爲三宫祈福。

夔路容米洞蠻田先什用等九洞爲寇，四川行省遣使諭降五洞，餘發兵捕之。陝西行省以兵討階州土蕃。察罕腦兒千户部饑，賑糧一月。延安路雹災，賑糧一月。温州路樂清縣鹽場水，民饑，發義倉粟賑之。

《元史新編》卷十一　是歲，兩浙及江東諸郡水旱，壞田六萬四千三百餘頃。大同渾源河、真定滹沱河、陝西渭水、黑水、任縣沙澧、洺水、定州屯河、渠州江水皆溢，漂民居。成紀縣山崩，水溢壅土，至來谷河成丘阜，各蠲振有差。

## 泰定二年（乙丑、一三二五）

《元史》卷二九《泰定帝紀一》　春正月丙戌，乙未，以畿甸不登，罷春畋。禁后妃、諸王、駙馬，毋通星術之士，非司天官不得妄言禍福。敕：「御史臺選舉與中書合議以聞。」中書省臣言：「江南民貧僧富，諸寺觀田土，非宋舊置并累朝所賜者，請仍舊制與民均役。」從之。以籍八思吉思地賜故監察御史觀音寶、鎖咬兒哈的迷失妻子，各十頃。

《續資治通鑑》卷二〇二　戊戌，造象輦。

西番參卜郎來降，賜其酋班(木)〔术〕兒銀鈔幣帛。

辛丑，懷王圖卜特穆爾出居於建康。

《元史》卷二九《泰定帝紀一》　甲辰，奉安顯宗像於永福寺，給祭田百頃。廣西山獠爲寇，命所在有司捕之。江浙行省平章政事脱歡答剌罕陞爲左丞相。諸王怯別遣使貢方物，賜鈔四萬錠。

戊申，以乞剌失思八班藏卜爲土蕃等路宣慰使都元帥，兼管長河西、奔不兒亦思剛、察沙加兒、朶甘思、朶思麻等管軍達魯花赤，與其屬往鎮撫參卜郎。

庚戌，詔諭宰臣曰：「向者卓兒罕察苦魯及山後皆地震，内郡大小民饑。朕自即位以來，惟太祖開創之艱，世祖混一之盛，期與人民共享安樂，常懷祇懼，災沴之至，莫測其由。豈朕思慮有所不及而事或僭差，天故以此示儆？卿等其與諸司集議便民之事，其思自死罪始，議定以聞，朕將肆赦，以詔天下。」肇慶、鞏昌、延安、贛州、南安、英德、新州、梅州等處饑，賑糶有差。

《續資治通鑑》卷二〇二　閏月壬子朔，詔赦天下，除江淮創科包銀，免被災地差税一年。

庚申，修野狐嶺、色澤、桑乾嶺道。

乙丑，命整治屯田。

河南行省左丞姚煒請禁屯田吏蠶食屯户，及勿務羡增以廢裕民之意，不報。

**《元史》卷二九《泰定帝紀一》** 丁卯，中書省臣言：「國用不足，請罷不急之費。」從之。置惠遠倉、永需庫於海剌禿總管府。

己巳，修滹沱河堰。

壬申，罷永興銀場，聽民採鍊，以十分之二輸官。罷松江都水庸田使司，命州縣正官領之，仍加兼知渠堰事。

**《元史續編》卷九** 浚吴松江。

**《元史》卷二九《泰定帝紀一》** 癸酉，作棕毛殿。

丙子，浙西道廉訪司言：「四方代祀之使，棄公營私，多不誠潔，以是神不歆格，請慎擇之。」山南廉訪使帖木哥請削降鐵失所用驟陞官。

戊寅，諸王忽塔梯迷失等來朝，賜金、銀、鈔、幣有差。

己卯，河間、真定、保定、瑞州四路饑，禁釀酒。階州土蕃爲寇，鞏昌總帥府調兵禦之。站八兒監藏叛於兀敦。保定路饑，賑鈔四萬錠、糧萬五千石。雄州歸信諸縣大雨，河溢，被災者萬一千六百五十户，賑鈔三萬錠。南賓州、棣州等處水，民饑，賑糧二萬石，死者給鈔以葬。五花城宿滅禿、拙只干、麻兀三驛饑，賑糧二千石。衡州衡陽縣民饑，瑞州蒙山銀場丁饑，賑粟有差。山東廉訪使許師敬請頒族葬制，禁用陰陽相地邪説。

**《續資治通鑑》卷二〇二** 二月甲申，祭先農。

丙戌，頒《道經》於天下名山宫殿。

丁亥，平伐苗〔酋〕率衆十萬來降，土官三百六十人請朝。湖廣行省請汰其衆還部，以四十六人入覲，從之。

**《元史》卷二九《泰定帝紀一》** 己丑，加嗣漢三十九代天師張嗣成太玄輔化體仁應道大真人。

辛卯，賑安定王朶兒只班部軍糧三月。爪哇國遣其臣昔剌僧迦里也奉表及方物來朝貢。廣西猺潘寶陷柳城縣。

丁酉，禜星於回回司天監。

己亥，命西僧作燒壇佛事於延華閣。封阿里迷失爲和國公、張珪爲蔡國公，仍知經筵事。以中書右丞善僧爲平章政事，參知政事潑皮爲右丞。御史大夫禿忽魯加太保，仍御史大夫。

**《續資治通鑑》卷二〇二** 庚子，姚煒以河水屢決，請立行都水監於汴梁，倣古法備捍，仍命瀕河州縣正官皆兼知河防事，從之。

丙午，造玉御牀。

**《元史》卷二九《泰定帝紀一》** 戊申，命道士祭五福太一神。

庚戌，通、漷二州饑，發粟賑糶。薊州、寶坻縣、慶元路象山諸縣饑，賑糧二月。甘州蒙古驛户饑，賑糧三月。大都、鳳翔、寶慶、衡州、潭州、全州諸路饑，賑糶有差。

**《續資治通鑑》卷二〇二** 三月癸丑，修曹州濟陰縣河隄，役民丁一萬八千五百人。

甲寅，禁捕天鵝。

**《元史》卷二九《泰定帝紀一》** 丁巳，賜諸王帖木兒不花等鈔有差。

辛酉，咸平府清河、寇河合流，失故道，壞堤堰，敕蒙古軍千人及民丁修之。

乙丑，車駕幸上都。諸王捌思班部戰士四百人征參卜郎有功，人賞鈔四千錠。

乙亥，安南國世子陳日爌遣使貢方物。荆門州旱，漷州、薊州、鳳州、延安、歸德等處民及山東蒙古軍饑，賑糧、鈔有差。肇慶、富州、惠州、袁州、江州諸路及南恩州、梅州饑，賑糶有差。

夏四月丁亥，作吾殿。

癸巳，和市牝馬有駒者萬匹。敕宿衛駝馬散牧民間者，歸官厩飼之。

丁酉，濮州鄄城縣言城西堯塚上有佛寺，請徙之，不報。

辛丑，加公主壽寧爲皇姊大長公主。禁山東諸路酒。

丙午，僰夷及蒐雁遮殺雲南行省所遣諭蠻使者，敕追捕之。

丁未，封后父火里兀察兒爲威靖王。

戊申，以許師敬爲中書左丞；中政使馮亨爲中書參知政事，仍中政使。奉元路白水縣雹。鞏昌路伏羌縣大雨，山崩。鎮江、寧國、瑞州、桂州、南安、寧海、南豐、潭州、涿州等處饑，賑糧五萬餘石。隴西、漢中、秦州饑，賑鈔三萬錠。

壬子，車里陶剌孟及大阿哀蠻兵萬人乘象寇陷朶剌等十四寨，木邦路蠻八廟率僰夷萬人寇陷倒八漢寨，督邊將嚴備之。

癸丑，龍牙門蠻遣使奉表貢方物。

**《續資治通鑑》卷二〇二**　五月辛酉，高麗國王王璋卒。

璋之留京師也，構萬卷堂於其邸，招致閻復、姚燧、趙孟頫、虞集等與之游處，以攷究自娱。時有鮮卑僧上言，帝師帕克斯巴，制蒙古字以利國家，宜(令)[令]天下立祠比孔子，有詔公卿耆老會議。國公楊安普力主其説，璋謂安普曰：「師製字有功於國，祀之自應古典，何必比之孔氏！孔氏百王之師，其得通祀，以德不以功，後世恐有異論。」言雖不納，聞者韙之。科舉之設，璋嘗以姚燧之言白於仁宗，及李孟執政，遂奏行焉，其端實自璋發也。右丞相圖嚕罷，帝欲以璋爲相，璋固辭曰：「臣小國藩宣之寄，猶懼不任，乞付於子，况朝廷之上相哉！敢以死請。」帝笑曰：「固知渠善避權也。」性好賢疾惡，尤喜談宋事。嘗使僚佐讀《東都事略》，至王旦、李沆、富弼、韓琦、范仲淹、歐陽修、司馬光諸傳，必舉手加額以致景慕；至丁謂、蔡京、章惇等傳，未嘗不切齒憤惋。及是卒於京邸，賜謚曰忠宣。

**《元史》卷二九《泰定帝紀一》**　辛未，罷京師官鬻鹽肆十五。改河間鹽運司爲大都河間等路都轉運鹽使司。遣察乃使於周王和世㻋。

癸酉，融州否泉洞、吉龍洞、洞村山、黑江諸猺爲寇，廣西元帥府發兵討之。

丙子，旭邁傑等以國用不足，請減厩馬，汰衛士，及節諸王濫賜，從之。賜潛邸怯憐口千人鈔三萬錠。浙西諸郡霖雨，江湖水溢，命江浙行省及都水庸田司興役疏洩之。置諫議書院於昌平縣，祀唐劉蕡。大都路檀州大水，平地深丈有五尺，汴梁路十五縣河溢，江陵路江溢，洮州、臨洮府雨雹，潭州、興國屬縣旱，彰德路蝗，龍興、平江等十二郡饑，賑糶米三十二萬五千餘石。鞏昌路臨洮府饑，賑鈔五萬五千錠。

六月己卯朔，皇子生，命巫祓除於宫。葺萬歲山殿。静江猺爲寇，遣廣西宣慰司發兵捕之。

辛巳，柳州猺爲寇，戍兵討斬之。

癸未，潯州平南縣猺爲寇，達魯花赤都堅、都監姚泰亨死之。

甲申，改封嘉王晃火帖木兒爲并王。

**《續資治通鑑》卷二〇二**　丙申，中書參知政事尊達布哈言：「大臣兼領軍衛，前古所無。特克實以御史大夫，額森特穆爾以知樞密院事，皆領衛兵，如虎而翼，故成逆謀。今軍衛之職，請勿以大臣領之，庶勳舊之家得以保全。」從之，仍賜幣帛以旌其直。

**《元史》卷二九《泰定帝紀一》**　丁酉，静江義寧縣及慶遠安撫司蠻猺爲寇，敕守將捕之。息州民趙丑厮、郭菩薩，妖言彌勒佛當有天下，有司以聞，命宗正府、刑部、樞密院、御史臺及河南行省官雜鞫之。

辛丑，柳州馬平縣猺爲寇，湖廣行省督所屬追捕之。

丁未，立都水庸田使司，浚吴、松二江。敕營造毋役五衛軍士，止以武衛、虎賁二衛給之。開南州阿只弄、哀培蠻兵爲寇，命雲南行省督所屬兵捕之。通州三河縣大雨，水丈餘。潼川府綿江、中江水溢入城郭。冀寧路汾河溢。秦州秦安山移。新州路旱，濟南、河間、東昌等九郡蝗，奉元、衛輝路及永平屯田豐贍、昌國、濟民等署雨傷稼，蠲其租。濟寧、興元、寧夏、南康、歸州等十二郡饑，賑糶米七萬餘石。鎮西武靖王部及遼陽水達達路饑，賑糧一月。

**《元史續編》卷五**　以張養浩爲西臺御史中丞。

**《元史》卷二九《泰定帝紀一》**　秋七月戊申朔，大、小車里蠻來獻馴象。

(乙)[己]酉，賜諸王燕大等金、鈔有差。

庚戌，遣阿失伯祀宅神於北部行幄。

甲寅，遣使奉詔分諭猺蠻，鎮康路土官你囊、謀粘路土官賽丘羅出降；木邦路土官八廟既降復叛。禜星於上都司天監。紐澤、許師敬編類《帝訓》成，請於經筵進講，仍俾皇太子觀覽，有旨譯其書以進。

**《續資治通鑑》卷二〇二**　丙辰，饗太廟。

播州蠻黎平愛等集羣夷爲寇，湖廣行省請兵討之，不許，詔播州宣撫使楊額勒布哈招諭之。

戊午，遣使代祀龍虎、武當二山。

己未，置車里軍民總管府，以土人寒賽爲總管，佩金虎符。

中書省言：「往歲征猺，廉訪使劾其濫殺，今凡出師，請廉訪司官一員涖軍糾正。」從之。

**《元史》卷二九《泰定帝紀一》**　庚申，以宫人二賜藩王怯別。

癸亥，修大乾元寺。以許師敬及郎中買驢兼經筵官。廣西諸猺寇城邑，遣湖廣行省左丞乞住、兵部尚書李大成、中書舍人買驢將兵二萬二千人討之，仍以諸王斡耳朵罕監其軍。海北猺酋盤吉祥寇陽春縣，命江西行省督兵捕之。

庚午，以國用不足，罷書金字《藏經》。威楚、大理諸蠻爲寇，雲南行省請出師，不允，遣亦剌馬丹等使大理，普顏實立等使威楚，招諭之。思州洞蠻楊銀千等來獻方物。封駙馬孛羅帖木兒、知樞密院事火沙並爲郡王。

**《續資治通鑑》卷二〇二** 辛未，立河南行都水監。

申禁漢人藏執兵仗；有軍籍者，出征則給之，還，復歸於官。

壬申，御史臺言：「廉訪司蒞軍，非世祖舊制。賈胡鬻寶，西僧修佛事，所費不貲，於國無益，並宜除罷。」從之。

敕太傅圖台、太保圖呼嚕日至禁中集議國事。

**《元史》卷二九《泰定帝紀一》** 猺蠻潘寶寇鐔津、義寧、來賓諸縣，命廣西守將捕之。慶遠溪洞民饑，發米二萬五百石，平價糶之。敕山東州縣收養流民遺棄子女。延安、鄜州、綏德、鞏昌等處雨雹，般陽新城縣蝗，宗仁衛屯田隕霜殺禾，睢州河決，順德、汴梁、德安、汝寧諸路旱，免其租。梅州、饒州、鎮江、邠州諸路饑，賑糶米三萬餘石。

八月戊子，修上都香殿。

辛卯，雲南白夷寇雲龍州。

辛丑，遣使代祀岳瀆名山大川。敕：「諸王私入京者，勿供其所用；諸部曲宿衛私入京者，罪之。」命度支監汰河塔赤所掌駝馬，於外郡飼之。大都路檀州、鞏昌府静寧縣，延安路安塞縣雨雹。衛輝路汲縣河溢。南恩州、瓊州饑，賑糧一月。臨江路、歸德府饑，賑糧二月。衡州、建昌、岳州饑，賑糶米一萬三千石。

**《元史新編》卷一一** 九月戊申朔，分天下爲十八道，遣使宣撫，詔曰：「朕祗承洪業，夙夜惟寅，凡所以圖治者，悉遵祖宗成憲。曩者屢詔中外百司，宣布德澤，蠲賦詳刑，振恤貧民。思與黎元共享有生之樂，尚慮有司未體朕意，庶政或闕，惠澤未周。承宣者失於撫綏，司憲者怠於糾察，俾吾民重困，朕甚憫焉。今遣奉使宣撫，分行諸道，按問官吏不法，詢民疾苦，審理冤滯。凡可以興利除害者，從宜舉行。四品以上有罪，停職申請，五品以下，就便斷決。其有政績尤異，暨晦跡丘園，才堪輔治者，具以名聞。」命馬合某、李處恭之兩浙、江東道，朶列圖、齊履謙之江西福建道，舉林伯、蒙弼之江南湖廣道，李家奴、朱賁之河南江北道，阿吉利、曹立之燕南山東道，別帖木爾、韓讓之河東陝西道，納哈出、董訥之山北遼東道，衆家奴、韓廷茂之雲南省，寒食、劉文之甘肅省，圖思、廉惇之四川省，帖木爾不花、吴秉道之京畿道。

**《元史》卷二九《泰定帝紀一》** 以郡縣饑，詔運粟十五萬石貯瀕河諸倉，以備賑救，仍敕有司治義倉。禁大都、順德、衛輝等十郡釀酒。募富民入粟拜官，二千石從七品，千石正八品，五百石從八品，三百石正九品，不願仕者旌其門。諸王斡即遣使貢金浮圖。

**《續資治通鑑》卷二〇三** 太史院使齊履謙之江西、福建宣撫，黜罷官吏之貪汙者四百餘人，蠲免括地虚加糧數萬石，州縣有以先賢子孫充防夫諸役者，悉罷遣之。福建憲司職田，每畝歲輸米三石，民不勝苦，履謙命準令輸之，由是召怨，及還京，憲司果誣以他事。未幾，誣履謙者皆坐事免，履謙始得直，復爲太史院使。

己酉，海運江南糧百七十萬石至京師。

**《元史》卷二九《泰定帝紀一》** 庚戌，復尚乘寺、光禄寺爲正三品，給銀印。

癸丑，車駕至大都。遣使祀海神天妃。

甲寅，禁饑民結扁擔社，傷人者杖一百，著爲令。

乙卯，享太廟。

己未，岑世興上言，自明不反，請置蒙古、漢人監貳官，詔優從之。

壬戌，諸王牙即貢馬。

丁丑，浚河間陳玉帶河。廣西猺寇賓州。禮部員外郎元永貞言：「鐵失弑逆，皆由鐵木迭兒始禍，請明其罪，仍録付史館，以爲人臣之戒。」漢中道文州霖雨，山崩。檀州雨雹。開元路三河溢。瓊州、南安、德慶諸路饑，賑糧、鈔有差。

**《續資治通鑑》卷二〇三** 是秋，以太子賓客曹元用爲禮部尚書兼經筵官，及大朝會爲糾儀官，申卷班之令，俾以序退，無爭門而出之擾。又謂太醫、儀鳳、教坊等官不當序正班，當自爲一列，後皆行之。時宰執有欲罷科舉者，元用以爲國家文治正在於此，何可罷也！又有欲損太廟四時之祭，止存冬祭者，元用謂：「禴祀烝嘗，四時之饗，不可闕一，乃經禮之大者，其可惜費而廢禮乎！」

冬十月戊寅朔，張珪歸保定上冢，以病辭禄，不允。

岑世興及子特穆爾率衆寇上林等州，命撫諭之。

**《元史》卷二九《泰定帝紀一》** 壬午，禁成都路釀酒。

《續資治通鑑》卷二〇三　丁亥，饗太廟。

翰林學士吳澄致仕。

《元史》卷二九《泰定帝紀一》　己丑，賜恩平王塔思不花部鈔五千錠。

癸巳，播州凱黎苗率諸寨苗、獠爲寇。

乙未，皇后亦憐真八剌受佛戒於帝師。

丁酉，廣西猺酋何童降，請防邊自效，從之。

乙巳，寧遠知州添插言安南國土官押那攻掠其木末諸寨，請治之，敕安南世子諭押那歸其俘。

丙(辰)〔午〕，寧夏路、曹州屬縣水。覇州、衢州路饑，賑糧二月。

〔十一月〕戊申，周王和世㻋遣使以豹來獻。改長寧軍爲州。

庚戌，旭邁傑以歲饑請罷皇后上都營繕，從之。紐澤以病乞罷，不允。

《續資治通鑑》卷二〇三　丙辰，郭菩薩等伏誅，杖流其黨。

丁巳，幸大承華普慶寺，祀昭獻元聖皇后於影堂，賜僧鈔千錠。

岑世興結八番蠻班光金等合兵攻石頭等寨，敕調兵禦之。八番宣慰(使)〔司〕官以失備坐罪。

《元史》卷二九《泰定帝紀一》　己未，詔整飭臺綱。

庚申，倭舶來互市。廣西道宣慰使獲猺酋潘寶下獄，其弟潘見遂寇柳州，命湖廣行省左丞乞住捕之。

《續資治通鑑》卷二〇三　初，成宗遣僧使日本，而日本人竟不至。至是越二十餘年，始來互市。

壬戌，敕軍民官蔭襲者，由本貫圖宗支，申請銓授。

丙寅，都爾蘇復爲中書左丞相，録軍國重事。

都爾蘇密專命令，不使中外預知，監察御史趙師魯上言：「古之人君，將有言也，必先慮之於心，咨之於衆，決之於故老大臣，然後行之，未有獨出柄臣之意，不咨衆謀者也。」不報。都爾蘇雖剛狠，亦服其敢言。

丁卯，罷蒙山銀冶提舉司，命瑞州路領之。

《元史》卷二九《泰定帝紀一》　壬申，賜諸王不賽因鈔二萬錠、帛百匹。諸王斡耳朵罕遣使以追捕廣西猺寇上聞，帝曰：「朕自即位，累詔天下憫恤黎元，惟廣猺屢叛，殺掠良民，故命斡耳朵罕等討之。今聞迎降者甚衆，宜更以恩撫之。若果不悛，嚴兵追捕。」京師饑，賑糶米四十萬石。内郡饑，賑鈔十萬錠、米五萬石。河間諸郡流民就食通、漷二州，命有司存恤之。杭州路火，賑貧民糧一月。常德路水，民饑，賑糧萬一千六百石。

十二月戊寅，以塔失帖木兒爲中書右丞相。

癸未，加塔失帖木兒開府儀同三司、上柱國、録軍國重事、監修國史，封薊國公。諸王不賽因遣使貢珠，賜鈔二萬錠。

《續資治通鑑》卷二〇三　乙酉，帝復受佛戒於帝師。旋以帝師之弟將至，詔中書持羊酒郊勞。而其兄遂尚公主，封白蘭王，賜金印，給圓符；其弟子之號司空、司徒、國公，佩金玉印章者，前後相望。爲其徒者，怙勢恣睢，氣焰薰灼，延於四方，爲害不可勝言。

監察御史李昌言：「臣嘗經平涼府、静、會、定西等州，見西番僧佩金字圓符，絡繹道路，馳騶累百，傳舍至不能容，則假館民舍，因迫逐男子，奸污婦女。奉元一路，自正月至七月，往返者百八十五次，用馬至八百四十餘匹，較之諸王行省之使，十多六七，驛户無所控訴，臺察莫敢誰何。且國家之製圓符，本爲邊防警報之虞，僧人何事而輒佩之？請更正僧人給驛法，且令臺憲得以糾察。」當時以爲切論。

丁亥，修(盝)〔鹿〕頂殿。

鎮南王圖布哈薨，遣中書平章政事柰曼岱攝鎮其地。

中書省言山東、陝西、湖廣地接戎夷，請議選宗室往鎮，從之。

申禁圖讖，私藏不獻者罪之。

《元史》卷二九《泰定帝紀一》　癸巳，京師多盜，塔失帖木兒請處決重囚，增調邏卒，仍立捕盜賞格，從之。

甲午，召張珪於保定。

丁酉，加紐澤知樞密院事，與馬某沙並開府儀同三司。弛瑞州路酒禁。左丞乞住、諸王斡耳朵罕征猺賊，敗之。元江路土官普山爲寇，命戍兵捕之。

壬寅，大寧路鳳翔府饑，禁釀酒。右丞趙簡請行區田法於内地，以宋董煟所編《救荒活民書》頒州縣。濟南、延川二路饑，賑鈔三千五百錠。惠州、杭州等處饑，賑糶有差。

是歲，陝西府雨雹。御河水溢。以故翰林學士不花、中政使普顔篤、指揮使卜顔忽里爲鐵失等所繫死，贈功臣號及階勳爵謚。

《元史新編》卷一一　是歲，保定路饑，振鈔四萬錠，糧萬五千石。雄州水溢被災，萬一千六百户死者，給鈔以葬。内郡饑，振鈔十萬錠，米五萬石。

## 泰定三年（丙寅、一三二六）

**《元史》卷三〇《泰定帝紀二》** 春正月丙午朔，征東行省左丞相、高麗國王王（章）〔璋〕，遣使奉方物，賀正旦。播州宣慰使楊燕里不花招諭蠻酋黎平慶等來降。

戊申，元江路總管普雙叛，命雲南行省招捕之。諸王薛徹秃、晃火帖木兒來朝，賜金、銀、鈔、幣有差。

壬子，封諸王寬徹不花爲威順王，鎮湖廣；買奴爲宣靖王，鎮益都；各賜鈔三千錠。以山東、湖廣官田賜民耕墾，人三頃，仍給牛具。諸王不賽因遣使獻西馬。徵前翰林學士吴澄，不起。置都水庸田司於松江，掌江南河渠水利。

己未，賜武平王帖古思不花部軍民鈔，人十五錠。以湘寧王八剌失里鎮兀魯思部。

癸亥，封朵列捏爲國公。以知樞密院事撒忒迷失爲嶺北行中書省平章政事。

戊辰，緬國亂，其主答里也伯遣使來乞師，獻馴象方物。安南國阮叩寇思明路，命湖廣行省督兵備之。大都路屬縣饑，賑糧六萬石。恩州水，以糧賑之。

二月丁丑，購能首告謀逆厭魅者給賞，立賞格，諭中外。

庚辰，賑魯王阿兒加失里部瓮吉剌貧民鈔六萬錠。命諸王魯賓爲大宗正。

壬午，廣西全茗州土官許文傑率諸猺以叛，寇茗盈州，殺知州事李德卿等，命湖廣行省督兵捕之。以乃馬台知樞密院事。

甲申，祭太祖、太宗、睿宗御容於翰林國史院。

丁亥，中書請罷征猺，敕斡耳朵罕等班師，其鎮戍者如故。

（乙）〔己〕丑，禁汴梁路釀酒。

甲午，葺真定玉華宫。

乙未，修佛事厭雷於崇天門。

**《續資治通鑑》卷二〇三** 丙申，建顯宗神御殿於盧師寺，賜額曰大天源延（壽）〔聖〕寺。敕以金書西番字《藏經》。

**《元史》卷三〇《泰定帝紀二》** （甲）〔戊〕戌，建殊祥寺於五臺山，賜田三百頃。爪哇國遣使貢方物。

庚子，以通政院使察乃爲中書平章政事。

甲辰，車駕幸上都。命諸王也忒古不花及中書省臣兀伯都剌、察乃、善僧、許師敬、朵朵居守。立典醫署，秩從五品，隸詹事院。歸德府屬縣河決，民饑，賑糧五萬六千石。河間、保定、真定三路饑，賑糧四月。建昌路饑，賑糶米三萬石。

三月乙巳朔，帝以不雨自責，命審決重囚，遣使分祀五嶽四瀆、名山大川及京城寺觀。安南國言爲龍州萬户趙雄飛等所侵，乞諭還所掠，詔廣西道遣官究之。

**《續資治通鑑》卷二〇三** 丁未，敕百官集議急務。中書省臣等請汰衛士，節濫賞，罷營繕，防猺寇，諸寺官署坑冶等事歸中書，並從之。

癸丑，八番巖霞洞蠻來降，願歲輸布二千五百匹，設蠻夷官鎮撫之。

乙卯，申禁民間龍文織幣。

**《元史》卷三〇《泰定帝紀二》** 丁巳，遣諸王失剌鎮北邊。

戊午，詔安撫緬國，賜其主金幣。

甲子，命功德使司簡歲修佛事一百三十七。

丙寅，翰林承旨阿憐帖木兒、許師敬譯《帝訓》成，更名曰《皇圖大訓》，敕授皇太子。考試國子生。遣僧修佛事於臨洮、鳳翔、星吉兒宗山等處。賜諸王孛羅鐵木兒、阿剌忒納各鈔二千錠。

辛未，泉州民阮鳳子作亂，寇陷城邑，軍民官以失討坐罪。永平、衛輝、中山、順德諸路饑，賑鈔六萬六千餘錠。寧夏、奉元、建昌諸路饑，賑糧二月。大都、河間、保定、永平、濟南、常德諸路饑，免其田租之半。

**《續資治通鑑》卷二〇三** 癸酉，懷王圖卜特穆爾子伊勒哲伯生。

**《御批歷代通鑑輯覽》卷九七** 夏四月，畿内、河北、山東饑。

**《續資治通鑑》卷二〇三** 丙戌，鎮安路總管岑修廣爲弟修仁所攻，來告，命湖廣行省辨治之。

**《元史》卷三〇《泰定帝紀二》** 壬寅，〔容〕米洞蠻田先什用等結十二洞蠻寇長陽縣，湖廣行省遣九姓長官彭忽都不花招之。田先什用等五洞降，餘發兵討之。

修夏津、武〔城〕河堤三十三所，役丁萬七千五百人。

**《續資治通鑑》卷二〇三** 以虞集爲翰林學士兼國子祭酒。

**《元史》卷三〇《泰定帝紀二》** 五月甲（戌）〔辰〕朔，藩王怯別遣使來獻豹。

乙巳，修鎮雷佛事三十一所。甘肅行省臣言：「赤斤儲粟，軍士度川遠給不便，請復徙於曲尤之地。」從之。修上都復仁門。涇州饑，禁釀酒。罷造福建歲供蔗餳。以西僧馳驛擾民，禁之。

甲寅，八百媳婦蠻招南(道)[通]遣其子招三聽奉方物來朝。

乙卯，以帝師兄鎖南藏卜領西番三道宣慰司事，尚公主，錫王爵。給壽寧公主印，仍賜田百頃，鈔三萬錠。

甲子，中書會歲鈔出納之數，請節用以補不足，從之。監察御史劾宣撫使朵兒只班、學士李塔刺海、劉紹祖庸鄙不勝任。中書議：「三人皆勳舊子孫，罪無實狀，乞復其職，仍敕憲臺勿以空言妄劾。」從之。

丁卯，岑世興及鎮安路岑修文合山獠、角蠻六萬餘人爲寇，命湖廣、雲南行省招諭之。遣指揮使兀都蠻鐫西番呪語於居庸關崖石。

庚午，乞住招諭永明縣五洞猺來降。河西加木籠四部來降，以答兒麻班藏卜領卜刺麻沙搠部，公哥班領古籠羅烏公遠宗蘭宗孛兒間沙加堅部，唆南監藏卜領蘭宗古卜刺卜吉里昔吉林亦木石威石部，朵兒只本刺領籠答吃列八里阿卜魯答思阿答藏部。雄州饑，太平、興化屬縣水，並賑之。廬州、鬱林州及洪澤屯田旱，揚州路屬縣財賦官田水，並免其租。

**《續資治通鑑》卷二〇三**　徵處士札實至上都。

**《元史》卷三〇《泰定帝紀二》**　六月癸酉朔，賜藩王怯別七寶束帶。以禿哈帖木兒爲四川行省平章政事，請終母喪，從之。

癸未，播州蠻黎平愛復叛，合謝烏窮爲寇，宣撫使楊燕禮不花招平愛出降。烏窮不附，命湖廣行省討之。

丁亥，命湘寧王八刺失里出鎮阿難答(的)之地。

戊子，諸王脱脱等來朝，賜金、銀、鈔、幣有差。

乙未，命梁王王禪及諸王徹徹禿鎮撫北軍，賜王禪鈔五千錠、幣帛各二百匹。

**《續資治通鑑》卷二〇三**　丁酉，遣道士吳全節修醮事於龍虎、三茅、閣皂三山。

戊戌，遣使祀解州鹽池神。中書省臣言：「比來郡縣旱蝗，由臣等不能調燮，故災異降戒。今當恐懼儆省，力行善政，亦冀陛下敬慎修德，憫卹生民。」帝嘉納之。

**《元史》卷三〇《泰定帝紀二》**　賑昌王八剌失里部鈔四萬錠。賜吳王潑皮鈔萬錠。

己亥，納皇姊壽寧公主女撒答八刺於中宮。道州路櫟所源猺爲寇，命乞住督兵捕之。奉元、鞏昌屬縣大雨雹，峽州旱，東平屬縣蝗，大同屬縣大水，萊蕪等處冶户饑，賑鈔三萬錠。光州水，中山安喜縣雨雹傷稼，大昌屯河決，大寧、廬州、德安、梧州、中慶諸路屬縣水旱，並蠲其租。

秋七月甲辰，車駕發上都，禁車騎踐民禾。遼王脱脱請復太母月也倫宫守兵及女直屯户，不允。增給太祖四大斡耳朵歲賜銀二百錠、鈔八千錠。遣使祀海神天妃。造豢豹氈車三十輛。

乙巳，怯憐口屯田霜，賑糧二月。

丙午，享太廟。

丁未，紹慶酉陽寨冉世昌及何惹洞蠻爲寇。詔行宫駝馬及宗戚將校駐冬北邊者，毋輒至京師。

辛亥，封阿都赤爲綏寧王，賜鈔四千錠，給金印。

**《元史續編》卷九**　皇后受雅滿達噶戒於水晶殿。

甲寅，上幸大乾元寺。

**《元史》卷三〇《泰定帝紀二》**　乙卯，詔翰林侍講學士阿魯威、直學士燕赤譯《世祖聖訓》，以備經筵進講。

戊午，諸王不賽因獻駝馬。遣日本僧瑞興等四十人還國。作別殿於潛邸。敕：「入粟拜官者，准致仕銓格。」

己未，禁諸部王妃入京告饑。以月魯帖木兒嗣齊王，給金印。八百媳婦蠻招南通遣使來獻馴象方物。

**《續資治通鑑》卷二〇三**　乙丑，發兵修野狐、色澤、桑乾三嶺道。

**《元史》卷三〇《泰定帝紀二》**　己巳，大理土官你囊來獻方物。

庚(申)[午]，廣西宣慰副使王瑞請益戍兵，及以土民屯田備蠻，仍置南寧安撫司。河決鄭州、陽武縣，漂民萬六千五百餘家，賑之。永平、大都諸屬縣水，大風，雨雹。龍興、辰州二路火。大名、永平、奉元諸路屬縣旱。汴梁路水。大名、順德、衛輝、淮安等路，睢、趙、涿、霸等州及諸位屯田蝗。大同渾源河溢。檀、順等州兩河決。温榆水溢。賑永平、奉元鈔七萬錠。賑糶濠州饑民麥三萬九千餘石。命瘗京城外棄骸，死狀不白者，有司究之。

**《續資治通鑑》卷二〇三**　八月甲戌，烏伯都拉、許師敬，並以災變饑歉乞解政柄，不允。

《元史》卷三〇《泰定帝紀二》　乙亥，遣乃馬台簡閱邊兵，賜鈔千錠。大天源延聖寺神御殿成。

戊寅，修澄清石牐。

甲申，享太廟。長春宫道士藍道元以罪被黜。詔：「道士有妻者，悉給徭役。」遷黄羊坡民二百五十户於韃靼部。寧遠州洞蠻刁用爲寇，命雲南行省備之。

丁亥，遣梁王王禪整飭斡耳朶思邊事。

辛卯，雲南行省丞相亦兒吉觧、廉訪副使散(兀只)〔只兀〕台，以使酒相詆，狀聞，詔兩釋之。

甲午，以災變罷獵。賑河南探馬赤軍，籍其餘丁。罷行宣政院及功德使司。免武備寺逋負兵器。

丁酉，藩王不賽因遣使獻玉及獨峯駝。是夜，太白犯軒轅御女。以星變，下詔恤民。

辛丑，次中都，畋於汪火察禿之地。賜太師按攤出鈔二千八百錠。鹿頂殿成。罷甘肅札渾倉，徙其軍儲於汪古剌倉。户部尚書郭良坐贓免。作天妃宫於海津鎮。西番土官撒加布來獻方物。海寇黎三來附。詔諭廉州蜑户使復業。鹽官州大風，海溢，壞隄防三十餘里，遣使祭海神，不止，徙居民千二百五十家。大都昌平大風，壞民居九百家。龍慶路雨雹一尺，大風損稼。真定蠡州、奉元蒲城等縣及無爲州諸處水，河中府、永平、建昌印都、中慶、太平諸路及廣西兩江饑，並發粟賑之。揚州、崇明州大風雨，海水溢，溺死者給棺斂之。杭州火，賑糧一月。

九月丁未，增置上都留守判官二員，兼推官。

辛亥，命帝師還京，修灑浄佛事於大明、興聖、隆福三宫。

丁巳，弛大都、上都、興和酒禁。

庚申，車駕至大都。

壬戌，以察乃領度支事。

癸亥，賜大車里新附蠻官七十五人衺帽韈襪。

戊辰，命懽赤等使於諸王怯別、月思別、不賽因三部。賑濬邸貧民鈔二十萬錠。湖廣行省太平路總管郭扶、雲南行省威楚路禿剌寨長哀培、景東寨長阿只弄男阿吾、大阿哀寨主弟你刀、木羅寨長哀卜利、茫施路土官阿利、鎮(江)〔康〕路土官泥囊弟陀金客、木(帖)〔粘〕路土官丘羅、大車里昭哀姪哀用、孟隆甸土官吾仲，並奉方物來獻。以昭哀地置木朶路一、木來州一、甸三，以吾仲地置孟隆路一、甸一，以哀培地置甸一，並降金符、銅印，仍賜幣、帛、鞍、勒有差。中書省臣言：「今國用不繼，陛下當法世祖之勤儉以爲永圖。臣等在職，苟有濫承恩賞者，必當回奏。」帝嘉納之。揚州、寧國、建德諸屬縣水，南恩州旱，民饑，並賑之。汾州平遥縣汾水溢。廬州、懷慶二路蝗。

冬十月辛未朔，發卒四千治通州道，給鈔千六百錠。

甲戌，紐澤陞右御史大夫。

庚辰，享太廟。奉安顯宗御容於大天源延聖寺。

辛巳，天壽節，遣道士祠衛輝太一萬壽宫。

壬午，帝師以疾還撒思加之地，賜金、銀、鈔、幣萬計，敕中書省遣官從行，備供億。

《續資治通鑑》卷二〇三　癸未，河水溢汴梁路，樂利隄壞，役丁夫六萬四千人築之。

京師饑，發粟八十萬石，減價糶之。

賜大天源延(壽)〔聖〕寺鈔二萬錠，吉安、臨江二路田千頃。

中書省言：「養給軍民，必藉地利。世祖建大宣文弘教等寺，賜永業，當時已號虚費。而成宗復構天壽萬寧寺，較之世祖，用增倍半。若武宗之崇恩福元，仁宗之承華普慶，租榷所入，抑又甚焉。英宗鑿山開寺，損兵傷農，而卒無益。夫土地祖宗所有，子孫當共惜之。臣恐兹後藉爲口實，妄興工役，徼福利以逞私欲，惟陛下察之。」帝嘉納焉，然不能用也。

江西行省平章巴延遷河南行省平章政事。舊有賜田五千頃在河南，以二千頃奉帝師祝釐，八百頃助給宿衛，自取不及其半。

《元史》卷三〇《泰定帝紀二》　〔十一月〕庚子，陝西行臺中丞姚煒請集世祖嘉言善行，以時省覽，從之。瀋陽、遼陽、大寧等路及金、復州水，民饑，賑鈔五萬錠。懷慶修武縣旱，免其租。寧夏路萬户府、慶遠安撫司饑，並賑之。弛寧夏路酒禁。宣撫使馬合某、李讓劾浙西廉訪使完者不花受賂，簿對不服，詔遣刑部郎中唆住鞫其侵辱使者，笞之。藩王不賽因遣使來獻虎。

癸卯，中書省臣言，西僧每假元辰疏釋重囚，有乖政典，請罷之。有旨：「自今當釋者，敕宗正府審覆。」
乙巳，梁王王禪往北邊，賜鈔三千錠。
己酉，作鹿頂棕樓。
辛亥，追復前平章政事李孟官。賜湘寧王八剌失里鈔三千錠。諸王不賽因遣使來獻馬。
乙卯，太白犯鍵閉。廣西透江團猺爲寇，宣慰使買奴諭降之。扶靈、青溪、櫟頭等源蠻爲寇，湖南道宣慰司遣使諭降之。
戊午，造中統、至元鈔各十萬錠。封諸王鐵木兒不花爲鎮南王，鎮揚州。
辛酉，加御史大夫紐澤開府儀同三司。加封廬陵江神曰顯應。弛成都酒禁。播州蠻宋王保來降。
己巳，徙上都清寧殿於伯亦兒行宫。弛永平路山澤之禁。階州土番爲寇，武靖王遣臨洮路元帥盞盞諭降之。廣寧路屬縣霖雨傷稼，賑鈔三萬錠。沔陽府旱，免其税。永平路大水，免其租，仍賑糧四月。汴梁、建康、太平、池州諸路及甘肅亦集乃路饑，並賑之。錦州水溢，壞田千頃，漂死者百人，人給鈔一錠。崇明州海溢，漂民舍五百家，賑糧一月，給死者鈔二十貫。
**《元史續編》卷九**　至大皇后鴻吉哩氏崩。
**《元史》卷三〇《泰定帝紀二》**　〔十二月〕丁丑，諸王月思别獻文豹，賜金、銀、鈔、幣有差。御史哈剌那海請擇正人傅太子，帝嘉納之。
**《續資治通鑑》卷二〇三**　壬午，監察御史賈垕，請祔武宗皇后於太廟，不報。敕以來年元夕搆燈山於内庭，御史趙師魯以水旱請罷其事，從之。
**《元史》卷三〇《泰定帝紀二》**　甲申，師魯又請親祀郊廟，帝嘉納之。
**《續資治通鑑》卷二〇三**　丙戌，以回回陰陽家言天變，給鈔二千錠，施有道行者及乞人、繫囚，以禳之。
丁亥，寧夏路地震，有聲如雷，連震者四。
庚寅，赦天下。
召江浙行省右丞趙簡爲集賢大學士，領經筵事。
**《元史》卷三〇《泰定帝紀二》**　壬辰，賜梁王王禪宴器金銀。以皇子小薛夜啼，賜高年鈔。
癸巳，作鹿頂殿。
己亥，命帝師修佛事，釋重囚三人。置大承華普慶寺總管府，罷規運提點所。御史言：「比年營繕，以衛軍供役，廢武事不講。請遵世祖舊制，教習五衛親軍，以備扈從。」不報。湖廣屯戍千户只干不花招諭扶靈洞蠻劉季等來降。保定路饑，賑米八萬一千五百石。懷慶路饑，賑鈔四萬錠。亳州河溢，漂民舍八百餘家，壞田二千三百頃，免其租。廣西静江、象州諸路及遼陽路饑，並賑之。大寧路大水，壞田五千五百頃，漂民舍八百餘家，溺死者人給鈔一錠。
**《元史新編》卷一一**　是歲，海運米至京師者三百三十五萬一千餘石，振饑民米計一百二十餘萬石，給鈔半之。終元之世爲最多。

## 泰定四年（丁卯、一三二七）

**《元史》卷三〇《泰定帝紀二》**　春正月甲辰，諸王買奴來朝，賜金一錠、銀十錠、鈔二千錠、幣帛各四十匹。
**《續資治通鑑》卷二〇三**　春，正月，乙巳，御史臺請親祀郊廟。先是監察御史趙師魯，以大禮未舉，言：「天子親祀郊廟，所以通精誠，逆福釐，生烝民，阜萬物，百王不易之禮也。宜講求故事，對越以格純嘏。」至是臺臣復以爲言，帝曰：「朕遵世祖舊制，其命大臣攝之。」
**《元史》卷三〇《泰定帝紀二》**　庚戌，置紹慶路石門十寨巡檢司。御史辛鈞言：「西商鬻寶，動以數十萬錠，今水旱民貧，請節其費。」不報。
壬子，以中政院金銀鐵冶歸中書。靖安王闊不花出鎮陝西，賜鈔二千錠。
癸丑，賜諸王阿剌忒納失里等鈔六千錠。
甲寅，鷹師脱脱病，賜鈔千錠。
戊午，命市珠寶首飾。
庚申，皇子允丹藏卜受佛戒於智泉寺。鹽官州海水溢，壞捍海堤二千餘步。
甲子，武龍洞蠻寇武緣縣諸堡。
丁卯，燕南廉訪司請立真定常平倉，不報。浚會通河，築漷州護倉堤，役丁夫三萬人。初置雲南行省檢校官。遼陽行省諸郡饑，賑鈔十八萬錠。彰德、淮安、揚州諸路饑，並賑之。大寧路水，給溺死者人鈔一錠。
二月辛未，祀先農。
甲戌，祭太祖、太宗、睿宗御容於大承華普慶寺，以翰林院官執事。
乙亥，親王也先鐵木兒出鎮北邊，賜金一錠、銀五錠、鈔五百錠、幣帛各十四。

丙子，命亦烈赤領仁宗神御殿事，大司徒亦憐真乞剌思爲大承華普慶寺總管府達魯花赤，仍大司徒。

壬午，狩於漷州。諸王火沙、阿榮、答里出鎮北邊，賜金、銀、鈔、幣有差。帝師參馬亦思吉思卜長出亦思宅卜卒，命塔失鐵木兒、紐澤監修佛事。

丙戌，詔同僉樞密院事燕帖木兒教閱諸衛軍。

戊子，進襲封衍聖公孔思晦階嘉議大夫。以馬(忽思)〔思忽〕爲雲南行省平章政事，提調烏蒙屯田。

**《續資治通鑑》卷二〇三**　時山東廉訪副使王鵬南，言思晦襲爵上公而階止四品，於格弗稱，且失尊崇之意，故有是命。

庚寅，八百媳婦蠻酋來獻方物。

**《元史》卷三〇《泰定帝紀二》**　辛卯，以尚供總管府及雲需總管府隸上都留守司。奉元、廬州、淮安諸路及白登部饑，賑糧有差。永平路饑，賑鈔三萬錠，糧二月。

三月辛丑，皇子允丹藏卜出鎮北邊。以那海赤爲惠國公，商議內史府事。

癸卯，和寧地震，有聲如雷。

丙午，廷試進士阿察赤、李黼等八十五人，賜進士及第、出身有差。命西僧作止風佛事。潮州路判官錢珍，挑推官梁楫妻劉氏，不從，誣楫下獄殺之。事覺，珍飲藥死，詔戮尸傳首。海北廉訪副使劉安仁，坐受珍賂除名。

辛亥，諸王槊思班、不賽亦等，以文豹、西馬、佩刀、珠寶等物來獻，賜金、鈔萬計。

庚申，遣使往江南求奇花異果。

辛酉，以太傅朶台爲太師，太保禿忽魯爲太傅，也可扎魯忽赤伯達沙爲太保。敕前太師伯忽與議大事，食其俸終身。召翰林學士承旨蔡國公張珪、集賢大學士廉恂、太子賓客王毅，悉復舊職，陝西行臺中丞敬儼爲集賢大學士，並商議中書省事，珪仍領經筵事。賜諸王火沙部鈔四千錠。郡王朶來、兀魯兀等部畜牧災，賑鈔三萬五千錠。中書省臣請酬哈散等累朝售寶價鈔十萬二千錠，從之。

**《續資治通鑑》卷二〇三**　遣使召儼，儼令使者先返，而挈家歸易水。

**《元史》卷三〇《泰定帝紀二》**　壬戌，車駕幸上都。復設武備寺同判六員。命親王八剌失(思)〔里〕出鎮察罕腦兒。封寬徹爲國公。以阿散火者知樞密院事。渾河決，發軍民萬人塞之。

丁卯，復置衛候直都指揮使司，秩正四品。諸王不賽因遣使獻文豹、獅子，賜鈔八千錠。大寧、廣平二路屬縣饑，賑鈔二萬八千錠。河南行省諸州縣及建康屬縣饑，賑糧有差。

夏四月辛未，盜入太廟，竊武宗金主及祭器。大理慶甸酋阿你爲寇。

**《續資治通鑑》卷二〇三**　壬申，作武宗主。

甲戌，作椶毛鹿頂樓。

己卯，道州永明縣猺爲寇。

癸未，鹽官州海水溢，侵地十九里，命都水少監張仲仁及行省官發工匠二萬餘人，以竹落木柵實石塞之，不止，尋命天師張嗣成修醮禳之。

癸巳，高州猺寇電白縣，千户張額力戰，死之。邑人立祠，敕賜額曰旌義。

**《元史》卷三〇《泰定帝紀二》**　甲午，以西僧公哥列思巴沖納思監藏班藏卜爲帝師，賜玉印，仍詔諭天下僧。

乙未，以武備寺卿阿昔兒答剌罕爲御史大夫。禜星於回回司天臺。湖廣猺寇全州、義寧屬縣，命守將捕之。河南、奉元二路及通、順、檀、薊等州，漁陽、寶坻、香河等縣饑，賑糧兩月。河間、揚州、建康、太平、衢州、常州諸路屬縣及雲南烏撒、武定二路饑，賑糧、鈔有差。永平路饑，免其租，仍賑糧兩月。

五月辛丑，太尉丑驢卒。

乙巳，作成宗神御殿於天壽萬寧寺。

己未，占城國遣使貢方物。

甲子，以典守宗廟不嚴，罷太常禮儀院官。

丁卯，修佛事於賀蘭山及諸行宮。罷諸王分地州縣長官世襲，俾如常調官，以三載爲考。元江路總管普雙坐贓免，遂結蠻兵作亂，敕復其舊職。德慶路猺來降，歸所掠男女，悉給其親。河南、江陵屬縣饑，賑糧有差。汴梁屬縣饑，免其租。常州、淮安二路，寧海州大雨雹。睢州河溢。大都、南陽、汝寧、廬州等路屬縣旱蝗。衛輝路大風九日，禾盡偃。河南路洛陽縣有蝗可五畝，羣烏食之既，數日蝗再集，又食之。

**《續資治通鑑》卷二〇三**　六月辛未，翰林侍講學士阿嚕衛、直學士雅克齊等進講，仍命譯《資治通鑑》以進。

中書參知政事史惟良請解職歸養，不允。

《元史》卷三〇《泰定帝紀二》 丁丑，倒剌沙等以災變乞罷，不允。 罷兩都營繕工役。 録諸郡繫囚。

己卯，永興屯被災，免其租。

《續資治通鑑》卷二〇三 辛巳，造象輿六乘。

甲申，廣西花角蠻爲寇，命所部討之。

《元史》卷三〇《泰定帝紀二》 癸未，遣察乃、伯顔赴大都銓選。

乙未，紹慶路四洞酋阿者等降，並命爲蠻夷長官，仍設巡檢司以撫之。 發義倉粟，賑鹽官州民。 廬州路饑，賑糧七萬九千石。 鎮江、興國二路饑，賑糶有差。中山府雨雹。 汴梁路河決。 汝寧府旱。 大都、河間、濟南、大名、峽州屬縣蝗。

秋七月丁酉〔朔〕，元江路普雙復叛。

戊戌，諸王燕只吉台襲位，遣使來朝。

己亥，八兒忽部晃忽來獻方物。 御史臺臣言，内郡、江南，旱、蝗荐至，非國細故，丞相塔失帖木兒、倒剌沙，參知政事不花、史惟良，參議買奴，並乞解職。有旨：「毋多辭，朕當自儆，卿等亦宜各欽厥職。」修大明殿。 占城國獻馴象二。建横渠書院於郿縣，祠宋儒張載。

辛丑，賜齊王月魯帖木兒鈔二萬錠。

甲辰，播州蠻謝烏窮來獻方物。

丙午，享太廟。

《續資治通鑑》卷二〇三 丁未，敕：「經筵講讀官，非有代不得去職。」詔諭宗正府，決獄遵世祖舊制。

《元史》卷三〇《泰定帝紀二》 戊(戌)〔申〕，遣翰林侍讀學士阿魯威還大都，譯《世祖聖訓》。

壬子，賜諸王火兒灰、月魯帖木兒、八剌失里及駙馬買住罕鈔一萬五千錠，金、銀、幣、帛有差。

甲寅，遣使市旄牛於西域。

丁巳，給齊王月魯帖木兒印。 伯顔察兒、兀伯都剌以疾乞解政，優詔諭之。

戊午，諜粘路土官賽丘羅招諭八百媳婦蠻招三斤來降，銀沙羅土官散怯遮殺賽丘羅，敕雲南王遣人諭之。

癸亥，賜壽寧公主鈔五千錠。 岐王鎖南管卜訴荆王也速也不干侵其分地，命甘肅行省閲籍歸之。

乙丑，周王和世㻋及諸王燕只哥台等來貢，賜金、銀、鈔、幣有差。 遣使祀海神天妃。

丙寅，籍僧、道有妻者爲民。 塞保安鎮渠，役民丁六千人。

是月，籍田蝗。 雲州黑河水溢。 衢州大雨水，發廩賑饑者，給漂死者棺。 延安屬縣旱，免其租税。 遼陽遼河、老撒加河溢，右衛率部饑，並賑之。

八月戊辰，給累朝斡耳朵鈔有差。

癸酉，給別乞烈失寧國公印。 度支監卿孛羅請辭職奉母，不允。 賜皇后乳母鈔千七百錠。 滹沱河水溢，發丁浚冶河以殺其勢。 奉元路治中單鵠言，今民採捕珍禽異獸不便，請罷之，敕：「應獵者其捕以進。」

乙亥，賜公主不答昔你滕户鈔四千錠。 苗人祭伯秧寇李陀寨，命湖廣行省捕之。

《續資治通鑑》卷二〇三 庚辰，運粟十萬石貯瀕河諸倉，備内郡饑。 田州洞傜爲寇，遣湖廣行省捕之。

《元史》卷三〇《泰定帝紀二》 癸未，賜營王也先帖木兒鈔三千錠。

乙酉，伯亦斡耳朶作欽明殿成。

壬辰，御史李昌言：「河南行省平章政事童童，世官河南，大爲奸利，請徙他鎮。」不報。

癸巳，謚武宗皇后曰宣慈惠聖，英宗皇后曰莊静懿聖，升祔太廟。 發衛軍八千，修白浮、瓮山河堤。

是月，揚州路崇明州、海門縣海水溢，汴梁路扶溝、蘭陽縣河溢，没民田廬，並賑之。 建德、杭州、衢州屬縣水。 真定、晉寧、延安、河南等路屯田旱。 大都、河間、奉元、懷慶等路蝗。 鞏昌府通(漕)〔渭〕縣山崩。 碉門地震，有聲如雷，晝晦。 天全道山崩，飛石斃人。 鳳翔、興元、成都、峽州、江陵同日地震。

九月丙申朔，日有食之。 阿察赤的斤獻木綿大行帳。 敕：「國子監仍舊制歲貢生員業成者六人。」禁僧道買民田，違者坐罪，没其直。

甲寅，湖廣土官宋王保來獻方物。

壬戌，遣歡赤等使諸王怯别等部。

甲子，御史言：「廣海古流放之地，請以職官贓污者處之，以示懲戒。」從之。保定、真定二路饑，賑糧三萬石、鈔萬五千錠。

《元史》卷三〇《泰定帝紀二》　閏月丁卯，賜諸王徹徹禿、渾都帖木兒鈔各五千錠。

《續資治通鑑》卷二〇三　己巳，太白經天。帝至自上都。

壬申，以災變赦天下，詔問所以弭災者。禮部尚書曹元用，言應天以實不以文，修德明政，應天之實也。宜撙浮費，節財用，選守令，卹貧民，嚴禋祀，汰佛事，止造作以紓民力，慎賞罰以示勸懲，皆切中時弊。又論科舉取士之法，當革冒濫，嚴攷覈，俾得真才之用。

廣西兩江猺爲寇，命所部捕之。

甲戌，命祀天地，饗太廟，致祭五岳、四瀆、名山、大川。

賑建昌諸路饑。

《元史》卷三〇《泰定帝紀二》　甲午，八百媳婦蠻請官守，置蒙慶宣慰司都元帥府及木安、孟傑二府於其地，以同知烏撒宣慰司事你出公、土官招南通並爲宣慰司都元帥，招諭人米德爲同知宣慰司事副元帥，南通之子招三斤知木安府，姪混盆知孟傑府，仍賜鈔、幣各有差。建昌、贛州、惠州諸路饑，賑米四萬四千石。土番階州饑，賑鈔千五百錠。奉元、慶遠、延安諸路饑，賑糴有差。

冬十月丙申，享太廟。

戊戌，諸王脱别帖木兒、哈兒蠻等獻玉及蒲萄酒，賜鈔六千錠。

己亥，御史德住請擇東宮官。

癸卯，命帝師作佛事於大天源延聖寺。

甲辰，改封建德路烏龍山神曰忠顯靈澤普佑孚惠王。

己酉，以治書侍御史王士熙爲參知政事。

辛亥，監察御史亦怯列台卜答言，都水庸田使司擾民，請罷之。

《續資治通鑑》卷二〇三　癸丑，江浙行省左丞相托歡達喇罕，平章政事高昉，以海溢病民，請解職，不允。

丁巳，以御史中丞趙世延爲中書右丞，以中書參議傅巖起爲吏部尚書。御史韓鏞言：「吏部掌天下銓衡，巖起從吏入官，烏足知天下賢才！尚書三品秩，巖起累官四品，於法亦不得陞。」制可。鏞，濟南人也。

《元史》卷三〇《泰定帝紀二》　安南遣使來獻方物。

戊午，監察御史馮思忠請命太常纂修累朝禮儀。

壬戌，開南州土官阿只弄率蠻兵爲寇，雲南行省招捕之。增置肅州、沙州、亦集乃三路推官。大都路諸州縣霖雨，水溢，壞民田廬，賑糧二十四萬九千石。衛輝獲嘉等縣饑，賑鈔六千錠，仍蠲丁地稅。龍興路屬縣旱，免其租。大名、河間二路屬縣饑，並賑之。

《續資治通鑑》卷二〇三　是月，中書平章政事致仕尚文卒，年九十二。追封齊國公，謚正獻。

《元史》卷三〇《泰定帝紀二》　十一月庚午，禁晉寧路釀酒。減價糶京倉米十萬石，以賑貧民。以思州土官田仁爲思州宣慰使。召雲南王帖木兒不花赴上都。

丙子，賜公主不答昔你鈔千錠。平樂府猺爲寇，湖廣行省督兵捕之。

辛卯，以降蠻謝烏窮爲蠻夷官。雲南蒲蠻來附，置順寧府、寶通州、慶甸縣。緬國主答里必牙請復立行省於迷郎崇城，不允。孛斯來附。給伯亦斡耳朵駝、牛。以歲饑，開内郡山澤之禁。永平路水旱，民饑，蠲其賦三年。諸王塔思不花部衛士饑，賑糧千石。冀寧路陽曲縣地震。

十二月庚子，發米三十萬石，賑京師饑。絳州太平縣趙氏婦，一産三子。定捕盜令，限内不獲者，償其贓。

辛丑，敕塔失鐵木兒、倒剌沙領内史府四斡耳朵事。

癸卯，安南遣使來貢方物。

甲辰，梧州猺爲寇，湖廣行省督兵捕之。

戊申，諸王孛羅遣使貢硇砂，賜鈔二千錠。

癸丑，命趙世延及中書參議韓讓、左司郎中姚庸提調國子監。

乙卯，爪哇遣使獻金文豹、白猴、白鸚鵡各一。蔡國公張珪卒。植萬歲山花木八百七十本。

丙辰，賜諸王孛羅帖木兒等鈔四千錠。

己未，静江路猺兵爲寇，湖廣行省督兵捕之。右江諸寨土官岑世忠等來獻方物。大都、保定、真定、東平、濟南、懷慶諸路旱，免田租之半。河南、河間、延安、鳳翔屬縣饑，並賑之。

是歲，汴梁、延安、汝寧、峽州旱，濟南、衛輝、濟寧、南陽八路屬縣蝗。汴梁諸屬縣霖雨，河決。揚州路通州、崇明州大風，海溢。

《元史續編》卷九　前南臺大夫喀喇托克托卒。

《元史新編》卷一一　是歲，發米二十四萬九千石振大都饑，三十萬石散京師流民。

# 致和元年（戊辰、一三二八）

**《元史》卷三〇《泰定帝紀二》** 春正月乙丑朔，高麗王遣使來朝賀，獻方物。

甲戌，享太廟。命繪《蠶麥圖》。

乙亥，詔諭百司：「凡不赴任及擅離職者，奪其官；避差遣者，笞之。」御史鄒惟亨言：「時享太廟，三獻官舊皆勳戚大臣，而近以户部尚書爲亞獻，人既疏遠，禮難嚴肅。請仍舊制，以省、臺、樞密、宿衛重臣爲之。」

丁丑，頒《農桑舊制》十四條於天下，仍詔勵有司以察勤惰。

己卯，帝將畋柳林，御史王獻等以歲饑諫，帝曰：「其禁衛士毋擾民家，命御史二人巡察之。」諸王星吉班部饑，賑鈔萬錠，米五千石。占城遣使來貢方物，且言爲交阯所侵，詔諭解之。禁僧、道匿商税。給宗仁衛蒙古子女糧六月。

辛巳，静江徭寇靈川、臨桂二縣，命廣西招捕之。

甲申，遣使祀海神天妃。

戊子，詔優護爪哇國主札牙納哥，仍賜衣物弓矢。罷河南鐵冶提舉司，歸有司。命帝師修佛事於禁中。免陝西撈鹽一年。發卒修京城。罷益都諸屬縣食鹽。加封幸淵龍神福應昭惠公。河間、真定、順德諸路饑，賑鈔萬一千錠。大都路東安州、大名路白馬縣饑，並賑之。

二月癸卯，弛汴梁路酒禁。

乙卯，牙即遣使藏古來貢方物。

庚申，賜遼王脱脱鈔五千錠，梁王王禪鈔二千錠。

**《元史續編》卷一〇** 詔改元。詔天下改泰定五年爲致和元年，免河南自實田糧一年，被災州、郡税糧一年，流民復業者差税三年。疑獄繫三歲不決者，咸決之。

**《元史》卷三〇《泰定帝紀二》** 癸亥，解州鹽池黑龍堰壞，調番休鹽丁修之。陝西諸路饑，賑鈔五萬錠。河間、汴梁二路屬縣及開（城）〔成〕、乾州蒙古軍饑，並賑之。

三月庚午，阿速衛兵，出戍者千人，人給鈔四十錠；貧乏者六千一百人，人給米五石。雲南安隆寨土官岑世忠與其兄世興相攻，籍其民三萬二千户來附，歲輸布三千匹，請立宣撫司以總之，不允。置州一，以世興知州事，置縣二，聽世忠舉人用之，仍諭其兄弟共處。立萬户府二，領征西紅胖襖軍。塔失帖木兒、倒剌沙言：「災異未弭，由官吏以罪黜罷者怨誹所致，請量才敍用。」從之。

辛未，大天源延聖寺顯宗神御殿成，置總管府以司財賦。

甲戌，雅濟國遣使獻方物。

（乙）〔己〕卯，帝御興聖殿受無量壽佛戒於帝師。

庚辰，命僧千人修佛事於鎮國寺。

辛巳，賜壽寧公主鹽價鈔萬引。

**《續資治通鑑》卷二〇三** 甲申，遣户部尚書李嘉努往鹽官祀海神，仍集議修海岸。

丙戌，帝師命僧修佛事於鹽官州，造浮屠二百一十六，以厭海溢。

帝畋於柳林，以疾還宫。時簽書樞密院事雅克特穆爾兼總環衛，以帝在位五年，根本未固，而都爾蘇狡愎自用，人心不附，遂謀立武宗之子以徼大功。諸王（滿）圖、阿穆爾台、太常禮儀使噶海齊、宗正達嚕噶齊庫庫楚等亦與雅克特穆爾謀曰：「主上之疾日臻，今將往上都，如有不諱，吾黨扈從者執諸王大臣殺之，居大都者即縛大都省臺官，宣言太子已至，正位宸極，傳檄守禦諸關，則大事濟矣。」

戊子，帝如上都，滿圖、庫庫楚等扈從，西安王喇特納實哩居守，雅克特穆爾亦留京師。

賑河南、四川饑。

**《元史》卷三〇《泰定帝紀二》** 己丑，以趙世延知經筵事，趙簡預經筵事，阿魯威同知經筵事，曹元用、吴秉道、虞集、段輔、馬祖常、燕赤、孛术魯翀並兼經筵官。雲南土官撒加布降，奉方物來獻，置州一，以撒加布知州事，隸羅羅宣慰司，徵其租賦。

壬辰，太平路當塗縣楊氏婦，一産三子。晉寧、衛輝二路及泰安州饑，賑鈔四萬八千三百錠。冀寧路平定州饑，賑糶米三萬石。陝西、四川及河南府等處饑，並賑之。

**《御批歷代通鑑輯覽》卷九七** 徙懷王圖卜特穆爾於江陵。

**《續資治通鑑》卷二〇四** 夏四月丙申，欽州徭黄焱等爲寇，命湖廣行省備之。

**《御批歷代通鑑輯覽》卷九七** 禁蒙古、色目人居親喪。

**《元史》卷三〇《泰定帝紀二》** 壬寅，李家奴以作石囤捍海議聞。

己酉，御史楊倬等以民饑，請分僧道儲粟濟之，不報。

甲寅，改封蒙山神曰嘉惠昭應王，鹽池神曰靈富公，洞庭廟神曰忠惠順利靈濟昭佑王，唐柳州刺史柳宗元曰文惠昭靈公。

戊午，禁僞造金銀器皿。大都、東昌、大寧、汴梁、懷慶之屬州縣饑，發粟賑之。保定、冠州、德州、般陽、彰德、濟南屬州縣饑，發鈔賑之。

是月，靈州、濬州大雨雹。薊州及岐山、石城二縣蝗。廣寧路大水。崇明州大風，海溢。

**《續資治通鑑》卷二〇四**　五月甲子，遣官分護流民還鄉，仍禁聚至千人者杖一百。

丙寅，廣西普寧縣僧陳慶安作亂，僭號，改元。

**《元史》卷三〇《泰定帝紀二》**　己巳，八百媳婦蠻遣子哀招獻馴象。

癸酉，籍在京流民廢疾者，給糧遣還。大理怒江甸土官阿哀你寇樂辰諸寨，命雲南行省督兵捕之。

甲申，安南國及八洞蠻酋遣使獻方物。

戊子，以嶺北行省平章政事塔失帖木兒爲中書平章政事。

是月，燕南、山東東道及奉元、大同、河間、河南、東平、濮州等處饑，賑鈔十四萬三千餘錠。峽州屬縣饑，賑糶糧五千石。冀寧、廣平、真定諸路屬縣大雨雹。汝寧府潁州、衛輝路汲縣蝗。涇州靈臺縣旱。

六月，高麗世子完者禿訴取其印，遣平章政事買閭往諭高麗王，俾還之。

丙午，遣使祀世祖神御殿。

是月，諸王喃答失、徹徹禿、火沙、乃馬台諸(郡)〔部〕風雪斃畜牧，士卒饑，賑糧五萬石、鈔四十萬錠。奉元、延安二路饑，賑鈔四千八百九十錠。彰德屬縣大雨雹。南寧、開元、永平諸路水。江陵路屬縣旱。河南(安德)〔德安〕屯蠖食桑。

**《續資治通鑑》卷二〇四**　秋七月辛酉朔，寧夏地震。

庚午，帝崩於上都，年三十六。葬起輦谷。

**《元史》卷三〇《泰定帝紀二》**　己卯，大寧路地震。

癸未，修佛事於欽明殿。

乙酉，皇后、皇太子降旨諭安百姓。

**《續資治通鑑》卷二〇四**　雅克特穆爾聞帝崩，謀於西安王喇特納實哩，陰結勇士。

**《元史》卷三〇《泰定帝紀二》**　八月甲午黎明，百官集興聖宮，燕鐵木兒率阿剌鐵木兒、孛倫赤等十七人，兵皆露刃，號於衆曰：「武宗皇帝有聖子二人，孝友仁文，天下正統當歸之。今爾一二臣，敢紊邦紀！有不順者斬。」乃手縛平章政事烏伯都剌、伯顔察兒；分命勇士執中書左丞朶朶，參知政事王士熙，參議中書省事脱脱、吴秉道，侍御史鐵木哥、丘世傑，治書侍御史脱歡，太子詹事丞王桓等，皆下之獄。燕鐵木兒與西安王阿剌忒納失里共守内廷，籍府庫，録符印，召百官入内聽命。即遣前河南行省參知政事明里董阿、前宣政使答里麻失里，馳驛迎帝於江陵，密以意諭河南行省平章政事伯顔，令簡兵以備扈從。是日，前湖廣行省左丞相別不花爲中書左丞相，太子詹事塔失海涯爲中書平章政事，前湖廣行省右丞速速爲中書左丞，前陝西行省參知政事王不憐吉台爲樞密副使，與中書右丞趙世延、同僉樞密院事燕鐵木兒、翰林學士承旨亦列赤、通政院使寒食分典機務，調兵守禦關要，徵諸衛兵屯京師，下郡縣造兵器，出府庫犒軍士。

**《續資治通鑑》卷二〇四**　雅克特穆爾直宿禁中，達旦不寐，一夕或再徙，人莫知其處。弟薩敦，子騰(斯吉)〔吉斯〕，時留上都，密遣達實特穆爾召之，皆棄其妻子來歸。

**《元史》卷三二《文宗紀一》**　乙未，以西安王令，給宿衛京城軍士鈔有差，調諸衛兵守居庸關及盧兒嶺。

丙申，遣左衛率使禿魯將兵屯白馬甸，隆鎮衛指揮使斡都蠻將兵屯泰和嶺。

丁酉，發中衛兵守遷民鎮。又遣撒里不花等往迎帝，且令塔失帖木兒矯爲使者自南來，言帝已次近郊，使民毋驚疑。

戊戌，徵宣靖王買奴、諸王燕不花於山東。

己亥，徵兵遼陽。明里董阿至汴梁，執行省臣，皆下之獄。又收肅政廉訪司、萬户府及郡縣印。

**《續資治通鑑》卷二〇四**　明埒棟阿等至汴梁，以其謀密告巴延，巴延曰：「此吾君之子也。」即集僚屬，告以故。於是會計倉廩府庫穀粟金帛之數，乘輿供御牢餼膳羞、徒旅委積士馬芻糧供億之須，以及賞賚犒勞之用，靡不備至；不足，則檄州縣募民折輸明年田租及貸商人貨資，約倍息以償；又不足，則邀東南常賦之經河南者止之以給其費。徵發民丁，增置驛馬，補城櫓，浚濠池，修戰守之具，嚴徼邏斥堠，日披堅執鋭，與僚佐屬掾籌其便宜。即遣莽賚扣布哈以其事馳告懷王，又使羅勒報雅克特穆爾曰：「公盡力京師，河南事我當自效。」巴延別募勇士五千人以迎懷王，而躬勒兵以俟。

懷王命薩哩布哈拜巴延河南行省左丞相。

庚子，發宗仁衛兵增守遷民鎮。

辛丑，遣萬户徹里特穆爾將兵屯河中。

《元史》卷三二《文宗紀一》 壬寅，河南行省以郡縣闕人，權署官攝其事。

癸卯，燕鐵木兒之弟撒敦、子唐其勢，自上都來歸。河南行省殺平章曲烈、右丞別鐵木兒。是日，明里董阿等至江陵。

甲辰，帝發江陵，遣使召鎮南王鐵木兒不花、威順王寬徹不花、湖廣行省平章政事高昌王鐵木兒補化來會。執湖廣行省左丞馬合某送京師，以別薛代之。河南行省出府庫金千兩、銀四千兩、鈔七萬一千錠，分給官吏、將士。又命有司造乘輿、供張、儀仗等物。

乙巳，遣隆鎮衛指揮使也速台兒將兵守碑樓口。河南行省殺其參政脱孛臺。召陝西行臺侍御史馬扎兒台及行省平章政事探馬赤，不至。

丙午，諸王按渾察至京師。遣前西臺御史剌馬黑巴等諭陝西。

丁未，撒敦守居庸關，唐其勢屯古北口。命河南行省造銀符，以給軍士有功者。

戊申，燕鐵木兒又令乃馬台矯爲使者北來，言周王整兵南行，聞者皆悦。帝命河南行省平章政事伯顔爲本省左丞相。河南行省遣前萬户孛羅等將兵守潼關。

《宋元資治通鑑》卷六〇 己酉，上都諸王滿禿，阿馬剌台，闊闊出，平章買閭，集賢學士兀魯思不花，太常禮儀院使哈海赤等十八人同謀附燕帖木兒，事覺，悉誅之。

《續資治通鑑》卷二〇四 庚戌，懷王至汴梁。前翰林學士承旨阿爾哈雅，以父憂家居，聞王來，即易服出迎。至汴郊，王命爲河南行省平章政事。巴延屬櫜鞬，擐甲冑，與百官父老導入，咸俯伏稱萬歲，即叩首勸進。王解金鎧、寶刀及海東白鶻、文豹賜巴延，明日，扈從北行。阿爾哈雅鎮汴，高價糴粟以峙糧儲，命近郡分治戎器，閱士卒，括馬民間，以備不虞。

辛亥，薩里布哈至自江陵，言懷王已啓塗。是日，拜雅克特穆爾知樞密院事。

壬子，阿蘇衛指揮使托克托穆爾，帥其軍自上都來歸，即命守古北口。

癸丑，上都諸王及用事臣，以兵分道犯京畿，留遼王托克托、諸王博囉特穆爾、太師多岱、左丞相都爾蘇、知樞密院事特穆爾圖居守。

甲寅，賚瑪赫巴等至陝西，皆見殺。

乙卯，托克托穆爾及上都諸王實喇、平章政事索瑪岱、詹事奇徹戰於宜興，斬奇徹於陣，擒索瑪岱，送京師殺之，實喇敗走。

丙辰，雅克特穆爾率百官備法駕郊迎。

丁巳，懷王至京師，入居大内。

《元史》卷三二《文宗紀一》 己未，以河南萬户也速台兒同知樞密院事。罷回回掌教哈的所。上都梁王王禪、右丞相塔失鐵木兒、太尉不花、平章政事買閭、御史大夫紐澤等，兵次榆林。陞宜興縣爲州。隆鎮衛指揮使黑漢謀附上都，坐棄市，籍其家。

九月庚申朔，燕鐵木兒督師居庸關，遣撒敦以兵襲上都兵於榆林，擊敗之，追至懷來而還。隆鎮衛指揮使斡都蠻以兵襲上都諸王滅里鐵木兒、脱木赤於陀羅臺，執之，歸於京師。遣使即軍中賜脱脱木兒等銀各千兩，以分給軍士有功者。賜京師耆老七十人幣帛。命有司括馬。中書左丞相別不花言：「回回人哈哈的，自至治間貸官鈔，違制別往番邦，得寶貨無算，法當没官，而倒剌沙私其種人，不許，今請籍其家。」從之。燕鐵木兒請釋馬合某，從之。陝西兵入河中府，劫行用庫鈔萬八千錠，殺同知府事不倫禿。

《御批歷代通鑑輯覽》卷九七 皇太子喇實晉巴即位於上都。

時年九歲，改元天順，遣梁王旺沁、右丞相達實特穆爾將兵分道討雅克特穆爾。

《元史》卷三二《文宗紀一》 壬戌，遣使祭五嶽、四瀆。命速速宣諭中外曰：「昔在世祖以及列聖臨御，咸命中書省綱維百司，總裁庶政，凡錢穀、銓選、刑罰、興造，罔不司之。自今除樞密院、御史臺，其餘諸司及左右近侍，敢有隔越中書奏請政務者，以違制論。監察御史其糾言之。」以高昌王鐵木兒補化知樞密院事，也先捏爲宣徽使。給居庸關軍士糗糧。賜鎮南王鐵木兒不花等鈔有差。徵五衛屯田兵赴京師。安南國來貢方物。賜上都將士來歸者鈔各有差。樞密院臣言：「河南行省軍列戍淮西，距潼關，河中不遠，湖廣行省軍，唯平陽、保定兩萬户號稱精鋭，請發蘄、黄戍軍一萬人及兩萬户軍，爲三萬，命湖廣參政鄭昂霄、萬户脱脱木兒將之，並黄河爲營，以便徵遣。」從之。召燕鐵木兒赴闕。上都諸王也先帖木兒、平章禿滿迭兒，自遼東以兵入遷民鎮，諸王八剌馬、也先帖木兒以所部兵入管州，殺掠吏民。

丙寅，命造兵器，江浙、江西、湖廣三省六萬事，内郡四萬事。

丁卯，燕鐵木兒率諸王、大臣，伏闕請早正大位，以安天下，帝固辭曰：「大兄在朔方，朕敢紊天序乎！」燕鐵木兒曰：「人心向背之機，間不容髮，一或失之，噬臍無及。」帝曰：「必不得已，必明著朕意以示天下而後可。」賜西安王阿剌忒納失里、鎮南王帖木兒不花、威順王寬徹不花、宣靖王買奴等，金各五十兩、銀各五百兩，幣各二十匹。遣撒敦拒遼東兵於薊州東流沙河，元帥阿兀剌守居庸關。上都軍攻碑樓口，指揮使也速臺兒禦之，不克。

戊辰，大司農明里董阿、大都留守闊闊台，並爲中書平章政事。募勇士從軍。遣使分行河間、保定、真定及河南等路括民馬。徵鄜陵縣河西軍赴闕。命襄陽萬户楊克忠、鄧州萬户孫節，以兵守武關。命海道萬户府來年運米三百一十萬石。造金符八十。

**《元史新編》卷一三**　己巳，鑄御寶成，立行樞密院於汴梁，以耶速台爾知行院事，將兵行視太行諸關，西擊河中、潼關軍，括北路民馬，以摺疊弩分給守關軍士。上都諸王忽剌台引兵攻崞州。

**《元史》卷三二《文宗紀一》**　庚午，命有司和市粟豆十六萬五千石，分給居庸等關軍馬。遣軍民守歸、峽諸隘。

辛未，常服謁太廟。雲南孟定路土官來貢方物。烏伯都剌、鐵木哥棄市，朵朵、王士熙、伯顔察兒、脱歡等各流於遠州，並籍其家。同知樞密院事脱脱木兒與遼東禿滿迭兒戰於薊州兩家店。

# 元文宗部上（公元一三二八年）

**《續資治通鑒》卷二〇六**　文宗聖明元孝皇帝諱圖卜特穆爾，武宗次子，明宗之弟也，母曰文獻昭聖皇后唐古氏。大德八年春正月癸亥生。至治元年，出居海南；泰定元年，召還京師，封懷王。

## 天曆六年（戊辰、一三二八）

**《元史》卷三二《文宗紀一》**　〔九月〕壬申，帝即位於大明殿，受諸王、百官朝賀，大赦，詔曰：

洪惟我太祖皇帝混一海宇，爰立定制，以一統緒，宗親各受分地，勿敢妄生覬覦，此不易之成規，萬世所共守者也。世祖之後，成宗、武宗、仁宗、英宗，以公天下之心，以次相傳，宗王、貴戚，咸遵祖訓。至於晉邸，具有盟書，願守藩服，而與賊臣鐵失、也先帖木兒等潛通陰謀，冒干寶位，使英宗不幸罹於大故。朕兄弟播越南北，備歷艱險，臨御之事，豈獲與聞！

朕以叔父之故，順承惟謹，於今六年，災異迭見。權臣倒剌沙、烏伯都剌等，專權自用，疏遠勳舊，廢棄忠良，變亂祖宗法度，空府庫以私其黨類。大行上賓，利於立幼，顯握國柄，用成其奸。宗王、大臣，以宗社之重，統緒之正，協謀推戴，屬於眇躬。朕以菲德，宜俟大兄，固讓再三。宗戚、將相、百僚、耆老，以爲神器不可以久虚，天下不可以無主，周王遼隔朔漠，民庶遑遑，已及三月，誠懇迫切。朕姑從其請，謹俟大兄之至，以遂朕固讓之心。已於致和元年九月十三日，即皇帝位於大明殿。其以致和元年爲天曆元年，可大赦天下。自九月十三日昧爽已前，除謀殺祖父母、父母，妻妾殺夫，奴婢殺主，謀故殺人，但犯强盗，印造僞鈔不赦外，其餘罪無輕重，咸赦除之。

於戲，朕豈有意於天下哉！重念祖宗開創之艱，恐隳大業，是以勉徇輿情。尚賴爾中外文武臣僚，協心相予，輯寧億兆，以成治功。咨爾多方，體予至意！

**《元史》卷三二《文宗紀一》**　癸酉，翰林院增給驛璽書。命燕鐵木兒將兵擊遼東軍。封燕鐵木兒爲太平王，以太平路爲食邑，賜金五百兩、銀二千五百兩、鈔萬錠，平江官地五百頃。中書右丞曹立爲江浙行省平章政事，福建廉訪使易釋董阿爲右丞，前中書左丞張思明爲左丞。諸王塔术、只兒哈郎、佛寶等自恩州來朝。賜按灰鈔百錠，以祀天神。括河東馬。

**《續資治通鑑》卷二〇四**　時遼東圖們岱爾兵至薊州，即日命雅克特穆爾將兵擊之。

**《元史》卷三二《文宗紀一》**　甲戌，燕鐵木兒加開府儀同三司、上柱國、録軍國重事、中書右丞相、監修國史，依前知樞密院事。伯顏加太尉。以江南行臺御史大夫朶兒只爲江浙行省左丞相，淮西道肅政廉訪使阿兒思蘭海牙爲江南行臺御史大夫。諸王孛羅、忽都火者來朝。徵左右兩阿速衛軍老幼赴京師，不行者斬，籍其家。

乙亥，立太禧院，以奉祖宗神御殿祠祭，秩正二品，罷會福、殊祥兩院。江西行省平章政事禿堅帖木兒、江浙行省右丞易釋董阿並爲太禧院使，中書平章速速、御史中丞亦列赤兼太禧院使。上都王禪兵襲破居庸關，將士皆潰。燕鐵木兒軍次三河。

丙子，王禪游兵至大口，燕鐵木兒還軍次榆河，帝出齊化門視師。

丁丑，燕鐵木兒來見曰：「乘輿一出，民心必驚。軍旅之事，臣請以身任之。」即日還宫。命司天監禁星。

**《元史新編》卷一三**　戊寅，詔諭中外曰：「近以奸臣倒剌沙、烏伯都剌，潛通陰謀，變易祖宗成憲，既已明正其罪。凡回回種人不預其黨者，各安業勿懼，有因而煽惑者，罪之。」敕軍中逃歸，及京城游民敢攘民財者斬。

**《元史》卷三二《文宗紀一》**　命高昌僧作佛事於延春閣。又命也里可温於顯懿莊聖皇后神御殿作佛事。諸王阿兒八忽、按灰、脱脱來朝。命留守司完京城，軍士乘城守禦。燕鐵木兒與王禪前軍戰於榆河，敗之，追奔紅橋北。其樞密副使阿剌帖木兒、指揮使忽都帖木兒以兵會王禪，復來戰，又敗之。我師據紅橋。增給大都驛馬百匹。

庚辰，詔諭御史臺：「今後監察御史、廉訪司，凡有刺舉，並著其實，無則勿妄以言。廉訪司書吏，當以職官、教授、吏員、鄉貢進士參用。」加封漢將軍關羽爲顯靈義勇武安英濟王，遣使祠其廟。

辛巳，命司天監禜星。以別不花知樞密院事，依前中書左丞相。括山東馬。脱脱木兒與燕鐵木兒與上都軍大戰白浮之野，燕鐵木兒手刃七人於陣，敗之。脱脱木兒與遼東軍戰薊州之檀子山。

壬午，大霧。王禪等遁崑山(州)。獲上都頒詔使者及遼東徵兵使者，以聞，詔誅之。

癸未，以同知樞密院事秃兒哈帖木兒知樞密院事，中書平章政事明里董阿爲江浙行省平章政事。王禪收集散亡，復來戰，我師列陣白浮之西，敵不敢犯。至夜，撒敦、脱脱木兒前後夾攻，敗走之，追及於昌平北，斬首數千級，降者萬餘人。帝遣使賜燕鐵木兒上尊，諭旨曰：「丞相每臨陣，躬冒矢石，脱有不虞，奈何？自今第以大將旗鼓督戰可也。」燕鐵木兒對曰：「凡戰，臣必以身先之，敢後者，論以軍法。若委之諸將，萬一失利，悔將何及！」

甲申，慶雲見。王禪單騎亡，撒敦追之不及而還。命御史臺：「凡各道廉訪司官，用蒙古二人，畏兀、河西、回回、漢人各一人。各司書吏十六人，用職官五，各路司吏五，教授二，鄉貢進士四人。本臺經歷品秩相當者，除各道廉訪使，都事除副使。本臺譯史通事考滿不得除御史。」請安王闊不花等將陝西兵潛由潼關南水門入，萬户孛羅棄關走，闊不花等分據陝州等縣，縱兵四劫。

乙酉，以明里董阿爲中書平章政事，嶺北行省左丞燕不鄰知樞密院事。募丁壯千人守捍城郭。上都兵入古北口，將士皆潰，其知樞密院事竹温台以兵掠石槽。追封乳母完者雲國夫人，其夫斡羅思贈太保，封雲國公，謚忠懿；子鎖乃贈司徒，封雲國公，謚貞閔。燕鐵木兒遣撒敦倍道趨石槽，掩其不備擊之。燕鐵木兒大兵繼至，轉戰四十餘里，至牛頭山，擒駙馬孛羅帖木兒，平章蒙古塔失、〔雅失〕帖木兒，將作院使撒兒討温，送闕下戮之，將校降者萬人，餘兵奔竄，夜遣撒敦出古北口逐之。脱脱木兒與遼東軍戰薊州南，殺獲無算。調河南蒙古軍老幼五萬人，增守京師。募丁壯守直沽。調臨清萬户府運糧軍三千五百並御河分守，山東丁壯萬人守禦益都、般陽諸處海港。居庸關壘石以爲固。

丁亥，遼東軍抵京城，燕鐵木兒引兵拒之，令京城里長召募丁壯及百工合萬人，與兵士爲伍，乘城守禦，月給鈔三錠、米三斗。冀寧、晉寧兩路所轄：代州之雁門關，崞州之陽武關，嵐州之(大)〔天〕澗口、皮庫口，保德州之寨底、天橋、白羊三關，石州之塢堡口，汾州之向陽關，隰州之烏門關，吉州之馬頭、秦王嶺二關，靈石縣之陰地關，皆令穿塹壘石以爲固，調丁壯守之。



戊子，上都諸王忽刺台等兵入紫荆關，將士皆潰，行樞密院官卜顔、斡都蠻，指揮使也速臺兒將兵援之。陝西行臺御史大夫也先帖木兒引兵從大慶關渡河，擒河中府官殺之。萬户徹里帖木兒軍潰而遁，河南廉訪副使萬家閭言：「徹里帖木兒身爲大將，紀律不嚴，望風奔潰，宜加重罰，以示勸懲。」不報。河東聞也先帖木兒軍至，官吏皆棄城走，也先帖木兒悉以其黨代之。召雲南行省左丞相也(先)〔兒〕吉尼，不至。前尚書左丞相三寶奴以罪誅，其二子上都、喇刺八都兒近侍，命以所籍家貲及制命還之。

**《續資治通鑑》卷二〇四** 有司持詔自江浙還，言行省臣意有不服者，詔遣使問不敬狀，將悉誅之。中書左司郎中策丹言於雅克特穆爾曰：「上新即位，雲南、四川猶未定，乃以使臣一言殺行省大臣，恐非盛德事。況江浙豪奢之地，使臣不得厭其所需，則造言以陷之耳。」雅克特穆爾以言於帝，事乃止。

冬十月己丑朔，日將昏，雅克特穆爾抵通州，乘圖們岱爾等初至，擊之，敵軍狼狽走，渡潞河。

庚寅，夾河而軍，敵列植秫稭，衣以氈衣，然火爲疑兵夜遁。

辛卯，渡河追之。

**《元史新編》卷一三** 以即位告郊廟，社稷，時享之禮，改用仲月。

**《元史》卷三二《文宗紀一》** 壬辰，也先捏以軍至保定，殺阿里沙等及張景武兄弟五人，并取其家貲。倒刺沙貸其姻家長蘆鹽運司判官亦刺馬丹鈔四萬錠，買鹽營利於京師，詔追理之。

癸巳，立壽福、會福、隆禧、崇祥四總管府，分奉祖宗神御殿，秩正三品，並隸太禧院。忽刺台游兵進逼南城，令京城居民户出壯丁一人，持兵仗從軍士乘城，仍於諸門列甕貯水以防火。燕鐵木兒及陽翟王太平、國王朵羅台等戰於檀子山之棗林，唐其勢陷陣，殺太平，死者蔽野，餘皆宵遁，遣撒敦追之，弗及。

甲午，命有司市馬千匹，賜軍士出征者。脱脱木兒、章吉與也先捏合擊敵軍於良鄉南，轉戰至瀘溝橋，忽刺台被創，據橋而宿。

**《續資治通鑑》卷二〇四** 雅克特穆爾率諸將循北山而西，令脱銜繫囊，盛莝豆以飼馬，士行且食，晨夜兼程，至於盧溝河，呼喇台聞之，望風西走。是日凱旋，入自肅清門，帝大悦，丙申，賜宴興聖殿，盡歡而罷。

**《元史》卷三二《文宗紀一》** 賑通州被兵之家。命速速等董度支芻粟。中書省臣言：「上都諸王、大臣，不思祖宗成憲，惑於姦臣倒刺沙之言，輒以兵犯京畿。賴陛下洪福，王禪遂致潰亡，生擒諸王孛羅帖木兒及諸用事臣蒙古答失、雅失帖木兒等，既已明正典刑，宜傳首四方以示衆。」從之。

丁酉，以縉山縣民十人嘗爲王禪向導，誅其爲首者四人，餘杖一百七，籍其家貲，妻子分賜守關軍士。

《元史新編》卷一三　戊戌，調湖廣平章乞住以兵守歸、峽，左丞别薛守八番，以備四川軍。諸將追阿刺帖木爾至紫荆關，獲之，送京師，棄市。

《元史》卷三二《文宗紀一》　己亥，幸大聖壽萬安寺，謁世祖、裕宗神御殿。賜燕鐵木兒太平王黄金印，并降制書，及賜玉盤、龍衣、珠衣、寶珠、金腰帶、海東、白鶻、青鶻各一。河南行中書省、行樞密院，皆聽便宜行事。秃滿迭兒軍復入古北口，燕鐵木兒引軍禦之，大戰於檀州南，敗之，其萬户以兵萬人降，秃滿迭兒遂走還遼東。使者頒詔於陝西，行省、行臺官焚詔書，下使者獄，告於上都。

《續資治通鑑》卷二〇四　〔乙未〕，湘寧王巴喇實里引兵入冀寧，殺掠吏民。時太行諸關守備皆缺，冀寧路來告急，敕萬户和尚將兵由故關援之。冀寧路官募民兵迎敵，和尚以師爲殿，殺獲甚衆。會上都兵大至，和尚退保故關，冀寧遂陷。

《元史》卷三二《文宗紀一》　庚子，以梁王王禪第賜諸王帖木兒不花。廷臣言：「保定萬户張昌，其諸父景武等既受誅，宜罷其所將兵，而奪其金虎符。」不許。

辛丑，還給伯顔察兒、朶朶家貲。

《元史新編》卷一三　以脱脱木爾知樞密院事，亦列赤爲御史大夫。齊王月魯帖木爾、東路蒙古元帥不花帖木爾以兵徑襲上都，梁王王禪遁，遼王脱脱被殺，遂入城，執丞相倒刺沙，盡收上都諸王符印。

《元史》卷三二《文宗紀一》　壬寅，以宣徽使也先捏知行樞密院事，宣徽副使章吉爲行樞密院副使，與知樞密院事也速台兒等將兵西擊潼關軍。中書省臣言：「野理牙舊以贓罪除名，近復命爲太醫使，臣等不敢奉詔。」帝曰：「往者勿咎，比兵興之時，朕已録用，其依朕命行之。」以張珪女歸也先捏。

癸卯，以故徽政使失烈門妻賜燕鐵木兒。以通州知州趙義能禦敵，賜幣二匹。也先鐵木兒軍至晉寧，本路官皆遁。

甲辰，晉邸及遼王所轄路、府、州、縣達魯花赤並罷免禁錮，選流官代之。給淮東宣慰司銀字圓符。命有司收將士所遺符印、兵仗。賑糶京城米十萬石，石爲鈔十五貫。

丙午，中書省臣言：「凡有罪者，既籍其家貲，又没其妻子，非古者罪人不孥之意。今後請勿没人妻子。」制可。

《元史續編》卷一〇　丁未，告祭南郊。

《元史》卷三二《文宗紀一》　以中書平章政事塔失海涯爲大司農，復以欽察台爲中書平章政事，侍御史玥璐不花爲中丞。以度支芻豆經用不足，凡諸王、駙馬來朝並節其給，宿衛官已有廩禄者及内侍宫人歲給芻豆，皆權止之。糴豆二十萬石於瀕御河州縣，以河間、山東鹽課鈔給其直。放還防河運糧軍。陝西兵至鞏縣黑石渡，遂據虎牢，我師皆潰，儲仗悉爲所獲。河南行省來告急，戒有司修城壁，嚴守衛。雲南銀〔沙〕羅甸土官哀贊等來貢方物。

己酉，别不花加太保，落知樞密院事。命刑部郎中大都、前廣東僉事張世榮追理烏伯都刺家貲。開居庸關。陝西軍奪武關，萬户楊克忠等兵潰。

《續資治通鑑》卷二〇四　庚戌，帝御興聖殿，齊王伊嚕特穆爾及諸王大臣奉上皇帝寶。都爾蘇等從至京師，下之獄。分遣使者檄行省内郡罷兵，以安百姓。

《元史》卷三二《文宗紀一》　辛亥，雲南徹里路土官刁賽等來貢方物。詔：「自今朝廷政務及籍没田宅賜人者，非與燕鐵木兒議，諸人不許奏陳。」以宦者米薛迷奴婢家貲賜伯顔。

壬子，以河南、江西、湖廣入貢駕鵝太頻，令減其數以省驛傳。以諸王火沙第賜燕鐵木兒繼母公主察吉兒。

癸丑，燕鐵木兒辭知樞密院事，命其叔父東路蒙古元帥不花帖木兒代之。燕鐵木兒請以蒙古塔失等三十人田宅賜徹里鐵木兒等三十人，從之。以所括河北諸路馬，四百匹給四宿衛阿塔赤，二百匹給中宫阿塔赤，餘二千匹分牧於内郡。覈上都倉庫錢穀。御史臺臣言：「近北兵奪紫荆關，官軍潰走，掠保定之民。本路官與故平章張珪子景武五人，率其民擊官軍死，也先捏不俟奏聞，輒擅殺官吏及珪五子。珪父祖三世爲國勳臣，設使珪子有罪，珪之妻女又何罪焉！今既籍其家，又以其女妻也先捏，誠非國家待遇勳臣之意。」帝曰：「卿等言是。」命中書革正之。命御史臺擇人充各道廉訪司官。遣官賑良鄉、涿州、定興、保定驛户之被兵者。

甲寅，罷徽政院，改立儲慶使司，秩正二品。平章政事速速、明里董阿並領儲慶司事，鷹坊伯撒里、河南行省左丞姚煒並爲儲慶使。元帥也速答兒執湘寧王八剌失里送京師。八剌失里及趙王馬扎罕、諸王忽剌台，承上都之命，各起所部兵南侵冀寧，還次馬邑，至是被執，其所俘男女千人，悉還其家。遣使止江浙軍士之往潼關者，就還鎮。也先鐵木兒兵至潞州。

乙卯，以倒剌沙宅賜不花帖木兒，倒剌沙子潑皮宅賜斡都蠻，内侍王伯顏宅賜唐其勢。

丙辰，燕鐵木兒請以所没逆臣赤斤鐵木兒家貲還其妻。鐵木哥兵入鄧州。加命燕鐵木兒爲答剌罕，仍命子孫世襲其號。燕鐵木兒請以河南平章曲列等二十三人田宅賜西安王阿剌忒納失里等二十三人，從之。

《元史續編》卷一〇　毁顯宗廟室。

《元史》卷三二《文宗紀一》　戊午，詔諭廷臣曰：「凡今臣僚，唯丞相燕鐵木兒、大夫伯顏許兼三職署事，餘者並從簡省。百司事當奏者，共議以聞，或私任己意者，不許獨請。上都官吏，自八月二十一日以後擢用者，並追收其制。」敕：「天下僧道有妻者，皆令爲民。」也先捏軍次順德。令廣平、大名兩路括馬。盜殺太尉不花。初，不花乘國家多事，率衆剽掠，居庸以北皆爲所擾，至是盜入其家殺之。興和路當盜以死罪，刑部議以爲：「不花不道，衆所聞知，幸遇盜殺，而本路隱其殘剽之罪，獨以盜聞，於法不當。」中書以聞，帝嘉其議。

十一月己未〔朔〕，詔諭中外曰：「諸王王禪及禿滿迭兒、阿剌不花、禿堅等，兵敗而逃，有能擒獲者，授五品官；同黨之人，若能去逆效順，擒王禪等來歸者，免本罪，依上授官；家奴獲之者，得備宿衛；敢有隱匿者，事覺與犯人同罪。」給殿中侍御史及冀寧路印，凡内外百司印，因兵興而失者，令中書如品秩鑄給之。命太保伯答沙陞太傅，兼宗正扎魯忽赤，總兵北邊。中書省臣言：「侍御史左吉非才，不當任風憲。」御史臺臣伯顏等言：「左吉，御史所薦，若既用之，又以人言而止，臺綱不能振矣。必如省臣所言，臣等乞辭避。」帝曰：「汝等其勿爲是言。左吉果不可用，省臣何不先言之。其令左吉仍爲侍御史。」帝謂中書省臣曰：「朕在瓊州、建康時，撒迪皆從，備極艱苦，其賜鹽引六萬，俾規利以贍其家。」命郡縣招集被兵流亡之民，貧者賑給之。遼東降軍，給行糧遣還。哀畿及四方民爲兵所掠而奴於人者，令有司追理送還。山北、京東驛被兵者，賑以鈔二萬一千五百錠。放高麗〔官〕〔宦〕者米薛迷、剛答里歸田里。

庚申，中書録用前御史臺官亦憐真、蔡文淵。用江南行臺御史王琚仁言，汰近歲白身入官者。敕行御史臺：「凡有糾劾，必由御史臺陳奏，勿徑以封事聞。」命中書省追理倒剌沙及其兒馬某沙，子潑皮、木八剌沙等家貲。

辛酉，燕鐵木兒請以紐澤田宅賜欽察台。也先捏兵至武安，也先鐵木兒以軍降。河東州縣聞之，盡殺其所署官吏。

《續資治通鑑》卷二〇四　癸亥，帝宿齋宮。

甲子，服袞冕，饗於太廟。

是日，西兵逼汴城，將百里而近。阿爾哈雅召行院、憲司、諸將吏告之曰：「吾荷國厚恩，惟有一死以報上。敵亦烏合之衆，何所受命而敢犯我！誠使知聖天子之命，則衆沮而散耳。吾今遣使告於朝，請降詔赦其脅從詿誤，而整軍西向以臨之。別遣精騎數千上龍門，繞出其後，使之進無所投，退無所歸，必成擒於鞏、洛之間矣。」衆皆曰：「善！」即日與行院出師。

會使者自大都還，言齊王已克上都，奉寶璽來歸，刻日至京，阿爾哈雅乃置酒相賀，發書告屬郡及江南三省。又募士得蘭珠者，賚書諭之，朝廷亦遣都護伊嚕特穆爾以詔放散西軍之在虎牢者。西軍多欲散走，且聞行省院以兵至，朝廷又使參政馮布哈親諭之，靖安王乃遣使四輩與蘭珠來請命，逡巡而去。

阿爾哈雅乃解嚴，斂餘財以還民，從陝西求民之被俘掠者歸其家，凡數千人，陝西官吏被獲者亦皆遣還。朝廷遷阿爾哈雅爲陝西行臺御史大夫以綏定之。

《元史》卷三二《文宗紀一》　乙丑，燕鐵木兒請以烏伯都剌等三十人田宅賜斡魯思等三十人，從之。

丁卯，伯顏兼忠翊侍衛都指揮使。

庚午，復立察罕腦兒宣慰司。命總宿衛官分簡所募勇士，非舊嘗宿衛者皆罷去。汴梁、河南等路及南陽府頻歲蝗旱，禁其境内釀酒。日本舶商至福建博易者，江浙行省選廉吏征其稅。中書省臣言：「今歲既罷印鈔本，來歲擬印至元鈔一百一十九萬二千錠、中統鈔四萬錠。」監察御史言：「户部鈔法，歲會其數，易故以新，期於流通，不出其數。邇者倒剌沙以上都經費不足，命有司刻板印鈔；今事既定，宜急收毁。」從之。監察御史撒里不花、鎖南八、于欽、張士弘言：「朝廷政務，賞罰爲先，功罪既明，天下斯定。國家近年自鐵木迭兒竊位擅權，假刑賞以遂其私，綱紀始紊。迨至泰定，爵賞益濫。比以兵興，用人甚急，然而賞罰不可不嚴。夫功之高下，過之重輕，皆係天下之公論。願命有司，務合公議，明示黜陟。功罪既明，賞罰攸當，則朝廷肅清，紀綱振舉，而天下治矣。」帝嘉納之。

辛未，遣西僧作佛事於興和新内。

**《元史新編》卷一三**　鐵木哥兵入襄陽，知縣谷庭珪、主簿張德死之。

**《元史》卷三二《文宗紀一》**　時僉樞密院事塔海擁兵南陽不救。

壬申，遣官告祭社稷。以故平章黑驢平江田三百頃及嘉興蘆地賜西安王阿剌忒納失里。

癸酉，八百媳婦國使者昭哀，雲南威楚路土官肥放等，九十九寨土官必也姑等，各以方物來貢。燕鐵木兒言：「向者上都舉兵，諸王失剌、樞密同知阿乞剌等十人，南望宫闕鼓譟，其黨拒命逆戰，情不可恕。」詔各杖一百七，流遠，籍其家貲。

甲戌，居泰定后擁吉剌氏於東安州。杭州火，命江浙行省賑被災之家。

乙亥，賜西安王阿剌忒納失里、齊王月魯帖木兒、知樞密院事不花帖木兒金各五百兩，銀各二千五百兩，鈔各萬錠；諸王朶列帖木兒金五十兩，銀五百兩，鈔千錠；從者及軍士有差。

丙子，速速坐受賂，杖一百七，徙襄陽；以母年老，詔留之京師。

丁丑，以躬祀太廟禮成，御大明殿，受諸王、文武百官朝賀。

**《元史新編》卷一三**　荆王耶速耶不干傳檄至襄陽，鐵木哥引兵走。

**《元史》卷三二《文宗紀一》**　戊寅，以御史中丞玥璐不花爲太禧使。監察御史撒里不花等言：「玥璐不花素稟直氣，操履端正，陛下欲振憲綱，非任斯人不可。」乃復以玥璐不花爲中丞，兼太禧使。作佛事於五臺寺。命河南、江浙兩省以兵五萬益湖廣。

己卯，中書省臣言：「内外流官年及致仕者，並依階敍授以制敕，今後不須奏聞。」制可。以也先鐵木兒、烏伯都剌珠衣賜撒迪、趙世安。諸衛漢軍及州縣丁壯所給甲胄兵仗，皆令還官。

庚辰，遣使奉迎皇兄明宗皇帝於漠北。以中政院使敬儼爲中書平章政事，同知樞密院事徹里帖木兒爲中書左丞。

辛巳，遣欽察百户及其軍士還鎮。以脱脱等三人妻賜闊闊出等三人。以朶台等十一人田宅賜駙馬朶必兒等十一人。

壬午，第三皇子寶寧易名太平訥，命大司農買住保養於其家。詔行樞密院罷兵還。以御史中丞玥璐不花爲中書右丞。

**《御批歷代通鑑輯覽》卷九八**　圖卜特穆爾殺梁王旺沁及都爾蘇等。

**《續資治通鑑》卷二〇四**　甲申，命威順王庫春布哈還鎮湖廣。

**《元史》卷三二《文宗紀一》**　御史中丞趙世延以老疾辭職，不許，用故中丞崔彧故事，加平章政事居前職。御史臺臣言：「行宣政院、行都水監宜罷。」從之。

丙戌，作水陸會。以阿魯灰帖木兒等六人在上都欲舉義，不克而死，並賜贈謚，卹其家。燕鐵木兒言：「晉王及遼王等所轄府縣達魯花赤既已黜罷，其所舉宗正府扎魯忽赤、中書斷事官，皆其私人，亦宜革去。」從之。敕趙世延及翰林直學士虞集製御史臺碑文。遣諸衛兵各還鎮。別不花罷。命有司追理上都官吏預借俸。遼王脱脱之子八都聚黨出剽掠，敕宣德府官捕之。四川行省平章囊加台自稱鎮西王，以其省左丞脱脱爲平章，前雲南廉訪使楊静爲左丞，殺其省平章寬徹等官，稱兵燒絶棧道。烏蒙路教授杜巖肖謂「聖明繼統，方内大寧，省臣當罷兵入朝，庶免一方之害」，囊加台以其妄言惑衆，杖一百七，禁錮之。

十二月己丑朔，監察御史言，伯顔宜與燕鐵木兒一體論功行賞，帝曰：「伯顔之功，朕心知之，御史不必言。」

庚寅，令内外諸司，天壽節聽具肉食，民間禁屠宰如舊制。命通政院整飭蒙古驛。諸關隘嘗毁民屋以塞者，賜民鈔，俾完之。

甲午，以王禪奴婢賜鎮南王鐵木兒不花及燕鐵木兒。

乙未，以王禪弓矢賜燕鐵木兒、伯顔。燕鐵木兒請以馬某沙等九人田宅賜燕不鄰等九人，從之。

**《元史新編》卷一三**　丙申，幸大崇恩福元寺謁武宗神御殿。

**《元史》卷三二《文宗紀一》**　分命諸僧於大明殿、延春閣、興聖宫、隆福宫、萬歲山作佛事。雲南土官普雙等來貢方物。御史臺臣言：「也先捏將兵所至，擅殺官吏，俘掠子女貨財。」詔刑部鞫之，籍其家，杖一百七，竄於南寧，命其妻歸父母家。

己亥，造皇后玉册、玉寶。

**《元史新編》卷一三**　庚子，大赦。追賜諸王滿圖爲果王，阿馬剌台爲毅王，闊闊出等十七人竝賜功臣號，命有司刻其功於碑。陝西省臺官焚毁詔書，坐當流，以赦故，永不録用。

**《元史》卷三二《文宗紀一》**　辛丑，立龍翊侍衛親軍都指揮使司，分掌欽察軍士，秩正三品；指揮使三人，命燕鐵木兒及卜蘭奚、卯罕爲之，餘官悉聽燕鐵木兒選人以聞。命高昌僧作佛事於寶慈殿。江南行臺御史言：「遼王脱脱，自其祖父以來，屢爲叛逆，蓋因所封地大物衆。宜削王號，處其子孫遠方，而析其元封分地。」詔中書與勳舊大臣議其事。西僧百人作佛事於徽猷閣七日。火兒忽答等十三人從湘寧王八剌失里用兵，既伏誅，命皆籍其家貲。

癸卯，欽察、阿速二部，依宿衛軍士例給芻豆。

乙巳，伯顏加太尉，開府儀同三司，與亦列赤並爲御史大夫，同振臺綱，詔天下。立内宰司，隸儲慶使司，秩正三品。以阿伯等六人田宅賜諸王老的等六人。雲南姚州知州高明來貢方物。戊申，以潛邸所用工匠百五十人付皇子阿剌忒納答剌，立異樣局以司之，秩從六品。加伯顏爲太保，知樞密院事不花帖木兒爲太尉，香山爲司徒。

己酉，開上都酒禁。

壬子，以諸路民匠提領所合爲提舉司，秩從五品。

甲寅，復遣治書侍御史撒迪、内侍不顔秃古思奉迎皇兄於漠北。西安王阿剌忒納失里及燕鐵木兒、鐵木兒補化，請各遣人送名鷹於行在所。以王禪妻金珠首飾歸中宫。

丙辰，陞太禧院從一品，中書(左)〔右〕丞玥璐不花爲太禧使。

丁巳，封西安王阿剌忒納失里爲豫王，賜南康路爲食邑。

**《元史新編》卷一三**　以徹里帖木爾轉中書右丞，躍里爲左丞，趙世安參知政事。

**《元史》卷三二《文宗紀一》**　戊午，詔：「被兵郡縣免雜役。禁釀酒，弛山場河濼之禁；私相假貸者，俟秋成責償。蒙古、色目人願丁父母憂者，聽如舊制。」御史臺言：「曩加台拒命西南，罪不可宥，所授制敕，宜從追奪。」

中書省臣言：「今方許曩加台等自新，則御史言宜勿行。」從之。教坊司達魯花赤撒剌兒在武宗時遥授參知政事，階中奉大夫，詔落遥授之職，而仍其舊階。

是月，復遣使者召雲南行省左丞相也兒吉你，又不至。加謚唐司徒顔真卿正烈文忠公，令有司歲時致祭。陝西自泰定二年至是歲不雨，大饑，民相食。杭州、嘉興、平江、湖州、鎮江、建德、池州、太平、廣德等路水，没民田萬四千餘頃。河北、山東有年。

**《續資治通鑑》卷二〇四**　朔漠諸王皆勸周王南還，王遂發，諸王察阿台、沿邊元帥多拉特萬(方)〔户〕瑪嚕等，咸帥師扈行，舊臣博囉、尚嘉努、哈巴爾圖皆從。至金山，嶺北行省平章政事和尼奉迎，武寧王庫庫圖命知樞密院事特穆爾布哈繼至，乃命博囉如京師。兩都之民聞王使者至，歡呼曰：「天子實自北來矣！」諸王舊臣爭先迎謁，所至成聚。

是歲，兩都搆兵，漕舟後至直沽者不果輸，復漕而南還。行省欲坐罪督運者，海道都漕運萬户王克敬曰：「若平時而往返如是，誠爲可罪。今蹈萬死完所漕而還，豈得已哉！請令其計石數，附次年所漕舟達京師。」從之。

雅克特穆爾議封巴延王爵，衆論附之；參議中書省事策丹獨不言，雅克特穆爾問故，策丹曰：「巴延已爲太保，位列三公，而復加王封，後再有大功，將何以處之？且丞相封王，出自上意。今欲加太保王封，丞相宜請於上，王爵非中書選法也。」遂寢其議。

前集賢直學士鄧文原卒。

# 天曆二年(己巳、一三二九)

**《續資治通鑑》卷二〇五**　春正月己未朔，立都督府，以總左右奇徹及龍(翔)〔翊〕衛，命雅克特穆爾兼統之。

**《元史》卷三三《文宗紀二》**　庚申，封知樞密院事火沙爲昭武王。床兀兒之子答鄰答里襲父封爲句容郡王。高麗國遣使來朝賀。遣前翰林學士承旨不答失里北還皇兄行在所，仍命太府太監沙剌班奉金、幣以往。

**《續資治通鑑》卷二〇五**　平章政事敬儼以傷足告歸。

辛酉，以高昌王特穆爾布哈爲中書左丞相，大司農王毅爲平章政事。

周王遣和勒圖達遜喇至京師。以巴特穆爾扈從有功，遣使以幣帛百匹即行所賜之。

武寧王庫庫圖遣使來言周王啓行之期。

癸亥，以雅克特穆爾爲御史大夫。初，雅克特穆爾乞解相印，還宿衛，帝勉之曰：「卿已爲省院，惟未入臺，其聽後命。」至是遷御史大夫，依前録軍國重事、達喇罕、太平王。

**《元史》卷三三《文宗紀二》**　賜魯國大長公主鈔二萬錠營第宅。

甲子，時享於太廟。齊王月魯帖木兒薨。

**《元史》卷三一《明宗紀》** 乙丑，文宗復遣中書左丞躍里帖木兒來迎。

**《元史》卷三三《文宗紀二》** 中書省言：「度支今歲芻藁不足，常例支給外，凡陳乞者宜勿予。」從之，仍命中書右丞徹里帖木兒總其事。

丙寅，帝幸大崇恩福元寺。遣使賜西域諸王燕只吉台海東鶻二。

戊辰，遣使獻海東鶻於皇兄行在所。

己巳，賜内外軍士四萬二千二百七十人鈔各一錠。作佛事。陝西告饑，賑以鈔五萬錠。

辛未，以册命皇后，告於南郊。賜豫王黄金印。回回人户與民均當差役。中書省臣言：「近籍没欽察家，其子年十六，請令與其母同居；仍請繼今臣僚有罪致籍没者，其妻有子，他人不得陳乞，亦不得没爲官口。」從之。

壬申，遣近侍星吉班以詔往四川招諭囊加台。

癸酉，命中書省、宣徽院臣稽考近侍、宿衛廩給，定其名籍。以遼陽省蒙古、高麗、肇州三萬户將校從逆，舉兵犯京畿，拘其符印制敕。罷今歲柳林田狩。復鹽制每四百斤爲引，引爲鈔三錠。

四川囊加台乞師於鎮西武靖王搠思班，搠思班以兵守關隘。

甲戌，復命太僕卿教化獻海東鶻於皇兄行在所。罷中瑞司。

丙子，皇后媵臣張住童等七人，授集賢侍講學士等官。

**《續資治通鑑》卷二〇五** 丁丑，囊嘉特攻破播州猫兒埡隘，宣慰使楊雅爾布哈開關納之。陝西蒙古軍都元帥布哈台者，囊嘉特之弟，囊嘉特遣使招之，布哈台不從，斬其使。

中書省言：「朝廷賞賚，不宜濫及罔功。鷹、鶻、獅、豹之食，舊支肉價二百餘錠，今增至萬三千八百錠；控鶴舊止六百二十八户，今增至二千四百户；又，佛事歲費，以今較舊，增多金千一百五十兩，銀六千二百兩，鈔五萬六千二百錠，幣帛三萬四千餘匹；請悉簡汰。」從之。

**《元史》卷三三《文宗紀二》** 中(正)〔政〕院臣言，皇后日用所需，鈔十萬錠、幣五萬匹、綿五千斤。詔鈔予所需之半，幣給一萬匹。賑大都路涿州房山、范陽等縣饑民糧兩月。

己卯，以册命皇后，告於太廟。

庚辰，賜潛邸説書劉道衡等四人官從七品，薛允等十六人官從八品。

辛巳，起復中書左丞史惟良爲御史中丞。上都官吏，惟初入仕及驟陞者黜之，餘聽敍復。以御史臺贓罰鈔三百錠賜教坊司撒剌兒。

**《元史新編》卷一三** 贈緱山處士杜瑛爲翰林學士，謚文獻。

**《元史》卷三三《文宗紀二》** 以陝西行臺御史大夫阿不海牙爲中書平章政事。皇兄遣常侍孛羅及鐵住訖先至京師，賞以金、幣、居宅，仍遣内侍禿教化如皇兄行在所。播州楊萬户引四川賊兵至烏江峯，官軍敗之。八番元帥脱出亦破烏江北岸賊兵，復奪關口。諸王月魯帖木兒統蒙古、漢人、答剌罕諸軍及民丁五萬五千，俱至烏江。

癸未，遣宣靖王買奴往行在所。

**《續資治通鑑》卷二〇五** 乙酉，薩題等見周王於行幄，致命辭勸進。

# 元明宗部(公元一三二九年)

《續資治通鑑》卷二〇五　明宗翼獻景孝皇帝諱和實拉，武宗長子也，母曰仁獻章聖皇后伊奇哩氏。帝以大德四年十一月壬子生。十一年，武宗入繼大統，立仁宗爲皇太子，命以次傳於帝。武宗崩，仁宗立，延祐三年春，立英宗爲皇太子，封帝爲周王，出鎮雲南。行至陝西，從臣不欲南行，擁帝至金山之北，遂居焉。

## 天曆二年(己巳、一三二九)

《元史新編》卷十二　(正月)丙戌，帝即位於和寧之北，扈行諸王大臣咸入賀，乃遣撒迪還京師，命之曰：「朕弟曩好書史，邇者得無廢乎。聽政之暇，宜親賢士大夫，講論史籍，可知古今治亂得失。汝往當以朕意諭之。」

《元史》卷三三《文宗紀二》　四川囊加台焚雞武關大橋，又焚棧道。命中書省録江陵、汴梁郡縣官扈從者三十四人，並陞其階秩。陝西大饑，行省乞糧三十萬石、鈔三十萬錠，詔賜鈔十四萬錠，遣使往給之。大同路言，去年旱且遭兵，民多流殍，命以本路及東勝州糧萬三千石，減時直十之三賑糶之。奉元蒲城縣民王顯政五世同居，衛輝安寅妻陳氏、河間王成妻劉氏、冀寧李孝仁妻寇氏、濮州王義妻雷氏、南陽郗二妻張氏、懷慶阿魯輝妻翟氏皆以貞節，並旌其門。

《御批歷代通鑑輯覽》卷九八　陝西大旱，饑。以張養浩爲行臺御史中丞。

《元史》卷三三《文宗紀二》　二月己丑，曲赦四川囊加台。

庚寅，燕鐵木兒復爲中書右丞相。立繕工司，掌織御用紋綺，秩正三品。

辛卯，帝御大明殿，册命皇后雍吉剌氏。廣西思明路軍民總管黄克順來貢方物。

《元史》卷三一《明宗紀》　壬辰，宣靖王買奴自京師來覲。

《元史》卷三三《文宗紀二》　囊加台據雞武關，奪三叉、柴關等驛。

《元史新編》卷一三　癸巳，遣翰林侍講學士曹元用祀孔子於闕里。

《元史》卷三三《文宗紀二》　囊加台以書誘鞏昌總帥汪延昌。

丙申，命中書省、翰林國史院官祀太祖、太宗、睿宗御容於普慶寺。

丁酉，遣晉邸部曲之在京師者還所部。囊加台以兵至金州，據白(工)〔土〕關，陝西行省督軍禦之。樞密院言：「囊加台阻兵四川，其亂未已，請命鎮西武靖王搠思班等皆調軍，以湖廣行省官脱歡、别薛、孛羅及鄭昂霄總其兵進討。」從之。

戊戌，命察罕腦兒宣慰使撒忒迷失將本部蒙古軍，會鎮西武靖王等討四川。諸傭雇者，主家或犯惡逆及侵損己身，許訴官，餘非干己，不許告訐，著爲制。頒行《農桑輯要》及《栽桑圖》。

辛丑，中書省議追尊皇妣亦乞烈氏曰仁獻章聖皇后，唐兀氏曰文獻昭聖皇后，命有司具册寶。建遊皇城佛事。雲南行省蒙通蒙算甸土官阿三木，開南土官哀放，八百媳婦、金齒、九十九洞、銀沙羅甸，咸來貢方物。

癸卯，賜吴王木楠子、西寧王忽答的迷失、諸王那海罕、闊兒吉思金銀有差。

丙午，囊加台分兵逼襄陽，湖廣行省調兵鎮播州及歸州。

《續資治通鑑》卷二〇五　辛亥，大都諭廷臣曰：「薩題還，言大兄已即皇帝位。凡二月二十一日以前除官者，速與制敕。後凡銓選，其詣行在以聞。」

廬州路合肥縣地震。

《元史新編》卷一三　壬子，命有司造行在帳殿。

《元史》卷三三《文宗紀二》　癸丑，諸王月魯帖木兒等至播州，招諭土官之從囊加台者，楊延里不花及其弟等皆來降。

甲寅，立奎章閣學士院，秩正三品，以翰林學士承旨忽都魯都兒迷失、集賢大學士趙世延並爲大學士，侍御史撒迪、翰林直學士虞集並爲侍書學士，又置承制、供奉各一員。更鑄鈔版，仍毁其刓者。調河南、江浙、江西、山東兵萬一千，及左右翼蒙古侍衛軍二千，討四川。

乙卯，置銀沙羅甸等處宣慰司都元帥府。

丙辰，奉元臨潼、咸陽二縣及畏兀兒八百餘户告饑，陝西行省以便宜發鈔萬三千錠賑咸陽，麥五千四百石賑臨潼，麥百餘石賑畏兀兒，遣使以聞，從之。永平、大同二路，上都雲需兩府，貴赤衛，皆告饑。永平賑糧五萬石，大同賑糶糧萬三千石，雲需府賑糧一月，貴赤衛賑糧二月。真定平山縣、河間臨津等縣、大名魏縣，有蟲食桑，葉盡，蟲俱死。

《續資治通鑑》卷二〇五　三月戊午朔，帝次潔堅察罕之地。

《元史》卷三三《文宗紀二》　辛酉，遣燕鐵木兒奉皇帝寶於明宗行在所，仍命知樞密院事禿兒哈帖木兒、御史中丞八即剌、翰林直學士馬哈某、典瑞使教化的、宣徽副使章吉、僉中政院事脱因、通政使那海、太醫使呂廷玉、給事中咬驢、中書斷事官忽兒忽答、右司郎中孛別出、左司員外郎王德明、禮部尚書八剌哈赤等從行。復命有司奉金千五百兩、銀七千五百兩、幣帛各四百匹及金腰帶二十，詣行在所，以備賜予。帝命廷臣曰：「寶璽既北上，繼今國家政事，其遣人聞於行在所。」

《元史新編》卷一三　癸亥，命造乘輿服御，北迎大駕。改潛邸所幸諸路名，建康曰集慶，江陵曰中興，瓊州曰乾寧，潭州曰天臨。

《元史》卷三三《文宗紀二》　甲子，減太官羊直。

丙寅，躍里帖木兒自行在還，諭旨曰：「朕在上都，宗王、大臣必皆會集，有司當備供張。上都積貯，已爲倒剌沙所耗，大都府藏，聞亦悉虚。供億如有不足，其以御史臺、司農司、樞密、宣徽、宣政等院所貯充之。」蒙古饑民之聚京師者，遣往居庸關北，人給鈔一錠、布一匹，仍令興和路賑糧兩月，還所部。戊辰，雲南諸王答失不花、禿堅不花及平章馬（忽思）〔思忽〕等，集衆五萬，數丞相也兒吉尼專擅十罪，將殺之。也兒吉尼遁走八番，答失不花等僞署參知政事等官。

《元史新編》卷一三　己巳，建大龍翔集慶寺，給鈔萬錠。

《元史》卷三三《文宗紀二》　辛未，監察御史與扎魯忽赤等官録囚。

壬申，以去冬無雪，今春不雨，命中書及百司官分禱山川羣祀。設奎章閣授經郎二員，職正七品，以勳舊、貴戚子孫及近侍年幼者肄業。

甲戌，舊賜篤麟帖木兒平江田百頃，官嘗收其租米，詔特予之。開遼陽酒禁。

乙亥，置行樞密院，以山東都萬户也速台兒知行樞密院事，與湖廣、河南兩省官進兵平四川，也速台兒以病不往。命明里董阿爲蒙古巫覡立祠。

《元史新編》卷一三　丁丑，帝母文獻昭聖皇后神御殿月祭，命如列聖故事。

《元史》卷三三《文宗紀二》　僧、道、也里可温、术忽、答失蠻爲商者，仍舊制納税。

丙戌，囊加台所遣守隘碉門安撫使布答思監等降於雲南行省。

夏四月己丑，時享於太廟。

辛卯，命躍里鐵木兒、王不憐吉台代也速台兒討四川，不憐吉台以母老辭，同僉樞密院事傅巖起請往，從之。

壬辰，匠官年七十者，許致仕。浚漷州漕運河。

《元史》卷三一《明宗紀》　癸巳，燕鐵木兒見帝於行在，率百官上皇帝寶，帝嘉其勳，拜太師，仍命爲中書右丞相，開府儀同三司、上柱國、録軍國重事、監修國史、答剌罕、太平王並如故。復諭燕鐵木兒等曰：「凡京師百官，朕弟所用者，並仍其舊，卿等其以朕意諭之。」燕鐵木兒奏：「陛下君臨萬方，國家大事所繫者，中書省、樞密院、御史臺而已，宜擇人居之。」帝然其言，以武宗舊人哈八兒禿爲中書平章政事，前中書平章政事伯帖木兒知樞密院事，常侍孛羅爲御史大夫。

《元史》卷三三《文宗紀二》　甲午，四番衛士各分五十人直東宫。

《元史》卷三一《明宗紀》　立行樞密院，命昭武王、知樞密院事火沙領行樞密院事，賽帖木兒、買奴並同知行樞密院事。是日，帝宴諸王、大臣於行殿，燕鐵木兒、哈八兒禿、伯帖木兒、孛羅等侍。帝特命臺臣曰：「太祖皇帝嘗訓敕臣下云：『美色、名馬，人皆悦之，然方寸一有繫累，即能壞名敗德。』卿等居風紀之司，亦嘗念及此乎？世祖初立御史臺，首命塔察兒、奔帖傑兒二人協司其政。天下國家，譬猶一人之身，中書則右手也，樞密則左手也。左右手有病，治之以良醫，省、院闕失，不以御史臺治之，可乎？凡諸王、百司，違法越禮，一聽舉劾。風紀重則貪墨懼，猶斧斤重則入木深，其勢然也。朕有闕失，卿亦以聞，朕不爾責也。」

乙未，特命孛羅等傳旨，宣諭燕鐵木兒、伯答沙、火沙、哈八兒禿、八即剌等曰：「世祖皇帝立中書省、樞密院、御史臺及百司庶府，共治天下，大小職掌，已有定制。世祖命廷臣集律令章程，以爲萬世法。成宗以來，列聖相承，罔不恪遵成憲。朕今居太祖、世祖所居之位，凡省、院、臺、百司庶政，詢謀僉同，摽譯所奏，以告於朕。軍務機密，樞密院當即以聞，毋以夙夜爲間而稽留之。其他事務，果有所言，必先中書、院、臺，其下百司及褻御之臣，毋得隔越陳請。宜宣諭諸司，咸俾聞知。儻違朕意，必罰無赦。」

《續資治通鑑》卷二〇五　丁酉，以陝西行臺御史大夫特穆爾圖爲上都留守。

《元史》卷三三《文宗紀二》　給鈔萬錠，爲集慶大龍翔寺置永業。

戊戌，以陝西久旱，遣使禱西嶽、西鎮諸祠。賜衛士萬三千人鈔，人八十錠。四番衛士舊以萬人爲率，至是增三千人。

己亥，湖廣行省參知政事孛羅奉詔至四川，赦囊加台等罪，囊加台等聽詔，蜀地悉定，諸省兵皆罷。

**《元史》卷三一《明宗紀》** 辛丑，文宗立都督府於京師，遣使來奏，又以臺憲官除目來上，並從之。

癸卯，遣使如京師，卜日命中書左丞相鐵木兒補化攝告即位於郊廟、社稷。遣武寧王徹徹禿及哈八兒禿立文宗爲皇太子，仍立詹事院，罷儲慶司。以徹里鐵木兒爲中書平章政事，闊兒吉司爲中書右丞，怯來、只兒哈郎並爲甘肅行省平章政事，忽剌台爲江浙行省平章政事，那海爲嶺北行省平章政事。

**《元史》卷三三《文宗紀二》** 陝西諸路饑民百二十三萬四千餘口，諸縣流民又數十萬，先是嘗賑之，不足；行省復請令商賈入粟中鹽，富家納粟補官，及發孟津倉糧八萬石及河南、漢中廉訪司所貯官租以賑，從之。德安府屯田饑，賑糧千石。常德、澧州慈利州饑，賑糶糧萬石。賑衛輝路饑民萬七千五百餘户。

**《元史》卷三一《明宗紀》** 甲辰，敕中書省賜官吏送寶者秩一等，從者賚以幣帛。

**《續資治通鑑》卷二〇五** 乙巳，監察御史言：「嶺北行省，控制一方，廣輪萬里，實爲太祖肇基之地，國家根本係焉，方面之寄，豈可輕任！平章達錫濟素非勳舊，奴事都爾蘇，倔起宿衛，輒爲右丞，俄陞平章，年已七十，眊昏殊甚。右丞瑪謨本晉邸部民，以女妻都爾蘇，引爲都水，遂除左丞。郎中羅勒，市井小人，呼魯呼乃晉邸衛卒，不諳政務，並宜黜退。」帝曰：「御史言甚善，其並黜之。」又諭臺臣曰：「御史劾嶺北省臣，朕甚嘉之。繼今所當言者，勿有所憚。被劾之人，茍營求申訴，朕必罪之。或廉非其實，毋輒以聞。」

**《元史》卷三三《文宗紀二》** 丙午，封孛羅不花爲鎮南王。占臘國來貢羅香木及象、豹、白猿。戒翰林、典瑞兩院官，不許互相奏請璽書以護其家。諸王分邑達魯花赤受代，不得仍留官所，其父兄所居官，子弟不得再任。

辛亥，賑鄧州諸縣被兵逃户糧三千六百石。

壬子，賑通州諸縣被兵之民糧兩月，被俘者四千五百一十人，命遼陽行省督所屬簿録，護送歸其家。

丙辰，行在所遣只兒哈郎等至京師。河南廉訪司言：「河南府路以兵、旱民饑，食人肉事覺者五十一人，餓死者千九百五十人，饑者二萬七千四百餘人。乞弛山林川澤之禁，聽民採食，行入粟補官之令，及括江淮僧道餘糧以賑。」從之。

江浙行省言：「池州、廣德、寧國、太平、建康、鎮江、常州、湖州、慶元諸路及江陰州饑民六十餘萬户，當賑糧十四萬三千餘石。」從之。諸王忽剌答兒言黄河以西所部旱蝗，凡千五百户，命賑糧兩月。大都、興和、順德、大名、彰德、懷慶、衛輝、汴梁、中興諸路，泰安、高唐、曹、冠、徐、邳諸州，饑民六十七萬六千餘户，賑以鈔九萬錠，糧萬五千石。大都宛平縣，保定遂州、易州，賑糧一月。靖州賑糶糧九千八百石。濮州鄄城縣蠶災。大寧興中州、懷慶孟州、廬州無爲州蝗。廣西猺寇古縣。

**《元史續編》卷一〇** 行在詔申飭臺綱。

**《元史》卷三三《文宗紀二》** 五月丁巳朔，復賜魯國大長公主鈔二萬錠，以搆居第。賜燕鐵木兒祖父紀功碑銘。水達達路阿速古兒千户所大水。

**《元史》卷三一《明宗紀》** 次朵里伯真之地。

戊午，遣西安王阿剌忒納失里還京師。封帖木兒爲保德郡王。賜扈駕宿衛士等幣帛有差。

**《元史》卷三三《文宗紀二》** 己未，遣翰林學士承旨阿鄰帖木兒北迎大駕。命司天監禁星。昌王八剌失里還鎮。

**《元史》卷三一《明宗紀》** 庚申，次斡耳罕(木)〔水〕東。

辛酉，御史大夫孛羅、中政使尚家奴，並特授開府儀同三司，以典四番宿衛。癸亥，次必忒怯禿之地，翰林學士承旨斡耳朵自京師來覲。命有司新武宗幄殿、車輿。

**《元史》卷三三《文宗紀二》** 乙丑，命有司給行在宿衛士衣糧及馬芻豆。以儲慶司所貯金三十鋌、銀百鋌，建大承天護聖寺。給皇子宿衛之士千人鈔，四番宿衛增爲萬三千人，至是又增千人。

**《元史》卷三一《明宗紀》** 庚午，命燕鐵木兒陞用嶺北行省官吏，其餘官吏並賜散官一級。選用潛邸舊臣及扈從士，受制命者八十有五人，六品以下二十有六人。

**《元史續編》卷一〇** 壬申，車駕次圖都爾哈。封琳沁巴勒爲柳城郡王，以巴濟拉爲西臺大夫，衆嘉努爲中丞。

**《元史新編》卷一三** 甲戌，命中書省擬注中書六部官奏於行在。

**《續資治通鑑》卷二〇五** 乙亥，次呼圖喇。敕大都省臣鑄皇太子寶。時求太子故寶不知所在，近侍巴布哈言寶藏於上都行幄，遣人於上都索之，無所得，乃命更鑄之。

**《元史》卷三一《明宗紀》** 西木鄰等四十三驛旱災，命中書以糧賑之，計八千二百石。

**《元史》卷三三《文宗紀二》** 幸大聖壽萬安寺，作佛事於世祖神御殿，又於玉德殿及大天源延聖寺作佛事。

丙子，武寧王徹徹禿、中書平章政事哈八兒禿至自行在所，致立皇太子之命。賜徹徹禿金五百兩，餘有差。改儲慶使司爲詹事院。伯顔、鐵木兒補化及江南行臺御史大夫阿兒思蘭海牙、江浙行省平章政事曹立並爲太子詹事；又除副詹事、詹事丞及斷事官、家令司、典寶、典用、典醫等官。

**《續資治通鑑》卷二〇五** 丁丑，皇太子發京師，北迎大駕。鎮南王特穆爾布哈及諸王、駙馬、扈衛、百官悉從行，市馬二百匹，載乘輿服御送行在所。

**《元史》卷三三《文宗紀二》** 戊寅，次於大口。徵諸王鼎八入朝。

**《元史》卷三一《明宗紀》** 己卯，次禿忽剌河東。加翰林學士承旨唐兀爲太尉。趙王馬札罕部落旱，民五萬五千四百口不能自存，敕河東宣慰司賑糧兩月。

**《元史》卷三三《文宗紀二》** 庚辰，次香水園。置江淮財賦都總管府，秩正三品，隸詹事院。陝西行省言：「鳳翔府饑民十九萬七千九百人，本省用便宜賑以官鈔萬五千錠。又豐樂八屯軍士饑，死者六百五十人，萬户府軍士饑者千三百人，賑以官鈔百三十錠。」從之。給保定路定興驛車馬，又賑被兵之民百四十五户糧一月。真定路民被兵者二千七百四十八户，亦命賑之。上都迭只諸位宿衛士及開平縣民被兵者，並賑以糧。大名路蠶災。

**《元史》卷三一《明宗紀》** 賜諸王燕只哥台鈔二百錠、幣帛二千匹。

辛巳，次斡羅斡禿之地。

壬午，次不魯通之地。是日，左丞相鐵木兒補化等以帝即位，攝告南郊。

甲申，次忽剌火失温之地。

六月丁亥朔，明宗遣近侍馬駒、塔台、別不花至。

**《元史新編》卷一三** 鐵木爾補化以旱乞避相位，諭曰：「皇帝遠在沙漠，未能即至，是以暫攝大位。今亢陽爲虐，皆予闕失所致。汝其勉盡職業，祗修實政，以上答天變。」仍命馳奏行在。

**《元史》卷三一《明宗紀》** 戊子，燕鐵木兒等奏：「中政院越中書擅奏除授，移文來徵制敕，已如所請授之，然於大體非宜，乞申命禁止，庶使政權歸一。」從之。

庚寅，次撒里之地。陝西行省告饑，遣使還都，與諸老臣議賑救之。

丁酉，次兀納八之地。陞都督府爲大都督府。

己亥，次闊朵之地。樞密院奏：「皇太子遣使來言，近已頒赦，四川諸省兵悉遣還營，惟雲南逆謀叵測，兵未可即罷，令臣等以聞。」帝曰：「可仍屯戍，俟平定而後罷。」

**《元史》卷三三《文宗紀二》** 己亥，江浙行省言，紹興、慶元、台州、婺州諸路饑民凡十一萬八千九十户。

**《元史》卷三一《明宗紀》** 辛丑，次(散)〔撒〕里怯兒之地。

**《續資治通鑑》卷二〇五** 壬寅，戒近侍毋得輒有奏請。

**《元史》卷三一《明宗紀》** 甲辰，賜駙馬脱必兒鈔千錠，往雲南。

**《元史》卷三三《文宗紀二》** 乙巳，命中書省逮繫也先捏以還。

丙午，永平屯田府所隸昌國諸屯大風驟雨，平地出水。

**《元史》卷三一《明宗紀》** 丁未，次哈里温。

戊申，次闊朵傑阿剌倫。

**《續資治通鑑》卷二〇五** 庚戌，皇太子次於上都之六十店。

辛亥，帝次哈爾納圖之地。詔中書省臣：「凡國家銓選、錢穀諸大政事，先啓皇太子，然後以聞。」

陝西行臺御史孔思迪言：「人倫之中，夫婦爲重。内外大臣得罪就刑者，其妻妾即斷付他人，似與國朝旌表貞節之旨不侔，夫亡終制之令相反。況以失節之婦配有功之人，又與前賢所謂娶失節者以配身是已失節之意不同。今後凡負國之臣，籍没奴婢財産，不必罪其妻子。當典刑者，則孥戮之，不必斷付他人，庶使婦人均得守節，請著爲令。」

**《元史》卷三三《文宗紀二》** 壬子，海運糧至京師，凡百四十萬九千一百三十石。

**《元史》卷三一《明宗紀》** 癸丑，次忽禿之地。

甲寅，賑陝西臨潼、華陰二十三驛鈔一千八百錠，晉寧路十五驛鈔八百錠。

是月，鐵木兒補化以久旱啓於皇太子，辭相位，乞更選賢德，委以燮理。皇太子遣使以聞。帝諭闊兒吉思等曰：「修德應天，乃君臣當爲之事，鐵木兒補化所言良是。天明可畏，朕未嘗斯須忘於懷也。皇太子來會，當與共圖其可以澤民利物者行之。卿等其以朕意諭羣臣。」

**《元史》卷三三《文宗紀三》** 是月，陝西雨。賜鳳翔府岐陽書院額。書院祀周文憲王，仍命設學官，春秋釋奠，如孔子廟儀。明宗遣吏部尚書別兒怯不花還京師。命中書集老臣議賑荒之策。時陝西、河東、燕南、河北、河南諸路流民十數萬，自嵩、汝至淮南，死亡相籍，命所在州縣官，以便宜賑之。順元、思、播州諸驛，因兵興，馬多羸斃，驛户貧乏，令有司市馬補之。益都莒、密二州春水，夏旱蝗，饑民三萬一千四百户，賑糧一月。陝西延安諸屯，以旱免徵舊所逋糧千九百七十石。永平屯田府昌國、濟民、豐贍諸署，以蝗及水災，免今年租。汴梁蝗，衛輝蠶災，峽州旱，淮東諸路，歸德府徐、邳二州大水。

**《續資治通鑑》卷二〇五** 秋七月丙辰朔，日有食之。

**《元史》卷三三《文宗紀二》** 丁巳，次上都之三十里店。宗仁衛屯田大水，壞田二百六十頃。

戊午，大都之東安、薊州、永清、益津、潞縣，春夏旱，麥苗枯；六月壬子雨，至是日乃止，皆水災。

**《續資治通鑑》卷二〇五** 己未，皇太子更定遷徙法：「凡應徙者，驗所居遠近，移之千里，在道遇赦，皆得放還。如不悛再犯，徙之本省不毛之地，十年無過，則量移之。所遷人死，妻子願歸土者聽。著爲令。」

**《元史》卷三三《文宗紀二》** 征京師僧道商税。

**《元史》卷三一《明宗紀》** 甲子，次孛羅火你之地。

**《續資治通鑑》卷二〇五** 壬申，監察御史巴迪斯言：「朝廷自去秋命將出師，戡定禍亂，其供給軍需，賞賚將士，所費不可勝計。況冬春之交，雪雨愆期，麥苗槁死，秋田未種，民庶遑遑，流移者衆，此正國家節用之時也。如果有功必當賞賚者，宜視其官之崇卑而輕重之，不惟省費，亦可示勸。其近侍諸臣奏請恩賜，宜悉停罷，以紓民力。」帝嘉納之，仍敕中書省以其言示有司。

**《元史》卷三一《明宗紀》** 乙亥，次不羅察罕之地。

**《元史》卷三三《文宗紀二》** 丙子，帝受皇太子寶。

**《元史》卷三一《明宗紀》** 戊寅，次小只之地。

**《元史新編》卷一三** 辛巳，令諸王封邑達魯花赤，擇本部年二十五以上識治體者補充。冒濫者，罪及王傅。

**《元史》卷三三《文宗紀二》** 冀寧陽曲縣雨雹，大者如雞卵。遣使以上尊、腊羊、鈔十錠至大都國子監，助仲秋上丁釋奠。以淮安海寧州、鹽城、山陽諸縣去年水，免今年田租。真定、河間、汴梁、永平、淮安、大寧、廬州諸屬縣及遼陽之蓋州蝗。

**《元史新編》卷一二** 發諸衛軍完京城。

**《元史》卷三一《明宗紀》** 壬午，遣使詣京師，敕中書平章政事哈八兒禿同翰林國史院官，致祭太祖、太宗、睿宗三朝御容。

**《元史》卷三三《文宗紀二》** 八月乙酉朔，明宗次於王忽察都。

丙戌，帝入見，明宗宴帝及諸王、大臣於行殿。

庚寅，明宗崩，帝入臨哭盡哀。燕鐵木兒以明宗后之命，奉皇帝寶授於帝，遂還。

**《續資治通鑑》卷二〇五** 皇太子疾驅而還，雅克特穆爾從行，晝則率宿衛士以扈從，夜則躬擐甲胄，繞幄殿巡護。

壬辰，次博囉察罕，以巴延爲中書（省）〔左〕丞相，依前太保。奇徹台、阿爾斯蘭哈雅、趙世延並中書（參知）〔平章〕政事。甘肅行省平章多爾濟爲中書右丞，中書參議阿榮、太子詹事丞趙世安並中書參知政事。前右丞相達實特穆爾、知樞密院事特穆爾布哈及上都留守特穆爾圖並爲御史大夫。

宣政院使回回聞明宗崩，流涕不能食，自是杜門不出者數年，以疾卒。回回與弟庫庫皆爲時之名臣，世號雙璧，皆博果密之子也。

癸巳，皇太子至上都，雅克特穆爾遂與諸王、大臣陳勸復進大位。

**《元史》卷三三《文宗紀二》** 乙未，賜護守大行皇帝山陵官、御史大夫孛羅等鈔有差。焚四川僞造鹽、茶引。

丙申，監察御史徐奭言：「天下不可一日無君，神器不可一時而曠。先皇帝奄棄臣庶已踰數日，伏望聖上早正宸極，以安億兆之心，實宗社無疆之福。」流諸王忽剌出於海南。

丁酉，命阿榮、趙世安提調通政院事，一切給驛事皆關白然後給遣。

**《元史續編》卷一〇** 誅囊嘉特。以嘗指斥乘輿，坐大不道，棄市，籍其家。

# 元文宗部下（起公元一三二九年，迄公元一三三二年）

## 天曆二年（己巳、一三二九）

**《元史》卷三三《文宗紀二》** （八月）己亥，帝復即位於上都大安閣。大赦天下，詔曰：

朕惟昔上天啓我太祖皇帝肇造帝業，列聖相承。世祖皇帝既大一統，即建儲貳，而我裕皇天不假年，成宗入繼，纔十餘載。我皇考武宗歸膺大寶，克享天心，志存不私，以仁廟居東宫，遂嗣宸極。甫及英皇，降割我家。晉邸違盟搆逆，據有神器，天示譴告，竟隕厥身。

於是宗戚舊臣，協謀以舉義，正名以討罪，揆諸統緒，屬在眇躬。朕興念大兄播遷朔漠，以賢以長，曆數宜歸，力拒羣言，至於再四。乃曰艱難之際，天位久虛，則衆志弗固，恐隳大業。朕雖從請而臨御，秉初志之不移，是以固讓之詔始頒，奉迎之使已遣。尋命阿剌忒納失里、燕鐵木兒奉皇帝寶璽，遠迓於途。受寶即位之日，即遣使授朕皇太子寶。朕幸釋重負，實獲素心，乃率臣民，北迎大駕。而先皇帝跋涉山川，蒙犯霜露，道里遼遠，自春徂秋，懷艱阻於歷年，望都邑而增慨，徒御弗慎，屢爽節宣。信使往來，相望於道路，彼此思見，交切於衷懷。八月一日，大駕次王忽察都，朕欣瞻對之有期，獨兼程而先進，相見之頃，悲喜交集。何數日之間，而宫車弗駕，國家多難，遽至於斯！念之痛心，以夜繼旦。

諸王、大臣以爲祖宗基業之隆，先帝付托之重，天命所在，誠不可違，請即正位，以安九有。朕以先皇帝奄棄方新，摧怛何忍；銜哀辭對，固請彌堅，執誼伏闕者三日，皆宗社大計，乃以八月十五日即皇帝位於上都。可大赦天下，自天曆二年八月十五日昧爽以前，罪無輕重，咸赦除之。

於戲！戡定之餘，莫急乎與民休息；丕變之道，莫大乎使民知義。亦惟爾中外大小之臣，各究乃心，以稱朕意。

庚子，命阿榮、趙世安督造建康龍翔集慶寺。

辛丑，立憲徽寺，掌明宗宫分事。

壬寅，以鈔萬錠、幣帛二千匹，供明宗后八不沙費用。陞奎章閣學士院秩正二品，更司籍郎爲羣玉署，秩正六品。

癸卯，幸世祖所御幄殿祓祭。禁凡送諸王、駙馬恩賜者，毋受金幣，犯者以贓論；或以衣、馬爲贈者聽。遣道士苗道一、吴全節修醮事於京師，毛颖達祭遁甲神於上都南屏山、大都西山。

甲辰，命司天監及回回司天監禜星。中書省臣言：「祖宗故事，即位之初，必恩賚諸王、百官。比因兵興，經費不足，請如武宗之制，凡金銀五鋌以上減三之一，五鋌以下全畀之，又以七分爲率，其二分準時直給鈔。」制可。遣欽察台先還京師，經理政務；燕鐵木兒、阿榮留上都，監給恩賚金幣。以仁宗、英宗潛邸宿衛士二百人還大都，備直宿。

**《元史續編》卷一〇** 立藝文監羣玉内司。藝文監專校讐儒書，以國語敷譯，秩從三品。以宋本爲大監，歐陽玄爲少監，其屬有藝林庫廣成局。羣玉内司，秩正三品，掌圖書寶玩，凡上御之物，置監司、司尉、亞尉、僉司、司丞，以禮部尚書庫庫兼監司，並隸奎章閣學士院。

**《元史》卷三三《文宗紀二》** 丙午，自庚子至是日，晝霧夜晴。封牙納失里爲遼王，以故遼王脱脱印賜之。出官米五萬石，賑糶京師貧民。

丁未，以馬扎兒台爲上都留守。馬扎兒台前爲陝西行臺侍御史，坐塗毁詔書得罪，以其兄伯顔有功，故特官之。

**《續資治通鑑》卷二〇五** 曹元用自曲阜代祀還，以司寇像及《代祀記》獻，帝甚喜。值大禧宗禋院副使缺，中書請以元用爲之，帝不允，曰：「此人翰林中所不可無者，將大用之。」會卒，帝嗟悼久之，追封東平郡公，謚文獻。

**《元史》卷三三《文宗紀二》** 戊申，封諸王寬徹爲肅王。

己酉，車駕發上都。賜明宗北來衛士千八百三十人各鈔五十錠，怯薛官十二人各鈔二百錠。賜諸部曲出征者幣帛人各二匹遣還。冀寧之忻州兵後荐饑，賑鈔千錠。

庚戌，改詹事院爲儲政院，伯顔兼儲政使，中政使哈撒兒不花、太子詹事丞霄雲世月思、前儲慶使姚煒並儲政使。河東宣慰使哈散託朝賀爲名，斂所屬鈔千錠入己，事覺，雖會赦，仍徵鈔還其主。敕自今有以朝賀斂鈔者，依枉法論罪。

癸丑，徵吴王潑皮及其諸父木楠子赴京師。

甲寅，置隆祥總管府，秩正三品，總建大承天護聖寺工役。監察御史劾：「前丞相別不花昔以贓罷，天曆初因人成功，遂居相位。既矯制以買驢家貲賜平章速速，又與速速等潛呼日者推測聖算。今奉詔已釋其罪，宜竄諸海島，以杜姦萌。」帝曰：「流竄海島，朕所不忍，其并妻子置之集慶。」河南府路旱、疫，又被兵，賑以本府屯田租及安豐務遞運糧三月。莒、密、沂諸州，饑民採草木實，盜賊日滋，賑以米二萬一千石，并賑晉寧路饑民鈔萬錠。大名、真定、河間諸屬縣及湖、池、饒諸路旱。保定之行唐縣蝗。加封大都城隍神爲護國保寧王，夫人爲護國保寧王妃。

九月乙卯朔，作佛事於大明殿、興聖、隆福諸宮。

**《元史新編》卷一三**　市故宋太后全氏田爲大承天護聖寺永業。

**《元史》卷三三《文宗紀二》**　戊午，賜武寧王徹徹秃金百兩、銀五百兩，西域諸王燕只吉台金二千五百兩、銀萬五千兩，鈔幣有差。

己未，立龍翔、萬壽營繕提點所、海南營繕提點所，並秩正四品，隸隆祥總管府。

庚申，加封故領諸路道教事張留孫爲上卿、大宗師、輔成贊化保運神德真君。

**《元史新編》卷一三**　命凡往行在所送寶官吏，越次超升者皆從黜降。

**《元史》卷三三《文宗紀二》**　賑甘肅行省沙州、察八等驛鈔各千五百錠。

癸亥，敕宣徽院所儲金、銀、鈔、幣，百司毋得奏請。

甲子，賜雲南烏撒土官禄余、曲靖土官舉精衣各一襲。

**《元史新編》卷一三**　丁卯，帝至大都，敕翰林奎章閣輯本朝典故，準唐、宋《會要》，名《經世大典》。

戊辰，定使者頒詔赦，率日行三百里。既受命，而逗留三日及所至宴飲稽期者治罪。取賂者以枉法論。

**《元史》卷三三《文宗紀二》**　召威順王寬徹不花赴闕。

辛未，以控鶴士二十人賜宣靖王買奴。監察御史劾奏：「知樞密院事塔失帖木兒阿附倒剌沙，又與王禪舉兵犯闕。今既待以不死，而又付之兵柄，事非便。」詔罷之。

壬申，怯薛官武備卿定住特授開府儀同三司。

癸酉，帝御大明殿，受諸王、百官朝賀。鐵木迭兒諸子鎖住等，明宗嘗敕流於南方。燕鐵木兒言，鎖住天曆初有勞於國，請各遣還田里，從之。

甲戌，命江浙行省明年漕運糧二百八十萬石赴京師。廣西思明州土官黃宗永遣其子來貢虎、豹、方物。

**《續資治通鑑》卷二〇五**　乙亥，史惟良上疏言：「今天下郡邑被災者衆，國家經費若此之繁，帑藏空虚，生民凋瘵，此正更新百度之時也。宜遵世祖成憲，汰冗濫蠶食之人，罷土木不急之役，事有不便者，咸釐正之。如此，則天災可弭，禎祥可致。不然，因循苟且，其弊漸深，治亂之由，自此而分矣。」帝嘉納之。

**《元史》卷三三《文宗紀二》**　丙子，改太禧院爲太禧宗禋院。立温州路竹木場。以衛輝路旱，罷蘇門歲輸米二千石。鐵木兒補化加録軍國重事。以翰林學士承旨也兒吉尼、元帥梁國公都列捏並知行樞密院事。立衛候司，秩正四品，隸儲政院。賑陝西臨潼等二十三驛各鈔五百錠。論也先捏以不忠不敬，伏誅。嵐、管、臨三州所居諸王八剌馬、忽都火者等部曲，乘亂爲寇，遣省、臺、宗正府官往督有司捕治之。

壬午，伯顔以病在告，居赤城，遣使召赴闕。封知樞密院事燕不鄰爲興國公。以大司農卿燕赤爲司徒。

癸未，建顔子廟於曲阜所居陋巷。上都西按塔罕、闊干忽剌秃之地，以兵、旱，民告饑，賑糧一月。

**《續資治通鑑》卷二〇五**　冬十月甲申朔，帝服兖冕，饗太廟。

**《元史》卷三三《文宗紀二》**　丙戌，命欽察台兼領度支監。遣鎮南王孛羅不花還鎮揚州。禁奉元、永平釀酒。

戊子，知樞密院事昭武王火沙知行樞密院事。

己丑，立大承天護聖寺營繕提點所，秩正五品；又立大都等處、平江等處田賦提舉司二，秩從五品；皆隸隆祥總管府。

辛卯，燕鐵木兒率羣臣請上尊號，不許。雲南行省立元江等處宣慰司。申飭海道轉漕之禁。籍四川囊加台家產；其黨楊静等皆奪爵，杖一百七，籍其家，流遼東。封太禧宗禋使秃堅帖木兒爲梁國公。

甲午，以登極恭謝，遣官代祀於南郊、社稷。中書省臣言：「舊制，朝官以三十月爲一考，外任則三年爲滿。比年朝官率不久於其職，或數月即改遷，於典制不類，且治蹟無從考驗。請如舊制爲宜。」敕：「除風憲官外，其餘朝官，不許二十月内遷調。」監察御史劾奏：「吏部尚書八剌哈赤，先除陝西行臺侍御史，避難不行。」罷之。

丙申，中書省臣言：「臣等謹集樞密院、御史臺、翰林、集賢院、奎章閣、太常禮儀院、禮部諸臣僚，議上大行皇帝尊謚曰翼獻景孝皇帝，廟號明宗，國言謚號曰護都篤皇帝。」是日，奉玉册、玉寶於太廟，如常儀。命江西、湖廣分漕米四十萬石，以紓江浙民力。給鈔十五萬錠，賑陝西饑民。

己亥，加封天妃爲護國庇民廣濟福惠明著天妃，賜廟額曰靈慈，遣使致祭。申飭都水監河防之禁。

辛丑，遣使括勘內外郡邑官久次事故應代者，歲終上名於中書省。以怯憐口諸色民匠總管府及所屬諸司隸徽政院者，悉隸儲政院。發中政院財賦總管府糧儲在江南者赴京師，以助經費，驗時直以鈔還之。諸王、公主、官府、寺觀撥賜田租，除魯國大長公主聽遣人徵收外，其餘悉輸於官，給鈔酬其直。

壬寅，弛陝西山澤之禁以與民。

《元史新編》卷一三　大寧路地震。

癸卯，改瓊州安撫司曰乾寧安撫司，升定安縣爲南康州，以土人王官知州事。

《元史》卷三三《文宗紀二》　命道士苗道一建醮於長春宮。監察御史劾奏：「張思明在仁宗朝，阿附權臣鐵木迭兒，間諜兩宮，仁宗灼見其姦，既行黜降。及英宗朝鐵木迭兒再相，復援爲左丞，稔惡不悛，竟以罪廢。今又冒居是官，宜從黜罷。」詔罷之。敕刑部尚書察民之無賴者懲治之。

甲辰，畏兀僧百八人作佛事於興聖殿。

戊申，以江淮財賦都總管府隸儲政院，供皇后湯沐之用。作佛事於廣寒殿。徵朶朶、王士熙等十二人於貶所，放還鄉里。

《元史新編》卷一三　庚戌，以親祀太廟禮成，詔天下。罷大承天護聖寺工役。

《元史》卷三三《文宗紀二》　囚在獄三年疑不能決者，釋之。民間拖欠官錢無可追徵者，盡行蠲免。命通政院官分職往所在官司，簽補逃亡驛户。大都至上都并塔思哈剌、旭麥怯諸驛，自備首思，供給繁重，天曆三年官爲應付。免徵奉元路民間商税一年，命所在官司設置常平倉。雲南八番爲囊加台所詿誤，反側未安者，并貰其罪。免各處煎鹽竈户雜泛夫役二年。遣使代祀嶽瀆、山川。免永平屯田總管府田租。申禁天下私殺馬牛。明宗乳媪夫斡耳朶，在武宗時爲大司徒，仁宗朝拘其印。燕鐵木兒以爲言，詔給還之。雲南威楚路黄州土官哀放遣其子來朝貢。湖廣常德、武昌、澧州諸路旱饑，出官粟賑糶之。陝西鳳翔府饑民四萬七千户，皆賑以鈔。

十一月乙卯，以立皇后，詔天下。受佛戒於帝師，作佛事六十日。

丙辰，以句容郡王答鄰答里知行樞密院事。詔列聖諸宮后妃陪從之臣，永給衣廩芻粟。后八不沙請爲明宗資冥福，命帝師率羣僧作佛事七日於大天源延聖寺，道士建醮於玉虚、天寶、太乙、萬壽四宮及武當、龍虎二山。

戊午，遣使代祀天妃。賜燕鐵木兒宅一區。皇后以銀五萬兩，助建大承天護聖寺。冠州旱。命朶耳只亦都護爲河南行省丞相。近制行省不設丞相，中書省以爲言，帝有旨：「朶耳只先朝舊臣，不當以例拘。」武宗宿衛士歲賜，如仁宗衛士例。西夏僧總統封國公沖卜卒，其弟監藏班臧卜襲職，仍以璽書、印章與之。

《元史新編》卷一三　癸亥，以闊徹伯知樞密院事，位居衆知院上。罷功德司入宣政院。

《元史》卷三三《文宗紀二》　甲子，廬州旱饑，發糧五千石賑之。止鷹坊毋獵畿甸。江西龍興、南康、撫、瑞、袁、吉諸路旱。

丙寅，陞山東河北蒙古軍大都督府秩從二品。雲南威楚路土官眠放來朝貢。改普慶修寺人匠提舉司爲營繕提點所，秩從五品，隸崇祥總管府。

《元史新編》卷一三　己巳，以撒迪爲中書右丞。

《元史》卷三三《文宗紀二》　命中書左丞趙世安提調國子監學。

庚午，諸王闊不花至自陝西，收其印，遣還。

壬申，毁廣平王木剌忽印，命哈班代之，更鑄印以賜。

丙子，諸王阿剌忒納失里翊戴有勢，以其父越王禿剌印與之。

丁丑，復立孟定路軍民總管府。復給元江路軍民總管府印。湖廣州縣爲廣源等猺寇掠者二百八十餘所，命行省平章劉脱歡招捕之。造青木綿衣萬領，賜圍宿軍。

(乙)〔己〕卯，翰林國史院臣言：「纂修《英宗實録》，請具倒剌沙款伏付史館。」從之。高麗國王王燾久病，不能朝，請命其子(楨)〔禎〕襲位。以平江官田百五十頃，賜大龍翔集慶寺及大崇禧萬壽寺。

辛巳，遷山東河北蒙古軍大都督府於濮州，仍聽山東廉訪司按治。欽察台兼右都威衛使。

壬午，詔豫王阿剌忒納失里鎮雲南，賜其衛士鈔萬錠，仍每歲豫給其衣廩。

十二月甲申，給豳王忽塔忒迷失王傅印。以西僧輦真吃剌思爲帝師。詔僧尼徭役一切無有所與。

《續資治通鑑》卷二〇五　丙戌，詔：「百官一品至三品，先言朝政得失一事，四品以下，悉聽敷陳。」仍命趙世安、阿榮輯録所上章疏，善者即議舉行。

追封雅克特穆爾曾祖班都察爲溧陽王，祖托克托呼爲昇王，父綽和爾爲揚王。

《元史》卷三三《文宗紀二》　庚寅，袷祭於太祖幄殿。以末吉爲大司徒。中書省臣言：「舊制，凡有奏陳，衆議定共署，乃入奏。近年，事方議擬，一二省臣輒已上請，致多乖滯。今請如舊制。」御史臺臣言：「風憲官赴任，毋拘遠近，均給驛爲宜。」並從之。

辛卯，命帝師率其徒作佛事於凝暉閣。

甲午，冀寧路旱饑，賑糧二千九百石。

《續資治通鑑》卷二〇五　乙未，改封前鎮南王特穆爾布哈爲宣讓王。

詔：「諸僧寺田，自金、宋所有及累朝賜予者，悉除其租。其有當輸租者，仍免其役。僧還俗者，聽復爲僧。」

《元史》卷三三《文宗紀二》　戊戌，以淮、浙、山東、河間四轉運司鹽引六萬，爲魯國大長公主湯沐之資。

己亥，遣使驛致故帝師舍利還其國，給以金五百兩、銀二千五百兩、鈔千五百錠、幣五千匹。加謚漢長沙王吳芮爲長沙文惠王。

壬寅，命江浙行省印佛經二十七藏。

癸卯，蘄州路夏秋旱饑，賑米五千石。

甲辰，以明年正月武宗忌辰，命高麗、漢僧三百四十人，預誦佛經二藏於大崇恩福元寺。

丁未，造至元鈔四十五萬錠、中統鈔五萬錠，如歲例。中書省臣言：「在京酒坊五十四所，歲輸課十餘萬錠。比者間以賜諸王、公主及諸官寺。諸王、公主自有封邑、歲賜，官寺亦各有常産，其酒課悉令仍舊輸官爲宜。」從之。開河東冀寧路、四川重慶路酒禁。罷土番巡捕都元帥府。賑上都留守司八剌哈赤二千二百餘户、燭剌赤八百餘户糧三月，鈔有差；牙連禿傑魯迭所居鷹坊八百七十户糧三月。

戊申，以玥璐不花爲御史大夫，兼領隆祥總管府事。

庚戌，詔興舉中政院事。

辛亥，趣内外已授官者速赴任。改上都饅頭山爲天曆山。

壬子，織武宗御容成，即神御殿作佛事。敕：「凡階開府儀同三司者，班列居一品之前。」武昌江夏縣火，賑其貧乏者二百七十户糧一月。黄州路及恩州旱，並免其租。

《元史續編》卷一〇　陳益稷卒。

《續資治通鑑》卷二〇五　中書平章政事徹爾特穆爾出爲河南行省平章政事。是時黄河清，有司以爲瑞，請聞於朝，徹爾特穆爾曰：「吾知爲臣忠，爲子孝，天下治，百姓安爲瑞，餘何益於治。」歲大饑，徹爾特穆爾議賑之，其屬以爲必自縣上之府，府上之省，然後以聞，徹爾特穆爾曰：「民飢，死者已衆，乃欲拘以常格耶！往復累月，民存無幾矣。此蓋有司畏罪，將歸怨於朝廷，吾不爲也。」大發倉廩賑之，乃請專擅之罪，帝嘉之，賜龍衣、上尊。

## 至順元年（庚午、一三三〇）

《元史》卷三四《文宗紀三》　春正月丙辰，命趙世延、趙世安領纂修《經世大典》事。

懷慶路饑，賑鈔四千錠。

丁巳，賜明宗妃按出罕、月魯沙、不顏忽魯都鈔幣有差。以知樞密院事伯帖木兒爲遼陽行省左丞相。

戊午，頒璽書諭雲南。

辛酉，時享太廟。命回回司天監禁星。

壬戌，中興路饑，賑糶糧萬石，貧者仍賙其家。

《續資治通鑑》卷二〇六　甲子，雅克特穆爾、巴延並辭丞相職，不允，仍命阿榮、趙世安慰諭之。

丁卯，雲南諸王圖沁及萬户布呼、阿哈等叛，攻中慶路，陷之，殺廉訪司官，執左丞實都等，迫令署諸文牘。

庚午，芍陂屯及鷹坊軍士饑，賑糧一月。

辛未，中書省言：「科舉會試日期，舊制以二月一日、三(月)〔日〕、五日，近歲改爲十一、十三、十五，請依舊制。」從之。

壬申，衡陽徭爲寇，劫掠湘鄉州。

《元史》卷三四《文宗紀三》　癸酉，以宣徽使撒敦復知樞密院事，與欽察台並領長寧卿。

乙亥，賜燕鐵木兒質庫一。寧海州文登、牟平縣饑，賑以糧三千石。

丙子，衡州路饑，總管王伯恭以所受制命質官糧萬石賑之。

丁丑，追封三寶奴爲鄆城王，謚榮敏。召荆王之子脱脱木兒赴闕。趙世延請致仕，不允。命中書省製玉帶二十，賜臣僚官一品者。遣使賫金千五百兩、銀五百兩，詣杭州書佛經。賜海南大興龍普明寺鈔萬錠，市永業地。

戊寅，賜隆禧總管府田千頃。立荆襄等處、平松等處田賦提舉司，並隸太禧宗禋院。命陝西行省以鹽課鈔十萬錠賑流民之復業者。傜賊八百餘人寇石康縣。

《元史新編》卷一三　己卯，封太醫院使野里海牙爲秦國公。

《元史》卷三四《文宗紀三》　庚辰，陞羣玉署爲羣玉内司，秩正三品，置司尉、亞尉、僉司、司丞，仍隸奎章閣學士院。禮部尚書(夔夔)〔巙巙〕兼監羣玉内司事。

《續資治通鑑》卷二〇六　庫庫嘗以祕書監丞奉命往覈泉舶，芥視珠犀，不少留目。國制，大樂諸坊，咸隸禮部，遇公讌，衆伎畢陳。庫庫視之泊如，僚佐以下皆肅然。

《元史》卷三三《文宗紀三》　辛巳，改大都田賦提舉司爲宣農提舉司，荆襄田賦提舉司爲荆襄濟農香户提舉司，平江提舉司爲平江善農提舉司。遣使賫鈔三千錠，往甘肅市氂牛。濠州去年旱，賑糧一月。大(明)〔名〕路及江浙諸路俱以去年旱告。永平路以去年八月雹災告。加封秦蜀郡太守李冰爲聖德廣裕英惠王，其子二郎神爲英烈昭惠靈顯仁祐王。

《元史新編》卷一三　二月壬午朔，以趙世安爲御史中丞，史惟良爲中書左丞。

《元史》卷三四《文宗紀三》　癸未，加知樞密院事燕不憐開府儀同三司。籍張珪子五人家資。

乙酉，以西僧加瓦藏卜、蘸八兒監藏並爲烏思藏土蕃等處宣慰使都元帥。雲南麓(州)〔川〕等土官來貢方物。揚州、安豐、廬州等路饑，以兩淮鹽課鈔五萬錠、糧五萬石賑之。真定、蘄、黄等路，汝寧府、鄭州饑，各賑糧一月。

《續資治通鑑》卷二〇六　丁亥，命江南、陝西、河南等處富民輸粟，補江南萬石者官正七品，陝西千五百石、河南二千石、江南五千石者從七品，自餘品級有差。四川富民有能輸粟赴江陵者，依河南例，其不願仕，乞封父母者聽。僧、道輸粟者，加以師號。

《元史》卷三四《文宗紀三》　徵江浙、江西、湖廣賑糶糧價鈔赴京師。

己丑，秃堅、伯忽等攻陷仁德府，至馬龍州。調八番元帥完澤將八番答剌罕軍千人、順元土軍五百人禦之。

庚寅，改萬聖祐國、興龍普明、龍翔萬壽三提點所並爲營繕都司，秩正四品；萬安規運、普慶營繕等八提點所並爲營繕司，秩正五品。以修《經世大典》久無成功，專命奎章閣阿隣帖木兒、忽都魯都兒迷失等譯國言所紀典章爲漢語，纂修則趙世延、虞集等，而燕鐵木兒如國史例監修。開元路胡里改萬户府軍士饑，給糧賑之。

《元史新編》卷一三　命奎章閣譯國朝典章爲漢語入《經世大典》。趙世延，虞集等專任纂修。虞集等辭職，帝曰：「昔我祖宗睿知聰明，其於致治之道，自然生知。朕以統緒所傳，實在眇躬，夙夜憂懼，自維早歲跋涉艱阻，既乏生知之哲，於國家治體，豈能周知。故立奎章閣，置學士員，日以祖宗明訓，古昔治亂得失陳説於前，使朕樂於聽聞。卿等其悉所學以稱朕意，勿復再辭。」

《元史》卷三四《文宗紀三》　辛卯(朔)，以御史臺贓罰鈔萬錠、金千兩、銀五千兩付太禧宗禋院，供祭祀之需。

賜燕鐵木兒給驛璽書，以徵其食邑租賦。

帖麥赤驛户及建康、廣德、鎮江諸路饑，賑糧一月。衛輝、江州二路饑，賑鈔二萬錠。寧國路饑，嘗賑糧二萬石，不足，復賑萬五千石。

癸巳，衛輝路胙城、新鄉縣大風雨災。

甲午，自庚寅至是日，京師大霜晝雺。立諸色民匠打捕鷹坊都總管府，秩正二品。置奎章閣監書博士二人，秩正五品。秃堅、伯忽等攻晉寧州。秃堅自立爲雲南王，伯忽爲丞相，阿禾、忽剌忽等爲平章等官，立城柵，焚倉庫以拒命。

《續資治通鑑》卷二〇六　乙未，中書省言：「江浙民飢，今歲海運，爲米二百萬石，其不足者，來歲補運。」從之。

《元史》卷三四《文宗紀三》　丙申，雲南蒲蠻來朝。賑常德、澧州路饑。

丁酉，帝及皇后、燕王阿剌忒納答剌並受佛戒。

己亥，命明宗皇子受佛戒。監察御史言：「中書平章朵兒(失)〔只〕，職任台衡，不思報效，銓選之際，紊亂綱紀，貪污著聞，恬不知耻，黜罷爲宜。」從之。傜賊入灌陽縣，劫民財。

庚子，以兵興所收諸王也先帖木兒、捌思監等印還給之。

壬寅，玥璐不花辭御史大夫職，不允。土蕃等處民饑，命有司以糧賑之。新安、保定諸驛孳畜疫死，命中書給鈔濟其乏。

癸卯，汴梁路封丘、祥符縣霜災。

**《續資治通鑑》卷二〇六**　甲辰，流旺沁之子於吉陽軍。

**《御批歷代通鑑輯覽》卷九八**　立明宗子伊埒哲伯爲鄜王。

**《元史》卷三四《文宗紀三》**　豫王阿剌忒納失里所部千六百餘人饑，賑糧二月。淮安路民饑，以兩淮鹽課鈔五萬錠賑之。

丙午，復以阿兒思蘭海牙爲江南行臺御史大夫。命中尚卿小云失以兵討雲南。御史臺臣言：「欽察台天曆初在上都，常與闊闊出等謀執倒剌沙，事泄，同謀者皆死，欽察台以出征獲免。頃臺臣疑而劾之，不稱事情，宜雪其枉。」制曰「可」。

**《續資治通鑑》卷二〇六**　帝念雅克特穆爾擁戴之勞，既追封其三世，又命禮部尚書馬祖常製文立石於北郊以昭其功；猶謂未足以報，命獨爲丞相以尊異之。

丁未，以巴延知樞密院事，依前太保、録軍國重事。詔中書曰：「昔在世祖，嘗以宰相一人總領庶務，故治出於一，政有所統。雅克特穆爾爲右丞相，巴延既知樞密院事，左丞相其勿復置。凡號令、刑名、選法、錢糧、造作，一切中書政務，悉聽雅克特穆爾總裁。諸王、公主、駙馬、近侍人員、大小諸司，敢有隔越聞奏，以違制論。」

**《元史》卷三四《文宗紀三》**　戊申，命中書省及翰林國史院官祭太祖、太宗、睿宗三朝御容。以太禧宗禋使阿不海牙爲中書平章政事。命史惟良及參知政事和尚總督建言之事。中書省臣言：「舊制，正旦、天壽節，内外諸司各有贄獻，頃者罷之。今江浙省臣言，聖恩公溥，覆幬無疆，而臣等殊無補報，凡遇慶禮，進表稱賀，請如舊制爲宜。」從之。降璽書申鹽法之禁。以嘉興路崇德縣民四萬户所輸租税，供英宗后妃歲賜錢帛。詔諭樞密院，以屯田子粒錢萬錠助建佛寺，免其軍卒土木之役。

**《續資治通鑑》卷二〇六**　徵札實爲應奉翰林文字，賜對奎章閣。帝問有所著述否，札實進所著《帝王心法》，帝稱善，詔預修《經世大典》。以論議不合，求去，乃命奎章閣侍書學士虞集諭留之，札實堅以母老辭，遂賜幣遣之。

**《元史》卷三四《文宗紀三》**　庚戌，茶陵州民饑，同知萬家奴、江存禮以所受敕質糧三千石賑之。

辛亥，迤西蒙古驛户饑，給芻粟有差。賑河南流民復歸者鈔五千錠。泰安州饑民三千户，真定南宫縣饑民七千七百户，松江府饑民萬八千二百户，及土蕃朵里只失監萬户部内饑，命所在有司從宜賑之。濟寧路饑民四萬四千九百户，賑以山東鹽課鈔萬錠。杭州火，賑糧一月。命市故瀛國公趙㬎田，爲大龍翔集慶寺永業。御史臺臣言不必予其直，帝曰：「吾建寺爲子孫黎民計，若取人田而不予直，非朕志也。」察罕腦兒宣慰司所部千户察剌等衛饑者萬四千四百五十六人，人給鈔一錠。

三月甲寅，命宣政院供顯懿莊聖皇后神御殿祭祀。乖西觧蠻三千人入松梨山，燒沿邊官軍營堡。東平路須城縣饑，賑以山東鹽課鈔。安慶、安豐、蘄、黄、廬五路饑，以淮西廉訪司贓罰鈔賑之。

丁巳，徙封濟陽王木楠子爲吴王，吴王潑皮爲濟陽王。賜八番順元、曲靖、烏撒、烏蒙、蒙慶、羅羅斯、嵩明州土官幣帛各一。禁泛濫給驛。四川官吏賫從囊加台者皆復故職。

戊午，封皇子阿剌忒納答剌爲燕王，立宫相府總其府事，秩正二品，燕鐵木兒領之。廷試進士，賜篤列圖、王文燁等九十七人及第、出身有差。命彰德路歲祭羑里周文王祠。以河南行省平章乞住爲雲南行省平章，八番順元宣慰使帖木兒不花爲雲南行省左丞，從豫王由八番道討雲南。賜明宗近侍七十人官有差。裕宗及昭獻元聖皇后位宿衛三千人，命儲政院給其衣糧芻粟。發米十萬石賑糶京師貧民。

**《續資治通鑑》卷二〇六**　時宗藩暌隔，功臣汰侈，政教未立。帝將策士，虞集爲讀卷官，乃擬制策以進，首以勸親親、體羣臣、同一風俗、協和萬邦爲問。帝不用。

**《元史》卷三四《文宗紀三》**　癸亥，遣諸王桑哥班、撒忒迷失、買哥分使西北諸王燕只吉台、不賽因、月即別等所。

甲子，詔諭中外，命御史大夫鐵木兒補花、玥璐不華振舉臺綱。

丁卯，木八剌沙來貢蒲萄酒，賜鈔幣有差。以山東鹽課鈔萬錠賑東昌饑民三萬三千六百户。

**《元史新編》卷一三**　己巳，以明宗升祔序英宗上，視順宗、成宗廟遷例。

**《元史》卷三四《文宗紀三》**　辛未，羣臣請上皇帝尊號，不許，固請不已，乃許之。封知樞密院事不花帖木兒爲武平郡王。録討雲南禿堅、伯忽之功，雲南宣慰使土官舉宗、禄余並遥授雲南行省參知政事，餘賜賚有差。分龍慶州隸大都路。諸王也孫台部七百餘人入天山縣，掠民財産，遣樞密院、宗正府官往捕之。

壬申，奉玉册、玉寶，祔明宗神主於太廟。濮州臨清、館陶二縣饑，賑鈔七千錠。光州光山縣饑，出官粟萬石，下其直賑糶。信陽、息州及光之固始縣饑，並以附近倉糧賑之。

**《元史新編》卷一三**　甲戌，封諸王速來蠻爲西寧王。

**《元史》卷三四《文宗紀三》**　乙亥，西番哈剌火州來貢蒲萄酒。諸王、駙馬還鎮，錫賚有差。

丙子，改山東都萬户府爲都督府。雲南木邦路土官渾都來貢方物。河南登封、偃師、孟津諸縣饑，賑以兩淮鹽課鈔三萬錠。鞏昌、臨洮、蘭州、定西州饑，賑鈔三千五百錠。沂、莒、膠、密、寧海五州饑，賑糧五千石。中興、峽州、歸州、安陸、沔陽饑户三十萬有奇，賑糧四月。

丁丑，陞太常禮儀院秩正二品。敕有司供明宗后八不沙宫分幣帛二百匹，及阿梯里、脱忽思幣帛有差。賜燕鐵木兒功勳之碑。廣平路饑，以河間鹽課鈔萬三千錠賑之。

辛巳，諸王哈兒蠻遣使來貢蒲萄酒。廣德、太平、集慶等路饑，凡數百萬户。濮州諸縣蟲食桑葉將盡。

夏四月壬午朔，命西僧作佛事於仁智殿，自是日始，至十二月終罷。

癸未，置怯憐口錢糧都總管府，秩正三品。中書省臣言：「各宫分及宿衛士歲賜錢帛，舊額萬人，去歲增四千人，邇者增數益廣，請依舊額爲宜。」詔命阿不海牙裁省以聞。

甲申，時享太廟。

丙戌，封也真也不干爲桓國公。燕鐵木兒言：「天曆初，阿速軍士爲國有勞，請以鈔十萬錠、米十萬石分給其家。」從之。

戊子，四川行省調重慶五路萬户以兵救雲南。

庚寅，中書省臣言：「邇者諸處民饑，累常賑救，去歲賑鈔百三十四萬九千六百餘錠，糧二十五萬一千七百餘石。今汴梁、懷慶、彰德、大名、興和、衛輝、順德、歸德及高唐、泰安、徐、邳、曹、冠等州饑民六十七萬六千户，一百一萬二千餘口，請以鈔九萬錠、米萬五千石，命有司分賑。」制曰「可」。以陝西饑，敕有司作佛事七日。

壬辰，以所籍張珪諸子田四百頃，賜大承天護聖寺爲永業。沿邊部落蒙古饑民八千二百，人給鈔三錠、布二匹、糧二月，遣還其所部。

癸巳，置豫王王傅、副尉、司馬各二員。

丁酉，遣諸王桑兀孫還雲南。金蘭等驛馬牛死，賑鈔五百錠。

庚子，降璽書申諭太禧宗禋院。天臨之醴陵、湘陰等州，台州之臨海等縣饑，各賑糶米五千石。

**《御批歷代通鑑輯覽》卷九八**　皇后鴻吉哩氏殺明宗皇后班布爾實。

**《元史》卷三四《文宗紀三》**　壬寅，括益都、般陽、寧海閑田十六萬二千九十頃，賜大承天護聖寺爲永業。立益都廣農提舉司及益都、般陽、寧海諸提領所，並隸隆祥總管府。烏(蒙)〔撒〕土官禄余殺烏撒宣慰司官吏，降於伯忽。羅羅諸蠻俱叛，與伯忽相應，平章帖木兒不花爲其所害。晉寧、建昌二路民饑，賑糧五萬五千石、鈔二萬三千錠。

戊申，陝西行臺言：「奉元、鞏昌、鳳翔等路以累歲饑，不能具五穀種，請給鈔二萬錠，俾分糴於他郡。」從之。

**《續資治通鑑》卷二〇六**　詔江浙、河南、江西三省調兵(三)〔二〕萬，命諸王運圖斯特穆爾及樞密判官洪洙將之，與湖廣行省平章托歡會兵討雲南。

**《元史新編》卷一三**　己酉，徙明宗長子妥懽帖睦爾於高麗。即順帝。

**《元史》卷三四《文宗紀三》**　作佛事。

是月，滄州、高唐州屬縣蟲食桑葉盡。(苟)〔芍〕陂屯饑，賑糧三月。土蕃等處脱思麻民饑，命有司賑之。賑懷慶承恩、孟州等驛鈔千錠。

五月乙卯，遣宣徽使定住等，以受尊號告祭南郊。故四川行省平章寬徹、四川道廉訪使忽都魯養阿等，皆爲囊加台所害，並贈官賜謚。榆次縣主簿太帖木兒、河中府判官秃塔兒，皆爲遼東軍所害，並加褒贈。

戊午，帝御大明殿，燕帖木兒率文武百官及僧道、耆老，奉玉册、玉寶，上尊號曰欽天統聖至德誠功大文孝皇帝。是日，改元至順，詔天下。河南、懷慶、衛輝、(普)〔晉〕寧四路曾經賑濟人户，今歲差發全行蠲免。其餘被災路分人民已經賑濟者，腹裏差發、江淮夏税，亦免三分。

己未，羅羅斯權土官宣慰撒加伯、阿漏土官阿剌、里州土官德益叛，附於禄余。

庚申，以受尊號恭謝太廟。

辛酉，四川行省討雲南，進軍至烏蒙。

壬戌，歸德府之譙縣霧傷麥。

癸亥，四川軍至雲南之雪山峽，遇羅羅斯軍，敗之。德州饑，賑以山東鹽課鈔三千錠。武昌路饑，賑以糧五萬石、鈔二千錠。

甲子，申命燕鐵木兒爲中書右丞相，詔天下。以鈔四萬錠分給宫人。賜魯國大長公主鈔萬錠。

**《元史新編》卷一三**　丁卯，《英宗實録》成。

**《元史》卷三四《文宗紀三》**　戊辰，車駕發大都，次大口。陞尚舍寺秩正三品。命阿鄰帖木兒爲大司徒。遣豫王阿剌忒納失里鎮西番，授以金印。賜諸王脱歡金印，大司徒不蘭奚銀印。加趙世延翰林學士承旨，封魯國公。賑衛輝、大名、廬州饑民鈔六千錠、糧五千石。開元路胡里該萬户府、寧夏路哈赤千户所軍士饑，各賑糧二月。

**《續資治通鑑》卷二〇六**　帝如上都。將立燕王喇特納達喇爲皇太子，乃以托歡特穆爾乳母夫言，明宗在日，素謂太子非其子，黜之江南，驛召翰林學士阿林特穆爾、奎章閣學士烏圖嚕篤勒哲書其事於《托布齊延》，召虞集使書詔，播告中外。

**《元史》卷三四《文宗紀三》**　己巳，次龍虎臺。置肅王寬徹傅、尉、司馬各一員。

左、右欽察、龍翊侍衛軍士五千三百七十户饑，户賑鈔二錠、布一匹、糧一月。

**《元史新編》卷一三**　辛未，置宣忠扈衛親軍都萬户府總斡羅斯軍。以亦列出平章政事。

**《元史》卷三四《文宗紀三》**　癸酉，遣使勞軍於雲南。時諸王禿剌率萬户忽都魯沙、怯列、孛羅等，皆領兵進討禿堅、伯忽。

**《元史新編》卷一三**　甲戌，八番乖西觧苗侵邊，詔樞密院分兵討之。

**《元史》卷三四《文宗紀三》**　乙亥，置順元宣撫司，統答剌(斥)〔罕〕軍征雲南，人賜鈔五錠。衛輝路之輝州，以荒乏穀種，給鈔三千錠，俾糴於他郡。

己卯，遣使詣五臺山作佛事。

庚辰，命湖廣行省以鈔五萬錠給雲南軍需。

是月，右衛左右手屯田大水，害禾稼八百餘頃。廣平、河南、大名、般陽、南陽、濟寧、東平、汴梁等路，高唐、開、濮、輝、德、冠、滑等州，及大有、千斯等屯田蝗。以浙東宣慰使陳天祐、湖廣參知政事樊楫死於王事，贈封特加一級。龍興張仁興妻鄒氏、奉元李郁妻崔氏以志節，汴梁尹華以孝行，皆旌其門。

**《續資治通鑑》卷二〇六**　六月辛巳朔，雅克特穆爾言：「嚮有旨，惟許臣及巴延兼領三職。今趙世延以平章政事兼翰林學士承旨、奎章閣大學士，世延引疾以辭。」帝曰：「朕重老成人，其命世延仍視事中書，果病，無預銓選可也。」

**《元史》卷三四《文宗紀三》**　丙戌，大駕至上都。

戊子，給左、右欽察、龍翊侍衛軍士糧。

壬辰，鎮江饑，賑糧四萬石。饒州饑，亦命有司賑之。

癸巳，御史臺臣言：「宣徽院錢穀，出納無經，以上供飲饍，冒昧者多，不稽其案牘，則弊日滋。宜如舊制，具實上之省部，以備考覈。」從之。

丙申，立行樞密院討雲南，賜給驛璽書十五、銀字圓符五。以河南行省平章徹里鐵木兒知行樞密院事，陝西行省平章探馬赤、近侍教化爲同知、副使。發朵甘思、朵思麻及鞏昌諸處軍萬三千人，人乘馬三匹。徹里鐵木兒同鎮西武靖王搠思班等由四川，教化從豫王阿剌忒納失里等由八番，分道進軍。黄河溢，大名路之屬縣没民田五百八十餘頃。

庚子，以内侍中瑞卿撒里爲大司徒。賜四川行省左丞孛羅金虎符。以鹽課鈔二十萬錠供雲南軍需。命河南、湖廣、江西、甘肅行省誦《藏經》六百五十部，施鈔三萬錠。

**《元史新編》卷一三**　知樞密院事闊徹伯，脱脱木爾，通政使只爾哈郎，翰林學士教化的，中政使尚家奴謀殺燕帖木爾，事覺，竝伏誅。

**《元史》卷三四《文宗紀三》**　癸卯，四川孛羅以蒙古漸丁軍五千往雲南。

**《續資治通鑑》卷二〇六**　乙巳，羅羅斯土官撒加伯，合烏蒙蠻兵萬人攻建昌縣，雲南行省右丞躍里特穆爾拒之，斬首四百餘級。四川軍亦敗撒加伯於蘆古驛。

《元史》卷三四《文宗紀三》　丙午，朶思麻蒙古民饑，賑糧一月。

丁未，改東路蒙古軍元帥府爲東路欽察軍萬户府。

是月，高唐、曹州及前、後武衛屯田水災。大都、益都、真定、河間諸路，獻、景、泰安諸州，及左都威衛屯田蝗。迤北蒙古饑民三千四百人，人給糧二石、布二匹。旌表真定梁子益妻李氏等貞節，徐州胡居仁孝行。

《元史新編》卷一三　秋七月辛亥，封諸王按渾察爲廣寧王。

《元史》卷三四《文宗紀三》　壬子，命西僧禁星。

丙辰，以闊徹伯大司徒印授撒里。

丁巳，命中書省、翰林國史院官祀太祖、太宗、睿宗御容於大普慶寺。命西僧爲皇子燕王作佛事。西域諸王不賽因遣使來朝賀。監察御史請以所籍闊徹伯衣物分賜宿衛軍士，從之。

己未，以闊徹伯宅賜太禧宗禋院，衣服賜羣臣。通渭山崩，壓民舍，命陝西行省賑被災者十二家。

庚申，籍脱脱木兒家貲，輸内府。

辛酉，改哈思罕萬户府爲總管府，秩四品。詔：「僧、道、獵户、鷹坊合得璽書者，翰林院無得越中書省以聞。」真定路之平棘，廣平路之肥鄉，保定路之曲陽，行唐等縣，大風雨雹傷稼。許失台速怯、月謹真孛可等部獻人口牧畜，命酬其直。

《續資治通鑑》卷二〇六　江西建昌萬户府軍戍廣海者，一歲更役，來往勞苦，詔仍至元舊制，二歲一更。

《元史新編》卷一三　乙丑，以耶爾吉尼知樞密院事。

《元史》卷三四《文宗紀三》　調諸衛卒築漷州柳林海子堤堰。

丙寅，蒙古百姓以饑乏至上都者，閲口數給以行糧，俾各還所部。增大都賑糶米五萬石。大都之順州、東安州大風雨雹傷稼。

戊辰，壽寧公主薨，收其印。

己巳，命江浙行省以鈔十萬錠至雲南，增其軍需。

《續資治通鑑》卷二〇六　庚午，中書省言：「近歲帑廩空虚，其費有五：曰賞賜，曰作佛事，曰創置衙門，曰濫冒支領，曰續增衛士鷹坊，請與樞密院、御史臺各集賽官同加汰減。」從之。

《元史》卷三四《文宗紀三》　開平路雨雹傷稼。御史臺臣劾奏新除河南府總管張居敬避難不之官，有旨免所授官，加其罪笞。

甲戌，賜諸王養怯帖木兒、孛欒台、徹秫斯、察阿兀罕等金銀鈔幣有差。

丙子，敕中書省、御史臺遣官詣江浙、江西、湖廣、四川、雲南諸行省，遷調三品以下官。命四川行省於明年茶鹽引内給鈔八萬錠增軍需，以討雲南。賑木隣、扎里至苦鹽泊等九驛，每驛鈔五百錠。增給戍居庸關軍士糧。海潮溢，漂没河間運司鹽二萬六千七百餘引。

丁丑，以給驛璽書五、銀字圓符二，增給陝西蒙古都萬户府，以討雲南。

《續資治通鑑》卷二〇六　特們德爾子將作使索珠與其弟觀音努、姊夫太醫使伊埒哈雅，坐怨望咒詛，事覺，詔中書鞫之。事連前刑部尚書烏訥爾、前御史大夫博囉、上都留守烏訥爾等，俱伏誅。

《元史》卷三四《文宗紀三》　雲南秃堅、伯忽等勢愈猖獗，烏撒禄余亦乘勢連約烏蒙、東川、芒部諸蠻，欲令伯忽弟拜延(順)等兵攻順元。樞密臣以聞，詔即遣使督豫王阿納忒剌失里及行樞密院、四川、雲南行省亟會諸軍分道進討，以烏蒙、烏撒及羅羅斯地接西番，與碉門安撫司相爲脣齒，命宣政院督所屬軍民嚴加守備，又命鞏昌都總帥府調兵千人戍四川。開元、大同、真定、冀寧、廣平諸路及忠翊侍衛左右屯田，自夏至於是月不雨。奉元、晉寧、興國、揚州、淮安、懷慶、衛輝、益都、般陽、濟南、濟寧、河南、河中、保定、河間等路及武衛、宗仁衛、左衛率府諸屯田蝗。永平龐遵以孝行，福州王薦以隱逸，大同李文實妻齊氏、河南閻遂妻楊氏、大都潘居敬妻陳氏、王成妻高氏以志節，順德馬奔妻胡閏奴、真定民妻周氏、冀寧民妻魏益紅以夫死自縊殉葬，並旌其門。

閏七月庚辰朔，封諸王卯澤爲永寧王，授金印，及給銀字圓符、給驛璽書，併以所隸封邑歲賦賜之。

癸未，遣諸王篤憐、渾秃、孛羅等齎銀千兩、幣二百匹，賜諸王朶列鐵木兒。監察御史葛明誠言：「中書平章政事趙世延，年踰七十，智慮耗衰，固位苟容，無補於事，請斥歸田里。」臺臣以聞，詔令中書議之。

《元史續編》卷一一　趙世延罷。

《元史》卷三四《文宗紀三》　雲南芒部路九村夷人阿斡、阿里詣四川行省自陳：「本路舊隸四川，今土官撒加伯與雲南連叛，願備糧四百石、民丁千人，助大軍進征。」事聞，詔嘉其去逆效順，厚慰諭之。衛士上都駐冬者，所給糧以三分爲率，二分給鈔。大駕將還，敕上都兵馬司官二員，率兵士由偏嶺至明安巡邏，以防盜賊。市橐駝百、牛三百，充扈從屬軍之用。

丙戌，忠翊衛左右屯田隕霜殺稼。籍鎖住、野里牙等庫藏、田宅、奴僕、牧畜，給大承天護聖寺爲永業。鑄黄金神仙符命印，賜掌全真教道士苗道一。

己丑，立掌醫署，秩正五品。

庚寅，以所籍野理牙宅爲都督府公署。

《元史新編》卷一三　辛卯，以脱亦納參知政事。

《元史》卷三四《文宗紀三》　四川行省平章汪壽昌言：「雲南伯忽叛逆，興兵進討，調遣餽餉，皆壽昌領之。頃以市馬、造器械、軍官俸給、軍士行糧，已給鈔十五萬錠。今伯忽未及殄滅，而烏撒、烏蒙相繼爲亂，大兵深入，去朝廷益遠，元請軍需，早乞頒降，從本省酌其緩急，便宜以行，庶不稽誤。」從之。寧夏、奉元、鞏昌、鳳翔、大同、晉寧諸路屬縣隕霜殺稼。

癸巳，以月魯帖木兒爲大司徒。賜哈剌赤軍士鈔一萬錠、糧十萬石。察罕腦兒并東、西涼亭諸衛士九百五十人，人賜鈔五錠、糧二月；朔漠軍士，人鈔三錠、布二匹、糧二月。命燕鐵木兒以鈔萬錠，分賜天曆初諸王、羣臣死事之家。

《續資治通鑑》卷二〇六　行樞密院言：「征戍雲南軍士二人逃歸，捕獲，法當死。」詔曰：「如臨戰陣而逃，死宜也。非接戰而逃，輒當以死，何視人命之易耶！其杖而流之。」

《元史》卷三四《文宗紀三》　丁酉，大駕發上都。授阿憐帖木兒大司徒印。

戊戌，甘肅平章政事乃馬台封宣寧郡王，授以金印；駙馬謹只兒封鄆國公，授以銀印；並知行樞密院事。

《續資治通鑑》卷二〇六　安南國王陳益稷，以天曆二年卒於漢陽府。丁酉，制贈開府儀同三司、湖廣行省平章政事，王爵如故，謚忠懿。

《元史》卷三四《文宗紀三》　庚子，魯王阿剌哥識里所部三萬餘人告饑，賑鈔萬錠、糧二萬石。中書省臣言：「内外佛寺三百六十七所，用金、銀、鈔、幣不貲，今國用不充，宜從裁省。」命省人及宣政院臣裁減。上都歲作佛事百六十五所，定爲百四所，令有司永爲歲例。

乙巳，雲南使來報捷，遣使賜雲南、四川省臣、行樞密院臣以上尊。

丙午，諸王卜顔帖木兒請給鞍馬，願從諸軍擊雲南，帝嘉其意，從之。

《續資治通鑑》卷二〇六　戊申，加封孔子父齊國公爲啓聖王，母魯國太夫人顔氏爲啓聖王夫人。旋封孔子妻亓官氏爲大成至聖文宣王夫人，從衍聖公孔思晦之請也。又，加封顔子兖國復聖公，曾子郕國宗聖公，子思沂國述聖公，孟子鄒國亞聖公，河南伯程顥豫國公，伊陽伯程頤洛國公。

羅羅斯土官撒加伯及阿陋土官阿剌、里州土官阿答，以兵八千撒毁棧道，遣把事曹通潛結西番，欲據大渡河進寇建昌。四川行省調兵一千七百人，令萬户周勘統之，直抵羅羅斯界，以控扼西番及諸蠻部。

《元史》卷三四《文宗紀三》　又遣成都、順慶二翼萬户咎定遠等，以軍五千同邛部知州馬伯所部蠻兵，會周戡等，從便道共討之。發成都沙糖户二百九十人防遏敍州。徵重慶、夔州逃亡軍八百人赴成都。廣西猺于國安率千五百人寇修仁、荔浦等縣，廣西元帥府發兵捕之，賊衆潰走，生擒國安。大都、(太)〔大〕寧、保定、益都諸屬縣及京畿諸衛、大司農諸屯水，没田八十餘頃。杭州、常州、慶元、紹興、鎮江、寧國諸路及常德、安慶、池州、荆門諸屬縣皆水，没田一萬三千五百八十餘頃。松江、平江、嘉興、湖州等路水，漂民廬，没田三萬六千六百餘頃，饑民四十萬五千五百七十餘户，詔江浙行省以入粟補官鈔三千錠及勸率富人出粟十萬石賑之。寶慶、衡、永諸處，田生青蟲，食禾稼。冠州郁世復、大都趙祥及弟英，以孝行旌其門。大都愛祖丁、塔朮，潮州劉仲温，以輸米賑貧旌其門。

八月庚戌，河南府路新安、沔池等十五驛饑疫，人給米，馬給芻粟各一月。

《續資治通鑑》卷二〇六　辛亥，雲南躍里特穆爾以兵屯建昌，執羅羅斯把事曹通，斬之。

《元史》卷三四《文宗紀三》　丁巳，北邊諸王月即别遣使來京師。燕鐵木兒由西道田獵未至，詔以機務至重，遣使趣召之。

己未，大駕至京師。勞遣人士還營。有言蔚州廣靈縣地産銀者，詔中書、太禧院遣人涖其事，歲所得銀歸大承天護聖寺。

辛酉，以世祖是月生，命京師率僧百七十人作佛事七日。御史臺臣請立燕王爲皇太子，帝曰：「朕子尚幼，非裕宗爲燕王時比，俟燕帖木兒至，共議之。」

《元史新編》卷一三　甲子，烏蒙土官阿朝，忠州土官黄祖顯各遣子來朝。

《元史》卷三四《文宗紀三》　乙丑，遣使詣真定玉華宮，祀睿宗及顯懿莊聖皇后神御殿。

《續資治通鑑》卷二〇六　壬申，詔興舉蒙古字學。

《元史》卷三四《文宗紀三》　九月庚辰，江浙行省言：「今歲夏秋霖雨大水，没民田甚多，税糧不滿舊額，明年海運本省止可二百萬石，餘數令他省補運爲便。」從之。罷入粟補官例。糴豆二十三萬石於河間、保定等路，冠、恩、高唐等州，出馬八萬匹，令諸路分牧之。大寧路地震。

甲申，授不蘭奚及月魯鐵木兒大司徒印。史惟良辭中書左丞職，不允。命藝文監以《燕鐵木兒世家》刻板行之。命河南行省給湖廣行省鈔四千錠爲軍需，討雲南。遼陽諸王老的、蠻子台諸部擾民，敕樞密院、宗正府及行省，每歲遣官偕往巡問，以治其獄訟。監察御史葛明誠劾奏：「遼陽行省平章哈剌鐵木兒，嘗坐贓被杖罪，今復任以宰執，控制東藩，亦足見國家名爵之濫，黜罷爲宜。」從之。

**《元史續編》卷一一**　嶺北平章哈巴爾圖坐罪免。

**《元史》卷三四《文宗紀三》**　丙戌，邛部州土官馬伯嚮導征雲南軍有功，以爲征進招討，知本州事。江西、湖廣蒙古軍進征雲南者，人給鈔五錠。雲南羅羅斯叛，與成都甚邇，而成都軍馬俱進征雲南，詔四川鄰境諸王，發藩部丁壯二千人戍成都。廣源賊弗道閉覆寇龍州羅回洞，龍州萬户府移文詰安南國，其國回言：「本國自歸順天朝，恪共臣職，彼疆我界，盡歸一統。豈以羅回元隸本國，遂起争端？此蓋邊吏生釁，假閉覆爲名爾，本府宜自加窮治。」湖廣行省備其言以聞，命龍州萬户府申嚴邊防。

辛卯，賜陝西蒙古軍之征雲南者三十人，人鈔六錠。

**《續資治通鑑》卷二〇六**　置麓川路軍民總管府。復立總管府於哈喇火州。

**《元史》卷三四《文宗紀三》**　甲午，熒惑犯鬼宿積尸氣。封魏王阿木哥子阿魯(於)〔爲〕西靖王。

乙未，以立冬祀五福十神、太一真君。

**《續資治通鑑》卷二〇六**　御史臺臣劾奏：「前中書平章蘇蘇，叨居臺鼎，專肆貪淫，兩經杖斷，方議流竄。幸蒙恩宥，量徙湖廣，不復畏法自守，而乃攜妻取妾，濫污百端。況湖廣乃屯兵重鎮，豈宜居此！請屏之遠裔，以示至公。」詔永竄雷州，湖廣行省遣人械送。

**《元史》卷三四《文宗紀三》**　丙申，以魯國大長公主邸第未完，復給鈔萬錠，命中書平章亦列赤董其役。

己亥，以奎章閣纂修《經世大典》，命省、院、臺諸司以次宴其官屬。以平江等處官田五百頃，賜魯國大長公主。

**《續資治通鑑》卷二〇六**　敕：「諸色人非其本俗，敢有弟收其嫂，子收庶母者，坐罪。」

**《元史》卷三四《文宗紀三》**　壬寅，覈實諸衛軍户物力。賜魯國大長公主鈔萬錠，命燕鐵木兒詣其邸第送之。

丙午，命西僧作佛事於大明殿。史惟良復乞辭職歸養，允其請，仍賜鈔二百錠。

丁未，中書參知政事張友諒爲左丞。知樞密院事脱别台爲陝西行臺御史大夫。鐵里干、木隣等三十二驛，自夏秋不雨，牧畜多死，民大饑，命嶺北行省人賑糧二石。至治初以白雲宗田給壽安山寺爲永業，至是其僧沈明琦以爲言，有旨，令中書省改正之。敕有司繕治南郊齋宫。遼陽行省水達達路，自去夏霖雨，黑龍、宋瓦二江水溢，民無魚爲食。至是，末魯孫一十五狗驛，狗多餓死，賑糧兩月，狗死者，給鈔補市之。辰州萬户圖格里不花母石抹氏以志節，漳州龍溪縣陳必達以孝行，並旌其門。

**《元史新編》卷一三**　冬十月戊申朔，飭衍聖公崇奉孔子廟事。

**《元史》卷三四《文宗紀三》**　賜雲南行省參政忽都沙三珠虎符。

辛亥，命湖廣行省給諸王云都思鐵木兒幣百匹，以賞將士捕傜賊有功者。

壬子，諸王、大臣復請立燕王爲皇太子，帝曰：「卿等所言誠是。但燕王尚幼，恐其識慮未弘，不克負荷，徐議之未晚也。」立宣忠扈衛親軍都萬户營於大都北，市民田百三十餘頃賜之。

**《元史新編》卷一三**　立宣忠扈衛親軍都萬户營於大都。

戊午，帝致齋大明殿。

**《元史》卷三四《文宗紀三》**　己未，遣亞獻官中書右丞相燕鐵木兒、終獻官貼木兒補化率諸執事告廟，請以太祖皇帝配享南郊。

**《元史新編》卷一三**　庚申，出次郊宫。

辛酉，帝服大裘衮冕，祀昊天上帝於南郊。以太祖皇帝配，禮成，大赦天下。

**《元史》卷三四《文宗紀三》**　甲子，以奉元驛馬瘠死，命陝西行省給鈔三千錠補市之。木納火失温所居諸牧人三千户、瀕黄河所居鷹坊五千户，各賑糧兩月。

乙丑，廣西傜賊寇横州及永淳縣，敕廣西元帥府率兵捕之。樞密院臣言：「每歲大駕幸上都，發各衛軍士千五百人扈從，又發諸衛漢軍萬五千人駐山後，蒙古軍三千人駐官山，以守關梁。乞如舊數調遣，以俟來年。」從之。

辛未，烏蒙路土官阿朝歸順，遣其通事阿累等貢方物。

《續資治通鑑》卷二〇六　壬申，御史臺言：「內外官吏令家人受財，以其干名犯義，罪止杖斥。今貪污者緣此犯法愈多，請依十二章計贓多寡論罪。」從之。

《元史新編》卷一三　甲戌，敕，累朝宫分官署，凡文移無得稱皇后，止稱某位下娘子。其委用官屬，竝由中書擬奏。

《元史》卷三四《文宗紀三》　乙亥，改打捕鷹坊總管府爲仁虞都總管府。知樞密院事撒敦、宣徽使唐其勢，並賜答剌罕之號。中書省臣言：「近討雲南，已給鈔二十萬錠爲軍需，今費用已盡，鎮西武靖王搠思班及行省、行院復求鈔如前數。臣等議，方當進討之際，宜依所請給之。」制曰「可」。

《續資治通鑑》卷二〇六　賜伯夷、叔齊廟額曰聖清，歲春秋祀以少牢。

遣使趣四川、雲南行省兵進討。於是四川行省平章達春引兵由永寧、左丞博囉引兵由青山(芒)〔茫〕部並進，陳兵周泥驛，及禄余等戰，殺蠻兵三百餘人。禄余衆潰，即奪其關隘，以導順元諸軍。時雲南行省平章奇珠等俱失期不至。

《元史》卷三四《文宗紀三》　十一月庚辰，命中書賑糶糧十萬石，濟京師貧民。

《元史新編》卷一三　辛巳，陝西左丞怯烈坐受人僮奴及鸚鵡，御史臺請論如律。帝曰：「位至宰執，食國厚禄，猶受人生口，罪固宜也。至以鸚鵡微物，論贓失之苛，嗣後凡饋禽鳥者，勿以贓論。」

《元史續編》卷一一　黜罷陝西左丞克哷及御史中丞華善。

《元史》卷三四《文宗紀三》　癸未，賑上都灤河駐冬各宫分怯憐口萬五千七百户糧二萬石。

甲申，命帝師率西僧作佛事，内外凡八所，以是日始，歲終罷。

丙戌，中書省臣言：「至元間，安豐、安慶、廬州等路有未附籍户千四百三十六，世祖命以其歲賦賜床兀兒。後既附籍，所輸歲賦皆入官，别令萬億庫歲給以鈔二百錠。今乞停所給鈔，復以其户還賜床兀兒之子燕鐵木兒。」從之。

《續資治通鑑》卷二〇六　羅羅斯撒加伯、烏撒阿答等合諸部萬五千人攻建昌，躍里特穆爾等引兵追戰於木托山下，敗之，斬首五百餘級。

《元史》卷三四《文宗紀三》　賑襄、鄧畏兀民被西兵害者六十三户，户給鈔十五錠、米二石；被西兵掠者五百七十七户，户給鈔五錠、米二石。

《續資治通鑑》卷二〇六　廣西廉訪司言：「今討叛徭，各行省官將兵二萬人，皆屯住静江，遷延不進，曠日持久，恐失事機。」詔遣使趣之。

知樞密院事雅克布連，請依舊制全給鷹坊芻粟，使無貧乏，帝曰：「國用皆百姓所供，當量入爲出，朕豈以鷹坊失其利，重困吾民哉！」不從。

《元史》卷三四《文宗紀三》　辛卯，以闊闊台知樞密院事。給山東鹽課鈔三千錠，賑曹州濟陰等縣饑民。

癸巳，以臨江、吉安兩路天源延聖寺田千頃所入租税，隸太禧宗禋院。

戊戌，立打捕鷹坊紅花總管府於遼陽行省，秩四品。

《元史新編》卷一三　辛丑，徵河南民自實田糧，不通舟楫者許以鈔代。

《元史》卷三四《文宗紀三》　命陝西行省賑河州蒙古屯田衛士糧兩月。

丙午，恩州諸王按灰，坐擊傷巡檢張恭，杖六十七，謫還廣寧王所部充軍役。

十二月戊申，遣伯顔等以將立燕王阿剌忒納答剌爲皇太子，告祭於郊、廟。

己酉，以粟十萬石，米、豆各十五萬石，給河北諸路牧官馬之家。宣忠扈衛斡羅思屯田，給牛、種、農具。

《元史新編》卷一三　以董仲舒從祀孔廟。定國子生積分及等者，省，臺，集賢院，奎章閣官同攷試，中式者依等第授官，不中者復入學肄業。

《元史續編》卷一一　立皇子燕王喇特納達喇爲皇太子。

《元史》卷三四《文宗紀三》　甲寅，西域軍士居永平、灤州、豐閏、玉田者，人給鈔三錠、布二匹、糧兩月。監察御史言：「昔裕宗由燕邸而正儲位，世祖擇耆舊老臣如王顒、姚燧、蕭𣂏等爲之師、保、賓客。今皇太子仁孝聰睿，出自天成，誠宜慎選德望老成、學行純正者，俾之輔導於左右，以宏養正之功，實宗社生民之福也。」帝嘉納其言。詔：「龍翔集慶寺工役、佛事，江南行臺悉給之。」

《續資治通鑑》卷二〇六　戊午，以郊祀禮成，御大明殿受文武百官朝賀，大赦天下。

《元史》卷三四《文宗紀三》　癸亥，知樞密院事闊闊台兼大都留守。

乙丑，遣集賢侍讀學士珠遘詣真定，以明年正月二十日祀睿宗及后於玉華宫之神御殿。

丁卯，命西僧於興聖、光天宫十六所作佛事。

癸酉，詔宣忠扈衛親軍都萬户府：「凡立營司境內所屬山林川澤，其鳥獸魚鼈悉供内膳，諸獵捕者坐罪。」

甲戌，御史中丞和尚，坐受婦人爲賂，遇赦原罪。監察御史言：「和尚所爲貪縱，有污臺綱，罪雖見原，理宜追奪所受制命，禁錮元籍終其身。」臺臣以聞，制可。敕各行省：「凡遇邊防有警，許令便宜發兵，事緩則驛聞。」賑龍慶州懷來縣前歲被兵萬一千八百六十户糧兩月。冀寧路梁世明妻程氏、中興路伯顔妻阿迭的以志節，大都宛平縣鄭珪以行義，並旌其門。賑遼陽行省所居鷹坊户糧一月。

## 至順二年（辛未、一三三一）

**《續資治通鑑》卷二〇六**　春正月己卯，御製《奎章閣記》，親書，刻於石。

行樞密院使徹爾特穆爾等言：「十一月，仁德府權達嚕噶齊（田）〔曲〕朮，糾集兵衆以討雲南，首敗布呼賊兵於馬龍州，以是月十一日殺布呼弟拜延，獻馘於豫王。十三日，戰於馬金山，獲布呼及其弟巴延徹爾、其黨拜布哈等十餘人，誅之，餘兵皆潰。」獨禄余據金沙江，詔趣進兵討之。

**《元史》卷三五《文宗紀四》**　庚辰，住持大承天護聖寺僧寶峯加司徒。

辛巳，大名魏縣民曹革輸粟賑陝西饑，旌其門。

**《元史新編》卷一三**　癸未，立侍正府以總近侍，遣官按行北邊牧地。

**《元史》卷三五《文宗紀四》**　乙酉，時享太廟。

丙戌，伯顔、月魯帖木兒、玥璐不花、阿卜海牙等十四人，並以本官兼侍正。旌大都大興縣郭仲安妻李氏貞節。

丁亥，命後衛指揮使史塤往四川行省調軍官選。

**《續資治通鑑》卷二〇六**　以壽安山英宗所建寺未成，詔中書省給鈔十萬錠供其費，仍命雅克特穆爾、薩題等總督其工役。

戊子，造歲額鈔本，至元鈔八十九萬五千錠，中統鈔五千錠。

**《元史》卷三五《文宗紀四》**　命奴都赤阿里火者按行北邊牧地。以晉邸部民劉元良等二萬四千餘户隸壽安山大昭孝寺爲永業户。中書省臣言：「四川省臣塔出、脱帖木兒等討雲南，以十一月九日領兵至烏撒周泥驛。明日，禄余、阿奴、阿答等賊兵萬餘，自山後間道潛出，塔出、脱帖木兒等進擊，屢戰敗之。十五日，又戰七星關，六日凡十七戰，賊大敗潰去。」詔遣使以銀、幣賞塔出、脱帖木兒等。

給鈔五千錠，賑寧海州饑民。罷益都等處廣農提舉司，改立田賦總管府，秩從三品，仍令隆祥總管府統之。命興和路建燕鐵木兒鷹棚。樞密院臣言：「四川行省地隣烏撒，而雲南未平，今戍卒單少，宜增兵防遏。請調夔路怯憐口户丁七百、重慶河東五路兩營兵三百，同往戍之。俟征進軍還日，悉罷遣。」從之。

庚寅，改東路蒙古軍萬户府爲東路蒙古侍衛親軍指揮使司。諸王哈兒蠻遣使來貢蒲萄酒。國制，累朝行帳設衛士、給事如在位時。近嘗汰其冗濫，武宗、仁宗兩朝，各定爲八百人，英宗七百人。中書省臣言，舊給事人有失職者，詔復其百人。

**《續資治通鑑》卷二〇六**　辛卯，皇太子喇特納達喇薨。

壬辰，命宫相法哩等護靈轝北祔葬於山陵，仍命法哩等守之。

御史臺臣劾奏福建宣慰副使哈濟前爲廣東廉訪副使，貪汙狼籍，宜罷黜，從之。

**《元史》卷三五《文宗紀四》**　己亥，遣吏部尚書撒里瓦，佩虎符，禮部郎中趙期頤，佩金符，齎即位詔告安南國，且賜以《授時曆》。賜武寧王徹徹禿金百兩、銀五百兩，以淮安路之海寧州爲其食邑。

癸卯，以皇子古納答剌疹疾愈，賜燕鐵木兒及公主察吉兒各金百兩、銀五百兩、鈔二千錠，撒敦等金、銀、鈔各有差；又賜醫巫、乳媪、宦官、衛士六百人金三百五十兩、銀三千四百兩、鈔五千三百四十錠。

甲辰，敕每歲四祭五福太一星。建孔子廟於後衛。至元末，討諸王乃顔之叛，獲其部蒙古軍，分置河南、江浙、湖廣、江西諸省，命樞密院遣使括其數，得二千六百人。

**《元史新編》卷一三**　乙巳，監察御史劾本臺中丞和尚受人婦女。御史臺又連劾福建宣慰使哈只燕南，廉訪使卜咱爾貪污，及奎章閣參書雅琥阿媚權臣。詔以赦前竝禁錮元籍。御史萬家閭嘗薦和尚，脱脱嘗舉卜咱爾，竝連坐。封蒙古巫者所奉神爲靈感昭應護國忠順王，號其廟曰靈祐。

**《元史》卷三五《文宗紀四》**　給衛士萬人歲例鈔，人八十錠，内以他物及粟折五之一。鎮西武靖王搠思班、豫王阿剌忒納失里及行省、行院官同討雲南，兵十餘萬，以去年十一月十一日，搠思班師次羅羅斯，期躍里鐵木兒俱至三泊郎，仍趣小云失會於曲靖馬龍等州，同進兵。躍里鐵木兒倍道兼進，奪金沙江。十二月十七日，大兵與阿禾蒙古軍相值，戰敗之，阿禾僞降，明日，率其兵三千爲三隊來襲我營，搠思班、躍里鐵木兒等分十三隊又擊敗之，阿禾竄走。大兵直趨中慶，二十六日，遇賊黨蒙古軍於安寧州，與再戰，又大敗之。二十八日，阿禾來逆戰，遂就禽，斬於軍前。三十日，將抵中慶，賊兵七千猶拒戰於伽橋、古壁口，兵交，躍里鐵木兒左頰中流矢，洞耳後，拔矢復與戰，大捷，遂復行省治。諸軍皆會，駐於城中，分兵追捕殘賊於嵩明州。樞密院臣以捷聞，詔總兵官量度緩急，從宜區處。新添安撫司韃河寨主，訴他部傜、獠蹂其禾，民饑，命湖廣行省發鈔二千錠，市米賑之。

二月丙(戌)〔午朔〕，以上都留守乃馬台行嶺北行樞密院事，太禧宗禋使謹只兒、答鄰答里、篤烈捏四人並知院事，遥授平章政事。

**《元史新編》卷一三**　戊申，立廣教總管府掌僧尼之政。府設達魯花赤，同知，判官各一員。宣政院選流内官擬注，總管則以僧爲之。

**《續資治通鑑》卷二〇六**　四川行省招諭懷德府驢谷、什(同)〔用〕等四峒及生蠻十二峒皆内附，詔陞懷德府爲宣撫司以鎮之。諸峒各設長官司及巡檢司，且命各還所掠生口。

**《元史》卷三五《文宗紀三》**　湖廣參政徹里帖木兒與速速、班丹俱坐出怨言，鞫問得實，刑部議當徹里帖木兒、班丹杖一百七，速速處死，會赦，徹里帖木兒流廣東，班丹廣西，速速徙海南，皆置荒僻州郡。有旨：「此輩怨望於朕，向非赦原，俱當置之極刑，可俱籍其家，速速禁錮終身。」

己酉，旌鞏昌金州民杜祖隆妻張氏志節。

**《續資治通鑑》卷二〇六**　樞密院言：「徹爾特穆爾、博囉以正月戊寅敗烏撒蠻兵，射中祿余，降其民，烏蒙、東川、易良州蠻兵、夷獠等俱款附。綽斯班等駐中慶，復行省事。」又言：「澂江路蠻官(邵)〔郡〕容報賊古喇呼及圖沁之弟拜喇圖密實等僞降於豫王而反圍之，至易龍驛，古喇呼等掩襲官軍。四川平章達春頓兵不進。平章奇珠妻子孳畜爲賊所掠。諜知圖沁方修城堡，布兵拒守，無出降意。」詔速進兵討之。

辛亥，建雅克特穆爾居第於興聖宮之西南，詔薩題及留守司董其役。

**《元史續編》卷一一**　收復雲南。

**《元史》卷三五《文宗紀四》**　壬子，中書平章政事亦列赤兼瀋陽等路安撫使。燕王宮相伯撒里爲中書平章政事，陝西行臺中丞朵兒只班爲中書參知政事，户部尚書高履亨、兩淮都轉運鹽使許有壬並參議中書省事。

甲寅，燕鐵木兒言：「賽因怯列木丁，英宗時嘗獻寶貨於昭獻元聖太后，議給價鈔十二萬錠，故相拜住奏酬七萬錠，未給，泰定間以鹽引萬六百六十道折鈔給之。今有司以詔書奪之還官。臣等議，以爲寶貨太后既已用之，以鹽引還之爲宜。」從之。燕鐵木兒又言：「安慶萬户鎖住，坐令家人殺人繫獄，久未款伏，宜若無罪，乞釋之。」制曰「可」。

乙卯，祀太祖、太宗、睿宗御容。雲南統兵官來報捷，諸蠻悉降，唯祿余追捕未獲。命番休各衛漢軍，十之二以三月一日放遣。

丁巳，駙馬不顔帖木兒自北邊從武寧王徹徹禿來朝。

己未，命西僧爲皇子古納答剌作佛事一周歲。

壬戌，改封武寧王徹徹禿爲郯王，賜以金印。

甲子，中書省臣言：「國家錢穀，歲入有額，而所費浩繁，是以不足。天曆二年，嘗以鹽賦十分之一折銀納之，凡得銀二千餘錠。今請以銀易官帑鈔本，給宿衛士卒。」又言：「陛下不用經費，不勞人民，創建大承天護聖寺。臣等願上鬻所易鈔本十萬錠、銀六百鋌助建寺之需。」從之。

丙寅，以太祖四大行帳世留朔方不遷者，其馬駝孳畜多死損，發鈔萬錠，命内史府市以給之。行樞密院都事阿里火者來報雲南之捷。

庚午，給宿衛士歲例鈔，詔毋出定額萬人之外。占城國遣其臣高暗都剌來朝貢。創建五福太一宫於京城乾隅。修上都洪禧、崇壽等殿。

**《續資治通鑑》卷二〇六**　諸王齊齊克圖、錫格，坐妄言不道，詔安置齊齊克圖廣州，錫格雷州。

**《元史》卷三五《文宗紀四》**　壬申，命遼陽行省發粟賑國王朵兒只及納忽答兒等六部蒙古軍民萬五千户。旌大都民劉德仁妻王氏貞節。

甲戌，給宣讓王王傅印。荆王也速也不干貢犛牛。命田賦總管府税鑛銀輸大承天護聖寺。命興和路爲玥璐不花作鷹棚。雲南景東甸蠻官阿只弄遣子罕旺來朝，獻馴象，乞陞甸爲景東軍民府，阿只弄知府事，罕旺爲千户，常賦外歲增輸金五千兩、銀七百兩，許之。以山東鹽課鈔萬錠，賑膠州饑。命龍翊衛以屯田歲入粟贍衛卒孤貧者。

是月，深、冀二州有蟲食桑爲災。

**《續資治通鑑》卷二〇六**　三月，辛巳，御史臺臣劾奏燕南廉訪使布咱爾，前爲閩海廉訪使，受贓累萬，雖遇赦原，宜追奪制命，籍没流竄，詔如所言，仍暴其罪。

**《元史續編》卷一一**　燕南廉訪使布扎爾坐贓遠竄。

《元史》卷三五《文宗紀四》　壬午，賜南郊侍祠文武官金、幣有差。特命沙津愛護持必剌忒納失里爲三藏國師，賜玉印。以陝西鹽課鈔萬錠，賑察罕腦兒蒙古饑民。

癸未，割外府幣、帛各千匹輸之中宫，以供需用。

《續資治通鑑》卷二〇六　甲申，繪皇太子真容，祀奉安慶壽寺之東鹿頂殿，(祀之)如累朝神御殿儀。以宦者拜珠侍皇太子疾不謹，杖斥之。

冠州有蟲食桑四十餘萬株。

《元史》卷三五《文宗紀四》　丙戌，雨土，霾。伯撒里辭所兼儲政使，不允。伯顏娶諸王女，賜金二百兩、銀千兩。賜上都死事者不顔帖木兒等十一家鈔各百錠。分賜燕鐵木兒鷹坊百人。中書省臣言：「宣課提舉司歲榷商税，爲鈔十萬餘錠，比歲數不登，乞凡僧道爲商者，仍征其税。」有旨：「誠爲僧者，其仍免之。」

趙王不魯納食邑沙、浄、德寧等處蒙古部民萬六千餘户饑，命河東宣慰發近倉糧萬石賑之。又發山東鹽課鈔、朱王倉粟賑登、萊饑民，興和倉粟賑(保)[寶]昌饑民。

戊子，以西僧旭你迭八答剌班的爲三藏國師，賜金印。以龍慶州之流杯園池、水磑、土田賜燕鐵木兒。命諸王阿魯出鎮陝西行省。以籍入速速、班丹、徹理帖木兒貲産賜大承天護聖寺爲永業。浙西諸路比歲水旱，饑民八十五萬餘户，中書省臣請令官私、儒學、寺觀諸田佃民，從其主假貸錢穀自賑，餘則勸分富家及入粟補官，仍益以本省鈔十萬錠，并給僧道度牒一萬道，從之。旌同知大都府事忙兀禿魯迷失妻海迷失貞節。

己丑，賑雲内州饑民及察忽涼樓戍兵共七千户。

庚寅，命威順王寬徹不花還鎮湖廣。

《元史新編》卷一三　癸巳，製累朝神御殿名，世祖曰元壽，世祖順聖皇后曰睿壽，南必皇后曰懿壽，裕宗曰明壽，成宗曰廣壽，順宗曰衍壽，武宗曰仁壽，皇妣昭聖皇后曰昭壽，仁宗曰文壽，英宗曰宣壽，明宗曰景壽。

《元史》卷三五《文宗紀四》　召亳州太清宫道士馬道逸、汴梁朝天宫道士李若訥、河南嵩山道士趙亦然，各率其徒赴闕，修普天大醮。賑浙西鹽丁五千餘户。命玥璐不花作佛事於德興府。監察御史劾江浙行省平章童童荒泆宴安，才非輔佐，詔免其官。豫王阿剌忒納失里、鎮西武靖王搠思班等禽雲南諸賊也木干、羅羅、脱脱木兒、板不、阿居、澂江路總管羅羅不花、伯忽之叔怯得該、僞署萬户哈剌答兒及諸將校，悉斬之，磔尸以徇。賑遼陽境内蒙古饑民萬四千餘户。旌山丹州郝榮妻李閏貞節。陝州諸縣蝗。八番軍從征雲南者俱屯貴州，樞密院臣請遣使發粟給之。

《元史新編》卷一三　御史臺劾大都總管劉原仁僥倖巧宦，工部尚書蘇炳性行貪邪，詔罷其職。

《元史》卷三五《文宗紀四》　庚子，以將幸上都，命西僧作佛事於乘輿次舍之所。

壬寅，以欽察衛軍士增多，析爲左右二衛。給雲南行省鈔十萬錠，以備軍資民食。

大同路累歲水旱，民大饑。裁節衛士馬芻粟，自四月一日始。壽王脱里出、陽翟王帖木兒赤、西平王管不八、昌王八剌失里等七部之民居遼陽境者萬四千五百餘户告饑，命遼陽行省發近境倉糧賑兩月。命宣靖王買奴置王傅等官。立宫相都總管府，秩正三品，給銀印。

《元史新編》卷一三　以儒學教授聽選者多，凡仕由内郡、江淮者，注江西、江浙、湖廣，由陝西、兩廣者，注福建，由甘肅、四川、雲南、福建者，注兩廣。

《元史》卷三五《文宗紀四》　敕河南行省右丞那海提督境内屯田。中書省臣言：「嘉興、平江、松江、江陰蘆場、蕩山、沙塗、沙田等地之籍於官者，嘗賜他人，今請改賜燕鐵木兒。」有旨：「燕鐵木兒非他臣比，其令所在有司如數給付。」發通州官糧賑檀、順、昌平等處饑民九萬餘户。以山東鹽課鈔三千五百錠賑益都三萬餘户。

是月，陝西行省遣官分給復業饑民七萬餘口行糧。賑諸王伯顏也不干部内蒙古饑民千餘口。真定、汴梁二路，恩、冠、晉、冀、深、蠡、景、獻等八州，俱有蟲食桑爲災。旌故户部主事趙野妻柳氏貞節。

《元史新編》卷一三　夏四月丙午朔，全寧民王脱歡獻銀鑛，詔設銀場提舉司，隸中政院。

《元史》卷三五《文宗紀四》　中書、樞密臣言：「天曆兵興，諸領軍與敵戰者，宜定功賞。臣等議：諸王各金百兩、銀五百兩、金腰帶一、織金等幣各十八四，諸臣四戰以上者同，三戰及一戰者各有差。」

**《續資治通鑑》卷二〇六**　戊申，皇姑魯國大長公主薨。

以宮中高麗女子賜雅克特穆爾，高麗國王請割國中田爲資送，詔遣使往受之。

發衛卒三千助大承天護聖寺工役。

庚戌，詔建雅克特穆爾生祠於紅橋南，樹碑以紀其勳。

**《元史新編》卷一三**　頒天曆初兵興功賞。帝曰：「燕帖木爾首倡大義，躬擐甲胄，柏顏在河南先誅攜貳，使朕道路無虞，兩人功無與比，其賞不可與衆同。」

**《元史》卷三五《文宗紀四》**　賜燕鐵木兒七寶腰帶一、金四百兩、銀九百兩，伯顔金腰帶一、金二百兩、銀七百兩。受賞者凡九十六人，用金二千四百兩、銀萬五千六百兩、金腰帶九十一副、幣帛千三百餘匹。命西僧於五臺及霧靈山作佛事各一月，爲皇(太)子古(訥)〔納〕答剌祈福。以糧五萬石賑糶京師貧民。

御史臺臣言：「平章政事曹立，累任江浙，今雖閑廢，猶與富民交納，宜遣還其本籍大同路。又，監察御史萬家閭嘗薦中丞和尚，脱脱嘗舉廉訪使卜咱兒，今和尚、卜咱兒俱以贓罪除名，萬家閭、脱脱難任臺省之職。」並從之。真定(武陟)〔涉〕縣地震，逾月不止。

壬子，命燕鐵木兒總制宮相都總管府事，也不倫、伯撒里俱以本官兼宮相都總管府都達魯花赤。諸王哈兒蠻遣使來朝貢。

甲寅，改宣忠扈衛親軍都萬户府爲宣忠斡羅思扈衛親軍諸指揮使司，賜銀印。中書省臣言：「越王禿剌在武宗時以紹興路爲食邑，歲割賜本路租賦鈔四萬錠，今其子阿剌忒納失里襲王號，宜歲給其半。」從之。

乙卯，時享太廟。鎮西武靖王搠思班等已平雲南，各遣使來報捷。諸王朵列捏鎮雲南品甸，自以貲力給軍，協力討賊，詔以襲衣賜之。

**《御批歷代通鑑輯覽》卷九八**　喇特納實哩等畧定雲南，引兵還。

**《元史》卷三五《文宗紀四》**　丙辰，葺太祖所御大行帳。

戊午，以集慶路玄妙觀爲大元興崇壽宮。命興和建屋居海青，上都建屋居鷹鶻。

庚申，特命河南儒士吴炳爲藝文監典簿，仍予對品階。寧國路涇縣民張道，殺人爲盜，道弟吉從而不加功，居囚七年不決。吉母老，無他子孫，中書省臣以聞，敕免死，杖而黜之，俾養其母。

辛酉，以山東鹽課鈔五千錠賑博興州饑民九千户，一千錠賑信陽等場鹽丁。御史臺臣言：「儲政使哈撒兒不花侍陛下潛邸時，受馬七十九匹，又盜用官庫物。天曆初，領兵瀘溝橋，迎敵即逃，擅閉城門，驚惑民庶。度支卿納哈出嘗匿官馬，又矯增制命，又受諸王斡即七寶帶一、鈔百六十錠。臣等議：其罪宜杖一百七，除名，斥還鄉里。」從之。

**《續資治通鑑》卷二〇六**　壬戌，樞密院言：「雲南已平，鎮西武靖王綽斯班奏(請)〔言〕：『種人叛者雖已略定，其餘黨逃竄山谷，不能必其無反側，請留荆王額蘇額布罕及諸王索諾木等各領所部屯駐一二歲，以示威重。』」從之。仍命豫王分兵共守一歲以鎮輯之，餘軍皆遣還所部，統兵官召赴闕。

**《元史》卷三五《文宗紀四》**　時已命探馬赤爲雲南行省平章政事，遂命總制境内軍事。潞州潞城縣大水。

癸亥，諸王完者也不干所部蒙古民二百八十餘户告饑，命河東宣慰司發官粟賑之。

甲子，陝西行省言終南屯田去年大水，損禾稼四十餘頃，詔蠲其租。鎮寧王那海部曲二百，以風雪損孳畜，命嶺北行省賑糧兩月。

**《元史新編》卷一三**　平章欽察台獻名園，給鈔千錠酬其直。御史張益劾欽察台在英宗朝陰與中政使咬住造謀誣告，反覆不可信用。詔奪職禁錮廣東，且降旨獎益直言。

**《元史》卷三五《文宗紀四》**　諸王乙八言：「臣每歲扈從時巡，爲費甚廣，臣兄豫王阿剌忒納失里、弟亦失班，歲給鈔五百錠、幣帛各五千匹，敢視其例以請。」制可。

**《續資治通鑑》卷二〇六**　詔：「故尚書省丞相托克托，可視三寶努例，以所籍家資還其家。」

御史臺言同僉中政院事殷仲容，奸貪邪佞，冒哀居官，詔黜之。

**《元史》卷三五《文宗紀四》**　揚州泰興縣饑民萬三千餘户，河南行省先賑以糧一月後以聞，許之。命遼陽行省發粟賑孛羅部内蒙古饑民。

**《續資治通鑑》卷二〇六**　戊辰，奎章閣以纂修《經世大典》，請從翰林、國史院取《托布齊延》一書以紀太祖已來事蹟，詔以命翰林學士承旨押布哈、塔斯哈雅。押布哈言：「《托布齊延》事關祕(集)〔禁〕，非可令外人傳寫，臣等不敢奉詔。」從之。

**《元史》卷三五《文宗紀四》** 增置拱衛司儀仗。命武備寺諸匠官避元籍。遣使召趙世延於集慶。

**《元史新編》卷一三** 詔以泥金畏吾字書《無量壽佛經》千部，并《大乘經》一藏。敕在京百司日集公署，自晨及暮，毋廢事。

**《元史》卷三五《文宗紀四》** 壬申，散遣宣忠扈衛新籍軍士六百人還鄉里，期以七月一日還營。衡州路屬縣比歲旱蝗，仍大水，民食草木殆盡，又疫癘，死者十九，湖南道宣慰司請賑糧米萬石，從之。河中府蝗。

晉寧、冀寧、大同、河間諸路屬縣，皆以旱不能種告饑。甘州阿兒思蘭免古妻忽都的斤以貞節旌其門。

五月丙子，皇太子影殿造祭器如裕宗故事。敕建宮相都總管府公廨。

丁丑，賜宮相都總管府給驛璽書。調衛兵浚金水河。

己卯，安南世子陳日焯遣其臣段子貞來朝貢。安慶之望江縣、淮安之山陽縣去歲皆水災，免其田租。

**《元史新編》卷一三** 丙戌，諭太禧宗禋院汰僧徒。

**《元史》卷三五《文宗紀四》** 丁亥，復立怯憐口提舉司，仍隸中政院。命樞密院調軍士修京城。

己丑，置八百等處宣慰司都元帥府，以土官昭練爲宣慰使都元帥。又置臨(江)〔安〕元江等處宣慰司兼管軍萬户〔府〕。孟定路、孟昌路並爲軍民總管府，秩從三品。者線、蒙慶甸、銀沙羅等甸並爲軍民府，秩從四品。孟併、孟廣、者樣等甸並設軍民長官司，秩從五品。益都路宋德讓、趙仁各輸米三百石賑膠州饑民九千户，中書省臣請依輸粟補官例予官，從之。賑駐冬衛士二萬一千五百户糧四月。

庚寅，立雲南省蘆傳路軍民總管府，以土官爲之，制授者各給金符。

**《元史新編》卷一三** 癸巳，威楚路蒲蠻猛吾來朝，願入銀爲歲賦，詔置散府一及土司三十三所。

**《續資治通鑑》卷二〇六** 甲午，以平江官田五百頃立稻田提舉司，隸宮相都總管府。

**《元史》卷三五《文宗紀四》** 封宣政使脱因爲薊國公。

乙未，以陝西行臺御史大夫脱別台知樞密院事。御史大夫玥璐不花累辭職，江西行省平章朵兒只以疾辭新任，並許之。脱忽思娘子繼主明宗幄殿，詔賜湘潭州民户四萬爲湯沐。

丙申，大駕幸上都。四川行省平章汪壽昌辭職，不允。賑灤陽、桓州、李陵臺、昔寶赤、失〔八〕兒禿五驛鈔各二百錠。桓州民以所種麥獻，詔賜幣帛二匹，慰遣之。

**《續資治通鑑》卷二〇六** 戊戌，次紅橋，臨視雅克特穆爾生祠。

**《元史》卷三五《文宗紀四》** 以太禧宗禋院所隸昭孝營繕司隸崇(禧)〔祥〕總管府。賑遼陽東路蒙古萬户府饑民三千五百户糧兩月。

己亥，也兒吉尼知行樞密院事。八番〔乖〕西蠻官阿馬路奉方物入貢。高郵、寶應等縣去歲水，免其租。

辛丑，旌濟南章丘縣馬萬妻晉氏志節。

癸卯，加也兒吉尼太尉，賜銀印。以河間鹽課鈔四千錠賑河間屬縣饑民四千一百户。

甲辰，詔通政院整治内外水陸驛傳。宣政院臣言：「舊制，列聖神御殿及諸寺所作佛事，每歲計二百十六，今汰其十六爲定式。」制可。東昌、保定二路，濮、唐二州，有蟲食桑。寧夏、紹慶、保定、德安、河間諸路屬縣大水。

**《元史新編》卷一三** 改阿速萬户府爲宣毅萬户府。

**《元史》卷三五《文宗紀四》** 六月乙巳朔，徽儲政院鈔三萬錠，給中宮道路之用。敕河南行省立阿不海牙政蹟碑。監察御史韓元善言：「歷代國學皆盛，獨本朝國學生僅四百員，又復分辨蒙古、色目、漢人之額。請凡蒙古、色目、漢人，不限員額，皆得入學。」又監察御史陳守中言：「請凡仕者親老，別無侍丁奉養，不限地方名次，宜從優附近遷調，庶廣忠孝之道。」皆不報。發米五千石賑興和屬縣饑民。

**《元史新編》卷一三** 乙卯，御史陳良劾江浙廉訪使脱脱赤顔私收父妾，冒封詔。罷職，追還封制。

**《元史》卷三五《文宗紀四》** 旌大都右警巡院胡德妻曹氏貞節。

壬戌，以鈔萬五千錠賑國王朵兒只等九部蒙古饑民三萬三百六十二户。

《續資治通鑑》卷二〇六　癸亥，詔：「諸官吏在職役或守代未任，爲人行賕關説，其有所取者，官如十二章論贓，吏罷不敍終其身；雖無所取而訟起滅由己者，罪加常人一等。」

《元史》卷三五《文宗紀四》　甲子，太府監頒宫嬪、閹宦及宿衛士行帳資裝。免控鶴衛士當驛户。

《續資治通鑑》卷二〇六　雲南出征軍悉還，烏撒、羅羅蠻復殺戍軍黄海潮等，撒加伯又殺掠良民爲亂。

丙寅，命雲南行省、院：「凡境上諸關戍兵，未可輕撤，宜俟緩急以制其變。」

《元史》卷三五《文宗紀四》　庚午，以揚州泰興、江都二縣去歲雨害稼，免今年租。樞密院臣言：「征西萬户府軍七百人，自泰定以來，累經優衈，放還者四百五十人，今邊防軍少，例當追使還營。」從之。

《元史續編》卷一一　翰林學士吴澄卒。

《元史》卷三五《文宗紀四》　是月，晉寧、亦集乃二路旱。濟寧路蟲食桑。河南、晉寧二路諸屬縣蝗。大都、保定、真定、河間、東昌諸路屬州縣及諸屯水。彰德路臨漳縣漳水決。

秋七月甲戌朔，賜野馬川等處駐冬衛士衣。藝文少監歐陽玄言：「先聖五十四代孫襲封衍聖公，爵最五等，秩登三品，而用四品銅印，於爵秩不稱。」詔鑄從三品印給之。德安府去年水，免今年田租。旌德安應山縣高可燾孝行。

己卯，以雲南既平，惟禄余等懼罪竄伏，降詔曲赦之。

《續資治通鑑》卷二〇六　辛巳，濟爾哈達爾坐罪當流遠，以騰吉斯舅氏故釋之。

《元史》卷三五《文宗紀四》　壬午，祀太祖、太宗、睿宗御容於翰林國史院。監察御史張益等言：「欽察台在英宗朝，陰與中政使咬住造謀，誣告脱歡察兒將搆異圖，辭連潛邸，致出居海南。及天曆初，倒剌沙據上都，遣欽察台以兵拒命，倒剌沙疑其有異志，復禽以歸，即追言昔日咬住之謀以自解。皇上即位，不念舊惡，擢居中書，而又自貽厥咎，以致奪官籍産。旋復釋宥，以爲四川平章。今雲南未平，與蜀接境，其人反覆，不可信任，宜削官遠竄，仍没入其家産。」臺臣以聞，詔奪其制命、金符，同妻孥禁錮於廣東，毋籍其家。仍詔諭御史：「凡憸人如欽察台者，其極言之，毋隱。」鐵木兒補化辭御史大夫職，不允。

乙酉，遣使代祀護國庇民廣濟福惠明著天妃。命西僧於大都萬歲山憫忠閣作佛事，起八月八日，至車駕還大都日止。

丁亥，諸王捌思吉亦兒甘卜、哈兒蠻，駙馬完者帖木兒遣使來獻蒲萄酒。

《續資治通鑑》卷二〇六　海南黎賊作亂，詔江西、湖廣兩省合兵捕之。

《元史新編》卷一三　壬辰，命脱别台爲御史大夫。

《元史》卷三五《文宗紀四》　癸巳，辰州、興國二路蟲傷稼，免今年租。甲午，歸德府雨傷稼，免今年租。給諸衛士及蒙古户糧四月。

乙未，杭州火，賑被災民百九十户。

《元史新編》卷一三　立閔子書院於濟南。

丁酉，調甘州兵守參卜郎以防吐蕃。

《元史》卷三五《文宗紀四》　戊戌，封伯顔爲浚寧王，賜金印，仍前太保、知樞密院事。高郵府去歲水災，免今年租。湖州安吉縣大水暴漲，漂死百九十人，人給鈔二十貫瘞之，存者賑糧兩月。

庚子，廣西猺賊平，召諸王云都思帖木兒還。

辛丑，懷德府洞蠻二十一洞田先什用等以方物來貢，還所虜生口八百餘人給其家。

《續資治通鑑》卷二〇六　癸卯，知行樞密院事徹爾特穆爾以兵討叛蠻，戮其黨七百餘人。

《元史》卷三五《文宗紀四》　是月，河南、奉元屬縣蝗。大都、河間、漢陽屬縣水，冀寧屬縣雨雹傷稼，廬州去年水，寧夏霜爲災，並免今年田租。賑(靈)〔寧〕夏鳴沙、蘭山二驛户二百九十，定〔西〕州新軍户千二百，應理州民户千三百糧各一月。又賑龍興路饑民九百户糧一月。大寧和衆縣何千妻柏都賽兒，夫亡以身殉葬，旌其門。

八月甲辰朔，日有食之。封脱憐忽禿魯爲靖恭王，沙藍朵兒只爲懿德王，並給以塗金銀印。西域諸王卜賽因遣使忽都不丁來朝。灤陽驛户增置馬牛各一，免其和市雜役。賜上都孔子廟碑。御史臺臣劾奏：「宣徽副使桑哥，比奉旨給宿衛士錢糧，稽緩九日，玩法欺公，罪當黜罷。」從之。

己酉，以銀符二十八賜拱衛直百户。命燕鐵木兒以鈔萬錠分賜蒙古孤寡者。

**《續資治通鑑》卷二〇六**　辛亥，帝至自上都。

**《元史》卷三五《文宗紀四》**　壬子，西域諸王答兒麻〔失里〕襲朵列帖木兒之位，遣諸王孛兒只吉台等來朝貢。

甲寅，雪別台之孫月魯帖木兒、買閭也先來獻失剌奴，賜以金百兩、銀千五百兩、鈔五百錠、金帶一。命宣課提舉司毋收燕鐵木兒邸舍商貨税。斡兒朵思之地頻年災，畜牧多死，民户萬七千一百六十，命内史府給鈔二萬錠賑之。

**《續資治通鑑》卷二〇六**　江浙水，壞田四十八萬八千餘頃。

**《御批歷代通鑑輯覽》卷九八**　詔皇子古嚕達喇出居雅克特穆爾家。

**《元史》卷三五《文宗紀四》**　丙辰，封内史怯列該爲豐國公。以星變，令羣臣議赦。

丁巳，命邠王不顔帖木兒園獵於撫州。

己未，立鎮寧王總管府於撫州。公主脱脱灰來朝。以汴梁路尉氏縣賜伯顔爲食邑。詔刑部鞫内侍撒里不花巫蠱事，凡當死者杖一百七，流廣東、西。中書省臣言：「明年海運糧二百四十萬石，已令江浙運二百二十萬，河南二十萬。今請令江浙復增二十萬，本省參政杜貞督領。」從之。復命賑糶米五萬石濟京城貧民。旌濟寧路魏鐸孝行、揚州路吕天麟妻韋氏貞節。

庚申中書、樞密臣言：「西域諸王不賽因，其臣怯列木丁矯王命來朝，不賽因遣使來言，請執以歸。臣等議：宗藩之國，行人往來，執以付之，不可。宜令乘驛歸國以自辨。」制可。

壬申，陞侍正府秩正二品。

是月，江浙諸路水潦害稼，計田十八萬八千七百三十八頃。景州自六月至是月不雨。澧州、泗州等縣去年水，免今年租。沅州饑，賑糶米二千石。金州及西和州頻年旱災，民饑，賑以陝西鹽課鈔五千錠。

九月癸酉朔，市阿魯渾撒里宅，命燕鐵木兒奉皇子古納答剌居之。中書省臣言：「今歲當飼馬駝十四萬八千四百匹，京城飼六萬匹，餘令外郡分飼，每匹給芻粟價鈔四錠。」從之。

乙亥，命留守司發軍士築駐蹕臺於大承天護聖寺東。御史臺臣劾奏：「四川行省參政馬鎔，發糧六千石餉雲南軍，中道輒還，預借俸鈔一十九錠以娶妾，又詬罵平章汪壽昌，罪雖蒙宥，難任宰輔。」帝曰：「綱常之理，尊卑之分，禮無所知，其何以居上而臨下！亟罷之。」

丙子，樞密院臣言：「雲南東川路總管普折兄那具，會禄余兵，殺烏撒宣慰使月魯、東川路府判教化的二十餘人；又會伯忽姪阿福，領蒙古兵將擊羅羅斯。臣等與燕鐵木兒議：遣西域指揮使鎖住等，發陝西都萬户府兵，直抵羅羅斯，發碉門安撫司兵，絶大渡河，直抵卬部州，巡守關隘。」詔宣政院亦遣使同往督之。海南賊王周糾率十九洞黎蠻二萬餘人作亂，命調廣東、福建兵，隸湖廣行省左丞移剌四奴統領討捕之。阿速及斡羅思新戍邊者，命遼陽行省給其牛具糧食。

己卯，發粟五千石賑興和路鷹坊。

庚辰，樞密院臣言：「六月中，行樞密院官以兵與烏撒賊兵五戰，破之，惟禄余竄伏未獲。」命四川行省給其軍餉。賑興和寶昌州饑民米二千石。御史臺臣言：「大聖壽萬安寺壇主司徒嚴吉祥，盜公物，畜妻孥，宜免其司徒、壇主之職。」從之。禁諸驛毋畜竄行馬。免控鶴户雜役。湖州安吉縣久雨，太湖溢，漂民居二千八百九十户，溺死男女百五十七人，命江浙行省賑卹之。

**《續資治通鑑》卷二〇六**　丁亥，御史臺言：「江西行省參政李允中，乃故内侍李邦寧養子，器質庸下，誤叨重選，宜黜罷。」從之。

**《元史》卷三五《文宗紀四》**　庚寅，幸大承天護聖寺。以鈔五萬錠及預貸四川明年鹽課鈔五萬錠，給行樞密院軍需。禄余寇順元路。

癸巳，罷供需府覆實司，置廣誼司，秩正三品，以右丞撒迪領其務。御史臺臣劾太禧宗禋使童童淫侈不潔，不可以奉明禋；又，奎章閣監書博士柯九思，性非純良，行極矯譎，挾其末技，趨附權門，請罷黜之。

乙未，以金虎符賜中書平章政事亦列赤。思州鎮遠府饑，賑米五百石。

丁酉，雲南行省遣都事那海、鎮撫欒智等奉詔往諭禄余及授以參政制命，至撒家關，禄余拒不受。俄而賊大至，那海因與力戰，賊乃退。及晚，烏撒兵入順元境，左丞帖木兒不花禦戰，那海復就陣宣詔招之，遂遇害，帖木兒不花等斂兵還。

壬寅，改隆祥總管府爲隆祥使司，秩從二品。

冬十月甲辰，遣祕書太監王珪等代祀嶽鎮、海瀆、后土。

乙巳，召行樞密院徹里鐵木兒、小云失還朝。以前東川路總管普折子安樂襲其父職。

己酉，時享於太廟。

**《續資治通鑑》卷二〇六**　爲皇子古嚕達喇作佛事，釋在京囚死罪者二人，杖罪者四十七人。

**《元史》卷三五《文宗紀四》**　辛亥，召江南行臺御史大夫阿兒思蘭海牙赴闕。

癸丑，幸大承天護聖寺。蒙古都元帥怯烈，引兵擊阿禾賊黨於(靖)〔徼〕江路和海中山，爲雲梯登山，破其柵，殺賊五百餘人。禿堅之弟必剌都古彖失舉家赴海死。又獲禿堅弟二人、子三人，誅之。

甲寅，杭州火，命江浙行省賑其不能自存者。

丁巳，中書省臣言：「江浙平江、湖州等路水傷稼，明年海漕米二百六十萬石，恐不足，若令運百九十萬，而命河南發三十萬，江西發十萬爲宜。又，遣官齎鈔十萬錠，鹽引三萬五千道，於通、漷、陵、滄四州，優價和糴米三十萬石。又，以鈔二萬五千錠，鹽引萬五千道，於通、漷二州，和糴粟豆十五萬石；以鈔三十萬錠，往遼陽懿、(綿)〔錦〕二州，和糴粟豆十萬石。」並從之。燒在京積年還倒昏鈔二百七十餘萬錠。

戊午，詔還平江路大玉清昭應宮田百頃，官勿徵其租。

己未，給宿衛士有官者芻豆。諸王卜賽因使者還西域，詔酬其所貢藥物價直。

辛酉，命西僧作佛事於興聖宮，十有五日乃罷。吴江州大風雨，太湖溢，漂没廬舍資畜千九百七十家，命江浙行省給鈔千五百錠賑之。

乙丑，立昭功萬户都總使府，伯顔、鐵木兒補化並兼昭功萬户都總使。

**《元史新編》卷一三**　丙寅，命大都路定時估每月朔望送廣誼司以酬物價。

**《元史》卷三五《文宗紀四》**　燕鐵木兒取犛牛五十於西域來獻。

**《元史新編》卷一三**　十一月壬申朔，日食。詔四川給鹽雲南唊馬。

**《續資治通鑑》卷二〇六**　乙亥，李彦通、蕭不蘭奚等謀反，伏誅。

**《元史》卷三五《文宗紀四》**　丙子，封諸王斡即爲保寧王，賜以印，以其先所受印賜諸王渾禿帖木兒之子庚兀台。詔給移剌四奴分行省印。

**《元史新編》卷一三**　封蘸班爲豳國公，以耿焕參知政事。

**《元史》卷三五《文宗紀四》**　丁丑，興和路鷹坊及蒙古民萬一千一百餘户，大雪畜牧凍死，賑米五千石。

戊寅，樞密院臣言：「天曆兵興，以揚州重鎮，嘗假淮東宣慰司以兵權，今事已寧，宜以所部兵復隸河南行省。又，征西元帥府自泰定初調兵四千一百人戍龍剌、亦集乃，期以五年爲代，今已七年，逃亡者衆，宜加優䘏，期以來歲五月代還。」並從之。

庚辰，左、右欽察衛軍士千四百九十户饑，命上都留守司賑之。

**《續資治通鑑》卷二〇六**　隆祥司使晃忽爾布哈言：「海南所建大興龍普(時)〔明〕寺，工費浩穰，黎人不勝其擾，以故爲亂。」詔湖廣行省臣布哈及宣慰、宣撫二司領其役，仍命廉訪司莅之。

**《元史新編》卷一三**　癸未，帝養燕帖木爾子塔剌海爲子，賜居第。

**《元史》卷三五《文宗紀四》**　荆王也速也不干獻犛牛四百。詔：「每歲樞密院、宗正府遣官，與遼陽行省官，巡歷諸郡，毋令諸王所部擾民。」

辛卯，諸王撒兒蠻遣使者七十四人來。賑左欽察衛撒敦等翼頂也兒古駐冬軍千五百八十户。諸鹽課鈔以十分之一折收銀，銀每錠五十兩，折鈔二十五錠。

乙未，敕宫相都總管府勿隸昭功都總使府。

丁酉，以南陽府之嵩州，更賜伯顔爲食邑。

**《續資治通鑑》卷二〇六**　十二月戊申，陝西行臺御史尼古巴、高(担)〔坦〕等，劾奏：「本臺監察御史陳良，恃勢肆毒，徇私破法，請罷職籍贓，還歸田里。」詔：「雖會赦，其準風憲例，追奪敕命，餘如所奏。」

以黄金符鐫文曰「翊忠徇義、迪節同勳」，賜西域親軍副都指揮使奇徹，以旌其天曆初紅橋戰功。

壬子，復命諸王呼喇春還鎮雲南。

**《元史》卷三五《文宗紀四》**　癸丑，撒敦獻斡羅思十六户，酬以銀百七鋌、鈔五千錠。以河間路清池、南皮縣牧地賜斡羅思駐冬，仍以忽里所牧官羊給之。

**《續資治通鑑》卷二〇六**　河南、河北道廉訪副使僧嘉努言：「自古求忠臣必於孝子之門。今官於朝十年不省覲者有之，非無思親之心，實由朝廷無給假省親之制，而有擅離官次之禁。古律，諸職官父母在三百里，於三年聽一給定省假二十日；無父母者，五年聽一給拜墓假十日。以此推之，父母在三百里以至萬里，宜計道里遠近，定立假期。其應省覲而不省覲者坐以罪。若詐冒假期，規避以掩其罪，與詐奔喪者同科。」命中書省、禮部、刑部及翰林、集賢、奎章閣議之。

**《元史新編》卷一三**　丁巳，雨木冰。

**《元史》卷三五《文宗紀四》**　戊午，西域諸王秃列帖木兒遣使獻西馬及蒲萄酒。預給四宿衛及諸潛邸衛士歲賜鈔，人二十錠。

庚申，遣集賢直學士答失蠻詣真定玉華宮，祀睿宗及顯懿莊聖皇后神御殿。

辛酉，遣兵部尚書也速不花、同僉通政院事忽納不花迎帝師。詔中書省、御史臺遣官詣各道，同廉訪司録囚。

癸亥，雨木冰。給征東元帥府兵仗。

丁卯，御史臺臣言：「甘肅行省平章月魯帖木兒，既非蒙古族姓，且闇於事機，使總兵柄，恐非所宜。」詔樞密院勿令提調軍馬。

己巳，御史臺臣言：「河東道廉訪副使忽哥兒不花，僉燕南道廉訪司事不顔忽都，王士元、郝志善，憲綱不振，宜免官。」從之。旌寧海州崔惟孝孝行。

是歲，真定路屬州水。冀寧、河南二路旱，大饑。

**《續資治通鑑》卷二〇六**　以集賢大學士岳柱爲江西行省平章政事。時有誣告富民負永寧王官帑銀八百餘錠者，中書遣使諸路徵之。使至江西，岳柱曰：「事涉誣罔，不可奉命。」僚佐重違宰臣意，岳柱曰：「民爲邦本，傷本以斂怨，亦非宰相福也。」令使者以此意復命。雅克特穆爾聞其言感悟，命刑部詰治，得誣罔狀，坐告者罪，以其事聞，帝嘉之，特賜幣帛及上尊酒。

**《元史新編》卷一三**　徙妥懽貼睦爾於廣西之静江。發通州官糧振檀順昌平民九萬餘户，出山東鹽課鈔振益都民三萬餘户，博興州民九千户。

## 至順三年（壬申、一三三二）

**《元史》卷三六《文宗紀五》**　春正月辛未朔，高麗國王（楨）〔禎〕遣其臣元忠奉表稱賀，貢方物。

**《續資治通鑑》卷二〇六**　癸酉，命前高麗國王王燾仍爲高麗國王，賜金印。初，燾有疾，命其子楨襲王爵。至是燾疾愈，故復位。

**《元史》卷三六《文宗紀五》**　甲戌，賜燕鐵木兒妻公主月魯金五百兩、銀五千兩。

丁丑，禁冒哀求敍復者。賑糶米五萬石，濟京師貧民。

**《續資治通鑑》卷二〇六**　己卯，罷諸建造工役，惟城郭、河渠、橋道、倉庫勿禁。廣西羅章里叛寇馬武沖等攻陷那馬違等砦，命廣西宣慰司嚴軍禦之。伊闞徹爾冒請衛士芻粟，當坐罪，雅克特穆爾請釋之。

**《元史新編》卷一三**　加封孔子妻鄆國夫人亓官氏爲大成至聖文宣王夫人。

**《元史》卷三六《文宗紀五》**　命甘肅行省爲豳王不顔帖木兒建居第。

癸未，給納鄰等十四驛糧及芻粟。賑永昌路流民。慶遠南丹等處溪洞軍民安撫司言，所屬宜山縣饑疫，死者衆，乞以給軍積穀二百八十石賑糶，從之。江西行省言，梅州頻年水旱，民大饑，命發粟七百石以賑糶。

丙戌，印造歲額鈔本，至元鈔九十九萬六千錠，中統鈔四千錠。

丁亥，幸大承天護聖寺。賜諸王帖木兒及其妃阿剌赤八剌金五百兩、銀萬兩、鈔二萬錠、幣帛各千匹。監察御史劾奏：「翰林學士承旨典哈，其兄野里牙坐誅，當罷。」從之。

戊子，萬安軍黎賊王奴羅等，集衆五萬人寇陵水縣。

己丑，賑肇慶路高要縣饑民九千五百四十口。

**《續資治通鑑》卷二〇六**　四川行省言：「去年九月，左丞特穆爾布哈與禄余賊兵戰被創，賊遂侵境，請調重慶、（欽）〔敍〕州兵二千五百人往救之。」順元宣撫司亦言：「賊列行營爲十六所，請調兵分道備禦。」

詔上都留守司爲雅克特穆爾建居第。

御史臺言：「選除雲南廉訪司官，多託故不行，今有如是者，風憲勿復用。」制可。

**《元史》卷三六《文宗紀五》**　戊戌，命中書省以鈔三千錠、幣帛各三千匹，給皇子古納答剌歲例鷹犬回賜。諸王章吉獻斡羅思百七十人，酬以銀七十二鋌、鈔五千錠。

己亥，給斡羅思千人衣糧。山南道廉訪副使禿堅董阿劾：「荆湖北道宣慰使別列怯都嘗貸内府鈔，威逼部民代償，不足則以宣慰司公帑鈔償之。又，副使驢駒，以修治沿江堤岸，縱家奴掊斂民財。二人罪雖遇赦，宜從黜退。」御史臺臣以聞，從之。

庚子，封公主不納爲鄆安大長公主。夔路忠信寨洞主阿具什用，合洞蠻八百餘人寇施州。

二月辛丑朔，八番苗蠻駱度來貢方物。

癸卯，諸王也先帖木兒薨。

甲辰，諸王答兒馬失里、哈兒蠻各遣使來貢蒲萄酒、西馬、金鴉鶻。

乙巳，以湖廣行省平章玥璐不華爲陝西行臺御史大夫。給豳王及其王傅禄。

《續資治通鑑》卷二〇六　戊申，雲南行省言：「會通州(上)〔土〕官阿賽及河西阿勒等與羅羅賊等千五百人寇會川路之卜龍村，又，禄余將兵與(芒)〔茫〕部合寇羅羅斯，截大渡河、金沙江以攻東川、會通等州，請奉先所降詔書招諭之，不奉命則從宜進軍。」制可。

《元史》卷三六《文宗紀五》　己酉，賜怯薛官完者帖木兒及阿昔兒珠衣帽。德寧路去年旱，復值霜雹，民饑，賑以粟三千石。旌晉寧路沁州劉瑋妻張氏志節。

《續資治通鑑》卷二〇六　禄余言於四川行省曰：「自父祖世爲烏撒土官宣慰使，佩虎符，素無異心。曩爲布呼誘脅。比聞朝廷招諭，而今限期已過，乞再降詔赦，即率四路土官出降。仍乞改屬四川省，隸永寧路，冀得休息。」行省以聞。詔中書、樞密、御史諸大臣雜議之。

集賢大學士致仕王約卒。

《元史》卷三六《文宗紀五》　己未，旌寧夏路趙那海孝行。

辛酉，燕鐵木兒兼奎章閣大學士，領奎章閣學士院事。

己巳，命燕鐵木兒集翰林、集賢、太禧宗禋院，議立太祖神御殿。詔修曲阜宣聖廟。邛州有二井，宋舊名曰金鳳、茅池，天曆初，九月地震，鹽水湧溢，州民侯坤願作什器煮鹽而輸課於官，詔四川轉運鹽司主之。旌濟州任城縣王德妻秦氏、婺州路金華縣吴埙妻宋氏、廬州路高仁妻張氏、甘州路岳忽南妻失林、蓋州完顔帖哥住妻李氏志節。

三月庚午朔，帝師至京師。遣使往西域，賜諸王不賽因繡綵幣帛二百四十匹。

《元史新編》卷一三　發鈔萬錠給蒙古孤貧人。

《續資治通鑑》卷二〇六　中書省言：「凡遠戍軍官死而歸葬者，宜視民官例，給道里之費。又，四川驛户，比以軍興消乏，宜遣官同行省量濟之。」制可。

雅克特穆爾言：「平江、松江澱山湖圩田方五百頃有奇，當入官糧七千(五)〔七〕百石。其總田者死，頗爲人占耕。今臣願增糧爲萬石入官，令人佃種，以所得餘米贍臣弟薩敦。」從之。

《元史》卷三六《文宗紀五》　洛水溢。爪哇國遣其臣僧伽剌等八十三人，奉金書表及方物來朝貢。

己卯，詔：「以西寧王速來蠻鎮禦有勞，其如安定王朶兒只班例，置王傅官四人，鑄印給之。」

庚辰，以安陸府賜并王晃火(兒不花)〔帖木兒〕爲食邑。旌大都良鄉縣韋安妻張氏貞節。

丁亥，諸王伯岳兀、完者帖木兒來朝。

戊子，占城國遣其臣阿南那那里沙等四人，奉金書表及方物來朝貢。

《元史新編》卷一三　己丑，復立功德司及典瑞司，掌中宫歲作佛事。

癸巳，改皇子古剌荅納名曰燕帖古思。

乙未，帝師泛舟高梁河，調衛士三百人挽舟。

《元史》卷三六《文宗紀五》　丙申，賜怯薛官篤憐鐵木兒璽書，申飭其所部。

丁酉，緬國遣使者阿落等十人，奉方物來朝貢。

己亥，賜行樞密院鈔四萬錠，分給征烏撒、烏蒙所調陝西、四川蒙古軍及漸丁萬人。高唐、德、冀諸州，大名、汴梁、廣平諸路，有蟲食桑葉盡。

夏四月壬寅，中書省臣言：「去歲宿衛士給鈔者萬五千人，今減去千四百人，餘當給者萬三千六百人。又，太府監歲支幣帛二萬匹，不足於用，請再給二百匹。」並從之。

《元史新編》卷一三　四川師壁、散毛、盤速出三洞蠻野王等，大盤洞謀者什用等來貢。

**《元史》卷三六《文宗紀五》** 丙辰，諸王不別居法郎，遣使者要忽難等，及西域諸王不賽因使者也先帖木兒等，皆來貢方物。

戊午，命奎章閣學士院以國字譯《貞觀政要》，鋟板模印，以賜百官。四川行省平章汪壽昌辭職，不允。以作佛事祈福，釋御史臺所囚定興劉縣尹及刑部囚二十六人。

乙丑，安南國世子陳日焞遣其臣鄧世延等二十四人來貢方物。安西王阿難答之子月魯帖木兒，坐與畏兀僧玉你達八的剌板的、國師必剌忒納失里沙津愛護持謀不軌，命宗王、大臣雜鞫之，獄成，三人皆伏誅，仍籍其家。以必剌忒納失里沙津愛護持妻丑丑賜通政副使伯藍，玉鞍賜撒敦，餘人畜、土田及七寶盦具、金珠、寶玉、鈔幣，並没入大承天護聖寺。免四川行省境内今年租。命有司爲伯顔建生祠，立紀功碑於涿州，仍別建祠、立碑於汴梁。

戊辰，免雲南行省田租三年。安州饑，給河間鹽課鈔萬錠賑之。東昌、濟寧二路及曹、濮諸州，皆有蟲食桑。

**《續資治通鑑》卷二〇六** 前中書右丞相太傅巴達錫卒。

**《元史》卷三六《文宗紀五》** 五月己巳朔，高昌王藏吉蕘，其弟太平奴襲位。

壬申，賑木憐、七里等二十三驛，人米二石。

癸酉，賜燕鐵木兒宴於流盃池。雲南大理、中慶等路大饑，賑鈔十萬錠。

**《續資治通鑑》卷二〇六** 甲戌，薩題請備録登極以來固讓明宗往復奏言，其餘訓敕、辭命及雅克特穆爾等宣力效忠之蹟，命多來續爲《蒙古托布齊延》一書，置之奎章閣，從之。

**《元史》卷三六《文宗紀五》** 賜湖廣行省平章政事脱亦納金虎符。旌保定路郭疇孝行、探忒妻靈保賢孝。

戊寅，幸大承天護聖寺。京師地震有聲。

己卯，命諸王也失班還鎮。浙西道廉訪司劾副使三寶兇惡陰險，紊亂紀綱，詔罷之。

壬午，復賑糶米五萬石，濟京城貧民。

戊子，唐其勢以疾先往上都，賜藥價鈔千錠。遣使往帝師所居撒思吉牙之地，以珠織制書宣諭其屬，仍給鈔四千錠、幣帛各五千匹，分賜之。賑帖里干、不老，也不徹温等十九驛，人米二石。

庚寅，大駕發大都，時巡於上都。置山東益都等處金銀銅鐵提舉司。

辛卯，復以司徒印給萬安寺僧嚴吉祥。詔給鈔五萬錠，修帝師巴思八影殿。

**《御批歷代通鑑輯覽》卷九八** 禁加封淫祀。

**《元史新編》卷一三** 丁酉，白虹竝日出，長竟天。追封顔子父顔無繇爲杞國公，謚文裕，母齊姜氏爲杞國夫人，謚端獻，妻宋戴氏爲兖國夫人，謚貞素。

**《元史》卷三六《文宗紀五》** 甘州大雹。揚州之江都、泰興，德安府之雲夢、應城縣水。汴梁之睢州、陳州、開封、(之)蘭陽、封丘諸縣河水溢。滹沱河決，没河間清州等處屯田四十三頃。常寧州饑，賑糶米二千四百石。杭州火，被災九十一户，池州火，被災七十三户，命江浙行省量賑之。

六月己亥朔，以月魯帖木兒等罪詔告中外，赦天下。免四川行省今年差税、陝西行省今年商税。

**《元史新編》卷一三** 給還朶朶、王世熙、脱歡等家貲，竝聽録用。

己酉，以趙世安爲中書左丞。

**《元史》卷三六《文宗紀五》** 癸丑，遣使分祀嶽鎮、海瀆。

戊午，給鈔五萬錠，賜雲南行省爲公儲。

己未，燕鐵木兒言：「頃伯顔封浚寧王，賜食邑嵩州，今請於潁汴擇一州賜之。」詔改賜陳州。

癸亥，加授知樞密院事也卜倫開府儀同三司。

乙丑，御史臺臣劾遼陽行省參政賽甫丁庸鄙不勝任，罷之。監察御史陳思謙言：「内外官非文武全才、出處繫天下安危、能拯金革之難者，勿許奪情起復。」制可。禁諸卜筮、陰陽人，毋出入諸王公大臣家。晉寧、冀州桑災。益都、濟寧大雨。無爲州、和州水。旌歸德府永城縣民張氏孝節。

**《續資治通鑑》卷二〇六** 江南行臺監察御史蘇天爵慮囚於湖北。

**《御批歷代通鑑輯覽》卷九八** 嚴起復之禁。

**《元史新編》卷一三** 秋七月戊辰朔，命僧於鐵幡竿修佛事，施金百兩，銀千兩，鈔萬錠。

**《元史》卷三六《文宗紀五》** 諸王答里麻失里等遣使來貢虎豹。雲南行省言：「本省舊降給驛璽書六十九、金字圓符四，伯忽之亂，散失殆盡，乞更賜爲宜。」敕吏賜璽書三十二、圓符四，仍究詰所失者。

辛未，以車坊官園賜伯顔。賜從征雲南將校三百四十七人鈔幣有差。調軍士修柳林海子橋道。

丁丑，賑蒙古軍流離至陝西者四百六十七户糧三月，遣復其居，户給鈔五十錠。湖廣行省言：「黎賊勢猖獗，乞益兵三千以備調用。」有旨：「依前詔，促移剌四奴剋日進兵。」

**《元史新編》卷一三** 壬午，江西行省造螺鈿几榻遺燕木帖爾，詔賜匠者帛。

**《元史》卷三六《文宗紀五》** 甲申，燕鐵木兒獻斡羅思二千五百人。旌裕州民李庭瑞孝行。

庚寅，給鈔萬錠，命燕鐵木兒分賜累朝宫分嬪御之貧乏之者。

壬辰，西域諸王不賽因遣哈只怯馬丁以七寶水晶等物來貢。給蒙古民及各部衛士鈔幣有差，仍賑糧五月。

甲午，北邊諸王月即別遣南忽里等來朝貢。燕鐵木兒言：「諸王徹徹禿、沙哥，曩坐罪流南荒，乞賜矜閔，俾還本部。」從之。賑宗仁衛軍士九百户各鈔一錠。滕州民饑，賑糶米二萬石。慶都縣大饑，以河間鹽課鈔萬錠賑之。

八月辛丑，諸王阿兒加失里獻斡羅思三十人、漸丁百三人。賑大都寶坻縣饑民以京畿運司糧萬石。

癸卯，吴王木喃子及諸王答都河海、鎖南管卜、帖木兒赤、帖木迭兒等來朝。賜護守上都宫殿衛卒二千二百二十九人，人鈔二十五錠。

**《元史新編》卷一三** 乙巳，天鼓鳴於東北。

丙午，遣官祭社稷。

**《元史》卷三六《文宗紀五》** 丁未，有事於太廟。海道漕運糧六十九萬餘石至京師。

己酉，隴西地震。帝崩，壽二十有九，在位五年。

**《元史》卷三七《寧宗紀》** 文宗崩於上都，皇后導揚末命，申固讓初志，傳位於明宗之子。時妥懽帖木耳出居静江，帝以文宗眷愛之篤，留京師。太師、太平王、右丞相燕鐵木兒，請立帝以繼大統。

甲寅，中書省臣奉中宫旨，預備大朝會賞賜金銀幣帛等物。

乙卯，燕鐵木兒奉中宫旨，賜駙馬也不干子歡忒哈赤、太尉孛蘭奚、句容郡王答隣答里、僉事小薛、阿麻剌台之子秃帖木兒、公主本答里、諸王丑漢妃公主台忽都魯、諸王卯澤妃公主完者台及公主本答里、徹里帖木兒等金、銀、幣、鈔有差。

是月，渾源、雲内二州隕霜殺禾。冀寧路之陽曲、河曲二縣及荆門州皆旱。江水又溢。高郵府之寶應、興化二縣，德安府之雲夢、應城二縣大雨，水。

九月辛巳，修皇太后儀仗。是夜地震有聲來自北。

**《續資治通鑑》卷二〇六** 時大位猶虚，而雅克特穆爾禮絶百僚，威燄熏灼，宗戚諸王無敢言者。又久之，尚不立君，中外頗以爲言，雅克特穆爾乃請立皇子雅克特古斯，皇后命立明宗第二子鄜王伊勒哲伯。雅克特穆爾不得已乃奉命。

**《元史》卷三七《寧宗紀》** 是月，益都路之莒、沂二州，泰安州之奉符縣，濟寧路之魚臺、豐縣，曹州之楚丘縣，平江、常州、鎮江三路，松江府、江陰州，中興路之江陵縣，皆大水。河南府之洛陽縣旱。

# 元寧宗部（公元一三三二年）

《元史》卷三七《寧宗紀》 寧宗沖聖嗣孝皇帝，諱懿璘質班，明宗第二子也。母曰〔八不沙〕皇后，乃蠻真氏。

## 至順三年（壬申、一三三二）

《元史》卷三七《寧宗紀》 十月庚子，帝即位於大明殿，大赦天下，詔曰：

洪惟太祖皇帝，啓闢疆宇；世祖皇帝，統一萬方；列聖相承，法度明著。我曲律皇帝入纂大統，修舉庶政，動合成法，授大寶位於普顔篤皇帝以及格堅皇帝。曆數之歸，實當在我忽都篤皇帝、扎牙篤皇帝，而各播越遼遠。時則有若燕鐵木兒，建義效忠，戡平内難，以定邦國，協恭推戴扎牙篤皇帝。登極之始，即以讓兄之詔明告天下。隨奉璽紱，遠迓忽都篤皇帝，朔方言還，奄棄臣庶。扎牙篤皇帝，薦正宸極，仁義之至，視民如傷，恩澤旁被，無間遠邇。顧育眇躬，尤篤慈愛。賓天之日，皇后傳顧命於太師、太平王、右丞相、答剌罕燕帖木兒，太保、浚寧王、知樞密院事伯顔等，謂聖體彌留，益推固讓之初志，以宗社之重，屬諸大兄忽都篤皇帝之世嫡。乃遣使召諸王宗親，以十月一日來會於大都，與宗王、大臣同奉遺詔。揆諸成憲，宜御神器。以至順三年十月初四日，即皇帝位於大明殿。可大赦天下。自至順三年十月初四日昧爽以前，除謀反大逆、謀殺祖父母父母、妻妾殺夫、奴婢殺主、謀故殺人、但犯強盜、印造僞鈔、蠱毒魘魅犯上者不赦外，其餘一切罪犯，咸赦除之。

大都、上都、興和三路，差税免三年。腹裏差發并其餘諸郡不納差發去處，税糧十分爲率，免二分。江淮以南，夏税亦免二分。土木工役，除倉庫必合修理外，毋復創造，以紓民力。民間在前應有逋欠差税課程，盡行蠲免。監察御史、肅政廉訪司官并内外三品以上正官，歲舉才堪守令者一人，申達省部，先行録用。如果稱職，舉官優加旌擢。一任之内，或犯贓私者，量其輕重黜罰。其不該原免重囚，淹禁三年以上，疑不能決者，申達省部，詳讞釋放。學校農桑、孝義貞節、科舉取士、國學貢試，並依舊制。廣海、雲南梗化之民，詔書到日，限六十日内出官，與免本罪，許以自新。

於戲！肆予沖人，託於天下臣民之上，任大守重，若涉淵冰。尚賴宗王大臣、百司庶府，交修乃職，思盡厥忠。嘉與億兆之民，共保承平之治。咨爾多方，體予至意！故兹詔示，想知悉。

《續資治通鑑》卷二〇六 辛丑，以知樞密院事薩敦爲御史大夫，中書右丞薩題爲中書平章政事，宣政使奇爾濟蘇爲中書左丞，中書平章政事圖爾哈特穆爾知樞密院事。

《元史》卷三七《寧宗紀》 乙巳，造皇太后玉册、玉寶。

丁未，皇太后命作兩宮幄殿、車乘、供張。

戊申，賞賚諸王金、幣，其數如文宗即位之制。立徽政、中政二院。

己酉，敕：「諸王、駙馬、勳舊大臣及中書省、樞密院、御史臺秩正一品，百司庶府秩至一品者，闕門之内，得施繩床以坐，餘皆禁之。」

庚戌，修郊祀法服。以宦者鐵古思、哈里兀答兒、黑狗者、闊闊出，並爲中政院使。

辛亥，以江浙歲比不登，其海運糧不及數，俟來歲補運。

壬子，定婦人犯私鹽罪，著爲令。

甲寅，諸王不賽因遣使貢塔里牙八十八斤、佩刀八十，賜鈔三千三百錠。

乙卯，以即位告祭南郊。

丙辰，給宿衛士、蒙古、漢軍三萬人禦寒衣。命江浙行省範銅造和寧宣聖廟祭器，凡百三十有五事。

己未，告祭太廟。

庚申，告祭社稷。以伯顔爲徽政使，依前開府儀同三司、浚寧王、太保、録軍國重事、知樞密院事。提調忠翊侍衛親軍都指揮使司事伯撒里、右都威衛都指揮使常不蘭奚，並爲徽政使。賜諸妃后大朝會賞賚有差。

甲子，以諸王忽剌台貧乏，賜鈔五百錠。皇弟燕帖古思受戒於西僧加兒麻哇。敕：「百官及宿衛士有只孫衣者，凡與宴饗，皆服以侍。其或質諸人者，罪之。」

丙寅，楚丘縣河堤壞，發民丁二千三百五十人修之。

十一月己巳，詔翰林國史、集賢院、奎章閣學士院集議先皇帝廟號、神主、升祔武宗皇后及改元事。

庚午，賜郯王徹徹秃以海寧州朐山、贛榆、(沐)〔沭〕陽三縣。

壬申，命郯王徹徹秃鎮遼陽。

甲戌，遣宿衛官阿察赤以上皇太后玉册告祭南郊，中書平章政事伯撒里告祭太廟。

戊寅，奉玉册、玉寶尊皇后曰皇太后。皇太后御興聖殿受朝賀。

己卯，帝御大明殿受朝賀。

庚寅，賜諸王寬徹幣帛各二千匹，以周其貧。左欽察衛士饑，賑糧二月。

**《續資治通鑑》卷二〇六**　壬辰，帝崩，年七歲，在位四十三日。

時燕有妄男子上變，言部使者謀爲不軌，按問皆虛。法司謂唐律告叛者不反坐，參議中書省事張起巖奮謂同列曰：「方今嗣君未立，人情危疑，不急誅此人以杜奸謀，慮妨大計。」趣有司具獄，都人肅然。

皇太后臨朝，雅克特穆爾復與羣臣議立雅克特古斯。太后曰：「天位至重，吾兒方幼，豈能任耶！托歡特穆爾在廣西，今年十三矣，且明宗之長子，禮當立之。」乃命中書左丞奇爾濟蘇迎托歡特穆爾於静江。

皇太后在興聖宮，正旦，議循故事行朝賀禮，禮部尚書宋本，言宜上表興聖宮，廢大明殿朝賀，衆是而從之。

# 元順帝部(起公元一三三三年,迄公元一三六七年)

**《元史》卷三八《順帝紀一》**　順帝名妥懽貼睦爾,明宗之長子。母罕禄魯氏,名邁來迪,郡王阿兒厮蘭之裔孫也。初,太祖取西北諸國,阿兒厮蘭率其衆來降,乃封爲郡王,俾領其部族。及明宗北狩,過其地,納罕禄魯氏。延祐七年四月丙寅,生帝於北方。

## 元統元年(癸酉、一三三三)

**《元史》卷三八《順帝紀一》**　六月己巳,帝即位於上都,詔曰:

洪惟我太祖皇帝,受命於天,肇造區夏;世祖皇帝,奄有四海,治功大備;列聖相傳,丕承前烈。我皇祖武宗皇帝入纂大統,及致和之季,皇考明宗皇帝遠居朔漠,札牙篤皇帝戡定内難,讓以天下。我皇考賓天,札牙篤皇帝復正宸極。治化方隆,奄棄臣庶。

今皇太后召大臣燕鐵木兒、伯顔等曰:「昔者闊徹〔伯〕、脱脱木兒、只兒哈郎等謀逆,以明宗太子爲名,又先爲八不沙始以妬忌,妄構誣言,疏離骨肉。逆臣等既正其罪,太子遂遷於外。札牙篤皇帝後知其妄。尋至大漸,顧命有曰:『朕之大位,其以朕兄子繼之。』」時以朕遠征南服,以朕弟懿璘只班登大位,以安百姓,乃遽至大故。皇太后體承札牙篤皇帝遺意,以武宗皇帝之元孫,明宗皇帝之世嫡,以賢以長,在予一人,遣使迎還。徵集宗室諸王來會,合辭推戴。今奉皇太后勉進之篤,宗親大臣懇請之至,以至順四年六月初八日,即皇帝位於上都。

於戲!惟天、惟祖宗全付予有家,慄慄危懼,若涉淵冰,罔知攸濟。尚賴宗親臣鄰,交修不逮,以底隆平。其赦天下。

**《宋元資治通鑑》卷六一**　時有阿魯輝帖木兒者,明宗親臣也,言於帝曰:「天下事重,宜委宰相決之,庶可責其成功。若躬自聽斷,必負惡名。」帝然之,由是深居宮中,每事決於宰相,而已無專焉。

**《元史》卷三八《順帝紀一》**　辛未,命伯顔爲太師、中書右丞相、上柱國、監修國史,兼奎章閣大學士,領學士院、太史院,回回、漢人司天監事;撒敦爲太傅、左丞相。

是月,大霖雨,京畿水平地丈餘,饑民四十餘萬,詔以鈔四萬錠賑之。涇河溢,關中水災。黄河大溢,河南水災。兩淮旱,民大饑。

**《續資治通鑑》卷二〇七**　帝初受佛戒時,見瑪哈喇佛前有物爲供,因問學士實喇卜曰:「此何物?」曰:「羊心。」帝曰:「曾聞用人心肝者,有諸?」曰:「聞之,而未嘗目睹。請問賴嘛。」賴嘛者,帝師也。帝遂命實喇卜問之,答曰:「有之,凡人萌歹心害人者,事覺,則以其心肝作供耳。」曰:「此羊曾害人乎?」帝師不能答。

前翰林學士吴澄卒。

澄答問亹亹,使人涣若冰釋。四方之士,來學者不下千數百人,稱爲草廬先生。卒年八十五。贈江西行省左丞,追封臨川郡公,謚文正。

**《元史》卷三八《順帝紀一》**　秋七月,霖雨。潮州路水。

**《御批歷代通鑑輯覽》卷九八**　大霖雨。京畿水平地丈餘,饑民四十餘萬。時關中、河南俱水災,兩淮大旱。

**《元史續編》卷一一**　以馬祖常爲御史中丞。

**《元史》卷三八《順帝紀一》**　八月壬申,鞏昌徽州山崩。

**《元史新編》卷一四**　立燕帖木爾女伯牙吾氏爲皇后。

**《元史續編》卷一一**　奎章閣侍書學士虞集致仕。

**《續資治通鑑》卷二〇七**　九月甲寅,中書省言:「官員遞陞,窒礙選法,請自省、院、臺官外,其餘不許遞陞。」從之。

**《元史》卷三八《順帝紀一》**　庚申,詔太師、右丞相伯顔,太傅、左丞相撒敦,專理國家大事,其餘官不得兼領三職。秦州山崩。賑恤寧夏饑民五萬三千人一月。詔免儒人役。

〔冬十月〕丙寅,鳳州山崩。

戊辰,改元,詔曰:

在昔世祖皇帝,紹開丕圖,稽古建元,立經陳紀,列聖相承,恪遵成憲。肆予沖人,嗣大歷服,兹圖治之云初,嘉與民而更始。乃新紀號,誕告多方,其以至順四年爲元統元年。於戲!一元運於四時,惟裁成之有道;大統綿於萬世，思保佑於無疆。

中書省臣言：「凡朝賀遇雨，請便服行禮。」從之。

己巳，加知樞密院事、答剌罕答里金紫光禄大夫。

庚午，詔以察罕腦兒宣慰司人民，止令應當徽政院差發。

**《元史新編》卷一四**　癸酉，雲南傀羅土官渾鄧馬弄來貢，升其地爲散府。

丁丑，依皇太后行年之數，釋罪囚二十七人。

庚辰，奉天曆皇帝及太皇太后御容於大承天護聖寺，命撒敦兼隆祥院使主奉祀。

**《元史》卷三八《順帝紀一》**　乙酉，詔以高郵府爲伯顏食邑。

戊子，封撒敦爲榮王，食邑廬州。唐其勢襲父封爲太平王，進階金紫光禄大夫。

**《續資治通鑑》卷二〇七**　庚(子)〔寅〕，中書省臣請集議武宗、英宗、明宗三朝皇后升祔。

衍聖公孔思晦卒，子克堅襲。

**《元史》卷三八《順帝紀一》**　十一月辛卯朔，罷富州金課。

**《續資治通鑑》卷二〇七**　丙申，鞏昌成紀縣地裂山崩，令有司賑被災人民。

**《元史》卷三八《順帝紀一》**　丁酉，享於太廟。

辛丑，起椶毛殿。

丙午，申飭鹽運司。

**《元史新編》卷一四**　辛亥，復立江西，湖廣，江浙，河南榷茶運司。上天曆皇帝尊謚曰聖明元孝皇帝，廟號文宗。時寢廟未建，暫於英宗室次結綵殿，奉安神主。封柏顏爲秦王。是日，秦州山崩地裂。

**《元史》卷三八《順帝紀一》**　乙卯，以燕鐵木兒平江所賜田五百頃，復賜其子唐其勢。罷河間大報恩寺諸色人匠總管府。江浙旱饑，發義倉糧、募富人入粟以賑之。詔秦王、右丞相伯顏，榮王、左丞相撒敦，統百官，總庶政。

**《元史續編》卷一一**　復立榷茶運司。

江浙參政王克敬致仕。

**《元史》卷三八《順帝紀一》**　十二月庚申〔朔〕，命伯顏提調彰德威武衛。

乙丑，廣西猺寇湖南，陷道州，千户郭震戰死，寇焚掠而去。

壬申，遣省、臺官分理天下囚，罪狀明者處決，冤者辨之，疑者讞之，淹滯者罪其有司。以奴列你他代其父塔剌赤爲耽羅國軍民安撫使司達魯花赤，錫三珠虎符。

甲戌，禿堅帖木兒致仕，錫太尉印，置僚屬。

**《宋元資治通鑑》卷六一**　乙亥，爲皇太后置徽政院，設官屬三百六十有六員。

**《續資治通鑑》卷二〇七**　監察御史多爾濟巴勒上疏陳時政五事：其一曰太史言明年三月癸卯望，日食既，四月戊午朔，日又食。皇上宜奮乾綱，修刑政，疎遠邪佞，專任忠良，庶可消弭災變，以爲禎祥。二曰親祀郊廟。三曰博選勳舊之子端謹正直者，前後轉導，使嬉戲之事不接於目，俚俗之言不及於耳，則聖德日新矣。四曰樞機之臣固宜尊寵，然必賞罰公則民心服。五曰弭安盜賊，賑救飢民。多爾濟巴勒，穆呼哩七世孫也。

是月，河南、江北行省平章政事岳柱卒。

是歲，以刑部尚書達爾瑪爲遼陽行省參知政事。高麗國使朝京，道過遼陽，謁行省官，各奉布四匹，書一幅，用征東省印封之。達爾瑪詰其使曰：「國家設印，以署公牘，防姦僞，何爲封私書？況汝出國時，我尚在京，未爲遼陽省官，今何故有書遺我？汝君臣何欺詐如是耶？」使辭屈，還其書與布。達爾瑪，高昌人也。

國制，日進御膳用五羊，而帝自即位以來，日減一羊，以歲計之，省羊三百五十有奇。

**《元史新編》卷一四**　是歲，廷試進士，增及百人左右，榜各三人，同同、李齊等皆賜進士及第。科舉取士，莫盛於斯。

起前吏部尚書王克敬爲江浙行省參知政事。

## 元統二年（甲戌、一三三四）

**《元史》卷三八《順帝紀一》**　春正月庚寅朔，雨血於汴梁，着衣皆赤。

**《續資治通鑑》卷二〇七**　朝賀大明殿。監察御史多爾濟巴勒上言：「百官踰越班次者，當同失儀論，以儆不敬。」

先是教坊班位在百官後，御史大夫薩迪傳旨，俾入班。多爾濟巴勒執不可。薩(勒)〔迪〕曰：「御史不奉詔耶！」多爾濟巴勒曰：「事不可行，大夫復奏可也。」

**《元史》卷三八《順帝紀一》**　辛卯，東平須城縣、濟寧濟州、曹州濟陰縣水災，民饑，詔以鈔六萬錠賑之。以御史大夫脱別台爲中書平章政事，阿里海牙爲河南行省左丞相。

丁酉，享於太廟。

戊戌，四川大盤洞蠻謀谷什用遣男謀者什用來貢方物，即其地立盤順府，命謀谷什用爲知府。遣吏部尚書帖住、禮部郎中智熙善使交趾，以《授時曆》賜之。

癸卯，敕僧道與民一體充役。

己酉，以上文宗皇帝謚號，遣官告祭於南郊。

**《元史新編》卷一四**　甲寅，罷廣教總管府，立行宣政院於杭州。

**《元史》卷三八《順帝紀一》**　乙卯，雲南土酋姚安路總管高明來獻方物，錫符印遣之。

二月己未朔，詔内外興舉學校。

癸亥，廣西傜寇邊，殺官吏。廣海官已除而未上者罪之。

甲子，塞北東涼亭雹，民饑，詔上都留守發倉廩賑之。

乙丑，命有司以時給宿衛冬衣。以燕不憐爲太保，置僚屬。

**《元史新編》卷一四**　戊辰，封耶真耶不干爲昌寧王。以陰陽家言停造作四年。

**《元史》卷三八《順帝紀一》**　丁丑，封皇姑妥妥輝爲英壽大長公主。

癸未，安豐路旱饑，敕有司賑糶麥萬六千七百石。

甲申，太廟木陛壞，遣官告祭。

是月，灤河、漆河溢，永平諸縣水災，賑鈔五千錠。瑞州路水，賑米一萬石。

**《續資治通鑑》卷二〇七**　三月己丑朔，詔：「科舉取士，國子監積分、膳學錢糧，儒人免役，悉依累朝舊制。學校官選有德行學問之人以充。」

**《元史》卷三八《順帝紀一》**　癸巳，廣西傜賊復起，殺同知元帥吉烈思，掠庫物，遣右丞禿魯迷失將兵討之。復立西番巡捕都元帥府。罷廣誼司，復立覆實司。贈吉烈思官，令其子孫襲職。

庚子，杭州、鎮江、嘉興、常州、松江、江陰水旱疾疫，敕有司發義倉糧，賑饑民五十七萬二千户。

**《元史新編》卷一四**　癸卯，月食既。

**《元史》卷三八《順帝紀一》**　甲辰，中書省臣言：「興和路起建佛事，一路所費，爲鈔萬三千五百三十餘錠。請依上都、大都例，給饍僧錢，節其冗費。」從之。

乙巳，中書省臣言：「益都、真定盜起，請選省、院官往督捕之，仍募能擒獲者倍其賞，獲三人者與一官。」從之。

丁未，以河南行省左丞相阿里海牙爲江浙行省左丞相。

**《續資治通鑑》卷二〇七**　壬子，廣西慶遠府傜寇全州，詔平章政事特默齊統兵二萬人擊之。

**《元史新編》卷一四**　丁巳，詔蒙古、色目人犯奸盜詐僞者，隸宗正府。漢人、南人犯者，屬有司。

**《元史》卷三八《順帝紀一》**　是月，山東霖雨，水湧，民饑，賑糶米二萬二千石。淮西饑，賑糶米二萬石。湖廣旱，自是月不雨至於八月。

夏四月戊午朔，日有食之。

**《宋元資治通鑑》卷六一**　贈故中書平章政事王泰亨謚清憲。舊制，三品以上官，立朝有大節及有大功勳於王室者，得賜功臣號及謚。時寖冗濫失實，惟泰亨在中書時，安南求佛書，乞以九經賜之，使高麗不受禮遺，爲尚書貧不能自給，故特賜謚。

**《元史》卷三八《順帝紀一》**　庚申，封宗室蠻子爲文濟王。

乙丑，命順元等處軍民宣撫使、八番等處沿邊宣慰使伯顔溥花承襲父職。

丙寅，罷龍慶州黑峪道上勝火兒站。

庚午，詔：「雲南出征軍士亡歿者，人賜鈔二錠以葬。」

**《續資治通鑑》卷二〇七**　壬申，命騰吉斯爲總管高麗、女直、漢軍萬户府達魯花赤，與滿濟勒噶台並爲御史大夫。

**《元史》卷三八《順帝紀一》**　己卯，奉聖明元孝皇帝文宗神主祔於太廟，躬行告祭之禮，樂用宮懸，禮三獻。先是御史臺臣言：「郊廟，國之大典，王者必行親祀之禮，所以盡尊尊、親親之誠，宜因陞祔，有事於太廟。」帝從之。是日，罷夏季時享。詔加榮王、左丞相撒敦開府儀同三司、上柱國、録軍國重事，食邑廬州。復立杭州四隅録事司。

壬午，復如之。帝嘉許衡輔世祖以不殺一天下，特録其孫從宗爲章佩監異珍庫提點。

**《續資治通鑑》卷二〇七**　癸未，立鹽局於京師南北城，官自賣鹽，以革專利之弊。

**《元史》卷三八《順帝紀一》**　乙酉，中書省臣言：「佛事布施，費用太廣，以世祖時較之，歲增金三十八錠、銀二百三錠四十兩、繒帛六萬一千六百餘匹、鈔二萬九千二百五十餘錠。請除累朝期年忌日之外，餘皆罷。」從之。

**《宋元資治通鑑》卷六一**　是月，車駕時巡上都。益都、東平路水，設酒禁。大名路桑麥災。成州旱饑，詔出庫鈔及發常平倉米賑之。河南旱，自是月不雨至於八月。

**《續資治通鑑》卷二〇七**　集賢大學士陳顥扈從至龍虎臺，帝命顥造膝前，握其手曰：「卿累朝老臣，更事多矣，凡政事宜極言無隱。」顥頓首謝。顥每集議，其言無不剴切。

**《元史》卷三八《順帝紀一》**　五月己丑，詔威武西寧王阿哈伯之子亦里黑赤襲其父封。

**《元史新編》卷一四**　宦者孛羅帖木爾傳皇后旨，取鹽十萬引入中政院。

**《續資治通鑑》卷二〇七**　辛卯，以騰吉斯代薩敦爲中書左丞相，薩敦仍商量中書省事。

**《元史》卷三八《順帝紀一》**　壬辰，命中書平章政事撒的領蒙古國子監。

癸巳，罷洪教提點所。

**《元史新編》卷一四**　戊申，封宗室巒子爲文濟王鎮大名，雲南王阿魯鎮雲南。

**《元史》卷三八《順帝紀一》**　是月，中書省臣言：「江浙大饑，以户計者五十九萬五百六十四，請發米六萬七百石、鈔二千八百錠，及募富人出粟，發常平、義倉賑之，并存海運糧七十八萬三百七十石以備不虞。」從之。詔：「王侯宗戚軍站、人匠、鷹房、控鶴，但隸京師諸縣者，令所在一體役之。」

六月丁巳朔，中書省臣言：「雲南大理、中慶諸路，曩因脱肩、敗狐反叛，民多失業，加以災傷，民饑，請發鈔十萬錠，差官賑恤。」從之。

**《續資治通鑑》卷二〇七**　戊午，淮水漲，山陽縣滿浦、清（江）〔岡〕等處民畜房舍多漂溺。

**《元史》卷三八《順帝紀一》**　丙寅，宣德府水災，出鈔二千錠賑之。

乙亥，唐其勢辭左丞相不拜，復命撒敦爲左丞相。

**《續資治通鑑》卷二〇七**　辛巳，詔蒙古、色目人行父母喪。

癸未，復立繕工司，造繒帛。

**《元史》卷三八《順帝紀一》**　乙酉，贈燕鐵木兒公忠開濟弘謨同德翊運佐命功臣、開府儀同三司、太師、中書右丞相，追封德王，謚忠武。

是月，彰德雨白毛。大寧、廣寧、遼陽、開元、瀋陽、懿州水旱蝗，大饑，詔以鈔二萬錠，遣官賑之。

**《續資治通鑑》卷二〇七**　秋七月丁亥，戒陰陽人毋得於貴戚之家妄言禍福。

辛卯，祭太祖、太宗、睿宗三朝御容，罷秋季時饗。

壬辰，帝幸大安閣。是日，宴侍臣於奎章閣。

**《元史》卷三八《順帝紀一》**　壬寅，詔：「蒙古、色目人犯盜者免刺。」

甲辰，太白經天。

丙午，復如之。帝幸楠木亭。

是月，池州青陽、銅陵饑，發米一千石及募富民出粟賑之。

**《元史新編》卷一四**　八月丙辰朔，戊午，祭社稷。

**《元史》卷三八《順帝紀一》**　癸未，中書平章政事阿里海牙罷。

是月，南康路諸縣旱蝗，民饑，以米十二萬三千石賑糶之。

〔九月〕辛卯，車駕還自上都。

**《續資治通鑑》卷二〇七**　甲午，傜賊陷賀州，發河南、江浙、江西、湖廣諸軍及八番義從軍，命廣西宣慰使都元帥章巴延將以擊之。

**《元史》卷三八《順帝紀一》**　壬子，吉安路水災，民饑，發糧二萬石賑糶。

**《元史新編》卷一四**　冬十月乙卯朔，定内外官朝會儀班次，一依品從。

**《續資治通鑑》卷二〇七**　戊午，饗於太廟。

辛酉，以侍御史許有壬爲參知政事，知經筵事。

**《元史》卷三八《順帝紀一》**　丁卯，立湖廣黎兵屯田萬户府，統千户一十三所，每所兵千人，屯户五百，皆土人爲之，官給田土、牛、種、農器，免其差徭。又創立武安縣。移石山寨巡檢司於清水寨。立霍丘縣淮陰鄉臨水山巡檢司。改乾寧軍民安撫司曰乾寧安撫司。

己卯，奉玉册、玉寶，上皇太后尊號曰贊天開聖仁壽徽懿昭宣皇太后。詔曰：「朕登大寶，君臨萬方，永惟大母擁佑之勤；神器奠安，海宇寧謐，實慈訓之致然也。爰協衆議，再舉徽稱，而皇太后以文宗皇帝未祔於廟，至誠謙抑，弗賜俞允。今告祔禮成，亦既閱歲，始徇所請。乃以吉日奉上尊號，思與普天同兹大慶，其赦天下。」免今年民租之半。内外官四品以下減一資。却天鵝之獻。

**《御批歷代通鑑輯覽》卷九八**　始以珍格皇后配饗武宗。

**《元史》卷三八《順帝紀一》**　癸未，命臺憲部官各舉材堪守令者一人。

十一月戊子，中書省臣請發兩艐船下番，爲皇后營利。濟南萊蕪縣饑，罷官治鐵一年。

辛卯，賜行宣政院廢寺錢一千錠以營公廨。

是月，鎮南王孛羅不花來朝。

**《續資治通鑑》卷二〇七**　集賢直學士兼國子祭酒宋本卒。

**《元史》卷三八《順帝紀一》**　十二月，立道州永明縣白面墟、江華縣濤墟巡檢司各一，以鎮遏猺賊。

甲戌，詔整治學校。

是歲，禁私創寺觀庵院。僧道入錢五十貫，給度牒，方聽出家。

**《元史新編》卷一四**　河南、湖北旱，自三月不雨，至於八月。淮水、灤河、漆河溢，江浙大饑，振米六萬石，鈔二千八百錠。罷太廟夏秋二享。

## 至元元年（乙亥，一三三五）

**《續資治通鑑》卷二〇七**　春正月癸巳，申命廉訪司察郡縣勸農勤惰，達大司農司以憑黜陟。

**《元史》卷三八《順帝紀一》**　乙未，立徽政院屬官侍正府。

丙午，雲南婦人一産三男。

**《續資治通鑑》卷二〇七**　二月甲寅朔，革冗官。

**《宋元資治通鑑》卷六一**　乙卯，帝將畋於柳林。御史臺臣諫曰：「陛下春秋鼎盛，宜思文王付託之重，致天下於隆平。今赤縣之民，供給煩勞，農務方興，而馳騁冰雪之地，倘有銜橛之變，柰宗廟社稷何。」遂止。

**《元史》卷三八《順帝紀一》**　丁巳，立缥甸散府一，穆由甸、范陵甸軍民長官司二。以薊州寶坻縣稻田提舉司所轄田土賜伯顏。

**《元史續編》卷一二**　以徹爾特穆爾爲中書平章，詔罷科舉。

**《元史》卷三八《順帝紀一》**　戊午，祭社稷。

己卯，以上皇太后册、寶，遣官告祭天地。

**《元史新編》卷一四**　三月癸未朔，遣五府官決天下重囚。敕，丞相已領軍國重事，省，院，臺官，俱不得兼領各衛。貴州平伐、都雲、定雲蠻長寶郎、天都蟲等來降，即其地立宣撫司。

**《元史》卷三八《順帝紀一》**　辛卯，以上皇太后寶、册，遣官告祭太廟。

壬辰，河州路大雪十日，深八尺，牛羊駝馬凍死者十九，民大饑。

丙申，中書省臣言：「甘肅甘州路十字寺奉安世祖皇帝母別吉太后於內，請定祭禮。」從之。

丁酉，以霑益州所轄羅山、石梁、交水三縣併歸巡檢司。月食。

己亥，龍興路饑，出糧九萬九千八百石賑其民。

**《宋元資治通鑑》卷六一**　庚子，御史臺臣言，高麗首效臣節，而近年屢遣人往取媵女，至使生女不舉，女長不嫁，乞禁止。從之。

**《續資治通鑑》卷二〇七**　中書省臣言帝生母太后神主宜於太廟安奉，命集議其禮。

**《元史》卷三八《順帝紀一》**　甲辰，山東、河間、兩淮、福建四處增鹽課一十八萬五千引，中書請權罷徵，止令催辦正額。

乙巳，以中書左丞王結、參知政事許有壬知經筵事。封安南世子陳端午爲安南國王。

**《續資治通鑑》卷二〇七**　中宮命僧尼於慈福殿作佛事，已而殿災，結言僧尼褻瀆，當坐罪。左丞相薩敦疾革，家人請釋重囚禳之，結極陳其不可。先是有罪者，北人則徙廣海，南人則徙遼東，去家萬里，往往道死。結請移鄉者止千里外，改過聽還其鄉，因著爲令。職官坐罪者多從重科，結曰：「古者刑不上大夫。今貪墨雖多，然士之廉恥不可以不養也。」聞者謂其得體。

**《元史》卷三八《順帝紀二》**　是月，益都路沂水、日照、蒙陰、莒縣旱饑，賑米一萬石。

**《續資治通鑑》卷二〇七**　夏四月癸丑朔，詔：「諸官非節制軍馬者，不得佩金虎符。」

**《元史新編》卷一四**　廢霑益州所轄羅山，石梁，交水三縣。

**《元史》卷三八《順帝紀一》**　辛酉，享於太廟。以江南行御史臺中丞不花爲中書省參知政事。

丙寅，詔以鈔五十萬錠，命徽政院散給達達兀魯思、怯薛丹、各愛馬。

己巳，加唐其勢開府儀同三司。

《續資治通鑑》卷二〇七　己卯，詔翰林國史院纂修累朝實録及后妃、功臣列傳。

《元史》卷三八《順帝紀一》　庚辰，罷功德、典瑞、營繕、集慶、翊正、羣玉、繕工、金玉珠翠諸提舉司。以撒的爲御史大夫。禁犯御名。

是月，河南旱，賑恤芍陂屯軍糧兩月。

五月壬午朔，皇太后以膺受寶、册，恭謝太廟。

丙戌，占城國遣其臣剌忒納瓦兒撒來獻方物，且言交趾遏其貢道，詔遣使宣諭交趾。

《續資治通鑑》卷二〇七　戊子，車駕時巡上都。遣使者詣曲阜孔子廟致祭。

《元史》卷三八《順帝紀一》　壬辰，命嚴謚法，以絶冒濫。京畿民饑，詔有司議賑恤。加伯撒里金紫光禄大夫。

甲辰，伯顔請以右丞相讓唐其勢，詔不允，命唐其勢爲左丞相。

是月，永新州饑，賑之。

六月辛酉，有司言甘肅撒里畏(兀)産金銀，請遣官税之。

《續資治通鑑》卷二〇七　癸酉，禁服色不得僭上。

《元史》卷三八《順帝紀一》　乙亥，罷江淮財賦總管府所管杭州、平江、集慶三處提舉司，以其事詔湖南宣慰使司兼都元帥府，總領所轄諸路鎮守軍馬。

《續資治通鑑》卷二〇七　庚辰，巴延奏左丞相騰吉斯及其弟塔喇海謀逆，誅之。

初，薩敦已死，巴延獨秉政，騰吉斯忿然曰：「天下，吾家之天下，巴延何人而位吾上！」遂與其叔父句容郡王達朗達賚潛蓄異心，謀立諸王鴻和特穆爾。帝數召達賚不至，郯王齊齊克圖發其謀。騰吉斯伏兵東郊，率勇士突入宮闕，巴延及鄂勒哲特穆爾、定珠、奇爾濟蘇等捕獲之。騰吉斯、塔喇海並伏誅，而其黨北奔達賚所，達賚即應以兵。帝遣使諭之，達賚殺使者而率其黨逆戰，爲綽斯戩等所敗，遂奔鴻和特穆爾。帝命追襲之，執達賚等送上都，鴻和特穆爾自殺。

先是巴延、騰吉斯二家之奴，怙勢爲民害，多爾濟巴勒巡歷潮州，悉捕其人置於法。及還，騰吉斯怒曰：「御史不禮我已甚，辱我家人，我何面目見人耶！」答曰：「多爾濟巴勒知奉法而已，他不知也。」騰吉斯從子瑪克錫爲奇徹親軍指揮使，



恣横不法，多爾濟巴勒劾奏之。瑪克錫因集無賴子欲加害，會騰吉斯被誅，乃罷。

中書省員外郎陳思謙上言：「強盜但傷事主者，皆得死罪。而故殺從而加功之人與鬭而殺人者，例杖一百七，得不死，與私宰牛馬之罪無異，是視人與牛馬等也。法有加重，因姦殺夫，所姦妻妾同罪，律有明文。今坐所犯，似失推明。」遂令法曹議，著爲定制。

《宋元資治通鑑》卷六一　初，唐其勢事敗被擒，拔折殿檻不肯出。塔剌海走匿皇后座下，后蔽之以衣，左右曳出斬之，血濺后衣。伯顔奏并執后，后呼帝曰：「陛下救我。」帝曰：「汝兄弟爲逆，豈能相救。」乃遷出宮。

《元史新編》卷一四　秋七月辛巳朔，以馬札兒台、阿察赤並爲御史大夫。

《元史》卷三八《順帝紀一》　壬午，伯顔殺皇后伯牙吾氏於開平民舍。

丁亥，享於太廟。

壬辰，加馬札兒台銀青榮禄大夫、開府儀同三司，領承徽寺。

《續資治通鑑》卷二〇七　壬寅，專命巴延爲中書右丞相，罷左丞相不置。

《元史》卷三八《順帝紀一》　癸卯，立脱脱禾孫於察罕腦兒之地。

乙巳，罷燕鐵木兒、唐其勢舉用之人。

《續資治通鑑》卷二〇七　戊申，誅達朗達賚等於市。

《元史》卷三八《順帝紀一》　是月，西和州、徽州雨雹，民饑，發米賑貸之。

〔八月〕戊午，祭社稷。

《元史新編》卷一四　癸亥，以淇陽王完者帖木爾知樞密院事，帖木爾不花並爲御史大夫。

《元史》卷三八《順帝紀一》　甲子，加完者帖木兒太傅。

戊寅，道州、永興水災，發米五千石及義倉糧賑之。

己卯，議尊皇太后爲太皇太后，許有壬諫以爲非禮，不從。

是月，廣西徭反，命湖廣行省右丞完者討之。沅州等處民饑，賑米二萬七千七百石。

《續資治通鑑》卷二〇七　九月庚辰朔，車駕駐扼胡嶺。

丙戌，赦。

《元史新編》卷一四　封闊里吉思爲宣國公，定住爲宣德王。

《元史》卷三八《順帝紀一》　庚子，加中書平章政事徹里帖木兒銀青榮禄大

夫。命有司造太皇太后玉册、玉寶。御史臺臣言：「國朝初用宦官，不過數人，今内府執事不下千餘。乞依舊制，裁減冗濫，廣仁愛之心，省糜費之患。」從之。

《續資治通鑑》卷二〇七　丙午，詔以烏撒、烏蒙之地隸四川行省。

《元史》卷三八《順帝紀一》　是月，耒陽、常寧、道州民饑，以米萬六千石并常平米賑糶之。車駕還自上都。以京畿鹽換羊二萬口。

〔冬十月〕丙辰，以大司農塔失海牙爲太尉，置僚屬，商議中書省事。

詔海道都漕運萬户府船户與民一體充役。

《續資治通鑑》卷二〇七　丁巳，流鴻和特穆爾、達朗達賚及騰吉斯子孫於邊地。

《元史》卷三八《順帝紀一》　壬戌，加御史大夫帖木兒不花銀青榮禄大夫。

《續資治通鑑》卷二〇七　癸亥，流御史大夫鄂勒哲特穆爾於廣海。鄂勒哲特穆爾，額森特穆爾骨肉之親也，監察御史以爲言，故斥之。

選省、院、臺、宗正府通練刑獄之官，分行各道，與廉訪審決天下囚。

戊辰，以宗王亦思干兒弟撒昔襲其兄封。

《元史新編》卷一四　徹里帖木爾議罷科舉，并減太廟四祭爲一。御史吕思誠等十九人劾其變亂舊章，不聽，皆辭去，惟陳允文不署名獨留。

辛未，太皇太后玉册、玉寶成，遣官告祭於太廟。

是月，以伯顔獨任中書右丞相詔天下。

十一月庚辰，敕以所在儒學貢士莊田租給宿衛衣糧。詔罷科舉。

乙酉，敕内外官悉循資銓注，毋得保舉，澀滯選法。

《元史》卷三八《順帝紀一》　癸巳，命知樞密院事馬札兒台領武備寺。

《續資治通鑑》卷二〇七　甲午，以雅克特穆爾、騰吉斯、達朗達賚所奪高麗田宅還其王喇特納實里。

《元史新編》卷一四　丁酉，以阿吉剌平章政事，徐奭、定住竝參議中書省事。

戊戌，召前知樞密院事福丁失剌不花，撒爾不哥還京師。

《續資治通鑑》卷二〇七　太史屢言星文示儆，帝以世祖在位久，欲祖述之，辛丑，下詔改元。

《元史》卷三八《順帝紀一》　詔曰：

朕祇紹天明，入纂丕緒，於今三年，夙夜寅畏，罔敢怠荒。兹者年穀順成，海宇清謐，朕方增修厥德，日以敬天恤民爲務，屬太史上言，星文示儆。將朕德菲薄，有所未逮歟？天心仁愛，俾予以治，有所告戒歟？弭災有道，善政爲先。更號紀年，實惟舊典。惟世祖皇帝，在位長久，天人協和，諸福咸至，祖述之志，良切朕懷。今特改元統三年仍爲至元元年。遹遵成憲，誕布寬條，庶格禎祥，永綏景祚。赦天下。

《續資治通鑑》卷二〇七　監察御史李好文言：「年號襲舊，於古未聞；襲其名而不蹈其實，未見其益也。」因言時弊不如至元者十餘事，不報。

立常平倉。

趙世延自至順中移疾歸，旋有詔徵還朝，不能行，仍除奎章閣大學士、翰林學士承旨、中書平章政事。

《元史》卷三八《順帝紀一》　丁未，賜知樞密院事徹里帖木兒三珠虎符。

十二月己酉朔，荆門州獻紫芝。以廪給司屬通政院。加知樞密院事闊里吉思銀青榮禄大夫，兼左翊蒙古侍衛親軍都指揮使。

乙卯，命雲南行省造軍士錢糧新舊之籍。

《宋元資治通鑑》卷六一　丙辰，制省諸王、公主、駙馬飲餼之費。

《元史》卷三八《順帝紀一》　詔徵高麗王阿剌忒納失里入朝。

丁巳，詔伯顔領宫相府。

壬戌，撥廬州、饒州牧地一百頃，賜宣讓王帖木兒不花。命四川、雲南、江西行省保選蠻夷官以俟銓注。

乙丑，奉玉册、玉寶，上太皇太后尊號曰贊天開聖徽懿宣昭貞文慈佑儲善衍慶福元太皇太后，詔曰：「欽惟太皇太后，承九廟之托，啓兩朝之業，親以大寶，付之眇躬。尚依擁佑之慈，恪遵仁讓之訓，爰極尊崇之典，以昭報本之忱。庸上徽稱，宣告中外。」命宣政院使末吉以司徒就第。

丙子，安慶、蘄、黄地震。

丁丑，西番賊起，遣兵擊之。

《元史新編》卷一四　戊寅，蒙古國子監成。

《元史》卷三八《順帝紀一》　是月，寶慶路饑，賑糶米三千石。

閏月乙酉，詔：「四川鹽運司於鹽井仍舊造鹽，餘井聽民煮造，收其課十之三。」

戊子，復以宗正府爲大宗正府。

《元史新編》卷一四　壬辰，命宗室脱脱木爾襲封荆王，掌忙來諸軍。

《元史》卷三八《順帝紀一》　丁酉，御史大夫撒的加銀青榮禄大夫，領奎章閣，知經筵事。

戊戌，御史臺臣復劾奏中書平章政事徹里帖木兒罪，罷之。

《續資治通鑑》卷二〇七　中書平章政事徹爾特穆爾嘗指斥武宗，於是臺臣復劾之，而巴延亦惡其忤己，壬寅，流之於(安南)〔南安〕，人皆快之，尋卒。

《元史》卷三八《順帝紀一》　丙午，詔平章政事塔失海牙領都水、度支二監。

是年，江西大水，民饑，賑糶米七萬七千石。賜天下田租之半。凡有妻室之僧，令還俗爲民，既而復聽爲僧。移犍爲縣還舊治。

《元史新編》卷一四　太廟惟舉夏秋二享。

《續資治通鑑》卷二〇七　山東盜起。陳馬騾及新李白書殺掠，山東廉訪使達爾瑪以爲吏貪汙所致，先劾去之，而後上擒賊方略，朝廷嘉納之。即遣兵擒獲，齊、魯以安。

## 至元二年(丙子、一三三六)

《元史》卷三九《順帝紀二》　春正月壬戌，太陰犯右執法。

乙丑，宿松縣地震，山裂。

是月，置都水庸田使司於平江。

《續資治通鑑》卷二〇七　前中書左丞王結卒，追封太原郡公，謚文忠。結立言制行，皆法古人。故相張珪曰：「王結非聖賢之書不讀，非仁義之言不談。」識者以爲名言。

《元史》卷三九《順帝紀二》　二月戊寅朔，祭社稷。

《續資治通鑑》卷二〇七　戊子，詔以世祖所賜王積翁田八十頃還其子都中。

己丑，立穆陵關巡檢司。

《元史》卷三九《順帝紀二》　壬辰，日赤如赭。

乙未、丙申，復如之。

《元史新編》卷一四　丁酉，追尊帝生母罕禄魯氏爲貞裕徽聖皇后。

《元史》卷三九《順帝紀二》　庚子，分衡州路衡陽縣，立新城縣。進封宣靖王買奴爲益王。



甲辰，宗王也可札魯忽赤添孫薨，賜鈔一百錠以葬。

乙巳，詔賞勞廣海征徭將卒，有官者升散階，殁於王事者優加褒贈。金山甘肅兵士在逃者，聽復業，免其罪。

三月戊申，以阿里海牙家藏書畫賜伯顔。

甲寅，以按灰爲大宗正府也可札魯忽赤，總掌天下奸盜詐僞。

《續資治通鑑》卷二〇七　丁巳，以累朝珠衣、七寶項牌賜巴延。

《元史》卷三九《順帝紀二》　庚申，日赤如赭。

壬戌，復如之。賜征東元帥府軍士冬衣及甲。諸軍討廣西徭，久無功，敕行省、行臺、廉訪司官共督之。順州民饑，以鈔四千錠賑之。

乙丑，賜宗王火兒灰母答里鈔一千錠。以撒敦上都居第賜太保定住，仍敕有司籍撒敦家財。

《元史新編》卷一四　甲戌，復四川鹽井之禁。

《元史》卷三九《順帝紀二》　以按答木兒家人田宅賜太保定住。以汪家奴爲宣政院使，加金紫光禄大夫。造武宗、英宗、明宗三朝皇后玉册、玉寶。

是月，陝西暴風，旱，無麥。

《元史新編》卷一四　夏四月丁丑朔，禁民間私造格例。

戊寅，封駙馬孛羅帖木爾爲毓德王。

《續資治通鑑》卷二〇七　丁亥，禁服麒麟、鸞鳳、白兔、靈芝、雙角五爪龍、八龍、九龍、萬壽、福壽、赭黄等服。

《元史》卷三九《順帝紀二》　庚寅，以知樞密院事帖木兒不華爲中書平章政事，撒迪爲御史大夫。

甲午，遣使以香、幣賜武當、龍虎二山。詔以太平路爲郯王徹徹秃食邑。以集慶、廬州、饒州秃秃哈民户賜伯顔，仍於句容縣設長官所領之。

戊戌，車駕時巡上都。拜中書左丞耿焕爲侍御史，王(德懋)〔懋德〕爲中書左丞。賜宗室灰里王金一錠、鈔一千錠，毓德王孛羅帖木兒鈔三千錠，公主八八鈔二千錠。

《續資治通鑑》卷二〇七　五月丙午朔，黄河復於故道。

《元史》卷三九《順帝紀二》　壬申，秦州山崩。

是月，婺州不雨，至於六月。

六月丁丑，禁諸王、駙馬從衛服只孫衣，繫條環。贈宗王忽都答兒爲雲安王，謚忠武；羅羅歹爲保寧王，謚昭勇。

庚辰，命中書平章政事阿吉剌知經筵事。

戊子，以鐵木兒補化爲江浙行省左丞相。

**《續資治通鑑》卷二〇七**　辛卯，以汴梁、大名諸路圖卜臺地土賜巴延。

禮部侍郎呼勒岱請復科舉取士之制，不聽。

庚子，涇水溢。

**《元史》卷三九《順帝紀二》**　辛丑，以鈔五千錠賜吴王搠失江。

秋七月丙午，詔以公主奴倫引者思之地五千頃賜伯顔。以衛輝路賜衛王寬徹哥爲食邑。

**《元史新編》卷一四**　庚戌，以定住，鎖南參議中書省事。

**《元史》卷三九《順帝紀二》**　壬子，發阿魯哈、不蘭奚駱駝一百一十上供太皇太后乘輿之用。

**《續資治通鑑》卷二〇七**　庚申，禁隔越中書口傳敕旨，冒支錢糧。

**《元史》卷三九《順帝紀二》**　甲子，命有司以所籍撒敦寶器分賜伯顔及太保定住。

乙丑，中書平章政事孛羅徙宅，賜金二錠、銀十錠。

**《續資治通鑑》卷二〇七**　庚午，敕賜上都孔子廟碑，載累朝尊崇之意。

**《元史》卷三九《順帝紀二》**　省諸王、公主、駙馬從衛糧賜之數。

**《元史新編》卷一四**　癸酉，命駙馬月魯不花、帖古思、教化同鎮薛連可怯魯連之地。

**《元史》卷三九《順帝紀二》**　是月，黄州蝗，督民捕之，人日五斗。以鈔二千錠賑新收阿速軍扈從車駕者，每户鈔二錠，死者人一錠。

八月甲戌朔，日有食之。高郵大雨雹。詔：「雲南、廣海、八番及甘肅、四川邊遠官，死而不能歸葬者，有司給糧食舟車護送還鄉；去鄉遠者，加鈔二十錠；無親屬者，官爲瘞之。」命威順王寬徹不花還鎮湖廣。先是伯顔矯制召之至京，至是帝遣歸藩。

戊寅，祭社稷。大都至通州霖雨，大水，敕軍人修道。

辛卯，以徽政院、中政院財賦府田租六萬三千三百石，補本年海運未敷之數，令有司歸其直。

**《元史新編》卷一四**　壬辰，立屯衛於馬札罕之地。

庚子，定強盜皆死，盜牛馬者劓，盜驢騾者黥額，再犯劓。盜羊豕者墨項，再犯黥，三犯劓，劓後再犯者死。盜諸物者，照其數估價。省、院、臺、五府官三年一次審決。

辛丑，并馬湖路泥溪、平夷、蠻夷、夷都、沐川、雷坡六長官司爲三。

**《元史》卷三九《順帝紀二》**　〔九月〕癸亥，弛鞏昌總帥府漢人軍器之禁。

戊辰，車駕還自上都。海運糧至京，遣官致祭天妃。

是月，台州路饑，發義倉、募富人出粟賑之。沅州路盧陽縣饑，賑糶米六千石。

〔冬十月〕己卯，享於太廟。

丙申，命參知政事納麟監繪明宗皇帝御容。

**《宋元資治通鑑》卷六一**　己亥，詔每日右丞相伯顔、太保定住、平章政事孛羅阿吉剌聚議於内廷，平章政事塔失海牙、右丞鞏上班、參知政事納麟、許有壬等聚議於中書。

**《元史》卷三九《順帝紀二》**　是月，撫州、袁州、瑞州諸路饑，發米六萬石賑糶之。

〔十一月〕壬子，以那海爲湖廣行省平章政事，討廣西叛猺。武宗、英宗、明宗三朝皇后升祔入廟，命官致祭。

**《元史新編》卷一四**　丁巳，遣河南平章玥璐不花至西番爲僧。

**《元史》卷三九《順帝紀二》**　辛酉，賜宣讓王帖木兒不花市宅錢四千錠。詔帖木兒不花王府官屬，朝賀班次列於有司之右。

壬戌，命同知樞密院事者燕不花兼宫相都總管府達魯花赤，領隆鎮衛、左阿速衛諸軍。

癸亥，安置宗王不蘭奚於梧州。

**《元史新編》卷一四**　辛未，禁彈弓、弩箭、袖箭。

**《元史》卷三九《順帝紀二》**　壬申，國公買住卒，賜鈔三百錠。印造至元三年鈔本一百五十萬錠。

是月，松江府上海縣饑，發義倉糧及募富人出粟賑之。安豐路饑，賑糶麥四萬二千四百石。

**《續資治通鑑》卷二〇七**　中書平章政事趙世延卒，年七十七，追封魯國公，謚文忠。世延歷官省、臺五十餘年，凡軍國利病，生民休戚，知無不言，而於儒者名教尤拳拳焉。

**《元史》卷三九《順帝紀二》** 十二月甲戌，日赤如赭。

丙子，命興元府鳳州留壩鎮及晉寧路遼山縣十八盤各立巡檢司。宗王也孫帖木兒進西馬三匹。賜文濟王蠻子金印、驛券及從衛者衣并糧五千石。詔省、院、臺、翰林、集賢、奎章閣、太常禮儀院、禮部官定議寧宗皇帝尊謚、廟號。

是月，江州諸縣饑，總管王大中貸富人粟以賑貧民，而免富人雜徭以爲息，約年豐還之，民不病饑。慶元慈溪縣饑，遣官賑之。

是歲，詔整治驛傳。以甘肅行省白城子屯田之地賜宗王喃忽里。以燕鐵木兒居第賜灌頂國師曩哥星吉，號大覺海寺，塑千佛於其內。江浙旱，自春至於八月不雨，民大饑。

## 至元三年（丁丑、一三三七）

**《元史》卷三九《順帝紀二》** 春正月癸卯，廣州增城縣民朱光卿反，其黨石昆山、鍾大明率衆從之，僞稱大金國，改元赤符。命指揮狗札里、江西行省左丞沙的討之。

戊申，大都南北兩城設賑糶米鋪二十處。

辛亥，升祔懿璘只班皇帝於廟，謚沖聖嗣孝皇帝，廟號寧宗。豫王阿剌忒納失里買池州銅陵産銀地一所，請用私財煅煉，輸納官課，從之。

**《元史新編》卷一四** 癸丑，立宣鎮侍衛屯田萬户府於寧夏。

戊午，帝獵於柳林，凡三十五日。監察御史丑的、宋紹明進諫，帝嘉之，賜金、幣。丑的等固辭，帝曰：「昔魏徵進諫，唐太宗未嘗不賞，汝其受之。」

**《元史》卷三九《順帝紀二》** 是月，臨江路新淦州、新喻州，瑞州民饑，賑糶米二萬石。封晉郭璞爲靈應侯。

**《續資治通鑑》卷二〇七** 二月，棒胡反於汝寧、信陽州。

**《元史》卷三九《順帝紀二》** 紹興路大水。

**《元史新編》卷一四** 丙子，立船户提舉司，定船户科差，千料以上者歲納鈔六錠，下此遞減。

**《元史》卷三九《順帝紀二》** 壬午，以上太皇太后玉册、玉寶，恭謝太廟。

**《御批歷代通鑑輯覽》卷九八** 定服色、器皿、輿馬之制。

時服飾上下無別，帝初禁民間服麒麟、鸞鳳、白兔、靈芝、雙角、五爪龍、八龍、九龍、萬壽字、赭黄等物。至是，復詔定其制，尋禁倡優盛服及戴笠乘馬。

**《元史》卷三九《順帝紀二》** 己丑，汝寧獻所獲棒胡彌勒佛、小旗、僞宣敕并紫金印、量天尺。

辛卯，發鈔四十萬錠，賑江浙等處饑民四十萬户，開所在山場、河泊之禁，聽民樵采。廣西猺賊復反，命湖廣行省平章諾海、江西行省平章圖爾密實哈雅總兵捕之。

丙申，太保定住薨，給賜殯葬諸物。

庚子，中書參知政事納麟等請立採珠提舉司。

**《續資治通鑑》卷二〇七** 先是嘗立提舉司，泰定間以其煩擾罷去，至是復立之，且以蜑户四萬賜巴延。

**《元史》卷三九《順帝紀二》** 是月，發義倉米賑蘄州及紹興饑民。

三月辛亥，太陰犯靈臺。發鈔一萬錠，賑大都寶坻饑民。

戊午，詔以完者帖木兒蘇州之田二百頃賜郯王徹徹禿。

**《宋元資治通鑑》卷六一** 立皇后弘吉剌氏。后名伯顏忽都，武宗宣慈惠聖皇后之姪，毓德王孛羅帖木兒之女也。

**《元史》卷三九《順帝紀二》** 己未，大都饑，命於南北兩城賑糶糙米。

**《元史新編》卷一四** 癸亥，加封晉周處爲英義武惠正應王。

**《元史》卷三九《順帝紀二》** （己）〔乙〕丑，命宗王燕帖木兒爲大宗正府札魯忽赤。

是月，天雨綫。發義倉糧賑溧陽州饑民六萬九千二百人。

夏四月壬申，遣使降香於龍虎、三茅、閤皂諸山。

**《御批歷代通鑑輯覽》卷九八** 禁漢人、南人，不得執軍器。

凡有馬者拘入官，尋復詔「鎮遏生番處，開其禁，内地如故」。

**《元史》卷三九《順帝紀二》** 甲戌，有星孛於王良，至七月壬寅没於貫索。皇后以受玉册、玉寶，恭謝太廟。命伯顏領宣鎮侍衛軍，賜鈔三千錠，建宣鎮侍衛府。以太皇太后受册、寶詔天下。

己卯，車駕時巡上都。

壬午，高麗王阿剌忒納失里朝賀還國，賜金一錠、鈔二千錠，從官賜與有差。

辛卯，合州大足縣民韓法師反，自稱南朝趙王。

丁酉，謚唐杜甫爲文貞。

**《續資治通鑑》卷二〇七**　己亥，惠州歸善縣民聶秀卿、譚景山等造軍器，拜戴甲爲定光佛，與朱光卿相結爲亂，命江西行省左丞錫迪捕之。

是月，詔：「省、院、臺、部、宣慰司、廉訪司及郡府幕官之長，並用蒙古、色目人。禁漢人、南人不得習學蒙古、色目文字。」

**《元史》卷三九《順帝紀二》**　以米八千石、鈔二千八百錠，賑哈剌奴兒饑民。龍興路南昌、新建縣饑，太皇太后發徽政院糧三萬六千七百七十石賑糶之。

**《宋元資治通鑑》卷六一**　五月辛丑〔朔〕，民間訛言，朝廷拘刷童男童女，一時嫁娶殆盡。

**《元史》卷三九《順帝紀二》**　癸卯，給平伐、都雲定雲二處安撫司達魯花赤暗都剌等虎符。

乙巳，以興州、松州民饑，禁上都、興和造酒。

**《續資治通鑑》卷二〇七**　(庚)〔戊〕申，詔：「汝寧棒胡，廣東朱光卿、聶秀卿等，皆係漢人。漢人有官於省、臺、院及翰林、集賢者，可講求誅捕之法以聞。」

**《元史新編》卷一四**　甲寅，西番賊起，殺鎮西王子黨兀班。詔立行宣政院，以耶先帖木爾爲院使，討之。

**《元史》卷三九《順帝紀二》**　詔哈八兒禿及禿堅帖木兒爲太尉，各設僚屬幕官。

壬戌，命四川行省參知政事舉理等捕反賊韓法師。

六月庚午〔朔〕，太白經天。辛未、甲戌，復如之。

戊寅，贈丞相安童推忠佐運開國元勳、東平忠憲王，於所封城内建立祠廟，官爲致祭。

辛巳，大霖雨，自是日至癸巳不止。京師、河南、北水溢，御河、黄河、沁河、渾河水溢，没人畜、廬舍甚衆。

癸未，設醮長春宮。

**《元史新編》卷一四**　戊子，加封尹真人爲無上太初博文文始真君，徐甲爲垂玄感聖慈化應御真君，庚桑子爲洞靈感化超蹈混然真君，文子通玄光暘昇元敏秀真君，列子沖虛至德遁世樂游真君，莊子南華至極雄文弘道真君。

**《元史》卷三九《順帝紀二》**　壬辰，彰德大水，深一丈。立高密縣濰川鄉景芝社巡檢司。

秋七月己亥〔朔〕，漳河泛溢至廣平城下。賜鞏卜班西平王印。

癸卯，車駕出獵。

丙午，車駕幸失剌斡耳朵。

**《元史新編》卷一四**　丁未，車駕幸龍岡，灑馬湩以祭。

**《元史》卷三九《順帝紀二》**　戊申，召朵兒只國王入朝。

庚戌，河南武陟縣禾將熟，有蝗自東來，縣尹張寬仰天祝曰：「寧殺縣尹，毋傷百姓。」俄有魚鷹羣飛啄食之。

壬子，車駕幸乾元寺。

乙卯，懷慶水。

**《續資治通鑑》卷二〇七**　庚申，詔：「除人命重事之外，凡盜賊諸罪，不須候五府官審録，有司依例決之。」

**《元史》卷三九《順帝紀二》**　壬戌，賜宗王桑哥八剌七寶繫腰。

是月，狗札里、沙的擒朱光卿，尋追擒石昆山、鍾大明。

**《續資治通鑑》卷二〇七**　衛輝府自六月淫雨至是月，平地水深二丈餘，漂没人民房舍，民皆栖於樹木。郡守僧嘉努以舟載飯食之，移老弱居城頭，日給糧餉。月餘，水方退。

**《元史》卷三九《順帝紀二》**　八月戊辰〔朔〕，祭社稷。遣使賑濟南饑民九萬户。

**《續資治通鑑》卷二〇七**　辛巳，京畿盜起。

壬午，京師地大震，太廟梁柱裂，各室墻壁皆壞，壓損儀物，文宗神主及御床盡碎；西湖寺神御殿壁仆，壓損祭器。自是累震，至丁亥方止，所損人民甚衆。

**《御批歷代通鑑輯覽》卷九八**　先是，京師大霖雨，凡十三日。御河、沁河、渾河皆溢，没人畜，田廬不可勝計。至是，地大震，太廟梁柱裂，各室牆壁皆壞，壓損儀物，文宗神主及御牀盡碎，凡六日方止。

**《元史新編》卷一四**　癸未，弛高麗軍器禁，仍令乘馬。凡漢人鎮遏生番處，竝開軍器禁。

《元史》卷三九《順帝紀二》　戊子，修理文宗神主并廟中諸物。

是月，車駕至自上都。

《元史新編》卷一四　九月己酉，修文宗神主、玉册及神御物成，遣官告祭。

《續資治通鑑》卷二〇七　立皮貨所於寧夏，設提領使、副主之。立四川、湖廣、江浙行樞密院。

《元史》卷三九《順帝紀二》　丙寅，大都南北兩城添設賑糶米鋪五所。

冬十月乙亥，命江浙行省丞相搠思監提調海運。

《續資治通鑑》卷二〇七　國用所倚，海運爲重。綽斯戩措置有方，所漕米三百餘萬石，悉達京師，無耗折者。

是月，金華處士許謙卒。

當時學者，稱何基、王柏、金履祥及謙爲金華四子。

《元史新編》卷一四　丙午，立屯田於雄州。

《元史》卷三九《順帝紀二》　十一月丁酉〔朔〕，太白經天。

《元史》卷三九《順帝紀二》　丁巳，詔脱脱木兒襲脱火赤荆王位，仍命其妃忽剌灰同治兀魯思事。

《元史新編》卷一四　癸亥，發鈔萬五千錠，振宣德地震死傷者。

《元史》卷三九《順帝紀二》　十二月己巳，享於太廟。

乙亥，吏部仍設考功郎中、員外郎、主事各一員。

庚辰，命阿魯圖襲廣平王爵。

《元史新編》卷一四　壬午，集賢大學士羊歸言，太上皇、唐妃影堂在真定玉華宫，每年宜於正月二十日致祭，從之。

《元史》卷三九《順帝紀二》　丙戌，命阿速衛探馬赤軍屯田。

《御批歷代通鑑輯覽》卷九八　以滿濟勒噶台爲太保，分樞密院，鎮北邊。

《續資治通鑑》卷二〇七　是歲，巴延請殺張、王、劉、李、趙五姓漢人，帝不從。

詔賜孝子靳昺碑。

札實除僉浙西廉訪司事。

詔知嶺北行樞密院事桼曼台襲國王，授以金印。繼又以安邊睦隣之功，賜珠絡半臂并海東名鷹、西域文豹，國制以此爲極恩云。

《元史》卷三九《順帝紀二》　徵西域僧加剌麻至京師，號灌頂國師，賜玉印。

《元史新編》卷一四　是年，太廟四祭皆闕。

## 至元四年（戊寅、一三三八）

《續資治通鑑》卷二〇七　春正月丙申，以地震，赦天下。

詔：「内外廉能官，父母年七十無侍丁者，附近銓注，以便就養。」

宣政院使布埒齊以年七十致仕，授大司徒，給全俸終身。

《元史》卷三九《順帝紀二》　己未，江浙海運糧數不足，撥江西、河南五十萬石補之。

辛酉，分命宗王乃馬歹爲知行樞密院事。

癸亥，印造鈔本百二十萬錠。

是月，詔修曲阜孔子廟。

二月丁卯，罷河南、〔江西〕江浙、湖廣〔江西〕、四川等處行樞密院。

戊辰，祭社稷。

《續資治通鑑》卷二〇七　庚午，帝畋於柳林。

《元史新編》卷一四　乙酉，奉聖州地震。

《元史》卷三九《順帝紀二》　是月，賑京師、河南、北被水災者。龍興路南昌州饑，以江西海運糧賑糶之。

三月辛酉，命中書平章政事阿吉剌監修《至正條格》。告祭南郊。以國王朵兒只爲遼陽行省左丞相，宗王玉里不花爲知樞密院事，賜鈔一千錠、金一錠、銀十錠。

《元史新編》卷一四　辛未，京師雨紅沙，晝晦。以探馬赤只爾瓦台平章政事，脱脱爲御史大夫。

《續資治通鑑》卷二〇七　癸酉，以御史中丞托克托爲御史大夫。托克托，滿濟勒噶台之子也，早爲文宗所器，曰：「此子可大用。」至是掌風憲，大振綱紀，中外肅然。

《元史》卷三九《順帝紀二》　乙亥，命阿吉剌爲奎章大學士兼知經筵事。

《元史新編》卷一四　己卯，河南執胡閏兒，械至京，誅之。

癸巳，帝如上都，暮至八里塘，雨雹，大如拳，其狀有小兒、環玦、師、象、龜、卯之形。

《元史》卷三九《順帝紀二》　五月乙未〔朔〕，立五臺山等處巡檢司。

庚戌，升兩淮屯田打捕總管府爲正三品。

甲寅，贈湖廣行省平章政事燕赤推誠翊戴安邊制勝功臣、太傅、開府儀同三司、上柱國，追封永平王，謚忠襄。

**《元史新編》卷一四**　辛酉，詔，吐蕃宣慰司軍士，許乘馬，執兵器。分湖廣元領新化、古州、潭溪、龍里、洪州諸洞民六萬餘户，隸靖州。增吏部攷功司官，以佛家閭爲郎中，喬林爲員外郎，魏宗道爲主事，攷較天下郡縣官功過。

**《宋元資治通鑑》卷六一**　六月庚午，廣東廉訪司僉事恩莫綽言，處決重囚，宜命五府官斟酌地里遠近，預選官分行各道，比到秋分時畢事。從之。

**《元史》卷三九《順帝紀二》**　辛巳，袁州民周子旺反，僭稱周王，僞改年號。尋擒獲，伏誅。

壬午，立重慶路墊江縣。

己丑，邵武路大雨，水入城郭，平地二丈。

**《續資治通鑑》卷二〇七**　是月，信州路靈山裂。

秋七月壬寅，詔以巴延有功，立生祠於涿州、汴梁。

己酉，奉聖州地大震，損壞人民廬舍。

丙辰，鞏昌府山崩，壓死人民。

**《元史》卷三九《順帝紀二》**　戊午，爲伯顔立打捕鷹房諸色人户總管府。

八月癸亥朔，日有食之。

戊辰，祭社稷。

己巳，申取高麗女子及閹人之禁。贈伯顔察兒守誠佐治安惠世美功臣、太師、開府儀同三司、上柱國，追封奉元王，謚忠宣。

辛未，宣德府地大震。

癸酉，山東鹽運司於濟南歷城立濱洛鹽倉東西二場。

**《元史新編》卷一四**　丙子，京師地震，日二三次，至乙酉乃止。

**《續資治通鑑》卷二〇七**　癸未，改宣德府爲順寧府，奉聖州爲保安州，以其地數震故也。

**《元史》卷三九《順帝紀二》**　贈太保曲出推忠翊運保寧一德功臣、太師、開府儀同三司、上柱國，追封廣陽王，謚忠惠。贈平章伯帖木兒宣忠濟美協誠正德功臣、太傅、開府儀同三司、上柱國，追封文安王，謚忠憲。

甲申，雲南老告土官八那遣姪那賽齎象馬來朝，爲立老告軍民總管府。

是月，車駕還自上都。

**《續資治通鑑》卷二〇七**　閏月戊戌，日赤如赭。

九月癸酉，奔星如盃大，色白，起自右旗之下，西南行，没於近濁。

**《續資治通鑑》卷二〇七**　冬十月辛卯〔朔〕，享於太廟。

**《元史》卷三九《順帝紀二》**　十一月丙寅，改英宗殿名昭融。

丁卯，立紹熙府軍民宣撫都總使司，命御史大夫脱脱兼都總使，治書侍御史吉當普爲副都總使，世襲其職。本府元領六州、二十縣、一百五十二鎮；國初，以其地荒而廢之；至是居民二十餘萬，故立府治之。

(乙)〔己〕巳，命平章政事孛羅領太常禮儀院使。

壬午，四川散毛洞蠻反，遣使賑被寇人民。

十二月甲午，大都南城等處設米鋪二十，每鋪日糶米五十石，以濟貧民，俟秋成乃罷。

**《續資治通鑑》卷二〇七**　戊戌，立邦牙等處宣慰司都元帥府并總管府。先是世祖既定緬地，以其處雲南極邊，就立其酋長爲帥，令三年一入貢，至是來貢，故立官府。

**《元史新編》卷一四**　壬寅，以汪家奴知樞密院事，別爾怯不花爲御史大夫。

**《元史》卷三九《順帝紀二》**　庚戌，加荊王脱脱木兒元德上輔廣忠宣義正節振武佐運功臣之號。

**《元史新編》卷一四**　是年，江浙海運糧不足，撥江西、河南五十萬石補之。信州靈山裂，鞏昌府山崩，太廟惟舉冬祭，五年亦如之。

**《續資治通鑑》卷二〇七**　是歲，集賢大學士陳顥致仕，命食全俸於家。前樞密副使馬祖常卒，追封魏郡公，謚文貞。祖常立朝既久，多所建明，嘗議：「今國族及諸部，既誦聖賢之書，當知尊諸母以厚彝倫。」又議：「將家子弟驕脆，有孤任使，而庶民有挽強蹶張，老死草野者，當建武學、武舉，儲材以備非常。」時雖弗用，識者韙之。

## 至元五年（己卯、一三三九）

**《宋元資治通鑑》卷六一**　春正月癸亥，禁濫與僧人名爵。

乙亥，濮州鄄城、范縣饑，賑鈔二千一百八十錠。冀寧路交城等縣饑，賑米七千石。桓州饑，賑鈔二千錠。雲需府饑，賑鈔五千錠。開平縣饑，賑米兩月。

興和寶昌等處饑，賑鈔萬五千錠。

**《元史新編》卷一四**　二月庚寅，信州雨土。

**《元史》卷四〇《順帝紀三》**　戊戌，祭社稷。

庚子，免廣海添辦鹽課萬五千引，止辦元額。

**《續資治通鑑》卷二〇八**　集賢大學士致仕陳顥卒。

**《元史》卷四〇《順帝紀三》**　三月辛酉，八魯剌思千户所民被災，遣太禧宗禋院斷事官塔海發米賑之。

戊辰，灤河住冬怯憐口民饑，每户賑糧一石、鈔二十兩。

**《元史續編》卷一二**　昂吉爾、衮布巴勒罷。

**《元史》卷四〇《順帝紀三》**　夏四月辛卯，革興州興安縣。

**《續資治通鑑》卷二〇八**　癸巳，立巴延南口、過街塔二碑。

乙未，加封孝女曹娥爲慧感靈孝昭順純懿夫人。

**《元史》卷四〇《順帝紀三》**　己酉，申漢人、南人、高麗人不得執軍器、弓矢之禁。

**《續資治通鑑》卷二〇八**　是月，帝如上都。

鎮江丹陽縣雨紅霧，草木葉及行人衣裳皆濡成紅色。

**《元史》卷四〇《順帝紀三》**　五月己未朔，晃火兒不剌、賽秃不剌、紐阿迭烈孫、三卜剌等處六愛馬大風雪，民饑，發米賑之。

丙戌，加封瀏陽州道吾山龍神崇惠昭應靈顯廣濟侯。

**《元史新編》卷一四**　六月壬寅，月食。

**《元史》卷四〇《順帝紀三》**　庚戌，汀州路長汀縣大水，平地深可三丈餘，没民廬八百家，壞民田二百頃，户賑鈔半錠，死者一錠。

乙卯，達達民饑，賑糧三月。

是月，沂、莒二州民饑，發糧賑糶之。

秋七月丙子，開上都、興和等處酒禁。

丁丑，封皇姊月魯公主爲昌國大長公主。

戊寅，詔：「諸王位下官毋入常選。」

**《續資治通鑑》卷二〇八**　甲申，常州宜興山水出，勢高一丈，壞民廬。

**《元史》卷四〇《順帝紀三》**　八月丁亥〔朔〕，車駕至自上都。

戊子，祭社稷。

庚寅，宗王脱歡脱木爾各愛馬人民饑，以鈔三萬四千九百錠賑之。　宗王脱憐渾秃各愛馬人民饑，以鈔萬一千三百五十七錠賑之。

九月丁巳，瀋陽饑，民食木皮，賑糶米一千石。

**《續資治通鑑》卷二〇八**　冬十月辛卯，享於太廟。

壬辰，禁倡優盛服，許男子裹青巾，婦女服紫衣，不許戴笠、乘馬。

**《宋元資治通鑑》卷六一**　甲午，命伯顔爲大丞相，加元德上輔功臣之號。

**《元史新編》卷一四**　柏顔矯殺郯王徹徹圖，又奏貶宣讓王帖木爾不花、威順王寬徹普化，不俟命輒遣去。

**《元史》卷四〇《順帝紀三》**　是月，衡州饑，賑糶米五千石。遼陽饑，賑米五百石。文登、牟平二縣饑，賑糶米一萬石。

十一月丁巳，禁宰殺。

**《續資治通鑑》卷二〇八**　十一月，戊辰，河南行省掾杞縣范孟端謀不軌，詐爲詔使，入行省，殺平章政事伊禄特穆爾、廉訪使鄂勒哲布哈等，召官屬及去位者署而用之。執大都路儒學提舉歸暘，俾北守黄河口。暘力拒不從，賊怒，繫之獄。既而官軍捕孟端，誅之，凡汙賊者皆得罪，惟暘獨免。暘同里有吴炳者，嘗以翰林待制徵不起，賊召司卯酉曆，炳懼不敢辭。時人爲之語曰：「歸暘出角，吴炳無光。」暘之名用是大著。尋由國子博士拜監察御史，入謝，臺臣奏曰：「此河南抗賊不屈者。」帝曰：「好事卿嘗數爲之。」賜以上尊。

**《元史新編》卷一四**　癸酉，江西新昌州雨木冰，至明年二月始解。

**《元史》卷四〇《順帝紀三》**　是月，八番順元等處饑，賑鈔二萬二十錠。

十二月辛卯，復立都水庸田使司於平江。先是嘗置而罷，至是復立。

是歲，敕賜曲阜宣聖廟碑。工部廳梁上出芝草，一本七莖。袁州饑，賑糶米五千石。膠、密、莒、濰等州饑，賑鈔二萬錠。

**《元史新編》卷一四**　汀州大水，漂民廬八百區，溺死八千餘人，户振鈔半錠，死者倍之。濮州范縣、冀寧桓州、雲需府、瀋陽等處饑，共振鈔二萬五千錠，米七千餘石。

## 至元六年（庚辰、一三四〇）

**《元史新編》卷一四**　春正月甲戌，立司禋監，改奉太祖、太宗、睿宗御容於石佛寺。

**《元史》卷四〇《順帝紀三》** 戊寅，追封闊兒吉思宣誠戡難翊運致美功臣、太師、開府儀同三司、上柱國，追封晉寧王，謚忠襄。

是月，察忽、察罕腦兒等處馬災，賑鈔六千八百五十八錠。邳州饑，賑米兩月。

二月甲申朔，詔權止今年印鈔。

戊子，祭社稷。

己亥，黜中書大丞相伯顔爲河南行省左丞相，詔曰：「朕踐位以來，命伯顔爲太師、秦王、中書大丞相，而伯顔不能安分，專權自恣，欺朕年幼，輕視太皇太后及朕弟燕帖古思，變亂祖宗成憲，虐害天下。加以極刑，允合輿論。朕念先朝之故，尚存憫恤，今命伯顔出爲河南行省左丞相。所有元領諸衛親軍并怯薛丹人等，詔書到時，即許散還。」以太保馬札兒台爲太師、中書右丞相，太尉塔失海牙爲太傅，知樞密院事塔馬赤爲太保，御史大夫脱脱爲知樞密院事，汪家奴爲中書平章政事，嶺北行省平章政事也先帖木兒爲御史大夫。增設京城米鋪，從便賑糶。

**《元史新編》卷一四** 乙巳，罷各處船户及廣東采珠二提舉司。

**《元史》卷四〇《順帝紀三》** 丁未，立延徽寺，以奉寧宗祀事。罷司禋監。罷通州、河西務等處抽分按利房，大都東裏山查提領所。

是月，福寧州大水，溺死人民。京畿五州十一縣水，每户賑米兩月。

**《宋元資治通鑑》卷六一** 三月甲寅，以漳州義士陳君用襲殺反賊李志甫，授君用同知漳州路總管府事。

**《元史》卷四〇《順帝紀三》** 乙卯，益都、般陽等處饑，賑之。

丙辰，赦漳、潮二州民爲李志甫、劉虎仔脅從之罪，褒贈軍將死事者。

丁巳，大斡耳朵思風雪爲災，馬多死，以鈔八萬錠賑之。

癸亥，四怯薛役户饑，賑米一千石、鈔二千錠。成宗潛邸四怯薛户饑，賑米二百石、鈔二百錠。以知樞密院事脱脱、御史大夫別兒怯不花、知樞密院事牙不花知經筵事，中書參議阿魯佛住兼經筵官。

丁卯，詔賜江南行臺御史中丞史惟良、御史中丞耿焕、山東廉訪使張友諒、中書參知政事許有壬上尊、束帛。

**《續資治通鑑》卷二〇八** 辛未，詔徙巴延於南恩州陽春縣安置；行至龍(輿)〔興〕路驛舍，病死。

**《宋元資治通鑑》卷六一** 丁丑，以治書侍御史達識帖睦兒爲奎章閣大學士，翰林直學士揭傒斯爲供奉學士。

**《元史》卷四〇《順帝紀三》** 是月，淮安路山陽縣饑，賑鈔二千五百錠，給糧兩月。順德路邢臺縣饑，賑鈔三千錠。

夏四月己丑，享於太廟。

**《元史新編》卷一四** 庚寅，立明宗神御殿碑於大天元延壽寺。以汪家奴平章政事，塔識爲中書右丞。

**《御批歷代通鑑輯覽》卷九八** 賜滿濟勒噶台爵忠王，固辭，許之。

**《元史》卷四〇《順帝紀三》** 五月癸丑〔朔〕，禁民間藏軍器。

乙卯，監察御史普魯台言：「右丞相馬札兒台辭答剌罕及王爵名號，宜示天下，以勸廉讓。」從之。

己未，詔以黨兀巴太子擒賊阿答理胡，殁於王事，追封涼王，謚忠烈。

**《元史新編》卷一四** 章州龍巖尉黄佐才與李志甫餘黨戰，妻子四十餘口皆遇害。擢佐才爲龍巖縣尹。

**《續資治通鑑》卷二〇八** 甲子，慶元奉化州山崩，水湧出平地，溺死人甚衆。

**《元史》卷四〇《順帝紀三》** 辛未，降鈔萬錠，給守衛宫闕内外門禁唐兀左、右阿速，貴赤，阿兒渾，欽察等衛軍。

丙子，車駕時巡上都。置月祭各影堂香於大明殿，遇行禮時，令省臣就殿迎香祭之。以宦者伯不花爲長寧寺卿。

是月，濟南饑，賑鈔萬錠。

六月丙申，詔撤文宗廟主，徙太皇太后不答失里東安州安置，放太子燕帖古思於高麗，其略曰：

昔我皇祖武宗皇帝昇遐之後，祖母太皇太后惑於憸慝，俾皇考明宗皇帝出封雲南。英宗遇害，正統寖偏，我皇考以武宗之嫡，逃居朔漠，宗王大臣同心翊戴，肇啓大事，於時以地近，先迎文宗，暫總機務。繼知天理人倫之攸當，假讓位之名，以寶璽來上，皇考推誠不疑，即授以皇太子寶。文宗稔惡不悛，當躬迓之際，乃與其臣月魯不花、也里牙、明里董阿等謀爲不軌，使我皇考飲恨上賓。歸而再御宸極，思欲自解於天下，乃謂夫何數日之間，宫車弗駕。海内聞之，靡不切齒。

又私圖傳子，乃搆邪言，嫁禍於八不沙皇后，謂朕非明宗之子，遂俾出居遐陬。祖宗大業，幾於不繼。內懷愧慊，則殺也里牙以杜口。上天不祐，隨降殞罰。叔嬸不答失里，怙其勢燄，不立明考之冢嗣，而立孺稚之弟懿璘質班，奄復不年，諸王大臣以賢以長，扶朕踐位。國之大政，屬不自遂者，詎能枚舉。

每念治必本於盡孝，事莫先於正名，賴天之靈，權奸屏黜，盡孝正名，不容復緩，永惟鞠育罔極之恩，忍忘不共戴天之義。既往之罪，不可勝誅，其命太常徹去脱脱木兒在廟之主。不答失里本朕之嬸，乃陰構奸臣，弗體朕意，僭膺太皇太后之號，迹其閨門之禍，離間骨肉，罪惡尤重，揆之大義，削去鴻名，徙東安州安置。燕帖古思昔雖幼沖，理難同處，朕終不陷於覆轍，專務殘酷，惟放諸高麗。當時賊臣月魯不花、也里牙已死，其以明里董阿等明正典刑。

**《續資治通鑑》卷二〇八**　監察御史崔敬言：「文皇獲不軌之愆，已撤廟祀；叔母有階禍之罪，亦削鴻名。盡孝正名，斯亦足矣。惟念皇弟雅克特古斯太子，年方在幼，罹此播遷，天理人情，有所不忍。方明皇上賓，皇弟尚在襁褓，未有知識，義當矜憫。蓋武宗視明、文二帝，皆親子也，陛下與太子，皆嫡孫也。以武皇之心爲心，則皆子孫，固無親疏；以陛下之心爲心，未免有彼此之論。臣請以世喻之，常人有百金之產，尚置義田，宗族困厄者，爲之教養，不使失所，況皇上貴爲天子，富有四海，子育黎元，當使一夫一婦無不得其所。今乃以同氣之人置之度外，適足貽笑邊邦，取辱外國。況蠻夷之心，不可測度，倘生他變，關係非輕，興言及此，良爲寒心！望陛下遣歸太后、太子，以全母子之情，盡骨肉之義。天意回，人心悦，則宗社幸甚！」書奏，不報。未幾，太后崩於東安州，雅克特古斯於中道遇害。

**《元史》卷四〇《順帝紀三》**　己亥，秦州成紀縣山崩地坼。

**《續資治通鑑》卷二〇八**　庚戌，處州松陽、龍泉二縣積雨，水漲入城中，深丈餘，溺死者五百餘人。遂昌縣尤甚，平地二丈餘。桃源鄉山崩，壓死者三百六十餘。

**《元史》卷四〇《順帝紀三》**　是月，濟南路歷城縣饑，賑鈔二千五百錠。

**《元史新編》卷一四**　秋七月甲寅，詔封微子爲仁靖公，箕子爲仁獻公，加封比干爲仁顯忠烈公。

**《元史》卷四〇《順帝紀三》**　乙卯，奉元路盩厔縣河水溢，漂流人民。

戊午，以星文示異，地道失寧，蝗旱相仍，頒罪己詔於天下。享於太廟。

**《元史新編》卷一四**　己未，以亦憐真班爲御史大夫。

**《元史》卷四〇《順帝紀三》**　丁卯，燕帖古思薨，詔以鈔一百錠備物祭之。

**《宋元資治通鑑》卷六一**　戊寅，命翰林承旨腆哈、奎章閣學士巎巎等刪修《大元通制》爲《至元條格》。

**《元史》卷四〇《順帝紀三》**　庚辰，達達之地大風雪，羊馬皆死，賑軍士鈔一百萬錠；并遣使賑怯烈干十三站，每站一千錠。

**《續資治通鑑》卷二〇八**　是月，禁色目人勿妻其叔母。

**《元史》卷四〇《順帝紀三》**　八月壬午〔朔〕，以也先帖木兒爲御史大夫。

戊子，祭社稷。

是月，車駕至自上都。

**《續資治通鑑》卷二〇八**　九月辛亥，明埒棟阿伏誅。

**《元史新編》卷一四**　癸丑，加封漢張飛武義忠顯英烈靈惠助順王。

**《元史》卷四〇《順帝紀三》**　丙寅，詔：「今後有罪者，毋籍其妻女以配人。」

**《續資治通鑑》卷二〇八**　冬十月甲申，奉玉册、玉寶尊皇考爲順天立道睿文智武大聖孝皇帝，親祼太室。

**《元史新編》卷一四**　以太師馬札爾台爲亞獻官，樞密知院阿魯圖爲終獻官。

**《元史》卷四〇《順帝紀三》**　庚寅，奉符、長清、元城、清平四縣饑，詔遣制國用司官驗而賑之。

**《元史新編》卷一四**　辛卯，敕各愛馬人不許與常選。

**《續資治通鑑》卷二〇八**　壬辰，立曹南王阿喇罕、淮安王巴延、河南王阿珠祠堂。

**《宋元資治通鑑》卷六一**　壬寅，馬札兒台辭右丞相，仍爲太師。以脱脱爲右丞相，宗正札魯忽赤鐵木兒不花爲左丞相。

**《續資治通鑑》卷二〇八**　是月，河南府宜陽等縣大水，漂没民廬，溺死者衆，人給殯葬鈔一錠，仍賑義倉糧兩月。

**《元史》卷四〇《順帝紀三》**　十一月甲寅，監察御史世圖爾言，宜禁答失蠻、回回、主吾人等叔伯爲婚姻。

乙卯，以親祼大禮慶成，御大明殿受羣臣朝。

**《元史》卷四〇《順帝紀三》**　辛未，以孔克堅襲封衍聖公。

**《續資治通鑑》卷二〇八**　是月，處州、婺州饑，以常平、義倉糧賑之。

十二月，復科舉取士制。國子監積分生員，三年一次，依科舉例入會試，中者取一十八名。

戊子，罷天曆以後增設太禧宗禋等院及奎章閣。

是月，東平路民饑，賑之。寶慶路大雪，深四尺五寸。

**《續資治通鑑》卷二〇八**　虞集既謝病歸，帝嘗遣使賜上尊酒，金織文錦二，召還禁林。集病作，不能行，屢有敕即家撰文以襃錫勳舊，至是侍臣有以舊詔爲言者，帝不懌曰：「此我家事，豈由彼書生耶？」

是歲，立奇氏爲第二皇后。后，高麗人，徽政院使圖們岱爾進爲宮女，主供茗飲以事帝，性穎黠，日見寵幸。奇徹皇后方驕妬，數箠辱之。奇徹后既遇害，帝欲立之，丞相巴延爭不可。巴延死，實喇卜遂請立爲第二皇后，居興聖宮，置資正院使以掌其財賦。后無事則取《女孝經》、史書，訪問歷代皇后之有賢行者爲法。四方貢獻，或有珍味，輒先遣使薦太廟，然後敢食。奇氏在高麗家微，用后貴，三世皆追封王爵。

## 至正元年（辛巳、一三四一）

**《元史》卷四〇《順帝紀三》**　春正月己酉朔，改元，詔曰：

朕惟帝王之道，德莫大於克孝，治莫大於得賢。朕早歷多難，入紹大統，仰思祖宗付託之重，戰兢惕勵，於兹八年。慨念皇考，久勞於外，甫即大命，四海觖望，夙夜追慕，不忘於懷。乃以至元六年十月初四日，奉玉册、玉寶，追上皇考曰順天立道睿文智武大聖孝皇帝，被服衮冕，祼於太室，式展孝誠。十有一月六日，勉徇大禮慶成之請，御大明殿受羣臣朝。

爰自去春，疇咨於衆，以知樞密院事馬札兒台爲太師、右丞相，以正百官，以親萬民。尋即控辭，養疾私第，再三諭旨，勉令就位，自春徂秋，其請益固。朕憫其勞日久，察其至誠，不忍煩之以政，俾解機務，仍爲太師。而知樞密院事脱脱，早歲輔朕，克著忠貞，乃命爲中書右丞相；宗正札魯忽赤帖木兒不花，嘗歷政府，嘉績著聞，爲中書左丞相，並録軍國重事。夫三公論道，以輔予德，二相總政，以弼予治，其以至元七年爲至正元年，與天下更始。

丁巳，享於太廟。

**《續資治通鑑》卷二〇八**　癸亥，詔天壽節禁屠宰六日。

**《元史》卷四〇《順帝紀三》**　是月，命脱脱領經筵事。命永明寺寫金字經一藏。免天下税糧五分。湖南諸路饑，賑糶米十八萬九千七十六石。

二月戊寅〔朔〕，祭社稷。

辛巳，立廣福庫，罷藏珍等庫。

乙酉，濟南濱州、霑化等縣饑，以鈔五萬三千錠賑之。

乙未，加封皇姊不答昔你明惠貞懿大長公主。

是月，大都寶坻縣饑，賑米兩月。河間莫州、滄州等處饑，賑鈔三萬五千錠。晉州饒陽、阜平、安喜、靈壽四縣饑，賑鈔二萬錠。印造至元鈔九十九萬錠、中統鈔一萬錠。

三月庚戌，罷兩淮屯田手號打捕軍役，令屬本所領之。

甲寅，給還帖木兒不花宣讓王印，鎮淮西。

己未，汴梁地震。大都路涿州范陽、房山饑，賑鈔四千錠。

**《元史新編》卷一四**　癸酉，撥屯儲衛軍於芍陂、洪澤、德安三處屯種。

**《元史》卷四〇《順帝紀三》**　丙子，以行省平章政事燕帖木兒就佩虎符，提調屯田。

是月，般陽路長山等縣饑，賑鈔萬錠。彰德路安陽等縣饑，賑鈔萬五千錠。

**《元史新編》卷一四**　罷河西務行用庫，立廣福，富昌二庫，隸資政院。復設衛侯司、拱儀局，司禋監。

**《續資治通鑑》卷二〇八**　夏四月丁丑，道州土賊蔣丙等反，破江華縣，掠明遠縣。

戊寅，彰德有赤風自西北起，忽變爲黑，晝晦如夜。

**《元史》卷四〇《順帝紀三》**　甲申，享於太廟。

丁亥，臨賀縣民被猺寇鈔掠，發義倉糧賑之。

**《續資治通鑑》卷二〇八**　庚寅，帝幸護聖寺。

命中書右丞特穆爾達實爲平章政事，阿嚕爲右丞，許有壬爲左丞。特穆爾達實，國王托克托之子也。巴延罷相，庶務多所更張，特穆爾達實盡心輔贊，每入番直，帝爲出宿宣文閣，賜坐榻前，詢以政道，必夜分乃罷。

**《元史》卷四〇《順帝紀三》** 癸巳，立富昌庫，隸資正院。復立衛候司。

丁酉，以兩浙水災，免歲辦餘鹽三萬引。

**《續資治通鑑》卷二〇八** 己亥，立吏部司績官。

**《元史》卷四〇《順帝紀三》** 庚子，復封太師馬札兒台爲忠王。罷滦州河西務。彰德饑，賑鈔萬五千錠。

**《元史新編》卷一四** 杭城火，燬官民舍幾盡。

**《御批歷代通鑑輯覽》卷九八** 帝如上都。

御史崔敬上疏請御内殿，其畧言：世祖以上都爲清暑之地，車駕行幸，歲以爲常。閣有大安殿，有鴻禧、睿思，所以保養聖躬，適起居之宜，存敬畏之心也。實喇鄂爾多斯，乃先皇所以備宴遊，非常時臨御之所。今國家多故，天道變更，願大駕還大内，居深宫，嚴宿衛，與宰臣謀治道。萬幾之暇，則命經筵進講，究古今盛衰之由，緝熙聖學，乃宗社之福也。

**《續資治通鑑》卷二〇八** 五月戊申，以崇文監屬翰林國史院。

**《元史》卷四〇《順帝紀三》** 己未，罷河西務行用庫。

是月，賑阿剌忽等處被災之民三千九百一十三户，給鈔二萬一千七百五錠。

閏五月丁丑〔朔〕，改封徽州土神汪華爲昭忠廣仁武烈靈顯王。

**《元史新編》卷一四** 加封滹沱河神爲昭佑靈源侯。

甲午，賞扈從明宗諸王官屬八百七人金銀鈔幣有差。

壬寅，刻宣文、至正二寶。

**《續資治通鑑》卷二〇八** 六月戊午，禁高麗及諸處民以親子爲宦者，因避賦役。

**《元史》卷四〇《順帝紀三》** 是月，揚州路崇明、通、泰等州，海潮湧溢，溺死一千六百餘人，賑鈔萬一千八百二十錠。

秋七月己卯，享於太廟。

八月戊申，祭社稷。

**《續資治通鑑》卷二〇八** 帝至自上都。

**《元史新編》卷一四** 九月己丑，賜文臣宴於拱辰堂。

**《元史》卷四〇《順帝紀三》** 冀寧路嘉禾生，異畝同穎。

**《宋元資治通鑑》卷六一** 壬寅，許有壬進講明仁殿，帝悦，賜酒宣文閣中，仍賜貂裘、金織紋幣。

冬十月丁未，享於太廟。

己酉，封阿沙不花順寧王，昔寶赤寒食順國公。

**《元史新編》卷一四** 甲寅，以海運不給，令江浙行省於中政院財賦府撥賜寺觀田糧，總運二百六十萬石。

**《續資治通鑑》卷二〇八** 戊午，月食既。

**《元史》卷四〇《順帝紀三》** 十一月丙子，道州路賊何仁甫等反。

戊寅，彰德屬縣各添設縣尉一員。

**《元史新編》卷一四** 庚辰，分吏、禮、兵、刑四部爲二庫，户、工兩部爲二庫，各設管勾一員。

**《續資治通鑑》卷二〇八** 猺賊寇邊，湖廣行省平章衮巴布勒總兵討平之。

**《元史》卷四〇《順帝紀三》** 十二月乙卯，詔：「民年八十以上，蒙古人賜縉帛二表裏，其餘州縣，旌以高年耆德之名，免其家雜役。」

己未，立四川安岳縣。增設嘉興等處鹽倉。

**《宋元資治通鑑》卷六一** 壬戌，雲南車里寒賽刀等反，詔雲南平章政事脱脱討平之。時山東、燕南寇盜，亦縱横至三百餘處。

**《元史新編》卷一四** 癸亥，以在庫至元、中統鈔二百八十二萬餘錠可支二年，停造明年鈔本。革王伯顔察爾等所獻檀、景等州産金地。

**《元史》卷四〇《順帝紀三》** 復立拱儀局。

己巳，以翰林學士承旨張起巖知經筵事。

**《續資治通鑑》卷九八** 是月，復立司禋監。

時國子監蒙古、回回、漢人生員凡千餘，然祭酒、司業、博士多非其人，惟粉飾章句，補葺時務，以應故事。在監諸生，日啖籠炊粉羹，一人之食，爲鈔五兩。而十百爲羣，恬嬉翫愒，以嫚侮嘲謔相尚，或入茶酒肆，則施屏風以隔市人，飲罷不償直，掉臂而出，莫敢誰何。

**《元史新編》卷一四** 是歲，山東、燕南寇盜縱横，至三百餘處，崇明、通、泰等州海潮溢，溺死千六百餘人，振鈔萬一千八百錠。復行太廟四時祭，二年、三年亦如之。

## 至正二年（壬午、一三四二）

**《元史》卷四〇《順帝紀三》** 二年春正月丁丑，享於太廟。

丙戌，開京師金口河，深五十尺，廣一百五十尺，役夫一十萬。

癸巳，遣翰林學士三保等代祀五嶽四瀆。

是月，大同饑，人相食，運京師糧賑之。順寧保安饑，賑鈔一萬錠。廣平磁、威州饑，賑鈔五萬錠。降咸平府爲縣。升懿州爲路，以大寧路所轄興中、義州屬懿州。

二月壬寅〔朔〕，頒《農桑輯要》。

戊申，祭社稷。

**《續資治通鑑》卷二〇八** 乙卯，李沙的僞造御寶聖旨，稱樞密院都事，伏誅。

**《元史》卷四〇《順帝紀三》** 己巳，織造明宗御容。

是月，彰德路安陽、臨漳等縣饑，賑鈔二萬錠。大同路渾源州饑，以鈔六萬二千錠、糧二萬石兼賑之。大名路饑，以鈔萬二千錠賑之。河間路饑，以鈔五萬錠賑之。

**《續資治通鑑》卷二〇八** 三月戊寅，親試進士七十八人，賜拜珠、陳祖仁等及第、出身。

**《元史》卷四〇《順帝紀三》** 辛巳，冀寧路饑，賑糶米三萬石。

是月，汾水大溢。鈔萬五千錠。杭州路火災，給鈔萬錠賑之。

**《元史新編》卷一四** 夏四月辛丑〔朔〕，冀寧路平晉縣地震。裂地尺餘，民居皆傾。

**《元史》卷四〇《順帝紀三》** 乙巳，享於太廟。

**《元史新編》卷一四** 庚申，罷雲南蒙慶、邦牙二宣慰司。

**《續資治通鑑》卷二〇八** 是月，帝如上都。

金口河工畢，啓牐放水，湍急沙壅，船不可行。而開挑之際，毁民廬舍、墳塋，夫丁死傷甚衆，費用不資，卒以無功。既而御史糾劾建言者，中書參議博囉特穆爾、都水傅佐並伏誅。

**《元史》卷四〇《順帝紀三》** 五月丁亥，以江浙行省平章政事只而瓦台爲河南行省平章政事。東平雨雹如馬首。

**《元史新編》卷一四** 六月戊申，奪江浙撥賜僧道田還官徵糧，以備軍儲。

壬子，濟南山崩，水湧。

**《元史》卷四〇《順帝紀三》** 乙丑，罷邦牙宣慰司。

是月，汾水大溢。

**《元史續編》卷一三** 以賀惟一爲中書右丞。

**《元史》卷四〇《順帝紀三》** 秋七月庚午〔朔〕，惠州路羅浮山崩。

辛未，享於太廟。

**《續資治通鑑》卷二〇八** 己亥，慶遠路莫八聚衆反，攻陷南丹、左右兩江等處，命托克托赤顔討平之。

立司獄司於上都，比大都兵馬司。

是月，佛郎國貢異馬，長一丈一尺三寸，高六尺四寸，身純黑，後蹄皆白。

**《元史》卷四〇《順帝紀三》** 八月庚子朔，日有食之。

癸卯，罷上都事産提舉司。

戊申，祭社稷。

是月，冀寧路饑，賑糶米萬五千石。

**《元史續編》卷一三** 以成遵爲監察御史。

**《續資治通鑑》卷二〇八** 九月己巳，詔遣湖廣行省平章政事袞卜布勒領河南、江浙、湖廣諸軍討道州賊，平之，復平谿峒堡寨二百餘處。

辛未，帝至自上都。

**《元史》卷四〇《順帝紀三》** 丁丑，京城強賊四起。

是月，歸德府睢陽縣因黄河爲患，民饑，賑糶米萬三千五百石。

**《宋元資治通鑑》卷六一** 冬十月己亥朔，日有食之。

**《元史》卷四〇《順帝紀三》** 癸卯，陝西行省平章政事朶朶辭職侍親，不允。

丁未，享於太廟。

**《續資治通鑑》卷二〇八** 壬戌，詔遣官致祭孔子於曲阜。罷織染提舉司。

**《元史》卷四〇《順帝紀三》** 甲子，杭州、嘉興、紹興、温州、台州等路各立檢校批驗鹽引所。權免兩浙額鹽十萬引，福建餘鹽三萬引。

**《元史新編》卷一四** 十一月甲申，免雲南明年差税。

**《元史》卷四〇《順帝紀三》** 十二月壬寅，申服色之禁。

丙午，命中書右丞太平、樞密副使姚庸、御史中丞張起巖知經筵事。

己酉，京師地震。

辛亥，封晃火帖木兒之子徹里帖木兒爲撫寧王。

丙辰，賜雲南行省參知政事不老三珠虎符，以兵討死可伐。

癸亥，阿魯、禿滿等以謀害宰臣，圖爲叛逆，伏誅。

**《元史新編》卷一四** 是歲，大同饑，人相食。河間，冀寧等路水，杭州火，振鈔三十萬錠。

**《續資治通鑑》卷二〇八** 是歲，以御史大夫博爾濟布哈爲江浙行省左丞相。

## 至正三年（癸未、一三四三）

**《元史》卷四一《順帝紀四》** 春正月丙子，中書左丞許有壬辭職。

**《續資治通鑑》卷二〇八** 先是有壬父熙載仕長沙日，設義學訓諸生，既没而諸生思之，爲立東岡書院，朝廷賜額設官，以爲育才之地。南臺監察御史穆巴喇錫緣睚眦之怨，言書院不當立，并搆浮辭誣衊有壬及其二弟有儀、有孚，有壬遂稱病歸。

**《元史》卷四一《順帝紀四》** 丁丑，享於太廟。

乙酉，中書平章政事納麟辭職。

庚寅，沙汰怯薛丹名數。

二月戊戌，祭社稷。

丁未，立四川省檢校官。遼陽吾者野人叛。

是月，汴梁路新鄭、密二縣地震。寶慶路饑，判官文殊奴以所受敕牒貸官糧萬石賑之。秦州成紀縣，鞏昌府寧遠、伏羌縣山崩，水涌，溺死人無算。

**《續資治通鑑》卷二〇八** 三月壬申，造鹿頂殿。監察御史成遵等言：「可用終場下第舉人充學正、山長，國學生會試不中者，與終場舉人同。」

**《宋元資治通鑑》卷六一** 戊寅，詔作新風憲，在内之官有不法者，監察御史劾之，在外之官有不法者，行臺御史劾之。行臺御史仍以歲八月終出巡，四月中還司。

**《續資治通鑑》卷二〇八** 是月，詔修遼、金、宋三史。

**《宋元資治通鑑》卷六一** 一時士論，非不知宋爲正統，然終以元承金，金承遼之故疑之，各持論不決。詔遼、金、宋各爲史。閲歲書成上之。

**《元史》卷四一《順帝紀四》** 夏四月丙申朔，日有食之。

乙巳，享於太廟。

是月，兩都桑果葉皆生黄色龍文。車駕時巡上都。

**《元史新編》卷一四** 河決白茅口。

**《續資治通鑑》卷二〇八** 六月壬子，命經筵官月進講者三。

是月，回回剌里五百餘人，渡河寇掠解、吉、隰等州。中書户部以國用不足，請撙節浮費。

**《元史》卷四〇《順帝紀三》** 秋七月丁卯，享於太廟。

戊辰，修大都城。

戊寅，立永昌等處宣慰司。

是月，興國路大旱。河南自四月至是月，霖雨不止。户部復言撙節錢糧。

**《御批歷代通鑑輯覽》卷九八** 汴梁大水。

自四月至是月，霖雨不止，中牟等七縣皆大水。

**《元史》卷四一《順帝紀四》** 八月甲午朔，晉寧路臨汾縣獻嘉禾，一莖有八穗者。命朶思麻同知宣慰司事鎖兒哈等討四川上蓬瑣吃賊。

戊戌，祭社稷。山東有賊焚掠兖州。

是月，車駕還自上都。

**《元史新編》卷一四** 九月甲子，湖廣平章鞏卜班禽猺賊唐大二、蔣仁五至京，誅之。其黨蔣丙復號順天王，攻陷連，桂二州。

**《元史》卷四一《順帝紀四》** 甲申，修理太廟，遣官告祭，奉遷神主於後殿。

冬十月乙未，增立巡防捕盜所於永昌。

丁酉，告祭太廟，奉安神主。

**《元史》卷四一《順帝紀四》** 己酉，帝親祀上帝於南郊，以太祖配。

**《元史》卷四一《順帝紀四》** 癸丑，命僉樞密院事韓元善爲中書參知政事，中書參議買朮丁同知宣徽院事。

己未，以郊祀禮成，詔大赦天下，文官普減一資，武官陞散官一等，蠲民間田租五分，賜高年帛。以湖廣行省平章政事鞏卜班爲宣徽院使，行樞密院知院剌剌爲翰林學士承旨。

十一月辛未，享於太廟。

《續資治通鑑》卷二〇八　十二月丙申，詔寫金字《藏經》。

《元史新編》卷一四　丁未，命別爾怯不花爲左丞相。

《元史》卷四一《順帝紀四》　是月，膠州及屬邑高密地震。河南等處民饑，賑糶麥十萬石。

是歲，詔立常平倉，罷民間食鹽。徵遺逸脱因、伯顔、張瑾、杜本。本辭不至。

《續資治通鑑》卷二〇八　衛輝、冀寧、忻州大饑，人相食。

## 至正四年（甲申、一三四四）

《元史》卷四一《順帝紀四》　春正月辛未，享於太廟。

《元史新編》卷一四　辛巳，定守令黜陟之法，六事備者升一等，四事備者減一資，三事備者平遷，六事俱不備者降一等。

庚寅，河決曹州，募夫萬五千人築之。又決汴梁。

《宋元資治通鑑》卷六一　是月，命脱脱兼領宣政院事。時諸山主僧請復僧司，且曰：「爲郡縣所苦，如坐地獄。」脱脱曰：「若復僧司，何異地獄中復置地獄耶。」

《元史》卷四一《順帝紀四》　二月戊戌，祭社稷。

辛丑，四川行省立惠民藥局。

《御批歷代通鑑輯覽》卷九八　以賀惟一爲平章政事。

既而復拜御史大夫。故事，臺省正官非國姓不以授。惟一固辭，詔特賜姓，而改其名曰「太平」。

《元史》卷四一《順帝紀四》　閏月辛酉朔，永平、澧州等路饑，賑之。

三月丁酉，復立武功縣。

《續資治通鑑》卷二〇八　壬寅，特授巴圖瑪多爾濟征東行省左丞相，嗣高麗國王。王本名昕，高麗國王王楨之長子也。楨在國淫暴無道，帝以檻車徵至，流之於揭陽，無一人從行者。楨手持衣袂以去，至岳陽而死，帝乃命昕嗣其位。

《元史》卷四一《順帝紀四》　癸丑，以河南行省平章政事納麟爲中書平章政事，集賢大學士姚庸爲中書左丞。

夏四月丁亥，復立廣樣局。

是月，車駕時巡上都。

五月乙未，右丞相脱脱辭職，不許。

甲辰，許之，以阿魯圖爲中書右丞相。

乙巳，封脱脱爲鄭王，食邑安豐，賜金印及海青、文豹等物，俱辭不受。

六月戊辰，鞏昌隴西縣饑，每户貸常平倉粟三斗，俟年豐還官。

己巳，賜脱脱松江田，爲立松江等處稻田提領所。

《續資治通鑑》卷二〇八　是月，黄河又北決。金隄、曹、濮、濟、兖皆被災，民老弱昏墊，壯者流離四方，水勢北侵安山沿，入會通運河，延袤濟南、河間，將壞兩漕司鹽場。省臣以聞，朝廷患之，遣使體量，仍督大臣訪求治河方畧。

《元史》卷四一《順帝紀四》　秋七月戊子朔，温州颶風大作，海水溢，地震。

《元史續編》卷一三　益都民郭和尼齊作亂。

《元史新編》卷一四　莒州蒙陰縣地震。

《元史》卷四一《順帝紀四》　己丑，享於太廟。

是月，灤河水溢。

八月戊午，祭社稷。

《續資治通鑑》卷二〇八　丁卯，山東霖雨，民饑相食，賑之。

《元史》卷四一《順帝紀四》　丙戌，賜脱脱金十錠、銀五十錠、鈔萬錠、幣帛二百匹，辭不受。

是月，陝西行省立惠民藥局。莒州蒙陰縣地震。郭火你赤上太行，由陵川入壺關，至廣平，殺兵馬指揮，復還益都。車駕還自上都。

《續資治通鑑》卷二〇八　九月丙午，命中書平章政事賀惟一提調都水監。

《元史》卷四一《順帝紀四》　辛亥，以南臺治書侍御史秦從德爲江浙行省參知政事，提調海運。

癸丑，命御史大夫也先帖木兒、平章政事鐵木兒塔識知經筵事，右丞達識帖睦邇提調宣文閣、知經筵事。

冬十月乙酉，議修黄河、淮河堤堰。

十一月丁亥朔，以各郡縣民饑，不許抑配食鹽。復令民入粟補官，以備賑濟。

戊子，禁内外官民宴會不得用珠花。

己亥，保定路饑，以鈔八萬錠、糧萬石賑之。

戊申，河南民饑，禁酒。

十二月己未，四川廉訪司建言：「廣元等五路，廣安等三府，永寧等兩宣撫司，請依内郡設置推官一員。」從之。

**《續資治通鑑》卷二〇八**　戊寅，猺賊寇靖州。

**《元史》卷四一《順帝紀四》**　是月，東平地震。禁淫祠。賑東昌、濟南、般陽、慶元、撫州饑民。

是歲，猺賊寇潯州，同知府事保童率民兵擊走之。

**《元史新編》卷一四**　是歲，太廟惟舉春秋二享，五年亦如之。

**《續資治通鑑》卷二〇八**　遼史成，仍督早成金、宋二史。

## 至正五年（乙酉、一三四五）

**《元史》卷四一《順帝紀四》**　春正月辛卯，享於太廟。

**《元史新編》卷一四**　薊州地震。

**《元史》卷四一《順帝紀四》**　二月戊午，祭社稷。

三月辛卯，帝親試進士七十有八人，賜普顏不花、張士堅進士及第，其餘賜出身有差。

是月，以陳思謙參議中書省事。先是思謙建言：「所在盜起，蓋由歲饑民貧，宜大發倉廩賑之，以收人心，仍分布重兵鎮撫中夏。」不聽。大都、永平、鞏昌、興國、安陸等處并桃温萬户府各翼人民饑，賑之。

夏四月丁卯，大都流民，官給路糧，遣其還鄉。

是月，汴梁、濟南、邠州、瑞州等處民饑，賑之。募富户出米五十石以上者，旌以義士之號。車駕時巡上都。

五月己丑，詔以軍士所掠雲南子女一千一百人放還鄉里，仍給其行糧，不願歸者聽。

**《續資治通鑑》卷二〇八**　辛卯，翰林學士承旨庫庫卒，年五十一，謚文忠。

**《元史》卷四一《順帝紀四》**　丁未，河間轉運司竈户被水災，詔權免餘鹽二萬引，候年豐補還官。

六月，廬州張順興出米五百餘石賑饑，旌其門。

**《續資治通鑑》卷二〇八**　秋七月丁亥，河決濟陰，漂官民廬舍殆盡。

**《元史》卷四一《順帝紀四》**　己丑，享於太廟。

丙午，命也先帖木兒、鐵木兒塔識並爲御史大夫。詔作新風紀。

八月戊午，祭社稷。

是月，車駕還自上都。

九月（壬午）〔辛巳朔〕，日有食之。

戊戌，開酒禁。

**《續資治通鑑》卷二〇八**　辛丑，以中書右丞達實特穆爾爲翰林學士承旨，中書參知政事綽斯戬爲右丞，資政院使多爾濟巴勒爲中書參知政事。旋命多爾濟巴勒同知經筵事、提調宣文閣。時纂集《至正條格》，多爾濟巴勒曰：「是書上有祖宗制誥，安得獨稱今日年號。又律中條格，乃其一門耳，安可獨以爲書名？」時相不能從，唯除制誥而已。

**《元史》卷四一《順帝紀四》**　是月，革罷奧魯。

**《續資治通鑑》卷二〇八**　冬十月壬子，以中書平章政事賀惟一爲御史大夫。

**《元史》卷四一《順帝紀四》**　乙卯，享於太廟。

辛酉，命奉使宣撫巡行天下，詔曰：

朕自踐阼以來，至今十有餘年，託身億兆之上，端居九重之中，耳目所及，豈能周知。故雖夙夜憂勤，覬安黎庶，而和氣未臻，災眚時作，聲教未洽，風俗未淳，吏弊未祛，民瘼滋甚。豈承宣之寄，糾劾之司，奉行有所未至歟？若稽先朝成憲，遣官分道奉使宣撫，布朕德意，詢民疾苦，疏滌冤滯，蠲除煩苛。體察官吏賢否，明加黜陟，有罪者，四品以上停職申請，五品以下就便處決。民間一切興利除害之事，悉聽舉行。

命江西行省左丞忽都不丁、吏部尚書何執禮巡兩浙江東道，前雲南行省右丞散散、將作院使王士弘巡江西福建道，大都路達魯花赤拔實、江浙行省參知政事秦從德巡江南湖廣道，吏部尚書定僧、宣政僉院魏景道巡河南江北道，資政院使蠻子、兵部尚書李獻巡燕南山東道，兵部尚書不花、樞密院判官靳義巡河東陝西道，宣政院同知伯家奴、宣徽僉院王也速迭兒巡山北遼東道，荊湖北道宣慰使阿乞剌、兩淮運使杜德遠巡雲南省，上都留守阿牙赤、陝西行省左丞王紳巡甘肅永昌道，大都留守答爾麻失里，河南行省參知政事王守誠巡四川省，前西臺中丞定定，集賢侍講學士蘇天爵巡京畿道，平江路達魯花赤左答納失里，都水監賈惟貞巡海北海南廣東道。黄河泛溢。

**《宋元資治通鑑》卷六一**　時諸道奉使者，皆與臺諫交相掩蔽，惟巡京畿道西臺中丞定定、集賢侍講學士蘇天爵，糾舉無所避。凡興革七百八十三事，糾劾九百四十三人，都人稱天爵爲包拯。天爵亦竟以忤宰相罷去。

**《續資治通鑑》卷二〇八**　辛未，遼、金、宋三史成。右丞相阿嚕圖進之，鼓吹導從，自史館進至宣文閣，帝具禮服接之，因謂羣臣曰：「史既成書，前人善者取以爲法，惡者取以爲戒，非獨爲君者當然，人臣亦宜知之。」是日，大宴羣臣於宣文閣。托克托進曰：「給事中、殿中侍御史所紀録陛下即位以來事迹，亦宜漸加修撰，收入金縢。」帝曰：「待朕他日歸天，令吾兒修之可也。仍以御圖書封藏金縢，自今以後，不許有所入。」托克托遂不復言。時給事、殿中之職，皆紈袴子弟爲之，備員而已，全無所書，史事遂廢。

**《元史》卷四一《順帝紀四》**　己卯，監察御史不荅失里請罷造作不急之務。

是月，以吕思誠爲中書參知政事。

**《元史新編》卷一四**　十一月甲午，奉元路陳望叔僞稱燕帖古思太子，伏誅。

**《元史續編》卷一三**　十二月，《至正條格》成。

**《元史》卷四一《順帝紀四》**　丁巳，詔定薦舉守令法。

是歲，宣徽院使篤憐鐵穆邇知樞密院事，馮思温爲御史中丞。

**《續資治通鑑》卷二〇八**　以河決，遣禮部尚書台哈布哈奉珪玉、白馬致祭於河神。台哈布哈還，言：「淮安以東，河入海處，宜倣宋置撩清夫，用輥江龍鐵埽撼蕩沙泥，隨潮入海。」朝廷從其言。會用夫屯田，其事中廢。

## 至正六年（丙戌、一三四六）

**《元史》卷四一《順帝紀四》**　春二月庚戌朔，日有食之。

辛未，興國雨雹，大者如馬首。

**《元史新編》卷一四**　山東地震，七日乃止。

**《續資治通鑑》卷二〇九**　司天監奏：「天狗星墜地，血食人間五千日，始於楚，徧及齊、趙，終於吴，其光不及兩廣。」後天下之亂，皆如所言。

盜扼李開務之牐河，劫商旅船。兩淮運使宋文瓚言：「世皇開會通河千有餘里，歲運米至京者五百萬石。今騎賊不過四十人，劫船三百艘而莫能捕，恐運道阻塞，請選能臣率壯勇千騎捕之。」不聽。

**《元史》卷四一《順帝紀四》**　戊申，京畿盜起，范陽縣請增設縣尉及巡警兵，從之。山東盜起，詔中書參知政事鎖南班至東平鎮遏。八番龍宜來進馬。

**《續資治通鑑》卷二〇九**　是月，高苑縣地震，壞民居。

夏四月壬子，遼陽爲捕海東青煩擾，沃濟野人及碩達勒達皆叛。

**《元史》卷四一《順帝紀四》**　癸丑，以長吉爲皇太子宫傅官。頒《至正條格》於天下。

**《續資治通鑑》卷二〇九**　甲寅，以中書參知政事吕思誠爲左丞。

乙卯，享於太廟。

**《元史》卷四一《順帝紀四》**　丁卯，車駕時巡上都。發米二十萬石賑糶貧民。萬户買住等討吾者野人遇害，詔恤其家。以中書左丞吕思誠知經筵事。命左右二司、六部吏屬於午後講習經史。

**《續資治通鑑》卷二〇九**　帝如上都，中書平章政事特穆爾達實留守。

舊法，細民糴於官倉，出印券月給之者，其直三百文，謂之「紅帖米」；賦籌而給之，盡三月止者，其直五百文，謂之「散籌米」；貪民買其籌帖以爲利。特穆爾達實請別發米二十萬石，遣官坐市肆，使人持五十文即得米一斗，姦弊遂絶。

**《元史》卷四一《順帝紀四》**　五月壬午，陝西饑，禁酒。象州盜起。江西田賦提舉司擾民，罷之。

丁亥，盜竊太廟神主。遣火兒忽答討吾者野人。

**《續資治通鑑》卷二〇九**　辛卯，絳州雨雹，大者二尺餘。

丁酉，以黄河決，立河南、山東都水監。

**《宋元資治通鑑》卷六一**　六月己酉，汀州連城縣民羅天麟及陳積萬陷長汀，命江浙行省右丞忽都不花等合兵進討。未幾，其徒羅德用殺天麟、積萬來降。

**《續資治通鑑》卷二〇九**　丁巳，詔以雲南賊死可伐盜據一方，侵奪路甸，命伊圖琿爲雲南行省平章政事，討之。旋降詔招諭。

是月，羅浮山崩，水湧，溺死百餘人。

**《宋元資治通鑑》卷六一**　時有善音樂得幸者，帝命爲崇文監丞。參政朶耳直班他擬一人以進。帝怒曰：「選法盡由中書耶？」朶耳直班頓首曰：「用幸臣居清選，恐後世以此議陛下。今選他人，臣實有罪，他省臣無與焉。」帝悅。

**《元史》卷四一《順帝紀四》** 秋七月己卯，享於太廟。

丙戌，以遼陽吾者野人等未靖，命太保伯撒里爲遼陽行省左丞相鎮之。

丁亥，降詔招諭死可伐。散毛洞蠻覃全在叛，招降之，以爲散毛誓厓等處軍民宣撫使，置官屬，給宣敕、虎符，設立驛鋪。

**《元史新編》卷一四** 癸巳，選怯薛官爲路、府、縣達魯花赤。

**《宋元資治通鑑》卷六一** 丙申，以朵耳直班爲右丞，答兒麻爲參知政事。

**《元史》卷四一《順帝紀四》** 壬寅，以御史大夫亦憐真班等知經筵事。

甲辰，京畿奉使宣撫定定奏言御史撒八兒等罪，杖黜之。時諸道奉使，皆與臺憲互相掩蔽，惟定定與湖廣道拔實糾舉無避。

**《續資治通鑑》卷二〇九** 是月，鄜州雨白毛如馬鬃。

**《元史》卷四一《順帝紀四》** 八月丙午〔朔〕，命江浙行省右丞忽都不花、江西行省右丞禿魯統軍合討羅天麟。

戊申，祭社稷。

是月，車駕還自上都。

**《續資治通鑑》卷二〇九** 九月乙酉，克復長汀。

戊子，邵武地震，有聲如鼓，至夜復鳴。

**《元史》卷四一《順帝紀四》** 冬十月，思、靖猺寇犯武岡，詔湖廣省臣及湖南宣慰元帥完者帖木兒討之，俘斬數百級，猺賊敗走。

閏月乙亥〔朔〕，詔赦天下，免差稅三分，水旱之地全免。 靖州猺賊吴天保陷黔陽。

**《續資治通鑑》卷二〇九** 十二月丁丑，省臣改擬明宗母壽章皇后徽號曰莊獻嗣聖皇后。

**《元史》卷四一《順帝紀四》** 己卯，改立山東東西道宣慰使司都元帥府，開設屯田，駐軍馬。

**《元史新編》卷一四** 甲申，復立大護國仁王寺昭應宮財用規運總管府。 凡貸民錢二十六萬餘錠。

辛卯，有司以賞賚汎濫，奏請恩賜必先經省、臺、院定擬。

**《元史》卷四一《順帝紀四》** 甲午，設立(海)海刺禿屯田二處。 詔：「犯贓罪之人，常選不用。」復立八百宣慰司，以土官韓部襲其父爵。

辛丑，以吉刺班爲太尉，開府，置僚屬。

壬寅，山東、河南盜起，遣左、右阿速衛指揮不兒國等討之。

是歲，黄河決。尚書李絅請躬祀郊廟，近正人，遠邪佞，以崇陽抑陰，不聽。

**《續資治通鑑》卷二〇九** 以侍御史蓋苗爲中書參知政事。

**《元史新編》卷一四** 是歲，阿魯圖罷。太廟惟舉夏秋二享。

## 至正七年（丁亥、一三四七）

**《續資治通鑑》卷二〇九** 春正月甲辰朔，日有食之。大寒而風，朝官仆者數人。

**《元史》卷四一《順帝紀四》** 己酉，享於太廟。

壬子，命中書左丞相別兒怯不花爲右丞相，尋辭職。

**《元史續編》卷一三** 阿嚕圖罷。

**《元史》卷四一《順帝紀四》** 丁巳，復立東路都蒙古軍都元帥府。

庚申，雲南老丫等蠻來降，立老丫耿凍路軍民總管府。

丙寅，以廣西宣慰使章伯顔討徭、獠有功，陞湖廣行省左丞。 詔以怯薛丹支給浩繁，除累朝定額外，悉罷之。

二月甲戌朔，興聖宫作佛事，賜鈔二千錠。

**《元史新編》卷一四** 山東地震，壞城郭，棣州有聲如雷，河南、山東盜蔓延濟寧、滕、邳、徐州等處。

庚辰，以瑣南班爲中書右丞，道童參知政事。

**《續資治通鑑》卷二〇九** 丙戌，以宦者拜特穆爾爲司徒。

**《元史》卷四一《順帝紀四》** 是月，徭賊吴天保寇沅州。 以阿吉剌爲知樞密院事，整治軍務。

**《續資治通鑑》卷二〇九** 三月甲辰，中書省臣言：「世祖之朝，省、臺、院奏事，給事中專掌之，以授國史纂修。近年廢弛，恐萬世之後，一代成功無從稽考，乞復舊制。」從之。

乙巳，遣使銓選雲南官員。

**《元史》卷四一《順帝紀四》** 修光天殿。

庚戌，試國子監，會食弟子員，選補路府及各衛學正。

《續資治通鑑》卷二〇九　戊午，詔編《六條政類》。

庚申，監察御史王士點劾集賢大學士吴直方躐進官階，奪其宣命。

《元史》卷四一《順帝紀四》　乙丑，雲南王孛羅來獻死可伐之捷。

壬申，遣使修上都大乾元寺。命有司定弔賻諸王、公主、駙馬禮儀之數。

夏四月乙亥，命江浙省臣講究役法。

己卯，享於太廟。

辛巳，遣達本、賀方使於占城。以通政院使朵郎吉兒爲遼陽行省參知政事，討吾者野人。

己丑，發米二十萬石賑糶貧民。以翰林學士承旨定住爲中書右丞。

《續資治通鑑》卷二〇九　庚寅，復以博爾濟布哈爲中書右丞相，以平章政事特穆爾達實爲左丞相。臨清、廣平、灤河等處盜起，遣兵捕之。

通州盜起，監察御史言：「通州密邇京城而賊盜蜂起，宜增兵討之，以杜其源。」不報。

《元史》卷四一《順帝紀四》　是月，河東大旱，民多饑死，遣使賑之。車駕時巡上都。

《續資治通鑑》卷二〇九　五月庚戌，徭賊吴天保陷武岡路，詔遣湖廣行省右丞實保統軍討之。實保堅不欲往，左右司郎中余闕曰：「右丞受天子命，爲方岳重臣，不思執弓矢討賊，乃欲自逸邪？右丞當往。」實保曰：「郎中語固是，如芻餉不足何？」闕曰：「右丞第往，此不難致也。」闕遂下令趣之，三日皆集，實保乃行。

乙丑，右丞相博爾濟布哈以調燮失宜災異迭見罷，詔以太保就第。

是月，臨淄地震，七日乃止。河東地坼泉湧，崩城陷屋，傷人民。

《宋元資治通鑑》卷六二　六月，别兒怯不花以宿憾譖太師馬札兒台，詔徙西寧州。其子脱脱力請與俱行，時相欲傾之，因有告變者，復移於西域撒思之地。御史大夫亦憐真班曰：「脱脱父子無大過，柰何迫之於險。」遂詔還甘肅。

《續資治通鑑》卷二〇九　復以御史大夫泰費音爲中書平章政事。

彰德路大饑，民相食。

《元史》卷四一《順帝紀四》　秋七月甲寅，召隱士完者圖、執禮哈琅爲翰林待制，張樞、董立爲翰林修撰，李孝光爲著作郎。張樞不至。

《元史新編》卷一四　丁巳，以納麟爲御史大夫。

《元史》卷四一《順帝紀四》　是月，徭賊吴天保復寇沅州，陷溆浦、辰（漢）〔溪〕縣，所在焚掠無遺。

《元史續編》卷一三　以納琳爲御史大夫，托歡爲中書右丞、孔思立爲參政。

《續資治通鑑》卷二〇九　八月壬午，杭州、上海浦中午潮退而復至。

九月癸卯，八憐内哈喇諸海、圖嚕和伯賊起，斷嶺北驛道。

《元史》卷四一《順帝紀四》　甲辰，遼陽霜早傷禾，賑濟驛户。

戊申，車駕還自上都。

癸丑，上都斡耳朵成，用鈔九千餘錠。

《元史新編》卷一四　上都早霜殺禾。

甲寅，詔舉材能學業之人，以備侍衛。

《續資治通鑑》卷二〇九　丁巳，中書左丞相特穆爾達實薨。

《元史》卷四一《順帝紀四》　辛酉，以御史大夫朵兒只爲中書左丞相。

甲子，集慶路盜起，鎮南王孛羅不花討平之。

《元史續編》卷一三　吴天保寇陷寶慶，殺其湖廣右丞善巴勒。

《元史》卷四一《順帝紀四》　冬十月辛未，享於太廟。

丁丑，詔：「左右丞相、平章、樞密知院、御史大夫，得賜玉押字印，餘官不與。」

《續資治通鑑》卷二〇九　庚辰，詔建穆呼哩、巴延祠堂於東平。

丙戌，額琳沁濟達勒反，遣兵討之。

《元史新編》卷一四　辛卯，開東華射圃。

戊戌，西蕃盜起，凡二百餘所，陷哈剌火州，劫供御蒲萄酒，殺使臣。

《元史》卷四一《順帝紀四》　是月，徭賊吴天保復寇沅州，州兵擊走之。

《續資治通鑑》卷二〇九　十一月辛丑，監察御史庫庫以宦者隴普憑藉寵幸，驟陞榮禄大夫，追封三代，田宅踰制，上疏劾之。

甲辰，沿江盜起，剽掠無忌，有司莫能禁。兩淮運使宋文瓚上言：「江陰、通、泰，江海之門户，而鎮江、真州次之，國初設萬户府以鎮其地。今戍將非人，致賊艦往來無常。集慶花山劫賊才三十六人，官軍萬數，不能進討，反爲所敗，後竟（手假）〔假手〕鹽徒，雖能成功，豈不貽笑！宜亟選智勇，任兵柄，以圖後功。不然，東南五省租税之地，恐非國家有矣。」不報。

《元史續編》卷一三　賜大承天護聖寺田業。

《續資治通鑑》卷二〇九　庚戌，猺賊吴天保復陷武岡，命湖廣行省平章政事紐勒領兵討之。以河決，命工部尚書密勒瑪哈謨行視金隄。

《元史》卷四一《順帝紀四》　丁巳，命中書平章政事太平爲左丞相，辭，不允。

戊午，命河南、山東都府發兵討湖廣洞蠻。

己未，以中書省平章政事韓嘉訥爲陝西行臺御史大夫。迤北荒旱缺食，遣使賑濟驛户。

丁卯，海北、湖南猺賊竊發，兩月餘，有司不以聞，詔罪之，并降散官一等。

《續資治通鑑》卷二〇九　是月，滿濟勒噶台卒。

十二月庚午，以中書左丞相多爾濟爲右丞相，平章政事泰費音爲左丞相。

丙子，以連年水旱，民多失業，選臺閣名臣二十六人出爲守令，許以民間利害實封呈省。參知政事魏中立言於帝曰：「必欲得賢守，無如參議韓鏞者。」帝乃特書鏞姓名，授饒州路總管。

《元史》卷四一《順帝紀四》　壬午，晉寧、東昌、東平、恩州、高唐等處民饑，賑鈔十四萬錠、米六萬石。

丙戌，中書省臣建議，以河南盜賊出入無常，宜分撥達達軍與揚州舊軍於河南水陸關隘戍守，東至徐、邳，北至夾馬營，遇賊掩捕，從之。

是月，陝西行御史臺臣劾奏，別兒怯不花乃逆臣之親子，不可居太保之職，不從。

《續資治通鑑》卷二〇九　是冬，衛輝路天鼓鳴。

是歲，隆福宫三皇后鴻吉哩氏薨。

鄱陽朱公遷，以遺逸徵至京師，授翰林直學士，每勸帝親賢遠姦，抑豪强，省宂費，修德卹民，庶天意可回，民志可定，不然，恐國家之憂，近在旦夕，帝嘉納之。當國者惡其切直，不能容，公遷亦力辭，章七上，乃出爲金華路學正。

《元史續編》卷一三　以歸暘爲中書右司都事。

《宋元資治通鑑》卷六二　初，伯顏權重，嫉亦憐真班論事不阿，出爲南臺御史。既而，殺其子答是麻，而謫之於海南。伯顏死，乃召還，拜御史大夫。盡選中外廉能官，置諸風憲，一時號稱得人。馬札兒台暨子脱脱在外，時相欲傾之，亦憐真班論奏救解不已，故出爲江浙平章政事。



《元史新編》卷一四　是歲，置中書議事平章四人。太廟不舉秋享。

## 至正八年（戊子、一三四八）

《元史新編》卷一四　春正月戊戌朔，以耶先帖木爾知樞密院事。

《續資治通鑑》卷二〇九　丁未，饗於太廟。

辛亥，黄河决，遷濟寧路於濟州。詔：「各官府諳練事務之人，毋得遷調。」

《宋元資治通鑑》卷六二　詔翰林國史院纂修后妃、功臣列傳，以學士承旨張起岩、學士楊宗瑞、侍講學士黄溍爲總裁官，左丞相太平、左丞吕思誠共領其事。

《元史》卷四一《順帝紀四》　甲子，木憐等處大雪，羊馬凍死，賑之。

是月，詔給銅虎符，以宫尉完者不花、貴赤衛副指揮使壽山監湖廣軍。命湖廣行省右丞禿赤、湖南宣慰都元帥完者帖木兒討莫磐洞諸蠻，斬首數百級，其餘二十餘洞，縛其洞首楊鹿五赴京師。

二月癸酉，御史大夫納麟加太尉致仕。

乙亥，以北邊沙土苦寒，罷（海）海剌禿屯田。

《續資治通鑑》卷二〇九　〔丙子〕，命皇子阿裕實哩達喇習讀輝和爾文字。

甲申，以宣政院使桑節爲江南行臺御史大夫。

《元史》卷四一《順帝紀四》　壬辰，太平言：「孛答、乃禿、忙兀三處屯田，世祖朝以行營舊站撥屬虎賁司，後爲豪有力者所奪，遂失其利。今宜仍前撥還。」從之。

《御批歷代通鑑輯覽》卷九八　立行都水監於鄆城。

《續資治通鑑》卷二〇九　是月，以前奉使宣撫賈惟貞稱職，特授永平路總管。會歲饑，惟貞請降鈔四萬餘錠賑之。

《元史》卷四一《順帝紀四》　三月丁酉〔朔〕，詔以東帛旌郡縣守令之廉勤者。遼東鎖火奴反，詐稱大金子孫，水達達路脱脱禾孫唐兀火魯火孫討擒之。

《元史新編》卷一四　壬寅，吐蕃盜起，有司請不拘資級，委官討之。福建盜起，分立汀、漳二元帥府鎮之。

《續資治通鑑》卷二〇九　癸卯，帝親試進士二十有八人，賜阿嚕輝特穆爾、王宗哲等及第、出身。

己酉，湖廣行省遣使獻石壁峒蠻捷。

《元史》卷四一《順帝紀四》　己未，遣使詣江浙、江西、湖廣、四川、雲南銓福建、番、廣蠻夷等處官員選。

辛酉，遼陽兀顔撥魯歡妄稱大金子孫，受玉帝符文，作亂，官軍討斬之。

壬戌，《六條政類》書成。京畿民饑。徽州路達魯花赤哈剌不花以政績聞，詔賜金帛旌之。

是月，徭賊吴天保復寇沅州。

夏四月辛未，河間等路以連年河決，水旱相仍，户口消耗，乞減鹽額，詔從之。

《元史新編》卷一四　乙亥，帝視國子學。升衍聖公秩從二品。定弟子員出身及奔喪、省親等制。詔守令選立社長，專一勸課農桑。京官三品以上，歲舉守令一人，守令到任三月，亦舉一人自代。其玉典赤、拱衛百户不得任縣達魯花赤，止授佐貳官。平江，松江大水，留海運糧十萬石振之。

《續資治通鑑》卷二〇九　丁丑，遼陽董哈喇作亂，鎮撫奇徹討擒之。

己卯，海寧州沭陽縣等處盜起，遣翰林學士圖沁布哈討之。

《元史》卷四一《順帝紀四》　是月，享於太廟。車駕時巡上都。

《續資治通鑑》卷二〇九　命托克托爲太傅，提調宫傅，綜理東宫之事。

湖廣平章巴延引兵捕土寇莫(五萬)〔萬五〕、蠻雷等。已而廣西峒賊乘隙入寇，巴延退走。

《元史》卷四一《順帝紀四》　五月丁酉朔，大霖雨，京城崩。

庚子，廣西山崩，水湧，灕江溢，平地水深二丈餘，屋宇、人畜漂没。

壬子，寶慶大水。

《續資治通鑑》卷二〇九　乙卯，錢塘江潮比之八月中高數丈，沿江民皆遷居以避之。

《元史》卷四一《順帝紀四》　丁巳，四川旱，饑，禁酒。

《續資治通鑑》卷二〇九　己未，奎章閣侍書學士致仕虞集卒。

《元史》卷四一《順帝紀四》　六月丙寅朔，陞徐州爲總管府，以邳、宿、滕、嶧四州隸之。

《續資治通鑑》卷二〇九　丙戌，立司天臺於上都。

己丑，中興路松滋縣驟雨，水暴漲，平地深丈有五尺，漂没六十餘里，死者一千五百人。

是月，山東大水，民飢，賑之。

《元史》卷四一《順帝紀四》　七月辛丑，復立五道河屯田。

乙巳，享於太廟。旌表大都節婦鞏氏門。

戊申，西北邊軍民饑，遣使賑之。

《元史新編》卷一四　壬子，量移竄徙官於近地安置，死者聽歸葬。

《續資治通鑑》卷二〇九　乙卯，遣使祭曲阜孔子廟。以江州總管劉恒有政績，擢山東宣慰使。

《元史》卷四一《順帝紀四》　八月己卯，山東雨雹。

丙辰，以阿剌不花爲大司徒。

是月，車駕還自上都。

《續資治通鑑》卷二〇九　冬十月丁亥，廣西蠻掠道州。

十一月辛亥，徭賊吴天保率衆六萬掠全州。

《御批歷代通鑑輯覽》卷九八　台州方國珍作亂。

國珍世以販鹽浮海爲業。時有蔡亂頭者，行剽海上，有司捕之。國珍怨家告其通寇，遂入海爲亂，劫掠漕運。江浙參政多爾濟巴勒討之。追至福州，國珍焚舟將遁，行省兵自知驚潰，多爾濟巴勒遂被執，國珍脅使請於朝，詔授定海尉，國珍不肯赴，尋進攻温州，勢益猖獗。

《元史續編》卷一三　以台哈布哈、呼圖克布哈並爲中書平章。

《元史》卷四一《順帝紀四》　是歲，詔賜高年帛。設分元帥府於沂州，以買列的爲元帥，備山東寇。

## 至正九年(己丑、一三四九)

《元史》卷四二《順帝紀五》　春正月丁酉，享於太廟。

癸卯，立山東、河南等處行都水監，專治河患。

《續資治通鑑》卷二〇九　乙巳，廣西徭賊復陷道州，萬户鄭均擊走之。

《元史》卷四二《順帝紀五》　丙午，命中書平章政事太不花提調會同館。

二月戊辰，祭社稷。

辛巳，太不花辭職，不允。

**《元史新編》卷一四**　三月丁酉，壩河淺澀，調軍民各萬人濬之。

**《元史》卷四二《順帝紀五》**　(己)〔乙〕巳，命大司農達識帖睦邇爲湖廣行省平章政事。

是月，河北潰。陳州麒麟生，不乳而死。〔徭〕賊吳天保復寇沅州。

**《續資治通鑑》卷二〇九**　膠州大饑，人相食。

夏四月丁卯，享於太廟。

丁丑，知樞密院事奇徹台爲中書平章政事。

**《元史》卷四二《順帝紀五》**　己卯，以燕南廉訪使韓元善爲中書左丞。立鎮撫司於直沽海津鎮。

壬午，以河間鹽運司水災，住煎鹽三萬引。

是月，車駕時巡上都。

**《元史新編》卷一四**　五月戊戌，加脱脱太傅，提調内史府。

庚子，修黄河金隄，民夫日給鈔三貫。

**《元史》卷四二《順帝紀五》**　辛丑，罷瑞州路上高縣長官司。

**《元史新編》卷一四**　庚戌，命翰林國史院等官薦舉守令。

**《續資治通鑑》卷二〇九**　丙辰，定守令督攝之法，路督攝府，府督攝州，州督攝縣。

**《元史》卷四二《順帝紀五》**　是月，白茅河東注沛縣，遂成巨浸。蜀江大溢，浸漢陽城，民大饑。

六月丙子，刻小玉印，以「至正珍祕」爲文，凡祕書監所掌書畫，皆識之。

秋七月庚寅〔朔〕，監察御史斡勒海壽劾奏殿中侍御史哈麻及其弟雪雪罪惡，御史大夫韓嘉訥以聞，不省，章三上，詔奪哈麻、雪雪官，出海壽爲陝西廉訪副使，韓家訥爲宣政院使。

壬辰，詔命太子愛猷識理達臘習學漢人文書，以李好文爲諭德，歸暘爲贊善，張沖爲文學。李好文等上書辭，不許。賜公主不答昔你平江田五十頃。

**《元史新編》卷一四**　甲午，以耶先帖木爾復爲御史大夫，亦憐真班知樞密院事，提調武備寺。

**《續資治通鑑》卷二〇九**　甲寅，以巴延爲集賢大學士。

乙卯，右丞相多爾濟罷，依前爲國王。

是月，大霖雨，水(沿)〔没〕高唐州城，江、漢溢，漂没民居、禾稼。歸德府霖雨浹十旬。

**《御批歷代通鑑輯覽》卷九八**　多爾濟、太平俱罷，以托克托爲右丞相。

**《續資治通鑑》卷二〇九**　初，托克托自甘州還上都，將復相，中書參議趙期頤、員外郎李稷，謁翰林直學士兼贊善歸暘私第，致托克托之命，屬草詔，暘辭曰：「丞相將爲伊、周事業，入相之詔，當命詞臣視章。今屬筆於暘，恐累丞相之賢也。」期頤曰：「若上命爲之，柰何？」暘曰：「事理非順，亦當固辭。」期頤知不可屈，乃已。

**《元史》卷四二《順帝紀五》**　閏月辛酉，詔脱脱爲中書右丞相，仍太傅；韓家訥爲江浙行省平章政事。

庚午，以也可扎魯忽赤捌思監爲中書右丞，同知樞密院事玉樞虎兒吐華爲中書參知政事。

辛巳，詔赦湖广徭賊詿誤者。

**《元史新編》卷一四**　戊(午)〔子〕，命岐王阿刺乙鎮西番。

**《元史》卷四二《順帝紀五》**　八月甲辰，以集賢大學士柏顏爲中書平章政事，河南行省平章政事月魯不花爲宣政院使。

庚戌，以司徒雅普化提調太史院、知經筵事。

是月，車駕還自上都。

**《元史新編》卷一四**　九月甲子，敕建言中外利病者，委官選其可行之事以聞。

**《元史》卷四二《順帝紀五》**　丙寅，命平章政事柏顏提調留守司。

**《續資治通鑑》卷二〇九**　丙子，中書平章政事定珠以病辭職，不許。

是月，遣御史中丞李獻代祀河瀆。

冬十月辛卯，享於太廟。

**《元史》卷四二《順帝紀五》**　丁酉，命皇太子愛猷識理達臘自是日爲始入端本堂肄業。命脱脱領端本堂事，司徒雅普化知端本堂事。端本堂虛中座，以俟至尊臨幸，太子與師傅分東西向坐授書，其下僚屬以次列坐。

十一月戊午朔，日有食之。

**《御批歷代通鑑輯覽》卷九八**　詔削沃呼海壽官，流韓吉納於尼嚕罕。

**《元史》卷四二《順帝紀五》**　十二月丁未，猺賊吴天保陷辰州。

是歲，詔汰冗官，均俸禄，賜致仕官及高年帛。漕運使賈魯建言便益二十餘事，從其八事：其一曰京畿和糴，二曰優䘏漕司舊領漕户，三曰接運委官，四曰通州總治豫定委官，五曰船户困於壩夫、海糧壞於壩户，六曰疏濬運河，七曰臨清運糧萬户府當隸漕司，八曰宜以宣忠船户付本司節制。冀寧平遥等縣曹七七反，命刑部郎中八十、兵馬指揮沙不丁討平之。

**《續資治通鑑》卷二〇九**　沅、靖、柳、桂等路猺獠竊發，朝廷以谿峒險阻，下詔招諭之。湖廣行省平章達實特穆爾謂「寇情不可料，請置三分省：一治静江，一治沅、靖，一治柳、桂，以左、右丞、參政兵鎮其地，罷靖州路總管府，改立靖州軍民安撫司，設萬户府，益以戍兵」。從之。達實特穆爾，特穆爾達實之弟也。

## 至正一〇年（庚寅，一三五〇）

**《元史新編》卷一四**　春正月丙辰朔，以搠思監平章政事，玉樞虎爾吐華爲中書右丞。

壬戌，立四川容美洞軍民總管府。

**《續資治通鑑》卷二〇九**　是月，前太保、中書右丞相博爾濟布哈卒於渤海縣。

**《元史》卷四二《順帝紀五》**　二月丙戌〔朔〕，詔加封天妃父種德積慶侯，母育聖顯慶夫人。

**《續資治通鑑》卷二〇九**　是春，彰德大寒，近清明節，雨雪三尺，民多凍餒死。

**《元史》卷四二《順帝紀五》**　夏四月己丑，左司都事武祺建言更鈔法。

丁酉，赦天下，其略曰：「朕纂承洪業，撫臨萬邦，夙夜厲精，靡遑暇逸。比緣倚注失當，治理乖方，是用圖任一相，俾贊萬機。爰命脱脱爲中書右丞相，統正百官，允釐庶績，曾未期月，百廢具舉，中外協望，朕甚嘉焉。尚慮軍國之重，民物之繁，政令有未孚，生息有未遂，可赦天下。」

是月，車駕時巡上都。

**《續資治通鑑》卷二〇九**　五月，右丞相托克托居母憂，帝遣近臣諭之，俾出理庶務。於是托克托用烏庫遜良楨、龔伯璲、汝中柏、拜特穆爾等爲僚屬，皆委以腹心之寄，小大之事皆與之謀，事行而羣臣不知也。

六月壬子，有星大如月，入北斗，震聲若雷，三日復還。

甲子，寧州大雨，山崩。

丙寅，上高縣蒙山崩。

**《元史》卷四二《順帝紀五》**　秋七月癸亥，以大護國仁王寺昭應宫財用規運總管府仍屬宣政院。

八月壬寅，車駕還自上都。

九月癸丑朔，太白晝見。

**《續資治通鑑》卷二〇九**　辛酉，祭三皇如祭孔子禮。先是歲祀以醫官行事，江西廉訪使文殊訥建言，禮有未備，乃敕工部具祭器，江浙行省造雅樂，太常定儀式，翰林撰樂章，至是用之。

庚午，命樞密院以軍士五百修築白河堤。

**《元史》卷四二《順帝紀五》**　壬午，脱脱以吏部選格條目繁多，莫適據依，銓選者得以高下之，請編類爲成書，從之。

冬十月癸巳，歲星犯軒轅。

**《續資治通鑑》卷二〇九**　乙未，托克托欲更鈔法，乃集省、臺、兩院共議之。先是左司都事武祺，以鈔法不行，請如舊，凡合支名目，於總庫轉支，從之。至是與吏部尚書偰哲篤俱欲迎合丞相意，請以楮幣鈔一貫文省權銅錢一千文，鈔爲母而錢爲子，衆皆唯唯，不敢出一語。中書左丞兼國子祭酒吕思誠曰：「中統、至元，自有母子，上料爲母，下料爲子，譬如達勒達人乞養漢人爲子，是終爲漢人之子而已，豈有以故紙爲母而以銅錢爲過房兒子者乎！」思誠又曰：「錢鈔用法，以虚换實，其致一也。今歷代錢與至正錢、中統鈔、至元鈔、交鈔分爲五項，慮下民知之，藏其（貫）〔實〕而棄其虚，恐不爲國家利。」偰哲篤曰：「至元鈔多僞，故更之。」思誠曰：「至元鈔非僞，人爲僞爾，交鈔若出，亦有爲僞者矣。且至元鈔人猶識之，交鈔人未之識，僞將滋多。」偰哲篤曰：「錢鈔兼行何如？」思誠曰：「錢鈔兼行，輕重不倫，何者爲母，何者爲子？汝不通古今，徒以口舌取媚大臣，可乎？」偰哲篤怒曰：「我等策既不可行，公有何策？」思誠曰：「我有三字策，曰行不得，行不得！」又曰：「丞相勿聽此言，如向日開金口河，成則歸功汝等，不成則歸罪丞相矣。」托克托見思誠之言直，狐疑未決。御史大夫額森特穆爾曰：「呂祭酒之言亦有是者，但不當在廟上大聲厲色耳。」御史劾思誠狂妄，左遷湖廣行省左丞。

遂定更鈔之議，以中統、交鈔一貫省權銅錢一千文，準至元寶鈔二貫，仍鑄至正通寶錢與歷代錢並用，以實鈔法。行之未久，物價騰踴至踰十倍。及兵興，所在郡縣皆以物貨相貿易，公私所積者皆不行，國用由是大乏。

**《續資治通鑑》卷二〇九**　辛丑，置諸路寶泉都提舉司於京城。

**《元史》卷四二《順帝紀五》**　是月，南陽、大名、東平、濟南、徐州，各立兵馬指揮司，以捕上馬賊。時南陽路總管莊文昭言：「本郡鵶路有上馬賊百十爲羣，突入富家，計其家資，邀求金銀爲撒花。或劫州縣官庫，取輕資，約束裝載畢，拘妓女，置酒高會，三日乃上馬去。州郡無武備，無如之何。」於是始命立兵馬分司五處，然終不能禁。

**《元史》卷四二《順帝紀五》**　十一月壬子朔，日有食之。

丙辰，以高麗瀋王之孫脱脱不花等爲東宮怯薛官。

辛酉，罷遼陽濱海民煎熬野鹽。

己巳，詔天下以中統交鈔壹貫文權銅錢壹千文，準至元寶鈔貳貫，仍鑄至正通寶錢並用，以實鈔法，至元寶鈔通行如故。

**《元史新編》卷一四**　是月，三星隕於耀州，化爲石，如斧形，削之有屑，擊之有聲。

**《續資治通鑑》卷二〇九**　十二月壬午朔，修大都城。

辛卯，以大司農禿魯等兼領都水監，集河防正官議黄河便益事。命前同知樞密院事不顔不花等討廣西猺賊。

己酉，方國珍攻温州。

右丞相托克托慨然有志於事功，時河決五年不能塞，方數千里，民被其患，托克托請躬任其事，帝嘉納之。

辛卯，以大司農圖嚕等兼領都水監。

集羣臣議黄河便益事，言人人殊，唯都漕運使賈魯昌言必當治。先是魯嘗爲山東道奉使宣撫首領官，循行被水郡邑，具得修捍成策。後又爲都水使者，奉旨詣河上相視，驗狀爲圖，以二策進獻：一議修築北隄以制横潰，其用功省；一議疏塞並舉，挽河東行，使復故道，其功費甚大。至是復以二策進，取其後策，且以其事屬魯，魯固辭，托克托曰：「此事非子不可。」乃入奏，大稱旨。托克托出告羣臣曰：「皇帝方憂下民，爲大臣者，職當分憂。然事有難爲，猶疾有難治。自古河患，即難治之疾也。今我必欲去其疾，而人人異論，何也？」然廷議終莫能決。帝乃命工部尚書成遵偕大司農圖嚕行視河，議其疏塞之方以聞。

是冬，温暖，霹靂暴雨時行，衢、饒、處等處雨黑黍，内白如粉，草木皆萌芽吐花，大雪而雷電。

**《宋元資治通鑑》卷六二**　京師麗正門樓上忽有人妄言災禍，鞫問之，自稱薊州人，已而不知所終。

**《元史續編》卷一三**　置河南江北都總制庸田使司。

**《元史新編》卷一四**　是歲，太廟四祭皆不舉。

## 至正一一年（辛卯、一三五一）

**《元史》卷四二《順帝紀五》**　春正月乙卯，享於太廟。

**《宋元資治通鑑》卷六二**　庚申，命江浙左丞孛羅帖木兒以兵討方國珍。

**《元史新編》卷一四**　丁卯，蘭陽縣有紅星大如斗，自東南墜西北，其聲如雷。立湖南分元帥府於寶慶路。

己卯，命搠思監提調大都留守司。

**《續資治通鑑》卷二一〇**　是月，清寧殿火，焚寶玩萬計，由宦官熏鼠故也。

**《元史》卷四二《順帝紀五》**　二月，命游皇城，中書省臣諫止之，不聽。

**《續資治通鑑》卷二一〇**　初，世祖至元七年，以帝師帕克斯巴之言，於大明殿御座上置白傘蓋一頂，用素緞泥金書梵字於其上，謂鎮伏邪魔，護安國利。自後每歲二月十五日，於大殿啓建白傘蓋佛事，與衆祓除不祥。中書移文諸司，撥人舁監壇漢關羽神轎及供應三百六十壇幢幡、寶蓋等，以至大樂鼓吹，番部細樂，男女雜扮隊戲，凡執役者萬餘人，皆官給鎧甲、袍服、器仗，俱以鮮麗整齊爲尚，珠玉錦繡，裝束奇巧，首尾排列三十餘里，都城士女聚觀。先二日，於西鎮國寺迎太子游四門，舁高塑像，具儀仗入城。十四日，帝師率梵僧五百人，於大明殿内建佛事。至十五日，請傘蓋於御座，奉置寶輿，諸儀衛導引出宫，至慶壽寺，具素食，食罷，起行，從西宫門外垣、海子南岸，入厚載紅門，過延春門而西。帝及后妃、公主，於玉德殿門外搭金脊吾殿綵樓以觀覽焉。事畢，送傘蓋，復置御座上。帝師、僧衆作佛事，至十六日罷散，謂之游皇城，歲以爲常。至是命下，中書省臣以其非禮，諫止之，不聽。

**《元史》卷四二《順帝紀五》** 三月庚戌〔朔〕，立山東分元帥府於登州。

丙辰，親策進士八十三人，賜朵烈圖、文允中進士及第，其餘賜出身有差。

**《續資治通鑑》卷二一〇** 壬戌，徵建寧處士彭炳爲端本堂説書，不至。

是月，遣使賑湖南、北被寇人民，死者鈔五錠，傷者三錠，燬所居屋者一錠。

是春，成遵與圖嚕自濟、濮、汴梁、大名行數千里，掘井以量地之高下，測岸以究水之淺深，徧閲史籍，博採輿論，以爲河之故道斷不可復。且曰：「山東饑饉，民不聊生，若聚二十萬衆於其地，恐他日之憂，又有重於河患者。」時托克托先入賈魯之言，聞遵等議，怒曰：「汝謂民將反耶？」自辰至酉，論辨終莫能入。明日，執政謂遵曰：「挽河之役，丞相意已定，且有人任其責。公勿多言，幸爲兩可之議。」遵曰：「腕可斷，議不可易！」遂出遵爲河間鹽運使。

**《元史》卷四二《順帝紀五》** 夏四月壬午，詔開黄河故道，命賈魯以工部尚書爲總治河防使，發汴梁、大名十三路民十五萬，廬州等戍十八翼軍二萬，自黄陵岡南達白茅，放於黄固、哈只等口，又自黄陵西至陽青村，合於故道，凡二百八十里有奇，仍命中書右丞玉樞虎兒吐華、同知樞密院事黑厮以兵鎮之。冀寧路屬縣多地震，半月乃止。

乙酉，享於太廟。詔加封河瀆神爲靈源神祐弘濟王，仍重建河瀆及西海神廟。改永順安撫司爲宣撫司。

**《續資治通鑑》卷二一〇** 丁酉，孟州地震，有聲如雷，圮民屋，壓死者甚衆。

庚子，罷海西遼東道巡防捕盜所，立鎮寧州。

**《元史新編》卷一四** 辛丑，師壁洞土官田盧什用、盤順府土官墨奴什用降，立長官司四。

**《續資治通鑑》卷二一〇** 乙巳，彰德路雨雹，形如斧，傷人畜。

**《元史》卷四二《順帝紀五》** 是月，罷沂州分元帥府，改立兵馬指揮使司，復分司於膠州。車駕時巡上都。

五月己酉朔，日有食之。

辛亥，潁州妖人劉福通爲亂，以紅巾爲號，陷潁州。初，欒城人韓山童祖父，以白蓮會燒香惑衆，謫徙廣平永(平)〔年〕縣。至山童，倡言天下大亂，彌勒佛下生，河南及江淮愚民皆翕然信之。福通與杜遵道、羅文素、盛文郁、王顯忠、韓咬兒復鼓妖言，謂山童實宋徽宗八世孫，當爲中國主。福通等殺白馬、黑牛，誓告天地，欲同起兵爲亂，事覺，縣官捕之急，福通遂反。山童就擒，其妻楊氏、其子韓林兒，逃之武安。

癸丑，文水縣雨雹。

**《續資治通鑑》卷二一〇** 壬申，命同樞密院事圖克齊領阿蘇軍六千并各支漢軍討之，授以分樞密院印。圖克齊者，回回部人也，素號精悍，善騎射，至是與河南行省徐左丞俱進軍。二將皆耽酒色，軍士但以剽掠爲事，剿捕之方，漫不加省。圖克齊望見紅軍陣大，揚鞭曰：「阿布，阿布。」阿布者，譯言走也，於是所部皆走，淮人傳以爲笑。其後圖克齊死於上蔡，徐左丞爲朝廷所誅，阿蘇軍不習水土，病死者過半。

先是庚寅歲，河南、北童謡云：「石人一隻眼，挑動黄河天下反。」及賈魯治河，果於黄陵岡掘得石人一眼，而汝、潁盜起，竟如所言。

**《元史》卷四二《順帝紀五》** 丙子，命大都至汴梁二十四驛，凡馬一匹助給鈔五錠。

**《續資治通鑑》卷二一〇** 六月，發軍一千，從直沽至通州，疏濬河道。

是月，劉福通據朱皋，攻破羅山、真陽、確山，遂犯舞陽、葉縣。

**《宋元資治通鑑》卷六二** 方國珍入海，燒掠沿海州郡。朝廷遣江浙省左丞孛羅帖木兒往擊之。兵至大閭洋，國珍夜率勁卒縱火鼓譟，官軍不戰皆潰，赴水死者過半。孛羅帖木兒被執，反爲餙詞上聞，朝廷弗之知。秋七月，復遣大司農達識帖木邇等至黄巖招之，國珍兄弟皆登岸羅拜，退止民間。紹興總管泰不華欲命壯士襲殺之，達識帖木邇適夜過泰不華，密以事白之，達識帖木邇曰：「我受詔招降，公欲擅命耶？」事乃止。檄泰不華至海濱，散其徒衆，拘其海舟、兵器，授國珍兄弟官有差。

**《元史》卷四二《順帝紀五》** 秋七月丙辰，廣西大水。

**《元史新編》卷一四** 丁巳，罷四川大奴管句洞長官司，改立忠孝軍民府。

**《元史》卷四二《順帝紀五》** 是月，開河功成，乃議塞決河。命大司農達識帖睦邇及江浙行省參知政事樊執敬、浙東廉訪使董守慤同招諭方國珍。

**《宋元資治通鑑》卷六二** 八月丁丑朔，中興地震。

**《元史》卷四二《順帝紀五》** 戊寅，祭社稷。

**《續資治通鑑》卷二一〇** 丙戌，蕭縣李二及老彭、趙君用陷徐州。

是月，帝至自上都。

**《元史》卷四二《順帝紀五》** 九月戊申，以中書平章政事朵兒直班提調宣文閣，知經筵事，平章政事定住提調會同館事。

壬子，命御史大夫也先帖木兒知樞密院事，及衛王寬徹哥總率大軍出征河南妖寇，各賜鈔一千錠，從征者賜予有差。

**《宋元資治通鑑》卷六二** 時劉福通兵勢日盛，脱脱乃奏以其弟御史大夫也先帖木兒知樞密院事，及衛王寬徹哥率諸衛軍十餘萬討之。

**《續資治通鑑》卷二一〇** 壬戌，詔以高麗國王布答實里之弟巴延特穆爾襲其王封。布答實里本名禎，巴延特穆爾本名祺。時國王王昕無道，禎之庶子也，立三年，遇鴆卒，國人請立禎弟祺，遂從之。

是月，劉福通陷汝寧府及息州、光州，衆至十萬。徐壽輝陷蘄水縣及黄州路，衛王庫春格爾與其二子帥師擊之，爲壽輝將倪文俊所敗，二子被獲。文俊，沔陽漁家子也。

**《元史》卷四二《順帝紀五》** 冬十月己卯，享於太廟。

癸未，立寶泉提舉司於河南行省及濟南、冀寧等路凡九，江浙、江西、湖廣行省等處凡三。命知樞密院事老章以兵同也先帖木兒討河南妖寇。

辛卯，立中書分省於濟寧。

癸卯，以宗王神保克復睢寧、虹縣有功，賜金帶一，從征者賞銀有差。

**《宋元資治通鑑》卷六二** 是月，徐壽輝據蘄水爲都，國號天完，僭稱皇帝，改元治平。以鄒普勝爲太師。

**《元史續編》卷一四** 饒、信等路雨黍及黑子。信州及邵武雨黍，饒州雨黑子，大如黍米，民多取食之。衢州雨米如黍。

徐壽輝僭號。據蘄水爲都，國號天完，僭稱皇帝，改元治平，以鄒普勝爲太師，攻陷饒州，執魏中立，陷信州，執於大本，皆屈使從己，畀之印，命以官，二人大罵不屈，壽輝殺之。

**《續資治通鑑》卷二一〇** 十一月己酉，有星孛於西方，見(丁)〔于〕婁、胃、昴、畢之間。

**《宋元資治通鑑》卷六二** 以朵耳直班爲中書平章政事。治書侍御史烏古孫良楨爲參知政事。朵耳直班首言治國之道，綱常爲重，前西臺御史張楨，仗節死義，宜旌之，以勸來者。又言祖宗用兵，不專於殺人，今倡亂者數人，乃盡坐中華之民爲叛逆，豈足以服人心。其言頗忤脱脱意。時脱脱倚任汝中柏、伯帖木兒兩人，擅權用事，而朵耳直班正色立朝，無所附麗，未幾，出爲西臺御史大夫。

**《元史》卷四二《順帝紀五》** 丁巳，孛星微見於畢宿。黄河堤成，散軍民役夫。

庚午，監察御史徹徹帖木兒等言，右丞相脱脱治河功成，宜有異數以旌其勞。

**《宋元資治通鑑》卷六二** 甲戌，江西妖人鄧南二作亂，攻瑞州，總管禹蘇福擒斬之。

**《元史》卷四二《順帝紀五》** 是月，遣使以治河功成告祭河伯。召賈魯還朝，超授榮禄大夫、集賢大學士，賜金繫腰一、銀十錠、鈔千錠、幣帛各二十匹。都水監并有司官有功者三十七員，皆陞遷其職。詔賜脱脱答剌罕之號，俾世襲之，以淮安路爲其食邑。命立《河平碑》。

**《元史新編》卷一四** 十二月己卯，立河防提舉司，隸行都水監。

**《元史》卷四二《順帝紀五》** 以治書侍御史烏古孫良楨爲中書參知政事。

丁酉，命脱脱於淮安立諸路打捕鷹房民匠錢糧總管府，秩從三品。

**《元史新編》卷一四** 辛丑，耶先帖木爾復上蔡縣，禽劉福通僞將韓咬兒等，送大都，誅之。

是年，太廟闕秋享。

**《元史》卷四二《順帝紀五》** 是歲，括馬。

**《續資治通鑑》卷二一〇** 是歲，盜蔓延於江浙，江西之饒、信、徽、宣、鉛山、廣德，浙西之常、湖、建德，所在不守。江浙行省平章慶通分遣僚佐往督師，以次克復。既乃令長吏按視民數，詿誤者悉置不問；招徠流離，發官粟以賑之。

蘄、黄賊造船北岸，鋭意南攻，九江、江州路總管李黼，治城壕，修器械，募丁壯，分守要害，且上攻守之策於江西行省，請兵屯江北以扼賊衝，不報。

## 至正一二年（壬辰、一三五二）

《元史》卷四二《順帝紀五》　春正月丙午朔，詔印造中統元寶交鈔一百九十萬錠、至元鈔十萬錠。

《續資治通鑑》卷二一〇　戊申，竹山縣賊陷襄陽路，同知額森布哈等驚潰。達嚕噶齊博囉特穆爾領義兵二百人，且戰且引，至監利縣，遇沔陽府達嚕噶齊耀珠等軍。時濱江有船千餘，乃糾合諸義兵、丁壯、水工五千餘人，畀以軍號，給刀稍，具哨馬五十，水陸繼進。比至石首縣，聞中興路亦陷，乃議趣岳州就元帥特克嘉，而道阻不得前，仍趨襄陽。賊方駐楊湖港，乘其不虞擊之，獲其船二十七艘，生擒賊黨劉雅爾，訊得其情。進次潛江縣，又斬賊數百級，獲三十餘船，梟賊將劉萬户、許堂主等。甫止兵未食，而賊大至，與戰，抵暮，耀珠等軍各當一面，不能救。博羅特穆爾被重創，麾從子瑪哈實勒使去，曰：「吾以死報國，汝無留此。」瑪哈實勒泣曰：「死生從叔父。」既而博囉特穆爾被執，賊請同爲逆，博囉特穆爾怒罵之，遂遇害。瑪哈實勒帥家奴求其尸，復與賊戰，俱没於陣，舉家死者凡二十六人。博囉特穆爾，高昌人也。

是日，荆門州亦陷。

《元史》卷四二《順帝紀五》　己酉，時享太廟。

庚戌，以宣政院使月魯不花爲中書平章政事。

《元史新編》卷一四　壬子，諭河南、湖廣調兵討賊。正當首春耕作之時，恐農民不安田畝，守令有失勸課，宜委通曉農事官，分道巡視，督勒有司，親詣鄉都，省諭農民依時播種，務使人盡其力，地盡其利，其有曾經盜賊、水患，供億繁重，貧民不能自備牛種者，所在官爲量給。仍飭領兵官，嚴禁屯駐軍馬，毋得踐踏，以致農事廢弛。

《元史》卷四二《順帝紀五》　乙卯，淮東宣慰司添設同知宣慰司事及都事各一員。

丙辰，徐壽輝遣僞將丁普郎、徐明遠陷漢陽。

丁巳，陷興國府。

己未，徐壽輝遣鄒普勝陷武昌，威順王寬徹普化、湖廣行省平章政事和尚棄城走。刑部尚書阿魯收捕山東賊，給敕牒十一道，使分賞有功者。

辛酉，徐壽輝將魯法興陷安陸府，知府綽嚕死之。

癸亥，刑部添設尚書、侍郎、郎中、員外郎各一員，五愛馬添設忽剌罕赤二百名。

丙寅，以河復故道，大赦天下。

辛未，徐壽輝兵陷沔陽府。

《續資治通鑑》卷二一〇　壬申，陷中興路。沔陽推官象山俞述祖，領民兵守緑水洪，城陷，被執，械至壽輝所，述祖罵不輟，壽輝怒，支解之。其犯中興也，山南宣慰司同知伊古輪實出戰，衆潰，宣慰使錦州布哈棄城走。山南廉訪使濟爾克敦以兵與抗，射賊多死，明日，賊益兵來，襲東門，力戰，被執，不屈而死。

武昌既陷，江西大震，賊舳艫蔽江而下，行省右丞博囉特穆爾方駐兵江州，聞之，亦遁去。總管李黼，雖孤立，辭氣愈奮厲。時黄梅縣主簿伊蘇特穆爾願出擊賊，黼大喜，向天瀝酒與之誓。言始脱口，賊游兵已至境，急檄諸鄉落聚木石於險塞處，遏賊歸路，倉卒無號，乃墨士卒面，統之出戰。黼身先士卒，大呼陷陣，伊蘇特穆爾繼進，賊大敗，逐北六十里。鄉丁依險阻，乘高下木石，橫屍蔽路，殺獲二萬餘。黼還，謂左右曰：「賊不利於陸，必由水道以舟薄我。」乃以長木數千，冒鐵錐於杪，暗植沿岸水中，逆刺賊舟，謂之「七星樁」。會西南風急，賊舟數千，果揚帆順流鼓譟而至，舟遇樁不得動，進退無措，黼帥將士奮擊，發火翎箭射之，焚溺死者無算，餘舟散走。行省上黼功，拜江西行省參政，行江州、南康等路軍民都總管，便宜行事。

壬申，中興路陷，山南宣慰司同知月古輪失領兵出戰，衆潰，宣慰使錦州不花、山南廉訪使卜禮月敦皆遁走。

《元史》卷四二《順帝紀五》　是月，命逯魯曾爲淮東添設元帥，統領兩淮所募鹽丁五千討徐州。拘刷河南、陝西、遼陽三省及上都、大都、腹裏等處漢人馬。命四川行省平章政事月魯帖木兒爲總兵官，與四川行省右丞長吉討興元、金州等處賊；宣政院同知桑哥率領亦都護畏吾兒軍與荆湖北道宣慰使朶兒只班同守襄陽；濟寧兵馬指揮使寶童統領右都衛軍，從知樞密院事月闊察兒討徐州。

二月乙亥朔，詔許溪洞蠻猺自新。

《續資治通鑑》卷二一〇　定遠人郭子興，集少年數千人，自稱節制元帥。

子興兄弟三人，皆善殖資産，由是豪里中。子興知天下有變，乃散家財，椎牛釃酒，與壯士結納，至是與孫德崖及俞某、魯某、潘某等以衆攻城。

**《元史》卷四二《順帝紀五》** 丁丑，以集賢大學士賈魯爲中書添設左丞。以河南廉訪使哈藍朵兒只爲荆湖北道宣慰使都元帥，守襄陽。

癸未，命諸王禿堅領從官百人，馳驛守揚州，賜金一錠、鈔一千錠。命〔西〕寧王牙安沙鎮四川。賜鎮南王孛羅不花鈔一萬錠。

甲申，鄒平縣馬子昭爲亂，捕斬之。

乙酉，徐壽輝兵陷江州，總管李黼死之，遂陷南康路。

丙戌，霍州靈石縣地震。徐壽輝兵陷岳州。房州賊陷歸州。

**《續資治通鑑》卷二一〇** 戊子，詔：「徐州内外羣聚之衆，限二十日，不分首從，並與赦原。」置安東、安豐分元帥府。

己丑，游皇城。

庚子，郭子興陷濠州，據之。

**《元史》卷四二《順帝紀五》** 辛丑，鄧州賊王權、張椿陷澧州，龍鎮衛指揮使俺都剌哈蠻等帥師復之。褒贈伏節死義宣徽使帖木兒等二十七人。

壬寅，以御史大夫納麟爲江南行臺御史大夫，仍太尉。命翰林學士承旨八剌與諸王孛蘭奚領軍守大名。

癸卯，命中書平章政事月魯不花知經筵事，左丞賈魯、參知政事帖理帖木兒、烏古孫良楨並同知經筵事。

**《元史新編》卷一四** 是月，賊侵滑、濬諸邑。起德住爲河南右丞，守東明，賊不敢犯。徐壽輝僞將歐祥陷袁州。命帖里以中書參政分省濟寧。

**《元史》卷四二《順帝紀五》** 三月乙巳朔，追封太師、忠王馬扎兒台爲德王。

丁未，徐壽輝僞將許甲攻衡州，洞官黄安撫敗之。徐壽輝僞將陶九陷瑞州，總管禹蘇福、萬户張岳敗之。

**《元史新編》卷一四** 壬子，以太不花爲河南省平章。克復南陽等處。復納粟補官之令。

**《元史》卷四二《順帝紀五》** 辛酉，命親王阿兒麻以兵討商州等處賊。以鞏卜班知行樞密院事。

**《續資治通鑑》卷二一〇** 甲子，徐壽輝將項普略陷饒州路，遂陷徽州、信州。

**《元史》卷四二《順帝紀五》** 四川末附生蠻向亞甲洞主墨得什用出降，立盤順府。

丁卯，江南行臺御史大夫帖木哥乞致仕，不允，以爲甘肅行省平章政事。

**《宋元資治通鑑》卷六二** 以出征馬少，出幣、帛各一十萬匹於迤北萬户、千户所易馬。自世祖以後，省臺之職，南人斥不用，至是日，詔南人有才學，依世祖舊制，中書省、樞密院、御史臺並用之。

**《元史》卷四二《順帝紀五》** 中書省臣言：「張理獻言，饒州德興三處，膽水浸鐵，可以成銅，宜即其地各立銅冶場，直隸寶泉提舉司，宜以張理就爲銅冶場官。」從之。以江浙行省左丞相亦憐真班爲江西行省左丞相，領兵收捕饒、信賊。

庚午，詔：「隨朝一品職事及省、臺、院、六部、翰林、集賢、司農、太常、宣政、宣徽、中政、資正、國子、祕書、崇文、都水諸正官，各舉循良材幹、智勇兼全、堪充守令者二人。知人多者，不限員數。各處試用守令，並授兼管義兵防禦諸軍奥魯勸農事，所在上司不許擅差。守令既已優陞，其佐貳官員，比依入廣例，量陞二等。任滿，驗守令全治者，與真授；不治者，全削二等，依本等敍；半治者，減一等敍。雜職人員，其有知勇之士，並依上例。凡除常選官於殘破郡縣及迫近賊境之處，陞四等；稍近賊境，陞二等。」

**《續資治通鑑》卷二一〇** 詔定軍民官不守城池之罪。

閏月甲戌朔，鍾離人朱元璋從郭子興於濠州。

**《元史》卷四二《順帝紀五》** 辛巳，以台州路達魯花赤泰不花爲江浙行省參知政事，行台州路事，命下，泰不花已死。

**《元史新編》卷一四** 壬午，以荅失拔都魯爲四川添設參政，與本省平章咬住同討山南、湖廣賊。

乙酉，徐壽輝僞將陳普文陷吉安路，鄉民羅明遠起義兵復之。

**《元史》卷四二《順帝紀五》** 命工部尚書朵來、兵部侍郎馬某火者，分詣上都、察罕腦兒、集寧等處，給散出征河南達軍口糧。立淮南江北等處行中書省，治揚州，轄揚州、高郵、淮安、滁州、和州、廬州、安豐、安慶、蘄州、黄州。

壬辰，以大都留守兀忽失爲江浙行省添設右丞，討饒、信賊。

丙申，阿速愛馬里納忽台擒滑州、開州賊韓兀奴罕有功，授資用庫大使。

《宋元資治通鑑》卷六二　丁酉，湖廣叅政鐵傑以湖南兵復岳州。

《元史新編》卷一四　四川平章咬住克取忠、萬、夔、雲陽等州。

戊戌，以晃火爾不花平章政事，蠻子爲中書右丞，秦從德爲左丞，荅失圖、趙璉竝參知政事，悟良哈台、杜秉彝爲添設參知政事。命江西左丞相亦憐真班守江東關隘。諸王亦憐真班、愛因班，參政耶先帖木爾與陝西平章月魯帖木爾討南陽、襄陽賊，刑部尚書阿魯討海寧賊，江西右丞火尼赤與參政朵解討江西賊，浙東宣慰使恩寧普守蕪湖，江西右丞兀忽失，江浙左丞星吉、不顏帖木爾、蠻子海身同討饒、信賊。方國珍不受撫，命江浙左丞左荅納失里討之。知樞密事耶先帖木爾駐軍沙河，軍中夜驚，軍潰，退屯朱仙鎮。命中書右丞蠻子代總其軍，召耶先帖木爾還，仍爲御史大夫。西臺御史范文等十二人劾其喪師辱國，不聽。

《元史》卷四二《順帝紀五》　辛丑，命淮南行省平章政事晃火兒不花提調鎮南王傅事。

《續資治通鑑》卷二一〇　是月，詔："江西行省左丞相策琳沁班，淮南行省平章政事鴻和爾布哈，江浙行省左丞遵達特哩，湖廣行省平章政事額森特穆爾，四川行省平章政事巴實呼圖，及江南行臺御史大夫納琳與江浙行省官，並以便宜行事。"

《元史續編》卷一四　左遷西臺大夫多爾濟巴勒爲湖廣平章，尋卒。

《元史》卷四二《順帝紀五》　夏四月癸卯朔，日有食之。江西臨川賊鄧忠陷建昌路。

己酉，時享太廟。

甲寅，以御史大夫搠思監爲中書平章政事，提調留守司。

乙卯，鐵傑及萬户陶夢楨復武昌、漢陽，尋再陷。

《宋元資治通鑑》卷六二　丙辰，宣黄賊塗祐與邵武、建寧賊應必達等次陷邵武路，總管吴按攤不花以兵討之，千户魏淳以計擒塗祐、應必達，復其城。

《元史》卷四二《順帝紀五》　辛酉，翰林學士承旨渾都海牙乞致仕，不允，以爲中書平章政事。四川行省參知政事桑哥失里復渠州。

甲子，翰林學士承旨歐陽玄以湖廣行省右丞致仕，錫玉帶及鈔一百錠，給全俸終其身。

戊辰，諸王禿堅帖木兒、平章政事也先帖木兒討和州有功，各賜金繫腰并鈔一千錠。

辛未，荆門知州聶炳復荆門州。平章政事忽都海牙年老有疾，詔免其朝賀。

《續資治通鑑》卷二一〇　是月，帝如上都。

永懷縣賊陷桂陽。

四川行省平章耀珠以兵復歸州，進攻峽州，與峽州總管趙余褫大破賊兵，誅賊將李太素等，遂平之。

《元史》卷四二《順帝紀五》　五月戊寅，命龍虎山張嗣德爲三十九代天師，給印章。海道萬户李世安建言權停夏運，從之。命江南行臺御史大夫納麟給宣敕與台州民陳子由、楊恕卿、趙士正、戴甲，令其集民丁夾攻方國珍。

《續資治通鑑》卷二一〇　己卯，四川行省平章耀珠復中興路，參政達實巴都魯請自攻襄陽，許之，進次荆門。時賊十萬，官軍止三千餘，遂用宋廷傑計，招募襄陽官吏及土豪避兵者，得義丁二萬，徧排部伍，申其約束。行至蠻河，賊守要害，兵不得渡，即令屈萬户率奇兵間道出其後，首尾夾攻，賊大敗。追至襄陽城南。

《宋元資治通鑑》卷六二　庚辰，安置瀛國公子和尚趙完普及親屬於沙州。從監察御史徹徹帖木兒等言，河南諸處羣盜輒引亡宋故號以爲口實故也。

《元史》卷四二《順帝紀五》　罷苽兒棚等處金銀場課。

癸未，建昌民戴良起鄉兵克復建昌路。

乙酉，命留守帖木哥與諸王朵兒只守口北龍慶州。

《皇明資治通紀》卷一　上過臨淮，郭山甫驚異，急具饌與交歡。酒酣，跽上，備陳天表之異，他日貴不可言，幸無相忘。山甫私語諸兒曰："吾視若曹皆非田舍郎，但可封侯，今始知皆以此公耳，宜謹事之。"後以女入侍。

《元史》卷四二《順帝紀五》　是月，荅失八都魯至荆門，增募兵，趨襄陽，與賊戰，大敗克之。命左荅納失里仍守蕪湖險隘。

六月丙午，中書省臣言，大名路開、滑、濬三州，元城十一縣水旱蟲蝗，饑民七十一萬六千九百八十口，給鈔十萬錠賑之。

戊申，命治書侍御史杜秉彝、中書參議李稷並兼經筵官。

辛亥，河南行省左丞亞納祿、參知政事王也速迭兒，並以失誤軍需，左遷添設淮西宣慰使，隨軍供給。命河南行省平章政事禿魯、參知政事李猷供給汝寧軍需。

丁巳，賜中書參知政事悟良哈台珠衣并帽。

乙丑，宣讓王帖木兒不花，諸王乞塔歹、曲憐帖木兒及淮南廉訪使班祝兒並平賊有功，賜金繫腰、銀、鈔有差。紹慶宣慰使楊延禮不花遥授湖廣左丞，楊伯顔卜花爲紹慶宣慰使，换文資；楊城爲沿邊溪洞招討使兼征行萬户，回賜先所拘收牌面。

**《續資治通鑑》卷二一一**　丙寅，紅巾周伯顔陷道州。

中興路松滋縣雨水暴漲，漂民舍千餘家，溺死七百人。

**《元史》卷四二《順帝紀五》**　修太廟西神門。

秋七月丁丑，時享太廟。

**《皇明資治通紀》卷一**　徐壽輝遣項普略引兵掠徽州，遂犯昱嶺關，來攻杭州。城中猝無備，元江浙參知政事樊執敬，遽上馬率衆出，中途與賊遇，乃奮力砍賊，中鎗而死。時董摶霄從江浙平章教化征安豐，乘勝攻濠州，會朝廷移軍援江南，遂渡江至德清，而杭州已陷。教化問計，摶霄曰：「賊見杭城子女玉帛，必縱欲，不暇爲備，宜急攻之。若退保湖州，賊乘鋭趨京口，則江南不可爲矣。」教化不能決，諸將亦難其行。摶霄曰：「公江浙相君，方面失陷，而及今不取，誰任其咎。」復拔劒顧諸將曰：「相君在是，敢有慢令者斬。」遂進兵薄杭州，賊迎敵，摶霄麾壯士突前，諸軍相繼夾擊，凡七戰，賊奔接待寺，塞其門而焚之，皆死，遂復杭州。已而，餘杭、武康、德清、於潛、安吉、千秋關，皆次第以平。

辛巳，命通政院使達爾瑪實哩與樞密副使圖沁布哈討徐州賊，給敕牒三十道以賞功。

己丑，湘鄉賊陷寶慶路。

丁酉，湖南元帥副使小云實哈雅率兵復之。

**《元史》卷四二《順帝紀五》**　庚寅，以殺獲西番首賊功，錫岐王阿剌乞巴鈔一千錠，邠王嵬厘、諸王班的失監、平章政事鎖南班各金繫腰一。以征西元帥斡羅爲章佩添設少監，討徐州。脱脱請親出師討徐州，詔許之。

辛卯，命脱脱台爲行樞密院使，提調二十萬户，賜金繫腰一、銀鈔幣帛有差。

丁酉，以杜秉彝爲中書添設參知政事。湖南元帥副使小云失海牙、總管兀顔思忠復寶慶路。

**《續資治通鑑》卷二一一**　是月，徐壽輝將王善、康壽四、江二蠻等陷福安、寧德等縣。

**《元史》卷四二《順帝紀五》**　八月癸卯，命中書參知政事帖理帖木爾、淮南行省右丞蠻子供給脱脱行軍一應所需。方國珍率其衆攻台州城，浙東元帥也忒迷失、福建元帥黑的兒擊退之。

甲辰，以同知樞密院事哈麻爲中書添設右丞。齊王失列門獻馬一萬五千匹於京師。賜脱脱金三錠，銀三十錠，鈔一萬錠，幣、帛各一千匹。

丁未，日本國白高麗賊過海剽掠，身稱島居民，高麗國王伯顔帖木兒調兵勦捕之，賜金繫腰一、鈔二千錠。

己酉，命知樞密院事咬咬、中書平章政事搠思監、也可扎魯忽赤福壽，並從脱脱出師征徐州，錫金繫腰及銀、鈔、幣、帛有差。翰林學士承旨闊怯鎮遏五投下百姓，賜金繫腰一。

壬子，以扎撒温孫爲河南行省右丞，偰哲篤爲淮南行省左丞，各賜鈔五十錠。

丙辰，以秃思迷失爲淮南行省平章政事。

丁巳，命中書平章政事普化知經筵事。脱脱將出師，六部尚書密邇麻和謨等上言：「大臣天子之股肱，中書庶政之根本，不可以一日離。乞詔留賢相，弼亮天工，如此則内外有兼治之宜，社稷有倚重之寄。」不報。脱脱言，皇后斡耳朵思支用不敷，自今爲始，每年宜給金一十錠、銀五十錠。以同知樞密院事雪雪出軍南陽，同知樞密院事秃赤出軍河南，皆有功，各進階榮禄大夫。中書右丞哈麻進階榮禄大夫。

庚申，命哈麻等提調各怯薛、各愛馬口糧。

**《元史新編》卷一四**　丁卯，詔脱脱以太傅、右丞相督制諸軍，省，院，臺分官屬從行，稟受節制，即日發京師。是夜，安陸賊將俞君正復陷荊門州，知州聶炳死之。賊將黨仲達復陷岳州。

**《續資治通鑑》卷二一一**　九月乙亥，俞君正復陷中興，耀珠率兵與戰於樓臺，敗績，奔松滋。本路判官上都統兵出擊之，既而東門失守，上都倉皇反鬬，被執，大罵，賊剖其腹而死。

己卯，監察御史及河南分御史臺、行樞密院、廉訪司等官，交章言額森特穆爾出征河南功績，帝從其言，賜額森特穆爾金繫腰及金銀鈔幣。

**《元史》卷四二《順帝紀五》**　癸未，中興義士范忠，偕荆門僧李智率義兵復中興路，俞君正敗走，龍鎮衛指揮使俺都剌哈蠻領兵入城。咬住自松滋還，屯兵於石馬。

**《續資治通鑑》卷二一一**　乙酉，托克托至徐州，有淮東元帥逯善之者，言官軍不習水土，宜募場下鹽丁，可使攻城，乃以禮部郎中逯曾爲淮南宣慰使，領征討事，募瀕海鹽丁五千人從征徐州。又有淮東豪民王宣者，言鹽丁本野夫，不如募市中趫勇便捷者可用，托克托復從之。前後各得三萬人，皆黄衣黄帽，號曰黄軍。

**《元史》卷四二《順帝紀五》**　丁亥，命知行樞密院事阿剌吉從脱脱討徐州，賜金繫腰一，金一錠，銀五錠，鈔、幣有差。

**《續資治通鑑》卷二一一**　托克托知城有必克之勢，辛卯，下令攻其西門。賊出戰，以鐵翎箭射其馬首，托克托不爲動，麾軍奮擊之，大破其衆，入其郛。明日，大兵四集，亟攻之，城堅，不可猝拔，托克托用宣政院參議伊蘇計，以巨石爲礮，晝夜攻之不息。賊不能支，城破，芝麻李遁，獲其黄傘、旗、鼓，燒其積聚，追擒其千户數十人，遂屠其城。

帝遣中書平章政事布哈等，即軍中命托克托爲太師，依前右丞相，趣還朝，而以樞密院同知圖濟等進師平潁、亳。師旋，賜上尊、珠衣、白金寶鞍，皇太子錫宴於私第。

是役也，托克托以得芝麻李奏功，及班師後，伊徹察喇代之，月餘始獲芝麻李，械送京師，托克托密令人就雄州殺之。

**《元史》卷四二《順帝紀五》**　戊戌，賜哈麻鈔三百錠買玉帶。

己亥，賊攻辰州，達魯花赤和尚擊走之。

庚子，詔加脱脱爲太師，班師還京。

**《續資治通鑑》卷二一一**　是月，帝至自上都。

蘄、黄賊陷湖州、常州。

**《御批歷代通鑑輯覽》卷九八**　以余闕爲淮西宣慰副使，守安慶。

**《元史》卷四二《順帝紀五》**　丁未，時享太廟。

庚戌，知樞密院事老章進階金紫光禄大夫。命平章定住、右丞哈麻同知經筵事。

癸丑，命和糴粟豆五十萬石於遼陽。

甲寅，拜知行樞密院事阿乞剌爲太尉、淮南行省平章政事。

**《續資治通鑑》卷二一一**　是月，蘄、黄賊陷江陰州。州大姓許普與其子如章，聚惡少，資以飲食，賊四散抄掠，誘使深入，殪而埋之。戰於城北之祥符寺，父子皆死。

**《元史新編》卷一四**　十一月辛未，命江浙平章慶童收捕常州賊。

**《續資治通鑑》卷二一一**　乙亥，以桑節爲江西行省平章政事，出師湖廣，時猶未聞桑節死事也。

**《元史續編》卷一四**　新濟與賊戰於湖口，死之。

**《元史》卷四二《順帝紀五》**　丙子，中書省臣請爲脱脱立《徐州平寇碑》及加封王爵。

癸未，命江浙行省(右)〔左〕丞帖理帖木兒總兵討方國珍。

己丑，以脱脱平徐功，錫金一十錠、銀一百錠、鈔五萬錠、幣帛各三千匹，上表辭，從之。

**《續資治通鑑》卷二一一**　是月，蘄、黄賊悉衆寇安慶，水陸並進。上萬户蒙古綽斯連破之，輕舟追北，中流矢卒。

**《元史》卷四二《順帝紀五》**　十二月壬寅，答失八都魯復襄陽。

辛亥，詔以杭、常、湖、信、慶德諸路皆克復，赦詿誤者，蠲其夏税、秋糧，命有司撫恤其民。

辛酉，以湖廣行省參知政事卜顏不花、右丞阿兒灰討傜賊，復湖南潭、岳等處有功，卜顏不花陞散階從一品，阿兒灰陞正二品。

癸(未)〔亥〕，脱脱言：「京畿近地水利，召募江南人耕種，歲可得粟麥百萬餘石，不煩海運而京師足食。」帝曰：「此事有利於國家，其議行之。」

**《續資治通鑑》卷二一一**　是月，賈魯以兵圍濠州。

**《宋元資治通鑑》卷六二**　時徐州既下，彭早住、趙均用率餘黨奔濠州，脱脱遂命賈魯進擊之。均用與郭子興、孫德崖極力拒守。會魯死，兵乃解去。早住、均用遂據濠州稱王。初，二人本以窮蹙來奔，子興與德崖反屈己下之，事皆稟命，遂爲所制。既而，早住死，均用益自專。

《續資治通鑑》卷二一一　先是中書左司郎中田本初言：「江南漕運不至，宜墾内地課種。昔漁陽太守張堪種稻八百餘頃，今其迹尚存，可舉行之。」於是起山東益都、般陽等十三路農民種之，秋收課，所得不償其所費。是歲，農民皆罷散，乃復立都水庸田司於汴梁，掌種植之事。

以察罕特穆爾爲汝寧府達嚕噶齊。

《宋元資治通鑑》卷六二　時汝、潁兵勢大振，不數日，江淮諸郡皆殘破。朝廷徵兵致討，卒無成功。沈丘人察罕帖木兒與羅山李思齊同奮義，起兵邑中，子弟從者數百人。破賊事聞，遂以察罕帖木兒爲汝寧府達魯花赤，李思齊知汝寧府。於是，所在義士俱將兵來會，得萬人，屯沈丘，自成一軍。

《續資治通鑑》卷二一一　湖廣行省平章政事多爾濟巴勒卒於黄州蘭溪驛。

《元史新編》卷一四　是歲，海運不通，京師闕食。

## 至正一三年（癸巳、一三五三）

《元史》卷四三《順帝紀六》　春正月庚午朔，用帝師請，釋放在京罪囚。以中書添設平章政事哈麻爲平章政事，參知政事悟良哈台爲右丞，參知政事烏古孫良楨爲左丞。詔印造中統元寶交鈔一百九十萬錠、至元鈔一十萬錠。

《元史新編》卷一四　辛未，立分司農司，以悟良哈台爲右丞，烏古孫良楨爲左丞，兼大司農卿，給分司農司印。西自西山，南至保定、河間，北抵檀、順州，東及遷民鎮，凡係官地及元管屯田，悉從分司農司召募農夫，立法佃種，給鈔五百萬錠供其費。

《元史》卷四三《順帝紀六》　旌表真定路藁城縣董氏婦貞節。

壬申，命陝西行省平章政事卜答失里爲總兵官。

癸酉，享於太廟。以皇第二子育於太尉衆家奴家，賜衆家奴及乳母鈔各一千錠。

《續資治通鑑》卷二一一　甲戌，重建穆清閣。

乙亥，命中書右丞禿禿以兵討商州賊。

《元史》卷四三《順帝紀六》　丙子，方國珍復降。以司農司舊署賜哈麻。

庚辰，中書省臣言：「近立分司農司，宜於江浙、淮東等處召募能種水田及修築圍堰之人各一千名爲農師，教民播種。宜降空名添設職事敕牒一十二道，遣使齎往其地，有能募農民一百名者授正九品，二百名者正八品，三百名者從七品，即書填流官職名給之，就令管領所募農夫，不出四月十五日，俱至田所，期年爲滿，即放還家。其所募農夫，每名給鈔十錠。」從之。以杜秉彝爲中書參知政事。

丙戌，以武衛所管鹽臺屯田八百頃，除軍見種外，荒閑之地，盡付分司農司。

答失八都魯克復襄陽、樊城有功，陞四川行省右丞，賜金繫腰一。

庚寅，知樞密院事老章克復南陽唐州，賜金一錠、銀一十錠、鈔一千錠、幣帛各五十匹。

二月丁未，祭先農。

《元史新編》卷一四　甲寅，立脱脱平徐勳德碑。

《元史》卷四三《順帝紀六》　壬戌，以宣政院使篤憐帖木兒知經筵事，中書右丞悟良哈台、左丞烏古孫良楨、參知政事杜秉彝並同知經筵事。

三月己卯，命脱脱領大司農司。

甲申，詔修大承天護聖寺，賜鈔二萬錠。

丁亥，命脱脱以太師開府，提調太史院、回回、漢兒司天監。

己丑，以各衙門係官田地并宗仁等衛屯田地土，並付司農分司播種。

《皇明資治通紀》卷一　元命江浙左丞帖里帖木兒、南臺侍御史左答里失里招諭國珍。

《續資治通鑑》卷二一一　賊衆十萬攻池州，布延特穆爾會諸將分番與戰，大敗之，乘勝率舟師以進。

《元史》卷四三《順帝紀六》　夏四月戊戌朔，命南北兵馬司各分官一員，就領通州、漷州、直沽等處巡捕官兵，往來巡邏，給分司印，一同署事，半載一更。特命烏古孫良楨得用軍器。

庚子，以禮部所轄掌薪司并地土給付司農分司。以甘肅行省平章政事鎖南班爲永昌宣慰使，總永昌軍馬，仍給平章政事俸。先是，永昌愚魯罷等爲亂，鎖南班討平之，至是復起，故有是命。

乙巳，時享太廟。

《續資治通鑑》卷二一一　己酉，詔取勘徐州、汝南、南陽、鄧州等處荒田并户絶籍没入官者。立司牧署，掌分司農司耕牛，又立玉田屯署。

《元史新編》卷一四　辛亥，降徐州路爲武安州，改所轄縣屬歸德府，其滕州、嶧州仍屬益都路。

**《元史》卷四三《順帝紀六》** 是月，車駕時巡上都。

五月己巳，命東安州武清、大興、宛平三縣正官添給河防職名，從都水監官巡視渾河隄岸，或有損壞，即修理之。

**《宋元資治通鑑》卷六二** 辛未，江西左丞亦憐真班、江浙左丞老老引兵取道自信州，元帥韓邦彥、哈迷取道徽州，由浮梁，同復饒州，蘄、黄等賊聞風皆奔潰。

**《元史》卷四三《順帝紀六》** 癸酉，以太尉阿剌吉爲嶺北行省左丞相。 知行樞密院事伯家奴封武國公，與諸王孛羅帖木兒同出軍。

甲戌，行樞密院添設僉院二員。

**《續資治通鑑》卷二一一** 壬午，中書左丞賈魯卒於軍中。

乙未，泰州賊張士誠陷高郵，據之。

**《御批歷代通鑑輯覽》卷九九** 張士誠作亂，據高郵，自稱誠王。 知府李齊死之。

**《皇明資治通鑑》卷一** 時論大廷三魁，若李黼、泰不花，及齊皆不負所學云。

**《續資治通鑑》卷二一一** 是月，布延特穆爾以舟師與賊戰於望江，又戰小孤山及彭澤，又戰龍開河，皆敗走之，進復江州。

**《元史》卷四三《順帝紀六》** 六月丙申朔，立詹事院，設詹事三員、同知二員、副詹事二員、丞二員。 命四川行省平章政事玉樞虎兒吐華便宜行事。

丁酉，立皇子愛猷識（達）〔理〕達臘爲皇太子，中書令、樞密使，授以金寶，告祭天地、宗廟。 命右丞相脱脱兼詹事。

己亥，詔征西都元（都）〔帥〕汪只南發本處精鋭勇敢軍一千人從征討，以千户二員、百户一十員領之。

**《元史新編》卷一四** 庚子，命知樞密院事失剌把都總河南軍，平章荅失拔都魯總四川軍，自襄陽分道而下，克復安陸府。

**《元史》卷四三《順帝紀六》** 辛丑，罷宫傅府，以所掌錢帛歸詹事院。

癸卯，詔以敕牒二十道、鈔五萬錠，給付淮南行省平章政事達世帖睦邇，於淮南、淮北等處召募壯丁，并總領漢軍、蒙古守禦淮安。 遼東搠羊哈及乾帖困、朮赤朮等五十六名吾者野人以皮貨來降，給搠羊哈等三人銀牌一面，管領吾者野人。

甲辰，以立皇太子詔天下，大赦。

己酉，亦都護高昌王月魯帖木兒薨於南陽軍中，命其子桑哥襲亦都護高昌王爵。

辛亥，親王完者禿泰州陣亡，八禿亳州陣亡，各賻鈔五百錠。

**《續資治通鑑》卷二一一** 命前河西廉訪副使額森布哈爲淮西添設宣慰副使，以兵討泰州。

**《元史》卷四三《順帝紀六》** 丙辰，詔皇太子位下立儀衛司，設指揮二員，給二珠金牌，副指揮二員，一珠金牌。 賜吴王搠思監金二錠、銀五錠、鈔二千錠、幣帛各九匹。 以資政院所轄左、右都威衛屬詹事院。

是月，命淮南行省平章政事達世帖睦邇便宜行事。 詔淮南行省平章政事福壽討興化。

是夏，薊州大水。

**《續資治通鑑》卷二一一** 秋七月丁卯，泉州天雨白絲，海潮日三至。

**《元史》卷四三《順帝紀六》** 時享太廟。

**《元史新編》卷一四** 戊辰，命宦官至一二品者，依常例給俸。

壬申，湖廣參政阿魯輝復武昌及漢陽府，資政院使脱火赤復江州路。

**《元史》卷四三《順帝紀六》** 癸酉，詔詹事院自行銓注本院屬官。

壬辰，親王只兒哈忽薨於海寧軍中，以其子寶童繼襲王爵。

**《續資治通鑑》卷二一一** 是月，布延特穆爾進兵攻蘄州，擒僞帥魯普恭，遂克其城。 進兵道士洑，焚其栅，抵蘭溪口，殲黄連寨賊巢，分兵平巴河，於是江路始通。

**《元史》卷四三《順帝紀六》** 八月癸卯，親王闊兒吉思、帖木兒獻馬。

辛亥，賜脱脱東泥河田一十二頃。 親王只兒哈郎討捕金山賊，薨於軍中，命其子禿魯帖木兒入備宿衛。

庚申，命不花帖木兒襲封文濟王。

**《續資治通鑑》卷二一一** 帝至自上都。 左遷四川行省平章耀珠爲淮西元帥，供給烏撒軍，進討蘄、黄。

**《元史》卷四三《順帝紀六》** 以四川行省平章政事玉樞虎兒吐華、右丞完者不花守鎮中興路。

九月乙亥，以怯薛官廣平王咬咬征討慢功，削其王爵，降爲河南行省平章政事。

己丑，廣寧王渾都帖木兒薨，賻鈔一千錠。建皇太子鹿頂殿於聖安殿西。

歪剌歹桑哥失里獻馬一百匹，賜金繫腰一、幣帛各九。

辛卯，扎你别之地獻大撒哈剌、察赤兒、米西兒刀、弓、鎖子甲及青、白西馬各二匹，賜鈔二萬錠。

壬辰，南臺御史大夫納麟以老疾辭職，從之，命太尉如故。

《續資治通鑑》卷二一一　是秋，大旱，溪澗皆涸。

《元史》卷四三《順帝紀六》　〔冬十月〕丁酉，享於太廟。

癸卯，以江浙行省參知政事買住丁陞本省右丞，提調明年海運。

《續資治通鑑》卷二一一　庚戌，詔授方國珍徽州路治中，國璋廣德路治中，國瑛信州路治中，督遣之任。國珍等疑懼，不受命，仍擁船千艘據海道，阻絶糧運，復遣江浙右丞阿爾琿錫等率兵討之。

《元史》卷四三《順帝紀六》　庚申，賜皇太子妃鈔十萬錠。

壬戌，賜皇太子五愛馬怯薛丹二百五十人鈔各一百一十錠。

《續資治通鑑》卷二一一　是月，撤世祖所立氈殿，改建殿宇。

《元史》卷四三《順帝紀六》　十一月乙酉，立典藏庫，貯皇太子錢帛。

《元史新編》卷一四　丁亥，江西右丞火尼赤以兵平富州、臨江，遂復瑞州，立義兵千户，水軍千户所於江西。

《元史》卷四三《順帝紀六》　十二月己亥，寧王旭滅該還大斡耳朵思，賜金繫腰一、鈔一千錠。

《續資治通鑑》卷二一一　癸卯，托克托請以趙完普家産田地賜知樞密事僧格實哩。

庚戌，京師天無雲而雷鳴，少頃，火見於東南。懷慶路及河南府西北有聲如擊鼓者數四，已而雷聲震地。

《元史》卷四三《順帝紀六》　癸丑，以西安王阿剌忒納失里爲豫王；弟答兒麻討南陽賊有功，以西安王印與之，命鎮寵吉兒之地。

丁巳，西寧王牙罕沙鎮四川，還沙州，賜鈔一千錠。

是月，大同路疫，死者太半。江浙行省平章政事卜顔帖木兒、南臺御史中丞蠻子海牙及四川行省參知政事哈臨禿、左丞桑禿失里、西寧王牙罕沙，合軍討徐壽輝於蘄水，敗之，壽輝遁走，獲其僞官四百餘人。陝西行省平章政事孛羅、四川行省右丞答失八都魯復均、房等州，詔孛羅等守之，答失八都魯討東正陽。

《續資治通鑑》卷二一一　是冬，彭大之子早住自稱魯淮王，趙君用稱永義王。

《元史》卷四三《順帝紀六》　是歲，自六月不雨至於八月。造清寧殿前山子、月宮諸殿宇，以宦官留守也先帖木兒、留守同知也速迭兒及都水少監陳阿木哥等董其役。哈麻及禿魯帖木兒等陰進西天僧於帝，行房中運氣之術，號演揲兒法，又進西番僧善祕密法，帝皆習之。

《御批歷代通鑑輯覽》卷九九　濠人朱元璋起兵據滁州。

## 至正一四年（甲午、一三五四）

《元史新編》卷一四　春正月甲子朔，汴河冰，文成五色，花草如繪畫，三日方解。

《元史》卷四三《順帝紀六》　辛未，享於太廟。

壬申，命帖木兒不花襲封廣寧王，賜鈔一千錠。

癸酉，立遼陽等處漕運庸田使司，屬分司農司。

《宋元資治通鑑》卷六三　丁丑，帝謂脱脱曰：「朕嘗作朶思哥兒好事，迎白傘蓋遊皇城，實爲天下生靈之故。今命剌麻選僧一百八人，仍作朶思哥兒好事，凡所用物，官自給之，毋擾於民。」

《元史》卷四三《順帝紀六》　丙戌，以答兒麻監藏遥授陝西行省平章政事，實授行宣政院使，整治西番人民。

是月，命桑哥失里、哈臨禿守中興。答失八都魯復峽州。

二月戊戌，祭社稷。

《元史續編》卷一四　遣吏部侍郎貢師泰和糴浙西。

《元史》卷四三《順帝紀六》　乙卯，命中書平章政事搠思監提調規運總管府。

己未，以湖廣行省平章政事苟兒爲淮南行省平章政事，以兵攻高郵。

是月，以呂思誠爲湖廣行省左丞。命湖廣行省右丞伯顔普化、江南行臺中丞蠻子海牙、江浙行省平章政事卜顔帖木兒、參知政事阿里温沙，會合湖廣行省平章政事也先帖木兒討沿江賊。立鎮江水軍萬户府，命江浙行省右丞佛家閭領之。詔河南、淮南兩省並立義兵萬户府。建清河大壽元忠國寺，以江浙廢寺田歸之。

三月癸亥朔，日有食之。

**《續資治通鑑》卷二一二** 己巳，廷試進士六十二人，賜薛朝晤、牛繼志等及第、出身。

壬申，以皇太子行幸，和買駝馬。

**《元史》卷四三《順帝紀六》** 甲戌，命親王速哥帖木兒以兵討宿州賊。

丙子，潁州陷。

是月，中書定擬義兵立功者權任軍職，事平授以民職，從之。命四川行省右丞答失八都魯陞本省平章政事兼知行樞密院事，總荆、襄諸軍，從宜調遣。詔和買馬於北邊以供軍用，凡有馬之家，十匹内和買二匹，每匹給鈔一十錠。

**《續資治通鑑》卷二一二** 是春，大雨凡八十餘日，羣龍穴地而出者無數。

**《元史續編》卷一四** 江西左丞相伊埒哲伯卒。

**《續資治通鑑》卷二一二** 夏四月癸巳，汾州介休縣地震，泉湧。

**《元史新編》卷一四** 以武祺參議中書省事。

**《元史》卷四三《順帝紀六》** 江西、湖廣大饑，民疫癘者甚衆。御史臺臣糾言江浙行省左丞帖里帖木兒等罪。先是，帖里帖木兒與江南行臺侍御史左答納失里奉旨招諭方國珍，報國珍已降，乞立巡防千户所，朝廷授以五品流官，令納其船，散遣徒衆，國珍不從，擁船一千三百餘艘，仍據海道，阻絶糧運，以故歸罪二人。以江浙行省參知政事阿兒温沙陞本省右丞，浙東宣慰使恩寧普爲江浙行省參知政事，皆總兵討方國珍。發陝西軍討河南賊，給鈔令自備鞍馬軍器，合二萬五千人，馬七千五百匹，永昌、鞏昌沿邊人匠雜户亦在遣中。造過街塔於盧溝橋，命有司給物色人匠，以御史大夫也先不花督之。復立應昌、全寧二路。先是，有詔罷之，以撥屬魯王馬某沙王傅府，至是有司以爲不便，復之。詔復起永昌、鞏昌、喃巴、臨洮等處軍。命各衛軍人修白浮、甕山等處隄堰。

五月甲子，安豐、正陽賊圍廬州。

是月，詔修砌北巡所經色澤嶺、黑石頭河西沿山道路，創建龍門等處石橋。皇太子徙居宸德殿，命有司修葺之。

**《元史新編》卷一四** 命四川平章玉樞虎爾吐華募兵萬人下蜀江，守荆門。荅失拔都魯提兵赴汝寧。

**《宋元資治通鑑》卷六二** 立南陽鄧州等處毛葫蘆義兵萬户府。募土人爲軍，免其差役，令討賊自效。因其鄉人自相團結，號毛葫蘆，故以名之。

**《元史》卷四三《順帝紀六》** 陞湖廣行省參知政事阿兒灰爲右丞，討廬州。募寧夏善射者及各處回回、朮忽殷富者赴京師從軍。復發禿卜軍萬人，命太傅阿剌吉領之。命荆王答兒麻失里代闊(瑞)〔端〕阿合鎮河西，討西番賊。

**《續資治通鑑》卷二一二** 郭子興以鎮撫朱元璋爲總管，率兵攻全椒，克之。

**《元史》卷四三《順帝紀六》** 六月辛卯朔，薊州雨雹。高郵張士誠寇揚州。

丙申，達識帖睦邇以兵討張士誠，敗績，諸軍皆潰。詔江浙行省參知政事佛家閭會達識帖睦邇，復進兵討之。

**《續資治通鑑》卷二一二** 己酉，彭早住、趙君用陷盱眙縣。

庚戌，陷泗州，官軍皆潰。

**《元史》卷四三《順帝紀六》** 秋七月甲子，潞州襄垣縣大風拔木偃禾。

壬申，詔免大都、上都、興和三路今年税糧。命刑部尚書阿魯於海寧州等處募兵討泗州。

是月，汾州孝義縣地震。

八月，冀寧路榆次縣桃李花。車駕還自上都。

**《續資治通鑑》卷二一二** 江西行省左丞相策琳沁巴勒以疾卒於官，追封齊王，謚忠獻。

**《元史》卷四三《順帝紀六》** 九月己未朔，賜親王撒蠻答失金二錠、銀二十錠、鈔一萬錠、幣帛表裏各三百匹。創設奥剌赤二十名，仍給衣糧草料。

**《續資治通鑑》卷二一二** 庚申，以湖廣行省左丞吕思誠復爲中書左丞。

辛酉，命太師、右丞相托克托總制諸王、諸省、各翼軍馬討張士誠，黜陟予奪一切庶政，悉聽便宜行事，省、臺、院部諸司，聽選官屬從行，稟受節制。西域、西番皆發兵來助，旌旗亘千里，金鼓震野，出師之盛，未有過之者。

**《元史》卷四三《順帝紀六》** 以知樞密院事月(赤)〔闊〕察兒爲中書平章政事。

甲子，封高麗國王脱脱不花爲瀋王。

丁卯，普顔忽都皇后母殁，賻鈔三百錠。立寧宗影堂。

戊子，免河南蒙古軍人雜泛差役。

是月，賜穆清閣工匠皮衣各一領。蓋海青鷹房。禁河南、淮南酒。階州西番賊起，遣兵擊之。方國珍拘執元帥也忒迷失、黄巖州達魯花赤宋伯顔不花、知州趙宜浩，以俟詔命。

**《續資治通鑑》卷二一二**　以宣政院使哈瑪爾復爲中書平章政事。

戊戌，詔答失八都魯及泰不花等會軍討安豐。

**《元史》卷四三《順帝紀六》**　冬十月甲午，享於太廟。

甲辰，詔加號海神爲輔國護聖庇民廣濟福惠明著天妃。

**《續資治通鑑》卷二一二**　托克托師次濟寧，遣官詣闕里祀孔子；過鄒縣，祀孟子。

**《元史》卷四三《順帝紀六》**　十一月丙寅，敕：「中書省、樞密院、御史臺，凡奏事先啓皇太子。」詔：「江浙應有諸王、公主、后妃、寺觀、官員撥賜田糧，及江淮財賦、稻田、營田各提舉司糧，盡數赴倉，聽候海運，以備軍儲，價錢依本處十月時估給之。」

**《明通鑑》前編卷一**　是冬，元托克托與張士誠戰於高郵城外，大敗之。

時濠兵方據六合。托克托遣兵圍之。事急，濠兵遣使求救於滁州。郭子興與其帥有隙，怒不發兵。太祖曰：「六之與滁，脣齒也。六合破，滁豈得獨存，可以小憾而廢大事乎！」

時元兵號百萬，諸將莫敢往，太祖自率師趨六合，與耿再成守瓦梁壘。元兵攻壘，日暮垂陷，詰朝再攻，則完壘如故，尋設伏誘敗之。然度元兵勢盛，且再至，乃還所獲馬，遣父老具牛酒犒師，謝元將曰：「守城，備他盜耳。奈何舍巨寇，戮良民！」元兵引去，城賴以完。

托克托既破士誠，軍聲大振，會中讒，遽解兵柄，於是江淮亂益熾。

**《元史》卷四三《順帝紀六》**　癸未，賜親王喃答失金鍍銀印。

是月，答失八都魯復苗軍所據鄭、(均)〔鈞〕、許三州。皇太子修佛事，釋京師死罪以下囚。

十二月辛卯，絳州北方有紅氣如火蔽天。

丙申，以中書平章政事定住爲左丞相；宣政院使哈麻、永昌宣慰鎮南班并爲中書平章政事，進階光禄大夫。監察御史袁賽因不花等劾奏：「脱脱出師三月，略無寸功，傾國家之財以爲己用，半朝廷之官以爲自隨。又其弟也先帖木兒，庸材鄙器，玷污清臺，綱紀之政不修，貪淫之心益著。」章三上，詔令也先帖木兒出都門聽旨，以宣徽使汪家奴爲御史大夫。

丁酉，詔以脱脱老師費財，已逾三月，坐視寇盜，恬不爲意，削脱脱官爵，安置淮安路，弟御史大夫也先帖木兒安置寧夏路。以河南行省平章政事泰不花爲本省左丞相，中書平章政事月闊察兒加太尉，集賢大學士雪雪知樞密院事，一同總兵，總領諸處征進軍馬，并在軍諸王、駙馬、省、院、臺官及大小出軍官員，其滅里、卜亦失你山、哈八兒禿、哈怯來等拔都兒、云都赤、禿兒怯里兀、孛可、西番軍人，各愛馬朶憐赤、高麗、回回民義丁壯等軍人，並聽總兵官節制。詔：「被災殘破之處，令有司賑恤，仍蠲租税三年。賜高年帛。」罷庸田、茶運、寶泉等司。

戊戌，以定住領經筵事，中政院使桑哥失里爲中書添設右丞。

庚子，以桑哥失里同知經筵事。冀國公禿魯加太尉，進階金紫光禄大夫。

癸卯，命哈麻提調經正監、都水監、會同館，知經筵事，就帶元降虎符。

甲辰，以桑哥失里提調宣文閣；哈麻兼大司農，吕思誠兼司農卿，提調農務。

己酉，紹興路地震。

是月，命織造世祖御容。詔威順王寬徹普化還鎮湖廣。先是以賊據湖廣，命奪其王印，至是寬徹普化討賊累立功，故詔還其印，仍守舊鎮。命甘肅右丞嵬的討捕西番賊。答失八都魯復河陰、鞏縣。猺賊自耒陽寇衡州，萬户許脱因死之。

是歲，詔諭：「民間私租太重，以十分爲率普減二分，永爲定例。」降鈔十萬錠賞江西守城官吏軍民。京師大饑，加以疫癘，民有父子相食者。帝於内苑造龍船，委内官供奉少監塔思不花監工。帝自製其樣，船首尾長一百二十尺，廣二十尺，前瓦簾棚、穿廊、兩暖閣，後吾殿樓子，龍身并殿宇用五彩金粧，前有兩爪。上用水手二十四人，身衣紫衫，金荔枝帶，四帶頭巾，於船兩旁下各執篙一。自後宫至前宫山下海子内，往來游戲，行時，其龍首眼口爪尾皆動。又自製宫漏，約高六七尺，廣半之，造木爲匱，陰藏諸壺其中，運水上下。匱上設西方三聖殿，匱腰立玉女捧時刻籌，時至，輒浮水而上。左右列二金甲神人，一懸鐘，一懸鉦，夜則神人自能按更而擊，無分毫差。當鐘鉦之鳴，獅鳳在側者皆翔舞。匱之西東有日月宫，飛僊六人立宫前，遇子午時，飛僊自能耦進，度僊橋，達三聖殿，已而復退立如前。其精巧絶出，人謂前代所鮮有。

# 至正一五年（乙未、一三五五）

**《元史》卷四四《順帝紀七》** 春正月戊午朔，以中書平章政事搠思監提調留守司，宣徽使黑廝爲中書平章政事，河南行省左丞許有壬爲集賢大學士，遼陽行省左丞奇伯顔不花陞本省平章政事。

壬戌，以宣政院副使忻都爲太子詹事。

癸亥，享於太廟。

甲子，親王禿堅帖木兒歿於軍中，賜鈔五百錠。 江西行省平章政事道童加大司徒。

**《宋元資治通鑑》卷六三** 大斡耳朵儒學教授鄭咺建言，蒙古乃國家本族，宜教之以禮。而猶循本俗，不行三年之喪，又娶其繼庶母、叔母、兄嫂，恐貽笑後世，宜令改革，繩之以禮法。不報。

**《元史》卷四四《順帝紀七》** 丙子，上都饑，賑糶米二萬石。

**《續資治通鑑》卷二一二** 丁丑，徐壽輝將倪文俊復陷沔陽。威順王庫春布哈，令其子報恩努、接待努、佛嘉努同湖南元帥何思南，以大船四十餘，水陸並進，至沔陽，攻倪文俊，且載妃妾以行。兵至漢川雞鳴汊，水淺，船閣不能行，文俊以火筏盡燒其船，接待努、佛嘉努皆遇害，報恩努自殺，妃妾皆陷，庫春布哈走陝西。

**《御批歷代通鑑輯覽》卷九九** 遣兵分戍河南諸路。

**《元史》卷四四《順帝紀七》** 庚辰，復設仁虞、雲需、尚供三總管府。

丙戌，大同路饑，出糧一萬石減價糶之。

是月，詔以湖廣行省平章政事乞剌班慢功，削其官爵，令從軍自效。 詔安置脱脱於亦集乃路，收所賜田土。 命河南行省參知政事洪丑驢守禦河南，陝西行省參知政事述律朵兒只守禦潼關，宗王扎牙失里守禦興元，陝西行省參知政事阿魯溫沙守禦商州，通政院使朵來守禦山東。 詔豫王阿剌忒納失里與陝西行省平章政事搠思監從宜商議軍事。

**《續資治通鑑》卷二一二** 閏月壬寅，以各衛軍屯田京畿，人給鈔五錠，以是日入役，日支鈔二兩五錢，仍給牛、種、農器，命司農司令本管萬户督其勤惰。

**《元史》卷四四《順帝紀七》** 是月，上都路饑，詔嚴酒禁。 命河南行省參知政事塔失帖木爾領元管陝西軍馬，守禦河南。

**《元史續編》卷一四** 二月己未，劉福通以韓林兒稱小明王。

**《續資治通鑑》卷二一二** （杜）遵道本國子生，嘗上書於知樞密院事滿濟勒噶台，請開武舉以收天下智謀勇力之士，滿濟勒噶台以遵道補本院掾史。遵道知不能行其策，乃棄去，適潁州，爲紅軍舉首，至是遂相小明王。

**《元史》卷四四《順帝紀七》** 丙寅，以中書平章政事黑廝、左丞許有壬並知經筵事。

戊辰，命太傅、御史大夫汪家奴爲中書右丞相，中書平章政事定住爲左丞相，詔天下。

**《元史續編》卷一四** 以達實特穆爾爲中書平章，約約爲遼陽左丞相。立淮東等處宣慰司。

**《元史》卷四四《順帝紀七》** 丙子，以達識帖睦邇爲中書平章政事，提調留守司；平章政事黑廝兼大司農。

是月，命刑部尚書董銓等與江西行省平章政事火你赤專任征討之務，便宜從事，遣使先降曲赦，諭以禍福，如能出降，釋其本罪，執迷不悛，剋日進討。

三月癸巳，徐壽輝兵陷襄陽路。

甲午，命汪家奴攝太尉，持節授皇太子愛猷識理達臘玉册，錫以冕服九旒，祇謁太廟。

**《御批歷代通鑑輯覽》卷九九** 竄托克托於雲南。

**《元史》卷四四《順帝紀七》** 己酉，命知樞密院事衆家奴知經筵事，知樞密院事捏兀失該提調內史府。

**《皇明資治通紀》卷一** 定遠人茅成、和州含山人仇成來歸，二人皆驍勇有膽畧，上皆留置麾下。上與張天祐等議分甓和陽城，計廣袤爲十分，限以丈尺，刻日各完所事。

**《續資治通鑑》卷二一二** 是春，蘇州雨血。

官軍十萬攻和州，朱元璋以萬人距守，間出奇兵擊之，官軍數敗，多死者，乃解去，城中復乏糧。時太子圖沁及樞密副使弁珠瑪、民兵元帥陳埜先，各遣兵分屯新塘、高望、青山、雞籠山，道梗不通，元璋率兵擊走之。

濠州舊帥孫德崖亦乏糧，率所部就食和州。郭子興故與德崖有隙，聞之怒，自滁來和。德崖聞子興至，即欲他往，其軍先發，德崖後。元璋送其軍出城，行二十里，忽城中走報，滁軍與德崖鬭，德崖爲子興所執。元璋大驚，亟呼耿炳文、吴楨，策騎欲還。德崖軍先發在道者忿恨，擁元璋行數里，遇德崖弟，欲加害，有張某者力止之。子興聞元璋被執，如失左右手，亟遣徐達往代，張復諭其衆歸元璋。於是子興亦釋德崖去，既而達亦脱歸。

子興勇悍善戰，而性悻直，不能容物，以德崖故，飲恨而終。子興既卒，衆推其長子天敘爲元帥，而德崖以宿將欲代統其軍。天敘恐不能制，乃以書邀朱元璋爲己助。

**《明通鑑》前編卷一** 是月，子興以德崖故悒悒病卒，太祖代領其軍。

**《皇明資治通紀》卷一** 虹縣人鄧愈率衆來歸。愈生而魁偉，幼有大志，勇力過人，年十六隨父兄起兵，父兄俱戰殁，愈代領其衆，每出戰必挺身破敵，軍中咸服其勇，至是率所部來附，命充管軍總管。

濠州懷遠縣人常遇春來歸。遇春性剛毅，多智畧，膂力過人，狀貌奇偉，年二十三爲羣雄劉聚所得，愛其驍勇，拔居左右，每出戰必鼓勇争先，聚深喜之。遇春見聚日事剽掠，無遠圖，察其終必無成，聞上駐師和陽，兵有紀律，恩威日著，乃領數十人棄聚來歸。未至，困卧田間，夢神人披金甲，擁盾，呼之曰：「起，起，主君來。」忽寤，見上騎從至，與其徒乞歸附。上喜其勇壯，用以爲先鋒。

**《元史》卷四四《順帝紀七》** 夏四月壬戌，中書省臣言：「江南因盜賊阻隔，所在闕官，宜遣人與各省及行臺官以廣東、廣西、海北、海南三品以下通行遷調，五品以下先行照會之任，江浙行省三年一次遷調，福建等處闕官亦依前例。」從之。命彰德等處分樞密院添設同知、副使、都事各一員。

癸亥，以中書平章政事達識帖睦邇知經筵事。命樞密院添設僉院一員、判官二員，直沽分樞密院添設副使一員、都事一員。以御史中丞扎撒兀孫同知經筵事。

**《元史續編》卷一四** 分行省於彰德。命右丞藏布、左丞烏克遜良禎往治之。

辛未，命御史中丞伯家奴同知經筵事，中書參議成遵兼經筵官。

**《御批歷代通鑑輯覽》卷九九** 以鼎珠爲右丞相，哈瑪爾爲左丞相，桑圖錫里爲平章政事，舒蘇爲御史大夫。

哈瑪爾爲相，舒蘇爲御史大夫，於是國家大柄，盡歸其兄弟矣。

**《元史》卷四四《順帝紀七》** 丁丑，加知樞密院事衆家奴太傅。

辛巳，親王脱脱葉，賜鈔二百錠。

是月，車駕時巡上都。詔翰林待制烏馬兒、集賢待制孫撝招安高郵張士誠，仍齎宣命、印信、牌面，與鎮南王孛羅不花及淮南行省、廉訪司等官商議給付之。御史臺劾奏中書左丞吕思誠，罷之。詔四川等處立宣化鎮南軍民府；改四川忠孝軍民府爲忠孝軍民安撫司；罷盤順府，改立盤順軍民安撫司；罷四川羊母甲洞、臭南王洞長官司，改立思義軍民安撫司。立汴梁等處義兵萬户府。

**《續資治通鑑》卷二一二** 寧國敬亭、麻姑、華陽諸山崩。

**《元史》卷四四《順帝紀七》** 五月壬辰，復襄陽路。

**《御批歷代通鑑輯覽》卷九九** 詔削台哈布哈官爵，命達什巴圖魯總其兵。

台哈布哈以軍士乏糧之故，頗驕傲不遵朝廷命，軍士又往往剽掠爲民患。監察御史劾其慢功虐民。詔削其官，仍俾率領和實衮從征，命達什巴圖魯總領其兵。

**《元史》卷四四《順帝紀七》** 庚戌，倪文俊自沔陽陷中興路，元帥朶兒只班死之。

**《續資治通鑑》卷二一二** 亳州遣人招和陽諸將，諸將惟張天祐往，尋自亳歸，齎杜遵道檄，授郭天敘爲都元帥，張天祐右副元帥，朱元璋左副元帥。元璋初欲不受，曰：「大丈夫寧能受制於人邪！」已而諸將議藉爲聲援，遂從之，紀年稱龍鳳，然事皆不稟其節制。

時和州西南民砦，次第剗平，而城中乏糧，元璋與諸將謀渡江，無舟楫。有趙普勝、俞通海者，擁衆萬餘，船千艘，據巢湖，結水砦，與廬州左君弼有隙，懼爲所襲，是月，遣俞通海間道來附，乞發兵爲導。元璋謂徐達等曰：「方謀渡江，而巢湖水軍來附，吾事濟矣！」遂親往，與普勝等會，就觀水道，以舟出和陽。而(相)〔桐〕城牐、馬(場)〔腸〕河等隘口，皆爲中丞曼濟哈雅水砦所扼，惟一小港可達，然淺涸不可通大艦。已而大雨兼旬，川谷流溢，素非行舟處，皆水深丈餘，元璋喜曰：「天助我也！」遂乘漲發巢湖，舟魚貫而進，至黄墩，趙普勝以所部叛去，餘舟悉至和陽，乃降。舟之未至，遣人誘曼濟哈雅軍來互市，遂執之，得十九人，皆善操舟者，令其教諸軍習水戰，命廖永安、張得勝、俞通海等將之，攻曼濟哈雅峪溪口。敵舟高大，不利進退，永安等操舟如飛，左右奮擊，大敗其衆。

遂與諸將定渡江之計，諸將咸欲直趨金陵，元璋曰：「取金陵必自采石始。采石南北喉襟，得采石，然後金陵可圖也。」

是月，朱元璋帥諸將渡江，與廖永安舉帆前行。永安請所向，元璋曰：「采石大鎮，其備必固，牛渚磯前臨大江，彼難爲備禦，今往攻之，其勢必克。」乃引帆向牛渚，風力稍勁，頃刻及岸。守者陣於磯上，舟距岸三丈許，未能猝登。常遇春飛舸至，元璋麾之，應聲挺戈躍而上，守者披靡，諸軍從之，遂拔采石，沿江諸壘，望風迎附。

諸將以和陽匱乏，各欲取資而歸，元璋謂徐達曰：「如此，則再舉必難，江東非我有，大事去矣。」因令悉斬纜，推置急流中，舟皆順流東下。諸將大驚問故，元璋曰：「成大事不規小利，此去太平甚近，舍此不取，將奚爲！」諸將乃聽命，自官渡向太平，直趨城下，縱兵急攻，遂拔之，平章鄂勒哲布哈與僉事張旭等棄城走，執其萬户納克楚。

太平路總管靳義，出東門赴水死，元璋曰：「義士也！」具棺葬之。耆儒李習、陶安等，率父老出城迎謁，安見元璋狀貌，謂習等曰：「龍姿鳳質，非常人也，我輩今有主矣！」師之發采石也，先令李善長爲「戒戢軍士榜」，比入城，即張之。士卒欲剽掠者，見榜愕然不敢動，有一卒違令，即斬以徇，城中肅然。富民陳迪獻金帛，即以分給諸將士。

時中丞曼濟哈雅等以巨舟截采石江，閉姑孰口，絶和州軍歸路。方山砦民兵元帥陳埜先，以衆數萬攻太平鎮，甚鋭，朱元璋命徐達、鄧愈、湯和引兵出姑孰來迎戰，而設伏襄城橋以待之，埜先敗走，遇伏，腹背受敵，遂擒埜先。

**《元史》卷四四《順帝紀六》**　是月，命淮南行省平章政事咬住、淮東廉訪使王也先迭兒撫諭高郵。

六月丙辰，命御史大夫雪雪提調端本堂。

**《元史續編》卷一四**　削奪集賢大學士吴直方等官爵

**《元史》卷四四《順帝紀七》**　監察御史歪哥等辯明中書左丞吕思誠，給付元追所授宣命、玉帶。

戊辰，命中書平章政事搠思監兼大司農，桑哥失里知經筵事。

己巳，靖安王闊不花薨，無後，命其姪襲封靖安王。

癸酉，以四川行省平章政事答失八都魯爲河南行省平章政事。

乙亥，命將作院判官烏馬兒招安濠、泗等處，章佩監丞普顔帖木兒招安沔陽等處。諸王倒吾没於軍中，賻鈔二百錠。

丁丑，保德州地震。

己卯，陝西行省平章政事禿禿加答剌罕。

庚辰，徵徽州隱士鄭玉爲翰林待制，不至。江浙省臣言：「至正十五年税課等鈔，内除詔書已免税糧等鈔，較之年例，海運糧并所支鈔不敷，乞減海運，以甦民力。」户部定擬本年税糧，除免之外，其寺觀并撥賜田糧，十月開倉，盡行拘收；其不敷糧，撥至元折中統鈔一百五十萬錠，於産米處糴一百五十萬石，貯瀕河之倉，以聽撥運。從之。

癸未，中書參知政事實理門言：「舊立蒙古國子監，專教四怯薛并各愛馬官員子弟，今宜諭之，依先例入學，俾嚴爲訓誨。」從之。

是月，大明皇帝起兵，自和州渡江，取太平路。自紅巾妖寇倡亂之後，南北郡縣多陷没，故大明從而取之。荆州大水。命湖廣行省平章政事阿魯灰領軍，與淮南行省平章政事蠻子海牙、淮西道宣慰使完者不花以兵攻和州等處。命郡王只兒嚈伯、湖廣行省右丞卜蘭奚攻討河南。以湖廣行省平章政事咬住爲總兵官，領本省軍馬并江州楊完者、黄州李勝等軍，守禦湖廣。江浙行省參知政事納麟哈剌統領水軍萬户等軍，會本省平章政事定定，進攻常州、鎮江等處。命將作院判官烏馬兒、利用監丞八十奴招諭濠、泗，淮南行省左丞相太平助之；章佩監丞普顔帖木兒、翰林修撰烈瞻招諭沔陽，四川行省平章政事玉樞虎兒吐華等助之。以怯薛丹潑皮等六十名從江南行御史臺大夫福壽守禦集慶路。國王朶兒只薨於揚州軍中，命郡王只兒嚈伯管領其所部軍馬。

**《元史》卷四四《順帝紀七》**　秋七月辛卯，享於太廟。

**《續資治通鑑》卷二一二**　壬辰，右副元帥張天祐，率諸軍及陳埜先部曲攻集慶路，弗克而還。

**《元史新編》卷一四**　壬寅，倪文俊復陷武昌、漢陽，進攻岳州。命親王失里門、四川左丞沙剌班等分守山東、湖廣、四川諸路，及招諭各起兵者。

**《宋元資治通鑑》卷六三**　中書左丞許有壬言，朝廷務行姑息之政，賞重罰輕，故將士貪掠女子玉帛，而無鬥志，遂倡爲招降之策耳，不聽。

**《續資治通鑑》卷二一二**　陳埜先之被擒也，朱元璋釋不殺。埜先問：「生我何爲？」元璋曰：「天下大亂，豪傑並起，勝則人附，敗則附人。爾既以豪傑自負，豈不知生爾之故？」埜先曰：「然則欲我軍降乎？此易爾！」乃爲書招其軍，明日皆降。

曼濟哈雅、勒呼木等見埜先敗，不敢復進攻，率其衆還屯峪溪口。

**《元史續編》卷一四** 立防禦海道運糧萬户府於台州。遣使招諭及備禦諸路。

**《元史》卷四四《順帝紀七》** 是月，命親王失里門以兵守曹州，山東宣慰馬某火者以兵分府沂州、莒州等處。命知樞密院事答兒麻監藏及四川行省左丞沙剌班、湖南同知宣慰使劉答兒麻失里，以兵屯中興，招諭諸處，有不降者，與親王禿魯及玉樞虎兒吐華討之。命湖廣行省平章政事桑哥、亦禿渾及禿禿守禦襄陽，參知政事哈林禿及王塔失帖木爾守禦沔陽，如賊徒不降，即進兵討之。陞台州海道巡防千户所爲海道防御運糧萬户府。

八月庚申，命南陽等處義兵萬户府召募毛胡蘆義兵萬人，進攻南陽。

戊辰，以中書平章政事達識帖睦邇爲江浙行省左丞相，便宜行事，賜鈔一千錠。

**《元史續編》卷一四** 以達實特穆爾爲江浙左丞相，便宜行事。

**《元史》卷四四《順帝紀七》** 甲戌，以大宗正府扎魯忽赤迭里迷失爲甘肅行省平章政事。

戊寅，雲南死可伐等降，令其子莽三以方物來貢，乃立平緬宣撫司。四川向思勝降，以安定州改立安定軍民安撫司。

是月，車駕還自上都。詔淮南行省左丞相太平統淮南諸軍討所陷郡邑，仍命湖廣行省平章政事阿魯灰以所部苗軍聽其節制。立吾者野人乞列迷等處諸軍萬户府於哈兒分之地。命親王寬徹班守興元，永昌宣慰使完者帖木兒討西番賊。以淮南行省平章政事蠻子海牙與同知樞密院事絆住馬等，自蕪湖至鎮江南岸守禦，同阿魯灰所部軍馬協力衛護江南行臺。命答失八都魯從便調度湖廣行省左丞卜蘭奚所領苗軍，江浙行省平章政事卜顔帖木兒守禦蘄、黄、蘭溪等處。

**《續資治通鑑》卷二一二** 泰費音駐濟寧已久，糧餉苦不給，乃命有司給諸軍牛具以種麥，自濟寧達於海州，民不擾而兵賴以濟。又議立士兵元帥府，輪番耕戰。

和州鎮撫徐達軍自太平進克溧水，將攻集慶路。

托克托行至大理，騰衝知府高惠見托克托，欲以其女事之，許築室一程外以居，雖有加害者，可以無虞。托克托曰：「吾，罪人也，安敢念及此！」巽辭以絶之。是月，朝廷遣官移置阿輕乞之地。高惠以托克托前不受其女，首發鐵甲軍圍之。

**《元史》卷四四《順帝紀七》** 九月癸未〔朔〕，命搠思監提調武衛。以知嶺北行樞密院事紐的該爲中書平章政事。

乙酉，立分海道防禦運糧萬户府於平江路。

辛卯，命祕書卿答蘭提調別吉太后影堂祭祀，知樞密院事野仙帖木兒提調世祖影堂祭祀，宣政院使蠻子提調裕宗、英宗影堂祭祀。

己亥，倪文俊圍岳州路。

壬子，命桑哥失里提調宣文閣，吕思誠知經筵事，集賢大學士許有壬兼太子諭德。

**《元史續編》卷一四** 以努都爾噶爲中書平章，鄂掄藏布並右丞，杜秉彝、許有壬並左丞，成遵、李稷、實勒們並參政。

**《元史》卷四四《順帝紀七》** 是月，移置脱脱於阿輕乞之地。命答失八都魯移軍住陳留。

**《續資治通鑑》卷二一二** 郭天敍、張天祐督兵自官塘經同山，進攻集慶之東門，陳埜先自板橋直抵集慶，攻南門，自寅至午，城中堅守。埜先邀郭天敍飲，殺之，擒張天祐，獻於福壽，亦殺之。二帥俱没。諸將遂奉朱元璋爲都元帥。

陳埜先追襲至葛仙鄉，鄉民兵百户盧德茂謀殺之，遣壯士五十衣青衣出迎。埜先不虞其圖己，與十餘騎先行，青衣兵自後攢槊刺殺之。埜先既死，其子兆先，復集兵屯方山，曼濟哈雅擁舟師結寨采石爲掎角，規復太平。

**《元史》卷四四《順帝紀七》** 冬十月丁巳，立淮南行樞密院於揚州。

甲子，命兵、工二部尚書撒八兒、王安童，以金銀牌一百六十五面，給淮東宣慰使司等處義兵官員。命哈麻領大司農司。

**《續資治通鑑》卷二一二** 庚午，以衍聖公孔克堅同知太常禮儀院事，以其子希學襲封衍聖公。

癸酉，哈馬爾奏言：「郊祀之禮，以太祖配。皇帝出宫，至郊祀所，便服乘馬，不設内外儀仗、教(防)〔坊〕隊子，齋戒七日内散齋四日於別殿，致齋三日，二日於大明殿西幄殿，一日在南郊祀所。」

**《元史》卷四四《順帝紀七》** 丙子，以郊祀，命皇太子愛猷識理達臘祭告太廟。

己卯，以翰林學士承旨慶童爲淮南行省平章政事。立黄河水軍萬户府於小清口。

《續資治通鑑》卷二一二　十一月壬辰，親祀上帝於南郊，以皇太子爲亞獻，攝太尉、右丞相定珠爲終獻。

《元史》卷四四《順帝紀七》　甲午，以太不花爲湖廣行省左丞相，總兵招捕湖廣、沔陽等處，湖廣、荆襄諸軍悉聽節制，給還元追奪河南行省丞相宣命，仍給以功賞宣敕、金銀牌面。

戊戌，介休縣桃杏花。

《續資治通鑑》卷二一二　戊申，中書右丞相定珠，以病辭職，命以太保就第治病。

庚戌，賊陷饒州路。

《元史》卷四四《順帝紀七》　辛亥，賜高麗國王伯顔帖木兒爲親仁輔義宣忠奉國彰惠靖遠功臣。

是月，答失八都魯攻夾河賊，大破之。賊陷懷慶，命河南行省右丞不花討之。以湖廣歸州改隸四川行省。

十二月壬子朔，給湖廣行省分省印。

《續資治通鑑》卷二一二　朱元璋釋萬户納克楚北歸。

《元史》卷四四《順帝紀七》　丁巳，命中書參知政事月倫失不花、陳敬伯分省彰德。

《續資治通鑑》卷二一二　己未，哈瑪爾矯詔遣使賜托克托鴆，遂卒，年四十二。訃聞，中書遣尚舍卿七十六至阿輕乞之地，易棺衣以斂。

托克托儀狀雄偉，頎然出於千百人中，而器弘識遠，輕貨財，遠聲色，好賢禮士，皆出於天性。至於事君之際，始終不失臣節。惟以惑羣小，急復私讎，君子病焉。

《元史》卷四四《順帝紀七》　癸亥，立忠義、忠勤萬户府於宿州、武安州。

己巳，以諸郡軍儲供餉繁浩，命户部印造明年鈔本六百萬錠給之。

壬申，以平章政事帖里帖木兒、右丞斡欒並知經筵事，參議丁好禮兼經筵官。

乙亥，以天下兵起，下詔罪己，大赦天下。

是月，答失八都魯大敗劉福通等於太康，遂圍亳州，僞宋主遁於安豐。立興元等處宣慰使司都元帥府於興元路。

是歲，薊州雨血。詔：「凡有水田之處，設大兵農司，招集人夫，有警乘機進討，無事栽植播種。」詔濬大内河道，以宦官同知留守埜先帖木兒董其役。埜先帖木兒言，自十一年以來，天下多事，不宜興作，帝怒，命往使高麗，改命宦官答失蠻董之。以中書平章政事拜住分省濟寧，設四部。

《元史新編》卷一四　是年，太廟惟舉春秋二享。

《續資治通鑑》卷二一二　是歲，荆州大水。薊州雨血。湖廣雨黑雪。陝西有一山，西飛十五里，山之舊基，積爲深潭。

紅巾賊勢滋蔓，由汴以南陷鄧、許、嵩、洛。汝寧府達嚕噶齊察罕特穆爾兵日益盛，轉戰而北，遂戍虎牢以遏賊鋒。賊乃北渡盟津，焚掠至懷州，河北震動。察罕特穆爾進戰，大敗之，餘黨柵河洲，殲之無遺類，河北遂定。朝廷奇其功，除中書刑部侍郎。

苗軍以滎陽叛，察罕特穆爾夜襲之，擄其衆幾盡，乃結營屯中牟。已而淮右賊衆三十萬，掠汴以西，來擣中牟營，察罕特穆爾結陣待之，以死生利害諭士卒，士卒賈勇決死戰，無(一不)〔不一〕當百。會大風揚沙，自率猛士鼓譟從中起，奮擊賊中堅，賊遂披靡不能支，棄旗鼓遁走，追殺十餘里，斬首無算，軍聲益大振。

盜起常之無錫，江浙行省議以重兵殲之，平章政事慶圖曰：「赤子無知，迫於有司，故弄兵耳。苟諭以禍福，彼無不降之理。」盜聞之，果投戈解甲，請爲良民。

召陝西行省平章綽斯戩知樞密院事，俄復拜中書平章政事。

## 至正一六年(丙申、一三五六)

《元史》卷四四《順帝紀七》　春正月壬午〔朔〕，改福建宣慰使司都元帥府爲福建行中書省。

《續資治通鑑》卷二一三　是日，張士誠弟士德陷常熟州。

時江陰羣盜，互相吞啖，江宗三、朱英，分黨戕殺，宗三將入城殺英。時英就招安，爲判官，州之僚佐無如之何，遂申白江浙行省，云朱英謀反。省差元帥觀孫壓境，觀孫利其貨賄，逗遛不進。英乘間挈家逃去，過江，求救於士誠，乃質妻子，借兵復仇。士誠初未決，英盛陳江南土地之廣，錢糧之多，子女玉帛之富，士誠乃遣士德率高郵兵由通州渡江，入福山港，遂陷常熟。

**《元史》卷四四《順帝紀七》**　戊子，親享太廟。命中書平章政事帖里帖木兒提調國子監。

丁酉，太保定住以病辭職，太尉、大宗正府扎魯忽赤月闊察兒以出軍中傷辭職，皆不允。

(乙)〔己〕亥，詔命太尉阿吉剌開府設官屬。

乙巳，以遼陽行省左丞相咬咬爲太子詹事，翰林學士承旨朵列帖木兒同知詹事院事。

丙(子)〔午〕，以知樞密院事實理門兼大府監卿。

戊申，雲南土官阿盧降，遣姪腮斡以方物來貢。

庚戌，左丞相哈麻罷。

辛亥，御史大夫雪雪亦罷，以搠思監爲御史大夫。復以定住爲右丞相。

**《元史新編》卷一四**　薊州雨血，地震。倪文俊建僞都於漢陽，迎徐壽輝據之。

**《續資治通鑑》卷二一三**(三)〔二〕月壬子朔，張士德陷平江路，據之。

江南自兵興以來，官軍死鋒鏑，鄉村農夫游擢饑饉，投充壯丁，生不習兵，烏合瓦解。江浙行省丞相達實特穆爾，以便宜陞漕運萬户托因爲參政，統領官軍、義民，捍禦境上。平(章)〔江〕達嚕噶齊六十病亡，陞松江府達嚕噶齊哈薩沙爲平江達嚕噶齊，領兵出戰，除都水庸田使貢師泰爲平江總管，巡守城池。吴江境上，止有元帥王與敬一軍，戰敗，死者過半，殘兵千餘欲入城，城中閉門不納，退屯嘉興。與敬，淮西人也。

張士德衆纔三四千人，長驅而前，直造北門，弓不發矢，劍不接刃，明旦，緣城而上，遂陷平江路。托因匿俞家園，自刎，不死，游兵殺之。哈薩沙於境外聞城破，自溺死。貢師泰率義兵出戰，力不敵，亦懷印綬遁，變姓名匿跡於海濱。既而崑山、嘉定、崇明州相繼降。

維揚蘇昌齡避亂居吴門，士德用爲參謀，稱曰蘇學士。毁承天寺佛像爲王宫，改平江路爲隆平府，設省、院、六部、百司。凡寺觀、庵院、豪門、巨室，將士争占而居無虚者。

時義軍府參謀楊椿守齊門，淮兵奄至，衆皆不知所爲，椿獨謂寇不足畏。明日，城且陷，椿猶躍馬呼其子，若有所指授，追者及之，遂并遇害。椿妻求得其尸，亦自經死。椿，蜀之眉山人，徙居吴中教授，强起就小職，卒舉家殉義云。

嘉定州倅奉印降賊，州吏尤鼎臣沮之，爲其將所縶，且誘以官，鼎臣抗不受，杖百，錮於家。

初，額森特穆爾就貶，籍其家資，以賜哈瑪爾，及是籍哈瑪爾家，而所得之庫藏尚封識未啓。時中外皆謂帝怒其譖托克托兄弟之故，而不知有易主之謀，實坐不軌之罪也。哈瑪爾之死，距托克托遇鴆才數十日，人皆快之。

平江既陷，嘉興地當衝要，有司告急，驛使不絶於道。江浙丞相達實特穆爾兵少，策無所出，檄苗軍帥楊鄂勒哲來守嘉興。鄂勒哲取道自杭，以兵刼達實特穆爾，使陞己爲本省參知政事，達實特穆爾遂填募民入粟空名告身予之。

**《元史》卷四四《順帝紀七》**　癸(酉)〔丑〕，禿魯帖木兒辭職，不允。搠思監糾言哈麻及其弟雪雪等罪惡，帝曰：「哈麻兄弟雖有罪，然侍朕日久，與朕弟懿璘質班皇帝實同乳，且緩其罰，令之出征自效。」

甲寅，命右丞相定住依前太保，中書一切機務，悉聽總裁，詔天下。

丙辰，以鎮南王孛羅不花自兵興以來率怯薛丹討賊，累立戰功，賜鈔一萬錠。

壬戌，詹事伯撒里辭職。

乙丑，禁銷毁、販賣銅錢。

**《元史新編》卷一四**　丙寅，命翰林國史院、太常禮儀院定擬二皇后奇氏三代功臣謚號、王爵。

**《元史》卷四四《順帝紀七》**　甲戌，命六部、大司農司、集賢、翰林國史兩院、太常禮儀院、祕書、崇文、國子、都水監、侍儀司等正官，各舉才堪守令者一人，不拘蒙古、色目、漢、南人，從中書省斟酌用之，或任内害民受贓者，舉官量事輕重降職。命鑾鑾爲靖安王，賜金印，置王傅等官。

己卯，命集賢直學士楊俊民致祭曲阜孔子廟，仍葺其廟宇。詔諭：「山東鹽法，軍民毋得沮壞。」賜定住篤憐赤怯薛丹三十名，給衣糧、馬匹、草料。

**《元史新編》卷一四**　張士誠據平江，遂陷湖州、松江、常州諸路。集賢待制孫撝死之。

**《明通鑑》前編卷一**　丙子，太祖自將攻元曼濟哈雅於采石，大破之。

三月辛巳朔，太祖督諸將攻集慶路，水陸並進。至江寧鎮，攻破陳兆先營，盡降其衆凡三萬六千人。禽兆先，尋釋之。

一時降者多疑懼不自安，太祖命簡其驍健者，得五百人，使居帳下。是夕，令入宿衛，環榻而寢，悉屏左右，獨留典親兵馮國用一人侍卧榻旁，太祖解甲酣寢達旦，衆心始安。

**《元史》卷四四《順帝紀七》**　復立酒課提舉司。命中書平章政事帖里帖木兒、參知政事成遵等議鈔法。

壬午，徐壽輝復寇襄陽。

癸未，臺臣言：「係官牧馬草地，俱爲權豪所占。今後除規運總管府見種外，餘盡取勘，令大司農召募耕墾，歲收租課以資國用。」從之。

丁亥，以今秋出師，詔和買馬六萬匹。

戊子，命宣讓王帖木兒不花、威順王寬徹普化以兵鎮遏懷慶路，各賜金一錠、銀五錠、幣帛九匹、鈔二千錠。

**《元史新編》卷一四**　朱元璋兵取集慶路，南臺御史大夫福壽死之。

**《續資治通鑑》卷二一三**　癸巳，張士誠自高郵徙居隆平宫，服御、器用，皆擬乘輿，改至正十六年爲天祐三年，國號大周，曆曰《明時》，自稱周王。設學士員，開弘文館，以陰陽術人李行素爲丞相，弟士德爲平章，蔣輝爲右丞，潘元明爲左丞，史文炳同知樞密院事。其郡、州、縣正官，郡稱太守，州稱通守，縣仍曰尹，同知稱府丞，知事曰從事，餘則損益而已。士誠以吴民多艱，牧字者非才，悉選而更張之，自令、丞、簿、尉以及録事、録判，同日命十有一人，各賜衣、馬、粟、羚有差。

**《皇明資治通紀》卷一**　元將康茂才率所部降附。

**《元史》卷四四《順帝紀七》**　丙申，倪文俊陷常德路，總兵官俺都剌遁。命搠思監提調承徽寺。

丁酉，立行樞密院於杭州。命江浙行省左丞相達識帖睦邇兼知行樞密院事，節制諸軍，省、院等官並聽調遣，凡賞功、罰罪、招降、討逆，許以便宜行事。

大明兵取鎮江路。

**《明通鑑》前編卷一**　太祖既定金陵，欲發兵取鎮江，慮諸將不戢士卒爲民患，乃佯怒，數諸將之縱軍士者，欲置之法，都事李善長力救，乃解。

尋命徐達爲大將軍，委以東下之任，戒之曰：「吾自起兵，未嘗妄殺。卿宜體吾心，戒戢士卒，城下之日，毋焚掠殺戮。有犯命者，處以軍法，縱者罰毋赦！」達頓首受命行。

丙申，攻鎮江，丁酉，克之。元苗軍元帥楊鄂勒哲出走，守將段武、平章定定戰死。達等自仁和門入，號令嚴肅，城中晏然。尋分兵徇金壇、丹陽，皆下之。改鎮江路曰江淮府，命達及湯和爲統軍元帥，鎮守其地。已，復改江淮府曰鎮江府。

**《續資治通鑑》卷二一三**　戊申，方國珍復降，以爲海道漕運萬户，其兄國璋爲衢州路總管，並兼防禦海道事。

是月，有兩日相盪。

夏四月辛亥，以中書平章政事綽斯戩爲左丞相。

壬子，張士誠將趙打虎陷湖州。

改湖州路爲吴興郡。

**《元史》卷四四《順帝紀七》**　丙辰，以資正院使普化爲御史大夫。

丁巳，命左丞相搠思監領經筵事，中書平章政事悟良哈台、御史大夫普化並知經筵事。

庚申，以河南行省左丞卜蘭奚爲湖廣行省平章政事。答失八都魯加金紫光禄大夫。

丙寅，命阿因班太子與陝西行省官同討均、房、南陽。遼陽行省平章政事奇伯顔不花加大司徒。

丁卯，以陝西行臺御史大夫朶朶爲陝西行省左丞相，大司農咬咬爲遼陽行省左丞相。以知樞密院事實理門分院濟寧，翰林學士承旨脱脱同知詹事院事。

壬申，命豫王阿剌忒納失里與陝西行省官商議軍機，從宜攻討。

己卯，命悟良哈台兼太子諭德。

**《續資治通鑑》卷二一三**　是月，帝如上都。

張士誠將史文炳，率兵自泖湖入古浦塘，破澱湖栅。苗軍一矢不發，夜中遁去，松江遂陷。士誠即令文炳鎮松江。

**《元史》卷四四《順帝紀七》**　五月丙申，倪文俊陷澧州路。

乙巳，賊寇辰州，守將和尚以鄉兵擊敗之。

**《元史續編》卷一四**　以多岱爲陝西左丞相。

徐壽輝復寇襄陽，陷常德澧州。

六月甲寅，加苗軍帥楊完者爲江浙參政，以其兵禦張士誠，守嘉興。

乙丑，朱元璋兵取廣德路。

**《明通鑑》前編卷一**　太祖命總管鄧愈率邵成、華雲龍等攻廣德路，下之，改曰廣興府，以愈爲廣興翼統軍元帥鎮守。

**《續資治通鑑》卷二一三**　壬申，建康降人陳保二，誘執詹、李二將，降於張士誠。保二，常州奔牛壩人，聚衆，以黄帕首，號黄包頭軍。鎮江既下，遂降於建康，至是復叛。

乙亥，朱元璋遣儒士楊憲通好於張士誠，書略曰：「近聞足下兵由通州，遂有吴郡。昔隗囂據天水以稱雄，今足下據姑蘇以自王，吾深爲足下喜。吾與足下，東西境也，睦鄰守國，保境息民，古人所貴，吾深慕焉。自今以後，通使往來，毋惑於交搆之言以生邊釁。」士誠得書，以比己於隗囂，不悦，留憲不遣。

是月，彰德李實如黄瓜。先是童謡云：「李生黄瓜，民皆無家。」

雷州地大震。

**《明通鑑》前編卷一**　秋七月己卯朔，諸將奉太祖爲吴國公，以元御史臺爲公府。是時宋龍鳳亦遣人稱制授太祖平章政事、右丞相。

**《續資治通鑑》卷二一三**　張士誠以舟師攻鎮江，吴統軍元帥徐達等禦之。吴國公使諭達曰：「張士誠起負販，譎詐多端，今來寇鎮江，是其交已變，當速出兵攻毗陵，先機進取，沮其詐謀。」達乃帥師攻常州，進薄其壘，且請益師，於是復遣兵三萬往助之。

**《皇明資治通紀》卷一**　於是，達軍於城西北，湯和軍於城北，張彪軍於城東南。士誠遣其弟張九六以數萬衆來援，達曰：「張九六狡而善鬭，使其勝，勢不可當。吾當以計取之。」乃去城十八里，設伏以待。仍命總管趙均用率鐵騎爲奇兵。達親督師與九六戰，鋒既交，均用鐵騎横衝其陣，陣亂，九六退走，遇伏馬蹶，爲先鋒刁國寶、王虎子所獲，并擒其將張、湯二將軍。

**《元史》卷四四《順帝紀七》**　癸未，以翰林學士禿魯帖木兒爲侍御史。

是月，張士誠遣兵陷杭州，江浙行省平章政事左答納失里戰死，丞相達識帖睦邇遁，楊完者及萬户普賢奴擊敗之，復其城。

**《續資治通鑑》卷二一三**　八月己酉朔，張士誠將江通海降於吴。

**《元史》卷四四《順帝紀七》**　丙辰，奉元路判官王淵等以義兵復商州，陞淵同知關商襄鄧等處宣慰司事。

己未，賊侵河南府路，參知政事洪丑驢以兵敗之。

**《續資治通鑑》卷二一三**　庚午，吴國公以諸將虐取陳保二資致叛，且攻常州久不下，命自元帥徐達以下皆降一官，以書責之曰：「虐降致叛，老師無功，此吾所以責將軍。其勉思補過，否則罰無赦！」

**《元史續編》卷一四**　徐壽輝遣倪文俊攻陷衡州，元帥甄崇福戰死。

**《元史新編》卷一四**　甲戌，彗星見張宿，色青白，彗指西南，長尺餘，至十二月戊午朔始滅。是月，黄河决，山東大水。

**《續資治通鑑》卷二一三**　是月，帝至自上都。

張士誠將史文炳，以水師數萬攻嘉興，楊鄂勒哲以大軍四伏，使小舟數百十艘餌之。賊檣艫蔽天，排江而下，追至杉青東西岸，多積葦以待，適南風大作，岸上舉火，賊舟焚燎，至四十里不止，死者甚衆。遂捨舟登陸，進逼城下，戰於冬瓜堰，大破之，斬首萬七千級，俘者數千，張士信以伏水遁還。然鄂勒哲凶肆，掠人貨財婦女，部曲驕横，民間謡曰：「死不怨泰州張，生不謝寶慶楊。」

九月戊寅朔，吴國公如江淮府，入城，先謁孔子廟，遣儒士告諭鄉邑，勸耕桑，築城開塹，命總管徐忠置金山水寨以遏南北寇兵，遂還。尋改江淮府爲鎮江府。

**《元史新編》卷一四**　庚辰，汝潁賊李武、崔德破潼關，參政述律杰戰死。

壬午，豫王阿剌忒納失里、同知樞密事定住引兵復潼關。河南平章伯家奴以兵守之。

戊戌，賊陷陝、虢二州。命太尉納麟復爲南臺御史大夫，遷行臺治紹興。

**《續資治通鑑》卷二一三**　十月戊申，張士誠以兵敗於常州，遣其下孫君壽奉書至建康請和，言：「既納保二，又拘楊憲，遣兵來逼，咎實自貽。願與講和，以解困厄，歲輸糧二十萬石，黄金五百兩，白金二百斤，以爲犒軍之費。」吴國公復書云：「爾既知過，歸使，餽糧，即當班師，不墮前好。」且曰：「大丈夫舉事，當赤心相示，浮言夸辭，吾甚厭之。」士誠得書，不報。

鎮南王退駐淮安，趙君用自泗州來寇。

乙丑，城陷，淮東廉訪使褚布哈死之，鎮南王被執，踰月不屈，與其妻皆赴水死。

**《元史續編》卷一四**　達實巴圖爾遣使來獻捷。

**《續資治通鑑》卷二一三**　賊既陷陝、虢，斷殽、函之路，勢欲趣秦、晉，知樞密院事達實巴圖爾方節制河南軍，調兵部尚書察罕特穆爾與李思齊往攻之。察罕特穆爾即鼓行而西，夜，拔殽陵，立柵交口。陝州城阻山帶河，險且固，而賊轉南山粟給食以堅守，攻之猝不可拔。察罕特穆爾乃焚馬矢營中，如炊煙狀以疑賊，而夜提兵拔靈寶城。既拔，賊始覺，不敢動，即渡河，陷平陸，掠安邑，蹂晉南鄙。察罕特穆爾追襲之，蹙之以鐵騎，賊回扼下陽津，赴水死者甚衆。相持數月，賊勢窮，皆潰，以功陞僉河北行樞密院事。

**《元史》卷四四《順帝紀七》** 是月，詔罷太尉也先帖木兒。

十一月丙戌，以老的沙、答里麻失〔里〕並爲詹事。

**《續資治通鑑》卷二一三** 劉福通遣將分略河南、山東、河北，京師大震。

是月，河南陷，廉訪副使諳普遁。徙河南廉訪司於沂州，又於沂州置分樞密院，以兵馬指揮使司隸之。

江浙行省平章政事布延特穆爾卒於池州。

**《皇明資治通紀》卷一** 士誠誘我新附青軍叛去，助彼來戰，徐達被圍於牛塘。達勒兵與戰，常遇春、胡大海等自外來援，內外夾擊，大破之，擒其將張德，餘兵奔及城，達率諸軍圍而困之，士誠復遣其將呂珍潛入城，督兵固守。

**《明通鑑》前編卷一** 十二月，寧國長槍元（師）〔帥〕謝國璽攻廣興，鄧愈擊敗之，俘其總管武世榮，獲甲士千餘人。尋遣裨將費子賢分徇武康、安吉等縣。

是歲，徐壽輝將倪文俊，建僞都於漢陽，迎壽輝居之。文俊爲丞相，專制國事。

**《續資治通鑑》卷二一三** 詔：「沿海州縣爲賊所殘掠者，免田租三年。」河南行省左丞相台哈布哈駐軍南陽、嵩、汝等州，叛民皆降，軍勢大振。陝西行臺監察御史李尚絅上《關中形勢急論》，凡十有二事。

命大司農屯種雄、霸二州以給京師，號「京糧」，以浙西被陷，海運不通故也。

## 至正一七年（丁酉、一三五七）

**《元史》卷四五《順帝紀八》** 春正月丙子朔，日有食之。以伯顏禿古思爲大司徒。

**《續資治通鑑》卷二一三** 己丑，杭州降黑雨，河池水皆黑。

辛卯，命山東分省團結義兵，每州添設判官一員，每縣添設主簿一員，專率義兵以事守禦，仍命各路達嚕噶齊提調，聽宣慰使司節制。

**《元史》卷四五《順帝紀八》** 丙申，監察御史哈剌章言：「淮東道廉訪使（楮）〔褚〕不華，徇忠盡節，宜加褒贈，優恤其家。」從之。

**《明通鑑》前編卷一** 春二月丙午朔，遣耿炳文自廣德進攻長興。炳文，君用子也。君用既死，令炳文襲其父總管職，領其軍。

時張士誠遣其將趙打虎以兵三千迎戰，炳文敗之，追至城西門，打虎走湖州。戊申，克之，禽其守將李福安等，獲戰船三百餘艘。

長興據太湖口，陸通廣德，與宣、歙接壤，爲江浙門户。太祖得其地，大喜，改曰長安州。立永興翼元帥府，以炳文爲總兵都元帥，守之。

**《續資治通鑑》卷二一三** 壬子，賊犯七盤、藍田，命察罕特穆爾以軍會達爾瑪齊爾守陝州、潼關。哈喇布哈由潼關抵陝州，會豫王喇特納實哩及定珠等同進討。

癸丑，以征河南許、亳、太康、嵩、汝大捷，詔赦天下。

戊辰，知樞密院事托克托復邳州，調客省使薩爾達溫等攻黄河南岸賊，大破之。

壬申，劉福通遣其黨毛貴陷膠州，簽樞密院托歡死之。

甲戌，倪文俊陷（陝）〔峽〕州。

**《御批歷代通鑑輯覽》卷九九** 二月，韓林兒黨李武、崔德陷商州，察罕特穆爾與李思齊連兵擊敗之。

李武、崔德等兵破商州，攻武關，遂直趨長安，分掠同、華等諸州，三輔震恐。時豫王喇特納錫哩及省院官皆洶懼，計無所出。行臺治書侍御史王思誠曰：「察罕特穆爾，河南名將，賊素畏之。宜遣使求援，此上策也。」守將恐客兵軋己，論久不決。思誠曰：「吾兵弱，旦夕失守，咎將安歸？」乃移書察罕特穆爾曰：「河南、陝西兩省，互爲脣齒，陝西危則河南豈能獨安乎？」察罕特穆爾新復陝州，得書大喜，遂提輕兵五千，與李思齊倍道來援。與賊遇，戰輒勝，殺獲無算，餘黨皆潰散走南山。河南總兵官以察罕特穆爾擅調，遣人問之。思誠亟言於朝，請令專守關陝，仍許便宜行事，朝廷從之。以察罕特穆爾爲陝西行省左丞，李思齊爲四川左丞。

**《元史》卷四五《順帝紀八》** 三月乙亥〔朔〕，義兵萬户賽甫丁、阿迷里丁叛據泉州。

庚辰，毛貴陷萊州，守臣山東宣慰副使釋嘉訥死之。

壬午，大明兵取常州路。

**《續資治通鑑》卷二一三** 初，常州兵雖少而糧頗多，故堅拒不下。及誘叛軍入城，軍衆糧少，不能自存。達等攻之益急，吕珍宵遁，遂克之。改常州路爲常州府。達又與常遇春、桑世傑率兵徇馬馱沙，克之。

甲午，毛貴陷益都路，益王邁努遁；丁酉，陷濱州，自是山東都邑皆陷。以江淮行樞密院副使董摶霄爲山東宣慰使，從布蘭奚擊之。

既而中書省臣言：「山東般陽、益都相次而没，濟南日危，宜選將練卒，信賞必罰，爲保燕、趙計，以衛京師。」不報。

**《元史》卷四五《順帝紀八》** 戊戌，以中書平章政事帖里帖木兒爲御史大夫，悟良哈台、斡欒並爲中書平章政事。

**《宋元資治通鑑》卷六三** 御史張禎上疏陳十禍，以輕大臣，解權綱，事安逸，杜言路，離人心，濫刑獄六者爲根本之禍，以不慎調度，不資群策，不明賞罰，不擇將帥四者爲征討之禍，其所言多剴切。其論事安逸、不明賞罰二條尤中時弊。

**《續資治通鑑》卷二一三** 大司農吕思誠卒，謚忠肅。

**《宋元資治通鑑》卷六三** 夏四月丙午，監察御史五十九言今京師周圍，雖設二十四營，軍卒疲弱，素不訓練，誠爲虚設。倘有不測，誠可寒心。宜速選擇驍勇精鋭，衛護大駕，鎮守京師，實當今奠安根本，固結人心之急務。況武備莫重於兵，而養兵莫先於食，今朝廷撥降鈔錠，措置農具，命總兵於河南北克復州郡，且耕且戰，甚合寓兵於農之意。爲今之計，權命總兵官從宜於軍官内選委能撫字軍民者，兼路府州縣之職，務要農事有成，軍民得所，則擾民之害亦除，而匱乏之憂亦釋矣。帝嘉納之。

**《續資治通鑑》卷二一三** 乙卯，毛貴陷莒州。

**《元史》卷四五《順帝紀八》** 丙辰，京師立便民六庫，倒易昏鈔。

辛酉，以咬咬爲甘肅行省左丞相。答失八都魯加太尉、四川行省左丞相。漢中道廉訪司糾陝西行省左丞蕭家奴遇賊逃竄，失陷所守郡邑，詔正其罪。

**《續資治通鑑》卷二一三** 丁卯，吴國公兵取寧國路。

**《元史》卷四五《順帝紀八》** 是月，車駕時巡上都。封江西行省平章政事火你赤爲營國公。

五月乙亥〔朔〕，命知樞密院事孛蘭奚進兵討山東。

**《明通鑑》前編卷一** 張士誠遣其左丞潘原明、元帥嚴再興寇長興，屯上新橋。守將耿炳文擊敗之，生禽數百人。原明等遁去，部將費聚復追至瑣橋，敗之。自是士誠不敢犯長興者四年。

**《續資治通鑑》卷二一三** 戊寅，平章政事齊拉袞特穆爾復武安州等三十餘城。

己卯，吴兵攻泰興，張士誠遣兵來援，元帥徐大興、張斌擊敗之，擒其將楊文德等，遂克泰興。

丙申，中書左丞相綽斯戩進爲右丞相。召遼陽行省左丞相泰費音爲中書左丞相。

**《元史》卷四五《順帝紀八》** 詔以永昌宣慰司屬詹事院。

**《續資治通鑑》卷二一三** 詔天下免民今歲税糧之半。

銅陵縣尹羅德、萬户程輝降於吴。常遇春率師駐銅陵。池州路總管陶起祖亦來降，具言城中兵勢寡弱可取之狀，遇春遂謀取池州。是日，遣興國翼分院判官趙忠、元帥王敬祖等攻其青陽縣，趙普勝出兵拒敵，敬祖以數十騎衝其陣，陣亂，乘勢疾擊，遂破之，克其縣。

**《明通鑑》前編卷一** 是月，諸將下水陽。

時俞通海、張德勝皆以功授行樞密院判，遂率舟師略太湖馬蹟山，降士誠將鈕津等，東趨洞庭山，檥舟胥口。會吕珍兵猝至，諸將欲避其鋒。通海不可，曰：「彼衆我寡，退則情見勢詘，不如擊之。」乃身先士卒，敵矢如雨，中其右目，不爲動。徐令帳下士被己甲立船上督戰，敵以爲通海也，不敢逼，徐引去。由是通海一目遂眇。

**《續資治通鑑》卷二一三** 六月甲辰朔，以實勒們爲中書分省右丞，守濟寧。

**《宋元資治通鑑》卷六三** 丙辰，監察御史脱脱穆兒言，去歲河南之賊窺伺河北，惟河南與山東互相策應，爲害尤甚。爲今之計，當遴選能將，就太不花、答失八都魯、阿魯三處軍馬内，擇其精鋭，以守河北，進可以制河南之侵，退可以攻山東之寇，庶幾無虞。帝然之。

己未，以帖里穆兒、老的沙並爲御史大夫。

**《續資治通鑑》卷二一三** 庚申，吴國公遣長春府分院判官趙繼祖、元帥郭天禄、鎮撫吴良略江陰州，張士誠兵據秦望山以拒敵，繼祖引兵攻之。會大風雨，士誠兵奔潰，繼祖據其山。是日，進攻州之西門，克其城，命良守之。

先是士誠北有淮海，南有浙西，長興、江陰二邑，皆其要害。長興據太湖口，陸走廣德諸郡；江陰枕大江，扼姑蘇、通州濟渡之處。得長興，則士誠步騎不敢出廣德，窺宣、歙；得江陰，則士誠舟師不敢泝大江，上金、焦。至是悉歸於吴，士誠侵軼路絶。

**《明通鑑》前編卷一**　江陰密邇士誠，去姑蘇僅百餘里，控扼大江，實當東南要衝。未幾，太祖復命(長)〔良〕弟禎增兵協守，並諭良曰：「江陰，我東南之屏蔽。汝約束士卒，毋外交，毋納逋逃，毋貪小利，毋與爭鋒，保境安民而已！」良奉命，謹修守備，敵至輒擊走之。

**《元史》卷四五《順帝紀八》**　壬申，帖里帖木兒糾陝西知行樞密院事也先帖木兒，遂命罷陝西行樞密院，令也先帖木兒居於草地。

癸酉，温州路樂清江中龍起，颶風作，有火光如毬。

**《續資治通鑑》卷二一三**　是月，劉福通犯汴梁，其兵分三道，關先生、破頭潘、馮長舅、沙劉二、王士誠入晉、冀，由朔方攻上都，白不信、大刀敖、李喜喜趣關中，毛貴自山東趣大都，其勢復大振。

秋七月丙子，吳徐達率兵攻常熟，張士德出挑戰。先鋒趙德勝麾兵而進，擒士德，送建康，遂循望亭、甘露、無錫諸寨，皆下之。

士德驍鷙有謀，士誠陷諸郡，士德力居多，及是被擒，士誠爲之喪氣。

己卯，御史大夫特哩特穆爾奏續輯《風憲弘綱》。

庚辰，吳國公遣兵取徽州路。

**《明通鑑》前編卷一**　改徽州路曰興安府，進愈行樞密院判官，統兵守之。

**《元史》卷四五《順帝紀八》**　乙酉，命右丞相搠思監領宣政院事，平章政事臧卜知經筵事，參知政事李稷同知經筵事，參知政事完者帖木兒兼太府卿。

戊子，以李稷爲御史中丞。中書省臣言：「山東般陽、益都相次而陷，濟南日危，宜選將練卒，信賞必罰，爲保燕趙計，以衛京師。」不報。

**《宋元資治通鑑》卷六三**　己丑，鎮守黄河義兵萬户田豐叛，陷濟寧路，分省右丞失理門遁，義兵萬户孟本周攻之，豐敗走，本周還守濟寧。監察御史迭里彌失、劉傑言：「疆域日促，兵律不嚴，陝西、汴梁、淮潁、山東之寇有窺伺燕趙之志，宜俯詢大臣，共圖克復之宜，預定守備之策。」不報。

**《元史》卷四五《順帝紀八》**　是月，立四方獻言詳定使司，秩正三品。歸德府知府林茂、萬户時公權叛，以城降於賊，歸德府及曹州皆陷。

八月癸丑，劉福通兵陷大名路，遂自曹、濮陷衛輝路，答失八都魯之子孛羅帖木兒與萬户方脱脱擊之。

乙丑，以陝西行臺御史中丞伯嘉訥爲陝西行省平章政事；淮南行省參知政事余闕爲淮南行省左丞；江浙行省參知政事楊完者陞左丞；方國珍爲江浙行省參知政事，海道運糧萬户如故。

丙寅，慶陽府鎮原州大雹。

是月，大駕還自上都。薊州大水。詔知樞密院事紐的該進討山東。大明兵取揚州路。平江路張士誠，俾前江南行臺御史中丞蠻子海牙爲書請降，江浙左丞相達識帖睦邇承制，令參知政事周伯琦等至平江撫諭之，詔以士誠爲太尉，士德爲淮南行省平章政事，時士德已爲大明兵所擒。

**《續資治通鑑》卷二一四**　張士德至建康，吳國公以禮待之，供珍膳，俟其降。士德不食不語，其母痛之，令士誠歲餽建康糧十萬石，布一萬匹，永爲盟信，吳國公不許。士德以身縶，事無所成，間遺士誠書，俾降元以圖建康，遂不食而死。

**《宋元資治通鑑》卷六三**　張士誠寇嘉興，屢爲楊完者所敗，乃以書請降，詞多不遜，完者欲納之。達識帖睦邇以其反復不可信，不許，完者固勸，乃承制，假江浙廉訪使周伯琦、行省叅知政事至平江招諭之。士誠始要王爵，達識帖睦邇不許，又請爵爲三公。達識帖睦邇曰：「三公非有司所定，今我雖便宜行事，然不敢專也。」完者又力爲之請，達識帖睦邇外雖拒之，實幸其降，又恐忤完者意，遂授士誠大尉，其弟士德淮南平章，士信同知行樞密院事，其黨皆授官有差，於是朝廷以招安士誠爲達識帖睦邇之功，加(大)〔太〕尉。伯琦始以文藝居館閣有聲，及附脱脱，謬劾陝西行臺御史劉希曾等，遂不爲公論所與。後爲江東廉訪使，遇長槍賊寇陷寧國，倉皇出見之，尋遁走，至是往招士誠，被留平江，十年不遣。論者謂其遭時多艱，善於自保，而致身之義爲有闕云。

**《明通鑑》前編卷一**　胡大海既克徽州，進攻婺源。會元苗帥楊鄂勒哲，率兵十萬，謀復徽州。時城中新附，守備未完，而大海又分兵入婺，守備單弱。鄧愈乃激厲將士，開門待之，苗兵疑不敢入。大海在婺聞之，兼程而進，遂合愈兵，内外夾擊，大敗之，鄂勒哲遁走。殺其鎮撫吕才，禽其裨將董旺、吕昇等，遂分兵徇休寧、婺源等縣。

**《續資治通鑑》卷一四**　九月癸酉朔，婺源州元帥汪同，與守將特穆爾布哈不協，以總管王起宗、黟縣萬户葉茂、祁門元帥馬國寶降於吳。

甲戌，江浙平章夏章等亦降於吳。

**《元史》卷四五《順帝紀八》**　丙子，命同知樞密院事壽童以兵討冠州。以老的沙爲中書省平章政事兼兀良海牙指揮使。

**《續資治通鑑》卷一四**　丙戌，吴廣興翼元帥費子賢率兵攻武康，與守將潘萬户戰，斬首百餘級，遂下之。

甲午，澤州陵川縣陷，縣尹張輔死之。

戊戌，台哈布哈復大名路并所屬州縣。

辛丑，詔中書右丞額森布哈、御史中丞成遵奉使宣撫彰德、大名、廣平、東昌、東平、曹、濮等處，獎勵將帥。

是月，命知樞密院事努都爾噶加太尉，總諸軍守禦東昌。時田豐據濟、濮，率衆來寇，擊走之。

**《皇明資治通紀》卷一**　元帥費子賢率兵取武康，克之，未幾，復取安吉，皆湖州屬州，師至，一鼓克之。

**《明通鑑》前編卷一**　時太祖略定東南，欲規取江西。而壽輝雖弱，友諒方強，遂爲戰争之勍敵云。

**《元史》卷四五《順帝紀八》**　閏九月癸卯，有飛星如盃，青色，光燭地，尾約長尺餘，起自王良，没於勾陳。監察御史朵兒只等劾奏知樞密院使哈剌八秃兒失陷所守郡縣，詔正其罪。

丙午，右丞相搠思監、左丞相太平並加開府儀同三司。平章政事完者不花兼大司農。

乙丑，（路）〔潞〕州陷。

丙寅，賊攻冀寧，察罕帖木兒以兵擊走之。

**《續資治通鑑》卷二一四**　趙普勝同青軍兩道攻安慶，淮南行省左丞余闕，拒戰月餘，賊竟敗走。安慶倚小孤山爲藩蔽，命義兵元帥胡巴延統水軍戍焉。

冬十月壬戌，陳友諒自上游直擣小孤山，巴延與戰四日夜，不勝，趨安慶，賊追至山口鎮。明日，癸亥，遂薄城下，闕遣兵扼於觀音橋。俄饒州祝寇攻西門，余闕擊斬之，其兵乃退。

**《皇明資治通紀》卷一**　常遇春率廖永安、吴禎等自銅陵進取池州。上命舍人李文忠領兵策應。永安去城十里，而常遇春及吴禎帥舟師抵城下，合攻之，破其北門，遂入其城，執天完僞將洪元帥，斬之，執副將魏壽、徐天雄等。既而僞平章陳友諒發兵寇城，以戰艦百餘艘來迎戰，遇春等復奮擊，大敗之。

**《元史》卷四五《順帝紀八》**　戊寅，設分詹事院。

**《皇明資治通紀》卷一**　上閲軍於大通江，遂命元帥繆大亨率師取（楊）〔揚〕州，克之。青軍元帥張明鑑以其衆降。

**《明通鑑》前編卷一**　改揚州路曰淮海府，置淮海翼元帥，尋復改曰揚州府，置江南分樞密院，進大亨爲同僉樞密院事，總制揚州、鎮江。

大亨爲政，寬厚不擾，而治軍嚴肅，禁暴除殘，民甚悦之。未幾卒。後太祖過鎮江，嘆息，遣人祭其墓。

**《宋元資治通鑑》卷六三**　是月，白不信、大刀敖、李喜喜既陷秦隴據鞏昌，遂窺鳳翔。察罕帖木兒即分兵入守鳳翔城，而遣諜者誘不信，圍鳳翔凡數十重。察罕帖木兒自將鐵騎，晝夜馳二百里往赴。比至去城五里，所分軍張左右翼掩擊之，城中軍亦鼓譟而出，内外合擊，呼聲動天地，不信等大潰，及李喜喜皆遁入蜀。

**《元史》卷四五《順帝紀八》**　十一月辛丑〔朔〕，山東道宣慰使董摶霄建言：「請令江淮等處各枝官軍，分布連珠營寨於隘口，屯駐守禦，宜廣屯田，以足軍食。」從之。汾州桃杏花。

壬寅，賊侵壺關，察罕帖木兒大破之。

戊午，以河南行省平章政事答蘭爲中書平章政事，御史中丞李獻爲中書左丞，陝西行臺中丞卜顔帖木兒、樞密院副使哈剌那海、司農少卿崔敬、侍御史陳敬伯皆爲參知政事。

癸亥，豫王阿剌忒納失里與陝西行省左丞相朵朵、陝西行臺御史中丞伯嘉訥，分道攻討關陝。

己巳，以中書參知政事八都麻失里爲右丞。

十二月辛未，山東道廉訪使伯顔不花建言：嚴保伍，集勇健，汰冗官。

**《續資治通鑑》卷二一四**　丙戌，徐壽輝將明玉珍陷重慶路，據之。

**《明通鑑》前編卷一**　元右丞旺扎勒圖出走，已而復會平章埒克達、參政趙資，屯嘉定之大佛寺，謀復重慶。玉珍遣其將萬勝禦之。復分兵陷成都，尋又陷嘉定，執旺扎勒圖等三人以歸，欲降之，皆不屈，遇害，時謂之「三忠」。於是蜀中大亂。

**《續資治通鑑》卷二一四**　己丑，吴國公下令釋輕重罪囚，以干戈未寧，人心初附故也。

**《元史》卷四五《順帝紀八》**　丁酉，慶元路象山縣鵝鼻山崩。

**《續資治通鑑》卷二一四**　戊戌，翰林學士承旨歐陽玄卒。

庚子，太尉、四川行省左丞相達實巴圖爾卒於軍中。

時詔遣知院達理瑪實哩來援，分兵雷澤、濮州，而達理瑪實哩爲劉福通所殺，達勒達諸軍皆潰。達實巴圖爾力不能支，退駐石村，朝廷頗疑其玩寇失機，使者促戰相踵。賊覘知之，詐爲達實巴圖爾通和書，遺諸道路，使者果得之以進，達實巴圖爾知之，一夕憂憤死。

初，毛貴陷益都、般陽等路，帝命董摶霄從知樞密院事布蘭奚討之。而濟南又告急，摶霄提兵援濟南。賊衆自南山來攻濟南，望之兩山皆赤。摶霄按兵城中，先以數十騎挑之，賊衆悉來鬬，騎兵少卻，至磵上，伏兵起，遂合戰，城中兵又大出，大破之。而般陽賊復約泰安之黨踰南山來襲濟南，摶霄列兵城上，弗爲動。賊夜攻南門，獨以矢石禦之，黎明，乃潛開東門，放兵出賊後。既旦，城上兵皆下，大開南門，合擊之，賊敗走，復追殺之，賊衆無遺者。於是濟南始寧。

詔就陞淮南行樞密院副使，兼山東宣慰使、都元帥，仍賜上尊、金帶、楮幣、名馬以勞之。有疾其功者，譖於總兵太尉努都爾噶，令摶霄依前詔從布蘭奚同征益都。摶霄即出濟南城，屬老且病，請以其弟昂霄代領其衆，朝廷從之，授昂霄淮南行樞密院判官。未幾，命摶霄守河間之長蘆。

是冬，張士誠築城虎丘山，因高據險，役月餘而畢。

集賢大學士兼太子左諭德許有壬，以老病乞致仕，許之。

**《元史》卷四五《順帝紀八》** 是歲，詔天下團結義兵，路、府、州、縣正官俱兼防禦事。詔淮南(行知)〔知行〕樞密院事脱脱領兵討淮南。詔諭濟寧李秉彝、田豐等，令其出降，敍復元任；嘯亂士卒，仍給資糧，欲還鄉者聽。倪文俊陷川蜀諸郡，命僞元帥明玉珍守據之。趙君用及彭大之子早住同據淮安，趙僭稱永義王，彭僭稱魯淮王。義兵千户余寶殺其知樞密院事寶童以叛，降於毛貴。余寶遂據棣州。河南大饑。

## 至正一八年（戊戌、一三五八）

**《元史》卷四五《順帝紀八》** 春正月乙巳，察罕帖木兒、李思齊合兵於鳳翔。

丙午，陳友諒陷安慶路，守將余闕死之。

庚戌，張士誠兵攻常州，吴守將湯和擊敗之，獲卒數百人。

吴行樞密院判鄧愈遣部將王弼等攻婺源州，兵至城西，與守將特穆爾布哈戰，自旦至日昃，殺傷五百餘人，不下。

乙卯，分兵爲三道並進，遂拔其城，特穆爾布哈死之，士卒皆降，凡三千餘人。復遣萬户朱國寶攻高河壘，克之。

甲子，以不蘭奚知樞密院事。

乙丑，大風起自西北，益都土門萬歲碑仆而碎。

丙寅，田豐陷東平路。

丁卯，不蘭奚與毛貴戰於好石橋，敗績，走濟南。

**《皇明資治通紀》卷二** 以康茂才爲營田使。上諭之曰，比因兵亂，隄防頹圮，民廢耕耨，故設營田司以修築隄防，專掌水利。今軍務實殷，用度爲急，理財之道，莫先於農事，故命爾此職，分巡各處，俾高無患乾，卑不病潦，務在蓄洩得宜。大抵設官爲民，非以病民。若但使有司增飭館舍，迎送奔走，所至紛擾，無益於民，而反害之，則非付任之意。命樞密周僉、廖永安，院判愈通海、桑世傑等討張士誠，江陰石牌海寇，其帥欒瑞率僞州判朱定等整兵拒戰。世傑奮戈躍馬，陷陣戰死。永安等大怒，奮擊，大敗之，盡獲朱定等海舟，奪回馬馱沙，擒欒瑞。

李文忠等進取青陽、石埭、太平、旌德諸縣，皆下之。

**《元史》卷四五《順帝紀八》** 是月，詔答失八都魯子孛羅帖木兒爲河南行省平章政事，總領其父元管軍馬。詔察罕帖木兒屯陝西，李思齊屯鳳翔。

二月己巳朔，議團結西山寨大小十一處以爲保障，命中書右丞塔失帖木兒、左丞烏古孫良楨等總行提調，設萬夫長、千夫長、百夫長，編立牌甲，分守要害，互相策應。毛貴陷清、滄州，遂據長蘆鎮。中書省臣奏以陝西軍旅事劇務殷，去京師道遠，供費艱難，請就陝西印造寶鈔爲便，遂分户部寶鈔庫等官，置局印造。仍命諸路撥降鈔本，畀平準行用庫倒易昏幣，布於民間。

**《續資治通鑑》卷二一四** 癸酉，毛貴陷濟南路，守將愛廸戰死。

毛貴立賓興院，選用故官，以姬京周等分守諸路。又於萊州立三百六十屯田，每屯相去三十里，造大車百兩，以挽運糧儲，官民田十止收(三)〔二〕分，冬則陸運，夏則水運。

乙亥，吴國公以吴楨爲天興翼副元帥，使與其兄良守江陰。

山東賊漸逼京畿。

辛巳，詔以台哈布哈爲中書右丞相，總兵討之。

壬午，田豐復陷濟寧路。

**《元史》卷四五《順帝紀八》** 甲申，輝州陷。丙戌，紐的該聞田豐逼近東昌，棄城走。

丁亥，察罕帖木兒調兵復涇州、平涼，保鞏昌。

戊子，田豐陷東昌路。

庚寅，王士誠自益都犯懷慶路，周全擊敗之。

辛卯，以安童爲中書參知政事。

丁酉，興元路陷。

**《皇明資治通紀》卷二** 文忠復進兵，擊敗元院判阿魯恢兵於萬年街，遂破苗獠於昌化，獲其婦女輜重甚衆。文忠恐士卒恃此驕富，莫有鬥志，因激怒，使盡殺所獲，焚其輜重，曰：「此何足惜，能努力破敵，何患不富貴乎？」衆咸奮厲，進取淳安，夜襲僞洪元帥營，降其衆千餘。

**《明通鑑》前編卷一** 是月，行省樞密院同僉廖永安、院判俞通海等攻江陰之石牌戍。

三月己亥朔，太祖命提刑按察司、僉事分巡郡縣，録囚，凡笞罪者釋之，杖者減半，重囚杖七十，其有贓者免徵，武將征討之有過者皆宥之。

**《元史》卷四五《順帝紀八》** 日色如血。加右丞相搠思監太保。

庚子，毛貴陷般陽路。

癸卯，王士誠陷晉寧路，總管杜賽因不花死之。

甲辰，察罕帖木兒遣賽因赤等復晉寧路。

己(酉)〔巳〕，劉福通遣兵犯衛輝，孛羅帖木兒擊走之。

庚戌，毛貴陷薊州，詔徵四方兵入衛。

**《續資治通鑑》卷二一四** 乙卯，遂犯漷州，至棗林，已而略柳林，蹂畿甸，樞密副使達國珍戰死，人心大駭。廷臣或勸乘輿北巡以避之，或勸遷都關陝，衆論紛然。獨左丞相泰費音執不可。帝乃命同知樞密院事劉哈喇布哈以兵拒之，戰於柳林，官軍捷，賊退走，京師乃安。

**《元史》卷四五《順帝紀八》** 丙辰，大明兵取建德路。以周全爲湖廣行省參知政事，統奥魯等軍，移鎮嵩州白龍寨。冀寧路陷。

丁巳，田豐陷益都路。

辛酉，大同諸縣陷，察罕帖木兒遣關保等往擊之。是時賊分二道犯晉、冀，一出沁州，一侵絳州。

乙丑，以老章爲太子少保。

**《續資治通鑑》卷二一四** 察罕特穆爾欲赴召涿州，而曹、濮賊方分道踰太行，焚上黨，掠晉冀，陷雲中、雁門、上郡，烽火數千里，復大掠而南。察罕特穆爾留禦之，先遣兵伏南山阻隘，而自勒重兵屯聞喜，絳州賊果出南山，縱伏兵横擊之，賊皆棄緇重走山谷。遂分兵屯澤州，塞碗子城，屯上黨，塞吾兒谷，屯并州，塞井陘口，以杜太行。諸道賊屢至，守將數血戰，擊卻之，河東悉定。

進陝西行省右丞，兼行臺侍御史、同知河南行樞密院事。於是朝廷乃詔察罕特穆爾守禦關陝、晉冀，鎮撫漢沔、荆襄，便宜行事。察罕特穆爾益務練兵訓農，以平定四方爲己責。

夏四月己巳朔，趙普勝自樅陽寇池州，陷之，執吴守將趙忠。

庚午，江浙行省左丞楊鄂勒哲以舟師攻徽州，吴將胡大海等擊敗之。丁丑，鄂勒哲又攻建德，吴將朱文忠擊敗之，鄂勒哲遁去。

**《元史》卷四五《順帝紀八》** 壬午，田豐陷廣平路，大掠，退保東昌。詔令元帥方脱脱以兵復廣平。

癸未，以諸處捷音屢至，詔頒軍民事宜十一條。

庚寅，以翰林學士承旨鑾子爲嶺北行省平章政事。

甲午，陳友諒遣王奉國陷瑞州路。

**《皇明資治通紀》卷二** 張士誠兵寇常州，守將湯和、吴良力戰却之，擒其卒三百人。

**《宋元資治通鑑》卷六三** 察罕帖木兒、李思齊會宣慰張良弼、郎中郭擇善、宣慰同知拜帖睦邇、平章定住、總帥江長生奴各以所部兵討李喜喜於鞏昌。喜喜敗走入蜀，李思齊、張良弼同謀，襲殺拜帖睦邇，分總其兵。

**《元史》卷四五《順帝紀八》** 五月戊戌朔，察罕帖木兒遣董克昌等以兵復冀寧。以方國珍爲江浙行省左丞，兼海道運糧萬户。詔察罕帖木兒還兵鎮冀寧。李思齊殺同僉樞密院事郭擇善。

庚子，賊兵踰太行，察罕帖木兒部將關保擊敗之。以察罕帖木兒爲陝西行省右丞兼陝西行臺侍御史、同知河南行樞密院事。劉福通攻汴梁。

壬寅，汴梁守將竹貞棄城遁，福通等遂入城，乃自安豐迎其僞主居之以爲都。陳友諒遣康泰、趙琮、鄧克明等以兵寇邵武路。

甲辰，命太尉阿吉剌爲甘肅行省左丞相。

**《宋元資治通鑑》卷六三**　乙巳，關保與賊戰於高平，大敗之。

**《明通鑑》前編卷一**　陳友諒連陷江西瑞州、吉安、撫州諸路，又遣其部將康泰、趙琮、鄧克明等分寇福建邵武路。

**《元史》卷四五《順帝紀八》**　癸丑，監察御史七十等，糾劾太保、中書右丞相太不花。

乙卯，詔削太不花官爵，安置蓋州。時太不花總兵山東，以知行樞密院悟良哈台代之。命悟良哈台節制河北諸軍，河南行省平章政事周全節制河南諸軍。

辛酉，陳友諒兵陷撫州路。

甲子，監察御史七十、燕赤不花等劾中書參知政事燕只不花。

是月，遼州蝗。山東地震，天雨白毛。察罕帖木兒自以劉尚質爲冀寧路總管。

**《皇明資治通紀》卷二**　苗楊完者率衆屯徽之烏龍嶺，鄧愈、李文忠合兵擊却之。

**《元史》卷四五《順帝紀八》**　六月戊辰朔，太不花伏誅。察罕帖木兒調虎林赤、關保同守潞州。拜察罕帖木兒陝西行省平章政事，便宜行事。

**《元史續編》卷一五**　以台哈布哈爲中書右丞相，命進討山東。台哈布哈拒命，詔誅之，以烏蘭哈達代總其兵。

**《皇明資治通紀》卷二**　李文忠兵取浦江縣。鄉鄭氏者，宋聚族同居，至元旌爲義門，俱避山谷，即訪得之，悉送還家。禁軍士毋侵掠。元帥趙德勝、謝再興等率兵畧石埭縣，與陳友諒遇，戰敗，擒其將錢清、孟友德、張遵道及部卒四百餘人。

**《續資治通鑑》卷二一四**　庚辰，關先生、破頭潘等陷遼州，浩爾齊以兵擊走之。

乙酉，命左丞相泰費音督諸軍守禦京城，便宜行事。

甲午，張士誠兵寇常熟縣，吳守將廖永安與戰於福山港，大破之。

**《元史》卷四五《順帝紀八》**　是月，汾州大疫。

秋七月丁酉朔，河南行省平章政事周全，據懷慶路以叛，附於劉福通。時察罕特穆爾駐軍洛陽，遣拜特穆爾以兵守碗子城。周全來戰，拜特穆爾爲其所殺。全遂盡驅懷慶民渡河，入汴梁。

**《續資治通鑑》卷二一四**　庚子，吳廖永安敗張士誠於狼山，獲其戰艦而還。

**《元史》卷四五《順帝紀八》**　丁未，不蘭奚以兵復般陽路，已而復陷。

癸丑，有賊兵犯京城，刑部郎中不花守西門，夜，開門擊退之。

**《續資治通鑑》卷二一四**　丙辰，吳總管胡通海等襲破九華山寨。

己未，劉福通遣周全引兵攻洛陽，守將登城，以大義責全，全愧謝，退兵，福通殺之。

全之攻洛陽也，察罕特穆爾以奇兵出宜陽，而自將精騎發新安來援。會賊已退，因追至虎牢，塞諸險而還。

**《元史》卷四五《順帝紀八》**　丙寅，以完卜花、脱脱帖木兒爲中書平章政事。

是月，京師大水，蝗，民大饑。

**《明通鑑》前編卷一**　郭天爵伏誅。

**《元史》卷四五《順帝紀八》**　八月丁卯朔，江浙行省平章政事三旦八遁於福建。先是，三旦八討饒州，貪財玩寇，久而無功，遂妄稱遷職福建行省。至福建，爲廉訪僉事般若帖木兒所劾，拘之興化路。

庚辰，陳友諒兵陷建昌路。

**《皇明資治通紀》卷二**　毛貴攻元滕州，守將以城降。田豐攻陷順德，關先生以察罕帖木兒還兵河南，遂引兵自塞外東還，攻保定，不克，陷完州，又西出掠大同、興和、中都諸郡，軍聲大振。乃還兵東向，至高麗界，焚上都宮殿，攻陷遼陽，元總管李震死之。

**《續資治通鑑》卷二一四**　己丑，張士誠兵寇江陰，吳守將吳良擊走之。

江浙行省丞相達實特穆爾，陰約張士誠以兵攻楊鄂勒哲，鄂勒哲倉卒不及備，遂自殺，其衆皆潰。

**《元史》卷四五《順帝紀八》**　丁酉朔，詔授昔班帖木兒同知河東宣慰司事，其妻剌八哈敦雲中郡夫人，子觀音奴贈同知大同路事，仍旌表其門閭。先是，昔班帖木兒爲趙王位下同知怯憐口總管府事，其妻嘗保育趙王，及是部落滅里叛，欲殺王，昔班帖木兒與妻謀，以其子觀音奴服王平日衣冠居王宮，夜半，夫妻衛趙王微服遁去。比賊至，遂殺觀音奴，趙王得免。事聞，故旌其忠焉。褒封唐贈諫議大夫，劉蕡爲文節昌平侯。關先生攻保定路，不克，遂陷完州，掠大同、興和塞外諸郡。中書左丞張沖請立團練安撫勸農使司二道，一奉元延安等處，一鞏昌等處，從之。

壬寅，詔命中書參知政事普顔不花、治書侍御史李國鳳經略江南。

《續資治通鑑》卷二一四　癸卯，詔以福建行省平章政事慶圖爲江南行臺御史大夫。時行臺治紹興，所轄諸道，多爲吴所有，而明、台則制於方國珍，杭、蘇則制於張士誠，憲臺綱紀，不復可振，徒存空名而已。

丙午，賊兵攻大同路。

壬戌，平定州陷。

《明通鑑》前編卷一　是月，陳友諒陷贛州路，元江西行省參政全普諳薩里及總管哈納齊死之。

《元史》卷四五《順帝紀八》　冬十月丙寅朔，詔豫王阿剌忒納失里徙居白海，尋遷六盤。

《續資治通鑑》卷二一四　辛未，吴將胡大海取蘭溪州。

《明通鑑》前編卷一　甲戌，大將軍徐達、平章邵榮克宜興。

以楊國興爲右翼元帥，令守宜興。

國興勞來安集，民多歸之。遂城宜興，三月，完之。士誠水陸來寇，輒爲國興所敗，逡巡遁去。

《宋元資治通鑑》卷六三　時天下多故，外則疆宇日蹙，內則帑藏空虚，而帝方溺於娛樂，不恤政務。搠思監居相位，無所匡救，而公受賄賂，貪聲著聞，於是，御史燕赤不花劾奏其任用私人朶列及妾弟崔完者帖睦邇，印造僞鈔，事將敗，殺朶列以滅口，搠思監乃自請罷政。

壬午，詔止收其印綬，以紐的該爲左丞相。御史王彝等復劾之不已，帝終不聽。

《續資治通鑑》卷二一四　壬辰，大同路陷，達嚕噶齊鄂勒哲特穆爾棄城遁。

是月，博囉特穆爾統領諸軍復曹州。

《元史》卷四五《順帝紀八》　十一月乙未朔，以普化帖木兒爲福建行省平章政事。

《續資治通鑑》卷二一四　辛丑，吴立管領民兵萬户府。

癸卯，陳友諒陷汀州路。

《元史》卷四五《順帝紀八》　丁未，田豐陷順德路。先是，樞密院判官劉起祖守順德，糧絶，劫民財，掠牛馬，民強壯者令充軍，弱者殺而食之。至是城陷，起祖遂盡驅其民走於廣平。

《續資治通鑑》卷二一四　甲子，吴國公以胡大海兵攻婺州，不克，乃自將親軍副都指揮使楊璟等師十萬往攻之。



《皇明資治通紀》卷二　上命李善長、徐達守建康，自帥常遇春等兵將十萬往征之。由寧國道徽州，召儒士唐仲實、姚連等咨時務，訪治道，問民疾苦。聞前學正朱升名，召問之，對曰：「高築墻，廣積糧，緩稱王。」上悦，命預帷幄密議。

《御批歷代通鑑輯覽》卷九九　左丞相綽斯戩有罪免，以努都爾岱爲左丞相。

《元史》卷四五《順帝紀八》　十二月乙丑朔，日有食之。

癸酉，關先生、破頭潘等陷上都，焚宫闕，留七日，轉略往遼陽，遂至高麗。

庚辰，察罕帖木兒遣樞密院判官瑣住進兵於遼陽。

《續資治通鑑》卷二一四　甲申，吴取婺州路，達嚕噶齊僧珠、浙東廉訪使楊惠死之。

吴國公發倉賑寧越貧民。有女子曾氏，自言能通天文，誑説災異惑衆，吴國公以爲亂民，命戮於市。

是歲，河南賊蔓延河北，前江西廉訪僉事巴延，家居濮陽，言於省臣，將結其鄉民爲什伍以自保，而賊已大至。巴延乃渡漳北行，鄉人從之者數十萬家。至磁州，與賊遇，賊知巴延名士，生劫之以見其帥，帥誘以富貴，巴延駡不屈，引頸受刃，與妻子俱死之。

《明通鑑》前編卷一　戊子，太祖遣典籤劉辰招諭方國珍。

時國珍據慶元、温、台等路，太祖既克婺州，謀規取浙東郡縣，乃遣辰往，諭以禍福，令納地請降。辰至慶元，國珍使人飾二姬以進，辰叱而卻之。

《元史續編》卷一五　是歲，京師大饑疫。

## 至正一九年（己亥、一三五九）

《元史》卷四五《順帝紀八》　春正月甲午朔，陳友諒兵陷信州路，守臣江東廉訪副使伯顔不花的斤力戰死之。大明兵取諸暨州。

《續資治通鑑》卷二一五　陳友諒遣其黨王奉國，率兵號二十萬，寇信州路，江東廉訪副使巴延布哈德濟自衢引兵援信，遇奉國於城東，力戰，破走之，鎮南王子大聖努、樞密院判官席閏等迎巴延布哈德濟入城共守。後數日，賊復來攻，巴延布哈德濟大享士卒，出城奮擊，又大敗之。

《皇明資治通紀》卷二　胡大海、李文忠取諸暨，張士誠將華元帥遁去。士誠遣呂珍率兵來圍諸暨，堰水灌城，大海援之，奪堰水灌珍軍。珍窮蹙，即馬上折矢，誓求解兵去，大海許之。都事王愷諫曰：「賊狡猾難信，不如擊之。」大海曰：「彼果來，吾有以待之。且言出而背之，不信，既縱而擊之，不武。」遂縱之去。人服大海威信。時萬户沈義以衆來降。樂平儒士許瑗謁見。瑗聰明過人，至正初，兩以《易經》舉於鄉，皆第一，及會試，不第。放浪吴越間，每醉輒大言自負。至是謁上於金華曰：「方今元祚垂盡，四方鼎沸，豪傑之士，勢不獨安。夫有雄畧者乃可馭雄才，有奇識者然後能知奇士。閣下欲掃除僭亂，平定天下，非收攬英雄，難與成功。」上曰：「今四方紛擾，民困塗炭，予用英雄有如饑渴，方廣攬羣議，博收衆策，共成康濟之功。」瑗曰：「如此，實帝王之道，天下不難定也。」上喜，即授博士，留帷幄叅預謀議。未幾，以太平爲股肱郡，命瑗爲知府。

命樞密院判耿再成率兵屯縉雲縣之黄龍山，窺取處州。黄龍四面斗絶，再成樹柵其上，以遏其衝，敵兵來，咸擒敗之。

鄧愈領兵畧浙西臨安，大破張士誠兵於閑林寨。

**《明通鑑》前編卷二**　乙巳，太祖既克婺州，將以次徇浙東未下諸路，集諸將諭之曰：「克城以武，戡亂以仁。吾比入集慶，秋毫無犯，故一舉而定。今新克婺州，正宜撫綏，使民樂於鄉附，則彼未下諸路，亦必聞風而歸。吾每聞諸將下一城，得一郡，不妄殺人，輒喜不自勝。蓋爲將者能以不殺爲武，豈惟國家之利，即子孫實受其福。」

**《元史》卷四五《順帝紀八》**　以朶兒只班爲中書平章政事。

丙午，遼陽行省陷，懿州路總管呂震死之。贈震河南行省左丞，追封東平郡公。察罕帖木兒遣樞密院判官陳秉直、八不沙將兵二萬守冀寧。

**《續資治通鑑》卷二一五**　戊申，吴將邵榮破張士誠兵於餘杭。

**《元史》卷四五《順帝紀八》**　癸丑，流星如酒盃大，有聲如雷。

**《續資治通鑑》卷二一五**　乙卯，方國珍遣使奉書獻金帶於吴。

戊午，吴雄鋒翼元帥王遇成、孫茂先率兵攻臨安縣，張士誠遣其右丞李伯昇來援，茂先擊敗之。伯昇斂兵退守，茂先攻之不下，引兵還。僉院胡大海攻諸暨，守將戰敗宵遁，萬户沈勝以衆降，遂改諸暨州爲諸全州。嵊縣萬户郝原，請降於吴。

**《皇明資治通紀》卷二**　二月，張士誠兵寇江陰，艨艟蔽江，僞將蘇同僉者建牙君山，指畫爲進攻狀，守將吴良下令曰：「彼衆我寡，當以計破之，勿輕動也。」有頃，敵陣於江壖，良命弟禎整兵北門，當其西北，而以十餘騎蹂之，擒其卒數人，餘黨莫敢前，且分兵欲攻我東門。良遣元帥王子明馳出擊之，生獲其將士五百餘人，殺溺死者甚衆。敵大敗，宵遁。未幾，寇侵常州，良復遣兵間道殲其援兵於無錫之三山，狼狽奪氣，倉皇旋軍，自是敵兵不敢犯其境。

**《續資治通鑑》卷二一五**　癸酉，吴將邵榮攻湖州，屢敗張士誠兵。其將李伯昇斂兵退守，攻之，弗克，乃還屯臨安。

辛巳，樞密副使多爾濟以賊犯順寧，命張立將精鋭由紫荆關出討，鴉鶻由北口出迎敵。

甲申，叛將梁炳攻辰州，守將和尚擊敗之。以和尚爲湖廣行省參知政事。

賊由飛狐、靈丘犯蔚州。

**《元史》卷四五《順帝紀八》**　庚寅，御史臺臣言：「先是召募義兵，費用銀鈔一百四十萬錠，多近侍、權倖冒名關支，率爲虚數。乞令軍士，凡已領官錢者，立限出征。」詔從之。已而復止不行。

是月，詔孛羅帖木兒移兵鎮大同，以爲京師捍蔽。置大都督兵農司，仍置分司十道，專督屯種，以孛羅帖木兒領之。所在侵奪民田，不勝其擾。太不花潰散之兵數萬鈔掠山西，察罕帖木兒遣陳秉直分兵駐榆次招撫之，其首領悉送河南屯種。

三月癸巳朔，陳友諒遣兵由信州略衢州，復遣兵陷襄陽路。

**《續資治通鑑》卷二一五**　甲午，吴下令宥獄囚。

**《元史》卷四五《順帝紀八》**　辛丑，京城北兵馬司指揮周哈剌歹與林智和等謀叛，事覺，伏誅。

**《續資治通鑑》卷二一五**　丁巳，張士誠兵攻建德，吴將朱文忠禦之於東門，使别將潛出小北門，間道過鮑婆嶺，由碧鷄塢繞出其陣後夾擊，大破之。

方國珍遣郎中張本仁以温、台、慶元三路獻於吴，且以其次子關爲質。吴國公曰：「古者慮人不從，則爲盟誓，盟誓不信，變而爲質子。此衰世之事，豈可蹈之！凡人之盟誓、交質者，皆由未能相信故也。今既誠心來歸，便當推誠相與，如青天白日，何自懷疑而以質子爲哉！」乃厚賜關而遣之。關後改名明完。

**《元史》卷四五《順帝紀八》**　壬戌，詔定科舉流寓人名額，蒙古、色目、南人各十五名，漢人二十名。

**《明通鑑》前編卷二**　是月，陳友諒由信州略衢州，復遣其將趙普勝寇寧國太平縣，總管胡惟賢遣萬户陳允、義士汪炳等擊敗之，獲其糧萬餘石。普勝復寇青陽、石埭等縣，僉院張德勝與戰於柵江口，破走之。

陳友諒將趙普勝既陷池州，遣别將守城，而自據樅陽水寨。時太祖方經略浙東，慮其乘下游之勢以窺太平、應天，命徐達會院判俞通海舟師亟攻之，遂大破普勝柵江營。普勝棄舟陸走。

**《元史》卷四五《順帝紀八》** 夏四月癸亥朔，汾水暴漲。賊陷金、復等州，司徒、知樞密院事佛家奴調兵平之。

甲子，毛貴爲趙君用所殺。帝以天下多故，卻天壽節朝賀，詔羣臣曰：「朕方今宜敬天地，法祖宗，以自修省。朕初度之日，羣臣毋賀。」

庚午，左丞相太平暨文武百官奏曰：「天壽節朝賀，乃臣子報本，實合禮典。今謙讓不受，固陛下盛德，然今軍旅征進，君臣名分，正宜舉行。」不允。

壬申，皇太子復率羣臣上奏曰：「朝賀祝壽，是祖宗以來舊行典故，今不行，有乖於禮。」帝曰：「今盜賊未息，萬姓荼毒，正朕恐懼、修省、敬天之時，奈何受賀以自樂！」

**《續資治通鑑》卷二一五** 癸酉，吴兵復池州。

吴僉院胡大海率元帥王玉等攻紹興，軍至蔣家渡，遇張士誠兵，擊敗之，獲戰艦五十餘。又連戰於三山、斗門、白塔寺，皆捷，擒士誠卒五十餘人，恐其叛，悉斬於雙溪之上。

張士誠復攻建德，駐兵大浪灘，吴將朱文忠遣兵由烏龍嶺循胥口而上，擊破之。

**《元史》卷四五《順帝紀八》** 乙亥，御史大夫帖里帖木兒復奏曰：「天壽朝賀之禮，蓋出臣子之誠，伏望陛下曲徇所請。若朝賀之後，内庭燕集，特賜除免，亦古者人君減饍之意，仍乞宣示中書，使内外知聖天子憂勤惕厲至於如此。」帝曰：「爲朕缺於修省，以致萬姓塗炭，今復朝賀燕集，是重朕之不德。當候天下安寧，行之未晚。卿等其毋復言。」卒不聽。

**《續資治通鑑》卷二一五** 庚辰，吴叛將陳保二寇宜興，守臣楊國拒戰，擒保二，檻送寧越，伏誅。

張士誠復遣兵爭建德，據分水嶺，朱文忠遣元帥何世明擊破其營。

丁亥，張士誠兵擊常州，守將湯和擊敗之。

己丑，賊陷寧夏路，遂略靈武等處。

張士誠將李伯昇攻婺源，吴將孫茂先擊敗之。

**《皇明資治通紀》卷二** 張士誠遣孛囉張侵常州，吴良督兵與戰於高橋，敗之。張士誠遣兵侵嚴州，至大浪灘，李文忠遣部將何世明率精鋭，西出烏龍嶺，至胥口與戰，破走之。自是，賊兵不敢窺嚴州。徐達、俞通海、趙德勝等擊趙〔普〕勝柵江營，大破之，賊乘舟走，獲巨艦艨衝數百艘，進復池州，擒僞帥洪鈞等。時上親征浙東，方憂趙賊剽劫，聞捷大喜，擢徐達同知樞密院事，諸將陞賞各有差。帳前總制親兵都指揮使馮國用卒，年三十六。以常遇春爲鎮國大將軍，同僉樞密院事，同元帥朱馬兒守金華。馬兒本姓徐，上養以爲子。

**《明通鑑》前編卷二** 胡大海既克諸全，太祖令移兵攻紹興，不下。

**《續資治通鑑》卷二一五** 五月壬辰朔，以陝西行臺御史大夫鄂勒哲特穆爾爲陝西行臺左丞相，便宜行事。

丁酉，皇太子奏請巡北邊以撫綏軍民，御史臺臣上疏固留，詔從之。

**《元史》卷四五《順帝紀八》** 壬寅，察罕帖木兒請今歲八月鄉試河南舉人及避兵儒士，不拘籍貫，依河南省元定額數，就陝州置貢院應試，詔從之。

**《皇明資治通紀》卷二** 太祖將還建康，召胡大海諭之曰：「寧越爲浙東重地，必得其人守之，吾將歸建康，以爾爲才，故特命爾守，其衢、處、紹興進取之宜，悉以付爾。宋伯顔不花在衢，其人多智術，石抹宜孫守處州，善用士，紹興爲張士誠將吕珍所據，數郡與寧越密邇，爾宜與同僉常遇春同心協力，竢間取之。此三人皆勍敵，不可忽也。」仍命左右司員外郎侯原善、都事王愷、管勾欒鳳綜理錢糧軍務事。

**《續資治通鑑》卷二一五** 山東、河東、河南及關中等處飛蝗蔽天，人馬不能行，所落溝塹盡平，民大飢。

**《元史》卷四五《順帝紀八》** 六月辛巳，詔以宣徽使燕古兒爲御史大夫。

**《續資治通鑑》卷二一五** 是月，吴僉院俞通海攻趙普勝，不克而還。諸將患之，吴國公曰：「普勝勇而無謀，陳友諒挾主以令衆。上下之間，心懷疑貳，用計以離之，一夫之力耳。」時普勝有門客，頗通術數，常爲普勝畫策，普勝倚爲謀主。乃使人陽與客交而陰間之，又致書與客，故誤達普勝，普勝果疑客，客懼，不能安，遂來歸。於是厚待客，客喜過望，傾吐其實，盡得普勝生平所爲，乃重以金幣資客，潛往説友諒所親以間普勝。普勝不知，見友諒使者，輒自言其功，悻悻有德色，友諒由是忌之。

**《元史》卷四五《順帝紀八》**　秋七月壬辰朔，出搠思監爲遼陽行省左丞相，便宜行事。

庚子，詔以察罕腦兒宣慰司之地屬資正院，有司毋得差占。察罕腦兒之地，在世祖時隸忙哥歹太子四千户，今從皇后奇氏請，故以屬之資正院。

**《續資治通鑑》卷二一五**　乙巳，吴同僉樞密院常遇春攻衢州，建奉天旗，樹栅，圍其六門，造吕公車、仙人橋、長木梯、懶龍爪，擁至城下，高與城齊，欲階之以登，又於大西門、大南門城下穴地道攻之。守臣廉訪使宋巴延布哈等悉力備禦，以束葦灌油燒吕公車，架千斤稱鉤懶龍爪，用長斧以砍木梯，築夾城以防穴道。遇春攻之弗克，乃以奇兵出其不意，突入南門甕城，毁其所架礮，督將士攻圍益急。

**《元史》卷四五《順帝紀八》**　戊申，命國王囊加歹、中書平章政事佛家奴、也先不花、知樞密院事黑驢等，統領探馬赤軍進征遼陽。

**《續資治通鑑》卷二一五**　趙君用既殺毛貴，貴黨續繼祖自遼陽入益都，丙辰，殺趙君用，遂與其所部自相讐敵，彭早住不知其所終。

是月，以張士信爲江浙行省平章政事。

**《元史》卷四五《順帝紀八》**　霸州及介休、靈石縣蝗。

**《續資治通鑑》卷二一五**　八月辛酉朔，倪文俊餘黨陷歸州。

庚午，吴將朱文遜、秦友諒攻無爲州，取之。

**《元史》卷四五《順帝紀八》**　戊寅，察罕帖木兒督諸將(閆)〔閻〕思孝、李克彝、虎林赤、賽因赤、答忽、脱因不花、吕文、完哲、賀宗哲、孫翥等攻破汴梁城，劉福通奉其僞主遁，退據安豐。

己卯，蝗自河北飛渡汴梁，食田禾一空。詔以察罕帖木兒爲河南行省平章政事，兼同知河南行樞密院事、陝西行臺御史中丞，依前便宜行事，仍賜御衣、七寶腰帶，以旌其功。

**《明通鑑》前編卷二**　察罕乃以兵分鎮關、陝、荆、襄、河、洛、江、淮，而重兵屯太行，營壘旌旗，相望數千里，於是遂謀大舉以復山東。

**《元史》卷四五《順帝紀八》**　是月，大同路蝗。襄垣縣螟蝝。

**《皇明資治通紀》卷二**　遣徐達攻安慶，(達)〔遣〕張德勝等自無爲登陸，夜至浮山砦，擊敗趙普勝部將胡總管兵。追至潛山界，陳友諒叅政郭泰領兵至沙河迎戰，達等復大破之，斬獲馬騾牛千餘，軍資無算，遂克潛山。

**《續資治通鑑》卷二一五**　九月癸巳，以中書平章政事特哩特穆爾爲陝西行省左丞相，便宜行事。

乙未，陳友諒殺其將趙普勝。

**《元史》卷四五《順帝紀八》**　乙巳，以湖南、北，江東、西四道廉訪司所治之地皆陷，詔任其所便之地置司。

丁未，禁軍人不得私殺牛馬。

**《明通鑑》前編卷二**　改衢州路曰龍游府，尋改曰衢州府。進遇春僉樞密院，以王愷爲衢州總制。

**《御批歷代通鑑輯覽》卷九九**　朱元璋陷衢、處州。

常遇春入衢州，廉訪使宋巴顔布哈被擒。胡大海入處州，舒穆嚕伊遜戰敗，走福建境上，欲圖克復，而人心已散，因歎曰：「吾勢已窮，無所往，不如還處州境，死亦爲處州鬼耳。」還至慶元縣，爲亂兵所害。

遣使徵海運糧於張士誠。

**《明通鑑》前編卷二**　是月，張士誠復遣兵寇常州，湯和遣統軍元帥吴復督兵出忠節門奮擊，大敗之。院判吴良復遣萬户聶貴、蔡顯率衆出間道，殲其援兵於無錫之三山，守將莫天祐遁去。

冬十月，太祖遣浙東分省博士夏煜授方國珍福建行省平章，其弟國瑛參政，國珉樞密分院僉事，各給符印，仍以所部兵馬城守，俟命征討。

煜既至，國珍欲不受，業已降；欲受之，恐見制；乃詐稱疾，自言「老不任職」，唯受平章印誥而已。

**《元史》卷四五《順帝紀八》**　庚申朔，詔京師十一門皆築甕城，造吊橋。以方國珍爲江浙行省平章政事。

**《續資治通鑑》卷二一五**　壬申，吴元帥俞廷玉率兵攻安慶，不克，卒於軍。廷玉，僉院通海之父也。

張士誠兵攻江陰，吴守將吴良遣萬户聶貴、蔡顯率衆間道出無錫三山絶其後，士誠兵遁去。

張士信大發浙西諸郡民築杭州城，分爲三番，以一月更代，皆裹糧遠役，而督事長吏復藉之酷斂，鞭扑箠楚，死者相望。自七月興工，至是月始畢，僚屬爲立碑以紀功。

胡大海部將繆美，分兵略定諸縣，得葉琛。使諭胡深曰：「吾王，天授也，士之欲立功名者，不以此時自附，將誰與僇力！且去年爾之衆戰而大敗，今年我之師不戰而勝，則天意亦可見矣。與其險阻偷生旦夕，何如改圖，可以保富貴也！」深然之，乃出降。龍泉、慶元皆平。

**《宋元資治通鑑》卷六三**　癸卯，既克處州，又有薦青田劉基、龍泉章溢、麗水葉琛及宋濂者，即遣使以書幣徵之。至建康，比入見，甚喜，賜坐。從容論經史，及咨以時事，深見尊寵。既而，命有司即所居之西創禮賢館處之。時朱文忠守金華，復薦王禕、王天錫，至皆用之。

**《續資治通鑑》卷二一五**　戊申，陳友諒兵陷杉關。

十二月甲子，張士誠以分水之敗，復遣其將據新城三溪結寨，數出寇掠，吳元帥何世明擊破之，斬其將，分水兵潰去。自是士誠不敢窺嚴、婺。

戊辰，吳國公命僉院常遇春帥師攻杭州。

上都宮闕既廢，是歲以後，帝不復時巡。

錢清場鹽司會稽楊維(禎)〔楨〕遷江西儒學提舉，未上，值兵亂，避地杭州。張士誠聞其名，欲見之，維(禎)〔楨〕謝不往，復書斥其所用之人。

**《皇明資治通紀》卷二**　元贈宋儒楊時、李侗、胡安國、蔡沈、真德秀封爵，從祀先聖。

**《元史》卷四五《順帝紀八》**　是月，知樞密院事兀良哈台領太不花軍，其所部方脱脱與弟方伯帖木兒時保遼州，兀良哈台同唐玹、高脱因等屯孟州，與察罕帖木兒部將八不沙等交兵。已而兀良哈台獨引達達軍還京師，方脱脱等乃從孛羅帖木兒。皇太子憾太平忤己，以中書左丞成遵、參知政事趙中皆太平所用，使監察御史誣成遵、趙中以贓罪，杖殺之。

**《明通鑑》前編卷二**　是歲，陳友諒遣兵入閩，寇邵武、汀州，元總管陳友定禦之，戰於黄土寨，盡獲其部衆，僞將鄧克明遁去。

**《元史》卷四五《順帝紀八》**　陳友諒以江州爲都，迎僞主徐壽輝居之，自稱漢王。

## 至正二〇年（庚子、一三六〇）

**《元史》卷四五《順帝紀八》**　春正月己丑朔，察罕帖木兒請以鞏縣改立軍州萬户府，招民屯種，從之。御史大夫老的沙、御史中丞咬住奏：「今後各處從宜行事官員，毋得陰挾私讎，明爲舉索，輒將風憲官吏擅自遷除，侵擾行事，沮壞臺綱。」從之。

**《續資治通鑑》卷二一五**　己亥，夏煜自慶元還建康，言方國珍奸詐狀，非兵威無以服之。吳國公曰：「吾方致力姑蘇，未暇與校。」乃遣都事楊憲、傅仲章往諭之曰：「及今能滌心改過，不負初心，則三郡之地，庶幾可保。不然，吾恐汝兄弟敗亡，妻子爲僇，徒爲人所指笑也。」國珍不省。

癸卯，大寧路陷。

**《宋元資治通鑑》卷六三**　壬子，以危素參知政事。

**《元史》卷四五《順帝紀八》**　乙卯，會試舉人，知貢舉平章政事八都麻失里，同知貢舉翰林學士承旨李好文、禮部尚書許從宗，考試官國子祭酒張翥，同考官太常博士傅亨等奏：「舊例，各處鄉試舉人，三年一次，取三百名，會試取一百名。今歲鄉試所取，比前數少，止有八十八名，會試三分内取一分，合取三十名，如於三十名外，添取五名爲宜。」從之。

**《元史續編》卷一五**　右丞相努都爾噶卒。

**《明通鑑》前編卷二**　是月，以馮國勝爲帳前都指揮使，典親軍。先是國用卒，子誠幼，而國勝先已積功爲元帥，太祖乃命襲其兄職。國勝後更名宗異，最後始以勝名。

**《續資治通鑑》卷二一五**　張士誠破濠州，遣其將李濟據之，尋又破泗、徐、邳等州。

二月戊午朔，中書左丞相泰費音罷爲太保，俾養疾於家。御史臺言：「時事艱危，正賴賢材弘濟，泰費音以師保兼相職爲宜。」帝不能從。

庚申，福建行省參政袁天禄遣古田縣尹林文廣以書納款於吳。

時義兵萬户賽甫鼎、阿里密鼎據泉州，陳友諒兵入杉關，攻邵武、汀州、延平諸郡縣，羣盜乘勢竊發，閩地騷動。天禄知國勢不振，故遣文廣由海道來納款，而福清州同知張希伯亦遣人請降，吳國公皆厚賞之，遣還招諭。

是月，吳將徐達克高郵，尋復失之。

三月戊子朔，田豐陷保定路。

吳改淮海翼爲江南等處分樞密院，以繆大亨同僉院事，總制軍民。

大亨有治才，寬厚不撓，多惠愛及人，至於禁戢暴強，剖折獄訟，皆當其情，民皆悦之。

甲午，廷試進士三十五人，賜邁珠、魏元禮等及第、出身有差。

乙巳，冀寧路陷。

壬子，復拜遼陽行省左丞相綽斯戩爲中書右丞相。

《明通鑑》前編卷二　徵劉基、宋濂、章溢、葉琛至建康。溢，龍泉人；琛，麗水人。

《皇明資治通紀》卷二　上問左司郎中陶安以劉基等四人之才何如，安對曰：「臣謀畧不及劉基，學問不如宋濂，治民之才不如章溢、葉琛。」上然之。未幾，以濂爲江南等處儒學提舉司提舉，遣世子受經。以溢、琛竝爲營田司僉事，基留帷幄，預機密謀議。

《明通鑑》前編卷二　時李文忠亦薦諸儒許元、王天錫及義烏王禕，元即婺州所召十三人中之一也，並見徵用，置之館中。而禕以文章名世，太祖雅愛重之。

《國榷》卷一　召常遇春於杭州。初，公戒遇春曰：「克敵在勇，全勝在謀，彼關羽之覆，謀不足也。」及攻杭州，數失利，元帥劉忙古，掾史商尚質俱戰没，故召還。

《元史》卷四五《順帝紀八》　夏四月庚申，命大司農司都事樂元臣招諭田豐，至其軍，爲豐所害。

辛未，僉行樞密院事張居敬復興中州。

《國榷》卷一　癸酉，公四子棣生。

《元史》卷四五《順帝紀八》　五月丁亥朔，日有食之。雨雹。

乙未，陳友諒遣羅忠顯陷辰州。

己亥，以紳住馬爲中書平章政事。

《續資治通鑑》卷二一五　詔諭博囉特穆爾、察罕特穆爾各將所部兵分守其地。

《元史續編》卷一五　是月，張士誠海運糧十一萬石至京師，由是方面之權悉歸士誠，丞相達實特穆爾尸位而已。陳友諒兵攻池州，吴將徐達等擊敗之。

閏月丙辰朔，陳友諒率舟師攻太平，守將樞密院判花雲與朱文遜等以兵三千拒戰，文遜死之。友諒攻城三日，不得入，乃引巨舟迫城西南，士卒緣舟尾攀堞而登，城遂陷。雲被執，縛急，怒罵曰：「賊奴，爾縛吾，吾主必滅爾，斮爾爲膾也！」遂奮躍，大呼而起，縛皆絶，奪守者刀，連斮五六人。賊怒，縛雲於舟檣，叢射之，雲至死駡賊不絶口。院判王鼎、知府許瑗，俱爲友諒所執，亦抗駡不屈，皆死之。

《明通鑑》前編卷二　戊午，陳友諒弑其主徐壽輝而自立。

友諒既陷太平，亟謀僭僞號，乃進駐采石磯，遣部將佯白事壽輝前，乘間持鐵撾擊殺之。遂以采石五通廟爲行殿，稱皇帝，改元大義。以鄒普勝爲太師，張必先爲丞相，張定邊爲太尉。會大風雨，羣臣班沙岸稱賀，不能成禮。方遣使約張士誠同入寇，士誠以連敗，齷齪不敢應。於是友諒欲乘勝攻應天，江東大震。

時諸將議先復太平，太祖曰：「不可。彼居上游，舟師十倍，我猝難復也。」或請太祖自將迎擊，太祖曰：「不可。彼以偏師綴我，而全軍趨金陵，半日可達，吾步騎急難引還。百里趨戰，兵法所忌，非策也。」

乃馳諭胡大海以兵擣信州牽其後，而密召指揮康茂才語之曰：「汝與友諒雅游，吾欲以計速之來，非汝不可。可亟作書遣使約降爲内應，且給以虚實，使分兵三道以弱其勢。」茂才應聲曰：「諾。」時參政李善長在側，曰：「今方憂寇來，何爲誘致之？」太祖曰：「遲則二寇將合，爲害益大，何以支！今先破此賊，則東寇膽落矣。」善長稱善。

友諒得茂才書，大喜，問使者曰：「康公安在？」曰：「守江東橋。」問：「橋何如？」曰：「木橋。」乃與酒食，遣之還，令歸語茂才，「至則呼老康爲驗。」太祖聞使者歸，喜曰：「賊入吾彀中矣！」乃命善長亟撤江東橋，易以鐵石。

友諒果引兵東。於是常遇春率帳前五翼軍三萬人，伏石灰山側，徐達陳兵南門外，楊璟屯兵大勝港，張德勝等以舟師出龍江關，太祖親督軍盧龍山以待。

乙丑，友諒率舟師泊大勝港，楊璟整兵禦之。港狹，僅容三舟入，友諒令引退，直出大江，徑趨江東橋，見橋皆石甃，知已受紿，乃連呼老康，無應者。亟率舟師趨龍江，先遣萬人登岸立柵，勢甚鋭。時太祖預戒山上：「左右各偃赤幟、黄幟一，約以寇至舉赤幟，兵交則舉黄幟。伏兵見黄幟即起，諸軍應之。」會烈日，張蓋督兵。友諒至龍灣，衆欲戰。太祖曰：「天且雨，諸軍輒食，會當乘雨擊之。」須臾，果大雨。雨少止，赤幟舉，士卒競進拔其柵。友諒方麾衆争柵，太祖命發鼓舉黄幟，遇春等伏兵起，徐達兵亦至。於是水軍張德勝、朱虎等率舟師畢集，内外夾擊，漢兵大潰。其乘舟遁者，值潮落舟膠，殺溺死者無算，生禽七千餘人，獲巨艦百餘艘，戰船數百。

《續資治通鑑》卷二一五　兵走登舟，值潮退，舟膠淺，猝不能動，殺溺死無算，俘其卒二萬餘，其將張志雄、梁鉉、喻興、劉世衍等皆降，獲巨艦百餘艘。友諒乘別舸脱走，得茂才書於其所棄舟臥席下，公笑曰：「彼愚至此，可嗤也！」

**《元史》卷四五《順帝紀八》**　己未，以太尉也〔先〕帖木兒知經筵事。以甘肅行省左丞相阿吉剌爲太尉。

**《續資治通鑑》卷二一五**　戊寅，吴兵取信州路。

**《國榷》卷一**　甲申，改信州路曰廣信府，段伯文爲知府。立龍虎翼元帥府，元帥葛俊，周隆副之。罷各郡縣寨糧。初，招安郡縣，俱輸糧病民，胡大海奏罷之。

六月丙戌朔，安慶總管童敬先爲省都鎮撫兼安慶翼統兵元帥。

**《元史》卷四五《順帝紀八》**　己丑，命孛羅帖木兒部將方脱脱守禦嵐、興、保德州等處。詔：「今後察罕帖木兒與孛羅帖木兒部將，毋得互相越境，侵犯所守信地，因而讐殺，方脱脱不得出嵐、興州境界，察罕帖木兒亦不得侵其地。」

**《續資治通鑑》卷二一五**　辛亥，吴更築太平城。

張士誠遣其將吕珍率舟師自太湖入陳瀆港，分兵三路攻長興。吴守將耿炳文親率精兵擊敗之，獲甲仗船艦甚衆。

**《國榷》卷一**　甲寅，總管程輝守銅陵，能綏戢軍民。

**《明通鑑》前編卷二**　是月，諸軍追友諒至池州，遂克安慶。

先是有趙普勝部將張志雄者，率兵從友諒東下，頗以普勝故怏怏，及龍灣之敗，遽率衆來降，因獻取安慶之策，遂克之。太祖命僉院趙仲中守之。

**《元史》卷四五《順帝紀八》**　是月，大明兵取信州路。

**《國榷》卷一**　七月乙卯朔，乙丑，漢院判于光、左丞余椿守浮梁，來降，已浮梁陷，奔於我。

**《元史》卷四五《順帝紀八》**　辛酉，命遼陽行省參知政事張居敬討義州賊。

孛羅帖木兒敗賊王士誠於臺州。

**《續資治通鑑》卷二一六**　乙亥，詔博囉特穆爾總領達勒達漢兒軍馬，爲總兵官，仍使宜行事。

八月戊子，命博囉特穆爾守石嶺關以北，察罕特穆爾守石嶺關以南。

**《元史》卷四五《順帝紀八》**　壬辰，加封福建鎮閩王爲護國英仁武烈忠正福德鎮閩尊王。

乙未，永平路陷。

甲辰，詔：「諸處所在權攝官員，專務漁獵百姓，今後非朝廷允許，不得之任。」

庚戌，詔江浙行省左丞相達識帖睦邇加太尉兼知江浙行樞密院事，提調行宣政院事，便宜行事。

九月乙卯朔，詔遣參知政事也先不花往諭孛羅帖木兒、察罕帖木兒，令講和。時孛羅帖木兒調兵自石嶺關直抵冀寧，圍其城三日，復退屯交城。察罕帖木兒調參政閻奉先引兵與戰，已而各於石嶺關南北守禦。

壬戌，賊陷孟州，又陷趙州，攻真定路。

**《國榷》卷一**　乙丑，親軍左副都指揮朱文忠同僉樞密院事。

**《明通鑑》前編卷二**　戊寅，徐壽輝將歐普祥降。

尋士誠復遣兵寇諸全，守將袁實戰死。

**《續資治通鑑》卷二一六**　癸未，賊復犯上都，右丞孟克特穆爾引兵擊之，敗績。

**《元史》卷四五《順帝紀八》**　冬十月甲申朔，甘露降於國子監大成殿前柏木。以張良弼爲湖廣行省參知政事，討南陽、襄樊。詔孛羅帖木兒守冀寧，孛羅帖木兒遣保保、殷興祖、高脱因倍道趨冀寧，守者不納。

丙戌，命迭兒必失爲太尉，守衛大斡耳朵思。

己亥，察罕帖木兒遣陳秉直、瑣住等，以兵攻孛羅帖木兒之軍於冀寧，與孛羅帖木兒部將脱列伯戰，敗之。時帝有旨以冀寧畀孛羅帖木兒，察罕帖木兒以爲用兵數年，惟藉冀、晉以給其軍，而致盛強，苟奉旨與之，則彼得以足其兵食。乃託言用師汴梁，尋渡河就屯澤、潞拒之，調延安軍交戰於東勝州等處，再遣八不沙以兵援之。八不沙謂彼軍奉旨而來，我何敢抗王命，察罕帖木兒怒，殺之。

**《元史續編》卷一五**　十一月甲寅朔，黄河清。原武、滎澤二縣界凡清三日。

**《國榷》卷一**　召江陰樞密判官吴良入見，勞之曰：「吴院判保障一方，吾無東顧憂，其績偉矣。」命宋濂等詩紀之。

**《續資治通鑑》卷二一六**　博囉特穆爾以兵侵汾州，察罕特穆爾拒之。

癸酉，賊犯易州。

**《國榷》卷一**　十二月甲申朔，復遣博士夏煜、陳顯道諭方谷珍，始謝罪。

**《明通鑑》前編卷二**　復遣夏煜以書諭方國珍曰：「福基於至誠，禍生於反覆，隗囂、公孫述故轍可鑒。大軍一出，不可虛詞解也。」國珍雖不省，然始稍稍懼。

《元史》卷四五《順帝紀八》　丙戌，詔：「太廟、影堂祭祀，乃子孫報本重事。近兵興歲歉，品物不能豐備，累朝四祭，減爲春秋二祭，今宜復四祭。」後竟不行。

《續資治通鑑》卷二一六　辛卯，廣平路陷。

《國榷》卷一　癸巳，榷酒醋。

《續資治通鑑》卷二一六　是歲，陽翟王勒呼木特穆爾擁兵數十萬，屯於穆爾古楚之地，將犯京畿，使來言曰：「祖宗以天下付汝，汝已失其大半；若以國璽付我，我當自爲之。」帝遣報之曰：「天命有在，汝欲爲則爲之。」命知樞密院事圖沁特穆爾等將兵擊之，不克。軍士皆潰，圖沁特穆爾走上都。

## 至正二一年（辛丑、一三六一）

《元史》卷四六《順帝紀九》　春正月癸丑朔，詔赦天下。命中書參知政事七十往諭孛羅帖木兒罷兵還鎮，復遣使往諭察罕帖木兒，亦令罷兵。孛羅帖木兒縱兵掠冀寧等處，察罕帖木兒以兵拒之，故有是命。

《明通鑑》前編卷二　江南行中書省設御座，奉小明王行慶賀禮。參謀劉基怒曰：「彼牧(監)〔豎〕耳，奉之何爲！」不拜。太祖召基入，問之，基遂陳天命有在。太祖大感悟，乃定西征之計。

辛酉，以鄧愈爲中書參政，仍僉樞密院事，總制各翼軍馬。

《國榷》卷一　左右司員外郎侯原善爲金華知府。

《續資治通鑑》卷二一六　乙丑，河南賊犯杞縣，察罕特穆爾討平之。

丁卯，李思齊進兵平伏羌等縣。

吳院判朱亮祖，率兵擊陳友諒平章王溥於饒州安仁之石港，不利而還。

吳元帥朱文輝及饒州降將余椿等，引兵次池之建德，令元帥羅友賢攻東流賊壘，擒其將李茂仲，文輝又追襲其守將趙同僉，走之。

《元史》卷四六《順帝紀九》　癸酉，石州大風拔木，六畜俱鳴，民所持槍，忽生火焰，抹之即無，揺之即有。

二月癸未朔，甲申，同僉樞密院事迭里帖木兒復永平、灤州等處。

《續資治通鑑》卷二一六　吳改樞密分院爲中書分省。始議立鹽法，置局設官以掌之，令商人販鬻，二十分而取其一，以資軍餉。

己丑，察罕特穆爾駐兵霍州，攻博囉特穆爾。

己亥，吳置寶源局於應天府，鑄大中通寶錢，使與歷代錢兼行，以四百爲一貫，四貫爲一兩，四文爲一錢，其物貨價值，一從民便。

丙午，吳議立茶法，凡産茶郡縣，並令征之。其法，官給茶引，付諸産茶郡縣，凡商人買茶，具數赴官納錢請引，方許出境貿易，每茶一百斤，輸錢二百。郡縣籍記商人姓名，以憑勾稽。

《國榷》卷一　榷茶官給引，茶百斤商輸二百錢。茶不及引曰奇零，付由帖，於寧國溧水置茶局批驗。

僉院俞通海爲同知樞密院事。

《皇明資治通紀》卷二　命馮勝、趙德勝等攻高郵。

《元史》卷四六《順帝紀九》　是月，江南行臺侍御史八撒剌不花殺廣東廉訪使完者篤、副使李思誠、僉事迭麥赤，以兵自衛，據廣州。時八撒剌不花以廉訪使久居廣東，專恣自用，詔乃以完者篤等爲廉訪司官，而除八撒剌不花侍御史。八撒剌不花不受命，怒完者篤等代己，即誣以罪，盡殺之，惟廉訪使董鑰哀請得免。

《續資治通鑑》卷二一六　三月癸酉，察罕特穆爾調兵討永城縣，又駐兵宿州，擒賊將梁綿住。

《國榷》卷一　丁丑，改樞密院曰大都督府，兄子朱文正爲大都督，節制中外諸軍事。中書省參議李善長兼司馬，宋思顔兼參軍，前檢校譚起宗爲經歷，掾史汪河爲都事。文正，公長兄子也。

樞密院同知邵榮爲中書省平章政事，同僉常遇春爲參知政事。

《明通鑑》前編卷二　元泗州守將薛顯以城降。

戊寅，方國珍遣使來謝，且飾金玉馬鞍以獻，太祖命卻之。諭曰：「今有事四方，所需者人材，所用者粟帛，其他寶玩，非所好也。」

《續資治通鑑》卷二一六　是月，張士誠海運糧十一萬石至京師。

博囉特穆爾罷兵還，遣圖魯卜等引兵據延安，以謀入陝。

張良弼出南山義谷，駐藍田，受節制於察罕特穆爾。良弼又陰結陝西行省平章定珠，聽丞相特哩特穆爾調遣，營於鹿臺，察罕特穆爾聞而銜之。

《元史續編》卷一五　博囉特穆爾罷兵還。朝廷再命平章達實特穆爾、參政七十，往諭解兵。博囉特穆爾乃還，遣其將圖魯卜等引兵據延安，以謀入陝。朝廷尋命博囉於保定以東河間以西屯田。

**《明通鑑》前編卷二**　夏四月辛巳朔，以李善長兼領大都督府司馬，進行省參知政事。

**《國榷》卷一**　改寧國曰宣城府。

**《續資治通鑑》卷二一六**　以張良弼爲陝西行省參知政事。

察罕特穆爾遣其子副詹事庫庫特穆爾貢糧至京師，皇太子親與定約，遂不復疑。庫庫，本察罕甥也，姓王氏，名保保，察罕養以爲子。

五月〔癸丑〕，四川明玉珍陷嘉定等路，李思齊遣兵擊敗之。

**《國榷》卷一**　甲戌，樞密僉院胡大海爲中書分省參知政事，鎮金華，總制浙東兵馬。都事王愷爲左右司郎中，掾史史炳爲照磨。

**《明通鑑》前編卷二**　時大海既克信州，使其子德濟守之，友諒遣其將李明道進攻，據草坪鎮以遏浙東援兵。大海至婺，遣部將繆美率兵來援，而賊已保玉山。德濟將夏德潤拒戰，不克，死之。明道遂進圍信州。

**《續資治通鑑》卷二一六**　乙亥，察罕特穆爾以兵侵博囉特穆爾所守之地。是月，李武、崔德等降於李思齊。

六月乙未，熒惑、歲星、太白聚於翼。

吳命同僉朱文忠城嚴州。時杭州爲張士誠所據，距嚴密邇，故築城爲守備。

察罕特穆爾諜知山東羣賊自相攻殺，而濟寧田豐降於賊，欲總兵討之。丙申，輿疾自陝抵洛，大會諸將議師期，發并州軍出井陘，遼、沁軍出邯鄲，澤、潞軍出磁州，懷、衛軍出白馬，及汴、洛軍水陸俱下，分道並進，而自率鐵騎，建大將旗鼓，渡孟津，踰覃懷，鼓行而東，復冠州、東昌。

丙午，吳雄鋒翼元帥王思義，克鄱陽之利陽鎮，遂會鄧愈兵攻浮梁。

李明道攻信州益急，吳守將胡德濟，以兵少閉城固守，遣人求援於胡大海。大海即帥兵由靈溪以進，德濟乃引兵出城與明道戰，大海縱兵夾擊，大破之，擒明道及其宣慰王漢二，送朱文忠。漢二，溥之弟也。文忠令爲書以招溥，復送之建康，吳國公皆仍其舊職，用爲鄉道以取江西。

**《元史》卷四六《順帝紀九》**　秋七月辛亥，察罕帖木兒平東昌。

**《國榷》卷一**　丁巳，公五子橚生。

**《明通鑑》前編卷二**　甲子，以范常爲太平知府，諭之曰：「太平，吾股肱郡，其民數困於兵，宜令得所。」常以簡易爲治，興學恤民。官廩有穀數千石，請給民之種者，秋稔輸官，公私皆足，民親愛之。

**《續資治通鑑》卷二一六**　己巳，忻州西北有赤氣蔽天如血。

壬申，陳友諒知院張定邊陷安慶，吳守將余某戰敗，奔還建康，吳國公怒，斬之。

**《明通鑑》前編卷二**　守將趙仲中遁歸，太祖怒，按以軍法。常遇春以渡江勳舊，請赦其死，太祖曰：「將不能堅守城池，敗則逃之，不殺，何以懲後！」乃誅仲中，而官其弟庸行樞密僉事。

**《元史》卷四六《順帝紀九》**　是月，察罕帖木兒進兵復冠州。

**《明通鑑》前編卷二**　八月己卯，太祖遣使通好於元平章察罕特穆爾。

**《續資治通鑑》卷二一六**　甲申，吳將鄧愈克浮梁，陳友諒守將侯邦佐等棄城走。院判于光復攻樂平州，友諒總管蕭明率衆拒戰，光擊敗，擒之，遂克樂平。吳將胡大海率兵攻紹興，部將張英，恃勇輕進，至城下，遇伏被執，死之。大海圍城久不下，乃引還。

乙酉，大同路北方夜有赤氣蔽天，移時方散。

**《元史》卷四六《順帝紀九》**　庚子，以福建行省平章政事普化帖木兒爲江南行臺御史大夫。

癸卯，大明兵取江州路。時僞漢陳友諒據江州爲都，至是退都武昌。

**《續資治通鑑》卷二一六**　甲辰，吳遣兵攻南康，克之，改爲西寧府。又分遣將士略各城之未下者，東流、蘄、黄、廣濟、饒州相繼降。

**《國榷》卷一**　乙巳，池州東流鄉兵渠帥許山以二萬餘人降。

丙午，蘄、黄、廣濟降。

戊申，漢平章吳宏以饒州降，仍命守之。

**《御批歷代通鑑輯覽》卷九九**　察罕特穆爾克山東，田豐等降。

**《續資治通鑑》卷二一六**　吳國公聞之，遣使與察罕特穆爾通好。謂左右曰：「察罕雖假義師，圖恢復，乃與博囉兵爭不解，屢格君命，此豈忠臣之爲乎！又聞其好名，如田豐爲人傾側，察罕待如心腹，則闇於知人矣。古之名將，洞察幾微，智謀弘遠，使人不可測度，察罕豈知此乎！吾今遣人往與通好，觀其所處何如，然後議之。」

九月辛亥，陳友諒建昌守將王溥等降於吳。

甲寅，吳星源翼判官俞茂攻德興，克之。

**《元史》卷四六《順帝紀九》** 戊午，陽翟王阿魯輝帖木兒以宗親，見天下盜賊並起，遂乘間隙，肆爲異圖，詔少保、知樞密院事老章率諸軍討之。老章遂敗其衆，尋爲部將同知太常禮儀院事脫驩所擒，送闕下，詔誅之。於是詔加老章太傅、和寧王，以阿魯輝帖木兒之弟忽都帖木兒襲封陽翟王。宗王囊加、玉樞虎兒吐華與脫驩悉議加封。

壬戌，四川賊兵陷東川郡縣，李思齊調兵擊之。

**《國榷》卷一** 丁卯，公從孫守謙生，文正子。

**《元史》卷四六《順帝紀九》** 壬申，命孛羅帖木兒於保定以東，河間以南，從便屯種。是月，命兵部尚書徹徹不花、侍郎韓祺徵海運糧於張士誠。

**《明通鑑》前編卷二** 是月，友諒守將餘干吴弘、龍泉彭時中、吉安曾萬中、孫本立等，聞友諒敗，皆遣使約款，請以城降，乃遣行省參政鄧愈徇臨川、撫州，後翼元帥趙德勝徇瑞州、臨江等郡。

**《國榷》卷一** 十月戊寅，增大都督府左右都督、同知、副使、僉事、照磨。

乙酉，都護府斷事馬世熊、嚴達、陳漢，知事何士龍爲大都督府斷事。

戊子，理問谷繼先克興國之石榴山寨。

**《元史》卷四六《順帝紀九》** 癸巳，絳州有赤氣見北方如火。以察罕帖木兒爲中書平章政事，兼知河南、山東等處行樞密院事、陝西行御史臺中丞。察罕帖木兒調參知政事陳秉直、劉珪等守禦河南。

**《續資治通鑑》卷二一六** 察罕特穆爾進兵逼濟南城，齊河、禹城皆來降，南道諸將亦報捷。再敗益都兵於好石橋，東至海濱，郡邑聞風皆送款，濟南乃下。詔拜中書平章政事，兼知河南、山東行樞密院事，陝西行臺中丞如故。

察罕特穆爾令參政陳秉直、劉珪守禦河南，而自駐山東，移兵圍益都，環城列營凡數十，大治攻具，百道並進。賊悉力拒守，察罕特穆爾復掘重塹，築長圍，遏南洋河以灌城中，城中益困。

**《明通鑑》前編卷二** 張士誠聞我軍西上，遣其將李伯昇寇長興，衆十餘萬，水陸並進。城中兵少，不能禦。太祖在江州，遣諸將陳德、華高、費聚等分三路兵往援，皆不利。耿炳文嬰城固守，副元帥劉成出戰死。

於是敵復圍城，結九寨，爲樓車下瞰城中，取土石填濠塹，放火燒水關。城中晝夜應敵，凡月餘，內外不相聞，復遣人求援於江州。

**《續資治通鑑》卷二一六** 十一月戊午，吳國公命參政常遇春率兵救長興。

**《明通鑑》前編卷二** 己未，鄧愈克撫州。

**《續資治通鑑》卷二一六** 戊辰，黃河自平陸三門磧下至孟津五百餘里皆清，凡七日。命祕書少監程徐祀之。

**《國榷》卷一** 甲戌，常遇春至長興，擊走李伯昇，俘斬五千餘人。

**《續資治通鑑》卷二一六** 是月，察罕特穆爾、李思齊遣兵圍鹿臺，攻張良弼，詔和解之，俾各還汛地，兵乃解。

**《明通鑑》前編卷二** 諸將還師攻安慶，下之，命遇春甓其城。

時太祖諭取龍興，友諒僞行省丞相胡廷瑞守之。太祖遣使招諭，使以城降。廷瑞聞友諒敗，亦內懼。

十二月己亥，廷瑞遣使鄭仁傑詣九江納款，具言：「將校部曲，請勿解散改屬他人。」太祖有難色。劉基蹴所坐胡牀，太祖悟，報以書曰：「仁傑至，言足下有効順之誠，此足下明達也；又恐分散所部，此足下過慮也。吾起兵十年，奇才英士，得之四方多矣。有能審天時，料事幾，不待交兵，挺然委身來者，皆推赤心以待，隨其才任使之。兵少則益之以兵，位卑則隆之以爵，財乏則厚之以賞，安肯散其部曲，使人自危疑，負來歸之心哉！且以陳氏諸將觀之，如趙普勝驍勇善戰，以疑見戮，猜忌若此，竟何所成！近建康、龍灣之役，所獲長張、梁鉉諸人，用之如故，視吾諸將恩均義一。長張破安慶水寨，鉉等攻江北，並膺厚賞。此數人者，自視無復生理，尚待之如此，況如足下以完城以歸者邪！得失之機，間不容髮，當早自爲計！」長張，即志雄也。廷瑞得書，意釋，乃遣部將康泰詣江州請降。

**《國榷》卷一** 樞密院同知徐達爲中書右丞。

親軍左副都指揮使康茂才爲親軍副都指揮使，按察副使單安仁爲提刑按察使。

**《續資治通鑑》卷二一六** 是歲，京師大饑，屯田成，收糧四十萬石。賜司農丞胡秉彝上尊、金幣以旌其功。

## 至正二十二年（壬寅，一三六二）

**《續資治通鑑》卷二一六** 春正月辛亥，胡廷瑞得吳國公書，意遂決，遣其甥同僉康泰至江州降。

甲寅，詔李思齊討四川，張良弼平襄漢。時兩軍不和，故有是命。

**《明通鑑》前編卷二**　乙卯，太祖發江州。己未，次樵舍，廷瑞遣人齎陳氏所授丞相印及軍民糧儲之數來獻。

**《元史》卷四六《順帝紀九》**　庚申，大明取江西龍興諸路。時江西諸路皆陳友諒所據。

**《明通鑑》前編卷二**　辛酉，太祖如龍興，廷瑞率行省僚屬祝宗、康泰等迎謁於新城門。

壬戌，太祖入城，首謁孔子廟，開倉庫，振貧乏，悉除陳氏苛政，放友諒所蓄麋鹿於西山。民大悅。

改龍興曰洪都府。

**《元史》卷四六《順帝紀九》**　丁卯，詔以太尉完者帖木兒爲陝西行省左丞相。仍命察罕帖木兒屯種於陝西。申諭李思齊、張良弼等各以兵自效。以也先不花爲中書右丞。

**《御批歷代通鑑輯覽》卷九九**　李思齊等攻張良弼，良弼敗之。

**《續資治通鑑》卷二一六**　戊辰，築臺於城北龍沙之上，召城中父老民人悉集臺下，諭之曰：「自古攻城略地，鋒鏑之下，民罹其殃。今爾民得骨肉安全，生理無所苦者，皆丞相胡廷瑞灼見天道，先機來歸，爲爾民之福也。陳氏據此，軍旅百需之供，爾民甚苦之。今吾悉去其弊，軍需供億，俱不以相累。爾等各事本業，毋游惰，毋作非爲以陷刑辟，毋交結權貴以擾害良民，各保父母妻子，爲吾良民。」於是民皆感悅。

建昌王溥、饒州吴弘，各率衆來見，袁州歐普祥遣其子文廣來見，公厚賜遣之。鄧克明既逃歸新淦，復收集舊部曲，仍肆劫掠，至是欲復降，恐見誅，乃詐爲商賈，乘小舟至龍興城下，潛使人覘可否爲去就。事覺，被執，并獲克明，公責其反復，囚送建康。

辛未，寧州土官陳龍，遣其弟良平率分寧、奉新、通城、靖安、德安、武寧六縣民兵降於吴。

**《國榷》卷一**　癸酉，吉安土軍元帥廬陵孫本立、曾萬中、粹中來降，授本立江西行省參政，銀印，萬中都元帥，粹中行軍指揮，還守吉安。

乙亥，漢平章彭時中以龍泉降。

二月丁丑朔，改建德曰嚴州府。

**《元史》卷四六《順帝紀九》**　盜殺陝西行省右丞塔不歹。

**《明通鑑》前編卷二**　太祖還應天，命鄧愈以行省中書參政鎮洪都。

癸未，金華苗兵作亂，行中書省參政胡大海、郎中王愷死之。

**《續資治通鑑》卷二一六**　典吏李斌，懷省印縋城走嚴州，告變於朱文忠，文忠遣元帥何世明、掾史郭彦仁等率兵討之。至蘭溪，〔蔣〕英等懼，乃驅掠城中子女西走，降於張士誠。大海養子德濟聞難，引兵奔赴，吴國公即命左司郎中楊元杲至金華，總理軍儲事。文忠亦率將士至，鎮撫其民。

乙酉，彗見於危，光芒長丈餘，色青白。

丁亥，吴處州苗軍元帥李佑之、賀仁得等，聞蔣英等已殺胡大海，亦作亂，殺院判耿再成、都事孫炎、知府王道同及朱文剛等，據其城。朱文忠聞亂，遣元帥王祐等率兵屯縉雲以圖之。

辛卯，吴國公既定洪都，乃經度城守，以舊城西南臨水，不利守禦，命移入三十步，東南空曠，復展二里餘。以鄧愈爲江西行省參政，留守洪都，萬思誠爲行省都事以佐之。胡廷瑞、張民瞻、廖永堅、傅瓛、潘友慶等從公還建康。

**《國榷》卷一**　乙未，張士誠弟士信以萬餘人圍諸全，守將謝再興拒之，士信忿敗，益兵來攻。

丙申，浙東中書分省改行中書省，同僉朱文忠爲左丞，總制衢、處、廣信、嚴、諸全軍馬。都事胡深、楊憲爲左右司郎中，照磨史炳、丹徒知院劉肅爲都事。諭楊憲曰：「文忠，吾甥也，年少，凡方岳之事，聽爾裁之，有失，罪亦歸爾。」

**《續資治通鑑》卷二一六**　壬寅，吴國公聞處州之亂，命平章邵榮率兵討之。

是月，知樞密院事圖沁特穆爾奉詔諭李思齊討四川。時思齊退保鳳翔，使至，思齊進兵益門鎮；使還，思齊復歸鳳翔。

三月己酉，明玉珍僭稱帝於蜀，國號大夏，建元天統，立妻彭氏爲皇后，子昇爲太子。倣周制設六卿，又置翰林院承旨、學士、國子監祭酒等官。以戴壽爲冢宰，萬勝爲司馬，張文炳爲司空，向大亨、莫仁壽爲司寇，吴友仁、鄒興爲司徒，劉楨爲宗伯，牟圖南爲翰林院承旨。分蜀地爲八道，賦税十取其一。開廷試以策士，置雅樂以供郊祀之用。皆劉楨所爲也。

**《元史》卷四六《順帝紀九》**　壬子，彗星行過太陽前，惟有星形，無芒，在昴宿，至戊午始滅。

甲寅，四川明玉珍陷雲南省治，屯金馬山，陝西行省參知政事車力帖木兒等擊敗之，擒明玉珍弟明二。

己未，御史大夫老的沙辭職，不許。

**《明通鑑》前編卷二**　癸亥，降人祝宗、康泰叛。

**《續資治通鑑》卷二一六**　是月，命博囉特穆爾爲中書平章政事，位第一，加太尉，張良弼受節制於博囉特穆爾。李思齊遣兵攻良弼，至於武功，良弼伏兵大破之。

**《明通鑑》前編卷二**　夏四月己卯，平章邵榮率諸軍復處州。

先是李文忠聞處州亂，遣將屯兵於縉雲山中。會耿再成子天璧，方奉命徵發苗兵，中塗聞變，遂馳至文忠所，得再成舊部朱絢等，會榮攻之。榮率元帥王祐、胡深等燒其東北門，軍士乘城入，李祐之自殺。賀仁德戰敗，走縉雲，耕者縛之，檻送建康伏誅。處州遂平。

方二郡之煽亂也，衢州兵謀翻城應之，守將夏毅懼甚。會劉基丁母憂歸，過衢州，迎之入城，一夕遂定。

事聞，授文忠浙東行省左丞，總制嚴、衢、處、信、諸全軍事。

**《國榷》卷一**　癸未，復西寧府曰南康，寧江府曰安慶。

**《續資治通鑑》卷二一六**　己丑，禁諸王、駙馬、御史臺各官占匿人民，不應差役，以欲修上都宫闕故也。帝嘗以上都宫殿火，敕重建大安、睿思二閣，因危素諫而止，至是復大興工役。

甲午，吴右丞徐達復取洪都府。

乙未，賊新橋張陷安州，博囉特穆爾請援於朝。

是月，紹興路大疫。

**《元史》卷四六《順帝紀九》**　五月乙巳朔，泉州賽甫丁據福州路，福建行省平章政事燕只不花擊敗之，餘衆航海還據泉州。福建行省參知政事陳有定復汀州路。

**《明通鑑》前編卷二**　丙午，太祖念洪都重地，非骨肉重臣不可守，乃以大都督朱文正統副元帥趙德勝、親軍指揮薛顯同參政鄧愈鎮之。

德勝攻陳友諒將於南昌之西山，破其寨，俘斬三千餘人。

**《續資治通鑑》卷二一六**　吴命大都督朱文正統元帥趙德勝等同參政鄧愈鎮洪都，又以阮弘道爲郎中，李勝爲員外郎，汪廣洋爲都事，往佐之，程國儒知洪都府事。文正至，增浚(地)〔城〕池，嚴爲守備。

**《元史續編》卷二一六**　中書參政陳祖仁上疏，乞罷修上都宫闕。

**《續資治通鑑》卷二一六**　辛未，明玉珍遣僞將楊尚書守重慶，分兵寇龍州、清川，犯興元、鞏昌等路。

是月，張士誠海運糧十三萬石至京師。

**《國榷》卷一**　六月甲戌朔，常州永定縣仍曰武進。

**《續資治通鑑》卷二一六**　戊寅，中書平章政事察罕特穆爾遣使報書於吴，言已奏朝廷，授以行省平章事，吴國公不答，因謂左右曰：「察罕書辭婉媚，是欲啗我，我豈可以甘言誘哉！況徒以書來而不反我使者，其情僞可見也。今張士誠據浙西，陳友諒據江漢，方國珍、陳友定又梗於東南，天下紛紛，未有定日，予方有事之秋，未暇與校也。」

己亥，益都兵出戰，庫庫特穆爾生擒六百餘人，斬首八百餘級。

吴國公聞察罕死，歎曰：「天下無人矣！」

**《明通鑑》前編卷二**　平章邵榮，自克處州歸，驕蹇有異志，與參政趙繼祖謀伏兵爲變。

秋七月丙辰，事覺，伏誅。

**《續資治通鑑》卷二一六**　是月，河決范陽，漂民居。

西湖書院舊有經史書版，兵後零落，行省左右司員外郎陳基白平章張士信出官錢補刊，從之，明年而工畢。

**《明通鑑》前編卷二**　八月癸巳，陳友諒將熊天瑞寇吉安，守將孫本立戰敗，走永新。天瑞復攻破永新，執本立，殺之，遂陷吉安。友諒遣其知院饒鼎臣守之。

**《續資治通鑑》卷二一六**　己亥，庫庫特穆爾言：「博囉特穆爾、張良弼據延安，掠黄河上下，欲東渡以奪晉寧，乞賜詔諭。」

是月，張士誠殺淮南行省左丞汪同。

九月癸卯朔，劉福〔通〕以兵援田豐，至火星埠，庫庫特穆爾遣關保邀擊，大破之。

**《元史》卷四六《順帝紀九》**　甲辰，以山北廉訪司權置於惠州。

**《續資治通鑑》卷二一六**　戊辰，以知樞密院事伊蘇爲遼陽行省左丞相。

先是賊雷特穆爾布哈、程思忠等陷永平，詔伊蘇出師，遂復灤州及遷安縣。

時遼東郡縣，惟永平不被兵，儲粟十萬，芻藁山積，民居殷富。賊乘間竊入，增土築城，因河爲塹，堅守不可下。伊蘇乃外築大營，絶其樵采，數與賊戰，獲其僞帥二百餘人，平山寨數十；又復昌黎、撫寧二縣，擒雷特穆爾布哈送京師。賊急，乃乞降於參政徹爾特穆爾，爲請命於朝，詔許之，命伊蘇退師。伊蘇度賊必以計怠大兵，乃嚴備以伺之，思忠果棄城遁去，亟追至瑞州，殺獲萬計。賊遂東走金、復州。至是詔還京師，拜遼陽左丞相、知行樞密院事，撫安迤東兵農，委以便宜，開省於永平，總兵如故。

金、復、海、蓋、乾王等賊並起，西侵興中州，陰由海道趣永平，聞伊蘇開省，乃止。伊蘇亟分兵防其衝突，賊乃轉攻大寧，爲守將王聚所敗，斬其渠魁，衆潰，皆西走。伊蘇慮賊窺上都，即調右丞呼哩岱提兵護上都，簡精鋭，自躡賊後，賊果寇上都，呼哩岱擊破之，賊衆又大潰，永平、大寧始復。乃分命官屬，勞來安集其民，使什伍相保以事耕種，民德之。

**《皇明資治通紀》卷二**　元擴廓帖木兒遣使以書來獻馬。先是，其父察罕駐兵汴梁，上嘗遣使通好，既而察罕亦以書來聘。上以前所遣使不還，不之答，至是，察罕已死，擴廓代之，乃遣尹焕章送我使者自海道還，因以馬來獻。上遣都事汪河送焕章，以書報之。

**《續資治通鑑》卷二一六**　冬十月壬（寅）〔申〕朔，江西行省平章都埒布哈移檄討巴拉布哈。時都埒布哈分省廣州，適州城爲邵宗愚所陷，執巴拉布哈，殺之。

甲戌，博囉特穆爾南侵庫庫特穆爾所守之地，遂據真定路。

**《國榷》卷一**　戊子，池州元帥羅友仁據神山寨，命常遇春討之。

**《明通鑑》前編卷二**　辛卯，設關市批驗所官，主通百貨，鹽十分而税其一，他物十五分税一。

十一月乙巳，元平章庫庫特穆爾復益都，田豐等伏誅。

**《元史》卷四六《順帝紀九》**　庚申，詔授擴廓帖木兒太尉、銀青榮禄大夫、中書平章政事、知樞密院事、太子詹事，便宜行事，襲總其父兵；將校、士卒，論賞有差；察罕帖木兒父阿魯温進封汝陽王，察罕帖木兒改贈宣忠興運弘仁效節功臣，追封潁川王，改謚忠襄。

**《續資治通鑑》卷二一六**　癸亥，明玉珍兵陷清川。



**《明通鑑》前編卷二**　十二月丁亥，大都督朱文正遣兵復吉安，饒鼎臣出走，遂以參政劉齊、陳海同、李明道、曾萬中、粹中共守之，以朱叔華知府事。

太祖威名日重，元帝乃遣户部尚書張昶等齎龍衣、御酒、八寶頂（冒）〔帽〕，榮禄大夫、江西行省平章政事（使）宣〔命〕詔書，航海至慶元。蓋方國珍之計，欲兩以爲功也，乃遣其檢校燕敬報太祖，太祖不之答。

敬還，國珍懼，乃送昶於福建元平章雅克布哈所。時左丞王溥在建昌，聞之，以告，太祖命溥招之，昶遂偕郎中瑪哈木特至建康。時太祖已聞察罕死，遂不受，殺瑪哈木特，以昶才，留之，並授以官。

**《續資治通鑑》卷二一六**　壬辰，吴廣信守將元帥葛俊，擅發民夫築城浚池，浙東行省左丞朱文忠遣人諭止之，俊不聽，反出不軌言。文忠恐其爲變，欲討俊，先遣從事王辰往察之，辰還報曰：「彼城守如故，若臨之以兵，恐激其變。」文忠曰：「此人不足惜，姑爲一郡生靈少忍之。」遂不復問。復遣都事劉肅往勞之，諭以禍福，俊心乃安。

庚子，以中書平章政事佛家努爲御史大夫。

**《元史》卷四六《順帝紀九》**　詔加封唐撫州刺史南庭王危全諷爲南庭忠烈靈惠王。

## 至正二三年（癸卯、一三六三）

**《元史》卷四六《順帝紀九》**　春正月壬寅朔，四川明玉珍僭稱皇帝，建國號曰大夏，紀元曰天統。

**《國榷》卷一**　樞密院同僉湯和爲中書左丞，親軍副都指揮使康茂才爲金吾侍衛，親軍都護徐司馬爲總制，守金華。

**《續資治通鑑》卷二一七**　乙巳，大寧陷。

庚戌，吴常遇春兵攻池州神山寨，擒羅友賢，斬之，餘黨悉平。

丙寅，吴國公遣中書省都事汪河送尹焕章歸汴，以書報庫庫特穆爾曰：「元失其政，中原鼎沸，廟廊方岳之臣，互相疑沮，喪師者無刑，得志者方命，悠悠歲月，卒致土崩。閣下先王，奮起中原，英勇智謀，過於羣雄，聞而未識，是以前歲遣人直抵大梁，實欲縱觀，未敢納交也。不意先王捐館，閣下意氣相期，遣送使者涉海而來，深有推結之意，加以厚貺，何慰如之！薄以文綺若干，用酬雅意。自今以往，信使繼踵，商賈不絕，無有彼此，是所願也！」

都昌盜江爵等陷饒州。

時吴將于光與吴弘、吴毅等不協，爵乘釁誘陳友諒將張定邊、蔣必勝入寇，光等倉卒無備，皆出走，綜理饒州軍務理問穆燮死於難，郎中楊憲走還建康。

張士誠發兵攻安豐，以吕珍爲前鋒，而其弟士信以大軍繼之。珍至安豐，圍其城，久之，城中人相食，或以井泥爲丸，用人油煠而食之。劉福通勢窮，遣使告急於建康。吴國公曰：「安豐破，則張士誠益張，不可不救。」劉基諫曰：「陳友諒方伺隙，未可動也。」

**《元史續編》卷一五**　二月，庫庫特穆爾引兵還河南。留索勒珠以兵守益都，自還河南，朝廷方倚之爲安，而博囉特穆爾自察罕既死，數以兵争晉冀，雖屢詔諭解，而釁隙日深。

**《明通鑑》前編卷二**　戊寅，移置浙江行省於嚴州。

時士誠屢寇諸全，李文忠應援不及，於是徙省治於嚴，留總制徐司馬守金華。司馬，太祖養子，名馬兒者也。

**《國榷》卷一**　丁酉，命王時賫三千金，令方谷珍市馬。

**《續資治通鑑》卷二一七**　三月辛丑朔，彗見東方，經月乃滅。詔中書平章政事愛布哈分省冀寧，庫庫特穆爾遣兵據之。

吴國公率右丞徐達、參政常遇春等救安豐。

吕珍已破安豐，殺劉福通，聞吴軍至，乃水陸連營，戰艦蔽沙，河際皆樹木栅，繚以竹籬，外掘重塹，擊敗左右軍。公命遇春以兵横擊其陣，三戰三勝，俘獲其士馬無算。時廬州左君弼出兵來助珍，遇春又擊敗之。珍與君弼皆遁去，安豐圍解。公乃令軍士各齎米積於東門外，以救城中飢者；以小明王歸，居之滁州。公還建康，命徐達等移師討左君弼，圍廬州，竹昌、忻都遂乘間入安豐。

**《元史續編》卷一五**　丙午，大赦。廷試進士，賜巴拜、楊輗等六十二人及第、出身有差。分省於冀寧。

**《元史》卷四六《順帝紀九》**　是月，立廣西行中書省，以廉訪使也兒吉尼爲平章政事。時南方郡縣多陷没，惟也兒吉尼獨保廣西者十五年。立膠東行中書省及行樞密院，總制東方事。以袁宏爲參知政事。

是春，關先生餘黨復自高麗還寇上都，孛羅帖木兒擊降之。

**《續資治通鑑》卷二一七**　閏月丁丑，吴處州翼總制胡深言：「關市之征，舊例二十取一。今令鹽貨十取其一，税額太重，商人不復販鬻，則鹽貨壅滯，軍儲缺乏，且使江西、浙東之民艱於食用。又如硫黄、白藤、蘇木、椶毛諸物，皆資於彼，今十五分取一，亦恐以税重不能流通。請仍從二十取一之例，則流轉不窮，軍用給足。」從之。

**《明通鑑》前編卷二**　是月，太祖自撰《朱氏世德碑》，遣官祇詣鳳陽、泗州告祭先陵，並稱龍鳳制，贈三代右丞相、平章政事、吴國公。

夏四月壬戌，陳友諒復大舉兵圍洪都。

乙丑，諸全州以事聞，吴國公因命德濟爲浙江行省參政。德濟遣萬户王克瑀還偵敵境，遇士誠兵，被執，死之。

丙寅，陳友諒攻撫州門。其兵各載竹盾如箕狀以禦矢石，并力攻城，壞二十餘丈。鄧愈以火銃擊退其軍，隨樹木栅，賊争栅，朱文正督諸將死戰，且戰且築，通夕復完。於是總管李繼先及海龍、國旺、珪潛等皆先後戰没。

**《元史續編》卷一五**　庫庫特穆爾遣兵攻張良弼。

**《續資治通鑑》卷二一七**　五月己巳朔，張士誠海運糧十三萬石至京師。

陳友諒知院蔣必勝、饒鼎臣等陷吉安府。

時吴將李明道與曾萬中兄弟不協，明道因潛通必勝，約其來攻。兵至城下，明道舉火爲應，開西門納之，殺參政劉齊、知府朱叔華。曾粹中亡走，仇家黄如淵執粹中送鼎臣，殺之。必勝又攻破臨江府，執同知趙天麟，亦不屈死。

癸酉，吴置禮賢館。

陳友諒兵陷無爲州，知州董曾死之。

**《明通鑑》前編卷二**　丙子，友諒復攻新城門。指揮薛顯，將鋭卒開門突戰，斬其平章、副樞各一人，敵兵乃退。百户徐明被執，死之。

**《續資治通鑑》卷二一七**　廬州城三面阻水，徐達等攻之不克，已而左君弼於城上爲釣橋，達曰：「君弼竄伏穴内，久不見出，今遽爲此，其將夜出劫我乎！」令軍中嚴爲之備。比夜半，聞釣橋有聲，其兵奄至。營中萬弩俱發，君弼退走，達縱兵擊之，君弼大敗，走入城，斂兵拒守。達攻圍凡三月不下。

**《元史》卷四六《順帝紀九》** 是月，爪哇遣使淡濛加加殿進金表，貢方物。

六月戊戌朔，孛羅帖木兒遣方脱脱迎匡福於彰德，擴廓帖木兒遣兵追之，敗還。匡福遂據保定路。

**《國榷》卷一** 丁未，忠勤樓火，以砲藥故。

**《元史》卷四六《順帝紀九》** 己亥，擴廓帖木兒部將歹驢等駐兵藍田、七盤，李思齊攻圍興平，遂據盩厔。孛羅帖木兒時奉詔進討襄漢，而歹驢阻道於前，思齊躡襲於後，乃請催督擴廓帖木兒東出潼關，道路既通，即便南討。

戊申，孛羅帖木兒遣竹貞等入陝西，據其省治。時陝西行省右丞答失鐵木兒與行臺有隙，且恐陝西爲擴廓帖木兒所據，陰結於孛羅帖木兒，請竹貞入城，劾御史大夫完者帖木兒及監察御史張可遵等印。其後屢使召完者帖木兒，貞拘留不遣。擴廓帖木兒遣部將貊高與李思齊合兵攻之，竹貞出降，遂從擴廓帖木兒。

**《續資治通鑑》卷二一七** 辛亥，陳友諒增修攻具，欲破栅自水關入，吴朱文正使壯士以長槊從栅内刺之，敵奪槊更進。文正乃命煅鐵戟、鐵鉤，穿栅以刺敵，敵復來奪，手皆灼爛，不得進。友諒盡攻擊之術，而城中備禦，隨方應之。友諒又攻宫步、士步二門，元帥趙德勝力禦之，暮，坐宫步門樓，指揮士卒，流矢中腰膂而死。

甲寅，中書省奏：「江浙、福建舉人涉海道赴京，有六人者已後會試期，宜授以教授之職；其下第三人，亦授教授，非徒慰其跋涉險阻之勞，亦以激勵遠方忠義之士。」從之。

**《元史》卷四六《順帝紀九》** 丁巳，絳州有白虹二道，衝斗牛間。

**《國榷》卷一** 壬戌，方谷珍遣經歷陳惟敬貢馬。

甲子，令徐達、常遇春釋廬州，還援洪都。

秋七月戊辰朔，京師大雹，傷禾稼。

**《續資治通鑑》卷二一七** 癸酉，吴國公自將救洪都。

時徐達、常遇春圍左君弼於廬州，公遣使命解圍，曰：「爲廬州而失南昌，非計也。」達、遇春乃還。

**《國榷》卷一** 吴國公自將禦漢，舟師二十萬，禡纛龍江，右丞徐達、參知政事常遇春、帳前親軍指揮使馮國勝、同知樞密院事廖永忠、俞通海等皆從。過新河，有異魚二夾舟，泝流直抵小孤，蓋龍云。

壬午，馮國勝舟覆，公嗛之，遣還應天。

癸未，次湖口，遣指揮戴德屯涇江口，又别屯南湖嘴，遏漢人歸路，又檄信州兵守武陽渡，防其逸。

丙戌，陳友諒圍洪都八十五日，至是解圍，東出鄱陽湖逆我師。吴國公自松門入鄱陽，諭諸將有進無退，其各勉之。

丁亥，遇敵康郎山，漢巨舟當我，公曰：「彼舟不利進退，可破也。」乃分舟師十一隊臨敵，先火器，次弓弩，近則短兵。

戊子，徐達當先，擊其前鋒，獲一巨艘，漢兵死者千五百餘人。常遇春等連艦大戰，俞通海飛炬火其舟二十，火反延達舟，達撲火更戰。張定邊直前犯白海，上舟名。白海膠於沙，漢兵匝焉。程國勝劍叱之，與陳兆先大奮擊，我指揮韓成、元帥宋廣、陳兆先俱戰死，常遇春、俞通海疾櫂來，水洊浮，遇春射中定邊，走之。通海、廖永忠飛翼追定邊，定邊舟中矢如蝟，亡卒甚衆。薄暮，公收兵，申軍令，命徐達還守應天。

**《續資治通鑑》卷二一七** 己丑旦，公命鳴角，師畢集，乃親布陣，復與友諒戰。諸軍奮擊敵舟，敵不能當，殺溺死者無算。院判張志雄所乘舟檣折，爲敵所覺，以數舟攢兵鉤刺之，志雄窘迫自刎，丁普郎、余昶、陳弼、徐公輔皆戰死。普郎身被十餘創，首脱，猶執兵若戰狀，植立舟中不仆。

吴國公分兵克蘄州、興國。友諒食盡，遣舟掠糧於都昌，朱文正使人燔其舟，友諒勢益困。

是月，有星墜於慶元路西北，聲如雷，光芒數十丈，久之乃滅。

八月丁酉朔，倭人寇蓬州，守將劉暹擊敗之。自十八年以來，倭人連寇瀕海郡縣，至是海隅獲安。

辛丑，庫庫特穆爾遣兵侵博囉特穆爾所守之境。

戊午，博囉特穆爾言：「庫庫特穆爾躡襲父惡，有不臣之罪，請賜處置。」

**《明通鑑》前編卷二** 壬戌，友諒計窮，乃冒死突出，欲由湖口繞江下流而遁。

太祖麾諸軍邀擊，以火舟火筏衝之，追奔數十里。自辰至酉，戰不解，至涇江口，涇江之兵復擊之。

未幾，有降卒來奔，言「友諒在別舸中，流矢貫睛及顱而死」。諸軍聞之，大呼喜躍，益爭奮，禽其太子善兒、平章姚天祥等。明日，平章陳榮等悉舟師來降，得士卒五萬餘人。惟張定邊乘夜以小舟載友諒尸及其次子理奔還武昌。復立理爲帝，改元德壽。

甲子，遣兵追陳理於武昌。不及，理即皇帝位，改德壽元年。

乙丑，同僉行樞密院守江淮府定遠繆大亨卒。大亨倡衆二萬人，屯橫澗山，來歸，屢立功，守江淮，有善政。

**《皇明資治通紀》卷二**　鄱陽之戰，上亦屢溺於危而後安，自戊子至庚寅，三勝之後，交鋒既久，賊衆不退，因被圍，一時羣將計無所出。帳前總制親兵左副都指揮使韓成進曰：「臣聞古之人有殺身以成仁者，臣不敢辭也。」遂賜成龍袍冠冕，與上服同，對賊衆投水中，賊遂退。又一日，與友諒鏖戰，劉基在御舟，忽躍起大呼，上亦驚起，回側，但見基雙手揮之，連聲呼曰：「難星過，可更舟。」上悟，如其言更之。坐未半餉，舊舟已爲敵砲擊破矣。是役也，大戰五晝夜，將臣效忠死敵者，樞密院同知丁普郎、院判張志雄、統軍元帥宋貴、陳兆先、副元帥余永昌、文貴、王勝、李信、萬户程國勝、千户姜潤、鎮撫曹信等凡三十餘人。

**《元史》卷四六《順帝紀九》**　九月丁卯朔，遣爪哇使淡濛加加殿還國，詔賜其國主三珠金虎符及織金紋幣。

**《續資治通鑑》卷二一七**　壬午，吴國公命李善長、鄧愈留建康，復率常遇春、康茂才、廖永忠、胡廷瑞等親征陳理於武昌。

吴諸全叛將謝再興，以張士誠兵犯東陽，左丞朱文忠率兵禦之，部將夏子實、郎中胡深爲前鋒，與其兵遇於義烏。戰方接，文忠自將精兵横出其後擊之，再興大敗，遁去。深因建策，以爲諸全乃浙東藩屏，諸全不守則衢不能支，請去諸全五十里，於五指山下築城，分兵戍守，文忠從之。未幾，士誠將李伯昇大舉來寇，兵號六十萬，頓於城下，城堅不可拔，乃引去。

**《御批歷代通鑑輯覽》卷九九**　張士誠自稱吴王。詔徵其糧，士誠不奉詔。

**《元史》卷四六《順帝紀九》**　冬十月丙申朔，青齊一方赤氣千里。

**《明通鑑》前編卷二**　壬寅，太祖至武昌，馬步舟師水陸並進。命常遇春分兵四門，立柵圍之，又於江中聯舟爲長寨以絶其出入之路。分兵徇漢陽、德安。於是湖北諸郡皆降。

**《國榷》卷一**　癸卯，贈張德勝光禄大夫、江淮行中書省平章政事，追封蔡國公。趙德勝榮禄大夫、江西行中書省平章政事，追封梁國公。桑世傑安遠大將軍、輕車都尉、行樞密院判官，追封永義公。

**《續資治通鑑》卷二一七**　甲辰，湖廣僞姚平章、張知院陰使人言於庫庫特穆爾，設計擒殺其主陳理及僞夏主明玉珍，不果。

**《元史》卷四六《順帝紀九》**　己酉，監察御史米只兒海牙劾奏太傅太平罪狀，詔安置太平於陝西之西，仍拘收宣命并御賜等物。

是月，擴廓帖木兒遣僉樞密院事任亮復安陸府。孛羅帖木兒遣兵攻冀寧，至石嶺關，擴廓帖木兒大破走之，擒其將烏馬兒、殷興祖。孛羅帖木兒軍由是不振。

十一月壬申，御史臺臣言：「故右丞相脱脱有大臣之體。向在中書，政務修舉，深懼滿盈，自求引退，加封鄭王，固辭不受。再秉鈞軸，克濟艱危，統軍進征，平徐州，收六合，大功垂成，浮言搆難，奉詔謝兵，就貶以没。已蒙録用其子，還所籍田宅，更乞憫其勳舊，還其所授宣命。」從之。

**《明通鑑》前編卷三**　十二月丙申朔，太祖發武昌，命常遇春總督諸將守營柵，諭之曰：「彼猶孤豘，處牢中久，困當自服。若來衝突，慎勿與戰。但堅守營柵以乘其敝，無患其城之不下也。」

甲寅，太祖至應天。

**《國榷》卷一**　戊午，閱武雞籠山，還坐西苑，問指揮華雲龍等，能知其數否，對曰不知。公曰：「陣勢方員縱横，倏忽莫測，善兵者少爲衆，弱爲強，伐謀制勝，勇詘其力，智詘其謀，斯爲神矣。大抵以正應，以奇變，奇正合宜，應變勿失，百勝之道也。」

**《續資治通鑑》卷二一七**　宦者資政院使保布哈與宣政院使托驩，内恃皇太子，外結丞相綽斯戩，驕恣不法，監察御史額森特穆爾、孟額森布哈、傅公讓等，劾奏保布哈、托驩奸邪，當屏黜。御史大夫裴都爾蘇以其事聞，皇太子執不下，而奇后庇之尤固，御史乃皆坐左遷。

是歲，吴寶源局鑄錢三千七百九十一萬有奇。

**《元史》卷四六《順帝紀九》**　御史大夫老的沙與知樞密院事秃堅帖木兒，得罪於皇太子，皆奔大同，孛羅帖木兒匿之營中。

# 元至正二四年（甲辰、一三六四）

**《明通鑑》前編卷三**　春正月丙寅朔，李善長、徐達等率羣臣奉太祖即吴王位。

先是諸臣以功德日隆，屢表勸進。太祖曰：「今戎馬未息，創夷未蘇，天命難必，人心未定。若遽稱尊號，誠所未遑，俟天下大定，行之未晚。」善長等固請，乃許之。建百官，置中書省左右相國，以善長爲右相國，達爲左相國，常遇春、俞通海爲平章政事。立子標爲世子。仍以龍鳳紀年，下教稱「令旨」。

**《續資治通鑑》卷二一七**　丁卯，吴命減取官店錢。先是設官店以徵商，吴王以稅重病民，故減之。

**《國榷》卷一**　庚午，王御白虎殿，語參議孔克仁曰：「自元運既隳，豪傑互仇，吾欲一之，以兩淮江南之民各近城而耕，練則兵，耕則農，兵農兼資，可進可守，仍積糧兩淮，俟時而動。」克仁稱服。

**《元史》卷四六《順帝紀九》**　庚辰，保德州民家産猪一頭兩身。

**《明通鑑》前編卷三**　二月乙未朔，太祖以武昌圍久不下，復親往視師。辛亥，至武昌，趣攻城。城東有高冠山，漢兵據其上，俯城中可瞰也，亟命奪之。諸將相顧莫敢前。傅友德率數百人一鼓先登，矢中頰洞脅，不爲動，卒奪焉。

敵有驍將陳同僉，突抽槊馳入中軍帳下。太祖坐胡牀，疾呼曰：「郭四，爲我殺之！」郭四者，興之弟英也。英持鎗奮臂一呼，應手而殞。太祖曰：「尉遲敬德不汝過也！」解戰袍賜之。

陳理、張定邊見事急，潛遣卒縋城走岳州，告其丞相張必先使入援。至是必先引兵至洪山，去城二十里，太祖命常遇春率精鋭，乘其未集擊敗之，遂禽必先。必先驍勇善戰，軍中呼爲「潑張」，敵方倚以爲重，及被禽，縛至城下，示之曰：「汝所恃者潑張，今已爲我禽，復何恃！」必先亦呼定邊曰：「吾已至此，兄宜速降。」定邊氣索不能言。

後數日，太祖復遣友諒舊臣羅復仁入城，諭理使降。復仁，吉水人，初事友諒，知其無成，遁去，遂從太祖。因請曰：「主上推好生之德，惠此一方，使陳氏之孤得保首領，而臣不食言，臣雖死不恨矣。」太祖曰：「吾兵力非不足，所以久駐此者，欲待其自歸，免傷生靈耳。汝行，必不誤汝。」復仁至城下號哭，理驚，召之入，復相持哭。哭已，問故，復仁諭以太祖意，辭旨懇切。時陳氏諸將，無右定邊者，定邊亦知不可支。

癸丑，陳理肉袒銜璧，率定邊等詣軍門降。理見太祖，俯伏戰栗，莫敢仰視。太祖見其幼弱，起，挈其手曰：「吾不爾罪，勿懼也！」令宦者入其宫，傳諭友諒父母，凡府庫儲蓄，悉令自取之，遣其文武官僚以次出門，妻子資裝皆俾自隨。

師圍武昌凡六閲月而降。士卒無敢入城市，晏然不知有兵。城中民饑困，命給米振之，召其父老撫慰。民大悦。於是漢、沔、荆、岳郡縣皆相繼降。

乙卯，置湖廣行中書省，以樞密院判楊璟爲參政。

是月，以陶安爲黄州知府。

時黄州初下，太祖思得重臣鎮之，曰：「無踰安者。」遂有是命。

**《國榷》卷一**　丙辰，吴王發武昌，命常遇春遣送陳理官屬。

**《皇明資治通紀》卷之三**　江西行省以陳友諒鏤金床進。上觀之，謂侍臣曰：「此與孟昶七寶溺器何異。以一床工巧若此，其餘可知。陳氏父子窮奢極侈，安得不亡。」即命毁之。

**《元史》卷四六《順帝紀九》**　是月，大明滅僞漢，其所據湖南北、江西諸郡皆降於大明。

**《續資治通鑑》卷二一七**　三月乙丑，吴王至建康。

**《國榷》卷一**　丙寅，封陳理歸德侯，普才承恩侯，友富歸仁伯，友直懷恩伯，贈友仁南康王。初，陳理降，入告母楊氏，氏歎曰：「吾不能爲孟昶母也。」立自經。

丁卯，命金大旺守撫州。

置起居注給事中。

王六子楨生。

諭廷臣曰：「慓悍驕暴，非人之性也，必禮法以一之。制禮立法非難，遵禮守法爲難，最今所急也。」

**《明通鑑》前編卷三**　戊辰，以中書左丞湯和爲平章政事。

己巳，諭中書省臣曰：「郡縣官年五十以上者，雖練達政事，而精力就衰。宜令有司選民間俊秀年二十五以上，資性明敏，有學識才幹者，辟赴中書，與年老者參用之，待老者休致而少者已熟于事，如此則人才不乏。」

**《國榷》卷二**　庚午，悉罷諸翼統軍元帥府，置武德、豹韜、飛熊、威武、廣武、興武、英武、鷹揚、驍騎、神武、雄武、鳳翔、天策、振武、宣武、羽林各衛親軍指揮使司。

敕中書省臣，許山林士伍上書效用，民間俊秀年二十五以上有學識才幹者，辟付中書。

**《續資治通鑑》卷二一七**　辛未，吴王御西樓，有軍士十餘人，自陳戰功以求陞賞，王諭之曰：「爾從我有年，才力勇怯，我縱不知，將爾者必知之。爾有功，予豈遺爾！爾無功，豈可妄陳！且爾曹不見徐相國耶？今貴爲元勳，其同時相從者猶在行伍，予亦豈忘之！以其才智止此，不能過人故耳。爾曹苟能黽勉立功，異日爵賞，我豈爾惜，但患不力耳。」於是無有復言者。

乙亥，監察御史王多勒圖、崔布延特穆爾，諫皇太子勿親征。

先是博囉特穆爾陰使人殺其叔父左丞伊珠爾布哈，佯爲不知，往弔不哭。朝廷知其跋扈，又以匿妻都爾蘇事，太子深疾之。且時方倚重於庫庫特穆爾，而庫庫駐兵太原，與博囉構兵，相持不解，於是綽斯戩、保布哈誣博囉與妻都爾蘇謀爲不軌。

辛卯，下詔數博囉特穆爾悖逆之罪，解其兵權，削其官爵，候道路開通，許還四川田里。博囉殺使者，拒命不受。

**《國榷》卷二**　丁丑，諭中書省臣曰：「先王不施賞而民觀於善，不施罰而民不爲戾，何也，仁義本之也。商變夏，周變商，仁義未嘗改，卿等勉之。」

**《元史》卷四六《順帝紀九》**　夏四月甲午朔，命擴廓帖木兒討孛羅帖木兒。

**《明通鑑》前編卷三**　太祖退朝，與郎中孔克仁論前代成敗，因曰：「秦政暴虐，漢高帝起布衣，以寬大馭羣雄，遂爲天下主。今元政不綱，羣雄蠭起，皆不知修法度以明軍政，此其所以無成也。」

**《皇明資治通紀》卷三**　建忠臣祠於鄱陽湖之康郎山。上謂中書省臣曰：「崇德報功，國之大典，自古兵争，忠臣烈士以身殉國，英風義氣，雖死猶生。予與陳友諒戰於鄱陽湖，將臣韓成等效忠死敵，昭然可數，朕念之不忘，其議所以崇報於是。」中書省以死事之臣丁普郎等三十六人列進，封贈勳爵有差，以韓成爲首功，追封高陽郡侯。建祠於康郎山，設像其中，成位第一，命有司歲時祭之，録成子觀爲散騎舍人。

**《國榷》卷二**　置醫學提舉司。

中書省臣上廟祭及薦新禮，王覽之，自白虎殿退至戟門，忽悲涕，語宋濂、孔克仁曰：「昔歲凶，二親俱在，力不能養，今化家爲國，追思二親，痛何可言。」

丙申，立康郎山廟，祀江南行樞密院同知丁普郎，帳前總制都督，指揮使司左副都指揮韓成，水軍元帥宋貴，太平興國翼元帥府統軍元帥陳兆先，行樞密院判官兼水軍元帥張志雄，右副元帥王勝、李信，左副元帥余昶昌、文貴，元帥府同知元帥李志高，右副元帥徐公輔、劉義、陳弼，帳前上萬户程國勝，中翼元帥府副使王咬住，上千户王鳳顯、姜潤、石明、王德，鎮撫常德勝、逯德山、汪清、朱鼎、裴軫，千户王喜仙、陳沖、汪澤、丁宇，副千户常惟德、袁華、史德勝、王理、王仁，雲騎都尉鄭興、羅世榮，鎮撫曹信，封贈勳爵有差，令有司歲時祭之。

**《續資治通鑑》卷二一八**　博囉特穆爾知詔令調遣之事，非出帝意，皆右丞相綽斯戩所爲，遂遣部將會圖沁特穆爾舉兵向闕。

壬寅，圖沁特穆爾兵入居庸關。

癸卯，知樞密院事伊蘇、詹事布埒齊迎戰於皇后店。布埒齊力戰，伊蘇不援而退，布埒齊幾爲所獲，脱身東走。

甲辰，皇太子率侍衛兵出光熙門，東走古北口，趨興松。

**《國榷》卷二**　改各門總管府曰千户所，設正副千户各一。

乙巳，立南昌忠臣祠，祀故平章趙德勝，樞密院判官李繼先，左副指揮使劉齊，統軍元帥許圭，右副元帥趙國昭，同知元帥朱潛，元帥副使牛海龍，千户張子明、張德山，百户徐明，總管夏茂成，江西行省都事萬思誠，洪都知府葉琛，臨江府同知趙天麟。

吴王聞功臣家僮多横，召徐達、常遇春等曰：「卿等起艱難累功，舍人子逾越禮法，不早懲之，他日貽釁，寧不爲玷。卿輩宜速去之。」

**《續資治通鑑》卷二一八**　乙巳，圖沁特穆爾兵至清河列營。時都城無備，城中大震，令百官吏卒分守京城。

丙午，吴中書省言：「湖廣行省所屬州縣，故有鐵冶，方今用武之際，非鐵無以資軍用，請興建鑪冶，募工煉鐵。」從之。

宗王布延特穆爾等皆稱兵，與博囉特穆爾合，表言其無罪。

丁未，帝爲降詔曰：「自至正十一年，妖賊竊發，選命將相，分任乃職，視同心膂。豈期綽斯戩、保布哈夤緣爲姦，互相壅蔽，以致在外宣力之臣因而解體，在内忠良之士悉陷非辜；又復奮其私讎，誣構博囉特穆爾、婁都爾蘇等同謀不軌。朕以信任之專，失於究察，遂調兵往討，博囉特穆爾已嘗陳辭，而乃寢匿不行。今宗王布延特穆爾等，仰畏明威，遠來控訴，以表其情，朕爲惻然興念。而綽斯戩，保布哈，猶飾虚詞，簧惑朕聽，其以綽斯戩屏諸嶺北，保布哈竄之甘肅，以快衆憤。博囉特穆爾等悉與改正，復其官職。」然詔書雖下，而綽斯戩、保布哈仍留京師。是日，以伊蘇爲中書左丞相。

吴左相國徐達等率兵取廬州。左君弼聞達至，懼不敢敵，走入安豐，令其將殷從道、張焕等守城，達督兵圍之。

詔書既下，圖沁特穆爾軍猶駐清河。帝遣達勒達國師往問故，言必得綽斯戩、保布哈乃退兵，帝不得已執二人畀之。

己酉，吴命中書省，凡商税三十税一，多取者以違例論。改在都官店爲宣課司，府、州、縣官店爲通課司。

庚戌，圖沁特穆爾陳兵自健德門入，覲帝於延春閣，慟哭請罪，且曰：「左右蒙蔽陛下，非一日矣，倘循習不改，柰天下何！臣今執二人去矣，陛下亦宜省過，卓然自新，一聽正人所爲，不復爲邪佞所惑，然後天下事可爲，祖宗基業可保也。」帝唯唯，就宴賚之。加博囉特穆爾太保，依前守禦大同，圖沁特穆爾爲中書平章政事。

辛亥，圖沁特穆爾軍還。

皇太子至路兒嶺，詔追及之，還宫。

壬戌，吴命江西行省置貨泉局，設大使、副使各一人。頒大中通寶大小五等錢式，並使鑄之。

**《元史》卷四六《順帝紀九》** 〔五月〕甲子〔朔〕，黄河清。

**《國榷》卷二** 丙寅，諭諸將曰，汝等所統兵雖衆寡不同，若不識其能否，臨敵何濟，夫能知人，則効力効謀，鮮不盡心矣。

**《元史》卷四六《順帝紀九》** 戊辰，擴廓帖木兒奉命討孛羅帖木兒，屯兵冀寧，其東道以白鎖住領兵三萬，守禦京師，中道以貊高、竹貞領兵四萬，西道以關保領軍五萬，合擊之。關保等兵逼大同，孛羅帖木兒留兵守大同，而自率兵與禿堅帖木兒、老的沙復大舉向闕。

**《國榷》卷二** 丙子，吴王朝退，御白虎殿，閲《漢書》，問宋濂、孔克仁：「漢治何不三代若也？」克仁曰：「王霸之道雜。」王曰：「咎將誰始。」曰：「在高祖。」王曰：「高祖創業，未遑禮樂。孝文時當制禮作樂，復三代之舊，乃逡巡未遑，使漢家終於如是。三代有其時而能爲之，漢文有其時而不爲耳。周世宗則無其時而爲之者也。」

**《皇明資治通紀》卷三** 上第六子生。

設給事中。

置翰林院，以陶安爲學士。

**《明通鑑》前編卷三** 六月戊戌，湖廣溪峒長官向思明等納款。思明，元所授湖廣安定宣撫使也。

太祖謂廷臣曰：「治國之道，必先通言路。夫言，猶水也，欲其長流。水塞則衆流障遏，言塞則上下壅蔽。」

**《續資治通鑑》卷二一八** 甲寅，白索珠以兵至京師，請皇太子西行。

是月，保德州黄龍見井中。

**《國榷》卷二** 丁巳，袁州降將歐普祥卒。

**《明通鑑》前編卷三** 復諭廷臣曰：「國家政治得失，生民之休戚繫焉。君臣之間，各任其責，不宜有所隱避。若隱蔽不言，相爲容默，既非事君之道，於己亦有不利。自今宜各盡乃心，直言毋隱。」

秋七月丁丑，徐達、常遇春克廬州。

**《國榷》卷二** 戊寅，命平章常遇春，會鄧愈及金大旺兵，討江西上流未附郡縣。

**《續資治通鑑》卷二一八** 己卯，左君弼部將許榮，以舒城降於吴，吴王令榮還守舒城，俾發安陽等五翼士馬赴建康。

吴改廬州路爲府，置江淮行省，命平章俞通海攝省事以鎮之。兵革之際，民多竄匿，通海日加招輯，爲政有惠愛，復業者衆。

丙戌，博囉特穆爾前軍入居庸關，京師震駭。皇太子親統軍禦之於清河，丞相伊蘇、詹事布埒齊軍於昌平。伊蘇軍士無鬬志，青軍楊同簽被殺於居庸，布埒齊戰敗走，太子亦馳還都城。白索珠引兵入平則門。

丁亥，白索珠扈從皇太子及東宫僚出順承門，由雄、霸、河間，取道往冀寧。

**《元史》卷四六《順帝紀九》** 戊子，孛羅帖木兒駐兵健德門外，與禿堅帖木兒、老的沙入見帝於宣文閣，訴其非罪，皆泣，帝亦泣，乃賜宴。孛羅帖木兒欲追襲皇太子，老的沙止之。

庚寅，詔以孛羅帖木兒爲中書左丞相，老的沙爲中書平章政事，禿堅帖木兒爲御史大夫，其部屬布列省臺百司。以也速知樞密院事。詔諭：「孛羅帖木兒、擴廓帖木兒俱朕股肱，視同心膂，自今各棄宿忿，弼成大勳。」

**《續資治通鑑》卷二一八**　八月壬辰朔，日有食之。

吳常遇春、鄧愈等率兵討新淦之沙沆、麻嶺、牛陂諸寨，平之。執僞知州鄧志明送建康，與其兄克明皆伏誅。

乙未，吳命左相國徐達按行荆湖。

**《明通鑑》前編卷三**　戊戌，常遇春、鄧愈等復吉安。

**《國榷》卷二**　庚子，右副元帥王志爲飛熊衛指揮使。

常遇春次贛州，命平章彭時中協擊，中書右司郎中汪廣洋參謀遇春軍事。

**《續資治通鑑》卷二一八**　壬寅，詔以博囉特穆爾爲中書右丞相、監修國史，節制天下軍馬。

監察御史言：「綽斯戩矯殺丞相泰費音，盜用鈔板，私家草詔，任情放選，鬻獄賣官，費耗庫藏，居廟堂前後十數年，使天下八省之地悉至淪陷，乃誤國之姦臣，究其罪惡，大赦難原。曩者姦臣阿哈瑪特之死，剖棺戮尸，綽斯戩之罪，視阿哈瑪特有加，今雖死，必剖棺戮尸爲宜。」詔從之。而臺臣言猶不已，遂復没其家産，竄其子宣政使觀音努於遠方。

乙巳，皇太子至冀寧，奏除前監察御史張楨爲贊善，又除翰林學士，皆不起。

庫庫特穆爾將輔皇太子入討博囉特穆爾，遣使傳太子旨，賜以上尊，且訪時事。

乙卯，張士誠自以其弟代達實特穆爾爲江浙行省左丞相。

**《明通鑑》前編卷三**　士誠遂專有江浙，委政於士信。士信既爲江浙丞相，乃廣建第宅，蓄聲妓，恣荒淫。每出師，不問軍事，輒攜樗蒱蹴踘，擁婦女酣宴。寵信黄敬夫、蔡彦夫、葉德新三人，皆諂佞憸邪，日事蒙蔽，一時有「黄菜葉西風」十七字謡。西風，謂建康兵也。

太祖聞之，謂諸臣曰：「吾諸事經心，法不輕恕，尚且有人欺我。張九四終歲不出門，不理政事，有不敗者乎！」九四者，士誠小字也。

**《續資治通鑑》卷二一八**　是月，博囉特穆爾請誅狎臣圖嚕特穆爾，罷三宫不急造作，沙汰宦官，裁減錢糧，禁止西蕃僧好事。

吳常遇春兵至贛州，熊天瑞固守不下，吳王令平章彭時中以兵會遇春等共擊之。天瑞守益堅，遇春乃浚壕立柵以困之。

於皇太子。

**《國榷》卷二**　九月辛酉朔，置滁州千户所，合肥、六安二衛。

**《元史》卷四六《順帝紀九》**　宦官思龍宜潛送宫女伯忽都出自順承門，以達

**《國榷》卷二**　戊寅，御便殿，問侍臣：「石勒、苻堅孰優？」詹同曰：「石勒爲優。」王曰：「勒聰察有餘，果斷不足，馴致石季龍之禍。堅聰敏不足，寬厚有餘，故養成慕容氏父子之亂。俱不足道也。」

**《明通鑑》前編卷三**　辛巳，命中書省繪塑功臣像於卞壼、蔣子文廟，以時遣官致祭。其南昌及康郎山、處州、金華、太平府各功臣廟，亦令有司依時致祭。其未褒贈者，論功定擬以聞。

甲申，徐達、楊璟等率師進攻江陵，故漢平章姜珏詣達乞降，且曰：「當死者珏耳，百姓無辜。」達善其言，下令禁兵侵擾。列郡聞之，皆望風歸附。

**《國榷》卷二**　改長安州曰長興州，耿炳文爲長興衛指揮使。立劉成廟，初禦張氏戰死，贈成懷遠大將軍。

**《續資治通鑑》卷二一八**　乙酉，徐達遣裨將傅友德將兵取夷陵，故陳友諒守將楊以德率耆民出降。尋改夷陵爲峽州。

方明善攻平陽，吳參軍胡深遣兵擊敗之。

吳徐達帥兵至潭州。湘鄉土酋易華，集少壯據黄牛峰十餘年，至是達使人招之，華率其部衆以降。

故陳友諒歸州守將楊興，以城降於吳，就以興爲千户，守之。

**《元史續編》卷一六**　是月，大明兵取中興及歸、峽、潭、衡等路。

**《元史》卷四六《順帝紀九》**　前中書左丞許有壬卒。

**《國榷》卷二**　十月辛卯朔，乙未，遥授廖永安光禄大夫、柱國、江淮等處行中書省平章政事，封楚國公。時永安被張氏囚蘇州，甚念之。先是欲還吳兵三千人易永安，士誠不可，曰：「必易我士德。」遂止。

**《續資治通鑑》卷二一八**　乙卯，吳守江西都督朱文正，遣元帥宋晟以兵討須嶺寨。晟至，遣人招諭之，寨帥丁廷玉等及其下五千人來降，文正徙其衆并家屬於南昌。

吳常遇春等兵圍贛州既久，熊天瑞子元震，竊出覘兵勢，遇春亦乘數騎出，猝與相遇，元震不知其爲遇春也，過之。及遇春還，元震始覺，復來襲，遇春遣壯士揮雙刀擊之，元震奮鐵撾以拒，且鬭且卻。遇春曰：「壯男子也！」舍去之。

**《國榷》卷二**　行省都鎮撫改隸大都督府，秩從四品，專調各門守禦千户所。

**《續資治通鑑》卷二一八**　己未，詔皇太子還京師。

命伊蘇、婁都爾蘇分道總兵。

**《皇明資治通紀》卷三**　設起居注二員，以宋濂、魏觀爲之，日侍左右，記言動。

張士誠遣其弟僞丞相士信寇長興，守將耿炳文、費聚敗之，獲其元帥宋興祖。士誠憤怒，益兵圍城。湯和自常州來援，與炳文等合兵後擊敗之。士信走還。自是，士誠奪氣，不敢復圍長興矣。炳文守長興凡十年，孤城血戰，卒保無虞。

時僞漢將熊天瑞尚竊據贛州。上以手書諭鄧愈曰："熊天瑞龍鳳八年已請降，受賞賜。今背違初言，輕擾地方，理宜討罪，安靖人民。"以愈摠兵往討。既而，復命常遇春總兵，陸仲亨爲副討之。愈與遇春等合兵，平臨江之沙杭、麻嶺十洞，牛陂山寨，遂進攻贛州，圍之未下。上命中書左司郎中汪廣洋往，參謀遇春軍事，諭之曰："汝至贛州，城未下，可與遇春等言，熊天瑞用處孤城，猶籠禽阱獸，豈能逃逸。但恐破城之日，殺傷過多，要以保全生民爲心。一則可爲國家用，二則可爲未附者勸，且如漢將鄧禹不妄誅殺，得享高爵，子孫昌盛，此可爲法。向者鄱陽湖之戰，陳友諒既敗，生降其兵，至今爲我用，縱有逃歸者，亦我之民。我前克湖廣，禁軍士毋入城，故能全一郡之民，苟得郡，無民何益。"廣洋至贛，見遇春，傳上命。時天瑞拒守益堅，遇春乃濬濠立柵以圍之。

**《國榷》卷二**　十一月庚申朔，故元帥俞廷玉贈樞密院同知，追封河間郡公。

辛酉，置湖廣提刑按察司，章溢爲僉事，尋改浙東按察司。

浙東行省左丞朱文忠爲右丞，按察使單安仁爲左司郎中，諭中書省臣："立國之初，致賢爲急，中書綱領百司，任人須小大各適其宜。莫耶之利能斷犀象，以斷石則必缺。騏驥之駛能致千里，以服重則必蹶。必處之得其當，用之盡其才可也。"

壬申，故鄧克明部卒羅伍叛，寇撫州，守將金大旺討平之。

庚辰，置慈利軍民宣撫司，土官覃垕、夏克武爲宣撫使。

辛巳，命平章湯和自常州援長興。

戊子，王七子樉生。定妃達氏出。

湯和、耿炳文合擊張士信，大敗之，獲八千餘人，馬五百餘匹。士信出將，多樗蒲蹴踘，擁婦女酣宴，其命將，將或臥不起。邀官爵，美田宅。既至軍，亦日載妓歙博，即失地喪師，士誠置不問，或復用之。

**《續資治通鑑》卷二一八**　十二月庚寅朔，吴徐達兵克辰州。

達又遣指揮傅友德攻衡州，守將左丞鄧祖勝，棄城退保永州。衡州亦平。

**《國榷》卷二**　辛卯，裁諸處通課司。

**《續資治通鑑》卷二一八**　(己)〔乙〕巳，吴王遣使以書與庫庫特穆爾，約其通好，略曰："博囉犯闕，古今大惡，此正閣下正義明道、不計功利之時也。然閣下居河南四戰之地，承潁川新造之業，而博囉寇犯不已，慮變之術，不可以不審。閣下何靳一介之使，渡江相約！予地雖不廣，兵雖不強，然《春秋》卿交之義，常切慕焉。且亂臣賊子，人人得而誅之，又何彼此之分哉！英雄相與之際，正宜開心見誠，共濟時艱，毋自猜阻，失此舊好，惟閣下圖之！"

**《國榷》卷二**　乙卯，置拱衛司，專領校尉，屬大都督府，秩七品。

**《明通鑑》前編卷三**　丙辰，新淦鄧仲謙作亂，襲破州治，殺知州王真，江西大都督朱文正遣參政何文輝、指揮薛顯等討之。仲謙，志明從子也。

**《續資治通鑑》卷二一八**　是冬，張士誠浚常熟白茆港。

## 至正二五年(乙巳、一三六五)

**《續資治通鑑》卷二一八**　春正月己未朔，吴常遇春、鄧愈克贛州。

吴徐達遣千户胡海洋取寶慶路，克之，守將唐龍遁去。於是靖州軍民安撫司及諸長官司皆來降，達皆賞賚而遣之。

癸亥，封李思齊爲許國公。

**《元史》卷四六《順帝紀九》**　己巳，大明兵取寶慶路，守將唐隆道遁走。僞漢守將熊天瑞以贛州及韶州、南雄降於大明。

**《續資治通鑑》卷二一八**　壬申，吴常遇春進師南安，遣麾下危正踰嶺南，招諭韶州諸郡之未下者，於是韶州守將同僉張秉彝及南雄守將孫榮祖，各籍其兵糧來降。遇春令指揮王嶼守南雄，令秉彝守韶州。

吴大都督朱文正，遣參政何文輝、指揮薛顯等討新淦鄧仲謙，斬之。

吴王命平章湯和率兵討江西永新諸山寨。參政鄧愈還軍至吉安，遣兵討饒鼎臣於安福，部卒掠其男女千餘人，安福州判官潘樞告愈曰：「將軍奉揚天威以除禍亂，渠魁未殄而良民先被其害，非弔伐之義也。」愈立起驚謝，趣下令：「掠民者斬！」大索軍中所得子女，盡出之。樞因閉置空舍中，自坐舍外，煮糜粥食之，卒有謀夜劫取者，愈鞭之以徇。樞因悉護遣還其家，民大悅。愈還，至富州，復討平其山寨。捷聞，以愈爲江西行省右丞。

**《國榷》卷二**　甲戌，黄州知府陶安改饒州知府。

**《元史》卷四六《順帝紀九》**　壬午，監察御史孛羅帖木兒、賈彬等辯明哈麻、雪雪之罪。

**《明通鑑》前編卷三**　甲申，大都督朱文正以罪被執歸。

**《續資治通鑑》卷二一八**　乙酉，吴王將經理淮甸，親閱試將士，命鎮撫居明率軍士分隊習戰，勝者賞銀十兩，其傷而不退者，亦勇敢士，賞銀有差，且徧給酒饌勞之，仍賜傷者醫藥。因諭之曰：「刃不素持，必致血指；舟不素操，必致傾覆；若弓馬不素習而欲攻戰，未有不敗者，故使汝等練之。今汝等勇健若此，臨敵何憂不克！爵賞富貴，惟有功者得之。」顧謂起居注詹同等曰：「兵不貴多而貴精，多而不精，徒累行陣。近聞軍中募兵多冗濫者，吾時爲試之，冀得精鋭，庶幾有用也。」

蜀明玉珍更定官制，併六卿爲中書省、樞密院。以戴壽、萬勝爲左右丞相，向大亨、張文炳知樞密院事；鄒興鎮成都，吴友仁鎮保寧，莫仁壽鎮夔關，皆平章事；竇英鎮播州，姜珏鎮彝陵，皆參知政事；荆玉鎮永寧，商希孟鎮黔南，皆宣慰使。未幾，遣勝攻興元，下之。

**《國榷》卷二**　二月己丑朔，元福建行省平章陳友定侵處州，參軍胡深往禦之，下浦城。

左相國徐達言湖湘平，命班師。

辛丑，遣千户夏以松守臨江，張信守吉安，單安仁守瑞州，宋炳守饒州，參軍詹允亨總制辰、沅、靖、寶慶，受湖廣行省節制。

**《明通鑑》前編卷三**　丙午，張士誠遣其司徒李伯昇，率馬步舟師二十萬踰浦江，報諸全之怨也。

士誠又以兵自桐廬溯釣臺，窺嚴州，文忠命以舟師拒之，分署諸將，各爲備禦居守，自率指揮朱亮祖等馳救。

丁巳，去新城二十里而軍。德濟潛使人告「賊勢盛，宜少避其鋭以俟大軍」，文忠曰：「以衆則彼勝，以謀則我勝。昔謝玄以兵八千破苻堅百萬，兵在精，不在衆也。」乃下令曰：「彼衆而驕，我少而鋭。以鋭當驕，一戰可克。且其輜重山積，此天以富汝曹也。勉之！」

詰朝，軍方食，候卒告敵至。文忠悉精鋭張左右翼，使元帥徐大興、湯克明等將左軍，嚴德、王詔等將右軍，而自以中軍當敵衝。會胡深遣耿天璧以援師至，文忠軍益奮。與諸將申約束，即横槊引鐵騎數十，乘高馳下，直出陣後，衝其中堅。敵以精騎圍文忠數重，矛屢及膝。文忠大呼，手格殺其驍將數人，所向皆靡，左右軍乘之，德濟亦率城中將士鼓譟而出。士誠兵大潰，逐北十餘里，斬首以萬數。文忠命收兵會食，遣朱亮祖、張斌追殄餘寇，燔其營落數十，獲僞同僉韓謙等六百人，甲士三千，馬八百，委棄輜重鎧仗如山，收旬日不盡。伯昇、再興僅以身免。

太祖聞捷，大喜，召文忠、德濟入京，賜御衣、名馬，尋擢德濟行省右丞。

**《國榷》卷二**　康茂才爲神武衛指揮使。

**《續資治通鑑》卷二一八**　戊午，皇太子在冀寧，命甘肅行省平章多爾濟巴勒以岐王阿喇奇爾軍馬會平章臧卜、李思齊，各以兵守寧夏。

三月庚申，皇太子下令於庫庫特穆爾軍中曰：「博囉特穆爾襲據京師，余既受命總督天下諸軍，恭行顯罰，少保、中書平章政事庫庫特穆爾，躬勒將士，分道進兵，諸王、駙馬及陝西平章政事李思齊等，各統軍馬。尚其奮義戮力，剋期恢復。」

博囉特穆爾聞之，大怒，嗾監察御史武起宗，言皇后奇氏外撓國政，因奏帝，宜遷后出於外，帝不答。

丙寅，遂矯制幽后於諸色總管府，令其黨姚巴延布哈守之。

丁卯，命婁都爾蘇、拜特穆爾並爲御史大夫。

辛巳，吴常遇春平贛軍還，王御戟門頒賞以勞之。

**《明通鑑》前編卷三**　癸未，起居注宋濂乞歸省金華，太祖賜金幣遣之。

**《御批歷代通鑑輯覽》卷九九**　太子大發兵討博囉特穆爾，博囉特穆爾幽二皇后奇氏，調兵拒戰，大敗。

**《明通鑑》前編卷三**　夏四月，己丑朔，參軍胡深進攻建寧之松溪，克之，獲陳友定守將張子玉。太祖聞之，喜曰：「子玉驍將，禽之則友定破膽。乘勢攻之，理無不克。」

深既下松溪，留元帥李彦文安輯其衆，因請發廣信、撫州、建昌三路之兵規取八閩。太祖遣廣信指揮朱亮祖由鉛山，建昌左丞王溥由杉關，會深齊進。

庚寅，命常遇春徇襄、漢諸路。

**《續資治通鑑》卷二一八**　博囉特穆爾至諸色總管府見皇后奇氏，令還宫取印章，作書遺皇太子，遣内侍官鄂勒哲圖持往冀寧，復出皇后，幽之。

**《國榷》卷二**　命平章常遇春曰：「安陸襄陽，跨連巴蜀，控扼南北，古必争地，汝其往取。夫堅城之下，緩則頓師，急則驅死，相機招輯，是在賢將軍。」復命江西行省右丞鄧愈爲湖廣行省平章政事，敕曰：「今遣遇春取安陸襄陽，汝兵繼之，所得州郡，撫其降附。近聞擴廓帖木兒集兵汝寧，汝能愛軍卹民，人心自歸，爾其念之。」

癸巳，遣趙好賜方谷珍紗綺鞍轡。

庚子，置衡州衛。

五月戊午朔，庚申，廣信衛指揮王文英兵趨鉛山之佛母嶺，敗陳友定兵，走之。

辛酉，參軍胡深請自廣信、撫州、建昌分道攻陳友定。遂命廣信衛指揮朱亮祖出鉛山，建昌左丞王溥出杉關，會胡深。

**《續資治通鑑》卷二一八**　甲子，京師天雨氂，長尺許。或言於帝曰：「龍鬚也。」命拾而祀之。

**《明通鑑》前編卷三**　平章常遇春攻安陸，克之，禽其守將任亮。以沔陽衛指揮吴復守安陸。

己卯，進攻襄陽，守將棄城遁。遇春追擊之，俘其衆五千。僞僉院張德、羅明以穀城降，送之建康。

是月，浙東元帥何世明敗張士誠兵於新溪，又敗之於柴溪。胡深等兵至浦城，亦敗陳友定兵於浦城之南。

**《續資治通鑑》卷二一八**　是月，侯布延達實奉威順王自雲南、西蜀轉戰而出，至成州，欲之京師，李思齊俾屯田於成州。

六月戊子，以黎安道爲中書參知政事。

己丑，吴置思南宣慰使司。

丁酉，吴克安福州。

辛丑，湖廣行省左丞周文貴復寶慶路。

乙巳，皇后奇氏自幽所還宫。

**《明通鑑》前編卷三**　壬子，參軍胡深進兵攻樂清，克之，禽方國珍鎮撫周清等，送建康。

時朱亮祖等已至閩，深遂會兵攻崇安、建陽，克之。進攻建寧，時陳友定將阮德柔嬰城固守。軍次城下，亮祖欲攻之，深覘氛祲不利，謂亮祖曰：「天時未協，將必有災。」亮祖曰：「天道難知。山澤之氣，變態無常，何足徵也！」迫深進兵，深猶持不可。德柔以兵四萬屯錦江，逼深陣後，亮祖督戰益急。深不得已，遂引兵鼓譟而進，破其二栅。德柔悉精鋭扼深軍，圍之數重。日已暮，深突圍出，伏兵忽起，馬蹶，被執。友定素重深，禮遇之。深因盛稱太祖神聖威武，天命有歸。且援竇融歸漢故事以喻友定。友定雖不聽，亦無殺深意。會元使至，督趣之，遂遇害。

吴何文輝等平山寨，擒其盜萬興宗，斬之。

乙卯，以太尉和尼齊爲御史大夫。

**《續資治通鑑》卷二一八**　吴王下令：「凡農民田五畝至十畝者，栽桑、麻、木棉各半畝，十畝以上者倍之，其田多者，率以是爲差。有司親臨督率，不如令者有罰。不種桑，使出絹一匹，不種麻及木棉，出麻布、棉布各一匹。」

是月，皇太子進封李思齊爲邠國公，加封中書平章政事，兼知四川行樞密院事，虎符招討使，分中書四部。

博囉特穆爾遣圖沁特穆爾率軍伐上都之附皇太子者，調伊蘇南禦庫庫特穆爾軍。伊蘇次良鄉，不進而歸永平，使人西連太原，東結遼陽，軍聲大振。博囉患之，遣驍將姚巴延統兵出禦，至通州，河溢，營紅橋以待，伊蘇出其不意襲破之，殺姚巴延。博囉恐，自將出通州，三日大雨，取一女子，不戰而還。

博囉先嘗以猜疑殺其將保安，既又失姚巴延，鬱鬱不樂，乃日與妻都爾蘇飲宴，酗酒殺人，喜怒不測，人皆畏忌。

**《明通鑑》前編卷三**　秋七月丁巳朔，命降將張德山歸襄陽，招諭未附山寨。

**《國榷》卷二**　戊午，休渡江舊兵於外郡，物故者，妻子月給衣廩。

辛酉，王天錫爲湖廣行省都事。

**《續資治通鑑》卷二一八**　庚申，故陳友諒左丞周文貴之黨復攻陷辰溪，吴總制辰沅等州事，參軍詹允亨遣兵討之。

甲子，吴王遣使以書與庫庫特穆爾曰：「曩者初無兵端，尹焕章來，得書喜甚，即遣汪何同往，爲生者賀，殁者弔。使者去而不回，復遣人往，皆被拘留。且閣下昔與博囉搆兵，雌雄未決，尚以知院郭雲、同僉任亮攻我景陵，掠我沔陽。予思此城雖元之故地，久在他人之手，予從他人得之，非取於元者也。閣下外假元名，内懷自逞，一旦輕我，遂留前使。予雖不校，但以閣下内難未除，猶出兵以欺我，使其勢專力全，又當何如！果若挾天子令諸侯，創業於中原，則當開誠心，示磊落，睦我江淮。今乃遣竹昌、忻都率兵深入淮地，殺掠人民，殆非所宜。況有自中原來者，備言張思道、李思齊等，連和合從，專併閣下，此正可慮之秋，安可坐使西北數雄，結連關内，反舍近圖，欲趨遠利，獨力支吾，非善計也。予嘗博詢廣采，聞軍中將欲爲變，恐不利於閣下，故特遣人敍我前意，述我所聞，閣下其圖之！節次使命若能遣回，庶不失舊好，惟亮察焉。」思道，張良弼字也。

乙丑，思州宣撫使田仁厚遣使如吴，獻其所守之地。吴改宣撫司爲思南、鎮西等處宣慰司，以田仁厚爲宣慰使。

**《國榷》卷二**　丁卯，置尚食、尚醴二局，設大使、副使。

**《續資治通鑑》卷二一八**　癸酉，吴辰州沅陵縣民向珍八作亂，參軍詹元亨遣千户何德討平之。

壬午，吴置太史監，以劉基爲太史令。

乙酉，博囉特穆爾伏誅。

**《元史》卷四六《順帝紀九》**　丙戌，遣使函孛羅帖木兒首往冀寧，召皇太子還京師。大赦天下。黎安道、方脱脱、雷一聲皆伏誅。

是月，京師大水。河決小流口，達於清河。

八月丁亥朔，京城門至是不開者三日。竹貞、貊高軍至城外，命軍士緣城而上，碎平則門鍵，悉以軍入，占民居，奪民財。

**《國榷》卷二**　辛卯，募兵於霍丘安豐。

御東閣，語詹同以趙普説宋太祖收諸將兵權，歎曰：「使諸將不早解兵柄，宋之天下必不五代若也。普雖忌刻，其功多矣。」

**《續資治通鑑》卷二一八**　周文貴復攻辰州，吴千户何德率輕騎直抵其寨，攻破之，文貴退保麻陽。

癸卯，命皇太子分調將帥，戡定未復郡邑，即還京師，行事之際，承制用人，並準正授。

庫庫特穆爾以歲當大比，而江南、四川諸行省皆阻於兵，其鄉試不廢者，唯燕南、河南、山東、陝西、河東而已，乃啓皇太子倍增鄉貢之額。

丁未，皇后鴻吉哩氏崩。

辛亥，吴羅田盜藍丑兒，詐稱彭瑩玉，造妖言以惑衆，設官吏，劫居民。麻城里長袁寶襲捕之，擒丑兒以獻，吴王嘉其仗義，賜以綺帛。

**《國榷》卷二**　指揮李琛取竹山縣，降之。

**《續資治通鑑》卷二一八**　壬子，以洪寶寶、特古斯布哈、薩勒圖並爲中書平章政事。

九月丙辰朔，吴置國子監，以故集慶路學爲之。

**《元史》卷四六《順帝紀九》**　擴廓帖木兒扈從皇太子至京師。

壬午，詔以伯撒里爲太師、中書右丞相，監修國史；擴廓帖木兒爲太尉、中書左丞相，録軍國重事，同監修國史、知樞密院事，兼太子詹事。

**《續資治通鑑》卷二一八**　巴咱爾累朝舊臣，而庫庫以後生晚出，乃與並相，朝士往往輕之。且居軍中久，樂縱恣，無檢束，在朝兩月，怏怏不樂，即請南還視師。

**《元史續編》卷一六**　以方國珍爲淮南左丞相。分省慶元。

**《續資治通鑑》卷二一八**　明玉珍遣其參政江儼通好於吴，吴命都事孫養浩報以書曰：「足下處西蜀，予處江左，蓋與漢季孫、劉相類，王保保虎踞中原，其志不在曹操下。予與足下實脣齒邦，願以孫、劉相吞噬爲戒。」

冬十月戊子，吴王聞明玉珍取雲南失利，諸將往往暴掠，玉珍不能制，復以書戒之。

**《國榷》卷二**　戊戌，下令伐吴，略曰：「張士誠假元命，叛服不常，天將假手於我，是用行師，以致天討。況士誠啓釁多端，襲我安豐，寇我諸暨，連兵搆禍，罪不可逭。今命大將致討，止於罪首，餘軍民無妄逃竄，無廢農業，已敕大將軍約束，毋擄掠，違者論如律。」

**《續資治通鑑》卷二一八**　庚子，吴命中書省以書招諭虎背寨劉寶，使之款附。

辛丑，吴王命左相國徐達、平章常遇春、胡廷瑞、同知樞密院馮國勝、左丞華高等，率馬步舟師水陸並進，規取淮東泰州等處。

時張士誠所據郡縣，南至紹興，與方國珍接境，北有通、泰、高郵、淮安、徐、宿、濠、泗，又北至於濟寧，與山東相距。王欲先取通、泰諸郡縣，翦士誠羽翼，然後專取浙西，故命達總兵取之。

壬寅，以哈喇章知樞密院事。

乙巳，吳徐達兵趨泰州，浚河通州，遇張士誠兵，擊敗之，遂駐軍海安壩上。

丙午，婁都爾蘇擁博囉特穆爾母、妻及其子天寶努西北走，合圖沁特穆爾軍。丁未，益王温都遜特穆爾、樞密副使觀音努擒婁都爾蘇，誅之。圖沁特穆爾以餘兵往巴爾蘇之地，命嶺北行省左丞莽珊僧、知樞密院事魏賽音布哈同討之。

吳徐達兵圍泰州新城，敗張士誠淮北援兵，獲其元帥王成。

戊申，以資政院使圖嚕爲御史大夫。

己酉，張士誠遣淮安李院判來援泰州，常遇春擊敗之，擒萬户吳聚等。遣人諭降其城中，僉院嚴再興、副使夏思忠、院判張士俟等拒守不下。

饒鼎臣既走茶陵，復合浦陽羣盜於南峯山寨，時出侵掠。

癸丑，吳元帥王國寶等率兵擊敗之，鼎臣遁去。

信州盜蕭明，率兵攻圍吳饒州，知府陶安召父老告之曰：「我糧實城堅，素有其備，賊黨驅烏合而來，不足畏也。但能固守，不過數日，援兵至，破賊必矣。」衆皆諾。安與千户宋炳親率吏民分城拒守，選勇健爲游兵，晝夜巡捍，而請救於江西行省。安登城諭賊曰：「爾衆，吾民也，反爲賊用，得毋失計乎？」衆曰：「使皆如太守與總制，豈有今日！若破城，必不相害。」安命射之，矢下如雨，賊不能逼。越三日，行省援兵至，遂大敗之，蕭明遁去，擒僞招討都海、萬户袁勝，斬之。諸將欲屠從寇者，安曰：「民爲所脅，柰何殺之！」不許。饒州遂安。

閏月乙卯朔，吳江陰水寨守將康茂才遣告吳王曰：「張士誠以舟師四百艘出大江，次范蔡港，别以小舟於江中孤山往來，出没無常，疑有他謀，請爲之備。」

王使諭徐達曰：「茂才言士誠以舟師往來江中，吾度此寇非有攻江陰直趨上流之計，不過設詐疑我，使我陸寨之兵還備水寨。我兵既分，彼將棄我水軍，疾趨陸寨，擣吾之虚，此一詭策也。又聞常遇春出海安七十餘里擊寇，寇兵不過萬人，此非抗我大軍之勢，蓋欲誘遇春深入。去泰州既遠，彼必潛師以趨海安，或趨泰州，令我大軍勢分，首尾衡決，不及救援，此又一詭策也。兵法，致人而不致於人，爾宜審慮。使至，即令遇春駐師海安，慎守新城，坐以待寇。彼若遠來趨敵，吾以逸待勞，可一戰而克。泰興以南並江寇舟，亦宜備之。」

己未，王親至茂才水寨，又遣人以手書諭達等曰：「如有所言，即疾馳來報，予駐師以待。」

**《國榷》卷二**　吳王自至江陰康茂才水寨，賜徐達書曰：「初聞爾等距寇甚邇，爲是馳至，緩急相策應，今乃知不然。所遣陳經歷來，有所言即馳報，予駐師以待。」

吳俘百二十九人戍潭州。

**《續資治通鑑》卷二一八**　庚申，以寶國公五十八知樞密院事。

詔張良弼、俞寶、孔興等悉聽調於庫庫特穆爾。

**《國榷》卷二**　辛酉，還應天。

**《續資治通鑑》卷二一八**　戊辰，吳平章湯和克永新，執周安等送建康，斬之。

時中原雖無事，而江淮、川蜀皆失，皇太子累請出督師，帝難之。

**《元史》卷四六《順帝紀九》**　辛未，詔封擴廓帖木兒河南王，代皇太子親征，總制關陝、晉冀、山東等處并迤南一應軍馬，諸王各愛馬應該總兵、統兵、領兵等官，凡軍民一切機務、錢糧，名爵、黜陟，予奪，悉聽便宜行事。

**《續資治通鑑》卷二一八**　甲戌，吳指揮副使王漢寶取餘干州，以前鎮撫李旭守之。

庚辰，吳徐達、常遇春克泰州，擄張士誠守將嚴再興、夏思忠、張士俊等，獻捷於建康，且以守城事宜爲請。王命達以便宜處之，其未下諸城，乘勝進取。

辛巳，以托克托穆爾爲中書右丞，達實特穆爾爲參知政事。

吳徐達遣黄旗千户劉傑分兵徇興化，張士誠守將李清戰敗，閉城固守，傑攻之不下。士誠遣將來援，傑擊走之。

**《國榷》卷二**　癸未，安置吳俘五千人於潭辰，時天寒，各賜衣一襲，又賜婦女衣履針綫，皆大悦。

**《續資治通鑑》卷二一八**　十一月甲申朔，信州盜蕭明寇婺源州，吳知州白謙力不能禦，懷印出北門赴水死。謙蒞政廉忠，自奉甚薄，嘗遇除夕，無他供具，惟蔬食而已。人以此稱之。

**《明通鑑》前編卷三**　辛卯，徐達進攻高郵。太祖恐其深入敵境，不能策應諸將，乃命馮國勝率所部節制高郵，俾達還軍泰州，圖取淮安、濠、泗。

甲午，元帥王國寶邀擊饒鼎臣，敗之。鼎臣中弩死，餘黨遂潰。

**《續資治通鑑》卷二一八**　乙未，吳王以李濟據濠州，名爲張氏守，而觀望未決，命右相國李善長以書招之，以善長與濟同鄉里故也。濟得書不報。

張士誠兵寇宜興，吳王命徐達令馮國勝圍高郵，常遇春守海安，遣別將守泰州，而自以精兵援宜興。達遂率兵渡江，至宜興城下，擊敗士誠之衆，獲三千餘人。

**《國榷》卷二**　己酉，命中書省掾劉大昕往荆州分省參贊機務。張昶，傅瓛爲中書省參政。

**《元史》卷四六《順帝紀九》**　是月，大明兵取泰州。時泰州、通州、高郵、淮安、徐州、宿州、泗州、濠州、安豐諸郡，皆張士誠所據。

**《國榷》卷二**　十二月甲寅朔，乙卯，命興安衛指揮王克恭屯於潛，以援桐廬、昌化諸軍。

**《續資治通鑑》卷二一八**　張士誠遣將以兵八萬攻安吉，吳將費聚所部僅二千人，堅壁拒守，射殺其驍將二人，敵驚潰而去。

吳徐達自宜興還兵攻高郵，張士誠遣其左丞徐義由海道入淮援之。義怨士誠，以爲陷己死地，屯崑山之太倉，三月不進。

立第二皇后奇氏爲皇后。中書省奏改資（正）〔政〕院爲崇政院，而中（正）〔政〕院亦兼主之，帝乃授之册寶，詔天下。改奇氏爲索隆噶氏，仍封其父以上三世皆王爵。

**《元史》卷四六《順帝紀九》**　癸亥，以帖林沙爲中書參知政事。

**《國榷》卷二**　秦從龍卒，年七十餘。吳王方督軍至鎮江，哭其家。

置襄陽衛。

壬午，張士誠以舟師數百艘泊君山，復出兵自馬馱沙溯流窺江陰。

**《續資治通鑑》卷二一八**　是月，圖沁特穆爾伏誅。

**《明通鑑》前編卷三**　是歲之夏，元思南宣慰使田仁智遣其都事楊琛歸款，并納元所授宣慰使印。太祖喜曰：「仁智僻處遐荒，世長溪峒，乃能識天命，先來歸誠，可嘉也！」俾仍爲思南道宣慰使，授琛思州等處宣撫使，給以三品銀印。

其秋，思州宣撫使田仁厚亦遣使獻其所守地，命改宣撫司爲思南、鎮西等處宣慰司，亦以仁厚爲宣慰使。

## 至正二十六年（丙午、一三六六）

**《皇明資治通紀》卷三**　正月，置兩淮都轉運鹽使司。僞吳舟師數百艘出馬馱沙，泝大江，復侵鎮江，江陰守將吳良、吳鎮嚴兵以待。上親帥大軍，水陸並進討之，至鎮江，寇已遁去。追至巫子門，寇乘潮逆拒，首尾相失，良等縱兵來擊，大破之，獲士卒二千。寇退，上臨幸江陰，見良等防禦有方，謂曰：「汝非昔日之吳起乎？」稱歎久之。良在江陰十年，軍民安枕，一境帖然。上有事江漢，大軍屢出東藩，竟無擾亂，良爲之捍蔽也。禁種秫，下令曰：「予自創業江左，十有二年，軍國之費，科徵於民。吾民效順輸賦，固爲可喜，然竭力畎畝，所入有限，而取之過重，心甚憫焉。曩因民造酒糜費米麥，故行禁酒之令。今春米麥稍平，或以爲頗益於民，然不塞其源而欲遏其流，不可也。其令農民今歲無得種秫米，以塞造酒之源。欲使五穀豐積而價平，吾民得所養以樂有生，庶幾萬民之富實也。」

**《國榷》卷二一**　辛卯，諭中書省臣，春和，令有司勸農。

改宣城府曰宣州，維揚府曰揚州。

**《續資治通鑑》卷二一九**　吳王命按察司僉事周楨等定擬按察事宜，條其所當務者以進。諭之曰：「風憲紀綱之司，惟在得人，則法清弊革。人言神明可行威福，鬼魅能爲妖禍。爾等能興利除害，輔國裕民，此即神明；若陰私詭詐，蠹國害民，此即鬼魅也。凡事當存大體，有可言者，毋緘默不言；有不可言者，毋沽名賣直。苟察察以爲名，苛刻以爲能，下必有不堪之患，非吾所望於風憲矣。」

**《元史》卷四七《順帝紀一〇》**　己酉，以崇政院使孛羅沙爲御史大夫。

壬子，以完者不知樞密院事。

是月，以沙藍答里爲中書左丞相。命燕南、河南、山東、陝西、河東等處舉人會試者，增其額數，進士及第以下遞陞官一級。

**《續資治通鑑》卷二一九**　二月癸丑朔，立河淮水軍元帥府於孟津。

吳湖廣參政張彬，率指揮胡海洋等討辰州周文貴，攻破其壘；文貴黨劉七自益陽來援，復敗之，文貴等遁去。

丁卯，四川容美峒宣撫田光寶，遣其弟光受以元所授宣撫敕印降於吳，吳王以光寶爲四川行省參（知）〔政〕，兼容美峒軍民宣撫使，仍爲置安撫元帥以治之。

吳處州青田縣山賊夏清，連福建陳友定兵攻慶元縣，浙東按察僉事章溢召所部義兵擊走之。

**《國榷》卷二**　彭世雄爲保靖軍民安撫使，田升玉爲鎮南軍民宣慰使，田光俊爲太平、臺宜、靖安等處安撫使，墨色釋用爲桑植、荒溪等處宣撫使，田思勝爲守鎮邊境等處軍民元帥府元帥，楊妙興爲守鎮邊境等處元帥府元帥，皆土官初附。

**《續資治通鑑》卷二一九** 己巳，吳置兩淮都轉運鹽使司，所領凡二十九場。

**《明通鑑》前編卷三** 初，徐達援宜興，太祖命馮國勝統兵圍高郵。張士誠將俞同僉詐遣人來降，約推女牆爲應。國勝信之，夜，遣指揮康泰率數百人先入城，敵閉門，盡殺之。太祖怒，召國勝，決大杖十，令步詣高郵。國勝慚憤力攻。

適徐達自宜興還，癸酉，達請以指揮孫興祖守海安，常遇春督水軍爲高郵聲援，太祖從之。復遣使諭達曰：「士誠起自高郵，以有吳、越，此其巢穴也，大軍攻之，彼必來救。今聞徐義已入海，或由射陽湖，或由瓠子角，或出寶應趨高郵，不可不備！」又令達駐師泰州以防賊窺海安。

**《續資治通鑑》卷二一九** 吳湖廣潭州衛指揮同知嚴廣平茶陵諸寨。

甲戌，詔天下：「以比者逆臣博囉特穆爾、圖沁特穆爾、婁都爾蘇等，干紀亂倫，內外之民經值軍馬，致使困乏，與免一切雜泛差徭。」

庫庫特穆爾自京師還河南，欲廬墓以終喪，左右咸以爲受命出師，不可中止，乃復北渡，居懷慶。

是月，明玉珍有疾，命其臣僚曰：「西蜀險塞，汝等協心同力，以輔嗣子，可以自守。不然，後事非吾所知也。」遂卒。僭號凡五年。子昇立，年十歲，改元開熙，母彭氏同聽政。

(二)[三]月庚寅，吳王令徐達自泰州進兵，取高郵、興化及淮安。

甲午，庫庫特穆爾遣關保、浩爾齊統兵從大興關渡河以俟，先檄調關中四軍。張良弼、圖魯卜、孔興俱不受調。李思齊得檄大怒，罵曰：「乳臭小兒，黃髮猶未退，而反調我！我與汝父同鄉里，汝父進酒，猶三拜然後飲，汝於我前無立地，而今日公然稱總兵調我耶？」自是東西搆兵，相持不解。

乙未，廷試進士七十三人，賜赫德布哈、張棟等及第、出身。

監察御史裕倫布建言八事：一曰用賢，二曰申嚴宿衛，三曰保全臣子，四曰八衛屯田，五曰禁止奏請，六曰培養人才，七曰罪人不孥，八曰重惜名爵。帝嘉納之。

丙申，吳命江淮行省平章韓政率兵取濠州。

吳命中書嚴選舉之禁。初令府縣每歲薦舉，得賢者賞，濫舉及蔽賢者罰。至是復命知府、知縣有濫舉者，俟來朝治其罪；未當朝覲者，歲終逮至京師治之。

丁未，王以書諭達曰：「近大軍下高郵，可乘勝取淮安。兵不在衆，當擇其精者用之，水陸並進，勿失機也。其餘軍馬，悉令常遇春統領，守泰州、海安，應援江上。」

**《御批歷代通鑑輯覽》卷九九** 庫庫特穆爾調張良弼等兵不應，遂遣兵西擊良弼，李思齊等與良弼連兵拒之。

**《元史》卷四七《順帝紀一〇》** 是月，擴廓帖木兒還河南，分立省部以自隨，尋居懷慶，又居彰德，調度各處軍馬，陝西張良弼拒命。

罷洛陽嵩縣宣慰司。

是月，大明兵取高郵府。

**《續資治通鑑》卷二一九** 夏四月癸丑朔，明昇遣其學士虞封告哀於吳。

**《國榷》卷二** 乙卯，吳王閱古車制，至《周禮》五輅，曰：「玉輅侈矣，其木輅乎。」參政張昶曰：「木輅，戎輅也，不可祀王。」王曰：「孔子取殷輅，何爲違之。」

徐達至淮安，徐義敗去，右丞梅思祖等出降。

**《續資治通鑑》卷二一九** 丙辰，吳徐達兵至淮安，聞徐義兵在馬騾港，夜，率兵往襲之，破其水寨，義泛海遁去。舟師進薄城下，其右丞梅思祖等籍軍馬府庫出降，達宿兵城上，民皆安堵。命指揮蔡先、華雲龍守其城。

**《國榷》卷二** 丁巳，沂州王宣襲海州，入之。

戊午，徐達克興化。先據瓢子角，扼興化之吭，故下之。淮地悉平。

己未，王謂劉基、王禕曰：「四方凋瘵，吾欲紓之。」基曰：「方今用武殆未可。」王曰：「吾將定賦焉。定賦則用節，節則民不困；定賦則未兼，兼則國常裕。」皆對曰善。

**《明通鑑》前編卷三** 命平章韓政取濠州。

**《國榷》卷二** 辛酉，命朱文忠往徐達軍議淮安城守，以新附，屬其選將簡卒。

壬戌，馳書諭宿州吏民。元徐州守將，樞密院同知陸聚以徐、宿降，拜聚江淮行省參政，仍守徐州。賜文綺三十，白金三百。仍書諭吏民曰：「胡元失政，亂起汝、潁間，天下皆謂豪傑奮興，太平立見，乃惟妖言是庸。元之將校，師行甚寇，中原板蕩，十餘年矣。咨爾士民，勞苦日深，自歲丙午始，賦役軍需，參政聚議於有司，毋繁以苛，爾安毋悖。」

癸亥，淮安降將梅思祖等入見，慰諭之。

**《續資治通鑑》卷二一九**　甲子，吳王發建康，往濠州省陵墓，命博士許存仁、起居注王禕等從行。遣使諭徐達曰：「聞元將珠展領馬步兵萬餘自柳灘渡入安豐，其部將漕運自陳州而南，給其餽餉。我廬州俞平章見駐師東正陽，修城守禦，宜令遣兵巡邏，絶其糧道。安豐糧既不給，而珠展遠來之軍，野無所掠，與我軍相持，師老力罷，爾宜選劉平章、薛參政部下騎卒五百，并廬州之兵，速與之戰，一鼓可克也。不然，事機一失，爲我後患。」達聞命，既統率馬步舟師三萬餘人進取安豐。

丁卯，吳江淮行省參政、守徐州陸聚遣兵攻魚臺，下之，又遣兵取邳州。於是邳、蕭、宿遷、睢寧諸縣皆降於吳。

**《明通鑑》前編卷三**　時有言「發祥之地，靈秀所鍾，不宜啓遷以洩山川之氣」，太祖然之，乃令增土培其封，置守冢二十家。里人劉英、汪文，與太祖故舊，召至，相勞苦，並以守冢事屬焉。汪文，即太祖自製《皇陵碑》所謂「汪氏老母」者，文其子也。

戊辰，濠州父老經濟等謁見，太祖與之宴，極歡，謂濟等曰：「吾去鄉十有餘年，艱難百戰，乃得歸省墳墓，與父老子弟復相見，今苦不得久留歡聚爲樂。父老幸教子弟孝弟力田，毋遠賈。濱淮郡縣，尚苦寇掠，父老善自愛。」濟等皆頓首謝曰：「久苦兵争，不遑安處，微吾王之威德不及此。」

於是達等率馬步舟師三萬餘人，進兵安豐。辛未，薄城下，分遣韓政等以兵扼其四門。乃於東城龍尾壩潛穿其城二十餘丈，城壞，遂克之，實都、珠展、左君弼等皆出走。我師追奔十餘里，獲實都及裨將賁元(師)〔帥〕而還，珠展、君弼並走汴梁。日晡，珠展復率師來援，政等再與戰於南門外，大敗之。珠展遁去，追至潁，獲其運船以歸。遂置安豐衛，留指揮唐勝宗守之。

**《國榷》卷二**　癸酉，令徐達分兵趨徐州，以擴廓帖木兒南侵，遂敗之。

**《明通鑑》前編卷三**　戊寅，吳王將還建康，謁辭墓，召汪文、劉英，賞以綺帛、米粟，曰：「此以報宿昔相念之德。」又謂諸父老曰：「鄉縣租賦，當令有司勿征。一二年間，當復來相見也。」

**《元史》卷四七《順帝紀一〇》**　是月，大明兵取淮安路、徐州、宿州、濠州、泗州、潁州、安豐路。

五月壬午朔，洛陽瑞麥生，一莖四穗。

**《國榷》卷二**　吳王還應天，諭中書省臣，以在道見流亡失業，其命有司訪遺民，俾之還土。

庚寅，購遺書，語詹同等曰：「吾燕居讀《論語》，節用愛人，使民以時，真治國之良規也。」吳王微時目不知書，起兵後，日親諸儒，流覽神解，手撰書檄，注射簡峭，文士顧不及也。

**《續資治通鑑》卷二一九**　甲辰，以托克托布哈爲御史大夫。

**《國榷》卷二**　六月壬子朔，醫學提舉司改太醫監，設少監、監丞。

**《續資治通鑑》卷二一九**　汾州介休縣地震。平遥縣大雨雹。紹興路山陰縣卧龍山裂。

己未，命知樞密院事瑪嚕以兵守直沽，命河間鹽運使拜珠、曹履亨撫諭沿海竈户，俾出征夫從瑪嚕征討。

丙寅，詔：「英宗時謀爲不軌之臣，其子孫或成丁者，可安置舊地，幼者隨母居草地，終身不得入京城及不得授官，止許於本愛馬應役。」

皇后索隆噶氏生日，百官進牋，皇后諭薩藍托里等曰：「自世祖以來，正宫皇后壽日，不曾進牋，近年雖行，不合典故。」卻之。

**《國榷》卷二**　癸亥，諭廷臣曰：「近者徐氏以柔懦滅，陳氏以剛暴亡。今惟張氏存，然弛政昵奸，費用無經，殆將覆矣。夫察於亡者，然後可以圖存；審於危者，然後可以求安。吾輩其鑒之。」

**《元史》卷四七《順帝紀一〇》**　秋七月辛巳朔，日有食之。徐溝縣地震。介休縣大水。石州大星如斗自西南而落。

**《續資治通鑑》卷二一九**　壬午，吳王遣使與庫庫特穆爾書曰：「曩者尹焕章來，隨遣汪何報禮。竊意當此之時，博囉提精兵往雲中，與京師密邇，其勢必先挾天子，閣下恐在其號令中，故力與之競，若歸使者，必泄其謀，故留而不遣。今閣下不留心於北方，而復千里裹糧，遠争江淮之利，是閣下棄我舊好而生新衅也。兵勢既分，未免力弱。是以博囉雖無餘孽跳梁於西北，而鳳翔、鹿臺之兵合黨而東出，俞寶拒戰於欒安，王仁逃歸於齊東，幽燕無腹心之託，若加以南面之兵，四面並起，當如之何？此皆中原將士來歸者所説，豈不詳於使臣復命之辭，足下拘留不遣，果何益哉！意者閣下不過欲挾天子令諸侯，以效魏武終移漢祚，然魏武能使公孫康擒袁尚以服遼東，使馬超疑韓遂以定關右，皇后、太子如在掌握中，方能撫定中原。閣下自度能垂紳搢笏，决此數事乎？恐皆出魏武下矣。倘能幡然改轍，續我舊好，還我使臣，救災卹患，各保疆宇，則地利猶可守，後患猶可弭。如或不然，我則整舟楫，乘春水之便，命襄陽之師，經唐、鄧之郊，北趨嵩、汝，以安陸、沔陽之兵，掠德安，向信、息，使濠、泗之將自陳、汝搗汴梁，徐、邳之軍取濟寧，淮安之師約王信海道舟師，會俞寶同入山東，加以張、李及天寶努腹心之疾，此時閣下之境，必至土崩瓦解。是拘使者之計，不足爲利而反足以爲害矣。惟閣下與衆君子謀之，毋徒獨斷以貽後悔！」

**《元史》卷四七《順帝紀一〇》** 以李思齊爲太尉。

**《國榷》卷二** 甲申，蘇伯衡爲國子學録。

**《元史》卷四七《順帝紀一〇》** 丙申，擴廓帖木兒遣朱珍、盧旺屯兵河中，遣關保、虎林赤合兵渡河，會竹貞、商暠，且約李思齊以攻張良弼。良弼遣子弟質於思齊，與良弼拒守。關保等不利，思齊請詔和解之。

**《續資治通鑑》卷二一九** 丁未，吴王以淮東諸郡既平，遂議討張士誠，召中書省及大都督府臣計之。右丞相李善長曰：「張氏宜討久矣，然其勢雖屢屈而兵力未衰，土沃民富，又多儲積，恐難猝拔，宜俟隙而動。」王曰：「彼淫昏益甚，生釁不已，今不除之，終爲後患。且彼疆域日促，長淮東北之地，皆爲吾有，吾以勝師臨之，何憂不拔！況彼敗形已露，豈待觀隙耶？」左相國徐達曰：「張氏驕盈，暴殄奢侈，此天亡之時也。其所恃驍將如李伯昇、吕珍之徒，皆齷齪不足數，徒擁兵衆，爲富貴之娱耳。其居中用事者，黄、蔡、葉三參軍，皆迂闊書生，不知大計。臣奉主上威德，率精鋭之師，聲罪致討，三吴可計日而定。」王喜，顧達曰：「諸人局於所見，獨爾合吾意，事必濟矣！」於是命諸將簡閱士卒，擇日啓行。

**《國榷》卷二** 遣宋迪賜方谷珍紗綺鞍轡。

遥授中書省平章政事，楚國公廖永安卒於蘇州。永安字彦敬，年四十七。上聞而自爲文祭之，明年，歸葬鍾山。

**《元史續編》卷一六** 丙辰，泉州三秀山崩。河南鞏縣亦地震，山崩。

**《明通鑑》前編卷三** 八月庚戌朔，命拓應天城。

**《國榷》卷二** 壬子，命博士許存仁進講經史。

**《續資治通鑑》卷二一九** 吴王命中書左丞相徐達爲大將軍，平章常遇春爲副將軍，帥兵二十萬伐張士誠。吴王御戟門，集諸將佐諭之曰：「卿等宜戒飭士卒，毋肆劫掠，毋妄殺戮，毋發丘壟，毋毁廬舍。聞張士誠母葬姑蘇城外，慎勿侵毁其墓。」諸將皆再拜受命。遂爲戒約軍中事，命人給一紙。

將發，王問諸將曰：「爾等此行，用師孰先？」遇春對曰：「逐梟者必覆其巢，去鼠者必熏其穴，此行當直搗蘇州。蘇州既破，其餘諸郡可不勞而下矣。」王曰：「不然。士誠起鹽販，與張天麟、潘元明等皆強梗之徒，相爲手足。士誠苟窮促，天麟輩懼其俱斃，必併力救之。今不先分其勢而遽攻蘇州，若天麟出湖州，元明出杭州，援兵四合，難以取勝。莫若出兵先攻湖州，使其疲於奔命。羽翼既披，然後移兵蘇州，取之必矣。」遇春猶執前議，王作色曰：「攻湖州失利，吾自任之。若先攻蘇州而失利，吾不汝貸也！」遇春不敢復言。

王乃屏左右謂達、遇春曰：「吾欲遣熊天瑞從行，俾爲吾反間。天瑞之降，非其本意，心常怏怏。適來之謀，戒諸將勿令天瑞知之，但云直搗蘇州，天瑞知之，必叛從張氏，以輸此言，如此則墮吾計中矣。」

癸丑，達等帥諸軍發龍江，辛酉，師至太湖。己巳，遇春擊敗士誠兵於湖州港口，擒其將尹義、陳旺，遂次洞庭山。王聞之，喜曰：「勝可必矣！」癸酉，進至湖州之毗山，又擊敗其將石清、汪海，擒之。士誠駐軍湖上，不敢戰而退。指揮熊天瑞果叛降於士誠。

甲戌，師至湖州之三坐橋，其右丞張天麟，分三路以拒吴師：參政黄寶當南路，院判陶子實當中路，天麟自當北路，同僉唐傑爲後繼。達率兵進攻之，有術者言今日不宜戰，遇春怒曰：「兩軍相當，不戰何待！」於是達遣遇春攻寶，王弼攻天麟，達自中路攻子實，别遣驍將王國寶率長槍軍直扼其城。遇春與寶戰，寶敗走，欲入城，城下弔橋已斷，不得入，復還力戰，被擒。天麟、子實皆不敢戰，斂兵而退。士誠又遣司徒李伯昇來援，由荻港潛入城，吴軍復四面圍之，伯昇及天麟閉門拒守。達遣國寶攻其西門，自以大軍繼之，子實及同僉余得全、院判張得義出戰，復敗走。

士誠又遣平章朱暹、王晟，同僉戴茂、吕珍，院判李茂及其所稱五太子者率兵六萬來援，號二十萬，屯城東之舊館，築五砦自固。達與遇春、湯和等分兵營於東遷鎮南姑嫂橋，連築十壘，以絶舊館之援，李茂、唐傑、李成懼不敵，皆遁去。士誠壻潘元紹，時駐兵於烏鎮之東，爲珍等聲援，吴師乘夜擊之，元紹亦遁，遂填塞溝港，絶其糧道。元紹，元明之弟也。士誠知事急，乃親率兵來援，達等與戰於阜林之野，又敗之。

戊寅，以李國鳳爲中書左丞，陳友定爲福建行省平章政事。

**《明通鑑》前編卷三**　友定粗涉書史，數招致文學知名士，置之幕府。然頗任威福，所屬有違令者，輒承制誅竄不絶。

九月己卯朔，士誠復遣其同僉徐志堅，以輕舟出東阡鎮覘我師，欲攻姑嫂橋，遇常遇春，與戰。會大風雨，天晦冥，遇春令勇士乘划船數百突擊之，遂禽志堅，得衆三千餘人。

**《續資治通鑑》卷二一九**　甲申，李思齊兵下鹽井，獲川賊余繼隆，誅之。禮部侍郎滿尚賓、吏部侍郎温都爾罕，自鳳翔還京師。

丙戌，以方國珍爲江浙行省左丞相，弟國瑛、國珉，姪明善，並爲江浙行省平章政事。

乙未，吴王命朱文忠帥師攻杭州，諭之曰：「徐達等攻蘇州，張士誠必聚兵以拒。今命爾攻杭州，是掣制之也。我師或衝其東，或擊其西，使彼疲於應戰，其中必有自潰者。爾往，宜慎方略。」

己亥，以中書平章政事實勒們爲御史大夫。

明昇遣使聘於吴，使者自言其國之險固與富饒，吴王笑曰：「蜀人不以修德保民爲本，而恃其險且富，非爲國長久之道。且自用兵以來，商賈路絶，而乃稱富饒，此豈自天而降耶？」使者退，王因語侍臣曰：「吾平生務實，不尚浮僞。此人不能稱述其主之善，而但誇其國之險固，失奉使之道矣。吾嘗遣使四方，戒其謹於言語，勿爲夸大，恐取笑於人。如蜀使者之謬妄，當以爲戒也。」

乙巳，吴左丞廖永忠、參政薛顯，將游軍駐湖州之德清，遂取之，獲船四十艘，擒其院判鍾正及叛將昝德成。

張士誠自徐志堅敗，甚懼，遣其右丞徐義至舊館覘形勢，吴常遇春以兵扼其歸路。義不得出，乃陰遣人約張士信出兵，與舊館兵合戰，士誠又遣赤龍船親兵援之，義始得脱，與潘元紹率赤龍船兵屯於平望，別乘小舟潛至烏鎮，欲援舊館。遇春由別港追襲之，至平望，縱火焚其赤龍船，衆軍散走。自是舊館援絶，餽餉不繼，多出降者。

吴湖廣參政楊璟，命指揮副使張勝宗討湘鄉易華，斬之。

周文貴復攻掠辰州諸郡，吴王命楊璟、張彬等分兵進討。

**《國榷》卷二**　丙午，遣參政蔡哲聘夏，以繪者從，令圖其山川形勢。

十月己酉朔，郭永爲國子博士，李克正爲學正，張益爲學録。

**《續資治通鑑》卷二一九**　吴徐達以所獲張士誠將士徇於湖州城下，城中大震。

**《明通鑑》前編卷三**　壬子，常遇春兵攻烏鎮，徐義、潘原紹皆敗走。追至昇山，破其平章王晟六寨，餘軍奔入舊館之東壁。僞同僉戴茂乞降，許之。是夕，晟亦降。

甲子，李文忠率指揮朱亮祖、耿天璧攻桐廬，降僞將戴元帥。復遣袁弘、孫虎徇富陽，禽僞同僉李天禄，遂合兵圍餘杭。

**《元史》卷四七《順帝紀一〇》**　擴廓帖木兒遣其弟脱因帖木兒及貊高、完哲等駐兵濟南，以控制山東。

**《明通鑑》前編卷三**　戊寅，徐達復攻昇山水寨。顧時引數舟繞出敵船，掩其不意，率壯士躍入敵舟，大呼奮擊，餘舟競進薄之。僞五太子盛兵來援，遇春兵爲之稍卻。薛顯率舟師直前奮擊，燒其船，敵衆大敗，五太子及朱暹、吕珍等以舊館降。遇春謂顯曰：「今日之戰，皆將軍之功，吾不如也。」

十一月甲申，又以降將吕珍、王晟等徇州城下，諭其司徒李伯昇出降。伯昇在城上呼曰：「張太尉養我厚我，何忍負之！」抽刀欲自殺，左右抱持，不得死，語之曰：「援絶勢窮，不降何待！」伯昇俛首不能言。會張天騏等以城降，伯昇不得已亦降。

**《續資治通鑑》卷二一九**　吴參政胡德濟討諸暨斗巖山寨，平之。

己丑，吴徐達既下湖州，即引兵向蘇州。至南潯，張士誠元帥王勝降。辛卯，至吴江州，圍其城，參政李福、知州楊彝降。

**《明通鑑》前編卷三**　辛卯，李文忠攻餘杭，下之。

**《元史》卷四七《順帝紀一〇》**　丙申，大明兵取杭州路及紹興路。

**《續資治通鑑》卷二一九**　庚子，張士誠同僉李思忠等，以紹興路降於吴，吴命駙馬都尉王恭、千户陳清、李遇守之。

吴左丞華雲龍率兵攻嘉興，張士誠將宋興以城降。

**《元史》卷四七《順帝紀一〇》**　辛丑，大明兵取嘉興路。時湖州、杭州、紹興、嘉興、松江、平江諸路及無錫州皆張士誠所據。

**《明通鑑》前編卷三**　壬寅，師次蘇州城南鮎魚口，擊僞將竇義，走之。值都督副使康茂才自湖州來，遇士誠兵於尹山橋，擊敗之。茂才持大戟督戰，覆其將士，焚其官瀆戰船千餘艘。

癸卯，合兵圍平江。達軍葑門，遇春軍於虎丘，郭興軍婁門，華雲龍軍胥門，湯和軍閶門，王弼軍盤門，張温軍西門，康茂才軍北門，耿炳文軍城東北，仇成軍城西南，何文輝軍城西北，四面築長圍困之。又架木塔，與城中浮圖對。築臺三層，下瞰城中，名曰「敵樓」。每層施弓弩火銃於其上，又設襄陽礮擊之，城中震恐。

甲辰，李文忠送元平章努都、長壽等至應天，太祖以其朝臣，命有司給餼廪，歸之於元。

誅蔣英、劉震，命懸胡大海像，刺英等心血祭之。

以潘原明全城歸順，民不受鋒鏑，仍授平章，其官屬皆仍舊職，聽李文忠節制。

尋授文忠江浙行省平章政事。文忠至是始命復李姓。

**《續資治通鑑》卷二一九**　十二月乙卯朔，永寧縣賊饒一等作亂，吴指揮畢榮討之，擒其元帥王子華，餘黨悉平。陳友定將建寧阮德柔遣使納款。

吴廖永忠沈小明王於瓜步。小明王自居滁州，至是來建康，爲永忠所害。

吴羣臣上言：「一代之興，必有一代之制。今新城既建，宫闕制度，亦宜早定。」王以國之所重，莫先廟社，遂定議，以明年爲吴元年，命有司營建廟社，立宫室。

甲子，王親祀山川之神，告以工事。

己巳，典營繕者以宫室圖來進，王見其有雕琢奇麗者即去之。

庚午，蒲城洛水和順崖崩。

是歲，監察御史聖努額森、察圖實哩等言：「昔姦邪構害丞相托克托，以致臨敵易將，我國家兵機不振從此始，錢糧之耗從此始，生民塗炭從此始，盜賊縱横從此始。設使托克托不死，安得天下有今日之亂哉！乞封一字王爵，定謚及加功臣之號。」朝廷皆是其言，以時方多故，未及報而國亡。

## 至正二十七年（丁未、一三六七）

**《國榷》卷二**　正月戊寅朔，容美洞等處軍民宣撫司改黄沙、靖安、麻容等處軍民宣撫司，以田光寶爲宣撫使，立太平臺、宜麻寮等十寨長官司。

癸巳，湖廣行省參政戴德參軍詹允亨攻沅州。

**《續資治通鑑》卷二一九**　吴王始稱吴元年。

乙未，絳州夜聞天鼓鳴，將旦復鳴，其聲如空中戰鬬者。

**《國榷》卷二**　置寧國衛。

神武衛指揮使定遠楊國興攻姑蘇，中流矢卒，年三十二。

吴王以鎮宜興有功，敕封宜興城隍顯祐伯。

**《續資治通鑑》卷二一九**　戊戌，吴王謂中書省臣曰：「吾昔在軍中乏糧，空腹出戰，歸得一食，雖甚粗糲，食之甚甘。今尊居民上，飲食豐美，未嘗忘之。況吾民居於田野，所業有限，而又供需百出，豈不重困！」於是免太平府租賦二年，應天、宣城等處租賦一年。

吴戴德等兵至沅州，圍其城，凡六日，守將李興祖出降。興祖，即李勝也。

**《明通鑑》前編卷四**　庚子，松江府嘉定州守臣王立忠等詣徐達軍降。

時平章俞通海從達克湖州後，分兵徇太倉州，約束軍士，秋毫無犯，民大悦，争獻牛酒迎道左。於是崑山、崇明等縣皆望風歸附，通海遂從達等進圍平江。

辛丑，諭中書省臣曰：「古人祝頌其君，皆寓儆戒之意。適觀羣下所進箋文，頌美之詞過多而規戒之言罕見，非古者君臣相告以誠之道。今後箋文，但令平實，勿以虚辭爲美也。」

**《元史》卷四七《順帝紀一〇》**　癸卯，大明兵取沅州路。

**《明通鑑》前編卷四**　甲辰，復與元庫庫特穆爾書。

是月，李思齊、張良弼等會於含元殿基，推思齊爲盟主，以拒庫庫之師。

二月丁未朔，元庫庫特穆爾遣左丞李二寇徐州，駐陵子村，參政陸聚、指揮傅友德禦之。友德度兵寡不敵，遂堅壁拒守。詗其出掠，乃以步騎二千溯河至吕梁，登陸擊之，刺其驍將韓乙，餘衆敗去。友德度李二必益兵復至，亟還城，開門出兵，陣於野外，臥戈以待，約聞鼓聲則起。二果至，鼓而破其前鋒，餘衆大潰，多溺死者，遂禽二，獲其將士二百餘人，馬五百匹。

太祖聞捷，謂都督府臣曰：「此蓋庫庫之游兵，欲以此餌我，使我將驕兵惰，掩吾不備。古人之戒，正在於此。善戰者知己知彼，察於未形。可語安豐、六安、臨、徐、濠、邳守將嚴爲之備。」尋進友德江淮行省參知政事。

壬子，温州茗洋降賊周瑞卿叛，浙東僉事章溢遣其子元帥存道，合平陽、瑞安總制孫安兵討之，斬瑞卿，獲其黨六十餘人。

癸丑，置兩浙都轉運鹽司於杭州，設三十六場。

**《元史》卷四七《順帝紀一〇》** 庚申，以買住爲雲國公，七十爲中書平章政事，月魯不花爲御史大夫。

**《續資治通鑑》卷二一九** 乙丑，以詹事伊嚕特穆爾爲御史大夫。

吴王遣使陳州，以書招左丞左君弼降，曰：「足下垂白之母，糟糠之妻，天各一方，度日如歲。足下縱不以妻子爲念，何忍忘情於老親哉！」君弼得書，猶豫不能決，王乃遣歸其母。

吴陸聚遣兵攻宿州，擒其僉院邢瑞。

丁卯，江西行省遣兵會湖廣行省千户徐興，攻平江瀨寨，僞鎮撫楊五以寨降。

**《國榷》卷二** 癸酉，慈利軍民宣撫使覃垕，夏堯武貢馬及方物，賜織金綺帛有差。

甲戌，大將軍徐達圍平江，數請事，吴王報曰：「將軍自昔相從，忠義天性，沈毅有謀，端重且武，用能遏絶亂略，消弭羣雄。今事事稟命，將軍之忠，吾甚嘉之，然將在外，君不御也。自後緩急，將軍便宜行之，勿以聞。」

**《續資治通鑑》卷二一九** 三月丁丑朔，庫庫特穆爾遣兵屯滕州以禦王信。

吴參政蔡哲自蜀歸，具言蜀自明玉珍喪後，明昇暗弱，羣下擅權，因圖其所經山川阨塞之處以獻。

**《元史》卷四七《順帝紀一〇》** 萊州大風，有大鳥至，其翅如席。擴廓帖木兒遣兵屯滕州以禦王信。

**《國榷》卷二** 宣州貢茶，薦廟。

戊寅，置應天衛親軍指揮使司。

壬午，驍騎衛改驍騎右衛親軍指揮使司。

**《續資治通鑑》卷二一九** 戊子，思(阮)〔沅〕兩界軍民安撫使黄元明，以其地内附於吴。

丁酉，吴下令設文武科取士。令曰：「應文舉者，察之言行以觀其德，攷之經術以觀其業，試之書算騎射以觀其能，策以經史時務以觀其政事。應武舉者，先之以謀略，次之以武藝，俱求實效，不尚虚文。然此二者，必三年有成，有司預爲勸諭，俟開舉之歲，充貢京師。」

沂州流民千餘家，還靈(璧)〔壁〕、虹縣復業，王信追至宿遷，殺之，因大掠而還，餘民走入兩縣境上乞食。吴王聞而憫之曰：「王信不仁甚矣，民雖死，其如天道何！」乃遣人賑濟之。

吴以黔陽縣前元帥蔣節爲靖州安撫使，俾討平山寨，且耕且守，從參軍詹允亨言也。

吴參政楊璟進兵取澧州石門縣，故陳友諒守將鄧義亨率衆降。

**《元史》卷四七《順帝紀一〇》** 庚子，京師大風自西北起，飛砂揚礫，白日昏暗。

**《續資治通鑑》卷二一九** 夏四月丙午朔，吴上海縣民錢鶴皋作亂，據松江府，徐達遣驍騎衛指揮葛俊討平之。

**《國榷》卷二** 庚戌，吴王至白虎殿，見諸子讀《孟子》，問許存仁要旨，曰：「行王道，施仁政，省刑薄斂，盡之矣。」

錢塘衛指揮同知袁洪克崇德州。

辛亥，吴王廟祭，退，泣不止，語起居注詹同曰：「往先人是月六日亡，兄九日亡，母二十二日亡，人生值此，其何以堪。」益泣不自勝。

遣元河南擴廓帖木兒、陳州右丞貊高、脱因帖木兒等紗羅葛有差。

**《續資治通鑑》卷二一九** 壬子，吴王諭起居注詹同曰：「國史貴直筆，善惡皆當書之。昔唐太宗觀史，雖失大體，然命直書建成之事，是欲以公天下也。朕平日言行是非善惡，汝等皆當直書，不宜隱諱，使後世觀之，不失其實。」

**《明通鑑》前編卷四** 乙卯，行省平章俞通海卒。

己未，方國珍入貢，復陰泛海，北通庫庫，南交陳友定。太祖遺書責國珍，數其十二過，且徵貢糧二十萬石，曰：「克杭有日，何負約如故也？張士誠與公接壤，取公振落耳，所不敢者，以誰在邪？吾旦暮下姑蘇，奄至公境，背城一戰，亦丈夫矣。不然，去之入海，亦一策也；然自古未有老海上者。公審思之！」國珍懼，與其弟姪將佐謀。郎中張本仁曰：「江左方圖張氏，勝負未可知，彼安能越境而致於人！」劉庸曰：「江左多步騎，奈吾海舟何！」獨幕下士丘楠力争之，曰：「此皆非主福也。唯知可以決事，唯信可以守國，唯直可以用兵。昔者江、淮之間，豪傑並起，人人莫不欲帝，然分鼎足者，漢與二吴耳。友諒敢戰不怯，尚死九江。張吴區區，如甕中鼠，敗可知已。江左法嚴而軍威，諸將所過，秋毫無犯，所得府庫，還封識之以奉其主。且業已并漢，勢復兼張。公經營浙東十餘年矣，不能越三郡，不以此時早決，不可謂知；既許之降，抑又背焉，不可謂信；彼之徵師，則有詞矣，我實負彼，不可謂直。幸而扶服請命，庶幾可視錢俶乎！」國珍不能用。

**《續資治通鑑》卷二一九**　丁卯，吳江浙行省平章李文忠，言嘉興、海寧、海鹽等沿海州縣，皆邊防之所，宜設兵鎮守，王命文忠調兵戍之。

**《國榷》卷二**　壬申，宣州府仍曰寧國，改江陰州曰縣，隸常州。

句容民獻瑞麥。

**《元史》卷四七《順帝紀一〇》**　夏五月丙子朔，白氣二道亘天。以去歲水潦霜災，嚴酒禁。

戊寅，以空名宣敕遣付福建行省，命平章政事曲出、陳有定同驗有功者給之。

癸未，福建行宣政院以廢寺錢糧由海道送京師。

乙酉，以完者帖木兒爲中書右丞相，辭以老病，不許。

**《續資治通鑑》卷二一九**　己丑，吳湖廣行省遣兵討平江花陽山寨，克之。

辛卯，以知樞密院事實勒們爲嶺北行省左丞相，提調分通政院。

己亥，以諳達布爲中書平章政事。

**《國榷》卷二**　初置翰林院，饒州知府陶安爲學士。

吳王憂旱，素食，凡大内蔬茹醯醬皆内辦，不煩於民。

免徐、宿、濠、泗、襄陽、安陸田租三年。令曰：「予本布衣，因天下亂，集衆渡江，撫定江左，十有三年。中原之民，流離顛頓，尚無所歸。吾乃積粟控弦，徐、宿、濠、泗、壽、邳、東海、安東、襄陽、安陸及今後新附人民，中書省其命有司免徭賦三年。」

**《明通鑑》前編卷四**　太史令劉基，以旱故請決滯獄，太祖即命基平反之。未幾，雨澍。基因請立法定制以止濫殺，又以熒惑守心，請下詔罪己，皆從之。

**《續資治通鑑》卷二一九**　辛丑，庫庫特穆爾定擬其所屬官員二千六百一十人，從之。

**《元史》卷四七《順帝紀一〇》**　是月，山東地震，雨白氂。

李思齊遣張良弼部將郭謙等守黄連寨，擴廓帖木兒部將關保、虎林赤、商暠、竹貞引兵拔其寨，郭謙走；會貊高等爲變，關保、虎林赤夜遁，李思齊遂解而西。

**《續資治通鑑》卷二一九**　六月丙午朔，日有食之，晝晦。

**《明通鑑》前編卷四**　己酉，士誠欲突圍決戰，覘城左方，見我軍嚴整，不敢犯。乃遣徐義、潘元紹潛出西門，轉至閶門，神武衛指揮楊國興戰死。義等將襲常遇春營，遇春覺其至，分兵北濠，截其兵後，遣軍與戰。良久未決，士誠復遣其參政率兵千餘助之，自出兵山塘爲援。山塘路狹，塞不可進，麾令稍卻。遇春拊元帥王弼背曰：「軍中皆呼爾爲猛將，能爲我取此乎？」時弼在軍有「雙刀王」之稱，應曰：「諾！」即馳鐵騎揮雙刀往擊之。敵小卻，遇春率衆乘之，遂大敗其軍，人馬溺死於沙盆潭者甚衆。士誠有勇勝軍號「十條龍」者，皆善爲盜者也，士誠每厚賜之，令被銀鎧錦衣，出入陣中。是日亦敗，溺死萬里橋下。士誠馬驚墮水，幾不救，肩輿入城，計忽忽無所出。

**《國榷》卷二**　壬子，張士誠復突出胥門，鋒甚鋭。常遇春禦之，少卻。丞相士信幙城樓督戰，見士疲，忽鳴金收軍。我奮擊，大破之，追至城下。復築壘迫其城，自是士誠不出。士信方據銀椅，同參政謝節等會食，進桃未嘗，飛礮碎其首死。

甲寅，裁參議府。

**《元史續編》卷一六**　丁巳，龍見皇太子宫。太子寢殿後新甃井中有龍出，光焰燭人，宫女震懾仆地。又長寧寺有龍纏繞槐樹飛去，樹皮皆剥。

**《國榷》卷二**　壬戌，元擴廓帖木兒部將李守道來降，留會同館。

癸亥，都指揮傅友德爲江淮行省參政，賜綺帛各十匹，千户各三匹，百户鎮撫各二匹，餘卒賜鹽二十斤，賞陵村之功。又召友德入朝，以麾蓋鼓吹送歸第。翌日，遣參議李飲冰、楊希聖移妓樂飲友德，裸而酣，遂黥之，語友德曰：「若擐甲胄，出百死，一歡之固當，彼士人何爲者，吾不而咎也。」

**《續資治通鑑》卷二一九**　丁卯，沂州山崩。

戊辰，大雨，吳羣臣請復膳，王曰：「雖雨，傷禾已多，其免民今年田租。」

癸酉，吳王命：「自今凡朝賀不用女樂。」

吳殺前使臣户部尚書張昶。

**《國榷》卷二**　甲戌，諭憲臣曰：「人於箠楚下，屈抑頓挫，何事不伏，何求不得。古人用刑，蓋不得已，懸法象魏，使人知而不敢犯。《書》云『欽恤』，用刑之本也。」

**《續資治通鑑》卷二一九**　是月，知樞密院事壽安，奉空名宣敕與侯巴延達世，令其以兵援庫庫特穆爾。時李思齊據長安，與商暠拒戰，侯巴延達世進兵攻長安，秦州守將蕭公達降於思齊。思齊知關保等兵退，遣蔡琳等破其營，侯巴延達世奔潰。

《國榷》卷二　七月乙亥朔，吴王御戟門，閱雅樂，自擊石磬，命學士朱升辨五音，悞宮爲徵，起居注熊鼎曰：「八音石聲最難和，故《書》曰：『於予擊石，百獸率舞。』」王曰：「樂以人聲爲主，人聲和即八音諧矣。」鼎曰：「樂不外求，在於君心，君心和則天地之氣亦和。天地之氣和，則樂無不和。」王深然之。

丙子，除郡縣官二百三十四人，定賜予道里之費，守令文綺四、絹六、羅二、夏布六，父如之，母婦子各半。其佐貳官視長官半之，家屬又半之。幕職視佐貳又半之。家屬同。津費知府五十金，州減十五，縣減二十，餘各有差，知事、吏目、典史皆十金。著爲令。蓋恐赴任假貸，或侵刻，故先養其廉。

戊寅，諭諸將：「從事征討，毋妄殺。曹彬、曹翰事，可爲勸戒。吾嘗諭徐達，能聽吾言，攻城下邑，不肆誅僇。汝輩其效之。」

《續資治通鑑》卷二二〇　關中兵勝負猶未決，庫庫特穆爾謂孫翥、趙恒曰：「今當何如？」並對曰：「關中四軍，獨李思齊最强，思齊破，則三軍不攻自服矣。今關中兵將相持不決，所畏者惟摩該耳。宜抽摩該一軍疾趨河中，自河中渡河擣鳳翔，覆思齊巢穴，出其不意，則渭北之軍一戰可降，此唐莊宗破汴梁之策也。關中既定，然後出兵以討江淮，破之必矣！」庫庫即行其策，檄摩該率兵攻鳳翔。

甲申，命伊蘇提調武備寺。

吴右相國李善長等勸王即皇帝位，王未許。善長等復力請，王曰：「吾嘗笑陳友諒初得一隅，妄自稱尊，卒致覆滅，豈得更自蹈之！若天命在我，固自有時，無庸汲汲也。」

己丑，雷震吴宮門獸吻，得物若斧形而石質，王命藏之，出則使人負於駕前，臨朝聽政則奉置几案，以祇天戒。遂赦獄囚。

《國榷》卷二　辛丑，置太常寺、司農、大理、將作四司。楊思義爲司農卿，劉誠、杭琪少卿，單安仁爲將作司卿。

《元史》卷四七《順帝紀一〇》　八月丙午，詔命皇太子總天下兵馬，其略曰：「元良重任，職在撫軍，稽古徵今，卓有成憲。曩者障塞決河，本以拯民昏墊，豈期妖盜横造訛言，簧鼓愚頑，塗炭郡邑，殆遍海内，兹逾一紀。故察罕帖木兒仗義興師，獻功敵愾，汛掃汴洛，克平青齊，爲國捐軀，深可哀悼。其子擴廓帖木兒克繼先志，用成駿功。愛猷識理達臘計安宗社，累請出師。朕以國本至重，詎宜輕出，遂授擴廓帖木兒總戎重寄，畀以王爵，俾代其行。李思齊、張良弼等，各懷異見，搆兵不已，以致盜賊愈熾，深遺朕憂。況全齊密邇輦轂，儻失早計，恐生異圖，詢諸衆謀，僉謂皇太子聰明仁孝，文武兼資，聿遵舊典，爰命以中書令、樞密使，悉總天下兵馬，諸王、駙馬、各道總兵、將吏，一應軍機政務，生殺予奪，事無輕重，如出朕裁。其擴廓帖木兒，總領本部軍馬，自潼關以東，肅清江淮；李思齊總統本部軍馬，自鳳翔以西，與侯伯顔達世進取川蜀；以少保禿魯爲陝西行中書省左丞相，本省駐札，總本部及張良弼、孔興、脱列伯各枝軍馬，進取襄樊；王信本部軍馬，固守信地，别聽調遣。詔書到日，汝等悉宜洗心滌慮，同濟時艱。」

《國榷》卷二　戊申，有贓吏事發，赴井死。吴王諭廷臣曰：「舍生爲利，此可戒世之貪污者。」

《續資治通鑑》卷二二〇　摩該所遣部將至彰德，詐爲使者以入，遂據之。至懷慶，庫庫守將黄瑞覺之，城閉，不得入。

《元史》卷四七《順帝紀一〇》　庚戌，貊高殺衛輝守禦官余仁輔、彰德守禦官范國英，引軍至清化，聞懷慶有備，遂還彰德，上疏言：「人臣以尊君爲本，以盡忠爲心，以愛民爲務。今總兵官擴廓帖木兒，歲與官軍讎殺，臣等乃朝廷培養之人，素知忠義，焉能俛首聽命。乞降明詔，别選重臣，以總大兵。」詔以擴廓帖木兒不遵君命，宜黜其兵權，就命貊高討之。

辛亥，帖木兒不花進封淮王，賜金印，設王傅等官。

壬子，爲皇太子立大撫軍院，秩從一品，知院四員，同知二員，副使、同僉各一員，經歷、都事各二員，管勾一員。

癸丑，封太師伯撒里永平生。

《續資治通鑑》卷二二〇　吴圜丘、方丘及社稷壇成，並倣漢制，爲壇二成。

《國榷》卷二　甲寅，協律郎冷謙定樂律。

《元史》卷四七《順帝紀一〇》　以右丞相完者帖木兒、翰林承旨答爾麻、平章政事完者帖木兒並知大撫軍院事。

丙辰，完者帖木兒言：「大撫軍院專掌軍機，今後迤北軍務，仍舊制樞密院管，其餘内外諸王、駙馬、各處總兵、統兵、行省、行院、宣慰司一應軍情，不許隔越，徑行移大撫軍院。」詹事院同知李國鳳同知大撫軍院事，參政完者帖木兒爲副使，左司員外郎咬住，樞密參議王弘遠爲經歷。

庚申，完者帖木兒言：「諸軍將士有能用命效力建立奇功者，請所賞宣敕依常制外，加以忠義功臣之號。」從之。

**《續資治通鑑》卷二二〇**　時詔書雖下，諸將皆不用命。李思齊聞摩該爲變，關保、浩爾齊夜遁，遂解兵而西。托音特穆爾盡劫掠山東民畜而西趨衛輝，庫庫特穆爾盡率河、洛民兵北渡懷慶，摩該懼庫庫兄弟有夾攻衛輝之勢，亦劫掠衛輝民畜而北，屯彰德，朝廷無如之何。

關保列庫庫罪狀於朝，舉兵攻之。

**《元史》卷四七《順帝紀一〇》**　辛酉，以完者帖木兒仍前少師、知樞密院事，也速仍前太保、中書右丞相，帖里帖木兒以太尉，添設中書左丞相。

**《國榷》卷二**　乙丑，大風雨。

丙寅，吳王祀山川畢，將還宮，顧世子曰：「國家初定，民始息肩，汝知人勞乎？夫人貴則驕，逸則忘勞，若夫貴而不驕，逸而知勞，心體衆情，能爲君者也。今將士中夜扈從至此，皆未朝食，汝可步歸。」

諭元沂州守臣王信。

徵江西儒士顔六奇、蕭飛鳳、劉于等，欲官之，俱辭老，賜帛遣還。

**《元史》卷四七《順帝紀一〇》**　立行樞密院於阿難答察罕腦兒，命陝西行省左丞相禿魯仍前少保兼知行樞密院事。

**《續資治通鑑》卷二二〇**　戊辰，命特哩特穆爾仍前太尉、左丞相，知大撫軍院事，中書右丞陳敬伯爲中書平章政事。

己巳，吳太廟成，四世祖各爲廟，高祖居中，曾祖居東第一廟，祖居西第一廟，考居東第二廟。

**《國榷》卷二**　九月甲戌朔，命參政朱亮祖攻方谷珍於台州，諭之曰：「谷珍呰窳偷生，往則必下，第其民困甚，下之日，毋殺一人。」

**《續資治通鑑》卷二二〇**　義士戴晉生上皇太子書，言治亂之由。

命中書右丞相伊蘇以兵往山東，參知政事法圖呼喇分户部官，一同供給。

乙亥，以兵起，迤南百姓供給繁重，其真定、河南、陝西、山東、冀寧等處，除軍人自耕自食外，與免民間今年田租之半。

**《國榷》卷二**　故鳳翔衛指揮使丁德興贈都指揮使，後追封濟國公。

戊寅，諭中書省臣曰：「先王之政，罪不及孥，罰勿及嗣，自今民有犯，毋連坐。」

**《明通鑑》前編卷四**　辛巳，大將軍徐達等克平江，執張士誠。

**《續資治通鑑》卷二二〇**　吳徐達等遣兵取通州，乙酉，次狼山，其守將率所部降。

無錫莫天祐以城降於吳。

**《國榷》卷二**　丁亥，置內使監，設監令，正四品。監丞，正五品。奉御內使、典簿。置皇門使，正五品。副使。從五品。內使監後改御用監。

召湖廣參政劉德興、岳州參議張斌。

戊子，吳王御戟門閱士，諭千户趙宗等，督制首總旗，次小旗，又次軍比屋而居，凡出征，雖婦女互相保，臨敵亦如前。復閱騎士，分部諭之調馬力，因禁私乘戰馬及載物，俱罪之。

**《續資治通鑑》卷二二〇**　己丑，詔伊蘇以中書右丞相分省山東，薩藍托里以中書左丞相分省大同。

吳朱亮祖駐軍新昌，遣指揮嚴德攻關嶺山寨，平之。

徐達遣人送張士誠至建康。士誠在舟中，閉目不食，至龍江，堅臥不肯起。舁至中書省，李善長問之，不語，已而士誠言不遜，善長怒。王欲全士誠，而士誠竟自縊死，賜棺葬之。

辛卯，吳置宣徽院，改太醫監爲太醫院。

甲午，吳朱亮祖兵至天台，縣尹湯盤降。

丙申，太師旺嘉努追封兗王，謚忠靖。

丁酉，吳朱亮祖進攻台州，方國珍出師拒戰，亮祖擊敗之，指揮嚴德中矢死。德，采石人也。

戊戌，吳王遣使以書送元宗室神保大王及赫罕等九人於帝，又以書與庫庫特穆爾曰：「閣下如存大義，宜整師旅，聽命於朝。不然，名爲臣子，而朝廷之權專屬軍門，縱此心自以爲忠，安能免於人議！若有他圖，速宜堅兵以固境土。」

己亥，沂州王宣遣其副使權苗芳謝過於吳，吳王遣鎮撫侯正紀往報之。

**《元史》卷四七《順帝紀一〇》**　命帖里帖木兒提調端本堂及領經筵事。

**《國榷》卷二**　辛丑，采石靈璧作磬，採桐梓湖州作琴瑟。

論平吳功，封右相國李善長宣國公，左相國徐達信國公，平章常遇春鄂國公，達採幣十一雙，遇春十雙，都督馮宗異、平章胡廷瑞各九雙，平章湯和、參政曹良臣各八雙，右丞廖永忠、都督康茂才各七雙，參政薛顯、趙庸，都督副使張興祖、梅思祖各六雙，指揮人五雙，千户人四雙，百户人三雙，軍各粟一石，鹽十斤。諭諸將曰：「滅漢滅吴，皆公等功，公等何忝古名將，今當北定中原矣，各努力。」明日入謝，吴王曰：「公等還第，置酒爲樂乎？」對曰：「荷上恩，有之。」王曰：「吾寧不欲宴公等爲一日歡，中原未平，非爲樂時也。公等不見張氏乎，終日酣飲，宜深戒之。」賜善長誥曰：「漢廷命相，蕭何在曹參之前；唐室紀功，玄齡居李靖之上。」徐達誥曰：「太公韜略，當弘一代之規；鄧禹功名，特列諸侯之表。」遇春誥曰：「馮異功不下於鄧禹，潘美義不忝於曹彬。」

**《續資治通鑑》卷二二〇**　吴朱亮祖克台州。

癸卯，吴新内城，制皆朴素，不爲雕飾。王命博士熊鼎，類編古人行事可以鑒戒者，書於壁間，又命侍臣書《大學衍義》於兩廡壁間。王曰：「前代宫室，多施繪畫，予用書此以備朝夕觀覽，豈不愈於丹青乎！」有言瑞州出文石，琢之可以甃地，王曰：「爾導予以侈麗，豈予心哉！」

**《國榷》卷二**　新宫成，進奉天門曰奉天殿，次華蓋殿，次謹身殿，俱列廡。奉天殿左文樓，右武樓，自謹身殿入乾清宫，又坤寧宫，六宫次焉。環皇城而門，曰午門，東華門，西華門，玄武門，其制堅朴不飾。

置金吾虎賁羽林左右衛，已改金吾前後衛，及興化、和陽、廣陵、通州、天長、懷遠、崇仁、長河、神策等衛。

楚國公廖永安喪歸自蘇州，吴王迎祭於郊。

**《續資治通鑑》卷二二〇**　冬十月甲辰朔，吴王謂中書省曰：「軍中士因戰而傷者，不可備行伍。今新宫成，宫外當設備禦，合於宫牆外周圍隙地多造廬舍，令廢疾者居之，晝則治生，夜則巡警。」因給糧以贍之。

吴王遣起居注吴琳、魏觀等以幣帛求遺賢於四方，徙蘇州富民實濠州。

摩該以兵入山西，定盂州、忻州，下崞州，遂攻真定。詔伊蘇自河間以兵會摩該，已而不果，命伊蘇還河間，摩該還彰德。

乙巳，皇太子奏以淮南行省平章政事王信爲山東行省平章政事兼知行樞密院事。立中書行〔分〕省於真定路。〔丙午〕，加司徒、淮南行省平章政事王宣爲沂國公。

**《國榷》卷二**　置蘇州衛。

吴王御戟門，語給事中吴去疾等：「吾以布衣起兵，李相國、徐相國、湯平章皆居相近，君臣相遇，殊非偶然。今掃除羣雄，撫有江南，終夜思之，恒不安枕。人心易動，事機易壞，撫之失宜，施之失當，亂方生也。」

**《續資治通鑑》卷二二〇**　吴命百官禮儀俱尚左，改右相國爲左，左相國爲右，餘官如之。又定國子學官制，以博士許存仁爲祭酒，劉承直爲司業，改太史監爲院，以太史監令劉基爲院使。

朱亮祖兵至黄巖州，方國瑛遁海上，守將哈爾魯降。

丁未，饗於太廟。

吴王敕禮官曰：「自古忠臣義士，舍生取義，身没名存，垂訓於天下。若元右丞余闕守安慶，屹然當南北之衝，援絶力窮，舉家皆死，節義凛然。又有江州總管李黼，身守孤城，力抗强敵，臨難死義，與闕同轍。褒崇前代忠義，所以厲風俗也。宜令有司建祠，肖像，歲時祀之。」

壬子，詔庫庫特穆爾落太傅、中書左丞相并諸兼領職事，仍前河南王，以汝州爲食邑。其弟托音特穆爾以集賢學士與庫庫特穆爾同居河南府，而以河南府爲梁王食邑。從行官屬，悉令還朝。凡庫庫特穆爾所總諸軍在帳前者，命白索珠、浩爾齊統之；在河南者，中書平章政事李克彝統之；在山東者，太保、中書右丞相伊蘇統之；在山西者，少保、中書左丞相薩藍托里統之；在河北者，知樞密院事摩該統之；唯關保仍統本部諸軍。庫庫特穆爾既受詔，即退軍屯澤州。

是日，赦天下。

吴置御史臺，以湯和爲左御史大夫，鄧愈爲右御史大夫，劉基、章溢爲御史中丞，基仍兼太史院。王諭之曰：「國家所立，惟三大府總天下之政，中書政之本，都督府掌軍旅，御史臺糾察百司。朝廷紀綱，盡係於此，其職實惟清要。卿等當思正己以率下，忠勤以事上，毋徒擁虚位而漫不可否，毋委靡因循以縱姦長惡，毋假公濟私以傷人害物。《詩》云：『剛亦不吐，柔亦不茹。』此大臣之體也。」

**《國榷》卷二**　癸丑，置定遠衛。

御史大夫湯和爲征南將軍，吴禎副之，征方谷珍於慶元。吴王曰：「毋殺，當如徐達下姑蘇。」

右副御史大夫鄧愈言事，吴王曰：「天下初定，足食在勸農桑，立教在興學校，卿言非所急也。」

甲寅，檄諭温、台、慶元之民。

丙辰，遣書諭元將李思齊、張思道。

丁巳，宴功臣於西樓，既罷，諭曰：「吾賴諸將以有今日，顧勞甚矣。大將軍達，平章遇春等，出死力成功，一代元勳也。張氏之滅，惟大將軍，財寶無所取，婦女無所近，心謂中原未平，不敢安志，爾等其效之。」皆頓首謝。

戊午，考正太廟雅樂，定舞制。

**《續資治通鑑》卷二二〇**　壬戌，吴命中書省定律令，以李善長爲總裁官，楊憲、劉基、陶安等爲議律官。

**《明通鑑》前編卷四**　辛酉，太祖將北伐，謂徐達等曰：「中原擾攘，人民離散。山東則王宣反側，河南則庫庫跋扈，關、隴則李思齊、張思道彼此猜忌，元祚將亡，其幾已見。今欲北伐，何以決勝？」常遇春曰：「今南方已定，兵力有餘。直擣元都，以我百戰之師，敵彼久逸之卒，梃竿可取勝也。都城既克，有似破竹之勢，乘勝長驅，餘可建瓴而下矣。」太祖曰：「元建都百年，城守必固。若懸師深入，不能即破，頓於堅城之下，餽餉不繼，援兵四集，進不得戰，退無所據，非我利也。吾欲先取山東，撤其屏蔽；旋師河南，斷其羽翼；拔潼關而守之，據其户樞。天下形勢，入我掌握，然後進兵元都，則彼勢孤援絶，不戰可克。既克其都，鼓行雲中、九原以及關、隴，可席卷而下矣。」諸將皆曰：「善！」

**《國榷》卷二**　癸亥，定樂舞，文武用道童各六十四人。

**《續資治通鑑》卷二二〇**　甲子，吴王命中書右丞相、信國公徐達爲征討大將軍，中書平章政事、掌軍國重事常遇春爲副將軍，率師二十五萬，由淮入河，北取中原。

**《明通鑑》前編卷四**　是日，又命中書平章胡美爲征南將軍，江西行省左丞何文輝爲副將軍，率師取閩，以湖廣參政戴德隨征，皆命由江西取道入閩。

同日，復命湖廣行省平章楊璟、左丞周德興、參政張彬率武昌、荆州、潭、岳等衛軍取廣西。文輝至是始復何姓。

**《國榷》卷二**　吴王諭諸將曰：「今諸將非不健鬭，然持重有律，莫如大將軍達。當百萬之衆，摧鋒陷陣，所向披靡，則遇春也。顧吾患遇春輕，向見之武昌，跳而赴數騎，非大將體。今達主閫外，進取必自山東始，遇春領前鋒，趨大敵，敵強即與馮宗異分擊之。諸將若薛顯、傅友德，皆勇略冠軍，此可當一面。」命廷瑞曰：「汝故從陳氏，嘗爲攻閩，知其險要，故遣汝。文輝、德皆吾故人也。然不可以故廢吾法。」命楊璟曰：「使胡廷瑞取閩，閩平即航海趨廣東，爾率荆湘之衆進取廣西，兩軍合勢，何征而不克？」是日，祭上下神祇於北門七里山，祝畢，大諭將士曰：「克城勿妄殺人，勿奪民財，勿毁民居，勿廢農具，勿殺耕牛，勿掠子女，獲有遺孤幼孩還之。」

**《續資治通鑑》卷二二〇**　乙丑，以集賢大學士丁好禮爲中書添設平章政事。

**《明通鑑》前編卷四**　遣世子標及次子棣往謁臨濠諸墓。

又命中書擇官輔導以行，所過郡邑，城隍山川之神，皆祀以少牢。

**《國榷》卷二**　丙寅，檄齊魯、河洛、燕薊、秦晉人曰：「自古帝王臨馭天下，中國居内，夷狄居外，未聞夷狄治中國也。宋祚傾移，胡元踐位，其初君明臣良，維綱天下，然冠履倒置，志士尚或羞之。自其後人，蔑厥典常，有如大德廢長立幼，泰定以臣弑君，天曆以弟酖兄，至於弟收兄妻，子蒸父妾，瀆亂甚矣。延及嗣君，沈荒失道，加以宰相專權，憲臺報怨，有司毒虐，人心叛離，天下兵起，使我中國民，死者肝腦塗地，生者骨肉不相保。雖因人事，實天厭其德而棄之之時也。天運循環，中原氣盛，億兆之中，當有聖人出而救之，一紀於兹，未之有聞。今河洛、關陝雖有四雄，忘中國祖宗之姓，反就胡虜禽獸之名，其始皆以捕妖爲名，用得兵權，怙權相吞，反爲民害。予本淮右布衣，因天下亂，爲衆所推，率師渡江，居於金陵，十有三年。西抵巴蜀，東連滄海，南控閩越，湖湘、漢沔、兩淮、徐邳，皆入版圖。奄及南方，盡爲我有。目視中原之民，茫無歸依，深用疚懷。予恭天成命，方率羣英，廓逐胡虜，拯生民之塗炭，復漢官之威儀。慮民未知，反爲我仇，挈家北走，陷溺尤深，兵至勿避，予無秋毫之犯。惟我中國民，則中國之人君安之，夷狄何得而治哉。」

**《明通鑑》前編卷四**　丁卯，達等師次淮安，遣人招諭元將王宣及其子信。

己巳，太祖又以大軍進取山東。恐庫庫弟托音特穆爾乘間竊發，命廬州、安豐、六安、濠、泗、蘄、黄、襄陽各嚴兵守備。

**《續資治通鑑》卷二二〇**　辛未，沂州王信既得徐達書，乃遣使納款於吴，且奉表賀平張士誠。吴王遣徐唐、李儀等赴沂州，授信江淮行省平章政事，麾下官將皆仍舊職，令所部軍馬悉聽大將軍節制。時信與其父宣，陰持兩端，外雖請降，内實修備。王知之，乃遣人密諭徐達勒兵趨沂州以觀其變。

**《國榷》卷二**　壬申，世子還自臨濠。立茶陵衛。

**《明通鑑》前編卷四**　是月，朱亮祖自黄巖進兵温州，陣於城南七里。國珍令其子明善引兵拒戰，亮祖擊敗之，破其太平寨，追至城下，餘兵潰奔入城。亮祖遣部將湯克明攻西門，徐秀攻東門，柴虎將游兵策應。晡時，克其城，明善遁去，亮祖入撫其民。分兵徇瑞安，元守將同僉謝伯通降。

**《國榷》卷二**　十一月癸(丑)〔酉〕朔，朱亮祖以舟師襲敗方明善於樂清之盤嶼。追至楚門，遣百户李德招之。

乙亥，夏使鄧良叟來聘，命從徐達北征。

丙子，徐達次下邳，遣都督同知張興祖趨徐州，進取山東。

己卯，徐達至榆行鎮，元僉院鄺毅等降。

庚辰，平章韓政次梁城，元同知樞密院盧斌等降。

**《續資治通鑑》卷二二〇**　辛巳，吴征南將軍湯和克慶元。

吴王遣使至延平，招諭平章陳友定。友定置酒大會諸將及賓客，殺吴使者，瀝其血酒甕中，與衆酌飲之，誓於衆曰：「吾曹並受朝廷厚恩，有不以死拒者，身磔，妻子戮！」遂往巡視福州，嚴兵爲拒守計。

**《明通鑑》前編卷四**　壬午，徐達克沂州。

達以宣反覆，並怒其子信殺惟德，執宣，戮之。命指揮韓温守沂州。

**《元史》卷四七《順帝紀一〇》**　癸未，大明兵取慶元路。

**《續資治通鑑》卷二二〇**　乙酉，吴定大都督府及鹽運司、起居注、給事中官制。

方國珍遁入海島。己丑，吴王命平章廖永忠爲征南副將軍，自海道會湯和討之，國珍遣經歷郭春及其子文信詣朱亮祖納款。

丙戌，以平章政事伊嚕特穆爾、知樞密院事鄂勒哲特穆爾、平章政事巴延特穆爾並知大撫軍院事。

庚寅，吴王遣使諭徐達等曰：「聞將軍已下沂州，未知兵欲何向？如向益都，當遣精鋭將士，於黄河扼其衝要，以斷援兵，使彼外不得進，内無所望，我軍勢重力專，可以必克。如未下益都，即宜進取濟寧、濟南，二郡既下，則益都以東勢窮力竭，如囊中之物，可不攻而自下矣。然兵難遥度，隨機應變，尤在將軍。」時金、火二星會於星紀，望後，火逐金過齊、魯之分，太史占曰「宜大展兵威」，故有是論。

**《國榷》卷二**　壬辰，方氏諸將多降於湯和。谷珍乃使谷珉遣子明完、明則籍所部吏士、船馬、資糧以降。谷珍與子明善出降朱亮祖於黄巖。上表曰：「天無所不覆，地無所不載，王者體天法地，於人無所不容。臣荷陛下覆載生成之德久矣，安敢自絶於天地。竊念臣本庸才，處於季世，保境安民，非具黄屋左纛之念。曩者陛下霆轟雷掣，至於婺州，臣愚以爲天命有在，遣子入侍，於時固知陛下有今日矣。日月中天，幸依末造，而陛下開誠布公，賜以手書，歸其質子，俾守郡縣，如錢鏐故事，十年之間，與中吴角立，皆陛下之賜也。迨天兵發臨吴會，臣嘗上書，謂朝定杭越，暮歸田里。不意今年以來，老病交攻，頓成昏昧，而兄弟子姪，志意不齊，致煩陛下興問罪之師。方懷憂懼，未能自明，而大軍已至台温，令臣計無所出。雖遣使再三，而承詔之師，勢不容已，是以封府庫，開城郭，以俟王師之至。然猶未免爲泛海計者，昔孝子於其親也，小杖則受，大杖則走，今臣之事，適與相類。雖然，臣一介草莽，安敢自絶於天地，故每欲面縛，待罪闕廷，復恐陛下萬一震怒，天下後世，不謂臣得罪之深，將謂陛下不能容臣，豈不累天地之大德哉。臣謹昧死奉表，伏俟嚴誅。」蓋寧海詹鼎所草也。吴王讀之，曰：「孰謂方氏無人哉。」趣谷珍入。

甲午，吴王沐浴觀於員丘，世子從。使導之農家，觀其居處飲食器用，還，謂之曰：「汝知農乎？終歲勤動，居不過草茅，服不過練衣，食不過羹糲，國家經費，皆其所出，故令汝悉之。」復指道旁荆楚示之曰：「是惟檟楚，古人以爲扑刑，能愈風，故刑而不殞，孺子識之。」

**《續資治通鑑》卷二二〇**　乙未，以知樞密院事摩該爲中書平章政事，太尉、中書左丞相特哩特穆爾爲大撫軍院使。

是日，冬至，吴太史院進戊申歲《大統曆》。王謂院使劉基曰：「古者以季冬頒來歲之曆，似爲太遲，今於冬至亦未宜，明年以後，皆以十月朔進。」初，《戊申曆》成，將刊布，基與其屬高翼以録本進，王覽之，謂基曰：「此衆人爲之乎？」對曰：「是臣二人詳定。」王曰：「天象之行有遲速，古今曆法有疏密，苟不得其要，不能無差。春秋時，鄭國一辭命，必草創、討論、修飾、潤色，然後用之，故少有缺失。辭命尚如此，而況於造曆乎？公等須各盡心，務求至當。」基等乃以所録再詳校而後刊之。

丙申，吴朱亮祖兵至黄巖，方國瑛及其兄子明善來見，送之建康。

**《國榷》卷二**　御戟門，語侍臣：「慕容超郊祀時有赤鼠如馬之異，成公綏以爲信奸佞，害賢良，重賦役之占。妖由人興，吾嘗以此自警。」

**《元史》卷四七《順帝紀一〇》** 丁酉，命帖里帖木兒同監修國史。命闕保分省於晉寧。

**《明通鑑》前編卷四** 己亥，太祖聞應天有滯獄，曰：「京師且然，何況郡縣！」諭有司「自今依時決遣」。

**《續資治通鑑》卷二二〇** 庚子，吳克滕州。

辛丑，吳徐達攻下益都，平章李老保降，宣慰使巴延布哈、總管胡濬、知院張俊皆死之。達遂徇下壽光、臨淄、昌樂、高苑，令指揮葉國珍等守之。

吳王召浙江按察僉事章溢入朝，命其子存道守處州，諭羣臣曰：「溢雖儒臣，父子宣力一方，寇盜悉平，功不在諸將後。」復問溢：「征閩諸將何如？」溢曰：「湯和由海道進，胡廷瑞自江西入，必勝。然閩中尤服李文忠威信，若令文忠從浦城取建寧，此萬全策也。」王即命文忠屯浦城。

十二月癸卯朔，日有食之。

甲辰，吳《律令》成，王與諸臣復閱視之，去煩就簡，減重從輕者居多。凡爲令一百四十五條，準唐之舊而增損之，計二百八十五條。命有司刊布中外。

乙巳，吳徐達等將發益都，遣使往樂安招諭俞勝。時勝兄寶爲帳下所殺，勝代爲平章，領其衆。明日，達師次長山北河，般陽路總管李至等詣軍門降。於是所屬淄川、新城等縣，皆望風款附。

**《明通鑑》前編卷四** 丁未，都督同知張興祖至東平，元平章馮德棄城遁，興祖遣兵追之。東阿參政陳璧等以所部來降。復以舟師趨安山鎮，右丞杜天祐、左丞蔣興降。

**《元史》卷四七《順帝紀一〇》** 大明兵取般陽路。

戊申，大明兵取濟寧路，陳秉直遁。

**《續資治通鑑》卷二二〇** 孔子五十六世孫襲封衍聖公孔希學，聞吳軍至，率曲阜縣尹孔希章、鄒縣主簿孟思諒等迎見張興祖，興祖禮之，於是兗東州縣皆來降。

**《國榷》卷二** 置尚寶司，設侍儀引進使，教坊司，設內職六尚局。

**《續資治通鑑》卷二二〇** 吳徐達至章丘，守將右丞王成降。

吳胡廷瑞至邵武，守將李宗茂以城降。

**《元史》卷四七《順帝紀一〇》** 己酉，大明兵取萊州，遂取濟南及東平路。

**《國榷》卷二** 徐達至濟南，元平章忽林台詹同脫因帖木兒先遁，平章達朵兒只進巴等降，以指揮陳勝守之，送達朵兒只進巴等入京，道逸。

**《續資治通鑑》卷二二〇** 辛亥，吳王遣使諭徐達、常遇春曰：「屢勝之兵易驕，久勞之師易潰。能慮乎敗，乃可無敗，能慎乎成，乃可有成。若一懈怠，必爲人所乘。將軍其勉之。」

密州守將邵禮詣吳徐達降。

方國珍及其弟國珉，率所部謁見湯和於軍門，得士馬舟糧甚多。已而昌國州達嚕噶齊庫哩吉斯亦來降，與國珍等並送建康。吳王悉召其臣，以丘楠爲韶州同知；又以表草出詹鼎手，命官之，其餘悉徙濠州。浙東悉平。

**《明通鑑》前編卷四** 先是，朱亮祖克溫州，執元浙江行省郎中劉仁本，送之應天，不屈。太祖怒，命數其罪，鞭背潰爛而死。

**《國榷》卷二** 湯和籍方氏步卒九千二百人，舟師萬四千三百人，官吏六百五十人，粟十五萬一千九百石，他物稱是。又元昌國州降，得粟六萬九千石，海舟四百八十二艘。

**《續資治通鑑》卷二二〇** 壬子，樂安俞勝遣郎中劉啓中等詣徐達納款。

癸丑，吳中書左丞相李善長率文武百官奉表勸進，王不許。羣臣固請，王曰：「中原未平，軍旅未息，吾意天下大定而後議此，而卿等屢請不已。此大事，當斟酌禮儀而行。」

**《國榷》卷二** 乙卯，改慶元路曰明州府。

丙辰，諭徐達、常遇春曰：「元省院官降者，今俱遣來，處我官屬間，習而後用之。夫人藏其心，不可度也，吾慮或晝臣而夜盜。」

丁巳，征南將軍胡廷瑞，副將軍何文輝兵至建陽。元守將曹復疇降，以指揮沈文仁守之。

徙方氏官屬劉庸等二百餘人居濠州。

**《元史》卷四七《順帝紀一〇》** 大明兵入杉關，取邵武路。時邵武、建寧、延平、福州、興化、泉、漳、汀、潮諸路，皆陳友定所據。

**《續資治通鑑》卷二二〇** 戊午，蒲臺守將荊玉及鄒平縣尹董綱詣吳徐達降。達以降將酈毅守鄒平，指揮張夢守章丘，唐英守蒲臺。

己未，吳《律令直解》成，王覽而喜曰：「前代所行《通制條格》之書，非不繁密，但資官吏弄法，民間知者絕少，是聾瞽天下之人，使之犯法也。今吾以《律令直解》徧行，人人通曉，則犯法者自少矣。」

**《國榷》卷二**　庚申，凌説爲浙東按察使，敝衣陛辭，吴王曰：「雖好儉，無若公孫弘飾詐也。」説慚而退。

**《續資治通鑑》卷二二〇**　以楊誠、陳秉直並爲國公，平章政事。

吴王命湯和、廖永忠、吴禎率舟師自明州海道取福州。

辛酉，吴廣信衛指揮沐英破分水關，略崇安縣，克之。

壬戌，俞勝自樂安見徐達於濟南，達遣勝還樂安，留其郎中楊子華。

吴左丞相李善長，率禮官以即皇帝位禮儀進。

癸亥，吴中書省議和、池州、徽、宣、太平諸府民出布囊運糧，王曰：「國家科差，不可苛細，苛細則民不堪。今庫中布不乏，爲囊亦易，何用復取於民！」不許。

甲子，命中書右丞相伊蘇、太尉、知院托和齊、中書平章政事呼琳岱、摩該、知樞密院事蕭章、圖沁特穆爾、汪文清、嚕爾等會楊誠、陳秉直、巴延布哈、俞勝各部諸軍同守禦山東，又命闊保珠爲聲援，時猶未知俞勝之降吴也。

**《國榷》卷二**　御新宫，祭告上帝皇祇曰：「惟我中國人民之君，自宋運告終，帝命真人，來自沙漠，百有餘年，今運亦終。天下紛争，惟帝賜臣英賢，遂戡定之，今輿地周迴二萬里。臣下曰，生民無主，必推臣帝，臣不敢辭，亦不敢不告。是用明年正月四日，設壇鍾山之陽，惟帝祇之簡在，如臣可君，祭日天澄氣和，臣若不可，當示異焉。」

丙寅，祝太廟，名其諸子，曰標，曰樉，棡，棣，楨，榑，從孫曰煒，後改守謙。製麻履行縢，令出城稍遠，馬行三，步行一。定内使冠服。

李善長等進儀衛，有天下太平皇帝萬歲之旗，謂夸大，去之。

徐達自濟南還益都，進取登、萊。

**《續資治通鑑》卷二二〇**　吴定内使冠服制。凡内使冠用烏紗、描金、曲角帽，衣用胸背花、圓領、窄袖衫，烏角束。

**《明通鑑》前編卷四**　己巳，元登州守將董車，萊州守將安然，皆詣大軍降。

庚午，征南將軍湯和克福州。

時和等自明州海道乘東北風徑抵福州，入虎門，駐師南臺河口，遣人入城招諭，爲元平章庫春所殺。我師登岸，將圍城，庫春出南門逆戰，指揮謝德成等擊敗之，衆潰，入城拒守。

是夜，參政袁仁密遣人納款，我師遂於臺上蟻附登城。南門陷，和擁兵入，鄧益拒戰，不克，死之。賴正孫、謝英輔自西門出走延平，庫春等皆懷印綬挈妻子遁去。參政尹克仁赴水死，宣政院使多爾瑪不屈，下獄死。

和入省署，撫輯軍民，遣袁仁暨員外郎余善招諭興化、漳、泉諸路，其福寧等州縣未附者，分兵徇之。

**《國榷》卷二**　命官往撫山東郡縣，曰：「新民望治，猶疾望醫。醫有攻有保，攻者伐邪，保者扶衰。民脱喪亂，外邪已去，今望扶衰，休養生息，在賢守令。」

龍驤衛指揮同知金朝興爲指揮使，梅思祖爲浙江行省左丞。

置市舶提舉司，浙東按察使陳寧爲提舉。

**《續資治通鑑》卷二二〇**　辛未，尋定各縣爲上、中、下三等：稅糧十萬石以下爲上縣，六萬以下爲中縣，三萬以下爲下縣。又以得金華時軍食不給，暫增民田租以足用，至是以李文忠請，令免其所增之數。

元帝聞山東郡縣相繼不守，南軍日逼，乃詔陝西行省左丞相圖嚕，總統張良弼、圖魯卜、孔興各枝軍馬，以李思齊爲副總統，守禦關中，撫安軍民，圖魯卜、孔興等出潼關，及取順便山路渡黄河，合勢東行，共勤王事，思齊等皆不奉命。

**《元史續編》卷一六**　陳祖仁等伏闕上書，不報。

**《續資治通鑑》卷二二〇**　集賢學士致仕歸暘卒。

**《元史》卷四七《順帝紀一〇》**　詔分潼關以西屬李思齊，以東屬擴廓帖木兒，各罷兵還鎮。於是闊保退屯潞州，商暠留屯潼關。

# 史表

## 《元史·三公表》

明宋濂等撰

古者三公之職，寅亮天地，燮理陰陽，以論道經邦者也。元初，以太師、太傅、太保爲三公，自木華黎國王始爲太師，後凡爲三公者，皆國之元勳，而漢人則惟劉秉忠嘗爲太保，其後鮮有聞矣。其制又有大司徒、司徒、太尉、司空之屬，然其置否不常，人品或混，故置者又或開府不開府焉。若夫東宫，亦嘗置三師、三少，而不恒有也。今固不得而悉著之，惟自木華黎而下，得拜三公者若干人，作《三公表》。

| | | 太師 | 太傅 | 太保 |
| --- | --- | --- | --- | --- |
| 太祖皇帝 | | | | |
| 丙寅 | 元年 | | | |
| 丁卯 | 二年 | | | |
| 戊辰 | 三年 | | | |
| 己巳 | 四年 | | | |
| 庚午 | 五年 | | | |
| 辛未 | 六年 | | | |
| 壬申 | 七年 | | | |
| 癸酉 | 八年 | | | |
| 甲戌 | 九年 | | | |
| 乙亥 | 十年 | | | |

| | | 太師 | 太傅 | 太保 |
|---|---|---|---|---|
| 丙子 | 十一年 | | | |
| 丁丑 | 十二年 | 木華黎 | | |
| 戊寅 | 十三年 | 木華黎 | | |
| 己卯 | 十四年 | 木華黎 | | |
| 庚辰 | 十五年 | 木華黎 | | |
| 辛巳 | 十六年 | 木華黎 | | |
| 壬午 | 十七年 | 木華黎 | | |
| 癸未 | 十八年 | 木華黎 | | |
| 甲申 | 十九年 | | | |
| 乙酉 | 二十年 | | | |
| 丙戌 | 二十一年 | | | |
| 丁亥 | 二十二年 | | | |
| 戊子 | | | | |
| **太宗皇帝** | | | | |
| 己丑 | 元年 | 阿海 | 禿懷 | 明安 |
| 庚寅 | 二年 | 按《和林廣記》多載國初之事，内有太師阿海、太傅禿懷、太保明安之名，及他公牘所報，亦間見之；然拜罷歲月之先後，不可考矣。故著于此。 | | |
| 辛卯 | 三年 | | | |
| 壬辰 | 四年 | | | |
| 癸巳 | 五年 | | | |
| 甲午 | 六年 | | | |
| 乙未 | 七年 | | | |

| | 太師 | 太傅 | 太保 |
|---|---|---|---|
| 丙申 八年 | | | |
| 丁酉 九年 | | | |
| 戊戌 十年 | | | |
| 己亥 十一年 | | | |
| 庚子 十二年 | | | |
| 辛丑 十三年 | | | |
| 壬寅 | | | |
| 癸卯 | | | |
| 甲辰 | | | |
| 乙巳 | | | |
| **定宗皇帝** | | | |
| 丙午 元年 | | | |
| 丁未 二年 | | | |
| 戊申 三年 | | | |
| 己酉 | | | |
| 庚戌 | | | |
| **憲宗皇帝** | | | |
| 辛亥 元年 | | | |
| 壬子 二年 | | | |
| 癸丑 三年 | | | |

| | | 太師 | 太傅 | 太保 |
|---|---|---|---|---|
| 甲寅 | 四年 | | | |
| 乙卯 | 五年 | | | |
| 丙辰 | 六年 | | | |
| 丁巳 | 七年 | | | |
| 戊午 | 八年 | | | |
| 己未 | 九年 | | | |
| **世祖皇帝** | | | | |
| 庚申 | 中統元年 | | | |
| 辛酉 | 二年 | | | |
| 壬戌 | 三年 | | | |
| 癸亥 | 四年 | | | |
| 甲子 | 至元元年 | | | 劉秉忠 |
| 乙丑 | 二年 | | | 劉秉忠 |
| 丙寅 | 三年 | | | 劉秉忠 |
| 丁卯 | 四年 | | | 劉秉忠 |
| 戊辰 | 五年 | | | 劉秉忠 |
| 己巳 | 六年 | | | 劉秉忠 |
| 庚午 | 七年 | | | 劉秉忠 |
| 辛未 | 八年 | | | 劉秉忠 |
| 壬申 | 九年 | | | 劉秉忠 |

| | | 太師 | 太傅 | 太保 |
|---|---|---|---|---|
| 癸酉 | 十年 | | | 劉秉忠 |
| 甲戌 | 十一年 | | | 劉秉忠 |
| 乙亥 | 十二年 | | | |
| 丙子 | 十三年 | | | |
| 丁丑 | 十四年 | | | |
| 戊寅 | 十五年 | | | |
| 己卯 | 十六年 | | | |
| 庚辰 | 十七年 | | | |
| 辛巳 | 十八年 | | | |
| 壬午 | 十九年 | | | |
| 癸未 | 二十年 | | | |
| 甲申 | 二十一年 | | | |
| 乙酉 | 二十二年 | | | |
| 丙戌 | 二十三年 | | | |
| 丁亥 | 二十四年 | | | |
| 戊子 | 二十五年 | | | |
| 己丑 | 二十六年 | | | |
| 庚寅 | 二十七年 | | | |
| 辛卯 | 二十八年 | | | |
| 壬辰 | 二十九年 | | | |

| | | 太師 | 太傅 | 太保 |
|---|---|---|---|---|
| 癸巳 | 三十年 | | | |
| 甲午 | 三十一年 | | | |
| **成宗皇帝** | | | | |
| 乙未 | 元貞元年 | | | 月赤察兒 |
| 丙申 | 二年 | | | 月赤察兒 |
| 丁酉 | 大德元年 | | | 月赤察兒 |
| 戊戌 | 二年 | | | 月赤察兒 |
| 己亥 | 三年 | | | 月赤察兒 |
| 庚子 | 四年 | 月赤察兒 | 完澤 | |
| 辛丑 | 五年 | 月赤察兒 | | |
| 壬寅 | 六年 | 月赤察兒 | | |
| 癸卯 | 七年 | 月赤察兒 | | |
| 甲辰 | 八年 | | | |
| 乙巳 | 九年 | | | |
| 丙午 | 十年 | | | |
| 丁未 | 十一年 | | 哈剌哈孫 | 塔剌海 |
| **武宗皇帝** | | | | |
| 戊申 | 至大元年 | | | |
| 己酉 | 二年 | | | |
| 庚戌 | 三年 | 阿剌不花<br>脱兒赤顔 | 乞台普濟 | 三寶奴 |

| | | 太師 | 太傅 | 太保 |
|---|---|---|---|---|
| 辛亥 | 四年 | 脱兒赤顔 | 忽魯忽答<br>乞台普濟<br>帖可 | |
| **仁宗皇帝** | | | | |
| 壬子 | 皇慶元年 | 阿撒罕 | 帖可 | 曲出 |
| 癸丑 | 二年 | 阿撒罕 | 伯忽 | 曲出 |
| 甲寅 | 延祐元年 | 阿撒罕 | 伯忽 | 曲出 |
| 乙卯 | 二年 | 阿撒罕 | 伯忽 | 曲出 |
| 丙辰 | 三年 | 鐵木迭兒 | 伯忽 | 曲出 |
| 丁巳 | 四年 | 鐵木迭兒 | 伯忽 | 曲出 |
| 戊午 | 五年 | | 伯忽 | 曲出 |
| 己未 | 六年 | 鐵木迭兒 | 伯忽 | 曲出 |
| 庚申 | 七年 | 鐵木迭兒 | 朶解 | 曲出 |
| **英宗皇帝** | | | | |
| 辛酉 | 至治元年 | 鐵木迭兒 | 朶解 | 曲出 |
| 壬戌 | 二年 | 鐵木迭兒 | 朶解 | 曲出 |
| 癸亥 | 三年 | | 朶解 | |
| **泰定皇帝** | | | | |
| 甲子 | 泰定元年 | 伯忽 | 朶解 | 伯顔察兒 |
| 乙丑 | 二年 | 按塔出 | 朶解 | 秃忽魯 |

| | | 太師 | 太傅 | 太保 |
|---|---|---|---|---|
| 丙寅 | 三年 | | 朶觧 | 禿忽魯 |
| 丁卯 | 四年 | | 朶觧 | 禿忽魯 |
| **文宗皇帝** | | | | |
| 戊辰 | 天曆元年 | 燕鐵木兒 | 伯答沙 | |
| 己巳 | 二年 | 燕鐵木兒 | 伯答沙 | 伯顔 |
| 庚午 | 至順元年 | 燕鐵木兒 | 伯答沙 | 伯顔 |
| 辛未 | 二年 | 燕鐵木兒 | 伯答沙 | 伯顔 |
| 〔壬申〕 | 〔三年〕 | 〔燕鐵木兒〕 | | |
| **順帝** | | | | |
| 癸酉 | 元統元年 | 燕鐵木兒<br>伯顔 | 撒敦 | |
| 甲戌 | 二年 | 伯顔 | 撒敦 | 燕不鄰 |
| 乙亥 | 至元元年 | 伯顔 | 撒敦<br>完者帖木兒 | 定住 |
| 丙子 | 二年 | 伯顔 | | 定住 |
| 丁丑 | 三年 | 伯顔 | | （馬札兒台）〔定住〕<br>馬札兒台 |
| 戊寅 | 四年 | 伯顔 | | 馬札兒台 |
| 己卯 | 五年 | 伯顔 | | 馬札兒台 |
| 庚辰 | 六年 | 伯顔<br>馬札兒台 | 塔失海牙 | 探馬赤 |

| | | 太師 | 太傅 | 太保 |
|---|---|---|---|---|
| 辛巳 | 至正元年 | 馬札兒台 | | |
| 壬午 | 二年 | 馬札兒台 | | |
| 癸未 | 三年 | 馬札兒台 | | |
| 甲申 | 四年 | 馬札兒台 | | |
| 乙酉 | 五年 | 馬札兒台 | | 伯撒里 |
| 丙戌 | 六年 | 馬札兒台 | | 伯撒里 |
| 丁亥 | 七年 | 馬札兒台 | | 別兒怯不花 |
| 戊子 | 八年 | | 脱脱 | |
| 己丑 | 九年 | | 脱脱 | |
| 庚寅 | 十年 | | 脱脱 | |
| 辛卯 | 十一年 | | 脱脱 | 阿魯圖 |
| 壬辰 | 十二年 | 脱脱 | | |
| 癸巳 | 十三年 | 脱脱 | | |
| 甲午 | 十四年 | 脱脱 | 汪家奴 | 伯撒里 |
| 乙未 | 十五年 | 汪家奴 | 衆家奴 | 定住 伯撒里 |
| 丙申 | 十六年 | 汪家奴 | 衆家奴 | 定住 |
| 丁酉 | 十七年 | 汪家奴 | 衆家奴 | 定住 |
| 戊戌 | 十八年 | 汪家奴 | 衆家奴 | 搠思監 定住 |

| | | 太師 | 太傅 | 太保 |
|---|---|---|---|---|
| 己亥 | 十九年 | 汪家奴 | | 搠思監 |
| 庚子 | 二十年 | 汪家奴 | 太平 | 搠思監 太平 |
| 辛丑 | 二十一年 | 汪家奴 | 老章 | 搠思監 |
| 壬寅 | 二十二年 | 汪家奴 | 老章 | 搠思監 |
| 癸卯 | 二十三年 | 汪家奴 | 老章 | |
| 甲辰 | 二十四年 | | | 孛羅帖木兒 |
| 乙巳 | 二十五年 | 伯撒里 | 擴廓帖木兒 | 禿堅帖木兒 |
| 丙午 | 二十六年 | 伯撒里 | 擴廓帖木兒 | |
| 丁未 | 二十七年 | | | 也速 |
| 戊申 | 二十八年 | | 擴廓帖木兒 | 也速 |

# 《元史・宰相年表》

明宋濂等撰

宰相者，上承天子，下統百司，治體繫焉。元初，將相大臣，年月疏闊，簡牘未詳者則闕之。中統建元以來，宰執之官，其拜罷歲月之可考者，列而書之。作《宰相年表》。

| | 中書令 | 右丞相 | 左丞相 | 平章政事 | 右丞 | 左丞 | 參知政事 |
|---|---|---|---|---|---|---|---|
| **太祖皇帝** | | | | | | | |
| 丙寅 元年 | | | | | | | |
| 丁卯 二年 | | | | | | | |
| 戊辰 三年 | | | | | | | |
| 己巳 四年 | | | | | | | |
| 庚午 五年 | | | | | | | |
| 辛未 六年 | | | | | | | |
| 壬申 七年 | | | | | | | |
| 癸酉 八年 | | | | | | | |
| 甲戌 九年 | | | | | | | |
| 乙亥 十年 | | | | | | | |
| 丙子 十一年 | | | | | | | |
| 丁丑 十二年 | | | | | | | |
| 戊寅 十三年 | | | | | | | |
| 己卯 十四年 | | | | | | | |
| 庚辰 十五年 | | | | | | | |

| | | 中書令 | 右丞相 | 左丞相 | 平章政事 | 右丞 | 左丞 | 參知政事 |
|---|---|---|---|---|---|---|---|---|
| 辛巳 | 十六年 | | | | | | | |
| 壬午 | 十七年 | | | | | | | |
| 癸未 | 十八年 | | | | | | | |
| 甲申 | 十九年 | | | | | | | |
| 乙酉 | 二十年 | | | | | | | |
| 丙戌 | 二十一年 | | | | | | | |
| 丁亥 | 二十二年 | | | | | | | |
| 戊子 | | | | | | | | |
| **太宗皇帝** | | | | | | | | |
| 己丑 | 元年 | | | | | | | |
| 庚寅 | 二年 | | | | | | | |
| 辛卯 | 三年 | | | | | | | |
| 壬辰 | 四年 | | | | | | | |
| 癸巳 | 五年 | | | | | | | |
| 甲午 | 六年 | | | | | | | |
| 乙未 | 七年 | | | | | | | |
| 丙申 | 八年 | | | | | | | |
| 丁酉 | 九年 | | | | | | | |
| 戊戌 | 十年 | | | | | | | |
| 己亥 | 十一年 | | | | | | | |

| | 中書令 | 右丞相 | 左丞相 | 平章政事 | 右丞 | 左丞 | 参知政事 |
|---|---|---|---|---|---|---|---|
| 庚子 十二年 | | | | | | | |
| 辛丑 十三年 | | | | | | | |
| 壬寅 | | | | | | | |
| 癸卯 | | | | | | | |
| 甲辰 | | | | | | | |
| 乙巳 | | | | | | | |
| **定宗皇帝** | | | | | | | |
| 丙午 元年 | | | | | | | |
| 丁未 二年 | | | | | | | |
| 戊申 三年 | | | | | | | |
| 己酉 | | | | | | | |
| 庚戌 | | | | | | | |
| **憲宗皇帝** | | | | | | | |
| 辛亥 元年 | | | | | | | |
| 壬子 二年 | | | | | | | |
| 癸丑 三年 | | | | | | | |
| 甲寅 四年 | | | | | | | |
| 乙卯 五年 | | | | | | | |
| 丙辰 六年 | | | | | | | |
| 丁巳 七年 | | | | | | | |

| | | 中書令 | 右丞相 | 左丞相 | 平章政事 | 右丞 | 左丞 | 參知政事 |
|---|---|---|---|---|---|---|---|---|
| 戊午 | 八年 | | | | | | | |
| 己未 | 九年 | | | | | | | |
| **世祖皇帝** | | | | | | | | |
| 庚申 | 中統元年<br>是年置丞相一員。 | | 禡禡 | | 王文統<br>趙璧 | 〔廉希憲〕 | 〔張文謙〕 | 張啓元 |
| 辛酉 | 二年 | | 不花<br>史天澤 | 忽魯不花<br>耶律鑄 | 塔察兒<br>王文統<br>賽典赤<br>廉希憲 | 張〔啓元〕 | 張文謙 | 商挺<br>楊果 |
| 壬戌 | 三年 | | 不花<br>史天澤 | 忽魯不花<br>耶律鑄 | 塔察兒<br>王文統<br>賽典赤<br>廉希憲 | 粘合〔南合〕<br>張〔啓元〕 | 闊闊<br>張文謙 | 商挺<br>楊果 |
| 癸亥 | 四年 | | 不花<br>六月。<br>線真代。<br>史天澤 | 忽魯不花<br>六月。<br>塔察兒代。<br>耶律鑄 | 塔察兒<br>六月陞左丞相。<br>(王文統)<br>趙璧<br>賽典赤<br>廉希憲 | 粘合〔南合〕<br>張〔啓元〕 | 闊闊<br>張文謙<br>姚樞 | 商挺<br>楊果 |
| 甲子 | 至元元年 | | 線真<br>史天澤 | 塔察兒<br>耶律鑄 | 賽典赤<br>廉希憲 | 張〔啓元〕<br>阿里別 | 張文謙 | 商挺<br>楊果 |
| 乙丑 | 二年<br>是年置丞相五員。 | | 安童<br>史天澤<br>伯顏 | | 趙璧<br>廉希憲<br>阿合馬<br>(賽)〔寶〕合丁 | 張〔啓元〕<br>阿里別 | 姚樞 | 商挺<br>王〔晉〕 |
| 丙寅 | 三年<br>是年置丞相五員。 | | 安童<br>忽都察兒<br>史天澤<br>耶律鑄<br>伯顏 | | 廉希憲<br>宋子貞 | 阿里別 | 張〔文謙〕 | 王〔晉〕<br>商挺 |

| | | 中書令 | 右丞相 | 左丞相 | 平章政事 | 右丞 | 左丞 | 參知政事 |
| --- | --- | --- | --- | --- | --- | --- | --- | --- |
| 丁卯 | 四年 | | 安童 | 史天澤 | 忽都察兒<br>耶律鑄 | 伯顔 | 廉希憲 | 阿里別<br>張惠 |
| 戊辰 | 五年 | | 安童 | 史天澤 | 忽都察兒<br>耶律鑄 | 伯顔 | 廉希憲 | 阿里別<br>張惠 |
| 己巳 | 六年 | | 安童 | 史天澤 | 忽都察兒<br>耶律鑄 | 伯顔 | 廉希憲 | 阿里別<br>張惠 |
| 庚午 | 七年<br>是年置尚書省，惟設平章政事以下員。 | | 安童<br>中書省。 | 忽都察兒<br>耶律鑄 | 阿合馬<br>張易<br>尚書省。 | 伯顔<br>趙〔璧〕 | 廉希憲<br>許衡 | 阿里別<br>張惠<br>張惠<br>李〔堯咨〕<br>麥朮督丁 |
| 辛未 | 八年<br>是年置尚書省，十二月罷。 | | 安童<br>中書省。 | 忽都察兒 | 阿合馬<br>張易<br>尚書省。 | 趙〔璧〕 | 許衡 | 阿里別<br>張惠<br>張惠<br>李〔堯咨〕<br>麥朮督丁 |
| 壬申 | 九年 | | 安童 | 忽都察兒 | 張易 | 趙〔璧〕 | | 李〔堯咨〕<br>麥朮督丁 |
| 癸酉 | 十年 | | 安童 | 忽都察兒 | 哈伯<br>阿合馬 | | 張〔惠〕 | 李〔堯咨〕<br>麥朮督丁 |
| 甲戌 | 十一年 | | 安童 | 忽都察兒 | 哈伯<br>阿合馬<br>張易 | 趙〔璧〕 | 張〔惠〕 | 李〔堯咨〕<br>麥朮督丁 |
| 乙亥 | 十二年 | | 安童 | 忽都察兒 | 哈伯<br>阿合馬<br>張易 | 趙〔璧〕 | 張〔惠〕 | 李〔堯咨〕<br>麥術督丁 |

| | | 中書令 | 右丞相 | 左丞相 | 平章政事 | 右丞 | 左丞 | 參知政事 |
|---|---|---|---|---|---|---|---|---|
| 丙子 | 十三年 | | | 忽都察兒 | 哈伯<br>阿合馬<br>趙 | | | 郝禎 |
| 丁丑 | 十四年 | | | 忽都察兒 | 哈伯<br>阿合馬 | 張〔惠〕 | | 郝禎 |
| 戊寅 | 十五年 | | | | 哈伯<br>阿里<br>阿合馬 | 張〔惠〕 | | 耿仁 |
| 己卯 | 十六年 | | | | 阿合馬<br>哈伯 | 張〔惠〕 | | 郝禎<br>耿仁 |
| 庚辰 | 十七年 | | | | 阿合馬<br>哈伯 | 張〔惠〕 | | 郝禎<br>耿仁 |
| 辛巳 | 十八年 | | | | 阿合馬 | 張〔惠〕 | 耿仁<br>郝禎 | 阿里 |
| 壬午 | 十九年 | | 甕吉剌解<br>正月至三月。<br>和禮霍孫<br>四月至十二月。 | 阿合馬<br>耶律鑄 | | 扎珊<br>張〔惠〕<br>麥朮督丁 | 耿仁<br>郝禎<br>張阿亦伯 | 阿里<br>張鵬舉 |
| 癸未 | 二十年 | | 和禮霍孫 | 耶律鑄 | 扎珊 | 麥朮督丁 | | 張鵬舉<br>温迪罕 |
| 甲申 | 二十一年 | | 和禮霍孫 | | | 麥朮督丁 | | 張鵬舉<br>温迪罕 |
| 乙酉 | 二十二年 | | 安童 | | 阿必失哈<br>忽都魯 | 盧世榮 | 史〔樞〕 | 撒的迷失<br>廉〔不魯迷失海牙〕 |

| | | 中書令 | 右丞相 | 左丞相 | 平章政事 | 右丞 | 左丞 | 參知政事 |
|---|---|---|---|---|---|---|---|---|
| 丙戌 | 二十三年 | | 安童 | | 薛闍干 | 麥朮督丁 | 也速解兒 | 楊〔居寬〕<br>郭〔佑〕<br>廉〔不魯迷失海牙〕 |
| 丁亥 | 二十四年<br>是年置尚書省，設官如七年制。 | | 安童<br>中書省。 | | 薛闍干<br>麥朮督丁<br>桑哥<br>帖木兒<br>尚書省。 | 阿魯渾薩理 | 葉李 | 楊〔居寬〕<br>不顔里海牙<br>馬紹<br>忻都 |
| 戊子 | 二十五年<br>是年置尚書省，始增丞相一員。 | | 安童<br>中書省。<br>桑哥<br>尚書省。 | | 麥朮督丁<br>帖木兒<br>阿魯渾薩理 | 崔〔彧〕<br>葉李 | 馬紹 | 何〔榮祖〕<br>張住哥<br>忻都<br>夾谷 |
| 己丑 | 二十六年<br>是年置尚書省。 | | 安童<br>中書省。<br>桑哥<br>尚書省。 | | 伯答兒<br>麥朮督丁<br>帖木兒<br>阿魯渾薩理 | 崔〔彧〕<br>葉李 | 忻都 | 張吉甫<br>張住哥<br>何〔榮祖〕<br>夾谷 |
| 庚寅 | 二十七年<br>是年置尚書省。 | | 安童<br>中書省。<br>桑哥<br>尚書省。 | | 伯答兒<br>麥朮督丁<br>帖木兒<br>阿魯渾薩理 | 崔〔彧〕<br>葉李<br>忻都 | 馬紹 | 張吉甫<br>張住哥<br>何〔榮祖〕<br>夾谷十一月代。<br>燕真忽都魯低。 |
| 辛卯 | 二十八年<br>是年置尚書省，正月至五月罷。 | | 完澤<br>中書省。<br>桑哥<br>尚書省。 | | 不忽木<br>咱喜魯丁<br>帖木兒<br>阿魯渾薩理 | 何榮祖<br>葉李<br>忻都 | 馬紹<br>馬紹 | 賀勝<br>杜〔思敬〕<br>何〔榮祖〕<br>燕真忽都魯 |

| | 中書令 | 右丞相 | 左丞相 | 平章政事 | 右丞 | 左丞 | 參知政事 |
|---|---|---|---|---|---|---|---|
| 壬辰 二十九年 | | 完澤 | | 帖可<br>剌真<br>麥朮督丁 商議省事。<br>不忽木<br>咱喜魯丁 | 何榮祖 商議省事。<br>阿里 | 馬紹 | 杜〔思敬〕<br>梁暗都剌 |
| 癸巳 三十年 | | 完澤 | | 賽典赤<br>帖可<br>麥朮督丁 商議省事。<br>剌真<br>不忽木<br>咱喜魯丁 | 何榮祖 商議省事。<br>阿里 | 張〔九思〕 | 杜〔思敬〕<br>梁暗都剌 |
| 甲午 三十一年 | | 完澤 | | 賽典赤<br>帖可<br>剌真<br>麥朮督丁<br>不忽木 | 何榮祖 商議省事。<br>阿里<br>張〔九思〕 十一月創增。 | 梁暗都剌 | 杜〔思敬〕<br>何〔瑋〕 |
| **成宗皇帝** | | | | | | | |
| 乙未 元貞元年 | | 完澤 | | 賽典赤<br>帖可<br>剌真<br>麥朮督丁<br>不忽木 | 何榮祖<br>阿里<br>張九思 | 梁暗都剌<br>楊〔炎龍〕 | 阿老瓦丁 三月改除。<br>何〔瑋〕 |

| | 中書令 | 右丞相 | 左丞相 | 平章政事 | 右丞 | 左丞 | 參知政事 |
|---|---|---|---|---|---|---|---|
| 丙申 二年 | | 完澤 | | 伯顏<br>帖可<br>剌真<br>不忽木<br>段那海 三月至十二月。 | 張九思<br>阿里 三月至十二月。 | 梁暗都剌<br>楊〔炎龍〕 | 呂〔天麟〕<br>何〔瑋〕 |
| 丁酉 大德元年 | | 完澤 | | 賽典赤<br>段那海<br>帖可<br>剌真<br>也先帖木兒 四月至十二月。 | 阿里 正月至三月。<br>張九思<br>梁暗都剌 四月至閏十二月。 | 梁暗都剌 正月至三月。<br>八都馬辛 四月至閏十二月。<br>楊〔炎龍〕 | 呂〔天麟〕<br>張〔斯立〕 六月至十二月。<br>何〔瑋〕 正月至五月。 |
| 戊戌 二年 | | 完澤 | | 賽典赤<br>段那海<br>帖可<br>剌真<br>也先帖木兒 正月一月。<br>梁暗都剌 四月至十二月。 | 梁暗都剌 正月至三月。<br>張九思 正月至二月。 | 楊〔炎龍〕<br>八都馬辛 正月至六月。 | 呂〔天麟〕<br>張〔斯立〕 |
| 己亥 三年 | | 完澤 | 哈剌哈孫 | 賽典赤<br>帖可<br>剌真 正月至七月。<br>段那海<br>梁暗都剌 | 楊〔炎龍〕<br>八都馬辛 | 月古不花 五月至十二月。 | 迷兒火者 三月至十二月。<br>呂〔天麟〕 正月一月。<br>張斯立 |

| | 中書令 | 右丞相 | 左丞相 | 平章政事 | 右丞 | 左丞 | 參知政事 |
|---|---|---|---|---|---|---|---|
| 庚子 四年 | | 完澤 | 哈剌哈孫 | 賽典赤 段那海 梁俺都剌 阿魯渾薩理 八月至十二月。 | 八都馬辛 楊〔炎龍〕 | 月古不花 吕〔天麟〕 | 迷兒火者 張斯立 哈剌蠻子 |
| 辛丑 五年 | | 完澤 | 哈剌哈孫 | 賽典赤 段那海 梁俺都剌 阿魯渾薩理 | 八都馬辛 楊〔炎龍〕 | 吕〔天麟〕 月古不花 | 迷兒火者 張斯立 哈剌蠻子 |
| 壬寅 六年 | | 完澤 | 哈剌哈孫 | 賽典赤 阿魯渾薩理 正月至七月。 段那海 梁暗都剌 | 八都馬辛 楊〔炎龍〕 正月至三月。 | 月古不花 吕〔天麟〕 正月至八月。 | 迷兒火者 正月至七月。 哈剌蠻子 正月至七月。 張斯立 |
| 癸卯 七年 | | 完澤 正月至四月。 哈剌哈孫 九月至十二月。 | 阿忽台 八月至十二月。 | 賽典赤 正月至二月。 阿老瓦丁 三月至十二月。 段那海 正月一月。 阿魯渾薩理 正月一月。 梁暗都剌 正月一月。 木八剌沙 三月至十二月。 | 八都馬辛 正月一月。 洪雙叔 四月至十二月。 | 月古不花 正月一月。 尚文 三月至十二月。 | 哈剌蠻子 正月一月。 朵䚟 三月至七月。 迷兒火者 正月一月。 張〔斯立〕 正月一月。 董〔士珍〕 四月至十二月。 |

| | 中書令 | 右丞相 | 左丞相 | 平章政事 | 右丞 | 左丞 | 參知政事 |
|---|---|---|---|---|---|---|---|
| 甲辰 八年 | | 哈剌哈孫 | 阿忽台 | 阿老瓦丁 正月至九月。 伯顏 十月至十二月。 帖可 阿里 十月至十二月。 | 洪雙叔 正月一月。 塔思不花 二月至十二月。 八都馬辛 十一月至十二月。 | 尚文 火失海牙 十一月一月。 | 朶解 迷兒火者 十月至十二月。 董〔士珍〕 正月一月。 趙〔仁榮〕 二月至九月。 張〔祐〕 十月至十二月。 |
| 乙巳 九年 | | 哈剌哈孫 | 阿忽台 | 伯顏 阿里 正月至七月。 八都馬辛 八月至十二月。 段那海 九月至十二月。 | 長壽 正月至八月。 八都馬辛 正月至七月。 | 尚文 正月至七月。 | 脱歡 正月至六月。 迷兒火者 正月至八月。 張〔祐〕 正月至十月。 |
| 丙午 十年 | | 哈剌哈孫 | 阿忽台 | 帖可 三月至十二月。 阿散 三月至十二月。 伯顏 正月至閏正月。 段那海 正月至閏正月。 八都馬辛 徹里 二月至十月。 | 哈剌蠻子 | 章閭 四月至十二月。 迷兒火者 正月至閏正月。 杜〔思敬〕 三月至十二月。 | 也先伯 三月至十二月。 |

| | 丁未 十一年 |
|---|---|
| 中書令 | |
| 右丞相 | 哈剌哈孫 正月至八月。 |
| 左丞相 | 阿忽台 正月至二月。又八月至十二月。 |
| 平章政事 | 帖可 正月至二月。<br>阿散 正月至八月。<br>教化 八月至十二月。<br>八都馬辛 正月至二月。<br>床兀兒 五月至十二月。<br>塔失海牙 八月至十二月。<br>脱脱 八月至九月。<br>法忽魯丁 八月至九月。<br>别不花 八月至九月。<br>阿沙不花 五月至十二月。<br>乞台普濟 六月至十二月。<br>明里不花 六月至十二月。 |
| 右丞 | 哈剌蠻子 正月至二月。<br>孛羅帖木兒 九月至十二月。<br>孛羅答失 八月至十二月。<br>王〔壽〕 八月一月。<br>劉〔正〕 十一月至十二月。<br>郝〔天挺〕 十一月至十二月。<br>抄兒赤 六月至十二月。<br>塔海 六月至十二月。 |
| 左丞 | 杜〔思敬〕 正月至三月。<br>章閭 正月至三月。<br>阿都赤 正月至七月。<br>阿里伯 五月至十二月。<br>斡羅思 七月至十二月。 |
| 参知政事 | 也先伯 正月至八月。<br>劉源 正月至三月。<br>撒剌兒 六月至九月。<br>于璋 十一月至十二月。<br>烏伯都剌 九月至十二月。<br>欽察 |

**武宗皇帝**

| | 中書令 | 右丞相 | 左丞相 | 平章政事 | 右丞 | 左丞 | 参知政事 |
|---|---|---|---|---|---|---|---|
| 戊申　至大元年 | | 答剌海<br>正月至三月。<br>塔思不花<br>九月至十二月。<br>乞台普濟<br>閏十一月至十二月。 | 脱脱<br>閏十一月至十二月。<br>乞台普濟<br>二月至十一月。 | 塔失海牙<br>床兀兒<br>正月至三月。<br>乞台普濟<br>正月至二月。<br>教化<br>正月一月。<br>阿沙不花<br>右丞相行平章政事，二月至十二月<br>阿散<br>四月至六月。<br>脱脱木兒<br>四月至十二月。<br>赤因帖木兒<br>閏十一月至十二月。<br>察乃<br>閏十一月至十二月。 | 孛羅帖木兒<br>劉〔正〕<br>十二月一月。<br>孛羅答失<br>正月至十一月。<br>扎忽兒解<br>閏十一月至十二月。 | 尚文<br>八月至十二月。<br>忽都不丁<br>八月至十二月。<br>郝〔天挺〕<br>劉〔楫〕<br>正月至十月。<br>何〔瑋〕<br>十月至十一月。<br>烏伯都剌<br>閏十一月至十二月。 | 烏伯都剌<br>正月至十一月。<br>郝〔彬〕<br>十月至十一月。<br>于〔璋〕<br>正月至九月。<br>伯都<br>閏十一月至十二月。<br>高昉<br>閏十一月至十二月。 |
| 己酉　二年<br>是年置尚書省。 | | 塔思不花<br>乞台普濟<br>中書省。<br>乞台普濟<br>八月至十二月。<br>尚書省。 | 脱脱<br>九月至十二月。<br>脱脱 | (哈)〔塔〕失海牙<br>三月至十月。<br>阿散<br>三月至十月。<br>赤因帖木兒<br>九月至十二月。<br>察乃<br>八月至十二月。<br>三寶奴<br>八月至九月。<br>伯顔<br>十一月至十二月。<br>樂實<br>八月至十二月。 | 扎忽兒解<br>劉〔正〕<br>保八<br>八月至十二月。 | 郝〔天挺〕<br>正月至十一月。<br>烏伯都剌<br>正月至十二月。<br>脱脱<br>九月至十二月。<br>忙哥帖木兒<br>八月至十二月。 | 伯都<br>正月至十月。<br>高昉<br>王羆<br>八月至十二月。<br>郝彬<br>八月至十二月。 |

| | 中書令 | 右丞相 | 左丞相 | 平章政事 | 右丞 | 左丞 | 參知政事 |
|---|---|---|---|---|---|---|---|
| 庚戌 三年 是年置尚書省，明年正月罷。 | | 塔思不花 中書省。<br>脱脱 尚書省。 | 脱脱<br>三寶奴 | 赤因帖木兒<br>阿散<br>察乃<br>樂實<br>伯顏 | 伯都 正月一月。<br>忽都不丁 七月至十一月。<br>保八 | 忽都不丁 正月至六月。<br>斡只 八月至十一月。<br>忙哥帖木兒 | 帖里脱歡<br>賈〔鈞〕 正月至十一月。<br>回回 八月至十二月。<br>王羆<br>郝彬 |
| 辛亥 四年 | | 帖木迭兒 | 脱脱 正月一月。 | 察乃<br>赤因帖木兒<br>李孟 二月至十二月。<br>完澤 二月至八月。<br>阿散 十二月一月。 | 忽都不丁 正月至三月。<br>烏伯都剌 四月至八月。 | 斡只 正月一月。<br>李〔士英〕 二月至十二月。 | 帖里脱歡 正月至八月。<br>賈〔鈞〕 正月至八月。 |
| **仁宗皇帝** | | | | | | | |
| 壬子 皇慶元年 | | 帖木迭兒 | 阿散 九月至十二月。 | | 烏伯都剌 | 李〔士英〕 正月至二月。<br>八剌脱因 三月至十二月。 | 察罕 正月至九月。<br>阿卜海牙 十月至十二月。<br>賈〔鈞〕 正月至三月，又九月至十二月。<br>許師敬 九月至十二月。 |

| | | 中書令 | 右丞相 | 左丞相 | 平章政事 | 右丞 | 左丞 | 參知政事 |
|---|---|---|---|---|---|---|---|---|
| 癸丑 | 二年 | | 帖木迭兒 正月一月。 禿忽魯 正月至十二月。 | 阿散 | 章閭 張珪 正月至五月。 烏伯都剌 六月至十二月。 | 烏伯都剌 正月至五月。 八剌脫因 六月至十二月。 | 八剌脫因 正月至五月。 阿卜海牙 六月至十二月。 | 許師敬 阿卜海牙 正月至五月。 禿魯花帖木兒 六月至七月。 薛〔居敬〕 九月至十二月。 |
| 甲寅 | 延祐元年 | | 禿忽魯 正月至二月。 | 阿散 | 章閭 正月至十月。 烏伯都剌 正月至八月。 | 八剌脫因 正月至十一月。 拜住 十二月一月。 | 阿卜海牙 | 趙世延 |
| 乙卯 | 二年 | | 帖木迭兒 | 阿散 | 烏伯都剌 李孟 | 拜住 | 阿卜海牙 | 曹〔從革〕 趙世延 正月至九月。 郭〔貫〕 十一月一月。 |
| 丙辰 | 三年 | | 帖木迭兒 | 阿散 | 烏伯都剌 李孟 伯帖木兒 六月至十二月。 拜住 六月至十二月。 | 拜住 正月至五月。 阿里海牙 六月至八月。 | 阿卜海牙 正月至五月。 〔王毅〕〔郭貫〕 六月至八月。 王〔毅〕 十月至十二月。 | 郭〔貫〕 正月至五月。 不花 六月至十二月。 曹〔從革〕 正月至七月。 乞塔 九月至十二月。 |

| | 中書令 | 右丞相 | 左丞相 | 平章政事 | 右丞 | 左丞 | 參知政事 |
|---|---|---|---|---|---|---|---|
| 丁巳 四年 | | 帖木迭兒 正月至六月。伯答沙 九月至十二月。 | 阿散 | 伯帖木兒 正月至七月。赤因帖木兒 六月至十二月。拜住 正月至五月。阿里海牙 六月至十二月。李孟 正月至六月。王毅 八月至十二月。烏伯都剌 | 阿卜海牙 正月至五月。乞塔 六月至十二月。 | 王毅 正月至五月。高昉 六月至十二月。 | 乞塔 正月至五月。煥住 六月至十二月。高昉 正月至五月。張〔思明〕 六月一月。王〔桂〕 七月至十二月。 |
| 戊午 五年 | | 伯答沙 | 阿散 | 赤因帖木兒 正月至九月。阿里海牙 亦列赤 十月至十二月。烏伯都剌 王毅 | 乞塔 正月至四月。亦列赤 六月至九月。高昉 十月至十月。 | 高昉 正月至九月。煥住 十月至十二月。 | 煥住 正月至九月。王〔桂〕 正月至四月。敬儼 五月至十二月。燕只哥 十月至十二月。 |
| 己未 六年 | | 伯答沙 | 阿散 | 烏伯都剌 阿里海牙 王毅 亦列赤 正月至十一月。 | 高昉 | 煥住 | 敬儼 正月至八月。燕只哥 正月至九月。張思明 閏八月至十二月。欽察 十月至十二月。 |

| | 中書令 | 右丞相 | 左丞相 | 平章政事 | 右丞 | 左丞 | 參知政事 |
|---|---|---|---|---|---|---|---|
| 庚申　七年 | | 伯答沙 正月一月。<br>帖木迭兒 二月至十二月。 | 阿散 正月至四月。<br>拜住 六月至十二月。 | 答失海牙 六月至十二月。<br>乃剌忽 六月至七月。<br>帖木兒脱 六月至十二月。<br>拜住 五月一月。<br>烏伯都剌 正月一月。<br>廉米只兒海牙 十一月至十二月。<br>亦列赤 正月一月。<br>阿里海牙 正月至二月。<br>禿滿迭兒 正月至二月。<br>赫驢 三月至四月。<br>趙〔世榮〕三月至七月。 | 高昉 正月至二月。<br>木八剌 三月至十二月。 | 焕住 正月一月。<br>張思明 三月至十二月。 | 欽察 正月至五月。<br>張思明<br>只兒哈郎 六月至十二月。<br>速速 六月至十二月。 |
| **英宗皇帝** | | | | | | | |
| 辛酉　至治元年 | | 帖木迭兒 | 拜住 | 廉米只兒海牙<br>帖木兒脱 正月至十月。<br>塔失海牙 正月至八月。<br>只兒哈郎 七月至十二月。 | 只兒哈郎 | 張思明 | 速速<br>薛〔處敬〕五月至十二月。 |

| | 中書令 | 右丞相 | 左丞相 | 平章政事 | 右丞 | 左丞 | 參知政事 |
|---|---|---|---|---|---|---|---|
| 壬戌 二年 | | 帖木迭兒 正月至八月。 拜住 十一月至十二月。 | 拜住 正月至十月。 | 廉米只兒海牙 正月至十一月。 欽察 五月至十二月。 只兒哈郎 正月至五月。 買驢 四月至十二月。 | 只兒哈郎 薛 | 張思明 | 速速 薛〔處敬〕 正月至二月。 王居仁 閏五月至十二月。 |
| 癸亥 三年 | | 拜住 正月至八月。 | | 欽察 赤因帖木兒 十月一月。 張珪 | 只兒哈郎 正月至十月。 乃馬䚟 十月至十二月。 | 速速 正月至八月。 善僧 九月至十二月。 | 馬剌 王居仁 |
| **泰定皇帝** | | | | | | | |
| 甲子 泰定元年 | | 旭邁傑 | 倒剌沙 二月至十二月。 | 倒剌沙 正月一月。 烏伯都剌 欽察 正月至二月。 張珪 乃蠻䚟 二月至十二月。 禿滿迭兒 五月至十二月。 | 乃蠻䚟 正月一月。 善僧 二月至十二月。 | 善僧 正月一月。 潑皮 六月至十二月。 | 馬剌 正月至四月。 王居仁 正月至二月。 楊庭玉 三月至十二月。 朵朵 五月至十二月。 |
| 乙丑 二年 | | 旭邁傑 正月至八月。 塔失帖木兒 十二月一月。 | 倒剌沙 | 禿滿迭兒 烏伯都剌 乃蠻䚟 張珪 正月至二月。 善僧 五月至十二月。 | 善僧 正月至二月。 潑皮 三月至十二月。 | 潑皮 正月至二月。 許師敬 四月至十二月。 | 朵朵 楊庭玉 正月至四月。 馮不花 五月至十二月。 |

| | 中書令 | 右丞相 | 左丞相 | 平章政事 | 右丞 | 左丞 | 參知政事 |
|---|---|---|---|---|---|---|---|
| 丙寅 三年 | | 塔失帖木兒 | 倒剌沙 | 禿滿迭兒 乃蠻解 正月至二月。 烏伯都剌 察乃 三月至十二月。 善僧 正月至十月。 伯顏察兒 十二月一月。 | 潑皮 正月至五月。 許師敬 十月至十二月。 | 許師敬 正月至十月。 朵朵 十一月至十二月。 | 朵朵 正月至十月。 史惟良 十一月至十二月。 馮不花 |
| 丁卯 四年 | | 塔失帖木兒 | 倒剌沙 | 禿滿迭兒 察乃 烏伯都剌 伯顏察兒 | 許師敬 正月至十月。 趙世延 十月至十二月。 | 朵朵 | 馮不花 史惟良 正月至九月。 王士熙 十一月至十二月。 |
| **文宗皇帝** | | | | | | | |
| 戊辰 天曆元年 | | 燕鐵木兒 | 別不花 | 塔失海牙 九月至十月。 速速 九月至十月。 闊闊台 九月至十二月。 明里董阿 九月至十二月。 欽察台 十月至十二月。 敬儼 十月至十二月。 | 趙世延 回回 九月至十一月。 月魯不花 十一月至十二月。 | 史惟良 九月至十一月。 | 張友諒 十月至十二月。 月魯帖木兒 十月至十一月。 |

| | 中書令 | 右丞相 | 左丞相 | 平章政事 | 右丞 | 左丞 | 參知政事 |
|---|---|---|---|---|---|---|---|
| 己巳 二年 | | 燕鐵木兒 | 別不花 帖木兒不花 正月至八月。 | 闊闊台 正月至八月。 明里董阿 正月至四月。 敬儼 正月。 王毅 正月至八月。 哈八兒禿 五月至八月。 徹里帖木兒 五月至八月。 阿兒思蘭海牙 九月至十二月。 朵兒只 十一月。 趙世延 十一月。 欽察台 | 徹里帖木兒 正月至五月。 闊兒吉思 四月至八月。 朵兒只 八月至十一月。 撒迪 | 月魯帖木兒 正月至八月。 趙世安 十月至十二月。 | 趙世安 正月。 左吉 正月至五月。 王結 正月至八月。 阿榮 八月至十二月。 |
| 庚午 至順元年 | | 燕鐵木兒 | 伯顏 二月。 | 欽察台 阿兒思蘭海牙 三月。 趙世延 正月至閏七月。 阿里海牙 朵兒只 正月至二月。 亦列赤 | 撒迪 | 史惟良 趙世安 二月。 張友諒 | 蔡文淵 正月至五月。 和尚 正月至閏七月。 張友諒 五月至九月。 脱亦納 姚庸 |

| 年 | 中書令 | 右丞相 | 左丞相 | 平章政事 | 右丞 | 左丞 | 參知政事 |
|---|---|---|---|---|---|---|---|
| 辛未 二年 | | 燕鐵木兒 | | 欽察台<br>阿里海牙<br>亦列赤<br>伯撒里<br>秃兒哈帖木兒 | 撒迪 | 張友諒 | 脱亦納 正月。<br>姚庸<br>燕帖木兒<br>耿煥 |



| 年 | 中書令 | 右丞相 | 左丞相 | 平章政事 | 右丞 | 左丞 | 參知政事 |
|---|---|---|---|---|---|---|---|
| **順帝** | | | | | | | |
| 癸酉 元統元年 | | 燕鐵木兒<br>伯顏 | 撒敦 | 欽察歹<br>阿里海牙<br>撒迪<br>阿昔兒<br>闊兒吉思 | 闊兒吉思<br>孛羅 | 史惟良<br>王結 | 忽都海牙<br>高履亨 |
| 甲戌 二年 | | 伯顏 | 撒敦 | 脱別歹<br>阿里海牙 正月除河南丞相。<br>撒迪<br>阿息兒<br>闊兒吉思 | 孛羅 | 王結 | 忽都海牙<br>許有壬 十月由侍御史除。 |

| | 中書令 | 右丞相 | 左丞相 | 平章政事 | 右丞 | 左丞 | 參知政事 |
|---|---|---|---|---|---|---|---|
| 乙亥 至元元年 | | 伯顏 七月初二日命獨相。 | 撒敦<br>唐其勢 六月伏誅。 | 脱別歹<br>定住 九月初七日由樞密知院除爲頭平章。<br>阿昔兒<br>闊兒吉思 七月遷知院。<br>撒迪 七月初一日由中丞除第二平章，十月爲御史大夫。<br>徹里帖木兒<br>孛羅 七月初四日替闊里吉思。<br>阿吉剌 十一月由知院除。<br>塔失海牙 | 孛羅 七月升平章。<br>鞏卜班 十月。 | 王結<br>耿煥 十一月。 | 普化 四月由南臺中丞除。<br>納麟 七月由南臺中丞除。<br>許有壬 |
| 丙子 二年 | | 伯顏 | | 定住<br>塔失海牙<br>帖木兒不花<br>孛羅<br>阿吉剌 | 鞏卜班 | 王懋德 | 納麟<br>許有壬 |
| 丁丑 三年 | | 伯顏 | | 定住 二月卒于位。<br>塔失海牙<br>孛羅<br>阿吉剌 | 鞏卜班 | 王懋德 | 納麟<br>許有壬 |

| | 中書令 | 右丞相 | 左丞相 | 平章政事 | 右丞 | 左丞 | 參知政事 |
|---|---|---|---|---|---|---|---|
| 戊寅 四年 | | 伯顔 | | 探馬赤<br>哈八兒禿<br>孛羅<br>阿吉剌<br>只兒瓦歹 | 鞏卜班 | 王懋德 | 納麟<br>傅巖起 |
| 己卯 五年 | | 伯顔 | | 哈八兒禿<br>孛羅<br>阿吉剌 三月出爲遼陽平章。<br>只兒瓦歹 後罷爲承旨。 | 鞏卜班 三月出爲甘肅平章。 | | 納麟<br>傅巖起 |
| 庚辰 六年 | | 伯顔 二月黜爲河南左丞相。<br>馬札兒台 三月拜，十月罷。<br>脱脱 十月。 | 鐵木兒不花 十月。 | 孛羅<br>沙剌班<br>汪家奴 四月由樞密同知爲平章，十月除樞密知院。 | 鐵木兒塔識 | 傅巖起 | 納麟 四月除樞密同知。<br>阿魯<br>傅巖起 二月升左丞。<br>許有壬 |
| 辛巳 至正元年 | | 脱脱 | 鐵木兒不花 | 別兒怯不花 十二月除江浙左丞相。<br>脱歡<br>也先帖木兒<br>鐵木兒塔識 | 鐵木兒塔識 四月升平章。<br>阿魯 | 許有壬 | 阿魯 四月升右丞。<br>定住<br>許有壬 四月升左丞。<br>吳忽都不花 |

| | 中書令 | 右丞相 | 左丞相 | 平章政事 | 右丞 | 左丞 | 參知政事 |
|---|---|---|---|---|---|---|---|
| 壬午 二年 | | 脱脱 | | 也先帖木兒 鐵木兒塔識 也滅怯歹 三月由知院除第四平章。 | 太平 六月。 | 許有壬 | 定住 吴忽都不花 |
| 癸未 三年 | | 脱脱 | 别兒怯不花 十二月。 | 也先帖木兒 鐵木兒塔識 也滅怯歹 納麟 正月辭。 | 太平 | 許有壬 正月辭。 | 定住 吴忽都不花 伯顔 韓元善 十月由樞密僉院除。 |
| 甲申 四年 | | 脱脱 五月辭位。 阿魯圖 五月。 | 别兒怯不花 | 鐵木兒塔識 三月。 太平 納麟 三月由河南平章除。 伯顔 納哈赤 | 太平 二月升平章。 伯顔 二月至八月，升平章。 達識帖睦邇 九月。 | 吴忽都不花 姚庸 三月由集賢大學士除，九月爲承旨。 董守簡 九月由中丞除。 | 伯顔 二月升右丞。 搠思監 二月。 韓元善 趙德壽 正月由兵部尚書除。 |
| 乙酉 五年 | | 阿魯圖 | 别兒怯不花 | 鐵木兒塔識 七月爲御史大夫。 納哈赤 後罷爲承旨。 太平 十月爲御史大夫。 鞏卜班 七月。 納麟 伯顔 | 達識帖睦邇 九月罷爲承旨。 搠思監 | 董守簡 後遷中丞。 | 搠思監 九月升右丞。 朵兒只班 前資正院使。 韓元善 十月除司農太卿。 吕思誠 十月。 |

| | 中書令 | 右丞相 | 左丞相 | 平章政事 | 右丞 | 左丞 | 參知政事 |
|---|---|---|---|---|---|---|---|
| 丙戌 六年 | | 阿魯圖 | 別兒怯不花 | 鐵木兒塔識<br>鞏卜班<br>納麟<br>教化<br>帖木哥 | 朵兒只班 後除遼陽平章。 | 呂思誠 | 朵兒只班〔升右丞〕<br>答兒麻 七月。<br>瑣南班<br>呂思誠 四月升左丞。<br>魏中立 |
| 丁亥 七年 | | 別兒怯不花 正月初九日。四月十八再命，五月罷。<br>朵兒只 十二月。 | 鐵木兒塔識 九月薨于位。<br>朵兒只 九月由大夫拜。<br>太平 十二月。 | 鐵木兒塔識 四月升左丞相。<br>太平 六月至十二月。升左丞相。<br>教化<br>定住<br>帖木哥<br>朵朵<br>韓加訥 十二月除大夫。 | 瑣南班 後遷中丞。<br>定住 四月由承旨除。<br>脱歡 七月。<br>忽都不花 十月。 | 呂思誠 | 瑣南班 二月升右丞。<br>道童 三月。<br>福壽 六月。<br>魏中立<br>孔思立 七月。 |
| 戊子 八年 | | 朵兒只 | 太平 | 教化<br>定住 後以疾辭。<br>韓加訥<br>太不花<br>忽都不花 | 忽都不花 | 呂思誠 | 福壽<br>孔思立 |
| 己丑 九年 | | 朵兒只 七月罷爲國王。<br>脱脱 閏七月復相。 | 太平 七月罷爲承旨。 | 柏顔<br>韓加訥<br>太不花<br>欽察台<br>忽都不花<br>定住 | 禿滿迭兒 閏七月除四川右丞。<br>搠思監 | 呂思誠 後遷中丞。<br>韓元善 四月。 | 撒馬篤<br>玉樞虎兒吐華 閏七月。<br>秦從德 |

| | 庚寅 十年 | 辛卯 十一年 | 壬辰 十二年 | 癸巳 十三年 |
|---|---|---|---|---|
| 中書令 | | | | |
| 右丞相 | 脱脱 | 脱脱 | 脱脱 二月總兵，八月出師，十一月還朝。 | 脱脱 |
| 左丞相 | | | | |
| 平章政事 | 柏顔<br>太不花<br>定住<br>搠思監 正月。<br>普化 | 太不花<br>定住<br>搠思監<br>普化<br>朶兒只班 | 定住<br>搠思監<br>普化<br>忽都海牙<br>月魯不花 正月由宣政院使除。 | 定住<br>搠思監<br>普化<br>忽都海牙 |
| 右丞 | 玉樞虎兒吐華 正月。 | 玉樞虎兒吐華 | 玉樞虎兒吐華<br>哈麻 八月添設。 | 哈麻 正月代玉樞虎兒吐華爲正。<br>禿禿<br>悟良哈台 正月代哈麻，四月爲正。 |
| 左丞 | 韓元善 | 韓元善 | 韓元善 八月卒。<br>賈魯 二月添設。 | 烏古孫良楨 正月。 |
| 參知政事 | 脱列<br>韓鏞 | 脱列<br>韓鏞<br>松壽 分省濟寧。<br>烏古孫良楨 十二月。 | 帖里帖穆爾 十一月出爲江浙添設(右)〔左〕丞。<br>烏古孫良楨<br>悟良哈台 閏三月添設。<br>杜秉彝 十月添設。 | 蠻子 正月由侍御除。<br>杜秉彝 正月代烏古孫良楨。 |

| | | 中書令 | 右丞相 | 左丞相 | 平章政事 | 右丞 | 左丞 | 參知政事 |
|---|---|---|---|---|---|---|---|---|
| 甲午 | 十四年 | | 脱脱 九月總兵出征，十二月詔削官爵，淮（南）〔安〕安置。 | 定住 | 定住 十二月升左丞相。 搠思監 普化 月（赤）〔闊〕察兒 九月由知院除。 哈麻 十二月。 鎖南班 十二月。 | 悟良哈台 桑哥失理 十二月由中政院使除添設。 | 烏古孫良楨 吕思誠 十二月由湖廣左丞召爲添設。 | 蠻子 臧卜 九月由將作院使除。 杜秉彝 |
| 乙未 | 十五年 | | 汪家奴 二月。 定住 十一月辭，以太保就第治病。 | 定住 四月拜右丞相。 哈麻 | 搠思監 正月出爲陝西平章，九月復入中書。 哈麻 四月升左丞相。 達識帖睦邇 八月除江浙左丞相。 紐的該 桑哥失理 瑣南班 帖里帖木兒 黑厮 拜住 | 悟良哈台 正月除河南平章。 蠻子 九月除中政院使。 拜住 九月代蠻子。 斡欒 由樞密同知代拜住。 臧卜 | 許有壬 九月爲集賢大學士。 吕思誠 烏古孫良楨 杜秉彝 | 臧卜 實理門 李稷 成遵 月倫失不花 陳敬伯 分省彰德。 |
| 丙申 | 十六年 | | 定住 正月辭不允，復命。 | 哈麻 二月黜罷。 搠思監 四月。 | 搠思監 二月除大夫。 帖里帖木爾 桑哥失里 悟良哈台 | 斡欒 | 吕思誠 十月除大司農卿。 烏古孫良楨 | 别怯木兒 完者不花 答蘭 李稷 成遵 |

| | | 中書令 | 右丞相 | 左丞相 | 平章政事 | 右丞 | 左丞 | 參知政事 |
|---|---|---|---|---|---|---|---|---|
| 丁酉 | 十七年 | | 搠思監<br>五月。 | 太平<br>五月。 | 帖里帖木爾<br>三月除大夫。<br>悟良哈台<br>斡欒<br>臧卜<br>十一月分省太原。<br>老的沙<br>完不花<br>答蘭<br>十一月。 | 別帖木兒<br>完者帖木兒<br>七月由中丞除。<br>埜仙普化<br>九月。<br>失列門<br>分省濟寧。<br>八都麻失里 | 烏古孫良楨<br>成遵<br>九月除中丞。<br>李獻<br>十一月由中丞除。 | 完者帖木兒<br>十一月除宣政同知。<br>俺普<br>七月。<br>卜顏帖木爾<br>十一月。<br>哈剌那海<br>十一月。<br>崔敬<br>十一月。<br>陳敬伯<br>十一月。<br>李稷 |
| 戊戌 | 十八年 | | 搠思監<br>定住<br>太不花 | 太平<br>紐的該 | 斡欒<br>完不花<br>老的沙<br>脱脱帖木兒<br>燕古思<br>也先不花<br>莊嘉<br>八都麻失里 | 八都麻失里<br>六月升平章。<br>完者帖木兒<br>塔失帖木兒 | 李獻<br>正月除翰林學士。<br>成遵<br>失你不花 | 燕只不花<br>禿魯<br>三月由治書除。<br>忙哥帖木兒<br>孛羅帖木兒<br>安童<br>普顏不花<br>馬某火者<br>十一月除崇福司使。<br>瑣住<br>崔敬 |

| | 中書令 | 右丞相 | 左丞相 | 平章政事 | 右丞 | 左丞 | 參知政事 |
|---|---|---|---|---|---|---|---|
| 己亥　十九年 | | 太平 | 斡欒<br>完不花<br>帖里帖木兒 九月除陝西左丞相。<br>朶兒只班<br>莊嘉<br>也先不花<br>八都麻失里 | 搭失帖木兒<br>不花 | 成遵 | 孛羅帖木兒<br>伯顔<br>忙哥帖木兒<br>脱火赤 分省太原。<br>王時 二月由詳定使除。<br>趙中 | |
| 庚子　二十年 | | 搠思監 三月。 | 太平 二月罷爲太保。 | 老的沙 二月由大夫入中書，後復爲大夫。<br>斡欒<br>完不花<br>完者帖木兒<br>達識帖木兒<br>絆住馬<br>失列門 | 不花 分省太原。 | 陳敬伯 | 也先不花<br>七十<br>王時 分省太原。<br>危素<br>丁好禮 |
| 辛丑　二十一年 | | | | 斡欒<br>失列門<br>佛家奴<br>達識帖木兒<br>定住 九月出爲陝西平章。<br>答蘭 分省太原。 | 也先不花 | 也先不花<br>陳敬伯 | 哈剌章<br>七十<br>達禮麻失里<br>袁渙<br>不顔<br>危素 |

| | 中書令 | 右丞相 | 左丞相 | 平章政事 | 右丞 | 左丞 | 參知政事 |
|---|---|---|---|---|---|---|---|
| 壬寅 二十二年 | | 捌思監 三月。 | | 斡欒<br>擴廓帖木兒<br>失列門<br>愛不花<br>佛家奴 十二月爲大夫。<br>塔失帖木兒<br>絆住馬<br>孛羅帖木兒 | 也先不花 | 玉也速迭兒<br>七十<br>剌馬乞剌 分省太原。 | 達禮麻失里<br>伯顏帖木兒<br>哈剌那海<br>脱木兒 分省太原。<br>危素 |
| 癸卯 二十三年 | | 捌思監 | | 愛不花 分省太原。<br>完不花<br>普化<br>絆住馬<br>咬住<br>完不花<br>孛羅帖木兒 | 也先不花 | 七十<br>袁渙 | 伯顏帖木兒<br>札剌兒台<br>危素<br>馬良 七月。 |
| 甲辰 二十四年 | | 捌思監 四月貶嶺北。<br>孛羅帖木兒 八月。 | 也速<br>孛羅帖木兒 七月。 | 瑣住<br>禿堅帖木兒 七月除大夫。<br>山僧<br>佛家奴<br>老的沙 | 不花帖木兒<br>脱脱木兒 | 帖木兒 | 八都哥<br>危素 五月除承旨。<br>王時<br>李士瞻<br>李國鳳 |

| | 中書令 | 右丞相 | 左丞相 | 平章政事 | 右丞 | 左丞 | 參知政事 |
|---|---|---|---|---|---|---|---|
| 乙巳 二十五年 | | 孛羅帖木兒 七月伏誅。 伯撒里 九月二十七。 | 擴廓帖木兒 | 山僧 老的沙 三月除右大夫。 擴廓帖木兒 禿堅帖木兒 失列門 沙藍答里 十月升爲頭平章。 上都馬 帖古思不花 別帖木兒 禿魯 三月除左大夫。 脱脱 匡福 慶童 塔失帖木兒 洪寶寶 揑烈禿 不花帖木兒 忽憐台 金那海 | 不花帖木兒 十月升平章。 孛羅 曲木 答兒麻失里 脱脱木兒 | 帖木兒 袁渙 八月除河南右丞。 王時 哈剌章 張晉 | 明安帖木兒 定住 八都兒 達識帖木兒 黎安道 帖林沙 |
| 丙午 二十六年 | | 伯撒里 | 擴廓帖木兒 總兵河南。 沙藍答里 正月。 | 失列門 不花帖木兒 月魯帖木兒 七十 鑾子 札剌爾台 | 月魯帖木兒 帖林沙 七十 札剌爾台 | 袁瑍 李國鳳 八月升。 | 帖林沙 亦老温 陳祖仁 董幼安 李國鳳 王朵羅歹 |

| | 丁未 二十七年 |
|---|---|
| 中書令 | |
| 右丞相 | 完者帖木兒 五月至八月除知院。<br>也速 八月拜相，總兵分省山東。 |
| 左丞相 | 帖里帖木兒 八月除爲添設。<br>擴廓帖木兒 總兵，十月罷爲河南王。<br>沙藍答里 九月分省大同，十一月薨。 |
| 平章政事 | 札剌兒<br>七十<br>俺普 七月除大宗正札魯火赤。<br>臧家奴<br>月魯帖木兒<br>伯顏帖木兒<br>哈剌章 十一月爲頭平章，分省大同。<br>蠻子<br>完者帖木兒<br>不顏帖木兒<br>哈剌那海 分省河東。<br>陳敬伯<br>李克彝<br>火里赤<br>板築兒<br>丁好禮<br>帖林沙<br>忽林台<br>陳秉直<br>楊誠<br>貊高<br>關保 |
| 右丞 | 帖林沙<br>陳敬伯 八月升平章。<br>定住 |
| 左丞 | 定住 八月升右丞。<br>董幼安<br>張守禮<br>劉益<br>孫景益 分省河東。 |
| 參知政事 | 哈海<br>完者帖木兒<br>朶兒只<br>孫景益<br>阿剌不花<br>尹炳文<br>蓋元魯<br>董守訓 十月由嶺北參議升。<br>胡濬<br>普顏不花<br>陝思丁<br>鐵古思帖木兒 分省保定。<br>莊家<br>法都忽剌 供給山東。 |

| | 中書令 | 右丞相 | 左丞相 | 平章政事 | 右丞 | 左丞 | 參知政事 |
|---|---|---|---|---|---|---|---|
| 戊申<br>二十八年 | | 也速 | 失列門<br>慶童 | 哈剌章<br>臧家奴<br>月魯帖木兒<br>伯顏帖木兒<br>完者帖木兒<br>燕赤不花<br>魏賽因不花<br>李思齊<br>俺普<br>瑣住 | 定住<br>火里忽答 | 董幼安<br>張守禮<br>孫景益 | 哈海<br>張裕<br>郭庸 |

# 雜録

## 備録

### 《高麗史》

朝鮮李朝鄭麟趾撰

**卷二七《元宗三》** 辛未十二年十二月己亥，蒙古遣使告建國號曰「大元」。

丙午，忻都使人來言馬飢多死，難移鹽州，於是有司更督科斂。時國家府庫匱竭，供給不支，經略司報于元曰：「兩差使人催取糧料，寂無輸轉，牛馬羸瘦僵仆者十二三。即將先到種子四百餘碩支給飼秣，尋復盡死。若又供運不繼，恐牛馬盡斃，有誤春作。」元又移牒督之。

壬申十三年春正月丁丑，趙良弼還自日本，遣書狀官張鐸率日本使十二人如元。王遣譯語郎將白琚表賀曰：「盛化旁流，遐及日生之域，殊方率服，悉欣天覆之私。惟彼倭人，處于鰈海，宣撫使趙良弼以年前九月到金州境，裝舟放洋而往。是年正月十三日，偕日本使佐一十二人還，到合浦縣界，則此誠由聖德之懷綏，彼則嚮皇風而慕順。一朝涉海，始修爾職而來。萬里瞻天，曷極臣心之喜。茲馳賤介，仰賀宸庭。」

辛巳，元移鳳州屯田于鹽、白州。分遣程驛蘇復別監于諸道。

甲申，遣齊安侯淑，樞密院副使宋松禮如元賀建國號。表曰：「三百有旬之成歲，功自正朝而爲始，六十餘卦之備易，道從乾象以起初。一言以興，四德之長，惟萬國之攸戴，在百王以莫高。猗歟，允正其名，屬我大明之代。鳳傳景詔，喜不外於海東，燕賀誠心，庶得先於天下。」

二月己亥，世子諶至自元，帝遣斷事官不花、馬絳等偕來中書省牒曰：「據世子諶云，吾父子相繼朝覲，特蒙恩宥，小邦人民得保遺噍，感戴之誠，言不可既。諶連年入覲，每荷皇恩，區區之忠，益切致效。惟彼日本，未蒙聖化，故發詔使，繼耀軍容，戰艦兵糧，方在所須。儻以此事委臣，庶幾勉盡心力，小助王師。都省奏奉聖旨教世子親自去者，教尚書省馬郎中做伴當去者。」時世子久留燕京，從者皆愁思東歸，勸世子以東征事請帝而還，薛仁儉、金憒等不可，曰：「世子在此，將以衛社稷也。今請此事以還，則如本國何。」世子寢之，會林惟幹聞之，欲假此先請東還，復收所没田民財寶。世子知之，不得已請于帝。國人見世子辮髮胡服，皆歎息，至有泣者。

壬寅，宴不花、馬絳。

戊午，元遣使于鹽、白州相移屯之地。

三月庚午，元中書省遣嶽山李珪與李樞來索大木。

癸酉，分遣指揮使于諸道。三別抄餘黨寇會寧郡，掠漕船四艘。

四月庚寅，日本使還自元。張鐸伴來，宣帝命曰：「譯語別將徐偁、校尉金貯使日本有功，宜加大職。」於是拜偁爲將軍，貯爲郎將。

甲午，遣御史康之邵護日本使還其國。

癸卯，元遣李益爲達魯花赤，王迎于城外。

庚戌，設消災道場于本闕。

丁巳，遣諫議大夫郭汝弼如元，請減軍料。表曰：「近承省旨，據鹽、白州等軍奏請，令每軍一名添支粮一㪷，每月通支四㪷。小邦元來百姓凋殘，不得力農，自家朝夕猶且難給，況出水以來，軍馬粮料急於中外，收斂甚艱。而前年四月，斷事官沈渾至聽憸言，苛責甚厲，謂須無致闕乏，而令表奏云，限以力盡，不令受飢。不敢違忤，復於中外徵索，到底用以供給。然此亦約限年前，接秋而止耳。謂當冬月必蒙蠲省，又令自十月至今年接秋供餉，艱窘滋甚。其庚午年至今年四月晦，已曾應副軍粮十萬九千一百九十九碩六㪷，馬牛料四十三萬二千五碩六㪷，王京館供對使臣米一萬七千一百五十一碩，種子一萬五千碩，其糧料㪷碩委細數目具在別録，呈俵都表，百姓早已飢困，惟是前數，恐不能接秋，況復添乎。且一月三㪷不爲不足，但以珍島既破後，多獲人物，爲其畜養，有是請耳。嘗蒙聖慈，令輸東真料米七千碩，添助粮料，感荷殊深，遣人往審輸來道塗，遼遠險阻，空曠無人，海陸俱爲未便，加以小邦馬牛寡少，凡所輸中外粮餉，人自負戴，則其往東真輸致甚難。今此困窮情狀，不得預奏，而設有後責，何辭以對。四海既爲一家，則上朝軍馬，洎兹土百姓，皆一皇帝之人民，安有逋逖耶。伏望念可哀之狀，推同視之仁，許從便近以轉粮。倘紓民困，當與孑遺而延喘，永沐聖恩。閤門副使琴熏如元，上表曰：至仁釋罪，幸開宥於自新。逋賊執迷，猶肆驕而不服。前次承都省奏，奉聖旨降宣，差遣濟州招諭使閤門副使琴熏、散員李貞以四月十五日登船發去，值逆風，退泊甫麻島。逆賊金希就、吳仁鳳、田祐等船四隻來奪其船，盡執人物，移載于爾船。收擘招諭文字往告于濟州金通精。而希就等將琴熏等遂至楸子島留著看守。既得廻報，希就等與琴熏等嫚罵曰：「爾等嘗遣人珍島，誘我緩其心，引大軍攻破。惟是父母妻子，人情最愛重，悉已驅掠而去。兹乃我輩怨入骨髓者也。今又欲盡滅吾屬而來誘，則爾等固當殄戮無遺。然若爾則今此事，意誰當往告者，兹用放爾，」因給朽毀小舠一隻，老水手一名，并招諭文字送還。其一行内記官、電吏，梢工、引海等四人皆殺之，餘外水手十人亦欲殺之而牽去。琴熏等盤桓島中，而得水手之脱害者三人。以前月二十九日還來，即令上朝陳奏向件事由，伏望俯收採聽，優賜矜從，分委戎兵。倘借赫威而致罰，克清頑種，庶令遺噍以聊生。

壬子，遣郎將李有庇如元，上表曰：力微除害，實慚奉職之無能。仁篤救危，唯恃銜恩之有自。兹忘嫌於煩瀆，敢貢懇以籲呼。伏念蚤幸觀光，方叨賜履。但有濟州逆賊，是年三月四月侵掠于會寧、海際、海南等三縣之浦溆，奪諸州縣漕船。又於五月會寧、耽津兩縣大肆驅掠而去。凡前後所攘奪船二十隻，穀米三千二百餘碩，殺害十二人，驅去二十四人。今有盧孝悌者，嘗附于逆賊，是月十四日逃出，來告云：「逆賊以船十一隻，分載兵三百九十人謀取慶尚、全羅道漕船，且欲攻破沿海州縣。」以故沿海州縣騷動難安，如向表奏，慮將侵擾全羅州道戰艦造成役，乞令金州住在上朝軍馬分遣防禦。抑小邦兵卒弓箭甲牟悉曾見收，士多徒手裸身，深爲未便，伏望威先攻昧，德尚固存，減慶尚道之官軍二千，分全羅州以騎士數百，不止衛乎造舟之地，抑令防諸沿海之方，亟頒堅鋭於我師，終許盪清於爾寇。別楮云：「臣兢惶隕越，謹重奏言。臣竊有開啓事段具呈于後，伏望慈，咸賜俞允：一、東寧府前次經略司分遣不多軍馬，而支應粮料始自今年正月，至于三月十七日而止，曾禀聖旨諭以一體供億，故留在鳳州軍五百餘人粮料，乞令東寧府應副，而未蒙憐察，反使王京供億，其得能辦，甚爲未便，乞依聖旨，卒令東寧府添助。一、鹽州、海州等處種田軍，年前既入處百姓家户，而經冬春月，並當出歸農所，而便不離家户者多矣。實百姓所悶，望乞令皆就農所，造家出住，毋甚煩擾。一、有自濟州出來者高允大等六人，年前九月初到于追討使金方慶戲下，而欣篤官人累度傳諭，令發遣屯所。然時方招諭濟州人，而順命出來者輒見縶於軍中，則彼人聞知，其謂如何乞令禁約。一、曾禀聖旨，官軍供給，限以接秋，而農牛、農器、種子等事早悉庀了，分付種田司趂時耕播，今則大小麥已收，而禾穀向熟稗者不過八月，其接秋粮餉當限何月，乞降綸音。」

秋七月甲子，倭船到金州慶尚道，按撫使曹子一恐交通事覺，獲譴于元，密令還國。洪茶丘聞之，嚴鞫子一，馳聞于帝。

己卯，遣大將軍金伯鈞如元賀節日。

八月丙戌朔，日食。元遣侍衛親軍千户王岑與茶丘議征取耽羅之策。茶丘表陳「金通精之黨多在王京，可使招之。招而不從，擊之未晚」。帝從之。茶丘乃遣通精之姪郎將金贊、李邵，賊將吳仁節族桓文伯等五人使往諭之。通精等不從，留金贊，餘皆殺之。

壬申，三別抄掠奪全羅道貢米八百石。

丁酉，義州副使金孝巨等二十二人還自元。帝以我出陸，皆放之。

辛丑，設消災道場于本闕

庚戌，大府注簿姜渭贊，文習圭等以大府虛竭，不堪徵責，祝髮而逃。

九月甲子，宴達魯花赤李益及馬絳。

己亥，洪茶丘殺曹子一。

十一月，三別抄又寇合浦，焚戰艦二十艘，執蒙古烽卒四人而去。

戊寅，遣中書舍人權呾如元賀正。

王請五十騎于元帥忻都，宿衛宫禁。

十二月壬辰，元遣李樞與蒙古二人來索宫室材木。

乙未，元以攻討濟州，詔王簽軍六千，水手三千。

庚子，洪茶丘自南道來，遂如元，王慰遣之。

辛丑，命樞密院副使宋松禮、上將軍徐裕點兵。

丁未，世子諶如元。

庚戌，以宋松禮爲忠清道指揮使。元復遣趙良弼如日本招諭。

癸酉十四年春正月己未，遣使于慶尚道督造戰艦。

庚申，以門下侍郎平章事金方慶判追討事，樞密院副使邊胤爲使。

壬戌，元使來，王迎詔于宣義門。其文用新制蒙古字，人無識者。使者云：「因林惟幹所奏，求火熊皮也。」

癸亥，遣帶方侯澂、諫議大夫郭汝弼如元，謝許世子婚。

甲子，以元傅、張佶並爲中書侍郎平章事，金鍊知門下省事，尹君正守司空。

壬午，馬絳與大將軍宋玢巡視近道戰艦。三別抄寇合浦，焚戰艦三十二艘，擒殺蒙古兵十餘人。彗星見于東方。

二月乙酉，黄、鳳州經略使差人賫元詔來，令僧徒出迎，其詔云：「禁軍士搔擾僧舍，損毀經像，使之安心作法。」

丁亥，置寺院造成別監

己丑，洪茶丘還自元，與達魯花赤李益及馬絳等詣闕，議出軍。

壬辰，遣水路監船使率戰艦南下。

丙申，忻都、劉統領、萬户鄭温、朴古大等來自鹽州屯所，傳詔二通：一以忻都等領軍討耽羅，一禁官軍擅奪良家女爲婢。又聽自制兵仗，從王請也。

癸卯，中軍行營兵馬元帥金方慶率精騎八百隨忻都等討三別抄于耽羅，王授鉞遣之。

辛亥，李益禁左倉頒禄。王曰：「左倉陪臣俸禄所在，非官人所知。吾將奏于帝。」益乃止。

癸丑，以大將軍金伯鈞爲慶尚道水路防護使，判閤門事李信孫爲忠清道防護使。以簽書樞密院事許珙爲蔚陵島斫木使，伴李樞以行。王奏請罷蔚陵斫木，减洪茶丘麾下五百人衣服，平三別抄後，濟州人物勿令出陸，依舊安業。帝皆從之。

三月辛酉，李益以西海道戰艦多敗没，因按察使禹天錫。

庚午，馬絳還，以大將軍宋玢伴行，皇后嘗求見洛山寺觀音如意珠，使玢獻之。

癸酉，元帥金方慶報：「賊入耽羅縣，殺防守散員鄭國甫等十五人，擒郎將吴旦等十一人。」趙良弼如日本，至大宰府，不得入國都而還。

乙亥，王引見勞問，贐白銀三斤，苧布十匹，達魯花赤李益亦贈以物。良弼曰：「此汝侵割高麗而得也。」不受而去。

己卯，西海道戰艦二十艘至伽耶召島，遇大風敗没，南京判官任恂仁、州副使李奭、録事裴淑及篙工水手等一百十五人溺死。慶尚道戰艦二十七艘亦敗没。

壬午，元使來索御床材香樟木。

夏四月癸未朔，元帥金方慶奏曰：「忻都令曰：『征討軍糧，必使足支三月。』如充此數，須以全羅州禄轉補之。」王問計於宰樞，皆曰：「出都以來，諸道漕穀皆耗，倉庫虚竭。經略司及諸般供億尚不能支，請以慶尚道庚午、辛未兩年租税輸助軍粮，全羅州壬申年禄轉悉令上納。」從之。

五月壬申，元册封皇后、太子，遣使頒詔。

乙亥，金方慶遣其子綬及祗侯金瑊、别將俞甫等來告捷，群臣表賀平賊。

己卯，命判事朱悦伴元使採金于南方。

六月壬午朔，遣大將軍金綬如元，告平耽羅賊，表曰：「海寇方熾，繇國病以彌留，王師所臨，仗天威而盡盪。伏念專沐至仁，出居舊壤，顧因逆種，嘗圖構亂，以肆驕龥，及嚴宸至，許興亡而伐罪，雖巨魁敗散於珍島，迺餘種逃奔於耽羅。何期睿意之憐察，更遣官軍而殄殲。然萬里水程之險艱，勢難輕涉，故三軍水道之征進，慮或何如。五月二十四日金方慶牒報云：『四月二十八日大軍既入濟州，處置逆徒，而一境底平』，則此蓋仰賴皇靈，奉承天祐。戰艦得順風而前壓，頑民如槁葉以掃除，捷報亟傳，輿情擧喜，而臣克清大憝，感聖德之遐覃，永保殘區，洎遺黎而更活。一心効職，萬壽爲期。」

甲申，安南副使孔愉、洪州副使李行儉自賊中還，王引見慰諭。

戊戌，忻都將入京。王使大將軍朴成大迎勞于郊，忻都怒酒薄，困辱成大，不入京，遂還元。

閏月丙辰，耽羅留鎮將軍宋甫演得賊魁金通精屍，以聞，又搜捕賊將金革正、李奇等七十餘人送于茶丘，皆殺之。元置達魯花赤于耽羅。

己未，遣順安侯悰、同知樞密院事宋松禮如元賀册封。

戊辰，茶丘自南道還。

秋七月乙未，侍中金方慶被召如元，帝賜金鞍、綵服、金銀。

庚子，遣上將軍金侁如元賀節日。

八月甲子，副達魯花赤焦天翼以秩滿將還，享王于堤上宫。

丙子，幸賢聖寺。

丁丑，元命收別庫田租以充兵糧，王遣使諸道收之。

九月辛巳，焦天翼還元，王餞于迎賓館。

冬十月癸丑，遣別將金鎰賫世子盤纏銀二百五十斤如元。

十一月己卯朔，元中書省移文達魯花赤殺于琔。

己亥，遣小府少監李義孫、郎將吕文就如元賀正。

十二月辛酉，元遣搏虎人九名牽犬一百來，驅群犬逐虎，犬多被害，終不獲，曰：「高麗之虎不可用犬。」乃還。

癸酉，達魯花赤以中書省牒，往東界及慶尚道求蜃樓脂。蜃樓脂，鯨魚油也。

甲子，遣使諸道，與元使審檢兵糧。

丙子，新達魯花赤來，王出迎于宣義門外。

丁丑，大宴于内殿。

甲戌十五年春正月，元遣總管察忽監造戰艦三百艘。其工匠、役徒一切物件全委本國應副。於是，以門下侍中金方慶爲東南道都督使。元又以昭勇大將軍洪茶丘爲監督造船官軍民總管。茶丘約以正月十五日興役，催督甚嚴。王以樞密院副使許珙爲全州道都指揮使，右僕射洪祿遒爲羅州道指揮使，又遣大將軍羅裕於全羅道，金伯鈞於慶尚道，朴保於東界，國子司業潘阜於西海道，將軍任愷於交州道，各爲部夫使，徵集工匠、役徒三萬五百餘名，起赴造船所。是時，驛騎絡繹，庶務煩劇，期限急迫，疾如雷電，民甚苦之。

二月甲子，遣別將李仁如元，上書中書省曰：「今年正月初二日，陪臣門下侍中金方慶賫到省旨，云『大船三百隻，令就全羅、耽羅兩處打造。』又正月初六日，到洪茶丘劄子，『其所須工匠、人宊及材木等物件，分委陪臣許珙、洪祿遒往各道備辦，續遣金方慶督之。』但以事巨力微，恐不能辦。竊念小邦，軍民元來無別，並令赴役，儻延旬月，其如農何。然力所可及，敢不殫竭。自正月十五日始役，其工匠人宊三萬五百名，計人一日三時糧，比及三朔，合支三萬四千三百一十二碩五斗。

三月丙戌，元遣經略司王總管來，命發軍五千助征日本。時全羅州道造船役徒三萬五百餘名，洪茶丘所領監造軍供給不足，輸東京、晉州道内癸酉年祿轉與之。王患徭役之煩，轉輸之弊，有防農務，遣上將軍李汾禧往説茶丘，請令分半歸農，茶丘頗然之，每一船留雙丁五十人，其餘單丁悉放歸農。

壬寅，元遣蠻子媒聘使肖郁來，中書省牒云：「南宋襄陽府生券軍人求娶妻室，故差委宣使肖郁押官絹一千六百四十段，前去下高麗國，令有司差官一同求娶施行。」肖郁令選無夫婦女一百四十名，督之甚急。於是置結婚都監。自是至秋，窮搜閭井，獨女、逆賊之妻、僧人之女，僅盈其數，怨咨大興。例給一女資粧絹十二匹，分與蠻子，蠻子即率北還，哭聲震天，觀者莫不悽唏。

夏四月己酉，元遣完顔阿海漕運米二萬碩來助軍糧。去年以民飢，告糴于元，帝命運東京米以賑之，水路阻遠，至是乃來。

丙辰，幸賢聖寺。元遣汝龍于思賫絹三萬三千一百五十四匹來貿軍粮，王即置官絹都監，分給京外大小人民。王京四千五十四匹，忠清道四千匹，慶尚道二萬匹，全羅道五千匹，以市之。每絹一匹直米十二斗。

甲子，遣諫議大夫郭汝弼如元，上表曰：「小邦地褊人稀，兵農無別，加以凋殘已甚，故往者耽羅赴征兵卒、篙師，今又悉赴造船之役。今東征兵卒、梢工亦當就向件役宊而調出耳。洪茶丘移書金方慶云：『船三百隻，梢工水手一萬五千人，預先備之』，其數甚多，豈可止用小邦人而足矣。元來所管濟州、東寧府、北界諸城人，與夫西海道避役亡在東寧府者，皆能習水，又工把船，乞令并刷補之。又自庚午年以來至今五年，供軍糧餉，早曾乏絶，今此造船宊匠及監造官等三萬五百人，種田軍、洪總管軍、濟州留守軍等糧米，專取兩班祿俸，及諸賦税，尚未克給，又歛中外官民而罄竭無餘。特蒙聖慈，漕運二萬碩米以補軍食，擧國感戴。又蒙聖恩，優賜粮價絹匹，報謝無階。然以累次征役，中外公私既竭，又因造船，農務失時，貨絹峙糧，恐不如意。」

五月庚辰，賜朱錠等及第。

丙戌，世子諶尚帝女忽都魯揭里迷失公主。

己丑，元征東兵萬五千人來。

壬辰，幸本闕，醮十一曜，禱雨。

丙申，命知樞密院事宋松禮、樞密院副使奇藴、鷹揚軍上將軍金光遠加僉征東軍。

庚子，元遣使詔勸課農桑，儲峙軍糧，仍命洪茶丘提點農事。

六月辛酉，遣大將軍羅裕如元，上中書省書曰：「今年正月三日，伏蒙朝旨打造大船三百艘，即行措置，遣樞密院副使許珙於全州道邊山、左僕射洪祿遒於羅州道天冠山備材，又以侍中金方慶爲都督使，管下員將亦皆精揀，所須宊匠、物件並於中外差委催督應副。越正月十五日聚齊，十六日起役，至五月晦告畢。

船大小并九百隻造訖，合用物件亦皆圓備，令三品官能幹者分管廻泊，已向金州。伏望諸相國，善爲敷奏。

癸亥，王薨于堤上宫。在位十五年，壽五十六。遺詔曰：朕以涼德，叨守宗祧，十有五年，迺緣負重，遘疾彌留，未堪持守。曰惟大寶，不可暫虚，惟予元子，元良之德，蔚於人望，睿哲之性，稟自天成。今在上朝，未獲親命，凡爾臣民，聽受嗣王之命，無墜前寧之烈。易月之服，三日而除，山陵制度，務從儉約。藩鎮州牧，毋得越疆，遵奉朝廷哀制。至於科舉、婚姻，一切如舊。咨爾輔相大臣，越厥庶士，無以死傷生，一乃心力，保定邦家。」又上遺表于元，且言世子諶孝謹，可付後事。

甲子，百官上謚曰順孝，廟號元宗。

九月乙酉葬韶陵。忠宣王二年七月乙未，元贈謚忠敬。

**卷二八《忠烈王一》** 忠烈王諱昛，古諱諶，又賰，元宗長子，母曰順敬太后金氏。高宗二十三年丙申二月癸丑生，四十六年六月，高宗薨，元宗以太子入覲于元。王時爲太孫，受遺詔權監國事。元宗元年八月，册爲太子。十三年，如元，十五年，尚元世祖女忽都魯揭里迷失公主。

六月癸亥，元宗薨。

甲子，百官會于本闕，遥尊爲王。

戊辰，吏部員外郎郭希份、郎將曹精通以善碁，被帝召如元。

秋七月，元遣同知上都留守事張焕册爲王。

丙戌，金方慶帥征東先鋒別抄啓行。

壬辰，遣樞密院使朴璆如元賀聖節。

八月己酉，元遣日本征討都元帥忽敦來，令加發京軍四百五十八人。

戊辰，王至自元，百官迎于馬川亭，伴行元使奉詔書先入京，王御帳殿，受百官拜，備儀仗，先詣堤上宫，謁殯殿。

己巳，以便服皀鞓幸本闕，更備袍笏，受詔于康安殿。其詔曰：「國王在日，屢言世子可以承替。今命世子承襲國王勾當，凡在所屬，並聽節制。」王受詔畢，謁景靈殿，還御康安殿，服黄袍，即位，受群臣朝賀。仍宴詔使。詔使以王駙馬，推王南面，詔使東向，達魯花赤西嚮坐。王行酒，詔使拜受，飲訖，又拜。達魯花赤立飲，不拜。詔使曰：「王，天子之駙馬也。老子何敢如是。吾等還奏，汝得無罪耶。」答曰：「公主不在。且此先王時禮耳。」

庚午，遣少卿趙憘如東寧府，推刷逋逃人物。除諸道賀即位箋。

癸酉，東征副元帥洪茶丘以忠清道梢工、水手不及期，杖部夫使大將軍崔沔，以大府卿朴暉代之。以李汾成爲樞密院執奏。

九月乙亥，以金鍊參知政事，李汾禧、金侁並爲樞密院副使。

丙子，宴元使。

己丑，遣樞密院副使奇藴逆公主于元。

壬辰，侍從入元臣僚，並加賞賚，限品者許通。

戊戌，遣齊安公淑、知樞密院事鄭子璵如元，謝釐降襲爵。

冬十月己巳，都督使金方慶將中軍，朴之亮、金忻知兵馬事，任愷爲副使；金侁爲左軍使，韋得儒知兵馬事，孫世貞爲副使；金文庇爲右軍使，羅裕、朴保知兵馬事，潘阜爲副使；號三翼軍。與元都元帥忽敦，右副元帥洪茶丘，左副元帥劉復亨，以蒙漢軍二萬五千，我軍八千，梢工、引海、水手六千七百，戰艦九百餘艘征日本。至一岐島，擊殺千餘級，分道以進。倭却走，伏屍如麻，及暮乃解。會夜大風雨，戰艦觸巖崖多敗，金侁溺死。

大府注簿卓之琪以府藏虚竭，供費煩重，不堪其苦，祝髮爲僧。

辛酉，幸西北面迎公主。順安公悰、廣平公譓、帶方公澂、漢陽侯儇、平章事俞千遇、知樞密院事張鎰、知奏事李汾禧、承宣崔文本、朴恒、上將軍朴成大、知御史臺事李汾成從行。王責汾禧等不開剃，對曰：「臣等非惡開剃，唯俟衆例耳。」蒙古之俗，剃頂至額，方其形，留髮其中，謂之怯仇兒。王入朝時已開剃，而國人則未也，故責之。

甲子，命李汾成還京，令妃嬪及諸宫主、宰樞夫人皆出迎公主，留從臣于龍泉驛，獨與開剃者大將軍朴球等行。承宣朴恒言於王曰：「史官記人君動作，不可一日無也。」乃令直史館李源從行。

丙寅，王至西京，時西京屬東寧府，王出銀紵易糧草，以給從臣。

丁卯，王會公主于肅州。西京大興府録事楊壽等請從王以行，崔坦要而奪之。

十一月丁丑，王與公主至京，入御竹坂宫。先是，俞千遇謂張鎰曰：「王若以戎服入城，國人驚怪。」乃使崔文本、朴恒請王以禮服入。又使康允紹、簡有之再請，王不聽。有之賤隷也，以優得幸，拜郎將。宰相、百官迓于國清寺門前，允紹、宋汾嵊尹秀、元卿、鄭孫琦等執扑馳馬，擊逐禮服者。侍從失次分散，王與公主同輦入城。父老相慶曰：「不圖百年鋒鏑之餘，復見大平之期。」

甲申，以康守衡爲樞密院副使、判衛尉寺事、上將軍。

乙酉，幸本闕，設八關會。翌日，大會，公主幕于儀鳳樓側觀之。

丁亥，以邊胤知門下省事，朴璆守司空左僕射。

辛卯，忽赤、康允紹等宴王及公主。

丁酉，册王氏爲貞和宫主，王女爲靖寧宫主。

己亥，東征師還合浦，遣同知樞密院事張鎰勞之。軍不還者無慮萬三千五百餘人。

十二月乙巳，遣判閤門事李信孫、將軍高天伯如元賀正。又付別箋以奏曰：「小邦自來分遣州郡守令，勸課農桑。又令諸道按察使督察播收之事。比來連年供給官軍，民頗凋弊。今若上國又遣諸道勸農使，則孑遺之民供給元來貢賦者幾何，應副勸農之命者幾何。猶有國名，想於聖意謂不至此。所恨三韓之地，未得一經天眼，謂臣誣妄。乞遣剛明重實之臣，審其虛實，而以勸農之事，一委於臣。臣將率籲百姓，課其勤怠，以副聖上憂民之意。」

甲寅，元遣黑的來，爲達魯花赤。

庚午，侍中金方慶等還師。忽敦以所俘童男女二百人獻王及公主。

乙亥元年春正月癸酉朔，放朝賀，率群臣遥賀正旦，宴于西殿。

丙子，東征元帥忽敦、洪茶丘、劉復亨北還。

丁丑，貞和宫主享公主，饋遺左右宦寺。

戊寅，册公主爲元成公主。

庚辰，遣侍中金方慶、大將軍印公秀如元，上表曰：「小邦近因掃除逆賊，惟大軍之糧餉，既連歲而户收，加以征討倭民，修造戰艦，丁壯悉赴工役，老弱僅得耕種，早旱晚水，禾不登場。軍國之需斂於貧民，至於斗升罄倒以給，已有採木實、草葉而食者。民之凋弊，莫甚此時。而況兵傷水溺，不返者多。雖有遺噍，不可以歲月期其蘇息也。若復舉事於日本，則其戰艦、兵糧，實非小邦所能支也。國已破之，不存是爲，無可奈何矣。天其眼所未到，應謂豈至於此歟。伏望俯收欸欸之誠，曲諒哀哀之訴。」

二月己酉，副達魯花赤周世昌卒。

庚午，元遣蠻子軍一千四百人來，分處海、鹽、白三州。

三月辛巳，元遣宣諭日本使，禮部侍郎殷世忠、兵部郎中河文著來。

戊子，元遣使督東征軍留者以歸。

辛卯，王及公主幸北山洛山寺。門下侍中金方慶自元還，時王請避暑于西京，帝許之。

夏四月己酉，王及公主如賢聖寺爲帝祝釐。

壬子，元流盜賊百餘人于耽羅。

庚申，王及公主幸興王寺，及還，宰樞宴于藥王院南峯。

五月甲戌，王聞詔使來，率侍臣時服迎于西門外，乃五僧也。命宰臣洪禄遒攝事于景靈殿，籩豆缺，假内殿凈事色以祭。

壬辰，達魯花赤黑的禁人挾弓矢。

六月庚子朔，日食。

壬寅，遣元卿等十人如元進鷹。

庚戌，郎將張得清、隊正郭份起從捉虎使倚勢受賂，囚于街衢所，得清、份起爲按察使所劾，恐法司按律斷罪，乃托内僚自請囚，冀得流宥也。

丙辰，元遣使詔赦耽羅賊黨逃匿州縣者。

甲子，新定禿魯花，超三等授職，都校署丞韓謝奇，僕射康之子，樞密李汾禧之壻，年未二十，超拜八品，人多非之。

秋七月丙子，移御承德府。

甲午，達魯花赤黑的還。元宗之復位也，黑的奉詔而來，性譎詐難信。及爲達魯花赤，甚倨。王屢抑之，不敢肆其志。及是告歸，王與公主留之，不聽。遣同知樞密院事許珙、將軍趙仁規如元賀聖節。公主恐黑的譏構，遣式篤兒偕往，覘其所爲。

丁未，濟州達魯花赤遣使來督戍卒。王令金光遠等調四領兵，雖兼近侍，悉皆僉發，使將軍梁公勣等領行。

辛亥，元卿還自元。帝禁忻都等擅捕鷂子。止令尹秀、李貞、元卿捕養以進。王於是禁諸道捕鷂者。

戊午，王及公主移御賢聖寺。

壬戌，以公主病，遣將軍高天伯如元請醫。

九月戊子，元遣使與劔工古内來。古内在元，言「高麗有路可徑至日本」，故遣之。

丁酉，公主生子源于沙坂宫。

庚戌，元遣岳脱衍、康守衡來。王出迎于宣義門外，詔曰：「爾國諸王氏娶同姓，此何理也。既與我爲一家，自宜與之通婚。不然，豈爲一家之義哉。且我太祖皇帝征十三國，其王爭獻美女、良馬、珍寶，爾所聞也。王之未爲王也，不稱太子而稱世子，國王之命舊稱聖旨，今稱宣旨，官號之同於朝廷者，亦其比也。又聞王與公主日食米二升，此則宰相多而自專故耳。凡此皆欲令爾知之，非苟使爾貢子女、革官名、減宰相也。黑的來言爾國事非一，並不聽許，爾其知之。」

壬子，以將獻處女于元，禁國中婚嫁。

壬戌，改定官制，以元將復征日本，遣金光遠爲慶尚道都指揮使，修造戰艦。

十一月癸酉，以改官制告于宗廟。

乙亥，畫浮屠觀世音菩薩像十二軀，設法席于宫中，爲帝祝釐。

癸未，遣僉議賛成事俞千遇如元賀正，告改官制，獻處女十人。

癸巳，分遣部夫使于諸道。元遣使來，作軍器，以起居郎金磾偕往慶尚、全羅道，歛民箭羽鏃鐵。

十二月乙未，幸魂殿，行七虞祭。

甲辰，遣將軍高天伯及式篤兒如元，請以明年親朝。

丁未，遣帶方公澂率衣冠子弟十人，如元爲秃魯花，賜以景靈殿五室白銀祭器。

庚申，以金方慶爲上柱國，奇洪碩爲軍簿判書，鷹揚軍上將軍。

是月，元遣中書員外郎石抹天衢爲副達魯花赤。

丙子二年春正月丁卯朔，群臣賀正于王，用幣，命賜内帑銀紵支其費，歲以爲常。元帥忻都、達魯花赤石抹天衢各獻馬。

乙亥，設法席于普濟寺，爲帝祝釐。每值聖甲日行之時，謂之「乙亥法席」。

丙子，帝命除造戰船及箭鏃。

丁丑，元遣別古里來頒曆。詔曰：「四時不忒，推鳳曆以紀年，萬國攸同，矧雞林之受朔，若稽舊典，用布大和。今賜至元十三年曆日一本，卿其敬授農時，益遵田正，籍爾蕃宣之力，賛于平秩之功。率勤南畝之民，罔知遊惰，爰俾東陲之俗，不變雍熙。庶績其凝，朕言無替。」

己卯，元遣使來求鐵。

壬辰，王及公主與達魯花赤觀獵于猫串。

乙未，忻都妻享王，仍獻良馬。

二月丙申朔，宴忻都妻于内殿。

壬寅，俞千遇還自元，前所進處女，只留崔佝、崔之守女，餘皆放還。

乙巳，閱樂於宫門，王與公主觀之，賜銀布。

丁未，王與公主幸本闕。

己酉，燃燈，王如奉恩寺。士女填巷，相慶曰：「豈謂今日復見昇平舊儀。」

三月己巳，忻都享王。

辛未，飯僧二千于毬庭，遣中郎將張得精如元獻鐵。

甲戌，遣郎將李仁如元請行宫料，且賫銀換鈔。

丁丑，雨雪，赦曰：「予以否德，嗣守丕基，于今三年，將與公主朝于天子，而天譴屢彰，敢不冰兢。欲消災變，當布殊恩，不忠不孝外，二罪以下，咸赦除之。」

戊寅，王及公主幸昇天府觀潮。

己卯，以鷹坊人倚勢虐民，遣中郎將元卿等于諸道糾治。

甲申，達魯花赤詰之曰：「稱宣旨，稱朕，稱赦，何僭也。」王使僉議中賛金方慶、左承宣朴恒解之曰：「非敢僭也。但循祖宗相傳之舊耳。敢不改焉。」於是，改宣旨曰王旨，朕曰孤，赦曰宥，奏曰呈。

閏月丁酉，元遣林惟幹及回回阿室迷里來，採珠于耽羅。

辛亥，王與公主觀獵于天壽寺南郊。

癸丑，元以前所進秃魯花謂非衣冠之胄，皆遣還。

甲子，元遣楊仲信賫幣帛來，爲歸附軍五百人聘妻。王遣寡婦、處女。推考別監正郎金應文等五人於諸道。先是，慶尚道屯邊官軍頭目申中書省曰：「高麗人無時乘驛，致其疲弱。設有他變，恐不及時。」中書省移牒禁之，始立劄子、色應文等，各受鋪馬劄子以行。

四月丙子，元勑歸附軍輟其半以歸，於是追還金應文等。

五月，將軍高天伯自元還，帝勑停親朝。

六月丙寅，遣大將軍尹秀中、郎將朴義如元獻鷂。

壬申，林惟幹採珠耽羅不得，乃取民所藏百餘枚還元。元賜絆襖于合浦軍，馱用驛馬百四十三匹。

七月丁酉，將軍車信自元還，帝賜王重錦七十匹。元遣王延生推刷耽羅人物。延生，司徒禎庶子也，珍島之敗，没入元。

戊戌，都兵馬使言：「秃魯花子弟至京師請托而還者，請皆免官，追徵盤纏銀紵國贐馬。」王許之。除免官。

丙午，元遣使來採金。

癸丑，遣大將軍印公秀及達魯花赤採金于洪州，只得二錢。遣中贊金方慶、直史館文璉如元賀聖節。王上書中書省，一曰：「達魯花赤經歷張國綱，明敏清平，百姓德之，瓜期已滿，乞令留任。」二曰：「小邦秤制異於上國，前者蒙賜一十六斤秤一連，十斤半等子一槃，三斤二兩等子一介，用之中外，未可周遍，乞更賜秤子、等子各五百。」

甲寅，元使問達魯花赤石抹天衢所犯，不服，囚之。王遣朴球請之，乃釋。

八月，甲戌，王與公主獵于德水縣馬堤山。王率忽赤、鷹坊親御弓箭，鷹鷂縱横馳鶩，父老見者皆嘆息。

癸未，元遣鷹坊迷剌里等七人來，王賜宅及奴婢。

丁亥，元遣塔剌赤爲耽羅達魯花赤，以馬百六十匹來牧。

己丑，東寧府千户韓慎來刷人物。

九月壬辰，王與公主幸王輪寺。

辛丑，王與公主獵于馬堤山。

己未，達魯花赤享王。

庚申，元以平定江淮，遣不花來詔，赦天下。

冬十月壬戌朔，賜李益邦等及第。

甲子，元遣忽剌歹，命王及公主以明年五月入朝。又移放羅州馬於珍島，又罷合浦鎮邊所梢工、水手。又令西海道歸附軍自耕而食。

戊辰，金方慶受虎頭金牌，仍賚詔書還，王出城以迎。

丙子，郎將鄭福均還自元，帝賜秤子三百。

戊寅，教曰：「先代君王既行袷禮，必肆大恩，近以天子之詔，已赦一切罪犯，然其後有犯者，皆可除之。國内山川神祇宜加德號。」

庚寅，遣譯者如元獻日本粟。初，趙良弼得日本粟，種于義安縣，至是結實。

十一月戊申，中郎將康之邵還自元。之邵以推刷人物如元，不得而還。

癸丑，遣中禁指諭金富允如元，進黄漆，且請明年入朝鋪馬及草料。

丙辰，達魯花赤張榜：「國人軍士外，禁持弓箭兵器。」遣判秘書寺事朱悦、將軍俞洪慎如元賀正。

十二月壬戌，傳旨宰樞曰：「近者星文屢變，寡人思欲修德弭災，卿等各言時政得失，無有所諱。」宰樞以十二事上書，秘而不發。

丙子，夜有人投匿名書誣告：「貞和宫主呪咀公主，又齊安公淑，金方慶等四十三人謀不軌。」於是囚貞和宫主及淑，方慶等。柳璥涕泣力諫，公主感悟，皆釋之。

甲申，遣將軍高天伯及忽剌歹如元，上表曰：「巫蠱之言，鼓虚而起；聖明之鑑，燭實可知。今者達魯花赤持匿名書來示，言有四十餘人聚謀，復入江華。若其所言誠或有據，固宜當面而露告，何乃匿名以陰投。此必有憾於國，有怨於人，妄飾而爲之者耳。所録四十人中，有身没已過五年者，則其誣妄可驗也。乞降明斷，自今匿名書，悉令勿論。」

是歲，發諸道丁夫伐木交州道界，輸之京城，凍餒多死。

丁丑三年春正月壬寅，册子謜爲王世子。

甲辰，以王將入朝，預設然燈。

甲寅，元樞密院牒達魯花赤禁國人持弓矢，蓋信匿名書也。

二月壬戌，達魯花赤石抹天衢言於王曰：「王何踈賢士，而親無頼之人。」王默然。

丁卯，遣張舜龍如元，上書中書省曰：「今蒙省牒：『樞密院奏奉聖旨，令茶丘前去高麗，與忻都一同勾當者，征日本還家三千軍也。』教去者。本院照得：『站軍二百名還家，屯田軍三千名，并闊端赤依先往日本時數目，應副米糧草料。』承此照得，小邦自至元七年以來，征討珍島、耽羅、日本，大軍粮餉，悉於百姓科收。爾後見在合浦鎮邊軍，耽羅防護軍，鹽、白州歸附軍，并闊端赤一年都支人糧一萬八千六百二十九石二斗，馬牛料三萬二千九百五十二石六斗，皆以漢斗計，亦於百姓科收。今者，所遣屯田軍三千二百并闊端赤等糧料，更於何處索之。曾於至元七年奉聖旨，應副屯田軍二千人牛隻，農器、糧種，今經數年，必有所儲，請以經略司見收子粒支應。又馬郎中所蓄兵糧，竊恐年深漕爛，不中食用。照得至元十一年省牒，鹽州、合浦軍馬糧料，合於馬郎中所蓄兵糧内補支。今此軍馬糧料亦請將兵糧米支應，令小邦殘民，免致重困。又奉牒歸附軍合用牛具，擬於小邦和買，不許買直，照得至元十三年歸附軍回還者，其求到妻室匹絹，分付達魯花赤收管，請於内撥取，依至元九年種田軍牛具買直，每頭絹四匹，舊例和買。」

己巳，僉議府言：「公主怯憐口及内僚廣占良田，標以山川，多受賜牌，不納租税，請還賜牌。」不聽。

癸酉，朱悦還自元，言丞相哈伯謂悦曰：「急難相助，親戚之意也。今北鄙有驚，宜令金方慶之子忻將兵出境，以聽指揮。」

甲戌，王輪寺丈六塑像成，王與公主親設法會。

乙亥，中郎將盧英還自元，洪茶丘引兵將入我境，帝召還，又勅還歸附軍五百人，舉國皆喜。

三月甲寅，遣將軍趙仁規如元請入朝。

乙卯，耽羅大饑，民有闔户而死者，遣崔碩巡視。

丁巳，元流盜賊四十人於德州。

夏四月癸亥，禘于大廟。

丁卯，元遣劉弘、忽奴來，王命李藏茂偕往忠州，鑄環刀一千。

丙子，王以將入朝，又公主將免身，宥二罪以下，停修宮闕。監察司啓曰：「二罪原免，非先王之制。請收成命。」從之。

庚辰，遣將軍張舜龍如元，請助征北鄙表曰：「竊見小邦西路軍悉令旋返，未諳何故。又聞摘撥北京路軍上去，因念小邦之人，唯閑耒耜，未熟弓刀，儻得請於睿聰，可使充於近衛。故選不多之旅，欲明無貳之衷。」又上表曰：「近者帥府奉樞密院箚，以三別抄軍所掠人口，各還本地，令朴忙古歹、三別抄軍千户劉景昌充摠把，切念於至元八年，小國奉聖旨還都時，三別抄驅掠國人，逃往珍島，敢逆官軍，轉入耽羅，盡力拒命，其罪實深。置之生地，聖恩已大，豈可復齒平民。其人口既曾付臣招刷充軍，朴忙古歹等係是別的軍官，不可兼令管領。乞依元奉聖旨，仍許臣將三別抄充軍役使。又至元十三年，有人告金産小國，臣與達魯花赤差官淘澄，得金樣二錢二分，進獻。也忒古官人奏：奉聖旨：「這裏金子無急用，公主、國王儞每用者。」又准省牒曰：「將每年所得金子數目回示。」即與達魯花赤差官前去洪州等處淘金，計七十日，用夫工一萬一千四百四十六名，纔得金七兩九分。乞依也忒古奏傳聖旨施行。又今年四月，小邦碁手曹允通奉聖旨採掘人參。切照人參唯産於東北界，其餘地面罕有之。允通擅令各道州縣就産處採掘輸納，臣請隨所産處趂時採納。乞令允通勿得擅便作耗。」

五月丁酉，王如興王寺，還，登籍田南峯，邀達魯花赤觀獵。

戊戌，元流罪人三十三人于耽羅。

甲寅，張舜龍還自元，中書省奉聖旨牒云：「脱歡八都兒殺退，百姓已安，爾軍不須來。」又牒云：「洪州等處淘金功役，權時停罷，俟農隙依元牒施行。」

六月庚申，遣將軍車信如元，獻虎皮。

乙酉，以忻都子琪守司空。琪娶安平公女，比宗室例授是職，且不姓而名。

七月甲午，以公主之行恐人壓見，命撤路傍家樓。

丁未，遣密直副使朴恒如元，賀聖節，上書中書省曰：「小邦舊例，世子襲爵必改名，臣之今名未穩，曾以申請，未蒙明降，伏望善奏。」又請以馬郎中兵糧給耽羅、合浦屯守軍。又請罷鑄釼、採金、貢參。

八月丁卯，遣趙仁規、印侯如元，進鷂子，且表奏琮呪咀事，略曰：「人而揚醜于家，雖有慚德，親或作讎於己，能無怨心。儻承允許之明綸，請從謫居而自艾。」

庚午，有旨燃燈自明年復用正月十五日。

庚辰，元流罪人四十于耽羅。

九月己丑，王與公主觀水碓。

辛丑，王與公主觀獵于馬堤山。

壬寅，趙仁規、印侯還自元，廢慶昌宮主爲庶人，流琮及終同于海島。

庚戌，王與公主幸普濟寺，飯僧。

冬十月己未，王與公主幸王輪寺。

甲戌，耽羅達魯花赤塔剌赤如元。

乙酉，元遣郎哥歹來賜鶻。

十一月丁酉，遣國子祭酒金㥠、郎將尹萬庇如元賀正。

壬寅，王與公主移御李貞家。

十二月丙辰，元遣捉虎使禿哥等十八人，以馬三十匹、狗百五十來。是歲，前軍器注簿洪宗老欲貫其子仁伯罪，説達魯花赤以謂多識産金處，於是遣國學直講崔謁率宗老採金于洪州稷山、旌善，役民一萬一千四百四十六名，七十日纔得七兩九分。

戊寅四年春正月壬寅，王如奉恩寺，與忻都、茶丘鞫方慶及其子忻。

壬子，郎將李仁賷頒曆詔還自元，王出迎于城外。

二月丙辰，王會忻都、茶丘于興國寺，鞫方慶，不服，流方慶于大青島，忻于白翎島。

癸亥，遣將軍印侯如元，奏流方慶。

庚午，耽羅達魯花赤塔剌赤還自元，帝賜王海東青。

壬申，遣大府少尹趙瑜等于東寧府推刷人物。

丙子，令境内皆服上國衣冠。

己卯，元遣闊闊歹等來頒詔。

癸未，令諸王至權務斂免鐵粧忽奴所鑄環刀。

三月壬辰，以譖元者皆籍叛入江華，故命罷船兵。

甲午，印侯還自元，帝召還洪茶丘，又命王入朝。

戊戌，有旨，以安東、京山府管内郡縣貢賦，除大府迎送小府等庫所納外，皆輸于元成殿。韋得儒、盧進義言於茶丘曰：「國家談禪法會，所以咀上國。」茶丘遣人報中書省。

己亥，遣將軍張舜龍，中郎將白琚如元，告以入朝。王嘗謂大臣曰：「朝覲，諸侯享上之儀，歸寧，女子事親之禮。」遣使請與公主入朝。以鋪馬七十匹將行，術家告以陰陽拘忌，王疑而止。及得儒、進義告變，方悔之，命有司促裝，各道國贐馬未至，令州郡事審官先納馬，馬價踴貴。

夏四月甲寅朔，王及公主，世子如元，元傅、李汾禧、朴恒、宋玢、康允紹等從行。

己未，郎舍以無功有世累者多拜官，不署告身。王屢命署之，不從。王怒，命忽赤、崔崇逮司議大夫白文節。

壬戌，忻都、茶丘各以馬贐王，且設祖宴，白王曰：「帝問金侍中事，在王所奏如何耳。」

乙丑，下旨曰：「行宫亭飯，務從簡便，以扈從人太多。其一百九十人，令行從都監量給糧料。」乃以銀布市米于東寧府。鳳州屯田千户朴蒙古大以良馬一匹、橐駝一頭來見，王賜銀幣五斤，紵布十匹。

戊辰，張舜龍、白琚還自元，謁王於道曰：「茶丘請帝添遣三千軍，其二千五百已渡鴨緑江。帝允王所奏，命罷歸茶丘。又請於全羅道置脱脱禾孫，帝不允。又勑金方慶父子、得儒、進義等從王入朝對辨。」

己卯，次義州。時西北諸州皆附東寧府，惟義、静、麟三州不附，吏民相率而迎，供憶勝於他州。

五月丙戌，遼陽摠管、達魯花赤等各獻馬于王。

丁亥，合浦摠管劉蒙古大妻與其子北歸，謁王于道，仍獻馬。王曰：「摠管軍政清明，百姓稱之，不幸而死，今見汝母子，益復悲哀。」元帥忻都遣也速塔兒白王曰：「我居王國七年，于今未有一善，惡則已多，惟望王善奏。」

癸巳，忻都還元。

甲午，次崖頭站，王摠管獻橐駝一頭，馬六匹。

丁酉，次懿州，遼陽、懿州二達魯花赤獻馬。

壬寅，北京達魯花赤康希閔獻馬。

壬子，中書省遣哥塔及開平府達魯花赤將老等來迎。

六月庚申，次香阿，樹林蒙密，禽獸所居。皇后遣二宫嬪來迓，居人云：「此天子遊獵之地，雖親王不得舍。而使國王宿焉，眷遇可知。」

辛酉，帝遣皇子脱歡，皇后遣皇女忙哥歹公主及阿伊哥赤大王妃來迎于三十里之地，且設大穹廬于開平府東門外待之。

己巳，王及公主謁帝，帝設宴慰之。

丁丑，忻都奏帝曰：「高麗宰相多占匿民户，免避賦役，請禁之。」又請罷諸領府爲軍，帝曰：「汝與國王議奏耶。」曰：「否。」帝不許。忻都見王，議其事，王不對，忻都頗憤恚。

庚辰，公主誕辰，皇后賜塔子袍。

秋七月甲申，王謁帝奏曰：「向聞車駕北征，表請悉索弊賦以助征。陛下以遠地不許。臣今入朝，請躬備戎行，以報聖德。」帝笑曰：「北方人以左計撓邊，今已奔潰矣。」王又奏曰：「日本一島夷耳，恃險不庭，敢抗王師。臣自念無以報德，願更造船積穀，聲罪致討，蔑不濟矣。」帝曰：「王歸與宰相熟計，遣人奏之。」又奏曰：「陛下降以公主，撫以聖恩，小邦之民，方有聊生之望。然茶丘在焉，臣之爲國，不亦難哉。如茶丘者，只宜理會軍事，至於國家之事，皆欲擅斷。其置達魯花赤於南方，亦非臣所知也。上國必欲置軍於小邦，寧以韃靼漢兒軍，無論多小而遣之，如茶丘之軍，惟望召還。」帝曰：「此易事耳。」有閒曰：「惟堯、舜、禹、湯能行帝王之道，其後君弱臣强，衣食皆請於臣。昔有一君嗜羊肉，其臣與之則食，不與則不得食。宋度宗在，此幼兒之父也，賈似道擅權，使度宗出其愛妾，不得已從之，安有君而畏臣，去其寵妾哉。王之父王，何不免林衍擅立耶。朕聞王亦信宰相之誘，如此而能治國，則固善。其如不能，可不愧乎。」對曰：「茶丘之妄言也。」帝曰：「非惟茶丘，人多言之。汝可與宰相擇所以善持國者，商量而行。」王奏曰：「今姦人以金方慶爲謀叛告於忻都，忻都引兵入王京，執而訊之。無他，唯東征將士有不納軍器於官者，奪其職而杖之。方慶雖無叛狀，時爲冢宰，不納軍器者不加檢擧，罪其疎慢，流于海島。然此乃有憾者所讒也。後有若此不法者，臣請罪之。」帝曰：「汝其識哉。」謂諸官人曰：「可亟召茶丘還。」又問：「忻都何如？」對曰：「忻都，韃靼人也。可則可矣。使茶丘在，則與高麗軍妄搆是非，雖忻都不能不信。望令茶丘與高麗軍皆還于朝，以韃靼漢兒軍代之。」帝曰：「可。」王語哈伯平章曰：「王京達魯花赤秩滿，而郎哥歹嘗往來小邦，若以爲代，可使如耳目也。」哈伯以奏，帝曰：「安用達魯花赤爲，抑郎哥歹么麽人也。」因問康守衡曰：「高麗服色何如？」對曰：「服韃靼衣帽，至迎詔、賀節等時，以高麗服將事。」帝曰：「人謂朕禁高麗服，豈其然乎。汝國之禮，何遽廢哉。」

乙酉，王在元，哈伯平章謂康守衡、趙仁規曰：「昨有勑，其議可以安集百姓者來奏。」王遂命宰樞與三品以上議之，皆曰：「上下皆撤處干，委以賦役可也。」處干，耕人之田，歸租其主，庸調於官，即佃户也。時權貴多聚民，謂之處干，以逋三稅，其弊尤重。守衡曰：「必以點户奏。」

丁亥，帝賜宴于内兀朵。中書省令具録本國累朝事跡及臣服日月，與帝登極已來使介名目、國王親朝年月以呈，因國史院報也。

己丑，王進鶡子于帝及東宫。

壬辰，王與公主赴宴于外兀朵。王上書中書省曰：「小邦姦佞之人，欲釋宿憾，飾辭妄告，或投匿名文，至謂之謀叛，管軍官、達魯花赤因而栲問，騷擾一國。今後如有似前告訴者，請自窮究事由，申覆上司，無令官軍驚動百姓。又有惡人謀撓國家，每以遷都江華，籍口騰辭。請使種田軍入處江華，以塞讒言之路。東征元帥府於全羅道擅置脱脱禾孫，又申覆上司云『高麗人多乘無劄子鋪馬，亂行走遞，又有乘駕船隻，成隊往還，恐發事端。』爲此差官領軍四百，充脱脱禾孫勾當。然小邦曾奉省旨，國内往來之人，許國王自給劄子。自是來往使介，必給劄子，安有無劄子而亂行走遞者耶。小邦自來例以水路轉漕王京，此外只是釣漁之人，安有乘舟成隊往來者耶。帥府舞辭申覆，不待明降，差脱脱禾孫領四百軍前去。又有耽羅達魯花赤於羅州海南地面擅置站赤，是何躰例。伏望善奏明降。東寧府元是小邦祖宗京都，崔坦等非其鄉貫，奪而處之。祖宗祠宇祭享皆廢，伏望還其尺土，俾修孝祠。曾奉聖旨，已未年已來驅掠人，許令放還，年前又有省旨，北京、東京路、東寧府庚午年已來逃誘擄掠之人，亦令推刷還之。目今還者，未見一二，伏望更令推刷。其有累世居住，不便移徙者，於東京路地圓聚，以充公主行李斯養之役。耽羅、珍島攻破時，官軍所虜，其有逃閃者，則推刷爲然矣。攻破之後，齒役平民者，妄稱虜獲，據充驅役，甚是難便，望行禁止。小邦道里遼遠，事有要急，必馳驛以聞，然請劄子於達魯花赤，然後得遣，或致遲誤，望依諸駙馬列，亦許自給劄子。西海道内谷州、遂安兩城，往年投拜搭察兒大王，大王使吉里歹來點民户，尋蒙省旨云，諸王投下，不得一面收拾民户。況高麗附屬國土，不合收拾。」今崔坦等逐去本國差遣官員，擅自管領。若聽取坦等一面誑辭，似不合理。西海道殷栗縣不曾投拜崔坦，坦等妄稱投拜，爭一十七户，已受省旨，復屬本國。今年三月，復爭如前，於一十七户内，又令餘人圓聚，影占管領，是何體例。小邦諸島雖多，皆與陸地不遠，上司所遣罪人，已難安置，況今耽羅地元放罪囚，並使移置。非惟置之無地，朝夕恐生他變。其耽羅元放罪徒，乞令依前住坐，仍使官軍監守。據本國官司告狀，有男名大貞者，於五月十四日到巡馬所，言今月初四日，與注壯男出王京城外，日暮將還，被兩人驅虜至京北山谷間，復有六人將驅到童僧二介、童男女并七人，馬十二匹，牛三頭。殺牛喫了，從山路而行。大貞幸得逃來，巡馬差人押大貞追搜，路上捉拿一人，問得説稱『本國鄭喬家奴，名達達茶花，住坐東京地面，與斜米寨鄉老高婁舍、百姓兩托、也吾那、王三、郭相、古乙馬等六人，到王京等處捉獺訖，竄伏深谷間，謀欲驅虜人物、牛馬而去。』其言如此。遼陽之人潛行驅虜，常常有之，未得其跡。今幸捕得達達茶花，實是天幸。望根究其徒，置之重法，以戒後來。下東京摠管府，所虜人物，並令還本。後有如此歹人，許令本國治之以法。」時達魯花赤依蒙古制置巡馬所，每夜巡行，禁人夜作。

癸巳，王與公主上壽于帝，翌日又上壽于皇后。

丙申，王謁帝，帝使樞密副使孛刺問官軍騷擾之事。忻都在側曰：「吾軍所以擾民，王如知之，今可言矣。」王曰：「爾麾下因方慶事，侵吾兒家，執以付汝，汝即杖之。吾兒家尚未免，況百姓乎。汝等訴予以不能安集百姓。汝之騷擾如是，予烏能安集哉。」謂孛刺曰：「予不忍與此輩共處。帝賜臣一區地，臣率吾民以來，盡力於上，臣所願也。」孛刺曰：「帝只問官軍騷擾耳，王何至如此奏乎。」帝賜王及公主衣各一襲，從臣宰樞至四品各賜金搭子表裏，其餘各賜注絲表裏，從臣各獻白紵布于公主以謝。

戊戌，元使平章哈伯、副樞孛刺諭王曰：「告金方慶者，二人皆死，無可對訟。朕已知方慶寃抑而赦之。又命罷忻都、茶丘軍，種田軍，合浦鎮戍軍皆還。」

王將退，復召至前曰：「朕不識字麤人，爾識字精細人，其聽朕言。成吉思皇帝嘗曰：『人苟小有孝心，天必知之。』爾欲享我，將汝一瓶酒、一石米以來，是亦孝也。」王奏曰：「臣嘗奏請召還茶兵軍，不勝惶恐。今盡召諸軍還，感祝萬壽而已。」帝曰：「此事何足恐乎。可恐者有二：妄言與違言是也。汝善治汝民，毋爲諸國後世所笑可也。」王曰：「諸軍還時，恐有驅迫良民者，請禁之。」帝曰：「我既有言，誰敢將汝一民來耶。」王曰：「願得上所親信韃靼一人爲達魯花赤。」帝曰：「何必達魯花赤，汝自好爲之。」王曰：「小邦亦請依上國法點户」，又請留合浦鎮戍軍，以備倭寇。帝曰：「何必留之，其能無害於汝民乎。汝可自用汝國人鎮戍，倭寇不足畏也。若點户，則可自爲之。」又曰：「天漸寒，馬將瘦，及野草未枯，可還去。」

辛丑，哈伯孛刺謂忻都曰：「汝軍士有以高麗民稱爲妻黨，挾帶而來者，汝其不怕聖旨乎。」又謂王曰：「征珍島、耽羅時，官軍所擄者，王亦不争也。」

壬寅，帝賜王海東青一，連駙馬金印、鞍馬，王飲餞于東宫。

癸卯，王辭歸，帝使忽辟旦、安禿丘護送至北京，又遣脱脱兒等三官人祖送東門外，命金方慶隨王還國。皇太子亦遣人餞之。皇子脱歡、皇女忙哥歹皆至，諸官人以達達歌舞侑觴。王使忽赤能歌者，歌感皇恩曲以酬之。

丁未，遣金周鼎、張舜龍于西海道，趙仁規、印侯于慶尚道，郎將金天固于全羅道分揀人物，命曰：「若諸軍挾帶人物，除父母許嫁妻室外，餘皆勿與。」仍屬天固爲内侍，舌人爲内侍自天固始。

八月丁巳，遣别將李逢如元請歸遂安、谷州。

戊午，遣承旨宋玢賀聖節。

甲戌，洪茶丘還元，謁王于道，獻馬。

辛巳，遣將軍朴義如元，上都堂書曰：「據本國來文，全羅道按廉使報：『今春上司所送罪徒，分置道内靈岩郡披緜島十三名，乘桴逃竄，追捜得之，寶城郡乃老島二十四名奪行人船逃竄，未曾捕得。』我在上都嘗言此事，本國島子雖多，遠陸者少，累次所送罪徒已難安置，今所移配耽羅罪囚，置之何地。乞還前所，仍使官軍鎮守。未蒙明降，因今二島罪囚逃竄如此，其餘諸島罪人，孰不生心。伏望善奏，以降明斷。」

九月甲申，遣吴淑富於東界捕海東青。

丙戌，達魯花赤經歷張國綱還元，謁王于道曰：「前者秩滿當還，王報上司留之，于今七年。今達魯花赤、元帥及官軍皆還，一國之福也。」國綱處事清平，多所裨益。

戊子，王渡鴨緑江。齊安公淑，帶方公徵，漢陽公儇，大將軍孔愉等來謁，獻白苧布。

己丑，達魯花赤石抹天衢還元，謁王請契由，冀加褒美，以其無一善，略其辭。

辛卯，王遣譯者校尉崔寄上書中書省曰：「向蒙聖旨，令官軍盡還，且勑忻都曰『軍人指稱妻家族黨，挾帶而來者，汝其禁之。』今官軍不肯聽信，伏望特降明文，令本國官司與官軍一同推刷。」

辛丑，遣郎將趙瑊、録事李玖如東寧府招刷人物。將軍朴義還自元，中書省牒曰：「耽羅達魯花赤塔剌赤奏，留滯耽羅罪囚，於高麗險惡島子裏教入去，怎生。聖旨那般者道來：兩火兒逃走，一拏住，一拏不着，依在先體例，教耽羅裏入去，怎生奏呵。奉聖旨：别介險惡島子，方便教存住的，他每識者。」

乙巳，王與公主至自元，百官班迎于郊。是行也，凡國家騷擾事，一切奏除，國人頌德感泣。

十月己未，流茶丘黨清州牧使孫世貞、散員張起，及録事池得龍、柳宗等十六人于海島。

甲戌，中贊金方慶享王及公主。

戊寅，郎將李逢還自元，帝歸我谷州、遂安、殷栗。

十一月戊子，濟州達魯花赤享王。

丁酉，王與公主幸壽康宫觀獵，仍餞郎哥歹全羅之行。

閏月癸丑，遣大將軍趙仁規、將軍盧英如元，告歸國且謝恩，表曰：「君親字小之恩，乾坤覆燾。臣子享上之懇，天日照臨。伏念臣恪守侯藩，阻朝宸所，望雲戒道，邈隔關山，尅日騰裝，猶如咫尺。郊迎絡繹，臺餽轉豐，讒説鼓虚，多般沮毁，情衷燭實，一切盪除。凡所條陳，悉皆頷肯，乃至下情之未盡披露，亦皆先照而俾就安便。百姓咸得聊生，三韓擧欣再造，此蓋伏蒙眷注銀潢之派，恩廻木域之春。臣謹當承温諭非常之實辭，敢忘孝順。竭平生所有之緜力，小答恩憐。」又奏云：「前者入朝時，面奏今後如有罪犯人臣請罪之，獲蒙制可。今有李汾禧兄弟，嘗父事權臣金俊，竊弄國柄，反與林衍殺金俊。如前擅權。至於父王廢立事，首謀倡亂，又與盧進義、韋得儒交結，謀危國家。推明其狀，已正典刑，是用聞奏。」遣將軍朴義如元獻鶻。

壬戌，以公主有疾放囚。

戊寅，遣國學大司成郭汝弼、將軍俞洪慎如元賀正。

十二月癸未，遣速魯哥來問殺李汾禧兄弟、流池得龍等事，及刷取種田鎮守軍妻婦事。

甲申，宰樞請親朝，許之。

辛卯，放輕繫。王如元，參文學事朴恒，知密直司洪子藩，右副承旨金周鼎等從行。

丙申，渡鴨緑江。

丁未，至元。是月，速魯哥以中贊金方慶、判密直許珙還元。

**卷二九《忠烈王二》** 己卯五年春正月，王在元。

辛亥，帝賜王亡宋寶器鳳瓶、玉笛等九十事。翼日，又賜王及從臣彩帛。

乙卯，宰樞享公主，校尉李應柱、康渭成賫頒曆詔還自元，詔曰：「朕若稽天象，敬授人時，所以大一統，重民事也。卿世守藩方，歲修貢職，宜頒新朔，用示同文。尚驅東作之民，勉率西成之効。」

丙寅，王謁帝，帝使御史大夫月列倫，樞密孛刺，必闍赤，忽禿哥兒，闍兀等諭王曰：「忻都、茶丘奏：「鎮邊種田軍回來時，妻子皆爲官司所留不遣，是否。」王對曰：「去夏奉聖旨歸國，差官與帥府考官軍妻妾婚書有無，依例點刷，非敢擅留。」

丁卯，王侍宴長朝殿。

戊辰，王謁帝，茶丘以軍人妻子一百二十八人爲請。茶丘子爲孛刺執鞭之竪，孛刺頗佑茶丘。王曰：「若以分揀軍人妻子爲不法，縱軍人脅良民子女强娶之，可爲法乎。」月列倫等奏之，帝曰：「軍人妻有兒息者歸其夫，國人官高有罪者，申奏而後罪之。」因命王歸國。公主幸新宫，勞役徒。

己巳，遣盧英歸國，命毋以迎待煩民。

二月丁亥，至自元。

三月甲寅，遣郎將殷弘淳如元，獻花文大席。

丁巳，遣帶方公澂率禿魯花如元，金方慶子忻、元傅子貞、朴恒子元浤、許珙子評，洪子藩子順，韓康子射奇、薛公儉子之冲、李尊庇子瑀、金周鼎子深等衣冠子弟凡二十五人，皆超三等授職，送之。

壬戌，王及公主觀獵于馬堤山。

丁卯，王及公主移御壽康宫。

庚午，忽赤三番享王。

夏四月戊寅，王與公主放鵝鴨于東川，觀之。

辛卯，傳旨曰：「安東，公主湯沐邑也，副使宋由義其帶紅鞓之任。」由義以三品求美邑，又請紅鞓，時議譏之。

辛丑，遣中郎將鄭公、宋賢如元，請置伊里干。

五月戊辰，以公主有疾，移御將軍李貞家，又移御水口觀音寺。

辛未，遣將軍盧英如元請醫。是月，元中書省牒云：「據來文：「至元十二年，使臣嶽都因王外郎傳諭聖旨，改革本國官名，已與使臣嶽都因商量改革訖，諸路官司往來文字，指僉議府，而本府緣無印信，每及行移，勢似難便。伏希給降印信，并行移諸路文字體例事。」都省奏奉聖旨，鑄與印信者，欽此。送禮部，依例鑄到高麗僉議府正四品銅印一顆，付于差來官鄭貴、朱碩等收受前去。」

六月辛丑，盧英與醫二人還自元，東征元帥府承省旨，令造戰艦九百艘。

癸卯，王與公主移御壽康宫。都評議使據聖旨，請於瀋州、遼陽間置伊里干，徙諸道富民二百户居之。又於鴨緑江内置伊里干二所，所各一百户，以供朝聘役使，從之。

七月己酉，遣承旨趙仁規、印侯如元，奏稟修造戰艦。

乙卯，除各道按廉、守令賀正至及别界狀。

庚午，遣密直副使李尊庇、將軍鄭仁卿如元賀聖節。仍上書都堂曰：「前次趙仁規等申啓修造船楫事，并請勿令元帥府監督。元帥茶丘與我有隙，百姓皆怨。若使監督，民必驚疑逃散，未易濟事。乞善奏天聰。」

八月丙子朔，王與公主宴于新殿。

丁丑，還御壽康宫。

辛丑，將軍金伯均與元使金宗義如慶尚道點軍器。梢工上左、引海一冲等四人，自日本逃還，言：「至元十二年，帝遣使日本，我令舌人郎將徐賛及梢水三十人送至其國，使者及賛等皆見殺。」王遣郎將池瑄押上左等如元以奏。

九月癸丑，遣許珙于慶尚道、洪子藩于全羅道爲都指揮使，修造戰艦。又遣權呾於忠清，爲都指揮使，朱悦於慶尚，郭汝弼於全羅，禹濬冲於西海，崔有侯于東界、交州，皆爲計點使。

丙辰，遣將軍金允富、張舜龍如元。

甲子，中郎將鄭公還自元，帝賜王海青圓牌。

十月，元遣亏丹赤塔納、必闍赤、哈伯那來督修戰艦。

戊寅，宴元使于新殿，二使拜于階前。

己卯，元遣樊閏來點視站驛。

癸未，遣廣平公譓偕塔納、哈伯那監督戰艦于慶尚、全羅道。

戊戌，遣中郎將鄭福均如元獻人參。

己亥，元遣郎哥歹送馬百五十四，令放水内。又令揀鄉馬以進。

庚子，諸回回宴王于新殿。

十一月戊申，宴郎哥歹于新殿。

癸亥，濟州達魯花赤享王。

十二月甲戌朔，遣大將軍俞洪愼、少尹金光就如元賀正。

辛卯，以許珙同修國史，薛公儉知密直司事，宋玢、李尊庇並同知密直司事。朴球爲密直副使，金伯鈞、禹濬冲並爲三司使，流監察侍丞崔有渰于大青島，尋召還。

庚辰六年正月庚申，遣大將軍印侯、將軍高天伯與塔納如元。

壬戌，王與公主賞東池，遂幸觀音寺。

二月己卯，遣校尉鄭之演如元，獻環刀三百七十八把。

庚辰，郎哥歹享王。

壬午，鷹坊享王，哈八那、郎哥歹等諸客使皆赴。

丙申，密直副使李尊庇偕哈伯那視戰艦于全羅道。

戊戌，王與公主如玄化寺，命承旨廉承益作佛殿。

三月壬寅朔，大將軍印侯、將軍高天伯與塔納還自元，塔納至岊嶺站瓮津等數縣，當供晝食，有人告塔納曰：「吾邑之民，盡隷鷹坊，孑遺貧民，何以供億，欲還朱記於國家，竢死而已。」塔納來責宰相曰：「東民獨非天子之赤子乎，困苦至此而不之恤。朝廷馳一使以問，何辭以對。」宰相白王，請去鷹坊之弊。王怒，欲請回回之見信於帝者以來，分管諸道鷹坊，抑令宰相不敢復言。趙仁規力諫，而公主亦言不可，乃止。

甲辰，輟西海道己卯年轉米，賜岊嶺道各站，以供郎哥歹，又以支宫室、戰艦、鐵價及夫匠粮。

戊申，親醮三界于本闕。

庚戌，諸王宰樞享王于新殿，召柳璥、皇甫琦、崔瑛、宋松禮、邊胤等致仕宰樞侍宴。

壬子，監察司言：「頃在江都，貢賦粗足，今左右倉之入頓減，而又致大坊厨外，漆色、鞍色、阿闍赤等，各所賜食，皆仰給右倉，請除之。且修宫室，今已三載，而兩班無僕隷者，只賣禄牌，雇傭赴役，或有躬自執役者，亦請除之，以竢農隙。又諸道按廉使、别監，職在察理治問民苦，今皆籍上供，歛民紬紵、皮幣、脯果，名表紙等物，賂遺權貴，請皆理罪。王只許除名表紙。」

戊午，元遣蠻子海牙來，帝勑禁郡國舍匿亡軍、回回恣行屠宰。

辛酉，下旨曰：「今之儒士，唯習科舉之文，未有博通經史者，其令通一經一史已上者，教授國子。」乃以司宰尹金磾、正郎崔雍、左司諫方維、前通事舍人柳沇權、知祇候薛調、前祇候李邵、吴漢卿爲經史教授。

戊辰，將軍曹允通還自元，中書省許復設談禪法會。

四月丙戌，遣中郎將簡有之如元，平章阿哈馬求美女，弘圓寺真殿直張仁冏請以其女行。有之押去，於是除仁冏郎將。時人譏其賣女得官，阿哈馬以其非名族不受。

庚寅，王與公主幸吉祥寺觀朴淵。

辛卯，王與公主至新宫，匠者白曰：「役徒三年，不得一日之息，妻兒何以爲生。今當農時，乞且放歸。」不聽。

五月癸卯，以詩賦親試文臣，取書籍店録事趙簡等九人，賜黄牌，籍内侍。倭賊入固城漆浦，擄漁者而去。遣大將軍韓希愈防守海道。又選忽赤巡馬諸領府等二百人，分守于慶尚、全羅道。倭賊又寇合浦，擄漁者二人以歸。乃遣大將軍印侯、郎將池瑄告于元。

乙巳，命忽赤擊毬，王與公主御涼樓觀之。

乙丑，王與公主如玄化寺。

甲戌，柳庇還自元，帝勑以本國軍卒防禦倭賊。是月，旱蝗，元中書省牒加糴米一萬石。

六月己卯，郎將池瑄還自元，言蠻子海牙非朝廷所遣，當押送京師。

辛巳，遣將軍朴義如元獻鶻子。

秋七月癸卯，遣將軍元卿如元。

辛亥，將軍朴義還自元，帝勑王親朝。

丙寅，遣密直副使金周鼎如元賀聖節。

丁卯，中書省牒云：「雙城民户除將韓信等三户分付訖外，德光等六户緣雙城勒留，在前宴帖兒元斷，并差官魏文愷斷，與本國全户三十，隻身男女四十二名放歸，而後分付德光等事都省准此。除前項户計，劄付開元等路宣慰使行下雙城照勘呈省外，合行移牒，請照驗，即將德光等六户分付施行。」

八月辛未，王以將如元，且天變屢彰，宥二罪已下。王如元。

癸酉，元卿自元賫省旨來，令耽羅達魯花赤自以其鐵匠修戰艦。

丙子，元流皇子愛牙赤于大青島。

癸未，王次昌義縣，永寧公率二子來謁。

辛卯，公主宴愛牙赤于新殿。王至上都時，帝在闍干那兀。王遂如行在。

乙未，謁帝，帝宴王，仍命從臣赴宴。先是，王使朴義奏曰：「東征之事，臣請入朝禀旨。」帝許之。忻都、茶丘、范文虎皆先受命。茶丘曰：「臣若不擧日本，何面目復見陛下。」於是約束曰：「茶丘、忻都率蒙、麗、漢四萬軍發合浦，范文虎率蠻軍十萬發江南，俱會日本一岐島。兩軍畢集，直抵日本，破之必矣。」王以七事請：一、以我軍鎮戍耽羅者補東征之師；二、減麗漢軍，使闍里帖木兒益發蒙軍以進；三、勿加洪茶丘職任，待其成功賞之。且令闍里帖木兒與臣管征東省事。四、小國軍官皆賜牌面。五、漢地濱海之人并充梢工、水手。六、遣按察使廉問百姓疾苦。七、臣躬至合浦，閱送軍馬。帝曰：「已領所奏。」

戊戌，勑王還國，丞相安童母獻良馬一匹。

九月己酉，王至北京，康守衡享王于其第。有同知宋貞，儒者也，王示以所製《九日詩》二篇。

丙辰，闍里帖木兒迎王于路，獻馬三匹。征東元帥府鎮撫也速達賫二闕字來，其一、奉聖旨委忻都、茶丘、范右丞、李左丞征收日本行中書省事，即目軍馬調度，據本國見管粮儲、船隻、梢工、水手一切軍須，請照驗行下，合屬如法，准備聽候區用，勿值臨時失誤。其一、經行去處，竊恐不畏公法之人，放火燒草，事係利害，請照驗行下，合屬出(牓)〔榜〕禁約，如違，罪有所歸。

丙寅，王至自元，入御沙坂宫。

丁卯，元遣也速達、崔仁著以水韃靼之處開元、北京、遼陽路者，移置東寧府，使之將赴征東。

冬十月辛未，點閲京外兵。

戊子，令宫人奏樂，笙簫歌吹之聲聞於外，國人以東征，故皆有蹙額之嗟。

丁酉，征東行省遣者毛兒闌備粮餉、軍器，僉發士卒差定頭目。

戊戌，中贊金方慶復請老，不允。是月，元行中書省移牒征東軍事牒。

十一月壬寅，閲三官五軍。

丙午，以摠郎金洹、將軍趙允璠女歸阿哈馬。

戊申，宴塔納、哈伯那于新殿。

己酉，遣右承旨趙仁規、大將軍印侯如元，上中書省書曰：「小國已備兵船九百艘，梢工、水手一萬五千名，正軍一萬名，兵糧以漢石計者十一萬，什物機械不可縷數，庶幾盡力，以報聖德。予昔在朝廷，嘗以勾當行省事，聞于宸所，未蒙明降。竊念諸侯入相，古之道也。遼金兩國册我祖先爲開府儀同三司，予亦猥蒙聖眷，曾拜特進上柱國。以此忖得諸侯而帶上國宰輔之職，古今有例，伏望善奏，教行省凡大小軍情公事，必與我商量，然後施行。差發使臣以赴朝廷，亦必使與賤介同往。今有行省文字云「右咨高麗國王」，封云「到國王開坼。」竊審中書省行來文字，字謹紙厚，每牒云「請照驗，謹牒。」未詳行省文字，是何體例。予忖得行省於國王，既無疑忌，雖咨闢劄付可也。若諸駙馬處，有不得已行移文字，當用如何體例。昔禿輦哥國王於我父王，未嘗直行文字，必行下達魯花赤。伏望定奪彼此往還文字格式回示。小國連年不登，民皆乏食，所以軍糧未曾盡意收貯，除見在兵糧七萬七百二十七漢石外，内外公私俱竭，以此大小官員月俸，國用多般賦税，悉皆收取，更於中外户斂，粗備四萬漢石，過此難以應副。算得正軍一萬名，一朔糧凡三千漢石。若夫大軍多至三四萬，其闕端赤亦且不小，又有梢工、水手，亦不下一萬五千名。近得行省文字云「明年春首起程前去，若令諸路官員沓來，不待青草，軍糧尚爲不敷，馬料將何支應。又聞將以五六月放洋前去，我國每歲五六月霪雨不止，小有西風，海道霧暗。倘或淹留時日，未果放洋，其接秋口糧、載船行糧又何能支。唯恐軍民一時乏食，不以情實預先申覆，後有闕誤，利害非輕，請照驗施行。小國一千軍鎮戍耽羅者，在昔東征時，係本國五千三百軍額。竊念小邦地褊人稀，軍民無別，節次更添征討軍四千七百，深恐難以盡數應副，願將前項鎮戍一千軍，以補新添征討軍額。小國昔有達魯花赤時，内外人户合用弓箭，至於打捕户所有，悉皆收取。又於昔東征時，五千三百軍賫去衣甲，弓箭多有棄失，僅得收拾，頓於府庫，不堪支用。況今新僉四千六百軍，元無一物，何以防身。伏望善奏，賜以衣甲五千，弓五千，弓絃一萬，增其氣力。小國軍民曾於珍島、耽羅、日本三處累有戰功，未蒙官賞，伏望追録前功，各賜牌面，以勸來効。每一千軍摠管千户各一，摠把各二，花名抄連在前。請以上將軍朴之亮，大將軍文壽、羅裕、韓希愈、趙圭，親從將軍鄭守琪，大將軍李伸、朴保、盧挺儒、安社等十人爲摠管，大將軍趙抃、將軍安迪材、許洪材、金德至、徐靖、任愷、金臣正、李廷翼、朴益桓等十人爲千户，中郎將柳甫、金天禄、李臣伯、辛奕、崔公節、吕文就、安興、李淳、金福大、車公胤、李唐公，郎將朴成進、高世和，中郎將宋仁允，郎將玉環、桂富、金天固、李貞、徐光純、咸益深等二十人爲摠把。見今所抄小邦軍額，京内二千五百，慶尚道二千三百九十，全羅道一千八百八十，忠清道一千九百，西海道一百九十，交州道一百六十，東界四百八十，摠計一萬人。兵船摠九百艘。三百艘合用梢工、水手一萬八千。竊念小國户口自來凋弊，往歲東征之時，大船一百二十六艘，梢工、水手猶爲未敷，況今三百艘，何以盡數應副，以此至於農民，徵發丁壯，凡一萬五千人，其不敷水手三千，於何調發。有東寧府所管諸城，及東京路沿海州縣，多有梢工、水手，伏望發遣三千人補乏。陪臣中贊金方慶自供職以來，凡應奉朝廷詔命，一心盡力，又於珍島、耽羅、日本等三處隨官軍致討，累有捷功，宣授虎頭牌，獎諭荅勞。今復管領正軍一萬，水手一萬五千名往征日本，若不參領軍事，竊恐難以號令，或致違誤。方慶年齡雖邁，壯心尚在，欲更盡力，以荅天恩，伏請善奏，許參元帥府勾當公事。兵糧一年所收摠計一萬六千七百三十二石，往年收貯并今年所收貯摠計七萬七百二十七漢石。小國僉起正軍一萬，水手軍一萬五千，交中贊金方慶爲頭領，管外交，密直副使朴球、金周鼎等就立萬户，前赴日本，予往詣朝廷時分，乞賜萬户牌面，未蒙明降，伏望善奏。朴球、金周鼎等，亦賜虎頭牌，以勸來効。右承旨趙仁規通曉蒙漢語，凡朝廷詔旨、上司文字，明白傳譯，無有違誤。予昔侍天廷，終始隨從。又於公主根柢，恪勤朝夕，功勞不小，亦賜牌面，以充王京脱脱禾孫，兼推考官頭目。」

庚戌，中書省遣會同館使張獻、吏部主事也先海牙，以絹二萬匹來市米以充兵糧。

己未，命日官自今勿進冬至元正曆。

庚申，中贊金方慶、密直副使朴球、金周鼎閲東征軍士。

丙寅，遣中贊金方慶、將軍鄭仁卿如元賀正。

十二月癸酉，以許珙參文學事、世子保，洪子藩知僉議府事、世子貳師，韓康爲左常侍，宋玢、李尊庇並知密直司事、世子元賓，朴球、金周鼎並同知密直司事，金伯均爲密直副使，蔡仁平爲三司使，朱悦爲版圖判書。

辛卯，趙仁規、印侯還自元，王迎詔于城西門外。帝册王爲開府儀同三司，中書左丞相，行中書省事，賜印信。又以金方慶爲中奉大夫，管領高麗軍都元帥、知密直司事。朴球、金周鼎爲佋勇大將軍，左右副都統，並賜虎頭金牌、印信。趙仁規爲宣武將軍，王京斷事官，兼脱脱禾孫，賜金牌、印信。朴之亮等十人爲武德將軍，管軍千户，賜金牌及印。趙抃等十人爲佋信校尉，管軍摠把，賜銀牌及印。金仲成等二十人爲忠顯校尉，管軍摠把。

辛巳七年春正月戊戌朔，元遣王通等頒新成「授時曆」，乃許衡、郭守敬所撰也。詔曰：「自古有國，牧民之君，必以欽天授時爲立理之本，黄帝堯舜以至三代，莫不皆然。爲日官者，皆世守其業，隨時考驗，以與天合。故曆法無數更之弊。及秦滅先聖之術，每置閏於歲終，古法益殫廢矣。由漢而下，立積年日月法，以爲推步之凖，因仍沿襲，以迄于今。夫天運流行不息，而欲以一定之法拘之，未有久而不差之理。差而必改，其勢有不得不然者。今命太史院作靈臺、制儀象，日測月驗以考度數之真，積年日法皆所不取，庶幾脗合天運，而永終無弊。乃者新曆告成，賜名曰授時曆，自至元十八年正月一日頒行，布告遐邇，咸使聞知。」通等館于道日寺，晝測日影，夜察天文，求觀我國地圖。

壬寅，遣知密直司事韓康于忠清交州道以備軍馬草料。時慶尚道轉輸别監刻日督飛輓甚急，民皆竄匿，高丘縣吏恐後期抵罪，自縊。

丁巳，開元路東寧府王萬户、也先大王皆遣使來，以東征事也。

乙丑，行省移牒備新簽軍一萬五千人粮料，及大軍自岊嶺至合浦行程草料。

二月辛巳，哈伯那如東界，閲女真軍。

壬午，遣將軍李仁如元請減軍馬草料。

丙戌，造成都監災，時請元木匠以修宫室，今已三歲，民不堪苦，人以爲天示災以警之。

庚寅，王與公主幸世子府。内僚河汭稱旨，取國贐庫金銀細紵入内帑，分賜嬖倖。此皆朝覲盤纏科歛者也，怨讟交騰。

三月壬子，元帥金方慶、萬户朴球、金周鼎帥師向合浦。

甲寅，元遣征東行中書省右丞忻都、茶丘來。時我翼祖亦以朝命自東北面來見王至，于再三，益恭益虔，王曰：「卿本士族，豈忘本乎。今觀卿舉止，足知心之所存矣。」

乙卯，將軍盧英還自元，帝賜駙馬國王宣命，征東行中書省印。先是，王奏曰：「臣既尚公主，乞改宣命，益『駙馬』二字」，帝許之。

丙辰，王與忻都、茶丘議事，王南面，忻都等東面。事大以來，王與使者東西相對，今忻都不敢抗禮，國人大悦。忻都等往合浦。

戊午，皇后弘吉剌氏訃至，公主遣中郎將鄭公如元請奔喪。是月，林千户押歸附一萬五千來。

夏四月丙寅朔，幸合浦，右副承旨鄭可臣扈從。

庚辰，王至合浦。

癸未，大閲於合浦。

庚寅，公主如元。

五月戊戌，忻都、茶丘及金方慶、朴球、金周鼎等以舟師征日本。

戊申，以久旱，禁戴笠持扇。

癸亥，行省摠把報：「是月二十六日，諸軍向一岐島，忽魯勿塔船軍一百十三人，梢水三十六人，遭風失其所之。」遣郎將柳庇告于元。

六月壬申，金方慶等與日本戰，斬首三百餘級，翼日，復戰，茶丘軍敗績，范文虎亦以戰艦三千五百艘，蠻軍十餘萬來會。值大風，蠻軍皆溺死。

癸未，王次慶州，下僧批，僧輩以綾羅賂左右得職，人謂羅禪師，綾首座，娶妻居室者居半。

丙戌，元遣兵三百騎來戍合浦。

秋七月癸卯，郎將柳庇還自元，帝許耽羅鎮戍軍五十名出陸耕種。

乙巳，公主至懿州，帝勑還國。丁未乃還。

己酉，王至自合浦。

甲寅，王與公主宴于壽康宫。元帥金方慶使中郎將朴昷奏：「諸軍至太宰府，累戰交綏而退，蠻船五十艘隨至，復向其城。」因獻所獲甲胄、弓矢、鞍馬等物，拜昷攝將軍。

戊午，遣知密直司事韓康如元賀聖節。

八月丁卯，王與公主幸慶尚道。

庚午，將軍元卿偕也先不花還自元，帝勑塔納於慶尚、塔剌赤於全羅、也先不花於忠清，皆爲脱脱禾孫。

壬申，遣別將康世賫行中書省表如元賀聖節。王與公主次用安驛，聞陰竹監務金珥政最，特差爲都評議案牘員。

丙子，次于順安縣，慶尚道按廉使閔萱設宴于新院。

丁丑，次甫州，副使朴璘跨川作茅亭設宴，左右皆譽。移次安東府，府使金頵結綵棚，張樂以迎。判官李檜惜民力，務省浮費，又拙於進退，内僚皆毁之。於是，移檜於甫州，璘於安東。

己卯，別將金洪柱自合浦至行宫，告東征軍敗，元帥等還至合浦。

壬午，遣將軍李仁如元。

閏月甲午，金方慶等來謁行宫。

丙辰，遣左司議潘阜勞忻都、茶丘、范文虎。

庚申，王與公主至自慶尚道。是月，忻都、茶丘、范文虎等還元，官軍不返者無慮十萬有幾。

九月乙亥，中郎將鄭公、郎將柳庇還自元，帝勑曰：「王勞於軍事，其勿來朝。」

癸未，中郎將鄭福均還自元，帝陞僉議府爲從三品，鑄印賜之。

冬十月己亥，元勑：「於本國金州等處置鎮邊萬户府，以印侯爲昭勇大將軍，鎮邊萬户，賜虎符及印；張舜龍爲宣武將軍，鎮邊管軍摠管。」

十一月癸亥，下教：「每月初八、十五、二十三日及帝本命日，禁宰殺，且放衙。」

乙丑，元召還皇子愛牙赤。

庚辰，王與公主餞于碧瀾渡。

壬午，各道按廉使啓：「東征軍九千九百六十名，梢工、水手，一萬七千二十九名，其生還者一萬九千三百九十七名。」

十二月壬辰，遣大將軍金子廷如元賀正。

庚戌，有旨曰：「寡人嘗爲世子，入朝京師，羅裕、池允輔、金應文、鄭仁卿、車得圭、金富允、李之氏、黄龍、金義光、梁貯、周碩、金位良等有侍從之勞。昔賊臣林惟茂擁兵江都，以拒帝命，贊成事致仕宋松禮，前樞密院副使洪文系、知密直司事宋玢、大將軍金之底奮義掃蕩，功在社稷，其並議賞典。」是年自春至冬，中外疾癘大興，死者甚衆。

壬午八年春正月乙亥，元遣闍剌䚟、蒙古不花問耽羅防守軍粮、草粮歲支之數。

丁丑，王與公主如玄化寺。是月，元罷征東行中書省。

二月癸巳，元遣蒙漢軍一千四百來戍耽羅。

四月戊戌，元遣不八思、馮元吉來勘兵糧。又以東征軍敗，遣兵三百四十戍合浦，六十守王京，以備不虞。

戊申，遣佐郎李行儉如元，進黃漆。

乙卯，王與公主幸本闕，設百座法席。

五月庚申，教曰：「予惟否德，國步多艱，天譴相仍，旱灾連歲，故宜戒慎，修德消變。其犯二罪以下，悉皆原免。加松嶽及境内名山大川德號，祖聖以下列祖加上尊號，道詵國師、文昌侯、弘儒侯並加封爵，文武正雜凡有職者，加次第同正，己巳年東歸，至婆娑府，聞變還朝，侍從輔佐將軍丁伍孚、鄭仁卿、車得珪、李之氏、大府尹金應文，郎將金義光爲一等功臣，大將軍羅裕、池允輔，將軍林庇，物郎李承衍，將軍金富允，中郎將黄就，郎將聶周碩、梁貯，正郎白佐明，郎將田祐、金位良爲二等功臣，各賜田民。其餘從臣依甲戌年宣旨，子孫録用。別將金心伯、劉福和，殿前承旨崔仲卿，雖皆常式七品，隨從有功，許通五品。中郎將鄭承五再從入朝，許其子限五品。」

辛酉，王與公主御涼樓，使忽赤、鷹坊分朋擊毬，勝者賞以銀瓶。

癸未，王與公主幸積石寺。

丁亥，遣將軍朴義等二十五人如元獻鷹。

六月己丑，蠻軍摠把沈聰等六人自日本逃來，言：「本明州人，至元十八年六月十八日從葛剌歹萬户上船，至日本，值惡風，船敗，衆軍十三四萬同栖一山。十月初八日，日本軍至，我軍飢不能戰，皆降。日本擇留工匠及知田者，餘皆殺之。」王遣上將軍印侯，郎將柳庇押聰等送于元。

己酉，王以公主有疾，幸王輪寺，翼日，移御神孝寺。

秋七月庚申，遣散員高世如元請醫巫。

辛酉，以公主病設法華道場。

辛巳，遣密直副使金伯鈞如元賀聖節。是月，以公主久病，禁鷹坊宰牛。

八月丙戌朔，高世還自元，帝曰：「病非巫所能已，醫則前已遣鍊德新，何必他醫。」惟賜藥物。

甲午，蠻軍五人自日本逃來。

乙未，大將軍印侯還自元，帝以内僚高宗秀爲巡馬千户，仍賜金牌。王嬖宗秀，表請故也。

九月甲子，王與公主、世子幸吉祥寺，設五百聖齋。郎將柳庇還自元，帝賜王駙馬國王金印。

丙寅，王與公主幸福靈寺。

戊辰，王與公主獵于馬堤山。幸壽康宫。

乙亥，王與公主畋于忠清道。以洪子翰爲耽羅防護副使。遣鷹坊孛魯漢等如元獻鷹。遣親從將軍鄭仁卿于遼瀋，中郎將鄭福均於東寧府推刷人物。行從都監禁油蜜果，又禁遠道守令來謁。

冬十月癸巳，王與公主至自忠清道。

丁未，遣禿魯花上將軍金忻如元。

己酉，設仁王道場于崇慶堂，王與公主行香。

十一月戊午，賜崔伯倫等及第。

庚辰，元遣禿渾、賀仲謙修戰艦。

十二月己丑，遣上將軍俞洪慎如元賀正。

乙未，王與公主幸廣明寺，訪僧見明。

丙申，遣上將軍印侯如元。東征時有峰城民没于倭，逃至元明州，帝賜名更生，授百户，遣還。

癸未九年春正月癸亥，元遣伯刺介來求耽羅香樟木。

乙巳，譯者鄭之衍還自元，帝有旨：「耽羅鎮戍軍，爾國差官管領。」

壬申，宴于新殿，王不豫。

乙亥，遣郎將仇千壽如元，覘東征緩急，至平灣州見修戰艦乃還。

二月戊申，元遣束干、李良茂送楮繦三千錠爲修艦費。

三月乙卯朔，中郎將柳庇還自元，言帝徵江南軍，將以八月東征日本。

丁巳，遣大將軍鄭仁卿、別將鄭良如遼陽、北京推刷流民。

己未，中郎將趙瑊等還自元，帝賜鋪馬劄子五道。

庚申，也先大王遣使來獻海東青。

辛酉，市馬於懿州。

壬戌，遣部夫使于諸道。

癸亥，遣中郎將池瑄如元。遣使諸道備兵糧、造軍器、修戰艦。

甲戌，遣副知密直司事趙仁規如元，請減軍糧。遣使捕鷹於東界。

夏四月戊子，遣使于諸道，令修艦夫匠，三分減一歸農。

辛卯，三番忽赤享王于新殿。元遣塔納、阿孛禿剌來督修戰艦。東界杆城人宋蕃告于元曰：「高麗東西界歸於朝廷，其田尚爲國人所有，計其畝可得四萬石，請充東征軍糧。」中書省遣人徵之，王問宰樞曰：「朝廷以宋蕃之言，使我益發軍糧四萬石，奈何。」對曰：「前者庚賙請賦二十萬石，家抽户斂，僅得四分之一，故遣趙仁規請減其數。若增四萬，何以辦之，宜更遣人告以情實。」

己亥，王與公主宴塔納、阿孛禿剌於新殿。

丁未，護軍曹允通、散員韋守全還自元，言趙仁規到開平奏減兵粮，帝曰：「人言汝國足備二十萬石，若誠不能，量力爲之可矣。」

五月己卯，王與公主幸福靈寺。鄭仁卿等還自元，言帝寢東征之議，王命罷修艦、調兵等事。

六月壬辰，有告於王曰：「兩班、百姓輸兵粮已畢，宰樞及有權勢者獨否。」王怒，命軍糧別監，具疏其名以聞。

癸未，趙仁規還自元，帝冊王爲征東中書省左丞相，依前駙馬高麗國王，命與阿塔海共事。

己酉，王與公主幸孝信寺觀畫佛。

庚戌，以公主生辰，宴于新殿。王與公主各賜群臣大鐘，爭飲，負者罰兩巵。

乙卯，王與公主幸妙蓮寺。

七月戊午，塔納還元。

己未，王與公主如玄化寺。

甲子，公主不豫，王與公主幸神孝寺。

己巳，遣郎將南裕廷如元進鷹。

辛未，遣知密直司事朴球如元賀聖節。

八月丙申，愛牙赤大王遣使獻幣。

辛丑，選衣冠子弟充世子府宿衛。

乙巳，元倡優男女來，王賜米三石。

己酉，宴于大殿，元優人呈百戲，賜白銀三斤。

九月甲寅，召還王子滋，公主賜衣物。

己未，王與公主飯僧於金字大藏院。元流室剌只于大青島。

乙丑，耽羅達魯花赤塔剌赤還自元。

壬申，塔剌赤享王，獻二馬，求婚，以内侍鄭孚女妻之。

甲戌，遣正郎魏文愷，郎將金位良如開元路招刷人物。

十月癸未，護軍金富允還自元，中書省差各道勸農使。

甲申，王與公主獵于南京。

十一月辛酉，遣大將軍趙抃如元賀正。

甲申十年春正月癸丑，咸平宣慰使奉中書户部牒來，推刷本國人口逃入雙城者。王亦嘗遣魏文愷、金位良推刷甚詳，雙城人賂以馬，位良不受而還，王聞而嘉之，賜馬二匹。

己未，王與公主幸神孝寺。

二月丙申，趙抃賫表還自元，帝受尊號，大赦。

丁酉，王與公主移御齊安公第。

己亥，元遣濟州達魯花赤來。

辛丑，遣知密直司事宋玢，護軍張舜龍如元，賀加上尊號。

己酉，王與公主幸吉祥寺，齋五百羅漢。

夏四月庚寅，王及公主、世子如元，扈從臣僚一千二百餘人，賫銀六百三十餘斤，紵布二千四百四十餘匹，楮幣一千八百餘錠。

戊戌，次中和縣，元捉鷹使郎哥歹、東寧府達魯花赤等來獻鷹馬。

己亥，次東寧府，賜郎哥歹、達魯花赤等銀紵有差。

甲辰，帶方公澂等以禿魯花如元。

戊申，次龍州。東京達魯花赤來迎，獻馬。

五月庚戌，以判密直金周鼎爲鎮邊萬户。

戊午，東寧摠管洪仲熙來獻馬。

己未，入東京，摠管康守衡及東京官僚等宴慰，各獻良馬。

庚申，郎將高世還自元，帝許除軍器，不遣種田軍。

閏月丙戌，獻鷹使四十人如元。

辛丑，元遣捉鷹使高子等六人來。

六月庚午，元遣闍梨帖木兒領兵來戍濟州。

丙子，監修國史元傅、修國史許珙、韓康等撰「古今録」，至十月而成。

秋七月己亥，遣副知密直司事孔愉如元賀聖節。

九月甲申，王及公主、世子至自元。

己亥，以金周鼎爲文翰學士承旨，李尊庇爲監察大夫，孔愉爲典法判書，鄭可臣爲密直學士，崔守璜爲右副承旨，廉守貞以寵臣承益之兄，驟得少府尹、知制誥。

十月乙丑，王與公主宴于崇慶堂。

十一月戊寅，王與公主幸法華寺。

辛巳，元遣監候張仲良來頒曆。

乙未，王與公主幸妙蓮寺。

十二月甲辰，遣密直學士鄭可臣如元賀正。

丙午，王與公主幸妙蓮寺，設華嚴法會。

**卷三〇《忠烈王三》** 乙酉十一年春正月丙子，元遣吏部郎中撒剌兒來詔，復以安童爲右丞相。

癸未，東寧府千户崔坦等來享王。

乙酉，王與公主、世子獵于平州温井，供億之費不可勝言。時權貴侵奪民田，奸氓附勢，多免賦役。凡諸徵歛，平民苦之。

丁酉，王至自平州，設彩棚雜戲以迎。

二月戊申，宴濟州達魯花赤于正殿。

己酉，王與公主幸法華寺。

三月戊子，遣尚藥侍醫薛景成如元，元求良醫，故遣之。

己丑，元斷事官及遼東宣慰使遣使東真北面，刷出本國逋逃人口。

辛卯，下旨，一、流移鄉吏不拘年限，已曾還本。今百姓之流移者，亦宜刷還。然流移已久，安心土著，若皆還本，則彼此遷徙，必失農業。依前庚午年以上例已訖還本人外，並皆不動，使之安業。一、每月常膳及别膳進供時，重歛殘民，以爲私用，痛行禁止。

五月癸巳，中郎將池瑄、散員鄭之衍還自元，言帝命己未年以來逃入中朝人口，悉令刷還本國。

六月戊申，遣將軍李玬等二十八人如元獻鷹。

己酉，元遣李熙載來，詔曰：「除法物、鐘、磬、銅鏡、古銅瓶、鼎、熟銅器物外，其餘應有銅錢、生銅器物，以聖旨到限百日，悉納所在官。」尋命停罷。

秋七月庚辰，遣將軍元卿、宦者郎將崔世延如元獻鷹。

乙未，遣知密直司事禹濬冲如元賀聖節。

八月戊辰，元卿等還自元，帝賜王葡萄酒。以内竪上將軍金子廷爲東京副使。

十一月丁丑，王及公主幸妙蓮寺，設慶讚會，賜行香使洪子藩紅鞓。

乙酉，幸平州温泉。

丙戌，元以東寧府争我遂安、谷州，遣斷事官蘇獨海來視，兼督東征造船。

十二月己亥，遣大將軍高天伯如元賀正。

辛丑，元中書省遣人來督造船。又令申報軍兵、梢工、水手名目。

癸卯，以同知密直司事宋玢爲慶尚道造船都指揮使，又遣使諸道督造船、偫軍粮。

甲寅，元遣箭匠十人來。

丙辰，王及公主幸興王寺，拜金塔，遂幸妙蓮寺。

丁卯，元中書省牒調發軍粮十萬石。

丙戌十二年春正月庚午，遣上將軍印侯如元，請親朝。

辛未，元歸我遂安、谷州。

甲申，王及公主幸神孝寺。

丙戌，元遣使詔大赦，寢東征。

丁酉，元遣校尉朱佛大來，命王勿朝。

二月丁巳，王與公主宴元使于大殿。

四月丁酉朔，雨雹而冰凡八日，

甲辰，霜，元遣使筭商人税錢。

五月庚午，遣齊安公淑、上將軍印侯如元，弔皇太子真金之喪。

丁丑，王獵于西海道，宰相伏閤諫曰：「不麛不卵，聖人之訓。又值久旱，飢饉薦臻，實非行樂之時。且農事方殷，民皆歸於南畝，車駕一出，恐妨耘耔，伏望待秋而獮。」不從。

六月戊申，遣將軍元卿等如元獻鶻。

秋七月癸酉，遼東府摠管六十奉詔歸女真，王出迎于西郊。

甲戌，齊安公淑等還自元，帝詔推刷雙城流民。

庚辰，遣知密直司事趙仁規如元賀聖節。

壬辰，世子入國學講六經。

八月戊戌，遣副知密直司事金忻往東真推刷流民。令同正馬伯奇譏搆本國于元。帝察其誣，鎖項以送，王命許珙等鞫，流遠島。

九月乙亥，遣中郎將池瑄押日本人如元。

辛巳，元遣胡林浸等來督捕鷹鶻。

冬十月庚子，賜國子生李榑等及第。

十一月庚午，王與公主幸妙蓮寺。

丁丑，命直史館吴良遇等撰「國史」，將以進于元也。

戊寅，遣弓箭陪將軍許評，郎將金深、薛之忠、王維紹等九人如元。

十二月甲午，元遣郎哥歹來捕鷹。

丁酉，遣大將軍鄭仁卿如元賀正。

丁亥十三年三月甲辰，遣將軍張舜龍等獻李仁椿女于元，仍令求買公主真珠衣。

乙巳，元遣刑部侍郎六十來辨東寧府事。

丙辰，賜四年隨從功臣，各臧獲二口，田百結，閒有内僚不曾隨從，而濫與者。

庚申，合浦戍軍還元。

夏四月戊辰，王及公主幸福靈寺。

癸酉，王及公主獵于西海道。獵騎一千五百。宰相諫曰：「旱既太甚，民方耘耔，竊恐此行召歛民怨。且禽獸時方胎孕，不可獵也。」王怒，不聽。王命隨駕軍士預給禄，御史駁之，王怒，囚御史于巡馬所。

五月壬寅，王聞乃顔大王叛，遣將軍柳庇如元，請擧兵助討。時乃顔使本國叛人庾超來，推勘逃軍，超聞乃顔叛，逃至金郊，遣人捕斬之。

六月壬戌，柳庇還自元，帝許助兵。

癸亥，閲兵。

己巳，閲兵訖，親祭纛于宫門，以金周鼎虎頭牌賜朴之亮，爲左翼萬户；以朴球虎頭牌賜羅裕，爲中翼副萬户。時有隊正李普、李成兄弟，皆在軍目，以其有母，兄乞留弟侍養，弟亦乞留兄。王感其孝誠，並許留養。王將親助征。

癸酉，公主餞王于涼樓，兼慰赴征將士。朴之亮日晏赴宴，不知王御樓，騎而直至樓下。王怒削其職，奪虎頭牌賜韓希愈，爲左翼萬户，之亮爲副萬户。

甲戌，韓希愈將兵啓行。

己卯，封紺嶽山神第二子爲都萬户，以巽陰助征也。

丙子，兩府餞王于涼樓。

戊寅，譯語金仁還自元，云帝拔乃顔城。公主喜，賜金線絹各一匹，拜隊尉。城中聞者皆喜，日中罷市。

秋七月庚寅，王親統前軍，以印侯爲中軍萬户，出次開城卯山，王潸然泣下，群臣皆掩泣。

壬寅，東京摠管康守衡、遼東宣慰使等遣人來言曰：「王若未能速赴，宜先遣精兵一千。」王乃遣將軍柳庇、中郎將吴仁永如元，奏親將兵已發。

八月丁卯，柳庇、吴仁永等還自元，言帝親征乃顔，擒之，拔其城。車駕還燕京，罷諸路兵。且命王乘傳入賀節日。王喜，拜庇爲大將軍，仁永爲將軍。

戊辰，公主遣柳庇如元，請從王入朝。

庚辰，東寧府譯語中郎將丘千壽，捕雙城諜人忽都歹、德山等來。

乙酉，遣郎將鄭之衍如元，告捕雙城諜人。

九月庚子，東真骨嵬國萬户帖木兒領蠻軍一千人罷戍還元，來謁公主。

甲寅，王在燕京，召公主、世子入朝。

冬十月戊午朔，日食，雨不見。

庚午，公主、世子移御于車信第。

戊寅，公主、世子如元。

十一月癸巳，元遣塔剌兒來爲耽羅達魯花赤。

乙未，公主至西京，聞賊起咸平府，道梗，遂還。

壬子，遣大將軍奇琯如元賀正。

十二月丙寅，王至自元。

己巳，有旨：「良家處女先告官，然後嫁之。違者罪之。」因命許珙等選童女。

戊子十四年春正月己丑，以安珦爲左副承旨。

庚寅，以韓康爲僉議侍郎，贊成事，趙仁規爲僉議贊成事，知都僉議廉承益辭，以印侯代之。

己亥，愛加赤大王遣使來求馬。

壬寅，宴于内殿，王數舞，公主止之，不聽。

癸卯，王及公主幸妙蓮寺，宦者將軍崔世延、金義光等設彩棚，張雜戲。

丙午，帝賜萬户、千户、百户金銀牌、雙珠金牌四，分賜朴之亮、羅裕、韓希愈、張舜龍，銀牌分賜百户以下軍士。

二月丙辰朔，崔世延享王、公主，以饌品過侈，不受。

丁巳，元遣孛羅奚等來頒赦。

辛酉，遣將軍吳仁永如元。時北賊叛亂，我國宜起兵助戰，而王難之。遣仁永入奏曰：「今東鄙未寧，請親率征北兵移鎮雙城。」

壬戌，以安迪材爲會源防護使。諸萬户及軍士享王及公主于大殿。

戊寅，中郎將鄭之衍賫金、銀牌還自元，時議曰：「本國有民無軍，而多請萬户、千户金、銀牌，若朝廷有事，以牌數徵兵，則若之何。」

三月壬寅，將軍吳仁永還自元，言帝以乃顔餘黨復叛，發兵親征，以我國軍戍東藩。

夏四月乙卯朔，郎將金精還自元，詔以王爲征東行尚書省左丞相。

庚午，元右丞塔出遣人請發兵五千及軍粮赴建州。先是，王請以征北兵移鎮雙城，帝已許之。中書省奉帝旨，諭塔出云：「鎮東藩事，當與高麗王共議。」塔出以此請兵與粮。然建州距本國三千餘里，山川險阻，餉道不通，又比年積蓄殫竭，計無所出。王召大臣議，皆曰：「從之則力不能堪，違之則恐負前奏之意。莫若聲言發兵助戰，以緩運粮。」於是復使吳仁永等多賫土物，如元以奏。

己卯，閱兵。

五月辛丑，萬户同知密直司事羅裕領軍啓行。

庚戌，王及公主幸金經社。

壬子，吳仁永還自元，帝命除建州運粮，以助征兵移戍鐵嶺，國王宜留鎮本國。

六月乙卯，王如奉恩寺。

丁巳，遣大將軍朴義如元獻鷂。元流大王闊闊歹于大青島。雙城達魯花赤來。

庚午，僉議賛成事韓康致仕，復以印侯代之。

秋七月丁亥，元遣摠管金之茂來閱兵器。

庚寅，王及公主幸神孝寺。

庚子，遣知密直司事安戩如元賀聖節。

壬寅，行省遣中郎將宋玄如元賀聖節。

八月丁巳，蠻軍自雙城來，男女老弱皆赤立，裹身以苫。洪子藩給衣二百領。

九月乙未，帝命王及公主入朝。

戊申，遣大將軍柳庇如元奏王親朝。

十月庚午，帝命王勿入朝。

十一月庚子，遣上將軍車信如元獻處女。

十二月壬子，遣賛成事趙仁規如元賀正。

辛未，遣將軍李玶如元獻鷂。

己丑十五年春正月戊子，王及公主幸妙蓮寺。

二月戊午，王及公主幸妙蓮寺。

壬戌，元遣監察阿魯温來採銀。

丙寅，元遣湖廣等路行尚書省參知政事張守智、翰林直學士李天英等來，詔曰：「據尚書省奏，去歲遼東調遣軍馬，人民被擾，田禾未收，例皆闕食。江南險遠，船運粮斛不敷給散，遼東與高麗接境，乞令本處措辦粮十萬石，前來接濟。得此，今遣張守智等前去，上件粮數儘力辦集，差官報送，趁迭來春，接濟用度。

丁丑，王不豫，與公主世子移御孝信寺。

三月丁亥，遣將軍吳仁永如元告軍粮數。

庚寅，元阿古大以真珠衣二領來獻公主，張舜龍所買也。王與公主宴阿古大於壽寧宮。

辛卯，遣監察司丞吕文就、直史館陳果等以船四百八十三艘、運船人一千三百十四名、轉米六萬四千石于蓋州，忠清道指揮使大將軍林庇、全羅道指揮使左司議大夫崔謁，以輸軍粮後期，皆削職。乃以知密直司事羅裕爲忠清道都巡問使，判三司事朴之亮爲慶尚、全羅道都巡問使，以督軍粮。

己亥，發內庫米四千石以補兵粮。

夏四月己酉朔，帝賜王金甕。

六月庚戌，遣大將軍柳庇如元獻苧布，將軍南梃獻鷂。

秋七月壬午，太白晝見，癸未亦如之。元遣阿魯渾、李成等來採銀。

乙酉，柳庇還自元，帝賜王玉帶，公主金袍。

己丑，公主不豫。

戊戌，遣判三司事朴之亮如元賀節日。

癸卯，帝以海都兵犯邊，將欲親征，遣阿旦不花來徵兵。

八月戊申，命洪子藩、趙仁規等會奉恩寺簽軍，又徵諸道兵。

乙卯，命印侯、金忻點兵于通衢。遣大將軍張舜龍獻同知密直司事蔡仁揆之女于元。

戊午，耽羅安撫使忽都塔兒還自元。中書省牒求青砂甕盆瓶。

壬戌，遣萬户金忻率助征軍赴遼陽行省。

九月丁丑朔，王獵于西海道，時宦官及權貴皆受賜田，多至二三千結。各占良民，皆蠲賦役。凡王之出獵、按廉、勸農各設宴供之，其或有恤民不行者，或鞭之，争先侵害，民之被毒爲甚。

庚辰，元流大王石列紇于人物島，野里不于高鸞島，撒里只于與音島。

丙申，遣大將軍柳庇如元。

是月，元置高麗國儒學提舉司，秩從五品。

十月庚申，帝命罷助征軍。

壬戌，遣大將軍元卿如元請入朝。

乙丑，羅裕還自蓋州，言漕船壞者四十四，遭風而失者九。米沉没者五千三百五石，粮盡竊食者九百八石四斗，人溺死者一百十九，病死者四，逃者六十七，不知所之者八十六。

閏月己丑，元尚書省及樞密院差官來，閲東征日本時合浦兵器。

辛丑，王及公主移御妙蓮寺。

十一月丙午朔，遣將軍白挺仁如元獻鷂。

壬子，王及公主世子如元，趙仁規、印侯、廉承益、安珦等從行。是行欲以扈從邀功者衆，增减未定，乃以史官無關於事，不許扈駕，史臣不從行始此。

十二月庚寅，弓箭陪中原侯昷如元，大將軍朴義獻鵠肉。

庚寅十六年春正月，王在元。

丁未，遣大將軍元卿如元奏日本犯邊。

甲子，將軍吴仁永等還自元，言乃顔餘黨哈丹賊將侵我東鄙。

三月壬子，闊梨帖木兒遣人來戍雙城。

庚申，帝以寫金字經徵善書僧，乃遣僧三十五人如元。

丁卯，王及公主、世子至自元。帝詔罷東寧府，復歸我西北諸城，王拜其摠管韓慎桂、文庇爲大將軍，玄元烈爲大僕尹，羅公彦、李翰爲將軍。

夏四月丁酉，遣寫經僧六十五人如元。

五月乙卯，點兵。

戊午，遣將軍金延壽如元，奏哈丹入寇。

六月丙子，遣將軍金興裔如元獻鷂。

七月癸卯，元開元路達魯花赤八禿滿遣使來索軍粮。

壬戌，遣知僉議府事金惲如元賀節日。

八月癸酉，遣將軍趙瑊押寫經僧如元。

丙子，王及公主、世子獵于馬堤山。

壬午，王及公主幸安國寺。

庚寅，遣大將軍柳庇如元乞師，且奏避賊江華。

九月丁未，王及公主獵于都羅山。

癸丑，元遣使修補藏經。

己未，柳庇還自元，帝悉從所奏。

庚申，王祭纛于壽康宫，蓋將東征也。

戊辰，遣上將軍車信押處女十七人獻于元。

冬十月壬申，元遣使頒赦。

戊子，王及公主、世子移御王輪寺，

庚寅，又移妙蓮寺。

丙申，賊騎至南京海陽界。

戊戌，徙婦人老弱于江華，令州郡入保山城海島。

十一月甲辰，移國史及寶文閣、秘書寺文籍于江華。

丁未，遣大將軍柳庇如元，奏哈丹入雙城。

戊申，徙宫人於江華。

庚戌，奉遷太祖塑像于江華。

辛亥，元遣平章事闊梨帖木兒來助討哈丹。闊梨帖木兒遣人來告曰：「國王宜留京城，以犒吾軍。」

丁卯，遣世子如元，政堂文學鄭可臣、禮賓尹閔漬等從行。世子自東京至京師，行省路州官皆遣人勞問，絡繹至京。館于同僉樞密院事洪君祥第，帝屢賜鞍馬、衣帶以寵之。帝以趙仁規爲高麗國王府斷事官，賜金虎符。

十二月，以安戩爲忠清道都指揮使。哈丹兵數萬陷和、登二州，殺人爲粮，得婦女聚廛而脯之。遣萬户印侯禦之。

癸酉，元平章事薛闍干、闍梨帖木兒、右丞塔出等率步騎一萬三千人來。

丁亥，王避兵于江華，御禪源社，命知都僉議司事宋玢留守王京。

戊子，玢棄京城，奔入江華，鄭仁卿亦自西京逃來。

辛卯十七年春正月己未，哈丹踰鐵嶺，闌入交州道，攻陷楊根城。

甲寅，哈丹屯原州，別抄鄉貢進士元冲甲擊敗之。

癸亥，世子謁帝，請討哈丹。帝命那蠻歹大王將兵一萬討之。

二月丁亥，世子令將軍吳仁永奏帝曰：「哈丹陷北界諸城。」帝曰：「爾國唐太宗親征尚不克，又於我朝初未歸附，我朝征之，亦未易捷。今此小寇，何畏之甚耶。」仁永奏云：「古今盛衰不同爾。」帝諭以夜戰。

三月戊午，遣大將軍宋華守開京宮闕。華遇丹賊十餘騎，斬三級，擒一人。利川人申費與哈丹諜人同謀，龍岡人金哲亦投賊，嚮導入京，並斬于市。

四月丙子，谷州別將康平起等獻所獲賊馬鞍等物。忠州山城別監破賊，獻馘四十級。

辛巳，王出迎元兵于藍島北郊，宴河西國王、慶重郡王、薛闍干、闍梨帖木兒、平章塔出、右丞白帖木兒。薛闍干謂王曰：「今江南漕運未到，若臨敵乏食，奈何。」又謂贊成事洪子藩曰：「爾爲相國，錢穀皆若所知，宜隨處支給。」王難之，謂曰：「發内庫所儲可支。」

壬午，還御禪源寺。斂軍粮。

戊子，王迎那蠻歹大王、塔海元帥于狻猊，宴慰。那蠻歹謂王曰：「王亦可親出禦賊。」王辭以老病。那蠻歹曰：「賊入室，豈以老病自安乎。」王不對。

己丑，王還禪源寺，那蠻歹遣人謂王曰：「昨日辱臨勞慰，敢不深感。但禦賊之事不荅而去，予實惑焉。隣人失火，尚往救之，況是自家事，其可坐視乎。」因獻公主鞍一部，公主亦以鞍馬荅之。

甲申，命中翼萬户印侯、左翼萬户韓希愈、右翼萬户金忻出師。

壬辰，薛闍干大軍次金嶺驛。

甲午，遣將軍吳仁永如元，奏哈丹侵至王京。

五月丁酉朔，丹賊住燕歧縣，薛闍干大軍及我三軍至正左山下合擊，大敗之。

己亥，交州山城別監報哈丹賊後至者三千騎過鐵嶺，屯于交州。

癸卯，王與公主幸長峯新宮設宴。萬户朴之亮、鄭守琪等領軍行，以所斂米分賜京畿八縣及東界軍人。

甲辰，哈丹整軍復來對陣，我軍縱擊，大敗之。哈丹、老的父子率二千餘騎潰圍遁去。

乙巳，印侯、韓希愈、金忻遣人告捷，獻所擄婦女八人。

丙午，薛闍干亦遣使告捷，且告賊魁逃脱。

丁未，王率仗前軍乘舟而出，聲言討賊。

戊申，以公主不豫，還長峯新宮。

己酉，王與公主還，御于禪源寺。

庚戌，諜者來報，賊一千至古東州，聞官軍破賊於燕歧，還過鐵嶺而去。

癸丑，平壤人擊賊二百，擒四人來。

辛酉，公主渡江幸開京。

癸亥，幸開京。薛闍干謁公主，獻所虜男女五十口，良馬五匹。闍干軍令嚴肅，士卒震慴，所過秋毫不犯。聞賊屯燕歧，併日而行，出其不意，一戰而破，皆其力也。

乙丑，薛闍干還，王欲邀宴，薛闍干曰：「受命，事畢不可留。」遂登途。

丙寅，那蠻歹等皆還。

六月丁卯朔，王及公主還江華。遣金忻于竹田，韓希愈于忠清，羅裕于交州道，追捕哈丹餘賊。

辛未，韓希愈報丹賊五百八十人降，老的引軍趍平壤，羅裕禦之，郎將李茂奮擊，斬馘無筭。

癸酉，遣郎將高世如元，請親賀聖節，并奏復都開京。

甲申，元遣使運江南米十萬石來賑。

乙未，頒米于七品以下。

秋七月戊戌，分遣救急別監于忠清西海道。

丁未，帝許王以十月入朝，且允還都之請。

壬子，遣政堂文學鄭可臣如元賀聖節。

癸丑，元遣浙西營田使大塔等來頒赦，及罷尚書省，復立中書省，整理鈔法等事。

八月己卯，遣將軍金位良如元，東京、瀋州等處推刷人物。

辛卯，遣近侍郎將金龍劍爲慶尚、全羅、忠清道蘇復別監，州郡被賊之餘，百姓困耗，怨讟交騰，將欲按問官吏善惡，以行賞罰。

己亥，元遣洪重慶授王爲征東行中書省左丞相，以印侯鎮邊萬户府達魯花赤，宋玢爲宣武將軍，鎮邊萬户劉碩爲忠顯校尉、管軍千户，皆賜金牌。

丙午，王如元。

丁未，王次興義驛，郎將康渼還自元，帝命王停入朝。

戊申，還宫。

癸丑，遣印侯如元獻鷂。是月，帝授世子特進、上柱國、高麗國王世子，賜金印。制曰：「嗣有爾嫡，親是我甥。載嘉入告之勤，式立于藩之副，克供爾職，思報國恩。」仍賜水精杯、犀角蓮葉盞、玉杯、珍味以寵之。

冬十月丁卯，帝命王賀正入朝。

十一月戊午，王獵于安南。

庚申，遣知密直司事羅裕如元賀正。

十二月己卯，遣上將軍柳庇、將軍許評如元，請世子還國。

癸巳，以米六千九百六十四石，换白銀一百一十一斤，銀瓶五十七口，紵布一千四百五十四，又出迎送庫大府白紵布各一百五十四，以充盤纏。

壬辰十八年春正月甲午朔，日食。

丁酉，遣元卿如元遼陽路，推刷己未年以來被虜人物。

丙辰，元賜鈔一千錠，闍梨帖木兒之還也，取諸驛牛以去，帝聞，賜鈔償之。

三月丁未，羅裕還自元，帝以本國西京逆臣韓慎等付世子，命曰：此人雖叛爾國，向朝廷有分毫心，爾勿大責。

戊午，元流哈丹下阿里禿大王于礽盆島。

壬戌，右丞阿撒來按耽羅達魯花赤罪。

夏四月癸亥，元流賊黨塔也速于白翎島，闍吉出于大青島，帖亦速于烏也島。

庚午，元流哈丹下大王于靈興、祖月二島。

丁丑，將軍金延壽還自元，言世子已於今月四日上道還國，且以世子言白王曰：「聞歲歉民飢，車駕所幸，供億不貲，願上毋出迎境上。況父不可爲子屈也。其宫僚應出迎者，毋得過西普通。」王怒曰：「世子言不當如是。」

庚寅，王爲迎世子出獵於馬淺西。

辛卯，遂獵于平州温泉。

五月戊戌，世子至自元。

癸丑，王及公主宴世子。

六月閏月，元遣萬户徐興祚運江南米十萬石來賑飢民。

戊辰，以趙仁規女爲世子妃。

七月丙戌，遣世子如元賀聖節。

八月丁未，遣郎將秦良弼押呪人巫女如元，帝召之也。

丁未，世子謁帝于紫檀殿，鄭可臣、柳庇等隨入。有丁右丞者奏：「江南戰船大則大矣，遇觸則毁，此前所以失利也。如使高麗造船而再征之，日本可取。」帝問征日本事，洪君祥進言曰：「軍事至大，宜先遣使問諸高麗，然後行之。」帝然之。

九月乙亥，王及公主幸妙蓮寺。

壬午，元遣洪君祥來，命我護送日本人還其國。君祥以帝旨問征日本事。王對曰：「臣既隣不庭之俗庶，當躬自致討以効微勢。」君祥獻馬，遂宴于香閣。

戊子，宴君祥于壽寧宫。是月，帝御紫檀殿，引見世子，令呪人巫女等入殿，執帝手足呪之，帝笑之。

冬十月庚寅，以太僕尹金有成爲護送日本人供驛署令，郭麟爲書狀官，仍致書曰：小邦與貴國，隔海爲隣，昔貴國商人時或來往於金海國，因以爲好，曾無嫌隙。今年五月，貴國商船到泊耽羅洲渚，耽羅性頑頡，射逐其船，邏捉二名而送之小邦，申於大元國，皇帝詔問其由，命還本國而護送。伏惟悉之。兩國既以爲隣，凡興亡休戚，敢不相恤，且爲貴國計之，將有利害兩端，不得不陳。我國元自祖先臣事大元，其來尚矣。我父王再覲天庭，輒蒙聖獎，安保國家，恪謹侯度。予爲世子時，繼父親朝，皇帝特垂寵渥，許尚公主，册爲駙馬，承襲宗器，不失國號。君臣社稷、禮樂文物、衣冠名分一切仍舊。百姓按堵，樂業安生，實輸誠事大故也。且宋朝軍民不爲不多，金湯不爲不固，不知有唐虞之大統，自大而不庭，皇帝親征，天兵奄至，宋之君臣倉卒失措，遣使請哀「若許班師，世修朝貢，歲納方物」，皇帝輕慈而却兵，遣翰林學士郝經宣諭甚敦。宋國執迷不悛，違命不朝，皇帝震怒，大發王師，討以失期。兵威所加，如石壓卵，殄滅國號，九廟隳，百官毁，無復君臣之禮。三百年積累之期，一旦傾覆。乃命設官置省，完護遺民，亦貴國之所聞。殷鑑不遠，古典云：「順天者昌，逆天者亡。」又云：「抗衡爲禍，和睦爲好。」可不戒哉，可不儆哉。今我大元國皇帝陛下，千載應期，神聖文明，功德兼豊，仁慈寬厚，好生惡殺，德洽群生，普天之下，莫不感德，梯航輻湊，猶恐不及。貴國念我國之存，懲宋之亡，遣一介之使，奉一尺之書，朝於大元，則無損於今，有益於後，誠貴國社稷之福也。若恃阻大洋而不朝，存亡之機未可知也。脱有不測之患，噬臍何及。自古未有恃險而能保國家者也。小邦爰處舊都，其勢易弱，猶且在宥，一視同仁，許安土著，如向所陳。貴國邈在海外，但遣使入朝，決無後患。幸進退詳酌。頃在辛巳年，因邊將所奏，發兵徃征，戰艦因風濤播揚，間或失水，軍卒有遺漏不還者。今聞耽羅所送商人言，貴國並皆收護處養，似順好生之聖德。此一幸也。若貴國之社稷有靈，以不穀之言爲可取，納(欵)〔款〕歸朝，則必蒙聖澤，無秋毫之失，有磐石之安。予亦處中保命，導霈皇恩，以貽百歲之寧。不穀之言，迨後方信，予之所以區區者，只爲彼此無辜耳。伏惟傾照不宣。

壬辰，下旨：「將軍呂文就，昔庚寅之役戰死於竹田，其子堉超等敍用。」

丙申，以交州道經賊剽掠，民物凋殘，停諸郡八關、正至進奉。

乙巳，洪君祥還，遣將軍洪詵偕君祥如元，獻香茶、木果等物。

十一月戊午，王及公主移御妙蓮寺。

甲戌，遣將軍高世如元請醫。

十二月庚寅，遣贊成事趙仁規如元賀正。

丁未，元遣太醫姚生來。

癸巳十九年三月丙寅，公主有疾，移御密直安珦第。

三月乙酉，帝勑曰：「卿世守王爵，選尚我家，載揚藩屏之功，宜示褒嘉之寵。可賜號推忠宣力定遠功臣，益茂厥功，對揚休命。」又改僉議使司爲都僉議使司，陞爲從二品，賜兩臺銀印一顆。

四月丁酉，王與公主幸壽寧宫。

五月庚申，宰樞享王。遼陽行省遣人獻犬馬。

六月己丑，元遣江南千户陳勇等載米二十艘來，又獻鸚鵡一雙，其他土物甚多。

甲午，遣將軍南挺如元獻鷂。

甲寅，元以趙仁規爲嘉議大夫、王府斷事官；李之氏爲奉直大夫、合浦等處鎮邊萬户府副萬户、行中書省副鎮撫，金延壽爲武德將軍、西京等處管水手萬户府副萬户，皆賜虎符。

乙卯，元遣萬户尹世柱推刷耽羅人物。

秋七月辛未，遣印侯如元，賀聖節且謝恩。

甲戌，行中書省劄付都僉議使司：「准樞密院咨，准高麗國王咨，『本國去水就陸時分，珍島百姓亦移陸地，而本地空閑。在後耽羅申復摘入人民種田。目今因哈丹賊軍，不能於陸地種養。若將耽羅人户還入耽羅，却將羅州附近百姓移入珍島，種田資生爲便。』奏奉皇旨：『是真實呵，耽羅的元田地去者，那田地王百姓種者麽』，欽依皇旨施行。

八月，元遣萬户洪波豆兒來管造船。寶錢庫副使瞻思丁管軍粮，將復征日本也。波豆兒乃洪君祥兄熊三之子，望王宫，下馬流涕曰：「雖是衣錦還鄉，職是勞民，可愧也。」禮遇宰相甚恭。過王宫必下馬。

癸巳，遣郎將宋英如元請親朝，奏征日本事宜。

戊申，幸王輪寺。

九月乙丑，元流耽羅達魯花赤於交趾，以右丞阿撒代之。

甲戌，王及公主幸九曜堂及外院。

十月己亥，王及公主如元，選良家女三人以行。趙仁規、廉承益、印侯、閔漬、元卿等文武八十人從行。命齊安公淑、僉議贊成事洪子藩等留守王京。王次金郊，杖西海道按廉使庾瑞，開城副使楊柱，以其供億之緩也。

甲辰，遣大將軍洪詵如元獻人參。

乙巳，王次鳳州，按廉庾瑞享王，王温言慰之。

十一月癸亥，元遣直省舍人撒八兒禿、工部(待)〔侍〕郎迷里火者等來頒赦。

丙子，遣左諫議金晅如元賀正。

庚辰，王至大保庄。中書省奏奉聖旨，高麗國王朝覲時備五百餘馬草料。

十二月辛卯，王次撫寧縣，世子遣將軍柳庇進紫草裘一領、暖帽二頂。

戊戌，王次蘇州，世子迎謁于道，獻鞍馬及鐵棒四枚，長劔四口，帝賜世子酒肉享王，太子妃使人以羊酒迓勞。沿途各萬户、摠管、達魯花赤、大王等皆獻羊酒，或馬、駱駝，王亦以銀布謝之。

辛丑，王至燕京，舍於簽書中樞院事洪君祥第，帝疾篤不得見，然寵賚之厚，諸王駙馬無比。

乙巳，王及公主詣皇太子真金妃子闊闊真殿，贈金鍾、金盂各一事，白銀滿鏤鍍金臺盞一雙，白銀滿鏤瓶一事，銀鍾九事，銀盂二十事，虎豹皮各九領，水獺皮二十七領，細苧布四十五匹，黑鷹鶻各一翮。是歲，王改名昛。

**卷三一《忠烈王四》** 甲午二十年春正月壬子朔，王在元。王與公主詣闊闊真妃殿，獻白馬九匹。

癸酉，世祖皇帝崩，王與公主以羊十馬一祭于殯殿。其文曰：「鰈墟莫遠，佇瞻扆陛以來賓，龍馭忽回，曷極鼎湖之哀慕。夢也覺也，顛之倒之，聊修菲薄之儀，巽垂歆容之賜」。將使贊成事鄭可臣讀之，諸大臣止之曰：「豈宜用諸侯之禮祭天子乎。」遂不讀。王奠薦之禮，哀慕之誠，皆致其極。元朝喪制，非國人不敢近，唯高麗得與焉。故王之從臣，雖輿臺之賤，出入無禁。罷造戰艦。時王入朝，欲陳東征不便，且以甲戌、辛巳兩年之役，濱水材木斫伐殆盡，造艦實難。巽緩其期。會帝晏駕，洪君祥白丞相完澤，遂寢東征。

丙子，以中郎將羅允材爲將軍。世子之陪葬世祖，馬驚墜橋下，允材扶而得出，故有是命。

夏四月癸巳，王與公主如上都，迎皇太子。

甲午，皇太子即皇帝位，是爲成宗。王與公主獻金盞、銀鏤葵花盞各一副，金瓶、金鏤銀尊壺、湯瓶、酒瓶各一事，半鏤銀尊、胡瓶各一事，銀盂八十一事，銀鍾十八事，紫羅九匹，細苧八十六匹，豹皮十八領，水獺皮八十一領，以充庭實，表賀禮訖，帝命王赴宴，時諸王駙馬畢會，王坐第七。

己亥，帝以王功大年高，詔出入乘小車至殿門。

乙巳，帝賜王銀三萬兩。

五月庚戌朔，帝遣忽篤海、明哥等來頒赦。

甲寅，耽羅人曲怯、大蒙古、大塔思、拔都等如元，獻馬四百匹。

王以四事奏于帝，一請歸耽羅，二請歸被虜人民，三請册公主，四請加爵命。帝命：「耽羅還隸高麗。己未年以來被虜及流徙人，可遣使與遼陽行省分揀歸之。公主册命其議以聞。國王爵命既已累降，且待來年。」帝嘗使翰林學士撒刺蠻問高麗歸附年月，王使鄭可臣上書以對曰：「太祖聖武皇帝肇興朔方時，則有大勢國助征，金國恃功而驕，不用帝命。有金山王子者改其國號，自稱大遼，奪掠中都等處子女玉帛，東走江東城拒守。朝廷遣哈真札剌追討。時方雪深道險，粮餉不繼，高王聞之，遣趙冲、金就勵濟兵犒師，殲其醜虜。因奉表請爲東藩。太祖遣慶都虎思優詔荅之，大加稱賞，于今七十有六年矣。」

己卯，王與公主發上都。

六月戊申，王至瀋州，帝册公主，封安平公主。

秋七月戊午，以大將軍吴仁永爲全羅道指揮使，往耽羅。

丁卯，以大將軍劉碩爲東南道兵馬使，出鎮合浦。

乙亥，元遣吃折思八八哈思賫護沙門詔來，百官具袍笏，率僧徒出迎于門外。館於肅陵寺，非肉不食。吃折思八者，蕃僧之名。八哈思者，蕃師之稱。師本珍島郡人，歲辛未討南賊時被虜而西，遂投帝師剃髮，離鄉久，不知父母存殁。至是得於西林縣，貧不能自存，爲人家傭。王賜米與田，令家于喬桐縣，聚其族而復其役。

丙子，遣同知密直司事柳陞、直史館權漢功如元賀聖節。

八月乙酉，王至自元。

丁酉，元以加上世祖、裕宗尊謚，遣達魯花赤乞石烈、六十等來頒詔。

九月辛酉，遣將軍閔甫如元獻鷂。

十月丙戌，元懿州昊天宫道士顯真大師韓志温與其徒李道實、李道和、尹道明來，王賜號志温圓明通道洞玄真人，道實定智玄明講經大師，賜宅一區，乃王招之也。

十一月庚戌，賜耽羅王子文昌裕，星主高仁旦紅鞓牙笏帽、蓋靴各一事，耽羅今歸于我，故有是賜。然進馬于元不絶。

乙卯，賜耽羅達魯花赤織金衣二襲。

癸酉，王與公主幸磊坊。

十二月庚辰，遣右承旨柳庇、直寶文署柳仁明如元賀正。

甲申，王與公主自磊坊幸温泉。

乙酉，王與公主幸妙蓮寺。

庚寅，元遣中書舍人愛阿赤來。先是，爲征日本運江南米十萬石在江華島，今遼瀋告飢，帝詔以五萬石賑之。以左僕射朴義爲西北面都指揮使。

戊戌，遣郎將白堅如元獻鵠肉。鵠多出於河陽永州之地，每歲遣使獲之，騷擾一方，民甚苦之。

辛丑，元以改元元貞，遣忽都海等來頒詔。

乙未二十一年正月乙卯，王與公主幸妙蓮寺。

辛酉，遂幸神孝寺，皆爲先帝薦福也。

壬申，元遣蒙古字教授李忙古大來。

二月戊子，燃燈，王與公主幸康安殿。

癸巳，遣中郎將宋玶如元，請減運粮，帝不從。

甲午，遣大將軍吳仁永如元，賀誕皇子。

壬寅，遣將軍崔淑仟如元賀改元。

丁巳，遣將軍智團等以船七十三艘載米一萬石輸之遼陽。

庚午，元遣伯帖木兒來取馬于耽羅。

夏四月戊寅，元遼陽省奉帝旨，以江南運米三千石賑雙城。

己卯，遣將軍金永孫以船九十艘，載米一萬二千一百八十石輸之遼陽。

癸卯，遣將軍柳温如元，請減遼陽運粮，帝許減二萬石。

閏月己酉，元遣王敬、塔失不花賫香幣來轉藏經。王敬，本國宗姓也。

己未，元遣小云失不花來，詔曰：「自窩闊台皇帝到今以來，買賣人等貸出官錢，不以利錢還納，彼此隱匿者多矣。其內外官員尋捕買賣人收取利錢，依數交納泉府司，若有見買賣人隱匿，首告者賞之。」

庚午，遣中郎將趙琛如元，進濟州方物苧布一百匹、木衣四十葉、脯六籠、獾皮七十六領、野猫皮八十三領、黄猫皮二百領、麅皮四百領、鞍鞽五副。

癸酉，遣將軍徐光純等以船六十五艘，載米八千五百六十八石輸之遼陽。

五月丁亥，遣贊成事印侯如元，請世子婚。又遣左承旨柳庇請加王太師、中書令，降公主印章，改世子印章，帝皆不允。

七月己亥，遣判三司事金之淑如元賀聖節。

八月甲辰，征東行省遣員外郎牛廷信如元賀聖節。

戊午，世子至自元。

九月甲戌，元遣怯薛歹帖里迷失、老里等來頒詔。

冬十月壬戌，遣將軍柳温如元，進先帝事跡。

甲子，王與公主幸妙蓮寺。

十一月壬辰，王與公主幸神孝寺。

十二月壬寅，遣洪文系、金光就如元賀正。行省遣通禮門祇候趙翊賀正。

癸卯，世子如元。

丙申二十二年春正月壬申，遣副知密直事柳庇如元，請世子婚。

戊子，以先帝大祥幸神孝寺行香。

己丑，王與公主幸妙蓮寺。

二月乙丑，元以耽羅牧畜事，遣斷事官木兀赤來。

丙寅，王獵于西郊，國師僧獻書曰：「殿下換甲之年，宜小心修德，不可荒于遊畋。」王曰：「非敢好獵，逐虎也。」其實憚公主妬悍，因獵而出，私嬖妾也。

三月己卯，元遣使整理館驛。金光就還自元，帝賜王織金段、紅絹各四匹。太后賜葡萄酒二器，並賜曆日。中書省送線綾、紅綃各五匹。

夏四月壬寅，王與公主幸妙蓮寺。

丁未，遣大將軍劉福和致錢幣於世子，以婚禮也。

五月己卯，遣將軍李連松如元，獻耽羅皮貨。

丙戌，遣右副承旨吴仁永獻苧布。

庚寅，幸神孝寺。

壬辰，公主又幸是寺。燃燈，皆以珠玉織成燈籠，巧妙奢華，不可勝言。

癸巳，元遣孛蘭奚禿魯點視館驛。

甲午，遣大將軍南梃如元，獻耽羅馬。

六月庚子，遣上將軍崔世延如元獻鷂。

乙丑，以公主生日，宥二罪以下。

秋七月辛巳，王與公主幸廣明寺，設盂蘭盆齋。

甲申，遣將軍李茂如元獻鷂。

乙未，遣中贊鄭可臣如元賀聖節，上將軍金延壽請入朝。

丙申，元遣帖木兒推刷雙城人物。

八月己亥，行省遣中郎將邊信如元賀聖節。

戊午，金延壽還自元，報世子婚期，帝趣王入覲。

九月乙亥，幸外院。

壬午，王與公主幸妙蓮寺。

丁亥，王與公主如元，從臣二百四十三人，傔從五百九十人，馬九百九十匹。

冬十月戊申，王次靈州，遼陽省、中書省皆遣人迎于鴨緑江。

戊午，王次瀋州，摠[管]朴仁才、知事朴純亮不出迎，王怒，鎖其頸。

十一月庚午，行省遣上將軍金延壽如元賀正。

庚辰，王次令頭兒寨，世子來迎。

壬午，王至燕京，館于洪君祥第。皇太后遣使勞問，諸王、公主、公卿、士婦争來謁。

甲申，王與公主謁帝，獻方物：金瓶、金鍾二事，鏤銀壺、銀湯瓶各一事，銀盞一副、銀胡瓶、銀大樽各一事。半鏤銀胡瓶二事，銀大鍾一事，銀盂五十事，虎豹皮各十三領，水獺皮七十六領，紫羅十匹，白苧布一百匹，玳瑁鞘子一十。遂侍宴于長朝殿。諸王滿座，王居第七，公主之右，無敢坐者。

乙酉，王與公主謁太后于隆福宫。

己丑，王與公主侍宴于長朝殿，翌日亦如之。

壬辰，王與公主詣闕，世子以白馬納幣于帝，尚晉王之女。是日，宴皆用本國油蜜果。諸王、公主及諸大臣皆侍宴，至晚酒酣，令本國樂官奏感皇恩之調。既罷，王與公主詣隆福宫，太后設氈帳置酒，入夜乃罷。

癸巳，世子以白馬獻于太后，太后以羊酒宴世子。帝與太后臨軒，諸王、公主、百官侍宴。

甲午，王與公主侍宴于長朝殿。世子以白馬獻于晉王，仍以酒羊宴。

十二月己亥，王與世子侍宴于長朝殿。

乙巳，亦如之。

辛亥，帝賜王金四錠、金段二匹、絹二匹，賜從臣銀五十錠、金段十八匹、繡段十匹、綾素段五百七十八匹、絹四百八十六匹，賜婦寺綾絹各二十七匹，僕從木緜絹各四百十一匹。

壬子，王與公主侍宴于長朝殿。

甲寅，中書省宴王。

乙卯，帝賜王弓矢及劍，賜從臣弓三十九、矢五百。

庚申，帝宴王及公主。

辛酉，太后又宴于隆福宫。

丁酉二十三年春，正月甲子朔，王在元，賀正，禮畢，上殿侍宴。

乙丑，王與公主、世子侍宴萬歲山廣寒殿。

丙寅，王與公主侍宴于隆福宫。

壬申，王與公主、世子詣闕侍宴。

乙亥，帝賜王御鞍，又賜從臣十人，人一鞍。

壬午，遣郎將黄瑞如元，獻金畫、甕器、野雉及耽羅牛肉。

二月甲午，王與公主餞晉王于郊。

己亥，帝幸城南觀獵，王扈從，奏曰：「臣之先臣禃，於蒙哥皇帝己未歲，以世子入覲。時世祖皇帝回自征南，先臣具袍笏，迎拜于汴梁之墟，世祖嘉嘆，寵睠日隆。至於小臣，釐降公主，世爲東藩，乞自己未年以來，被擄及流民在遼瀋者，悉令歸國。」帝許之，王感泣拜謝。

庚申，元改元大德，赦天下。太后以王誕日，賜羊四十頭，鵠十首，并賜内醞。諸王、公卿皆來賀。

三月乙丑，太后餞王及公主于隆福宫。仍賜金段衣。賜從臣三品以上二十人金段衣各一。翌日，又賜從臣金段一百匹，綾素八百匹。

戊辰，王詣闕，帝賜葡萄酒。

庚午，太后賜王及公主鞍馬。

辛未，王與公主發燕京。

夏四月庚子，元遣使遼陽路，推刷己未年以後被擄及流民，歸之，凡三百五十户。

五月丁卯，王與公主至自元，遂幸神孝寺。

庚午，公主不豫，設法席，王燃臂。

癸酉，王與公主幸賢聖寺，發内庫米一百石賜窮民，爲公主祈福。

乙亥，遣中郎將秦良弼如元請醫。

壬午，公主薨于賢聖寺，王移御僉議府。

癸未，遣副知密直司事元卿如元，告公主喪。

六月癸卯，元遣太醫王得中、郭耕來。

丙午，世子自元來奔喪。

壬子，元遣火魯忽孫來弔公主喪，太后賜賻楮幣，轉藏追福。

秋七月，己巳，幸神孝寺，薦福公主。

辛未，遣副知密直司事朴義如元謝弔慰。

丙戌，行省遣左右司都事張瑜如元，賀聖節及改元。

戊子，世子以爲公主之薨由無比，殺之，又殺閹人陶成器、崔世延、全淑方、宗氏，中郎將金瑾，流其黨四十餘人。

八月辛卯朔，遣同知密直司事崔有渰如元賀聖節。

癸巳，元遣使徵寫經僧。

辛丑，以印侯爲都僉議侍郎、贊成事、判軍簿監察司事，金琿爲侍郎、贊成事、判版圖司事，車信爲贊成事、世子貳師，金賆副知密直司事，薛景成爲三司右使，張碩爲軍簿判書，柳栯爲典法判書。

癸卯，公主眞至自元，百官以伎樂迎于郊。

乙巳，世子以故進士崔文妻金氏有姿色，納于王。蓋因無比之死，欲慰解之也。

丙午，世子成服。

己未，葬安平公主于高陵。

冬十月辛卯，以鄭可臣爲僉議中贊、判典理司事、世子師，洪奎判三司事，李之氐爲三司左使，朴義知密直司事、世子元賓，柳庇同知密直司事，監察大夫，崔冲紹、許評並副知密直司事，崔屈爲右常侍，閔宗儒知申事。

癸巳，世子如元。

丙申，遣趙仁規、印侯、柳庇如元，賀生皇子，且告耀，請傳位，表曰：「聖德齊日月之明，無幽不燭；卑情絶絲毫之隱，有故必陳。伏念臣跡遠守東，心專拱北，嘗於至元六年己巳，臣爲世子入朝，還至婆娑府，聞權臣林衍擅廢立，還赴朝廷，陳告情狀，遂與官軍來復舊都。八年辛未，入參宿衛，累經歲月，至蒙釐降，益勤藩職。十八年辛巳，官軍出征日本，凡船艦、米粮，至於軍卒、梢水一切物件，悉皆盡力應副。二十四年丁亥，聞車駕親征乃顏，躬率五千軍而往助征，半途詔傳大捷，仍命還軍。二十八年辛卯，乃顏餘種哈丹賊軍入我東鄙，臣與乃蠻歹、薛闍干等一同心力，蕩滅無餘。謂臣有勞效，加功臣名分。三十年癸巳，與公主入朝，親覲聖人之作，首詣慶集，別承寵渥。既得殊尤之睠，庶幾終始以輸誠。乃因閨室之相離，哀傷有甚，加以春秋之方耄，疾恙交攻。如一朝僵仆以莫興，其庶務剖裁之誰任。竊見臣之世子源，夙成幹局，入衛闕庭，荷恩已配於皇支，諳事堪承於宗祀，而臣將俾之嗣位，退以攝生，庶免憂勤，釋千鈞之重擔；小延喘息，觀四海之大平。玆切籲呼，佇垂矜察。」

十一月戊寅，遣上將軍金延壽如元，獻人參及耽羅酥油。

十二月庚子，闊闊歹大王死于大青島。

壬寅，以金之淑爲僉議參理、世子貳師，安珦爲僉議參理、世子貳保，崔有渰判密直司事，李混知密直司事，並兼世子元賓。尹琁爲密直學士，張碩爲軍簿判書，全昇爲右副承旨，吴仁永爲左承旨，金恂爲左副承旨，趙瑞爲右承旨，吴漢卿、李瑱爲左右司議大夫。

戊午，遣大將軍宋瑨如元賀正。

閏月，行省遣掾趙珍賀正。



乙丑，副知密直司事崔冲紹以世子命，就壽昌宫基，大興工役，將以設公主之穹廬也。

戊戌二十四年春正月丙申，世子至自元。

庚子，世子妃寶塔寶憐公主來，王幸金郊，百官郊迎，儀仗伎樂如迎王禮。帝使阿木罕太子、甕吉剌歹丞相護行以來。

辛丑，宴公主及阿木罕等于壽寧宫。

壬寅，命巡馬所選良家女，將以進帝所及使臣。令百僚密疏有女家投主司。於是有睚眦之怨者，雖無女，亦指之以致騷擾，雞犬不得寧焉。潛納壻者頗多。

癸卯，教曰：「孤以涼德，叨承丕構。二十有五年，今且老矣。加以去歲因喪配耦，不覺過慟，疾恙隨之，倦于聽政。惟爾世子英明智勇，衆所共知，當嗣藩職，祇奉宗社。孤亦退居後宫，穩送餘齡，惟忠惟孝，在此一舉。」世子上箋辭不允。

甲辰，元遣咸寧侯王維詔諭國人曰：「邇者高麗國王王昛表陳春秋方耄，憂恙交攻，慮庶務之煩勞，期息肩於重負，乞令世子源襲爵。朕以王嗣守東土垂三十年，累效忠勤，勳伐茂著，矜其誠懇，特賜俞允。授世子開府儀同三司、征東行中書省左丞相、駙馬、上柱國、高麗國王，加授王推忠宣力定遠保節功臣，開府儀同三司、大尉、駙馬、上柱國、逸壽王，以示優崇之意。國有重務，尚須訓勵，聿底于成。」又詔王曰：「卿恪居藩翰，茂著勳庸，宣力我家，歷年兹久。比陳衰疾，冀脱煩勞，乞須賜爵之恩，將爲逸老之計，載惟忠懇，宜賜允從。卿雖耆年，國之重務，尚資訓導，迄用有成。於戲，令始令終。既被殊常之眷，惟忠惟孝，勉思報效之勤。祇服寵光，益綏福履。」維，本國宗室，仕元朝爲揔管。

丙午，幸康安殿，傳位於世子，退居張舜龍第，號爲德慈宫。世子即位於康安殿，是爲忠宣。

乙卯，詣德慈宫，奉箋上尊號曰光文宣德太上王。

秋八月甲子，元遣孛魯兀來，趣忠宣入朝。

辛未，忠宣如元。

壬申，王餞于金郊，酒酣，孛魯兀以帝命取國王印授王。

癸酉，王如孛魯兀館，備儀衛，遂幸壽寧宫受詔。詔曰：「諭前高麗國王王昛，曩以卿表請授位于世子源，是用詔源往嗣王爵，國事仍命聽卿訓導。今聞莅政以來，頗涉專擅，處決失宜，衆心疑懼。蓋以年未及壯，少所經練，故未能副朕親任之意。今遣使詔卿依前統理國政，且詔諝入侍闕庭，使之明習于事。」孛魯兀之來十日，而國人不知有此詔也。

己卯，孛魯兀還，以大將軍姜純之女妻之。

九月丙申，元遣平章闊闊出、左丞哈散來，口宣聖旨云：自公主棄世，王獨處無聊，帝賜王葡萄酒，且令吾等伴議國事。遣中原侯昷、大將軍金天錫如元，謝復位，表曰：「爰自先朝而陳力，又當盛際以輸忠。曩因穠李之忽凋，將謂朽株之難保，哀情至極，憂氣損和。幸存胤子之既冠，方初尚主，何惜殘年之重負，不早上章。獲蒙從欲而允俞，更感推恩於頤養。今者詔令臣子諝入侍天庭，令臣依前統理國政，若覩璽書之所諭，可慚家訓之無良。曾不以斯而責臣，反令依舊而守土。」

冬十月甲戌，以尹琁爲西北面都指揮使。

乙亥，瀋州達魯花赤闍里大遣人獻馬一匹，羊三十頭，賀復位。

庚辰，移御栢井宫。

十一月甲申朔，遣將軍李白超如元，獻耽羅牛肉。

丙戌，闊闊出還，王餞于宣義門外。

十二月丙辰，遣宋玢如元賀正。

戊午，行省遣將軍宋邦英如元賀正。

己亥二十五年春正月丁酉，萬户印侯、金忻，密直元卿等擅發兵，執萬户韓希愈、上將軍李英柱，誣告謀叛。

戊戌，王與左丞哈散鞫希愈等于興國寺，英柱誣伏，希愈竟不服。

戊申，印侯、金忻、元卿以希愈不服，如元訴帝，王留之不從。

二月戊午，哈散還元，流韓希愈、李英柱于海島。

三月壬午朔，罷西北面都指揮使尹琁、密直副使閔宗儒。

乙酉，以金富允爲西北面都指揮使。

丙戌，下右司諫金台正于巡馬所。

庚寅，遣知都僉議司事崔有渰如元，賀生皇子。

夏四月辛亥朔，元遣工部尚書也先帖木兒、翰林待制賈汝舟來，詔曰：「比者奉使回奏，本國陪臣趙仁規等所行不法，及事有不遵典制，合行正釐者，據仁規等罪，已勑中書省量輕重決遣。自今以始，卿其勉遵守國之規，益勤畏天之戒。凡在官者各勤乃事，協力匡贊，毋蹈前非，自干刑憲。緇黄士庶，各安其業，所釐事宜條列于後，一、先朝已定官府及受宣人員，毋得變更，中間有所擅自更易者，即行改正；一、命官有罪，須具事情本末聞奏，毋得輒行殺戮；一、奉使奏説本國臣庶曾經世子流竄海島，及斷没人數有無罪犯，從國王分揀審録，合改正者，即與改正。」

丁巳，遣判三司事鄭仁卿如元，辨印侯誣妄。

己未，元遣塔海、闊闊不花來，執韓希愈、李英柱、元卿及判密直柳庇、都評議録事宋之穻以歸。

五月辛巳朔，遣將軍白孝珠如元獻鷂。

丁亥，遣判三司事鄭仁卿如元謝恩，表曰：「使華戾止，俄傳九闥之明綸，帝澤霈然，便作一方之甘澍。省循已往，兢感交深，伏念幸千載之遭逢，叨兩朝之眷遇。民若淵深而魚泳，久沐矜憐，國如木老而蠹生，自招尤悔。厄數更并於凉德，穢言曾及於宣聽，雖云山海之兼容，尚畏雷霆之一怒，豈謂以蒼穹之莫遠，曲察事情，俾赤子之無知，反加哀育。既列法言而垂戒，仍宣汗號以滌瑕。傳孫寶訓之丁寧，闔國歡聲之洋溢。茲蓋伏遇法湯彰善，體舜好生，加字小之仁，廓包荒之度，恐無辜之或枉期，寧失於不經。臣敢不敬率群僚而述職，庶副天心，永綏黎俗以瀝誠。祝延聖算。」

庚子，以安平公主大祥幸妙蓮寺。

秋七月丁未，遣密直使柳栯如元賀聖節。

九月己卯朔，遣大將軍閔甫如元獻鷂。

冬十月甲子，元遣闊里吉思爲征東行中書省平章事，耶律希逸爲左丞。時哈散還奏「王不能服其衆，朝廷宜遣官共理」，帝從之。

丙寅，王視事于征東省。是月，以增置行省上表陳情，曰：「小邦累世勤王之功，凡八十餘年，歲修職貢。臣嘗以世子入侍，得連婚帝室，遂爲甥舅，實感至恩。使小國不替祖風，永修侯職，是所望也。」

十二月戊申朔，遣將軍李白超如元，獻人參、鵠肉。

甲寅，遣賛成事鄭仁卿如元賀正。

庚子二十六年春正月辛卯，元遣闊闊不花來頒册皇后詔。

夏四月庚戌，遣同知密直司事薛景成如元，弔皇太后喪。

戊午，王如元弔喪。是月以閔萱都僉議參理，李帖知都僉議司事。

五月辛丑，有僧天固朱書恠語于瓦龜背，埋惠宿寺石塔下。尋自（堀）〔掘〕

曰：「此龜甚神異」，以眩惑衆人。闊里吉思執而杖之。又以東京留守羅允不行禁理，反信妖術，囚於行省。

壬寅，遣上將軍高世如元獻童女。

六月壬子，王至上都，謁帝于梭殿，仍獻方物。帝大設只孫宴。只孫，華言顏色。赴會者衣冠皆一色。帝命王侍宴，王於諸王、駙馬坐次第四，寵眷殊異。

戊辰，王以羊二百頭、酒二百榼上壽于帝。

己巳，又詣闕設扶頭宴。帝命唱高麗歌。王令大將軍宋邦英、宋英等歌「雙燕曲」，前王執檀板，王起舞獻壽，帝與后悦。

癸酉，王祭太后殯殿。

秋七月甲戌朔，帝使人勑王曰：「凡有所言，即聞奏。」

乙亥，王詣闕獻童女二、閹豎三，又以童女一歸丞相完澤。

丁丑，王侍宴，帝以皇太子千秋節赦印侯、金忻等。

辛巳，帝命右丞相完澤傳旨云：「高麗國王所奏風俗百事，許令依舊。」

壬午，帝賜王弓矢、海青、鶻子及金鞍二。

癸未，又賜王從臣金段表裏各三百三十六匹，弓劍各三十，鞍二十。

乙酉，皇后賜王衣三襲。

壬辰，王發上都。

八月癸亥，遣副知密直司事洪子翰如元賀聖節。

閏月庚辰，王次金郊，賜宋玢几杖。

辛巳，王至自元。

丙戌，闊里吉思享王。

丁亥，韓希愈、李英柱、柳琚等還自元，王入朝辨曲直，故釋希愈歸之。

九月壬寅朔，遣將軍閔丘如元獻鷂。

十月丁酉，王與闊里吉思畋於西郊。

是月，闊里吉思欲革本國奴婢之法，王上表曰：亶聰兼聽，言降如綸。大號既宣，勢無反汗。猶有期于甲命，不能已於再鳴。伏念凡屬我疆，實非他俗。若良若賤，有何憎愛之所偏。其慎其難，爲此安危之攸係。昔我始祖垂誡于後嗣子孫云：「凡此賤類，其種有別，慎勿使斯類從良。若許從良，後必通仕，漸求要職，謀亂國家。若違此誡，社稷危矣。」由是，小邦之法於其八世，户籍不干賤類，然後乃得筮仕。凡爲賤類，若父若母，一賤則賤。縱其本主放許爲良，於其所生子孫，却還爲賤。又其本主絶其繼嗣，亦屬同宗。所以然者，不欲使終良也，恐或有逃脱而爲良。雖切防微而杜漸，亦多乘隙而發奸。或有因勢托功，擅作威福，謀亂國家，而就滅者。益知祖訓之難違，猶恐奸情之莫禦。況又若更此法，非徒如治亂絲，因失舊章，不得僅存遺緒，故於至元七年，小邦去水就陸之時，先帝遣達魯花赤以治之。于時因人告狀欲變此法，確論聞奏，廷議明斷，俾從國俗。衆姦絶窺窺之意，得至于今。玆者省官初莅此邦，不察制法之意，必欲變更。故臣於今夏入覲之時，具悉表奏，伏蒙俞允。今奉聖旨，良賤事宜更遣人受決。臣既承若彼之言，而還有如斯之旨，雖深惶懼，又竊思惟，既許祖風，無問是非，而仍舊，焉當賤類，必論臧否以更新，應因毁説之紛紜，聊欲究觀其纖悉，故忘冒瀆，備奏愚懷，伏望回揭日之光，明霈同雲之優渥，俾從先命，乃罔後艱，則物以群分，消風土變更之嘆，邦其永保，荷乾坤終始之恩。」

十一月癸卯，宴闊里吉思于壽寧宮。遣大將軍李白超如元，獻人參、牛肉。

丁未，闊里吉思還，王餞于宣義門外。

庚申，遣贊成事崔有渰如元。

辛酉，幸外院設消災道場。

丙寅，行省遣員外郎李希實如元賀正。

十二月甲戌，遣副知密直司事李英柱如元賀正。

戊寅，幸平州温泉。

甲午，元遣伯顏忽篤不花以香十五斤、匹段三十四、絹三百匹、鈔八百六十四錠來轉藏經。

丙申，以宋和爲西北面都指揮使。

己亥，王與伯顏忽篤不花幸妙蓮寺，轉藏經。

庚子，幸慈雲寺轉藏經。

**卷三二《忠烈王五》** 辛丑二十七年春正月甲辰，王與元使如興王寺轉藏經。

丙辰，王率百官幸妙蓮寺，爲皇帝祝釐。諸路行省以下官皆以正月朔望行香祝釐，蓋元朝之禮也。

己未，安西王阿難達遣使求童女，以韓孫秀之女歸之。

甲子，耶律希逸享王于壽寧宮。

乙丑，王率行省官及群臣幸妙蓮寺，爲帝聖甲日祝壽也。

己巳，耶律希逸享王于壽寧宮。

庚午，王以前王公主誕日，宴于壽寧宮。

二月癸酉，脱脱大王遣人來獻海青二翮，因求童女。

丁丑，耶律希逸謁文廟，令諸生賦詩。

庚辰，以皇太后忌日幸妙蓮寺。

丙申，遣瑞興侯琠入侍于元。

三月，元以行省平章闊里吉思不能和輯人民，罷之。闊里吉思率官屬還，中郎將朴洪以通事爲闊里吉思腹心，借威市恩，多受賄賂。隨闊里吉思如元，謀變國俗，不遂而歸。

癸卯，李白超還自元，帝賜王楮幣一萬錠，遣使表謝。元置耽羅軍民萬户府。

四月己丑，元遣山東東西道宣慰使塔察兒、刑部尚書王泰亨詔曰：「向以爾國自作不靖，遣平章政事闊里吉思等權令與王共事，以鎮遏之。非欲久任於彼，今悉命赴朝。然闊里吉思等所言爾國越禮濫罰，官冗民弊數事，中書省别有公移，來表乞不變更祖宗舊法。朕惟先朝以本國官號與朝廷不殊，已嘗改正。王於是時即當以類推之，事如害義，改亦何難。今遣塔察兒等賫詔往諭，王其勉思累朝覆育之恩，以宗國生靈爲念，威福予奪，當自己出。事體有未便，民情有未安者，其審圖之。繄爾群僚，悉以奉正，各修乃職，敢有蹈襲前非，專恣不法，王雖爾容，朕必不貸。據省移事理釐革既定，差官偕去，使以聞。」中書省移咨，曰：「王近表奏增置省官，百姓不安，及乞不改祖風等事，已有頒降詔書，委官持詣本國開讀。所有闊里吉思等官，具言國中不便數事，録連事目在前，都省議得，驅良之事且以本國舊俗爲辭，此猶可説。至如王國而用天子殿庭之禮，既臣之初，即當論者。昔或不審，自今宜即更之。其餘如民瘼之可除，事弊之應改者，宜體詔旨諭王之意，一一擬定，仍令去使悉知。王就行訖，備細咨來，以憑聞奏。」其録連事目曰：「闊里吉思等言，大德三年十月開省以來，别無出納錢糧，止告驅良公事。合依通行體例歸斷。又目覩大德三年十一月十五日，大德四年二月十五日，國王二次大會，亦三擧浄鞭，山呼萬歲，一如天子儀制，有此僭越。又本國刑罰不中，或人告是何公事，不問證佐，止憑元告。三問不招，無問輕重，流配海島，遇赦並不放還。刑獄狂濫，覩此一事，餘皆槩見。又本國王京裏外諸司衙門州縣，摠三百五十八處，設官大小四千三百五十五員，刻削於民，甚爲冗濫，加之賦役頻併，少有不前，綁縛凌虐，忍痛銜冤，無可伸理。城郭州縣，虛有其名，民少官多，管民官、按廉官半年一次交代，令本處百姓自備牛馬、路費等物迎送新舊官員，道路如織，防農害物，民甚苦之。又元立站赤，每處三四十户，近年不問公移，有無文憑，皆乘馹馬。若王近侍者差出，即起二三十匹，餘驗高下，各有等差。兼所管官司，百色科擾，因此逃散，三存其一，厥數不補，至甚生受。又本國歷數十年未嘗加於賦役，比之其他，優恤甚重。近因權臣所行不法，百姓困弊，其餘事理難以縷陳。」

五月甲辰，耶律希逸還。希逸喻國王理民之術，責宰輔憂國之事，嘗以國學殿宇隘陋，甚失泮宫制度言於王，遂新文廟以振儒風。

丙午，併省内外官，其官名有同上國者悉改之。

庚戌，遣知都僉議司事閔萱如元，請改嫁寶塔實憐公主。宣中書省移咨略曰：征東省欲依慶尚全羅道鎮邊萬户府例，於耽羅設立萬户府事，奉聖旨可依所請者。」其請改嫁公主表，萱不敢進而還。

七月乙丑，遣密直副使金台鉉如元賀聖節。

八月丙申，元中書省移文云：「大將軍金天錫奸詐凶回，離間王父子，宜放還鄉里。」

九月乙巳，金長守還自元，言帝將北征。

戊申，遣上護軍高世如元請助征。郎將崔涓還自元，言帝已寢北征，宰樞喜贈白金三斤。

丁巳，遣大護軍閔甫如元獻鷂。

冬十月乙酉，王如元，次銀川，高世還，言「帝有詔勿朝」。遂幸海州。

十一月庚子，王至自海州，入御齊安宮。

戊午，遣上護軍康純如元賀正。行省遣郎將林宣如元賀正。

庚申，王獵于南京。

十二月丙寅朔，遣護軍崔涓如元獻鷂，司宰尹鄭良進酥油，上護軍李白超進人參。

壬寅二十八年春正月，甲辰，金延壽還自元，報晉王甘麻剌之薨。

戊申，命田民辨正都監籍闊里吉思所斷奴婢爲良者，歸之本主。

二月乙丑朔，遣贊成事柳庇如元，弔晉王喪。

庚寅，帝賜王葡萄酒。

三月乙巳，幸妙蓮寺，爲晉王追福。

甲子，元遣種田軍萬户拔都來頒赦。

夏四月辛未，元遣别帖木兒等來徵寫經僧。

七月己酉，遣大將軍秦良弼如元獻童女。

辛亥，高世還自元，世嘗以請入朝如元，會帝有所忌諱，不得奏而還。

八月甲子，遣知密直司事權永如元賀聖節。

庚午，行省享王。

乙酉，元遣伯都孛羅來，分揀遼瀋人物。

冬十月辛未，作安平公主影堂于妙蓮寺。

十一月丙辰，秦良弼還自元，帝命王親朝賀正。

丁巳，安西王阿難達遣使來，獻海青及金段。

己未，宴安西王使臣于壽寧宮。

十二月庚申朔，王如元，命齊安公淑權署征東省事。

壬午，贊成事柳庇偕伯都孛羅如元。是歲，遼陽省奏帝請併征東遼陽爲一省，移司東京。王上表云：「言雖巧飾，及于天聽則必明，事若大乖，豈以風聆而不懼，敢高哀籲，庶賜矜容。念小邦接彼頑民，在先朝立玆行省，當奮武威而越海，添設新僚，及修文德以舞干，輒如舊例，制由詳酌，理合久安。今者似聞遼陽省移咨于上司，以革罷遼陽、征東兩省合爲一省，而置于東京。臣竊思，惟自東京至王京一千五百餘里，自王京至合浦一千四百餘里，若合浦海外忽有微波之警，則報告往來之際，千里尚遠，況三千里外乎。此於求名分者或便，非是益朝廷之良計，豈順憸人之輕議，遽韋聖祖之嘉謀。然自惟號德之多凉，恐不入堯仁之深恤。故將陳聞以爲急，第恨奮飛之末由。伏望陛下回大陽之明，慮遠地之弊，克遵前典，勿納偏辭。則臣謹當益堅戴舜之誠，倍祈天壽。倘致征苗之効，小助皇威。」又上中書省書曰：「照得小邦最係邊遠重地，隣近未附日本國，自於至元十八年，大軍過海征進之後，至元二十年欽奉世祖皇帝聖旨，委付當職行征東省事。威鎮邊面，管領見設慶尚道合浦等處，并全羅道兩處鎮邊萬户府，摘撥本國軍官、軍人，見於合浦、加德、東萊、蔚州、竹林、巨濟、角山、內禮梁等所把隘口去處，及耽羅等處分俵，置立烽燧，暗藏船兵，日夜看望，巡綽專一，隄備日本國賊軍勾當，到今不曾有失。節次曾獲日本賊人，移咨省院聞奏了當。今知得遼陽行省官員欲要將遼陽行省并本國征東行省革罷，却要遼陽府在城合併，改立行省，移咨都省定奪去訖。爲此參詳本國合浦等處，邊面相去遼陽府，地理極遠，耽羅又比合浦等處至甚窵遠，倘有邊面啓稟，緊急公事往迴遲滯，切恐失悞，深繫利害。今來若不啓稟，慮恐都省未知便否。倘若依准遼陽行省所擬合併本省，寔爲未便。更兼照得本省即係元奉世祖皇帝聖旨立到，若蒙準咨，止令當職依舊行征東省事，專委威鎮東方極邊未附日本國邊面勾當，似望不致失悞邊關事務。據此合行咨稟，伏望都省照詳定奪，聞奏施行。」



癸卯二十九年春正月庚寅朔，王在元。

二月丁亥，元遣怯里馬赤月兒忽都以官素一十五表裏，粧經裏兒絹三百匹，黄香十五斤，鈔六百一十錠，二十五兩來轉藏經。

三月甲午，百官備儀奉御香轉藏經。

五月丁未，王至自元。

閏月戊寅，國學學正金文鼎以宣聖十哲像及文廟祭器還自元。

秋七月丁巳朔，遣大護軍閔甫如元獻鷂鶻。

乙丑，元遣斷事官帖木兒不花、翰林李學士來中書省奏：「奉聖旨，宰相崔有渰、韓希愈、柳庇與使臣收管石胄，及子天補、天卿、天琪赴京。」帖木兒不花遣其价于安南府捕金世等四人。先是，世訴石胄於中書省，今欲使胄、世對辨，故執之。

丙寅，金台鉉率新及第詣壽寧宮上謁賜宴。

庚辰，移御齊安宮。

辛巳，行省遣護軍李翰如元賀聖節。元冲甲等五十人及洪子藩、尹萬庇等三十人，以書數吴祁罪，告于帖木兒不花、李學士。

八月丙戌，遣右中贊韓希愈、前贊成崔有渰以石胄及子天補、天卿、天琪如元。

己丑，遣密直副使宋邦英如元賀聖節。

庚寅，召致仕版圖判書崔謁曰：「聞卿等亦將訴吴祁于使臣，有諸，姑徐之。」謁不從。

乙巳，洪子藩、元冲甲與諸宰相率三軍圍王宮，執吴祁，遣護軍崔淑千押送于元。

九月甲子，以洪子藩爲都僉議左中贊，復尚左也。

乙丑，幸神孝寺。

庚午，王如元請沮前王還國，又欲以公主改嫁瑞興侯琠。

冬十月癸巳，元遣兵部尚書脱脱帖木兒來捕吴祁。蓋不知祁已赴京也。

乙未，王至西京，帝不許入朝，乃還。

十一月辛酉，元遣刑部尚書塔察兒、翰林直學士王約來。

戊寅，遣密直副使金延壽、大護軍夜先旦如元賀正。又遣齊安公淑請還前王。

十二月庚戌，中書省移文，略曰：征東省欲將本國所貯兵糧折支行省官吏俸。都省送户部議得高麗錢糧，止從東國支用。

甲辰三十年正月丙寅，塔察兒、王約流吴演等十人于海島，釋宋璘。

庚午，塔察兒、王約還。遣密直副使金深如元，表謝遣使來治吴祁之黨。又請還前王。

丁丑，幸妙蓮寺祝帝壽。

二月辛卯，元遣都古達、也先帖木兒來頒省刑詔。

丙申，燃燈，王如奉恩寺。是日，以塔察兒、王約言朝廷未有明禁，復用黄袍黄傘。

乙巳，以内僚前護軍宋均黨宋邦英沮毁前王，囚于巡軍。

三月丁丑，元遣兵部尚書伯伯、劉學士來鞫宋均、宋邦英等于行省。

夏四月壬午，伯伯將還，百官請罪宋邦英等，伯伯乃與王議，令大護軍夜先旦、中郎將金章押邦英等送于元。

丙申，前中贊韓希愈、贊成事崔有渰、柳庇還自元。有渰、庇詣中書省求奏請還前王表，未獲而還。

丁未，元遣參知政事忽憐、翰林直學士林元來，時吴祁、石天補繫獄于元。又以其黨肆爲姦欺，無所畏忌，故遣二人鎮遏之。

五月丙辰，宴忽憐、林元于涼樓，觀擊毬戲。

己卯，贊成事安珦建議置國學贍學錢。

六月乙酉，國學大成殿成。

丙戌，王詣國學，忽憐、林元從之。七管諸生具冠服，迎謁於道，獻詞謡。王入大成殿謁聖，命密直使李混作「入學頌」，林元作「愛日箴」以示諸生。

秋七月丁巳，内僚宋均賫金剛山圖如元，宰樞使人追止之。均曰：「王有命。」遂去。

八月甲申，遣中贊韓希愈如元賀天壽節。

甲午，宋邦英、宋璘等還自元，王各賜衣。

丙申，命停今年科舉。

丁酉，遣知密直司事高世于瀋陽推刷人物，内僚金儒、高汝舟潛以書達前王，事覺，王怒杖之，下巡軍。

冬十月，元杖流吴祁、石天補兄弟于安西。

十一月，宦者李淑奉御香來，王出迎于迎賓館，宴于壽寧宫。

十二月甲辰，遣同知密直司事宋邦英如元賀正。

乙巳三十一年春二月庚辰，忽憐疾篤，有爲之進藥者，忽憐曰：「汝國奸臣執命，父子相圖，故帝遣我來監。我若飲藥死，其得無後言乎。況死生有命，雖良藥奚爲。」竟不飲而卒。

丙戌，林元還。

丁亥，遣護軍鄭恭如元獻童女。

三月丙寅，元遣脱刺歹來頒赦。

甲戌，遣王惟紹如元，獻童女十人。

夏四月癸未，元遣突烈來轉藏經。

六月甲申，遣上護軍閔甫如元獻鷹。

七月甲子，上護軍秦良弼還自元，帝命王親朝賀正。

甲戌，元以册皇太子遣咬猪等來頒赦。

八月壬午，遣贊成事王惟紹如元賀天壽節。

己丑，幸妙蓮寺爲帝祝壽。

九月戊午，安西王阿難達遣使來，獻金，且賂左右求童女，使乃婦人也。

十一月戊午，王如元，孫廣平公、江陵侯及韓希愈、王惟紹、高世、金文衍、韓慎、宋邦英、宋璘、洪子藩、崔有渰、柳庇、金深、金延壽等從行。

庚午，命右中贊金琿權署行省事。

辛未，右承旨崔崇罷。時承旨一人已受慶尚道祈恩之命，崇求代，自書口傳，又抄奴朴延當從行，崇受人白金三斤而改之。延以告憲司。

十二月癸酉，齊安公淑如元，王欲以淑孫女獻皇后，故淑有是行。

庚寅，元遣忽都不花來求寫經僧，選僧一百以遣之。

癸巳，王次遼陽，趙仁規自元放還，謁於道。王以帝旨，即拜判都僉議司事。前王迎王于薊州，至京，館于前王邸。

丙午三十二年春正月壬寅朔，王在元。

秋七月己卯，行省遣捴郎郭元振如元賀聖節。

辛巳，都僉議左中贊韓希愈卒于元。

八月己亥，遣知都僉議司事金台鉉如元賀聖節。

九月戊子，慶興君洪子藩卒于元。

冬十一月甲午，遣承旨崔崇如元賀正。是歲，王惟紹、宋邦英、宋璘、韓慎譖前王於王，又譖于皇后及左丞相阿忽台，平章八都馬辛。欲祝前王髮，以瑞興侯琠繼尚寶塔實憐公主。崔有渰等詣中書省論惟紹惡逆，省官執惟紹等囚之。高世、金文衍、秦良弼勸王還國，王不可，曰：「我聞前王遣人於路，要我沉于河。我雖老，獨不畏死。」世等上書中書省，極論惟紹罪，請奉王還國。省官以奏，趣王行，王無以爲計，乃飲藥發痢，自夏至秋不起。公主聞惟紹等被訴，怒甚，召文衍杖之，又使人守户，凡署名告狀者，禁其出入王所。於是，諸從臣皆離散，惟秘書丞李兆年、内竪崔晉二人侍。

丁未三十三年春正月丙寅朔，王在元。

癸酉，元成宗崩。

三月丙戌，遣郎將姜褶如元告糴。

辛卯前王奉太子旨，捕王惟紹、宋邦英、宋璘、韓慎、宋均、金忠義、崔涓及其黨惡者，囚之于邸。遷王於慶壽寺。自是王拱手而國政歸于前王。

夏四月甲辰，瑞興侯琠、王惟紹、宋邦英、宋璘、韓慎、宋均、金忠義、崔涓伏誅。是月，元勑王還國，因署行省以鎮撫。

五月壬申，元遣平章撒勒帖木兒、學士郭貫來鎮之。

丁丑，王至自元，入御淑昌院妃第。

辛卯，内庫享王。是月，前王與右丞相答刺罕定策，迎皇姪懷寧王即皇帝位，是爲武宗。

六月甲辰，遣密直副使趙瑞如元賀聖節。

丙午，前王遣左承旨金之兼來啓：「令造成都監官桓頤領兵船軍，與内盈尹康順，護軍李珠董役，營造市街兩旁長廊二百間。」從之。

己酉，遣同知密直司事秦良弼如元獻童女。

癸丑，元帝以即位，遣要乙古豆來頒赦。

秋七月辛未，遣上護軍李茂如元獻鶻。

乙亥，典理軍簿，更定選法。先是前王遥命二司分掌文武選，其僉議密直有缺，必須馳禀於我。以故王欲不聽二司之奏，承旨等强之曰：「此爲前王之命，不可不聽。」王雖不協於心，亦不可否，但頷之而已。

戊子，元册皇太子，遣使來頒詔。

八月辛亥，元遣前王從臣知監察司事崔實來，加王策命曰：「咨爾推忠宣力定遠保節功臣，開府儀同三司，太尉，征東行中書省左丞相，上柱國，高麗國王王眃，秉心直諒，賦質貞純，早克嗣於先猷，久服勞於王室，身惟國壻，寅居賓日之方；男即皇甥，復豫乘龍之選，築館荷兩朝之眷，分茆襲百祀之傳。肆陞右揆之階，光應上台之象。兹薦頒於寵數，其益効於忠勤，動惟一德之懷，居必正人是與。祖宗世稱漢藩，輔保樂土於三韓；父子並爲周司徒，播清風於萬古。可特加純誠守正推忠宣力定遠保節功臣，開府儀同三司，太尉，征東行中書省右丞相，上柱國，高麗國王，尚服渥命，以介福祺。」王賜實衣一襲，銀三斤。

丁巳，遣中贊崔有渰如元賀登極。典法判書李瑱上書前王，王嘉納，超拜政堂文學。

九月癸酉，前王命都評議司，女年十六歲以下，十三歲以上，毋得擅嫁，必須申聞而後許嫁，違者罪之。

冬十月丙午，遣判密直司事金延壽如元謝册命。

壬子，元遣宦者及典酒李彦忠來選童女。

庚申，内庫享王。

十一月丁卯，隨從功臣享王。平章撒勒帖木兒、郭貫亦與宴，請設火樹觀之。

壬午，遣同知密直司事秦良弼如元，獻童女八人。

丙戌，遣都僉議贊成事李混如元賀正。以前王命，遣直史館尹頎奉先代實録一百八十五册如元，時人皆不可，曰：祖宗「實録」不宜出之他國。

戊子，遣都僉議參理金深如元獻童女十八人。

十二月丙申，前王杖流前承旨吴演及其弟漣于海島。前王欲依上國之制定軍民，崔有渰駁之乃止。

戊申三十四年春正月丁亥，遣同知密直司事趙瑞如元，賀皇太子誕日。

二月辛丑，元改元至大，遣許宣來頒詔。

丙辰，元詔加封孔子大成至聖文宣王。

丁巳，中贊崔有渰還自元，帝賜王葡萄酒。

三月壬戌，元遣濟州達魯花赤來。

夏四月癸巳，元遣宦者撒勒降香，以皇太后命選童女。撒勒，本國龍宮縣人也。

五月戊寅，知密直司事朴瑄還自元，帝以前王定策功，封瀋陽王。

丙戌，李混、崔鈞、金元具與承旨權準賫瀋陽王所定官制及批判還自元，超資越序者皆近幸權勢，世臣舊官俱退閑。

六月己丑，元遣使禁諸王、駙馬私給驛馬劄子。

辛丑，頒瀋陽王所定官制。

秋七月丙寅，王疾篤，遣禮賓尹韓連以報瀋陽王。

己巳，王薨于神孝寺，是夜殯于淑妃第。遺教曰：「不穀荷天地祖宗之佑，濫處王位，于今三十有五年矣。其間國步多艱，民不安業，邪佞并進，忠良自退，斯皆否德使然，心甚愧焉。然幸得受天之佑，享年七十有三，今遇沉痾，累旬未差，但思一見瀋陽王。嘗寄書促來，大期奄至，豈容相待。噫，有生有死，理固然矣。父傳子受，匪今斯古，祖宗基業，邦國機務，一切委付瀋陽王。惟爾臣僚，各守爾職，以待王來，傳予遺訓，毋致遺失。」王在位三十五年，壽七十三。

**卷三三《忠宣王一》** 十七年九月，帝授王特進上柱國，高麗國王世子，賜金印。

十八年七月丙戌，如元。

九月，帝御紫檀殿，引見，問本國事，王奏對詳明。

十月，帝召王入寢殿問曰：「讀何書。」奏云：讀「通鑑。」帝曰：「歷代帝王，誰爲賢明。」對曰：「漢之高祖，唐之太宗。」帝又問曰：「漢祖、唐宗孰與寡人。」對曰：「臣年少，何足以知之。」帝曰：「然。」問於宰相以來。

〔二〕十一年八月戊午，至自元。帝册爲儀同三司、上柱國、高麗國王世子，領都僉議使司，賜兩臺銀印。

十二月癸卯，如元。

二十二年十一月壬辰，王以白馬八十一匹獻于帝，納幣，遂尚晉王甘麻剌之女。

癸巳，又以白馬八十一匹獻于太后。太后以羊七百頭、酒五百甕宴王。帝與太后臨軒，諸王、公主、百官侍宴。

甲午，以白馬八十一匹獻晉王，仍以酒三百甕、羊四百頭宴。

二十四年正月甲辰，元遣使册爲國王，以忠烈爲逸壽王。

丙午，受内禪即位於康安殿。

庚戌，王舅晉王遣平章札剌帖木兒來弔公主喪，仍致祭。

乙卯，平陽侯昡、大將軍金精賫王及逸壽王謝表如元。

丙辰，王與公主詣德慈宫，奉太上王宴于壽寧宫，爲公主誕日也。

翌日，又奉迎太上王及貞和宫主宴于王宫。

二月戊午朔，王始署征東省事，宰樞及行省左右司官吏謁見，用元朝禮。

庚申，阿木罕太子及甕吉剌歹丞相還，王餞于金郊。

三月丁酉，王與公主以晉王生日，奉太上王宴于壽寧宫。

乙卯，高唐王闊里吉思遣使來歸安平公主之賻。

五月丙戌，公主妬趙妃。公主之乳媪與無賴之徒潛謀，以公主失愛，遣闊闊不花、闊闊歹與大將軍金精、吴挺圭等如元告太后。

甲辰，公主遣徹里如元。

乙巳，王以安平公主小祥，幸神孝寺行香。

丙午，詣德慈宫。王使人請公主留徹里，不聽。

乙卯，王與公主受戒于蕃僧。

六月丙辰朔，太上王及國王、公主受戒于蕃僧。徹里還自元。

丁巳，元遣右丞阿里灰、洪重喜、中書左丞楊炎龍來。凡乘傳者百餘，鞫趙仁規。遂與元卿往監察司，收新定官制。

己未，復遣徹里如元。

乙丑，馬八國王子孛哈里遣使來，獻銀絲帽、金繡手箔、沉香五斤十三兩、土布二匹。先是王以蔡仁揆女歸丞相桑哥，桑哥誅，帝以蔡氏賜孛哈里。孛哈里與其國王有隙，奔于元，居泉州。至是，以蔡氏故遣使通之。

戊辰，太后遣僉樞密院事洪君祥及帖木兒不花來。

壬申，幸壽寧宫，飯蕃僧祓呪咀。

乙亥，王與公主奉太上王，宴元使于壽寧宫。

丁丑，楊炎龍還，王餞于宣義門外。

癸未，王與公主以安平公主誕日，奉太上王宴于壽寧宫。

七月丁亥，王與公主朝德慈宫。徹里還自元，帝命國王、公主以八月入朝。

辛卯，洪君祥享王于内。

壬辰，王朝德慈宫，翌日偕公主又朝。洪君祥設宴。

八月乙卯朔，遣知密直司事鄭瑎，行省亦遣石抹也先帖木兒如元，賀聖節。

甲子，元遣孛魯兀等來，趣王及公主入朝。

戊辰，追尊安平公主爲仁明太后。

辛未，王與公主如元，宥二罪已下。

壬申，太上王餞于金郊，酒酣，使臣孛魯兀以帝命取國王印授逸壽王。於是，太上王復位，王如元，宿衛凡十年。武宗、仁宗龍潛，與王同臥起，晝夜不相離。忠烈王三十三年，皇姪愛育黎拔力八達太子及右丞相答剌罕、院使别不花與王定策，迎立懷寧王海山。左丞相阿忽台、平章八都馬辛等謀奉安西王阿難達爲亂，太子知其謀，先一日執阿忽台等，使大王都剌、院使别不花及王按誅之。五月，皇姪懷寧王即皇帝位，是謂武宗。

三十四年五月戊寅，元以定策功封瀋陽王。

七月辛未，遣僉議評理金利用如元告喪。

八月壬子，王自元來奔喪，在途星行十餘日乃至，先詣殯殿，入哭設奠，百官以玄冠素服侍立。次詣仁明太后殿設祭。

癸丑，王幸壽寧宫，率百官肄即位儀。賜政丞崔有渰玉帶，朴景亮、權漢功、金之兼、崔誠之、李彦忠等鞓帶。

甲寅，王服紫袍，設灌頂道場于康安殿，詣景靈殿告嗣位，遂乘輿至壽寧宫，即位受群臣朝賀。班序尚右，文西武東，禮未畢，天大雷電，雨雹，既霽，僉議司享王，諸君、宰臣、軍官、忽赤皆獻白馬。

十月甲午，大行王晬容來自元，王率百官出迎于郊，入安于殯殿。翌日，王祭殯殿，大斂三臨盡哀，百官皆縞素，停朝市。

丙申，有司議上大行王謚，王不可，曰：「有上國在，我且請之。竹册、玉册亦合於禮乎。」於是，但上號曰純誠守正上昇大王。

己亥，元皇太子遣使賀即位。

庚子，王如妙蓮寺謁仁明太后真。

辛亥，元遣使來，詔曰：「緊爾東藩，世守臣職，子承父爵，典制具存。近高麗王王昛遺奏，以其子王璋襲爵。朕惟王璋，親惟聖祖之甥，懿乃宗姬之壻，嘉謀偉績，俱有可稱。久侍闕庭，備殫忠力，特授征東行中書省右丞相，高麗國王。依前開府儀同三司，太子太師，上柱國，駙馬都尉，瀋陽王。自今以始，益謹畏天之戒，勉修事上之誠，群工庶職，各守常規，士庶緇黄，無失其業。

甲寅，帝及太后遣使來宴王。

乙卯，皇太子所遣使臣又宴王。

十一月己未，宴元使，贈銀瓶百口，苧布二百匹，綾百餘匹。

壬申，王如元，命齊安大君淑權署征東省事。

閏月壬辰，元遣直省舍人帖哥歹來頒詔。

十二月戊午，遣評理趙璉如元賀正。以王命賫「世代編年節要」并「金鏡録」以進。

癸未，禁嫌名，改漳州爲漣州，彰善爲興善，章德爲興德，章山爲慶山，靡島爲寧源，靡項寺爲弘濟寺，并禁韓、樟二字。

己酉元年春正月乙酉朔，王在元。

戊申，遣檢校評理金元祥如元賀皇太子誕日。

三月癸巳，命檢校中護裴挺、内府令姜融重新康安、延慶二宫，中外公私屋材並令官收，以供營構。朝野怨之，尋罷康安宫之役。及延慶宫上樑，倣上國之制，百官皆賀。用銀絹紵布爲幣，宴六品以上，殿宇廊廡凡四百一十楹，挺之指畫也。

甲辰，元宣政院遣人來督造船。時皇太后欲營佛寺，洪福源之孫重喜、重慶等奏：白頭山多美材，若發瀋陽軍二千伐之，流下鴨緑江，使高麗舟載以輸便。於是遣遼陽省宣使劉顯等來，令本國造船百艘，輸米三千石，弊不可言。是時，二宫之役方興，造船之事又急，海西，交州，楊廣之民尤受其害。

戊申，大司憲趙瑞還自元，帝以參理金深爲高麗都元帥，瑞爲副元帥。

己酉，元以受尊號，遣宦者王家奴來頒詔。是月，元太后幸五臺山，王扈從。

夏四月甲子，右軍千户金暹，左軍千户鄭琦押船五十艘，發禮成江，宣政院所遣使臣監送。

己巳，元樞密院遣水軍千户常仲信來督造船。

己卯，遣吴挺珪如元，賀受尊號。政丞崔有渰等仍上箋於王，請還國。時帝及皇后、皇太子待王甚寵，故王不納。

辛巳，元遣使來求佛經紙。

六月戊辰，遣僉議評理趙璉如元賀聖節。

秋七月辛巳，上洛公金忻卒。

己丑，郎將宋時還自元，帝命減造船轉米。

壬寅，王遣内僚郎將申彦卿傳旨曰：「上昇王請謚表，令密直副使致仕吳良遇製之。自今給以見官之俸，表、箋製撰一以委之。」

己酉，元遣宦者李三真來，罷獻耽羅牛肉。

九月辛丑，元以便民條畫，詔天下改行中書省爲行尚書省，遣忽都荅兒等來頒詔。

冬十月壬戌，遣大將軍君吉甫如元，獻童女、閹人。

辛未，元以始行至大銀鈔，詔天下，遣行省郎中忻豆來頒詔。

十一月戊子，元遣使來頒赦。

戊申，遣評理權溥如元賀正。

十二月甲寅，遣使如元獻酥油。

戊寅，元加上太祖、睿宗尊號，遣宦者康祐來頒詔。

庚戌二年春正月己卯朔，王在元。是月，王欲傳位世子，密令人撰表於楊學士，尋爲從臣所沮，乃止。

二月辛亥，遣密直李公甫如元，賀皇太子誕日。

夏五月甲申，元丞相脱脱遣使來求閹人、童女。

辛卯，帝命瀋陽路官吏毋得隔越瀋陽奏請，違者理罪。

乙巳，王殺世子鑑及其從者金重義等。

六月戊申，元以册皇后詔天下，遣八札等來頒詔。

壬子，元遣宦者方臣祐來，監書金字藏經。皇太后送金薄六十餘錠。

癸丑，遣大護軍文天佐如元獻鷹。

丁卯，遣内僚評理致仕曹元瑞賀聖節。

秋七月庚辰，元封寶塔實憐公主爲韓國長公主。

戊子，奉安上昇王睟容于明仁殿。

乙未，元降制，追贈王三代。

癸卯，世子之喪至自元。

九月己卯，元流寧王于我國。寧王，世祖庶子，謀叛事覺，與其家屬五十餘人偕來。

十一月庚寅，元以加上皇太后尊號赦天下，遣使頒詔。

十二月甲寅，遣使如元獻海菜、乾魚、乾脯等物于皇太后。贊成事裴挺以王旨如元獻畫佛。

**卷三四《忠宣王二》** 辛亥三年春正月癸酉朔，王在元。

庚辰，元武宗崩。

庚子，以王命遣刷卷別監于諸道。元遣使來頒詔。

二月丁未，遣左常侍金之兼如元，賀皇太子誕日，獻金鐥二、酒鍾二、銀二十、真紫羅六匹、玳瑁鞘子九。

辛酉，元罷尚書省，復爲中書省，改賜行中書省印。

辛未，元流平章迷里不花于烏安島，丞相三寶奴之黨也。

三月辛巳，遣評理金文衍如元獻閹人。

是月，元皇太子即位，是爲仁宗。

四月辛酉，元以即位赦天下，遣僉院弗蘭奚來頒詔。

壬戌，以趙璉爲僉議。

六月癸卯，元以復中統至元鈔法遣使頒詔。

閏月丁巳，王命選童女絶美者四人以來。

八月癸巳，元皇太后遣鎖魯花來，賜鈔五千八百錠賞寫經。

九月壬子，元遣宦者院使李信來，以護興天寺也。晉王以是寺爲願刹，故奏遣之。

冬十月戊子，遣僉議評理趙璉于瀋陽推刷人物。

十一月壬子，贊成事權溥等賫藏經如元。

乙丑，順正君璹奉御香還自元。

十二月庚午，元以改元皇慶，遣使頒詔。遣贊成事洪詵如元賀正。

壬子四年春正月丁酉朔，王在元。帝與太后詔王歸國，王不欲行，使朴景亮言於用事大臣曰：「今方農月，請待秋成。」制可。

二月丁卯，遣三司使蔡禑如元賀聖節。

五月壬寅，王遣大護軍致仕鄭晸送還歷代實録。

六月戊辰，元降制，令高麗毋置行省。初，洪重喜訴于中書，欲立行省。王以祖宗臣服之功奏之，故帝有是命。

九月甲辰，元召還寧王，以王命贈銀五十斤、苧布五十匹。

癸丑，遣贊成事洪詵如元，謝不置行省。

冬十月丁亥，遣右常侍曹頔如元獻閹人。

十一月乙卯，元遣都魯不花來頒赦。

己未，遣中郎將權碩如元獻皮貨。

十二月癸亥，遣知密直司事朴侶如元賀正。

癸丑五年春正月辛卯朔，王在元。

二月庚午，遣密直副使蔡洪哲如元賀聖節。

丙子，元杖流金深、李思温于臨洮。

三月甲寅，以長子江陵大君燾見于帝，請傳位。帝乃策燾爲王。是時，朝廷欲王歸國，王無以爲辭，乃遜其位。又以姪延安君暠爲世子。王嘗封瀋王，故時稱瀋王。忠肅王元年，帝命王留京師，王構萬卷堂于燕邸，招致大儒閻復、姚燧、趙孟頫、虞集等與之從遊，以考究自娱。時有鮮卑僧上言：「帝師八思巴製蒙古字以利國家，乞令天下立祠比孔子。」有詔公卿、耆老會議。國公楊安普力主其議，王謂安普曰：「師製字有功於國，祀之自應古典，何必比之孔氏。孔氏，百王之師，其得通祀，以德不以功。後世恐有異論。」言雖不納，聞者韙之。科擧之設，王嘗以姚燧之言白于帝，許之。及李孟爲平章事，奏行焉。其原蓋自王發也。右丞相禿魯罷，帝以王爲相，王固辭曰：「臣小國藩宣之寄，猶懼不任，乞付於子，陛下許之。況朝廷之上相哉。安敢貪榮冒處，以累陛下之明，敢以死請。」帝笑曰：「固知渠善避權也。」三年三月辛亥，王奏于帝，傳瀋王位于世子暠，自稱大尉王。

六年三月請于帝，降御香，南遊江浙，至寶陁山而還。權漢功、李齊賢等從之，命從臣記所歷山川勝景，爲行録一卷。

七年四月，復請於帝降香江南，盖知時事將變，冀以避患也。

六月，王行至金山寺，帝遣使急召，令騎士擁逼以行。侍從臣僚皆奔竄。

九月，王還至大都，帝命中書省護送本國安置，王遲留顧望，不即發。

十月，帝下王于刑部。既而祝髮，置之石佛寺。

十二月戊申，帝流王于吐蕃撒思吉之地。

十年八月，泰定皇帝即位，大赦天下，召還。

十二年五月辛酉，王薨于燕邸，在位五年，壽五十一。性好賢嫉惡，聰明强記，凡事一經耳目，終身不忘。每引儒士商確前古興亡，君臣得失，亹亹不倦。尤喜大宋故事，嘗使僚佐讀「東都事略」。聽至王旦、李沆、富、韓、范、歐陽、司馬諸名臣傳，必擧手加額，以致景慕。至丁謂、蔡京、章惇等奸臣傳，未嘗不切齒憤惋。

十一月葬于德陵，忠惠王五年，元賜謚忠宣，恭愍王六年，加宣孝。

**《忠肅王一》** 忠肅王諱燾，小字宜孝，蒙古諱阿剌訥忒失里，忠宣王第二子，母曰蒙古女也速真。忠烈王二十年甲午七月乙卯生，年五歲封江陵軍承宣使，長封江陵大君，從忠宣王入元，五年三月甲寅，忠宣奏請傳位，帝乃策曰：「咨爾高麗王世子燾，國懿勳戚，世立藩維，乃父釋位以圖安，肆爾承家而弘慶，爰稽隆典，載錫休章，可特授金紫光禄大夫，征東行中書省左丞相，上柱國，高麗國王，尚堅忠孝之心，永底人民之祐。」

夏四月己卯，元以立后遣使頒詔。

丙戌，王侍上王及公主發燕京，上王遜位欲留，朝廷不聽。故不得已而遂行，傳車百四十兩，馬稱是。帝遣丞相納剌忽、宦者遥授，平章李伯帖木兒等三十六人，皇太后遣怯薛、丹納憐等十八人，中書省遣直省舍人脱脱帖木兒等十六人，徽政院遣也先不花等三人，中政院遣宦者察罕帖木兒等三人，宣政院遣八哈思、和尚等十六人護送。

五月丙午，王下教曰：「孤頼皇帝之洪福，荷父王之至恩，已於三月二十四日受傳國印。又於其月二十八日受宣命訖，載惟上之事父，下之長民，任大責重，夙夜憂懼，罔知攸濟。其令諸道朔膳先獻父王，文武官僚賀、謝、辭、見，並於父王先行。」

丙辰，上王遣彦陽君金文衍如元，留世子暠爲禿魯花。

六月丙子，入京都。張樂雜戲，七館十二徒東西學諸生獻歌謠。上王命止之，以待公主，二王遂入泥峴延德宮。

戊寅，二王率百官出宣義門，迎公主入京都。

己卯，宰樞上壽于延慶宮。公主、上王，坐北向南，王坐西向東，護行諸官人皆與焉。

癸未，上王如妙蓮寺，謁齊國公主真，遂幸旻天寺，會百官，宣帝策王之詔。

八月甲子，上王不豫。

戊辰，遣大護軍金漢貞如元請入朝，帝不許。

九月丁酉，以延慶宮爲上王宮，延德宮爲公主宮，玄德宮爲王宮。罷明熙宮，以其土田臧獲屬料物庫。

戊申，遣上護軍朴從龍如元謝襲位，表曰：「襲父之爵，非分所堪，在帝之心，惟命是降。寵光罔極，兢感實深，臣性不啓明，事未通曉，端遇風雲之會，幸自攀龍，遂分茅土之封，許令幹蠱。玷左丞相之巍秩，兼東行省之重權。此盖陛下允義，方釋位之安弘，小臣承家之慶，欲觀肯構，委任于蕃。臣敢不亮采有邦，無忝生成之德；奮庸熙載，益輸報效之誠。」

丙辰，宰樞以上王誕辰，獻手帕于公主。

十二月丙辰朔，遣使如元賀正。

甲寅元年春正月辛卯，轉般若經于延慶宮七日，爲皇太后祈福。

乙未，上王謁景靈殿，還御康安殿，視殿宇傾圮，歎曰：「父王於三十餘年宴樂之際，若新此殿，庶無寡人今日之憂。」

庚子，上王以元朝三代封贈制告寢園。

丙午，元以行科擧遣使頒詔。教曰：「化民成俗，必由學校，邇來成均館不勤教誨，諸生皆棄其業，至於朔望之奠，二丁之祭，辭以他故而不與焉，有乖先王之典。其令祭酒每行奠謁，務崇修潔，諸生不與者徵白金一斤，以充養賢庫。」

丁未，上王如元，道入延慶宮萬僧會，以白金百三十斤施僧萬恒，王餞于金郊驛，奉觴而進，上王流涕，以國事屬王及宰樞。

二月乙卯朔，遣上護軍姜邦彦如元賀節日。

丁巳，元皇太后遣學士李家奴賜酒于上王及公主。

丁卯，公主宴李家奴。

己巳，公主幸妙蓮寺點燈。

庚午，元改元延祐，遣別里哥帖木兒來頒詔。

三月辛卯，公主幸王輪寺點燈。

甲午，又以考晉王忌，幸興天寺。

壬寅，宰樞享公主及王于永安宮。

丁未，行省又享于永安宮。

閏月乙卯，親醮九曜堂。

丙寅，王命義成德泉倉設賞花宴，將以慰公主。公主先出坐殿，王怒有司緩告。因不出，宰樞入赴終宴。

壬申，上王命前選部議郎尹萃傑、司憲執義尹宣佐、前典校令白元恒侍王講「通鑑」。以辛蕆爲選部直郎，安珪爲散郎，委以銓注。又諭：「王專斷國政，兼崇佛法，戒諸倉庫吏，毋以幼主之命，耗費財用。」

癸未，元中書省移牒科擧程式。

夏四月丁亥，宰樞宴公主及王(子)〔于〕延慶宮。

己丑，義成、德泉倉又宴于延慶宮，皆承上王鈞旨，以慰公主。

庚寅，遣上護軍李光逢如元賀改元。

庚戌，公主宴王及群臣于延慶宮，王不出。是月，元皇后崩。

五月甲寅朔，王如永安宮陳慰公主。

甲子，公主宴於旻天都監。

己卯，宰樞享公主及王于延慶宮。

甲戌，公主及王以齊國大長公主忌日，如妙蓮寺行香。

六月庚寅，贊成事權溥、商議會議都監事李瑱、三司使權漢功、評理趙簡、知密直安于器等會成均館，考閱新購書籍，且試經學。初，成均提擧司遣博士柳衍、學諭俞迪于江南購書籍，未達而船敗，衍等赤身登岸，判典校寺事洪瀹以太子府參軍，在南京遺衍寶鈔一百五十錠，使購得經籍一萬八百卷而還。

辛卯，遣三司使權漢功如元陳慰，兼賀始行科擧。

秋七月癸丑朔，公主飯僧于永安宮。

甲寅，元皇太后遣使賜公主酒果，帝賜王書籍四千三百七十一册，共計一萬七千卷，皆宋秘閣所藏，因洪瀹之奏也。

九月己巳，遣護軍尹碩如元，賀上王誕日。

乙卯二年春正月戊午，元遣使來詔定貴賤服色。

辛酉，賜朴仁幹等及第，遣仁幹等三人應擧于元。

二月壬午，遣密直副使趙雲卿如元賀節日。

癸卯，公主幸王輪寺。

丙午，遣郎將權碩獻童女于上王。

三月庚午，元以加上皇太后尊號詔天下。

四月辛丑，重房饗公主及王于延慶宮。

五月壬子，宰樞饗公主於延慶宮。

癸亥，元加上皇太后尊號，遣使來頒詔。

戊辰，公主及王如妙蓮寺。

秋七月乙卯，遣三司使權漢功如元，賀加上皇太后尊號。

己未，公主及王以忠烈王忌辰，如妙蓮寺行香。

九月，公主如元。

冬十月戊寅，世子暠謁公主于通州。

十一月壬子，公主在元不豫，

十二月甲午，薨。

丙辰三年春二月丙子，公主之喪至自元，百官玄冠素服迎于郊，殯永安宮。

庚寅，葬公主。王如元，以上王請婚于帝，帝許之。

三月辛亥，上王奏于帝，傳瀋王位于世子暠，自稱大尉王。

戊午，罷密直副使兼大司憲安于器檢校僉議評理，以元尹、趙延壽代之。

六月戊子，王謁帝于上都。

秋七月戊申，王娶營王女亦憐真八剌公主。

戊午，懿妃薨于元。

八月癸酉，懿妃之喪至自元。

庚寅，葬懿妃。

冬十月丁酉，王與公主至自元。

十一月丙寅，遣政丞柳清臣如元賀正。

丁巳四年春正月戊午，王以營王之請，親選童女。

閏月庚午，王及公主移御定安君第。

壬申，元流魏王阿木哥于耽羅，尋移大青島。

庚辰，元以立皇太子，遣使來頒詔。

乙酉，魏王館庭磚日照霜潤，光彩爛斑。有人白王曰：「魏王館庭中光彩，皆成牧丹諸花卉狀，豈天降祥，以表聖德。」王甚喜，厚賞其人。乃命畫工圖其狀。先是，彌勒寺僧獻異草以爲靈芝，王重秘之，令文士賦詩。有一人獻詩：「安得仙人培養術，更和甘露種庭心。」蓋譏之也。

丙戌，淑妃邀宴公主，贈遺侍女銀帛有差。

二月甲辰，遣密直洪瀹如元賀節日。

三月癸未，元遣使來，閱軍器所弓弩都監及江華軍器。

甲午，遣前上護軍李堅幹如元獻童女。

六月癸卯，遣僉議評理金怡如元，賀立皇太子。

癸亥，遣上護軍鄭允興聘于營王。



九月己卯，遣選部典書李齊賢如元，賀上王誕日。

十一月辛卯，贊成事權漢功還自元，帝册王爲開府儀同三司，駙馬，高麗國王。

十二月癸巳，遣吉昌君權準如元賀正。

戊戌，遣藝文檢閱安震應擧于元。

戊午五年春正月丙寅，王及公主宴于延慶宮，還宮。王於馬上記姚安道所賦「玄宗打毬圖」詩。

己巳，遣大提學崔誠之如元賀千秋節。

丙子，召崔元茂、尹莘傑、白元恒等賦詩唱和，並賜紅鞓。元茂，王之阿闍也，嘗在鄉病，王遣醫療之，其見重如此，故亦與焉。

戊寅，王與公主移御定安君第。

二月辛丑，遣泰安君李公甫如元賀聖節。

六月庚戌，中贊致仕宋玢卒。

丁巳，以尹莘傑知密直司事，宋英同知密直司事。以藝文檢閱安震中制科，擢爲藝文應教摠部直郎。

秋七月辛酉，元遣吏部尚書卜顏、必闍赤、賣驢來，責問慰接魏王及耽羅叛狀。

乙亥，遣大護軍孫起如元獻細苧布。

十一月戊辰，元遣使賜土衣。

十二月己丑，遣大司憲閔頔如元賀正。

戊申，營王偏妃來，王出迎，遂畋于西郊。

己未六年春正月庚午，營王偏妃宴王及公主于延慶宮。

二月壬辰，王與公主移御于康安殿，燃燈。

丙申，遣贊成事權漢功如元賀聖節。

癸卯，王及公主移御延慶宮。

夏四月庚寅，王餞營王偏妃于金郊。

六月丁亥，遣大護軍鄭允興如元獻鷂。

秋八月癸巳，元遣使送寶鈔一百錠宴王。

九月癸未夜，王微行，遇人行路，杖之幾死。

丁亥，覆收州縣事審官人民土田。民二千三百六十户，奴婢一百三十七口田一萬九千七百九十八結，賜田一千二百二十七結，位田三百十五結。

戊子，王以公主不豫，數移御寺觀及私第。

丁未，公主薨，殯于延慶宮。遣元尹、任子松如元告喪，郎將李麟起告訃于營王。

十一月丁亥，營王遣使來弔公主喪。

十二月癸丑，元以授册皇太子，遣徽政院使失烈門來頒詔。

己未，元皇太后遣中使於佐不花來弔公主喪。

丙子，元遣使賜王海青。

**卷三五《忠肅王二》**　庚申七年春正月辛巳朔，元來告日當食，停賀正禮，百官素服以待不食。

癸未，乃行賀禮。

辛卯，遣揔部典書尹碩如元賀千秋節。

丁未，遣吉昌君權準如元賀聖節。

二月庚申，葬靖和公主。

丙寅，郎將玉純自元來，報帝崩，皇太子即位，是爲英宗，百官會哭于紫門。

戊辰，遣檢校評理秦良弼如元陳慰。

三月甲申，上王承皇太后懿旨，命刷宦者伯顏秃古思等六人所奪土田臧獲，歸其本主。

庚寅，遣評理金怡如元賀登極。

四月戊午，元帝以即位詔天下，遣禮部郎中忽刺出來頒詔。

庚申，宴元使。王醉，杖密直副使尹莘傑。

甲子，宴元使，王作詩，侍臣和進。連夜宴飲，耽樂無度，賜妓纏頭無算，由是府庫虚竭。

六月己巳，遣丹陽大君珣如元賀登極。

辛未，遣大護軍尹吉甫如元獻鶻。

七月癸巳，元以尊皇太后爲太皇太后詔天下，遣別里哥不花來頒詔。

丙午，遣贊成〔事〕金怡如元問上王起居。

八月庚戌，帝遣使來，求童女五十三，火者二十三。

九月戊寅，塑文宣王像，王出銀瓶三十以助其費，宰樞皆出幣助之。

癸卯，遼陽人來獻鷹犬馬。

冬十月丁巳，遣丹陽府注簿安軸，長興庫使崔瀣，司憲糾正李衍宗應擧于元。

十一月丁丑，以金利用都僉議政丞，吴潛爲贊成事，尹碩爲密直副使。

癸未，遣吉昌君權準如元賀正。

壬辰，遣大護軍鄭績如元獻童女。

十二月戊申，帝以學佛經爲名，流上王于吐蕃撒思結之地，去京師萬五千里。隨從宰相崔誠之等皆逃匿不見，唯直寶文閣朴仁幹、前大護軍張元祉等從至流所。遣政丞金利用如元進方物。

庚戌，遣張沆、尹莘系獻盤纏于上王。

乙卯，百官上書中書省，訟上王之冤。

辛酉八年春正月庚辰，元以改元至治，遣使頒詔。

癸未，遣永陽君李瑚如元賀聖節。

乙酉，遣陽城君李梴獻童女。

己亥，護軍李仁吉還自元，詔王入朝。

辛丑，元以加上太皇太后尊號詔天下，遣使頒詔。

甲辰，以金利用守僉議政丞，金怐判三司事，吴潛、朴虚中僉議贊成事，趙璉、金台鉉爲評理，金元祥爲政堂文學，朴侶、趙延壽爲三司使，白元恒爲密直使，秦良弼、韓渥知密直司事，尹碩、李伯謙同知密直司事，全英甫、柳有奇、任瑞爲密直副使。

三月，遣丹陽大君珣如元，賀改元、册太后。

四月癸亥，郎將金呂突入白王曰：「人打吾妻，願王治罪。」王曰：「以汝室家之故，敢告我耶。」流呂及妻于島。

丁卯，王如元，四更出自陽善門，百官不及拜辭。柳清臣、吴潛、元忠、韓渥、尹碩、柳有奇、安珪等從之。

壬申，令三司使金怐、密直使白元恒，密直副使尹碩、全英甫、大護軍李仁吉及監察讞部官杖權漢功、蔡洪哲，流于遠島。先是，上王之留元也，國家政事、倉庫出納一委親近，雖有過擧，然倉庫盈羨，人心畏服。自西幸以後，宦官左右謀改忠宣之政，放逐舊臣，倉庫俱竭。英甫弟僧山枳及吴佛老等付伯顏秃古思，蜂起扇亂。

五月甲午，前益城君洪瀹奉勑來求藏經紙。

辛丑，雨。遣密直任瑞如元獻鷂。

七月，上王至西蕃獨知里，寄書崔有渰、權溥、許有全、趙簡等云：「予以命數之奇，罹兹憂患。孑爾一身，跋涉萬五千里，向于吐蕃，辱我社稷多矣。寢不安枕，食不知味，想諸國老亦勞心焦思，罙增惶愧。國王年少無知，向之憚我群小輩必幸我如此，肆其奸巧，焉知不閒我父子乎。幸諸國老同心協力，敷奏于帝，俾予速還。」於是有全與閔漬等如元，請王還國。爲瀋王之黨所沮，竟不能達而還。

八月丁巳，大護軍孫琦賫金銀苧布如元獻王。

冬十月己亥，遣李彦冲如元賀正。

庚戌，以崔有渰爲大寧君，金台鉉判三司事，吴潛、朴虚中、趙璉僉議贊成事，趙延壽、金元祥爲三司使，白元恒、韓渥僉議評理，秦良弼知密直司事，全英甫知密直司事兼大司憲，任子松、李宜風同知密直司事，朴孝修、李彦忠、林仲沇爲密直副使，閔漬、裴挺守僉議政丞致仕，許有全、朴全之、尹珤、李瑚、閔宗儒、守僉議贊成事致仕，權謙、安文凱爲右左代言，崔之甫、慶斯萬爲右左副代言。

乙丑，奉安靖和公主真于順天寺。

十一月壬午，元以加上尊號遣使頒詔。上王寄書崔有渰、權溥、裴挺、李瑱、許有全、金賆、趙簡等曰：「予以十月六日到吐蕃撒思結，似聞帝許予還國。其言若實，公等無心爲念。不然，與柳清臣、吴潛議，以高王之於聖武，元王之於世皇，率先歸附，佐運樹功，先考忠烈王得尚公主，予於帝室亦有微勞之意，表請于帝，奏記丞相，俾予無久於此。」

十二月癸卯，元以册立皇后詔天下。

丁未，白元恒、朴孝修等會妙覺寺，上書中書省，乞還上王。

壬戌九年春正月，王在元，代言慶斯萬等托王命，請大寧君崔有渰以下群僚爲書，請王復位還國。書成，付瀋王者多，乃置書妙覺寺，使巡軍任松守之。斯萬等竊取其書，付金之鏡、趙石堅，直呈中書省。後瀋王傳寫其本，付河中、仁平以示宰執。

癸酉，帝遣使賜瀋王母安妃手帕。

戊寅，遣密直使任瑞，大護軍金資如元賀聖節。

二月壬戌，知密直司事林仲沇如元，賀册后。行至婆娑府，達魯花赤不給驛馬，不得入而還。

三月辛巳，元以王不奉行帝勑，遣翰林待制沙的等來訊。

夏四月丙午，沙的執員外郎阿都剌及式目都監録事李允緘、別駕徐允公以歸。

五月己丑，遣前僉議評理金怡如元，獻盤纏于上王。

閏月己酉，遣密直副使柳有奇如元獻鷂。

秋七月丙申朔，帝遣蔡河中賜安妃滿殿香，且求織紋苧布。

八月丙戌，前贊成事權漢功等欲請立瀋王暠，會百官慈雲寺，上書中書省。

己丑，漢功等復會慈雲寺，署呈省書，未半天，忽大雨雹。

九月乙未朔，漢功等又招百官署名，忽震電以雹，大如李梅。

乙卯，蔡河中賫織紋苧布如元。

戊寅，揔部典書朴之貞如元弔太皇太后喪。

十一月丁酉，遣僉議評理趙雲卿獻盤纏于上王。

十二月丙寅，以瀋王鈞旨，遣上護軍楊起、三司副使李謙如元賀正。

癸亥十年春正月，王在元。柳清臣、吴潛上書都省，請立省比内地，不從。

甲辰，贊成〔事〕朴虚中如元賀節日。濟州萬户林淑擅自離任，因于行省，宥復之任。

己酉，濟州人爲匿名書揭于市云：林淑甚貪婪，侵漁萬端，民不堪苦，今復之任，吾輩奚罪。又牓行省門曰：左右司郎中烏赤受淑賄賂。枉法，免放省府。若不推劾，吾等千人當訴于上省。於是罷林淑，以朴純仁代之。

壬子，驪興君閔漬、鷲洛君許有全、興寧君金賆如元請召還上王，崔誠之、李齊賢在元，獻書元郎中及丞相拜住，請召還上王。

二月戊子，帝命量移上王于朵思麻之地。

九月戊戌，式目録事沈文淑還自元，言前月癸亥，御史大夫鐵失弑帝于南坡。

丁巳，元中書省差遣明和尚來言：皇叔晉王即帝位，是爲泰定皇帝，大赦天下，召還上王。

冬十月丁卯，前正尹蔡河中賫織紋苧布如元。

戊辰，帝召還魏王阿木哥。

庚午，遣檢校評理梁許如元賀聖節。

甲戌，帝以即位遣直省舍人阿魯灰、速古赤蠻子等來頒詔，遣定安君琮、内府令金承用賀登極。

戊寅，德妃宴魏王于永安宫。

十二月辛酉，元以改元泰定，遣直省舍人交化的來頒詔。

甲子，遣萬户曹頔如元獻方物。安軸、趙廉、崔龍甲應擧于元。

乙酉，上王寄書宰樞曰：寡人於十一月十日到大都，十三日，利見至尊。猶念國王年少，昵比憸人，多行不義，卿等懷禄，無所匡救，焉用彼相。自今可小心輔國。

甲子十一年春正月，王在元。

甲寅，帝勑王還國，復賜國王印章。

丙辰，帝流孛剌太子于我大青島。

二月丁卯，大護軍張公允賫批目還自元。

丁丑，吉昌君權準如元賀改元。

壬午，以前三司使金元祥、趙延壽貳於瀋王，並下巡軍，籍没其家，杖流于島。

三月乙卯，上王械送伍尉方連，官者方元，囚于巡軍。上王之在吐蕃也，連、元兄弟苦其久從艱險，欲弑之而逃還。中夜火行幄，事覺。

四月辛未，中書省差官脱脱帖木兒來鞫延德大君奸事。帝命赦金元祥、趙延壽。

五月壬辰，脱脱帖木兒還，政丞崔有渰率百官軍民附書呈中書省，曰：「小邦始自太祖聖武皇帝草創之際，我忠憲王首先附屬，歲修朝聘，依本分，出氣力。至忠敬王，躬親赴闕，令王京去水就陸，以至忠烈王、老瀋王及今國王，欽蒙累朝聖旨，釐降公主，世爲駙馬。優承恩睠，海隅小民，眠食無虞。乃於至治元年四月，國王赴闕朝見，有本國奸臣等捏合虚辭，冒告朝廷。因此折鐙遷延未還，纔於今年正月内，欽蒙聖恩，復襲王爵，依舊行事。闔國臣民，不勝懽忭。不期奸臣罔有悛心，依前説謊捏告，致有省院臺差來官，前來審問，備知虚僞。某等伏慮小邦鄰接日本，極邊重地，相離中原四千里，久曠無主。儻有不測之變，無所啓禀，利害非輕，以此某等日夜爲懼，未得寧心。若蒙聞奏天聰，將説謊人等嚴加禁治，回送本國，毋令再行捏告，令國王早還本國，安撫百姓，似望讒慝杜絶，臣民獲安，幸甚。」

丁酉，帝以册皇后、皇太子詔天下，遣直省舍人禿魯不花來頒詔。

六月戊午，評理黄瑞如元賀册皇后、太子。

秋七月壬辰，元遣闊闊出來求童女。

八月戊午，王娶魏王阿木哥女金童公主。

九月庚申，三司使尹莘傑如元賀聖節。

冬十二月甲寅，政丞崔有渰如元賀正。

乙丑十二年春正月，王在元。

辛亥，僉議評理致仕鄭僐卒。

閏月庚申，上王以朝廷寢立省之議，遣人祭告高慶二陵。

甲戌，元遣直省舍人塔不歹、舍兒別赤、伯顔帖木兒來頒赦。

五月辛酉，王及公主至自元，山棚結彩，陳雜戲獻歌謡以迎。是日，上王薨于燕邸。

秋七月癸酉，雞林府院君王煦、密直副使李凌幹等奉上王(梓)〔梓〕宫至自元，百官玄冠素服郊迎，殯于淑妃宫。

八月壬辰，王與公主幸漢陽，張氈幕於富原龍山高阜望海處而御之。

癸卯，以公主彌月宥二罪以下。

冬十月戊子，遣揔部典書李光時如元賀聖節。

丁酉，公主薨于龍山行宫。

丙午，遣右代言李揆如元告公主喪。

十一月乙卯，公主之喪至自龍山。

十二月癸未，元中書省移牒曰：「自成吉思皇帝以來，出氣力有功者，抄録史策以進。」從國史院之奏也。

四月乙未，元遣左司郎中脱必歹賜王寶鈔一百錠，宣醖二十壺，弔慰兼致奠公主。

戊辰十五年春二月丁巳，遣世子禎如元宿衛，又遣左常侍尹莘傑獻童女。

四月乙未，元以改元致和，遣闍里帖木兒來頒詔。

戊戌，郎將李自成還自元，言帝封我化平君金深女達麻實里爲皇后。先是，深女爲仁宗皇帝偏妃。

六月戊申，遣密直副使李揆如元賀改元。

秋七月己巳，帝遣平章政事買驢、舍人亦忒迷失不花等來，興禮君朴仲仁及曹頔、趙雲卿、上護軍高子英等從之，皆瀋王之黨也。時柳清臣、吳潛詣中書省，誣王盲聾喑啞，不親政事，遂訴云：「上王奏仁宗皇帝，以燾爲高麗王，以暠爲世子，已有定命。至英宗時，燾與伯顔秃古思謀，令金怡説上王，奪暠世子印，又奪上王所賜暠田宅及陪臣清臣、潜等百四十人田宅等事。」於是，帝遣買驢來質問，王辭疾不迎，買驢意王實聾啞，徑詣王宫，宣詔詰問。王對曰：「世祖皇帝賜我父王高麗王世子印，武宗皇帝授父王瀋王爵。未幾，襲封高麗王。洪重喜來曰『一身上不宜兼綰兩王印。』奏于帝，命我爲高麗王。延祐三年，我朝京師，父王授我世子印，謂曰：『世祖皇帝賜此印曰：「(侍)〔待〕胤子長，傳與之。」』今黨暠者言父王聽金怡説以印與我，然仁宗賓天二年，父王竄吐蕃時，予在國，何暇與伯顔秃古思謀。且印乃延祐三年所授，而言英宗時所與，其言謬妄，但使吾父子相夷耳。我父王以世祖外甥，又有累朝佐命之功，重喜尚曰『一身不可兼兩王』，况暠有何功。既爲瀋王，又要高麗世子印耶。父王田宅已與暠者，曾蒙帝旨，孰敢違異。但懿州所置廨典庫、店鋪，江南土田，父王所與，文契俱在。營城、宣城兩掃里，世祖爲高麗王朝見往來供給，許置之，子不得傳之於父，而他人有之，豈其理也。又清臣等田地皆奪他人所有，非其傳於祖父者，令有司考其文契，還與舊主耳。」買驢見王禮容嚴肅，言辭有敍，曰：「帝所以命臣來者，察王疾也。以今所見，向者之訴皆誣也。」於是皡等惶懼無言。時上國使臣絡繹而來，王皆不接見。使臣陵辱宰相，擅作威福，多納賄賂，荒淫聲色，淹留旬月，買驢疾其所爲，並督令還歸。

辛未，元遣不家奴來求童女。

乙亥，下政丞尹碩于巡軍獄，杖之。

丙子，買驢、亦忒迷失不花還，王遣崔安道于平壤，餽金銀、綾羅、苧布，買驢不受。

壬午，遣護軍尹桓如元獻苧布及紙。

是月，泰定皇帝崩。

八月乙卯，幸平州，下瀋王黨趙湜、金温，權賀，田宏等于巡軍，流之。

丙辰，貶樂安君金之謙爲寧海府使，流判事金千鎰于田里。

九月壬申，武宗皇帝次子懷王即皇帝位于上都，是爲文宗，遣使來，告改元天曆，赦天下。左散騎常侍尹莘係還自元，元欲徵兵本國，令莘係同洪伯顔不花賫文牒以歸。莘係還國，匿不見。

十二月庚寅，遣監察大夫李凌幹如元，賀即位改元，海平府院君尹碩賀正。

壬寅，遣密直使金承用如元賀聖節。

己巳十六年春正月己未，瀋王公主訥倫之喪至自元。

丁亥，元遣崇祥院揔管府判洪明理、和尚來頒赦。

三月甲戌，金承用還自元，道卒。

庚辰，帝召還孛剌太子。

夏四月，帝讓位周王，周王即皇帝位，是爲明宗，以文宗爲皇太子。

庚寅，葬訥倫公主，翼日，盜發其墓。

五月戊午，帝遣洪末的里、廉悌臣賜王衣酒，又召還金之謙、金温、趙湜。

丁丑，遣朴之環如元，獻文苧布。

六月庚戌，高興府院君柳清臣死于元。

八月，帝崩，皇太子復位，赦天下。

九月，前忠州牧使金用卿從瀋王留于元，其妻私義女壻别將王之祐，監察司鞫問，俱服。

辛未，元帝以即位，遣直省舍人完者，省委(官)文伯顔不花來頒詔。王在白州，病不出迎。

壬申，完者詰問其由，鄭方吉以實對，王猶憂懼，完者遣忽赤，閔子明謂王曰：「上國稱高麗多過失，今宜先賀登極。」王喜曰：「使臣右我，復何憂。」

冬十月丁亥，完者、文伯顔不花、洪末的等見王于白州藤巖寺，左右皆匿，完者等直入臥内，王慰諭之。

己亥，遣定安君琮如元，賀帝復位。

庚戌，又遣金之鏡請傳位世子禎。

庚午十七年春二月壬午朔，元策世子禎爲王，遣客省副使七十堅來取國璽。

秋閏七月甲申，王如元。

壬申後元年正月以前入忠惠二年春二月甲子，元遣留守寶守前、理問郎中蔣伯祥等來，命王復位。王以蔡洪哲、林仲沇爲贊成事，尹莘傑爲評理，金資、金仁沇爲密直使，曹頔、閔祥正知密直事，又令伯祥、仲沇攝行征東省事。

戊辰，王遣閔祥正、趙炎輝下前王嬖幸政丞尹碩、宰相孫琦、金之鏡、上護軍裴佺、吴子淳、康庶、朴連、代言李君侅、尹桓、大護軍丘天佑、護軍崔安壽、金天祐、郎將盧英瑞于巡軍。

三月庚午，伯祥囚判事權適、上護軍金鋭于巡軍。

壬申，又囚奉翊尹佺知、申事尹之賢、前大司成高用賢、大護軍洪瑞、尹之彪、金上璘、梁宣，前内府令桓允佺、護軍金鏡、韓不花，中郎將宋明理、梁和尚、林仲甫。

癸酉，遼陽使者以崔安道及護軍孫遠辭連朱帖木兒不花，執之以歸。中書省亦遣其掾任志搜檢軍器，因前日之誣訴也。

乙亥，杖金天佑、丘天佑、崔安壽、孫琦、尹桓、梁宣、金鋭、吴子淳、洪瑞、尹之彪、桓允佺、盧英瑞、金鏡等，追奪職牒，并權適、韓不花流于海島。

夏五月癸未，元遣客省太史都赤來，囚伯祥、仁守、祥正、炎輝于行省，釋尹碩、之賢、康庶、裴佺、朴連、尹吉甫，召還配島孫琦等二十餘人。

乙酉，百官以書訴伯祥不法于都赤。

丙戌，都赤執伯祥以歸。

秋八月，帝崩。

冬十月，明宗次子鄜王即皇帝位，是爲寧宗。

十二月，帝崩，年七歲。

癸酉二年春正月，王在元。

三月，右丞相燕帖木兒奏于皇太后、皇太子曰：高麗隣于倭境，今其王久在都下，請令還國。制可。時文宗、寧宗相繼而崩，皇太子未即位，王以文宗舊臣，不忍遽還，遷延不發，朝廷督之。

閏月丁酉，王與公主發京，是爲慶華公主。皇太子遣院使阿也赤餞之，千官出餞者頗多。

庚子，王至通州，太子又遣集賢學士舍羅八餞之。

夏四月丁卯，王至臨江卯山寨，瀋王暠來謁行宫，遂從王東還。

丁亥，王至平壤府，謁御容殿，權省丹陽大君王珦及贊成事曹頔、密直使鄭頎奉國印上謁。

己丑，幸大同江，張水戲，慰瀋王。晚御樓船，自浮碧樓沿流而下，歌吹聞于十里。

六月，妥懽帖睦爾即皇帝位，是爲順帝。遣密直金資等如元賀即位。

戊子，帝以即位遣都兒赤來頒詔，王率百官出迎於郊。王宴使臣，懽甚，賦絶句，命文臣和進。

乙亥四年夏秋七月丁亥，大雨。元以册皇后，遣直省舍人月魯博兒來頒詔。元斷事官教化哥里厮哥來，斬御香使塔思不花，梟首于市，籍其家，因其妻及黨惡護軍宋允時、中郎將許瑞於行省，人大悦。

八月辛亥，元遣舍兒八赤伯顔不花來，詔王曰：「慎簡庶僚，各供爾位，一遵世祖皇帝聖訓，祗率舊章，整治邦家。」

己未，幸海州。初王欲游獵海州，憚朝議未果。御香使金信，本國人，希旨，口宣聖旨云：「祝壽于海州神光寺」，乃托以行。

乙丑，納前左常侍權衡女，册爲壽妃。

冬十月己巳，王聞元使黑厮來。

庚午，還自海州，至國清寺。王性厭人，左右不得近。忽赤、李敍慮王獨行，從其後，王怒罪之。翌日昧爽，百官會迎賓館迎詔，始知車駕先至，驚惶行禮，王使人逐之，百官皆走匿，王之忌人如此。俄而元使至，王聽詔於行省，還幸國清寺。

甲戌，復幸海州。

十一月丙午，王以夢改諱燾爲卍，典理司貼牓喻人。

十二月辛酉，葬順妃，元遣完者來會葬。

己巳，元以改元至元，遣使來頒詔。

戊寅，遣姜好禮、鄭天佐如元賀正。

閏月甲午，元遣使詔王入朝。

乙巳，至自海州。

丙午，上護軍安士由還自元，以前王悔過白王，王泣下。

丙子五年春正月丙辰，賜南宫敏等及第。

乙亥，遣贊成事閔祥正如元賀改元。

二月戊寅朔，立公主府曰慶華，置官屬。

三月丙辰，王將如元，發海州。時王不欲入朝，久留西京。

冬十月壬辰，辛彦卿還自元，曰：「漢人盧康忠、王諠、王榮等十二人訴王之罪，謀欲除國，夷爲軍民，王宜急入覲。」

十二月辛卯，王渡鴨緑江，帝以前王不謹，遣還國。

丁丑六年春正月，王在元。

夏五月己酉，贊成事元忠卒。

庚戌，帝勅：「漢南、高麗人不得虚藏軍器，執把弓箭。除官員存留馬匹外，其餘盡行拘刷。」於是百官皆不視事。

戊午，征東省據世祖皇帝不改土風之詔，奏聞于帝，請令百官騎馬。

七月壬寅，樞密院遣人索鴉鶻。

八月丙子，前王率群小獵于東郊。

庚辰，典理判書李謙如元賀册太皇太后。

九月甲子，前王率群小數微行街里。會夜，司宰副令李平遇諸沙峴，意謂群小，擊傷王臂，仆地。

十月乙未，前王獵于東郊。

十一月丙寅，遣開城尹高允温如元賀正。

十二月壬申，流趙得球於靈興島。得球爲前王近幸，全以財利獻計。

癸酉，帝命勿收兵器，許騎馬。是月，王至自元。

戊寅七年七月甲寅，元遣失里迷詔册皇后，且求宦者、童女及馬。失里迷到金郊驛，聞王在白州藤巖寺，不入城。宰相遣上護軍金思議饋羊酒，不受，曰：「王若不迎，吾當不入城。」宰相遣人以聞。王先知之，禁，故不得白。

乙卯，失里迷入城，以王不迎詔責問。政丞權漢功、贊成事閔祥正、趙瑋等以王有疾對。

丙辰，元遣使來求佛經紙。

八月癸亥，宰樞以金二丁賄失里迷，不受。

乙丑，失里迷詣藤巖寺見王，王辭以浴，良久乃見。失里迷責王不迎詔，欲取招狀，王對以不知，不肯承，又待之不禮，失里迷怒，退宿白州。翌日，王命贊成事高謙宴慰之。

乙亥，王餽失里迷鈔三百錠，宰樞亦贈銀綾、苧、虎、豹、熊皮。

己卯八年春三月癸未，王薨于寢殿。在位前後二十五年，壽四十六。性嚴毅沉重，聰明善屬文，工隷書，又性好潔，一月湯浴之費諸香十餘盆，苧布不下六十餘匹，名曰「手巾」，多爲内竪所竊，王不之知。忠惠王後五年十二月，元贈謚「忠肅」，恭愍王六年閏九月，加上尊號曰「懿孝」。

**卷三六《忠惠王》** 忠惠獻孝大王諱禎，蒙古諱普塔失里，忠肅王長子，母曰明德太后洪氏。忠肅王二年乙卯正月丁卯生，十五年二月以世子如元宿衛，十六年十月，忠肅王奏請傳位。

十七年二月壬午朔，帝命典瑞院使阿魯委、頭曼台、客省太史九住策王，曰：「世篤忠貞，足任人民之寄；家興仁讓，宜膺爵土之傳。庸非其人，胡能立國。咨爾高麗國世子王禎，肇由懿戚，獲建鴻名，奕葉相仍，奉聲教而彌謹；歷年滋久，守臣節而靡虧。兹因乃父之求閑，爰承正系之攸屬。於戲，藩維宗社，毋忘爾先世之忠，帶礪山河，永固我大邦之慶，勉修令德，丕集繁禧，可特授開府儀同三司，征東行中書省左丞相，上柱國，高麗國王。」遂遣客省副使七十堅來取國王印。

癸巳，西河君任子松、萬户權謙等從七十堅賫國印如元。

丁未，帝御奎章閣，授王國印。王命政丞致仕金台鉉權征東行省事。

己酉，王與右丞相燕帖木兒放鷹于柳林。

三月，王委機務於嬖臣裴佺、朱柱等，日與内竪爲角力戲，無上下禮。由是君子見斥，直言不得進。起居注李湛白王曰：「君舉不可不慎，一動一静，左右書之。」王曰：「書者誰歟。」湛曰：「史臣之職也。」王曰：「書我過失者，皆書生也。」王本不好儒，由是益惡之。

丁巳，大護軍崔成等賫白苧布、虎豹皮如元獻王。

戊寅，王尚闊西王焦八長女，是爲德寧公主。宣徽院宴王及公主於燕帖木兒第。

夏四月壬午朔，護軍趙得圭如元，白王曰：上王囚權省金台鉉及尹碩、元忠等？以鄭方吉權行省事。

甲午，王獻白馬八十一匹，帝御興聖殿，會諸王、駙馬，置酒，勑王以屬序坐。

戊戌，王宴闊西王。上王遣張沆如元請太醫，仍以書諭王曰：「聞俗儒有冒進者，王其勿用。」

癸卯，王享右丞相燕帖木兒于其第，酒半，丞相起舞，王亦起舞，獻酬劇飲。

五月己未，帝命王之國。

壬戌，以代言李君侅、前掌令安牧、成均丞鄭頩、都官佐郎鄭世忠掌銓注，賜從臣爵，嬖幸冒濫者頗多。

乙丑，帝御大明殿受尊號，改元至順，大赦天下。王就駙馬之列以賀，翰林學士闊闊歹獻王玉帶。

乙亥，帝幸上都。

丙子，王從至龍虎臺，拜辭。帝賜衣慰諭。

秋七月丁巳，元流明宗太子妥懽帖睦爾于我大青島，年十一歲。

閏月戊子，郎將金天祐還自元，言朝廷據前征東行省左右司郎中蠻人蔣伯祥狀，議於東國將置行省。

庚寅，王寄書太師右丞相曰：禎專荷洪造，尚主受封，今已就國。天地父母，恩何報謝。竊聞前行省左右司郎中蔣伯祥上告都堂，欲於小邦立省置官，變更國俗，上下無不驚惶。況予東來，坐席未暖，遽聞此事，安得無恐。切念小邦臣服聖朝，歲修職貢，百有餘年，未嘗小懈。歲戊寅，太祖聖武皇帝應天奮擧之初，有亡遼遺種金山王子驅掠中原，陸梁東土，略無歸順之意，妄有興復之謀。朝廷命哈真、扎剌以討其罪，天寒雪深，粮道不繼，我五代祖忠憲王遣趙冲、金就礪助兵餽餉，協力攻破。於是，兩元帥聞奏朝廷，與冲等結兄弟之盟，世世子孫無忘今日。歲己未，世祖皇帝回軍江南，我四代祖忠敬王率群臣跋涉六千餘里，迎拜於梁楚之地。世祖大加褒賞，即降聖訓：「不改國俗，依舊管領。」中統元年，詔諭安南國，有曰：「本國風俗一依舊制，不須更改。況高麗比遣使來請，已經下詔，悉依此例。」至元三年，賜日本國書有曰：「朕即位之初，以高麗無辜之民久瘁鋒鏑，即令罷兵，還其疆域。反其旄倪，高麗感戴來朝，義雖君臣，懽若父子。計王之君臣亦已知之。高麗，朕之東藩也。」其後我三代祖忠烈王入侍輦下，釐降帝女，世叨甥舅之親。當其立諸處行省，獨於小邦不設，後因征日本，雖有名額，不拘常選。大德末，我祖太尉王佐仁宗皇帝平定内亂，行至央骨迎立武宗皇帝，爲定策一等功臣。時有遼陽人重喜請立省小邦，天心赫怒，杖重喜流遠。方今伯祥挾恨飾辭，謀欲覆我宗國，不畏累朝聖訓，朝廷若從其説，小邦所以首先歸服，歲修職貢，不敢自以爲功，其於累朝存恤之意何？其賜日本、安南之詔何？又念小邦黑誌之地，山川、林藪、土石磽薄，税地賦民不周於用，地遠民愚，言語趨舍，婚姻風俗不同中國，若其聞此，必皆惶懼。伏望大丞相閤下無納巧言，導開天意，許土風之不改，令祖業以相安，則豈惟山澤之民皆懷聖德，抑亦宗祧之鬼，益感至仁。」遂寢立省議。上王將如元，至黄州，王道上胡跪迎謁，上王曰：汝之父母皆高麗也，何見我行胡禮。且衣冠太侈，何以示人，可速更衣。訓戒嚴厲，王涕泣而出。

丙午，王及公主還自元，入御延慶宮。帝遣翰林學士阿塔歹、户部郎中禿憐，宣使孟士泰護行而來。

八月丙辰，王即位於康安殿。

戊午，赦。

辛酉，遣上護軍朱柱如元，賀加上尊號。

九月己卯，幸王輪、乾聖二寺。

壬寅，王如見州謁德妃。

冬十月甲子，遣僉議評理李凌幹如元賀改元，謝釐降公主。

十二月乙卯，遣上護軍朱柱如元賀正。

辛未元年春正月乙酉，元遣郎中摩合冒鏁南來頒赦。

丁亥，王宴元使。

四月庚寅，以五道人民流入雙城、女真、遼陽、瀋陽等處，表請刷還，曰：天本無私，雖高即聽，人如有告，所欲必從，故罄卑情，莫回大度，欽惟世祖，偏恤我邦，高曾繼以親朝，適此一千年際，父子因而入覲，于今七十歲餘。緊當時凡所奏陳，自先代悉皆俞允。欽蒙世祖皇帝，元降聖旨，自己未年二月已後，被擄逃來人等，凡有司刷會見數，悉令歸國。至至元二十一年，又降聖旨如前。本國以此，累次差官，前去遼陽、瀋陽等處，欲行分揀。所在官司濫稱軍户，或稱農氓，沮遏不刷者久矣。而又比年閒，本國州縣當役人民，并官寺私奴婢人口，逃往遼陽、瀋陽、雙城、女真等處，影避差役，散漫住坐，雖或差人前去，將欲推刷，所轄官司并頭目人，擅自挾帶，當欄不與，甚爲未便。矧今特降聖旨云：「元附籍册人民，水土文字，有的人每根底奴婢，不揀是誰，休争者麽道。」前後制勅，一皆如此。然彼處人等久爲淵藪，仍要堤防，更依累降之明文，欲行分揀。第恐罔悛其固執，不使發還。伏望皇帝陛下，紀臣翊戴之世功，察彼挾持之户計，命馳使節，刷復民編。則臣謹當樂與群黎，益飽包荒之德，勉供獒賦，永酬字小之恩。

八月丁卯，元遣宦者洪大不花來求童女。

九月，西北普賽因遣使來獻土物。元遣文伯顔不花來頒赦，王出迎。

丙申，命修「忠敬王實録」。

丙寅，幸壽康宮。

十一月壬申朔，日食。

辛丑，遣贊成事元忠如元賀正。

十二月甲寅，元遣樞密院使尹受困，中丞厥干等，召還妥懽帖睦爾太子。王遣護軍曹益清，奉迎于大青島。

壬申二年二月以後入忠肅後元年春正月庚辰，遼陽省遣人來索朱帖木兒，趙高伊。先是二人誣譖于帝曰：「遼陽與高麗謀，欲奉妥懽太子叛。」已而來奔。

二月甲子，元遣留守寶守、前理問郎中蔣伯祥等來，王郊迎。伯祥傳聖旨云：「已於正月三日，命上王復位，」王及左右皆失色，伯祥收國璽，封諸庫，王遂如元。初王以世子入朝，丞相燕帖木兒見之大悦，視猶己子。因忠肅辭位，奏帝錫王命。時太保伯顏惡燕帖木兒專權，待王不禮。及忠肅復位，燕帖木兒已死，伯顏待王益薄。王與燕帖木兒子弟及回骨少年輩，飲酒爲謔，因愛一回骨婦人，或不上宿衛，伯顏益惡之，目曰「撥皮」。奏帝云：「王禎素無行，恐累宿衛。宜送乃父所，使教義方。」制可。忠肅王後五年，帝遣王還國，八年三月癸未，忠肅王薨，忠肅常呼王曰「撥皮」，待之少恩，然遺命襲位。由是，行省左右司轉達中書省，王亦遣前評理李揆等，求襲位，而伯顏爲太師，寢不奏，且言：「王燾本非好人，且有疾宜死矣。撥皮雖嫡長，亦不必復爲王。唯暠可王。」揆等百計請之，不得。

夏四月戊午，王遣三司右尹金永煦如元獻畫佛。

五月乙丑，王與公主移御萬户印承旦第。

辛未，王聞宦者劉成妻印氏美，率丘天祐、康允忠幸其家，命成進酒。既而成白王曰：「殿下明日當復位，宜存撫百姓，毋惜賞賚。」王意在挑其妻，成不知，反以爲王以誠眷我，進退惟謹，左右竊笑。

丙子，王遣大護軍孫守卿、全允臧賫金銀及大頂兒如元，賂執事者，求復位。大頂兒乃仁宗皇帝賜德陵者也。

戊寅，王宴慶華公主于永安宫。大護軍韓不花還自元，傳李揆言曰：「丞相固執如初，他省官雖欲申覆，固無可假以爲辭者。若有本國耆老上疏陳請，則庶可因以圖之」。王命耆老宰樞會議。

六月壬辰，耆老權溥等上書行省曰：「藩翰之寄，難以久虛，蒭蕘之言，或有可採。事係安危，理宜詳審。小邦自開國以來，四百二十二年，而王氏子孫相繼以牧斯民者，二十有八代矣。太祖聖武皇帝應天奮起，我忠憲王首先内附，修其職貢。歲戊寅，有契丹遺種金山王子者，妄圖興復，陸梁肆毒，驅掠人民，東入海島，太祖遣哈真扎臘討之。時方雨雪，粮道不繼，忠憲王命趙沖、金就礪轉餉濟師，左提右挈，卒擒滅之。兩元帥與趙沖等指天日以同盟，分俘虜而爲信。此則小邦盡力於太祖者也。憲宗皇帝南征而晏駕，阿里孛哥構患於朔方，世祖皇帝班師襄陽，我忠敬王跋涉山川，蒙犯霜露，拜於梁楚之郊。於是，天下覩遠人之自服，知天命之有歸。此則小邦盡力於世祖者也。世祖感誠念功，下詔云：苟裕民而治國，當適便以從宜。尚體朕懷，綏爰有衆。其諭安南國詔，「若曰「本國衣冠風俗，一依本國舊例。高麗遣使來請，已經下詔，悉依此例。」賜日本國書，若曰：「初以高麗無辜之民，久瘁鋒鏑，即令罷兵，還其疆域，反其旄倪。高麗君臣感戴來朝，義雖君臣，歡若父子。計王之君臣，亦已知之。」褒奬小邦，誇示諸國，光寵至矣。繼以帝女齊國大長公主，嬪于忠烈王，誕得一子，即太尉王。年十六，入侍天庭，册爲世子，詔曰：嗣惟汝嫡，親是我甥，世爲藩輔。前王禎即太尉王之嫡孫，小邦之人，歸心屬望。先王燾於本年三月，不幸即世，遺書云：「宜以長子前王禎聞奏襲位。」已蒙省府，申告朝廷，計日數程，尚稽明降。山澤無恒之俗，不可不係其心，海倭未服之隣，不可不虞其變。三月無君，遑遑如也，聖賢之訓，豈徒然哉。溥等獲蒙皇元之澤，以至白首之年，情有所懷，安敢隱忍。心欲馳赴闕庭，仰陳事體，齒衰力薄，末由自致。伏望念小邦事大之功，愍黎老願忠之志，給其傳遞，俾以敷奏。儻紓如綍之俞音，早定分茅之世業，豈惟小邦之慶賴，實亦世祖綏遠字小之意。行省以其書轉達中書省。

七月甲子，王宴慶華公主于永安宫。

丁卯，又宴。

八月辛卯，元遣使索耽羅酥油。

甲午，慶華公主邀王宴，及酒罷，王佯醉不出，暮入公主臥内烝焉。

庚戌，夜，曹頔等襲王宫，衛士射殺之，尸于巡軍南橋下。

九月，義、静二州之人聞國亂，渡江而去者甚衆。

丁卯，地震。征東省員外韓帖木兒不花、前贊成事金仁沇、前郎將盧英瑞如元，請王襲位。

冬十一月丙辰，元遣中書省斷事官頭麟、直省舍人九通來，王迎于宣義門外。頭麟等先至慶華公主宫進御酒，遂往王邸，授傳國印，王拜受。

癸亥，頭麟以帝命使樂安君金之謙、前僉議評理金資權管國事。

丙寅，頭麟等執王及洪彬、韓帖木兒不花、趙雲卿、黄謙、白文學、王伯、朱柱、趙炎輝、李安、韓昇、張巨才、裴成景以歸，蓋因頔黨之訴也。

辛巳，慶華公主囚贊成事鄭天起于征東省。

癸未，德寧公主釋鄭天起，匿之宫中。

十二月戊子，慶華公主命金之謙權征東省，金資提調都僉議司事。

庚寅，遣辛伯、金逸逢如元賀正。

庚辰後元年春正月辛未，元囚王于刑部。又繫金仁沇、金倫、韓宗愈、洪彬、李蒙哥、李儼、盧英瑞、安千吉、孫守卿、尹元佑、南宮信于獄，命中書省、樞密院、御史臺、翰林院、宗正府雜問之。

二月丙戌，元流孛蘭奚大王于耽羅。

三月甲子，蔡河中自元來，言脱脱大夫奏于帝，釋王復位。

丙寅，元遣宦者普賢來求佛經，以聖旨召院使楊安吉、少府尹趙興門押倭如元。

戊寅，遣奇轍、權適如元賀聖節。

夏四月乙酉，壽妃卒。王在元，以韓渥爲右政丞，尹碩爲左政丞。

癸巳，元遣都府經歷忽都來告，安置伯顔于陽春縣，以馬札兒台爲丞相，赦天下。王還自元。元封奇氏爲第二皇后。以李兆年爲政堂文學。

辛巳二年春二月庚寅，元以改元至正遣使來頒詔。

戊戌，王宴元使。

五月癸酉，元遣使召王弟江陵大君祺入朝。政丞蔡河中、前僉議評理孫琦、朴仁幹等三十餘人從之。

閏月甲午，玄孝道欲鴆王，事覺伏誅。

秋七月丙子，大都商人來言：「海賊三十餘艘，著青黄衣，鳴鑼擊鼓，截海殺掠人物。」

八月癸亥，元遣使來問海賊事，仍令本國備軍須。

十月丁巳，王宴元使。

壬午三年春二月庚戌，遣雞林郡公王煦如元，請大行王謚。

三月辛巳，元遣大卿終骨賫浮車十五、鈔三千錠、段子百匹來，王出迎于迎賓館。

壬午，幸延慶宮宴元使。

辛卯，遣政丞李凌幹如元賀聖節。

丙申，遣南宫信賫布二萬匹，及金銀鈔市于幽燕。

五月丙申，頒禄内竪以不支禄訴之王，使護軍承信縛提調郭之保、黄和尚，杖於宫門，以承信代之。

六月己未，元遣高龍普、帖木兒不花等來迎奇皇后母李氏，王迎龍普等于郊。

戊辰，王宴高龍普于延慶宮。

七月甲午，王宴帖木兒不花于花園。

八月辛丑，幸皇后母李氏第，設餞宴。

癸未四年春三月辛未，王召富人大護軍林檜、前護軍尹莊等十餘人，授内庫貨如元販賣。

己卯，夜幸宰臣裴佺第，淫其妻及其弟金珸妻，時佺在元。遣益城君洪鐸如元賀聖節。

四月甲辰，幸奇皇后母李氏第，置酒。

五月壬午，元遣直省舍人實德來索宋遼金三國事蹟。

癸未，幸延慶宮，宴元使。

辛卯，公主移御延慶宮，王置酒慰之，夜觀角觝戲。

秋七月辛未，元使實德道見造成都監，牓文有曰：「納木石不及期者，徵布配島」，乃取歸館，謂政丞蔡河中曰：「爲人君者，當使民以時，今役民妨農，此邦之民，其何以生。吾將奏于帝。」河中以告，王大怒曰：「此必伴接人所誘也。」河中對曰：「臣願殿下無輕怒，人君不可輕，殿下平日小事即振聖威，固非人主所宜爲也。」王使河中等請之，實德不聽。令其所親固請，乃止。有白王者曰：「訴實德者，前判閣崔大雨也。」王召入内，批頰流血。

八月庚子，元使監丞吾羅古請享王，王曰：「今日須往妙蓮寺爲樂。」吾羅古先至候之，王率二宫人及晡乃至，登寺北峯張樂，天台宗僧中照起(舜)〔舞〕，王悦，命宫人對舞，王亦起舞，又命左右皆舞，或作處容戲。李芸、曹益清、奇轍等在元，上書中書省，極言王貪淫不道，請立省以安百姓。初，芸兄儼與僧波哥景有隙，波哥景譖王曰：「儼常叱臣，以爲汝王何等人，吾不畏也。」王怒，命囚儼奴，儼見於王，欲自明。王歐之，儼厲聲曰：「王何辱我。王之初立，伊誰之功。」王雖激怒於波哥景，實惡芸也。

乙巳，元遣太監朴帖木兒不花來索童女。

九月丙戌，夜以商賈賫内帑入元行販，並授將軍。

庚寅夜，惡小鳳骨等三人詐稱大家，入注簿孔甫家，奸其妻，行省執殺之。

己亥，王畋于伯顔平，三日乃還。

十月壬戌，元遣資政院使高龍普、大監朴帖木兒不花賜王衣酒，王出迎。

十一月丙寅，王與高龍普御市街樓觀擊毬及角觝戲，賜勇士布無算。

壬午，元遣乃住等八人來，稱索鞍轎。

甲申，托以告郊頒赦，遣大卿朵赤、郎中別失哥等六人來，王欲托疾不迎，龍普曰：「帝常謂王不敬，若不出迎，帝疑滋甚。」王率百官朝服郊迎，聽詔于征東省。朵赤、乃住等蹴王縛之，王急呼「高院使」，龍普叱之，使者皆拔刃，執侍從群小，百官皆走匿。左右司郎中金永煦、萬户姜好禮、密直副使崔安祐、鷹揚軍金善莊等中槊，持平盧俊卿及勇士二人被殺，中刀槊者甚多。辛裔伏兵禦外以助之。朵赤等即掖王載一馬馳去，王請小留，朵赤等拔刃脅之。王悶甚索酒，有一嫗獻之，萬户權謙、羅英傑爲押領官，龍普與朴帖木兒不花及諸軍萬户李中敏、金珠慶、金上琦等執弓劍搜索勢家。朵赤等命龍普整治國事，德成府院君奇轍、理問洪彬權征東省。龍普遣人捕王之侍從群小朴良衍、林信、崔安義、金善、莊承信等十餘人，囚之。宋明理、趙成柱、尹元佑、韓暉、康贇等素與龍普善，故免。龍普與轍、彬、蔡河中等封内帑。

丁亥，放銀川翁主等宫人百二十六人。

己丑，高龍普還。

庚寅，王至肅州，索衾於州守安鈞。鈞不獻，告朵赤等曰：「王以貪淫得罪，又欲奪我衾，如何。」朵赤曰：「汝爲此州，誰使之耶。汝王怕寒索衾，汝不與，其於人臣之義何。」遂以鐵尺擊之，垂死。

壬辰，判密直司事朴仁幹卒于元。仁幹時爲元子師傅。

十二月乙未，遣漢陽君韓宗愈、判密直司事孫守卿如元進方物。

辛丑，前代言印璫以檻車載林信、朴良衍、林以道、南宫信、崔安義、金添壽、閔渙、王碩、承信等九人如元。

丁未，宰相及國老會議上書中書省，請赦王罪。

癸丑，帝以檻車流王于揭陽縣。諭王若曰：「爾王禎爲人，上而剥民已甚，雖以爾血啖天下之狗，猶爲不足。然朕不嗜殺，是用流爾揭陽。爾無我怨，往哉。」揭陽去燕京二萬餘里，元子使裴佺獻衣一襲，佺獻已即行，王使呼之則不及矣。無一人從行者，王手持衣袂而去。

甲申五年春正月，王在元。元以柳濯爲合浦萬户，舊萬户僉議商議楊之秀不肯受代，久而乃出，遊于道内，莫有問者。

戊辰，宰相會百官及國老，欲署名呈省書。國老多不至，事竟未就。王傳車疾驅，艱楚萬狀，未至揭陽，丙子，薨于岳陽縣。或云遇鴆，或云食橘而殂。國人聞之，莫有悲之者。小民至有欣躍，以爲復見更生之日。初宫中及道路歌曰：「阿也麻，古之那，從今去，何時來。」至是，人解之曰：岳陽亡，故之難。今日去，何時還。王在位前後六年，壽三十。六月癸酉，喪至，八月庚申，葬永陵。恭愍王六年閏九月癸亥，上尊謚曰「獻孝大王」，十六年正月丁亥，元賜謚曰「忠惠」。

**卷三七《忠穆王》** 忠穆顯孝大王諱昕，蒙古諱八思麻朵兒只，忠惠王長子，母曰「德寧公主」。忠肅王六年丁丑四月乙酉生，性聰慧，入元宿衛。忠惠王五年二月丁未，高龍普抱王以見帝，帝問曰：「汝學父乎，抑學母乎。」對曰：「願學母。」帝嘆其天性好善惡惡，遂令襲位。時王年八歲，下教戒國内臣僚，一革弊政，慰恤百姓。

乙卯，元遣不哥奴等來閲内廐馬。

壬申，遣僉議商議李蒨如元賀郊赦。

三月癸卯，鷄林郡公王煦、前典法判書崔文度如元賀聖節。

乙巳，元遣使來求苧布。

夏四月，政丞奇轍、萬户權謙、前揔郎盧永奉國璽詣行宫。

乙酉，王至自元。

丙戌，元遣桑哥來，頒詔曰：昔我祖宗，奄有萬方，外薄四海。于時高麗慕義效順，用建東國，傳之子孫，世守藩輔，不謂近者高麗國王寶塔實里肆爲無道，荼毒境内，民不堪命，來訴京師。今正厥罰，遷之嶺表。然念自其先世事我列聖，罔有二心，一朝後嗣，不克繼承，遂失世爵，在朕奚忍。又念海隅蒼生，皆朕赤子，久罹塗炭，良切予懷。乃命其子八禿麻朵兒只，仍襲征東行省左丞相、高麗國王。布朕德澤，輯寧吾民。其寶塔實里所行虐政，並從釐革。人民逃避山林，亟令有司剋日招撫，勸農興學。凡合整治事宜，悉遵成制。俾爾有衆，各保生業，共兹昇平之樂，豈不偉哉。其或荒棄朕命，邦有常憲，寧不知懼。是日，王宴桑哥，用女樂，百官侍坐，皆簪花，名曰「君臣慶會宴。」

五月甲午，元遣李庥、秦瑾來，册王曰：東方有國，盖數百年，北面歸朝，已三四世，不謂人倫之多變，致煩天討之屢加，顧惟甥舅之親，重以君臣之義，用明保夫小子，俾獲承于先王，咨爾八禿麻朵兒只，齠齔之年，英敏之器，非有父師之訓，已知稼穡之難，式紹王封，匪加于舊，載登宰路，其命維新，毋侮老成，毋虐鰥寡，毋謂己知，毋恃己能，思乃祖事大之誠，以保其社稷，謹爾父亡身之戒，而利其民人。所以輯寧爾邦，亦惟敬典在德。於戲！内外交正，尚蓋前人之愆；左右皆賢，永篤後來之慶。其聽朕命，毋易攸言，可特授開府儀同三司、征東行中書省左丞相、上柱國，嗣封高麗國王。宴元使于延慶宮，母后公主在北向南，王在西向東，各贈廐馬一匹，白金五十兩。

己酉，元遣使來求皮幣。

丙辰，遣密直全思義如元謝册命。

丁巳，元流忠惠王嬖人崔和尚于靖州路，林信于彬州路，朴良衍于沅州路，閔涣于辰州路，金添壽于永州路，林以道于桂陽路，承信于歸州路，南宮信于道州路，王碩于金州路。

六月壬戌，發新宫所貯三食邑，布四千餘匹歸廣興倉，金玉重器還王府。

壬申，詔書使直省舍人奇完者不花來，王出迎于迎賓館。慶華公主薨。

癸酉，大行王之喪至自岳陽。

八月丁卯，書筵罷講，起居郎朴允文後出，宦者李伯告王曰：「請令允文速署奴家兒告身。」王曰：「若是，則何異前代崔和尚之所爲乎，汝宜以私請之。」

丙子，王命毁新宫，作崇文館。

癸未，元遣使來索鞍。

丙戌，元遣兵部尚書溥花、同知資政院朶兒赤來，傳皇后懿旨，曰：凡吾親戚，勿倚勢奪人田民，如有違異，必罪之。法司知而故縱，亦當罪之。

九月甲辰，葬慶華公主。

甲寅，王宴元使。

冬十月庚申，禁王嫌，名姓氏從外家。

癸未，王宴皇后母李氏。

十二月戊午，遣德城府院君奇轍如元賀正，王餞于迎賓館。

己巳，瀋王暠至自元。

丁丑，元遣使來錫忠宣、忠肅王謚册。

己卯，公主貶直城君盧英瑞于光陽，右代言田叔蒙于東萊。

乙酉元年春正月丙戌，王率百官賀正于行省。

三月丁亥，元直省舍人也速迭兒等來頒詔，王率百官出迎。

戊子，宴元使于内殿。

丁酉，遣判三司事權謙、密直副使柳濯如元賀聖節。

五月甲申，元遣使來索紋苧布。

秋七月壬辰，元遣使來賜王衣酒，索熊羔皮。

乙未，瀋王暠薨。

十二月癸丑，遣左政丞金永煦如元獻方物。

丙戌二年四月乙亥，元遣使來賜王衣酒。

丁丑，元遣使來索紋苧布。

五月庚寅，右政丞金永煦還自元，帝賜王衣酒。

六月癸丑，王宴元使于内殿。

九月甲申，遣贊成事金永旽如元請親朝、賀正、兼謝衣酒。

冬十月庚申，教曰：「太祖開國，四百二十有九年于兹，其間典章文物，嘉言善行，秘而不傳，何以示後。故我忠宣王命臣閔漬修『編年綱目』，尚多闕漏，宜加纂述，頒布中外。」乃命府院君李齊賢、贊成事安軸、韓山君李穀、安山君安震、提學李仁復選進，又命修忠烈、忠宣、忠肅『三朝實録』。

閏月戊戌，元遣直省舍人金葳來頒詔，王出迎于行省。

辛丑，宴元使于内殿。

十二月戊子，火者伯顔帖木兒奉御香來，王賜金帶及鞍。

丁亥三年春正月甲辰朔，日食，日官不告。

丁巳，元使自狗兒奉聖旨來，王出迎于郊。

丁卯，元遣人取政丞盧頙二女以歸。

二月甲申，元使阿丹不花奉詔來，王出迎于郊。

三月乙卯，遣政丞盧頙如元賀聖節。

戊辰，整治都監，以奇皇后族弟三萬奪人田，杖之，下獄死。

六月甲戌，遣參理安子由如元獻苧布。元遣中書省右司都事兀理不花賜王衣酒。

丁亥，元放院使高龍普于金剛山。

戊子，王宴高龍普及諸元使于内殿。監察司論安子由攝事大廟不殺牲之罪，王以子由有功於父王，且方奉使上國，原之。

丙申，遣三司右使廉悌臣如元，謝賜衣酒。

七月辛酉，元使阿魯欲自濯衣，索米屑。左右曰：「國家待帝使有禮，豈宜親澣。」强之乃進，償以鈔五兩。

八月丁丑，阿魯等還，王宴于内殿。

戊寅，元太僕寺遣李家奴、帖木兒，安伯顏不花來取耽羅馬。

十月乙酉，元召還高龍普。

癸巳，遣益城君禑如元獻童女。

甲午，元以三萬之死，遣直省舍人僧家奴，杖整治官白文寶、申君平、全成、安河楫、南宫敏、趙臣玉、金達祥、盧仲孚、李天伯、許湜、李承閏、安克仁、鄭光度、吳璟、徐浩、田禄生，唯安軸、王煦以聖旨原之，前判密直司事金光轍、前大護軍李元具以病免。帝仍降璽書，復置整治都監，令王煦判事。

丙申，遣行省郎中孝壽山如元獻童女。

十二月丙子，遣天水郡公康伯、贊成事康允忠如元賀正。

戊子四年春二月辛巳，遣慶山府院大君盧頙請入朝。

乙未，元中書省移咨云：至正七年九月十四日，咬咬怯薛第三日，明仁殿内有時分，速古赤佛家奴云：都赤撒迪米失、殿中監給事中燕古兒赤等有來，帖木兒答失左丞相特奉聖旨，「在前高麗百姓未曾歸附的時分，他每倚本俗行來也者。托賴上天屬了咱每的時分，昨前知道不荅失里將那百姓好生殘害的。上明知道一介人害高麗百姓麼道，將不荅失里罰去迤南地面，爲他依勢力不依法度行來的勾當。已嘗命諳知彼中事體王脱懽、金那海教正理去來。時下促急，便怎生正理的有。如今交八麻朶兒赤和王脱懽等與省得的勾當的好人一同，不揀是誰，依勢力欺壓百姓的，并民閒不事理，好生正理，奏將來者。」

三月壬寅，遣寧川府院君李凌幹如元賀聖節，仍請忠惠王謚，帝不允。

己酉，遣三司右使金那海如元，請改正先王之罪。

四月丁亥，遣評理柳濯如元獻苧布。

八月戊子，元遣孫元之、帖木兒來求閹人。

十月癸酉，德寧公主徙居于密直副使安牧第，庶務皆決焉。

十一月癸巳朔，公主以王疾，遣前贊成事李君侅設水陸會於天磨山，禱之。吳王遣完者帖木兒來獻佛經、鷹犬。

十二月丙寅，遣僉議評理孫洪亮、密直副使金仁浩如元賀正。

丁卯，王薨于金永旽第，在位四年，壽十二。忠定王元年三月丁酉葬明陵，恭愍王六年閏九月癸亥上尊謚，曰顯孝大王。十六年正月丁亥，元賜謚曰忠穆。

## 忠定王

忠定王諱眡，蒙古諱迷思監朶兒只。忠惠王庶子，母曰禧妃尹氏。忠穆王四年四月封慶昌府院君，十二月忠穆王薨，德寧公主命德成府院君奇轍、政丞王煦攝行征東省事。

丙子，遣護軍申元甫如元告哀。

己卯，王煦等遣李齊賢如元。

己丑元年春二月甲戌，前知都僉議事崔濡來自元，帝命忠惠王庶子眡入朝，慶陽府院君盧頙、前判三司事孫守卿、前贊成事李君侅、閔評、尹時遇、崔濡等奉眡如元。臺諫、典法官會議欲沮其行，不得。

三月壬寅，政丞王煦如元賀聖節。

甲辰，遣上護軍趙得珪如元，獻龍席及竹簟。

五月戊戌，帝命元子眡嗣王位。

六月戊辰，王命鐵城君李君侅聽斷國務。

秋七月辛卯，母后、公主兩殿及皇后母李氏，令義城、德泉兩倉供膳。

丙辰，王至自元，帝遣翰林學士雙哥護行。雙哥授國印于王。是日，王即位于康安殿。

閏月癸亥，王與德寧公主宴雙哥於延慶宫。

己卯，遼王遣使享王及德寧公主。帝復以脱脱爲右丞相，遣中書省宣使黨忽歹、直省舍人定先等來頒詔，王出迎于迎賓館。

八月辛丑，德寧公主享王。

癸卯，元遣使求酥油于濟州。

丁巳，幸榮安王大夫人第。是月，立王母禧妃府曰慶順。

九月庚申，遣贊成事李君侅如元謝襲位。

甲戌，元遣使來推太史府田民，兼刷御馬。

庚寅二年二月壬辰，以持平崔龍生爲慶尚道按廉使。龍生疾宦寺恃寵上國，流毒東民，牓其惡以示國人，御香使宦者朱完之帖木兒訴龍生于王及公主，以金有謙代之。遣權謙、吳子淳如元賀聖節。

三月乙丑，雲南王遣使來。

五月丙辰，元遣使頒赦，王出迎于迎賓館。

己未，王宴元使。

九月己未，德寧公主如元，王餞于金郊。

十二月甲申，遣贊成事廉悌臣、前贊成事尹莘係如元賀正。

辛卯三年秋八月丙戌，倭船一百三十艘寇紫燕、三木二島，焚廬舍殆盡。

戊子，遣萬户元顥于西北面、令萬户印璫、前密直李權屯西江以備。

己丑，倭又寇南陽府雙阜縣。

癸巳，又命印璫等入海捕倭。 李權還，白王曰：「臣非將，又不食禄，不敢奉命。」固辭不行。

丙申，以金那海判三司事，柳濯、金仁浩爲贊成事，權適、崔天澤、趙瑜爲參理，金光載、姜得龍爲三司右左使，韓大淳知都僉議事，李珍知都僉議商議，郭珊爲密直提學，監察大夫，李成瑞、高董士爲密直副使。

冬十月壬午，元以江陵大君祺爲國王，遣斷事官完者不花封諸倉庫宫室，收國璽以歸。 王遜于江華，恭愍王元年三月辛亥遇鴆薨，在位三年，壽十四，葬聰陵。 恭愍王十六年正月丁亥，元賜謚「忠定」。 嘗夜，王與近侍相戲謔達曙，或以墨灑侍學官衣，或有近女而行者便生妬心，雖宰相至見橦擊，往往以鐵椎擊人幾死，或於冬月取冰雪水和凍飯食人，狂悖類此。

**卷三八《恭愍王一》** 恭愍仁文義武勇智明烈敬孝大王，諱顓，古諱祺，蒙古諱伯顔帖木兒，忠肅王母弟。 忠肅王十七年庚午五月生，封江陵大君。 忠惠王後二年五月，元順帝遣使召入朝宿衛，時稱大元子。 忠穆王即位，封爲江陵府院大君。 忠穆薨，國人欲立王，元以忠定襲位，仍留王宿衛。 初忠肅以王托尹澤。 忠定元年，澤與李承老獻書中書省，請立王。 是歲，王尚魯國公主。

三年十月，元封爲國王，遣完者不花收國璽，忠定遜于江華。 德興君塔思帖木兒奔于元，王命前判三司事李齊賢攝政丞，權斷征東省事。 齊賢修葺道殿神祠，令法官考覈諸道，存撫按廉功過，遣前密直洪元哲及金鏞送完者不花還。 元哲仍巡問平壤道鏞留，備倭賊。 以通禮門判官許猷爲西北面察訪。

十一月乙亥，贊成事趙日新賣批目還自元，以李齊賢爲都僉議政丞，李蒙哥判三司事，曹益清、全允臧爲贊成事，趙日新、趙瑜爲參理，康得龍、崔天澤爲三司右左使，李公遂爲政堂文學，韓可貴判開城府事，金逸逢判密直司事，李衍宗爲密直使兼監察大夫，金普知密直司事，洪由道、鄭頫同知密直司事，金敬直、李成瑞爲密直副使，尹澤爲密直提學，崔德林、李濟爲右左代言，金得培、柳淑爲右左副代言，孫琦爲平海府院君，朴仁柱爲咸陽君。 李齊賢下理問裴佺及朴守明于行省獄，流直城君盧英瑞于可德島、贊成事尹時遇于角山，貶贊成事鄭天起爲濟州牧使，知都僉議韓大淳爲機張監務。

十二月庚子，王及公主至自元，帝遣失秃兒太子及直省舍人牙忽護行。

壬寅，謁景靈殿，即位于康安殿。

壬辰元年春正月丙午朔，王率百官賀正于行省，還宫設宴。

庚戌，監察司啓諸君閑居食禄，請停俸，從之。

庚申，王欲親享太廟。 判書雲觀事姜保言：「今年不可親祀。」僉議府責保曰：「祀，大事也。 汝何沮王。」又有奸臣告王大妃，固止之。

二月乙亥朔，罷政房。

戊戌，元以討捕河南賊魁，遣萬寧府提點七十來頒赦，王出迎于行省。

三月辛亥，前王遇鴆，薨于江華。 王之遜江華也，典校令申德隣、典校丞安吉祥、義盈庫使孫桂及辭，朴成亮、朴思慎從行，皆追繫巡軍。 止許思慎從之，供膳不充，往來又絶，憂愁號泣。 及訃至，都人莫不流涕。

癸丑，王停朝。

閏月甲戌朔，令宰樞至吏胥人備弓一、矢五十、劍一、戈一，閲于崇文館。

辛卯，遣三司右使洪彦博、密直副使李成瑞如元賀聖節。

夏四月癸卯朔，元告日食，不果食。

丁未，元賜王弓三百，矢三萬，劍三百。

戊申，公主幸王輪寺。

辛酉，榮安王大夫人李氏宴王及公主于其第。

五月己酉，元賜本國所請戎器。

六月丁卯，元遣大監孫完澤帖木兒來賜王衣酒。

八月戊午，元遣直省舍人普思泥賜王金帶及鈔二千錠。

己未福安府院君權謙如元，納女于皇太子，元拜大府監大監。

戊午，遣上將軍姜碩如元賀千秋節。

十一月壬申，移御韓仲禮家。

乙酉，遣密直副使樸壽年如元，謝賜戎器，兼賣百官論趙日新書以去。

己亥，遣都僉議司使韓可貴如元賀正。

十二月庚子，遣密直副使李成瑞如元獻方物。

癸卯，元遣宗正府常判梁烈帖木兒、吏部尚書不花帖木兒來，鞫趙日新之變。

癸巳二年春正月，遣上護軍姜仲卿、金成寶如元獻熊羔皮。

二月乙卯，元遣前征東省照磨石抹時用賜王衣酒。

丁卯，雲南王甫剌太子遣使來，宴王及公主。

三月甲戌，元遣宗正府斷事官哈兒章、兵部郎中剛升等，誅趙日新黨鄭天起、高忠節、廉伯顏、帖木兒、郭允正、李君常、李龜龍，籍其家。

乙酉，遣僉議贊成事柳濯、三司右使崔天澤如元賀聖節。

壬辰，以忠肅王忌辰，如廣明寺。

癸巳，遣左藏庫提點金光鉉如元獻苧布。

甲午，幸旻天寺，設仁王道場。元賜寶鈔一百錠，設道場以鎮兵。

夏四月戊戌朔，公主幸旻天寺。

乙卯，王與公主幸福靈寺禱嗣。

壬午，王與公主宴榮安王大夫人李氏于其第。

乙酉，遣密直使李也先帖木兒、鷹揚軍上護軍安祐如元，貢方物，仍獻皇后誕日禮物，皇后誕日之賀始此。

七月壬申七夕，王與公主祭牽牛、織女于内庭。

乙亥，元以册皇太子赦天下，遣太府監太監山童、直省舍人金波豆等來頒詔。太子即奇皇后所出也，王出迎于迎賓館。詔曰：「朕荷天地之洪禧，纘祖宗之正統，若稽古訓，惟懷永圖。皇子愛猷識理達臘，温文日楙，仁孝夙成，朕爲之開端本堂以親學，立宫傅府以觀政，選任老成，以弼輔導，使之寅賛時雍。在朕左右十五年矣，講藝迪德，善譽益聞，邇者宗王大臣合辭懇請，至于再三，元良之位，國本所崇，以長以賢，中外屬望，宜遵世皇之盛典，以爲億載之貽謀，是用俯徇輿情，聿隆丕祚，已於今年六月初二日授以金寶，立爲皇太子，中書令，樞密院使，悉如舊制。其諸册禮，具儀舉行，屬慶典之肆成，宜普天之均惠，可大赦天下。」王頒宥境内，仍宴使臣。

丁丑，元御香使宦者崔伯帖木兒以處女六人及琴瑟等鄉樂還。

辛巳，王與公主如延慶宫宴元使，遣衛尉注簿韓元發于江陵交州道，索孛兒扎宴及供使臣所需。

乙酉，金寧君金普、上護軍安祐奉賜王衣酒，還自元。

丙戌，山童等還，王餞于迎賓館，宰樞贈白銀二錠，苧麻布各九匹，綾三匹，舊例也，皆不受而去。

八月庚子，元遣繼繼太子、定安平章來，錫孛兒扎宴于榮安王大夫人。

乙巳，設孛兒扎宴于延慶宫，王及公主與焉。是宴用布爲花，凡五千一百四十餘匹，他物稱是，窮極奢侈，由是物價騰湧，禁公私用油蜜果。時國用罄竭，貸永福都監布二千六百匹，又貸於富民。

丙午，幸太子館，設防没宴。元法，留宴日大肉馬頭，翌日，復宴，謂之防没。

甲寅，幸太子及平章館，贈禮幣。

丁巳，太子、平章還，王餞于郊。太子約娶金允臧女，以其女歸。先是，實豆太子之來也，亦娶萬户林淑之女而還。謁德陵。

九月乙丑朔，元告日食，不果食。

壬申，遣密直副使李也先帖木兒如元，謝賜孛兒扎宴。

冬十月甲辰，贊成事柳濯奉賜王衣酒，還自元。

戊午，遣蔡河中如元賀千秋節。

辛酉，遣軍簿判書金希祖如元賀册太子。

十一月乙酉，王如奉恩寺謁太祖真殿。設消災道場于康安殿，以禳星變。

庚寅，前政丞曹益清卒。

壬辰，遣南陽君洪彦博如元賀正。

甲午三年春正月辛未，幸榮安王大夫人第。

乙亥，長寧翁主女壻魯王遣使送宴錢楮幣一百五十錠。

癸未，以蔡河中爲右政丞，廉悌臣爲左政丞，姜千裕判三司事，李仁復爲政堂文學。

乙酉，元遣宦者院使金光秀、僉院迦剌撥皮賜王楮幣萬錠，黄金一錠，白銀九錠，王悉歸之公府。光秀請王除官三百餘人。

二月丙申，王與公主宴元使于延慶宫。

己酉，以蔡河中領都僉議，廉悌臣爲右政丞，柳濯爲左政丞，康允忠、元顥爲贊成事，崔天澤、奇輪爲三司右左使，金信、金敬知、李珍爲評理，姜之衍爲評理商議，朴壽年知都僉議，奇完者不花判密直司事，朴之椿爲密直司使，康舜龍、姜仲祥知密直司事，姜碩、全普門同知密直司事，闊辛哥、朴[illegible]、崔用滋、朴君正、池贇爲密直副使，安輔爲密直提學。

丁巳，王與公主幸延慶宫，與元使宴耆老及六品已上官。帝賜楮幣所辦也。

三月辛未，元遣帖古思來求紋苧布。

癸酉，王與公主幸福靈寺。

甲申，遣僉議評理金敬直如元賀聖節。

夏四月甲午，以奇輪爲贊成事，奇完者不花爲三司左使，鄭頵爲僉議評理，黄順知都僉議，尹忱判密直司事，姜碩知密直司事，朴𩔖、朴君正同知密直司事，孫就、徐臣桂爲密直副使。

己酉，以石抹時用爲典理判書，李壽林爲軍簿判書，金天寶爲版圖判書，洪有龜爲左代言，鄭之産爲右副代言，洪師範爲左副代言，金英利爲左司議大夫。倭掠全羅道漕船四十餘艘。

五月丁丑，元遣大府少監宦者安童來求紋苧布。

辛巳，元遣使來求毛皮。遣密直使李也先帖木兒如元賀皇后誕日。

丁亥再雩。

戊子，大雨，慶陽大君盧頙納女于元，帝拜集賢殿學士。

六月辛卯朔，平康府院君蔡河中還自元，傳丞相脱脱言曰：「吾受命南征，王宜遣勇鋭以助之。」時元政陵夷，河南妖寇韓山童、韓咬兒等始鼓亂，穎川妖人劉復通又起兵，以紅巾爲號，與其黨關先生、沙劉二、王士誠等寇掠中原，分據山東，其勢大振，盜賊群起，天下大亂。

甲午，以年饑，發有備倉粟減價市民，時米貴，一斗直布匹。

庚子，元告以定住爲右丞相，哈麻爲左丞相。

癸卯，元遣吏部郎中哈剌那海，崇文監少監伯顔帖木兒，利用監丞林蒙古不花，召柳濯、康悌臣、權謙、元顥、羅英傑、印璫、金鏞、李權、康允忠、鄭世雲、黄裳、崔瑩、崔雲起、李芳實、安祐等及西京水軍三百，且募驍勇，期以八月十日集燕京討張士誠。伯顔帖木兒，本國人康舜龍。

丙午，元遣工部寺丞朴賽顔不花賫寶鈔六萬錠賜赴征將卒。

辛亥，以印璫爲碩城府院君，李權爲五原府院君，羅英傑爲錦城君，孫佛永爲敦城君，金鏡爲義城君，金鏞爲安城君，安祐爲鼇城君，崔源爲龍城君，印安爲延城君，崔安守爲咸城君，具貞爲沔城君，趙忠信爲祥原君，其餘將卒並加爵秩。自募軍皆超三級，令百官及各宗僧徒出馬有差，使軍士平價以市。時赴征軍官奪民馬，或多抑買，行省禁之不止。

秋七月癸亥，柳濯、廉悌臣等四十餘人率軍士二千如元，王幸迎賓館，親閲送之。帝所召皆將相之有名望者，且精兵鋭卒皆從征，宿衛虚弱，王疑懼，募弓手于西海道，以備不虞。

乙丑，元遣中尚監丞崔濡來，督赴征軍士，兼求稍秉。

丙寅，以倭俘分屬諸司。

癸酉，以蔡河中爲侍中，康舜龍、朴賽顔不花爲贊成事，崔濡爲三司右使，姜千裕爲河城府院君，奇輪爲德山府院君，奇完者不花爲德陽府院君。

冬十月乙未，元遣宦者院使賽罕來，宴榮安王大夫人，王與公主幸其第。

己酉，親設靈寶道場于康安殿。

庚戌，前右政丞廉悌臣還自元。

十一月辛酉，遣處仁君李珍如元賀千秋節。

丁亥，印安還自元，言太師脱脱領兵八百萬攻高郵城。柳濯等赴征軍士及國人在燕京者摠二萬三千人以爲前鋒，城將陷，韃靼知院老長忌我國人專其功，令曰：「今日暮矣，明日乃取之。」麾軍而退。其夜，賊堅壁設備，明日攻之，不克拔，會有人譖脱脱，帝流于淮安。

十二月己丑，遣贊成事金普、知密直司事全普門如元賀正。

乙巳，龍山君車蒲温奉賜王衣酒還自元。

乙未四年春正月壬戌，太白晝見。

戊辰，教曰：「凡爾百僚，恪勤乃職，聽訟之官，審理寃抑，違者，憲司劾之。」

庚午，元誅妖賊韓山童、韓咬兒，策免丞相脱脱，遣直省舍人訥速兒來頒赦，王出迎于宣義門外。

閏月丁未，以洪有龜、申君平爲右左代言，李瑞龍、金續命爲右左副代言，金元命爲監察執義，李夢庚爲監察掌令，李穡爲内書舍人，李延慶爲興安君，姜仲祥爲晉原君。

二月癸亥，元來錫公主號承懿。

辛巳，全羅道按廉鄭之祥囚元御香使埜思不花于全州，自詣白王，王驚愕，下之祥巡軍獄。

三月庚子，倭冦全羅道。

甲辰，遣前僉議金信、贊成事朴壽年如元，賀聖節，密直副使尹之彪謝封公主。

己酉，元告以汪家奴爲右丞相，定住爲左丞相。

丙辰，贊成事金普奉賜王衣酒還自元。

夏四月戊午，雨雹。

庚辰，元遣使來求女樂。

辛巳，倭掠全羅道漕船二百餘艘。

五月丁酉，以安輔爲政堂文學，尹守常爲密直提學。守常以宦者妻親得拜是職，爲世所譏。

戊戌，以李齊賢爲金海府院君，姜仁伯爲柰城府院君，金敬直爲彦陽府院君，權皐爲永嘉君，辛富爲鷲山君，孫就爲清城君，尹之彪爲海平君。

癸卯，遣知申事任君輔如元賀皇后千秋節。

乙巳，元遣斷事官買住來鞫鄭之祥。

壬子，遣密直副使崔仁遠如元獻紋苧布。是月，征南萬户權謙、元顥、印璫還自元，云「南賊日盛，我軍陷六合城，又移防淮安路。」

六月乙丑，召臺官諭曰：「僧禪近所犯，不須窮治。」禪近，内願堂僧也，素有寵於王。至是通士人妻，爲憲府所鞫，故王命釋之。時僧徒恣淫，慈恩宗僧英旭通宦官金不花妻，臺官鉤致，欲罪之。旭曰：「若欲罪我，須罷宗門。今宗門僧誰非我乎。」

七月丁亥贊成事朴壽年卒于元，壽年，丞相汪家奴之婦翁也，丞相宴慰，過飲暴卒。

辛丑，知申事任君輔還自元，帝賜王酒，除貢紋苧布。

八月癸亥，元皇太子遣月魯帖木兒來宴榮安王大夫人。王幸其第。王與李氏並南面，皇后弟趙希冲妻坐東。奇轍與月魯帖木兒坐西，宰樞坐階上。

九月甲申，下除目，皆奇氏及元使之請也。

壬寅，元遣資政院使姜金剛吉思來，宴榮安王大夫人，兼降御香。

冬十月乙卯，宴金剛吉思于宫中。

癸酉，流密直副使任君輔于濟州。

乙亥，命金鏞、洪義、鄭世雲、柳淑逐日入宫，事無大小，一切啓禀。

十一月庚戌，遣定原君鈞、大護軍金瑨如元獻方物。

十二月辛未，流知都僉議司事金鏞于濟州。

**卷三九《恭愍王二》** 丙申五年二月乙卯，幸榮安王大夫人第。

庚申，版圖總郎宣天桂奉賜王衣酒還自元。

乙丑，燃燈，王如奉恩寺。

辛未，元遣使錫王功臣號曰「親仁保義宣力奉國彰惠靖遠」，王出迎宣義門外，宴群臣。

甲戌，遣福昌府院君金永煦如元謝功臣號。

三月甲辰，以孫湧爲監察大夫，元太師汪家奴之請也。是月我桓祖來朝，王迎謂曰：「撫綏頑民，不亦勞乎。」時奇氏族倚后勢暴横，人有密告：「奇轍潜通雙城叛民，結爲黨援謀逆。」王諭桓祖曰：「卿宜歸鎮吾民，脱有變，當如我命。」

四月戊辰，知都僉議事蒲温奉賜王衣酒還自元。

癸酉，封普愚爲王師，立府曰圓融，置官屬左右司、尹、丞、舍人、注簿、左右寶馬、陪指諭，行首。

戊寅，王邀普愚于延慶宫，行師弟禮，其儀衛擬於鹵簿。

五月壬午，定原君鈞、大護軍金瑨奉賜王衣酒還自元。

乙酉，王以誕日邀普愚于内殿，飯僧百八。時僧徒來往寺者皆附愚干請。王曰：「自今禪教宗門寺社住持，聽師注擬，寡人但下除目爾。」於是，僧徒争爲門徒，不可勝計。

丙戌，前密直安祐奉賜王衣酒還自元。

戊子，元遣奇完者不花來，改册榮安王爲敬王，追贈三代爲王。

丁酉，太司徒奇轍、太監權謙、慶陽府院君盧頙謀反，伏誅。親黨皆逃，宫城戒嚴。釋鄭之祥爲巡軍提控，令侍衛。以洪彦博爲右政丞，尹桓爲左政丞，元顥判三司事，許伯、黄石奇爲贊成事，全普門、韓可貴爲三司右左使，金逸逢、金鏞、印璫爲僉議評理，尋以故縱奇、權、盧支黨下顥、可貴、沔城君具榮儉于獄，殺之，籍其家。罷征東行中書省理問所。以評理印璫、同知密直司事姜仲卿爲西北面兵馬使，司尹辛珣、俞洪、前大護軍崔瑩、前副正崔夫介爲副使，攻鴨江以西八站。以密直副使柳仁雨爲東北面兵馬使，前大護軍貢天甫、前宗簿令金元鳳爲副使，收復雙城等地。璫先發，仲卿被酒後至，使氣，璫止之不聽，璫目辛珣斬之，報王曰：「仲卿有二心，處以軍法。」國家莫知其故，物議紛紜。

己亥，以鄭暉爲西北面兵馬使，洪巨源、李思敬爲副使，鄭絪爲江陵交州道都指揮使，申青爲平壤道巡問使。

壬寅，命收諸軍萬户、鎮撫千户、百户牌。

癸卯，設鎮兵道場于康安殿及諸佛宇五日。

六月癸丑，印璫引兵渡鴨緑江，攻婆娑府等三站，破之。

乙卯，以金敬直爲全羅道都巡問使。

己未，雙城人趙都赤來朝，賜金牌，授高麗雙城地面管軍千户。

庚申，以前贊成事尹時遇爲濟州都巡問使。

癸亥，元使直省舍人賫奇轍太司徒宣命印章而來，西北面兵馬副使辛珣遇諸道，奪宣命印章，囚舍人，殺傔從三人，舍人夜逃。

乙丑，王聞前護軍林仲甫欲奉永陵孽子釋器圖不軌，繫巡軍。辭連前政丞孫守卿等十餘人。

己巳，斬守卿等，貶其黨贊成事康允忠爲東萊縣令，杖漢陽尹洪仲元等，放釋器于外。

乙亥，停至正年號。教曰：「洪惟我太祖創業，列聖相承，咸能繼述，衣冠禮樂，焕然可觀。比來國俗一變，惟勢是求，奇轍等憑震主之威，撓爲邦之法，選調隨其喜怒，政令由之伸縮，人有土田則攘之，人有人民則奪之，斯豈寡人無德之所致歟。抑紀綱不立，無術以御之歟。無乃理亂循環，必極而變，天道之然耶。深惟兹故，每用惕然。日者幸賴祖宗之靈，轍等伏辜。釋器非止庶孽，又係私婢所出，而倚望謀逆，若孫守卿等亦置典刑。自今伊始，勵精圖治，修明法令，整頓紀綱，復我祖宗之法，期與一國更始，敷實德於民，續大命于天，二罪以下，一切除之。其轍、頙、守卿等詿誤連累者，亦從原免。太祖及歷代先王加上尊號，修其祀事，務盡精潔，守陵人户，復其徭役，社稷山川諸祠在祀典者，亦加德號，其諸淫祀一皆撤去。賊臣之奴，倚其主勢，占奪土田，役使平民，多聚良家子女，成群逞惡，存撫按廉，究治渠魁，撤毁屋舍，量罪罪之。良家子女，歸其父母，籍没家産，以贍國用，所占民户，仍令安業，以從公役，漕運不通，凡所轉輸，皆從陸路，宜令有司，量地遠近，營立院館，復其土田。又以行省及逆賊所占人民廬其旁，以便止宿。於戲，撥亂反正，宜施寬大之恩，任賢使能，庶致隆平之治。」元囚本國節日使金龜年于遼陽省，聲言發八十萬兵來討。西北面兵馬使印瑺請濟師以備。

秋七月己卯朔，魏王太子到鴨緑江，王命許傔從二人渡江。

壬午，禁人挈家出城。自相地南京人心動摇，負戴南行者如歸市，故禁之。

乙酉，置忠勇四衛。

丁亥，復改官制，以洪彦博爲門下侍中，尹桓守門下侍中，柳濯爲門下侍郎，同中書門下平章事，許伯爲中書侍郎，同中書門下平章事，黄石奇爲門下平章事，金鏞爲中書平章事，金逸逢、印瑺參知政事，李仁復爲政堂文學，全普門、鄭珚守司空左右僕射，慶千興判樞密院事，崔仁遠爲樞密院使，安祐知樞密院事，裴天慶、黄裳同知樞密院事，柳仁雨、李春富爲樞密院副使，金希祖簽書樞密院事，柳淑爲樞密院學士。東北面兵馬使柳仁雨陷雙城，摠管趙小生、千户卓都卿遁走，收復和、登、定、長、預、高、文、宜州及宣德、元興、寧仁、耀德、静邊等鎮，咸州以北自高宗戊午没于元，今皆復之。

癸巳，設盂蘭盆齋于内殿。

丁酉，元遣中書省斷事官撒迪罕、尚衣奉御朶歹到鴨江，傳帝旨曰：「高麗自我世祖混一之初，灼知天命，擧國臣服，爰結婚親，于今百年。邇者姦民遽生邊釁，越我封疆，擾我黎庶，焚我傳舍，阻我行人，揆諸天憲，討戮何疑。尚慮蕞爾賊徒，或得罪爾邦，逋逃嘯聚，或從他國，妄稱汝民，盜用兵戈，以閒世好。若不詢問情僞，大兵一區，玉石俱焚，誠所不忍。特遣撒迪罕等前去爾。其毋生疑貳，發爾士卒，就便招捕，或約我天兵，併力挾攻，期於靖國安民，永敦前好，具悉奏聞。」

戊申，斬西北面兵馬使印瑺，附表撒迪罕，表曰：下愚嗇命，但要生全，大聖原情，儻加存恤，肆陳瞽説，庶感聰聞。竊惟小邦，邈處東極，隋唐之盛，羈縻而已。世祖龍興，灼知天命，首先歸附，世著微勞，東漸恩澤，日新月盛。不意賊臣奇轍與盧頙、權謙謀爲不軌，生我禍階，切詳轍等連姻掖庭，假威大朝，氣焰熏天，脅制國主，人有人民，不奪不已，人有土田，不奪不饜，臣畏天朝，一不敢問，群黎百姓，怨豈在明。轍等自知罪盈惡積，人所不容，而又妄意天下擾攘，甲兵方熾，一朝勢去，身不能保，乃謀自安，務固其權。中外官司，皆置親戚，凡曰要職，無非腹心，擅造兵器，閑習射御，公然爲之，不少隱匿，扇動訛言，惑亂衆聽。今年五月十八日，召集無賴，一時俱起，舟載兵器，已至江口，又令數輩，詐爲天使，稱有詔旨，已至宫門。將欲殲我君臣，以逞己欲。安危死生，間不容髮，尚賴聖德，粗能應變，既獲賊徒，恐有他變，不暇申聞，俱致於法。誠惶誠恐，無地措躬。又慮邊鄙之民，乘釁妄動，或有奸人往來，亂我情實，故置關防，以謹出入，而其吏士過江劫掠，實非本意。考其罪人，以正邦典，伏望弘天地之仁，霽雷霆之怒，垂蕩蕩之洪恩，保哀哀之微喘。則四千餘里，永爲薄海之藩，億萬斯年，專祝如岡之壽。」

八月壬子，以僉議評理黄順爲江陵朔方道都巡問使。

冬十月甲寅，元復遣撒迪罕等賫詔來，王盛陳兵衛，出迎于宮門外。詔曰：「昔我世祖皇帝混一區夏，爾高麗國率先效順，建爲東藩，請婚帝室，帝亦允從。今將百年，錫貢相望，靡有閒言。茲夏爾國游兵，入我疆域，毁我驛置，邊民不寧，是用遣使，往告厥由，使還附奏。具稱「近者境上乘閒侵軼之徒，已正其罪。」又言「事釁之生，在於倉卒，志圖靖難，不及禀命」，其閒應變之狀，中書悉以告朕。肆朕察其事情，追惟我祖宗憫下之惠，先臣慕義之誠，詎以一眚，輒虧舊恩。然裁以至公，若爾初獲首事，具罪以聞，善善惡惡，朕與天下共之，奚肯徇私，以紊大法。如云倉卒不遑陳奏，事定之後，盍先馳聞。事既已往，況能悔罪陳情，茲示寬容，特釋爾咎。自今伊始，小心敬慎，率順彝章，撫我黎庶，固我東圉，勿替朕命惟爾之休。於戲，赦過宥罪，廣推大造之心，懷遠招攜，誕布至仁之德。」王與公主宴元使。

戊午，遣政堂文學李仁復如元上表，曰：「乾坤洪造，曲全庶物之生。父母至仁，旋棄癡兒之過。賊子亂常，殆將覆國，愚臣應卒，不及聞天。伏蒙推視遠之明，廓包荒之度，揆事機之非所得已，矜情實之無可柰何。霽雷霆之威，既往不咎，霈雨露之澤，咸與惟新。乾坤全物之生，父母棄兒之過，亦不可爲喻也。人非石木，豈不知感哉。臣謹當布德音於臣庶，以寧一邦；修職貢於幾時，無替萬世。」又上書曰：「近者逆臣奇轍等，謀動戈兵，欲危社稷，專憑聖德，得遏禍萌。然而失火之家，迫于救焚，倉皇無以先告，弄兵之子，幸而脱死，惶恐難於自言。跼天蹐地，無所措躬，伏蒙特降赦恩，糜身粉骨，奚足以報。既荷天地父母再造之恩，敢陳國病，冀達天聰，切惟世皇征東，令國王爲丞相，行省官吏委國王保舉，不入常調，非他行省比。其後續立都鎮撫司、理問所、儒學提舉司、醫學提舉司。比來省官，皆托婦寺，濫受朝命，擅作威福。小邦有監察司、典法司，掌刑聽訟，糾正非理，而省官聽人妄訴，拘取諸司所斷文卷，以是爲非，莫敢誰何。人疾之如狼虎。況今省官，有與逆賊謀者，願自今其左右司官，令臣保舉，勿蹈前弊。其理問所等官司，一切革去。世皇東征日本時所置萬户、中軍、右軍、左軍耳，其後增置巡軍，合浦、全羅、耽羅、西京等萬户府，並無所領軍，徒佩金符，以夸宣命，召誘平民，妄稱户計，勒令州縣，不敢差發，深爲未便。如蒙欽依世祖皇帝舊制，除三萬户鎮守日本外，其餘增置五萬户府及都鎮撫司，乞皆革罷。朝廷使臣及府寺院監司所差人吏，多是小邦之人，不務宣上德意，專要誇耀鄉閭，威福自恣，恩讎必報，屈辱宰相，陵犯國主，經年不還。增娶妻妾，無惡不爲，金剛山諸寺，歲再降香，勞民生事，反戾陛下求福之意。本國自有倭寇以來，備禦無或小弛，樞密院所差體覆使，亦宜停罷，宣徽院、資政院、將作院、大府監、利用監、太僕寺諸衙門所差人吏一切禁斷，其方物可充用度者，明立額數，聽本國自獻。庶使站路邊民獲寧。雙城、三撒元是小邦之境，先臣忠憲王戊午，趙暉、卓青等犯罪懼誅，誘致女真，乘我不虞，殺戮官吏，繫累男女皆爲奴婢。父老至今言之流涕，指爲血讎。比來逆臣奇轍、盧頙、權謙交結酋長，召集逋逃，及其謀逆，約爲聲援。轍等既死，支黨多奔于彼，故令搜索。彼反用兵助逆，勢不獲已，以致行師。其總管趙小生、千户卓都卿今在逃竄，竊恐構釁生事。恭惟朝廷，薄海内外，莫非王土，尺寸不毛之地，豈計彼此哉。伏乞歸我舊疆，雙城、三撒以北，許立關防。女真人等於泥城等處山谷之閒，越境來居，擾百姓，掠牛馬，導本國犯罪之人逃閃莫追，即與雙城、三撒無異。乞立禁約，毋得擅入，似前侵害。祖王以來，庶孽之子，必令爲僧，所以明嫡庶之分，杜覬覦之萌。今有塔思帖木兒，自謂忠宣王孽子，亦嘗剃髮，及長還俗，奔于京師，誘致本國群不逞之徒，扇起訛言，眩惑人心。若此人者，其於朝廷豈有小益，乞將此人及其黨與發還本國。」

丙寅，濟州加乙赤、忽古杔等叛，殺都巡問使尹時遇、牧使張天年、判官李陽吉。

丙子，遣樞密院使金希祖如元，賀皇太子千秋節。

十二月丁未，遣參知政事李千善、吏部判書李壽林如元賀正。

丁酉六年六月己巳，元告以撒思監爲右丞相，太平爲左丞相。

秋七月乙亥，江浙省丞相遣理問實剌不花來獻土物。

八月丁巳，以金得培爲西北面紅頭軍、倭賊防禦都指揮使。

都堂呈行省書曰：「照得雙城、三撒等處，元是本國地面。北至伊板爲界，在先因失關防，致被女真人衆盡殺州縣官吏，就得地土人民，擅自稱爲採金户計。及將和州更名雙城，設置揔管府、千户所，其子孫又行召誘本國避役民吏，并官私逃驅，影占私役，無有紀極。近有奇轍、盧頙、權謙等，密與本處頭目交結，私置亦里干，多引本國犯罪之人，萃於淵藪。及其謀逆，約爲聲援，賊臣既敗之後，其支黨等多有潛藏。以此差令根捉，彼乃用兵相拒，致有殺傷。自知犯法便行逃散。其地本是險阻深僻，以致本國負罪亡命之徒，往往越境閃藏，即與愚民交構生事。若於伊板隘口設置關防，以謹出入，庶無後患。雙城等處年例辦納金子等物，本國自委廉幹人員臨督採納，恐趙小生、卓都卿指以採金爲由，妄捏虚事，赴告遼陽行省，兹起訟端。深繫利害，宜從省府轉啓遼陽行省，照詳施行。」

閏月丁巳，遣判閤門事楊伯顔如元，賀皇后千秋節。

冬十月丁酉，遣判開城府事孫登、開城尹高用賢如元賀正。

庚子，遣刑部尚書李嶠如元，賀皇太子千秋節。

十二月丙子，復歸銓選于吏兵部。

戊戌七年三月甲子，遣前僉議評理姜之衍、刑部尚書崔塽如元賀節日。

五月庚子，台州方國珍遣人來獻方物。

辛酉，遣大將軍趙天珪如元賀皇后千秋節。

七月甲辰，江浙行省丞相張士誠遣理問實剌不花來，獻沉香、山水精、山畫木屛、玉帶、鐵杖、彩段。寄書略曰：「邇者中夏多事，區區不忍生民塗炭，遂用奮起淮東，幸保全吴之地。然西寇肆兇，殘虐百姓，雖志存掃蕩，而未知攸濟耳。稔聞國王有道，提封之内，民樂其生，殊慰懷想。」時士誠據杭州稱太尉，又江浙海島防禦萬户丁文彬通書曰：「文彬眇處海邑，欽仰大邦，久欲一拜殿下，以覿耿光。惜乎微役所縈不果。兹因大邦治下黄贇至此，故得聞安吉。今車書如舊，儻商賈往來以通興販，亦惠民之一事也。黄贇廻，令親郁文政進拜，聊獻土宜。」王答士誠書曰：「竊惟太尉馳英淮左，固已佩服餘風，暨移鎮浙右，益欽令聞。匪遠伊邇，顧予寡昧，徒以祖宗之故，獲保遺黎苟安歲月。雖常欲拜問起居，自揣無狀，不足煩侍御者之道達。迺蒙太尉不鄙夷小邦，且辱便蕃之惠，不勝至幸。兹因使回，謹奉此所有薄禮，具如内目。」又命右副承宣、翰林學士李穡答文彬書曰：「今親郁文政賫來書札，同兩府官入啓于内，王答曰，『吾已領萬户厚意矣』，其送以白苧布若干、黑麻布若干、虎皮若干、文豹皮若干，少答盛惠。且命臣穡爲書以謝之。臣穡待罪翰林，辭命固職司，又嘗竊歆萬户公高誼之日久矣。雖欲通名於左右，未有階也。兹因王命，并達下情。」

十月庚寅，遣兵部尚書洪師範如元，賀皇太子千秋節。

十一月庚申，遣定原伯均如元賀正。

十二月乙丑朔，日食。

丙子，遣判太常寺事洪淳如元獻人參。

己亥八年春二月乙酉，紅賊移文于我曰：「慨念生民，久陷於胡，倡義擧兵，恢復中原，東踰齊魯，西出函秦，南過閩廣，北抵幽燕，悉皆欵附，如飢者之得膏粱，病者之遇藥石。今令諸將嚴戒士卒，毋得擾民，民之歸化者，撫之。執迷旅拒者，罪之。」

四月辛巳，江浙張士誠、丁文彬遣使獻方物。

丙戌，宰樞言公主無子，請選名家女宜子者。於是，納李齊賢女，封爲惠妃。

七月甲寅，張士誠遣范漢傑、路本來獲彩段、金帶、美酒。丁文彬亦獻方物。

江浙省平章火尼赤漂風來，泊黄州鐵和江，賜米一百石，苧布二十匹，以行省員外申仁適女妻之。

八月丁卯，火尼赤獻水精鉞二。

戊辰，方國珍遣使獻方物。

冬十月癸亥，親設百高座道場以禳天變，仍放罪囚。

十一月辛卯，東北面兵馬使鄭暉獻海青，王曰：「今軍務方興，宜崇儉約，安用珍禽」，放之。

甲辰，遼瀋流民二千三百餘户來投，分處西北郡縣，官給資糧。先是，本國人亦有渡鴨緑江居者，以兵亂皆自還。

癸丑，賀太子千秋節。宴群臣。時與元雖不相通，不欲遽廢也。

乙卯，王宴火尼赤于内殿。

戊午，紅頭賊三千餘人渡鴨緑江，剽竊而去。都指揮使金元鳳匿不報，遣户部侍郎鄭之祥切責，不之罪。

己未，以慶千興爲西北面元帥，安祐副之。

十二月丁卯，紅頭賊魁、僞平章毛居敬衆號四萬，冰渡鴨緑江，陷義州，殺副使朱永世及州民千餘人。

戊辰，賊陷静州，殺都指揮使金元鳳，遂陷麟州。

庚午，以守門下侍中李喦爲西北面都元帥，慶千興爲副元帥，金得培爲都指揮使。李春富爲西京尹，李仁任爲西京存撫使。賊入鐵州，安祐、李芳實等擊却之，賊退，屯麟、静等州。

甲戌，殺前賛成事康允忠，前代言洪開道，上將軍孫巨源，時議寃之。

乙亥，賊復入鐵州，寇掠旁縣，安祐遇于清江，破之，復戰，敗績，祐退屯定州。

己卯，以同知樞密院事金希祖爲西海道都指揮使，李喦至西京，諸軍未集，退屯黄州。中外洶懼，京城皆爲走計，争以穀市輕貨。先是大布一匹直米二斗，時穀賤貨貴，直至五六斗。

辛巳，發諸司吏胥補西北面戰卒。

丁亥，賊陷西京。

戊子，遣户部尚書朱思忠賫細布、鞍轡、酒肉遺賊帥，仍覘虚實。以李嵒懦不能軍，遣平章事李承慶代之，命前僉議贊成事權適帥僧兵赴征。是歲大饑。

庚子九年春正月己丑朔，以知門下省事鄭世雲爲西北面都巡察使，賜軍中有功者銀器、絮帛、衣服有差。

丁酉，朱思忠持賊書還，辭極倨傲。

己亥，判事金縝還自義州，啓：「賊入西京，臣潛往義、静等州，徵旁縣散民，殺賊所留徒兵百五十，奪其積穀，招集團結，使守義州。」王嘉之，除刑部尚書。

癸卯，刑部尚書金縉，宦者金玄領數百騎趣西京，遇賊三百餘人，斬百餘級。命御史臺會百官，具兵仗、僕從、鞍馬、芻糧、宿衛、毬庭數旬，以擬倉卒避賊之行。又王與公主夜出後苑，習騎馬。王性不喜騎，非宗廟朝會之事，未嘗出房闥，故㤼於跨馬。

甲辰，上將軍李芳實遇賊於鐵化，斬百餘級。

丙午，諸軍次生陽驛，摠二萬人。時天寒，士卒手足凍皴，顛仆甚衆，賊知我軍將進攻，遂殺所擄義、静州及西京人以萬計，積屍如丘。

丁未，我軍進攻西京，步兵先入，蹦死者千餘人，賊兵死者亦無慮數千人。賊退屯龍岡、咸從。

乙卯，以安祐爲安州軍民萬户府都萬户，李芳實爲上萬户，金於珍爲副萬户。

丙辰，卜遷都于太廟，不吉。時修漢陽城闕，人多凍死。

二月己未，安祐等進軍咸從，與賊戰，失利。以江陽伯李承老爲遂安、谷州等處築城監督使。

壬申，我軍又戰于咸從，判開城府事辛富、將軍李堅死之。諸軍力戰，斬二萬級，虜僞元帥沈剌、黄志善，餘賊萬餘退保甑山縣。

癸酉，安祐、李芳實等追賊至古宣州，斬數百級，餘賊三百餘人渡鴨緑江而走。

壬午，都元帥李承慶以疾還。

三月戊子朔，慶千興、安祐、金得培上箋告捷。

乙未，班師。

己酉，紅賊船七十艘來泊西海道豐州碧達浦。又泊西京德島、席島，入鳳州，燒城門。又百餘艘入安岳郡元堂浦，掠錢穀，燒廬舍，我軍與戰數日，死者三十餘人。賊又侵黄州琵琶浦。

甲寅，紅賊寇安州城垣浦。

乙卯，斬黄志善。遣户部尚書朱思忠如元，告平賊，至遼陽，道梗而還。

丙辰，張士誠遣使來聘。

夏四月丁巳朔，紅賊侵黄州鐵和浦，牧使閔珝與戰，斬二十餘級，虜一人，并獲兵仗以獻。

己未，遣李芳實擊紅賊于豊州，斬三十餘級，賊乘舟遁去。

壬申，遣金伯環、權仲和報聘于張士誠。

癸酉，宴群臣，賜李芳實玉帶、玉纓。

甲戌，王出西亭，聞有女哭甚哀，問之，曰：「吾兄戰死，母哀毁三日而死。家貧無以葬。」命賜布五十匹。

丙子，倭寇泗州角山。

癸未，大饗征北將士。

七月，辛未，遣益山君李公遂，户部尚書朱思忠，宦者方都赤如元，審賊勢，行至湯站，道梗，還渡鴨緑江。王大怒曰：「雖死不可還。」固遣之，至瀋陽數月，又不得達而還。

丙子，江浙省李右丞遣張國珍來獻沉香、匹段、玉帶、弓劍，復遣少尹金伯環報聘。

八月丙戌，教曰：「四方兵興，用人爲急，其除三年喪制。」

己丑，王及公主移御昌和寺。

辛丑十年春三月丁巳，王及公主奉太妃至自白岳。張士誠遣人來獻綵段、玉斝、沉香、弓矢。淮南省右丞王晟遣使來，獻綵帛、沉香。

夏四月辛巳，遼陽省摠官高家奴遣使來，獻玉斝及犬。

丙申郎將朱彦英奸料物庫副使李中明妻，郎將鄭元奸將軍李元立妻，御史臺劾之。會赦皆原免。元不悛，御史臺杖殺之。

秋七月壬子，張士誠遣千户傅德來聘。

戊午，又遣趙伯淵不花來聘。

九月庚申，遣户部尚書朱思忠如元，賀道路復通。表曰：「辰居星拱，服四海萬國之心，雷厲風飛，通九夷八蠻之道。量同覆載，明並恒升，遵聖武規模之張，御以寬而臨以簡，撫世皇聲教所暨，綏所來而動斯和，故令蠢爾之氓，咸入醺然之化。但恃聖朝之扶佑，何圖强寇之侵陵。藩翰任專，幸得敵王所愾，梯航路梗，末由觀國之光。馬戀主而長鳴，鶴唳天而難聞，兹者馳星華於漠遠，而聖德之惟新，解和渴飢，不知蹈舞。」

癸酉，復置征東省官。

元以韓咬兒等構亂，四方兵興，遣使來頒赦。

十月丁酉，紅賊僞平章潘誠、沙劉、關先生、朱元帥等十餘萬衆，渡鴨緑江，寇朔州。以樞密院副使李芳實爲西北面都指揮使，遣同知樞密院事李餘慶柵岊嶺。

戊戌，遣鶴城侯謂如元賀正，以道梗不果行。

己亥，集都人修城門。

壬寅，紅賊寇泥城。

癸卯，以參知政事安祐爲上元帥，政堂文學金得培爲都兵馬使，同知樞密院事鄭暉爲東北面都指揮使。

十一月己酉，紅賊屯撫州，李芳實以彼衆我寡，斂兵退，請移順、殷、成三州，陽岩、樹德、江東、三登、祥原五縣民及粟于岊嶺柵，從之。

庚戌，廉悌臣罷，以洪彦博爲門下侍中。安祐、李芳實與指揮使金景磾各帥麾下兵，擊賊于价、延、博等州，連戰破之，斬首三百餘級。王以祐爲都元帥。

丙辰，賊襲安州，我軍敗績，上將軍李蔭、趙天柱死之。賊獲指揮使金景磾，爲其元帥移文于我曰：將兵百十萬而東，其速迎降。

丁巳，令公侯以下出戰馬有差。

己未，以參知政事鄭世雲爲西北面軍容體察使。

庚申，遣前密直提學鄭思道、金玓守岊嶺柵，平章事李公遂屯竹田。

辛酉，我太祖斬賊王元帥以下百餘級，擒一人以獻。

癸亥，以平章事金鏞爲揔兵官，前刑部尚書柳淵爲兵馬使，賊以萬餘兵攻岊嶺柵，破之。我軍大潰，安祐、金得培等單騎奔還。

乙丑，賊先鋒至興義驛。

丙寅，王及公主奉太后南狩，渡臨津，次兜率院。從者唯侍中洪彦博、李嵒、平章事金鏞、慶千興、柳濯，僕射金逸逢，參政鄭世雲，判樞密院事李春富，簽書金希祖、知樞密院事柳淑、孫登、知奏事元松壽、承宣金續命、洪彦猷、李穡、金達祥、兵部尚書睦仁吉、上將軍金元命、前吏部尚書洪師範、前刑部尚書柳淵、諫議金漢龍、將軍李琳、張伯顔、員外金君鼎、刑部侍郎郭忠秀、正言樸思慎、御史朴大陽、侍御史田禄生而已。王駐駕江岸，顧瞻山河，謂松壽、穡曰：如此風景，卿等正(宣)〔宜〕聯句。

丁卯，駕發，公主去輦而馬，次婢李氏所騎馬羸弱，見者皆泣下。至梵修院，按廉使安宗源、忠州牧使朴曦來謁，遂次迎曙驛。南京留守崔仁遠、清州牧使金成甲來謁。

戊辰，尚州判官趙縉以兵千四百來，使大將軍金得齊領之。駕至沙平院，開寧監務來獻刷馬百餘匹。駕次廣州，吏民皆登山，城惟州官在。以柳濯爲慶尚道都巡問兼兵馬使，李春富爲全羅道都巡問兼兵馬使，崔安沼爲楊廣道巡問使。

己巳，駕次慶安驛，以尚書右僕射李成瑞爲楊廣道都巡問兼兵馬使，知門下省事姜碩爲交州江陵道都巡問兼兵馬使。縉及開寧監務皆進秩。

辛未，雨雪，駕次利川縣，御衣濕凍，燎薪自温。是日，賊陷京城，留屯數月，殺牛馬，張皮爲城，灌水成冰，人不得緣上。又屠炙男女，或燔孕婦乳爲食，以恣殘虐。

壬申，駕次陰竹縣，吏民皆逃匿，判閤門事許猷獻米二斗。王以按廉使安宗源、安撫使許綱不能供張，繫頸以來。縣人裴元景言於宰相曰：「吾勸留同里十餘户以待大駕。」宰相嘉之，奏除元景散員，監陰竹務。

丙申，以鄭世雲爲中書平章事。

十二月丁酉，鹽州人檢校中郎將金長壽起兵擊賊，殺遊騎一百四十餘人，遣州人崔英起走報行在，以長壽爲上將軍，兼萬户。英起爲西海道安撫使。

丁未，紅賊三百餘騎陷原州，牧使宋光彦死之。賊二十九人又至安邊府，邑人詐降，饗之，酒三行，樸擊盡殺之。江華府詐降饗賊，裨將王同僉伏兵盡殺之，賊不敢入境。

**卷四〇《恭愍王三》** 壬寅十一年春正月戊申朔，王在福州賀正。

甲子，安祐、李芳實、黄裳、韓方信、李餘慶、金得培、安遇慶、李龜壽、崔瑩等率兵二十萬屯東郊，摠兵官鄭世雲督諸將進圍京城。

乙丑昧爽，諸將四面進攻。我太祖以麾下親兵二千人奮擊先登，大破之，斬賊魁沙劉、關先生等，賊徒自相蹈藉，僵尸滿城，斬首凡一十餘萬級。獲元帝玉璽、金寶、金銀銅印、兵仗等物，餘黨破頭潘等一十餘萬遁走，渡鴨綠江而去，賊遂平。

己巳，金鏞矯旨，密諭安祐、李芳實、金得培殺揔兵官鄭世雲。

庚午，鄭世雲露布至行在，王遣内詹事李大豆里賜世雲衣酒。遣參政李仁復收「國史秘書」。

辛未，將軍睦忠至自軍前，言諸將殺鄭世雲，秘不發。

壬申，頒宥旨于諸將，仍令督赴行在，以安其心。

甲戌，判太醫監事金賢，上將軍洪師禹來，獻諸將論世雲書，王悦，賜賢等金帛。

乙亥，遣知奏事元松壽賜諸將衣酒，以李芳實爲中書平章政事。

二月己卯，趙小生誘引納哈出入寇三撒、忽面之地。元季兵燹，胡虜納哈出據有瀋陽之地，稱行省丞相。

庚辰，宦者高龍普伏誅。

辛巳，東京尹裴天慶來享王，請幸東京。

甲辰，東北面都指揮使與納哈出累戰，敗績，請遣我太祖。

三月辛酉，赦，大酺于行宫，勞赴征將士。

夏四月丙子朔，遼陽行省同知高家奴邀擊紅賊餘衆，斬四千餘級，擒其魁破頭潘，遣使來報。

五月丁巳，元遣太子詹事院僉同奇田龍賜王衣酒。

乙丑，遼陽省平章高家奴遣使來請兵。

六月丙子，以同知密直司事安遇慶爲西北面都兵馬使。

戊寅，遣判三司事金逸逢如元獻方物。

丙申，遣典法判書李子松如元，告平紅賊，獻所獲玉璽二、金寶一、金銀銅印二十餘及金銀牌。

秋七月，納哈出領兵數萬，與卓都卿、趙小生等屯于洪原之韃靼洞，遣哈剌萬户那延帖木兒、同僉伯顔甫下指揮。率兵千餘爲先鋒。太祖遇於德山洞院平擊走之。踰咸關、車踰二嶺，幾殲，委棄鎧仗，不可勝數。是日，太祖退屯答相谷，納哈出怒，移屯德山洞。太祖乘夜襲，擊敗之，納哈出退還韃靼洞。太祖屯舍音洞。太祖遣斥候至車踰嶺，賊登山，樵蘇甚衆，候卒以白。太祖曰：「兵法當先攻弱」，遂令擒斬殆盡，自以精騎六百繼之，踰車踰嶺，至嶺下，賊乃覺，欲逆戰。太祖率十餘騎衝賊，射殪其裨將一人。初太祖至，問諸將累敗狀，諸將曰：「每戰酣，賊將一人鐵鎧飾以朱旄尾，揮槊突進，衆披靡，無敢敵者。」太祖物色其人，獨當之。陽北走，其人果奮前，注槊甚急，太祖翻身着馬韂，賊將失中，隨槊而倒，太祖即據鞍射，又殪之。於是賊狼狽奔北。太祖追擊，至賊屯，日暮乃還。納哈出之妻謂納哈出曰：「公周行天下久，復有如此將軍乎，宜避而速歸。」納哈出不從。納哈出之妹在軍中，見太祖神武，心悦之，亦曰：「斯人也，天下無雙。」後數日，太祖踰咸關嶺，直至韃靼洞，納哈出置陣相當，率十餘騎出陣前。太祖亦率十餘騎出陣前相當，納哈出紿曰：「我之來本追沙劉、關先生、潘誠等耳，非爲侵犯貴境也。今吾累敗，喪卒萬餘，亡裨將數人，勢甚窮蹙，乞罷戰，惟命是從。」時賊兵勢甚盛，太祖知其詐，欲令降之，有一將立納哈出之傍，太祖射之，應弦而倒，又射納哈出之馬而斃，改乘，又斃之。於是，大戰良久，互有勝負。太祖迫逐納哈出，納哈出急曰：「李萬户也，兩將何必相迫」。乃廻騎，太祖又射其馬，斃之。有麾下士下馬以授，納哈出遂得免。日且暮，太祖麾軍以退，自爲殿。嶺路盤紆數層，宦者李波羅實在最下層，急呼曰：「令公救人，令公救人。」太祖在上層視之，有二銀甲賊將逐波羅實，注槊垂及，太祖回馬射二將，皆斃之，即連斃二十餘人，於是更回兵擊走之。有一賊逐太祖，擧槊欲刺，太祖忽側身若墜仰，射其腋，即還騎。又一賊進，當太祖而射之，太祖即於馬上起立，矢出胯下。太祖乃躍馬射之，中其膝。又於川中遇一賊將，其人甲冑護項，面甲又別作頤甲，以便開口，周護甚固，無隙可射。太祖故射其馬，馬作氣奮躍，賊力引轡，口乃開，太祖射中其口。三人既斃，賊大奔。太祖以鐵騎蹂之，賊自相蹈藉，殺獲甚多。還屯定州，留數日，休士卒。先設伏要衝，乃分三軍，左軍由城串，右軍由都連浦，自將中軍當松原，與納哈出遇於咸興平。太祖單騎鼓勇，突進試賊，賊驍將三人並馳直前，太祖陽北走，引其轡，策其馬，爲駷馬狀。三將爭追逼之，太祖忽跋馬右出，三將未能控而前，太祖從後射之，皆應弦而倒。轉戰引至要衝，左右伏俱發，合擊大破之。納哈出知不可敵，收散卒遁去。獲銀牌、銅印等物以獻，其餘所獲，不可勝數，於是東北鄙悉平。桓祖嘗入朝元，道過納哈出，稱道太祖之才，至是納哈出敗歸，曰：「李桓祖諱鄉曰言我有才子，果不誣矣。」後納哈出遣人通好，獻馬于王，且遺鞞鼓一，良馬一于太祖，以致禮意，蓋以服之也。

庚戌，張士誠遣使來獻沉香佛、玉香爐、玉香合綵段、書軸等物。西北面兵馬使報紅賊將復入寇。女真達魯花赤所音山、摠管不花殺趙小生、卓都卿及家口麾下五十餘人。開城府事李仁任爲西北面都指揮使，又遣使于遼陽省體探紅賊。

［八月］乙未，元以滅紅賊之功，遣集賢院侍讀學士忻都賜王衣酒，兼諭與高家奴挾攻盖、海州紅賊餘黨。［丙申］贈忻都金帶、綵衣、苧麻、繊布，不受。

庚戌，以左政丞柳濯爲西北面紅賊防禦諸軍都統使，密直使李珣爲都兵馬使，金漢貴爲東京道，許綱爲安東道，金瑱爲尚州道，李之泰爲普州道，成元揆爲全州道，林堅味爲羅州道，金桂生爲南京廣州道，朴椿爲清州水原道，柳繼祖爲公州道，張熙載爲忠州道，金長壽爲交州道，金庾爲江陵道兵馬使。時有紅賊聲息，又帝有挾攻之命，故有是舉。未幾，聞賊潰乃止。監察司論丹陽公珣、前典理判書印安、前大護軍金瑞光、親禦軍護軍洪義、前都官侍郎閔玹、前護軍李乙柔、淮陽府使康元祐降于紅賊之罪，錮其子孫。

甲寅，以政堂文學韓方信爲西海道都巡察使。

辛酉，遣僉議商議姜之衍如元賀正，典理判書李瑞龍賀千秋節。

［十月］乙亥，留都宰樞啓紅賊後史庫破敗，《實録》散在露地，宜遣史官收貯，從之。

［癸巳］濟州請隷于元，元以副樞文阿但不花爲耽羅萬户，殺萬户朴都孫。

甲午，留都宰樞以紅賊聲息，請移太廟神主及先王真，京城懲前日之變，避入江華者十四五。

十二月癸酉，王聞元立德興君塔思帖木兒爲國王，疑朝臣有貳，遣吏部尚書洪師範爲西北面體覆使，審察情僞。

癸巳，以密直副使柳芳桂爲文阿但不花接伴使，往勞于濟州。遣賛成事柳仁雨如元賀聖節，僉議評理黄順謝賜衣酒。高家奴遣使來獻羊四頭，且請處女。以前中郎將金光徹女送之。

癸卯十二年春正月乙巳，選李蒙古大女，賜布一千五百匹，粧送于元，官其伯叔兄弟。

三月壬寅，地震，遣賛成事李公遂、密直提學許綱如元，進陳情表曰：「御下之方，要使言而無隱；事上之義，苟有懷則必陳。惟其氣合而意孚，是以德隆而業廣。稽振古而若此，矧明時而何疑。敢將無已之求，庸瀆盖高之聽。臣降才讓薄，識事迂疎。千載風雲，早承恩於盛旦；一區山海，甘席寵於餘生。顧報効之無從，惟職貢之是謹。豈意遭罹寇賊，俄而隔絶朝廷。前平壤之蔓延，後開城之蹂及。每交鋒而示弱，固非多筭之所爲；不旋踵而合攻，竟使隻輪之無返。其不避南遷之困，盖欲寛東顧之憂。果聞天聰，獲瞻星使，冒恩已極，揆分何堪。況茲尺寸之微勞，何與鼎鍾之顯刻。然遠人之敵愾，其可取者或存；在昭代之報功，雖至微而必録。撫躬跼蹐，俟命屏營，伏望皇帝陛下敦字小之仁，擴包荒之量，廻九重之獨斷，察萬里之孤忠。渙發德音，播之多方之口；不視功載，編之太史之書。不寧耀今，于以示後。則臣謹當勸歌七德，移箕封按堵之風；祝壽萬年，奉舜殿垂衣之化。」又賀平海盖賊表曰：「大人之造，基緒彌隆；妖寇之平，寰區共慶。皇帝陛下仁敦及物，德洽好生。干羽兩階，謂昏迷之可格；耕桑萬里，欲黎庶之載安。誅討不加，猖狂未已。長驅而直抵箕壤，再聚而復污松京。自念爲寄維藩，不可遺君以賊。發軍盡口，與士同心。果仗皇靈，累殲醜類。何枝黨之餘喘，尚海盖之爲栖。聽帥指而往從，助兵威而耀示。姦萌銷沮，殘孽降投。時升泰平，聖化既敷於率土；境絶陵侮，洪恩偏及於小邦。臣敢不恪修朝聘之儀，益貢康寧之祝？」

夏四月庚子朔，祈雨于毬庭。

丙午，教曰：「近因師旅，民不安業，大小朝官，避難在外，侵奪土田，剥民自利，民生益艱，其令督赴京師。」

壬子，張士誠遣使賀平紅賊，獻彩段及羊、孔雀，王以孔雀賜前侍中李嵒。

甲寅，遣密直商議洪淳、同知密直司事李壽林如元，呈百官耆老書于御史臺，曰：「平輕重者惟衡，辨邪正者惟鑑。天下之枉直是非，孰不取正於憲臺之衡鑑乎。伏念小邦，賊平通路之後，獻捷、賀正、謝恩、賀聖節等使相繼，而未有一人東還者。而又春盡而朔不頒，赦出而使不至，此必朝廷内讒人，而外小邦也。小邦果何罪哉？爰自太祖皇帝以來，先王所立之功，藏在盟府。今王自就國以來，朝聘之禮，不懈益虔。適遇紅賊，成功者再，具已申於中書省矣。儻有過誤，累蒙恩赦，不知讒言何所構而輒有異議，朝廷何所信而乃用讒言。有功而反傷於讒，無功而反冒其寵，四方聞之，得無議乎。『讒人罔極，交亂四方』，詩人之所戒，『無情者，不得盡其辭，大畏民志』，聖人之所美。伏望照以至明，權以至平，旌我王之功，正讒人之罪。天下所望於憲司者益光矣。」

五月丁亥，還安九室神主于太廟，復配享功臣。王聞元使李家奴賫遞位詔來，遣密直副使禹磾爲接伴使，令沮之曰：「近有奸人詐稱使臣謀亂者，故本國使我來迓，敢請使事。」

壬辰，譯語李得春還自元，言：「帝以德興君爲國王，奇三寶奴爲元子，發遼陽兵以送。」得春嘗從姜之衍如元，德興君僞授護軍，王引見，問何官，得春以實對，王即除大護軍曰：「汝若一心輔我，宰相非難。否則禍必速矣。」群臣會議曰：「上即位以來，至誠事大，再殲勍敵，勳勞既著，賊臣濡誣瞞朝廷，構釁遞位，又欲使本國區别軍民，運粮出兵，已遣洪淳具由呈省。姑發兵拒守，以俟明降。」王未敢如何，乃以慶千興爲西北面都元帥屯安州，安遇慶爲都指揮使屯義州，李龜壽爲都巡察使屯麟州，李珣爲都體察使，屯泥城。洪瑄爲都兵馬使，屯静州。禹磾、朴椿爲都兵馬使，分屯江界、秃魯江等處。典工判書池龍壽爲巡撫使，屯龍州，以備西北，皆受都元帥節度。命李仁任爲平壤尹，以調兵食。都安撫使丁贊與韓暉將遊兵往來諸營之間，以察軍情動静。以韓方信爲東北面都指揮使，金貴爲都兵馬使，屯和州，以備東北。

丙申，以密直副使朱思忠爲德興君内應，殺之。思忠謇直，累建功。初下獄，大言曰：「我本無罪，二三執政，無功驟貴，逼人如此。」及死，人惜之。

六月己亥，以版圖判書金湑、開城尹楊伯顔爲棘城防禦使。

辛丑，李家奴入境，執其從者問廢立之故。

戊申，耽羅萬户文阿但不花遣弟仁富獻羊馬。諸州兵屯東郊。

秋七月甲戌，李家奴來，百官陳兵迎於宣義門外。

丙子，贈家奴及副各金帶二腰、鞍馬二匹、衣二襲、苧麻布十匹，又以布分賜傔從。宰樞宴家奴于行省，以百官、耆老上中書省書就付。家奴曰：「吾雖不能達於皇帝、皇太子，可達中書省。」其書曰：「世祖皇帝嘉我忠敬王先天下朝覲之功，釐降帝女于忠烈王，且許不革國俗，以至于今。德興君塔思帖木兒，是忠宣王出宫人嫁白文舉所産者也，而奸臣崔濡誣告朝廷，奪我王位，至煩天兵，其於世爲甥舅之意何哉。伏望敷奏天聰，執塔思帖木兒、崔濡等歸之小邦，以快國人之憤。」

戊寅，李家奴還，百官會宣義門外，陳兵以送。

冬十一月壬申，録己亥擊走紅賊功。

十二月，德興君屯遼東，候騎屢到鴨緑江，朝野震懼。

甲辰十三年春正月丙寅朔，崔濡以元兵一萬奉德興君渡鴨緑江，圍義州。都指揮使安遇慶七戰却之。復出與戰，都兵馬使洪瑄被擒，我軍敗績，走保安州。濡入據宣州，王命贊成事崔瑩爲都巡慰使，將精兵急趣安州，節度諸軍。又命我太祖自東北面率精騎一千赴之。都體察使李珣、都兵馬使禹磾、朴椿引軍來會，我軍復振。

四月甲辰，張士誠遣萬户袁世雄來聘。

甲寅，淮南朱平章遣萬户許成來獻鎧矟。

五月癸酉，遣大護軍李成林、典校副令李韌報聘于張士誠。

戊寅，元遣使來，告竄搠思監于嶺北，朴不花于甘肅，復以孛羅帖木兒爲太尉。

六月乙卯，明州司徒方國珍遣照磨胡若海偕田禄生來獻沉香、弓矢及《玉海》、《通志》等書。

秋七月丁亥，吴王張士誠遣周仲瞻來獻玉纓、玉頂子、綵段四十匹。

九月己巳，護軍張子温還自元，言：「帝命王復位，檻送崔濡。」王大悦，賜子温廐馬一匹、金帶一腰、銀一錠、米豆五十石、布二百五十匹，拜上護軍，其從者二人，各賜銀一錠，米十石。

乙酉，洪淳、李子松、金庾、黄大豆還自元，各賜米豆三十石。

冬十月辛丑，元遣翰林學士承旨奇田龍詔王復位，曰：「我世祖皇帝混一文軌，高麗王瞰向風歸附，授以王爵，遂結懿親。迨兹有年，朝貢不絶。汝伯顔帖木兒克承先業，世篤勤勞。比者妖賊陸梁，轉掠遼瀋之境，犯其疆埸，乃能出奇制勝，殲除群醜。璽章寶玉，復歸天府，功在我家，允有光于前烈。不圖崔濡陰萌險譎，妄希進用，倚權臣搠思監爲葭莩，構閹官朴不花爲媒孽，矇聾奏請詔旨，無辜易位，爰及干戈，一方騷然，朕所深嘆。厥今公論昭著，重以臺評是用，大明黜陟，其塔思帖木兒收還印綬，俾居永平。肆命伯顔帖木兒仍復舊爵，綏輯其民，爲朕東藩。爾其益篤忠孝，毋替厥勳，尚欽哉。」

壬寅，元執送崔濡，繫巡軍。

癸巳，王宴元使奇田龍於内殿，賜鞍馬，田龍不受。

辛亥，遣贊成事李仁復如元謝復位，表曰：「恩還爵秩，事辨罔誣，感動于天，涕零如雨。切以邪正之實，欲盖而彌彰；上下之情，終通而難否。有讒言之或售，而公論之必明。比者本國奸人崔帖木兒不花，謀立先祖臣益智禮普化王，出妾所生塔思帖木兒爲國王，因懷廢臣之心，遂肆欺天之計。表箋禮物，公爲白日之奪攘；符璽捷書，卒沮明庭之論賞。既自幸陰謀之中，又必欲顯罰之加。而臣孤囚山海之閒，極目雲霄之表，剥膚雖切，素節何移。顧影自傷，赤心誰諒。惟巽悟於萬一，以忍死於須臾。果天道之不差，而罪人之斯得。旌別淑慝，特頒當寧之言；振肅紀綱，丕視録功之載。星軺聿至，日角若臨。釋貝錦之前疑，已爲多幸；復藩屏之舊職，益添殊榮。矧又宫錦書鮮，仙醪春盎，豈意非常之寵，薦加不肖之躬。兹盖伏遇，賤懷遠以德之猷，存去邪勿疑之念。察彼蔽聰，而明其冒膺異渥之責；憐臣敵愾，而賜以有光前烈之褒。遂令謗毁之餘，終何保全之惠。臣敢不對揚休命，倍輸述職之誠；綏輯遺民，永戴同仁之化。」

乙卯，李公遂還自元。

己未，遣同知密直司事王重貴如元賀千秋。

十一月辛酉，崔濡伏誅。

丙寅以田禄生爲監察大夫，廉之范爲密直副使。

戊辰，遣密直副使韓公義如元賀正。

**卷四一《恭愍王四》** 乙巳十四年春正月戊辰，遣密直副使金庾如元，請執送德興君。庾至遼陽，知樞密院事黑驢謂庾曰：「帝勑臣杖塔思帖木兒，還其本國。今方背疽，待其愈，杖而歸之。」庾聞之乃還。

二月丁酉，以公主有娠彌月，赦二罪以下。

甲辰，公主病劇，又赦一罪。是日，公主薨。王奉太后移御于德寧公主殿。輟朝三日，百官玄冠素服。

癸丑，遣黄原君、崔伯左副代言金精如元賀聖節。

丙辰，遣密直副使李子松往遼陽，餽黑驢白金及鞍。

三月庚申，倭寇喬桐、江華，命東西江都指揮使、賛成事崔瑩帥兵出鎮東江。

壬戌，遣密直副使楊伯淵如元告公主喪。

戊辰，女真所音山、所應哥、阿豆剌等請降，處之朔方。

己巳，元遣吏部侍郎王朶例禿、吏部奏差胡天錫來，册王爲太尉，仍賜酒。又以壬寅平紅賊功，宣授韓方信秘書監丞，安遇慶廣文監丞，黄裳經正監丞，李龜壽太僕寺丞，李餘慶崇文監丞，並階奉訓大夫。王迎于行省，仍宴使臣。

戊子，遣密直副使洪師範如元，謝册命。表曰：「踐修先緒，光膺千里之封；迪簡上心，又錫三公之命。恩非意及，感與愧并。臣斗筲謭材，藩輔遺裔，由弱歲入承睿眷，以致立揚；雖寸心恒抱愚衷，莫伸報効。偶值豕蛇之至，少輸犬馬之誠。然蠅止樊，竟遭誣構之禍；如魚脱網，實荷保全之私。甫獲更生，絶無他望，忽星軺之戾止，驚璽書之在兹。欲辞讓則近名，故僶俛焉就職。遠慙止足，深戒滿盈。皇帝陛下運撫中興，仁同一視，遂頒茂渥，以寵遐邦。臣謹保家聲，益彰聖化。九霄雖遠，如瞻黼黻之光；四境粗安，惟祝岡陵之壽。」

夏四月辛卯，吴王張士誠遣使來獻方物。

壬辰，葬公主于正陵。［辛丑］遣監察大夫田禄生、宦者府院君方節如元，進禮物于皇太子，又贈廓擴帖木兒及瀋王等。崔伯、楊伯淵、洪師範等以元亂道梗，不至而復。

五月，四都監十三色官吏及凡與公主喪事者悉除官。

八月庚寅，明州司徒方國珍遣使來聘。

庚子，瑞寧君柳淑乞歸田里，許之。

九月乙丑，皇太子遣僉院成大庸宣令旨，賜王衣酒。

冬十月癸巳，方國珍遣使來聘。

閏月丁巳，以全普門判三司事，崔伯爲密直使商議。

癸亥，遣密直使商議崔伯如元賀千秋節。

甲子，賜尹紹宗等及第。

元遣大府少監安僧來，詔皇太子討平逆賊孛羅帖木兒。

十一月癸巳，元遣直省舍人阿敦也海來詔，以伯撒里爲太師、右丞相，廓擴帖木兒爲太傅、左丞相。

丙午十五年春三月庚子，親設文殊會於宫中。遣密直提學田禄生聘于天下總兵官、河南王廓擴帖木兒。遣使賀皇太子定難還都。箋曰：「龍旗攸指，肅將天子之威；鶴駕言旋，大慰都人之望。屬兹播告，舉有欣歡。皇太子殿下偉量淵冲，英猷果斷，勵精弘化，賛文德於誕敷；受命啓行，揚戎兵於克詰。匪徒振耀，惟以敉寧。妖寇如鼎魚，應悔乞降之不早；逆臣爲社鼠，方知犯順之必誅。何猖獗之足虞，盖指揮之有定。風霆動盪，詎容邪氣之留；日月清明，遂絶浮雲之蔽。兹皆睿算，上協宸衷。事有萬全，與神謀，與衆共；心無貳適，爲子孝，爲臣忠。是宜出紓國步之艱，入奉天顔之喜，聲名廣被於中外，功業卓冠於古今。凡在見聞，疇非蹈舞？臣跡慙蠖屈，心慕鷹揚。萬騎來朝，遥想凱歌之奏；四方稱慶，倍祈胡考之休。」

四月庚申，賀正副使林大光還自元。大光至遼陽，爲群盗所圍，以所賫賜王衣酒及皇太子令旨示之。盜曰：「無以此物爲也。但爲高麗王。」釋之。

甲子，左司議大夫鄭樞，右正言李存吾上疏論辛旽。王大怒，貶樞爲東萊縣令，存吾爲長沙監務。

辛未，賀正使判三司事全普門還自元，帝授翰林侍講學士，知制誥，同脩國史。普門目不知書，國人大駭。元末官爵之濫如此。

五月乙酉，遣鄭元庇聘于河南王廓擴帖木兒。

丙戌，王出時御宫東岡觀擊毬。

丁亥，以誕日飯僧七百于内殿，賜布千餘匹。

壬辰，侍中柳濯謝病乞退。

癸巳，正陵役，大伐德陵木殆盡，以營齋室。守陵者不敢禁。又大起公主影殿于王輪寺東南，令百官以秩出役夫，輦木石。數百人挽一木尚不能進，呼耶聲動天地，晝夜不絶，牛死者相繼于道。

六月壬戌，田禄生不達河南而還，書狀官金齊顔欲達使命，留燕京。

八月丁卯，瀋王篤朶不花遣使來。

壬申，王更名顓，遣使如元，表請曰：「命物以類，宜莫尚於自嫌；登名于朝，敢無因而輒改。故當敷奏，冞切凌兢。切惟小國之風尚仍其舊；蓋由世皇之詔，毋變其初。自臣名祺，襲封歸國，大而官司案牘，微而里巷書詞，凡爲字從示從其，而其聲相同相近，悉皆請避，謂是故常。臣久乃知事多有礙，故衆情之莫奪，惟自改之爲便。臣曾祖忠烈王諱諶，改昛，祖忠宣王諱謜，改璋，考其所由，罔不在此。臣今亦擬顓字爲名，儻垂兼聽，曲貸擅更。謹當期一節以釐東，立揚終始，誓專心於拱北，報荅生成。設文殊會於宫中凡七月。

丙子夜，王微行觀影殿。

戊寅，幸奉先寺觀星象圖。

己卯，遼陽平章高家奴獻鷂，王放之。王性慈愛，不忍害物，嘗見狗鳴急，曰：「此必腹痛也。」命出内藥。藥未至，王立待之。在位踰紀，未嘗一爲遊畋之樂。

十一月辛丑，河南王遣中書檢校郭永錫偕金齊顔來報聘。

十二月戊申朔，郭永錫謁文廟。

辛亥，郭永錫以百金享王，承河南王之命也。酒半，永錫請侍臣聯句，左右皆武人，相顧失色。王甚慙。

癸丑，王宴郭永錫，贈襲衣、金帶、鞍馬，不受。

甲寅，封王氏爲益妃，賜姓韓氏，安氏爲定妃。

己未，郭永錫還至平壤府，題箕子廟，詩曰：「何事佯狂被髮爲，欲將殷祚獨扶持。去之祇爲身長潔，諫死誰嗟國已危。魯士一丘松栢在，忠魂萬古鬼神知。晚來立馬朝鮮道，髣髴猶聞《麥秀》詩。」

癸酉，遼陽省同知高家奴遣使來，獻田犬。

丁未十六年春正月丁亥，元遣前遼陽理問忽都帖木兒，追錫永陵曰攄誠宣忠崇仁秉德協恭寅亮功臣，謚忠惠；明陵曰協誠輔理演德宣惠奉化保慶功臣，謚忠穆；聰陵曰守誠履正佐理翊順保義迪慶功臣，謚忠定；忠肅王妃伯顔忽都公主曰肅恭徽寧公主；王妃寶塔實里公主曰魯國徽翼大長公主；封永陵妃亦憐真班公主爲貞順淑儀公主。

戊戌，彗見垂地。

丙午，幸公主魂殿，告錫命，仍設大享。教坊奏新撰樂章，王坐對公主真侑食，禮如平生。宗室、宰樞侍宴。辛旽與王並坐殿上。

二月庚戌，皇太子遣大府卿大都驢賜王衣酒，王以衣一襲賜公主魂殿宦者尹忠佐，令宿衛向忠佐三拜。

壬子，王宴大都驢。

癸亥，元使高大悲來自濟州，帝賜王綵帛、錦絹五百五十匹，宰樞亦有差。時帝欲避亂濟州，仍輸御府金帛，乃詔以濟州復屬高麗。時牧胡數殺國家所遣牧使萬户以叛。及金庾之討牧胡，訴于元，請置萬户府。王奏金庾實非討濟州，因捕倭追至州境，樵蘇牧胡妄生疑惑，遂與相戰耳。請令本國自遣牧使萬户，擇牧胡所養馬以獻如故事，帝從之。

庚午，元以辛旽爲集賢殿大學士，賜衣酒。

三月庚辰，遣典法判書白漢龍如元謝恩，前同知密直司事王重貴賀聖節。

癸卯，遼陽平章洪寶寶、知遼陽沿海行樞密院事於山帖木兒遣使來聘。

五月戊寅，遣張子温報聘于河南王。

乙巳，元中書省遣直省舍人乞徹牒，曰：「倭賊入寇必經高麗，宜出兵捕之。」

[八月]乙卯，元遣直省舍人山塔失里來，告以完者帖木兒爲左丞相。

九月丁丑，元遣長秋寺少卿篤憐帖木兒來，告罷廓擴帖木兒摠兵官，命皇太子揔天下兵馬。

戊申十七年春正月，戊子，日本國遣僧梵盪、梵鏐偕金逸來報聘。遼陽省平章洪寶寶，哈剌不花等遣客省大使卜顔帖木兒來諭：「大明兵勢甚盛，請悉心備禦。」

［六月］乙巳，幸定妃宮。乳媪白王曰：「今方農月，旱甚，願停影殿之役。」王怒黜之。

秋七月乙亥，日本遣使來聘。

己卯，對馬島萬户遣使來獻土物。

戊子，遼陽省於山帖木兒遣使來聘。

閏月，以旱放影殿役徒。

壬寅，雨，國人相謂曰：「影殿小弛而天小雨，若罷則天必大雨。」

乙未，王聞大明兵圍皇城甚急，以左常侍曹敏修爲義、静州等處安慰使，前典理判書林堅味爲安州巡撫使。

九月，遼陽省平章洪寶寶遣使來聘。

乙卯，本國人金之秀自元來，言：「大明舟師萬餘艘泊通州，入京城，元帝與皇后奔上都。太子戰敗，又奔上都。」

丁巳，令百官議通使大明。

冬十月癸酉，遣判宗簿寺事文天式如元，賀千秋節。天式至遼陽，道梗而還，杖復遣之。

［十一月］丁未，遣禮儀判書張子温聘于吴王。吴王禮待甚厚，使六部、御史臺宴慰。至臺宴日張樂，大夫謂子温曰：「臺宴未嘗用樂，今日之樂爲使臣也。」子温曰：「樂以和爲主，諸公既以和氣相接，何必樂爲。夫子曰：『樂云，樂云，鍾鼓云乎哉。禮云，禮云，玉帛云乎哉。』」大夫曰：「尚書既知禮樂之本，不必用樂。」乃止。吴王聞之，加厚禮以送。

丙辰，元遣利用監太卿巒子罕來，詔分命諸將，以圖恢復。王迎于行省。

己未，王宴元使于時御宫。

甲子，遣贊成事李成瑞如元賀正。

己酉十八年春正月辛丑，遼陽省納哈出及平章洪寶寶遣使來聘。

壬寅，王親祭公主魂殿，奏妓樂，極懽如平生。德寧公主及辛旽侍宴，夜分乃罷。

二月丁卯，親祭正陵。

癸酉，幸王輪寺。

戊子，元遣中書省右丞豆利罕賜王衣酒。王贈豆利罕衣服、金帶，不受。

三月癸卯，元遣使進王爲右丞相。

甲寅，遣同知密直司事王重貴如元，賀聖節。

［四月］壬申，幸公主魂殿，飯僧。

壬辰，大明皇帝遣符寶郎偰斯賜璽書及紗羅、段匹，捴四十匹，王率百官出迎于崇仁門外。其書曰：「大明皇帝致書高麗國王：自有宋失馭，天絶其祀，元非我類，天命入主中國百有餘年，天厭其昏淫，亦用隕絶其命，華夷擾亂十有八年。當群雄初起時，朕爲淮右布衣，忽暴兵疾至，誤入其中，見其無成，憂懼不寧。荷天之靈，授以文武，東渡江左，習養民之道，十有四年。其間西平漢主陳友諒，束縛吴王於姑蘇，南平閩越，勘定八蕃，北逐胡君，肅清華夏，復我中國之舊疆。今年正月，臣民推戴，即皇帝位，定有天下之號曰大明，建元洪武。惟四夷未報，故修書遣使，涉海洋，入高麗，報王知之。昔我中國之君，與高麗壤地相接，其王或臣或賓，盖慕中國之風，爲安生靈而已。天監其德，豈不永王高麗也哉。朕雖德不及中國之先哲王，使四夷懷之，然不可不使天下周知。」斯以去年十一月發金陵，海道艱關，至是乃來，斯即遜之弟也。遣禹磾聘于淮王。

五月甲午朔，日食。

乙未，偰斯以二羊享王。

丁酉，斯還，王餽鞍馬、衣服，不受。宰樞贈人參、藥物，亦不受。王命文臣賦詩以贈。

戊戌，幸高羅里觀擊毬。

辛丑，停至正年號。

甲辰，遣禮部尚書洪尚載、監門衛上護軍李夏生奉表如金陵，賀登極，仍謝恩，其表曰：「秉籙膺圖，復中國皇王之統；體元居正，同萬邦臣妾之心。景命有歸，懽聲旁達。皇帝陛下，文明邁舜，勇智躋湯。雷厲風飛，集大勳於戡定；鼎新革古，熙洪號以創垂。典章文物之粲然，華夏蠻貊之率俾。臣邈處東表，顒望北辰，雖未參稱賀之班，願恒貢蘄傾之懇。」

［八月］戊辰，遣捴部尚書成凖得如京師賀聖節，大將軍金甲雨賀皇太子千秋節，工部尚書張子温賀正，仍請賜本國朝賀儀注。

丙戌，北元中書省及太尉丞相奇平章遣使來聘。

九月己亥，北元吴王、淮王、雙哈達王皆遣使報聘，獻馬四十餘匹。時吴王等先聘于我，我遣禹磾回謝，吴王請昏于我，淮王待磾甚厚，且欲以其女歸于我，請觀其女，磾辭曰：「臣受命修聘耳，若請昏，非臣所知。」王强使見之。是月，伐礎石于崇仁門外，輓致馬岩，大如屋，震且吼，聲如牛。又發丁州縣，需材水運，或壓或溺，死者無算。中外困弊，無敢言者。時王召元朝梓人元世于濟州，使營影殿。世等十一人挈家而來，世言於宰輔曰：「元皇帝好興土木，以失民心。自知不能卒保四海，乃詔吾輩營宮耽羅，欲爲避亂之計。功未訖而元亡，吾輩失衣食。今被徵復衣食，誠萬幸也。然元以天下之大，勞民以亡；高麗雖大，其能不失民心乎。願諸相啓王。」宰輔不敢以聞。

冬十月甲子，王在王輪寺宴淮王、吴王使，二使各獻黄金佛一軀。時王方惑浮屠，故因所好爲贄。

乙酉，遣參知門下大將軍崔伯、柳雲歸侍中金逸逢女于吴王，且逆女于淮王。伯道卒，淮王不果送女。

[十一月]戊午，納哈出遣使來獻馬。

[辛未]，瑞原君盧旹奉元詔至黄州，王遣大將軍宋光美殺之。以守門下侍中李仁任爲西北面都統使，賜大纛以遣之。王嘗巡御西京，製大纛，置官守衛，以時致祭。至是，授仁任出鎮，禡于大清觀。及行，令五軍衛送于黄橋，又以密直副使楊伯顔爲副元帥。自秋以來，東西北面要害多置萬户、千户，又遣元帥將擊東寧府，以絶北元。

# 《庚申外史》

明 權衡 撰

**卷上** 癸酉元統元年，先是歲壬申秋，文宗車駕在上都。八月疾大漸，召皇后及太子燕帖古思、大臣燕帖木兒曰：「昔者晃忽叉之事，爲朕平生大錯。朕嘗中夜思之，悔之無及。燕帖古思雖爲朕子，朕固愛之，然今大位乃明宗之大位也，汝輩如愛朕，願召明宗子妥懽帖木兒來登兹大位。如是，朕雖見明宗於地下，亦可以有所措詞而塞責耳。」言訖而崩。晃忽叉者，乃明宗皇帝從北方來，飲毒而崩之地。燕帖木兒大懼，爲之躊躇者累日，自念晃忽叉之事己實造謀，恐妥懽帖木兒至，究治其罪，姑秘文宗遺詔，屏而不發。因謂文宗后曰：「阿婆且權守上位，王室妥歡帖木兒居南徼荒瘴之地，未知有無，我與宗戚諸王徐議之可也。」是時，燕帖木兒以太平王爲右相，禮絶百寮，威焰赫赫，宗戚諸王無敢以爲言者。逗遛至至順四年三月，上位虚攝已久，内外頗以爲言，燕帖木兒始迎明宗皇帝幼子懿璘只班登寶位，不發詔，不改年號，逾月而崩，廟號甯宗。既而，燕帖木兒建議欲立燕帖古思，文宗后苦辭曰：「天位至重，吾兒恐年小，豈不遭折死耶。妥歡帖木兒在廣西静江，可取他來爲帝。且先帝臨崩云云，言猶在耳。」於是，燕帖木兒知事不能已，遂奉太后詔旨，遣使去廣取妥歡帖木兒太子來京。太子行至良鄉，以郊祀鹵簿禮迎之，蓋燕帖木兒欲以此取悦太子之意。既而，燕帖木兒驅馬與太子竝行，馬上舉鞭指示告太子以國家多難，遣使奉迎之由，太子訖無一言以答之。燕帖木兒心疑懼，留連至六月，方始使登位，改元元統元年，尊文宗后爲皇太后，丞相燕帖木兒加太師，左丞相，撒敦爲右丞相，伯顔爲樞密院知院，唐其勢爲御史大夫。撒敦者，燕太師之弟也，唐其勢者，太師之子也。徽政院使宦者高麗人秃滿歹兒者首薦高麗女子祁氏於帝，祁氏性黠慧，有寵於帝，秋九月，太后謂大臣曰：「正宫未有人，何不選立之。」衆對曰：「今太師丞相有女端嚴正大，宜爲天下母。」於是，立太師女伯牙吾氏爲后。后權臣家女，習於驕貴，又輕帝年幼，見帝寵祁氏，心不平之，日夜捶楚祁氏，幾不勝一夕，又跪祁氏於前，籌問其罪，加烙其體。翼日，司天奏昨夕火星犯后妃。帝雖不言，甚銜之。初世祖皇帝家法賤高麗女子，不以入宫，至是始壞祖宗家法，識者知天下之將亂也。

甲戌元統二年，太師太平王燕帖木兒自帝即位以來不復留心政事，惟日溺於酒色，收晉邸后爲妻，諸公主嫁之者四十餘人，有某王位公主嫁及門三日不得見。既而傳旨曰：「公主且歸我，要時來取。」燕帖木兒宴趙中丞家，男女共坐，名爲鴛鴦筵席。偶坐中有一婦人顔色甚麗，太師目之，問曰：「此爲誰。」意欲留之，左右告曰：「此太師幾夫人某氏也。」由是，酒色過度，體羸溺血而死。太尉伯顔陞爲右丞相。伯顔當帝在廣西來京師，宿留汴梁，心方不測朝廷權臣意，其時伯顔適爲汴梁省左平章，提所有蒙古漢軍扈從入京，帝深德之。既以扈從功封太尉，至是一旦爲相，居唐其勢上。唐其勢忿曰：「天下者，本我家天下也。伯顔何人，位居我上。」或時裹甲帶刀至伯顔家，或夜入都人家飲，然猛憨無術，實無他異謀也。

乙亥至元元年，四月，右丞相伯顔奏曰：「御史大夫唐其勢與其弟答剌海爲文宗義子者謀爲不軌，將不利社稷。」有詔捕之。唐其勢攀檻不肯出，答剌海匿皇后袍下。右丞相復奏曰：「豈有兄弟謀不軌而姐妹可匿之乎」，并執皇后以付有司。后呼曰：「陛下救我。」帝曰：「汝兄弟謀害我，我如何救得伱」，亦絞死於東門外。唐其勢既死，命撒的爲御史大夫，立翁吉剌氏爲皇后。后乃世宗察必之曾孫也。性莊厚寡言笑，號正宫皇后，復立祁氏爲次宫皇后，居興聖宫，號興聖宫皇后。二宫竝爲后自此始。伯顔奏曰：「陛下有太子，休教讀漢人書。解人又其閒好生欺負人。往時我行有把馬者，久不見，問之，曰，往應舉未回。我不想科舉都是這等人得了」，遂罷今年二月禮部科舉。

丙子至元二年，詔徵西域臣剌麻至京，禮爲帝師，仍以故太師燕帖木兒第賜之。

丁丑至元三年，以伯顔爲太師，答剌罕左丞相，封秦王。伯顔本剡王家奴也，謂剡王爲使長。伯顔至是怒曰：「我爲太師，位極人臣，豈容猶有使長耶。」遂奏剡王謀爲不軌，殺剡王并殺王子數人。初伯顔謀封秦王時，或告伯顔曰：「秦王大名恐不宜居。」伯顔曰：「我聞淮東有秦郵，我索秦郵爲秦王，非西秦也，何不可之有。」時天下貢賦皆入於伯顔家，省臺官多出其門下，每罷朝，皆擁之而退，朝廷爲之空矣。禁漢人南人不得持寸鐵，賜高年帛，禁百姓畜馬，有差品官畜馬。六月，天下謡傳拘刷童男童女，民間皆望風成婚。河南棒胡者，河南散山縣人，好使棒，棒長六七尺，進退擊伎如神，遠近聞者稱棒胡。其徒弟百餘人有名，胡山花亦善棒，開州人轆軸李，陳州人棒張皆起兵應之，河南左丞慶童督兵，敗之於鹿邑岡，擒之，號其岡爲得勝岡。伯顔數往太皇太后宫，或通宵不出，京師爲語曰：「上把君欺，下把民虐，太皇太后倚恃著。」彗出紫薇垣數十丈凡十餘日，古者以爲應在十五年後，至年果驗。京師大水，朱光卿、石昆山亂於廣南之惠州，既而復有李智甫、羅天麟亂於閩漳，皆討平之。

戊寅至元四年，詔郡縣舉隱逸士，詔修曲阜孔廟。袁州妖僧彭瑩玉徒弟周子旺以寅年寅月寅日寅時反，反者背心皆書「佛」字，以爲有佛字刀兵不能傷。人皆惑之，從者五千餘人。郡兵討平之，殺其子天生地生母。佛母瑩玉遂逃匿於淮西民家。瑩玉本南泉山慈化寺東邨莊民家子，寺僧有姓彭者，年六十餘歲，善觀氣、色，一夕夜雪，見寺東約二十丈紅焰半天翼日，召其莊老詢之曰：「昨夜二更時，汝邨中得無失火乎，抑有他異事乎。」內有一老曰：「邨中無事，惟舍下媳婦生一兒。」僧遽喜曰：「曷與我爲徒弟，可乎。」老遂捨爲僧。於是，遂以穀帛若干酬之。其子年十歲始送入寺，與羣從嬉時，預言禍福皆驗。年十五，南泉山下忽産一泉甚冽，是時，民皆患疾疫，瑩以泉水施之，疾者皆愈，以故，袁民翕然事之如神。及事敗逃淮西，淮民聞其風，以故争庇之，卒不爲有司所捕獲。伯顔與太皇太后謀立燕帖古思而廢帝，其姪脱脱頗聞其謀，竊以告其師胡行可。行可教之以密告於帝，令帝知之而預爲防。冬十一月，河南范孟端反。孟端者，河南杞縣人也，始爲內臺知班，發身掾河南省臺。其人貧無資，寡交遊，人皆謂不辦事，鬱鬱不得志，又久不得補。一日，大書省壁曰：「人皆謂我不辦事，天下辦事有幾人，袖裏屠龍斬蛟手，埋没青鋒二十春。」後有守省御史來，與孟端有舊，力爲言之，乃得補，又不幫俸。孟端憾曰：「我必殺若輩。」一夕，與其黨霍八失等約曰：「我冬至日應直省，汝四人當以黄臘爲丸彈狀佩之稱聖旨，刦鋪馬，乘昏夜入河南省臺，中堂坐定，喚當值掾史來傳旨，我則佯應之曰，諾。有河南廉使段惟德致仕在家，即傳聖旨，召之使居省中權事。餘省官呼入者，汝皆傳聖旨槌殺之，凡發號令，惟聽我施行。如此大事必成，可以得志，富貴可共也。」已而皆如其言。是日，省憲官置酒，皆醉於家，於是平章月魯不花、左丞刦烈、理問金剛奴、郎中完者禿黑的兒、都事拜住、總管撒思、監司禿滿、萬户完者不花等喚入，皆若使聽聖旨，然即以鐵骨朵自後搥死，棄尸後園。稱聖旨除孟端爲河南都元帥，拘收大小衙門印，自佩平章，發兵虎符調兵守城，把諸街巷中人不得往來，封閉黄河大江渡船，使南北毋通，發各道兵來聽調。孟端在省祭祖，去杞縣祭祖墳，經五日久，用金鼓押諸衙門正官首領官凡若干人斬於市。有馮二舍者，孟端用爲省宣使，使在外給事，馮因叩孟端曰：「幸引我見朝廷官。」孟端醉不覺，吐而言曰：「何者爲朝廷官，我便是也。」馮覺其僞，因隨孟端出，竊告省都鎮撫曰：「使臣者，僞也，可閉諸省門勿納，我將圖之。」於是，殺孟端於外。時省中猶未信，擲其首示之，乃開門持兵者入。霍八失等竄竹園中，遂俱撲殺之。當孟端反時，百官俯首聽命，獨歸賜不從。孟端曰：「朝廷以月魯輩有罪，別選用人，歸先生不願仕宦耶。」賜曰：「有母在堂，不願也。」又曰：「歸先生不怕死耶。」賜曰：「死生有命。」元帥遂囚之，事敗得出。故天下多歸賜自此始。

己卯至元五年冬，皇太子生，名愛育失黎答臘，寔興聖宫祁氏子也。乳脱脱妻，人皆呼脱脱爲奶公。其後脱脱因奏令正宫皇后子之。十二月，伯顔請帝飛放，帝疾不往，伯顔固請，燕帖古思太子同往，遂獵於柳林。脱脱竊告帝曰：「伯顔久有異志，兹行率諸衛軍以行，往必不利於社稷。」帝幸不與之俱往，無奈太子在柳林何，即夕即召高保哥月怯察兒，與之謀討伯顔，卸其軍權。於是，先令月怯察兒夜開城門，星馳往柳林，竊負燕帖古思太子入城，又忌翰林官泄其事，時特使平章沙加班召其館客茫匯氈裹之車中以載之入。賜之坐，諭以罪狀伯顔卸其軍權誅之之意，使草詔。四更，使只兒瓦歹平章及沙只班齎詔向柳林，先卸其軍權，天明，閉大都諸城，上開讀詔書畢，御史大夫脱脱踞坐城門上傳聖旨曰：「諸道隨從伯顔者竝無罪，可即時解散，各還本衛。所罪者惟伯顔一人而已。」伯顔養子詹因不花知院、落失蠻尚書謂伯顔曰：「擁兵入宫問奸臣爲誰，尚未晚也。」伯顔卻之曰：「只爲汝輩向時與脱脱不和，致有今日，尚欲誤我耶。情知皇帝豈有殺我之心，皆脱脱賊子之所爲也。」言未既，又有詔到柳林，伯顔除河南省左丞相。伯顔請入辭帝，使者不許，曰：「皇帝有命，命丞相即時起行，無入辭。」伯顔至河南，又有詔令伯顔陽春縣安置。初伯顔過真定府，時父老捧獻果酒，伯顔謂父老曰：「爾曾見天下有子殺父之事。」父老曰：「不曾見子殺父，但奴婢殺使長。」蓋暗指伯顔殺剡王事。伯顔聞知，俛首不語，殊有慙色也。臺臣奏曰：「太皇太后非陛下母，乃陛下嬸母也。前嘗推陛下母墮燒羊爐中以死。父母之仇不共戴天。」乃貶太后安州安置，太子燕帖古思瀋陽路安置，乃遣云都赤月怯察兒押送瀋陽。太子忽心驚，知其將殺己也，飛馬渡河而去。月怯察兒追之，拉其腰而死。云都赤者帶刀宿衛之士也。太后亦每言帝不用心治天下，而乃專作戲嬉，故此舉雖出於權臣，實亦帝心之所欲也。尚書高保哥奏言：「昔文宗制治天下有曰：「我明宗在北之時，謂陛下素非其子。」帝聞之大怒，立命撤去文宗神主於太廟，并問當時草詔者爲何人，遂欲殺虞伯生。馬雍古、祖常二人呈上文宗御批，且曰：「臣受勅紀載，實不獲已。」脱脱在旁因曰：「彼皆負天下重名，後世只謂陛下殺此秀才。」故舍之而不問。國初，宋江南歸附時，瀛國公幼君也，入都自願爲僧白塔寺中，已而奉詔居甘州山寺。有趙王者嬉遊至其寺，憐國公年老且孤，留一回回女子與之。延祐七年，女子有娠，四月十六夜生一男子，明宗適自北方來，早行，見其寺上有龍文五彩氣，即物色得之，乃瀛國公所居室也。因問：「子之所居得無有重寶乎。」瀛國公曰：「無有。」固問之，則曰：「今早五更後，舍下生一男子耳。」明宗大喜，因求爲子，并其母載以歸。

庚辰至元六年，伯顔行至江西豫章驛，飲藥而死，殮以杉木棺。寘棺上藍寺中，屍水流出户外，人皆掩鼻過之。籍其家，數月摒擋不盡，米糠數房，燒餅至一房，其嗇也如此。或言伯顔家畜西番師婆名畀畀，每問來歲吉凶，又問自己身後事當如何。畀畀曰：「當死於南人手。」故其秉政時，禁軍器刷馬匹，蒙古色目毆漢人南人，不得回手等事，皆原於此。先是阿乂赤大夫、完者帖木兒王二人頗有氣節，見伯顔私通太后，殺剡王，竊相議曰：「此人有無君心，不除之必爲國家患。」於是截髮爲誓，私相約曰：「但得閒即行之。」一日，伯顔休息於家，二人侍立，或言云都赤佩刀乃水總管鑌鐵善刀也，阿乂赤都借觀稱善，久之，伯顔亦欣然起，披衣觀之。完者帖木兒王喜於得閒，從旁促阿乂赤，阿乂赤懼不敢發，完者帖木兒王疑其中變害己，因長跪首曰：「閒者阿乂赤觀刀時有害太師心。」伯顔大怒，即捽向前，阿乂赤跪曰：「此人常有害太師心，我不從，故反告我。」即併殺二人而籍其家，其酷虐如此。命脱脱爲左丞相，益都忽爲右丞相，韓家奴爲御史大夫，汪家奴爲樞密使。初伯顔既敗，其弟馬札兒台以誅伯顔有功，故繼其位爲首相。僅半載，於通州置榻坊、開酒館、糟坊，日至萬石。又使廣販長蘆、淮南鹽。其子脱脱不以爲然，嗾參政佛嘉問曰：「吾父喜君所行，言無不聽，曷諫我父使解職閒居。不然，人將議我家逐其兄而攘其位，衆口甚可畏也。」佛嘉問如其言，因乘閒諫之，馬札兒台果辭職家居，封爲太師。於是，陞益都忽爲首相，而己副之焉。詔復行科舉。詔太廟四時祭享，賜天下高年粟帛，蠲天下租分。右丞相益都忽、左丞相脱脱奏曰：「京師人煙百萬，薪芻負擔不便，今西山有煤炭，若都城開池河上，受金口灌注，通舟楫往來，西山之煤可坐致城中矣。」遂起夫役大開河五六十里。時方炎暑，民甚苦之。其河上接金口高水河，金口高水瀉下，湍悍礧流，行二時許，衝壞地數里，都人大駭，遽報脱脱丞相。丞相亟命塞之，京師人曰，脱脱丞相開乾河。秋河北大水。

辛巳至正元年，詔選儒臣歐陽元、李好文、黄縉、許有壬等數人，五日一進，講讀五經四書，寫大字，操琴彈古調，常宣文閣用心前言往行，欽欽有向慕之志焉。大興國子監，蒙古、回回、漢兒人三監生員凡千餘。然祭酒、司業、博士多非其人，惟粉飾章句，補苴時務以應故事而已。凡在諸生日啖籠炊粉羹，一人之食爲鈔五兩，君子以監學乃作養人材之地，而千百爲羣，恣縱恬嬉，玩愒歲月，以侮嫚嘲謔爲賢行，加屏風以障市人，入茶酒肆不償直，棹臂而去，無敢誰何，是壞天下人材，何作養之有焉。曩加孫監生也，積分試中累官至秘丞，在朝鬱鬱，後爲分省右丞。一日，奉擴廓命入京師議事。揚揚過市中大言曰：「我今日只知有總兵，不知有皇帝。」人聞其言，相過問曰：「此何官人也。」或曰：「此是往時國生曩加孫也。」人皆歎曰：「此官所言是報當日籠炊也。」又普賢奴者亦監生也，積分中舉歷官至左右司員外郎，因奉命至擴廓軍中，留之爲分司部尚書。已而京師大饑，遣户部侍郎求粮於擴廓。普賢奴知之，請與相見，因責之曰：「朝廷遣汝來求粮耶，歸語汝丞相，朝廷自紅軍禍亂以來，前後命總兵官勦捕，皆有供給官辦粮料，如鞏不斑、也先帖木兒、太不花、答失八都禄等是也，獨我察罕父子總兵，平大河南北山東等處，竝不曾費朝廷一毫供給。今又起軍肅清江淮，亦不索朝廷供給粮料，而朝廷反求粮於我耶。」張志道參政在側，因歎曰：「三十二年天子，豈可使無一頓飽飯吃耶。」遂啓擴廓以山東粮五千運入京師。往往國生所就類如此。樞密院掾史杜遵道棄去不仕，適潁川，遂爲紅軍舉首。先是伯顔爲丞相，馬扎兒台爲知院，遵道爲書生，上言請開武舉，以收天下智謀勇力之士，馬扎兒台遂補爲掾史。既而知不能行其業，遂棄去，後爲賊中舉首。

壬午至正二年，詔曲阜衍聖公陞秩二品。慶元守王元行鄉飲酒禮。詔譯唐「貞觀政要」。二月，帝出元載門，耕籍田。是年秋，監察御史言宦官太盛，宜減其額并宫女，蓋時宦者多高麗人爲之也。

癸未至正三年，鹵簿冕服新成，親祀南郊，時春二月也。議修遼、金、宋三史，丞相脱脱意欲成之，而所費浩大，錢粮經數不足，頗以爲憂。掾史行文書，丞相三卻之，掾史遂與國史典籍謀之，數日，丞相不喜。或曰，若非錢粮無可措畫乎，此易耳。江南三省南宋田頗有貢(士)〔士〕莊錢粮者，各路椿寄累年，倉庫盈積，有司亦嘗借用之。此項錢粮以爲修史費，孰曰不然。掾史即日引見丞相，丞相聞其説甚喜，於是奏臣使儒臣歐陽元、揭奚斯等於國史院修撰遼、金、宋三史。

紹興守泰不花行鄉飲酒禮，詔天下立常平倉。河決白茅口。冬十月十有七日，有事於南郊。前三日，裸於太室，拜享於列聖，次第至甯宗前，帝問禮儀使曰，我兄也，彼弟也，拜合禮儀否。禮儀使傳旨問博士，劉聞對曰，甯宗皇帝雖是弟，然曾承宗器而爲皇帝時，陛下亦嘗作他的臣子來，當拜。又春秋時魯國的諸侯有閔公、僖公，閔公是弟，先作諸侯，僖公是兄，在閔公後作諸侯。宗廟四時祭祀，未聞僖公不拜閔公。比這例兒，陛下合拜。帝乃拜。南郊禮畢，大赦天下，蠲天下民租五分。詔天下立常平倉。先是，以五事備取守令，以常平倉得法，湊成六事。

甲申至正四年春，歐陽元、揭奚斯等修遼、金、宋三國史告成，禮部引國史合院官稟右丞相脱脱奏聞。脱脱摇首曰：「此秀才事，我弗知。」三稟三卻，衆皆患之。或曰：「丞相好美名，今此史具列某修，丞相見其名不列，宜其慍也。盍稟之曰，自古前代史書雖以史官秉筆，而總裁則歸一人，如唐書則歐陽修總裁，資治通鑑則司馬光總裁，今遼、金、宋三國史幸蒙丞相奏用儒臣某等，行其文而所以掌其事，使就緒，實賴丞相之力也。某等謹以書丞相爲總裁官。丞相幸始終成之，以爲一代之盛典，豈不可乎。」於是脱脱大喜，即命掾史具進史，儀部鼓吹導從，前後輝光，自史館進至宣文閣，帝具禮服接之，觀者以爲近代無之。先是諸儒論三國正統，久不決，至是脱脱獨斷曰：「三國各與正統，各繫其年號。」議者遂息。然君子終以爲非也。進史畢，大宴羣臣於宣文閣，脱脱奏曰：「給事中殿中所記録陛下即位以來事迹，亦宜漸加修譔，收入金縢。」上曰：「朕行事只在給事殿中處之，待朕他日歸天去，令吾兒爲之可也。」仍以御圖書封藏金縢，自今不許有所入。然不知給事殿中邇來皆公卿膏粱子弟爲之，其實瞢然，全無所書也。故庚申以來三十六年史事竝廢。馬扎兒台太師告老，退居甘州。於是有譖言行其閒，父子各相疑。脱脱因乞致相位，願往甘州侍親，詔許之。初脱脱謀使其父辭位也，嘗奏帝，以其父之貪，不可使居大位，且密囑帝倘其辭位，陛下宜即許之。至是，帝亦因而許之。蓋憶其初用詭計也，以阿魯圖廣王爲右丞相，以平章帖木兒達識爲左丞相。

乙酉至正五年，以别怯兒不花爲丞相，三月，詔曰：「乃者天災流行，積雨害稼，河失故道，民罹其殃，山東、河南尤甚。朕夙夜憂惕，靖思其由，皆朕菲德所致。諸方賊盗竊發去，限二十日悔過，赦之，前所免租外，被災者全免之，已入者準下年之數。」

丙戌至正六年，詔遣使巡行天下，黜陟幽明，問民疾苦，求訪賢俊，分十道處之。然奉使者類皆脂韋貪濁，多非其人，惟四川一道得王士熙、武子春，稍振紀綱，餘皆鼓吹而已。命選天下郡守，凡其人之官皆陛辭聽旨，諭之曰：「汝守令之職如牧羊，然飢也與之草，渴也與之水，飢渴勞逸無失其時，則羊蕃息矣。汝爲我牧此民，無使之失所而有飢渴之患，則爲良牧守矣。」時上方有勵精圖治之意，凡選轉某人爲某官，必問曰，此人已前行過事跡，果然一一皆善否，爲我悉陳之可也。徵處士脱因伯顔、杜本、張瑾爲翰林待制，或議以爲擢用太峻不可。帖木兒達識曰，隱士無求於朝廷，而朝廷有求於隱士。識者誦爲名言。

丁亥至正七年，徵處士張樞不至。朵兒只班爲右丞相，賀太平爲左丞相。

戊子至正八年，中書省修六條政類成。淮南北大水。

己丑至正九年，脱脱復入爲相。初脱脱侍親居甘州，太子愛育失黎達獵與脱脱子加剌張同庚，以故加剌張獨留京師，與帝子同嬉殿外。愛育失黎使加剌張偕己作老鴉聲，旋繞殿墀三帀，已而復使加剌作老鴉，而己負之亦三帀。加剌跪曰：「加剌，奴婢也，太子，使長也。奴婢不敢使使長負。」太子怒，撻之，啼哭之聲聞於帝。帝曰：「誰哭耶。」左右曰：「脱脱子加剌張也。」問何爲而哭之如是。左右具以對，上喜曰：「賢哉，此子也。」祁后因啓曰：「脱脱好人，不宜久在外。」上遂頷之。會佛朗國進天馬，黑色，五名，其項高而下鉤，置之羣馬中，若駱駝之在羊隊也。上因歎羨曰：「人中有脱脱，馬中有佛朗國馬，皆世閒傑出者也。」時有奸臣哈麻者在側，聞此言以爲脱脱且將入復爲相也，因乘閒游説，薦之於帝。帝曰：「彼嘗罪汝，杖汝一百七，汝何爲薦之。」對曰：「彼雖罪臣，當也，臣若仇之，不當也。何怨之有。其實此人好。」祁后於殿屏後竊聞之，陰使人走甘州召之。一夕，脱脱至京師，乘昏入城，然亦未嘗見帝也。祁后伺帝有喜色，因詠加剌張於帝前曰：「汝亦思汝父脱脱耶。」加剌張跪曰：「思之也。」帝曰：「脱脱今何在，而汝欲使之見也。」后起謝曰：「脱脱離闕久，思見至尊，今聞其入城，在某處矣。」上即使人促之見，至則上在椶毛殿召入，正色問曰：「我使汝侍親甘州，誰召汝來耶。」祁后爲之失色。脱脱徐曰：「郎主使奴婢侍親，今日幸親終服闋，故來爾。」上遽起，抱脱脱相與泣慰之。翌日，遂有再相之命。命中書莅祭三皇，翰林應奉危素爲之樂章。

庚寅至正十年，户部尚書薛世南、武子春知脱脱有意興作，蓋爲前相無聞其禮樂文章制度之事，漠如也，欲大有爲以震耀於天下，超軼祖宗舊法，垂名竹帛於無窮也。薛世南、武子春建言，謂至元鈔法經久當變制，宜爲中統交鈔。交叉卧置貫大，與銅錢子母相權竝用。脱脱奏用其言，立寶泉提舉，用鑄至正通寶錢。先兩日，脱脱丞相率省屬下學勉勵，至階，祭酒呂思誠下階迎，丞相向東坐，祭酒西向坐，省官列坐丞相下，教官列坐祭酒下。至是，召祭酒至中書省，告以將更鈔法事，祭酒忽然而言曰：「丞相毋聽薛、武兩少年之言。改鈔法非祖宗舊制也。丞相若聽之，必亂天下。」後數日，盡追奪思誠祭酒所授宣勑。時亦議裁減冗官，併省衙門數事。或曰呂祭酒當議之時不措一詞，乃議定，惟有發怒罵詈而已。

春三月，河北大雪，深三尺。南陽總管莊文昭來言本郡鴉路有上馬賊，百十爲羣，突入富家，計其家貲，邀求銀爲撒花，或刮州縣官庫，取輕資約束裝載畢，乃拘妓女置酒高會，三日乃上馬去。州郡初無武備，無如之何，於是始命立天下兵馬分司凡五處，然不究其本而徒事其末，終亦不能禁也。

辛卯至正十一年，歸德知府觀音奴言今河決白茅，日徙而北，失其故道，當疏塞以爲地利。脱脱喜其言，命工部尚書成遵往相視焉。還言工不可興，浩大難成，且現今南陽安豐盜賊成羣，萬一與挑河人夫相挺而雜起，此大亂之機，非細事也，決不可從。脱脱不悦，左遷成遵爲長蘆鹽運使，更問京畿漕運使賈魯曰，汝前爲張秋都水時知河之利害，可疏鑿否。賈魯，澤潞人，素有進取志，遂應聲曰可，因悉言其狀。乃奏魯爲工部尚書兼河防使。四月二十二日，發河南、淮南、北軍民二十萬，其費以億萬計，府庫爲空。有龔伯遂者，小有才，汲汲以富貴爲心，進言脱脱曰，丞相大興利除害，可也，然必大有誅賞始可以懾伏衆情。於是，起大獄以謀害大臣，寘前相高昌王益都忽并韓家奴於死地。未幾，刑賞失措，又興挑河工役所在肆虐，又併省衙門沙汰吏胥，無所容跡。

五月，潁川潁上紅軍起，號爲香軍。蓋以燒香禮彌勒佛得此名也。其始出趙州灤城縣韓學究家，已而河淮襄陝之民翕然從之。故荆、漢、許、汝、水東、豐、沛以及兩淮，紅軍皆起應之。潁上者推杜遵道爲首，陷朱皋，據倉粟，從者數十萬，陷汝、甯、光、息、信陽、蘄、黄者，宗彭瑩玉和尚，又推徐真逸爲首，陷德陽、沔陽、安陸、武昌、江陵、江西諸郡，起湘漢者，推布王三、孟海馬爲首。布王三號北瑣紅軍，奄有唐、鄧、南陽、嵩、汝、河南府。孟海馬號南瑣紅軍，奄有均房、襄陽、荆門、歸峽。起豐沛者推芝麻李爲首，芝麻李者，邳州人也，值歲饑，其家惟有芝麻一倉，盡以賑人，故得此名。賈魯挑黄河所在，廢民業，民心不安。芝麻李與鄰人趙君用謀起事曰，「朝廷妄興土木之功，百姓貧苦無告，吾聞潁上香軍起，官軍無如之何。當此之時，有真男子取富貴之秋也。」君用者，趙(杜)〔社〕長也，曰，「我知惟某某可用。燕城南彭二，其人勇悍有膽略，不得其人，不可舉大事也，我當爲汝致之。」即訪其家，入門見其人，方礪斧斤，謂之曰，「汝礪斧斤將何爲耶。」彭二云：「州縣云有賑濟，日日伺之，實悮事。飢無得食，我將伐薪入城，換米喫可以度日。官府不足信也。」君用曰：「噫，我視汝膂力過人，何處不得一頓飽飯吃耶。」因作色曰，「汝能從我謀事，豈但衣食而已，富貴從汝。」彭二即解其意，應曰，「其中有芝麻李乎。」曰，「有。」「有我當從之。」遂引見芝麻李，喜得八人，歃血同盟，於是年八月十日，佯爲挑河夫，日夜倉皇投徐州城。夜留城中，門卒拒之，則曰，「我挑河夫也，借一宿何傷。」其半夜因突入，一半在外，一半在内。夜四更，城内四人爇四火，城外四人亦爇四火應之。既而，復合爲一處，城内吶喊一聲，城外接應。一時城中大亂，四人者遽奪軍器亂殺，外四人因而得入，同聲叫殺。民久不見兵革，一時見亂殺，皆束手從命。天明，又樹大旗募人爲軍，從之者亦百餘萬。浮橋四出掠地，亦奄有徐州近縣及宿州、五河、虹縣、豐沛、靈壁，西并安豐、濠泗。事聞朝廷，省吏抱牘題曰謀反事至。脱脱前觀其牘，改題曰河南漢人謀反事。識者知元朝不能有天下矣。河南漢人可追乎，其後，張士誠起於淮海，趙明遠起於徐州，毛貴起於山東，明元帥起於四川，獨本朝龍興淮南，即以建康爲天下根本，東征西伐，南誅北討，四海人心歸附，皆有徯后來蘇之望，元朝之國祚可盡矣。先是，童謡曰，富漢莫起樓，貧漢莫起屋，但看羊兒年，便是吴家國。迨本朝定都建康，築壇於建康南門，郊天受命，改元朝至正二十七年爲吴元年，實丁未歲也，豈不驗哉。天命有所歸，豈人力之所能爲耶。朝廷聞紅軍起，命樞密院同知赫斯禿赤領阿速軍六千并各支漢軍討潁上紅軍，阿速者，緑睛回回也，素號精悍，善騎射，與河南行省徐左丞俱進軍。其三將但以酒色爲務，軍士但以摽掠爲營，於勦捕之方，漫不加省。赫斯軍馬望見紅軍陣大，揚鞭曰，阿卜阿卜。阿卜者，言走也。於是，所部皆走，至今淮人傳以爲笑。其後，赫斯死於上蔡，徐左丞爲朝廷所誅。阿速軍不習水戰，不服水土，病死者過半。十二月，布王三陷鄧州南陽。

壬辰至正十二年正月，孟海馬陷襄陽，徐真逸陷湖廣，其將會元帥陷安陸、江陵。脱脱爲相，諱言中原兵亂，而哈麻媒孽其過。帝召脱脱怒責之曰，「汝嘗言天下太平無事，今紅軍半宇内，丞相以何策待之。」脱脱汗流浹背，未幾，自請督軍，下徐州。兵出，有淮東元帥逯善之者，上言官軍不習水土，宜募場下鹽丁，可使攻城，又有淮東豪民王宣者，亦上言鹽丁本野夫，不如募城墅趫勇慣捷者，可以攻城。前後各得三萬人，皆黄衣黄帽，號曰黄軍。脱脱知城有可克之狀，下令諸將「各勵乃事，我至即攻之。」須臾，脱脱至，一鼓攻之，遂夷其城。又調阿吉剌太尉攻汝甯。汝甯紅軍懼，退保亳州，阿吉剌攻平汝甯城。赫厮既死，朝廷别命鞏卜班平章爲將領，侍衛漢軍合愛馬韃靼軍合數萬衆，屯汝甯沙河岸，日夜沈溺酒色，醉卧不醒。敵人偷營，逃失大將所在，次日閲死人，得其尸死人中。師遂退數百里，屯項城縣。又命御史大夫也先帖木兒代爲總兵，凡精兵三十餘萬，金銀物帛車數千輛，河南、北供億萬計，前後兵出之盛，無如此者。也先帖木兒駐軍河沙，未及兩月，軍中夜驚，也先盡棄軍資器械，粮運車輛山積，僅收散卒萬人，直抵汴城下。時文濟王在城頭遥謂之曰，汝爲大將，見敵不殺，何故自潰。吾將劾汝，此城不必容汝也。遂離城南四十里朱仙鎮屯焉。朝廷乃命蠻子平章代之，也先徑歸燕京，抵暮入城，明日，仍爲御史大夫，當時官軍不足用類如此。故王宣建言募鹽丁，豈亦識時務者歟。而十數年前見機最早者，惟杜遵道一人也。賈魯治黄河，疏凹里邨，塞黄龍江口，立回龍廟於岸上，水由故道行。脱脱議軍事每迴避漢人南人，時方入内奏事，回頭中書韓伯高、韓大雅隨後來，遽令門者勿入。奏曰，方今河南漢人反，宜榜示天下，令一槩勦捕。諸蒙古、色目因遷謫在外者，皆召還京師，勿令詿誤。於是榜出，河北之民亦有變而從紅軍者矣。中書左司郎中田本初言江南漕運不至，宜墾内地課種。昔漁陽太守張堪種稻八百餘頃，今其跡尚存，可舉行之。於是，起山東益都、般陽等一十三路農民種之。秋收課所得不償所費，次年，農民皆散罷去，冬復立庸田使司於江南。咬住平江陵，答失八都魯平襄陽。

癸巳至正十三年，脱脱奏用哈麻爲宣政院使。哈麻既得幸於上，陰薦西天僧行運氣之術者號演揲兒法，能使人身之氣或消或脹或伸或縮，以蠱惑上心。哈麻自是日親近左右，號倚納。是時，資政院使隴卜亦進西番僧善此術者，號秘密佛法，謂上曰，陛下雖貴爲天子，富有四海，亦不過保有見世而已。人生能幾何，當受我秘密大喜樂禪定，又名多修法，其樂無窮。上喜，命哈麻傳旨，封爲司徒，以四女爲供養。西番僧爲大元國師，以三女爲供養。國師又薦老的沙、巴郎太子、答剌馬的、秃魯、帖木兒、脱懽、孛的、蛙麻、納哈出、速哥帖木兒、薛答里麻十人皆號倚納。老的沙，帝母舅也。巴郎太子，帝弟也。在帝前，男女裸居，或君臣共被，且爲約相讓，以室名曰些郎兀該，華言事事無礙。倚納輩用高麗姬爲耳目，刺探公卿貴人之命婦，市井臣庶之儷配，擇其善悦男事者媒入宫中，數日乃出。庶人之家喜得金帛，貴人之家私竊喜曰，夫君隸選可以無窒滯矣。上都穆清閣成，連延數百間，千門萬户，取婦女實之，爲大喜樂故也。脱脱平徐州以得芝麻李，奏功既，而陰搆朝旨令班師。使者六七返，帝始令月怯察兒代之。月餘始獲芝麻李，械送京師，脱脱密令人就雄州殺之。潁川沈邱探馬赤察罕帖木兒與羅山縣典史李思齊集衆，號義兵，克復羅山縣。州奏功朝廷，授察罕羅山縣達路花赤，授李思齊縣尹。上曰，人言國家輕漢人，如此果輕漢人也。下吏部再議，於是，察罕授汝甯府達路花赤，思齊知府。冬十二月二十七日，天鼓響於東北。

甲午至正十四年正月，汴水化冰。二月朔，日食。張士誠起兵泰州，劉福通襲據高郵，截南北路。倚納十人與帝竊議脱脱在京不可，於是謀令太史王監丞奏連夕相星犯帝座。自是帝疑脱脱，脱脱始無援矣。内無後援而外有倚納十人之譖，識者皆知脱脱不返矣。秋八月二日，脱脱總天下兵出征高郵。天下想望其來，兵圍高郵三日。中書右丞相哈麻諷御史大夫以(老)〔勞〕師費財彈擊脱脱。帝信其言，詔卸脱脱兵權，淮安安置，令樞密院老張代之。當是時，脱脱權重，内握朝柄，外總兵馬，以指揮天下。天下希其有功。兵圍高郵，日事攻擊，矢石雨注，城中幾不支，日議降附。又恐罪在不赦，圍者亦指日收功，忽有詔旨來卸軍，軍中聞之皆大哭。當詔未開讀時，龔伯遂進曰，「始丞相出師時，親奉帝玉音，以爲在後事體，朕再有密旨來。今丞相在軍，止奉皇帝密旨，一意進取可也，詔書且勿聽。事既久，小人讒言自然明白矣。且將在軍，君命有所不受，爲是故也。」脱脱搖首曰：「不可。詔我而不從，是與帝相抗拒也。」遂從詔。大軍百萬，一時四散。先是，諸大臣子弟領軍從行者，哈麻歷告其家，陰遣人先來軍中，白其長曰，詔書且至，不即散者當族誅。故散之之遽如此。其散而無所附者，多從紅軍如鐵一軍，入襄陽號鐵甲吴者是也。脱脱在淮安一月，詔復使西行，鴆死於吐蕃境上。是時高郵危困已甚，脱脱分兵定真州，平六合。及將攻徐、濠，遠近凜然，國勢漸張。而哈麻邪謀誤國，遂至危亡不救，可勝惜哉。是歲省吉大夫以舟師自安慶征湖廣，至湖口，適與蘄黄之紅巾遇，風勢不利，敗績死之。紅巾遂順流而下攻安慶，爲義兵所破，大敗南還。既而蠻子海牙中丞復總水軍義軍南征，破黄連大寨，徐真逸等遁入黄梅山中。及沔陽湖中官軍盡復武昌等處，未幾盡抽軍下據廬州，官軍勢退而賊勢復熾矣。亦憐只班丞相以馬步軍由江東援江西，至龍興，逾月而卒。左丞火爾赤代總其兵，攻臨江，復瑞州，進攻袁州，與歐軍相持數年不決。又卒，後敗亡。

**卷下**

乙未至正十五年，湖廣苗軍聽調營於汴梁東。其帥吴太保死，裨將陳生叛入西京，遂陷陳州、許州，西至虎牢關。答失八都魯討平之。以汪家奴爲右丞相，鼎住爲左丞相，哈麻爲平章。數月，鼎住薨，哈麻陞爲右丞相。其弟雪雪爲御史大夫，倚納十人皆進職。立興聖宫祁后子愛育失黎答臘爲皇太子，命翰林學士行册詞，有曰家法，曰齊心法，曰正，又曰：「存心養性者守身爲事親之大，任賢去邪者知人爲安民之效。勿謂昊穹之高，一誠意而庶徵應；勿謂宫廷之奥，一善言而萬方知，與治同道則唐虞之俗可還，主善爲師則舜禹之域斯至，君子以爲徒訓也。」劉福通刦敗答失八都魯長葛營，趙明遠陷嵩汝以及洛陽。明元帥入四川，陷之，自稱蜀王。香軍陷安里，二日陷和州，三日破廬州，宣讓棄城浮海還燕。香軍遂乘勝渡江，破太平、建康、甯國，遂據江東。既而池州、安慶尋復皆没。

丙申至正十六年，哈麻既得相位，醜前所薦西天僧所爲，恐爲當世及後人所非議，乃以他事杖西天僧一百七，流於甘州，僞若初未嘗薦之者。又私念以爲前薦西天僧時甚秘密，惟妹婿秃魯帖木兒知之，莫若併去之，以滅其口。乃謬謂其父篤魯國公曰：「我兄弟二人，一薦而爲丞相，一爲大夫，皆祖宗德澤。但妹婿秃魯帖木兒在上前，近行慢褻，無禮爲天下士大夫所議笑，我兄弟何面目見人，盍除之以爲我利。」不意其妹於屏閒竊聞之，急歸告其夫。翌日，有旨哈麻伏入臺陽，又有旨跟隨哈麻人吏都散，又有旨令哈麻出城，又有旨哈麻安置惠州，雪雪安置太甯，中途皆杖殺之。上始悟哈麻譖脱脱，令脱脱骸骨還京師。河南行省平章太不花軍南陽嵩汝，招降叛民百萬，軍聲大振。其秋下唐隨、安陸、沔陽、德安以及蘄，陞爲河南行省左丞相。賀太平再入朝爲右丞相。初大理宣慰司同知達失八都魯爲四川參政，引兵自巴蜀來，先復襄陽、均房，調入中原，獨有功。至是陞河南行省平章兼知行樞密院。是歲，本朝起建康，張士誠據平江。危素爲司農司丞，於京師、雄、霸等州屯聚粮以給京師，號曰「京粮」。爲浙西被陷，海運不通故也。

丁酉至正十七年，詔答失八都魯至京師。帝見之，私謂侍臣曰，此人死期至矣。罷還軍。先是，太不花軍士失律，刦掠汴民，臺御史彈之，有旨卸其軍，褫其職，以白衣聽達失調。至是，復命爲湖廣省左丞相，仍提軍前往征山東毛貴。答失八都魯率本部兵渡河，征曹州盛文郁。於是，二將皆渡河。五月，汴梁大饑，守臣失烈門知院遁，紅軍劉福通自稱太保，入據之，迎其主小明王於亳州，入都於汴梁之皇城，其軍分三支，關先生、破頭潘、馮長勇、沙劉二王。士誠入晉冀，由朔方攻上都，白不信、大力敖、李喜喜趨關中，毛貴兵合田豐趨大都，而帝方與倚納十人行大喜樂，帽帶金佛字，手執數珠，又有美女百人，衣瓔珞，品樂器，列隊唱，歌金字經，舞雁兒舞，其選者名十六天魔。復命答失八都魯駐兵曹州，未幾死，子孛魯帖木兒代領其衆，(愛)〔受〕詔鎮守西京。答失八都魯既死，其部下察罕帖木兒兵勢甚盛，命爲刑部侍郎，號長槍侍郎。毛貴由海道得海船，長驅破益都義兵，黄軍下萬户田豐叛(八)〔入〕紅軍，遂破東昌、東平、大名等處。罷商税，罷寶錢提舉司。四月，陳友諒陷安慶，余闕死之。余闕三上宰相書不達，援兵不至，故城陷而死之。

戊戌至正十八年，太不花忿賀太平本漢人而居相位，己乃勤勞於外，表索賀太平軍前供給，怒朝廷不從，駐兵彰德，玩寇不進，賀太平以計殺之於保定，併害其子壽童駙馬，以紐的該爲添設丞相。山東毛貴兵由濟南犯直沽，去京師百二十里，京師大震。值太不花裨將劉哈剌領兵自晉冀來，大戰卻之。哈剌以功由尚書陞平章，義兵察罕帖木兒以八月克復汴梁，小明王遁入安豐，關先生、沙劉二、破頭潘等由大同直趨上都，焚毁宫殿，望虎賁司犯大甯。虎賁司去上都二百里，世祖皇帝所立三十六屯在焉。先是，大雪，人跡不通，至是雪晴，暖氣如春。西京孛羅饋京師數千車。帝嘗爲近侍建宅，自畫屋樣。又自削木搆宫，高尺餘，棟梁楹榱宛轉皆具，付匠者按此式爲之，京師遂稱魯般天子。内侍利其金珠之飾，告帝曰，此房屋比某人家殊陋劣，帝輒命易之。内侍因刮金珠而去，祁后見帝造作不已，嘗挽上衣諫曰，使長年已大，太子年已長，宜稍息造作。且諸夫人事上足矣，無惑於天魔舞女輩，不自愛惜聖躬也。帝拂然怒曰，古今只我一人耶。由此兩月不到后内宫。祁后亦多蓄高麗美人，大臣有權者輒以此女送之，京師達官貴人必得高麗女然後爲名家。高麗婉媚善事人，至則多奪寵。自至正以來，宫中給事使令大半爲高麗女，以故四方衣服、鞋帽、器物皆依高麗樣子。此關係一時風氣，豈偶然哉。帝嘗謂倚納曰：「太子苦，不曉秘密佛法，秘密佛法可以益壽。」乃令秃魯帖木兒教太子秘密佛法。未幾，太子亦惑溺於邪道也噫。陳友諒陷江西龍興，司徒道童、左丞火而赤、總管安謙棄城從西門走撫州；

陷瑞州，守臣臨江同知給事中死之；至臨江，守臣定住降之；陷吉安，宣差尚書、總管海尚書皆死之；陷撫州，達兒花赤兒者完帖木兒被獲，不屈死之。陳友諒乘勢下江南，至太平，殺徐真逸於舟中，而自立。既而大敗於金陵，南還，後於江州建都焉。

己亥至正十九年，破頭潘、關先生趨金甯，焚魯王宮府，駐居遼陽。賀太平當相位，奏用其子也先勿都。時也先勿都爲詹事，以爲總兵大將軍取遼陽。太平意謂關先生、破頭潘自晉、冀、西京歷上都，軍常無留行，其破遼陽必不能守，可以取遼陽，則其子功成。至則關、潘軍日治戰馬，一無退意。也先勿都畏之，縮跡不前，竟潰而歸，乘夜入城，仍陞爲翰林集賢學士。先是，太平嘗養聲譽，用成遵、蕭庸、趙中等布列省部，遵等亦俛首從之。及也先勿都敗還，反以功陞爲學士，相與嘆曰，朝廷賞罰無章，紀綱埽地，乃至如此，將陳其罪。親近者竊以告太平，太平頗以爲憾。京師大饑，民殍死者幾百萬，十一門外各掘萬人坑掩之。鵾鶚百羣夜鳴至曉，連日乃止。又居庸關子規啼，太子召指空和尚問民饑饉何以療之。指空曰，海運且至，何憂。秋，福建運粮數十萬至京師。先是，朝廷以張士誠内附，封爲太尉，且以歲饑遣使督海運粮儲於京師。時張士誠據浙西，方國珍據浙東，有船，二家攻戰不和，粮竟不至。賴福建濱海，又爲王土，獨能運粮至京師，由是京師民再活。當元統至元間，國家承平之時，一歲入粮一千三百五十萬八千八百八十四石，而浙江四分强，河南二分强，江西一分强，腹裏一分强，湖廣陝西遼陽一分强，通十分也。金入凡三百餘錠，銀入凡千餘錠，鈔本出一千餘萬錠，絲入凡一百餘萬斤，緜入凡七萬餘斤，布帛凡四十八萬餘匹，而江浙常居其半。及張士誠有浙西，方國珍有浙東，而京師索然，識者以爲元之氣數不推可知也。指空者，西天刹帝利王第三子，狀貌魁梧，不去鬚髮，服食擬於王者。居京師四十年，習静一室，未嘗出門。王公貴人多見呵斥，雖帝亦不免，年百八歲而死。甘露降，文宣王廟樹上凝如白霜，啖之味甛。黄河清，鄭州長數里。貴赤衛韓僉事家次子死數年，長子又爲孛羅所拘於西京。父母悲嘆失二子，且貧老無以爲食，早夜哭泣。方哭之際，忽聞次子來告曰，吾兄將西京麴來，且至，父母可勿憂。已而果然，自此以後，往來聞其言語如生人者。半年，其家小兒盡見其容貌服色，而長者但聞其聲。一日來告父母曰，阿爺阿娘可遷西房，兒欲居東房，以某日娶女。其日，小兒果見筵席，賓客甚盛，又聞歌舞雜劇之聲者數日。其京師之不祥者有如此。建清甯殿外爲百花宮環遶殿側，帝以舊例五日一移宫，不厭其所欲，又酷嗜天魔舞女，恐宰相以舊例爲言，乃掘地道，盛飾其中。從地道數往就天魔舞女，以晝作夜，外人初不知也。帝又造龍舟，巧其機括，能使龍尾鬣皆動，而龍爪自撥水。帝每登龍舟，用綵女盛粧，兩岸挽之。一時興有所屬，輒呼而幸之。又令諸嬪妃百餘人皆受大喜樂佛戒。太倉積粟盡入女寵家，百官俸則抵支茶紙雜物之類。

冬十二月，左丞相成遵、參政趙中、蕭庸等六人，丞相賀太平誣以贓罪，皆杖一百，流死。先是，祁后與太子謀求内禪，使宦者樸不花邀賀太平贊帝遜位於皇太子，賀太平懼，不敢從。復邀太平，用其黨數人，又不許，太子銜之。太子一日倡言於中書省堂曰「我所用者，汝皆沮之；汝所用者，今皆以贓敗。何也？」太平對曰「所知者才也，故用之；所不知者心也，雖父子之間，亦不能保其無私也。」太平於是稱病，求免相位。初祁后與太子謀内禪，賀太平既不允其事，后謂太子曰「太平不可使居相位，有兀良歹，其人與汝無所可否，今以總兵居真定，宜勸上召還京師，當以代之，庶幾汝事可成也。」既而果有旨召還京師，太平覺其有謀，嗾臺官劾其罪，有旨令兀良歹居興州，逾月以無疾卒。太子疑太平害之，怨之愈深。

庚子至正二十年春二月九日，以賀太平爲太保，罷相。是月，搠思監爲右丞，蓋老的沙所薦也。初，上欲賀太平謀相於老的沙，欲自爲之，而難於發言，遂薦搠思監。帝以搠思監爲右丞相，老的沙爲大夫。老的沙恃有薦相之恩，數有請於搠思監。搠思監不答，二人遂成隙。搠思監恃有祁后、太子之援，老的沙恃有皇帝母黨之戚，於是搆怨日益深矣。

夏五月朔，日有食之，魯王阿魯輝帖木兒擁兵數萬，傳檄問京師之罪，有曰，「祖宗付汝以天下，今何故失天下大半。汝不可居祖宗大位，將國璽送與我，我當代汝爲之。」帝聞之，顏色不變，徐曰「他果有天命，我何不避之。」有乃命樞密知院哈麻剌、朵兒只、秃監帖木兒、八里顔逆擊之，復起哈麻赤萬人爲軍。哈麻赤臨陣皆脱號衣，從宗王與合勢，追奔百里，三知院單馬遁入上都。

破頭潘、關先生、沙劉二軍入高麗王京，高麗王奔耽羅，其臣納女請降，將校皆以女子配之，軍士遂與高麗如姻婭，恣情往來。高麗人因而各藏其馬於林中，一夕傳王令，除高麗聲音者不殺，其餘竝殺之。沙劉二、關先生皆死，惟破頭潘裨將左李率輕騎萬人從閒道走。西京降，孛羅聽調。已而又降擴廓。初賀太平辭相時，帝賜以金帛駝馬，使之歸老於故所生之地。太平既出京城，沿途留宿不進，搠思監疑其徘徊顧盼，猶有希進之心，諷御史彈之，誣以謀害大臣，并其子也先忽都殺之於塈馬川。

辛丑至正二十一年，帝更命老張少保率兵四十萬擊宗王阿魯輝帖木兒。老張軍未至，宗王黨有脱懽知院者内叛，擒宗王獻京師，宗王臨死駡不絶口。舊例宗王有罪，大故用弓絃絞之，名曰賜死。至是，帝特命殺之。

陳友諒者，徐真逸之臣也，已而握權簒其位，沈真逸於江。有湖廣、江西之地，建都於江州。至是，大軍克江州，友諒走武昌，其僞守龍興者以江西降，時八月二十四日也。

九月，命察罕征山東。山東自毛貴死，其將爲復仇，殺趙思用，國内大亂，花馬王、田豐、埽地王互相攻。察罕乘之，破其冠州、東昌、濟南諸郡，進圍益州，田豐來降。豐時提兵在穆陵關，使人來言：「總兵如不信我心，且不與總兵相見。當爲平沿海諸城，然後相見未晚也。」察罕喜，即以朝命授豐爲山東平章，且重犒其所部。已而沿海登、萊、沂、密等皆降附田豐，遂與察罕相見益都城西。時察罕方調兵攻圍益都，俾田豐軍塞益都南門爲營，圍數日，田豐頻往察罕營議事，見其待朝廷使者甚簡傲，又所施設多術數，無忠誠心。田豐乃忿曰：「我以山東地降汝，又爲汝平海上諸城之不同心者，誠以汝爲元朝中興人物也。今若此，是漢室之曹操耳。使汝爲曹操，我豈不能自爲之耶。」於是，與同儕王士誠私謀曰：「十五日，察罕必巡兵圍，我預椎牛釀酒，至日設席邀其一切幕官、大小部帥，酒行，汝選驍勇者帶刀若供給，然兩人夾一人，以擊鼓爲令，自察罕以下皆殺之。」謀既定，察罕於十四昳時從馬騎二人來田豐營。王士誠即埽地王也，其人躁勇，見察罕輕身出，意謂得間，帶刀入侍。田豐目之使退，其人誤謬，以爲使之行其所謀，轉身自察罕後揮刀中其肩，田豐知其不可止，遂擊鼓三。城中聞，遂開門納田豐軍。遂擁察罕入城，城中人復推察罕爲主以拒朝廷，田豐不允。已而，察罕死。有王保保者，察罕甥也，嘗養爲子。察罕入城之夕，諸校惶惑不知所從，軍中頗有異論，同僉白瓚住乃察罕舊人，有機識，遂倡言曰：「總兵奉朝廷命討逆寇，總兵雖死，朝命不可中止。況今總制官王保保曾爲總兵養子，朝廷又賜其名擴廓，若立以爲主，總兵雖死，猶不死也。」於是，率先下拜，衆亦皆拜，人心始定。先是，有白氣如小索起危宿，長五丈餘埽太微，帝命占之。占曰：山東當有大水。帝曰：「不然。」「山東當失一良將。」即馳書戒察罕(母)輕出，察罕忽之，故及於禍。帝聞其死，哭之慟。孛羅帖木兒聞之，在西京亦哭曰：「察罕若在，我省用多少氣力。」中原聞察罕死，婦人小兒皆爲流涕。

壬寅至正二十二年，太子酷好佛法，於清甯宫殿置龍牀，中坐東西布長席，西番僧、高麗僧列坐滿長席。太子嘗謂左右曰：「李先生教我讀儒書許多年，我不省書中何意。西番僧教我佛經，我一夕便曉。」李先生者，乃狀元李好文也。太子初學書甚遒勁，其後放蕩無拘檢，專喜臨宋徽宗字帖，謂之「瘦筋書」。或告之曰：「徽宗乃亡國之君，不足爲法。」太子曰：「我但學其筆法飄逸，不學他治天下，庸何傷乎。」

冬，擴廓克益都，誅田豐、王士誠等餘黨，械歸京師。

癸卯至正二十三年，老的沙提調京北曰：「白袟等邨千餘頃，號内府稻米，供給女龍併倚納等，非奉旨不得擅支。」祁后宗族在高麗者多蒙官爵封號，出則恃勢驕横，强奪人田舍子女。高麗王屢戒之，不改，王不勝怒，盡殺祁氏一家。至是后聞之，謂太子曰：「兒年長，盍爲我雪此恥。」時高麗王昆弟有留京師者，乃議立搭思帖木兒爲王，而以祁族子三寶奴爲元子，以將同知崔帖木兒爲丞相，以兵萬人送之國。至鴨緑江爲高麗兵所敗，僅餘十七騎還京師。

秋七月，大兵克廬州，守將左君弼遁，淮西降附。野鴿巢興聖宫數年，蕃息數千，驅之不去，網之不盡，君子以爲興聖宫，祁氏之宫也，蒙古以韃靼氏爲父，翁吉利伯牙吾氏爲母，家法相承至七八傳矣。一旦家國將亡，家法先變。帝母回回氏，太子母高麗氏，此野鴿所以來巢，有開必先應也。初庚子辛丑之歲，李察罕與孛羅常搆兵争晉冀之地，帝以晉冀分屬兩家，且諭之曰：「土皆王土也，民皆王民也，何争之有。」而資政院使朴不花與丞相搠思監相爲表裏，專一貪黷無厭，袒南北兩家賂遺厚薄而啖之以密旨。南之賂厚，則謂南曰：「帝有密旨，令汝併北而有之。」北之賂厚，則謂北曰：「帝有密旨，令汝併南而有之。」以此兵禍纏緜不解。監察御史傅公讓率同寮彈此二人，后謂太子曰：「朴不花是我資政院老大者看家貧人也，臺家何無情而欲逐之。汝不能爲我主張耶。」太子曰：「阿婆無憂，我盡有主張。」明日，貶傅公讓吐蕃，其餘臺官皆外除，惟老的沙在臺而已。既而新除臺官陳祖仁等十餘人又彈劾二人事，又外除之。既而諸道臺憲皆以爲言，於是太子怒，欲并去其老的沙，老的沙畏禍隨，入孛羅軍中。孛羅知其冤，藏老的沙於後寢。朝廷圖形徧求之，不可得。朴不花見臺憲彈劾不行，與其黨謀曰：「十八功臣家子孫朝夕在帝左右，我與汝等日之所爲，渠必得知。臺家亦必知之，終當爲我不利。搠思監曰：「彼皆老的沙黨也。老的沙既爲孛羅所庇，必請兵來犯京師，十八人爲内應，社稷能無危乎。」遂執十八人送資政院，問其謀害太子之狀，十八人不勝苦楚，皆自誣服。未幾，太子得咽喉疾甚亟，左右曰：「願釋十八人之寃，太子之疾可無禱而免。」搠思監聞其言，令出十八人，皆安置外郡，途有死者，有以賄免者。其後孛羅入京師，俱召還。宏農盧氏山移五六里。

八月，陳友諒兵與大兵大戰於鄱陽湖，中箭而死。大兵遂進圍武昌，其子理出降，湖廣、荆襄諸郡皆歸附。陳友諒之篡位徐真逸也，僭號大漢，改元大義天完，至是亡。

甲辰至正二十四年三月四日申酉，時黑氣圍日，外有兩耳引白氣一道貫日。四月，知樞密院秃堅帖木兒領兵犯京師。秃堅帖木兒初與丞相也先不花俱屯兵西方，秃堅曾往也先屯擡飯，也先自恃尊屬不受，秃堅忿然，坐也先不花營門外，呼軍士共啖之。也先不花患其爲人剛果不測，譖其有異志，遂差五府官訊之。秃堅怒曰，「我有何罪，五府來問我。」於是，拘五府官告孛羅曰，「朝廷爲佞臣作弄，至尊更無公論至此，我當擁兵入京問此舉爲誰。秃堅軍將行，朴不花、搠思監稱詔書謂孛羅與秃堅帖木兒同反，削孛羅兵柄。詔到孛羅營，孛羅手裂之，囚使者。秃堅軍至燕京，太子出古北口宜興州以避之。秃堅遣人奏帝曰，「我無負國家，國家負我。我非犯闕，願得奸臣二人而已。」帝不得已，以搠思監、朴不花付之。二人囚首至營中，秃堅爲之加帽易衣，置搠思監中座，朴不花側坐，拜朴不花與搠思監，交跪。秃堅奏帝求擅自執縛大臣，赦。又求稱兵犯闕，赦。已得二赦，然後釋兵入見帝，哭曰，「左右蒙蔽陛下非一日矣，禍及忠良。倘循習不改，奈天下何。吾執此二人去也，陛下亦宜省過，卓然自新，一聽正人君子所爲，不可復爲邪説所惑，然後天下事可爲，祖宗基業可固守也。」帝但唯唯而已，遂執此二人詣孛羅。厚禮之，逾三日，始問以濁亂天下之罪，復笑而問搠思監曰：「我前時賂汝七寶數珠一串，今何不見還。因取似此者六串來送還。」孛羅見之曰：「皆非我家故物也。」不要，復追前物，果取故物來，方是。孛羅怒曰：「在君側者貪婪如此，我何可以坐視而不清之乎。」遂殺此二人，復舉兵入清君側。

七月二十五日，遂與老的沙、秃堅帖木兒擁兵俱來，屯大都門外，入見帝奏曰：「國家所用人皆貪婪輭弱，不足以濟天下大事。願召也速除爲右丞相，臣爲左丞相，秃堅不花爲樞密知院，老的沙爲中書平章，如此同心竭力，整治庶政。遂執讒佞數人，并倚納九人，皆殺之。逐西番僧，罷諸造作。時方修築宫牆，立爲罷之。散驅祁后出宫，屏居厚載門外。是時，白瓚住駐軍廬州溝，因挾太子遁入擴廓軍中。孛羅始見帝，退謂老的沙曰：「我平生不怕天下一人，今見上，使人似不能言者何耶。豈天威若是。今後凡省中事無大小，伱可與我奏陳去也。」孛羅入京前一日，有大風從西來，黄塵蔽天，人馬皆立足不定。自西自東，止於更鼓樓西。孛羅入住宅，適在其處。初削孛羅兵權時，搠思監召承旨張翥草詔，翥曰：「此大事，非見主上不能爲之執筆。」乃更詔參政危素就相府客位草之。草畢，過中書郎中曰：「我恰了一件好勾當，爲朝廷草詔削孛羅兵柄，此正撥亂反正之舉也。」郎中曰：「此舉莫非撥正反亂也。」客有暢勳在座，因曰：「撥正反亂，其猶裸體縛虎豹者也。」孛羅至京師，聞之，召危素責之曰：「詔從天子出，搠思監客位，豈草詔之地乎。」素無以對，欲將出斬之，左右解曰：「當時素以一秀才，豈敢與丞相可否乎。」遂止之。祁后初出厚載門外，居造作提舉司局中。或言孛羅因夜巡警，至后所留宿，故后復得入宫。雷擊延春閣西脊。大兵攻江西諸山寨，攻贛州，陳友諒故將熊平章拒守，自冬十月至次年正月始降，遂定閩廣之地。袁州歐道人亦歸款，率其屬歸金陵。

乙巳至正二十五年，祁后納女孛羅，約以某日成婚，孛羅促后，后曰：「斷送之物未畢工。」孛羅曰：「女先至，斷送之物後至可也。」乃先兩日成婚。孛羅自入京，納女四十餘人，早食必同坐共食。廚中每早辦飯四十品，隨諸夫人素食，其入朝時，諸夫人盛飾餞行，各進酒一巵，荒於酒色，鋭氣銷耗矣。擴廓分兵爲三，駐大都城外，遥制孛羅而不與之挑戰。其白瑣住領一支在通州者，孛羅命其將姚一百與之戰。一百被擒，孛羅不勝怒，自將兵與之戰。至通州，取一女子，不戰而還。五月七日天雨白毛，長尺許，細如馬鬃。或諛於帝曰：「此龍鬚也。」帝乃命收而閣之，祀之如神。六月二十七日，天雨魚，長尺許，城中人家皆取而食之。

七月，孛羅索帝所愛女子，帝曰：「欺我至此耶。」有秀才徐施畚者，居家好奇謀，而平生憤漢人不得志於當世，故難仕進，至是，命爲待制。帝欲殺孛羅，與之謀。與謀者六人，曰洪保保、火兒忽答、上都篤金那、海和尚、帖木兒不花，六人中選驍勇善刀者，皆挾刀在衣中，外皆寬衣，若聽事伺立延春閣東古桃林内。時孛羅早朝小飯畢，將上馬回去。舊例，丞相將上馬，帶刀侍衛之士疾趨先出上馬，候丞相出，諸衛士起立於馬上，丞相就騎，然後衛騎翼丞相以行。當時丞相出，預謀挾刀者見其不得便，相顧曰：「今日又罷了。」徐施畚揺手曰：「未也。」忽有報捷音者自西北來，平章失烈門謂孛羅曰：「好消息，丞相宜奏去。」孛羅推失烈門，失烈門强孛羅偕行，至延春閣側，有杏枝自上垂梢，罥孛羅帽而墮之，失烈門遽爲拾之。孛羅曰：「咄，今日莫有事已。」而又有一人突然横過其前，孛羅方貽視，呼失烈門曰：「平章，此人面生。」言未訖，一人批其額，孛羅以手禦刀，遽呼曰：「我帶刀者何在。」有一人斫其左耳而死，遂譁傳白瑣住軍在西宫裏，老的沙亦被傷而出，孛羅騎士問曰：「我那顔久不出來，何也。」老的沙謬曰：「你那顔又發酒風，恰斫我一刀。」老的沙行稍遠，騎士又問，老的沙曰：「已被殺矣。擴廓大軍無數在西宫裏。」孛羅軍大駭，四散走。時帝居窟室，約曰：「事捷則放鴿鈴。」於是，帝始出自窟室，發令百姓見川軍者皆許殺之。百姓上屋擊以瓦石，死者填巷，老的沙趨至孛羅營中，將其甲士西北走，合秃堅帖木兒軍。先是，宗王粹黎謂帝已崩，孛羅爲皇帝，將兵來討之。故孛羅遣秃堅帖木兒將兵迎擊之。秃堅帖木兒軍回中途遇老的沙，秃堅帖木兒知事變，謂老的沙曰：「今上臚團不可輔，小婦的孩兒亦非國器，不如徑赴趙王，扶立趙王南面以定天下。趙王始然之，終慮事不成，醉以酒縛二人送京師剮之。老的沙懼而乞憐，秃堅罵曰：彼非害我，自害其社稷也。」趙王，太祖之屬也，當時曾與之約曰：「吾與汝共天下事，倘異日社稷有難，汝當助之。」故憶其祖父之言，不從秃堅計。正宫后車必氏聞孛羅難作，薨。帝賞殺孛羅者六人功，徐施畚不受賞，一夕逸去。孛羅既死，以伯撒里爲右丞相。

九月，擴廓護太子還京師，以擴廓爲太傅、左丞相，封河南王，居京師兩月。擴廓在軍中久，樂恣縱無檢束，居朝怏怏不樂，朝士往往輕之，謂其非根脚官人。擴廓與左右謀之，左右勸以請出治兵，肅清江淮，詔從之。

十二月朔日食，洛陽山鳴。擴廓退位，伯撒里仍爲右丞相，藍答里爲左丞相。

丙午至正二十六年，擴廓既出，無意治兵，以父死未終喪，欲廬父墓側。左右或曰：「總兵既受朝命出而中止，無乃不可乎。」擴廓左右有孫翥、趙恒者，憸人也，畏江南强盛，欲故緩其計以密其奸，謂擴廓曰：「丞相受天子命總天下兵，肅清江淮兵法，欲治人者先自治。今李思齊、脱里白、孔興、張師道四軍坐食關中，累年不調，丞相合調四軍南去武關，與大軍并力渡淮。彼若恃頑不受調，則移軍征之，據有關中。四軍惟丞相意所用，不亦善乎，擴廓欣然從之。於是，分撥關虎等統兵從大興關渡河以俟，先以劄付調關中四軍。張師道、脱里白、孔興俱不受調，李思齊得調兵劄大怒，罵曰：「乳臭小兒黄髮猶未退，而反調我耶。我與汝父同鄉里，汝父進酒猶三拜然後飲，汝於我前無立地處，而今日公然稱總兵調我耶。」令各部曰：「一戈一甲不可出武關，王保保來則整兵殺之。」擴廓自是進兵關中，兩家相持一年，前後百戰，勝負未分，而國家大事去矣。擴廓由懷慶移屯彰德，彰德素蓄積粮草十萬，坐食之，帝始疑擴廓有異志，謂左右曰：「擴廓之出，爲治兵肅清江淮也。其後不肅清江淮，而結讐關中。今也關中之戰未定雌雄，而移兵彰德，其欲窺我京師也耶。又怒祁后及太子曰：「向者擴廓舉兵犯闕，今日擴廓總兵，天下不太平，爾母子誤我。天下土疆分裂，坐受危困，皆汝母子所爲也。」怒氣不已，太子致被捶楚，走而免。朝廷屢促擴廓南征，十一月，擴廓不得已，命母弟脱因帖木兒及部將貊高完抖宜駐兵濟甯、鄒縣等處，名爲保障山東，且以南軍塞入北之路，復命朝廷曰：「此爲肅清江淮張本也。」識者哂之。先是，小明王駐兵安豐，爲張士誠攻圍，乘黑冒雨而出，居於滁州。至是朱鎮撫具舟楫迎歸建康。小明王與劉太保至瓜州渡，遇風浪掀舟没，劉太保、小明王俱亡。

丁未至正二十七年，擴廓增兵入關，日求決戰。張、李輩軍頗不及，遂使人求助於朝廷。因差左丞相袁涣及知院安定臣、中丞明安帖木兒傳旨，令兩家息兵罷攻，各率所部共清江淮。孫翥進密計擴廓曰：「我每事功垂成，不可誤聽息攻之旨，且袁涣貪賄之人也，此豈其本意，可令在京臟吏私賄其家，則袁必助我，而我事可成也。」擴廓如其計，袁果私布意於擴廓曰：「不除張、李，終爲丞相後患。」於是，攻張李愈急。七月，勝負猶未決，擴廓謂孫趙二人曰：「今日果當何如。」二人因進計曰：「關中四軍，惟李思齊軍最强。李思齊破，則三軍不攻自服矣。今關中臨陣兵將通與彼兵等耳，所以(老)〔勞〕師費財相持不決，所畏者惟貊高完駐兵鄒縣。以吾二人觀之，南軍必不能越王宣以侵我，且抽貊高一軍，疾趨河中，自河中渡河，急趨鳳翔，覆李思齊巢穴。出其不意，則渭北之軍一戰可降。唐莊宗破汴梁之策，關中定然後出關中，以適南軍猶未晚也。擴廓即日從其計，貊高所部將多孛羅之黨，行至衛輝，部將夜聚，或曰：「我爲官軍，擴廓爲總兵，用我敵南軍猶云可也。今者卻聞檄我行粮星馳，前往河中渡河，西趨鳳翔。李思齊乃官軍也，以官軍殺官軍如何。於是，河西平章、船張知院、沙劉參政投刀誓衆曰：「不必多言，五鼓罷，扶貊高作總兵，不從，則殺作血城以去。」

約定各率兵以待。八月六日，天未明，如其言，以叛貊高。即使其首領兵胡安之控告朝廷，使謝雪兒領精騎北奪彰德，使沙劉領精騎西奪懷慶，往彰德者騎少兵精，僞作使人以據之，殺擴廓守將范國英，往懷慶者騎多兵冗，懷慶守將黄瑞覺之，閉城不得入。時擴廓在洛，而其隨從部將盡在懷慶，識者以爲貊高完此舉終不成大事矣。先是朝廷見擴廓不受調而搆兵仇殺，方議削其軍權而未得其説，見貊高使來大喜，升貊高知院兼平章，總河北兵，且詔擴廓率潼關以東兵下淮南，李思齊等四軍出武關下襄漢，貊高率河北軍與也速及脱因帖木兒、完者仲宜兵下淮東。然脱因帖木兒盡刦掠山東以西民畜，而西聚衛輝，擴廓盡率河洛民兵而北渡懷慶，貊高懼擴廓兄弟有夾攻衛輝之勢，亦盡刦掠衛輝民畜而北歸彰德，朝廷無如之何。有帖臨沙、伯元臣、李鳳國者進謀於太子曰：「向日詔書令各將將本部分道進兵，而不立大將以總之，宜其不相從也。古者太子入則監國，出則撫軍，太子何不奏主上立大撫軍院以鎮之。凡指揮各將皆宜出自撫軍院，然後行使權歸於一，而自内制外庶幾可爲。而貊高一部背擴廓向朝廷，此宜別作名號以旌異之，然後可也。」於是，開大撫軍院於京師，專制天下兵馬，省臺部院皆受節制，以貊高首倡大義，賜其所部將士皆爲忠義功臣名號。

九月，大軍攻平江，擒張士誠，遂平福建、兩廣，擒友定。貊高率兵攻真定，不克而還。張士誠者名九四，初起泰州，後據高郵，入平江、浙西、淮東諸郡，號稱吴王，國號天祐，至是而亡。十月，國朝大軍平定河海。十一月，平定山東。擴廓自懷慶北據澤州。

戊申至正二十八年春，朝廷誘擴廓將李景昌，封爲國公，景昌以汴梁歸之；誘關保，亦封爲國公，關保亦以晉冀歸之。擴廓自澤州退據平陽。三月，貊高率兵攻懷慶不克。武庫火。四月，大軍平定汴梁，河南諸州相次降附，擴廓退據太原。五月，詔下勦除擴廓，令關保與貊高合勢，攻其東，張師道、李思齊、脱里曰、孔興合軍攻其西。閏七月一日，大軍自濼渡河，三日平衛輝，五日平相，七日平廣平，八日平順德。是月二日，貊高出兵逼太原城爲陣，貊高輕脱，從數騎巡陣，擴廓部將毛翌望見之，易旗幟駐兵於其西角，貊高果誤入其陣，即分擒之。二將保營在貊高營西，未及出布陣，急縛貊高示之，營軍亦皆潰散，保亦被擒。時關被擒，所、部將士皆降於擴廓。六月，大雷雨雹。雨中有火，燒白塔寺。先是七月二十一日，大軍自通州進兵，克水平，也速軍潰。於是檀、順、會、利、大興等處以次皆降附焉。大軍又攻潼關，張、李、脱、孔四軍亦皆潰而西矣。朝廷聞關、貊軍敗被擒，大驚，遽罷撫軍院，歸罪太子，殺伯元臣、李輔國，盡復擴廓舊有爵位，差哈完太子來督擴廓出援燕京且勤王禦敵。擴廓得詔，乃提軍向雲中，或曰：「丞相率師勤王，宜出井陘口，向真定與河間也速軍合勢，可以邀截南軍。若入雲中，至燕京迂途千里，無乃不可乎。」擴廓曰：「我潛師由紫荆(門)口入，出其不意，豈不可乎。」趙恒、曩元輝則曰：「朝廷開撫軍院，步步要殺丞相。乃要勤王，我駐軍雲中觀其成敗爲計耳。」後七月二十七日，大軍至通州，帝得報大懼，即日委懷王帖木兒不花，丞相慶童留守大都。二十八夜，帝即捲其女子、玉帛出居庸關，遁入上都。八月三日，大軍至齊化門外，一鼓而克全城。淮王帖木兒不花、丞相慶童、大都路總管廓允中、中書左丞丁敬可皆死之。是歲，即國朝洪武元年之歲也。十一月，擴廓軍數十萬駐太原，十二月，大軍自盌子城入，破擴廓於澤潞。是月，擴廓部將賀宗哲來領兵援晉冀，駐龍鎮衛子口，去太原七十里，而大軍至，先鋒常遇春夜斫擴廓營，侵及擴廓中軍，擴廓匹馬隻靴，夜遁。於是，晉冀之地皆平。先是，大都平，馳奏南京，奉勅旨改爲北平府，仍令常遇春經營北方。其年五月，平永平等處，九月，平遼陽，獨上都與紅羅山未平。庚申，帝在上都，紅羅山在東南，也速駐兵在焉。上都恃有紅羅山爲之藩籬，紅羅山恃上都爲救援而不設備，常遇春使人覘之，即以大兵鋭騎銜枚具十日粮，晝夜兼行，六月二十八日，即破紅羅山。七月二十七日，破上都城。庚申，帝乘天未明，出城遁，挈其后妃入於和林，在大漠之北，前太祖所都之地。八月二十一日，平懷慶、鞏昌、平涼、臨洮府，而天下遂大定於萬萬年矣。

# 《明氏實録》

明楊學可撰

夏國主姓明氏，諱玉珍，湖廣隨州人也。母夢與神遇，遂娠而生珍。珍長有異相，身高八尺，二目重瞳。家世以農畝爲業，珍素有大志，不屑爲也。

至正辛卯，兵起潁、蔡間。玉珍一日謂鄉耆老曰：「元君無道，天下兵起荼毒，吾儕將亦不免也，爲之奈何？」耆老對曰：「明公平日勇略，人所信畏，集鄉兵，屯青山，量力審時，大則進取，小則自衛，盍策之。」玉珍曰：「善。」因部署諸鄉豪，因分屯要害，且修栅治城，以有衆十餘萬，衆遂推爲屯長。會壬辰，徐壽輝兵起於蘄越。

癸巳冬十一月，稱號，建都漢陽。遣使招玉珍曰：「予起兵舉義，期逐元虜，以靖中夏。若歸共圖大事，甚善；不來，且先加兵。」珍懼，且欲保護鄉里，不得已，從焉。壽輝待以殊禮，授統兵征虜大元帥，仍領所部，益兵俾鎮沔陽。時元帥哈麻禿爲患洞庭，珍以兵誅之，連戰湖中，爲流矢中右目。

甲午，秋，沔陽水潦連年，民採菜魚而食。

乙未，春，珍領兵萬餘，駕斗船五十艘，至夔州府哨粮。時夷陵皆屬徐國參政姜珏所轄，珍泝流巫峽，粮皆滿載，蜀人亦不覺有擾也。

丙申，冬，珍自巫峽將還。先是元義兵元帥楊漢領精兵五千屯兵西寨，重慶行省右丞相完者都齎宣招納。

丁酉，春三月，完者都與漢飲，酒閒殺之，圖有漢衆。漢將士謀復讎，不克，憤怒擄船下流。至是遇珍，投焉，且訴其所由。因言：「重慶城中止有左丞哈麻禿、右丞完者都，别無重兵厚貯。況二人懷異，甚不相得，請盡力攻之，全蜀可圖也。」珍猶豫未決，萬户戴壽進曰：「明公修兵沔陽，爲民也；哨粮於蜀，亦爲民也。不若發粮十之三回沔以濟荒，存其餘同漢兵以取重慶。事濟則有爲，否則掠其財物而歸，何損也。且此兵之出，窺隴蜀，據上流，保荊、襄，開粮道，一舉三得，幸無他慮。」珍從之。是時蜀中承平日久，俄見兵船，遠近騷動。完者都率所部夜遁，生擒哈麻禿，重慶城中父老焚香拜迎道左。珍禁止侵掠，秋毫無犯，由是四外投降絡繹。即遣使解送哈麻禿等，并捷報至徐國。

丁酉秋，徐授珍以隴蜀省右丞。

戊戌春二月，完者都自果州來會蜀省平章即革歹、參政趙資率兵屯嘉定州，謀取重慶。珍調義弟明三領兵泝流圍攻嘉定，未克，相守半載。珍兵駐瀘州，宣使劉澤民曰：「此間元進士劉楨字維國者，有文章，能政事，歷仕大石路經歷，因青巾李喜入蜀大肆殺戮，隱居方山，曷往見焉。」珍曰：「可與俱來。」澤民曰：「此人可就見，不能招也。」翼日，珍往見之，與語，喜曰：「吾得一孔明也。」邀至舟中，與論國事，拜爲理問。

己亥，遣使進貢於徐國。珍親領兵至嘉定，圍之。令明三率鋭兵直趨成都。時平章買奴、參政韓叔亨爲青城賊所執，城中窘迫，惟都事薛元理署省事。守城兵皆新募者，一聞明兵至，大驚潰。明三領兵徑入省中，擄郎革歹、趙資妻子，順流而歸。郎革歹妻謂舟中人曰：「吾家祖宗三世受羊皮宣命，吾爲平章夫人，義不受辱。」自投於江。明三以趙資妻見珍，珍待以禮，曰：「執政乃吾中國人，何故反爲元虜守戰。夫人能招使降，當裂土以贈。」異日兩軍會戰，珍驅資妻子臨陣，謂資曰：「妾與鎖兒受擒於此，明公甚以禮待。參政念結髮之情，救子母之命。」言既號泣，兩軍觀者淚下。資駐馬執弓厲聲曰：「癡婦不死何待。」乃引弓發矢，中其胷臆之上。珍揮兵勇進，左右刧襲，元兵大潰，遂生擒完者都、郎革歹、趙資至重慶。戮於大十字街，以禮葬之。

庚子，春，陳友諒殺徐主壽輝，自立爲帝。珍曰：「友諒、倪文進在徐國同爲臣子，今弒逆其主，徐當討之。」遂令莫仁壽領兵守夔，不與相通，立徐廟於城南，春秋奉祀。衆推玉珍爲隴蜀王，因下令曰：「元朝運去，中國豪傑竝起而逐之。予本鄉農，因亂爲衆所推，殆爲自保，豈敢圖人。邇者義兵一起，羣醜底平，湖、湘向化，顧茲蜀地久被青巾之亂，莫有爲之剪除者。予奉天誅罪，豈能自安。已經殄滅兇徒，幸爾坐收全蜀，是乃天意，夫豈人謀。方今圖爲畫一之規，與民共享太平之治。誠恐百姓不知，以予爲争地殺人之師，非弔民伐罪之舉。予取爾蜀於青巾之手，非取諸元。爾輩亦當復見中華文明之化，不可安於元人之陋習也。更宜洗心從治，慎弗取惡招尤。」

辛丑，夏四月，拜劉楨爲王國參謀，朝夕侍講書史，裁決政事。楨一日屏人，從容説珍曰：「西蜀形勝雖小，沃野千里，北有劍門可以窺隴西，東有夔塘可以達江左，今民遭青巾之苦，幸獲扶養，頗得蘇息。人心之歸，天命可知，他日大事可舉也。此時若不稱大號以繫人心，軍士俱四方之人，思其鄉土而去，明君雖自保全蜀尚難，況欲天下乎。」珍勿聽，明日，劉楨又言，戴壽、張文炳力贊之。聲息已彰於外，悅服者多。珍不得已，資謀於衆，從焉。

天統元年壬寅，春三月戊辰，祭告天地，即皇帝位，建都重慶，國號大夏，改元天統。詔曰：「天生斯民，必立司牧，夏、商、周之迭運，漢、唐、宋之繼統，其來遠矣。元以北人，污我中夏，倫理以之晦冥，人物爲之銷滅。咸云天數，敢謂人謀。邇者子孫失道，運祚衰微；上天有命，示厭棄之機；豪傑乘時，興驅逐之策。惟我國家肇迹湖、湘，志欲除暴救民，聊爾建邦啓土。成湯七十里，盛德已振於三巴；歷數八百年，神功終收於一統。上承天命，下順民心。謹以壬寅年三月初一日祭告天地祖宗及歷代帝王，即皇帝位，國號曰大夏，其以今年爲天統元年。嗚呼，恭行天罰，革彼左衽之卑污；昭顯茂功，成我文明之大治。尚賴遠近豪傑勿吝嘉謀，庶幾大小臣工協登偉績。」立郊社，祭以春秋。追帝其四代，立廟，祭以四時。分蜀地爲八道。行周制，設六卿。拜戴壽爲冢宰；明三復姓名萬勝，爲司馬；張文炳爲司空；尚大亨、莫仁壽爲司寇，吴友仁、周興爲司徒；劉楨爲宗伯。置翰林院，拜年徒圖南爲丞相，史天章爲學士。立明昇爲皇太子，朝夕受學焉。内設國子監，教公卿子弟；外設提舉司教授所，教養郡縣生徒。府置官曰刺史，州置官曰太守，縣置官曰縣令。去釋老二教，并彌勒堂。始定賦税，十取其一，天家無力役之征。立進士科，八道鄉試，充貢有日，次年會試宗伯，廷試分五及第出身。置雅樂，置奉天征虜大將軍府於漢中，以進取陝右；置奉天征蠻大將軍府於夷陵，以進取友諒。秋，廷試進士，賜董璧八人及第，餘皆出身有差。冬，命萬勝領兵出漢中攻剌踏坎，侯普顔達失平章走，獲其人馬。萬勝報捷而還。

天統二年癸卯，春，命萬勝領兵十一萬，攻雲南，由界首入，司寇鄒興由建昌入，指揮芝麻李由甯番入。

二月初八，抵雲南，屯兵金馬山，鄒、李皆不至。梁王孛羅、雲南省廉訪司官先二日已走。勝遣使四方，告諭招安，繼日齎宣牌而納降，降者不可枚舉。即遣侍中楊源進表解衆以聞，其表曰：「聖德孔昭，誕受維新之命；王師所至，宜無不服之邦。大軍既發於三巴，逾月遂平於六詔。窮民交賀，遠近同懽。恭惟皇帝陛下，智勇如湯，文明協舜，深慨中華之冑，反爲左衽之流。矧在位之貪殘，致生民之困悴。恭行天罰，遂平定於多方；禮順人情，即進登於五位。睠兹南詔，鄰彼西戎。藩公挾便宜行事之文，專任憸人，恣行饕餮；郡守無惻怛愛民之意，肆爲虐政，害仍黔黎。下詔楊庭，出師討罪。初臨烏撒蠻，酋納款以供輸，繼次烏降，敵衆望風而奔潰。遂由驛路，直入滇池。士民冒雨以爭降，官吏叩頭而請罪。一毫不犯，萬里皆安。勝等愧以庸才，欽承威命。凡此大勳之集，甚非小器之能，皆聖人大庇之洪休，抑諸將効勞之忠力也。深入不毛，臣愧偶同於諸葛；誕敷文命，帝德齊命於有虞。」此文乃鄒興撰也。

夏四月，梁王傳官大都領兵來攻城。萬勝領兵回哨，且孤軍深入大理；約兵又不至，戰士又多中傷，於是留逯水元帥府千户聶堇等領八千人，與大都拒守同馬，引兵還。

九月表韓氏女爲貞烈。

己酉，辟劉湛爲仁壽縣教授。湛學行優裕，造就人才，陞爲國子監祭酒。

天統三年甲辰，命萬勝領兵攻興元城，不克而還。巴州叛，命司寇鄒興克之，留官鎮守。

天統四年乙巳，春，更六卿爲中書省、樞密院。戴壽爲左丞相，萬勝爲右丞相。向大亨、張文炳爲知院，鄒興爲平章，俾鎮成都。吴友仁爲平章，俾鎮保甯。莫仁壽爲平章，俾鎮夔關。鄧元帥爲平章，俾鎮通江。江寶英爲參政，俾鎮播州。荆玉爲宣慰，俾鎮永甯。商希孟爲宣慰，俾鎮黔南。冬，徐圖參政姜珏來朝，仍令守夷陵，就役屯種，置倉以瞻軍用。是年，吴王始遣都司孫養浩來結好，書曰：「吴王奉書夏國皇帝。閒者得姜珏誥命，文義妥貼。辛卯歲兵起蔡、潁，有陳友諒恃其土地之廣，甲兵之强，一旦迫區區之境，不得已而應之，三年遂滅。元人本處沙塞，今反居中原，是冠履倒置，足下應時而起，居國上流，區區有長江之險，相爲脣齒，協心同力，并復中原。事定之日，各守彊宇。特遣使通好，惟足下圖之。」秋，遣參議江嚴答聘，其書曰：「夏國皇帝奉書吴王足下。邇者元人運衰，中原氣盛，天必降生豪傑，驅逐元虜，以爲生民主，是乃天意之有在也。第以中原人物解此者少，尚爲彼用，殊爲可惡。足下應運而興，目視赤子之塗炭，想亦不忍也。區區人馬二十萬，北出漢中，東下荆、楚，期靖殘虜，以安黎庶。特遣使奉復通好，不敢後約，唯高明諒之。」冬，威順王普顔遣平章領兵由雲南偷行小徑入陝西，丞相戴壽追襲至秦州，弗獲而還。是月，全蜀星隕如雨。

天統五年丙午，春，夏主不豫，召臣下諭之曰：「中原未平，元虜未逐，予志不能遂也，此殆天意。今西蜀險塞，予没後，汝等同心協力，但可自守，慎勿妄窺中原，亦不可與各鄰國搆隙。」言畢遂殂。在位五年，壽三十六，葬江北永昌陵，羣臣尊上廟號曰「太祖文武至聖皇帝」。遺詔太子即位，遣使報訃於吴及各國，兼致遺物。

方孝孺曰：「夏主方有意於據蜀，各郡臣民遭青巾之虐，百無一二，夏主幸致躬行儉約，興文教，辟異端，禁侵掠，薄税斂，一方咸賴小康焉。惜不能謹之於始，私家倍於公室，倉帑空虚，不能展其疆界。歷年雖不永，民至今感歎焉。不能文詞閒盡其賢也。」

夏太子昇即皇帝位，年十歲。尊母彭氏爲皇太后，垂簾同聽政。立妃王氏爲皇后。改元開熙，詔曰：「皇天眷命，篤生我太祖皇帝，恭行弔伐，創業開基，期靖中原，以登至治。顧大業未就，龍馭上升，舉國臣民攀號莫及。予小子哀疚在躬，而臣民以嗣位爲請，謂神器難以久虚，國家不可無主。懇請再三，辭避無術，謹於四月初一日祗告天地祖宗，即皇帝位。予稚年涼德，忝任君師，惟敬天以勤民，在修身而法祖。纘承烈緒，廣鴻業以無疆；誕布武文，祈天命於有永。尚賴臣工協志，同濟時艱，補闕拾遺，匡予不逮。其以明年爲開熙元年，除舊敷新，與民更始。」仍遣使詣吴及諸國告即位。吴王遣使來弔祭，又遣使來送葬，又遣使賀即位。丞相萬勝與知院張文炳有隙，密遣人殺之。内府舍人明照等復矯后旨召勝入，縊殺於崇文樓下。拜劉楨爲右丞相。

楊學可曰：「右丞相萬勝者，德安府黄陂縣人也。年當壯歲，智勇過人，夏主寵愛之，妻以弟婦，故稱爲明三。數歲總兵征討，信賞必罰，士卒樂從，所向克敵。開國之功良多。及夏主賓天，主幼，母后臨朝，小人閒諜，張、萬自相屠戮，非有罪而誅，不及五載，而國遂亡，是自取之也。」

秋，廷試進士，龐百里等六人及第，餘出身有差，幼主吟桂花詩賜諸進士。詩曰：「萬物凋殘我獨芳，花心金粟帶微黄，莫言些少難堪玩，露冷風清大地香。」命丞相戴壽領兵攻烏撒，不克而還。

開熙元年丁未，保甯鎮守平章吴友仁移文於郡縣曰：「昔與夏主自沔陽而至重慶，共樹奇勳，開邦啓土。今日者，矯旨殺戮功臣，我輩甯能自保乎。」遂據城謀叛，遣使與陝西李思齊、張良弼通，而幼主數調兵征伐，皆敗而還。

開熙二年戊申，大明皇帝來告即位，遣平章鄒敬奉書往賀。四月，丞相戴壽總兵八萬征吴友仁。友仁入城自守，謂壽曰：「不須用兵，可遣參政文彦彬來，即投降。」是日，遂遣彦彬入城。友仁與彦彬約：「丞相可設策將義子明昭等誅之，不然必爲所害。」壽回奏事因，朝會設計擒明昭等，盡誅之。友仁同彦彬至重慶，請罪謝恩。

開熙三年己酉，大明遣使求木植，丞相戴壽不與。秋，丞相劉楨卒。楨，元進士，精於『易』，數導明主修道，盡逐元人以安中夏。詔令多所代製，人比之孔明云。

開熙四年庚戌，大明遣使借路攻雲南，丞相戴壽不允。秋再遣參政蔡來，兼致禮物，又不允。明夏竟絶和好。

冬，大明命湯和爲征西將軍，平章廖永忠副之，攻夔關，戴丞相、向知院峽中設天橋預備，船至，以木頭橦下，輒碎，竟不得上。屢戰不勝，退兵峽外。重慶城中每虚驚，禁不能止。

開熙五年辛亥，春，大明總兵潁川侯傅友德帥兵十萬，路從階文，攀緣山谷，晝夜兼行。蜀將平章丁世珍率衆來拒，友德擊敗之，生擒其將雙刀王等十八人，遂克階川。蜀人斷白龍江以阻我師，友德修橋以渡，奮兵擊攻，拔果陽白水江。蜀人不戰驚遁，友德遣人諭降之，俾各還本業。兵趨緜州，至漢江，進取漢州。友德欲以軍中消息達湯和，適江水暴漲，乃以木牌數千書克階、文、緜、州，日月投漢江，順流而下，重慶守者見之，爲之解體。先是，夏戴壽等聞階、文不守，遂留鄒平章守夔關，引兵救成都。至是，屢與傅總兵戰，大敗，入城堅壁自守，傅圍兵圍之。會廖平章亦得木牌於巫峽，乘虚併力攻夔關，直抵重慶城下。

六月二十一日，夏丞相劉仁扶幼主并皇太后彭氏齎符璽詣軍門降。在位六年，時十六歲。成都兵皆被困，躪藉死者甚衆。會湯和至，遣其子納款降。友德按兵入自東門，秋毫無犯。成都既平，分兵徇下川，蜀之未平者。因籍其兵壯，置守各要害。得路府七，元帥府八，宣慰、宣撫司二十五，州三十七，縣六十七，官吏、將士五萬九百九十人，馬騾一萬三千八百餘匹。友德同廖永忠遣指揮高德送幼主并彭后、符璽及金印、冠冕、儀仗、銀印五十八、銅印六百四十，送至京師。大明封幼主爲歸命侯，彭后爲王妃，賜甲第以居。以劉仁爲應天府府尹，餘除授職有差。明氏前後二主，起於至正辛丑，止於洪武辛亥，共十一年。

方孝孺曰：「幼主雖春秋未富，德性純雅，通『孝經』、『論語』，爲權臣執國，命不能宰制，所以内相屠戮，自剪其羽翼。是以國内空虚，天戈一揮，若崩厥角。歸於大明一統，固其宜也。」

# 《隆平紀事》

清史册撰

**卷一五** 元至正十三年癸巳春正月，張士誠起自泰州。士誠泰州白駒場亭人，字確卿，小字九四，少有膂力，負氣任俠，輕財好施，得羣輩心，與弟士義、士德、士信並駕運鹽綱船兼私販，諸富家或負其直不酬，多加淩侮。弓手邱義尤窘辱之，士誠忿甚，時海内大亂，豪傑蜂起，士誠乃帥諸弟，結壯士李伯昇等十八人，殺義，滅諸富家，縱火焚之，跳入旁場，招諸少年起兵。鹽丁久苦重役，共應士誠，推爲主。先是州人王克柔家富，多結游俠，謀不軌。高郵知府李齊收捕於獄。有李華甫者，素感克柔恩，謀聚衆劫獄不果。李齊招安華甫，以爲泰州判。士誠陽與華甫合，因集諸壯士共殺華甫，并其衆起兵至丁溪，爲大姓劉子仁所扼，多被殺傷，士誠急攻之，子仁衆潰入海，遂有其資，兵勢日盛，從者萬餘人。

三月陷泰州，元參知政事趙璉死之。士誠初攻泰州，元遣知府李齊招撫之，士誠僞降，請授民職，且乞從征，自効元立義兵元帥府，以官其黨，且立淮南行中書省以扼其勢，以璉爲參知政事，移鎮泰州。璉趣士誠治戈船趨濠、泗，士誠疑憚不肯發，覘知璉無備，乃復叛。夜四鼓，糾黨縱火登城，璉把佩刀上馬格鬬，士誠圍之。璉罵曰：「汝罪在不赦，既宥且爵，朝廷何負於汝，乃敢復反，」即前奮擊，士誠以槊撞璉墜地，璉瞑目大罵而死，其僕楊兒以身蔽璉，亦死。士誠劫官軍，乘勝陷興化。

夏五月，據高郵。士誠陷興化，結砦德勝湖，元行省以左丞偰哲篤鎮高郵，出李齊守甓社湖。突有數騎呼譟入城，省憲官皆遁，齊急還，城門已閉，士誠據高郵，下令出獄囚，蠲民逋，凡知名之士取用之。

元遣使至高郵，招諭淮南行省照磨、盛昭、高郵知府李齊並不屈死。元知士誠不可制，降詔赦其罪，遣使招安。使至不得入城，遽還，詭稱士誠已迎拜，但乞名爵，行省不虞使欺，再遣盛昭往，以水軍萬户告身授士誠。士誠拒不受，拘昭舟中。既而官軍逼高郵，士誠授昭以兵，使出拒，昭叱曰：「汝拘留詔使，罪不容誅，又欲我從汝反邪。」士誠怒，磔之。行省仍遣使諭士誠，使至又不得入，士誠紿曰：「必李知府來方受詔。」初，李齊撫士誠於泰州，被留亡何，士誠黨自相戕，始縱歸。至是復要之往，行省强齊往，至則囚之，乃聲言士誠本無降意，特遷延爲繕飭計耳。官軍諜知之，進攻城，士誠呼齊出，叱令跪，齊叱曰：「我膝如鐵，豈爲賊屈。」立而詬，乃碎其膝剮之。

元淮東宣慰司掾納速剌丁會兵擊士誠，不克，死之。士誠屯兵高郵東門，納速剌丁以舟師會真、滁諸軍討之。距三垛鎮，士誠軍鼓譟迎擊，官軍發火鏃射之，死者蔽流而下。士誠兵繚船於背，盡鋭來攻，官軍皆遁，納速剌丁與其三子寶童、海魯丁、西山驢力戰死。

六月，元命淮南行省平章政事福壽擊士誠，不克。

冬十月，士誠分兵狗旁縣，皆下之。

至正十四年甲午，士誠自稱誠王，僭號大周，建元天祐，大赦境内，設官分截要衝，南北道梗。

春三月，周令所屬務農桑。令曰：「元氏之亂，多在民窮。夫獨其君之不仁哉，良以有司不宣德意，妄立科條，志在肥家，不恤民隱。百姓求生無路，引義不能，遂至崩解。余起兵之意，誠欲出生民於塗炭，予所在以安全。食爲民之天，農桑爲民事之本，有土有財，只在利導，既富且教，尤要提撕。令下之日，務曲體余衷，相機度宜，俾處處有生養之具，毋徒以文具相塗飾也。」用命慎擇長吏，嗣後以民生登耗爲殿最。

夏四月，令州縣興學校。令曰：「風化之本係人倫，賢才之興關學校。今者豪傑並起，相與背叛，良由父子、夫婦、兄弟之道失序，故君臣之義不明，廉恥道喪，王綱解紐，實在於斯。凡屬州縣，聿稽前典，務選明博好禮之士，朝夕諷誦，以修明倫序，以興起賢能。」因命春、秋鄉飲，博舉明經。

六月，士誠攻揚州。元平章達識帖睦爾總領漢軍蒙古兵禦之，敗績。諸軍皆潰，遂破揚州，會士義被獲見殺，士誠退還高郵，尋進陷盱眙及泗州。

秋九月，士誠復攻揚州，元湖廣行省右丞阿魯恢引苗軍來，士誠退。

元命右丞相脱脱督諸軍擊張士誠，總制諸王各省軍馬，諸省各翼軍馬，號百萬，旌旗累千里不絶。

冬十一月丁卯，脱脱統大軍至高郵，與士誠連戰，大破之，遂圍高郵。先是樞密院都事石普從守淮南，詣脱脱面陳破敵之策曰：「高郵負重湖之險，地沮洳，騎兵莫能前願。假步兵三萬，保取之。」脱脱壯其言，與兵萬人爲先驅，行次范水砦，日未夕，普令軍中具食，入夜，銜枚趨寶應，即登城樹幟，守者大驚，潰，普乘勝連拔十餘砦，直抵高郵，縱火燒關門，總兵者遣蒙古軍千騎突出普軍前，欲收先入功。敵兵以死扞，蒙古軍即恇怯馳回，普止之不可，軍亂，爲敵兵所蹂踐，率墮水中。普獨直入敵陣搏戰，被創墮馬，復奮起步戰，數合力盡，與從者三十人俱死。既而脱脱大軍至，連戰旬有五日，士誠不能支，元兵遂圍高郵。士誠欲突圍出走，卜之謂當固守，敵且退，乃堅持不動。是時脱脱部將董摶霄分下鹽城、興化，盡拔大縱、德勝兩湖。閘十二水砦，又分兵西平六合，士誠勢大蹙。

十二月元削脱脱官爵，安置淮安，以泰不花等代領其軍，元兵潰去。脱脱攻高郵急，隳其外城，城且下，士誠謂亡在旦夕，忽聞殷雷聲，賀曰：「可以戰矣。」登樓仰視曰：「龍文虎氣集我營上，急擊勿失。」俄有詔解脱脱兵柄，削官爵，安置淮安。元諸將憤恨，鐵甲軍多散去，城中乘閒開門奮擊，元兵大潰走，士誠勢復振。

至正十五年乙未春二月，劉福通以韓林兒稱宋帝，改元龍鳳，號小明王。夏六月，明太祖朱元璋起兵，始渡江取太平路，軍中用龍鳳年號。淮東饑。冬，士誠遣兵渡江，窺平江路。江陰羣盜並起，有朱英者就撫復叛，奔高郵，質妻子乞兵自救。士誠初疑之，英盛陳江南土地之廣、錢糧之富、子女玉帛之盛以豔其心，士誠亦以淮東饑謀他掠，乃遣弟士德率衆由通州渡江攻常熟。

元遣翰林待制烏馬兒、集賢待制孫撝至高郵招諭。朝廷猶冀士誠有降意，乃遣二人齎宣明印牌至，既入城，反覆開諭。士誠佯竦聽，已而拘之别室，一日饋食，欲脅之降，撝大詬斥，乃令其下捶撝，撝不爲動。

至正十六年丙申春正月朔，張士德陷常熟，遂進攻平江。

二月壬子朔，入平江，據之。承平日久，城中無備，士德兵猝至，參政脱寅統官軍義民捍禦境上，達魯花赤哈散沙領兵出戰，總管貢師泰巡守城池。士德攻城急，分守婁門楊椿督民伍挺身力戰，死之，城陷。廉訪司饒介分守齊門，兵亦驚潰，哈散沙自溺死，脱寅匿叢篠中，爲游兵所殺。貢師泰懷印遁。士德兵僅三千人，長驅而入，據平江。崑山、吴江、崇明、嘉定諸州縣相繼降，改平江路爲隆平郡，築月城。時江南全盛，甲仗錢穀如山，簡括倉庫，足資十年。

三月，周王張士誠自高郵徙都隆平。服御器用皆擬乘輿，以承天寺爲王府，遷佛像踞坐大殿中，親射三矢於棟以定都隆平，告四方，改至正十六年爲天祐三年，麻曰明時。立省院、六部、百司，以陰陽術人李行素爲丞相；弟士德爲平章；提調各郡兵馬；蔣煇爲右丞，居内省理庶務；潘原明爲左丞；史文炳知樞密院；徐義徐志堅典親軍；李伯昇節制軍事幕官；韓謙、錢輔、蘇昌齡、蔡彦文爲參謀；署饒介爲淮南行省參政；周仁爲隆平太守。凡郡、州、縣、正官，郡稱太守，州稱通守，縣仍曰尹。郡同知稱府丞，知事曰從事，擇寺觀、豪門爲省院部司，及諸將士所居，分奪互易，幾月乃定。命籍户部田賦，皆仍元舊，悉免夙逋。賜今年田租十之四，並賜高年粟帛及貧民粥糜。

設學士員，開宏文館。將吏子弟、民間俊秀游其中者皆給廩餼，歲比其業。設禮賢館，詔四方明博之士居之。命築常熟、吴江城，又遣將吕珍築嘉定城，並易土以磚石。

令設郡勸農使，縣勸農尉，講修水利。

是月，明太祖下集慶路。

夏四月，遣兵徇松江下之。初元元帥王與敬由平江戰敗，趨嘉興，與苗軍帥楊完者不協，投松江，復與鎮守不協，乘釁焚掠。楊完者遣將率苗軍攻與敬，與敬投士誠。苗軍括金銀財帛以巨萬計，聚於東門。士誠遣史文炳部兵馬自泖湖古浦塘進，苗軍一矢不交，潰散，松江遂下，以史文炳鎮之。分兵下湖州，改爲吴興郡，以左丞潘原明鎮之。遣兵攻常州，有黄貴甫者間道歸士誠，請爲内應，兵至不戰而破，改常州爲毘陵郡。

元集賢待制孫撝謀復高郵，死之。初撝奉使高郵，被拘不屈。至是士誠據平江，轉掠湖、松諸郡，撝與士誠部將張茂先謀持撝所授站馬劄子，遣壯士赴鎮南王府約日進兵復高郵，謀泄遇害。後士誠軍中見失節者，輒自相嗤曰「此豈孫待制邪」。

六月，遣將史文炳攻嘉興，大敗還。元苗軍帥楊完者爲江浙行省參政，領苗獠猺獞名曰苔剌罕屯嘉興，守禦甚堅。先是，屢攻不克，至是，文炳大舉兵臨其東門，盡爲所殲，文炳僅以身免。

秋七月，張士德率兵陷杭州，潰走。士德與王與敬合兵，閒道攻杭州。元平章政事左荅納失里力戰死，江浙左丞相達識帖睦爾遁入富陽，士德入城，檢括擄掠，會有萬户普賢收者年尚幼，率兵出戰，參政楊完者領苗兵繼進夾擊，州民執挺巷戰，士德大潰走。初，江南亂，達識帖睦爾等屢敗，議者謂苗軍可用，乃自寶慶招土官楊完者至淮南殺賊，以功累官參政。至是杭州破，完者自嘉興引苗兵赴援，擊走士德，復杭州，達識帖睦爾乃還。士德收殘兵攻海鹽，爲乍浦鍾氏所撓，不克。

遣使徵元江浙行省員外郎楊乘，不屈死之。

築土城於平望。楊完者引苗軍屯嘉興之合路，故築城捍之。

明叛將陳保二來降。初常州人陳保二聚衆，以黄帕裹首號黄包軍。明師下鎮江，徇奔牛呂城，保二降，至是復舉衆叛降士誠，誘執明詹、李二將而去。

是月，明太祖初稱吴國公。

己亥，遣儒士楊憲奉書至隆平通好。略曰：「近聞足下兵由通州，遂有吴郡。昔隗囂據天水以稱雄，今足下據姑蘇以自王，事勢相等，吾深爲足下喜。吾與足下東西境也，睦鄰保境，古人所貴，吾甚慕也。自今通使往來，毋惑於交搆之言，以生邊釁。」士誠得書，以比之隗囂甚恚，留憲不報。

周遣舟師攻鎮江，明統軍元帥徐達禦之於龍潭，焚其舟，殺溺甚衆。又攻宜興，明管軍總管耿君用率兵援宜興，爭栅力戰，中槊死之，宜興陷。

明遣徐達、湯和率師攻常州。吴國公諭達等曰：「張士誠起鹽徒，譎詐多端，宜速出軍攻毘陵，先機進取以沮其謀。」於是，達督兵進薄常州，會降將鄧清刼糧奔周軍，又長興新附卒七千人從其帥叛入周，反攻達營。達退營牛塘谷，周軍圍之，食且盡，常遇春引兵自池州來援，擊周軍，大敗之。擒梟將張將軍，達復進攻，未下。

八月，明益兵圍常州。徐達軍城西北，湯和軍城北，張彪軍城東南。士誠遣弟士德以數萬衆來援。達曰：「張九六狡而善鬬，當以計取之。」乃去城十八里，設三覆以待。別遣總管王均用以鐵騎爲奇兵。達與士德交鋒，均用鐵騎横衝其陣，陣亂，士德退走遇伏，大敗，擒其將張虎、湯雄，殺獲以萬計，士德遁。

冬十月，遣兵陷淮安，元淮東廉訪使褚不華死之。

先是不華與判官劉申共守淮安，相犄角，既而總兵者怨不華，及檄甲別將兵擊賊，冀以困不華。至是，士誠將史椿攻淮安，掘塹相銜，揵水寨圍之，復據赤鯉湖，以斷沭陽一路餉道。城中食且盡，元帥運米萬斛入河，爲椿所抄，遣使十餘輩告急，總兵者按甲不出。攻益急，城中羅雀掘鼠，及靴皮、鞍韂、革箱、敗弓之筋皆食盡，而後人相食。城陷，不華猶據西門，力鬬中傷見執，爲寇所臠。子伴哥亦死。士誠使史椿爲淮安太守，鎮之。初，元同僉都淮南。行樞密院事董摶霄建守禦淮安之策，謂速宜布連珠營，使屯種而食，練兵積穀，且耕且種，不能用。

明將華雲龍、王弼敗士誠弟士信兵於舊館，擒驍將湯元帥。

周遣使至金陵請和。常州圍久，士誠遣人奉書請和曰：「向者竊伏淮東，緣元政日弛，民心思亂，乘時起義。自泰州取高郵，東連海堧，遂有平江諸郡，若無位號，何以令衆，南面稱孤，勢使然也。伏惟上賢以神武之資起兵濠右，跨有江左，遥爲左右賀建大業。向獲詹、李二將，禮遇未遣；繼蒙遣使通好，愚昧不明，久稽行李。今遣兵偪我毘陵，咎實自啟。然省已知過，欲講和以解困阸，願歲輸糧二十萬石，黄金五百兩，白金三百觔以爲犒軍之資，各守封疆，永爲盟信。」吴國公遣孫君壽復書云：「睦鄰通好，有邦之常，開釁召兵，實由於爾。向者用師京口，靖安疆場，師至奔牛、呂城，陳保二望風降附，爾乃誘其叛逆，紿執我詹、李二將。繼遣楊憲通好，又復拘留。搆兵開釁，誰職其咎。我是以有常州之師，生擒張、湯二將，尚以禮待，未忍加誅。足下誠知悔過，不墮前好，歸我使臣將校，仍餉軍需五十萬石，即當班師。大丈夫舉事當赤心相示，浮言誇詞，我甚厭之。」士誠得書，不報。

明復益兵圍常州。常州守將復誘明新附義兵來攻。徐達請益兵，乃以精兵二萬助之。達營城南，常遇春營東南三十里外。周兵攻達壘急，達勒兵出戰，遇春與胡大海、廖永安來援，内外夾擊，大破之，擒其將張德，餘兵奔入城。

十一月，周將呂珍潛入常州，督兵拒守，達進逼之。

至正十七年丁酉春正月，築崑山太倉城，禦方國珍。

初國珍起台州，劫掠海上，焚蘇之太倉，後降元。元欲藉其力以攻士誠，乃數以海軍犯崑山，七戰七捷。崑山州治自宋時遷太倉，至是復遷馬鞍山，下築土城以禦寇。太倉去木城，改築磚石，爲海濱積貯之所。既而士誠遣人説方國珍結爲婚姻，崑山太倉始得寧息。

二月丙午，明遣耿炳文等攻長興，守將趙打虎以兵三千逆戰，大敗，走湖州。戊申，長興陷，炳文追獲戰艦三百餘艘，及其將李福安、荅失蠻等義兵萬户蔣毅率所部二百人降，炳文以總兵都元帥守長興。

三月戊午，明徐達克常州。初常州兵雖少食足，堅拒不下，及被圍久，敵衆糧少不能支，呂珍宵遁，達督諸將急攻之，克常州，湯和以同僉總管守之。

周殺淮安太守史椿。椿見士誠屢敗，諸將驕侈，右丞徐義更加譖毁，乃遣人詣金陵歸附，事覺被殺。

五月，明院判俞通海等以舟師略太湖，入馬跡山銜水寨，周將王貴、鈕律降。通海艤舟胥口，呂珍以兵猝至。明兵欲退，通海不可曰：「彼衆我寡，退則情見。」遂決戰，矢下如雨，通海中右目不爲動，徐令帳下士披己甲立船上曰：「我俞將軍也。」珍不敢偪，引還，通海亦退。

乙亥，周遣左丞潘原明、元帥嚴再興侵長興，守將耿炳文擊破之，原明等遁。

明副使張鑑等攻泰興，士誠遣兵赴援，敗走，周將楊文德等被擒。

己卯，泰興陷。

六月戊午，明院判趙繼祖、元帥郭天禄，鎮撫吳良等圍江陰。士誠兵據秦望山以扼之，繼祖引兵來攻，會大風雨，周兵奔潰，奪據其山。

己未，進攻城西門，克之。以吳良爲指揮使守江陰，復命其弟禎增兵協鎮。士誠據全吳，跨有淮東、浙西，江陰、長興二邑乃南北水陸門户，自長興失，則步騎不敢出廣德，窺宣、歙，江陰失，則舟師不敢泝大江，上金陵。由是侵軼路絶，築城於虎邱，命潘原明築吳興城，即舊城而小之，務在堅厚而固，諭之曰：「羣雄角力，侵軼殊多，吳興城大，而枕湖，灌水易圮，衛爾室家，不得不役爾。民然，征調屢煩，余實厪念，其來役者免今年田租。」

秋七月，明徐達徇宜興，未下。別遣前鋒趙得勝攻常熟，下之，擒張士德。士德梟鷙善戰，能得士心，浙西地皆所略定。既被擒，士誠氣大沮，士德至金陵，吳國公欲留之以招士誠。士德不從，乃閒道貽士誠書，俾降元自助，士誠遂決降元之計。

八月，明徐達、常遇春、康茂才襲江陰馬馱沙，克之，獲其樓船。

明將費子賢下武康。

周王士誠降於元，元以爲太尉。初士誠兵累敗，思降元，及士德貽書勸降，即遣使詣省相請降，詞多不遜。達識帖睦爾以其反覆，不許，復遣周仁往請，楊完者亦固勸，乃令承制參政周伯琦至平江撫諭之。士誠始要王爵，不許；請爲三公，不許；完者又力勸，乃許之，表授士誠太尉，開府平江；弟士德淮南平章；士信同知樞密院事，立江淮分省江浙分樞密院於平江，以處其官屬，將吏皆授官有差。元以達識帖睦爾有招安功，加太尉。士誠雖去僞號，奉正朔，而土地、甲兵錢糧自據如故，以蘇州子城爲太尉府。

太尉士誠署周伯琦爲同知太常禮儀院事，尋拜江浙行省右丞。

至正十八年戊戌春二月，明俞通海、廖永安、桑世傑等攻江陰石牌，世傑陷陣死，永安等奮擊，擒守將欒瑞、朱錠，盡獲其海舟，遂拔之。

三月，士誠襲建德路，敗還。明師初克建德，以部指揮李文忠守之。士誠遣將，與元苗帥楊完者率苗獠數萬，水陸奄至城下。文忠出奇兵破其陸軍，取俘馘浮巨筏上，乘流而下，水軍見之亦遁。

夏六月，士誠攻常州，守將湯和擊卻之，擒獲三百人。

常與吳接境，自陷没後，士誠閒諜百出，和防禦嚴密，敵莫能窺，至是力戰卻之。

甲午，士誠兵攻常熟，明將廖永安與戰於福山港，大破之。

秋七月庚子，廖永安追士誠兵於通州狼山，再破之，獲其戰艦而還。

九月，太尉士誠襲苗帥江浙行省左丞楊完者，殺之，據杭州。初完者帥元兵屢敗士誠，士誠既降，欲圖之。達識帖睦爾亦厭完者驕横，召士誠兵共圖之。士誠遣史文炳、吕珍等引兵襲完者，圍其居，完者戰敗，及其弟伯顔皆自殺，部將蔣英、劉震等率衆三萬餘人降李文忠。士誠據杭州，完者部將宋興在嘉興閉城自守，尋亦攻破，降之。朝廷詔士信爲江浙行省平章政事，自是方面大權悉歸張氏，達識帖睦爾徒擁空名而已。

冬十月，明徐達克宜興。達攻宜興，久不下，乃奉太祖諭，遣丁德興分兵絶太湖口，斷其餉道。城中軍士乏食，達并力急攻，拔之，以元帥楊國興守宜興。廖永安率舟師乘勝深入，擊士誠兵於太湖。遇吕珍，與戰，後軍不繼，舟膠淺見執。士誠欲降之，不屈，囚之。明太祖欲以所獲將士三千人易永安，士誠不從。士誠欲以永安易士德，太祖亦不許，後士德不食死，永安亦卒於吳。

築湖城。城據太湖之南濱，東西亘百餘里，號一字城。沿城築塹以防明師侵軼，又築邵昂土城。

士誠遣兵據紹興。元御史大夫拜住哥誘殺行樞密判官邁里古思，紹興亂，士誠遣兵守之。

至正十九年己亥春正月庚申，胡大海、李文忠取諸暨，守將華元帥遁。萬户沈勝既降復叛，大海移兵攻紹興，不能下。已而士誠遣將吕珍圍諸全，堰水灌城，大海救之，奪堰反灌珍營。珍於馬上折矢，誓請各解兵，大海許之，縱珍還。

二月，士誠大舉兵攻江陰。艨艟蔽江，部將蘇同僉者駐君山，指畫爲進攻狀。明守將吳良戒軍士勿輕動。未幾，士誠陣於江壖，良命弟禎出北門與戰，當其西北面，潛遣元帥王子明率壯士馳出南門，既而，士誠分兵欲攻東門，子明馳擊之。生擒五百餘人，殺溺甚衆，士誠宵遁。先是士誠圖復江陰，數以金帛啗將士窺釁，良謹備之，士誠不得逞，至是大敗。

明平章邵榮攻湖州，退屯臨安。李伯昇攻之，榮設伏以待，伯昇遇伏敗走。

三月，士誠侵建德。明守將李文忠禦之於東門，使別將潛出小北門，間道繞出陣後，夾擊，大破之。尋復攻嚴州，文忠遣將何世明迎戰於大浪灘，敗之。士誠兵據分水嶺，世明乘勝逆擊，又敗之，馘五百餘級。

夏四月，士誠將李伯昇攻婺源，明守將張茂先敗之。

明太祖自將攻紹興，拔其城，以馮國用守之。既而國用卒於軍，士誠復遣兵陷紹興。

秋七月，士誠大發浙西諸郡築杭州城。壞白塔甃城。

九月，元徵海運糧於士誠。自中原亂，士誠與方國珍分據浙西、東，江南海漕久不至，京師苦飢，至是，因河南始平，士誠與國珍並降，南北道通，朝廷乃遣尚書伯顔帖木兒、曹履亨以御酒、龍衣賜士誠，徵海運糧。伯顔帖木兒等至杭州傳詔，命士誠輸粟，方國珍具舟，達識帖睦爾總督之。既而士誠慮國珍載粟不送京師，國珍又恐士誠掣其舟，互相猜疑，使者往來開諭，再三始受命，歲輸粟以爲常。

士誠遣兵侵常州，吳復督兵出忠節門擊敗之。吳良間道殲其援兵於無錫之三山，士誠兵狼狽還。

冬十二月，士誠復侵建德，遣將據分水新水之三溪。李文忠部將何世明擊之，斬其將陸元帥、花將軍等一千餘人，焚其營，明改建德爲嚴州府。

明常遇春率師攻杭州，圍其城。

至正二十年庚子春三月，常遇春解圍去。

開常熟白茅港。白茅受海潮，逆上泥淖壅積，海口湮塞，水不得洩，農田患之，因發卒數萬開浚。又議置爬沙夫以加疏濬，歲以爲常，自是數郡無水患。

夏五月，士誠海運糧十一萬石至京師。

遣將李濟據濠州。初吳國公起自濠，及是爲士誠所據，吳國公問攻取計於劉基。基曰：「士誠自守，虜不足慮，陳友(亮)〔諒〕據上游，名號不正，且兵力强，宜先圖之。友亮平，取張氏如採囊物耳。」吳公善其言，姑置之。

閏五月，陳友諒稱帝於江州，國號漢，遣使約士誠合兵攻應天。士誠許之，應天大震。既而士誠觀望，兵不果出，吳國公患友(亮)〔諒〕與士誠合曰：「二寇合，我首尾受敵，不如先破友(亮)〔諒〕，則東寇膽落矣。」急令人誘友(亮)〔諒〕速至破之，士誠兵不出。

秋九月，士誠兵侵諸全，明守將袁實戰死。又遣呂珍、徐義侵長興，自太湖分三路入，明守將耿炳文擊破之，總管湯全、張珙被殺。

開常熟鹽鐵等塘。

至正二十一年辛丑，開賓賢館，立鄉學。開館以禮賓客羈寓之士，所贈遺及飲食、宮室、輿馬，供帳甚盛，凡四方名士避地東南者咸歸焉。又立鄉學，凡民間遣子弟入學者，予以衣冠，月給廩米五斗。時外患少息，士誠不復設備，識者危之。

崑山人郭翼獻策不納。翼見士誠日驕縱，上書曰：「明公仗馬箠下婁及，越數十城望風請服者，非能極慮安危，力足勝也。人苦元政久，守令貪殘不恤其下，故相率離散，莫爲之守。明公誠反其道，休勞之，然後乘時進取，則霸業可成。若遽慕宴安，躭逸樂，不惟精鋭坐銷，且四方豪傑争起，雖欲閉境自守，其終能乎。」士誠怒，欲殺之，妻劉氏止之曰：「翼策誠善」，乃得免。

春三月，士誠海運糧十萬石至京師。

秋七月，以弟同知樞密院事士信鎮淮安，左右司員外郎陳基參軍事。

八月，明胡大海攻紹興，不克。部將張英至城下，遇伏死之，大海引兵還。

冬十月，遣司徒李伯昇大舉兵攻長興。衆十餘萬水陸並進，直薄城下。明守將耿炳文禦之。城中兵止五千，諸將陳德華、高費聚等三路進援。伯昇夜劫營，諸將皆潰，炳文嬰城拒守，遣左副元帥劉成出西門迎擊。成兵卻伯昇，追至東門，力鬬，成戰死，伯昇悉兵圍之，結九寨爲樓車，下瞰城中，運土石填濠隍，放火船燒水關，攻甚急，城中晝夜應敵，凡月餘。

十一月戊午，明將常遇春援長興，李伯昇解圍遁。

吳國公在江州，聞長興圍，急命常遇春兼程赴救。伯昇聞遇春至，拔營走，遇春追擊之，俘斬五千餘人。

至正二十二年壬寅春二月，明叛將蔣英殺金華守將胡大海，奔降士誠。

三月，士誠遣兵攻諸全，敗還。士誠乘浙東亂，遣弟士信與呂珍率兵十萬攻諸全。明守將謝再興告急於李文忠，文忠以嚴州兵少，檄胡德濟自信州往援。且揚言徐右丞達、邵平章榮將大軍刻日至，以恐敵軍。士信果懼，謀夜遁，呂珍欲退軍五里下營，以待決戰。德濟乘間潛入城，與分門而守，夜半開門，帥死士突出，砍士信營，營中驚亂，人馬自相蹂踐，大潰走。

夏四月，太尉士誠承制，以淮南行省參政饒介爲諮議參軍，辟楊基爲丞相府記室。未幾，並辭去，基轉客介所。

五月，士誠海運糧十三萬石至京師。

至正二十三年癸卯春二月，士誠遣將呂珍率衆十萬圍宋劉福通於安豐，殺福通，據其城。時福通奉宋主韓林兒都安豐。

三月辛丑，吴國公自將救安豐，呂珍敗走。初，明師起用宋年號，及安豐被圍，劉福通使人告急於吴國公。公曰：「安豐破則張士誠益强，乃親率徐達、常遇春等救之。比至，安豐已破，呂珍據城列柵，盛兵拒守。明將汪元帥拔其中壘，左右軍敗阻千塹不得出。遇春以精騎横突其脅，三戰三勝，珍大敗。廬州左君弼出兵助珍，又敗，珍與君弼皆走。吴國公以林兒歸居之滁州，命達等移兵圍廬州，元將竹昌、忻都乘閒入安豐。

夏四月乙丑，明諸全守將謝再興叛降士誠。初再興遣人私往杭州販易，吴國公怒責之，再興懼，殺知州欒鳳、參軍李夢庚，以諸全軍馬赴紹興降。左丞李文忠聞亂，遣胡德濟屯兵五指山以備之。

五月，士誠海運糧十三萬石至京師。

秋九月，降將謝再興以士誠兵侵東陽。明李文忠自嚴州率鋭卒馳救，胡深自處州來援，合兵逆戰於義烏。横突再興陣，大敗之。去諸全六十里，並五指山築新城，以胡德濟守之。未幾，士誠遣李伯昇以十六萬攻圍新城，城堅不可拔，引去。

太尉士誠自立爲吴王。士誠拓土日廣，南抵紹興，北逾徐州，達於濟寧之金溝，西距汝、潁、濠、泗，東薄海，地方二千餘里，帶甲數十萬，户口殷盛，國用饒富。吴國公方與漢主陳友(亮)〔諒〕相持，未暇東顧，乃益驕，令其下頌功德，脅達識帖睦爾邀封王爵。達識畏之，爲請於朝至再三。元不許，士誠乃自立爲王，改國號曰吴，尊母曹氏爲王太妃。太妃賢有知識，每勸士誠曰：「元政貪殘，故羣思擇主。汝惟愛養百姓，保全東南，毋使塗炭足矣。稱王僭號，非吾所樂聞也。」明祖起兵，嘗勸其請和，又屢乘閒言吴越王故事，士誠難之。

立宗廟。吴王士誠親告廟，還祀社稷羣神。

置王府官屬，定約束。

治王宫於郡城中。即舊郡治基拓之，廣五百畝，中爲殿，取宜興、嘉興、長興士實之。初士誠據承天寺爲宫，至是令復爲寺。

冬十二月，元遣户部侍郎博羅帖木兒來徵漕，不與。

初士誠之降元也，參軍俞思齊勸其漕貢。及是不肎與，思齊進曰：「向爲賊，不貢；今爲臣，不貢可乎。」士誠怒，抵几仆地，思齊棄官隱，東南海運始絶。

是年，鑿九曲河，塞至和塘之尾，以障海潮。

至正二十四年甲辰春正月，吴國公朱元璋進位爲吴王。

吴王士誠議開取士科用經藝。令曰：「有德者有言，士之尊聖賢抱大用者，心必和平，詞抒渾雅。自今所取務合經術，毋採詭奇，乃以隆平北爲淮南省，南爲江浙省，分命人典試事。」

夏四月，明俞通海、張興祖率兵掠劉家港，進逼通州。吴兵禦之，敗。院判朱瓊、元帥陳勝等百餘人皆被執。

秋八月，吴王士誠逐元丞相達識帖睦爾幽之，以其弟士信代爲江浙左丞相。右丞荅蘭帖木兒、郎中真保諂事吴王，媒孽丞相短。士信因數達識帖睦爾罪，勒令自陳老病避位，又脅將佐上言丞相非士信不可。即逼取符印，幽之嘉興，士信代爲丞相。

冬十月，吴王士誠殺元南臺御史大夫普化帖木兒及丞相達識帖睦爾。士誠既幽達識帖睦爾，遣人諷行臺使請於元爲真王。普化帖木兒不從，即使人至紹興索其臺印。普化帖木兒怒，封印貯庫中曰：「頭可斷，印不可與。」又迫之登舟，曰：「身不可死，義不可辱。」賦詩二章，從容仰藥酒，擲杯地上曰：「我死矣，逆賊當踵我亡也。」達識帖睦爾聞之曰：「大夫已死，吾生何爲。」亦仰藥而死。

冬十月，遣丞相士信大發兵攻長興，明守將耿炳文、費聚等擊敗之，獲其將宋興祖。士信憤，益兵圍城，炳文、聚悉力拒守，湯和自常州赴援，合擊，大敗吴軍。士信走還吴，以芝塘爲行府，駐節於山涇口，命呂珍督民夫十萬，塹其地爲港，長九十里。

丞相士信大治第於東城，號丞相府，司徒李伯昇治第於西城。

至正二十五年乙巳春正月，吴復攻長興。明守將耿炳文連破之於城下，鎮撫歐大智戰死。長興爲士誠必争之地，炳文拒守凡十年，大小數十戰無不勝，士誠迄不得逞。

二月，吴司徒李伯昇大舉兵攻諸全，大敗還。伯昇挾謝再興以馬、步、舟師二十萬圍諸全之新城，築廬舍、建倉庫爲持久必拔計。明守將胡德濟遣使至嚴州求救於李文忠。文忠帥朱亮祖等馳救，去新城二十里，據險爲營。德濟曰：「寇勢盛，姑少駐以俟大軍。」文忠曰：「兵在謀不在衆，彼衆而驕，吾少而鋭，以鋭遇驕，必克之。」詰旦會戰，天大霧晦冥，文忠集諸將，仰天自誓，張左右翼待之，自將中軍當敵衝會。胡深以處州兵來援，軍氣益奮，文忠橫槊引數十騎，乘高馳下，衝其中堅，伯昇揮精騎圍文忠數重，文忠縱騎馳突，所向皆靡，大軍乘之，德濟帥城中兵鼓譟出，吳軍大潰，逐北數十里，斬首數萬級。溪水盡赤，獲將校韓謙等六百人，甲士三千，輜重、鎧仗如山。舉之旬日不盡，伯昇及五太子僅以身免。

冬十月戊戌，明下令伐張士誠，規取淮東。明已西平僞漢，乃議東伐。左相國徐達、平章常遇春等先取通、泰諸郡，翦其肘翼，然後專事浙西。

乙巳，達兵趨泰州，遇春分兵海安壩以遏吳軍。

丁未，達圍泰州新城，擊敗士誠湖北援兵，獲元帥王成。

己酉，擊敗淮安李院判援兵，擒萬户吳聚等。

閏十月徐達等克泰州。士誠以舟師四百艘出大江，次范蔡港，別以小舟出没江中爲疑兵。江陰守將康茂才馳奏，太祖諭徐達等曰：「寇非敢攻江陰，泝上流，不過欲我陸兵備水。我兵既分，彼將棄我水軍，疾趨陸寨，擣我之虛，此一計也。」又聞遇春出海安，彼將誘之深入，潛師以趨海安或泰州，令我首尾衡決，不相救援，又一計也。今遣廖永忠還兵水寨，大軍勿輕動，彼徘徊江上，自老其師，乘其懈而擊之，必破矣。」

庚辰，克泰州，擒守將嚴再興、夏思忠等九十四人，卒五千人，馬百六十餘四，船四十艘，分兵徇興化，守將李清固守，不下。

十一月辛卯，徐達進攻高郵，未下。太祖恐達深入重地，不能策應諸將，乃命馮國勝率所部節制高郵軍，達還軍泰州。

吳分兵陷宜興。徐達自泰州赴救，以別將守泰州，自率中軍精兵渡江擊吳軍於宜興城下，敗之，獲三千餘人，復宜興。

十二月，吳兵攻安吉，明守將費子賢擊卻之。先是吳連歲出兵侵安吉，屢爲子賢所敗，至是復遣張左丞率兵八萬進攻，子賢堅壁拒守，城上設戰車弩以禦之，射殺吳梟將二人，吳軍驚潰。

吳遣右丞徐義率兵援高郵。馮國勝圍高郵，守將俞同僉堅守不下，使人至平江求救，乃遣義以精兵三萬救之。義觀望，屯崑山之太倉，三月不進。

至正二十六年丙午，春正月，吳遣兵趨江陰，敗還。吳以水師五百艘駐君山，又自馬馱沙泝流窺江陰，明守將吳良戒嚴以待，太祖聞，親督大軍水陸並進救之。比至鎮江，吳兵已焚瓜州，掠西津去。乃命康茂才等出大江追之，至浮子門，吳軍遮海口，乘潮迫茂才。茂才督諸軍力戰，吳良出兵夾擊，大敗吳兵。降其將秦德等，獲卒二千餘人。

吳遣驍將軍壯從徐義趨淮安，援高郵，又遣彭元帥由瓠子角趨海安。

三月，徐達等克高郵。馮國勝圍高郵久，守將俞同僉詐遣人約降，以推女牆爲應。國勝夜遣康泰率兵千人入城，城上急下板閉之，皆被殺。會徐達自宜興還軍泰州，攻高郵，遣使請以孫興祖代守海安，遇春督水軍爲高郵聲援，從之。且使諭達曰：「高郵爲士誠巢穴，今攻之，彼必來救。聞徐義已入海，或由射陽湖，或出瓠子角，或由寶應趨高郵，不可不備。」達得書，會兵合戰，一鼓克之，斬俞同僉，俘將士千餘人，悉遣戍沔、辰二州。海安孫興祖亦擊敗吳將彭元帥，擒之，及士卒三百餘人。

夏四月，徐達、常遇春移兵攻淮安。吳右丞徐義駐兵馬騾港援淮安，達乘夜襲破之，義泛海遁去。獲院判錢富等及卒三千，戰艦百餘艘，進薄城下。淮安守將右丞梅思祖、副樞唐英、蕭成等藉軍馬、封府庫出降，并獻所部四州，達命指揮蔡遷、華雲龍守之。

徐達還兵克興化。先是，達徇興化不下，太祖令人圖淮東地形要害，見瓠子角爲興化要地，命達以兵絶其隘，至是克興化。

明遣平章韓政收復濠州。初，李濟守濠，名爲張氏守，實懷觀望。太祖命相國李善長以書招之，濟不報。太祖歎曰：「濠，吾家鄉，而失之，是我有國而無家也。」乃命韓政督、顧時等攻之，城中拒守甚堅，政用雲梯礮石，四面並攻，城中不能支，庚申，濟及知州馬麟以城降。太祖命時守濠，徐、宿、泗、潁諸州相繼下，淮東悉平。

秋八月，明太祖議大舉伐吳。李善長曰：「張兵力未衰，又多積儲，恐難猝拔，宜伺隙而動。」徐達曰：「張氏驕橫，其將如李伯昇、呂珍輩，徒擁衆爲富貴之娛，參軍王、蔡、葉三人皆迂濶書生，不知大計，臣奉主上威德，率精鋭聲罪致討，三吳計日可定。」太祖大喜，即簡閱士卒，擇日興師。

庚戌，以伐張士誠祭告大江之神。

辛亥，命徐達爲大將軍，常遇春爲副將軍，率師二十萬伐吳。太祖親御戟門，集將佐諭曰：「卿等戒飭士卒，城下之日毋肆擄掠，毋妄殺戮，毋發邱壠，毋毀廬舍。聞士誠母墳墓在城外，毋侵毀。」復御西苑，達等議師行先後，遇春欲直擣平江。太祖曰：「張天麟在杭，潘原明在湖，彼皆士誠指臂，今若遽攻平江，兩人必并力赴援。難以取勝，不若先攻湖州，使疲於奔命，指臂既翦，平江勢孤，立破矣。」太祖復密諭徐達曰：「此謀戒勿洩，吾欲遣熊天瑞從行，俾爲我間天瑞降非本意，其心欲叛，今但聲言直擣平江，彼必叛往張氏以輸此言，則墮我計矣。」

癸丑，發師。

明移檄平江，數士誠八罪，略曰：「余本濠梁之民，起兵救亂，賴天地祖宗之靈，及將帥之力，一鼓而有江左，再戰而有浙東，陳氏稱號據我上游，彭蠡交兵，元惡授首，其父子兄弟相率歸順。既待以不死，復封以侯爵、將相，皆置於朝班，庶民各安於田里，荆、襄、湖、廣盡入版圖，惟兹姑蘇張氏，恃强負固，詐降於元，坑參政，囚待制，害丞相，僭號改元，錢糧不貢，且誘我叛將，掠我西邊，肆其侵擾，此興師之故也。凡爾人民若能歸順，即我良民，舊有田廬仍爲産業，永保家室。張氏臣僚或全城歸附，或棄刃投降，名爵賞賜，余所不吝。」

吴王士誠大閱水軍舟艦於胥山。令所在將士皆嚴兵固守，敕境内今歲秋糧，從左丞潘元紹欲出兵先結人心之請也。

明徐達率諸軍發龍江。聲言直擣平江，别遣李文忠趨杭州，華雲龍趨嘉興，以分吴軍。

辛酉，師入太湖。

己巳，吴將尹義、陳旺出師湖州港口，遇春與戰，擒之，次洞庭山，指揮熊天瑞果叛入吴。

癸酉，明師至湖州之昆山，吴將石清、汪海守昆山，遇春與戰，擒之，張士信駐兵湖上，不敢戰而退。

甲戌，明師至湖州之三里橋。吴分兵三路拒守，參政黄寶當南路，院判陶子實當中路，右丞張天麟當北路，以同僉唐傑爲後繼。明亦分三路兵進攻，常遇春攻南路，王弼攻北路，徐達自以大兵攻中路。别遣驍將王國寶率長鎗軍扼其歸路。黄寶與遇春戰，敗走欲入城，橋斷復還，被擒。天麟、子實不戰退，吴遣司徒李伯昇來援，由荻港潛入湖州，與天麟閉城固守。達令王國寶攻南門，自以大軍繼之，吴將俞得全，院判張義及陶子實出戰，不利，達圍其城。

吴遣將吕珍、朱暹、五太子及王晟、戴茂、李成等率六萬人援湖州。屯城東之舊館，出大軍後築五砦自固，達令遇春等以奇兵由大全港營東阡南之姑嫂橋，更出其後，連築十壘以遮絶舊館之援，戴茂、李成懼，遁去。

吴遣潘元紹屯兵烏鎮，爲舊館軍聲援。徐達乘夜擊之，遁去，達復填塞河港，絶其糧道。

吴王士誠親督精兵赴援，與徐達等戰於皂林，大敗，逃歸。

九月，吴遣同僉徐志堅以輕舟出東阡。遇春與戰於姑嫂橋，會風雨晝晦，令壯士乘划船數百突擊吴軍，擒志堅，降其卒二千餘人。吴復遣右丞徐義至舊館覘形勢，遇春阨其歸路，義陰遣人約士信引兵來援，乃遣赤龍船親兵援義，義得脱，與潘元紹率赤龍船屯平望，别乘小船至烏鎮，欲援舊館。遇春由别港追襲之，至平望縱火燔其赤龍船，軍資器械俱盡，舊館援絶。

乙未，明李文忠攻杭州。是時，别將廖永忠、薛顯將游軍攻德清，克之，遣别將攻紹興。

冬十月壬子，常遇春攻烏鎮，徐義、潘元紹敗走。遇春逐北至昇山，吴平章王晟、同僉戴茂軍昇山，遇春攻其陸寨，破之，晟、茂並降，餘軍奔入舊館東壁。復攻其水寨，部將顧時引數舟繞出吴軍，吴船上人皆俯視而笑，時覺其懈，突率壯士數人躍入敵舟，大呼奮臂，諸舟争進薄之。五太子盛兵來援，遇春兵小郤，薛顯以舟師直前奮擊五太子，燒其船，吴軍大潰走，盡拔昇山水陸寨。五太子、吕珍、朱暹等以舊館降，籍其兵得六萬人。徐達以吕珍等徇於城下，城中大震。

是月，李文忠遣指揮朱亮祖、耿天璧分兵攻桐廬，守將戴元帥降，遣指揮袁洪、孫虎圍富陽，克之，擒守將同僉李天禄，遂合兵攻餘杭。

十一月甲申，徐達下湖州，守將張天麒、李伯昇降。伯昇協守湖州，達百計攻之不能下，至是達遣馮國勝以降將徇城下，遥語伯昇出降。伯昇在城上言：「張太尉遇我厚，不忍背之。」抽刀欲自殺，左右抱持勸曰：「援絶勢孤，可奈何，不如降。」左丞張天麒、總管陳旺大哭曰：「臣負國矣。」遂降，伯昇不得已亦降。

辛卯，李文忠下餘杭，守將謝五降。五，再興弟也，文忠諭之降，許以不死。五與再興子五人俱出降，文忠進兵杭州。

壬辰，李文忠入杭州，守將潘原明降。時文忠將至，原明遣員外郎方彝詣軍門納款。文忠曰：「勝負未分，降無乃太早乎。」對曰：「杭雖孤城，生靈百萬，天兵所至，無不摧破。特先爲民請命。」文忠許之，令彝還。文忠至，原明及同僉李勝藉府庫、軍馬、土地、人民、錢穀、職貢數諸司符印并執叛將蔣英、劉震出降，以女樂迎。文忠麾去之，得兵二萬人，糧二十一萬石，馬六百匹。文忠執元平章丑的、長壽等與蔣英、劉震俱檻送應天。太祖以原明歸順，仍授平章，守杭州，聽文忠節制。

李文忠進兵攻紹興，守將同僉李恩忠、總管衛良佐降。華雲龍攻嘉興，守將宋興降，浙西諸郡縣皆下。

徐達既下湖州，會諸將進趨平江，至南潯，守將王勝戰敗，死之。

辛丑，攻吳江州，駐師城西石里村，遣人諭知州楊彝，彝降，參政李福死之。

癸卯，徐達圍平江。達軍從太湖至城南鮎魚口，擊吳將竇義，義敗走，吳遣鋭卒迎鬭尹山橋。康茂才持大戟督戰，走之，焚其官瀆戰艦千餘及積聚甚多。大軍圍城，達軍葑門，常遇春軍虎邱，郭子興軍婁門，華雲龍軍胥門，湯和軍閶門，王弼軍盤門，張温軍西門，康茂才軍北門，耿炳文軍城東北，仇成軍城西南，何文煇軍城西北，四面築長圍困之，架木塔，與城中浮屠等，別築臺三層，下瞰城中，置弓弩、火筒及巨礮其上，所擊輒糜碎。城中大震，然堅守不能下。明指揮茅成急攻婁門，突至外郛中叉死，指揮楊國興攻閶門，亦戰死。

吳無錫守將莫天祐遣部將楊茂至平江，被執。茂善泅水，天祐潛命入姑蘇，與士誠相聞。邏卒獲之於閶門水柵，送達軍。達釋而用之，時城堅不可破，天祐擁兵爲平江聲援，達因縱茂出入，因得其彼此所遣蠟丸書，達悉知城中虛實，攻闉之計益備。

明平章俞通海分兵略太倉州，守將陳仁以大舶百餘艘降。崇明知州何永孚，崑山知州費復初並率衆降。

十二月，宋主韓林兒卒。明太祖令以明年爲吳元年

至正二十七年丁未，吳元年春正月，太湖澄碧三日。

庚子，吳松江路守將王立中以城降。

二月，徐達檄俞通海會兵攻姑蘇。通海師至，與吳軍戰於滅渡橋，搗桃花塢，中流矢死。

三月，吳軍出挑戰於城西南，仇成軍小卻。

夏四月，徐達分兵徇嘉興，旁縣皆下之。

五月丙子，明太祖以書諭降。書曰：「蓋聞湯放桀，武王伐紂，漢祖滅秦，古帝之興，兵勢相加乃爲常事。當王莽之亡，隋之失國，豪傑乘時蜂起，圖王業，據土地，及其定也必歸於一。天命所在，豈容紛然。雖有英雄事業弗成，亦當革心，以畏天順民爲賢，以全身保族爲智，若漢竇融、錢俶是也。自古皆然，匪今獨異，爾能順附，其福有餘，毋爲困守孤城，危其兵民，自取夷滅，爲天下笑。」士誠得書，不報。

六月己酉，吳王士誠親督兵出戰，敗還。士誠以被圍久，欲突圍決戰。覘城左方軍陣嚴整不可犯，乃遣徐義、潘元紹潛師出西門掩襲，轉至閶門，將趨遇春營，遇春覺之，急分兵北濠，絶其歸路，戰良久，未決。士誠復遣參政黄哈剌把率兵千餘助之，又自帥精兵出山塘爲援。山塘路狹窄，不可進，麾令稍卻。遇春撫王弼背曰：「軍中皆稱爾爲猛將，能爲我取此乎。」弼應聲馳鐵騎揮雙刀奮擊，吳軍卻，遇春因率衆乘之。吳大敗，人馬溺死沙盆潭甚衆。吳有勇勝軍號十條龍者，皆驍猛善鬭，每披銀鎧錦衣執大杖出入陣中。至是，亦悉擠溺萬里橋下而死。士誠馬驚墮水，幾被獲，肩輿入城。

吳舊將李伯昇説降。吳王士誠既敗，歸計忽忽無所出。舊將李伯昇遣所善客踰城，詣士誠求見。士誠召之入曰：「客欲何言。」客曰：「爲公言興亡禍福之大計，願公安意聽之。」士誠曰：「何如。」客曰：「公知天數乎。昔項羽喑嗚叱咤，百戰百勝，卒敗垓下，天下歸漢祖，此天數也。公初以十八人起高郵，元兵百萬圍之，此時猛虎落穽中，死在旦夕。一旦元兵潰亂，公乘勝攻擊，東據三吳，有地二千里，帶甲數十萬，南面稱孤，此項羽之勢也。若能於此時不忘高郵之危，苦心勞志，收召豪傑，度其才能，任以職事，撫人民，練兵旅，御將帥，有功者賞，敗軍者戮，使號令嚴明，百姓樂用，何特三吳，可保天下不足定也。」士誠曰：「足下爾時不言，今復何及。」客曰：「爾時雖有言，亦不得聞也。何則，公子弟、親戚、將帥羅列中外美衣玉食歌兒舞女，日夕酣宴，極天下之娛樂，猶未饜足。提兵者自以爲韓、白，謀畫者自以爲蕭、曹，傲然視天下不復有人，當此之時，公深居於內，敗一軍不知，失一地不聞，縱知亦不問，故至今日。」士誠歎曰：「吾亦甚恨無及，然則今當何如。」客曰：「吾有一策，恐公不能從。」士誠曰：「不過死耳。」客曰：「使死有益於國家，有利於子孫，死固當；不然，徒自苦耳。且公不聞陳友亮乎，跨有荆、楚，兵甲百萬，與江左之兵戰於姑孰，鏖於鄱陽，友亮舉火欲燒江左之船，天乃反風而焚之，卒以兵敗身喪，天命所在，人力無如之何。今攻我益急，公恃湖州援，湖州失；嘉興援，嘉興失；杭州援，杭州失；今獨守尺寸之城，誓以死拒，竊慮勢極患生，猝有變從中起者，此時欲死不得死，欲歸無所歸，故竊以爲莫如順天之命，自求多福。遣一介之使疾馳金陵，稱公所以歸義救民之意，公開城門，幅巾待命，亦不失爲萬户侯，況嘗許以竇融、錢俶故事乎。且公之地譬之博者得人之物而復失之，何損。」士誠仰首沉慮，良久曰：「足下且休，吾將思之。」然卒謝客，竟不降，時城中飢甚，士誠乃集民告之曰：「事勢如

此，余復何策。將自縛詣軍門降，以救汝曹。若死守，恐城破之日，汝曹無噍類奈何。」民聞皆伏地號哭，願效死守。吳徵援兵於無錫，守將莫天祐遣兵陣於望亭。

士誠弟士信中飛礮死。

壬子，吳遣兵突出胥門索戰，鋒甚鋭，遇春接戰，稍卻。士信方在城樓督戰，忽大呼曰：「軍士疲矣，且止，且止。」遂鳴金收兵，遇春乘勢追至城下，復築壘逼其城。士信張幙城上，踞銀椅，與參政謝節等會食，左右方進桃，未及嘗，忽飛礮碎其首而死。城中洶懼，士誠自是不敢出。平江圍久，城中食盡，時海濱尚有儲粟，參政王原恭、董綬謀欲出決戰，引粟入城，不果。降將熊天瑞教城中作飛礮以擊外，所傷頗多。城中木石俱盡，拆祠廟、民居爲礮具，明兵爲之退卻。徐達令軍中架木若屋狀，承以竹笆，軍伏其下，載以攻城，矢石不得傷，攻愈急。

九月辛巳，徐達克平江，執吳王士誠以歸。達督將士破葑門，遇春破閶門新寨，帥衆渡橋，進薄城下。樞密唐傑登城拒戰，士誠駐軍門內，令參政謝節、周仁立栅以補外城，傑敗不支，投兵降。周仁、徐義、潘元紹及錢參政等皆納款請降。晡時，吳軍大潰，諸將蟻附。登城，城陷，民皆慟哭，執梃巷戰。士誠使副樞密劉毅收餘兵，尚二三萬，親率之戰於萬壽寺東街，復敗。毅被執，士誠倉皇歸，從者數騎耳。初士誠戰屢敗，謂其妻劉氏曰：「我且死，奈何。」劉曰：「君勿憂，妾必不獨生。」乃積薪齊雲樓下以待，及城破，驅其羣妾、侍女登樓，促其自盡。令養子辰保縱火焚之，自縊死。士誠歸燄未熄，妻妾皆燼，左右散走，獨坐室中。徐達遣李伯昇諭意時已薄莫，士誠方拒户自經。伯昇抉户入，令故部將趙世雄抱解之，復甦，勸曰：「九四英雄，患無身耳。」達又令潘元紹勸諭之，反覆數四，士誠瞑目不荅，乃以舊盾舁出葑門，途中易以户扉，至舟中，閉目不食，遂傳送應天。徐達籍所獲官屬，平章李行素、馬玉麟，參政陳恭、謝節、董綬、王原恭，右丞徐義、左丞潘元紹，同僉高禮、內史陳基、饒介等所部將校及杭、湖、嘉興、松江等郡官吏、家屬及外郡流寓之人，凡二十餘萬人，并元宗室神保大王黑漢等九人皆送應天。先是，城久不下，常遇春忿曰：「城下之日，三歲小兒亦當斬。」及城陷，達與遇春約曰：「師入，我營其左，公營其右」，且令將士曰：「掠民財者死，殺降者死，毀民居者死。」既入，吳人安堵如故。

丁亥，徐達還師，取無錫，守將莫天祐降。天祐守無錫，達屢遣人諭降，俱被殺，至是令平章胡廷瑞急攻之，天祐猶堅守不下。州人張翼知事急，率父老見天祐曰：「吾民爲張氏守十二年矣，張氏已就縛，固守將爲誰。」天祐擲其帽於地曰：「誰不知降也。」乃降。

# 《皇明平吴録》

明吴寬撰

元乘中國之弱，入主天下，迨其季世，上下淫樂，政益大壞，歲饑民窮，四方兵起，延至江淮，殆無完郡。

至正十三年癸巳正月，張士誠起自泰州。士誠小字九四，泰之白駒場民，有弟三人，曰士義、士德、士信，並以販鹽爲業。士誠少有膂力，重遲寡言，市鹽諸富家多易之，每肆陵侮，或負其直不償，有弓兵丘義者，尤屢窘辱之。士誠不勝忿，即與諸弟及壯士李伯昇等十八人殺義，并素所陵侮者，更縱火焚其居，延燒數百家。自度不可已，乃謀起兵。入傍近場招集少年，行至丁溪，爲大姓劉子仁所扼，多被殺傷。士義中矢，死於是。士誠憤怒，必欲滅子仁。子仁衆潰入海，士誠兵勢始振，從者萬餘人。三月，乘勝攻陷泰州。淮南行省守臣告變，元遣知府李齊招諭。士誠初請降，願授民職，且乞從討教以自效。時初析河南地，立淮南江北行省於揚州，以廉訪使趙璉爲參知政事。已而移璉鎮泰州，璉乃趣士誠治划船趨濠泗。士誠疑懼不肯發，又覘知璉無備，遂復反。夜四鼓，縱火登城，璉挈佩刀上馬與鬬，被賊圍邀至其船，璉詰之曰：「汝輩罪不赦。今既宥爾，又錫爾名爵，朝廷何負於爾，復反耶？」即前擊賊，賊以槊撞璉死，其僕楊兒以身蔽璉，亦死。璉字伯器，至治二年進士，歷官杭州路總管，多善政。時齊獨被留且久，會其黨自相戕，始縱之歸。於是士誠遂陷興化，結寨德勝湖。他日，行省以左丞哲篤鎮高郵，出齊守甓社湖。俄有數賊呼譟入城，省憲官皆遁，齊還，城門已閉，士誠遂據高郵。元知不能制，復赦其罪，使至不得入而還，繆稱賊已迎拜，但乞名爵耳。行省不虞其欺，乃遣照磨盛昭以萬户告身授士誠。士誠拒不聽，拘諸舟中，昭語所從吏曰：「吾之至此有死而已。」既而官軍逼高郵，士誠顧授昭以兵，使出拒。昭叱曰：「吾奉命來，汝拘留詔使，罪不容誅。又欲吾從汝爲賊。」即罵不絶口，賊怒，冎之。昭字克明，歸德人，後行省再遣使往諭，士誠紿言仍請李知府來乃受命。行省强齊往，至則下齊於獄。齊辯説百端，竟不能降，且使齊跪。齊叱曰：「吾膝如鐵，豈爲汝屈耶。」遂椎碎其膝而冎之。然元猶冀士誠有降意，再遣集賢(侍)〔待〕制烏馬兒往諭，而用濟寧路録事孫撝輔行。撝入城，反覆諭之。初若聽從，而拘之他室，間餽一食，或令其黨捶之，肆其陵侮，撝不卹也。時有石普者，以國史院編修官有軍功陞樞密院都事，從守淮安。詣丞相面陳破賊之策曰：「高郵負重湖之險，地皆沮洳，騎兵莫能前，與普步兵三萬，保取之。」丞相壯其言，與兵萬人以行，次范水寨，日未夕，普令軍中具食。入夜，令銜枚趨寶應營中，更鼓如平時，抵縣即登城樹幟，賊大驚潰，乘勝拔十餘寨，斬首數百。將抵高郵城，兵分三隊，普自將攻北門賊，賊援軍望之，按不追。總兵者遣蒙古軍千騎突出普軍前，欲收先入之功，賊以死捍，皆恇怯馳回。普兵遂爲賊所蹂踐，悉墜水中。普獨奮擊，直入賊陣中，被創墜馬，賊欲生致之，普叱罵曰：「我即石都事也。」益戰不屈，與役三十人俱死之。普字元周，徐州人。有張氏女，賊入城知女有姿色，叩其家，索之。不得已從，過河投水死。又有高氏婦出避兵，亦縊死道旁空舍中。

六月，元以士誠終爲患，始命淮南行省平章政事福壽擊之。

十四年甲午正月，士誠自稱誠王，國號大周，建元天祐。

六月，攻揚州。元丞相達識帖睦邇率兵禦之，皆潰。尋陷盱眙及泗州。

九月，元命右丞相脱脱督諸軍擊之，兵至高郵，戰於城外，大敗其衆。暮遂分兵，西平六合，賊勢大蹙。脱脱初以被讒出領兵，俄有詔削其官爵，安置淮安。士誠乘隙擊元兵，大敗，其勢復振。

十五年乙未，士誠據高郵。

十六年丙申二月，士誠以淮東大饑，謂惟吴中富庶，可以建國，乃留兵守高郵，由通州渡江，入福山港。時福山有曹氏，富甲縣中，衆肆攘掠，一夕而空，遂陷常熟。兵入婁、齊二門，鎮將脱寅率兵禦之，郡人楊椿力戰而死。椿字子壽，本蜀人，宋少師棟之後，有文藝，尚氣節，爲脱寅館客。因署參謀，分守婁門，獨挺身禦寇，鈹交於胸，罵不絶口，死之。明日，其妻王氏哭往軍中覓尸，爲賊所執，不屈，賊義而釋之。其尸竟逆水抵張香橋柱，而得斂葬於虎丘之華李。當椿死之明日，忽神附王氏語曰：「後五日，吾將取爾與男女去。」時男穎十五歲，女滿奴九歲，皆無病，及期，妻與男女果同一日死，人皆異之。又椿有門人陳普，兵至其門，使拜不屈，且索婦人。普罵之，亦被數創死。普字季周，能詩，脱寅畏賊，避匿於婁門十八營叢篠中，爲亂兵所殺。當是時，吴中全盛，甲仗錢穀如山，守臣貢師泰、革桑之相率遁去。士誠既入郡城，即承天寺爲府，椎其佛像，據坐大殿，復射三矢於棟上，乃改平江府爲隆平府，立樞密院，以所親信徐義、徐志堅典親軍，李伯昇制軍事，幕官韓謙、錢輔及王敬夫、蔡彦文、葉德新三人爲參軍，遣兵陷湖州、松江、常州諸路，初立鎮海萬户於太倉。士誠既居吴，頗好士，若元臣郭良弼、董綬皆爲之用。濱州有楊乘文載者，以江浙行省左右司郎中方坐罪免官，寓松江，二人言乘於士誠，因遣其下張經招之。乘曰：「良弼、綬皆王臣，今既失節，又欲引我以濟其惡耶。」且讓經平日讀書如何，乃日與客痛飲，經促其行愈急，遂整衣冠縊死。孫撝爲士誠所拘，從徙吴。一日與部將張茂先謀復高郵，語洩並被殺。撝字自謙，曹州人，至正二年進士。又有百夫長張某者，與其伍謀刺其帥，事洩亦被殺，夷其族并其妻族。次縛其妻於武陵橋上，將斬，帥之子惜其姿容，令刀者舍之，語曰：「能從我，活汝。」命婦怒曰：「豈有夫死，父母死，而我獨生乎。」復脅之，益憤罵不已，顧謂所親曰：「我有白金若干兩，可以買棺合葬我父母，我則祔於夫側。」竟就殺，人稱周烈婦云。七月，士誠攻杭州，破之，州民黄仲起妻朱氏有女臨安奴，見兵至，倉皇言曰：「我别母求一死也。」俄而賊驅諸婦至其家，且指朱氏母子曰：「爲我守此。」朱氏懼受辱，與其女俱縊死。其妾馮氏亦死。繼而仲起弟婦蔡氏抱幼子，與乳母湯氏皆自縊死。丞相達識帖睦邇畏士誠兵執，遁去。平章左丞答納失里戰死。初達識等屢敗於賊，或以爲苗軍可用，遂自寶慶招土官楊完者，至有軍十萬，自嘉興引其黨及萬户普賢奴擊敗士誠，復其城，達識乃還。然苗軍性殘忍，所過淫虐，人愈苦之。張氏既有浙右，於是我太祖高皇龍潛濠城，陰有安天下之志。先二歲，自和州渡江，駐金陵，與士誠接境，數交兵。是月，士誠以太祖初克鎮江，遣舟師來攻，徐達與戰於龍潭，破之。焚其舟，殺溺甚衆，遂乘勝攻常州。未下，達營於甘露鎮。太祖遣人諭之曰：「士誠起於鹽徒，術務經紀，詐出多端，交必有變，鄰必有間，儻有説客，須沮其詐術，困其營壘。」達等乃益督兵，攻圍其城。未幾，有鄭僉院者，率甲士七千叛入城中，反來攻營。常遇春引兵東壘擊之，大破其衆，復攻圍之。

十七年丁酉三月，達攻常州益急，進薄城下。士誠遣其弟士德以數萬衆來援，達遣元帥王玉伏兵以待。士德敗走，玉令男虎子追之，士德遇坎墜馬被擒。太祖聞之喜曰：「士德有智勇，爲其兄謀主。今爲我擒，張氏之成敗可知矣。」士德母痛失其子，令士誠奉書請和，願歲輸糧十萬石，布萬匹及金銀等物，永爲盟信。太祖初許之，後再復書，數其開釁召兵之罪，且謂：「納我逋逃之人，拘我通好之士，予之興師亦豈得已。既已許給軍糧，中更爽約，今若果能再堅前盟，給糧五十萬石，歸我使者，則常州之師即罷，而争端永絶矣。」士誠得書不報。士德乃潛與士誠書，俾降於元爲助，遂不食而死。至是，達等下其城。初士誠將史椿守淮安，見士誠不足事，及諸將驕侈，而左丞徐義更加讒毁，遣人齎書詣建康，願歸順。事覺被殺，於是士誠復出兵寇嘉興，屢爲楊完者所敗，乃以書請降，詞多不遜。完者欲納之，達識以其反覆不許。完者固勸，乃承制，假江浙廉訪使周伯琦參知政事招諭之。士誠始要王爵，達識不許，及請爵爲三公，曰：「三公非有司所定，亦不許。」完者又力勸，達識外雖拒之，實幸其降，又恐忤完者意。八月，遂授士誠太尉，士德淮南平章，士信同知行樞密院事。其黨皆授官有差，而元以達識有招安功，亦加太尉。伯琦被留於吴，士誠爲造第宅於乘魚橋北，厚其廩給。伯琦日與諸文士以文墨流連，因亦忘歸。士誠既受封，始遷入府治，雖奉元正朔，而錢穀甲兵自據如初。

十八年戊戌，太祖命元帥費子賢、總管張德守安吉，築城固守。士誠出兵來攻，别將廖永安與戰於太湖，乘舟深入，後軍不繼，爲所獲。士誠欲降之，永安不屈，遂拘囚之。太祖念其守義，遥封楚國公，後竟囚死。

十九年己亥，元自中原既亂，江南海漕久不通，京師屢苦饑，至是，因河南始平，九月，乃遣尚書伯顔帖木兒等以御酒、龍衣賜士誠，來徵漕貢。伯顔等至杭州，傳詔命方國珍具舟以運，而達識總督其事。既而士誠慮國珍載粟不入京師，國珍又恐士誠掣其舟乘虚襲(巳)〔己〕，互相猜疑，伯顔往來開諭，糧得入京者僅十一萬石。自是歲以爲常。初士誠之臣服於元也，其參軍俞思齊實勸之。既而士誠聽諛臣之言，不漕貢。獨思齊語曰：「向爲賊不貢猶可，今爲臣可乎。」士誠怒，抵案仆地而入，思齊知不可事，即棄官稱疾而隱。會稽楊維禎爲作「骨鯁臣傳」云：「思齊字中孚，泰州人。」

二十年庚子，士誠闢土益廣，南自紹興，北至濟寧，上下二千餘里。濠爲太祖發跡之地，亦遣其將李濟據之。太祖欲取士誠，謀於劉基。基曰：「方今陳友諒據上游，名號不正，兵力且强，宜先取之。友諒既平，取士誠如探囊中物耳。」

太祖用其言始置之。

二十二年壬寅，士誠俱據姑蘇。

二十三年癸卯二月，士誠遣其將吕珍入安豐，攻宋劉福通等，據其城。太祖率徐達、常遇春親援之。珍解圍去，福通奉韓林兒棄安豐，退居滁州。士誠兵入安豐，時廬州左君弼出兵助珍，亦擊敗而去。七月，士誠忌楊完者，欲圖之，而達識亦厭完者驕肆不可制，乃陰與定計，舉兵圍之。完者及其弟伯顔皆自殺，士誠遂遣兵據杭城。朝廷因以其弟士信爲江浙行省平章政事，而方面大權悉歸張氏，達識徒擁虛名而已。至是，士誠乃令其部屬自頌功德，求王爵。達識恐逆其意被害，乃請於朝，至再三不報。士誠遂自立爲吴王，治宫室，立官屬，其母曹氏頗有智識，尊爲太妃。於是元遣户部侍郎博羅帖木兒復徵漕貢於士誠，士誠以違其封王之請，遂不與。海運始絶。

二十四年甲辰八月，士誠逐達識。時右丞答蘭帖木兒、郎中真保二人受士誠金帛，諂事之，數媒孽達識之短。至是，士信使面數之，勒其自陳老病去職，二人又言：「丞相非士信不可。」即逼取符印，遷於嘉興幽之。而士信自爲丞相。士誠又諷行臺請實授王爵，御史大夫普化帖木兒不從，即使人至紹興索其印。普化封其印置諸庫曰：「我頭可斷，印不可與。」又迫之登舟，曰：「可死不可辱也。」從容沐浴更衣，與妻子訣，賦詩二章，乃仰藥死。臨死，擲杯地上曰：「我死矣。逆賊當踵我亡也。」後數日，達識聞之，歎曰：「大夫且死，吾不死何爲。」遂命左右以藥酒進，飲之而死。初普化爲福建平章，境内皆爲諸豪所據，不能有所施設。及遷南臺，又逼於士誠而死，人皆惜之。士信自爲丞相，愚妄不識大體，建第宅東城下，號丞相府，居民趨附之者輒得富貴。

二十五年乙巳，太祖以士誠兵屢犯其境，卒欲取之。十月下令曰：「王者征伐，應天順人，所以平禍亂而安生民也。張士誠假元之命，叛服不常，天將假手於我，是用行師以致天討，況士誠啓釁多端，襲我安豐，寇我諸全，連兵搆禍，罪不可逭。今命大軍致討，止於罪首，在彼軍民，無恐無畏，無妄逃竄，無廢農業，已勅大將軍約束官軍，無致虜掠，違者以律論罪。布告中外，體予至懷。」乃命中書左相國徐達、平章常遇春、胡廷瑞、同知樞密院馮國勝、左丞華高等率馬步舟師水陸並進，先取淮東諸郡縣，翦士誠羽翼。達兵出江口，太祖遣使諭以北方聲息，且曰：「軍旅重事，尤宜加慎。如獲張士誠將校遣來，吾自處之。」達既趨泰州，浚河通舟師，駐軍於淮安壩上，進圍泰州新城。時士誠援兵自湖北來，達擊敗之，獲其元帥王成等四百餘人，（巳）〔已〕而李院判兵復自淮安來，常遇春又擊敗之，擒其萬户吴聚等百餘人。因遣人諭降城中。其僉院嚴再興、副使夏思忠、院判張士俊等拒守不下。閏十月，江陰水寨守將康茂才報士誠以舟師四百艘出大江，次范蔡港，别以小舟於江中孤山往來，出没無常，疑有他謀，請爲之備。太祖遣使諭達曰：「近得康茂才報，吾度此寇非有攻江陰直趨上流之計，不過設詐疑我，使我陸寨之兵還備水寨。我兵既分，彼時棄我水軍，疾趨陸寨，擣吾之虚。此寇一計也，爾宜備之。又聞常遇春深入，使我軍去泰州既遠，彼必潛師以趨海安，或趨泰州，令我大軍勢分，首尾衝決，不及救援，此又寇一計也。兵法致人而不致於人。爾宜審慮。」使至，即令遇春駐師海安，慎守新城，坐以待寇。彼若遠來趨敵，吾以逸待勞，可一戰而克。泰興以南並江寇舟亦宜設法備之。」後四日，又諭達曰：「寇兵初駐范蔡港，吾度其有詐。今觀望猶豫不敢即泝上流，其爲詐益明。然寇計不過欲分我勢，非有決機攻戰之謀，宜遣廖永忠還兵水寨，大軍勿輕動。此寇徘徊江上，自老其師，乘其怠慢，此月必克泰州。既克，江北瓦解，寇不戰自潰，但宜謹備之耳。」是月，太祖親至江陰康茂才水寨，又以手書諭達等曰：「初予聞爾等與寇相去甚邇，爲是馳至此，恐有緩急相爲策應。及至乃知不然。今遣陳經歷去汝，有所言即疾馳來報，予駐師以待。」後太祖還建康，達等遂克泰州，虜其將嚴再興等九十四人，卒五千，馬一百六十餘匹，船四十艘，遣人獻俘，命五千人者悉安置潭、辰二州，人仍賜衣一襲，婦女亦皆賜衣履、鍼線、布帛。初衆自以抗拒必不免，及得賜，又妻子完聚，咸感悦，拜呼萬歲而去。泰州平，達遣黄旗千户劉傑分兵狥興化，進攻高郵。士誠守將李清戰敗，閉城固守，傑攻之不下。有陳元帥者來援清，傑擊敗之。十一月，達進兵攻高郵。太祖恐達深入敵境，不能策應諸將，遣使即命同知吴國勝帥所部節制高郵諸軍，俾達還軍泰州，圖取淮安、濠泗，諭達曰：「爲將之道，貴於持重進師。攻取宜加審察。近聞提兵遠出，深入重地，此甚不可也。若常平章獨提偏師備寇江上，即有緩急，誰當爲之應援者。宜還師泰州，兼總馮國勝所部，留兵萬五千人以取未下州郡。爾居中節制，見可而進，協和諸將，一乃心力，以成大勛。毋或輕動以失事機。」時李濟據濠州，名爲張氏守，而觀望未決。太祖曰：「濠爲吾家鄉，而吾失之，是有國而無家也。」命右相國李善長以書招之，濟得書不報。是月，士誠兵寇宜興，命達令國勝圍高郵，遇春守海安，遣别將守泰州，而自以精兵援宜興。達遂率兵渡江，擊敗士誠兵，於宜興城下，獲三千餘人。十二月，士誠兵寇安吉，守將費子賢擊卻之。達自宜興還兵攻高郵，其守將俞同僉堅守不下。時士誠遣其左丞徐義入淮援高郵，義怨士誠，以爲陷己死地，屯崑山之太倉，三月不進。

二十六年丙午正月，士誠以舟師駐君山。又出兵自馬馱沙泝流窺江陰，守將以聞。太祖親督水軍及馬步軍往救之。比至鎮江，寇已焚瓜洲，掠西津而遁。乃命康茂才等出大江追之。别命一軍伏於江陰之山麓，翌日，茂才追之浮子門遇寇舟五百餘艘，遮海口，乘潮，來薄我師。茂才督諸軍力戰，大敗之。凡虜將校四百餘人，卒五千餘人。後十日，達遣使請以指揮孫興守海安，常遇春督水軍以爲高郵聲援。既可之，復書勑達曰：「爾所請策皆善。前報彼軍事勢重不一，及俞平章請軍甚急，蓋因其未嘗獨將，料度未至如此。安豐、竹昌糧盡將遁，此不足慮。士誠兵多有渡江者，宜且收兵駐泰州。彼若來攻海安，擊之。」尋又諭達曰：「江陰送至士誠降將秦德等二十人言，士誠之志無日不在泰州、高郵。(已)而遣兵渡江，其驍將軍莊亦與徐義趨淮安矣。高郵、海安宜慎方略，勿墮其計。」又諭達曰：「士誠由高郵嘯聚以有吴越，高郵蓋其巢穴也。大軍被之，彼必來救。今聞徐義兵已入海來援，王保保亦將兵南來，吾料王保保馬步必假道天長，徐義舟師或由射陽湖，或出瓠子角，或出寶應，以趨高郵。二兵苟合，不可不備。通州有士誠從子號火眼張者，乃疑兵，必不敢出。大軍之勝敗在主將賢否，王保保雖擁重兵，然千里遠來，其勢必敝。徐義狠愎自用，軍無紀律，以我節制之師當之可勝爾。但秣馬厲兵，俟之已。」而王保保知有備，竟不至。三月，達自泰州進兵，取高郵、興化及淮安，遂拔高郵。先是，達援宜興，令馮國勝統兵圍高郵，士誠將俞同僉詐遣人來降，約推女牆爲應，國勝信之，夜遣康泰率兵千人入城。城上急下板閉之，皆被殺。太祖聞之怒，即詔國勝回，撻之，令其步至高郵。於是達自宜興還，亦督往攻。國勝甚怒，令軍士齊登城，一鼓破之，戮俞同僉等，俘其將卒二千二百，民一千四百，獲馬三百七十餘匹，糧八千石。命以所俘將士悉遣戍沔陽、辰州，仍給衣糧，有妻子者賜夏布，人五疋，無者半之。時俘至將士家屬多失實，既分别發遣，乃責問。達等仍遣國勝即軍中搜問，凡虜人婦女者皆以軍法治之。高郵既下，復令乘勝取淮安。四月，達兵至淮安，聞徐義軍在馬騾港，夜往襲之。義泛海去，俘其院判錢富等，及卒三千，舟師進薄城下。其右丞梅思祖、副樞唐英、蕭成籍軍馬、府庫出降。達宿兵城上，民皆安堵。命指揮蔡仙、華雲龍守其城，遂進攻興化。先是，太祖命圖淮東山川地形要害以進，覽之，見瓠子角爲興化要地，令達以兵絶其隘。至是，遂取之，淮地悉平。復遣襲希魯潛往濠州説李濟下蕭把都。把都亦以城降。遂議進兵浙西。太祖召中書省及大都督府臣謂曰：「張氏據姑蘇，數侵擾吾近地，爲吾境内之寇，不可不討。諸公其熟計之。」右相國李善長對曰：「張氏宜討久矣。然以臣愚觀之，其勢雖屢屈而兵力未衰，土沃民富，又多儲積，恐難猝拔，宜俟隙而動。」太祖曰：「彼昏淫益甚，生釁不已。今不除終爲後患。彼疆土日蹙，長淮東北之地皆爲吾有。吾以勝師臨之，何憂不拔。況彼敗形已露，何待觀隙。」徐達曰：「張氏驕横，暴殄奢侈，此天亡之時也。其所任驕將如李伯昇、吕珍之徒，皆齷齪不足數，徒擁兵衆爲富貴之娱爾。其居中用事者，王、蔡、葉三參軍輩，迂濶書生，不知大計。臣奉　主上威德，率精鋭之師聲罪致討，三吴可計日而定。」太祖喜，顧達曰：「諸人局於所見，獨爾合吾意。」於是，命諸將簡閲士卒，擇日啓行。八月，以伐張氏祭告大江之神曰：「惟神奉天命，主宰大江。鑒察無私，代天行令。予生於濠梁，乃庶民。曩因兵變，遂列於行伍，繼爲總戎。歲月以來，軍民既衆，土宇益闢，乃正王位，建國曰吴。立業江南，拓土廣疆，滅强暴之國，恤兵養民，除貪汙之政。於兹十有一年矣。今姑蘇張士誠處我東南之境，數來生釁。伏聞古今以來，民欲安，聖人一；民欲愁，伯者多。予之與張不可多事，子民並立以榮其身，必決雌雄，以安黎庶。然而剖判在乎天，用事在乎人。其深淵、巨峯、淤淺河、湖，人力一時不能爲者。兹欲奬率舟師，由毘陵之境委曲通進，入太湖與張氏決戰，告神鑒知。」乃命中書左相國徐達爲大將軍，平章常遇春爲副將軍，帥師二十萬以行。太祖御戟門，集將佐諭之曰：「古人立大功於天地間者，必因其時以行其志，如伊尹佐湯以伐桀，吕望佐武王以翦商，皆得其時而志在於天下蒼生也。自大亂以來，豪傑並起，所在割據稱名號者不可勝數。江南亂雄西有陳友諒，東有張士誠，皆連地千里，擁衆數十萬。吾介乎二人之間，相與抗者十餘年，觀二人所爲，其志豈在於民，不過貪富貴、聚淵藪，劫奪寇攘而已。友諒敗滅，獨士誠據有浙西，北連兩淮，恃其强力數侵吾疆埸。賴諸將連歲征討，克取兩淮之地，今惟浙西姑蘇諸郡未下，故命卿等討之。卿等戒飭士卒，毋肆虜掠，無妄殺戮，毋發丘壠，毋毁廬舍。聞士誠母葬姑蘇城外，慎無侵毁其墓。汝等毋忘吾言，諸將帥務在輯睦，勿縱左右欺凌軍士。凡爲將之功必資士卒，善撫卹之，大抵克遠者必以成功爲效，樹德者必以廣恩爲務。卿等勉之。」諸將皆再拜受命，遂爲戒約軍中事，命人給一紙。仍榜諭其民曰：「伐罪救民，王者之師。考之往古，世代昭然。軒轅氏誅蚩尤，殷湯征葛伯，文王伐崇侯。三聖之起兵也，非富天下，本爲救民。近覩有元之末，主居深宫，臣操威福，官以賄成，罪以情免。臺憲舉親而劾讎，有司差貧而賣富。廟堂不以爲慮，方添冗官，又改鈔法，役四十萬人湮塞黄河，死者枕籍於道，哀苦聲聞於天。致使愚民誤中妖術，不解偈言之妄誕，酷信彌勒之真有。冀其治世以甦其苦，聚爲燒香之黨，根據汝、潁，蔓延河、洛，妖言既行，兇謀遂逞。焚蕩城郭，殺戮士夫，荼毒生靈，無端萬狀。元以天下錢糧兵馬而討之，略無功效，愈見猖獗。然而終不能濟世安民，是以有志之士傍觀熟慮，或假元氏爲名，或托鄉軍之號，或以孤兵獨立，皆欲自爲。由是天下土崩瓦解。予本濠梁之民，初列行伍，漸至提兵。灼見妖言終不能成事，又度胡運難與成功，遂令兵渡江，賴天地祖宗之靈，及將帥之力，一鼓而有江左，再戰而定浙東。陳氏稱號據我上游，爰興問罪之師，彭蠡交兵元惡授首，其父子兄弟面縛輿櫬，既待以不死，又封以官爵，將相皆置於朝班，民庶各安於田里。荆、襄、湖、廣盡入版圖，雖德化未及，而政令頗修。惟茲姑蘇張士誠，爲民則私販鹽貨，行劫於江湖，兵興則守聚兇徒，負固於海島，其罪一也。又恐海隅一區難抗天下全勢，詐降於元，坑其參政趙璉，囚其待制孫撝，其罪二也。厥後掩襲浙西，兵不滿萬數，地不足千里，僭號改元，其罪三也。初寇我邊，一戰而生擒其親弟，再犯浙省，揚矛直擣於近郊。首尾畏縮，又乃詐降於元，其罪四也。占據浙江錢糧，十年不貢，其罪五也。陽受元朝之召，陰行假王之令，挾制達丞相，謀害楊左相，其罪六也。知元綱已墜，公然害其江浙丞相達識帖木邇、南臺大夫普化帖木兒，其罪七也。誘我叛將，卻我邊民，其罪八也。凡此八罪，有甚於蚩尤、葛伯、崇侯，雖黄帝、湯、文與之同世，亦所不容，理宜征討，以拯天下，以濟斯民。爰命中書左丞相徐達率令馬、步官軍、舟師水陸並進，攻取浙西諸處城池。嘗戒軍士征討所到，殲厥渠魁，脅從罔治，凡我逋逃臣民被陷，軍士咸宥其罪。其爾人民果能復業，即我良民。舊有房舍，因土依額納糧，以供軍儲。餘無科取，使汝等永保鄉里，以全室家，此興師之故也。敢有千百相聚旅拒王師者，即當移兵勦滅，遷徙宗族於五溪兩廣，永離鄉土，以禦邊疆。果有賢哲，或全城歸附，或棄來降，予所賞賜，非所敢吝。凡予之言，信如皓日，咨爾臣庶，毋或自疑，故牓。」既而，復召達、遇春於西苑，諭之曰：「今師行，苟張氏全成歸命，不勞吾師，吾必全之。若用師，城破之日，生其將士，撫其人民，無妄殺戮。有可用者即選用之。」達等既受命將發，又問諸將曰：「爾等此行用師孰先。」遇春對曰：「逐梟者必覆其巢，去鼠者必熏其穴，此行當直擣姑蘇。姑蘇既破，其餘諸郡可不勞而下矣。」太祖曰：「不然。士誠起鹽徒，與張天騏、潘元明等皆强梗之徒，相爲手足。士誠苟至窮蹙，天騏輩懼俱斃，必併力救之。今不先分其勢而遽攻姑蘇，若天騏出湖州，原明出杭州，援兵四合，難以取勝。莫若出兵先攻湖州，使其疲於奔命，羽翼既疲，然後移兵姑蘇，取之必矣。」遇春猶執前議，太祖作色曰：「湖州失利，吾自任之。若先攻姑蘇而失利，吾不汝貸也。」遇春不復敢言。已而太祖屏左右謂達、遇春曰：「吾欲遣指揮熊天瑞從行，俾爲吾反間也。天瑞之降非其本意，心常怏怏。適來之謀，戒諸將勿令天瑞知之。但云直擣姑蘇。天瑞知之，必叛從張氏以輸此言，則墮吾計矣。」於是達等率諸軍發龍江，至太湖，遇春擊敗士誠兵於湖州港口，擒其將尹義、陳旺，遂次洞庭山，進至湖州之毗山。又擊敗其將石清、汪海，擒之。張士信駐軍湖上，不敢戰而退。熊天瑞果叛去。師至湖州之三里橋，士誠兵分三路來拒，參政黄寶當南路，院判陶子實當中路，左丞張天騏自當北路，同僉唐傑爲後繼。達進攻之，有術者言今日不宜戰，遇春怒曰：「兩軍當相，不戰何待。」於是，達遣遇春攻寶，王弼攻天騏，達自中路攻子實，別遣驍將王國寶率長槍軍(真)〔直〕扼其城。寶敗走，欲入城，城下釣橋已斷，不得入。復還，力戰被擒，并獲其元帥胡貴以下官二百餘人，天騏、子實皆不敢戰，斂兵而退。士誠又遣司徒李伯昇來援，由荻港潛入城被圍，伯昇及天騏閉門拒守。達遣國實攻其南門，自以大軍繼之，其同僉余得全、院判張德義及陶子實出戰，復敗走。士誠又遣平章朱暹、王晟、同僉戴茂、吕珍、院判李茂及其第五子號五太子者，率兵六萬來援，號三十萬，屯城東之舊館，築五寨自固。達與遇春、湯和等分兵營於東所鎮南姑嫂橋，連築十壘以絶舊館之援。李茂、唐傑、李成懼不敵，皆遁去。士誠壻潘元紹時駐兵於烏鎮之東，爲吕珍等聲援，乘夜擊之，亦遁。遂填塞河港，絶其糧道。士誠知事急，乃親率兵來援。達等與戰於皂林之外，又敗之，虜其戴元帥及甲士三千餘人。

九月，士誠復遣其同僉徐志堅以輕舟出東阡鎮，覘我師，欲攻姑嫂橋。遇春遇之與戰，會大風雨，天晦甚，遇春令勇士乘划船數百突擊之，擒志堅，得兵二千餘人。是月，太祖又命朱文忠帥師攻杭州，諭之曰：「徐達等取姑蘇，張氏必集兵以拒。今命爾往杭州，是掣制之也。我師或衝其東，或擊其西，使彼疲於應戰。其中必有自潰者，爾往宜慎方略。」士誠自徐志堅敗，甚懼，遣其右丞徐義至舊館，覘形勢，將還報，遇春以兵阨其歸路，義不得出，乃陰遣人約士信出兵，與舊館兵合力來戰。士誠又遣赤龍船親兵援之，義始得脱。潘元紹率赤龍船兵屯於平望，復別乘小舟潛至烏鎮，欲援舊館。遇春由別港追襲之，至平望，縱火焚其赤龍船，軍資器械一時俱盡，衆軍散走。自是，舊館兵援絶，饋餉不繼，多出降者。

十月，達以所獲將士狗於湖州城下，城中大震。遇春兵攻烏鎮，徐義、潘元紹及甘院判樞戰不勝，退走。遇春追至弁山，遂攻破其平章王晟陸寨，餘軍奔入舊館之東壁。其同僉戴茂乞降。是夕，晟亦降。是月，朱文忠率指揮朱亮祖、耿天壁攻桐廬，降其將戴元帥，復遣袁洪、孫虎略富陽，擒其同僉李天禄，遂合兵攻餘杭。達復攻弁山水寨，顧時引數舟繞士誠兵船。船上人俯視而笑，時覺其懈，率壯士數人躍入其舟，大呼奮擊，餘舟競進薄之。士誠五太子盛兵來援，遇春稍卻。薛顯率舟師直前奮擊，衆大敗，五太子及朱暹、吕珍以舊館降，得兵六萬人。遇春謂顯曰：「今日之戰，將軍之力居多，吾固不如也。」五太子者，士誠養子，本姓梁，短小精悍，能平地躍起丈餘，又善没水。暹、珍亦善戰，士誠倚之。至是皆降，士誠爲之奪氣。

十一月，舊館捷至，父老進賀。太祖曰：「此民之福也。自此東南可定，轉輸之勞亦可少甦矣。父老汝諭百姓各力生業，無作非義，庶可共享太平。」皆拜而出。舊館既降，達遣馮國勝以降將狥湖州城下，語李伯昇出降。伯昇在城上對曰：「張太尉養我厚我，不忍背之。」抽刀欲自殺，爲左右抱持，得不死。左右語之曰：「援絶勢孤，久困城中，不如降。」伯昇俯首不能言，其左丞張天騏、總管陳昧以城降，伯昇遂亦降。於是，達引兵向姑蘇，至南潯，元帥王勝降，進至吴江州，圍其城，參政李福、知州楊彝降。是月，朱文忠攻餘杭，下之。初樞密院判謝再興，都督朱文正之妻父，分守暨，與士誠連境。令吕珍離城數十里築一堰，水發，諸暨被没，再興屢遣人潛決之。太祖嘉其功，以其次女嫁徐達。俄詔回聽宣諭，别遣參軍李夢庚代守，而令再興還受節制。再興恥無權勢，出怨言，且言：「嫁女不令吾知，何異給配。」與知府欒鳳執夢庚及元帥王玉、陳剛，以諸暨全城軍馬叛投紹興。及是，再興弟謝五、謝三共守餘杭，文忠遣人語謝五曰：「爾兄以李夢庚、小陳歸於張氏，非爾謀也。爾乃國之戚臣，若降，可保不死，仍享富貴。」謝五答曰：「我誠誤計，若保我不死，我即降。」文忠許之，乃與弟姪五人出降。文忠遂進兵杭州，未至，平章潘原明懼，遣員外郎方彝詣軍門請納款。文忠曰：「吾兵適至此，勝負未分而即約降，無乃計太早乎。」對曰：「此城百萬生靈所係，今天兵如雷霆，當者無不摧破。若軍至城下，雖欲降恐無及。故使彝先來請命。」文忠留之宿，明日遣還，而駐兵以待。原明即日以款狀來曰：「嬰城固守乃受任之當爲，歸款救民亦濟時之急務。竊復自念起身草野，叨位省樞，非心慕乎榮華，乃志存乎匡定，豈意邦國殄瘁，王師見加，事雖貴於見機，民寔同於歸義。念是邦生靈百餘萬，比年物故十二三。今既入千職，方願溥覃乎天澤。謹將杭州土地人民及諸司軍馬錢糧之數以獻。」文忠至杭州，原明及同僉李勝奉士誠所授行省及樞密院、浙西、江東兩道廉訪司印并蔣英、劉震出降，伏謁道左，以女樂導引。文忠叱去之。進原明等宣上命，慰諭之，禁戢士卒，城中晏然，凡得兵二萬，糧二十一萬，馬六百匹，執元平章丑的、長壽等與蔣英、劉震皆送建康，并遣原明以下入朝。既而紹興守臣同僉李思忠、總管衡良佐以城降，命駙馬王恭等守之。左丞華雲龍率兵攻嘉興，守將宋興以城降，及海寧州，亦降。達軍至姑蘇城南鱸魚口，擊敵將竇義，走之。康茂才至尹山橋，遇敵兵，又擊敗之，焚其官瀆戰艦千餘，積聚甚衆。達兵遂圍其城。達軍葑門，遇春軍虎丘，郭子興軍婁門，華雲龍軍胥門，湯和軍閶門，王弼軍盤門，張温軍西門，康茂才軍北門，耿秉文軍城東北，仇成軍城西南，何文輝軍城西北。四面築長圍困之。又架木塔與城中浮圖對，築臺三層，下瞰城中，名曰「敵樓」，每層施弓弩、火銃於上。又設襄陽礮以擊之。城中震恐，有楊茂者，無錫莫天祐部將也，善没水。天祐潛令入城與士誠相聞。邏卒獲之於閶門水柵傍，送達軍，達釋而用之。時城堅不可破，天祐又阻兵無錫爲士誠聲援。達因縱茂出入往來，因得其彼此所遺蠟丸書，由是悉知士誠、天祐虚實，而攻圍之計益備。達至是督兵攻婁門，士誠出兵拒戰，武德衛指揮茅成左脇中叉死。成，定遠人，後贈東海郡公。元平章丑的、長壽等至建康，太祖命有司給廩餼歸於元，而誅蔣英於市。以英嘗刺殺胡大海，叛投士誠，命懸大海畫像，刺英血祭之。乃復誅謝五等，朱文忠以爲前保其不死，今復殺之，何以示信，且恐後無降者。太祖曰：「謝再興是我至親，尚投張氏。情可恕乎。」兄弟悉磔於市。以潘原明全城歸附，仍授平章，官屬皆仍舊職，從朱文忠節制。仍下令曰：「予聞帝王之治世，其初也乘天下之擾攘，不得已而起兵，及其甚也，憂天下之未一，亦不得已而用兵。自有元失御，中原鼎沸，四海瓜分。予時爲民於淮上，進不能上達，退不能自安，是以不得已而起兵。至於撫有江東，土地漸廣，民物漸多，而四面皆敵國，民無一日安。不得已而用兵如是。西平陳漢，跨有蜀川，南定百粤，北有荆襄，以及徐、泗，惟浙西張氏與我壤地相接，屢擾我邊境，誘納我逋逃，故興問罪之師。淮東郡邑首先歸定，旅拒者加之以刑，來降者寵之以爵。遂命大將軍左相國徐達、副將軍平章常遇春總兵，東入太湖，是以湖州舊館守援之將李司徒、吕左丞等百有餘名，精兵七萬餘衆，節次歸附。復命浙東省右丞朱文忠統兵東北，破桐廬，克富陽，駐兵浙右。杭州守臣平章潘原明差官送款以全城聽命，可謂識天時人事之俊傑。有合予弔民伐罪之初意。已勑征行將士，凡府州、城郭、鄉村、軍民之家，秋毫無犯。官府倉庫舊的有主，封籍以待。敢有侵漁，以律論罪。其潘平章等大小官員，即我藩輔，各安其職，故兹令諭中外知悉。」

吴元年丁未夏，太祖以士誠被圍，諭以書曰：「蓋聞成湯放桀，武王伐紂，漢祖滅秦，歷代帝王之興，兵勢相加乃爲常事。當王莽之亡，隋之失國，豪傑乘時蠭起，圖王業，據土地，及其定也，必歸於一，天命所在，豈容紛然。雖有智者事業弗成，亦當革心，畏天順民，以全身保族。若漢之竇融，宋之錢俶是也。自古皆然，非今獨異爾。能順附其福有餘，毋爲困守孤城，危其兵民，自取滅亡，爲天下笑。」書至，士誠不降。六月，士誠欲突圍決戰，覘城左右，見軍陣嚴整，不敢犯，乃遣徐義、潘元紹潛出西門掩襲，轉至閶門，將奔常遇春營。遇春覺其至，分兵北濠，截其歸路，遣兵與戰，良久未決。士誠復遣參政黄哈刺把都率兵千餘人助之。又自出兵山塘爲援。塘路狹塞，不可進麾，令稍卻，遇春撫王弼背曰：「軍中皆稱爾爲猛將，能爲我取此乎。」弼應曰：「諾。」即馳鐵騎揮雙刀往擊之，敵衆小卻，遇春因率衆乘之。士誠兵大敗，人馬溺死沙盆潭甚衆。其有勇勝軍號十條龍，皆倉夫善戰者，士誠每厚賜之，令被銀鎧錦衣，將其衆出入陣中，人不能測，一時俱溺死萬里橋下。已而倉夫復有應幕者，亦戰死。其妻某氏得其尸，以綿裹骨抱，而投水以死。是日，士誠馬驚墮水，幾不救，肩輿入城。計忽忽無所出。降將李伯昇知其勢迫，欲説令歸命，乃遣客詣士誠門告急。士誠召之入曰：「爾欲何言。」客曰：「吾言公興亡禍福之計，願公安意聽之。」士誠曰：「何如。」客曰：「公知天數乎。昔項羽喑嗚叱咤，百戰百勝，卒敗北垓下，天下歸於漢祖。何則，此天數也。公初以十八人入高郵，元兵百萬圍之，此時如虎落穽中，死在旦夕。元兵潰亂，公遂提孤軍乘勝攻擊，東據三吴，有地千里，甲士數十萬，南面稱孤，此項羽之勢也。誠能於此時不忘高郵之危，苦心勞志，收召豪傑，度其才能，任以職事，撫人民，練兵旅，御將帥，有功者賞，敗軍者戮，使號令嚴明，百姓樂附，何特可保三吴，天下可取也。」士誠曰：「足下此時不言，今復何及。」客曰：「吾此時雖有言，亦不得聞也。何則。公之子弟親戚將帥羅列中外，美衣玉食歌妓婦女日夕酣宴。身衣天下至美，口甘天下至味，猶未厭。提兵者自以爲韓、白，謀畫者自以爲蕭、曹。傲然視天下不復有人。當此之時，公深居於內，敗一軍不知，失一地不聞。縱知亦不問，故淪至今日。」士誠曰：「吾亦甚恨無及。然當今當何如。」客曰：「吾有一策，恐公不能從也。」士誠曰：「不過死耳。」客曰：「使死有益於國家，有利於子孫，死固當然。徒自苦耳，且公不明陳友諒乎。跨有荆、楚，兵甲百萬，與江左之兵戰於姑孰，鏖於鄱陽湖，友諒舉火欲燒江左之船，天乃反風而焚之。友諒兵敗身喪，何則，天命所在，人力無如之何。且今攻我益急，公恃湖州援，湖州失，嘉興援，嘉興失，杭州援，杭州又失。今獨守此尺寸之城，誓以死拒，然竊慮勢極患生，猝有變從中起者，公此時欲死不得，生無所歸，故吾竊以爲莫如順天之命，自求多福。令一介之使疾馳金陵，稱公所以歸義救民之意。公開城門，幅巾待命，亦不失爲萬户侯。況嘗許以竇融、錢俶故事耶。且公之地，譬如博者得人之物，而復失之，何損。」士誠仰首沉慮良久曰：「足下且休，待吾熟思之。」然卒孤疑，莫能決也。他日，士誠復率兵突出胥門索戰，鋒甚鋭。遇春禦之，兵小卻。士信方在城樓上督戰，忽大呼曰：「軍士疲矣，且止且止」，遂鳴金收兵。遇春因乘勝奮擊，大破之，追至城下，攻之益急，復築壘逼其城。自是士誠不復得出矣。士信張幙城上，踞銀椅，與參政謝節等會食，左右方進桃，未及嘗，忽飛礮碎其首。潘元紹出戰，歸見事急，召其妾七人謂曰：「我受國重寄，脱有不宿，誠若等宜自引決，毋爲人恥。」最少一妾段氏跪請即死，遂入室自經。六人者亦皆相繼經死。元紹斂其尸焚之，以骸骨瘞後圃。潯陽張羽爲七姬權厝志，以表其烈云：「九月，姑蘇城圍既久，熊天瑞教城中作飛礮以擊，多所中傷。城中木石俱盡，至拆祠廟民居爲礮具。達令軍中架木若屋狀，承以竹笆，軍伏其下，載以攻城，矢石不得傷。至是，達督將士破葑門，遇春亦破閶門新寨，遂帥衆度橋，進薄城下。其樞密唐傑登城拒戰。士誠駐軍門內，令參政謝節、周仁立柵以補外城。傑知不敵，投兵降。周仁、徐義、潘元紹及錢參政皆降。晡時，士誠軍大潰，諸將遂蟻附登城，城遂破。時八日辛巳也。是日，士誠猶使其副樞劉毅收餘兵，尚二三萬，親率之戰於萬壽寺東街，復敗。毅降，士誠倉皇歸，從者僅數騎。初士誠見兵敗，謂其妻劉氏曰：「我敗且死矣，若曹何爲。」劉氏曰：「君勿憂，妾必不負君。」乃積薪齊雲樓下，及城破，驅其群妾、侍女登樓，促其自盡，令養子辰保縱火焚之。遂自經死，士誠獨坐室中，左右皆散走。達遣李伯昇至士誠所諭意時，日已暮。士誠距户自經，伯昇決户，令降將趙世雄抱解之，氣未絶復蘇。達又令潘元紹以理曉之，反覆數四。士誠瞑目不言，舁出葑門，至舟中不食，及至龍江，堅卧不肯起。乃舁至中書省，相國李善長問之，不語。已而，士誠言不遜，善長怒罵之。太祖欲全其生，竟自經死，賜棺以葬之，年四十七，有二子皆幼，城將破，其妻劉氏以白金遺乳媪，令負之而逃，不知所終。初，達與遇春約城破中分撫定，先集將士申明上意。令各懸小木牌，令曰：「掠民財者死，拆民居者死，離營二十里者死。」及城破，達軍其左，遇春軍其右，號令嚴肅，軍士莫敢妄動，民晏然。初，吴中有十七字市謡云：「丞相作事業，專用王、蔡、葉。一夜西風來乾別。」蓋當時用事者有三參軍，皆迂濶書生，不知大計，至是卒敗。果如市謡云。凡獲其官屬李行素、徐義，左丞饒介，右丞潘元紹，參政馬玉麟、謝節、王原恭、董綬、陳恭，同僉高禮，内史陳基，及諸將校，杭、湖、嘉興、松江等府官吏家屬及外郡流寓之人凡二十萬，(萬)并元宗室神保大王黑漢等，皆送建康。熊天瑞伏誅。先時有單大舍者，爲揚州青軍，單居仁之子，領兵守宜興，亦叛投士誠。太祖令居仁招之，不來，及是生擒至，太祖命居仁自處。居仁曰：「此不忠不孝之人，當碎其肉。」亦誅之。始改平江路爲蘇州府，以何質知府事。太祖以城始克，慮通州驚潰，命泰州指揮孫興往取之。比至，而達兵已至，其守將張右丞即士誠從子，所謂火眼張者，先以城降。已而無錫莫天祐亦以城降。初天祐附士誠，達屢遣使諭降，俱被殺。至胡廷瑞等攻其城，州人張翼知事急，説使降之。於是，吴地悉平。師還，論功行賞，封李善長爲宣國公，徐達信國公，常遇春鄂國公，達綵叚表裏十一疋，遇春十疋，胡廷瑞、馮宗異各九疋，湯和、曹良臣各八疋，廖永和、康茂才七疋，薛顯、趙庸、張興祖、梅思祖、華高各六疋，指揮人五疋，千户人四疋，百户人三疋，軍人米一石，鹽十斤。太祖仍諭諸將曰：「自兵興以來，天下豪傑紛起，予將兵渡江，賴上天之靈，將士之力，拓地開疆，削平敵國。如陳友諒兵衆地大，已先摧滅；張士誠强兵積富，今亦就擒。非爾將士用命，何以致此。今論功行賞，以報爾勩。如王國等没於王事，而不得預。吾甚惜之。自古帝王多矣，征戰而得天下，皆有名世之將以佐輔之，爾等今日之功亦何忝於古之名將乎。但從軍在外，與經營布置在内者，任雖不同，其勞則一。馮宗異留守京城，軍府之事獨任其勞，亦宜受賞。然江南既平，當北定中原，以一天下，無狃於暫安，而忘永逸，無足於近功而昧遠圖，大業垂成，更須努力。」達等頓首曰：「臣等叨承主上成算，幸獲成功，敢不益盡心以圖尺寸。」明日，達等入謝，太祖語之曰：「公等還第置酒爲樂否。」對曰：「荷主上恩德，皆置酒相慶。」

太祖曰：「吾寧不欲置酒與諸將爲一日之歡。但中原未平，非宴安之時。公等不見張氏所爲乎。終日相與酣歌逸樂，今竟何如，宜深戒之。」後太祖視朝戟門，召浙西來歸諸將，諭之曰：「汝等舊事張氏，爲將領兵，計窮勢屈，始降於我。吾待以厚恩，列於將校，汝等知其然乎。吾明告汝等，吾所用諸將，多濠、泗、汝、潁、壽春、定遠諸州之人，勤苦儉約，不知奢侈，非比浙江富庶，躭於逸樂。汝等亦非素富貴之家，一旦爲將握兵，多取子女玉帛，非禮縱横。今既歸於我，當革去舊習，如吾濠泗諸將，庶可以保爵位。汝等誠能盡心效職，從大軍除暴平亂，使大業早定，非特已受富貴，子孫亦得以世享其福。若肆志一時，雖暫得快樂，旋復喪敗，何得爲真富貴乎。此皆汝等所親見者，不可不戒也。」諸將皆頓首受命而退。

史官曰：「張氏據吴建國，偃然自王，其勢若甚易者，何哉。蓋當四方擾攘，民心皇皇，無所依歸，有能保障之者，亦可以苟安也。惟當時主以游談之人，濟以脆輭之卒，上下逸豫，遂忘遠圖。終焉天兵一臨，獸伏鳥散，三吴故疆，竟歸真主。使張氏如錢俶之見幾待命，不勞血戰，亦足以庇其子孫，何至國蹙城破，身爲俘囚如劉鋹邪。雖然，倔强激烈，負氣而死，其兄弟妻孥亦不受辱，較之李重光之柔懦則過之矣。故嘗以所聞故老之語及士大夫所記，參以史書所載，爲録以藏之，後世必有攷焉。

# 《平漢録》

明童承叙撰

陳友諒，沔陽人，本姓謝，祖千一，贅於陳，遂從其姓。父普才，黄蓬漁子也。友諒幼岐嶷，比長，膂力過人，優於武藝，嘗爲縣吏，不樂。會羅田徐壽輝與倪文俊兵起，慨然往從之，爲文俊簿書掾。尋亦領兵爲元帥。及文俊專恣，心不能平。元至正丁酉九月，文俊謀殺壽輝不果，奔黄州。友諒因乘釁襲殺之，遂并其軍，自稱平章。

戊戌，友諒攻安慶，守臣余闕固守，倚小孤爲藩蔽，命義兵元帥胡伯顔統水軍戍守。友諒自上流直擣山下，伯顔與戰，四日夜不勝，奔還。友諒進薄城下，闕遣兵扼之。俄而饒兵攻西門，友諒兵乘東門既登城，闕簡死士奮擊，敗之。友諒恚甚，乃并軍樹柵起飛樓來攻，闕兵分捍敵，晝夜不得息。友諒兵四面蟻集，城陷，闕死之。

夏四月，破龍興路，復破瑞州。

五月，友諒遣康泰、趙琮、鄧克明等攻邵武，又遣别將攻吉安路，進破撫州。

八月，破建昌路。

九月，破贛州。十一月，破汀州。

己亥三月，遣兵略衢州。復遣兵破襄陽路。

六月，復遣其黨王奉國攻信州。元江東廉訪使伯顔不花的斤自衢往援，破走其兵。後數日，又攻之，復大破之。友諒弟友德植木柵攻城益急，又遣使來説降。的斤數其罪而斬之，王奉國遂穴地梯城，晝夜攻之。踰旬城陷，的斤死之。

十二月，陷杉關。初徐壽輝聞友諒破龍興，欲徙都之。友諒忌其來不利己，不從。至是，壽輝固引兵發漢陽，南下江州，友諒陽出迎，而伏兵於城西。壽輝既入，門閉伏發，盡殺其部屬，惟存壽輝，以江州爲都居之。遂自稱漢王，立王府，置官屬，事權一歸友諒。壽輝擁虚位而已。

庚子四月，友諒以壽輝自樅陽攻池州，張德勝率我師往援，至則守將趙忠被執，城已陷矣。乃設伏敗之，斬首萬級，生擒三千餘，遂復池州。

五月，漢王友諒以重兵犯太平，城陷，殺其守將花雲，遂直犯龍江。



太祖大怒，命諸大將共謀，擊之於石炭山，殺傷相當。馮勝率敢死士直衝其中堅，大破之。友諒僅以身免，追至采石，復與大戰。友諒復敗而遁。遂復太平。初友諒犯太平，挾壽輝以行，及太平陷，急謀僭竊，乃於采石舟中佯使人詣壽輝前白事，令壯士持鐵鎚自後擊之，碎其首。壽輝死，友諒遂以采石五通廟爲行殿，稱皇帝，國號漢，改元大義。仍以鄒普勝爲太師，張必先爲丞相，群下立江岸，草次行禮。值大雨至，略無儀節。既而復還江州，遣人約張士誠侵建康。

太祖以康茂才與友諒舊，召使畫策。茂才曰：「吾家有老閽，舊嘗事諒。令齎書僞降，約爲内應，必信無疑。」友諒得書，果大喜，問曰：「康公安在？」曰：「見守江東橋。」又曰：「橋何如？」曰：「木橋也。」乃遣使還，謂曰：「歸語康公，吾即至。至則呼老康爲號。」歸具以告乃命，李善長易江東橋以鐵石，通宵治之。友諒至，見非木橋，乃驚疑，連呼「老康」，無應之者，始知閽者謬(巳)〔己〕。茂才乃合諸將奮擊，大破之，降其將張志雄、梁鉉、喻國興、劉世衍等，縛其士卒二萬，友諒奔還，尋遣其將張定邊陷安慶府。

太祖乃令諸將曰：「友諒賊殺其主，僭稱大號，侵我太平，犯我建康，今又以兵陷我安慶。觀其所爲，不滅不已。爾等其厲士卒以從。」徐達進曰：「師直爲壯。今我直而彼曲，焉有不克。」獻計者或謀以城降，或以鍾山有王氣，欲奔據之，或以决死一戰而走未晚也。劉基獨張目不言。

太祖乃召基入内，基曰：「先斬主降議及奔鍾山者，乃可破賊耳。」

太祖曰：「先生計將安出？」基曰：「如臣之計，莫若傾府庫，開至誠，以固士心。且天道後舉者勝，宜伏兵伺隙擊之，取威制敵，以成王業，在此時也。」太祖遂用基策，督諸帥率舟師，乘風遡流而上，遂克安慶。長驅向江州，距其都五里許，友諒始知之。謂神兵自天而降，大破之。友諒挈妻子夜奔武昌，我師遂入九江，獲馬二千匹，糧十餘萬石。既而，友諒相胡廷瑞見江州已破，遣使詣軍中請降，平章祝宗以南昌降。

壬寅春正月，太祖命宗從徐達征武昌，宗中道叛回，據南昌。四月，始定其亂。

太祖曰：「得南昌是去陳氏一臂」，因命大都督朱文正、統元帥趙德勝等往鎮其地。時友諒據湖廣，張士誠據浙西，皆未下。衆以爲蘇湖地肥饒，欲先取之。基曰：「士誠自守虜耳。友諒居上流，且名號不正，宜先伐之。陳氏既滅，取張氏如囊中物耳。」

太祖曰：「友諒剽而輕，其志驕，士誠狡而懦，其器小。志驕則好生事，器小則無遠圖。若先攻士誠，友諒必空國而來，是我疲於應敵，事有難爲。先攻友諒，士誠必不能踰姑蘇一步以爲之援。朕所以取二寇者，固自有先後也。」會友諒忿其疆埸日蹙，乃作大艦來攻洪都，自爲必勝之計。載其家屬百官，空國而來，以兵圍城，其氣甚盛，號六十萬兵。戴竹盾禦矢石，用雲梯等攻具百道攻城。文正城上發砲石、擂木、火箭，無不破之。敵晝夜環攻，友諒親督促之，意必拔。文正主畫軍中，分布諸將，隨方應敵，剪獲甚衆。友諒復以所獲吉安守將劉齊、朱華，臨江同知趙天佑狗城下，文正略不爲動。已而，德勝中流矢死，被圍日久，音問不通。文正遣千户張子明告急於建康，敵攻城益急。文正遣捨命王詣友諒營，詐約日出降，友諒信之，緩其攻。及期，城上旗幟一新，至暮不出，友諒乃縛捨命王於城下殺之。文正堅守以待援，至初子明取東湖小漁舟，夜從水關潛出，越石頭口，夜行晝止，半月始達建康。見太祖具言其故。上問友諒兵勢何如。子明對曰：「友諒兵雖盛，戰鬬死者亦不少。今江水日涸，賊之巨艦將不利用。又師久乏糧。若援兵至，必可破也。」

太祖曰：「歸語文正，但堅守一月，吾當自取之。」子明還，至湖口爲友諒所執。友諒使呼文正出降，子明至城下，呼曰：「大軍且至，固守以待。」文正聞之守益堅，敵不能破。

七月丙戌，太祖親師諸將，發舟師二十萬進次湖口，自友諒圍洪都，至是凡八十有五日。聞援兵至，即解圍東出鄱陽湖，以逆我師。

丁亥，遇於康郎山。

戊子，我師分爲十二屯，徐達、常遇春等諸將擊敗其前軍，俞通海復乘風發火砲焚寇舟二十餘艘，軍威大振。友諒驍將張定邊奮前欲戰，常遇春射却之。廖永忠即以飛舸追定邊，定邊走身，被百餘矢，士卒多死傷。

己丑，諸軍接戰至晡，東風起後，以七舟載葦荻，置火藥其中，乘風縱火，焚其水寨舟數百艘，火熾十里之間，煙焰漲天，湖水盡赤。友諒弟友仁、友貴及平章陳普略等皆焚死，溺萬餘人。賊鋒盡挫。

庚寅，永忠、通海等以六舟深入鏖戰，敵聯大艦擁蔽，悉撚刀以死拒。我師望六舟無所見，意已陷没。有頃，六舟飄飄而出，勢若游龍，我師見之，勇氣愈倍，合戰益力，呼聲動天地。敵兵大敗，友諒奪氣。

辛卯，張定邊欲挾之退保鞋山，爲我師所扼，不得出，斂舟自守，不敢戰。是夕，我師渡淺，泊於左蠡，與友諒相持者三日。

八月八日，我舟入江，駐南湖嘴，水陸結營。劉基期以金木相犯日決勝負，敵舟不敢出，糧且盡。

壬戌，友諒計窮，冒死突出，欲由禁江口奔還武昌。

太祖麾諸將邀擊之，舟聯北隨流而下，自辰至酉，力戰不已。友諒是日中流矢，貫睛及顱而死。擒其太子善兒。諒自稱帝至死，僅四年，年四十四。其平章陳榮、姚天祥已下悉以樓船軍馬五萬來降。定邊乘夜以小舟載友諒屍及其子理徑武昌，復立理爲帝，改元德壽。我師復圍之。

甲辰春正月，太祖建國號吴，二月，以武昌圍久不下，乃親往視師，督諸將擊之，擒其元帥張必先。既而遣羅復仁入城諭陳理使降，遂率其太尉張定邊詣軍門降。凡府庫悉令理自取，城中民多饑困，命給粟振之。於是，湖廣、江西諸郡相繼皆降，乃封友諒父普才承恩侯，理順德侯，友諒弟友富歸仁伯，友直懷恩伯，弟友仁追封康山王，命有司塑像，歲祀焉。後普才徙滁，理徙高麗。

# 《保越録》

明佚名撰

至正十八年，冬十一月戊戌，浙江等處行樞密院副使呂公珍來鎮紹興。時穆爾古蘇遇變之後，越民思之，如失怙恃。公至，祭而哭之。拜其母於家中，嚴肅號令，安和人民，百物安堵，上下賴焉。大軍自取蘭溪，勢益猖獗。

十二月甲申，克婺州。

十九年春正(月)庚申，越城嚴備。公命所屬將士，講畫方略，以爲備禦。乃相度羅城外雖有排栅，無險可恃。遂命增濠，各廣五丈，深二丈，繇是排栅沮水益固，而戰船往來，俱得便利。瓮城逾河，增築月城，上起望樓，周列廬舍，聚石疊木以爲備，立砲架，開箭牕，樹屏牆，施弔橋。傍置兩門，以便士卒出入。城外復起土壘石欖，左右拱翼，以爲外護。度大兵必至，乃督城外居民悉遷城中，毁居宇近城者，清野以待之。

二月，大軍哨掠(林)〔村〕落，執民爲向道，不從者輒殺之。

丁卯，自諸暨分三路：一出楓橋、古博嶺、天章木栅，至亭山；一出江竈、暨于、茅洋、漓渚，至戴旂山；一出街亭、象路、鑄石嶺、平水，至九里。

(巳)〔己〕巳，大軍皆集，首將胡大海僉院、陽景指揮、米保同僉、甯同僉、何同僉、謝院判等，分管劄寨，置立窩鋪，連延不絶。先是，長鎗軍暴於諸暨，公逐之出境；及苗軍與我軍有故怨，歸大軍，致毒於我。苗軍楊指揮等壘於西直常禧門，長鎗軍從甯同僉壘於東直稽山門，皆爲先鋒軍。公命我巴爾斯布哈、米文選守迎恩門，百户宋之傑、唐元臣、蔣廷節、沙班、馮遇春、湯成、顧直全、房璽佐之；命元帥顧得興守常禧門，萬户劉得興、朱榮、馬愈、陳亮、吕振、顧興、劉得旺、林定、江朝宗佐之；命元帥元信、胡大有、周元守植利門，萬户鄧世全、陳裕、華琢、田英佐之；命將軍田希仁、萬户丁興祖守稽山門，萬户王翼、裔福、陳祥、謝運、楊貴佐之；命元帥包玉守五瑞門，萬户徐振、苗入忠、卞得全、葛升佐之；命元帥劉宣守都泗門，兼守昌安門，萬户費復初、僧會真、秦泰、鎮撫張貴和佐之。各總部下軍校，分守汛地。城南鮑郎山，則植利門將帥兼守之；城北戒珠山，則元帥圖們岱爾、鎮撫陳清守之；城東吹沙灣，則元帥葉文舉、萬户潘宗、金勝守之。城西厖公池，則萬户康巴延、特穆爾守之。總管焦德昭、萬户吴元亮、揚春、戴德、蔡旺各以本部居中軍調遣。命總管楊昶、千户馬俊、張德勝、趙義、周元、唐完各以先鋒居帳前，隨行接戰。令總管岳宗、錢保、尤全、陸元、馬飛，萬户楊仕全、江遇龍、何清、高戒、張旺，千户袁禎、胡廣、章茂、光哲各以騎兵出入衛從，團結四隅義民，守護策應，以部長統禦長，禦長統社長，社長統保長，保長統甲首，設部司以統轄之。東南隅王克名、余思齊，副尉唐元壽，尉丞唐壽謙；東北隅部尉殷謙善、越衡，尉丞唐榮，總制於上，而調度之，御史掾吏陳修行，樞密院都事俞堯臣，上下協心，以爲守備。位置既定，乃開門延敵。公與將校議曰：「敵勢遠來，利在速戰。而城外多水，非用武之地。汝等慎勿躁進，以寡禦衆，以逸待勞。觀其動静與之持久，此吾志也。」遣掾吏吴瑾之浙省議兵食禦備事。

庚午，大軍攻常禧門。我軍以騎兵、戰船並進，居民登城守護。大軍馳突，詬詈肆侮。總管焦德昭、倪昶等分部接戰。公躍馬向大軍陣，有一騎迎公，公叱之曰：「汝是誰？」「我舍命大王也。」語未畢，公揮挝已中其頭，遂擒以還。大軍披靡，元帥顧德興、萬户丁興祖馳突之，大軍引退。行臺官屬皆集卧龍山上，公還入城，御史大夫慶童舉酒迎勞，以所乘馬贈公。

辛未，大軍攻稽山門，我軍禦之，以石砲、火筒擊之。其先鋒先應手而斃二人。大軍阻春波橋下，我軍據三橋，相望詬罵，一進一退，至晚各解散。我頭目龐成擒獲押子一人，御史大夫賞官緞一疋，公命爲百户。是夜，以舟師燒何山大寨。分省平章張仕信遣元帥張世(闕)〔俊〕漕杭州糧一萬石，由官河至紹興，後因艱澁，世(闕)〔俊〕乃自浙江出海，經達三江。我軍陷在諸暨者相繼來歸。公因連日出城，攻大軍，耆老請曰：「一城之命懸於公，願無輕出。」公曰：「大軍初至，其勢方鋭，吾不身先士卒，以挫其鋒，誰肯出力。」自是連日出戰，皆捷，獻執俘，士氣增倍，人人思奮。大軍見公鎧甲輒引去。

丙子，大軍乘鮑郎山運積薪草，將填河燒排栅。我軍自城上射之以火箭，燒其薪草，大軍計不得施。御史大夫以酒勞諸軍，命拘收官馬以助軍用。苦城外沮洳，往來艱阻，乃留徑山下填河接路，取禹王廟徑達亭山。總管焦德昭、萬户吴元亮以兵帥扎寨半港廟，斷其往來，所塞河道遂復開。過命行樞密院掾吏華凱、尹性以鹽換米二萬石以贍軍。公連日獲至俘囚，命鞫之，其果大軍殺人者方始加戮，其餘脇從並釋不問，仍給衣食。大軍勝諸暨之兵，不數日皆抵城下，而軍勢益張，城中人人自危。公連日擊退之，以示無復憂畏。每交戰，城上觀者雜於卒伍中，耳目既熟，皆恬然不復憂懼，市井作息無異平日。

戊寅，公與葉文舉、俞堯臣、陳(闕)〔修〕、劉明、劉宣、周巖、譚震訢於神前，約爲兄弟。

甲申，大軍將黄保元帥收掠錢清，掘拖姑堰六十餘丈。總管丘宗從公擊大軍常禧門外，中流矢於口，貫項而出。遣指揮張憲至浙江省與諸軍告糧。時驛道梗塞，由三江海船渡，一夕而至。先是海道使客未有行者，自是始通。

辛卯，時大軍之勢張，人心洶洶，鎮撫金三官奴以私受大軍暗號被罪，上下益相疑懼。大軍揚言城中民約我舉火爲内應。是夜三更，城東北上民有火炬，使卒通報，言：「民通大軍，約三日爲變。」公曰：「吾不負民，民豈負我耶。」總管焦德昭請以二皷擊四皷，休擊三皷，及使人察市巷居，皆安寢如常。至夜不復語。由是，大軍間不能入。浙江省元帥賈彪統民守錢清。大軍掘吴後小赭壩。大軍糧盡，大索民船，四出抄掠。財物、米穀、婦女、孳畜，所載不盡悉皆焚之，或棄水中。深山窮谷，無處不到，數十里之内蕩然一空。山陰張正蒙，字景思，貴池縣尹士元之子。妻韓氏，乃鄉先生韓性之女也。正蒙仕湖州德清縣務提領，瘞母南池廬側，大軍至，正蒙取先世神主埋之，盡竄入山谷。間暮歸，見神主棄擲，廬屋盡毁，恐被污辱，與妻共縊死。女池奴夜歸家，女不敢哭，解尸於地，自投崖下而死。次女越奴晝匿山中，夜歸守尸旁，尋亦餓死。大軍經歷趙姓者，池州人，舊知正蒙名，訪得其死狀，率衆瘞之。正蒙母亦被其發，趙復掩之。既而嘆曰：「今日我瘞他人，明日未知何人瘞我也。」嘆息而去。命元帥府經歷譚震、都事周巖督義兵築三江陡亹及各海塘。江浙丞相達實特穆爾遣參政徹色、樞密同僉沙(藍赤)〔爾〕，院判都哷相繼統兵來赴援，公於蕭山縣駐扎守禦。山陰南池郁景文妻徐氏、蔡彦謙妻楊氏同避難，俱被大軍執，驅迫以前。二婦度不能脱，乃共往大軍營，願首飾衣服而後從。大軍信，既還，皆投井而死。大軍發掘冢墓，自理宗慈獻夫人以下，至官庶墳墓無不發。金玉寶器捆載而去，其尸或斂之以水銀，面皆如生，被戮斬、污辱者尤甚。

三月癸巳，大軍分兵增寨，在西者移中堰、王家山、絹山、賴山，在東者移胡家奥、凌家山，益以逼城。帳前先鋒徐進自諸暨陷大軍中，其意怏怏，思不得歸。大軍千户王姓者，在揚州之日，常與進約爲兄弟，遂護送至城下。進邀與俱入見公，衆皆意其覘諜，疑之。公命萬户楊仕全待飲食，與縱觀上及諸倉庫。既畢，請歸去：「語汝將，我爲大元臣子，守鎮城池，毋以諸暨之失而易我。今我城壁堅固，兵食有餘，又何患焉。汝今若不早去，徒送死耳。」乃與銀碗一箇，官緞一疋，命仕全送出常禧門而去。御史大夫命元帥圖們岱爾以帳前軍二百人、弓箭手二十人，赴軍前聽調。山陰頊里徐允讓妻潘氏年二十六歲，嫁夫三日大軍至，殺其夫，見潘氏姿色，曳迫以前。潘氏曰：「我行不亂。且吾夫方死，不忍暴棄遺骸，願將焚化隨去，庶絶吾念。否則，有死而已。」大軍從其言，爲拆民屋積而焚之，烟焰方熾，潘氏臨哭之，遂投火而死。城民傭保之徒數百，交憤大軍爲患，致民庶失業，詣軍前自陳，請出城擊大軍，公不許。太尉張士誠遣元帥曹逞義、鍾九皋運嘉興米十萬石，黄家灣出海，以達三江。時迎恩門以東五瑞等六門皆受敵，惟昌安門無虞，使命往來，商旅出入，舟車糧餉，紛紜旁午，爲一城咽喉之地。萬户費復初守備得宜，察而不苛，萬民甚便之。

丁酉，大軍率衆攻常禧門。大軍之勢尤甚。始交鋒社壇前，我軍不利，元帥顧德興中箭傷足，總管錢保中箭傷臂。軍大進，據跨河橋，我軍退土壘，又退月城，大軍遂突而入。我軍遂披靡，相顧失色。城上觀者擾亂，奔潰城中。居民爲罷市，上下大懼。時公在戰船中叱諸將曰：「今日至此，尚畏死耶。」乃自上馬，執撓杈突入大軍陣，叱之少却。總管倪昶、尤金共翼公，爲先鋒刀牌手，分左右齊進；元帥張子武、萬户劉德興率甲士繼之，大軍奔潰，乘勝追北，至大軍寨而還。先是，城中禁鳴鐘，以聲疾徐知大軍緩急。然未嘗擊也。是日，民俱駭懼，或又擊鐘。公怒，命止之。戒後勿擊。仍禁民登城觀望。自後交戰，民皆不知。公每擊大軍，回至府中，即出金帛，賞諸軍，分輕重，俘獲多少，各與頒賞，莫不歡悦。大軍連日攻門，我軍分番出擊，多所俘獲。大軍皆預寫佔屋帖子藏身，欲俟攻破之日貼佔屋。會稽義兵仇萬户與姪近忠，團結鄉民，斬木爲鹿角寨，鑄石嶺内設强弩，衆民守之。大軍至，屢爲所傷。後大軍大攻之，遂破。近忠遇害，妻子皆被執。太尉遣元帥徐昺、徐忠堅統兵來赴援，江浙分省劉志堅於杭州領萬户姚世隆領兵來會，俱屯錢清。復以事亟，志堅復領部兵入城。

己亥，常禧門外，與大軍交鋒，御史大夫勉勵諸將，各加賞賜，又以繡緞增賞萬户劉得興。得興爲人勇悍，善能發矢，軍中號爲弩箭劉。是日，單騎迫大軍至(闕)〔寨〕。時農工已興，城外不能播植，公深爲之慮，乃令民於城内預布種秧。民連日守禦，公慮妨其業，乃俾上户五日，中户三日，下户二日，得便輪日相代，單丁老弱者免。

辛丑，大軍決蜀阜壩，又採槿木梗並木塞壩。義兵争之，不果而去。元帥張仕俊送糧三江口，爲海賊刼奪，江浙省檢〔校〕官韓惟仁領所部義兵殺散賊人，復送糧米入城。分省平章賞之，以惟仁陞浙東宣撫副史、僉都元帥府事。御史大夫以倉糧及庫藏金帛助用。

癸卯，大軍擁突至迎恩門，我軍對陣門外。道狹多水，大軍爲我所擠，陷入泥中，弓弩齊發，射傷甚衆。大軍將觀音努馳突我軍，千户朱子明逆擊之，觀音努陷於坑，萬户宋之傑擒之以還，乃胡大海義子。請以金銀馬匹來贖，不許。至夜，我軍逃歸者言：「大軍明日早攻城。」公命勇士分伏兵排栅内。

甲辰，大軍首將建大皁纛旗於亭山，號召各軍。我軍出拒戰，約有萬人。彼軍負薪積篠於城外，填河接路，東連延不絶，四面並進，運載竹梯鉤索至城下，鼓勇。彼軍恃勢馳突，未幾，猖獗特甚。各門將士嚴隊固守，千户馬俊等以先鋒持擊，壯士沿河而進，以火筒應時並發。大軍不能支，退而復合，矢石交馳，搏擊之聲自夜達旦。百户陸勝箭中其目，剜睛而出其鏃，公陞爲千户。

乙巳，黎明，自迎恩門至五瑞門，大軍陣皆布列。公命分門拒敵，躬自起督。初公在常禧門外，用雙刀入大軍陣内。大軍以鉤鉤公首鎧，公揮刀斷之。公下馬持撓杈奮擊，流矢亂射，公傷其指，總管馬飛、萬户江遇龍共追大軍，擁公而還。大軍將甯同僉督攻稽山門，我軍驍騎直前衝刺其馬，甯同僉下馬，幾爲我衆所擒。彼軍扶上馬馳遁(去)。千户李歹驢以戰船守塘路，被箭傷脅，入腹二寸。是夜，敵軍以鉤鎖攻各門排栅甚急，我軍疾馳擊之，至二更方止。是日，遣元帥張子武還平江。指揮張憲與萬户趙世隆引兵出哨白塔等處。憲在軍中不避艱險，性梗直，每委以巡警督令之事。

丁未，御史大夫率僚屬致祭城隍。

至正十九年夏五月，大軍攻燒福嚴殿，決官塘二十餘處。元帥徐昺自錢清引兵馳救，大衆遂於福嚴駐劄，議決抱姑堰。

戊申，掠會稽。至栅頭，執鄉民馮道一妻殺之，其弟馮道二妻年少，大軍謂曰：「從我則爲妻，不從我則死。」婦曰：「吾願殺不爲妻也。」大軍喝令正立，婦引頸受刀，首墜於地。我將蔡希仁於稽山門城上置砲架，(大軍)各門立砲架。

庚戌，萬户鄧思忠、義兵千户周君佑、陳志端、潘偉、丁吉甫、何元道、元帥徐昺等親率義夫三千人築抱姑堰。元帥徐昺躬督視，三日功成而畢，思忠、君佑以下賞勞有法。時久雨水溢，大軍每出戰不利，彼歸婺州者相繼於道。不知者往來於城外，伺其動静，其頭目軍校多有避者。公皆賞賜安慰之。命戰船自東門出者入西門，西門出者入東門，經日巡哨不絶。遇夜，遣人踰河筰排栅，察守者勤怠。次日賞罰。江浙行省以猪五十、羊五十、牛二十、酒十罌來勞軍士。

壬子，大軍率衆舉旗鳴鼓，分隊而出戰於郊。忽暴雨大至，委頓而還。大軍若求售，公戒民居儉食用。山、會二縣排坊、里正役繁賦重。公聞之責曰：「鄉民破殘其可催辦，且大軍之勢如此，民命朝不謀夕。爾輩還可爲兼取計耶。」悉命放罷。公見大軍之勢未退，恐城中食少，每勸民節用。謂食肉者喫菜，食飯者餟粥，又禁米不許出郭。貿易所得米輸於官，受以文券，至杭給還之。自是食貨阜通無滯。監軍器局萬户戴本忠、千户張世英以事得罪，命分省鎮撫所知事代之。

甲寅，復決抱姑堰。元帥徐昺率民再築。與元帥賈彪拒戰，傷其臂。彼將胡大海幾獲之，得河船二百隻。時城外多水，大軍不利，吴俊、小赭、蜀阜諸壩破決，遂即築之。抱姑堰當江湖衝嚙，易決而易塞，至是，堰旁扎寨聚民，水陸夾守。西門守帥葉成往來巡哨尤謹。由是，自堰以東，大軍不敢至。

丙辰，大軍攻半港水寨，我軍並出當敵。萬户申智欲以騎兵旁出要衝拒戰。良久，大軍潰去。百户景旺被箭鏃入股骨，鑿而出之。太尉出金帛賞功，院判穆爾古蘓等官有差。復以米萬石濟城中貧民。我軍燒家庵寨，大軍復再至。

戊午，元帥劉宣數請擊大軍，公不許。是日，稽山門大軍請戰復稟公，許之。部下將施巴延素驍勇，督其衆以戰。時大軍已設伏於春波橋下，大軍交鋒佯敗，巴延追之。大軍分兩翼當前，伏兵四起，巴延下馬步鬬，手殺數人，力不能支，遂陷被擒。

己未，大軍已得巴延，頗驕矜，麾衆復直至三橋，將窺城。我軍列陣於橋南，兵刃接而復分。百户商華以刀牌突陣奮擊，殺一人，大軍奪其尸舁去。公坐城樓上見而壯之，賞錢五十緡，元帥劉宣賞緞一疋。時造軍器數多，木炭殆盡，公命伐木於城中燒造，又起竈燒石灰，皆督吏尹彦良掌之。山陰義兵千户周君佐屢獲大軍人馬，以功陞萬户，復署爲常州吏。大軍爲書射入城中，諷公以保富貴，公笑而焚之。

至正十九年四月癸亥，總管焦德昭於稷山置水陸寨以遏大軍衝突。招撫居民，前後燒燬大軍倉塘等大寨。大軍於城東江岸放決杜浦、小金、蟶浦諸壩，義兵隨築之。

丙寅，出諸寨兵沿河岸而陣，漸迫越城。公坐戰船中，輒謾罵，飛矢雨注。衆多怒，欲擊之。公方食，令諸軍曰：「不俟命而輕進者，斬。」大軍以我軍怯，少懈。公乃捨舟乘馬，執撓杈衝前陣。總管岳宗、陸源從公後。大軍將撓杈中公，公格去，以所執撓杈刺其馬胸，盡刃馬倒，彼將墮馬，幾被公獲。大軍披靡。南臺通事不善騎射，以大夫率衆而出，集賽岱阿珠中箭貫目而死。

己巳，大軍將晨遣水軍數人至常禧門外潛伏官河中，以稻草覆身，分布兵翼而進之。公立馬跨湖橋上，望見水浮草云：「下敢有伏兵乎。」命遊騎搜之，果得水軍。於是邀擊，俘獲殆盡。大軍又攻稽山門，逾春波橋，大軍將蔡元帥鎧甲坐胡牀指揮其衆。我軍以火筒射而仆之，大軍徑舁之還寨。先是大軍所恃者騎兵，每出皆爲先鋒。我軍多掘坑坎、布竹簽、鐵菱，又置竹牌泥中。彼馬顛仆皆爲我軍所獲。自是，騎兵少出矣。丞相以至元鈔三十貫、錠銀碗五十官、緞五十束勞軍士。鄉民陷大軍寨者，多逃歸，公命撫安之。郡人王冕字元章，負氣偃蹇居九里山中。大兵至，民皆避兵入城，冕獨不入。大軍執而欲殺之，自言善能韜略，兵書，得不死。大軍將謝僉等資之偕行，至婺州，領見太祖高皇帝於軍門，請定官額陳設，攻取方略。上大悦，即命授以重任。命軍前督衆攻取紹興，復治攻城器具，又定決水之策。畫圖本以示諸將。

辛未，常禧門外大戰，大軍首將王隆科臨陣，萬户楊仕全策馬迎之，刺傷隆科。隆科乃大軍中勇將。是日，幾被獲。大軍欲往昌安門絶我糧道，乃用王冕計，自遶門山潛逾官河，至右堰，結寨太常山石佛寺，一旦而成。公命元帥包玉、總管倪昶急攻之。火筒、砲石之聲晝夜不絶。

壬辰，總管焦德昭自曹娥引兵至右堰，與昶軍會。德昭謂衆曰：「彼寨兩日不破，方且得志。不虞我來，宜示以不戰。伺其懈而擊之。」乃分調萬户張英守彼寨北門，千户梁得成、徐旺守南門，德昭、昶同，萬户倪元亮、申智同、展興、蔡旺守東門，待巨螺吹動，三路齊進，大軍見我軍解甲休息，果不爲意。萬户陳傑首出哨，獲三人。兵勢四合，自辰至午，大軍出戰數不利。張英率衆先進，仆其排柵，獲大軍元帥及所乘馬，諸兵鼓譟而入。義兵千户何元道、邵文斅以鄉民赴之廬舍焚之。大軍弃糧奔陵家山寨。擒獲者四人，殺傷及溺水者甚衆。元帥包玉、萬户徐鎮引兵要其歸路，獲馬七匹。大軍寨既破，公令郡長率民拆其排柵，凡十餘里。

乙亥，至常禧門挑戰，數合，至晚解散。公與倪昶等潛攝其後，至中堰胡大海寨内，軍校大呼而前。大軍惶怖不知所爲，且進且却，士卒有踰垣而赴水死者。我軍從而擊之，獲大將二人，先鋒三人，馬二匹，而萬户何清中流矢傷目。大軍自右堰之敗，人馬散亡甚衆。頗咎王冕，由此疎之。大軍督燒五瑞門，夜則歸陵家山營。

戊寅，大軍將張彪自諸暨引兵攻蕭山，守者不能禦，大軍焚燎，烟焰障天。潰卒逃民，渡江者如蟻。

庚申，分省發兵救蕭山。公遣人會合，三江守禦元帥韓惟仁領義兵亦至。大軍懼，又守北幹山上望見洋商海船三百餘艘集江上，大軍疑我軍至，遂收掠財物孳畜而去。公命惟仁招復居民，整治官府。萬户吕誠守漁浦，團結義兵勇卒，備禦甚急，民始安業。大軍於植利門外，填河接路，首將胡大有率衆射之。大軍回射，大有中頤。千户吴誠急趨上前，以鎗刺之，而斃大軍。公壯之，陞爲萬户。城外霖雨不止，水潦泛溢於大軍寨下，時溽暑鬱蒸，疫癘大作，大軍首將祈禱南鎮不應，乃毁其像，仆碑石。元帥劉宣日日巡警城中，體察奸細。

壬午，我軍擊大軍禹廟下。會稽義兵千户邵文斅守護鄉井，臺省擢爲崑山州判官。大軍既失右堰，欲窺昌安門，及於官塘抵西施，山連板屋百餘間，欲扎營山下。義兵燒之，不果而去。水軍鎮撫張文中與兄彦初潛通大軍爲内應，事覺伏誅。

戊子，大軍至稽山門交戰。東郭門守帥劉顯引兵接應，被箭貫右足脛。分省右丞謝寶璽自餘姚遣使軍前，請率萬人入城應援。總管焦德昭於曹娥迎護渡江。公遣掾吏龔瑾以糧二千石，官緞百疋勞軍，命海舟送至杭州。

至正十九年癸巳，嚴州建德縣典吏子福兒陷在大軍營，使飼馬，至是以胡大海所乘馬來歸。

丙申，大軍過東郭門。公坐戰船守，命左右射之，斃其馬，大軍引退。公復至稽山門督戰。公每擒獲大軍，多不殺，釋之放還，戒曰：「謹毋再來。再來將不利汝。」後有再來亦釋之。有三五次者，其人投械拜伏。蓋公在陣日久，知敵情態矣，人感公威德，皆畏焉。以白金二百兩賞勞四隅義兵。

戊戌，大軍攻常禧門。我軍相持久之，遣先鋒接戰，勝負未決。萬户楊春、戴珍等以鐵騎衝之，大軍奔潰，多溺水死。獲元帥戈宗傑及馬二匹而還。公嘆曰：「可惜楊長不在，若在可得十馬。」萬户杜全是時病瘡未愈，遣掾吏龔瑾、元帥府吏譚零至太尉議軍事。太尉以瑾爲本院都事。分臺官闞流之在婺州也，韓瑠、楊迪從焉。瑠爲掾吏，迪爲諮議，其妻子皆在紹興。瑠、迪潛附書與親友王友文等，囑攻城將士來送妻子至婺州。書爲邏卒所獲，官執友文等，公曰：「韓瑠、楊迪不過爲妻子計耳。非有他事。誰無親戚，此有何罪。」公命焚而釋之。大軍復窺昌安門。自西施山築路至羅山庄〔庄〕距門幾及一里。萬户費復初引兵擊之，大軍乃退。

癸卯，大軍祭旗，意舉火攻城。

甲申，大軍編竹爲捲笆，闌笆内施木（拒）〔櫃〕，推挽而至，欲用填河渡軍，及爲竹牌、板屋、軟梯、轒轤等具運載，悉赴城下，分門攻城甚急，(守)〔敵〕將胡僉院、甯同僉等攻西門，指揮楊景、元帥黃保攻常禧門，謝院判、何同僉攻稽山門，朱保同僉、(書)〔曹〕總管等攻五瑞門，四合並進。我軍未及布陣，大軍諸將已擁入土壘，挨牌節次而進。月城之下少却，總管倪昶以甲士迎敵，奮擊斬其挨牌八人。左右二門，我軍並出掎角兵勢，大軍步、騎相蹂躪，多墜濠塹中，復爲拒戰。我軍驍騎呂天保馳突衝大軍陣，馬蹶被獲。公與總管焦德昭麾衆並進，各門守將率衆併力相拒。矢石齊發，喊聲動地，大軍之勢稍斂。是夜，大軍以板屋、竹牌聯比布列，架木爲柵庇身，柵上去越月城不數尺。公戒城上民安卧無喧譁，大軍詬罵至三更不已。我軍以火箭燒其竹牌板屋，大軍擾亂徹夜。

(巳)〔己〕巳天將曙，大軍列陣於城外，飛矢如雨。又以火筒、火箭、鐵彈丸射入城中，其鋒疾不可當。我軍死戰，萬户丁興祖率麾下當三橋，兩中飛矢，拒守不退。居民連日作粥糜，賫酒，分門飲食。我軍將士亦奮力，擒獲彼帥及人馬。是日大軍攻擊西門甚急，公身先士卒，繼其後巡視諸門，一日往返四十餘次。

丙午，大軍勢益熾，皆致死將登城。御史大夫慶童率官寮禱城隍祠及武安王廟。我軍悉出土壘布陣接戰，矢石交馳，分合數次，互相勝負。至午後，暴風忽起，飛石揚沙，塵埃蔽面，人馬不能正立。大軍將旗俱折，器械鋪舍，縱横散亂，白晝晦冥。我軍乘勢擊之，接刃於風塵間，人馬不相見。大軍以四舟編聯而行，上積枯薪，乘風縱火，直趨城門，步卒繼之。公命海軍於河北岸鈎致其舟，助以火箭，頃刻焚而盡。甲士沿河鏖戰以拒大軍。我軍皆列河北，風勢轉急，一舟飄回，千户郎成及戰士九人皆陷大軍中。公怒，遣總管焦德昭、倪昶等共逐大軍。過虹橋南，悉燒其捲笆、竹牌，攻城之具盡被我軍所得，有載草船十餘艘。常禧、稽山、五瑞諸門大軍驚亂逃遁，聞風木之聲皆疑人馬，以是奔走蹂躪，死傷甚衆，獲元帥二人。

丁未，收拾其衆復來逼城。我軍敗之。自是兩日交戰，軍士衣不解甲。排柵及城堞上流矢皆滿，城外望見城中常有紫雲覆護。

戊午，大軍復至，苦戰不退。我軍擒獲張元帥及士卒人馬，凱噪而還。大軍人馬連夜不得休息，屢合屢敗，攻城器械悉被燒毁，又殺傷死亡，勢已窮迫，欲引去又恐我軍襲其後，陰遣老弱疾病者先歸。

己酉，大軍首將胡僉都等自燒其營，先遁，指揮楊景、何同僉望見火熾，同僉朱保攻五瑞門，遁。大軍各離心，號令出於不一，或前者已去，後者不知，或烹而未炊，或炊而未食，資裝器械，委頓原野。於是相怨相詈，操戈相刃，紛争而去。公督軍校分兵馳戮，乘勝逐北。大軍步卒先行，騎兵後殿。總管倪昶、錢保等追彼騎將及之，騎回顧曰：「汝不知兵也耶，趕人不可趕上。」倪昶曰：「休走，好男子。」騎曰：「今日好男子被吕家趕散，汝毋追我。」昶等不追，遂還。大軍又至，爲鄉民要殺，不敢近。金帛輜重悉皆奪之。公坐城上，見居民出觀大軍寨曰：「民患大軍攻城三月餘矣。」公命民悉取大軍營内財物，所掠民間婦女紛紜田野，公命入城中，聚大善寺，給以衣食，聽還完聚。又遣官屬詣各村招諭避兵人民，復業耕種，掩瘞尸骸之暴露者。

至正十九年己酉，御史大夫慶童巡城賞勞各門將士。先是城中牛畜抄掠，入市屠賣者多，命禁止。軍士有獲大軍營内牛者，官給米易之，令人收畜。至是，(多)〔分〕給鄉民耕種。陞總管焦德昭爲將軍，萬户秦希仁、劉得興、丁興祖爲元帥，以下將校論功陞賞有差。常州縣主簿蔣志道有才幹，往來浙西提督運糧，又於杭州置備軍器、火藥，供給無失，至是辟爲掾吏。初公命掾吏葛榮總管諸暨，大軍奄至，衆力屈不能敵，請休兵，榮不可。軍潰被執，送婺州。大軍屢欲殺，衆將止之，送至績溪。榮脱縶，冒險來歸。公俾爲掾吏如初。命簿尉司增城高五尺，浚濠河，增門十丈。城北高窩舍，置木凳，以耆宿韓昕南督之。民岳宗、唐元壽等建公生祠於卧龍山之西麓。公諱珍，字國寶，安豐人，係出故宋保相之後。爲人倜儻有大志，偉貌多才，沉毅英斷，臨敵應變，從容不驚。量事任人各當其才，賞賚士卒，無所靳惜，招懷降附，待以不疑，故人樂爲之用。將帥軍士或有異志，輙先覺而後處之無踪，尤人所難也。城守之日，陷陣摧敵，身先士卒，前後斬俘虜獲數千餘人，節次歸附數百人，萬户馬顯祖等數人，生擒元帥戈宗傑、張元帥、謝元帥等五十餘人，馬三十四，散軍頭目奚啻數百人。大軍退之日，論功推勞，皆歸於下。及報命太尉，首以諸暨喪師，請降咎(巳)〔己〕職。太尉不許，公曰：「紹興城池堅固，民心易附，於保全不足爲功。自諸暨失守，故大軍得至城下。今若不明責珍罪，大軍必謂太尉幸紹興之僅存，而置暨於不問矣。非所以明綱紀，正王法，故珍願就貶降，以示不忘諸暨，且使將士知珍之罪。」固請不已，太尉從之。自是但僉院置職，未幾，御史大夫以功狀上經略使，陞同知院事。及公拜命，進退動止，一遵禮法，不以禄位留意。初至越未幾，人民有以牛酒請勞軍士者，公不受曰：「院判邁公惠於此邦，爾民賴之。今我之來，既不能善政以撫，亦無德及於民，不可。」却之。公以全城自任，其立心已見於此，況夫紀律之嚴，調度之密，恩威並用，賞罰有章，故能内輯羣情，外攘强敵，卒以成其功云。

# 備論

**姚燧《牧庵集》卷七**　五帝三王以降，能一天下者，秦、漢、晉、隋、唐與宋六家，其疆理惟唐爲大。但與元代相比，則難以同日而語。今世祖天戈所加，正朔所頒，南極於闍婆，東至於倭奴，西被於日入之西滋，而北盡於人跡所不可踐者。

**歐陽玄《圭齋文集》卷九《文正許先生神道碑》**　故中統、至元之治，上有不世出之君，能表章其臣，繼述往聖之志，下有不世出之臣，能贊襄其君，憲章往聖之心。於是我元之宏規，有非三代以下有國家者之可及矣。

**許有壬《至正集》卷三五《大元大一統志序》**　春秋所以大一統者，六合同風，九州共貫也。然三代而下，統之一者可考焉。漢拓地雖遠而攻取有正譎，叛服有通塞，況師異道人異論，百家殊方，指意不同，亡以持一統議者病之。唐腹心地爲異域而不能一者，動數十年。若夫宋之畫於白溝，金之局於中土，又無以議爲也。我元四極之遠，載籍之所未聞。振古之所未屬者，莫不涣其群而混於一。則是古之一統，皆名浮於實，而我則實協於名矣。

**陳旅《元文類》卷首**　元氣流行乎宇宙之間，其精華之在人有不能不著者，發而爲文章焉。然則文章者，固元氣之爲也。徒審前人製作之工拙，而不知其出於天地氣運之盛衰，豈知言者哉。蓋嘗考之，三代以降，惟漢、唐、宋之文爲特盛。就其世而論之，其特盛者又何其不能多也，千數百年之久。

天地氣運難盛而易衰乃若此。斯人之榮悴概可知矣。先民有言，三光五嶽之氣分，大音不完，必混一而後大振。美哉乎其言之也。昔者南北斷裂之餘，非無能言之人馳騁於一時，顧往往囿於是氣之衰，其言荒粗萎冗，無足起發人意。其中有若不爲是氣所囿者，則振古之豪傑，非可以世論也。我國家奄有六合，自古稱混一者，未有如今日之無所不一。則天地氣運之盛，無有盛於今日者矣。建國以來，列聖繼作，以忠厚之澤，涵育萬物。鴻生老出於其間，作爲文章，龐蔚光壯。前世陋靡之風，於是乎盡變矣。孰謂斯文之興，不有關於天地國家者乎。

**權衡《庚申外史》卷下**　野史斷曰：嗟夫，平定江淮，大事也，而帝付之擴廓，擴廓受之，于庚申帝何其易哉。且以世祖平江南言之，世祖欲伐江南，議論數年，或以爲可伐，或以爲不可伐，而劉太保秉忠曰：「未有其人。」其後伯顔自西域奉使來，太保見之喜而告帝曰：「伐江南有其人矣。」召之使前，世祖亦喜曰：「汝豈諸侯王臣耶，其留事朕。」自伯顔受命出師，世祖日夕憂懼，或日中不食，或中夜起坐。夫以世祖爲之君，伯顔爲之臣，兢兢業業尚不敢必其有成功也。觀庚申帝漫爾而命擴廓，擴廓亦漫爾而受之，其根本已非矣。而又庚申帝宣淫于上，擴廓肆愚于下，上淫而下愚，上虐而下暗，處則昧經國之大計，出則失兵家之神機，及大兵一動，君臣俱及其禍，豈不宜哉。

帝在位三十六年，當元統、至元間，帝受制權臣，相繼或死或誅，帝恐懼之心弛，而寬平之心生，故至正改元之後，復興科舉，行太廟，時享賜高年之帛，蠲免天下民租，選儒臣歐陽元等講《五經》《四書》，譯《貞觀政要》，出厚載門耕藉田，禮服祀南郊，立常平倉，因水旱、盜賊下詔罪己，盡蠲被災者田租，又命使宣撫十道，凡此，皆寬平之心所爲者也。惜乎元朝之法，取士用人惟論根脚，其餘圖大政爲相者，皆根脚人也。居糾彈之首者又根脚人也，莅百司之長者亦根脚人也，而凡負大器抱大才蘊道藝者俱不得與其政事。所謂根脚人者徒能生長富貴，臠羶擁毳，素無學問，内無侍從臺閣之賢，外無論思獻納之彦，是以四海之廣，天下之大，萬民之衆，皆相率而聽。夫臠羶擁毳、飽食煖衣、腥羶之徒，使之坐廊廟、據樞軸，以進天下無藉之徒。嗚呼，是安得而不敗哉，故庚申帝寬平之心因是益進矣。是故《易·大傳》有曰：「危者安其位者也，亡者保其存者也，亂者有其治者也。」是故君子安而不忘危，存而不忘亡，治而不忘亂，是以身安而國家可保也。向使庚申帝持其心常如至正之初，則終保天下，何至于遠遁而爲亡虜哉。

庚申帝幼時嘗貶居廣西静江府，寓大圓寺。其未至寺時，朝廷命刑部侍郎哈剌八失館伴南行，舟泊劉家山下，忽有三猢猻拜于岸上，手中若有所獻，帝命妳公受之，則山東果也。舟人皆異之，帝因呼上船，則俯拜如初，帝問之曰：「汝更有伴侣乎。」猢猻手指岸上，帝因使舟人隨其後視之，行三四里，至一洞，羣猢猻多至百數，皆相招呼以行，至船側皆俯伏再拜。帝大喜，命舟人以舟皆載之以行，至所寓寺中，則告之以其故。其長老號秋江者，心獨異之，放之寺後山上。帝又命寺中曰：「羣猢猻當餐我飯，汝不可以飢之。」曰：「爲我設兩餐」，自後，每飯聞雲板響，羣猢猻皆累累然攜負幼小而來，故土人號爲猢猻寺。其後寺遂以此爲名，後帝即捨與本寺常住，租五千供之，帝居寺時，長老秋江亦嘗教之讀書，《論語》、《孝經》，日寫字兩張，及召回京師，收書册紙筆藏小皮匣中，手自開閉，用馬駝之前行。頭髮嘗生蟣蝨，使民媪捕之，告媪曰：「是雖血食于我，我不忍殺之，不如以紙裹之懸于屋簷下，冷殺可也。」然亦時薄劣，常鑽地穴，溺其中和成泥，又嘗領羣兒二三十餘竿紙爲旂插城上，又好養八角禽而調習之，或飛泊池枯木枝上，即不顧靴下水捕之，嘗爲長老秋江所禁止。秋江又教之曰：「太子乃國家金枝玉葉，不比凡民，見大官人來切不可妄發言，亦不可不自重。」由是，司官府官來輒坐長老法座上，正身危坐，一無所言。司官府官出即下座嬉戲如初，蓋其性度如此，一時勉强，素非涵養有之。哈剌八失當受密旨，有侵害帝意，及見羣猢猻之畏伏狀，以爲終有天命，始不敢有逆心。後羣猢猻自帝北還，復移其類返故山。有老猢猻三十六枚盡日哀號江岸，逾數日皆擲死，識者以爲帝在位三十六年之驗也。

予聞之友人暢申之曰：「帝不嗜酒，善畫，又善觀天象，當沙閔之陷上都也，已而東行，左右勸帝出避之，帝知天象無傷，大言曰：「毋多言，有福者任其自來，吾何避之有。」及大軍南來，帝復觀天象，左右勸帝守京師以待援，帝摇首不從，即日遁去。始雖留意故事，終無卓越之志，自溺于倚納大喜樂事，耽嗜酒色，盡變前所爲，又好聽讒佞，輕殺大臣，致使帝舅之尊、帝弟之親，男女雜揉，何殊聚麀。其後祁后諫己，强其子使學佛法。文公有云：「中國一變爲夷狄，夷狄一變爲禽獸。」堂堂人主爲禽獸行，人紀滅亡天下失矣。或曰，庚申帝以昏愚而失天下，非也，庚申帝豈昏愚者哉。觀其欲殺是人也，未嘗不假手于人，外爲不得已之狀，內實行其欲殺之志，其問甲則曰乙與汝甚不許也，問乙則曰甲與汝甚不許也，及甲之力足以去乙，則謂甲曰：乙嘗欲圖汝，汝何不去之也。乙之力足以去甲，則亦如是焉。故其大臣死則曰「此權臣殺我也」，小民死則曰「此割據弄兵殺我也」，人雖至于死，未嘗有歸怨之者，豈昏愚者所能爲之哉。

或又曰庚申帝以優柔不斷失天下，亦非也。庚申帝豈優柔不斷者哉。自至正改元以來，凡權臣赫赫跋扈有重名者，皆死于其手。前後至殺一品大官者凡五百餘人，皆出指顧之間，而未嘗有悔殺之意，此豈優柔不斷者所能哉。然則竟以何者而失天下，曰：「由其陰毒故也。」且自古有天下之君，莅九五之位，惟秉陽剛之德，總攬陽剛之權者爲能居之，若操陰毒之性者適足亡天下耳。故《大易》稱聖人之德也必曰「聰明睿知」、「神武不殺」而後已。夫外有聰明之聞見，內有睿知之機運，外有神武之雄略，內有不殺之神慈，外聰明而內睿知，外神武而內不殺，然後爲聖人之全德，而可以居九五之大位。彼庚申帝者何足以語此，而其爲虜亡也不亦宜乎。嗚乎，殺之爲言豈爲人上之心哉，殺一惡人而能使天下之爲惡者懼，使天下之爲善者喜，如此而後殺之，是天下殺之也。殺一善人而能使天下爲惡者喜，使天下之爲善者懼，則爲人上者寧不殺可也。古之聖人不殺者，其此之謂夫。

**劉基《誠意伯文集》卷二**　今我國家之興，土宇之大，上軼漢唐，與宋而盡有元之幅員，夫何高文宏辭，未之多見，良由混一之未遠也。

**戴良《九靈山房集》卷二九《皇元風雅序》**　然而氣運有升降，人物有盛衰，是詩之變化，亦每與之相爲於無窮。漢之詩歌與樂府，因去古未遠，尚是風雅遺音，魏晉而降，三光五嶽之氣分，而浮靡卑弱之辭，遂不能以復古。唐一函夏，文運重興，而李杜出焉聚奎啟宋，歐、蘇、王、黃之徒，亦皆視唐爲無愧。他主要就詩歌論，在他看來，氣運盛時詩歌便能得風雅正聲。宋詩主於議論，去風雅遠。恢復風雅正聲的歷史使命自然得由海宇混一的元人來承當。

然能得夫風雅之正聲，以一掃宋人之積弊，其惟我朝乎，我朝輿地之廣，曠古所未有。學士大夫乘其雄渾之氣以爲詩者，固未易一二數。然自姚、盧、劉、趙諸先達以來，若範公德機、虞公伯生、揭公曼碩、楊公仲宏，以及馬公伯庸、薩公天錫、餘公廷心，皆其卓卓然者也。至於岩穴之隱人江湖之羈客，殆又不可以數計。蓋方是時，祖宗以深仁厚德涵養天下垂五六十年之久，而戴白之老垂髫之童相與歡呼鼓舞於閭巷間，熙熙然有非漢唐宋之所可及。故一時作者悉皆餐淳茹和，以鳴太平之盛治。其格調固擬諸漢唐理趣，固資諸宋氏。至於陳政之大施教之遠，則能優入乎周德之未衰。蓋至是而本朝之盛極矣。繼此而後以詩名世者猶累累焉。語其爲體固有山林、館閣之不同，然皆本之性情之正，基之德澤之深，流風遺俗班班而在。劉禹錫謂八音與政通文章與時高下，豈不信然歟

**陶宗儀《南村輟耕錄》卷二一**　方今幅員之廣，户口之夥，貢税之富，當倍秦漢而參隋唐也

**王禕《元史紀事本末·三帝之立》**　武宗以兄弟相及，約繼世子孫迭居大位。而仁宗惑於檢言，不守宿諾，傳位英宗，仍使武宗二子明宗、文宗出居於外。及英宗遇弑，而明宗在北，文宗在南。晉邸乘間入繼大統。或謂晉邸非所宜立。雖然，晉王於世祖，孫也，於次爲長，雖守藩服，嘗有盟書，今而國統之弗繼，則求所當立者，舍晉王之系，將誰屬耶。然則謂晉邸非所宜立者亦過也。舊傳英宗

之弒，晉邸與聞乎，故其歿，不舉請謚升祔之典，明其爲賊也。然考之《實録》，皆不得其實，傳聞之謬，烏可信哉。

**葉子奇《草木子》** 元朝自世祖混一之後，天下治平者六、七十年，輕刑薄賦，兵革罕用，生者有養，死者有葬，行旅萬裡，宿泊如家，誠所謂盛也矣。【略】七八十年之中，老稚不曾睹斬戮，及見一死人頭，輒相驚駭。可謂勝殘去殺，黎元在海涵春育之中矣！

**《明實録·奉天討元北伐檄文》** 自古帝王臨禦天下，皆中國居內以制夷狄，夷狄居外以奉中國，未聞以夷狄居中國而制天下也。自宋祚傾移，元以北夷入主中國，四海以內，罔不臣服，此豈人力，實乃天授。彼時君明臣良，足以綱維天下，然達人志士，尚有冠履倒置之歎。自是以後，元之臣子，不遵祖訓，廢壞綱常，有如大德廢長立幼，泰定以臣弒君，天曆以弟鴆兄，至於弟收兄妻，子征父妾，上下相習，恬不爲怪，其於父子君臣夫婦長幼之倫，瀆亂甚矣。夫人君者斯民之宗主，朝廷者天下之根本，禮儀者禦世之大防，其所爲如彼，豈可爲訓於天下後世哉！

及其後嗣沉荒，失君臣之道，又加以宰相專權，憲臺抱怨，有司毒虐，於是人心離叛，天下兵起，使我中國之民，死者肝腦塗地，生者骨肉不相保，雖因人事所致，實乃天厭其德而棄之之時也。古云「胡虜無百年之運」，驗之今日，信乎不謬。

當此之時，天運迴圈，中原氣盛，億兆之中，當降生聖人，驅除胡虜，恢復中華，立綱陳紀，救濟斯民。今一紀於茲，未聞有治世安民者，徒使爾等戰戰兢兢，處於朝秦暮楚之地，誠可矜閔。

方今河、洛、關、陝，雖有數雄：忘中國祖宗之姓，反就胡虜禽獸之名，以爲美稱，假元號以濟私，恃有衆以要君，憑陵跋扈，遥制朝權，此河洛之徒也；或衆少力微，阻兵據險，賄誘名爵，志在養力，以俟釁隙，此關陝之人也。二者其始皆以捕妖人爲名，乃得兵權。及妖人已滅，兵權已得，志驕氣盈，無複尊主庇民之意，互相吞噬，反爲生民之巨害，皆非華夏之主也。

予本淮右布衣，因天下大亂，爲衆所推，率師渡江，居金陵形式之地，得長江天塹之險，今十有三年。西抵巴蜀，東連滄海，南控閩越，湖、湘、漢、丐，兩淮、徐、邳，皆入版圖，奄及南方，盡爲我有。民稍安，食稍足，兵稍精，控弦執矢，目視我中原之民，久無所主，深用疚心。予恭承天命，罔敢自安，方欲遣兵北逐胡虜，拯生民於塗炭，複漢官之威儀。慮民人未知，反爲我仇，絜家北走，陷溺猶深，故先逾告：兵至，民人勿避。予號令嚴肅，無秋毫之犯，歸我者永安於中華，背我者自竄於塞外。蓋我中國之民，天必命我中國之人以安之，夷狄何得而治哉！予恐中土久汙膻腥，生民擾擾，故率群雄奮力廓清，志在逐胡虜，除暴亂，使民皆得其所，雪中國之恥，爾民等其體之。如蒙古、色目，雖非華夏族類，然同生天地之間，有能知禮義，願爲臣民者，與中夏之人撫養無異。故茲告諭，想宜知悉。

**張鳴善《青樓集序》** 我聖元世皇禦極，肇興龍朔，混一文軌，樂典章，煥乎唐堯，若名臣方躅，具載信史。

**賈仲明《録鬼簿續編》** 元貞、大德乾元象，宏文開，寰世廣【略】唐虞之世慶元貞【略】元貞大德秀華夷，至大皇慶錦社稷，延佑至治承平世。養人才編傳奇，一時氣候雲集！

**方孝孺《遜志齋集》卷二** 在宋之時，見胡服，聞胡語者猶以爲怪，【略】至於元，百年之間，四海之內，起居、飲食、聲音、器用，皆化而同之。

**胡粹中《元史續編》卷一** 評曰：世傑等出奔之謀，與陳宜中遷都之請，蓋懲靖康固守京城之失，而覬建紹中興之福也。然元氏自太祖以來立國已七十載，盡有中原之地，涵養生育，其得民也久。視金人拔興之暴，突入之驟，氣勢固不侔矣。宋人偷安江左，亦一百五十餘年，文恬武嬉，秦、韓、史、賈相繼柄國，君若贅旒，蓋天命已去，人心已離，其視高宗南渡，國威、士氣、人才、兵力又萬萬不同。此宋之所以終於覆亡也歟。又況宜中之忠不及世傑，世傑之忠不及天祥。觀清澳之逃、占城之往，豈爲社稷死者邪，特不欲苟去耳。厓山一字陣奉宋主居其間爲死計，顧乃斷維奪港而去，不與其君同溺，則是未能決性命於義利之間。而姑爲求趙氏之嗣，以自逭於一朝夕也。既葬楊太后，又將之安南，夫君死將安之，蕞爾安南豈足以興復宋室哉，世傑於是乎昧所審決矣。瓣香之祝大風覆舟，天所以曲全世傑之忠也。

評曰：苗再成之謀幾可以存宋矣。而李庭芝獨疑文天祥，致事終不成，雖出於天意，亦由天祥在當時志行未著，譽望未隆，不足以取信於庭芝故耳。唐河北二十四郡俱陷，顏真卿起兵討賊，玄宗聞之曰：「朕不識真卿何狀。」嗚呼，此忠臣志士每顯於板蕩之日，而平居無事不能自致其用也。向使天祥、庭芝素相孚信，同心叶力，如再成所計，雖未能以致其大師，亦可以成和議。而寡婦孤兒不至於一鼓而北行也。失此機會，使京都破陷，帝后北遷，而再成謀奪駕，庭芝邀兩宮，噫，亦晚矣。

評曰：巴延可謂賢矣。率長勝之兵入屢敗之國，而能馴殺伐之性爲仁義之師。市不易肆，民不知擾，雖曹彬何以過是。夫曹彬以中國之人，服中國，而巴延以敵國之人勝中國，彬爲其易，而巴延爲其難。巴延於是乎可謂賢矣。至其辭宋主以不見，又可謂知禮者也。

評曰：興王之君必有興王之佐，文王之興也，有太姒以成二南之化。武王之盛也，有邑姜以輔九人之治。蓋皆得内助焉。蒙古氏起自朔漠，而世祖含弘寬大，有包括海宇之量，皇后鴻吉哩氏仁厚恭儉，實資之以爲助。觀其受宋主之朝而不樂，睹寶玉之俘而不取，拳拳焉監彼之所以亡，而慮它日子孫之或失，其識見所及，雖知道之君子不是過也。嗚呼，兹其所以勃焉而興也歟。

評曰：自唐有三省，中書爲政本，門下主封駁，至尚書省而施行焉。是爲南牙，皆宰相所居以出政令之所，歷代因之，今江淮有省，則是以宰相行藩鎮之事矣。宰相而行藩鎮之事，則是内外政權皆歸之矣。且天子，元首也；宰相，股肱也。都省置左右相，而十二行省復置十二丞相，何股肱如是之多也。使一人之身，而股肱以十數，則將何所從令乎。元之政權不歸於上，而終以覆亡者，蓋權輿於此矣。

評曰：人君奉天時，修人紀，爲治之先務也。唐虞之世，首命羲和曆象日月星辰，敬授人時，然後使契爲司徒，敬敷五教。蓋帝王之治莫有先於此者。元世祖雖起自朔漠，而取江南之歲，即命更定新曆，立提舉、學校，所其爲治，可謂知所本矣。王業之興宜哉。

評曰：世祖混一海宇，當利民阜物，而首除僧租税，禁擾寺宇，致嘉木楊喇勒智貪淫暴虐，江南被害，豈不爲新政之累哉。姚樞、許衡、竇默皆不聞有所陳説，以格其非，心是可歎也。嗚呼，佛本西域一法，國俗使然，彼漢明、梁武，以中國之君且篤信而深敬之，於元氏何足怪哉。

評曰：古人有言「偏聽生姦，獨斷成亂」，故聽斷者人主之大用也。兩川行院不協，受降争功，而東川奏誣王立，世祖過聽而命殺之。及安西王具陳本末，始讓樞臣以人命至重，叱出待罪而已。其始也聽之失於偏，其終也斷之失於明，其爲盛德累多矣。夫罔奏有造言之刑，誣告有抵罪之律，能舉而行之，則惡人有所懲，善人有所恃。今以立不死而慢不加誣罔之罪，假令因是不察而誤用刑焉，其失豈不大哉。世祖於此含弘雖有餘，而明斷亦不足矣。貽厥孫謀，終以聽斷不明，寬猛失宜，亡天下蓋未嘗不始於此也。

評曰：世祖天資仁厚，宇量寬弘，獨好利之心差勝耳。漢祖入關，惟收圖書、版籍，婦女、貨財一無所取，其豁達大度越常人遠矣。世祖得江南之後，即陳宋寶玉于殿廷，又檢覈新舊錢穀置徵理司，立規措所，榷茶酤賣，及阿爾哈雅入朝受所獻金三千六百兩，銀五萬三千兩，蒙古岱獻真珠一百斤，故當時權奸若阿哈瑪特，僧格、盧世榮皆以言利進。蓋上有好者，下必有甚焉者矣。于是阿哈瑪特欲殺崔斌，則誣以盜粮四十萬，僧格欲害郭佑、楊居寬，則奏其虧欠鈔六千餘定。蒙古岱謀陷劉宣，則言其沮壞錢粮。終至元之世，江南三省盜起不止，皆由於鉤攷理筭，刻剥生民。蓋好利之弊一至於此也。時阿喇卜丹坐盜鈔二萬、馬三百，嘉木揚喇勒智發宋陵取金銀八千五百兩，受獻鈔十餘萬，寶玉無筭，盧世榮盜官物金銀二萬餘定，它物稱是。苟上之人不貪欲，則曷由至此哉。

**胡粹中《元史續編》卷二** 評曰：生殺雖人主之大用，而人主且不得專之。無非奉行天命而已。必奉行天命而與衆棄之，斯謂之天討。苟殺不當罪，人主尚不可，況人臣乎。元起朔漠，世祖以不嗜殺一天下，可以爲治朝矣。獨奈何權奸得以私憾誣殺良臣，如崔斌斃于阿哈瑪特，楊居寬、郭佑死于僧格，劉宣害於蒙古岱，此數人者，皆宰執大臣，無罪見僇，而世祖漫不加省，其失政刑亦甚矣。夫以世祖英武明斷，而猶若是，他日特們德爾殺蕭、楊、賀勝，哈瑪爾殺托克托，尚何咎哉。

評曰：王者之於梗化，格則承之，否則威之，無它道也。猶慮其難服，故昭德修禮以招攜懷遠。未聞要之以利而肯服者也。安南事宋逾二百年，及元氏代有天下，其心未嘗不曰彼君也，吾隣也，一旦改容屈膝，豈無趙佗倔强南海之志。爲世祖者施之以仁義，示之以寬弘，則彼將自服。乃要以六事，及其不從，則又諭以積金代身，兩珠代目，副以賢士、方技、子女，此果何道哉。所以終不能致其服也歟。雖然，柴椿於此亦失奉使之義矣，夫君命固不敢違，苟傷國體，僨事機，爲人臣者安得不諫止之哉。以從命爲忠非純臣也。

評曰：天祥殺身成仁，舍生取義，其素志已定，不得死不止。蓋即豫讓所謂將以愧天下。後世之爲人臣而懷二心者，惜乎世祖之不能終全之也。或曰：王積翁等請釋天祥爲道士，留夢炎恐其復出，號召江南不可而止。然則非世祖殺之也，夢炎殺之耳。夫夢炎之言未可深非之也。宋曆運已盡，天命人心已去，天祥之力不足以興復，益塗炭夫生民耳。然則如之何而可全天祥以不死哉，從其黄冠之請，而不使歸故鄉可也。

**胡粹中《元史續編》卷三**　評曰：古今人才豈出一塗，非科目所能盡也。故惟鄉舉里選近古而可行，不致於遺賢棄才。惜乎世祖首議選舉而不能以行此也。延祐設科雖稱得人，然豪傑之士豈可以科第拘之哉。

評曰：人君用人，孰不欲進君子而退小人，惟不知其爲小人而進之，不辨其爲君子而退之。於是乎不足以成善治，而危亡繼之。世祖知約蘇穆爾小人，而猶用焉，何異於知烏堇足以殺人而食之者乎。大理算官亦非輕選也，用小人爲之則傷民斂怨，爲害不細矣。宰執用人若此，豈獨可恥哉。安圖蓋不得而辭其責也。

評曰：貢試之法，蒙古、色目與漢人遞降，品級已非公論。教授，一郡之師表也，而居部令史下選，則大非崇儒重教之意矣。蓋教授陞轉之難，部令史遷擢之易故也。以此立法，恬於進取者能幾何人哉。

評曰：錢幣所以權百貨也。百貨天之所生，地之所産，歲出有限，而錢幣特國家爐鞴楮墨之所爲者耳。又況米、粟、布帛日耗月費，而錢幣不可。衣食流轉無窮，必使錢幣爲母而常少，百貨爲子而常多。自然子母相權而可行之。經久若錢幣與百貨之數同等，則物重鈔輕，亦其自然之勢也。今元寶交鈔行之久，而不能權百物者，亡他，子倍於母而已。不推其本而更造至元鈔，至元鈔他日子倍於母，亦豈能無物重鈔輕之患哉。又況以至元鈔一貫當中統鈔五貫，則是自相輕重貴賤，民志其能有定乎。然當是時，猶通行者則由隨路貿易金銀以平準鈔法故也。其後二十餘年，至元鈔仍如交鈔，而改用銀鈔銅錢以輕重失宜，其弊益甚而止。終元之世，大抵鈔少則行，鈔多則滯。後之欲更錢幣者可不鑒兹。

評曰：法者，天下之平也。一有不平，則人無所措手足矣。蓋以理而言，吏而受賕固可爲罪，不必論其多寡。然原其情則少者有可矜，多者難幸免，以少者或窘於衣食，而多者則其末流將無所不至故也。於是，有滿貫至死之文，且死者不可復生。今以至元鈔二百貫爲限，它日物重鈔輕十不當一，則一衣一食皆足以殺人，無乃輕人命乎，孟頫之論當矣。

評曰：元起朔漠，奄有天下，雖微日本，不害其爲廣大也。而世祖必欲服之，勞民用兵，卒至禍敗。崔彧之諫非不明切，而不能從，豈非好大喜功，如唐太宗之伐高麗也歟。

**胡粹中《元史續編》卷四**　評曰：古之善養民者，使耕田、鑿井，出作入息，不知其誰之力。所謂王者之民皞皞如也。頒《農桑雜令》固養民之先務，然條目繁多，過爲之制，曲爲之防，而不出於自然，猶種樹者爪其膚以驗生枯，摇其本以觀疏密，則雖曰愛之，其實害之，雖曰憂之，其實讎之。誠有若柳宗元之論者矣。故其後果以官吏擾民，罷勸課，然則善養民者，其必曰敬事而信，節用而愛人，使民以時，將不勞勸課而衣食自足矣。

評曰：包銀絲科蓋即宋之所謂免役錢也，既輸於官，又輸於本官，即唐所謂送使留州者也。但絲銀之外，又有顔料之徵，俸鈔之科，亦重斂矣。然當是時，民安不以爲厚斂者，意其取民之財雖多，而用民之力甚少也。蓋民有餘力方有餘財。若用竭其力，則生財之路狹，民之衣食且不足，何以應國家之求哉。

評曰：元世諸君，其統緒傳授最爲不正，其嫡庶亦不可考。裕宗既以世祖之嫡爲太子，而成宗居次第三，於裕宗諸子又以嫡爲皇孫，則噶瑪拉乃裕宗之庶長，達爾瑪巴拉庶次也。成宗無子，若以庶繼嫡，則噶瑪拉之子泰定帝以次當立。但當時以安西屬疏于統，乃迎立達爾瑪巴拉之子哈尚，是爲武宗。武宗以定難之功，傳其弟仁宗，仁宗違盟，而傳其子英宗，英宗無嗣，而泰定方入繼，未爲不正也。雅克特穆爾因其死，又援立哈尚之子圖卜特穆爾爲文宗，然則自成宗之外，皆非正矣。篡弒相尋，年代短促，豈無所自哉。是以君子貴居正而重大本也。

評曰：夫爲人臣者，君命召不俟駕而行，此常理也。若夫將在軍，雖君命有所不受，謂事之垂成，機不容髮，權一時之輕重者耳。巴延久居北邊，人或譖其通好海都，遣將代還，而敵兵復至，爲巴延者，明君臣之大義，則以兵授大夫可也。若審其事機，可以制敵人之死命，則滅海都而解兵可也。乃戰七日而卻，欲誘其深入，一戰可擒。又徇諸將欲戰之請，還軍擊之。使海都終得脱去，於是乎進退皆非義矣。其後托克托征高郵城，垂克，有詔罷其總兵，人或勸之曰：「城破聽詔，未晚也。」托克托曰：「城苟不克，如君命何？」卒受詔。論者謂元失江淮，托克托不能用權之罪。愚謂人臣之義，當以托克托爲正。

**胡粹中《元史續編》卷五**　評曰：季康子患盜，問於孔子。孔子答以「苟子之不欲，雖賞之不竊」，辭約而理當，百世不能易也。天祥上弭盜方畧，獨切於妄赦，理固有之。所以致盜，豈在兹乎。至於謂凶頑悖逆，性已預定，誠非善化能移，惟是嚴刑可制。則其言雖近理而實害理，不可不察也。夫聖人所謂唯上智與下愚不移者，謂下愚不可使爲上智耳，豈真謂性有善惡之不同，其惡者終不可化而爲善耶。但謂氣質有如此之異，於是習於善則爲善，習於惡則惡耳。苟化民者作而新之，寧有不能挾出於污染之間者哉。五帝三王之世，豈無頑惡之民，以善化之，故惡者少而善者多。若謂嚴刑可以制惡人，則秦始皇之時，當外户不閉，而田野之間讓畔讓路矣。天祥之言駁而不純，故不得不論。

評曰：古者什一而税，即後世所謂田租；成方一里出長轂一乘，即後世所謂户調；歲役民不過三日，即後世所謂丁庸。故論者以唐之租庸調最爲近古，後變而爲兩税。元有天下，内郡所收曰地税、丁税，即所謂租庸。江南所收曰夏税、秋税，即所謂兩税。蓋兼用之，亦鄉遂用貢，都鄙用助之意歟。

評曰：李元禮之疏可謂切直矣。成宗初聞之而怒，以其謗佛也；徐思之而惟知其言之有禮，而非謗也。不獨復元禮之職，而能罷旺沁之官，如是則忠讜日進，而讒佞日退矣。非明哲之君何以能此。崔彧素稱忠直，而於此不惟不能諫，又匿元禮之疏，不敢以聞，豈非所謂見義不爲無勇者哉。

評曰：天道之變由人爲所感，欲弭天變，在君臣脩政而已。今宰執特請避位而不聞增脩德政，變何自而弭夫。應天以實不以人。成宗以爲「卿等但當擇賢者任之」，其知任賢爲脩政之本矣，嗚呼賢哉！

**胡粹中《元史續編》卷六**　評曰：君臣之于財非其義也，一介不以與人，一介不以取諸人。爲臺臣而至於稱貸，則其廉可知。雖其廉如此而不能安其貧，以至於稱貸，則雖廉亦不足稱矣。御史中丞董士選貸朱張家鈔非義，而成宗以爲臺臣稱貸不必問也。不辭費而包容涵蓄多矣，真人君之言也。

評曰：爲人子者不忍死其親，故三日而斂，冀其復生也。訥古伯給稱親喪歸迎其妻，則放乎人欲而滅絶天理矣。屏諸四夷不與同中國，猶不足以示儆。今乃知其傷斁彝倫而不加重辟，斯蓋元之國俗本出於違親棄倫，故雖聖人君主華夏而不能以變其舊也。

評曰：昔文武開周室而言治者稱成康，高祖興漢業而稱太平者曰文景。成康、文景功不在闢土開邊也，在於善持盈守成耳。今完澤説成宗以江南盡世祖所取，不興此役則無功，可見於後陋矣哉，小人之見也。成宗入其言而諫者不入，其不明一至此哉。然它日兵敗而猶能賞董士選之直言，亦可謂賢矣。

評曰：人臣論事，可行則以爲可行，不可則以爲不可，必爲斷絶之辭，以起其君之聽。猶懼其不能從，況爲兩可之論乎。陳天祥諫不當征西南夷，義理明白，利害切中，可謂善言事矣。惜乎其終篇又言若謂業已如此，欲罷不能，且宜駐兵設法運糧，食足而民不擾，則是其前之所言利害皆臆説妄論矣。使爲其君者將何以從乎。夫知其非義，斯速已矣。不當爲依違兩可之論也。

評曰：天子祭天地，諸侯祭山川、社稷。蓋天下之主則主天下之祭祀，一國之主則主一國之祭祀，上下之分有截然而不可紊者。今南郊祀天而以丞相大夫爲三獻，行事黷禮非分，其失大矣。吾不與祭如不祭，天豈可輕也哉。

評曰：前古帝王有解縱鷹犬者矣，未聞有求之者也。名雖求而又嚴刑重令以威之，醲賞以誘之，果何道哉。夫元起朔漠，以射獵爲業，鷹犬固宜其好，然君主華夏，以禮樂爲治，則非曩日穹室氊裘時比矣。昔唐使至涼州，諷李大亮進鷹犬，亮表奏太宗，爲之褒賞。元之諸臣何獨無如大亮者哉。

評曰：元之統緒傳授最爲不正，然亦無可考，所以然者，由於后妃不分，故嫡庶無辨。皇后則曰大皇后、二皇后，皇子則曰大太子、二太子，皆極其數之所至而止。世祖以前勿論，裕宗於世祖諸子第三，而立爲太子，成宗又裕宗第三子，疑皆爲正嫡矣。成宗皇太子德壽既薨，若其無嗣，當立其兄弟，無兄弟則次及庶長，所謂庶長，晉王哈喇岱是也。哈喇岱既薨，則其子額森特穆爾，所謂泰定帝者當立。若武宗，則其父達爾瑪巴拉又裕宗第二子也，以嫡則非嫡，以長則非長，烏得而承正統哉。安西王，世祖之衆子，所以萌窺伺之志也歟。竊疑武宗兄弟在成宗時已爲國人所與，觀大德九年六月立德壽爲皇太子，七月出仁宗及其母鴻吉哩氏居懷州，意自可見矣。故論是非則安西、懷寧無甚相遠，論賢否則懷寧爲優，至於事之成敗，則阿固台等謀挾皇后稱制，以推戴安西，已自不正，而哈喇哈遜、李孟、托克托、何瑋諸賢深圖秘計，左提右挈，所以能有成也。

評曰：古者祖有功，宗有德，故宗廟所以祀天下一國之君者也，昭穆相傳，各爲世次，有不可紊者。若小宗繼大宗，旁支接正統，則皆以所繼承所遺，不得顧其私親。此古今之通義也。元之睿宗、裕宗、順宗皆未嘗居天子之位，但嘗祔食於其所出之帝，而各爲立廟，已非禮矣。又況成宗爲君時，順宗爲之臣，兄弟之不先君臣，尚矣，豈有依次序升祔而躋順宗於成宗之上者乎。失禮之中又失禮焉。哈喇哈遜、李孟、何瑋諸臣何能逃其責乎。

評曰：平章政事經國大臣之任也，始則茂穆蘇以角觝屢勝，得居其位，及是，實迪等以教坊伶官遥授是職，元之名爵繆濫至(死)[斯]，烏足貴哉。若夫監察御史，朝廷耳目，所以肅清庶政，而以任豢虎人徹爾濟蘇。丞相，天子股肱，所以表正百僚，而以寵宦者李邦寧。翰林承旨，斯文宗主，而以授西僧嘉勒斡巴勒。武宗用人如此。

**胡粹中《元史續編》卷七**　評曰：留守之官，惟天子之都有之。蓋謂車駕巡幸則留其兵以鎮守京邑，備禦非常，付託甚重，非威足以懾奸邪，權足以應機變，曷能勝其任哉。李璧留守上都，而西僧得持杖突入公府，其兵衛禁防疏濶亦甚。威武蓋不足稱矣，宜其受辱也。然奔訴諸朝，而僧竟以赦免。元政不綱一至於此，可勝嘆哉。

評曰：祭祀所以交神明，故將有事焉，必先射以觀德，及期則齋以告虔，戒以告潔，刑罪喪疾之人不敢以與執役，況敢主其祭乎。邦寧閹腐餘醜，其爲刑疾孰甚焉，而使之釋奠，曾謂仲尼不如林放乎。神不享非禮大風之變，吾先聖豈可誣哉。仁宗英主宜不至此，李孟以平章兼領國學，而致其君以非禮事先聖罪，蓋不容揜矣。

評曰：李孟可謂功臣矣，非大臣也。夫大臣之道，事君而格其非心，豈有先事逢迎以愚誑之者哉。且物價低昂由歲之豐歉，楮之多寡所致，幣少而歲豐，則物價自減，幣多而歲歉，則物價自增，亦理勢使然。雖堯湯在位亦不能制其低昂焉，有新君御極數月物價頓減之理乎。孟爲是愚誑而其君能覺之，亦可謂明也。已噫，李孟且若是，彼蒙古、色目之徒烏足怪哉。

**胡粹中《元史續編》卷八**　評曰：元世諸君，雖不習於文字之學，其所稟風氣完固，天資淳厚，故發言往往暗合理道。如仁宗謂人言御史臺任重，朕謂國史院尤重，蓋御史臺是一時公論，國史院是萬世公論。至哉言乎，雖知道之君子不是過也，雖然持萬世之公論者，苟不詢一時之公論以用其人，則其所立言必非公論矣。善乎劉因之言曰：「記録紛紛已失真，語言輕重在詞臣。若將字字論心術，恐有無邊受屈人。」嗚呼，任史筆者可不慎哉。

評曰：人之資禀不同，造就亦異，故惇行者未必皆能文，詞章者未必皆能脩行。是以漢之取士，孝悌、力田、賢良、方正、孝廉居多，而制策次之；唐宋有能言極諫茂才異等召試館職之名，不專於明經策試也；元之科舉，雖曰以德行爲首，經術爲先，然三場所試，不過文詞，亦何以考其德行哉。且其立法定諸色户内推舉孝悌、信義、經明、行脩之士。夫既曰孝悌、信義、經明、行脩矣，則固無待於考試也。今曰考試，將考其孝悌、信義耶，抑考其脩行耶。斯二者皆非疑義、賦策所可考也。以疑義、賦策考士，不過可知其記誦之多寡，行文之生熟耳，名則是，實則非也。故自延祐甲寅逮至正丙午五十餘年，孝悌、信義、經明、行脩之士雖能拔十一於千百，而豪傑出衆之才終不肯俯就，以求中有司之榘度。是以不免棄璞於荆山，遺珠於滄海，卒之攀龍鱗，附鳳翼以成我國朝興王之佐命也。

評曰：王者出號發令何可輕也，故書曰「朕不食言」，又曰「令出惟行，勿惟反。」仁宗勑自今内侍勿授文階，蓋懲武宗命爵之濫，可謂善矣。明年即授宦者續元暉昭文館大學士，以至於僧沈明仁爲榮禄大夫，司空嚴吉祥爲大司徒，文吉祥爲開府，名爵之濫，視前日抑又甚焉，此元氏之治所以不能復古也。

評曰：天下之事有理勝，可以相校者，惟君父之命爲不可與校。和實拉固武宗世嫡，然仁宗在位，親則叔父也，分則君也，君父有命，其可與校乎。雖曰有以次相傳之約，出鎮爲食前言，然父雖不父，子不可以不子；君雖不君，臣不可以不臣焉，有不受命而逃者哉？既不受命，又挾藩臣發關中兵分道入寇，則背叛之迹尤著矣。人臣無將，將則必誅。敗走金山，仁宗固含容而不討，然無君之人要不可復立於天地之間。它日文宗入立，但當正以大義而廢之，不當過爲推讓以自取篡弒之惡也。

評曰：宰相之職，寅亮天地，燮調陰陽，上以弼一人，下以總百職，不但遵祖宗遺訓，守朝廷法令而已也。夫法猶權衡也，推移低昂則存乎其人，故徒善不足以爲政，徒法不能以自行。若以守法爲能盡職，則曹參之徒高於皋、夔、稷、契、伊、傅、周、召矣。阿薩爾但以奉行詔旨爲對，固不知相之職業。而仁宗責其不能守法，亦豈足以盡任相之道哉。

評曰：浮屠氏之教以離塵絶俗，清淨六根爲事，雖其身猶以爲幻，夫何有于爵禄，況爵禄所以待天下之賢才所與共治者。彼僧也於國無所事事，而奚以官爲哉。張思明言之當，而守之固，可謂得大臣之體矣。仁宗心然其言，顧謂業已許之而與之，夫天下之事，患不知所以爲是而入於非，患不知所以爲善而陷於惡，如知其非與惡則速改，以從善而已。所謂業已許之姑與之云者，是猶如鳥喙足以殺人而固食之，知水火足以焚溺而固蹈之，其爲愚也亦甚已哉。

評曰：人君之德莫大於賤貨而貴德，克己以從諫。然不出於中心之至誠，則始勤終怠，先得後失，無以成其德，垂令名於無窮也。英宗初立，責近臣以不進賢而爲人獻帶，從張養浩之諫而罷元夕張燈使，出於中心之至誠。進而不已，其爲盛德豈可量哉。未幾即以製珠衣工緩杖其將作院使，則是非真能賤貨而貴德者矣。以諫造寺而殺御史觀音保等，則是非真能克己以從諫者矣。《書》曰：

「德惟一，動罔不吉。德二三，動罔不凶。」英宗二三其德如此，能無南坡之及乎。

**胡粹中《元史續編》卷九** 評曰：廢立大事也，非衆議不易行，彼告宰相謀廢立則固有助之者矣，不得其實而輒行誅伐，可乎？若慮其以太后爲詞，而先誅以滅口，亦非也。夫使其事固出於太后，誅其人而不白其事，太后之心固不能安。苟太后素無此謀，誅其人而不究其非，則太后之心愈不安矣。況大臣受誣，國家濫刑，皆危亡之事。英宗初政若此，其不能終宜哉。

評曰：祀畢肆赦蓋出於近代，非古先哲王之令典。先王之所赦者，過誤蠢愚而已，非故釋有罪也。英宗廟享禮成，而不肯肆赦，其知此乎。但其言曰恩可常施，赦不可屢下，蓋一歲再赦善良喑啞，其曰赦不可屢下，誠是矣。若夫恩可常施則非也，夫有功者賞，無功者不賞，則受賞者感其恩，不賞者知所勸。苟不論其功之有無，而一槩施賞，非惟有功者不以爲恩，而無功者亦不動矣。元世諸君往往濫賞横施，病根正在於恩可常施，故終以惠褻而威不振，至於覆亡也噫。

評曰：《傳》有之曰：「服堯之服，誦堯之言，行堯之行，是堯而已矣。」服桀之服，誦桀之言，行桀之行，是桀而已矣。袈裟，佛子之服也，以堂堂天下之主，舍十二章服而服袈裟，是將爲天下主乎，將爲一佛子乎。英宗於此其不能君亦已見矣。

評曰：御史大夫在漢爲三公，在唐宋爲風紀之長，蓋朝廷之所謂大臣也。唐宋璟坐監杖朝堂，杖輕貶秩前。史譏璟監所不當監，玄宗貶所不當貶。夫御史大夫監杖他人且不可，況親自受杖乎。以御史大夫而受杖，則國家之禮義亡，而斯人之廉耻喪矣。

評曰：前志有之，君高其臺，孽火爲災，英宗在位四年，建壽安寺，詔各部立帝師殿，造流杯池，行殿作華嚴寺及鑄佛像。冶銅五十萬斤，勞民傷財，甚矣。至是，災及先皇所遺之宫，亦其應也。雖遇災而懼，知其不能圖治之故，而不察其所以不能圖治之由。故終不能側身修行以消去之也。

評曰：英宗享國四年，無一善可紀。特們德爾殺蕭、楊、賀、勝，下趙世延于獄，則威福下移矣。阿薩爾赫噜等受誣而死，則刑罰失中矣，御史受戮，禁言時政，則言路塞，下情壅矣。水旱災荒迭見，而且寫經造寺，鑄銅像作佛事，則政治乖舛甚矣。前有讒而不見，後有賊而不知，雖曰明斷英果，然明不足以燭奸，斷不足以去惡，是以不能免於南坡之禍也。

評曰：昔趙盾亡不越境，反不討賊，春秋以弑君之惡加之，原有情也。今特克實與道拉實相交結，謀弑英宗而立晉王。晉王未必知也，因其使送赴上京，未至而難作，晉王之志固未白也。至是而誅特克實，盡討其黨，而顯寘之重戮，固亦異於趙盾矣。惜乎其猶不能致辟於道拉實也。

評曰：夫有天下者始得正廟。漢宣帝繼昭帝而立，終不列戾、悼二園於昭穆，以其未嘗繼體而正位也。元之諸君各顧其私親，而尊其所生，於是乎廟制紛紜，昭穆混殽，瀆禮不經甚矣。彼劉致者徒知兄弟當共爲一世，而不知顯、順二君不當稱宗；徒知父子當自爲一世，而不知睿、裕二宗亦不當立廟；況即天子位者謂之君，其未嘗即位者皆臣也。致徒知父子列坐不合禮經，而不知君臣同食其不合禮經多矣。若欲合禮，則太祖居中，太宗居西夾室，定宗居昭之第一，憲宗居穆之第一，世祖居東夾室，成宗居昭之第二，武宗居穆之第二，仁宗居昭之第三，英宗居穆之第三，親盡則祧，各藏於其夾室。而睿、裕、順、顯各祔食於禰廟。如此則情文皆稱，而於禮不悖矣。末哉，劉致之爲儒也。

評曰：昔韓愈有言，齊、梁以下事佛彌謹，年代尤促，自當時觀之，以爲非所宜言，且國家運祚，人主壽命，既不因事佛而修長，亦未必因事佛而短促也。然觀元氏自世祖至順帝，立國百有五年，傳八君，雖皆尊信帝師，營建塔寺，其最甚者無若至治、泰定二君，其受禍之酷亦莫二君若也。蓋英宗鑿山開寺，寫經鑄像，作佛事，釋重囚，放籠禽十萬，施金帛以千萬而有南坡之變。泰定入國三受佛戒，皇后太子相繼受持修佛事于壽安寺，建殊祥寺於五臺山，賜延壽寺田千頃，不五年而身死國亂，子殞於兵，后爲强臣逼娶，由是而言事佛徼福乃更得禍，韓愈之言雖聖人不能易也。

**胡粹中《元史續編》卷一〇** 評曰：夫有天命而得天下者，謂之天子。天命不在，不容以强爲，天命所在，不得而苟避。昔者舜避堯之子，禹避舜之子，皆終陟帝位者，天命所在故也。項羽滅秦，王莽簒漢，而終至覆滅者，天命不在故也。豈有今日姑居其位，明日將辭其位，如奕棋之不定者哉。元之文宗，既從雅克特穆爾諸臣推戴即位，而改元矣，下詔天下，乃曰：「姑從所請，謹俟大兄之至，以遂固讓之初心。」夫既踐天子之位矣，則他日無降爲人臣之禮。既改元天曆矣，則後日無削去紀年之理，即位、改元天下之大事，烏可輕哉。且和實拉在當時，雖武宗之世嫡，在先朝，則文宗之罪人。彼其逃君父之命，負背叛之誅，竄身漠北，正以春秋之法，其不可以君天下亦明矣。文宗既不明此義，姑以推讓爲辭，又不誠此心，終以戕殺獲罪，豈非所謂爲人君父而不通於《春秋》之義，必蒙首惡之名者歟。

評曰：子生三年，然後免於父母之懷，故三年之喪，天下之通喪也。蒙古、色目不生於空桑，獨無父母之愛乎。且自天地以來，有父子然後有君臣，若爲君者教其臣以無父，則爲臣者他日必至於無君。其始也，道拉實以色目疎族而别之於三年喪之外，文宗入國，首革其弊，當矣。

評曰：顯、順二君皆裕宗庶孽，未嘗一日君臨天下，特以武皇繼統而追王順宗，泰定入立而推尊顯廟，稽諸典禮，則二廟皆不當立。揆之人情，順宗之廟若不可廢，則顯宗之廟亦不當毁矣。又況泰定得國於英宗，未嘗干武宗之統也，文宗何爲而深讐之乎。他日順帝撤文宗廟主，豈非所謂出乎爾者，必反乎爾者歟。

評曰：文宗自去歲九月壬申踐祚，今年四月癸卯已八閲月，紀元天曆已及二載，詔令所頒徧及海内，蓋居天子之位，行天子之事久矣。而又告祭郊廟，得見於上下神祇，册立皇后，共承宗廟社稷焉，有復爲皇太子之理乎。夫騎虎者勢不能下，明宗貪其寶位，而不審於理勢之不可其及也，宜哉。

評曰：申飭臺綱固爲治之一端，然是時明宗大位雖正，鑾輿未旋，人心之懷疑者猶多，歸附者未固，而連出宰輔申飭臺綱，芒角於是乎露矣。權奸猜貳遂起邪謀，所以致翁果察圖之變歟。

評曰：聞之故老言雅克特穆爾奉上璽綬之時，明宗從官有不爲之禮者，雅克特穆兒且怨且懼，既而帝暴崩，雅克特穆爾聞哭聲，即奔入帳中，取寶璽，扶文宗上馬南馳。本史乃言皇太子入哭盡哀，雅克特穆爾以皇后命奉皇帝寶授太子，其説不合。豈即宋太宗燭影離席之意，當時忌諱有不敢明言之者歟。

評曰：人有恒言，勢大力强，理到自服。元之帝師，其初以妖術惑世誣民，國人習爲常俗。故雖萬乘之君，屈於匹夫而不以爲辱。於是王公卿相靡然尊敬，甘心屈下，莫敢誰何，而帝師遂傲睨一世矣。富珠哩翀獨折以片言，不爲之屈，不惟浩然之氣正大剛直，足以抑其方强之勢，亦由詞理俱到，有以服其心，使不自覺其笑而起也。昔許衡嘗燕見世祖，方與帝師並坐，衡拜世祖奏事，而不爲帝師禮，帝師有愠色。世祖知之，因問衡曰：「孔、佛之道孰爲貴。」衡曰：「佛之道金玉寶貝是也，孔子之道五穀布帛是也。」帝師默然。故老相傳如此，而史闕不載。嗚呼，若衡、翀，豈非能以理服人者哉？

**胡粹中《元史續編》卷一一**　評曰：古者天子諸侯躬耕藉田，以供宗廟粢盛，王后、夫人蠶繅以爲衣服。夫以天下國家之富，貢賦所入，豈不足以祀事，而必若是者，敬之至也。元文宗勅御史臺以贓罰銀鈔供祀宗禋，慢而不敬，甚矣。夫水曰盗泉，仲尼不飲，貪吏賄賕，乃以薦諸上下神祇，神其享之乎？

評曰：古人有言，守道不如守官。故齊太史書崔杼之惡，兄弟死者三人。且國史紀當代人君善惡，自古無天子取觀之理。文宗非不知之，但習聞唐太宗時，史官進觀《實録》，故欲舁匱以往。院長貳默不敢言，蓋畏觸忤而苟阿順耳。吕思誠以一編脩，獨抗言執奏，可謂能守官矣。文宗聞諫而止，不亦尤賢乎哉。

評曰：常人之情，孰不親其所生，況婦人之情，尤憐愛其幼子。今文宗皇后排大臣之議，捨親愛之子，親挈大寶兩授其姪，擁佑之勤，至誠無間，可謂以至公爲心者矣。厥後順帝信讒，既行廢黜，又親弑逆，豈非萬世之罪人歟。

**胡粹中《元史續編》卷一二**　評曰：昔舜嗣堯位則曰受終于文祖，禹承舜禪則曰受命於神宗。説者謂文祖堯始祖之廟，神宗即堯廟也，三聖相傳，親非父子，特以繼世嗣位相爲祖孫，未聞其以瞽瞍、伯鯀爲禰也。故《禮》曰：「爲人後者爲之子也。」順帝於文宗分雖叔姪，然既嗣文宗爲君，則固文宗之子矣。太后乃其母也，安得以爲嬸母哉。台哈布哈謂嬸母不宜加徽稱，此不攷于禮之過。不然，則其意迎合順帝，欲令尊其所生，故爲是慫恿之辭耳。東安州之事，未必不兆於此。若夫許有壬之論，斯合於禮者也。

評曰：古之人臣患不能知賢才而用之以治天下，故設科取士，使懷才抱德敦行者由之以進。若漢之鄉舉、里選、察廉對策，非一途也，然人之德行難知，藝能易見，德行者多自晦，藝能者多自衒。於是乎聽其所言以察其所蕴，即其所習以審其所向，故唐之明經、進士，宋之制策、詞學，非一科也，猶以爲有德者必有言，有言者不必有德。則又即其言以攷其實，若稽諸古典而本於經，不失乎先聖人之旨，則有取焉。非但取其言語之工，文藻之華而已也。元之用人大抵偏於國族、勳舊、貴游之子弟，故選舉之法久而未行，仁宗延祐甲寅遂決意行之，由此中華縫掖之士，僅得拔十一於千百，若謂科舉遺賢才則可，謂科舉妨選法則非也。彼嫉其供帳之盛而請罷科舉者，真悻悻然小丈夫哉。

評曰：皇后，天下之母，苟有大故，廢置在于天子。巴延人臣也，而專執國母，無君孰甚焉。況古者已嫁之女，本宗罪不相及，漢上官桀謀反，未嘗及昭后也，騰吉斯雖謀作亂，皇后何豫焉。觀帝之言曰：「汝兄弟爲逆，豈能相救。」與漢獻、伏后之事相類，微弱甚矣。蓋不待至正之末而後失國也。

評曰：孔子有言：「説而不繹，從而不改，吾末如之何也已矣。」故人君納諫非難，而從諫爲難。順帝法唐太宗賞諫臣，是矣，然不能如太宗之從諫即改也。柳林之畋，三十五日御史進諫，雖曰嘉納其言，賜以金帛，不數月，車駕復出，豈非所謂不繹不改者歟。

評曰：五姓皆先朝佐命立功族屬蕃衍，何罪而欲盡殺其人哉。且所貴夫君人者爲其保世，滋大休養而生息之也。鄭棄其師《春秋》所惡，以大臣四方，是維天子是毗，而請殺無罪，豈理也哉。巴延至是，蓋肆行而無忌矣。順帝能不之從，則威福猶不至下移也。

評曰：吴直方之言大義滅親，是矣，然未深知《春秋》之義也。蓋所謂大義可以滅親者，如周公之於管、蔡，石碏之於厚者耳。君子之於其父，如楚棄疾之於子南，唐李璀之於懷光，則大義雖當伸，而至親終不可滅也。托克托，巴延之猶子，幼養於伯父，則未知其果有父命而繼體承重乎。使果有父命而爲之子，則大義滅親，非托克托所得行者矣。蓋至尊者君，至親者父，無父是無君也，君之義既不可背，則父之親亦不得而滅。如可得而滅，則天下之人皆無父矣。然則如之何。父母有過，下氣怡色，柔聲以諫，諫若不入，起敬起孝，其終不從也，則有繼之以死而已。聖人之經如權衡，然隨物之輕重而低昂之也。若權不推移，衡不平直，而欲求銖兩之真，誤矣。嗚呼，世教衰而彝倫斁，皆俗儒謬於説經之過也，予故不得不辨。

評曰：托克托之謀黜巴延有三失焉，其幸而成者，元運未終，天固相之也。夫漢人不得爲廉使，其事未大害於政治，乃抑其謀以激其怒，可乎？況巴延獨秉國鈞已非一日，號令賞罰無敢違忤，一旦沮遏，邪慮必萌，此一失也。嫌隙既開，勢不相下，如欲取之，必匿形伏機，審而後發，顧乃戒衛士嚴宫門出入，螭蚴皆爲置兵，無乃速其變乎，此再失也。當是時，巴延勢傾朝野，左右前後皆其黨與，故雖知朝廷見忌，而不以爲慮。然增兵自衛，請帝出田，應叵測也，決計討之，當如疾雷不及掩耳。雖皇弟在彼，亦不得顧，夫何夜已二鼓，遣三十騎取雅克特古斯入城，則機露而謀泄矣。使巴延先發詔，使其能入柳林乎，此三失也。或曰：「雅克特古斯文宗之嫡，巴延若挾之爲嗣，以號令天下，則人心動摇矣。」既慮其若此，則於其固請出田之時，勿許可也。堅忍持重，使皇弟還宫，而後發亦可也。輕舉而寡謀，蓋天厭巴延，非托克托所能爲功也。

評曰：至元元年，詔赦天下，有曰：「永惟太皇太后，後其所生，一以至公。爲心親挈大寶畀予兄弟，功德隆盛，近古罕比。」今詔乃曰：「叔嬸布達實哩怙其勢焰，舍長嫡而立次幼。」何前後之矛盾邪。且夫寧宗之母托果斯、順帝之母瑪哩達均之妾母也，順帝可謂長矣，何名爲嫡哉。王者出言何可輕也，況天下之人亦有公論乎。

評曰：古人有言，言不激切不足以感動人主。然過於激切不足以回人主之意，適足以重其過而贊其決也。崔敬之諫可謂激切矣，但其言曰「倘生他變，關繫非輕」，則反有以啟順帝之疑，而雅克特古斯中道之斃，未必不由此也。嗚呼，凡爲人臣進諫其君，何可容易乎哉。

**胡粹中《元史續編》卷一三** 評曰：昔湯之於伊尹，學焉而後臣之，高宗亦曰：「台小子舊學于甘盤。」古之人君，其隆師重道如是。元世祖統一區夏，天性忠實，合節前聖。一王恂爲贊善，而令裕宗於學生之下親署御名，習書謹呈，其尊敬師傅，奚讓於前王哉。嗚呼，賢矣。

評曰：古先哲王有所興作，必謀及乃心，謀及卿士，謀及庶人，又謀及卜筮，詢謀僉同，夫然後行。未有排羣議而妄興作者也。托克托當國，議開金口河，役夫十萬，工不爲小矣，乃偏聽獨斷，力排羣議而爲之，雖許有壬條陳利害，辭達理明，終不爲之止。其堅忍執愎一至此哉。夫偏聽成奸，獨斷生亂，他日汝中栢、龔伯璲之徒交搆讒諂，卒至禍敗，其所從來久矣。

評曰：陰陽之氣合則生萬物，聖賢之道合則成萬事。故《易泰卦之象》曰：「天地交而萬物通也，上下交而志同也。」元興至是已七十載，海宇晏安，民物蕃廡，君臣契和，若可以爲泰矣。而杜本常見其不合，獨憂其非泰，何哉。蓋邪正混淆，則萬事不可合爲一理，上驕下慢，則萬民不可合爲一心，昔是今非，則千載不可合爲一日，内外重輕，則四海不可合爲一家，人徒見上下諾諾，聲應氣和，以爲合，不知其適所以乖也。廟堂巍巍，垂拱無事，以爲泰，孰知其將否也。況當是時，順帝以方壯之年撫盈成之運，不親政治，惟務逸樂，而脱脱剛愎自用，伯勒齊爾布哈奸佞忮害，一相既不合矣，各樹私黨以相仇敵，豈足與爲治乎。《易》曰：「君子見幾而作，不俟終日。」杜本有焉。

評曰：六藝居三物之一，而書居六藝之一，蓋學者之末節也。況畫又書之餘事，且爲學者所不必能，豈人君所當務乎。宋徽宗承八業之基，有四海之富，不務修六德，慎六行，游六藝，而拳拳留神於禽鳥竹石，以極夫模寫之工，與畫史爭高下於錙銖，卒使宗社失守，殞身北廷，爲萬世笑。其畫之存於世者，正後王之龜鑑也。以其所能校其所不能，得失瞭然矣。其後順帝造龍船，製刻漏，皆自製其樣，精巧出人意表，前代所未嘗有。庫庫於此豈亦微見其端，故因事而切諷之歟。惜哉，帝之不悟也。

評曰：孔子曰惟上智與下愚不移，故中人以下皆可由學而至。順帝開端本堂以教太子，妙選師傅，隆其禮節，可謂善教矣。而阿裕爾實哩達喇資質庸下，狎昵宵人，導之以正，如水沃石，納之於邪，如以膠投漆，觀其言曰：「李好文教我儒書，終年尚不曉其義。今聽佛法，一夜即曉。」豈非所謂下愚不移者哉。

評曰：童謡固有之矣，然石人非天造地設，必人力爲之。意者都水之官循行河道，講究修塞，已非一日，奸人惡其興役也，故爲是以恐之。如牛腹中書帛之類歟。當是時，君昏於上，政慢於下，雖不修河，雖無石人，天下豪傑固將乘時而起，何但汝潁也哉。

**胡粹中《元史續編》卷一四** 評曰：古之將兵伐叛，有因其來降而受之者矣，未聞身往議降者也。夫來降有二，心服爲上，力屈爲次。方國珍阻兵五年，官軍討之不能勝，則其力未屈也。山東、江淮、湖湘羣盗並起，朝廷皆無如之何，則其心未服也。力未屈，心未服，其往來議降者，特款兵之計耳。而台哈布哈輕身虎口，往受其降，輕敵寡謀，喪身辱國，忠雖有餘，而知弗足稱矣。

評曰：用兵之道，勝有賞敗有刑，故《書》曰：「用命賞于祖，不用命戮于社。」予則孥戮汝，孥戮汝云者，罪非獨一身也，蓋重言以深儆之耳。額森特穆爾爲將，覆軍當伏孥戮之罪，而托克托庇之，更召爲臺端，則是賞其敗矣。以此行軍，烏能勝哉。當是時，中臺之官以罪人爲之長曾不知恥，而西臺乃能連章論劾。彼周伯琦者，不反躬自愧，顧以越分干譽，塗污正臣，所謂小人之無忌憚也。不有君子，其能國乎。

評曰：古之爲治者文事必有武備，江浙居十三省之首，壤地非不廣也，金穀非不富也，民庶非不多也，蓋東南之巨鎮，而山賊猝至，城無守備，何哉。承平日久，文恬武嬉，任方面者皆蒙古色目貴游之子弟，惟務逸樂，不恤政治故也。然省憲大臣皆遁，一樊執敬獨力戰而死，豈不爲之猶賢乎哉。如是，則南人未必不可重用也。

評曰：民之從亂亦迫於力之不足，勢之不得已也。朝廷若能弔民伐罪，撫順討逆，使仁聞四馳，義聲先路，將前途倒戈，壺漿來迎矣。托克托復徐州，不能致元兇於顯戮，而遷怒齊民，恣行夷滅，其不仁若是，豈王者之師哉。他日，高郵堅守不下，未必不有鑒乎此。而托克托人禍天誅，終不能免，豈不昭昭矣乎。然元之土宇分裂，而無以爲國，亦始於此矣。

評曰：前日交章論額森特穆爾河南功績者，臺臣也；今劾其庸才鄙器者，亦臺臣也。何公論之不定若是耶。所以然者，前日臺臣托克托之黨也，而托克托之權方盛；今日臺臣哈瑪爾之黨也，而托克托之眷已衰，故爲是紛紛耳。臺憲紀綱若此，其何以爲治哉。

評曰：古百工執藝事以諫，懼作爲奇巧以蠱惑上心也。今龍舟、刻漏皆帝所自製樣，則非工之罪矣。故當時都人爲之諺曰：「帝也斧鑿，太子鼓鈸。」父子如此，欲無危亡，其可得乎。

評曰：命將大事也，必審而後動，擇而後用。托克托以老師費財而罷之矣，曾未半載，台哈布哈又以慢公虐民見黜。夫奕者舉棊不定，不勝其耦，命將出師，而易置如此，烏能取勝哉。又況不數月復以台哈布哈爲湖廣左丞相，招捕盗賊。夫慢公虐民之人，豈可復用，況官以有罪而削，無功而復，刑賞如此，雖滅寇盗，猶不可以爲國也。

評曰：古稱立賢無方，而元之用人惟任世族。若達實特穆爾，才識庸下，豈足以專治方面，任旬宣之寄哉。當是時，朝廷大臣方正者無逾太平，而才智如成遵、董摶霄、逯魯曾，忠直如許有壬、吕思誠者亦不爲少，皆以南人不專委任，宜其不能以弭亂也。

評曰：《易》曰：「比之匪人，不亦傷乎。」哈瑪爾非能殺托克托也，托克托自取之耳。夫小人之情狀，於人當路則吮癰舐痔，無所不用其諂；及其失勢，則攘臂下石，無所不盡其力。苟不絶之於其初，未有不受其禍者也。方伯特齊爾布哈欲害托克托之時，哈瑪爾護之於内，太平保全之于外。及其復相，托克托知哈瑪爾而不知太平者，太平持公義不欲人之知，哈瑪爾市私恩惟恐人之不知也。不察乎此，而仇君子，比小人，其及也宜哉。

**胡粹中《元史續編》卷一五** 評曰：首亂者博囉也。察罕力若能討，一舉而擒滅之，可也。勢不相下則宜慕廉藺之義，共濟國難，乃日尋干戈，争城争地，可乎。且自察罕起兵，收復者幾州，勦絶者幾處。朝廷由匹夫而擢兼三事，恩寵至矣。而察罕方自爲謀，略不憂國，此豈爲純臣也哉。既而詔命和解，以冀寧畀博囉。如事關大害，係國存亡，則弗與而復請可也。當是時，中原板蕩，豈一冀寧所能杜博囉之僭亂哉。蓋察罕實欲藉全晉以資盛强，非真能爲朝廷惜土地也。班布爾錫奉詔而察罕殺之，則方命之迹不能掩矣。

評曰：旺扎勒苗軍帥固不可與共事，然達實特穆爾若能正己格物，厲以忠義，日漸月漬，理無不化。譬之鷹犬，然飽其肉而謹其緤索，必爲之用。乃任用非人，惟事貨賄，郡邑淪没，恬不爲意，彼習見若此，猛鷙之性，豈能馴伏哉。及其厭惡，反與士誠謀去旺扎勒，是自剪其爪牙也。且士誠得志，與旺扎勒孰重輕。旺扎勒死而盜得以操戈逐我矣。均之爲死也，死而不辱，雖百世猶以爲榮；受辱而死，死已晚矣。嗚呼，若南臺大夫布哈特穆爾爲得其死哉。

評曰：博囉與察罕父子兵争曲直，無甚相遠。朝廷若能處置得宜，命察罕專收復河南，博囉平定山東，各責其成功，而晉冀則朝廷自遣人戍守，彼各不得駐兵，如此則禍患庶幾其有瘳乎。今察罕既不奉割冀寧之詔，曲不在博囉矣。東宫無道而妻達實得罪出走，博囉匿之無大惡也，況達實巴圖爾動在王室，博囉亦不爲無功，緣情定罪，猶當議免，何至遽削奪其官爵乎。激成其變，禍亂不解，雖博囉怙終自取覆滅，亦順帝不能駕御之所致也。

**胡粹中《元史續編》卷一六**　評曰，夫駕馭雄傑，消除禍亂，貴審乎勢而中其機，則有以折其心而散其謀也。國珍兄弟以拒捕入海，不得已弄兵以自救，而朝廷力不能討，使得恣睢倔强於黑子彈丸之地。及官軍再敗，台哈布哈死，則叛亂之志萌矣。當是時，因其請降，授以高官厚爵，奬其遷善悔過，彼顧惜禄位，保全富貴，自將格其非心，黨與一散，後更陸梁，取之如反掌耳。乃吝惜名爵，授之郡佐，彼則有山頭望廷尉而已。至是亂雄日滋，國勢日削，崇以相位，是假虎以翼，何足以導其臣順哉。

評曰：庫庫玩寇養亂，厚自封植，挾天子以令諸將，其所以異於羣雄無幾。然其名猶曰元臣也。及分兵詔下而不受命，則不臣之迹見矣。況屢詔和解不從，又殺天子之使，其無君孰甚焉。律以《春秋》之法，庫庫爲亡元罪人之首歟。

評曰：人君撥亂反正，必先於正身修德，繼之以用賢退不肖，夫然後能齊。至正之末，順帝淫昏，太子狂躁，内政專於婦寺，外權歸於奸雄，是猶木之蠹在根本，而不由於枝葉也。雖使庫庫臣順，南兵不至，亦不能理，尚何輕重、强弱、先後、緩急之論哉。陳祖仁不揣其本，而拳拳以馭天下之勢爲言，當是時，大事已去，何待有意外之變，其亦不審於天下之勢矣。然負氣剛正，則廷臣未易及也。

**朱權《通鑑博論》卷中**　元都沙漠世祖遷大都

太祖姓孛兒只斤，名帖木真，蒙古部人也。《元朝祕史》云帝之祖是一箇蒼色狼與一箇糝色白鹿相配了，産了一箇人唤做巴塔赤罕，自後生到帝，號乞顔氏，遂爲蒙古部長，併吞諸部，威德日盛，其國漸大，宋開禧間稱帝於斡難河之源。帝深沉有大度，用兵如神，故能滅國四十，平西夏、定西域，其奇勳偉績猶多，惜乎當時胡人止知褒美其德，縱有其疵而無貶，故無斷焉。在位二十二年，壽六十六。



太宗名窩闊台，太祖子，奉遺詔即帝位。始立朝儀，定賦税，修孔子廟，試用儒士。在位十三年，壽五十六。

斷曰：惜乎徵羊羔之利，每歲倍追以貸回鶻金銀。民皆賣妻子不堪命，是重利而輕人也。

定宗名貴由，太宗子，皇后臨朝五年而立。帝即位後，諸王各部徵求無厭，民力益困，自后稱制以來，法度不一，内外離心，而太宗之政衰矣。在位三年，壽四十三。

憲宗名蒙哥，太祖孫，剛勇雄毅，沉謀寡言，性儉素，不樂飲食。御下甚嚴，回鶻有獻水晶盆、珎珠傘，帝曰：「方今百姓疲弊，所急者錢耳。朕獨有此何用。」卻之，亦可謂美矣。在位五年，壽五十二。

斷曰：惜乎聽羣姦之惑以厭禳事，而賜殺皇嫂定宗之后，其骨肉之情有乖。以胡僧爲帝師，而不知恥。起胡元沙門之禍，以美人遺丘長春求神仙之種，致使長春自去其勢。聽妖僧欲焚道藏經書，不果而暴殂，豈非天之所厭耶。

世祖名忽必烈，憲宗同母弟，恢廓大度，知人善任，愛養民力，所以舉才識，勸農桑，抑遊惰，禮高年，恤孤寡。

瀛國公婦所生之子也，生於行幄，其夜有光，明宗異之，養爲己子。明宗崩，當嗣立，文宗知其非中宫所出者，始遷高麗，再遷靖江。後寧宗崩，闊里吉思迎立之。及其元之亡也，國人謂曰帝本宋裔，以報元之滅宋，天道好還，理固然也。蓋帝之爲君，善無所聞。丞相伯顔奏殺張、王、李、劉、趙五姓漢人，帝不許，乃貶伯顔。止此一事，可謂明矣。即位以來，數遣使高麗求取媵妾，致使彼國生女不舉，女長不嫁，内則造龍舟遊于海子，令宫女衣錦繡執樂器，作天魔之舞，唱《華嚴》、《海會》等曲以讚佛。其甚者受沙門祕密之教房中之術，號演揲兒。國政不修，恣於佚樂，外則姦臣執柄，威權日縱，政出多門，刑賞僭濫。時事浸乖，灾異迭至，廿一胡閏兒等念彌勒佛，唱偈子，設白蓮教，念彌陀佛，大亂是非，中原羣雄，蜂起雲合，天下崩潰，而不可支矣。帝知天運告終，自謂：「我本胡人，難爲中國主。」復歸沙漠，明年崩于應昌，在位三十六年，壽五十一。

**夏寅《政鑒》卷之三二**　元主滅回回國，遂進次印度。鐵門關侍衛見一獸鹿形馬尾，緑色而獨角，能爲人言，謂之曰：「汝主宜早還。」元主怪之，以問。耶律楚材對曰：「此獸名角端，日行一萬八千里，解四夷語，是惡殺之象。今大軍西征已四年，蓋上天惡殺，遣之以告。陛下願承天心，宥此數國人命。」元主即日班師。

按舜樂告成而鳳凰來儀，百獸率舞，蓋以舜之德如天地之無不覆幬，故幽明人物，無不感召。元主窮極兵鋒，滅國四十，其亦有所感通而天遣告之切邪。夫獸之與人同生異類，同生，故氣機相通，異類，故靈頑不一。舜之鳳儀獸舞，和氣所感也；元主之角端，殺氣所召也。楚材因事進説，歸重於天，才足以該物理，智足以格君心，非命世之賢，何以能之。

初，元太祖征西域，倉庫無斗粟尺帛之儲，於是群臣咸言：「雖得漢人，亦無所用，不若盡殺之，使草木暢茂，以爲牧地。」耶律楚材曰：「夫以天下之廣，四海之富，何求而不得，但不爲耳，何名無用哉。」因奏地税、商税、酒醋、鹽鐵之利，周歲可得銀五十萬兩，絹八萬匹，粟四十萬石。又乘間進説周孔之教王。謂天下雖得之馬上，不可以馬上治。元主深然之，由是文臣漸進用矣。

按元乘夷狄極隆之運，值中夏大壞之時，踵遼金之轍而南，所習者騎射，所務者戰鬬，所利者子女財帛，至欲屠吾民以牧馬。當時非楚材左右其間，天下當何如。孟子嘗曰：「昔者禹抑洪水而天下平，周公兼夷狄，驅猛獸而百姓寧。孔子成《春秋》而亂臣賊子懼。」夫一治一亂，蓋嘗相因。而拯亂歸治，必有其人。孟子本以闢楊、墨，欲嗣孔子之作《春秋》，而世儒表其功，謂不在禹下。若夫楚材孤立大亂之後，羣夷之中，整天綱，立人紀，興利除害。太宗嘗曰：「汝又欲爲百姓哭耶。」然卒行其所學以濟斯世斯民，由是而言其功，雖繼孟軻可也。

元領中書行省楊惟中建太極書院于燕京，延趙復爲師。時濂溪周子之學未至於河朔，楊惟中用師于蜀、湖、荆、漢，得名士數十人，始知其道之粹。乃收集伊洛之書，載送燕京。及師還，遂建太極書院，及周子祠，以二程、張、楊、游、朱六子配食。又刻《太極圖》、《通書》、《西銘》于祠壁，選俊秀有識度者爲道學生。由是，河朔始知道學矣。

按元自楚材勸用周孔之教，而文臣由是進用。又請立編修所於燕京，立經籍所於平陽，而經籍由是著明。今楊惟中又建太極書院，尊禮儒師，俾講明道學，以教俊秀，孰謂夷狄之興而有是乎。我朝永樂間，兼修《性理大全》，正以表章道學。夫何邇者試士場屋命題不用諸子可也，而《通書》、《正蒙》亦不用乎。於是學者益趨苟簡，而性理之學不復講矣。夫以元入中夏，首唱道學，厥後許衡、吴澂之徒，迭起南北，遂皆從祀孔子廟廷，與宋、程、朱諸子後先相映，況兹堂堂。

聖朝而未有一人續道統者，豈非道學大明，士見而知，宜相與躬行，立德不在區區衣冠纂著之間，以立赤幟。蓋俟後世論定而表章之。此固愚之所願，而日望之者也。

燕京行省郎中姚樞棄官隱于蘇門時，牙剌瓦赤在燕所屬，惟事貨賂，以掊尅媚之。樞爲幕長，一切拒絶，因辭職，移家往輝州之蘇門，墾田數百畝，誅茆爲堂城中，置私廟四室，中堂龕魯司寇，容傍列周、程、張、邵、司馬六君子像，讀書其中。衣冠端肅，以道學自任。佳時則鳴琴于百泉之上，自板《小學》、《書》、《論語》、《孟子》、《大學》、《中庸》、《朱子或問》、《家禮》，俾楊惟中板《四書集註》，田尚書板《詩傳》，折衷《易》、程傳《書》、蔡氏傳《春秋》、胡氏傳。又板《近思録》、東萊《經史論説》諸書行之。

按道學者，王化之本，生民所恃以立命，萬世所恃以開太平者也。元是時，太宗殂，六皇后專政，國政中微，故樞棄官歸隱，以道學自任。啓迪北方之學者，回狂瀾於既倒，障百川而東之。斯文之不墜，公茂之力也。

元命劉秉忠營桓、灤之間爲開平府，元主欲建城市，修宮室爲都會之所。太弟言秉忠精於天文地理之術，乃命相宅。秉忠以桓州東灤水北之龍岡爲言，乃命秉忠營之。

按秉忠自世祖藩邸遭遇，每陳大計，動以帝王之道爲言。其從征大理，征雲南，平江南，每贊以天地之好生，王者之神武不殺，故克城之日，不妄戮一人。中統元年，世祖即位，問以治天下之大經，養民之良法，秉忠采祖宗舊典，參以古制之宜於今者，條列以聞。於是下詔建元紀歲，立中書省，宣撫司，朝廷舊臣、山林遺逸之士，咸見録用，文物粲然一新，秉忠之力也。於乎盛哉。

元以姚樞爲太子太師，竇默爲太子太傅，許衡爲太子太保。時王文統當國，深忌樞等。樞、默亦力言文統學術之非。文統益憾之，乃授樞等爲東宮三師，外佯尊之，内實不欲其備顧問也。默欲依東宮以避禍，將入謝，衡曰：「禮，師傅與太子位東西鄉，師傅坐太子乃坐，公等度能復此乎。不能則師道自我廢也。」樞以爲然，乃皆辭不拜。

按樞等三人皆以道學自任，故進退綽綽得大臣之道，辭三師一事則魯齋爲正。

議中書省事，許衡陳時務五事，一曰立國規模，言歷代建國，北方奄有中夏，如魏、遼、金能用漢法，故享國久長。今國家當行漢法，然萬世國俗一旦改之，其勢甚難，非三十年不能成功。齊一吾民使之富，實興學校，練甲兵，不雜小人，不營小利，不責近效，不惑浮言，庶幾可以得天下之心，成至治之效。二曰中書大要，須俸禄以資仕者之養，立銓法以紓失職之怨，外設監司以糾察汙濫。三曰爲羣難，以踐言、防欺、任賢、去邪、得民心、順天道六者爲目，以修德、任賢、愛民三者爲要。四曰農桑學校。五曰慎微。世祖深納之。

按元初儒者唯衡純而正，世祖既用之議中書備顧問矣。又使之典國學，教胄子，雖諸大臣惡漢法者沮之，而待衡之恩禮卒不替，視程朱在宋有間矣。孟子曰：「五百年必有王者興其間，必有名世者。」豈不謂然乎。

元命中書平章軍國重事史天澤，中書左丞相伯顏帥師伐宋。元主諭之曰：「古之善取江南者唯曹彬，汝能不殺，是吾曹彬也。」

按自五代石晉以盧龍地賂契丹，使夷狄跨有中國，遼德不競，金踵而來，金源復竭，元繼而起，豈非天啓狄運，以極中原之變乎。然而三國之治，異乎五胡者，用漢法故也。昔孔子作《春秋》以憲萬世，而於尊中國外夷狄，尤惓惓焉。孔子奚爲外夷狄哉。吴楚非華肆邪，吴楚出華而入夷，孔子烏得不外之，故曰：「微管仲，吾其被髮左衽矣。」齊魯之衰，晉鄭宋衛之亂諸侯之盟，吴楚得主之，故曰：「夷狄有君，不如諸夏之無。」元魏之間，孝文勃起，定禮樂，遵王度，故文中子曰：「中國之道不墜。」孝文之力也。豈終以夷狄擯之哉。夷而中國，則中國之；中國而夷，則夷之。君子小人之自取，蓋亦如此。天地無棄物，聖人豈有乘人哉。

**許浩《元史闡幽》** 世祖至元十七年以阿察罕爲右丞相討日本。世祖以其國人取宋而定中國，若有餘力，及主中國，而兼天下之力以征日本、安南，則皆敗衄，何也？蓋日本、安南海外小夷，非中國之所敵，而亦所不必争之地也。惟以爲非所敵，故其下不以爲意，而不務致其力，以爲不必争，故其下不。以爲重而不務盡其力，以其不以爲意而不務致力之心，而懷不以爲重而不務盡力之志。是以至於敗也。然此亦由世祖不知《春秋》之義故耳。《春秋》之義務近攻，而不務遠畧，尚文德而不尚武功，不勞中國以事乎外。故於齊侯之伐山戎，與晉士會之滅赤狄，甲士留吁，孔子皆書之曰「人」，以致貶也。使世祖而知此義，則寧有是役，而寧有是辱耶。幸而世祖猶知覺悟而雖詔再舉終不行耳。使果再舉而若隋煬之於高麗，則安知《莫向遼東浪死之歌》之不重作，而江都之禍之不重見也耶。

殺江淮平章政事阿里伯、右丞燕帖木兒、左丞崔斌。世祖天質粹美，仁武不殺，而能任姚樞、許衡、廉希憲諸賢。先有令聞，遂得大位。以至於取宋而一天下。然不能知夫先王之道，以治天下，而每爲利所動。是以既用阿合馬理筭江淮錢穀，而殺阿里伯、燕帖木兒、崔斌，尋用盧世榮行鈔法，而罷崔彧。尋又用要束木鈎考荆湖錢穀，而下陳天榛獄，尋又用桑哥檢覈中書錢穀，而殺郭佑、楊居寬，以拒言者，以奪夫民之財，而民不聊生，不之恤也。向微群奸惡稔而敗，而和禮霍孫、張雄飛、安童、麥術督丁、不忽木、鐵哥輩相繼柄用而救正之，則其傳世不傳未可知也。是以雖能混一，而終不能以比於漢唐宋之盛也歟。

集賢學士國子祭酒許衡卒。許衡將卒而語其子曰：「吾死後，勿請謚，勿立碑，但書許某之墓，令子孫知其處足矣。」衡豈耻仕元歟。曰：衡生於元而仕元，猶孔子生於魯而仕魯也。孔子豈嘗耻仕魯歟。孔子不耻仕魯，則衡亦不耻仕元矣。而何以戒子不請謚耶。衡蓋自信其所學、所守、所猷、所爲，天下後世自有公論，而不在於謚之有無也。夫惟其自信之，及是以其既没也，太常自議而謚之以「文正」，固不待乎其請。而我朝聖祖高皇帝廟祀孔子録取歷代名儒從祀，仍封爲魏國公，又豈請之所可得乎。衡蓋先有以見乎此矣。

十八年詔焚毁道經。世祖以桑門之言而使張易參校道書，惟存老子《道德經》，餘悉焚毁。似矣，然其所以舉者由桑門也。桑門所傳佛氏之言，獨不當參校乎。使其參校，吾恐其無可取，而求若《道德經》之可存者亦無有也。然則佛氏之言固當先焚毁矣。而不能毁，遂使其説蔓延，而仁宗因之以寫金字佛經，英宗因之以寫金字藏經，而因以作佛事費用鉅萬，蠹耗無已，可勝惜哉。蓋嘗論之，異端之爲害也久矣，孔子既没，則有楊、墨，孟子辭而闢之，而其害息。孟子既没，而佛、老出其言比於楊、墨，尤爲近理，而其爲害尤甚。雖有程、朱諸賢極力以距之，莫能息也。幸而其徒自相攻擊，林靈素以老氏之説惑宋徽宗，而更寺爲道院，改佛號爲大覺金仙，僧爲德士，佛氏之説幾於息矣，而猶不能盡息，復遺楊璉真加之徒，以其道惑元世祖而爲是舉以傾老氏。老氏之説亦幾於息矣。而復不能盡息，傳而至今，二家之説益熾益盛，不可撲滅。夫以程朱之賢，而以正道距之猶不能使之息，況復以邪攻邪而欲望其息，其可得乎。嗚呼，安得孟子復生以距其陂行，放其淫辭，而使與楊墨之道同歸於息也。

十九年益都千户王著殺阿合馬於闕下。或以王著忿阿合馬害政，捐其身爲天下除害，而自詣於司敗，以至臨命氣不少阻，而以義許之。吾不知其所謂義，果何義也。義莫大於尊君，尊君莫大於聽命。晉韓簡子以宋仲幾城成，周不受功執之，孔子以其不告於司寇，而擅執人於天子之側，雖以王事討有罪，而履霜之漸不可以長，書之曰「晉人執宋仲幾歸於京師。」誠以其不能聽命於君，而失尊君之義，所當貶也。人臣執人於天子之側，且猶不可，而況矯乎太子之命，而殺貴臣於殿廷之間乎。所幸蹤跡分明，而不涉於疑似耳。苟涉疑似，豈不爲太子之累乎。果累太子，則雖殺百阿合馬，亦何益也。使王著於此果忿阿合馬之爲害，而欲爲天下除之，則指其實以戇諫諫，諫不入而逢世祖之怒而死，或幸而免而爲阿合馬所殺，則亦得與阿里伯、燕帖木兒、崔斌諸人同遊於地下，而死非徒死矣。謂之爲義，其庶矣乎。

二十年增官吏俸給。先王制禄，庶人之在官者，及下士，其禄以農之五等爲差，等而上之。而中士而上士而大夫，每進每倍，故其所養常有餘裕。所以當世之士大夫，不待於勸而廉耻自勵，不待於懲而貪黷自無也。元之制禄不及於古，所入之俸不能副其養贍之資，蓋難責其廉矣。及論犯贓，則欲自十五貫已上，皆决杖除名，吏奚而能堪乎。此崔彧所以有增俸之請也。世祖聞之而詔内外官吏俸以十分爲差增給五分，蓋自知其所制之禄多或不足矣。夫位乃天位，職乃天職，而禄則天之禄也，其奚而儉之乎。

二十二年，太子真金卒。太子甫立，而問王恂以心之所守，恂誦許衡心猶印版之説，而太子稱善。其於正心之旨，蓋默契矣。是以許衡致仕，則曰：「公毋以道不行爲憂，公安則道行有時矣。」和禮霍孫拜相，則曰：「事有便國利民者，毋吝更張。或有沮撓，吾當力持之。」盧世榮興利，則曰：「財非天降，安能歲取贏乎。」王惲進《承華事畧》，至漢成帝不絶馳道，唐肅宗改服絳紗爲朱明服，則曰：「我若遇此，理亦應如是。」其志趣已如此。及其參决朝政，而聞四方科斂，挽漕造作，和市有係民之休戚者，則奏罷之。見江西行省獻羡餘鈔，則峻却之。聞殺崔斌則投筯而使止之，見國族子俊秀則教以讀漢人書，毋習蒙古文字，其所爲又如此，大抵皆出於正而合於道，使其得假以年，而踐天位，以臨天下，必相許衡，而和禮霍孫之術亦必得盡展也。必不用阿合馬、桑哥、要束木之徒興理錢穀以戮諫臣也，必不括户口，立規措所、置經理司以厲百姓也，必不胡服臨朝，與行蒙古新字，以仍乎舊俗也，又可知矣。天未欲平治天下，而爲讒邪所間，憂懼而卒，可勝惜哉。豈天不欲胡之大興，而中奪之也。

二十五年，南臺御史中丞劉宣自殺。劉宣爲忙兀蒂所忌，搆逮於獄，自謂身爲臺臣，義不受辱，誓不與經斷小人交口辨訟，屈膝於怨家之前，而自刎死。其志誠可哀矣。然未足憫之也。宣蓋亦見阿里伯、燕帖木兒、崔彬、郭佑、楊居寬之見殺矣，崔彧、陳天祥之下獄矣。彼數人者，果何罪乎。此政所謂無罪而殺士，則大夫可以去之時也。宣於此時而能如宋子哀之不義宋卿，見幾而作，以致其事而去，則雖孔子復生，猶將大書其字以致美矣。宣不能然，而欲孤立於昏朝以行其志，將誰恃乎。及爲奸人所搆，以逮於獄，而憤激自决，其亦晚矣。故語其志誠可哀也，寧足憫乎。

二十八年，葉李以罪免。葉李上書于宋理宗朝，極言賈似道專權誤國害民之罪，黥配漳州，天下之人想望風采。故元世祖取宋，而勑侍御史程文海訪求江南人才，令必致之，至即處以台輔。吾以李雖失其本心，猶必行其所言，以立王魏之功以揜其失節之罪，而與姚樞、廉希憲之業争後先矣。而何一喪百朝，而甚至於附桑哥乎。桑哥鈎考錢穀，擾害百姓，紊亂朝政，排斥善類，蓋元之似道也。李而附之，則是亦似道矣，何以罪似道乎。是知其始之所以言似道者，特未得其位耳。使已得位，則將與陳宜中輩同趨賈門，以濟其惡，以共亡宋，而爲俘馘久矣。豈待失行於元，而後見其罪乎。

三十一年，御史中丞崔彧得傳國璽，獻之。木華黎曾孫碩德卒，其妻出古玉印爲常玉貨。御史中丞崔彧與祕書監丞楊桓辨其爲傳國璽，上之。按傳國璽，秦始皇得藍田玉以爲之，李斯篆文曰：「受命于天，既壽永昌。」屢傳而入朱梁，梁亡入於後唐。初，後唐主存勗謀即位，魏州僧以傳國璽獻，遂即位改元，同光則後唐之璽，蓋有二也。璽既有二，則必有一贋矣。其一既贋，則彼之一庸詎知亦非贋邪。夫惟其有贋也，是以今日既曰與廢帝從珂同焚於洛陽之玄武樓矣，而他日叚義又得之，以爲宋哲宗獻，今日既曰入金，而與金哀宗永濟同焚於蔡州之幽蘭軒矣。而他日碩德之妻又得，以爲崔彧輩所識，而爲元成宗獻。豈璽果神物，既燬而復完耶。蓋皆僞爲而贋者也。藍田之玉豈必秦時斯産，而「受命于天，既壽永昌」之文，又豈必秦人獨能刻之也耶。然則後之所謂秦璽者，非復秦時之故物明矣。同光、元符之璽，吾雖不知，若夫元貞之璽，云得於碩德妻。碩德，元之世臣，得此異物，乃不能識以自上達，直待其没，而其妻以鬻，然後崔彧、楊桓識之。吾固所不信也，是安知非崔彧諸人迎合皇太妃意，以翊戴乎成宗，而恐世祖所假於鐵木耳以鎮北方之太子寶，未足爲信，而爲此以眩耀人，以定其位也耶。嗚呼，秦璽信不存矣，政使猶存，亦不足爲貴也。何也，蓋璽之文曰「受命于天，既壽永昌」，則其得之而寶之者，必壽而昌，乃爲可貴也。今也始皇之壽止於五十，而傳止於二世，烏在其爲壽昌乎。於秦而不壽昌，則其於後人也可知矣。是又奚而貴哉。

玉昔帖木兒，伯顔等立鐵木耳于上都。太子既没，而甘麻剌其長子，天性仁孝，御下有恩，天位所宜歸也。世祖從爲晉王，使治漠北，而統太祖四大斡耳之地。蓋亦有是意矣。其未以正乎儲者，亦或有意於安西王兄弟輩耳。若夫遣鐵木耳鎮北邊，而假以太子寶者，特以伯顔權重，而假此以鎮之耳。豈嘗以正夫儲位乎。觀於世祖既崩，而廷議定策之際，諸王多有違言，可見矣。而玉昔帖木兒，伯顔私於所事，舍乎晉王不立，而反以兵挾之曰：「宫車宴駕，神器不可以久虚，且昔太子寶既有所歸，晉王宗盟之長，何俟而不言。」而示以必立之意，惟時前後左右無非二人之黨，晉王惟無言耳，言則必虀粉矣。然則雖欲有言，其敢言乎。晉王既無言，其誰敢復貳乎，此鐵木耳之所以立也。是則玉昔帖木兒、伯顔推戴之力也，豈世祖之意乎。昔衛州吁弑其君，完國人討殺之于濮，迎公子晉而立之。孔子作《春秋》，書之曰：「衛人立晉。」以其不承乎先君，不宜立也。今鐵木耳既未嘗受世祖之命，而復有二兄在，詎宜立乎。夫惟其不宜立而立，而至於絶傳，則武宗又無所受，而越次而立矣。仁宗雖受之於武宗，而其傳於英宗，則又違乎武宗之盟矣。是皆所不宜立而立，其猶魯之隱、莊、閔公立不以正，《春秋》之所不書「即位」者也。究其所由，皆由於鐵木耳之紊其序而召之耳。豈知南坡禍作，而天位竟歸於晉王子也孫帖木兒也。天其有知乎哉，天其有知乎哉。

宋使臣家鉉翁卒。鉉翁遭國將亡，甫入樞密而即奉使祈請，爲元人執。人皆以爲鉉翁不幸，而予獨以爲鉉翁幸焉，何則，鉉翁不奉使命，而不先留虜中，則國亡之後，不爲天祥，必爲枋得，而與二人同遊於地下久矣。豈能全其腰領以至於今日耶。夫惟其因使被留，而元人視之如囊中物，不以爲意，故得以因循放廢，以至於十有五年之後，顯受處士之號，生還田里，以終正寢。使後之執史筆者得以書之曰：「宋（析）〔祈〕請使家鉉翁卒。」而與晉徵士陶潛卒之書于《宋史》者同垂於不朽矣。是豈非幸與，是豈非幸歟。

武宗大德二年，增太廟牲用馬。先王之制祭祀之禮，内則盡志，外則盡物，故雖水草之菹，陸産之醢，而小物之備，三牲之俎，八簋之實，而美物之備，昆蟲之異，草木之實，而陰陽之物之備，猶且以爲不足，而凡天之所生，地之所長，苟可薦者，莫不咸在，以必盡其物也。必盡其物而獨不及於馬，豈以天下儉其親歟。誠以馬之爲物，負重致遠，切於人用，而不可爲飲食之物，古人所以不棄敝蓋以待其斃也，是豈可以用爲牲歟。成宗不遵先王之典，廟祭之禮增用乎馬，非禮也，已使吾夫子而與斯祭，而退書之，則僖公之四卜郊不從，乃免牲，宣公之郊牛之口傷，改卜牛，牛死乃不郊，成公之鼷鼠食郊牛之角，改卜牛鼷鼠，又食其角，乃免牛之文必將重見於册。而雖欲爲諱，不可得而諱矣。夫成宗之所以增用夫馬者，非以先王之廟之物未足，而用此以致其敬歟。致敬莫如盡志，盡志莫如身致其誠。成宗循乎國俗，不能舉乎親祀之典，而親割親酌親獻，以身致其誠，以盡其志於内，而徒恃其物之盡於外以求享親，親而知禮，其將享乎。夫惟其恃乎物也，故其下化之競爲僭侈，無有紀極。而他日燕帖木兒一燕之間，至於宰十三馬，則僭侈之極，而大亂起矣。馴至亡國，不亦宜乎。

四年，昭文館大學士平章國事不忽木卒。元主中國而用國人爲相，其間亦有賢者，而不忽木其冣也。故當桑哥得志而欲殺郭佑、楊居寬，則力争之。河東守臣獻嘉禾則拒絶之，胡僧作佛事而欲赦殺主、殺夫之人，則以爲廢人倫，奴告主人而詔與之官，則以爲壞風俗。御史李元禮諫太后幸五臺山，而詔使鞫，則明其無罪，而反爲請賞。凡所建白皆極明切，卒至其主感悟而悉從之。及乎拜相之日，讓之同列，身没之時，無貲營喪。雖古之名相，殆不能過。孰謂穹廬之下有此人乎。

九年，賈胡獻寶珠。尚文可謂善爲説歟。夫以一珠而含之可以不渴，熨面可使目有光，謂之非寶不可。尚文不言其非寶，而言其所用，但可以利一人，而不能及於衆，則其不足寶也，不言自見。而六十萬緡之直，不待於商而彼自不敢以邀矣。珠有如此之用，而尚文猶以爲不足寶，世有取夫異石名以爲寶，而不及乎此珠之用百一者，論價復倍，尚文不之見耳。尚文而見，不知又何如其論也。噫，安得尚文復作，而使之一論也耶。

十一年，封禿剌爲越王，左遷右丞相哈剌哈孫爲和林左丞相。阿忽台承皇后意，欲舍武宗兄弟而立安西王。其謀已合，惟時武宗兄弟猶在於外，使微哈剌哈孫匿謀潛致，以先舉事，雖百禿剌無能爲也。武宗得位而論功行賞，乃重其得

(免)〔免〕者，而輕其發跡指示者。王乎禿剌，而左遷哈剌哈孫爲河南左丞相，賞罰蓋無章矣。而哈剌哈孫既謫，方且勤政，而無不平之意，禿剌在朝，反懷怨望，而有無上之心。君子小人之跡明著如此。成宗既知之矣，宜其進乎哈剌哈孫而用之也。而卒不能用，其何以望其治之克紹夫至元也歟。

以馬謀沙及伶官沙的爲平章政事，武宗至大元年加宦者李邦寧大司徒兼左丞相。以西番僧教瓦班爲翰林學士承旨。以角觝伶官而爲平章政事，以宦者而爲司徒兼左丞相，以西僧而爲翰林學士承旨，武宗之用人如此，有志之士尚肯立於其朝乎。有志之士不立於其朝，則貪昧無耻之人至矣。以貪昧無耻之人而與治乎天下，天下可得治乎。

西僧毆上都留守李璧，釋不問。留守爲君居守，尊莫尚也。王妃，國之近屬，親莫如也。國之尊者、親者得以毆之，何人不可毆乎，此大亂之道也。君子於此可謀仕歟。

以答思不花爲右丞相，乞台普濟爲左丞相。武宗以答思不花、乞台普濟爲左右丞相，而詔内外機務，並從中書區處，因而停内降旨選官，追還内降璽書，其弗由中書者，悉格不行。蓋知政出多門，必有倖恩壞法之事，故禁絶之。而使不得以干其法也。吾以爲自玆中書非復曩時之比，其政務必歸于一而治爲可期矣。曾不踰時，而信脱虎脱之言，置尚書省興理財用，廢置除拜，縱恣自由，而三宫内降之旨皆復施行，中書不得與聞，則視其初之中書，又不及矣。此武宗之治所以不及於至元、大德也歟。

左遷敬儼爲兩淮轉運使。復議置尚書省興理財用，治書侍御史敬儼以爲不便，時相啣之使治兩淮，久滯鹽課，意其必不能辦而陷之也。而儼從容經度，不待踰時，而課入足，復有羡餘二十五萬。夫儼不欲置尚書省以興理財用，而自理財用則有羡餘，豈其忘乎初言而過取於民歟。儼非爲過取也，由能盡法而法舉也。夫課之所以耗者，乃法之弊，而貪墨者侵之耳。儼能舉乎其法，而貪墨者不得而侵，則利盡入官，而其課之所入不期其足而自足，不期其羡而自羡矣，豈待於過取歟。若儼果爲過取以求此羡，必將以是爲功，而他日省臣欲以爲額以表其功，其所顧也。而儼辭而不有，脱然若不出其所經度者，是豈其過取歟。夫脱虎脱輩立省理財，以求財羡，而終不得羡，儼理弊法，不期其羡，而財自羡，古人所謂有治人，無治法者，良有以夫。

二年，置太子右衛率府。王約之慮深矣。太子以介弟正儲位，而皇子和世㻋日長，邪佞之徒如三寶奴、李邦寧輩，圖居奇貨，雖無隙之可乘，而竊有父作子述，不應舍子立姪之説以動摇之矣。雖武宗甫籍太子之力以得大位，而天理猶存，不爲所動，若果所爲踰分，有隙可乘，而群邪相與媒孽，市虎之告者三，殺人之報者再，安知已誤再誤之説之終不入而待汝自爲，賞之未晚之怒終不形也。此置右衛率府及遠取兵甲，分地陝西等事，約所以深慮也。夫惟其慮之深，而言之切至，以致太子感悟，而倚信之，不經其議者不啓，是以每事詳慎，無隙可乘，而群邪不得以措其手。此其所以能保全之於四年之後，而卒踐夫天位也，約之功大矣哉。

三年徵李孟入見，以爲平章政事。李孟力贊愛育黎拔力八達入京，執安西王，誅阿忽台等，以定武宗之位，當時之功莫有出其右者。愛育黎拔力八達監國，而以爲參知政事未足酬之也，而孟辭而迯去。何哉，夫孟探虎口以開愛育黎拔力八達之路，而衛之入京，以破夫陰謀，以獲夫群醜者，將以爲己之功而望其報也。功既已立而乃棄而不有，而迯避之，豈人情乎，孟蓋有深慮焉耳。蓋孟之所以盡忠於愛育黎拔力八達，以成其功，以定武宗之位者，雖武宗之所喜，亦武宗之所忌也。武宗既忌，則不能以不疑覬其閒乎。皇后欲使讓位於愛育黎拔力八達，而謂康里脱脱曰位當歸我而云云者，殆必用事大臣擅權專殺。恐他日獲罪而爲是奸謀耳。是雖未的指孟，而孟在其中矣。矧孟甫受命而議政，損益庶務，裁抑徼倖，群小已皆不便。使孟偃然在位，而侍愛育黎拔力八達以朝，則漢宣之芒刺，必將生於武宗之背，而大將軍之問必將出諸口矣。大將軍之問既出於口，則彼之不樂者承望風旨，必從而譏搆之，而不爲禿剌之誅，哈剌哈孫之左遷也幾希矣。孟之慮及乎此，所以懼而迯去，以示其不爲愛育黎拔力八達之所用，以遠其嫌以釋其疑也。惟其如是，是以武宗之心坦然無疑，而他日雖有嘗勸愛育黎拔力八達自取之譖不入，而愛育黎拔力八達稱其能全乎母子、兄弟之歡之功，終見信也。此則孟之善遠夫嫌以免於禍也，故不惟免於禍，而武宗且信之而用之矣。孟之知大矣哉。至於他日以不附鐵木迭兒爲其所譏，奪爵左遷，而即欣然就職，亦其知也。使不及此而挾其勛舊忿怨顧望，形諸聲色，則必入於其計，而將與蕭拜住、楊朵兒止同載於都門之外矣。烏能免哉。《詩》云「既明且哲，以保其身」，李孟有焉。

賜諸王察八兒弊帛　元主中國，雖不能變其舊俗，以由先王之道，而其待乎族屬常厚，猶有先王之遺意焉。是故阿里不哥稱兵僭號，而親與世祖接戰，逆莫甚也。及其來降，釋而不治。海都久亂北邊，日勤兵戍，而世祖顧積其分地五户絲爲幣帛，擬俟其來降，賜之。及海都死，而其子察八兒降，武宗迄取以賜。是雖流於姑恤，而不足以懲惡示戒，然視秦二世、齊明帝輩，無事而殘其骨肉者，則有間矣。

四年，罷康里脱脱爲江浙行省左丞相。便河之利，南人知之，康里脱脱宜未知也。而能用乎父老之言，斷然行之，雖僚佐之沮，而不之恤，詔旨之止，而不之顧。以一月之功而成萬世之利，非知夫一勞久逸，暫費永安之大計者，不能也。是宜其能調燮太妃，以定武宗之位，拒三寶奴，以定仁宗之位也歟。夫一言而定武宗之位，又一言而定仁宗之位，其功大矣，其才亦可知矣。武宗、仁宗胡弗用之以輔弼，以廣其澤於天下，而獨使其澤但被於一浙耶。

遣宦者李邦寧釋奠于孔子。武宗以宦者李邦寧爲司徒、左丞相，爵既瀆矣，至此而使之端章甫，執罍爵，以釋奠於夫子。吾夫子何人哉，季氏旅於泰山，而夫子猶有曾謂「泰山不如林放」之嘆，況此刑餘之人，而行司成之事，夫子其肯享乎。此其所以大風滅燭，燭鐏入地，震怒而不已也。

仁宗皇慶二年，詔初行科舉。《傳》稱：「成湯立賢無方。」湯豈無族屬歟。誠以所用以賢。夫人既賢，則必立之於位，不當問其類也。仁宗詔行科舉而定其條制，蒙古、色目人、漢人、南人各命題，其蒙古、色目人願試，漢人、南人文字中選者加一等注授，豈蒙古、色目人之才果異於漢人、南人歟。蓋不知夫立賢無方之義，而徒以其族類而優之耳。然既優之，則宜其所得之人之所立之事功超軼於漢人、南人矣。豈知國步艱難之日，而仗義死節者乃李黼、李齊、余闕、董摶霄輩漢人、南人，而蒙古、色目人乃無聞耶。

延祐元年，勅自今宦者毋得授文階。仁宗懲乎武宗封爵之濫，而詔自今宦者毋得授文階，蓋懼其後人之違之也。曾幾何時，而加宦者續元暉昭文館大學士，則既以違之矣，何以令後人乎。然則其令蓋亦不必著矣。

詔定官民車服之制。先王之法貴賤車馬衣服之制皆有其等，而公族有罪，不以犯有司正術。蓋所以定乎上下之分，而無間於親踈也。故當時之人皆安其分，無敢僭踰，而財用不傷，所以民用常足。各安其生，而天下乂寧者也。元出沙漠，而主中國，不能行乎先王之道，而仍其陋俗。上下無章，貴賤無等，倡優、下流亦得以服乎王公之服，乘乎王公之車，踰禮犯分，侈僭無度。財用日耗，民生日艱，而禍亂頻作矣。仁宗知之，特詔中書定乎官民車服之制，似也。而縱蒙古及怯薛諸色人不禁，則於經之所謂不犯有司正術之道有違，而不能以躬行矣，何以令夫衆乎。所以順帝至元復有鸞鳳、赭黄等服之禁也。是則當時雖定爲制，而人實不嘗遵矣。

二年，立武宗子和世㻋爲周王，出鎮雲南。武宗以仁宗有定内難之功，立爲皇太子。三寶奴欲僥武宗之恩，謀於康里脱脱，將廢皇太子而立皇子和世㻋爲太子，脱脱執不可曰：「在我不可渝。彼失其信，天實鑒之。」脱脱亦惟據理而謾言之耳。安知背盟之餘，遂有南坡之禍，而其言果驗乎。是知脱脱之心即天之心，而人自符之，不能以違之也。不然，則以仁宗仁愛培養之餘，而繼以英宗之賢，禍奚宜其及乎。

三年，平章政事張珪謝病歸。鐵木迭兒謀爲太師，平章政事張珪劾之，弗遂。鐵木兒訴之於太后。太后潛召珪，切責，杖之幾死。仁宗聞之不懌，遣使賜之酒，進大司徒。珪謝病歸。夫仁宗爲天下君，而置宰相爲天下計也。宰相謀國不臧，而得罪於朝廷，於太后，則雖殺之可也。其言鐵木迭兒不可爲太師，天下之計也。宰相爲天下計，而使外戚搆之宫闈，以受杖於簾前，則是無朝廷矣。無朝廷無仁宗矣，仁宗其何以居天位臨天下乎。或曰：太后實惡之，杖之。仁宗雖欲庇之，可違太后意乎。曰：珪之杖也，雖太后之命，其實鐵木迭兒眇視仁宗，不復忌憚，而肆爲之也。向使其於仁宗尚有所憚，則必顧慮。而雖太后欲杖，必且力争而止之矣。寧敢以爲此乎。然則鐵木迭兒不惟得罪於仁宗，而且得罪於太后者也，庸可不治乎。昔漢薄昭擅殺使者，文帝殺之。時太后固在也，人未嘗以其忤太后爲議。誠以昭罪當殺，不得而不殺也。以此爲防，其後猶有莽賊之禍。鐵木迭兒主辱天子股肱，其罪又浮於昭。使其遇乎漢文，則在所必殺矣。罪所當殺而仁宗不能殺之，是以益無所憚，今日殺蕭拜住、楊朵兒止、賀勝，明日追奪李孟官爵，又明日下趙世延獄，善類既盡，惡黨競進，爲反爲逆，不復顧忌，而南坡之禍作矣。仁宗之失刑也，夫誰咎哉。

七年，下平章政事趙世延獄。仁宗以趙世延爲御史中丞，詔中書省臣自平章而下送之入臺，其待之也甚厚。是固世延竭忠盡瘁，以圖報稱時也。既而爲鐵木迭兒所忌，以太后命出爲雲南右丞，是不有仁宗矣。於仁宗已不有，世延尚何恃乎。夫乖忤權臣，罪必不免，是故季氏專魯，則歸父逐；無極專楚，則朝吴奔；王鳳專漢，則王章殺；元載專唐，則李泌出，古今之通患也，世延不知之乎。奈何因帝勉留而遂，留又復攻之，以自速其禍也。此胥益兒哈呼之獄所由起也，其亦危矣，幸而鐵木迭兒惡稔而天斃之耳。使其不斃，則拜住之公論其何能伸，而蕭拜住、楊朵兒止之禍其能免乎。此古之君子之事君者必量而後入，而不取夫噬臍無及之悔也歟。

英宗至治元年，命鐵失振舉臺綱。英宗以鐵木迭兒貪黷，而命鐵失振舉臺綱，蓋將易其轍也。殊不知鐵失乃其惡黨，是亦一鐵木迭兒耳。追罪死鐵木迭兒，而用生鐵木迭兒，顧使振舉臺綱，搜剔奸惡，以發其機，是猶延虎除狼，而與共寢處也，能無及乎。

御史大夫鐵失弑帝于南坡，及殺右丞相拜住。或以拜住拒絶群僧請作佛事，而佛殃之，遂致南坡之禍，是佛信有靈。夫英宗以催建西山佛寺之故，而殺監察御史觀音保、鎖咬住、哈的迷失，流成珪、李謙亨。作壽安山寺，佛像用銅五十萬斤，遣使往西番受戒，而用黄金一千兩，白金四千兩，鈔幣各鉅萬，寫金字藏經五千四十八卷，其奉佛也至矣，而何亦被南坡之禍，而佛乃不靈耶，豈佛但能作禍而不能作福也。福、善、禍、淫，天之道，然未有不能作福而能作禍者也。然則拜住之禍實非佛之所作，而其不足信也，亦已明矣。何世之人無不惑之，而竭力供奉以祈福祥凡禍殃者比比而是，是亦不可以已乎。

十七年，御史臺臣請親郊祀，不許。萬物本乎天，人本乎祖，是以先王之有天下，必兆乎南郊以祀乎天，立乎七廟以祀乎祖，而尸必親迎，牲必親割，酒必親酌，以身致其誠信者，蓋所以盡其報本反始之心也。於此不用其誠，烏乎用其誠乎。元出沙漠，而主中國，傳已五君，雖有郊廟之典，而率使人攝行，是誠夷狄之俗矣。至此而御史臺臣上請親祀，實禮之當然也。使泰定能因其言而致齋散齋，以致精明之德，以盡對越之誠，則神格鬼享而嘏之所致，使汝受禄于天，宜稼于田，眉壽萬年弗替，引之之福將必臻矣。奈何托以祖宗舊法，而竟不能親乎。孔子曰：「吾不與祭，如不祭。」則是泰定之郊廟，徒有其名，而實如不祭也。其不末年而後嗣受禍，豈無由哉。

政和元年，禁蒙古色目人居喪。蒙古色目人亦父母之所生也，自父母生而見漢人制服丁憂，而効慕之，是乃孝子之志，人情之實，而非從天降，非從地出也。爲之上者，因民之有是心，而示之以先王之制，使之跂而及之，以行三年之喪，則人道以立，綱常以正，而長治久安之道，不待於他求矣。今既不能，而反禁之，使不得爲是，猶見夫溺者自拔及岸，而不能援，反擠之也，其亦不仁矣夫。

十二月，以西僧輦真乞剌思爲帝師。迎西僧輦真乞剌思爲帝師，詔廷臣郊迎之。大臣俯伏進觴，僧不爲動。至祭酒宇文魯翀，獨舉觴立進，大言曰：「師釋迦之徒，天下僧人師也。予孔子之徒，天下儒人師也。請各不爲禮。」僧咲而起，舉觴卒飲，衆爲之慄然。元自世祖以來，崇尚佛教，諫臣諫太后幸五臺山佛寺，則鞫；諫建西山佛寺，則殺；西僧罪犯籍没，及毆上都留守，則釋不問。此則何時，而可以犯之也。而魯翀毅然抗拒，曾不少遜，豈不懼夫禍歟。蓋屈辱之甚，不得不較，而禍有不避也。昔唐王毛仲欲召客，度不能致宋璟，請於玄宗，玄宗特詔使往。璟故逡巡，及日中方至，舉觴西北拜謝，飲不盡爵，遽稱腹痛而歸，人皆以爲難能。時毛仲之勢雖盛，而玄宗慕名畏義，必未以寵昵之私而罪廟堂大臣，猶或可爲也。今西僧之勢不止毛仲，文宗之心不逮玄宗，而魯翀乃能抗之如此，豈不尤爲難乎。

帝自製宫漏。順帝自製宫漏，能使玉女依時獻籌，神人按更而擊鍾鉦，飛仙以時而度仙橋，其用心甚精而且勤矣。使能移乎此心以治天下，於以愛養民力，而致使玉女依時獻籌之心，則民可使富，而賦税之入河匯川，至有若籌之依時而獻矣。陳兵簡閲而致使神人按更而擊鍾鉦之心，則兵可使强，而刁斗之聲雷轟霆震，有若鍾鉦之按更而擊矣。控制大臣而致使飛仙以時度橋之心，則忠可使竭，而朝覲之來星馳駿奔，有若飛仙之以時而度橋矣。其所致者不尤大乎。惜乎順帝之心，但用之於宫漏，而不能移之以治天下，遂致兵民失業，將士驕惰，盜賊蠭起，四海土崩，重器既遷而宫漏亦徙矣。宫漏既徙，則其所爲依時而獻者適以報乎聖朝之時，按更而擊者適以警乎聖朝之夜，以時而度者適以供乎聖朝之玩，而不能以車輦馳載以從之於沙漠也，其亦奚而用其心乎。

十五年，教諭鄭恒請正國俗，不報。元主中國，而括江南户口税，經理江浙、江西、河南民田，置尚書省規措所經理司，以取民財用師於日本、占城、安南、八百媳婦，以討不廷。詔索宋朝宫女，採民間女子，徵高麗媵女以備妾媵，定服色、器皿、輿馬之制以正名分，無不効中國之所爲。至於人道之所始，以爲父子、君臣之原者，乃依循乎夷狄之陋俗，而使子得以妻繼、庶母，姪得以妻伯、叔母，弟得以妻兄妻，以淪入於禽獸，而不之耻。此洹所以言也，使順帝於此覺悟，而一明夫先王之道，以正夫倫理，以革其陋俗，則夫夫婦婦父父子子人道以正，綱常以立，而上下各安其分，禍亂將自息矣，豈遽至滅亡哉。而帝方習西僧演揲兒法，秘密法，而日與禿魯帖木兒、老的沙輩宣淫無度，終不能用，可勝惜也。豈天將稔其濆亂，以待乎聖人建極而大拯之也耶。

遣使者招諭諸起兵者。賊之所以可招之者，以吾之力足以制其死命，而降則生，不降則死，不得而不降也。若其力猶可抗而能存乎一日，則亦存乎一日矣。其肯束手委身，以試於不測之地乎。至正失道，執兵而爲亂者已半天下。攻城畧地，縱横自由，稱帝稱皇，無所忌憚。順帝不思選將練兵，振揚威武，以圖殄滅，而顧遣貴臣以招降之。譬之與人相角力，不能勝而欲揖遜以服之，彼寧服乎。是以今日招方國珍，而國珍曰降，及授之以治中，則不受矣。明日招張(仕)〔士〕誠，而(仕)〔士〕誠曰降，及徵其糧則不與矣。是豈嘗有降意乎。順帝不悟而欲以咫尺白麻以致其俛首聽命，斂衽來朝，徒自示其弱耳，其奚補於事乎。

二十年，孛羅帖木兒引兵攻冀寧，察罕帖木兒調兵拒戰，詔遣使和解之。冀寧既爲察罕所平，則當以屬察罕，孛羅奚得而争之。順帝因其争也，詔以石嶺爲界，使各統之，固已曲徇之矣。而孛羅復以兵而往争，是違詔也。順帝於此遣使詰責而諭，使罷兵，宜不敢不奉詔矣。而顧使察罕割以畀之，察罕服乎。所以察罕不服，而又遣使和解，令各罷兵，則非惟察罕不服，而孛羅亦不服矣。所以他日復有冀寧之攻，而終之以犯闕也。昔唐李克用救朱全忠，而全忠反襲之。克用請討，宜討也，而僖宗不許。其後全忠忌乎克用，而請討之，不宜討也，而僖宗許之。豈知覆乎唐者，不在於所討之克用，而乃在於所不討之全忠耶。向使舍僖宗於克用之訴也，能直之而使討，則全忠必除，而可無濟陰之廢。於全忠之請討克用也，審其無罪而不之許，則亦必無孫揆之執趙城之潰之辱。而諸藩鎮亦豈敢擅興甲兵，恣相吞噬，以成賊臣之勢，而遽至於亡乎。孛羅之争察罕之冀寧，而違詔攻之，是即元之朱全忠也。察罕帖木兒但據其地而不敢以請討，是又賢於李克用矣。順帝不能以直察罕，而反徇孛羅，以蹈唐之覆轍，能無及乎。

二十三年太子愛猷識理達臘殺太子太傅太平。元之亡也，雖以順帝之昏耄，而其實由於太子愛猷識理達臘之不道也。故自其正儲位，即覬神器，始挾皇后以圖内禪，而宰相太平不從則誣殺之，并及其屬成遵、趙中。既而庇宦者朴不花稾驩，則左遷御史傅公亮，惡孛羅帖木兒，則起老的沙之獄而削奪其官爵。及其爲孛羅所逐而奔擴廓帖木兒，則又以其不能立己與以兵脅内禪，而分其兵。無適非不道也，使時順帝而若楚頵而有立職之心，則雖求死熊踣亦不可得而必已就縊矣。夫惟其不道如此，故中外之人莫不解體，而老的沙則遁，孛羅帖木兒則犯闕，擴廓帖木兒則拒命，而國遂不可爲矣。吾故曰：元之亡也，由太子之不道也。

**何孟春《餘冬序録》卷一**　元世祖起自朔漠以有天下，悉以胡俗變易中國之制。士庶鹹辮發推髻，深簷胡帽。衣服則爲袴褶窄袖，及辮線腰褶。婦女衣窄袖短衣，下服裙裳。無複中國衣冠之舊。甚者易其姓氏爲胡語。俗化既久，恬不知怪。

**王洙《宋史質》**　胡元者，蹙金滅宋，取帝王禮樂衣冠之地，而以腥膻之，自天地開闢以來所未有之變也。日月爲之薄觸，時序爲之倒置，天地爲之反復，冠履爲之易位。

**楊一奇《史談補》卷五**　先正有言：「元之失天下，招安之説誤之也。」豈獨元哉。宋人有詩云：「仕塗捷徑無過賊，將相奇謀只是招。」則其來遠矣。夫國家不幸有此寇，何以處乎。曰弭禍亂者，必折其萌。國家無事，齊民首亂，要必合天下力攻之，遏絶其萌，令無至於蔓衍，決不可用招安之策也。萬不得已，必除首惡不赦，此外有自首及縛其人來者，皆宥之，或加以賞，使人曉然皆知朝廷嚴首惡之誅，則禍源庶幾少塞矣。

**陸君弼《江都縣誌》卷七〇**　胡元以犬羊雜種入溷我中國餘百年，其間亦用科第録士，江都寥寥無一人。

**于慎行《讀史漫録》卷一三**　宋與金攻遼，遼未亡而宋遷，與元攻金，金甫亡而宋滅，其失策一也。然以名義論，金可伐也，遼不可伐也，何者？百年之隣，好與萬世之仇讐，恩怨不同也。以形勢論之，宋即助金，金亦不能支，元終亦必亡而已。然則宋之失，不在應敵之失策，而在自立之無本乎。

**于慎行《讀史漫録》卷一四**　遼、金、元三虜國勢，遼不如金，金不如元。三虜國俗，元不如金，金不如遼，何也？遼人所有於中國者，自遼左以内，幽、并二州即今順、永，遼東、宣大不足乎兩省北方之雄。爾金則包有兩河、關陝、江北、淮南之地，與三國六朝之魏幅員相等，南北之形也。至於元人則混一華夷，縱横數萬餘里，自五帝三王以來，幅員土宇，未有如是之廣者，漢唐不足道矣。故曰遼不如金，金不如元。契丹自唐盛時附在北鄙，衣冠食用漸有華風，故其建國以來，聲名政教與宋不相遠也。女真起自海上，不通中土，風俗鄙朴矣。至於蒙古，又出達靼部落，在漠北絶遠之地，有國數十年，法度、風俗鴻濛未鑿，即楚材刱造於先，世祖潤色于後，聲教紀綱，漸入中華，而風俗文物，依然北荒之朴，較之遼、金有徑庭焉。故曰：元不如金，金不如遼。

契丹、金、元皆北夷之彊種。其長技非弗同也，然以遼之强而爲金所併，以金之强而爲元所滅，易於拉朽，捷於破竹，豈盛衰之際，强弱頓殊哉。夷人一入中國，習染日久，飲食起居服飾嗜好胥變而爲華，則往往驕脆安逸，不甚勞而與中國同技矣。以當方張之虜，强弱之形，不待兵交而决也。故夷而慕中國，敗之道。

夷狄，天之驕子，即敗亡之禍，亦未若中國之甚也。金之破宋，何其慘辱。及其亡也，哀宗得死社稷，免於俘虜，與二帝之北狩異矣。元之滅宋，何其痛楚，及其亡也，順帝得歸巢穴，不屈體貌，與二王之沉溺遠矣。天道茫茫，何其右夷而左夏如此乎。

虜俗淳朴，尚親重年，有中國所不及者。如金之阿骨打百戰而得天下，以位授其弟，其弟吴乞買有子十餘，以位還其兄孫。至於斡離不、兀術，又皆阿骨打之子也，太宗委以軍國之重，曾無猜疑。而二臣亦傾身爲國，無少避忌。宋太宗之於德昭、德芳能然否乎。夫夷狄之有親，可爲中國愧矣。

金將陳和尚爲元兵所執，斫足折脛，畫吻至耳，噀血呼罵，至死不屈。元將以馬湩酹而祝曰：「好男子，他日再生，當令我得之。」忠義之感人，至爲敵所艷慕如此。天理民彝，不以華夷有間也。

元世祖命王恂、郭守敬改正曆法，恂等言曆家知曆數而不知曆理，宜得許衡總之，乃以衡領太史。曆象之法本天地自然之運，其度數推測雖有法可循，而其盈虚消息之故，必有達天知命之學，方可以本原其義，所謂曆理也。若乃不究其理，而第以推步之例委之疇人，於欽若之義不相中矣。

自古帝王威力之盛，幅員之廣，無過於元世祖者。其地北窮沙漠，西盡蒲海，占城琉球開荒入貢，雲南大理盡入版啚，五帝所不能兼，三王所不能並也。惟日本一國，遐若海島，不肯歸命。至興十萬之師，覆没殆盡，其險遠狡黠，在諸夷中所不能及者。承平之世，武備因恬，兵食匱詘，較之開剏雄啚，何啻千萬，而欲以一丸之力，填溟渤之波，可謂不量力矣。

太史公謂張騫窮河源，烏覩所謂崑崙，蓋騫未至其地也。元世祖遣其臣都實往窮河源，在朵耳思西鄙，方七八十里，有泉百餘澄泓，望之如列星然。群流輻輳，自西而東，連屬成川，行二十餘日，方至崑崙。約自發源至積石，幾及萬里。則騫所未至也。崑崙未覩，况其西數千里乎。非胡元之混一，則崑崙、星宿將如海上三山，目爲荒唐之説矣。

元世祖功則大矣。君德治道則未有聞也。開國之初，君子小人並進，在列有許衡、姚樞、史天澤、廉希憲、竇默以爲輔導，而一代之規模始成。有阿合馬、桑哥、王文統、盧世榮爲之興利，而一代之紀綱已紊。世祖雄才大畧，與中國剏業之主不相上下，亦能向道崇儒，興起文化，而於邪正義利之分不能别白，能剏而不能守，能作而不能成，豈胡人之性終不可入於道耶。

世祖正后弘吉剌氏，胡元之邑姜也。宋亡，少主入朝，后獨不樂。世祖曰：「江南平定，自此不用甲兵，人皆喜之，爾何不樂？」后曰：「自古無千歲之國，無使吾母子及見此，則幸矣。」此等意識自長孫、文德以後，未之有也。佐成大業，開百年之運，不亦稱乎。

許魯齋，大儒也，不幸生於北方，出爲虜臣，戴天履土，分無所逃，非其志也。臨終語其子曰：「平生虚名所累，不能辭官，死後慎毋請謚，但書『許衡之墓』四字，使子孫識其處可矣。」其不得已之情形，於生死之際，亦足悲矣。而世或以仕虜少之，豈知其志之不得已邪。

元世祖崇信佛法，釐正道教，詔樞密副使張易參校道書，言惟《道德經》爲老子所著，餘皆後人僞撰，悉焚毁之。此世間一大快也。信釋而斥道，要未爲大中之軌，然謂《道德經》爲道家之宗，而斥其僞撰，則萬世不易之論也。道之言有二，其一服食修煉，謂之全真。其術主於長生久視，神仙不死之説，而不明于大道。其一禁水符呪，謂之正一，則惟以齋醮、祈禱爲法，即方士之術。於老子之説均無與也。而皆本源《道德》以爲宗祖，使太上抱不白之寃，歆非類之祀二千餘年，一旦焚而棄之，真可爲李耳雪恥矣。第不知所信佛法如演揲之術，於西方宗旨又何當焉。宋真宗崇信道教，則斥僧佛；元世祖崇信釋教，則斥道書，皆非皇極大中之矩也。必如本朝以大聖之教主持世法，而兼收二氏以備方家之術，如中原正朔統御萬方，而四夷八狄拱服効順，上下森列，不相踰越，亦萬世無敵之道宗哉。

漢置西域都護，以一使統數十小國，環而聽命，其勢易行也。唐於安西各置都護，皆因入屬諸夷郡縣，其地在版啚之中矣。元人初平占城，則立行省以撫其國，再服高麗，則立行朝以撫其國。其王皆不從也，而或叛或請，旋誤旋廢，其勢不能有也。何者，冠帶之國，自爲聲教，社稷百官，各有定分，而欲以一使持節往臨，其上法之所不行矣。

元於各路立行省、中書省以總大政。立行御史臺以司糾劾。省臣不法，臺臣得而糾之，即今之布政司與御史也。其時又有按察司官，巡行郡縣，與今臬司等爾。至元中有欲以行臺隸行省者，尚書董文用曰：「御史臺譬之卧虎，雖未噬人，人猶畏之。若加摧抑，則風采薾然，無復可望矣。」此數語者可謂扶植紀綱之公案，風憲諸臣不可不知也。

夷狄最重種姓，遼初與蕭氏並起，約以耶律世世爲帝，蕭氏世世爲后。元初，弘吉剌之族從太祖起兵有功，約弘吉剌氏生女世爲后，生男世尚主，故遼之后多蕭氏，元之后多弘吉剌氏。

自三代以來，開國之主未有即以理財爲急者，惟胡元初有天下，理財之臣如盧世榮、王文統之流相繼進用，搜括鉤考，中外驛騷，豈以世祖雄畧甘爲末世之政，固有以也。元自太祖以來，上下無紀，勳臣貴戚擅兵專柄，攻城下邑，帑藏倉庾，公入私室，甚至連州跨郡，奄爲己有。利歸臣下，公家匱詘，不得不取足於榷會，而一二掊克之臣，因得售其奸術以中人主。其失不在理財，而在紀綱之早立也。

胡元官制甚冗，全不師古。既立中書省，以司大政，設御史臺，以司綱紀，其法善矣。乃又以鉤考錢穀別設尚書省官，丞相、平章以下，皆如中書之額。彼此相稽，事權無準，是宰相有二三署也。唐有義例，元人不知，取法妄以意爲之爾。先王建國，居重御輕，統紀相制，而元人於各路立行省臺，官名體統無異都城，丞相、參知所在皆是，是天下皆相府也。本朝倣其遺意設十三藩司，與六部品級相亞，蓋猶有行省之意，而職任體統則以內制外，有相臨之分，固唐宋監司之任也。撫按之體日隆，而藩司俯首趨承，若其下吏，又卑於設官之初，則失甚矣。

元時，天下學校至二萬餘所，蓋州縣學之外，又有書院，各設山長，亦得稱學也。諸縣各置教諭二人，又於諸路各置提舉司。設提舉儒學二人，即今提舉之職。然但令掌諸路府州縣祭祀、錢糧之事，不以教化爲職也。彼時所在各有學田，所入租税以供師生之廩，仍括其羨餘入集賢院，以給才藝之士。所以必設一官爲提舉，然亦陋矣。今制學田甚少，師生既廩皆出有司，提學爲一路師表，專司教化，郁郁乎世躋文明，遠出前代矣。

楮鈔之制雖緣皮幣，而世未嘗以爲用也。宋始設交子於蜀，其用未廣。南渡以後，軍餉不充，造此以誘商旅，爲沿邊糴買之計，民頗便之。胡元有國之初，遂立中統元寶。世祖時，又造至元寶鈔。終元世，鈔法不廢，至國初，猶用之。已而漸不能行，遂成長物，而関市出納，猶以代税，法司招擬猶以準貫，是履遺迹而捕蜕殼也，視爲固然，不改正其說，何居。



蒙古兵興，金相高琪請修南京裏城曰：「苟防城有法，正使兵來，臣等愈得効力。」金主曰：「與其臨城，何若不令至此爲善。」琪無以對。天王有道，守在四夷，而至修都城之內郭以爲防禦，譬如宫室垣墉，一無可恃，而衷甲以自衛也，不亦迂乎。

蒙古大掠河北、山東，不爲金有矣。益都張林以山東十二州之地歸宋，東平嚴實以河北八郡之地歸宋，此恢復中原千載一時之會也。而宋不能有，卒歸於元，國無人焉故也。以史彌遠之奸柄事於中，以賈涉之材董師於外，欲其日闢百里，固已難矣。

蒙古平定中原，諸王統兵所下方域，各爲己有。因割裂州郡，分賜諸王貴族爲湯沐邑。故當時諸王、公主分封州邑，世有土，畧如封建之法。惟張官置吏，必有朝命，及租賦之外，不許徵斂，以此相維而已。此亦一變局也。蓋中國相承法度風俗因損益必有所循倣，欲大破藩籬而爲之，勢不能也。胡人有中國，蹂躪馳騁，惟其所欲，即以州郡之法，變爲封建，宜亦無難者。惟其於朝廷不便，故亦不肯行矣。

耶律楚材常言興一利不若除一害，生一事不若減一事。時以爲名言，可爲好功喜事之戒。

元世宗起自北荒，雄畧蓋世，宜必跨馬横劍，叱咤風雲。而朝夕左右，惟二三老儒相與遊處，倚以腹心之重，如姚樞、許衡一代師宗，下至劉秉忠輩，亦皆運籌帷幄，自附子房、諸葛之流，帝王之畧，唐宗、宋祖當拜下塵，况遼、金之初乎。宜其混一函夏，功高萬古也。

許衡因論阿合馬之奸，請解機務，世祖命舉一人自代，衡曰：「用人，天子之大柄，臣下汎論其賢否則可，若授之以位，則斷自宸衷，不可使臣下有市恩之漸。」此千古人臣之大義也。後世柄臣去位，自爲善後之圖，必舉一人自代，使之不改其人與政，以保身名，蓋安石薦惠卿之智也。然而往往不能如意，何哉，其人正人也，必且自立不爲人後距，其人小人也，必且反戈相攻，以明其非黨也，計亦左矣。

王磐、閻復皆元之文士也，阿合馬當權，致重幣求碑。磐拒弗與，而閻復爲桑哥立輔政碑。桑哥既誅，復亦連坐，即此二事毋論，其人品不同，而文章之流別未必不從此分也。世有以文自命，而爲權相誦德，比擬失倫者，即出入先秦兩漢，亦奚以爲。何也？文之品已卑也。嗟夫，世之爲復，不爲磐者，一何多哉。

元世祖遣吏部郎中梁曾往使安南。安南遣使入貢，或譏曾受安南路遺。曾曰：「安南以黄金器幣遺臣，臣皆不受，以付其使。」帝曰：「受之亦何不可。」此宋太祖使趙普受江南賂遺之意也。大國之體固不在辭受之節，使臣之禮則當謹取予之閑。梁曾之不受，世祖之不罪，皆有以也。然則知其受於敵，而許其獻於公，則何法哉。使其當受賜之可也，使不當受罪之可也。不問其所以受，而許其獻，則失朝廷之體矣。況於買之以爲受，而獻之以市欺，大臣以道事君如此，悲夫。

元時，浙江行省因有蠲租之令，奏言：江南貧民佃富者之田，歲内其租。今所蠲，特及田主，而佃民輸租如故。是恩及富室，而不被於貧民也。宜令佃户當輸，田主亦如所蠲之數。朝廷從之。此事可爲後法。大抵蠲免之令，率屬虚文，官吏沉閣，原行徵派如故。而民間不知其由，縱使實惠及民，亦惟蠲及田主，而佃户之租一如其舊。使富室役使貧民以肥其家，免公家之税甚無謂也，宜如元人之議，庶爲可耳。

姚樞侍元世祖夜宴，陳曹彬取南唐不殺一人，市肆不易事。世祖遽曰：「我能爲之。」臨至大理，遂懸止殺之令，此與楚材勸太祖之功同，皆中國之福星也。虜主之凶，殺人如麻，楚材救之於先，而百萬之命不死於太祖；樞救之於後，而百萬之命不死於世祖。中原赤子生殖至今，皆二人之力也。微管之嘆，其在斯與。

元以西僧爲帝師，使羣臣受戒。廉希憲曰：「臣已受孔子戒矣。」元主曰：「汝孔子亦有戒耶。」對曰：「爲臣當忠，爲子當孝，孔子之戒如是而已。」某帝時班迎國師，百官皆拜，惟祭酒某向之舉手曰：「國師爲天下僧人師，吾爲天下儒人師，各不相拜。」國師唯唯，此二公者，處夷荒之世，遇悖亂之禮，而能遜言以免，可謂有方矣。今州縣編里小大煩簡，十百相懸，而吏職經費無所隆殺，非古法也。漢分大縣爲令，小縣爲長，唐宋分緊望等名以差其爵，元時升江南諸縣爲州，以户爲差，户至四五萬者爲下州，五萬至十萬爲中州，是亦有等級也。然以縣爲州，終不如縣分大小，别其官秩，不失古法。即如今之州縣，有編户五六百里者，有編户五七里者，而官名職掌一切無分，經費供需比爲一揆，是使六七百里之政同於五七里，而五七里之供需同於六七百里也，亦太相懸矣。乃近日銓曹掣籤，大選不因才地所宜，射覆而得。是地本相懸，而法又制一也，豈不左哉。

大德元年，會天下金銀鈔幣，歲入金一萬九千兩，銀六萬兩，鈔三百六十萬錠，以此觀之，元之賦税固簡也。鈔定折數，未詳其直，以三者共計，可當今日金花百萬足矣。而其時不稱乏用者，王公貴戚各有分土，又無守邊之費，而故俗簡朴，立國不久，侈汰未生，故若是而足也。

元時，太子皆不早定。一帝上賓，集親王議所立，而其地方寥濶，親藩出鎮多在數千里外，甚者萬里，往往難於虚位權宜居攝，遂爲繼世之争。故政之不綱，此其根本也。成宗之崩，仁宗在南，武宗在北，仁先至而不立，武後至而立。泰定之殂，文宗在南，明宗在北，文宗先至而不立，明宗後至而立。及仁宗繼武而立，武之子出，文宗繼明而立，明之子逐。武之子出而復立，仁后不得其死。明之子逐而復立，文后不得其死。此非胡俗之無良也，其法失也。兄終弟及，周道所不能，代兄而立弟姪，殷道所未有，況後世哉。而何有於胡也。

至大元年，江浙大饑，死者甚衆，詔以没入朱清、張瑄財産賑之。没官財産施賑濟民，在荒夷之世尚有行者，況聖明之代乎。

宋小黄門李邦寧從帝顯入見，元主令給事掖庭，甚見寵任，嘗欲以爲宰相，不敢奉詔。乃遥授左丞相，領太醫院。仁宗即位，令之釋奠孔子。方就拜位，大風忽起，殿上兩廡燭盡滅。邦寧悚息成禮，慚悔累日。宣聖在天之靈，昭昭如響，不受非人之獻，可不畏哉。然孔子之靈至不容宦官主祭，而爲之徒者，乃有内結宦寺以就功名者，亦不可以討越廟廷矣。

元延祐初，齊履謙在國學，始立積分之法，每季考其學行，以次遞升。既升上齋，踰再歲始爲私試，辭理俱優者爲一分，辭平理優者爲半分，歲終積至八分爲高第。禮部集賢歲選六人以貢，此即宋時積分之法，而節目稍有不同。國初嘗遵用之，太學爲得人。承平既久，舊法不修，而賢関之地，遂爲托宿之蘧廬矣。

有言佛教可治天下者，英宗以問拜住。拜住對曰：「清净寂滅，自治可也。若治天下，舍仁義則綱常亂矣。」二語雖簡，允爲確論。西方聖人，亦當首肯。

元文宗之崩也，丞相請立皇子。皇后不荅失禮以文宗遺命立明宗少子，是爲寧宗。寧宗立浹月而殂，復立明宗長子，是爲順帝。舍其子而再立其姪，可謂仁矣。而以明宗之憾，母子播遷，以至於死，此可謂仁人之報邪。中間播弄之機，必有所以，而不可詳矣。

順帝即位，以爲世祖在位長久，天下治平，欲行法祖之政，乃改號至元以仍其舊。此亦胡俗之可咲者。帝王欲法祖德，必仍其號，則士庶欲繩祖武，必仍其名而可也。在廷碩輔不聞執奏，惟御史李好文言其不可爾。

脱脱，元之賢相也。然逐其父而代之，則樂羊之功也。脱脱育於世父伯顏而爲之子，及伯顏在位專權自咨，漸有異謀，脱脱私憂焉，乃謀於其父馬札兒台。爲保族之計，先其未敗而圖之。於是，伯顏逐死，朝廷已安。此豈但保其族，即功在社稷，亦不細矣。然不得與李璀並稱者，璀以死謝其父，而脱脱父子逐其伯而代之，則無以自白於天下矣。伯顏之惡，至躬弑君后，擅殺親王，人主爲其所慴至於泣下，此必誅之罪也。惟脱脱既爲之子，則不當以大義滅親，且已逐而置之死，又不當代其位爾。曾幾何時，身亦不免，天道何如哉。《元史》惡伯顏之惡，而忘脱脱之罪，於倫常之要，有所昧矣。

順帝一日閱宋徽宗書而稱之，學士夔夔進曰：「徽宗多能，惟一事不能。」帝問何，答曰：「獨不能爲君耳。」此謂瑶之賢於人五，其不能一也，人主能遊心帝王之術，以治天下，即以文史翰墨爲養心之助，亦何不可。而專精末技，昧於君人之道，即敗亡之軌也。梁之簡文，陳之后主，南唐、西蜀之君，皆由於敗，徽宗其後出者爾。

元人脩三史，各爲一書，是也。通鑑編年之史不相照應，即當如南北史之例，不必有所低昂，可也。近世文雅之士，有爲《宋史新編》者，尊宋爲正統，而以遼、金爲列國，則名實不相中矣。彼南、北二史互相詆訶，南以北爲索虜，北以南爲島夷，此列國相勝之風。有識者視之，已以爲非體矣。乃今從百世之後，記前代之實，而猶以迂闊之見妄加擯斥，此老生之陋識也。遼、金繩以夷狄僭號，未克混一，而中國土宇爲其所有，亦安得不以分行之體歸之，而欲夷爲列國，附於宋史之後，則不情也。且彼亦受之於天矣，辟如郡邑長吏例用文儒，一旦有武夫，胥史奉命出宰，亦安得以其不由科目而削之也。何也，彼既受之於君也。

揭傒斯之論儲材曰：養之於譽望未隆之先，用之於周密世務之後。此用人之要法也。後之儲材者不然，其譽望之未隆，不能識而養也，其世務之未周，不能畜而待也，胥失之矣。辟如場師之植果木，方其拱把之時，日夜灌漑以遂其生，待其果實之熟，然後采而用之，則功不隳矣。若平時不加漑灌，既及其有實也，又不待熟而暴取之，是得有味哉。

元史虞伯生議京東水田，謂京東瀕海數千里，北極遼陽，南濱青、齊，皆葦芃之場，海潮日至，淤爲沃壤。欲用浙人之法，築堤捍水爲田，聽軍民開墾。蓋金瀛滄以東瀕海，沮洳之地，非謂順永之間流泉沃瀼也。至正間，丞相脱脱議開京東水利，西自西山，南至保定、河間，北抵檀順，東及遷安，凡官民屯田，立法佃種，給鈔五百萬錠，以供牛種。召募江南農師以所募農人多寡報官。所募農人人給鈔十錠，期年散歸。此即伯生之議，而其地則畿輔郡邑，非海上斥鹵地矣。

金之貴官至都勃極烈而止，元之貴官以答刺罕爲最，即中國所謂王公將相之稱也。然則以王公將相之號，而加於荒昧之夷，亦不省爲何語矣。其生大壤，各有方域，而通貴之名，尚不相曉。如此，何況六合之外，生民之初乎。故貴賤之名，非所以定至大之倪也。

元明宗出適雲南，走居沙漠，有子二人，長者順帝，次者寧宗。考之正史，元之北鄙有斯蘭兒部落來降，封爲郡王。明宗居沙漠時，納其裔孫罕及魯氏名曰邁來的，生妥懽帖木爾，即順帝也。至順初徙之高麗，使居大青島中，尋詔天下，言明宗在日，素謂非其子，移於廣西静江。至寧崩，乃入承大統，生十三年矣。其記瀛國公入元，與金太后俱爲僧尼，賜田五百頃。至正十二年，見河南盜起，引亡宋故號以爲口實，乃安置瀛國公之子和尚趙完普於沙州，蓋德祐父子俱爲僧也。順帝始末及瀛國蹤迹在史如此，而小説所記合尊生子事，以爲明宗在沙漠，帝顯以附馬爲僧，延明宗飲。是日生子，明宗乞而養之，即順帝也。豈以明宗納斯蘭之裔，而宋帝又嘗爲僧，遂附會而成與。然自謂非其子，則國史所傳，亦必有説矣。天道好還，假趙氏之胤以亡胡元，亦冥報之所有者。其迹曖昧，固史文所宜闕也。

**鄭賢《人物論》卷三六** 世祖度量弘廣，知人善任使，信用儒俗，愛養黎庶，每遇災傷，免租賑饑，惟恐不及。嘗有近臣言：「賦北京、西京車牛俱至，可運軍糧。」帝曰：「民之艱苦，汝等不問，但知役民。使今年盡取之，來年不稼，何由得種。」初命征爪哇，以二萬人往，人給鈔二錠，其後五千。五千人往，樞密臣言宜追徵不行者鈔三萬錠。帝曰：「非其人不行，乃朕中止也，勿徵。」其存心如是，用能以夏變夷，混一區宇，立綱陳紀，所以爲一代之制者，規模宏遠矣。

世祖

元之有天下，殊方絶域，靡不臣服，輿圖之盛，亘古所無。然世祖之約，不以漢人爲相，故爲相皆國族。而又不置諫官，使忠直路塞，文學之士，雖世世不乏，而沉於下僚，莫究其用。所賴以爲用者，惟吏師而已。其爲法如是，是以朝皆苟且之政，而士爲蹇諤之風，官有貪婪之實，而吏多欺誑之文，將永保萬邦，比隆三代，無乃米之思乎。

憲宗蒙哥

帝剛明雄毅，沉斷寡言，不樂燕飲，不好侈靡，雖后妃不許過制。初，太宗朝群臣擅權，政出多門，至是凡詔旨必親起草，更易數四，然後行之。御群臣甚嚴。性喜畋獵，自謂遵祖宗之法，不蹈襲他國所爲。然酷信巫覡、卜筮之術，凡行事必謹叩之，殆無虛日，總不自厭也。

仁宗愛育黎拔力八達

仁宗天性慈孝，聰明恭儉，通達儒術，妙悟釋典，平居服御質素，澹然無欲，不事游畋，不喜征伐，不崇貨利。事皇太后終身不違顔色，待宗戚勳舊始終以禮，大臣親老時加恩賚。有司奏大辟，每慘惻移時。其孜孜爲治，一遵世祖之成憲云。

**陳邦瞻《元史紀事本末》序**　昔者秦起西戎，霸諸侯，至始皇而有天下，漢儒猶謂之紫色餘閏，不足當於帝王之次，矧元氏初起，尤非秦比者乎。雖然，人知秦與元之不得爲正統，而不知天以秦開漢，以元開我朝，雖欲無秦與元而不可得也。甚矣，天意之微也。當春秋季，王道極壞，先王之大經大法糜爛不可復收拾，此亦宇宙更革一大會也。凡封建之不得不爲郡縣，井田之不得不爲阡陌，皆其勢也，秦適乘之耳，豈秦獨能哉！然刬除先王之舊則義士不予，創百代所未有則民不習而驚，無論秦復濟以暴虐，雖欲順守，其能一日安乎。漢興，因仍秦舊，稍緣飾以仁義，而天下遂翕然而安。秦人作之而漢人守之，秦被其虛名，漢享其實利，四百年大業，大都亡秦舊物耳。漢蓋非獨取秦，併取其爲秦者而爲漢也，故曰：天以秦開漢也。惟我朝之於勝國亦然。自石晉以山後賂契丹，宋又失銀、綏，而中國之險盡入夷狄。天之所以限内外、界華夷者不欲終廢，而地氣自北而南，其窮荒絶徼，風氣有必開者。於是元起自朔陲，奄燕雲，吞全夏，乃始入踐中原，而又繞出滇、雲、蒙、段之區，以及西蜀，而併吴、會，天下始合爲一。蓋又百餘年，而真人起淮甸，上帝全畀所覆。當時經營戡定，多在吴越、荆楚間，其北盡燕，南盡滇，僅一指麾而定耳，此非因其勢，即天威不至於此。然則中國之險塞復完，裔俗之風氣盡開，聲教邁乎五帝，疆域過於三代，豈非元氏爲之驅除乎，故曰：天以元開我朝也。

嗟乎，當元氏初起，其國無文字，其俗昧死生，其攻城略地無異草薙而禽獮之耳，生人之類不絶於其手者幾希！彼且視仁義政教爲何物哉，而太祖、太宗即知貴漢人，延儒生，講求立國之道。世祖見姚樞而嘆息，聞許衡之言而止殺，此誰實啓之？豈非天哉！自宋亡，混一且百年，四方民物小康，先王之舊物有不廢於其世者。今設官、定疆、轉漕、治曆，與夫科舉學校之制，因革損益，猶有取焉。嗚呼，豈非天哉！董子曰：「天不變則道不變。」余於元事益信，論世者其必有取於余言焉。

**陳邦瞻《元史紀事本末》徐申序**　余讀而嘆曰：自正統之説行，而秦、晉、隋、元皆黜爲閏青衿而應制科者不得舉其凡，而學士大夫之爲史學者又多所挂漏，自左、馬而下，問以范曄、陳壽之撰，有所不能對，無論元矣。我明之功，議者以爲不減開闢，唯夫驅左衽而冠裳之也。然能黜元統而不能盡廢元法，如欽天推步則至元間所授，科舉三場則皇慶間所定，《四書》、《易》、《詩》之用朱註，《書》之用蔡註，《春秋》之用《胡傳》，則延祐間所表章，文武官級則劉秉忠、許衡所建設，漕渠則張禮孫、郭守敬所疏鑿，河防築堤治埽諸法則賈魯所經營。大抵開創之始所引用者皆勝國之人，所習見者皆勝國之事，故一時紓畫厝注多相沿襲。語云：「繼治世者其道同，繼亂世者其道異。」由茲以談，非獨治世同也，即亂世亦有不得盡異者矣。元于宇宙間固稱極亂，要其盛時，君臣相與講求創置一代之基，亦自有一代精神足垂於後，此聖祖之所以不盡廢也。又其大者，幽燕之墟，古無定鼎，至元而始都，至文皇而遂翼然爲萬國車書所統會，其視豐、鎬、汴、洛，形勝倍之，天之所以啓明而昌其運祚者，蓋在于此。夫漢之代秦也，唐之代隋，宋之代周也，皆無改其故都，燕邸之分茅，其兆之矣。挈短度長，則元之功于明者鉅也。余所最惜元者獨有二事，摧抑漢人不得爲正官，其達魯花赤之類皆使其族類爲之，華夷之情不相流浹，卒虐用其民以底於亂；又崇奉西僧，至于帝后受戒，儼然弟子，末世沉惑，遂亡其國。然則概元之所以亂，非必盡胡運之衰，毋亦主德荒而民心失，土崩瓦解之形一成而遂不可救歟！司勳氏所輯信近世得失之林，有天下者所宜覽觀也。余故略論其指，附于法後王之義，因以備殷鑑之萬一焉。

**吴士奇《史裁》卷二六**　王世貞曰：彊言秦，富言隋，大言元，蓋隻千古亡對焉。及其亡也，若符合而鑑照也。勢成於土崩，而盜發於蝟燐也。自古帝王之興，必有佐命之士與之相協以就勳，亦必有亂命之士與之相角而不得遽就。佐命之功，天下能知之，而亂命之功，天下無能知之。是故秦之有陳、項諸氏也，爲漢先驅者也。隋之有楊、李、王、竇、蕭、薛諸氏也，爲唐先驅者也。元之有張、陳、韓、明諸氏也，爲明先驅者也。當勝國之全盛也，欲以初起烏合之衆，率然而與之抗，是以羊餧虎也。是故餌之，以强有力者掎而角之，彼勝而我乘其弊也。然而屢相扼者，彼雖未覩天命所嚮，至勤力殘衆，然所以隂益不淺也。人主未見得天下之不易，則守成之道或解，多好盈而務遠大。天下未見得人主之不易，則驁桀之氣猶存，多隂覬而輕舉事。兩賢扼而不下也，才智出，識慮長，大命既集之後，偃然而念休息天下之民，亦且瞿然而悔兵革，蕩滌穢志，上下競競，以保治安長爲漢、爲唐、爲明，而不復有嚚斷鬪攘之患，則誰力也。王子曰：余讀元季喪亂事，蓋竊窺之焉，天之啓明深也。或曰：元事可得聞歟。曰：天之厭之，其大幾也。主驕而靡，臣以謟濟貪其大綱也，至所以召亂者有三：一曰志在囿中國而芻牧之，以省臺院之長、郡路之帥則靡不戕肉酪侏儺左衽者焉。暴而椎不習，民與猾吏耳通而治，其齕人多矣。夫安得不盜也。二曰承平久，士見金鼓而股栗，即所將又多戕肉酪侏儺左衽公子也。夫以畏敵之兵，而當不畏死之寇焉所取勝哉。三曰官既不勝盜，即無奈盜何也。招撫之説行，而重餌盜金帛之，已又官爵之。盜得盜之利而玩其主，民見盜之利而嗜爲盜。偷安之徒幸盜之招以免責，豪傑之士憤盜之招以解體，詩云：「殷鑒不遠，在夏后之世。」此之謂也。

**錢謙益《國初羣雄事略》序**　序録開國羣雄，首滁陽、亳都者，何也？志創業也。數月而館甥，期年而別將，脱真龍於魚服之中，而借以風雷，傅之羽翼。滁陽之於聖祖，其亦天造草昧，有開必先者乎！元失其鹿，斬木揭竿，魚書狐呼之徒，汝、潁先鳴，淮、徐響應，濠城遥借聲勢，因緣起事，而滁陽位又在四雄之下。彭、趙，徐城之逋寇也，儼然踞坐堂皇，指揮奔走，所謂微乎微者也。滁陽既歿，孤軍無倚，假灤城之虚名，噓崖山之餘燼，用以部署東南，號令天下。定臺城，開吴國，建帝王萬世之業。日月出而爝火熄，於是龍鳳之君臣事業，風銷煙滅，杳然蕩爲窮塵，而淪爲灰劫矣。嗟夫！安豐之擐甲，寧逆耳于青田；瓜步之膠舟，終歸獄于德慶。漢祖天授，不諱受命于牧羊；光武中興，聊復稱帝於銅馬。用是繫以年月，疏其終始，倣司馬遷《楚漢月表》之意，俾後世有觀焉。昔張衡上書謂：「更始居位，光武初爲其部將，然後即真。宜以更始之號，建于光武之初。」然則龍鳳之號，或亦高皇帝之所不廢也。次僞天完，次僞漢，次僞夏，志割據也。次東吴，次慶元，志盜竊也。天命不僭，夷狄有君，故以擴廓、陳友定終焉。於乎！有元非暴虐之世，庚申非亡國之君也，惟其聰明自用，優柔不斷，權分枘鑿，政出姦佞。寵賂於焉滋章，紀綱爲之委替。沙河之潰師，費以億萬，而敗將歸踞于臺端；高郵之圍寇，功在漏刻，而大軍立卸于城下。省院之駮議未決，而航海之寳賄直達于宫中；江淮之壁壘方新，而曠林之干戈相尋於閫外。馴至撫軍之院，朝設而夕罷；講解之書，此奉而彼格。南討之詔旨甫出河北，而北征之師旅已擣燕南。然後仰觀乾象，而喟然知事之不可爲也，寧有及乎！《詩》不云乎：「殷鑒不遠，在夏后之世。」後之人主讀儀鑒之詩，而以庚申爲前車，雖與天無極可也。

**錢謙益《國初群雄事略》卷一**　李文鳳論曰：秦氏暴虐，陳勝、吴廣斬竿揭木以爲天下先。雖尋就覆亡，後之議者猶曰秦民之湯、武也。胡元非我族類，重以庚申不君，民不聊生。韓氏父子、君臣起義，號召天下，天下雲合響應。羣雄並争，不謀而同。然當是時，據河南，蕩山東，躪趙、魏，躒上都，入遼東，略關西，下江南，大抵盡宋之將帥，不謂之中國之湯、武不可也。天命有德，真人龍興，定鼎建業，處漢、吴二强寇之間，東西掃蕩，從容指揮。元之不能以匹馬、隻輪臨江左者，以有宋爲捍蔽也。韓氏君臣非特有功於中國，其亦大有功於我明也乎！草澤崛起，不無憑依鬼怪與夫暴戾糾紛之氣象。然建國十有餘年，其間所以能自立，要必有可紀者，惜載籍泯泯，莫究萬一。得則爲王，失則爲虜。悲夫！

**錢謙益《國初群雄事略》卷四**　高岱論曰：友諒之勇畧，雖或未及項羽，而慓性狡悍，出没飄忽，大困而不餒，屢躓而復振。觀其龍江敗歸，還襲安慶；九江之失，疾奔武昌。及徐達召還，不旋踵而有江州之入。是皆敗衄之後，旬日之間，而能陷城摧敵，其能開拓封疆，奄有荆、楚，亦一時之雄也。惜其昧强弱之勢，失先後之著，據形勝之地，不能進取襄、鄧，以窺中原；昧觀釁之法，漫焉輕涉龍江，已取覆敗。及我方有安豐之後，金陵空虚，則又勞師洪都而不爲扼擣之計。用兵之道，當如是乎？豈可盡委天命耶！然我聖祖之所以得耑力於友諒者，則以士誠之乏遠圖耳。鄱陽之戰，亟命徐達歸守，友諒既殂，不肯直擣武昌，而還師再舉，皆恐東吴之乘其後也。區區戎簡輩，一老書生，焉足以知聖算哉！

高岱論曰：韓林兒在宋，未足方義帝、更始，其赤眉之盆子乎？我聖祖之開創，于宋無毫髮藉，以和陽一命，奉之終身。至安豐之圍，尺書告急，即親將赴援，不從劉基之諫，不惜陳寇之侵，卒以脱林兒於虎口。林兒不死不改元，下令猶以皇帝聖旨先之，恐漢高之於義帝、光武之於更始，未必能若是也。嗚呼！明之德其可謂至德也已矣。

高岱論曰：擴廓强捍善用兵，以逋逃垂盡之勢，猶能轉戰千里，屢挫不衰。中山自入中原，未嘗少衄，獨隴右之克甚艱，至多斬殺其部曲。暨其運終祚訖，遠遁沙漠，而不爲亡國之俘。我太祖激厲諸將，嘗曰：「王保保，天下奇男子也！」豈非深羡之耶。

**楊以貞《志遠齋史話》卷五** 許衡謂爲學者治生最爲先務。苟生理不足，則於爲學之道有所妨，誠如是，必使生理盡足，然後爲學，則天下之學者亦僅矣。且所謂治生者，縱使盡出於義，而歲積月累以迄於足，然後爲學，則其學道之日，亦淺矣。故孔子曰：「君子謀道不謀食。耕也，餒在其中矣。君子憂道不憂貧。」衡之言何以異於孔子耶。顔子簞瓢陋巷，曾子衣敝履穿，皆不以治生爲務者。而衡何以未之聞邪。《書》云：「凡厥庶民，既富方穀。」《管子》曰：「衣食足而後禮義生。」此爲民言之，非爲士言之也。士則無恒産而有恒心，衣食之謀固不足攖其念也。蓋爲學之道，初不在乎治生，在乎立志。苟其有志於學，雖窘如顔、曾，不卹也。苟其無志，雖富埒陶朱，不能强之使學也。故凡有治生之念者，皆無學道之志也。凡有學道之志者，皆無治生之念也。其間蓋有本末、内外之别矣。衡又言：「商賈雖逐末，亦有可爲。」苟處之不失，姑濟一時，亦無不可。夫子貢貨殖，夫子謂之不受命，商賈果可爲乎。且以義理爲商賈，其爲商賈也必無利。蓋牟利之道，貴巧貴捷，而以義理處乎其間，則不見巧而見拙，不成捷而成迂，以迂且拙者與天下之捷者巧者争，則常不勝之，勢矣。故商賈者，商此利賈此利也。天下有偶合於義理之利，斷無不營營於利之商賈。爲商賈而言義理，猶爲盜賊而言廉恥也，誰其信之哉。然則士而可爲商賈，必聖人之道即市井之道而後可。魯齋爲元大儒，而立論不純如此。

楊太后聞執政及侍從、臺諫棄位逃去者數十人，乃詔戒云：「我朝三百餘年，待士大夫以禮。吾與嗣君遭蒙多難，爾小臣未嘗有出一言以救國者。今内而庶僚畔官離次，外而守令委印棄城。耳目之司，既不能爲糾揭，二三執政，又不能倡率羣工。且表裏合謀，接踵宵遁，平日讀聖賢書，自詡謂何乃如此時爲此舉措。生何面目對人，死亦何以見先帝。天命未改，國法尚在，其負國棄予者，令御史臺覺察以聞。」嗚呼，宋待士大夫未嘗不厚，而末造危急之秋，率皆棄位逃竄，各謀自保，何其辜恩負國以至於斯邪。然推原其故，不可專罪士大夫也。蓋高宗朝有秦檜，寧宗朝有韓侂胄，光宗朝有史彌遠，理宗朝有史嵩之、賈似道，歷朝皆有奸臣當國，而忠臣義士或降或斥或死，正氣爲之不伸，人心莫知感奮。加以教澤寖微，化源盡窒，生斯世者，又當此四方擾動，物力交竭之秋，朝夕謀其家室衣食之私，唯恐不足，而又何暇爲惇信明義之圖。故一旦幸掇青紫，叨列士籍，則其處心積慮，猶是見利忘義之本懷。而邊警告急，紛紛逃去，亦固其所無足怪爾。夫昇平無事之日，既不能導人以禮義，患難相迫之秋，安能責人以廉恥。後之有天下者，知任用姦臣之禍，其終必至於此，亦當猛然深省而懷覆車之戒矣。

秦人坑趙卒，楚師屠漢卒，慘矣。然未有運土爲壘，併人築之，殺民煎膏取油作礮，如伯顔之攻常州者。史臣以伯顔比曹彬，語其功則略相當，而論其性則仁暴判焉矣。

柳岳如元請平，伯顔不許曰：「汝國昔得天下於小兒，亦失於小兒，其道如此。」案太祖得天下，雖天與人歸，而揆之於義，則有不能略無憾者。至末造乃使敵人以爲口實，故古人行一不義，殺一不辜，而得天下，不爲也。

**楊以貞《志遠齋史話》卷六** 葉夢鼎以似道當國除官不拜，或以禍福告夢鼎曰：「廉恥事大，死生事小。」夫人惟視死生大，而廉恥小，故或由竇屈膝，或犬吠雞鳴，或以賤名達鈞聽，或稱恩主恩父，或爲腹心爪牙，笑駡由他笑駡，好官我自爲之。嗚呼，鄙夫可與事君也與哉。夫子告子貢以士之道，必曰：行已有恥。孟子曰：「恥之於人大矣，不恥不若人，何若人有。」又曰：「生亦我所欲，所欲有甚於生者，故不爲苟得也。」不爲苟得者，誠恥之也。人而無恥，雖生之日猶死之年，更何論功名，何論富貴哉。

元世祖以宋府庫物置殿庭，召剌皇后觀之。后一視而反，帝問：「何欲？」，后曰：「宋人貯蓄以貽子孫，子孫不能守，我又何忍取之。」明太祖克元都，諸將俘寶玉至，馬皇后曰：「元有是而不能守，意者帝王自有寶乎。」帝曰：「后意謂得賢爲寶耳。」后拜謝曰：「誠如陛下言。」開創之君，其雄才大略既足以馭羣雄，而撫方夏，而又每得賢后爲之贊助於内，以翊興王之業。至於國勢陵夷，則有驕君弱主相屬於代，而又必有妬后、悍妃，憑寵自放，以召禍亂，甚至亡國敗家者，往往而行。噫，何其興者益興，而廢者益廢邪。

許衡語其子曰：「我平生爲虚名所累，竟不能辭官。死後慎勿請謚，勿立碑，但書『許某之墓』四字，使子孫識其處足矣。」以衡之賢猶不免爲虚名所累，不如衡者不待言矣。然至垂老病死，又或於餘光向盡之中汲汲焉，爲碑銘，爲墓誌以爲身後之誦述，其視衡之諄諄詔子，相去何如哉。然則衡自知其累，正不足以爲衡累也，衡固有過人者矣。

元世祖詔諸路歲貢儒吏。儒必通吏事，吏必通經史。夫儒而不通吏事，謂之迂儒；吏而不通經史，謂之俗吏。儒之於迂，則六經皆無用之文，吏之於俗，則五教皆虛設之具。故通經致用，盛世以之勵人才，不學無術，識者以之諷有位。誠使錢穀、簿書之庶務，服習於執經問道之年，壁中、柱下之遺編，貫穿於問俗觀風之日，則儒皆有用之，儒吏皆善治之吏矣。

英宗謂拜住曰：「今亦有如唐魏徵之敢諫者乎。」對曰：「槃圓則水圓，盂方則水方。有太宗納諫之君，則有魏徵敢諫之臣。夫人君莫不知納諫之爲美也，及一聞讜論則以爲沽名矣，以爲訕謗矣，以爲誣罔矣。賞賚不及而刑戮隨之，或者陽爲尊崇而陰忌之，外示恩寵而內疎之，求其虛心聽納，屈己以從者，實不多覯而爲之。臣者雖抱忠蓋之心，切糾繩之志，第以君威不測，刑禍無端，則不得不託危行言遜之途，而居明哲保身之列，由是水旱不以聞，盜賊不以聞，小民號泣而無所控告者，亦不以聞。馴至禍亂將作，宗社將傾，而人主方晏處深宮，略無聽睹，有如燕雀巢幕不知焚之將及者。而頑頓亡節納詬無恥之徒，方且獻諛工媚，日以聲色狗馬承奉左右，必至鐘虡失守，身爲人俘而後已。而彼惛不知，方謂人之負之者多也，而不知己之負人者厚乎。然則一人之昏明，百僚之直枉係焉。一人明則直者固直，枉者亦直矣。一人昏則枉者固枉，直者亦枉矣。」盂方水方，盤圓水圓，其亦善譬而喻者矣。

英宗被弒，拜住被殺，首逆雖正典刑，而黨與未盡逮治。吳澄爲元大儒，方且高據經筵，進講《帝範》，而「逆黨未討，姦惡未除，忠憤未雪，寃枉未理」，數語乃出諸張珪之口。珪爲洪範子，先居武職，後更文階，其平日無甚學術可知，然於是非、順逆之理，知無不言。初不肯如澄之安於緘默者，則澄有愧於珪多矣。

順帝時，有議贓吏遭喪不許歸葬，須竟其獄者，成遵曰：惡人固可怒，然與人倫孰重。國家以孝理治天下，寧失罪人，不可使天下有無親之吏。夫法者，天子所以治天下也，而教忠教孝胥寓乎其中。贓吏遭喪不許歸葬，正以儆未犯者之不可自絕於親也，乃遵謂惡人固可怒，然與人倫孰重，不知彼爲惡之日，無人倫久矣，遵乃欲使之强有人倫邪。又曰：寧失罪人，不可使天下有無親之吏。夫失罪人則棄法矣，棄法則無君矣，不可使天下有無親之吏，獨可使天下有無君之吏乎。且失一罪人可以不恨，在我以爲寬厚，而適足以啟人無忌憚之心，使貪污成風，民生無賴而寢。爲叛亂者皆自遵之言肇其端也。當時亦無駁詰之者，而不許歸葬之議遂寢，惜哉。

脫脫問治何先，揭傒斯曰：儲材爲先養之於譽望未隆之時，用之於周密庶務之後。夫士當譽望未隆則常不見信於世，凡有經營室家之謀，其勢苦艱難百倍於庸衆，故環堵畝宮之子，率不能壹意於學而攻其業。誠阨於境也，至有所謀而輒不遂，則有懊喪愧恨，或棄其所學，而爲改絃易轍之圖。苟有以養之，使朝夕之所憂患者一旦盡釋，而得以從容暇易，畢其智力於至德要道之歸，則所成就者豈不大乎。至於周密庶務之後，則其學足以應世之所求，而不窮於用。蓋所造者深，所蓄者厚也。然或不得藉手以展其尺寸，使落寞困頓老死於深山窮谷之中，則棄才甚矣。故必有以用之，使出其所有，以利濟天下。而天下喁喁之衆，皆食德而飲和焉，不啻出水火而登諸衽席矣。然則國家之所以厚待人才者，人才正未嘗有負國家矣。

**張溥《歷代史論》一編卷四**　元論

間讀《元史》，自鐵木真至於蒙哥之世，其可亡者有二焉。太宗之歿，馬乃真稱制，越四年而始立定宗，則已曠四年無君矣。定宗既立，事猶中秉，三年而殂，海迷失復稱制四年，則又曠四年無君矣夫。曠月無君，《春秋》即以爲譏，況歷世乎。宜乎諸王相攻，大旱連歲，水涸草焚，危亂日告也。然而不亡者何也，意者猶有老成人乎。六后之時，耶律楚材以憂死矣，然而不亡者何也，蒙古之始興也，蒼狼白鹿《秘史》之事，可以不言，而阿蘭之生端人，月輪之驅赤烏，實以開國，豈元以婦人興者，不以婦人亡乎。憲宗以拖雷之子爲衆所推，分封善任，政復有紀，而隕身合州。二驢負轄，世以爲竄失列門，徙死二后之報。要元之所以終不亡者何也，竊以其時度之，夏金之滅，欽察之降，西域內屬，諸夷震恐，天下之大，盡爲元有。所獨存者宋耳，宋之所恃，惟荆襄淮甸。自保之不暇，而無以致難於人，是以在元無敵國之憂，而女子得便其優游之勢。猶之秦政然，太后雖亂於內，而六國既弱，不能起而乘之。非夷狄之不可亡，乃中國不能亡夷狄也。夫中國之將亡也，冀其不亡而亡。夷狄之可以亡也，冀其亡而不亡。若是者，豈非天乎。然宋用一賈似道而亡其國，元歷二寵后而不病於其有天下，以是見小人之禍，尤烈於女子，信然。

元世祖論

忽必烈非有道之君也，任阿合馬而殺崔斌，任盧世榮而罷崔彧，任要束木而陳天祥係獄，任桑哥、葉李而郭佑、楊居寬誅死。任忙兀帶而劉宣自殺，即其悔悟果斷，旋見夷戮。然混一以來，十五年間，奸人相繼用事，鉤考規措，殆無虛日。至寵楊璉真加發宋室陵墓，罪覺下獄，猶釋不問，官其子暗普爲左丞。八思巴死，贈號帝師。此直胡人貪悖之尤，不知前此何以得天下也。夫周入於秦，非吕政之仁，赧王之弱也。晉滅於宋，非劉裕之賢，恭帝之微也。當宋景定時，蒙哥死於合州，阿里不哥守和林不至，忽必烈勢且岌岌，聽廉希憲早定大計之言，始即位中都，改元中統。成都、青居、六盤諸帥，猶與和林相結舉兵，關隴幾危而得安，亦何敢望爲中國主哉。然以僅保臨安之宋，敵全有中原之元，其地不勝；以賈似道、陳宜中敵廉希憲、史天澤，其大臣不勝；以孫虎臣、夏貴敵伯顔、阿术，其將帥不勝。三者皆不勝，而又挾四歲之王，與久在兵間者角，如是，即宋不欲亡，元不欲成功，不可得也。然天既興元，而復不生一盛德之人爲其創業之主，蓋不得已而興之，復不得已而欲速亡之。凡所以處夷狄强暴者，理數然也。

## 元成宗武宗仁宗論

成宗鐵木耳，太子真金第三子也。武宗海山，仁宗愛育黎拔力八達，成宗兄答剌麻八剌之子也。真金仁孝恭儉，受學於姚樞、竇默、許衡諸大儒，天下屬心。不幸爲奸黨答即古阿散等所搆，發臺臣内禪之謀，失歡世祖，竟以憂死。世祖既崩，鐵木耳來會喪，玉昔伯顔以大義責諸王，奉爲天子。嗣位十三年，號稱守成令主，其崩也，太子德壽先死，海山當立，而遠在北邊。成后乃屬意安西，聽左相謀，欲斷其歸路。賴田忠良、張昇、何瑋力争之，其事遂寢。哈剌哈孫奉迎海山，恐懷寧道遠，内難間作，先南迎愛育黎拔力八達於懷州，李孟力贊愛育疾至京師，中外始定。既海山北至，愛育讓位，約以兄終弟及，武宗後竟致位仁宗，當時人心未嘗不快。真金之賢，子孫世爲天子。而後世尚論者感海山兄弟之讓，謂夷狄之君賢於諸夏也。唐宗功高天下，而有蹀血臨湖之變，宋宗受位太祖，而不免杜斧戳地之疑。兩君皆中國之賢主，猶然動心神器，含釁骨肉。今武宗兄也，仁宗弟也。兄未至而弟爲居守，監國靖變，虚位以待兄之至，其時之難，難在仁宗。兄有子不立，立弟爲太子，臨終授命而無所恡，其時之難，難在武宗。且仁宗初入，諸王潤潤牙忽都咸勸進，而正辭拒之。李邦寧與三寶奴相比，説武宗勿舍子立弟，而怫然不悦。誠心發中，不爲利易，雖後日仁宗負約，自立其子，視武宗有慚德。要論當時兄弟授受之際，亦足以愧中國之嗜利忘義，宗族相夷者矣。或言成仁守文，武宗不道，其尤異者，寵伶官爲平章，加宦者爲丞相，任西僧爲學士，使當日武宗不立，無道或不若是極。然仁宗在中宫能争歐僧斷截之刑，而即位之時，猶遣李邦寧釋奠於孔子，加續元暉昭文館大學士，豈宦官尊寵習爲固然，抑夷狄之禮驟進，而中國其一時秕政，未能盡革歟。

## 元英宗論

英宗孝友仁謔，元子之日，時有令德。即位以後，追削迭兒，專任拜住，海内望治。而南坡之變，猝起行幄，君相同盡。若當日之大風拔木，宫殿火災，已先告焉。論者咎其不謹，而悼所從來，以爲鐵失之逆，成於主之果殺。以予觀之，非主果殺之失，乃不斷之患也。何則？仁宗崩鏖四日，鐵木迭兒以太后命入中書，殺大臣蕭拜住、楊朵兒只，大奸著矣。李孟之遷，封事之奏，主嘗折之。及其死而始毁碑奪爵，抑何晚也。鐵失與迭兒相結爲父子，既籍迭兒家，而鐵失仍領左右阿速衛，是明與以隙也。且柳林之獵，鐵失入見，主顧謂宦者曰：「朕見此人，深有所懼。」則主已久慮鐵失之難制矣。不蚤爲之所何歟。夫小人之在左右也，不可使之狎人主，亦不可使之懼。人主懼形既成，君不圖臣，則臣先圖君，必至之勢也。元主怒殺觀音保等之諫造佛寺，而反委鐵失以振舉臺綱，是主之所欲殺，僅能殺賢臣，不能殺臣也。黑驢等之謀逆，不待鞫狀而誅籍，而鐵失也先以御史樞密領衛兵而不問，是主能斷大臣，不能斷佞臣也。讀史者覽至治三年八月癸亥之事，深悲主爲君之日淺，而及身之禍速，是以年月粲然畢書。噫，使迭兒不死，主之受殺不俟斯日矣。

## 元泰定帝、明宗、文宗論

英宗被弑，晉王也孫鐵木兒入繼大統。論者謂鐵失謀逆，晉王與聞乎，故其殁不舉請謚升袝之典，明其爲賊也。然考之信史，晉王鎮北邊時，鐵失密遣幹羅思以謀來告，請事成推王爲帝。王囚幹羅思，令人赴上都告變。既英宗遇害，諸王按梯不花等迎王，立於龍居河，即聽買奴言，盡誅鐵失賊黨，始發其謀，而繼鋤其黨。王非獨有善名，殆有善實焉。所云與聞乎弑者，妄也。論者又謂武宗禪位仁宗，仁宗既崩，次當在武宗二子。仁宗不立兄之子，而立其子，子復受弑，主元祀者，非武宗二子其誰。然晉王，裕宗之孫，甘麻剌之元子，在世祖孫行，其次爲長。一旦國遭大難，武宗二子遠在南北，因諸王推戴，乘間正位，定變倉卒，經權之際，無所不順。晉王自立，正矣。王崩而太子阿速吉八繼之亦正也。孰意燕帖木兒與滿禿等久懷異圖，泰定一崩，忽唱武宗二子當立之説，遣使迎懷王圖帖睦爾於懷州，迎周王和世㻋於漠北，而太子即位上都，分兵入討矣。太子敗衄，懷王先入，周王繼至，儼然稱帝，立懷王爲太子。遂不能相容，而周王暴卒矣。夫周王之不立，罪在仁宗，而不在泰定。群臣欲立周王，當言於仁宗定儲之時，而不當言於泰定易世之後。且既迎周王，復迎懷王，懷王稱帝，周王亦稱帝，明示以兄弟並角之形。而爲之臣者又無哈喇、李孟、阿沙康里之忠智，調和於內外，欲望懷王復爲讓兄之舉，其可得乎。嗟乎，泰定之誅鐵失，子嬰之戮趙高也，懷王之弑周王，即胡亥之賊扶蘇也。要其禍本繇仁宗一念之私，偏聽鐵木迭兒，不立周王，以至此佞人片言，三世罹毒，悲夫。

元順帝論

秦亡於胡亥，隋亡於楊廣，元亡於妥懽帖睦爾。胡亥之亡以暴，楊廣之亡以淫，順帝之淫暴未若二主之甚也。且元自世祖以來，國無壽君，《書・無逸》所云「厥後罔或克壽」，或十年，或七八年，或五六年，或四三年，是也。順帝在位三十六年，視諸宗最稱壽考，而國亡於其身，則何謂也。予嘗觀三代以下，號混一者，莫彊於秦，莫富於隋，莫大於元。三者皆最難亡之國，而元爲尤甚。秦政雖彊，其時天下初服，六國之人心猶思其舊。祖龍未死，積怨已深，繼以胡亥，其亡忽諸。隋堅得國於宇文平陳之後，身享一統者二十餘年，國勢視秦較固矣。而楊廣以弑逆蹙上，以淫虐威下，在位十三年，而宇文化及弑之。蓋隋之勢固於秦，廣之惡甚於亥。然而時有難易。是以亥三年亡，廣十三年亡也。元至明、文之世，天欲亡之者亟矣。鄜王年七歲立，甫閱月而殂，順帝以明宗長子，文后決意迎立。既而出文宗廟主，遷太后東安，殺燕帖古思於高麗。世皆謂文宗弑兄，文后弑明后八不沙，宜有順帝之報，又謂順帝雖雪先君倉卒之讎，而忘太后援立之德。報施未可謂當。抑知此僅其一家恩怨之事，非天心之所繫也。天心之所繫，在於深惡夷狄之爲君，而不得所以驟亡之道。於是主以昏庸之君久其位，而厚其毒，使賢臣日消，佞人日長。太子亂於內，盜賊亂於外，猶之西漢外戚之禍。太后壽考，歷元、成、哀、平四世，爲王氏宗主，以養成莽亂也。元不可以不亡，與秦隋同，而其勢不可以遽亡，與秦隋異，宋室之子孫無興者，一也；中原、湖廣、東浙、姑蘇、八閩、劒閣、廣東、遼陽之兵雖相繼起，而疆宇之廣，兵甲之多，財賦之充，猶未盡絀，二也；二者皆不足以亡元，惟昏庸如帝，久在高位則可以亡元。是故太子殺太平，則天下無父子；孛羅因奇后，則天下無君臣。直節之臣死而善言不聞，戰勝之將亡而軍勢益蹙。凡順帝之優游、危亂、淫戲秘密，坐斃而不知所省，適以待真人之出也。説者曰：「商帝乙欲立微子，太史據法争之，卒立紂，而商亡。」文后迎順帝於廣西，太史言立則天下亂，後竟如其言。豈不立順帝，元祚不絶乎。不知舍幼立長，太后之正。百年運盡，胡虜之常。即使其時不立順帝而立古思，亦徒多骨肉相攻之禍，於元之存亡無與也。

**陳邦瞻《元史紀事本末》卷一** 張溥曰：元世祖至元十七年，天下始一統。其年漳州陳桂龍即兵起，與建寧黄華勢合，繼以廣州之林桂方，象山之尤宗祖，循州之鍾明亮，廣西之黄聖許等，狐鳴豨突，連歲弄兵。終世祖之身未，獲殄滅。史皆目爲盜賊。抑以大宋觀之，亦有殷多士之倫也。成王、舄公患四方之遠，鑒三監之叛，新洛邑以居。殷民誥辭，不一而足，曰商王士貴之也，曰毋我怨，安之也。王莽篡漢，而州郡兵起，金虜虐宋，而山東兵起，作史者當是時，不惟不賤盜，而反幸有盜。惡亂賊而外蠻夷，天下之公心也。趙宋以仁傳家，亡於韃靼，忠臣義士，入海圖存。餘枿不植，而閭閻强暴，舊臂一呼，衆輒數萬。假令崖山之師不潰，太妃、帝昺尚存，資其蜂聚，號召義兵，閩廣雲從，淮浙桴應，文天祥、張世傑等爲之謀主，力抗犬羊。縱未能如少康、光武，克復舊物，其爲屬漢，鼎立江左，偏安尚有餘也。獨恨幼君赴海，天命先絶，桂龍等擾擾新朝，衆皆烏集。吊忠魂於孤舟，哭羈囚於燕市，風塵六合，莫識所依。稱號僭國，旋起旋撲，竟不得與隗囂、方望之徒，齊驅姓字，良可哀也。羣盜分嘯，害及趙宗，阿魯渾、薩里片言解紛，善安反側，月的迷失按兵養寇，延誅平民。雖屢立戰功，義無取焉。

**陳邦瞻《元史紀事本末》卷二** 張溥曰：蒙古定宗貴由之殂也，牝後稱制，君位久虛。兀良合台等推憲宗蒙哥即位，失烈門與諸王心不能平，憲宗遂肆殺戮，宗族解體。合州之變，阿藍答兒等謀立阿里不哥，郝經勸世祖忽必烈直趣燕京，大位始定。既而少弟抗命，稱帝和林，六盤諸部，莫不響應。廉希憲削平關隴，世祖親戰漠北，大衆方解，諸王來歸。國歷三傳，內難輒作，母后啗冤，同氣流血。齊鸞梁繹，代有其人，胡人好殺，固無親也。至元年間，世祖封其子那木罕爲北平王，帥兵鎮守。安童行省院事，防海都也。久之，昔里吉劫之以叛，伯顔平之。天下既一，可幸安枕。至元二十四年，復有乃顔之亂，西北棘矣。甘麻剌出鎮，而叛黨尚逞，鐵木耳撫軍，而大同不寧。蓋海都以太宗長孫，世居北方，定宗以來，日尋干戈。吳濞白頭，淮南弸矢，即車書會同，寧忘崛强哉。成宗即尊，牀兀兒等奮勇，鬭争七年，篤哇乃降。骨肉附順，正不易也。阿藍答兒渾都海之舉兵也，廉希憲便宜虎符，立時殄滅。乃顔之擁衆也，阿沙不花請離其黨，渠魁即縛。神機獨運，惟在任人。海都寇邊，伯顔力禦，戰守持久，將奏成功，飛譛忽入，軍中易將，巨寇坐逃，更煩天討。元老願飲班朮之水，而廟堂不察樂羊之謗。臨事一失，鬼方幾震。折衝樽俎，聽言尤慎哉。

**陳邦瞻《元史紀事本末》卷三** 張溥曰：王建以高麗大族，承高氏之敝，權知國事。後唐長興三年，遣使朝貢，明宗封爲國王。二傳及宋，恭順不怠，端拱之世，契丹寇擾，走使乞師，朝廷弗問，後遂受制於遼，膺其封册。遼亡，貢使接踵至宋。金主滅遼入汴，高麗王楷復臣事之。元興，又與金絶。傳世十數，臣屬無恒，跡疑反覆。然東夷馴柔，異於三方之外，畏鬬好服，見强大而屈，亦國勢然也。元太祖時，契丹人六哥等竄入高麗，攻據江東，大師往征，助其討滅。使臣約結，請輸貢賦。既而盗殺着古歟等，七歲絶使。太宗遣撒里塔征之，洪福源迎降，遂招其主王瞰，設官監治。明年復叛，詔數五罪，責其質子。定、憲之際，命將凡四，瞰遣世子倎入朝。世祖中統元年，瞰卒，命倎歸國爲王，高麗安矣。至元年間，命王睶及阿答海擊日本，則非柔遠息兵之道也。王倎久質蒙古，新君即位，羈旅獲還，懷異人之感，無燕丹之怨，廢立再寧，大國施厚。子睶繼緒，望恩猶昔。强以伐隣，豈所樂乎。即獻計者曰，今之高麗，本古新羅、百濟、高句麗三國并而爲一，嚴兵假道，名取日本，乘勢襲之，離爲二國，夷爲郡縣，中國之利也。林抑念父子素順，籓屏效職，衛滿高元，彼不敢爲，何必謀出下陽狡臨松岳哉。或死或流，不假兵刃。傳聞之變，可以衍廢倎，趙璧出問，吴祈搆睶，王約往徵。或死或流，不假兵刃。傳聞之變，可以情恕。而家人之隙，無貴用威也。漢置外國都護而西域驚，元設征東行省而高麗懼。善撫四夷者，亦在静之而已矣。

**陳邦瞻《元史紀事本末》卷四** 張溥曰：倭自後漢，始通中國。南宋昇明間，國王武上表言：「在昔祖禰，躬擐甲胄。東征毛人五十五國，西服衆夷六十六國，陵平海北九十五國。」辭頗誇耀。然朝宗不愆，繇來久矣。隋煬之世，夷書不恭，置而弗責。貞觀受朝，遣使往諭，義存矜遠。及宋雍熙，國僧奮然，浮海貢獻，太宗賜紫衣，厚存撫，詢彼土風。主唯一姓，臣皆世官，歎爲古道。六十四世而下，未聞以兵見也。元世祖混一志侈，降書招徠，其國不應，窮兵東伐。喪没五龍，落日波濤，信風山嶽，其天險耶。隋混南北，開皇殷盛，煬帝三駕遼左，旌旗萬里，莫洗薩水之辱。元奮沙漠，滅金滅夏，破西域，以奄有中華。臣妾萬邦，地極四表。而東海島夷，遂抗顔行，淪師十萬，非高麗、日本，反威重於九州大國也。天道惡盈，國君戒戰，楊廣、忽必烈處勢之極，忘兵之凶，知勝而不知敗，能進而不能退，志窮慾滿，鬼神來瞷。建號夷夏，而取侮一隅，威行天壤，而毒生蠭蠆。堯戒蹪蛭，蓋謂此耳。然楊廣不悟平壤，再釁鴈門，東都縱淫，頭頸不保。元世祖出師屢北，惕於劉宣之言，即下詔罷征國以永寧。治亂翻覆，惟辨君心，不遠之復烏容忽也。

**陳邦瞻《元史紀事本末》卷五** 張溥曰：世祖之伐安南，爲占城也。占城在中國之西南，東至海，西至雲南，南至真臘國，北至驩州，素不通朝貢。周顯德中，王釋利遣使貢方物，宋建隆初，上表貢獻，宣和時封國王。累朝羈縻，郊恩降制。乾道以來，貢阻國亂，悉置不問。元世祖并天下，遣唆都就其國立省撫治，王子補的負固不率，遂命將往討。以窮僻荒忽之國，聲教向隔，王言不通，即勤師旅，懷遠字小，義豈其然。又遷怒安南，忽張九伐，黷尤甚矣。占城之去安南也，水行二日，陸行十五日，道固非遼絶也。然輔車唇齒，爲日已久。開關延敵，寧無懼心。怒其不許，移師遽加，安南雖小，其能堪乎。鎮南王脱歡進兵，安南王陳日烜旅拒。雖勁騎電驅，攻城破邑，而中道回戈，觸藩莫決，天兵挫衂，在彼穴中。唆都、李恒，同時戰死。乾滿之敗，耻同平壤，皆大國所自取也。脱歡再出，日烜屢走，邀歸擊惰，元師復北。彼蓋避其朝鋭，殲其暮氣，藏身大海之間，伏毒當聞之險。戎車赫臨，未嘗一勝，日烜可謂善用兵矣。日燇襲位，元使徵朝，張立道約以肆赦，令修歲貢。而忌言驟行，欲邀先入，懼不敢前。復安置使臣，更議專伐。王靈數頓，帝怒不懲。終至元之世，抱大業之慚，佳兵自焚，傷於蠆尾，更足惜爾。成宗罷征，安南奉職，其後日烪來朝武宗，日爌來貢泰定，世順毋動。嗟彼交人，安於守文之中庸，而獨不畏開基之神武。飛龍尚威，固有時而屈也。

**陳邦瞻《元史紀事本末》卷六** 張溥曰：世祖之擊緬，成宗之擊八百媳婦，皆兵之得已者也。擊緬而及金齒諸蠻，擊八百媳婦而及宋隆濟蛇節等。憤兵不戰，禍日蔓矣。緬固西南夷，地接大理、成都而遥。至元八年，遣乞解脱因等持詔往諭，尋釁不已。一統而後，大師盛出，攻江頭，拔太公。金齒夷十二部，相率來降，橐戈勿用。成宗大德初，阿散哥也率黨弑君，王子奔訴，遣薛超兀兒等往討。名雖問罪，而勢隔山嶠。金齒遮路，移師進征，無功輒還，即誅戮將帥，中儌國法，不足以威外方，讋遠人也。八百大甸，世傳其酋有妻八百，各領一寨。荒儌小夷，事絶聞見。世祖招流球，擊瓜哇，六師雲翔，無遠不届，獨赦彼弗問。亦謂僻國萬里，王享無與，未可與日本、安南等同，責順逆也。劉深鼓説，嗣君好大，調發驛騷，雲南震動。蠻酋宋隆濟等，紿衆結叛，中國喪衂，再易大帥。僅殄叛黨，遥望八百，竟不能達，武功頓矣。或謂伐緬之役，薛超兀兒始事高慶，察罕不花受賂，八百之禍，劉深爲之。成宗奮怒，刑殺無貸，師行罰必，與漢武帝之誅王恢、荀彘，周世宗之斬何徽、樊愛能同稱威武。然敗績而行刑，孰若臨事而慎動也。世祖通緬，實繇金齒頭目阿必爲引導。其後阿郭阿禾，數與緬難。大德間復連諸蠻，賊官吏。小國反覆，兵竊自掇。隆濟蛇節，酋官蠻婦，迫於徵求，敢抗顔行。猶之南詔閣羅鳳苦鮮于仲通、張虔陀，而陷雲南、瀘南之敗，咎不在夷矣。

**陳邦瞻《元史紀事本末》卷七** 張溥曰：世祖至元十七年，混一天下，十九年而戮阿合馬屍，二十二年而誅盧世榮，二十八年而誅桑哥。三凶速殄，中外鼓舞，朝廷神武，赫焉可觀。然究其始用，莫非以利動也。阿合馬種族回紇，中統三年，即專理財賦，寵倖登相，掊斂作奸，流毒海內。王著痛發義憤，殺之闕下，帝尚不悟其惡，孛羅言之，始詔剖棺。以創業之君，經榮夷夏，有賊在側，久而不察，彼日而微，何汶汶也。盧世榮罪廢之餘，浣濯再用，桑哥爲瞻巴弟子，黠横擅權。後雖駢首市曹，委肉鷹獺，顧上下重困，則已亟矣。自古英君多好言利，漢武帝之桑弘羊，唐德宗之裴延齡，同類並譏。然四討匈奴，府庫耗敝，連兵藩鎮，國用日竭。不得已而立均輸之官，密度支之令，猶有辭焉。胡元幅員遠過前代，北踰陰山，西極流沙，東盡遼左，南越海表。路一百八十五，府三十三，州三百五十九，軍四，安撫司十五，縣一千一百二十七。漢唐極盛之際，皆不能及。寬徭薄賦，富强有餘。即日本、安南、占城、緬國，累歲用師，中國之民，固無罪也。今日筭錢穀，明日括户口，立規措所，而賈人皆官。置徵理司，而鉤考徧出。鈔法數變，中書拱手。爲阿合馬，則殺阿里伯、燕帖木兒、崔斌。爲盧世榮，則殺周戭。爲桑哥，則殺郭祐、楊居寬。簡覈繁苦，不顧淫刑。世祖於利，直性好之，非以國勢爲緩急也。葉李在宋朝，上書攻賈似道，頗號剛直。繼背而仕元，即首舉桑哥，毒國害民，於法當斬。李淦訟言，帝不加罪，反召佐完澤。佞人逸誅，公道鬱塞，然原帝初心，豈特愛李，即三奸未嘗不庇也。阿合馬威福自恣，太子畏不敢發，王著便宜行戮，罪狀始白。若使必告帝而後動，鮮不爲秦長卿續矣。且進世榮者，阿合馬也。阿合馬死，而復任世榮。薦世榮者，桑哥也。世榮死而復任桑哥。一奸死，一奸入究至元一統之年，皆小人聚斂之日。古來人君好利，未有過於元世祖者也。

**陳邦瞻《元史紀事本末》卷八** 張溥曰：元世祖至正二十三年，從程文海請，詔訪江南人才。趙孟適、葉李、趙孟頫、張伯淳等，咸見擢用，求才殷矣。乃科舉一法，數議不決，迄仁宗皇慶二年，始詔行之。國歷三主，取士無制，未識四十餘年間，天下俊乂，釋褐登朝，何途之從也。順帝即位，徹里帖木兒議罷科舉，伯顔主之，吕思誠力争，出補廣西。許有壬懼禍，不辭班首，久而嶁嶁進言，始詔復行。則貢舉之廢，又六年矣。太祖初得中原，耶律楚材獻議用儒，世祖將定天下，許衡立法取士。二祖草創，經營甚詳，而一統以後，制反疏濶者，何也？蒙古用人，以國族、勳舊、貴遊子弟爲先，而法不專於科目也。前代之官人，選士合而爲一，元之官人，選士分而爲二。合而爲一者，以士爲官，而學較尊。分而爲二者，官不必士，而徼幸出。怯薛以下，吏道多端，工匠、輿隸，崇班高品，即曰好儒名焉而已。有元數主，文治寥寥，延祐行科舉，賜進士，至順表先賢，廣從祀，號爲知禮。然仁宗初立，釋奠孔子，遣宦者李邦寧行事，大風變起。文宗襲位于上都，即以西僧輦真喫剌思爲帝師。大臣郊迎，俯伏進觴，名爲尚儒，而先辱元聖。二帝之彬彬，亦葉公之好龍耳，況成、武而降哉。江南學田，試官供帳，所關國費，亦復幾何。明詔屢鬻，而大臣懷忌。知其所見者淺，而夷道尚存也。或謂國子之官，師儒重職，元世領之者，如許衡、李孟、齊履謙輩，代稱得人。山谷興學，草野傳書，洛閩遺風，于此爲盛。然學者不必用，用者不必學，學校、科舉猶然雨途耳。若李斯焚詩書，韓侂胄禁道學，則侏儒椎結，又羣起而笑之矣。

**陳邦瞻《元史紀事本末》卷九** 張溥曰：遼祭木葉山以祀天地，神位東向，中立君樹，前植羣樹。懸牲告辦，班位奠祝，致嘏飲福，微與禮合。金因其俗，始有拜天之禮。太宗吴乞買僭號，乃告祀天地，設位而祭。天德以後，始有南北郊之制。大定、明昌，其禮寖備。及元一統，質文舉矣。然世祖躬祀天於舊檀州之西北，灑馬湩獻脯饌，尚從國俗。再傳而下，親祀者鮮。英宗有志未遂，久而後成。逮至大間，大臣更議立北郊，亡何中輟，遂廢不講。郊社，國之大事，其疏若此，又何言中祀以降哉。或曰，郊天配祖，《周禮》詳之，秦人忘之。襄公作西畤祀白帝，其子孫遂并祀青、黄、赤，而黑帝獨缺。西漢重郊祀，而不能復三代之制。祀雍五祀，及甘泉、太乙、汾陰之屬，皆出方士祈福之説，非古人之報本反始也。高惠不親祀，文帝壹再行，武宣以求仙，成帝以祈嗣，親郊雖多，而高祖失配。哀、平之間，怵于禍福，南北郊與甘泉五畤，互爲罷復，卒無定制。以漢帝之好文，諸臣之達禮，累朝稽古，嚴祀尚乖。元起沙漠，何足責也。然漢承秦敝，古文蕩滅。文帝、賈生，宣室問對，但言鬼神，未遑典祀。諸儒折衷，畫一爲難。元承宋後，南北二郊，分祭合祭，諭者詳矣。新王受命，禮可立行，而遲久靡定，君子深惡其志之不在天地也。漢武之世，嘗三歲一親郊，程頤猶謂人子不可一日不見父母，人主不可一歲不祭天，深譏其非禮。元則南郊之祭，丞相、大夫三獻行事。天下之主，不主天下之祭祀，而屬之其臣，天其肯久享哉。

**陳邦瞻《元史紀事本末》卷一〇** 張溥曰：作史者曰，元之五禮，惟祭祀梢近古。而郊廟親享，文嘗不備。郊祀之禮，至大德九年乃定。親享太廟，則自至大二年始。改號幾十年，而典祀方舉，則其荒於禮也，久矣。間考一統以來，世祖一書幸大聖壽萬安寺，成宗一書太后幸五臺山，一書建天壽萬寧寺，英宗一書作壽安山寺佛像，泰定帝賜大天源延聖寺田，一書建龍翔集慶寺康，順帝一書賜大承天護聖寺田。非禮之祠，疊書史册。彼固以爲土木禱祀，僧徒衣食，致嚴已極。即古封泰山禪梁文七十二家，莫與齒也。大報惟天，一本惟親，且從畧焉。弗躬弗親，請可無罪。其于禮也，夷而泰泰而叛矣。《春秋》定公九年，書從祀先公，盜竊寶玉大弓，魯無人之辭也。元至治三年，盜竊仁宗及後神主，泰定三年，盜竊武宗神主，至正五年，盜竊太廟神主，神主之重，重于國之鎮寶，三見竊焉，無人甚矣。桓公十四年書御廪災，成公三年書新宫災三日，哭不恭之所致也。元之大德六年，太廟寢殿災，至治三年，奉元行宫正殿災。不敬而災，天變亟矣。禮支庶有天下者始得立廟。漢宣帝繼昭帝，而戾悼二園，不列昭穆，以其非繼體也。文公二年，大事于太廟，躋僖公，謂之逆祀。元之顯、順二君，不當稱宗，睿、裕二宗，不當立廟。武宗繼體而追王順宗，泰定入立而推尊顯廟，則違支子之禮。君也，順宗臣也，以次升祔，而反躋其上。則祀之譏，厚私親而干大分，如此而祭，不如其無祭也。真哥皇后，武家正配，以無子之故，屈于妾母。元統初，逯魯曾上議，始獲配享。與唐之懿安皇后配享憲宗同稱得禮，斯蓋夷而中國者矣。

**陳邦瞻《元史紀事本末》卷一一** 張溥曰：元循金律，胡法紾夷，世祖混一，蠲繁苛，畫新法，五等定罪，囚多老死。後惟秦王伯顔出，天下大辟，始一加刑。七八十年中，老稚嬉戲，不覩斬戮，庶幾近仁。乃當時議律者，鰓鰓有憂。如何榮祖、鄭介夫等，獻新格，陳讜言，敬明乃罰，至于再三。虞夏無刑，而《周誥》詳刑，深慮南北異規，出入多制也。繼體守文，風愆不戒，西僧天赦，奸宄逋逃，網漏吞舟，焚巢四起。元之不振，蓋由法玩乎。然秦人尚法，三族之辟，興自文公。商鞅論囚，渭水盡赤。始皇酷烈，專任刑罰。胡亥更律，令有罪相坐，戮蒙毅等于市，矺諸皇子十公主于社。刑者半道，殊死積市，逾年覆滅。天之厭胡，必甚于秦。而元反子孫十傳，優游後亡。意者秦以暴，元以寬也。宋藝祖哀矜折獄三宗，務崇仁厚羣臣犯法，大者下御史臺，小者下開封府、大理寺，未嘗特置獄。即元惡，未嘗有凌遲刑。閭閻樂生，獄多不冤。然熙寧中，祖無擇下秀州獄，苗振下越獄，蘇軾下御史獄，臺臣承王安石意，詔獄亟用。制勘推勘，二院並興。李逢之獄，冤播天下。紹聖問章惇、蔡京等用事，置元祐訴理局，置同文館獄，皇城司獄，窮治刻深，嘗禍大作。高宗南度，賊檜妬岳飛功，搆大獄死之。又搆趙汾與張浚、胡寅、李光等五十人謀逆，欲種誅，獄成、病不能署而寢。以宋朝寬大，列宗仁恕，而權奸假借，禍同羅織，刑之能死人也。人主緩之，大臣急之，鍛鍊問内，害且數世，况尚嚴酷哉。

**陳邦瞻《元史紀事本末》卷一二** 張溥曰：天下有三大利，曰西北水田，曰導河入衛，曰海運。西北水田者何？京師東瀕海數千里，北極遼海，南濱青齊，萑葦之塲，海潮日至，淤爲沃壤。宜用浙江之法，築隄捍水爲田，聽富民願耕者，合衆授地。定畔爲限，設萬夫、千夫、百夫之賞，三年後征，五年命以官，十年許世襲。近可得民兵，遠可紓饋運。而江海遊食輕剽者，亦率有歸。此元泰定中虞集之議也。導河入衛者何？古黄河自孟津至懷慶，入于海。今衛河自衛輝汲至臨清、天津，入于海。則猶古黄河道也。三代前，黄河東北入海，宇内全氣，隨而鍾于雍、冀、齊、魯之郊。漢時河決頓丘，遂漸南徙。隋煬帝引河入汴，引汴入淮。至宋熙寧，而河遂南，宇内全氣，遂因遷轉。唐無幽燕，六朝、南宋偏安江左，而胡元遂統天下。昭代定鼎燕京，宇内全氣，又自南而北。今若于河陰、原武、懷孟之間，審視地勢，導河使入衛，以達于臨清、天津，不惟徐、沛之患可息，而京師形勝益壯。其便者一。元漕舟涉江入淮，至于封丘，陸運至淇門，入于衛，達于京師。今導河注衛，冬春水平，漕繇江入淮，泝流至于河陰，順流達衛。夏秋水迅，仍由徐沛以達臨清，是一舉而得兩運道也。其便者二。又河西沃壤，人力可盡。臨清以北至京師，修其溝洫，既備旱潦，兼捍戎馬。而河南北直，轉羸瘠爲富强。陝西沿邊，修秦漢故蹟，築爲邊墻，堰爲陂瀦，外捍衛而内灌漑，殺徐沛上流之勢，功及全陜。其利者三。此國朝江良材之議也。海運者何？自古漕運所從之道，有陸，有河，有海。陸運以車，水運以舟，海運則民無輓輸之勢，國有儲蓄之富。此元朱清、張瑄之議也。導河之役，重大難言，而水田海運，便利易舉。虞集初上議時，當國者疑受田以賄成而中格。及至正之季，海運不至，國用匱詘，朝廷始思集言，有海口萬户之設，歲亦得數十萬石，惜行之已晚，無救土崩耳。海運始于秦攻匈奴。飛芻輓粟，起于黄腄瑯邪負海之郡，轉運北河。唐人亦轉東吴粳稻以給幽燕。元運仰給江南，發浙西，凌黄河，頓中灤，開膠萊，憂勞費甚。伯顔平宋，命朱清、張瑄等載宋圖籍，自崇明由海道入燕都，後遂建海運之策，命羅璧等造平底海船運糧，從海道抵直沽，萬三千三百里，旬日輒達，視河漕費省無算，國歲資之，終元不廢。議者慮料角不可越，暴風不可測，一舟之失，米不過千百石，而從溺者率不下數十百人，民命尤可念也，則斷斷難之。然都燕全勢，北有居庸、醫巫閭以爲城，南通大海以爲池，非若唐人都秦，有險無水；宋人都梁，有水無險也。主于河而協以海，固可並行不悖乎？

**陳邦瞻《元史紀事本末》卷一三** 張溥曰：秦亡於漁陽之戍，唐亡于桂林之卒，元亡于開河之夫。論者懲紅巾而惡賈魯，謂其動衆生亂，罪與趙高、虞世基等，然元至至正，胡運盡矣。十世百年，綱淪法斁，天祿將終。順帝優柔多慾，上下無章，雖享位之久，幾同宋理，而亡形之促，直猶二世。即使河役不興，于喪亂固無補也。河源之訪，始自漢張騫使西域，以爲二水發蔥嶺，趨于闐，滙鹽澤，伏流千里，至積石而再出。唐薛元鼎使吐蕃，則云得之悶磨黎山。而元世祖命都實者往求，又云得于吐蕃朵耳思之西鄙。其地在中國西南，直四川馬湖府之正西三千里，雲南麗江之西北千五百里，實中國山脊所自起。而張騫所訪，乃在其西萬餘里外。彼其時爲吐蕃所遮，道不得至，故蔽而求之遠也。河源既出星宿、崑崙，黄河九度，人人争言。要而論之，天下山川之大者，存乎南北兩戒。河源自北紀之首，循雍州北徼，達華陰，與地絡相會，並行而西，至太行之曲，分而西流，與涇、渭、濟相表裏，爲北河。江源自南紀之首，循梁州南徼，達華陽，與地絡相會，並行而東。及荆山之陽，分而東流，與淮、漢相表裏，爲南河。於中國導地脉一也。獨江在中國，右爲陰水泉出，多洞瀦善容。雖險不敗。河在中國，左陽而性勁。北地泉少，水落伏漕時，河身偪束，淺者可涉。秋水時至，百川灌輸，則西北浸潦，盡奔入河。無江永漢廣之蓄，有懷山襄陵之患。此古來導水者，所以不言治江，而言治河也。河自宋熙寧中，決澶淵曹村，北流斷而南徙，東滙于梁山濼，灑爲二。一合南清河，入于淮，一合北清河，爲濟水故道入于海。蓋河與淮合始此。然勢分而不專，金之亡也。河始決開封城北衛州，入渦河以合淮。元之亡也，決河南，決汴、陳、許，決杞，而用賈魯議，塞北河，疏南河。興大役而河益南。夫汴宋而上，河專入海，尚爲並河州郡患，况河、淮合一清口，又合沁、泗、沂而歸淮哉。謀國者欲因水自然，通河于衛，而朝議急漕，務隄使南。漕雖獲安，河勢愈激，則猶賈魯之見也。

**陳邦瞻《元史紀事本末》卷一四** 張溥曰：論職官者曰，官名不正，莫甚于元。中書政本，既有中書令，復立左右丞相。既立左右丞爲正宰相，復立平章政事。何多名也，降而末流遥授矣，即欲治得乎。至元至大間，羣小用，而尚書省建名爲理財，權反出中書上。亦繇官名不一，人得而竊也。宋之蔡確欲專政，忌王珪爲首相，則建請以左右僕射兼兩省事。確遂攘中書，而珪不得預。元之阿合馬、桑哥、脱虎脱等欲專政，忌安童等在中書，則請别立尚書一省。而勳舊大臣不敢問，朝廷之設官，務得人也。小人之欲官，務自利也。得人之謀疎，嘗不如自利之謀密。人主不察，而輕信之，張官置吏，徒爲小人役耳。元代官制，左右萬户與斷事官之立，自太祖始，十路宣課司之立，自太宗始，立中書省、樞密院、御史臺與寺監、衛府以治内，立行省、行臺、宣慰廉訪與路、府、州、縣以治外。自世祖始，創業之初，令約事簡。一二親貴，出戰入守，即助爲理。久而土地漸大，軍民日衆，改玉改步，恢張制作。官冗吏繁，所必然也。然周人備官，末患文勝，秦人變之，專設爵級，以勸武力。既併天下，罷侯置守，列國之盛，僅裁爲三十六郡。設太尉，主五兵，立丞相，總百揆。又置御史大夫，以貳相。天地四時之官，蕩不復用，蓋至簡也。而佳兵尚刑，急程吏事。趙高進而二世速亡。元制法金，而晚參以宋，復尊蒙古而輕漢人、南人。儼然以秦自命，又無法焉。其命官，固不足道也。

**陳邦瞻《元史紀事本末》卷一五** 張溥曰：宋熙寧初，議行新法，創制置三司條例司，以陳升之、王安石領之，吕惠卿撿詳文字，章惇屬官三司，曾布撿正中書五房。農田、水利、青苗、均輸、保甲、免役、市易、保馬、方田諸役，相繼並興。朝臣奏請不便，羣奸即上疏條析，莫敢難也。後復併歸中書，安石與韓絳共領。久之，復置三司會計司。大抵以宰相之重，莞財利之。權諛成者進，立異者黜。及惠卿、安石交怨相傾，官仍不廢，而海内敝耗矣。元世祖至正八年，立尚書省，以阿合馬平章政事。時宋度宗之咸淳六年，天下尚未一也，國君好利，授政僉人。逾年即罷，併入中書。或者有悔心焉，二十四年，聽麥术督丁言而復立，專任桑哥，行至元鈔，設徵理司，鈎考嚴酷。郭佑、楊居寛棄市，劉宣自殺。二十八年，桑哥、要束木等誅，置省始罷。論者謂朝廷誅殺，民生毒痛，未有酷于此四載者也。武宗即位，大臣方議汰冗官，節財用，而脱虎脱等巧言熒聽，羣請復置。二載帝崩乃罷。雖諸奸左右，任事日淺，然鑄錢而立資國院，編軍而質富民子。二斂怨，殺身有餘矣。蒙古草創，算賦無準，耶律楚材相太祖，建立十路課税，括中原民户，國用充富，征討成功。四傳而後，掊克者起轘。商君烹弘羊，害尚不救，咎言利之始，楚材獨無罪乎。抑十一而取當日之民不病厲也。太祖輕用其民而大業成。世祖重用其民而世祚促。民不患上用之，而患上竭之。爲人君者，亦何利于竭民哉。

**陳邦瞻《元史紀事本末》卷一六**　張溥曰：北方之學，起自趙復、許衡，尊而明之者，姚樞、竇默也。儒者世繼，傳人不絶，世祖時有容城劉因，成宗時有蘭谿金履祥、奉元蕭𣂏、緱山杜瑛，文宗時有崇仁吴澄，順帝時有休寧陳櫟、婺源胡一桂、金華許謙、資州黄澤之倫，咸明道學，修經傳，濂、洛、關、閩，家諷户習，著述之盛，冠于儒林。入裸國，而皆章甫，莫能議也。衡與澄並官國子祭酒，教授諸生，四方誦法，雖難進易退，萬乘賓禮，而朱紱降志，易簀懷慚。履祥等獨布衣終身，没稱處士，尤白茅無咎，浩然天地者哉。隋文帝仁壽中，王通西遊長安，奏《太平十二策》。既知釁生蕭墻，即歸不起，大就六經。晉桓温伐秦入關，王猛被褐上謁，署爲軍謀祭酒。猛欲與俱還，其師止之，後乃事苻堅。丈夫藴義博聞，雲蒸豹變，所自有也。六合横流，託身靡所，非攘袂奮决，即退而著書。然爲通者，其嘗爲猛者其變也。許衡生宋元之際，擇主未審，學本太原，而迹隣北海，低頭就之，得無有所未足乎？然世祖開府，延訪四出，巨儒碩士，弓旌賁野，苟不興交謝同游地下，儒冠委蛇，或所不免。久而黍離之悲漸微，下車之求不至。巖阿肥遁，守貞自如。論隱于至元難，論隱于大德易，夫亦各有時也。衡斥佛老，懷孟化之，有僧德公者，謂其徒曰：「老僧苦行百年，徒爲不孝子。若輩還家可也。」英宗粉黄金爲泥書佛經薦福，命澄作序。澄以爲福田利益，彼教不言，况儒臣乎，持不進。二賢明道得君，言宜信用，而西域帝師，横行天下，膜拜成風，淫污蔽路。謂元尚儒，徒虚語耳。

**陳邦瞻《元史紀事本末》卷一七**　張溥曰：西漢之《三統》，東漢之《四分》，劉洪之《乾象》，楊偉之《景初》，姜岌之《三統甲子》，何承天之《元嘉》，祖冲之之《大明》，張胄玄之《大業》，劉焯之《七曜》，傅仁均之《戊寅》，李淳風之《麟德》，一行之《太衍》，徐昂之《宣明》，邊岡之《崇玄》，王朴之《欽天》，周琮之《明天》，姚舜輔之《紀元》，皆曆家傑然者也。而漢《太初》以鐘律，唐《太衍》以蓍策，尤稱絶倫。至郭守敬《授時曆》出，則更度越矣。守敬生有異操，大父榮通五經，精於筭數、水利，使之從劉秉忠學。巧思天縱，史所紀水利六事、曆書考正七事、創法五事，固絶學也。顧其曆，莫長于晷景。堯布曆象，舜在璣衡，周公度日景，置五表，以潁川陽城一表爲中。漢人造曆，必先定東西，立晷儀。唐昭太史測天下之晷，凡十三處，宋測景于浚儀之岳臺。元人測景之所，二十有七，則東至高句驪，西極滇池，南踰朱厓，北盡鐵勒矣。渾天六合、三辰四游，儀表之最密者也。獨守敬表式，五倍於舊，簡仰諸儀，世共神之，究其要，莫先于考測。考測者何？類其同而知其中，辨其異而知其變，以今曆與古曆比，而疎密見也。曆家之傳，學悟各出，或悟之于月行，或悟之于日食，或悟之于交食，或悟之于食衝，或悟之于朔望及弦，或悟之于極星，或悟之于日月交道，或悟之于五星，或悟之于黄道，或悟之于進朔，或悟之于朔大小，或悟之于日食氣刻時，或悟之于五星遲疾，或悟之于日法積年，或悟之于食餘。前法屢改，則後悟日新。總其大端，無過唐之置閏，漢之歲差耳。天運可驗，以日月交食爲著；交食不爽，以朔望有定爲準。定朔立則，交會之時日不紊；交會准，則天運之先後具見。杜預曰：「治曆者，當順天以求合，非爲合以驗天。」蔡邕曰：「籌筭爲本，天文爲驗。」守敬蓋得其説而致精者也。《經》曰：「七十年而差一度，每歲差一分五十秒。」《授時曆》法，以元之至元辛巳爲曆元，年遠數盈，天度漸差，起而修之，筭多差少，後必有賢於守敬者。惟得大儒在位，如能明曆理之揚雄，善立歲差之邵雍爲之折衷，則其學顯矣。

**陳邦瞻《元史紀事本末》卷一八**　張溥曰：漢武帝北伐胡，得休屠王祭天金人，以祠甘泉。成帝命劉向較書天禄閣，往往見佛書。中國經像所繇來也，明帝聘求西域，水又戒行。石虎、苻姚之世，異僧踵集，經綸彌廣。逮梁武滅齊受戒，捨身銅泰。武后誅鋤唐室，造寺施經，身行弑逆，而口談清净；内懷誅屠，而外託慈忍。借五宗之教，文天下之惡，惑且悖，未有大焉。宋代崇儒，佛老頗詘。王安石著《字説》而禍熙寧，邢恕、楊畏明禪學而攻元祐，浮屠亂真，君子所惡也。元起朔方，崇尚緇釋，世祖平西域，混六合，錫八思巴以殊號，寵楊璉真加爲總統。勝國故宫，毁成梵刹，山林珠玉，發露無遺。賊猶温韜，尊逾孔子，開基爽德，後嗣何觀。白雲宗立，而民田半空。功德司立，而大辟盡宥。圓符馳路，美女充堂。撻留守，毆王妃，代歷六君，莫敢問也。順帝在位日久，哈麻秃魯帖木兒等薦僧結媚，西天演揲，西番秘密，二法並進，遂男女同宫，君臣爲謔，迄至正而國亡。佛之流失，何至是極哉！秦二世之立也，曰：「人生世間，猶譬六驥過决隙。」悉耳目，窮心志，惟恐其不及也，而趙高得售其奸。伽璘真等之説人主也，曰：「人生幾何，當受秘密大喜樂禪定。」而顧帝遂忘有天下。小人惑君，必導以多欲，《株林夏南》詩戒之矣。無如一入其中，即没而不出也。孔子作《春秋》，中國而夷則退之，夷而中國則進之。元之奉佛，蓋夷俗也。混一既成，則當進而中國矣，帝師佛手何紛紛爲？　秦不變刑，元不變佛，彼皆守夷狄之教，以御中國之人，是以不能久也。

**陳邦瞻《元史紀事本末》卷一九**　張溥曰：成宗鐵木耳，故太子裕宗真金第三子也。武宗海山、仁宗愛育黎拔力八達，成宗兄順宗荅剌麻八剌子也。真金仁孝恭儉，中外繫心。南臺御史欲請内禪，世祖震怒，真金憂卒。長子甘麻剌與成宗同母，嫡孫當立，顧以至元三十年，世祖詔授成宗皇太子寶，撫軍北邊。明年，宫車晏駕，拱手遜弟，退就藩列。四閲月，而成宗位定，善讓之風，庶幾吴泰伯、漢東海矣。成宗大德三年，命武宗鎮漠北。九年夏六月，立子德壽爲太子。秋七月，命仁宗居懷州。冬十二月，太子卒。成宗之遠兄子，欲安己子也。其子既薨，有天下者，非兄子而誰？帝不早建，而大行忽崩，二心之臣，始得而間之矣。安西王阿難荅，本忙哥剌子，世祖庶孫也，屬遠親殺，次不當立。阿忽台等與成后伯岳吾氏交比，召至京師，謀令攝政。將欲使位禪非次，政繇女主，順宗二子，蔑如無有也。哈剌哈孫忠愛社稷，謹守宫掖。漠北、懷州，二使並發。李孟贊決。仁宗道近先至，遂鎮上都，執奸黨大臣，定絳侯之謀，藩傅奮宋昌之斷，清宫掃禁，寧患無朱虚、東牟哉？順宗后弘吉剌氏，誕育武、仁，情無二視，惑於陰陽，云重光有災，旃蒙長久，欲使兄讓弟。阿沙不花、康里脱脱彌縫其間，后意乃决。於是武宗正位，三宫協和。立四年崩，而後致位于仁宗。弟監國以待兄，兄舍子而與弟，授受之順，古未有也。史言至大之朝，粃政不少，馬謀沙角觝也，沙的等伶官也，而並授平章。教瓦班髡也，而翰林學士李邦寧閹也，而司徒兼相。脱脱虎等興利封公，鄭阿兒思蘭無罪棄市，築呼鷹之臺，求沉檀之木，西僧犯法，虎符致珍，頗傷盛治。獨友于性成，不私天下，較之曹丕、蕭繹，開釁唐棣，其亦夷狄之有，不如諸夏之無者哉？甘麻剌仁厚自守，卒于晉邸，長子泰定帝即位，追尊祔享，廟號顯宗，意者讓國之報歟。

**陳邦瞻《元史紀事本末》卷二〇**　張溥曰：阿合馬、盧世榮、桑哥，至元之蠹也。鐵木迭兒，皇慶、延祐之蠹也。燕帖木兒，至順之蠹也。伯顔、哈麻、搠思監，元統以來之蠹也。羣蠹害政，或竄或誅，考終者少。獨鐵木迭兒，太師再相，權寵終身。燕帖木兒，總政專國，淫樂及死。雖蓋棺罪顯，不免刑章，而放恣一生，竟逃國法，公憤所結，不能不與李林甫、秦檜二賊同恨也。燕帖木兒者，固欽察氏。武宗鎮朔方，以宿衛得幸，乘泰定之崩，擁立文宗。倒剌沙、梁王王禪等舉兵相向，敗績被誅。謀先定策，身兼血戰，絳侯、博陸謂莫子勞。泰定之后，取爲夫人，文宗之子，養於私家，男則帝兒，女則帝后，熏赫既極，身死難作。唐其勢謀叛，家族破滅，延及惠后，名惡不可居，勢重不可反，一傳而敗，得禍猶晚。鐵木迭兒則辟陽賤臣，功無尺寸，太皇太后崩，始議追奪，緩誅益甚矣。北魏宣武寵胡充華，立其子詡，而不忍殺也。後爲太后秒稱制，嬖鄭儼、徐紇，殺元乂，宣淫蠹政。帝詡不堪，詔爾朱榮至京師，謀洩遇鴆。榮遂稱兵，洛陽大亂，魏分爲二。順后不制，幾同胡靈。鐵木迭兒之奸，亦類儼、紇。天下幸無患者，主權尚握，元凶早逝爾。然燕帖木兒心乎文宗，欲立燕帖古思。順帝乃明宗之子，非所樂奉也。燕帖木兒死，然後正位，雖納其女，竊心啣之。伯顔等因勢搆郯，斬戮立盡。英宗素不悦鐵木迭兒，其黨鐵失弒之。泰定以晉邸鎮北邊，爲諸王所立，感買奴之言，始行義殺，於鐵木迭兒，固無怨也。痛發於傷心者，禍害必深，義激於好名者，報復嘗淺。賊臣當此，亦有幸不幸存其間乎。

**陳邦瞻《元史紀事本末》卷二一**　張溥曰：英宗在位三年，剛明圖治，惟觀音保等之死一事失德，其他書史册者，若免民租，罷金銀冶，減海運糧，行助役法，卹孔氏子孫，詔上書言事者得專達，皆善政也。南坡駐蹕，鐵失行逆，年僅二十一而遇弒，天下哀之。然推尋禍本，不能不咎太皇太后也。太后順宗正妃，體誕二聖，成宗之世，出居懷州。武宗即位，始上尊號，建興聖宫。更歷仁、英，册寶益隆。二子一孫，皆爲天子，而太后優游三朝，御殿受賀，太陰沙麓，異世協慶，豈非后妃之極遇哉？乃東朝既正，淫恣無忌，内則黑驢母亦烈失八用事，外則幸臣失以門紐隣及時宰鐵木迭兒相率爲奸。三主當陽，而母后不制，敝笱在梁，言之醜矣。鐵木迭兒於武宗之世，擅離雲南，竟赴京師，尚書省奏行詰問，太后庇之，遽令還職。仁宗御極，與完澤、李孟更張庶務，罷迭兒勿用，未幾旋進右相。張珪直言，太后杖責，逐出國門，延祐四年，蕭拜住、楊朶兒只糾正其罪，迭兒懼匿后宫。帝重違太后意，僅罷相位。逾二年，復拜太子太師。明年帝崩，再正相位，首殺蕭、楊。英宗禀王母之命，心雖弗善，不敢不任也。後漸疏遠，怏怏而死。太后亦崩，始削奪官爵，窮竟黨與。鐵失等爲彼腹心，内不自安，遂手弒帝。雖置賊肘腋，驅除不早，帝計誠失。顧羣奸無上，内外盤固，繇來者漸，不可謂非太后釀成也。仁宗崩時，太后屬意明宗，羣臣不聽，擁立英宗。太后來賀，帝色不悦，即退悔曰：「我不擬養此兒。」飲恨成疾。彼之忌帝，奸黨必與聞之矣。唐武后死，而三思尚存，則其黨弒中宗。弘吉剌太后與鐵木迭兒死，而鐵失尚存，則其黨弒英宗。除惡不盡，害同養虎，自古而然。但中宗庸奴自斃，英宗强陽致疾，賢不肖相去則遠耳。

**陳邦瞻《元史紀事本末》卷二二**　張溥曰：泰定帝即位之元年，即立子阿速吉入爲皇太子。四年，帝崩于上都，太子繼立，正也。燕帖木兒懷武宗舊恩，妄生異謀，迎立其二子。文宗圖帖睦爾自江陵先發，竟入京師，治兵相攻，忠義屠戮，遂襲尊位，陷上都，太子不知所終。乃走使漠北，奉迎勸進，明宗和世㻋至和寧之北，竟即帝位，立文宗爲太子，次旺察忽都。文宗入見，明宗暴崩，本帝始願，豈不謂吾弟孝友，先驅奉璽，猶之懷寧人而仁宗避，無庸南向讓三，北向讓再，竟不知其愚而蹈死也。然爲文宗者，則甚矣，國有君而逐之，兄既立而弑之，亂賊之事，一已不堪，其可再乎？燕帖木兒外託哈剌、李孟之名，而内行迭兒、鐵失之詐，始讎泰定而迎二王，繼助文宗以戕明宗，弑立大故，反覆奕碁，直卓、操耳，何平、勃爲？至順元年春，立明宗子懿璘質班爲鄜王，冬立燕王阿剌忒納荅剌爲太子。二年春正月，太子即薨，詔皇子出居燕帖木兒家，道人寄養，漢后貽譏，胡人不學，寧知殷鑒？及帝不豫，后立鄜王，鄜王遽薨，又立妥懽帖睦爾。揆以嘗情，明宗帝兄，其子猶帝子也。文宗既弑明宗，其子即帝讎也。殺其父，立其讎，文后獨不爲身計乎？或者庚寅之變倉卒，事秘，后實不聞，帝與國人亦交隱焉，久而莫問也。燕帖木兒不悦順帝，遷延數月身死，而後帝得即位。内外保護，莫非太后之力。至元六年，驟行遷殺，遂至上廢廟主，下戮皇弟，反噬不仁，喋血門内。太后當此，亦將悔不從燕太師言，蚤立己子乎？然積憾不眕，則皆仁宗爲偏也。仁宗受命武宗，約萬歲之後，傳位其子。忽納鐵木迭兒等邪説，立明宗爲周王，出鎮雲南，致逃漠北，易世無幾，大難數作。英宗弑而泰定乘虚，泰定崩而明、文争立，文宗崩而順帝報復，自至治之末，迄至元之初，震器夭椓，骨肉誅夷，禍無虚載，天人並怨，孰非延祐一君所貽哉？且武、仁授受，天顯無間，後人莫能繼述。武宗殺成后，文后即效之，而殺明后。仁宗背武宗，文宗即效之，而弑明宗。凡人從善難而從惡易，作法者尤不可不慎也。

**陳邦瞻《元史紀事本末》卷二三**　張溥曰：唐其勢用，而伯顔殺之。伯顔用，而脱脱逐之。脱脱用，而哈麻殺之。哈麻、雪雪用，而禿魯帖木兒殺之。禍福出反，勢若循環，而天下獨冤脱脱者，何也？燕帖木兒輔佐文宗，篡國弑兄，自娶帝后，亂賊横行，淫死牖下。子唐其勢襲封，謀不軌，伯顔捕誅之，當矣。順后何罪，而并弑之。漢上官桀、安謀反，霍光盡誅其宗族，昭后獨不坐廢。曹操殺伏完，并及獻后，史書曰「弑」。元順后伯牙吾氏，雖燕帖木兒女，兄弟謀逆，未嘗與聞，昭臺、雲林，宜聽自處，竟戕諸民舍，罪與弑君等耳。脱脱本馬札兒台子，爲伯顔所養，宿衛禁近，政令修明，憂伯父放縱，禍將赤族，謀於父師，黜竄南恩。以子逐父，似非人情，然大義滅親，君子所予，本諸《春秋》季友鴆牙，蓋先之矣。哈麻、雪雪，緣乳母恩澤，邀帝愛幸。西僧一進，荒淫日恣，孔寧、儀行父之徒也。内忌脱脱，譖貶雲南，復矯詔鴆死。大臣既隕，寇亂益張，亡國之罪，斬戮無辭。禿魯帖木兒同以房術結歡，後漸携貳，發其異志，兄弟杖死。以小人誅小人，以親戚圖親戚，舉世共快。所恨者，禿魯獨存耳。唐其勢于順帝元統元年，封太平王，逾年而即誅。伯顔于至元元年弑后，六年而道死。亂臣執柄，命必不長。脱脱旋罷旋起，任用稍久，出入將相，中外稱賢，功著東南，身殲大理，諸葛、武穆，感慨同歸。然汝中栢讒夫之尤，傾信不疑，始憾太平而私讐致譏，晚隙哈麻而家門及禍，比之匪人，傷何甚也。唐李德裕相武宗，制三鎮，史稱其文章嚴、馬，政事蕭、曹。乃痛言朋黨，而德怨未忘，遂至力戰錐刀，淪身瘴海。惜脱脱善讀史，而未之知鑒也。

**陳邦瞻《元史紀事本末》卷二四**　張溥曰：漢之後非漢，而稱漢以殘晉者曰劉淵。唐之後非唐，而稱唐以滅梁若曰李存勗。宋之後非宋，而稱宋以亂元者曰韓林兒。淵本匈奴左賢王豹子，初爲侍子在洛，王渾、李熹等皆折節稱達之。乘晉八王之争，歸集五部，即漢王位，陷河東、平陽，蒲坂爲首亂。存勗年十一，即從克用破王行瑜，後承三矢之命，竟服真定，并山東，取漁陽，兼魏博，策馬渡河，而梁寇殄滅。此皆英畧天授，壯氣蠭厲，或爲真王，或爲大盜，俱非偶然。林兒則韓山童子也。山童詭託彌勒，妄號宋裔，刑白馬，告天地，縣官捕治，立時就擒。小寇無能，直燕雀耳。林兒逋逃之餘，母子窮窘，劉福通等强擁爲帝，戰敗輒走，遂死滁陽。楚懷王孫心，牧羊民間，項梁立之，尊稱義帝，項籍殺之江中。劉玄吏繫逃匿，王匡等推爲天子，建元更始，敗于赤眉，謝祿殺之。兩人家族帝王，羣雄推附，器小任重，亡不旋踵。林兒父子欒城草竊，假名瀛國，以盆子之懦，兼王郎之詐，奔北殺身，宜其速也。然紅巾賊起，潁川最勁，當其兵分爲三也，劉福通取河南，毛貴取山東，關先生破遼陽，焚上都，中原以北，幾三分有二，風馳電激，豈徒藉宋虚聲哉？天厭胡運，石人生謡，韓劉揭竿，勢猶陳涉。勝國空名，河淮響震，不必其人龍種也。真人既出，因其年號，資其土彊，大舉北伐，傳檄遂定。《詩》曰：「伯也執殳，爲王前驅。」其小明龍鳳之謂乎？

**陳邦瞻《元史紀事本末》卷二五**　張溥曰：元順帝即位之四年，廣東朱光卿、河南棒胡、四川韓法師等兵起。其後漳州李志甫、袁州周子旺、湖廣蔣丙、汀州羅天麟等，與燕南、山東羣盜，所在縱横。至遼陽之吾者野人、雲南夷之死可伐、靖州猺之吴天保，紛籍告亂。集慶花山賊，僅三十六人，破官軍萬數。凡彼盜名字、掠城邑者，蓋無歲不動也。温、台、汝、潁，大盜寖昌，天下騷動。大將數没，李黼死於徐壽輝，泰不華死於方國珍，星吉死於趙普勝，李齊死於張士誠。褚不華身經百戰，盡命淮安。余闕每戰必勝，喪元安慶。毛貴破濟南路，而董摶霄被刺。陳友諒寇信州，而伯顏不花的斤戰死。此數臣者，或孤城窮守，烈比睢陽；或義士從游，客同東海。母教子忠，臣心貫日，多賢殄瘁，國何可長？然水德閏位，大運告終，尤莫甚于脱脱之貶、察罕之死也。脱脱有道大臣，東南之亂，躬冒矢石，破李二，敗士誠，賊勢大蹙，功在旦暮。哈麻修怨，嗾袁賽因劾之，削官安置。襲伯遂勸其一意進討，勿開詔書。脱脱不可，束身歸命，亂遂不救。察罕志存當世，奮義鄉邑，一戰而破羅山，二戰而定河北，三戰而復陝州，四戰而復汴梁，五戰而平山東，出奇制勝，大師必克。田豐詐降，行營難發，神龍因螾，禍生不戒，天真不欲祐元乎，何奪之暴也？李牧死而趙亡，其死以讒。費禕死而蜀敗，其死以疎。脱脱之罹譖人，其李牧乎？察罕之中賊傷，其費禕乎？大功垂成，而臨敵已易；錫命方隆，而刺客間作。國家急難，嘗患無人；有人矣，嘗患不得其用；既用矣，嘗患不得其死。班彪論王命，有旨哉！

**陳邦瞻《元史紀事本末》卷二六** 張溥曰：秦滅六國，傳二世，而陳勝、吴廣起兵於蘄，劉邦起兵於沛，項梁起兵於吴。不一年，而項籍破秦軍，沛公入關中，子嬰出降而秦亡。元滅金、宋傳至正，而方國珍起兵於台州，劉福通起兵於潁川，徐壽輝起兵於羅田，郭子興起兵於定遠，張士誠起兵於泰州。十餘年而大明兵北定中原，順帝出走而元亡。二代之興，皆自西北。其亡也，禍則發於東南。東南爲國咽吭，豈不諒哉。說者謂元末作亂，三十七人，閩、廣、江、楚，淮之南北，浙之東西，稱號幾徧，類畢畢不足道。其最大僭國有五，韓林兒不能自立，徐壽輝爲下所制，陳友諒篡位稱尊，張士誠乍臣乍叛，明玉珍出兵據蜀。主亡建國，保境後亡，差近守正，要之皆非。真主敵也。然友諒以沔陽漁人子，不樂縣吏，從徐壽輝、倪文俊用兵，尋爲元帥。及文俊專恣，謀殺壽輝不果，奔黄州，即乘釁襲殺之。遂併其軍，破安慶而殺余闕，攻信州而殺伯顏不花的斤。戰勝無前，海内莫敵，亦一時草竊之推也。士誠白駒塲民，初據高郵，即殺李齊。後入平江，破杭州，戰勝山奇。楊完者至，僞降要爵，旋背之而稱吴王，反覆跋扈，寧僅狗偷哉。迺王師一臨，勍敵瓦解。友諒弑君之賊，走死不暇，士誠墨守之寇，反接入軍，漢、吴剋而大業定。廢興之際，其誰爲之，或曰：友諒逆賊，梟果好殺。起事既暴，殞躬亦速。士誠好施，能寬其民，屠城坑衆，噉肉膾肝，不忍爲也。人樂盡力，可以緩死。同盜彼善，報施亦然，豈盡無天乎。然干戈横行，始於至正之十三年，劉福通、徐壽輝固亡胡之首功也。福通殺於吕珍，壽輝殺於友諒，徒黨相攻，元人所快。然福通死而宋將猶横，壽輝死而漢夏益强。盜賊日久，則豪傑漸生。後起之雄，必勍於始事，死者不足賀，而生者深可弔也。福通之起猶陳涉，壽輝之弑猶義帝，友諒之剽猶項羽，士誠之守猶田横，其他則武臣韓廣者流，又何足當赤帝子哉。

**陳邦瞻《元史紀事本末》卷二七** 張溥曰：擴廓帖木兒，李察罕子。孛羅帖木兒，荅失八都魯子也。荅失冑出勳舊，謀略善戰，討賊荆襄，恢復故壤，進擊僞宋，數奏捷功，諜書間行，一夕憂死。察罕起義沈丘，削平羣盜，中原底定，增邑封王。忽白氣呈象，身喪賊營。二臣皆忠貞智勇，勳懋王室。大志未酬，箕裘善繼。孛羅揚旌破賊，擴廓啣哀復仇。爲臣爲子，義皆無愧。方謂同心斷金，夾輔再造，天子開景風之賞，九泉雪戴天之辱即有小忿，捐焉可也。奈何孛羅尾大，欲據晉冀，察罕調兵拒戰，怨隙遂深。擴廓既代父將，孛羅復來争地。陝西一戰，連師不解，重以朴不花脱歡用事，老的沙禿堅出逃。太子内懷積忿，下詔專征。孛羅遂舉兵犯闕，囚后劫君，逆不可制。後幸伏誅，京國稍安。而擴廓復横，元亡出奔。原太子之心，初討孛羅，惡其納逋，非爲擴廓也。原孛羅之心，初拒朝命，專攻擴廓，非憾太子也。兵一發而不收，勢日激而愈重，擴廓無仇，而太子有仇，擴廓無禍，而太子有禍，其故何哉。主兵之名在太子也。主兵之名在擴廓，則孛羅之戰，止兩下相攻，而朝廷猶可以解。主兵之名在太子，則孛羅之戰，直以下犯上，而人主竟與爲敵。太子方問禿堅、老的沙，而孛羅已殺搠思監、朴不花。奇后被幽，儲君出走，大逆無將，罪必不宥。和尚定謀，兇人就戮。擴廓之怨雖除，而國家之傷已甚矣。孛羅既誅，擴廓益專，李思齊等忌其位任太高而不平，則有渡河之争。太子望其助已内禪而不應，則有奪軍之命。始助擴廓以討孛羅者，太子也。終驅擴廓爲孛羅者，亦太子也。燕京失守，逆臣亦遁。至正促祚，内叛居多，豈必盡由外族哉。孛羅、察罕初争石嶺，詔遣也先不花、脱脱木兒、奴奴等解之，受命不進。張禎劾其懷安釀仇不報，既而擴廓輔太子討孛羅，傳旨訪禎時事，禎答書勉以廉藺之義。擴廓深然之，而竟不能改。上下分崩，水火擊射，佐鬬者進，解紛者退，惟有載胥及溺而已。

**黄宗羲《明夷待訪録》** 論者謂一代有一代之法，子孫以法祖爲孝。夫非法之法，前王不勝其利欲之私以創之，後王或不勝其利欲之私以壞之。壞之者固足以害天下，其創之者亦未始非害天下者也。乃必欲周旋於此膠彼漆之中，以博憲章之餘名，此俗儒之剿説也。即論者謂天下之治亂不系於法之存亡。

夫古今之變，至秦而一盡，至元而又一盡，經此二盡之後，古聖王之所惻隱愛人而經營者蕩然無具，苟非爲之遠思深覽，一一通變，以複井田、封建、學校、卒乘之舊，雖小小更革，生民之戚戚終無已時也。

**張彦士《讀史讆疑》卷一〇** 文宗，明宗弟也。泰定帝殂，大臣迎立爲帝，匕讓兄明宗。已權揖位，遣使迎明宗於沙漠。明立文爲皇太子。比入見，而明宗暴殂，人疑文宗弒兄。

解曰：文宗毁立爲太子矣，何患不帝，乃肯爲弒乎。況當揖位之始，再三揖遜，又非不知有兄者也。余謂文宗之事，當與宋太宗燭影斧聲並論，可也。後人每遇此事，輒多深文，是何不以君子長者之心待天下，而偏以殘刻暴狠之道輕加諸人乎。況弒逆與遜讓，事之大相反者，遜讓真則爲千古之高行懿德，弒逆真則爲一代之亂臣賊子。出此入彼，毫厘之辨，尚論者可不慎哉。

**仲弘道《增定史韻》卷四** 改庵仲氏曰：論元開創之基，則始于太祖聖武元年，論元正統之承，則始於世祖至元十六年。而世祖則秦皇、漢武之亞也，秦皇承莊、襄富强之後，故有長城、阿房之役；漢武承文、景富强之後，故有匈奴、西域之征。元世祖則承太祖、太宗富强之後，以爲秦皇不足異，漢武不足奇，故有高麗、日本、占城、八百媳婦之兵。其雄才大畧相似也。觀其制禮作樂，設官分職，居然一代令主。惜乎一統之後，好殺躭淫，崇僧黜正，有廉希憲之賢，劉秉忠之智，伯顔、董文炳之勇，不能將混一之區宇，使漸仁摩義，以致成宗末，變者數起；武宗時，變亂者數端。且大統嗣續，多有變更，詎非貽謀之未盡善也哉。仁宗以武宗母弟立爲太子，繼而登極。觀其天性温淳，尊儒禮士，彬彬乎幾與宋之仁宗、明之仁宗絜隆比美。而十載升遐，施澤未久，以視重熙累洽，詎不有間焉。英宗係仁宗嫡子，即位大都，以張養浩爲中書省，以拜住爲丞相，以吴澄爲學士，觀其英毅果斷，可以成仁宗未竟之業，嗣世祖恢擴之規。而果于殺戮，近侍潛謀，萬乘之尊，刃于行幄，誠古今之異變也。泰定帝以太宗支系龍居即位，誅討元凶，身殂子繼，亦屬人情。而大臣燕帖木耳等，必倡言武宗二子當迎立之，不許其子阿速吉八入嗣大統，又不能遽迎周王登極，而乃先立懷王。嗚呼，以帝王大寶，使其弟暫爲守攝，則世遠胥庭，人非臧札，建成、元吉既見于唐，燭影斧聲又聞于宋。明宗於此，雖欲不暴崩于文宗入見之時，似不可得。然其事尚多疑案，未可遽信也。至文宗既遂兄終弟及之意，加封聖門，纂輯大典，似亦可以有爲。而享祚不永，僅以五年，又不立子而立姪寧宗，寧宗天禄不永，文宗后又立寧宗庶兄妥歡帖木耳。坐使二祖百戰之天下，付之荒迷無度之主。以致伯顔擅權，唐其勢謀逆，天變地震，史不勝書。中原則據于韓林兒，楚則據于陳友諒，閩則據于陳友定，其他方國珍、張士誠擾亂于浙蘇，何真、方玉珍擁衆于粤蜀，又有劉益、田豐輩，紛紛雀起，以待真主之驅除，此皆由順帝三十年來人事之不臧。豈得尤天命之不祚也哉。且承統國之大本也，世祖以弟承兄，自可蟬聯繼緒，乃太子真金既卒，真金之長子次子又卒，三子成宗承統，以孫繼祖，可謂正矣。及成宗崩，不立其子，而立真金次子之子，爲武宗，是以姪承叔。武宗崩，又不立其子，而立其弟爲仁宗，而以弟嗣兄。及仁宗始傳其子英宗，英宗崩，又不立英宗之子，而以真金長子之子爲泰定，而以支庶入繼，是真金之後三支，迭相爲帝。其間以父傳子者，止有英宗一代，以致轉展承襲，至於順帝亡元。然則纘承之際，可不慎諸。

**彭孫詒《茗香堂史論》** 世族時，宣政院言，宋全太后瀛國公母子爲僧尼，有地三百六十頃，乞如例免其租。從之。夫亡國降王，備列杞宋，地租不免，必爲僧尼始免之，已爲非體。又宋亡，令追毁宋故官所受告身，何其不廣。楊連真珈發宋陵塚百有一所，戕認命無數，得鈔一十萬，田三千畝，金寶無算。以金銀寶器修天衣寺，既已未刑，修寺徼福何爲。元之修毒甚矣。

元人好貨，楊連真珈以發塚用，朱清、張瑄以海盜貴，毒流不已。桑哥既敗，省臺請誅楊連真珈，亦有請誅清、瑄，世祖終不許，可知其故矣。

世祖智計度量，殊絶於人。削平敵國，兵不留行，其失在於黷武窮兵。奄有諸夏，乃複力通西域，窮極天南。再敗於安南，喪師於日本，亦尤不已，廷臣力爭，始罷兵革。阿合馬、要束木、盧世榮、桑哥皆以言利進，毒流天下，民怨已極，然後誅夷。跡其爲道，足以亡國。終有天下，何也。在於知人善任。宋之降將吕文焕、夏貴、範文虎、蒲壽庚等，咸尊顯富貴之。宋之文臣留夢炎、許衡、葉李，莫不優禮任使之。是以群材趨附，樂於赴功。

蒙古諸帝，仁宗爲優。成宗末命，宗社動揺，削平内難，迎武宗於上都。有功不居，大位終歸。盡去不急之務，爲皇太子時，業已多所匡正。元時重西僧，每修佛事，帝師多請釋重囚，朝廷曲赦以從之。仁宗時，雲南行省右丞算只兒威有罪，國師監吉幹節兒奏請釋之。帝斥之曰：「僧人宜誦佛書，官事豈可與邪。」最諳治體。英宗識治體，無過舉。然如封鷹師不花爲趙國公，封乳母夫阿來爲定襄王，此等仍然胡習，非帝王治世法。

元滅諸國，擇其賢者用之，如西夏、鄯善、竺乾、回回雜部之才，皆得其力。故能削平海內如振槁。

元以制科取士，其魁泰不華、李黼、李齊，皆以忠義死，可與文丞相比烈。

**華慶遠《論世八編》卷一二**　方正學曰：元之初，有一二賢者，建議用寬大爲政，民亦安之。嘗聞其時風俗，富民或受挫辱於縣官，如庭拽而詬詈，其心大耻，掩面不敢見人。則里中弔者填其户，殺羊爲酒而祓除之，然其人終身以爲病。未久也而俗大變矣。無論詬詈，鞭一百，扶而出於外，揭其創，談笑以示人。或弟子訟其師，子姪證諸父，兒童設機穽，女婦事遊謔，黠胥巨吏，開口肆然刼取其下，奸民豪猾，妄詐欺冒而輕犯法。豈誠不畏死哉，彼見死者之多，不知畏也。罪不當律，不知畏也，生無可樂，不知畏也。

張和仲曰：元滅宋，一時公卿多受方略効用，許衡獨以兩國生靈爲言。及卒，命勿立碑請謚。考其生也，在金太和中，又新鄭人，非宋産也，乃能持大義，未可輕論。

高存之曰：以魯齋之志，魯齋之思，而金華四先生不學也。

自漢至於元，歷四十餘家，漢三改，唐七改，宋十八改，歷代皆有真學，稱四門博士，與儒同科。九章之瀍大明，有許平仲、郭守敬出焉，元用之作《授時曆》，自是算學不復立。

郭守敬製渾天儀，天官家謂自雒下閎以來，獨爲精密。

留夢炎降，元主極其鄙薄，謂子昂曰：「彼宋狀元，位宰相，依阿取容。」而趙㠯夢炎好謀能斷對。一日，元主又命子昂作詩嘲夢炎，此題在子昂本必閣筆，而詩竟成，有「狀元曾受四朝恩」之句。嘻，兩失之矣。夢炎謀斷，謂能遁乎，謂能殺文山乎。若云受恩，留非宗室。

文衡山曰：嘗觀文敏書《洪範》於所畫《箕子授道圖》，文敏嘗註《尚書》，此似非出無意。

沈石田題子昂畫《苕溪圖》曰：兩岸青山煙麩裏，獨無一畝種瓜田。

丘瓊山曰：元史言伯顏下江南，不殺一人。嗚呼，常州非江南地耶，伯顏忿其不下，役居民運土爲壘，并人築之。殺人煎膏取油作砲，城陷之日，屠之，止存七人，伏橋下獲免。伯顏前此潛兵渡淮，又屠沙洋，而中國之人，秉史筆者，乃爲之諱，比之曹彬，不識其故也。

敖東谷曰：昔人覩洛汭而思禹功，曰：「微禹吾其魚乎。」元初，欲盡殺漢人，以中國爲牧馬場，楚材以税糧金帛之數進，此禹功也，嗚呼危哉。

元史額外之課，凡三十有二，何多也。想其時法紀不備，奸人虚設名目以漁私利，未必資國用也。

王洪州曰：元至正税大抵以唐爲法，内郡曰丁税、地税，即租庸調也，江南曰夏税、秋税，即兩税也。自得江南，盡毁天下城壁，謂之天下一家。民間有弓矢者，坐以重刑，將皆世襲，不能操兵。

虞伯生曰：今天下守令皆以勸農繫銜，故郡縣治前壁，皆畫畊織圖。

丘璿山曰：漕運自來惟以給邊。方輸運曰轉，置轉般倉相遞送。其用以足國，則自元始。然猶有海運，開會通河，分三四道以達，且運夫以鹽爲傭直，今專役傭夫軍長運，又獨倚會通，積儲未見其富，其如征戍之卒日少何。

吴文炳曰：元世祖創業之初，諸政井然可觀。多因宋舊，餘亦倣此古而成。得非所謂依樣之畫乎。亦賢乎哉。

張侗初曰：世祖大元制典，分江南人爲十等，一官，二吏，尊之也。九儒十丐，卑之也。故以孔子爲中賢，至武帝朝始改。然天變不足畏，崇儒亦非本意可知。

陸儼山曰：元郡縣學皆有田，供師生廩餼。餘即鏤書板以足一方之用，非圖鬻也。故校讐刻印頗精。國朝初，悉收入國子監學，田亦廢，無復刻書。今之郡縣，悉化爲泰山無字碑矣。

廉希憲言：吾國興於朔漠，斯文不絶如綫，崇儒之意以此。

屠赤水曰：胡元易位，宋學猶存。

祝枝山曰：元人固守宋説，其名著者其似切，或少異名，乃更下。其付授至於今，一成而弗返也。

張和仲曰：宋少帝降元，以其公主配之。一日晏群臣，少帝先至，立殿柱間，元主望見，覺有一龍蜿蜒上柱，疑之。後少帝知其事，遂乞爲僧，往吐蕃學佛法，居沙漠。晚生一子，時明宗亦在沙漠，與公主往來，遂以子并所生母去，即順帝也。世長沙漠，宋立國忠厚之報乎。

王弇州曰：金之有世，猶漢之有文。嘗怒其子用華俗曰：「易世其衰矣。」元不忘舊，故不絶。

權葛溪曰：至元以來，權臣赫赫跋扈有重名者，皆死於帝手。而死者不知，亦以爲權臣殺我也。帝之非優柔昏惑者，而所以不救於亡，則以陰毒之故。人君居九重之尊，惟秉陽剛之德者能之。

權葛溪曰：至正間，立太子，册詞曰家法，曰齊心法，曰正存心養性者，守身爲事親之大；任賢去邪者，知人爲安民之方。勿謂穹昊之高，一意誠而庶徵應；勿謂宫庭之奥，一言善而萬方知。帝命倚納教太子秘密法者也，吁，天下之徒訓也久矣。

至元間，分遣廷臣爲諸道黜陟使，命察官吏，問疾苦，禮尊年，賑貧乏，褒善良，起淹滯。所至如巡狩，民間謡曰：「官吏黑漆皮燈籠，奉使來時添一重。」江西布衣黄徵上言：「使者不遵詔命，務取民財，鉗口結舌。」吁，此時猶得以布衣言事，燈未甚黑耳。

丁南湖曰：許白雲制行甚嚴，教人至誠諄悉，内外殫盡，爲學者師垂四十年，隨人才分咸有所得。獨不教人以科舉之文，曰：「此義利所由分也。」郡以遺逸應詔，有司請正文衡，皆莫能致，後許勝前許也。

馮猶龍曰：白雲先生受業仁山。先是，何文定基、王文憲柏與仁山殁後，其學猶未大顯，至白雲益著。何學於勉齋，金學於王，王師事何，皆傳考亭之學。一時又有徽人陳櫟、胡一桂，皆以講學見重於時。

**李塨《閲史郄視》卷四** 錢牧齋嚮言曰：元人進「金史表」曰：「勁卒擣居庸關，北拊其背。大軍出紫荆口，南阨其吭。」此燕都防患之明驗也。梁乾德二年，晉主李存勗命周德威出飛狐，與趙將王德明、義武將程巖會於易水，圍涿州，降之。進克瓦橋關，拔順、薊州。命李嗣源攻山後武、儒諸州，皆下之。德威逼幽州，拔平營、瀛、鄚州，遂入燕，執劉守光父子以歸。此出紫荆攻燕之一也。紫荆關北口浮圖峪爲飛狐之地，晉都太原，故由紫荆出師，與真定、定州之軍會於易水。既取山後及燕東西諸州，則燕京勢孤，不能立矣。同光三年，阿保機入寇，敗周德威兵於新州，西出居庸關，圍幽州。唐主遣李嗣源救之，遼人遁走。宣和四年，金主分道進兵至居庸關，厓石自崩，戍卒多壓死。阿骨打入燕，遼太后自古北趨天德，此出居庸關攻燕之二也。嘉定四年，蒙古鐵木真攻克宣府，至懷來，金兵保居庸，不能入。乃留兵拒守而自以大兵趨紫荆口，敗金兵於五回嶺，拔易、涿二州，分命遮别將兵反自南攻居庸，破之，出古北，與外兵合。蒙古主留兵屯燕城北，乃分軍爲三，右軍循太行而南，破保州、中山、邢、洺、磁、相、衛輝、懷、孟諸郡，徑抵黄河。大掠於平陽、太原之間。左軍遵海而東，破灤、薊，大掠於遼西之地。蒙古主自將中軍，與子拖雷破雄、鄚、清、滄、景、獻、河間、濱、棣、濟南諸郡，此出紫荆攻燕之三也。宣德即宣府，紫荆旁口，今五虎嶺，即五回嶺。元人敗金兵之處，西北之山東起醫無閭，西接太行，其爲要害之關曰紫荆、居庸、倒馬。居庸最險易守，倒馬去燕稍遠，紫荆則夷於居庸，而近於倒馬。金人知守居庸，不知阨紫荆，非失計耶？元之分軍也，河北、山西、山東皆被兵，數千里之間，殺僇殆盡，金帛、子女、畜産皆席卷去。長淮以北，惟真定、大名與山東青、兖以南尚存，燕都終不下。責犒師以和，出居庸，取所虜子女數十萬坑之而去。金乘間遷汴。元復圍燕都，又不下。明年，乃破燕。元兵初抵燕京，乃守而不攻，三道抄寇者，非直貪利，蓋以孤燕也。諸郡不守，燕不攻自破，即遼人剥樹皮之策也。嗚呼慘哉。

元之信異端也。帝師、天師倍極尊崇，至文宗立皇后，詔天下受佛戒於帝師，且詈僧得截其舌，毆僧者斷其腕，事佛之謹如此。而揭竿稱首者，則白蓮會燒香惑衆，言彌勒下生之韓山童也。至芝麻李等，亦以燒香聚衆而起。佛之福利安在哉。

元法攻城邑，以矢石相加者，城下盡屠之。其攻燕也，三道殺掠，復殺所掠去數十萬人於居庸關下。使非有耶律楚材之言，則真將悉殺漢人，空其地以牧馬乎。世祖既平中原，黷武嗜殺，終無窮極，豈天心之不仁耶。抑中原之惡積貫盈，而假手於元耶。

元世祖嗜殺，黷貨謗聖，輕儒崇佛，道任奸回，穢政種種，史多諱而不書，蓋佞史也。王禕等漫無訂正，何以示信於後哉。

憲宗在蜀，郝經上議曰：「國家開統以來，垂五十年，一之以兵，遺黎殘姓游氣驚魂，虔劉劘盪，殆欲殲盡。自古用兵未有如是之久且多也。」嗟乎，漢五年而成帝業，唐六年而平四海，元自起兵以至滅宋，七十餘年，無日不肆屠殺。慘哉，此時之乾坤氣象，奚似耶？郝經曰：「并力一向争地之術也，諸道並進取國之術也。」可謂知兵者矣。

元世祖總統東師，有得宋國奏議以獻，其言謹邊防守衝要，凡七道，下諸將議。郝經獻議曰：「彼之素論謂有荆、襄則可以保淮甸，有淮甸則可以保江南。先是我有荆、襄，有淮甸，上流皆自失之。今當先荆後淮，先淮後江，從彼所保，以爲吾攻。命一軍出襄、鄧，直渡漢水，造舟爲梁，水陸濟師。以輕兵綴襄陽絶其糧路，重兵皆趨漢陽，出其不意，以伺江隙。不然，則重兵臨襄陽，輕兵捷出，穿徹均、房，遠叩歸、峽，以應西師。如交、廣、施、黔，選鋒透出夔門，不守大勢，順流即并兵大出，摧拉荆、郢，横潰湘、潭，以成犄角。一軍出壽春，乘其鋭氣并取荆山，駕淮爲梁，以通南北。輕兵抄壽春而重兵支布鍾離、合肥之間，掇拾湖濼，奪取關隘，據濡須塞皖口，南入舒、和，西及於蘄、黄，徜徉恣肆，以覘江口烏江、采石，廣布戍邏，偵江渡之險易，測備禦之疏密，徐爲之謀，而後進師，所謂潰兩淮之腹心，抉長江之襟帶也。一軍出維揚，連楚蟠互，蹈跨長淮，鄰我强對，通、泰、海門揚子江面，密彼京畿，必皆備禦堅厚。當以重兵臨維揚，合爲長圍，示以必取。而以輕兵出通、泰直塞海門。瓜步、全山、柴墟河口，游騎上下，遲以歲月以觀其變，是所謂圖緩持久之勢也。三道並出，東西連衡，殿下或處一軍爲之節制，如是則未來之勢變可弭，已然之失可救也。」其後南下多用經策，此後世守江攻江者之大榜樣也。然宋之奏議不能密秘，爲敵國所得，遂倒其柄而擊之，亦後車之鑒哉。

元漕東西以供燕京。運河溢澁，轉輸靡費。用朱清、張瑄議建海漕，初年四萬六千餘石，後乃至三百萬，終元之世賴之。至正之季，徵海運於江浙，張士誠輸粟，方谷真具舟輸十一萬石於京師，歲以爲常。其後浙運不至，陳有定自閩輸數十萬，京師民始再活。明初海陸兼運，既而濬元會通河，遂罷海運。萬曆中，運河漸梗，王宗沐建議曰：「唐都秦，右據岷、凉，左通陝、渭，有險則天寶、興元乘其便，無水則會昌、大中受其貧。宋都梁，背負大河，面接淮泗，有水則景德、元祐享其全，無險則宣和、靖康受其病。國家都燕，北有居庸、醫無閭以爲城，南有大海以爲池，天造地設，山環水衛，而自塞其利者何也？都燕之受海，猶憑左臂從腋下取物也。置海漕而專力於河，一夫大呼，萬櫓皆停，腰脊咽喉之譬，先臣邱濬之諄復者，不可不慮也。富人之造宅也，旁啓門焉，中堂有客則肴核可自旁入也。憂河之梗而又難於通海，則計將安出哉。」

《説郛》云：古今户口登耗不同，大抵易代之初常耗而承平日久則登。禹分九州時，民户《册府元龜》「户」字作「口」。一千三百五十五萬三千九百二十三，民口三千九百二十二萬。《册府元龜》無此句。周公相成王時，民户《册府元龜》「户」字作「口」。一千三百七十一《册府元龜》無「一」字。萬四千九百二十三，《册府元龜》作「三十二」。民口四千九百二十三萬二千一百五十一。《册府元龜》無此句。春秋時，民口一千一百八十四萬七千，「七千」，《册府元龜》作「一千九百三十三人」。漢平帝時，《册府元龜》作「元帝」。民户一千二百二十三萬三千六十二，《册府元龜》無「六十二」三字。民口五千「五千」，《册府元龜》作「一千」。九百五十九萬四千九百七十八。此漢之極盛也。光武之興，民户四百二十七萬九千《册府元龜》無「九千」二字。六百三十四，民口二千一百萬七千八百二十。桓帝時，民户一千六百七十萬「七十萬」，《册府元龜》作「六百四十八萬」。六千八百五十六。至三國鼎立之時，通計户一百四十七萬三千四百三十三，口七百六十七萬二千八百八十一。晉武平吴，天下户《册府元龜》多「二千」二字。二百四十五萬九千八百四十，口一千六百一十六萬三千八百六十三。至隋大業中，户八百九十萬七千五百三十六，口四千六百一萬九千九百《册府元龜》無「九百」二字。五十六。至唐永徽中，户三百八十萬，天寶中，户八百九十一萬四千七百九，《册府元龜》作「户八百三十四萬八千三百九十五」。口五千二百九十一萬九千三百九。《册府元龜》作「口四千五百三十一萬一千二百七十二」。此唐之極盛也，至大曆中，户纔一百三十萬，此古今最耗者。宋太祖定天下，户三百九萬五百四，至真宗時，户七百四十一萬七千五百七，《宋史》：真宗大中祥符七年户九百五萬五千七百二十九。口一千六百二十八萬二百五十四。《宋史》作「二千一百九十七萬六千九百六十五」。神宗時，户一千七百二十一萬一千七百一十三，口二千四百九十六萬千三百。徽宗宣和中，户二千八十八萬二千二百五十八，口四千六百七十三萬四千七百八十四。此宋之極盛也。元混一之初，户一千三百一十九萬六千二百六，口五千八百八十三萬四千七百一十一。至其末年，口五千九百八十四萬八千九百六十四，此元之極盛也。

**秦鏡《通鑑感應録》卷下**

元太祖奇渥温鐵木真開創洪基，世祖忽必烈混一中夏，其文武諸臣，如耶律楚材、廉希憲、姚樞、許衡、竇默、劉秉忠、史天澤、張弘範、嚴實、安童、伯顔，皆極一時之選，東至海隅，西窮河源，南距交阯，北極沙漠，土地之廣，前代無比。惜分江南人爲十等，而列儒于倡下丐上，且尊崇西僧，流毒海内，國代不能改其弊，非止有外二帝，三王之教，亦豈立國傳家之道。享國幾近百年，子孫十四傳，至於順帝，見狐出殿中，知天命難留，慨然遜位。不惟明哲保身，而黎庶亦得免鋒鏑之苦。謚曰「順帝」，宜也。洪武獲其皇孫買的里八剌，封爲崇禮侯，旋遣使護送之歸，骨肉完聚。狐死首丘，亦失天下者所僅見也。或瀛國公父子得以學佛善終，天亦不絶其子孫歟。然元之列宗，仁宗號稱賢君，予于此竊有議焉。武宗違衆論，舍子傳弟，雖非堯舜大公之心，然知仁宗之才能御變，即能安民，亦近傳賢之道。乃不念武宗之德，即出其子周王和世㻋于雲南，立(巳)〔已〕子碩德八剌爲英宗，又遷其次子懷王圖帖睦兒于瓊州，驅逐遠方，杜覬覦之萌，絶傳受之念，則父子皆有竊據天位之私也。厥後英宗爲鐵失弑之于南坡，仁宗廟主爲盜竊之而去，謂非天道乎。致令國本不立，神器無主，釀數世之亂階，卒以此失天下，故泰定以旁支而承正統，後人不爲立廟謚。文宗以弟而弑其兄明宗，文宗后以弟婦而弑其嫂皇后八不沙，明宗不得正其終，文宗不得正其始，其忍心毒手，夫妻如出一轍。然文宗弑逆之禍，不在于八月入見行宫之時，實在于二月立妃弘吉剌氏爲皇后之日，身爲天子，妃爲皇后，卧榻之間，尚能容人鼾睡耶。不過假奉迎之虚名，冀明宗之固讓。乃明宗見不及此，故不得已有凶逆之舉耳。及明宗子妥懽帖木兒立爲順帝，念罔極之恩，思不共戴天之義，撤文宗廟主而廢棄之，遷太皇太后弘吉剌氏于東安州而禁錮之，流文宗子燕帖古思於高麗而道殺之，雖一時之盡孝正名，實天理之昭然不爽。而順帝日肆荒淫，竟以此亡天下，究其禍源，皆仁宗舍侄立子以啓之也。徇其名固有一時愛民之仁，考其實乃爲本朝基禍之主，廟號仁宗，或亦有媿焉。使當日早傳天位于周王，則英宗與明宗可免弑逆之禍，泰定自無亂宗之事，文宗亦無弑兄之惡。總之，天道人道若合符節。

遜菴曰：元主中仁宗爲賢，然負兄立子，故其子旋被弑而卒，還武宗之子孫，與宋之太宗一轍，豈非天哉。

外逸曰：元太祖、世祖，觀其一舉一動，誠哉開創之英主，若列宗則僉稱仁宗爲令主。今被非翁一筆斷出，如宋之太宗，則仁宗雖能御變安民，而寸心不可對武宗矣。泰定以後，篡弑出自蕭墻禁闥，國非其國矣。順帝既報不共之仇，理宜痛自奮勵，乃日肆荒淫，甚至西僧作天魔之舞，是又世祖尊崇西僧之報應也。

元之貶抑儒生娼下者，惡其虚言悞國，有激而然也。若崇尚西僧，自是元主舊習，但既承大統，則當以朝廷禮法閑之，何致大内宣淫而亡其國乎。

**劉統勛《評鑑闡要》卷九** 元世祖至元十三年綱

宋自建炎南渡，已屬偏安。然德祐以前，尚有疆域可憑，朝廷規模未失，猶可比之東晉。至臨安既破，帝㬎見俘，宗社成墟，宋統遂絶。則自丙子三月以後，正統即當歸之於元。若昰、昺二王崎嶇海島，雖諸臣殉國苦心，而殘喘苟延，流離失據，不復成其爲君，且奉表請降於元，正與明唐、桂二王之竄跡閩、滇者無異。朕近於《國史傳》凡斥唐、桂二王諸臣爲僞者，概令更正爲明，蓋以其猶存一綫，雖不足稱正統，然謂之爲僞，實不可，此萬世之公論也。今《續綱目》於景炎、祥興，仍用大書紀年，則又阿徇不倫，乖史筆之正，即如元自順帝北遷沙漠，未嘗不子孫繼立，苗裔屢傳，然既委棄中原，編年者即不復大書，故號此正也。則知昰、昺之已失中原，而仍大書故號之非正矣。夫廢興代嬗，其書法自有一定，不可稍存偏袒之私。且史鑑所以昭法戒，亦使爲君者知統緒存亡，當慎苞桑而凛馭朽，苟弗克保承世業，至於土宇失守，大命以傾，即曲徇欺世苟延數日之虚名，亦無補於救敗。理本至公，而垂戒亦至切也，因爲改正書法，而闡其大旨如此。

遣都實窮河源得之吐蕃朶甘思西鄙潘昂霄採爲河源志目并注

昔之論河源者，衆喙紛如，然皆未嘗親履其地，徒爲紙上空談，又奚足據。我朝輿圖式廓，遐荒絶域，咸隸版章。聖祖仁皇帝屢遣使測量地度，詳諮博考，始定枯爾坤之爲中國河源。不特漢唐以來諸説可廢，即元人所志亦無足道矣。近日準夷底定，回部歸誠，所謂于闐、葱嶺之河，蒲昌之海，案圖而考，犂然具在，而就其山川計其道里，然後知張騫鹽澤之語不爲無據，而河有重源之説，亦確有明証矣。當時都實所尋，止及於中國之河源，潘昂霄不識蒙古語，而譯以漢文，又從而傳會，支離其説，益多岐舛。因就現在地理證合《史》《漢》諸書，詳加考訂，而著其大凡如此。

許衡病革語其子以平生不能辭官勿請謚立碑目

《續綱目》因許衡病革戒子之語，遂於其卒不具官，實乖書法之正。論者或謂衡不當仕元，削以示貶，或謂元不得而臣之，變例不書，二説皆悖於理。夫衡未爲宋臣，仕元並非失節，需才擇主，遇合自然，有何可貶。而既已身膺膴仕，食禄登朝，本非肥遯鳴高，又豈得違君臣定分。二説之謬固不待辨自明。至衡之於元聞召即往，且云不如此則道不行，乃既得志行道，忽於易簀時悔其平生不能辭官，死後囑勿立碑請謚，此非彌留亂命，則是後人曲爲之説。衡故名儒，不應前後矛盾若此，特改書官爵以糾《續綱目》之失，且摘諸家曲説闢而正之。

南臺御史上書請内禪帝聞之震怒太子精吉木憂懼尋卒目

内禪豈臣下所宜請，南臺之奏安知不即出於讒搆者之所爲，不獨乘間發書之釁由奸黨也。精吉木憂懼而卒，論者多惜之而咎元祖之不明，不知精吉木之禍不始於請禪之日，而伏於參預朝政之時。潛龍勿用，經有明言，而精吉木皆反之。且我遇是禮亦當如是，豈爲子者所忍言。使當日但令其養德承華，則羣不何由窺伺，即阿哈瑪之事，奸徒亦何由假其名以釀禍機耶。甚矣，始事之不可不慎也。

開會通河長二百五十餘里，中建牐三十一以時蓄洩目

會通河爲漕運襟喉，自元人創始以後，至今尚仍其利。當穿渠之始，遏汶截泗，雖因自然之勢而導之，而長川委輸，則在人力之隨時調劑。其間濬滌多藉泉湖，蓄洩全資牐壩，南北經流轉相貫注，然尤在黄淮之順軌，漳衛之循途，有治人無治法，一勞永逸，豈易言哉。

托歡等征安南無功而還適其王陳日燇襲位復遣使徵之入朝目

安南負固不臣，屢干王命，托歡海口之敗，至於折將損兵，亟應聲罪以張天討。若以其爲窮荒卉服，不足以煩動師徒，則早當持以鎮静，付之不問，乃日燇並未稍知悔過，轉遣使徵以入朝，跋涉徒勞，仍然抗命不至，豈不自損威重。迄元之世，南交終於梗化，皆由措置乖方，不能使之讋慄傾誠耳。

梁曾至安南諷陳日燇入朝不從而遣使入貢詔安置于江陵目

元之控馭安南措置實爲失當。前此出師敗衄，即不應再事招懷。洎乎信命往還，迄無要領，負固之跡已彰，乃猶欲以空詔羈縻，適以長其跋扈，則何如置之不問之猶善乎。且日燇抗命不朝，正當嚴兵待時以動，乃使臣入貢，不能示以威信，徒加拘執以快一日之憤，天討不加於有罪，而轉虐及行人，又何以令遠方景附乎。

仁宗

遣宦者李邦寧釋奠于孔子方就位忽大風起殿上燭盡滅目

釋奠所以尊師重道，廷臣中豈無一可遣之人，何致令宦官行事。此即無災異亦足貽笑千古。《元史》以風災紀失，未免反覺失實。至邦寧前此諫沮武宗傳弟，仁宗釋而不問，固見大公。然以開府崇階濫授刑餘，實爲褻視名器，非特矯枉過正，亦失制馭閹豎之道矣。

勑自今宦者勿得授文階綱

勑宦者勿授文階，或有悔於邦寧晉階加秩之失，乃曾未踰期而續元暉復有昭文之拜，何前後自相矛盾。蓋由本無定見，言不由中，故不能持之以久耳。



特們德爾請誅趙世延帝以其欲報私怨不從然猶因繫再歲拜珠爲請始得釋目

英宗既知世延之無罪，特們德爾欲報私怨而誣陷之，則當即爲昭雪，而置姦黨於法。乃於世延猶因繫兩年，復因拜珠進言始得免於縲紲，而特們德爾則始終置之不問，何所顧忌而不能自主。若此法令不行，徒於侍臣前自表英察，豈不滋貽笑哉。

帝覺特們德爾所譖毀皆先帝舊人因漸見疏外特們德爾怏怏而死目

賞有功，罰有罪，王者馭下之大權。特們德爾罪惡稔著，英宗既察見之，而顧聽其優游養安，保首領於牖下，待其已死始籍其家，削其爵，是縱惡於生前。英宗安得謂英乎。

**劉統勛《評鑑闡要》卷一〇**　元泰定帝致和元年分注阿蘇晉巴改元天順綱并注

泰定在位五年，纘承元統，其子阿蘇晉巴天下臣民咸知爲儲嗣，則繼立乃世及之常。是年八月以後，統系自應屬之天順。若圖克特穆爾因雅克特穆爾搆變，遂逞逆謀，僭竊位號，兵犯上都，致阿蘇晉巴不知所終，實與弑逐無異。《續綱目》反以圖克特穆爾所稱天曆附注是年，而于天順竟没其號，殊乖順逆之理。至明宗爲武宗長子，大都竊據之事，本未與聞。及圖克特穆爾遣使奉寶勸進，即位和寧，名分已定，天順既亡，神器非明宗誰屬，又豈可以其未有紀元而去其帝號。《續綱目》于己巳歲止紀天曆二年，而明宗竟削而不書，是非尤爲失當。今于致和元年附注天順改元以存其統，並注圖克特穆爾僭號以著其罪，而己巳歲則大書明宗元年，至翁果察圖變故以後，元統無歸，然後繫以天歷，庶書法得平，而大義亦足昭千古，因揭其大指如此。

雅克特穆爾以受武宗恩欲立其子會帝崩都爾蘇踰月不立君遂迎懷王于江陵目

武宗既傳于弟，其子即無統業可承，而泰定帝已成其爲君，儲嗣現存，神器自有專屬。乃雅克特穆爾忽逞異圖，謬托受武宗恩寵之言，以自文遠迎周、懷二王入繼于情理俱爲不順，其意不過欲假援立之功，以憑寵肆志，遂成圖克特穆爾篡弑之謀。則雅克特穆爾實爲罪首。至泰定既崩，都爾蘇惟知專擅自利，踰月不立君，致亂臣乘間釀禍，其罪亦與亂臣等耳。

懷王圖克特穆爾兵陷上都帝不知所終綱

圖克特穆爾之弑明宗人皆知之，而于天順之事，則史氏隱而未發。夫天順正位已踰數月，諸王羣臣皆推戴爲君，圖克特穆爾乃敢舉兵直犯上都，致令不知所終，則與躬自弑逆者亦無以異。《春秋》作而亂臣賊子懼，此等正斧鉞所必嚴，《續綱目》畧而不書，失筆削之旨矣。

文宗

帝遺詔傳位明宗之子因立鄜王目

父子世及乃三代以下繼緒之常，非然者則不足以係人心而孚公論。文宗舍子立姪，王禕謂其公天下之心，其説大謬。文宗此舉不過欲掩其弑兄之罪，且欲矯仁宗不傳位武宗二子之非耳。孰知鄜王既不永年，而順帝并至覆其宗社，付託不慎，貽禍家邦，是元室之亡，實文宗之蔑視神器，有以釀成之耳。

順帝

帝將田于柳林因臺臣諫遂止目

蒐苗獮狩古所不廢，況畋獵足以肄武，在元時亦其國俗所尚。順帝春秋方盛，正當因此習勞，而車駕所經並可以周知民隱，于政務又何妨乎。順帝初元以來，端處深宫，委柄臣下，不聞臺垣抗疏一言，而狃于書生庸瑣之見，摭拾舊聞，借名諫獵，以弋取直聲，何其陋也。至順帝聞言即止，無識者方嘉其從若轉圜，不知順帝耽于宴樂，其心本好逸而惡勞，適臺諫有言，遂陽以博納善之稱，而陰以遂便安之計。其後賜綽台等以金帛，且欲妄擬貞觀，益可見其意所假托。然亦何救其内多欲而覆宗社哉。

漳州人李志甫聚衆圍州城袁州人周子旺亦起兵稱王目

奸民嘯聚竟至圍犯州城，必非事起倉卒，牧民者不知預爲察治，任其猖獗若此，則元末吏治闒茸可知。然此烏合之衆，勦捕亦非難事，乃守將與戰失利，四省兵討之不克，則當日軍伍廢弛，更可想見。總由順帝紀綱不振，文武諸臣罔知以安民飭武爲念，平時習于養癰，臨事付之蒿目，毋怪盜賊之接踵蠭起也。

賊沿江剽掠有司不能禁宋文瓚言戍將非人官軍萬數反爲三十六賊所敗目

刼賊剽掠江海，官司不爲緝捕，聽其横行無忌，足見當時之諸事廢弛，乃以萬數官軍轉爲三十餘賊所敗，戍將鎮兵怯劣若此，不聞加以重懲，亟爲整飭，其流毒奚啻萌糵斧柯之喻。而元之君臣置若罔聞，其後遂日至潰敗，皆由紀綱不振故耳。

至正十一年以後不附書徐壽輝等僭號綱并注

元政不綱，羣盜蜂起，徐壽輝、韓林兒、明玉珍、陳友諒、張士誠輩雖僭竊位號，而攻剽自如，不久敗亡，未成爲國，此正如勝、廣揭竿之徒耳。《續綱目》依朱子書秦隋二代之例，皆書其國號，紀年殊未平允，順帝政雖怠荒，未至若嬴政、楊廣之暴虐爲神人所共憤。況秦末六國以王侯子孫稱兵復國，其名近正，原非盜賊烏合之比。即唐初之蕭銑、李軌、李密、竇建德諸家，歷年稍久，亦畧具規模，元末諸僭僞實非其倫。今惟明祖稱吴王元年，仍依朱子書漢高祖之例，附書以著其得天下之漸，其徐壽輝等年號槩從删削，並依《元史·順帝本紀》例于其起兵時書作亂以嚴盜魁之誅云。

董摶霄以中原大亂請於瀕淮地布連珠營遇賊則併力野戰無事則屯種而食注

瀕淮之地連結軍營，固足以資堵禦，但謂無事屯種而食，且耕且戰，則勢有所不能。蓋屯種祇宜行于太平無事之守邊，若當時則羣盜遍滿江淮，戰守尚恐不遑，安得復有餘功屯種。況賊勢猖獗，在野則蹂躪可虞，將穫則齎糧足懼，屯政將安所施。董摶霄雖有制勝之長，而建議則未爲當也。

台布哈討賊不進帝惡之拜爲右丞相令總兵進討尋爲御史所劾奪爵安置目

台布哈初代托都將兵，即縱士卒剽掠殃民，及是奉詔討賊，猶不思奮勉，自効以贖前愆，乃當進而退，以養鋭爲名。汴梁請援，按甲不動，徒作大言，自謾是宜，繩以玩寇之罪，申以無將之誅。乃順帝既心惡之，轉從而加拜右相，顛倒極矣。至奪爵之命，乃因太平懼其害己，諷人舉發罪狀。當時朝廷既昧勅罰之權，而大臣亦惟脩私怨是務，無怪紀綱之日以陵替以至於亡也。

陳友諒害其主徐壽輝于采石綱

徐壽輝竊弄潢池，特劇盜之首，雖僭名號而不成爲國，友諒則其支黨耳。《續綱目》于采石之事遽以弑書，殊爲失當。蓋當日情事祇不過勝、廣揭竿之流，并不得比諸項羽之于義帝。盜賊同類相殘，何關名分，豈得以亂臣賊子例之乎。但友諒既受壽輝僞署，則固安心尊事之，今故仍書其主以正其推奉之罪，而特改書害以别于有國之稱，庶大義不紊，而誅貶益嚴耳。

至正二十八年綱

是年正月，明祖雖稱帝，而大都尚未失守，正統猶在元也。前纂綱目三編以專紀明事，故于明祖稱帝之初，即以明爲統，而于元事則書元以别于明，今作《通鑑輯覽》彙紀列朝，要當以歷代正統所繫爲準，故于順帝在位之時，猶以元爲統，而于明事則書明以別于元。自閏七月順帝出居北漠以後，始爲明洪武元年，從歷朝嬗代一歲兩繫之例，屬之下卷，以期名分昭而體例一，書法雖有異同，總期合乎大公之道而已。

洪霍特穆爾引軍據太原盡殺官吏目

洪霍特穆爾前與李思齊等兵連禍結，尚屬私怨相尋，至是則竟入據太原，盡殺朝廷所置官吏，顯然相抗，直是叛矣。論者或謂洪霍特穆爾後此孤軍塞外，猶然力戰不屈，使得角逐中原？國事尚未可知，而歸其咎于太子挾嫌，輕加削奪，驅而爲博爾特特穆爾之續，坐致宗社淪亡，其所以責太子者，誠當然。彼時明兵已盡有山東，漸將由汴入陝，即使洪霍特穆爾奮志勤王，亦未必即能恢復疆宇，中興社稷，乃罔恤國家之患，不禦外侮，而轉成内訌，累世忠勤至此而隳，何其盭也。

明師陷通州帝北去徐達入大都元亡綱

順帝出塞北去，固未嘗失帝號，而子孫相繼稱汗，與明代相終始，至我朝破察哈爾林丹汗，而元始滅。然史家于是年即大書元亡，以其失統系而遠避正也。知此之爲正，則知宋亡而仍系昰、昺爲正統之非正矣。夫天命何常，常于有德有天下者，果能守其統系，即一綫僅延，亦不可輕加以貶絶，如宋高宗之遷臨安，雖屬偏安，尚未至於亡是也。若宗社淪亡，流離遁去，即不得復存其統系，如宋二王之居嶺海，元順帝之居漠北是也。進退予奪悉視其事以爲衡，豈可以殊中外而有所抑揚于其間。前于宋末已著其説，玆復引而申之，使天下萬世知史法大公至當之理應如此。

**朱直《史論初集》卷一** 許衡治生爲先務。衡言爲學者治生爲先務。苟生理不足，則于爲學之道有所妨，彼旁求及作官嗜利者，殆亦窘于生理之故也。余三復斯言，知聖人復起，不能易也。而静虚子駁之曰：夫學以謀道也，非以治生也。若以治生爲務，是爲學一心，而治生又一心矣。彼顔、曾之簞瓢陋巷，衣敝履穿，其善治生耶，其不善治生耶。知道者自辨之，此真未覩天下之大勢，古今之異轍，而徒知紙上之虚言，以爲治生害于謀道。試問腐鼠有一謀道者于此，父母在堂，甘旨不給，父母方啼饑號寒，而爲人子者不思所以奉養之，曰：是使吾謀道一心，而治生又一心矣，可乎哉？蓋天下異勢，南北分也，古今異轍，井田廢也。井田不廢，計夫授甿，天下無甚貧甚富之人。不然，彼簞瓢陋巷之中，何由而得負郭之田乎。自秦變法，而豪强兼并，始有田連阡陌，貧無立錐者矣。執古以律今，可乎，不可乎？北地土廣人稀，無無恒産之士；南方肩摩轂擊，無有恒産之士。有恒産者，麥稷膏粱在在皆救生之具；無恒産者，薪、米、油、鹽，般般悉栲死之刑：故北方之士謂之貧，南方之士謂之窮。貧者饑，窮者餓，貧者寒，窮者凍，饑寒可忍也，凍餓不能忍也。即求道者，甘心凍餓以死，妻子亦聽其死，兄弟亦聽其死，將父母亦聽其死乎？執北以律南，可乎，不可乎？吾今而願普天下讀死書者，勿輕開口論天下事也。

**計大受《史林測義》卷三七** 朱文公《綱目·統系例》以周、秦、漢、晉、隋、唐爲正統，以周秦之閒、秦漢之閒、漢晉之閒、晉隋之閒、隋唐之閒、五代之世爲無統。然則《綱目》之修在正統，即所以法《春秋》之大一統也。乃又有爲閏統、變統之議，以黜夫暴君，如秦篡君，如晉、如隋得國，不以正者。然執是説，唐、宋亦不免於篡，而得以爲正統，何哉？要之天下混一，政教、號令、禮樂、制度萬方於是稟正焉，握正天下之權，朔曰正朔，斯統曰正統，閏變之名可不設，而文公之例其不易者也。方孝孺、邱濬則主《春秋》之中外、天之嫡庶爲論，而不予元以正統，謂當以變統書。中外之説，臣於《遼太宗論》辨之詳矣。至言庶不可以干嫡，然如自古帝王，太宗既絶，支庶入繼，得不謂之承大統乎？有宋之末，主擁虚器，權奸蠹國，人不聊生，是用自絶，以訖其命。世祖平江南，捐苛征，弛厲禁，亟救災傷，蘇息黎庶，制禮作樂，民物阜康，傳世六七君，類遵守其成憲。以故明太祖嘗諭徐達等曰：「元之祖宗，有德格天，撫馭華夏。」又嘗語省臣曰：「元主中國，且將百年，朕與卿等父母，皆賴其生養。」由是言之，亦豈非天命以繼宋爲生靈主？而大統既集，正統攸歸，夫復何議？且太祖制定金陵帝王廟位次，始自伏羲，終以世祖，則明以繼歷代正統。其後嘉靖間，以陳棐言罷，乃徇私見而謬公論。《續通鑑》書元制，江南人有十等，而八娼九儒十丐，以儒爲無益而賤之。邱氏謂其説本謝枋得，而《元史》不載，蓋爲世祖諱。寧獻王《通鑑博論》又記貶孔子爲中賢事。説者以爲此其所以主中國，而無百年之運。而不知是皆無稽之言也。其謂本謝氏者，疑因《遺留夢炎書》言江南無人才，未有如今日之可恥，欲求一人如瑕呂飴甥，程嬰、杵臼厮養，卒亦不可得之語，而附會之耳。無論世祖用賢輔政，如姚樞、許衡、竇默、王磐、張德輝、廉希憲之屬，皆重以深通儒術。即于江南，嘗遣程文海訪求人才，密諭必致趙孟適、葉李，亦豈不以其名儒與？且設國子監，設江南各路儒學及經史科，又皆崇儒育賢之政。以儒爲無益而賤之，夫豈可信?況巙巙曾述世祖以儒足致治而篤好之乎,至元閒建廟以祀宣聖之詔屢下,以孔洙遜宗子於居曲阜者,則嘆其真聖人後。貶爲中賢之誣,又不待辨而明者。或以成宗即位,首詔中外,崇奉孔子爲疑。按之《祭祀志》,則亦率由世祖崇奉舊章,而使天下廟學自是無不完葺耳,夫何疑。惟帝嘗從僧格及江南總攝嘉木楊喇勒智請,發宋諸陵,暴其骸,毁宋郊廟爲佛寺,視於先朝陵廟不替其祀者天淵。其不克傳如漢、唐、宋、明之祚長者,抑豈不以是也哉?

**魏源《元史新編・擬進呈元史新編表》** 敬叙其端曰:元有天下,其疆域之袤,海漕之富,兵力物力之雄廓,過於漢唐。自塞外三帝,中原七帝,皆英武踵立,無一童昏暴繆之主。而又内無宫闈奄宦之蠱,外無苛政强臣夷狄之擾,又有四怯薛之子孫世爲良相,與國同休,其肅清寬厚亦過於漢唐。而末造一朝,偶爾失馭,曾未至幽、厲、桓、靈之甚,遂至魚爛河潰,不可救者,何哉!大道之行,天下爲公,公則中外一家,不公則南北瓦裂,古聖人以紱冕當天之喜,斧鉞當天之怒,命討威福,一奉天道,出之而不敢私焉。明人好訾前代,每謂元起朔方,混一中夏,創制顯庸,以遼金新附者爲漢人,以宋人爲南人,以此用人行政,皆分内外三等,内色目而疏中原,内北人而外漢人。南士事爲之制,曲爲之防,其用人則臺省要官皆據於世族,漢人、南人百無一二。中葉以後,破格知遇者,官至集賢翰林院大學士而止,從無入相秉樞之事。以臣觀之,殆不盡然,方太祖、太宗開剏之初,即以耶律楚材爲相,其所舉用,立賢無方。世祖混一南北,復相史天澤,而劉秉忠參贊大計,已同内相。其餘如趙璧、宋子貞、張文謙、姚樞、許衡、葉李等竝入中書輔政,初無内蒙古、色目,外漢人、南人之見。惟中葉以後,始分畛域。凡臺省長官皆用蒙古舊人,及其判署,不諳文誼,不得已始取漢人、南士佐之。其如順帝之相賀太平者,十無一二焉。中書政以賄成,臺憲官皆議價得之,出而分巡,競漁獵以償債,帥不復知紀綱爲何物。至於進士科舉,置自元初,中葉屢舉屢輟,動爲色目人所掎摭,順帝末年始一大舉行,而國將亡矣。兼之中原財賦耗於僧寺佛事者十之三,耗於藩封勳戚者十之二,是以膏澤之潤,罕及於南;滲漉之恩,悉歸於北。界鴻溝於大宅,自以爲得親邇疏逖之道,致韓山童僞檄有「貧極江南,富歸塞北」之怨。天道循環,物極必反,不及百年,向之混一者復成輻裂,乘除勝負,理勢固然哉。且元恃其取天下之易,既定江南,并大理,遂欲包有六合。日本、(瓜)〔爪〕哇皆覆海師於數萬里外,又不度中外形勢,經畫鹵莽,外置嶺北、嶺西諸行省,動輒疆域數千里,馬行八九十日方至,内置江、浙、湖、廣各行省,舉唐宋分道分路之制,盡蕩覆之,旁通廣闢,務爲侈闊,鞭長駕遠,控馭不及,於是阿里不哥、海都諸王叛於北,乃顔、合丹諸王叛於東,安南、緬甸、八百諸蠻叛於南,窮年遠討,虚敝中國,如外彊中乾之人,軀幹龐然,一朝痿木。於是黄河潰於北,海漕梗於南,盜賊起於東,大盜則一招再招,官至極品。空名宣敕,逢人即授,屯膏吝賞於未熾之初,而曲奉驕子於燎原之後。人心愈涣,天命靡常,一二三豪傑魁壘忠義之士亦冥冥中輒自相蚌鷸,潛被顛倒,而莫爲之所。

**魏源《元史新編》卷二** 帝深沉有大略,用兵如神,故能滅國四十,遂平夏克金,有中原三分之二。使舍其攻西域之力以從事汴京,則不俟太宗而大業定矣。然兵行西海、北海,萬里之外,昆侖月窟重譯不至之區,皆馬足之所躪,如出入户闥焉。天地解而雷雨作,鵾鵬運而溟海立,固鴻荒未闢之乾坤矣。惜舊史荒昧,《祕史》亦惟詳伐夏以前。今參攷旁摭,條舉大綱,正其僨複,其詳則别具於削平各國傳。

**魏源《元史新編》卷六** 論曰:元之初入中國,震蕩飄突,惟以殺伐攻虜爲事,不知法度紀綱爲何物。其去突厥、回紇者無幾,及世祖興,始延攬姚樞、竇默、劉秉忠、許衡之徒,以漢法治中夏,變夷爲華,立綱陳紀,遂乃并吞東南,中外一統。加以享國長久,垂統創業,軼遼、金而媲漢、唐,赫矣哉。且其天性寬宏,包栟無外,阿里不哥及海都、篤哇諸王皆親犯乘輿,對壘血戰,力屈勢窮,一朝歸命,則皆以太祖子孫,大朝會於上都,恩禮宴賚如初。當南北鋒焰血戰之餘,或離間以侍郎張天悦通宋而不信,敕南儒被掠賣爲奴者,官贖爲民。所獲宋商、宋諜私入境者,皆縱遣之而不誅。置榷場於樊城,通宋互市,弛沿邊軍器之禁,其長駕遠馭如是。宋幼主母子至通州,命大宴十日,小宴十日,然後赴上都。除弘吉剌皇后厚待之事别詳《皇后傳》外,其母子在江南莊田,聽爲世業。其後文宗時,市故全太后田爲大承天寺永業,市故瀛國公田爲大翔龍寺永業,直至順帝末,始奪和尚趙完普之田歸官,直與元相終始。宋之宗室如福王與芮等,隨宋主來歸,授平原郡公,其家貲在江南者,取至京賜之。此外,宗室多類此,即奸民冒稱趙氏作亂者,從不以累及宋後,其優禮亡國也如是,思創業艱難,移漠北和林青草叢植殿隅,俾後世無忘草地。又留所御裘帶於大安閣以示子孫。武宗至大中嘗詣閣中,發故篋閲之,則皆大練之服。西域賈胡屢獻身忽大珠,價值數萬而不受,宫闈肅穆,無豔寵奇聞。至元八年,平灤路昌黎縣民生男,夜中有光,或奏請除之。帝曰:「何幸天生一好人,奈何反生妒忌。」命有司加恩養。伯顔伐宋,諄諄命以曹彬取江南不戮一人爲法，其儉慈也又如是，非命世天縱而何。惟功利之習不能自勝於中，故日本、爪哇之師，遠覆於海島，王、阿、桑、盧掊克之臣，相仍於覆轍，蓋質有餘而學不足歟。

**魏源《元史新編》卷八**　論曰：武宗始以懷寧王總兵漠北和林，與叛王海都勁敵對壘，屢摧其鋒，中間幾瀕險危，披堅陷陣，威振遐荒，可謂天潢之傑出，天授之雄武矣。入紹大統，謂有宏圖，而始終誤聽宵人，以立尚書省爲營利之府，何哉？夫世祖立制，以天下大政歸於中書省，任相任賢，責無旁貸，故小人欲變法，忌中書不便於己，則必别立尚書省以奪其權。阿合馬、桑葛之徒，相繼亂政，毒流海内，是以世祖深戒前轍，不復再蹈，乃當席豐履厚之餘，慨然欲變更至元、大德之舊，封爵太盛，而遥授之官多，錫賚太侈，而濫賞之巵漏。母后市恩左右，撓其恭儉，於是言利之臣迎合，攘袂以争利權。雖柄操自上，不至如阿合馬、桑葛之甚，而仁心仁聞，漸蔽於功利，幾同宋之熙豐。故仁宗紹統，翻然誅殛，盡復舊章。蓋變法不得其人，則不如勿藥之，尚得中醫也。又攷陶九儀《元氏掖庭記》，則瓊島水嬉之華，月殿霓裳之豔，亦自帝大濫其觴，而《本紀》諱之，不載一字，亦英雄酒色之通病歟。惟於授受之際，堅守金匱傳弟之盟，雖有内侍李邦寧慫慂離閒，帝言「朕志已定，汝自往東宫言之」，斯則磊落光明，勝宋太宗萬萬，綜計始末，固不失爲一代之英主焉。

**魏源《元史新編》卷九**　論曰：武仁受授之際，無可議者。仁宗初政，首革尚書省敝政。在位九年，仁心仁聞，恭儉慈厚，有漢文帝之風。惟武宗初約，由帝傳位己子和世瑓，而後及於英宗。及武宗崩，仁宗立，乃出封和世瑓於雲南，而立子碩德八剌爲太子，雖迫於皇太后之命，而已不守初約矣。和世瑓不之雲南，而舉兵赴漠北，又不予以總兵和林之任，於是英宗被弑，而泰定以晉王入紹大統，武宗舊臣燕鐵木爾不服，遂於泰定殂後迎立周王於漠北，迎立懷王於江陵。懷王先立，周王後至，豈肯讓於兄，於是弑之中途，而國亂者數世。使當初即立周王，何至於此。至鐵木迭爾奸貪不法，已經言官列款彈劾，而猶礙於皇太后，不敢質問，遂貽英宗以奸黨謀逆之禍，不得謂非仁宗貽謀不臧有以致之也。

**魏源《元史新編》卷一〇**　論曰：舊史謂英宗果于誅戮，奸黨畏懼，遂搆大變，烏乎，是何言與。以鐵木迭爾之奸，不明正其誅，但疏遠，俾得善終於位，已爲漏網。而復任用其子，曲貸其子，釀成梟鏡，此失之果乎，失之不果乎。拜住於鐵木迭爾引其黨參政張思明自助時，或告拜住爲備，拜住反以大臣不和，彼仇我報，非國家之利。及鐵木迭爾死，又往哭之痛，此皆失之果乎，失之不果乎。且除奸莫要於奪兵權，乃以宿衛新兵掌於鐵失之手，司徒劉夔冒賣浙田之案，真人蔡道泰殺人賕逭之案，皆奸贓巨萬，拜住既平反其獄，而獨赦鐵失不問。中書參議諫以除奸不可猶豫，猶豫恐生他變。拜住是其言而不能用。大抵安童、拜住皆木華黎之孫，木華黎用兵，所過動輒屠戮，安童從許衡受學，故其子孫皆出於寬容，以水懦救火猛，德量有餘，機警不足。所謂君子之過，過於厚也。乃胡粹中因舊史之言，謂英宗在位數載，除誅戮外無一善政可紀。甚至皇太后以嬖孽失勢之故，鬱鬱而終。胡氏并指爲英宗不孝祖母之罪。烏乎，其性與人殊乃至此乎。

**魏源《元史新編》卷一一**　論曰：一代統緒之傳，有正統即有公論，豈一時私意所能傎倒傑裂者哉。世祖明孝太子早卒，皇孫成宗立，追謚裕宗。成宗本裕宗第三子，其同母二兄，一爲晉王甘麻剌，一爲懷王荅剌麻巴剌，本無嫡庶，而晉邸居長。成宗崩後，無嗣，晉王之子泰定帝即可嗣立，乃因仁宗自懷慶入，先靖内難，迎立其兄懷寧王於漠北，是爲武宗。所謂先入關者王之，非晉王子不當立而必立懷王子也。及再傳至英宗遇弑，晉王復自漠北入靖内難，討賊嗣位，是爲泰定。與武、仁之事相埒，非武、仁有功宗社，而泰定無功也。泰定踐阼，即以和林兵柄授周王，使代己任，屢通朝貢。又召懷王自海南入朝京師，錫封藩國，移近江陵，屢賜金幣，是泰定於文宗兄弟有德而無怨也。泰定太子册立已五載，父終子繼，名正言順。懷王、周王安得入干大統乎。若謂武、仁當日原有傳位周王，嗣及英宗之約，則仁宗實背約在前，可以責仁宗，不可以責泰定也。乃文宗篡立之詔，謂泰定以旁支入繼，正統遂偏。甚至誣其與賊臣鐵失潛通陰謀，冒干寶位，追毁晉王顯宗廟室。嗚乎，以討賊之主而誣以通賊之罪，是何言哉。若謂武宗二子爲人心所歸，泰定當舍子而傳姪，則何以天曆頒詔至關中、至四川、至遼東，皆焚書斬使，起兵拒命，則人心歸泰定之子，而不歸武宗之子，明如星日。是則燕木帖爾之爲逆臣，懷王之爲逆立，亦明如星日，固不待魯桓弑隱奪國，已無所逃于《春秋》之責。况欲寬其罪於中途弑逆之後哉。斯非難定之案，而數百年尚無定論，請斷之，以折曲沃桓叔之徒假託正誼者。

**魏源《元史新編》卷一三**　論曰：元代諸帝不習漢文，凡有章奏皆由翻譯，其讀漢書而不用翻譯者，前惟太子真金，從王惲、王恂受學，後惟文宗，潛邸自通漢文而已，《書畫譜》言，文宗在潛邸時，召畫師房大年，俾圖京師萬歲山。大年以未至其地辭，文宗遂取筆布畫位置，頃刻立就，命大年按稾圖上。大年得稾敬藏之，意匠經營，雖積學專工有所未及，始知文宗之多材多藝也。及踐阼後，開天章閣招集儒臣，撰備《經世大典》數百卷，宏綱鉅目，禮樂兵農，燦然開一代文明之治。即其聲色儉澹，亦遠勝武宗。此豈庸主所希及哉。使其迎立明宗之日，亦如仁宗之退處東宫。他日，明宗復如武宗之傳仁廟，則一代而勝事再見，雖殷人弟兄世及，何以過此。《易》曰：「開國承家，小人勿用。」文宗之得大位也，以燕帖木爾，其得罪萬世也，亦以燕帖木爾。語曰「治世之能臣，亂世之奸雄」，文宗之不隕于大平王手者，亦倖矣哉。

烏乎，春秋未踰年之君稱子，故子般不與閔公竝立廟謚。寧宗以負扆帀月之殤，而入廟稱宗，立后媲謚，無一人引大誼以匡正之，斯元代禮臣博士之陋也。修史者又踵其失而立《本紀》，斯又明臣之陋也。今以附諸《文宗本紀》之末。

**沈垚《落帆樓文集》卷二四**　元、明來，士之能致通顯者大概藉資於祖、父，而立言者或略之。則祖、父治生之瘁，與爲善之效皆不可得見。

宋儒先生口不言利，而許魯齋乃有治生之論。蓋宋時可不言治生，元時不可不言治生，論不同而意同。所謂治生者，人已皆給之謂，非瘠人肥己之謂也。明人讀書卻不多費錢，今人讀書斷不能不多費錢。

衣食足而後責以禮節，先王之教也。先辨以餓死地以立志，宋儒之教也。餓死二字如何可以責人？豈非宋儒之教高於先王而不本於人情乎？宋有祠禄可食，則由此過高之言。元無祠禄可食，則許魯齋先生有治生爲急之訓。

**李慈銘《越縵堂讀書記》卷上**　元代屢罷科舉，又有漢人、南人之分，漢人至中書平章，而不得爲丞相，南人無入中書省樞密院禦史臺者。顧尊崇前代聖賢，及宋儒周邵而下，皆加封贈。文學之士，亦多加優禮。其待當世之儒，若許吴兩文正，徵聘之虔，有過於漢世之待樊英，所謂築壇設席，猶待神明者。故其一朝文章風氣，最爲陵弱，而稍知翰墨者，無不立致重名。上者回翔臺閣，王公俱敬禮引重，無敢猜害；次亦爲行省行臺州郡所邀致；貴家富人，傾筐倒屣，得其一吟一句以爲榮。終元世百年，内難屢作，大臣往往致死，而文臣無敢加陷害者。其一朝獨無文字之獄，非後世所可及也。

元武宗傳位其弟，出於至誠，宋宣公以後一人而已。乃仁宗負心，立其子而出武宗子和世琜於漠北；英宗複放和世琜弟圖帖睦爾於瓊州至泰定帝立，乃召還圖帖睦爾，封懷王，妻以公主之女。是仁英薄於明文兩帝，而太定以裕宗嫡長孫，英宗叔父，入繼大統，倫序最順，且有恩於文宗者。乃文宗得位，不追仇仁英，而甘心泰定，蒙以與弑英宗之惡名，殊不可解。又文宗崩後，丞相燕帖木兒固請立皇子，而文後不答失裡氏力申先帝讓國初意，必欲立明宗子，堅拒不從。乃以明宗次子懿？質班在都，先立之。甫二月，甯宗殂。燕帖木兒複申前請，文後複不聽，遠迎順帝於廣西。是文後之賢，尤爲古今罕有，其有於順帝兄弟，可謂恩義深至。乃順帝后至元六年，追發文帝弑兄事，撤其廟主，並痛詆文後，謂陰構奸臣，離間骨肉，罪惡尤重，徙置東安州，尋加毒害，並殺其子，可謂慘忍無人心者矣。夫明宗行在暴殂，事誠可疑，揆之人子不共戴天之義，固無所釋仇；然其事隱秘，終無佐證。況文宗如果行此慘逆，文後必有微知其事者，豈有不懼其報復，而必舍己子，力擁立之，以速此禍。史謂燕帖木兒以明宗之崩，實與逆謀，故不欲立順帝。果爾，則燕帖木兒時方以元功封太平王獨爲丞相，權勢無敵，何不堅擁皇子以杜禍萌；且以此事微言之文後，以恐揭之，則宫闈亦必心動。而俱計不及此，誠不可解。予疑明宗之事，原不過疑案，順帝欲實其事，遂附成諸臣與謀之罪，作史者循其聞見，未必深推當日之情事耳。然則武宗之公，文後之賢，皆貽大患，三代以下，誠不可以行古之道乎！《公羊》罪宋宣公爲首禍，武宗行之而繼敗，先儒持議之苛，固有爲而作者耶！

**劉鳳起《石溪史話》卷五**　元制江南人爲十等，一官、二吏，以先之者貴之；七匠、八娼、九儒、十丐，以後之者賤之。予按：元世祖初立之時，詔軍中所俘儒士，聽贖爲民，則非不以儒爲重而賤視之也。其於趙復、姚樞、許衡、郝經諸儒所講説孔孟、濂洛、關閩之旨，未嘗不數數稱善，則非儒道爲無益於國家者也。而十等之制，至列儒於娼優之下，豈復得爲知儒道者乎，豈復成其爲世祖乎。故元史不載，非爲世祖諱也，無其事也。無其事則謝叠山又何從得而知之，而言之，或亦世祖以前之制有是。迨世祖知其非而削之，故《元史》不得載焉。不則或宋之遺民欲甚乎元之罪，俾後世學者咸唾駡之，故爲野録稗史之説。而叠山因而傳訛焉耳。抑或好事者爲之，而託爲叠山之説焉耳。

元皇后弘吉剌氏崩

宋亡，幼主擄北入朝，后不樂曰：「自古無千歲之國，毋使吾母子及見此則幸矣。」帝以宋府庫物置殿庭，后一觀，而反問何欲，曰：「宋人貯蓄以貽子孫，子孫不能守，我又何忍取之。」宋太后全氏至京，不習水土，屢奏乞回江南，帝不許。

后退而厚待之，又嘗諫「勿奪軍民之業以牧馬」，至於左右匡正之力尤多。愚按：自古開國之君，未有不得賢配以爲之助者；自古亡國之君，未有不由妖悍之婦爲厲之階者。三代以下，獨宋之宫闈嚴肅，賢后相繼，以迄於終。若元世祖后剌氏，不獨漢唐鄧、馬之屬有所未逮，即如宋之宣仁不是過也。

以行科舉詔天下取士之有鄉試會試殿試始此

元詔科舉取士，以八月與賢於天下州郡，次年二月會試京師，中選者天子臨軒親策于庭，賜以及第、出身有差，明世本而行之，實始自元仁皇慶之三年也。觀其法則知元諸君取才必於儒士矣。今考仁宗之語近臣曰：「朕所願者，安百姓以圖至治，然非用儒士何以至。此設科取士，庶得真儒之用，而治道可興也。」據此而謂元制十科賤儒，豈其然乎。非惟不賤儒，且深知賢能之士必出於儒，非用儒不能得賢能，非賢能無以圖至治，此理豈囿於十等之俗者所能知耶。甚矣其誣也。



張養浩諫元夕張燈

仁宗崩，英宗哀毁過禮，至太廟之享過仁宗室，欷歔流涕，感動左右，非實有仁親之心者其能然乎。然當居喪之際，即欲於元夕張燈宴樂，又何忘親違禮如是之甚。是則哀親者一念之感觸，而縱欲者乃其素心之發見也。假令無忠諫如張希孟者，不幾陷於不孝之罪歟。甚矣，道心之微不勝於人心之危如此，此君子所以貴存省之功也。然終能悔過而納直臣之言，則其道心固未至於牿亡，人心猶未至於炎熾。殆《易》所謂「不遠之復」也。故悔悟一美也，聽諫又一美也，賜幣旌直以勸言者又一美也，一事而三美備著，然則人君不必無過，第患有過而不能改爾。

# 引用書目


| 書名 | 作者 | 時代 | 版本 |
| --- | --- | --- | --- |
| 牧庵集 | 姚燧 | 元 | 四庫全書本 |
| 圭齋集 | 歐陽玄 | 元 | 四部叢刊本 |
| 至正集 | 許有壬 | 元 | 四庫全書本 |
| 元文類 | 陳旅 | 元 | 四部叢刊本 |
| 通鑑續編 | 陳桱 | 元 | 四庫全書本 |
| 庚申外史 | 權衡 | 元 | 學海類編本 |
| 明氏實録 | 楊學可 | 明 | 學海類編本 |
| 元史 | 宋濂 | 明 | 中華書局一九七六年整理本 |
| 誠意伯文集 | 劉基 | 明 | 四庫全書本 |
| 九靈山房集 | 戴良 | 明 | 四庫全書本 |
| 南村輟耕録 | 陶宗儀 | 明 | 中華書局一九五八年標點本 |
| 草木子 | 葉子奇 | 明 | 四庫全書本 |
| 明實録 | 朱元璋 | 明 | 臺北中研院史語所一九八三年影印本 |
| 青樓集 | 張鳴善 | 明 | 説郛本 |
| 録鬼簿續編 | 賈仲明 | 明 | 巴蜀書社一九九六年浦漢明校點本 |
| 遜志齋集 | 方孝孺 | 明 | 四庫全書本 |
| 元史續編 | 胡粹中 | 明 | 四庫全書本 |

| | | | |
|---|---|---|---|
| 通鑒博論 | 朱權 | 明 | 明萬曆十四年本 |
| 高麗史 | 鄭麟趾 | 朝鮮李朝 | 四庫全書本 |
| 政鑒 | 夏寅 | 明 | 四庫存目叢書本 |
| 皇明平吴録 | 吴寬 | 明 | 四庫全書本 |
| 元史闡幽 | 許浩 | 明 | 四庫全書本 |
| 余冬序録 | 何孟春 | 明 | 四庫全書本 |
| 宋史質 | 王洙 | 明 | 臺北大化書局一九七七年影印本 |
| 平漢録 | 童承敘 | 明 | 四庫全書本 |
| 皇明資治通紀 | 陳建 | 明 | 四庫禁毀書叢刊本 |
| 宋元資治通鑒 | 王宗沐 | 明 | 四庫未收書輯刊本 |
| 史談補 | 楊一奇 | 明 | 四庫全書本 |
| 江都縣誌 | 陸君弼 | 明 | 廣陵書社二〇一五年影印本 |
| 讀史漫録 | 于慎行 | 明 | 明萬曆三十七年刻本 |
| 人物論 | 鄭賢 | 明 | 明萬曆刻本 |
| 元史紀事本末 | 陳邦瞻 | 明 | 四庫全書本 |
| 史裁 | 吴士奇 | 明 | 明萬曆刻本 |
| 國初群雄事略 | 錢謙益 | 明 | 中華書局一九八二年張德信、韓志遠點校本 |
| 志遠齋史話 | 楊以貞 | 明 | 四庫全書本 |
| 國榷 | 談遷 | 明 | 上海古籍出版社二〇〇八年影印本 |
| 保越録 | 無名氏 | 明 | 四庫全書本 |
| 歷代史論 | 張溥 | 明 | 明崇禎刻本 |

明夷待訪録　黄宗羲　明　北京古籍出版社一九五五年標點本
讀史矕疑　張彥士　明　清康熙二十六年刻本
增訂史韻　仲弘道　明　清康熙三十三年蘭雪堂刻本
茗香堂史論　彭孫詒　明　四庫全書本
論世八編　華慶遠　明　四庫全書本
閱史郤視　李塨　清　叢書集成三編本
通鑒感應録　秦鏡　清　清康熙五十四年刻本
評鑒闡要　劉統勳　清　四庫全書本
御批歷代通鑒輯覽　愛新覺羅・弘曆　清　四庫全書本
史論初集　朱直　清　清康熙刻本
續資治通鑒　畢沅　清　中華書局一九五七年校點本
史林測議　計大受　清　四庫存目叢書本
元史新編　魏源　清　廣陵古籍刻印社一九九〇年影印本
落帆樓文集　沈垚　清　清道光二十九年刻本
明通鑒　夏燮　清　中華書局二〇〇九年沈仲九校點本
隆平紀事　史册　清　四庫全書本
越縵堂讀書記　李慈銘　清　商務印書館一九五九年由雲龍標點本
石溪詩話　劉鳳起　清　四庫全書本

## 《中華大典》辦公室

主　任：于永湛

副主任：伍　傑

姜學中

編　審：趙含坤

崔望雲

馮寶志

宋志英

谷笑鵬

裝幀設計：章耀達

## 上海市《中華大典・歷史典》工作小組

組　長：王興康

組　員：吕　健

郭子建

占旭東

張旭東

## 《中華大典・歷史典》編輯部

負 責 人：吕　健

工作人員：占旭東

吕瑞鋒

徐樂帥

王　珺

陳麗娟

張旭東

## 《編年分典・元總部》

責任編輯：李夢生

**圖書在版編目(CIP)數據**

中華大典·歷史典·編年分典·元總部／《中華大典》工作委員會,《中華大典》編纂委員會編. —上海：上海古籍出版社，2017.6
ISBN 978-7-5325-5918-3

Ⅰ.①中… Ⅱ.①中… ②中… Ⅲ.①百科全書—中國②中國歷史—編年史—元代 Ⅳ.①Z227②K247.043

中國版本圖書館 CIP 數據核字(2017)第 081965 號

中華大典·歷史典·編年分典
元總部

編纂：《中華大典》工作委員會
《中華大典》編纂委員會
出版：上海世紀出版股份有限公司
上海古籍出版社
（上海瑞金二路二七二號 郵政編碼 二〇〇〇二〇）
(1) 網址：www.guji.com.cn
(2) E-mail：guji1@guji.com.cn
(3) 易文網網址：www.ewen.co
印刷：中華商務聯合印刷有限公司
發行：上海世紀出版股份有限公司發行中心發行經銷
開本：七八七×一〇九二毫米 十六開
印張：三五·七五 字數：一一八〇千字
二〇一七年六月第一版 二〇一七年六月第一次印刷

ISBN 978-7-5325-5918-3/K·1387
定價：二八〇圓